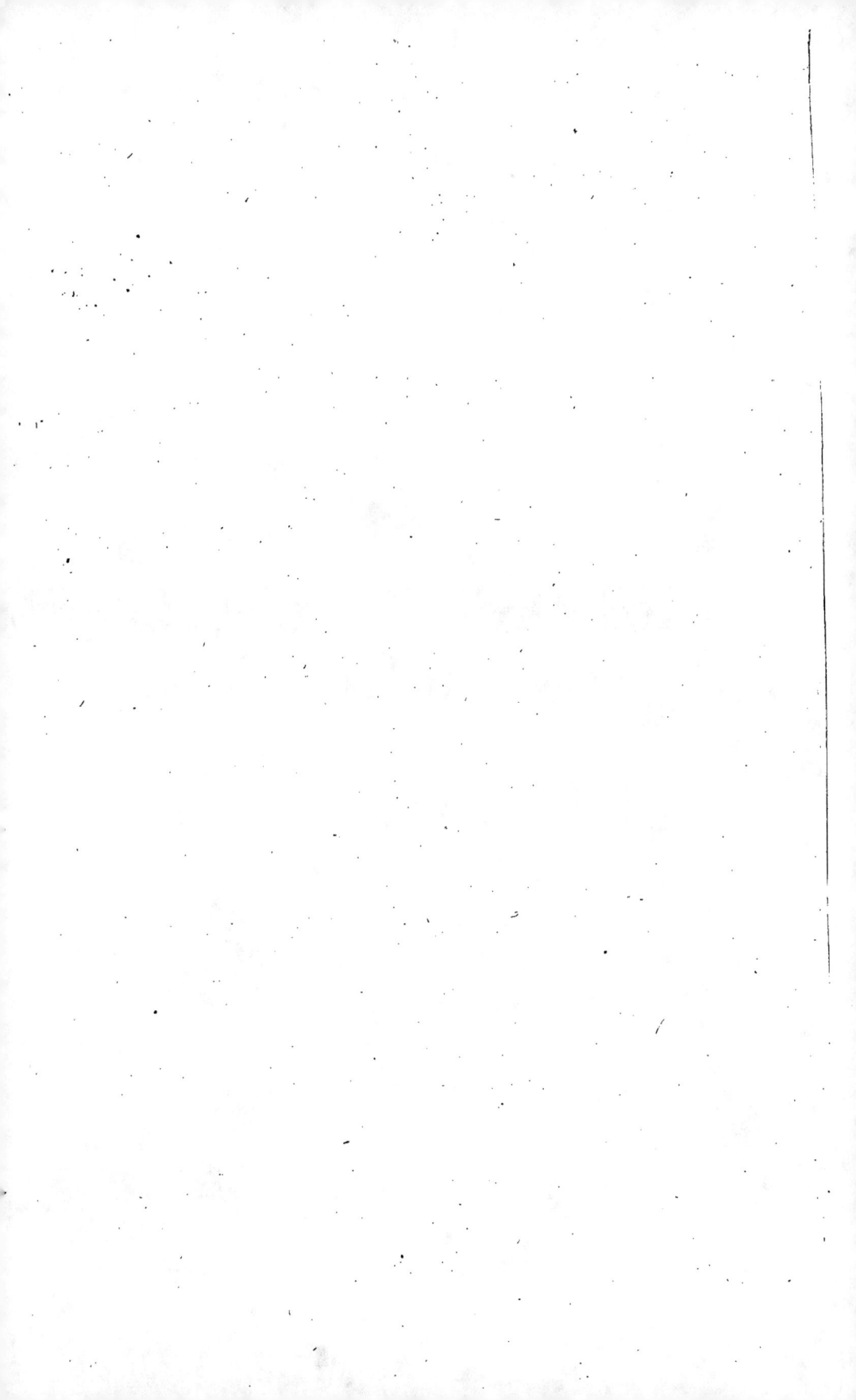

# DICTIONNAIRE UNIVERSEL

## DES CONNAISSANCES HUMAINES

POISSY. — TYPOGRAPHIE ARBIEU.

# DICTIONNAIRE

## UNIVERSEL

## DES CONNAISSANCES HUMAINES

avec la collaboration ou d'après les ouvrages de

MM. Azémard, Barbot (C.), Becherand, Becquerel, Biot, Blanc, Boitard, Bossu, Bouillet, Bourgain (E.),
Bourdonnay, Brierre de Boismont, Broussais (Fr.), Castaing, Cazeaux, Champollion, Charma,
Chatelain, Chomel, Conte, Cruveilher, Delecour, Delahaye, Descoings (A.)., Dubocage, Desparquets,
Dupasquier, Edwards (Milne), Elwart, Esquirol, Favre, Flourens, Gaillard (X.),
Garnier (Ch.), Geoffroy-Saint-Hilaire, Gossard, Guépin, Hienriech, Hervé, Jemonville, Joissel,
Jomard, Kramer, Larivière, Lagarrigue, Le Roi, Langlebert (Ad ), Lévy Alvarez, Louyet, Lunel mère (Mme),
Menorval, Mercé, Montémont (A.), Nodier (Ch.), Orbigny (D'), Pariset, Payen, Pelouze, Pétron,
Piorry, Prodhomme, Rédarez Saint-Remy, Richard (du Cantal), Rambosson, Rocques (Paul et Émile),
Sirven (de Toulouse), Thénot, Valenciennes, Vallin, Yvon, etc.

ILLUSTRÉ D'UN GRAND NOMBRE DE GRAVURES

SOUS LA DIRECTION DU DOCTEUR

# B. LUNEL

MEMBRE DE L'ACADÉMIE IMPÉRIALE DES SCIENCES DE CAEN

Ancien Médecin commissionné par le Gouvernement pour l'épidémie cholérique de 1854; ex-vice-Président de la classe des Sciences
à l'Académie des Arts et Métiers, Industrie, Sciences et Belles-Lettres de Paris; ancien Secrétaire général de l'Athénée des Arts;
Membre honoraire et Secrétaire perpétuel de la Société des Sciences industrielles, de la Société des Sciences
et des Arts, etc.; Membre de la Société des Archivistes de France; de la Société universelle des Sciences et des Lettres,
des Beaux-Arts de Paris; Membre de la Société de Secours des Amis des Sciences,
fondée par le baron Thénard; Membre correspondant de l'Académie royale de Chambéry;
de la Société universelle de Londres pour l'encouragement des Arts
et de l'Industrie; de la Société d'Émulation littéraire de Joigny; de la Société de l'Union des Arts de Nancy, etc.
LAURÉAT DE PLUSIEURS ACADÉMIES ET SOCIÉTÉS SAVANTES.

Ouvrage honoré de 3 Médailles d'Or.

TOME SEPTIEME

## PARIS

MAGIATY ET Cie, LIBRAIRES-ÉDITEURS

RUE NEUVE SAINT-AUGUSTIN, 22

1859

# DICTIONNAIRE

## UNIVERSEL

## DES CONNAISSANCES HUMAINES

**P**

SUITE

**PSYCHOLOGIE** (philosophie) [de *psuché*, âme, souffle, vie, et *logos*, discours, poëme, science]. — Science de l'âme, de l'esprit.

La *métaphysique* considère l'âme d'une manière abstraite, *à priori intuitu*. — L'*âme* est une substance non-physique, créée de Dieu, une, invisible, impérissable, inconnue dans son essence. — Unie à un corps temporaire, l'âme constitue l'homme, qui tient nativement d'elle le sentiment de son unité ou son *moi*, le besoin de connaître et d'aimer, l'intuition de Dieu et l'aspiration vers une existence immortelle: — L'âme conduit l'homme par les idées innées du juste et de l'injuste, du vrai et du faux, du bien et du mal, du beau et du laid, du droit et du devoir, du mérite et du démérite, du fini et de l'infini, etc. ; notions qui, réunies sous un point de vue général, s'appellent *raison*. Chaque homme a plus ou moins de raison, mais la raison pure est impersonnelle. La raison est absolue dans son *dictamen*, elle reflète la Divine Sagesse. — L'âme perçoit les sensations externes et internes, destinées à lui faire connaître les choses qui ne sont pas elle, ou le *non-moi*. — La métaphysique comprend dans le *non-moi* les organes du *moi*, ainsi que toute la nature. — L'âme est attentive à ces sensations; elle les compare entre elles; — elle en tire des déductions; — elle les combine de mille façons; — elle en conserve le sou-

venir; — elle les apprécie sous le triple rapport du bien, du vrai, de l'utile. — L'âme réunit dans un même travail ces modes de sentir et de penser. — Parfois, enfin, elle se dégage des liens corporels et elle exerce une activité purement spirituelle. — Ces états de l'âme sont représentés par les substantifs : perception, attention, comparaison, jugement, imagination, mémoire, conscience, réflexion, extase : entités logiques, que l'on appelle *facultés de l'âme*, ou *moral* de l'homme.

La *métaphysique* n'admet pas l'existence de l'âme chez les brutes. Elle leur accorde un principe pensant, d'origine immatérielle, mais d'une spiritualité inférieure. Elle le nomme *instinct*. — L'instinct est incapable de réflexion. — Ses opérations sont infaillibles dès la naissance de l'animal, elles ne se perfectionnent pas. — L'animal n'a aucune conception morale, aucune idée de mérite et de démérite; — il n'est ni sage ni pervers; — il est *irraisonnable*. — Voyez *Animal, Instinct*.

La *physiologie* considère l'âme d'une manière concrète, *à posteriori intuitu*. — L'âme se manifeste par les organes de la causalité, de la comparaison, de la bienveillance, de la merveillosité, de la vénération, de la conscienciosité, organes groupés à la partie fronto-sincipitale de la tête. — Ces organes sont les éléments manifestateurs de l'âme, qui se développe sous les conditions suivantes : 1° encéphale ayant atteint certaines dimensions; 2° sens internes et externes intacts; 3° relations multipliées avec l'extérieur ; 4° éducation ; 5° bonne santé.

L'âme n'est admise que par hypothèse, lorsqu'il y a idiotie, imbécillité, folie, surdi-mutité et cécité congénitales, léthargie. Elle exprime au contraire la suprématie humaine, lorsque le cerveau est élevé dans la partie fronto-sincipitale, et que l'éducation a exercé les facultés de perception et de réflexion.

La physiologie ou plutôt la physiosophie (1) embrassant tous les êtres doués de la vie, constate leur similarité, leur analogie, leur différence, et les classe sous ces trois points de vue. Cette méthode jette une grande lumière sur la science de l'esprit comme sur la science de la matière.

La vie a pour base un organisme contractile et sensible. La contractilité est une propriété de ce tissu; la sensibilité est une propriété de la matière nerveuse ou neurine qui entre dans sa composition. La vie est entretenue par la satisfaction donnée aux besoin de calorique, de nutrition, de motilité, de reproduction. C'est la substance nerveuse qui préside à ces besoins, lesquels poussent l'être vivant à se déplacer pour chercher la nourriture, la chaleur, un lieu propice à sa sécurité, à sa reproduction. C'est aussi la neurine qui procure à l'individu le sentiment de son identité, l'instinct de sa conservation et celui de sa défense.

Ces besoins, intra-organiques et de relation, sont communs au règne animal entier, depuis les plus simples zoaires, faussement qualifiés de zoophytes, jusqu'aux plus complexes ou primates et à l'homme lui-même.

Chez les radiaires, la matière nerveuse, réceptacle de la vie animale, se trouve mêlée aux autres éléments de l'organisme; elle est indistincte. Aussi le sentiment d'individualité est-il obscur : les instincts seuls se produisent.

Chez les zoaires qui possèdent une substance nerveuse formée en ganglions et en filets, tels que les helminthes, les relations intra et extra-organiques se compliquent. Le sentiment d'individualité se prononce; mais les sensations n'étant pas perçues par un centre, la vie intellectuelle demeure à l'état rudimentaire.

Les deux précédentes classes de zoaires sont donc instinctives et non intelligentes.

Dans les zoaires à encéphale il en est autrement. L'entendement commence à poindre chez ceux qui ont des ganglions intra-crâniens. Mais le sentiment

(1) La métaphysique est la connaissance de ce qui est au-dessus de la nature, de ce qui est séparé de toute matière. La physiosophie est la science naturelle, la sagesse selon l'être substantiel. Le langage de Dieu à l'homme est la nature interprétée par la physiologie, par la physique, et ce langage n'omet rien, ne trompe jamais. Les naturalistes font des abstractions, mais les subordonnent aux faits; ils abandonnent les vieilles, devenues fausses, pour en adopter de nouvelles qui expriment avec exactitude les choses mieux appréciées.

d'individualité ne se réfléchit qu'en raison du perfectionnement encéphalique. Chez les mammifères, il se montre avec évidence dans leurs communications de sexe à sexe, d'espèce à espèce, et surtout dans leur commerce avec l'homme. Les services que celui-ci tire des zoaires complétement encéphaliques, et les effets de l'éducation qu'il leur donne, suffisent à démontrer que le développement des facultés intellectuelles est constamment proportionnel au développement du cerveau.

Cette induction devient un axiome.

Les zoaires à cerveau sont donc instinctifs et intelligents. Leur existence est infiniment supérieure à celle des zoaires anencéphales; mais elle est inférieure d'autant à l'existence de l'homme, seul être moral, seul psychozoaire.

L'homme doit sa suprématie à des opérations intellectuelles, et, corrélativement, à des organes cérébraux qui lui sont propres. Presque entièrement assujetti à l'instinct pendant sa fœtalité et sa première enfance, il s'en dégage, en grandissant, pour se montrer intellectif. Il l'est d'abord comme les autres zoaires, acquérant par ses sens internes et externes la connaissance de l'extérieur, posant comme eux son moi par la réflexion et réglant sa conduite sur l'intérêt de ses fonctions instinctives.

Indépendamment de cette communauté, qu'il conservera toujours sous le point de vue des besoins impérieux, l'homme manifeste une autre existence. — Il exerce une double réflexion, c'est-à-dire que, après avoir comparé ses sensations et ses idées pour la satisfaction physique, il rapproche ces mêmes impressions et images d'une manière abstraite, afin d'en tirer des concepts moraux. Comme il éprouve de secrètes impulsions qui le font aimer, admirer l'univers, vénérer son Auteur; qui le portent à chercher le bien de son semblable en dehors de l'affection instinctive; qui, enfin, lui suggèrent le désir de l'ordre moral et du vrai; il emploie toutes ses facultés à contenter ces besoins supérieurs; il crée le langage, les arts, les sciences. Là est l'œuvre de l'âme, là est l'âme elle-même, don sublime fait à l'enfant chéri du ciel!

Ce don du Créateur est marqué sur le front, qui est haut chez l'homme et forme un angle droit avec le sinciput, tandis qu'il est déprimé chez l'animal et forme un angle aigu. Pour développer l'âme, il faut activer l'action de la partie antéro-supérieure du cerveau, laquelle est très-saillante dans l'enfance.

Les actes manifestateurs de l'âme ne s'observent pas lorsque l'encéphale a subi un arrêt de développement dans cette région.

L'animalité comprend ainsi trois ordres d'êtres :

Les instinctozoaires, ou ceux qui n'ont pas de système nerveux encéphalique prononcé, et sont simplement instinctifs.

Les noozoaires, ou ceux qui possèdent un cerveau et manifestent de l'instinct et de l'intelligence (noos esprit).

Les psychozoaires, ou l'homme, avec ses genres, jouissant d'un instinct, d'une intelligence et d'une âme, parce que l'encéphale a reçu chez lui un développement complet.

Descartes, après Galien, regarda comme centre des opérations de l'âme la *glande pinéale*, située entre les ventricules mésencéphaliques (1). Conception malheureuse, surtout pour les cartésiens, car d'autres zoaires partagent avec nous l'avantage d'avoir un *conarium*, et cette glande 's'encombre de dures concrétions sans dommage pour l'intelligence. La nature montre que l'âme réside au front, puisqu'elle le fait proéminer en raison de l'aptitude à la méditation philosophique. Ce rapport a été constaté. L'expérience prouve que l'exercice des facultés réflectives développe la moitié supérieure du front, même après l'âge de soixante ans. Cette observation a été faite sur mon père. C'est une vérité acquise, confirmée par l'inverse, c'est-à-dire par l'atrophie de la région fronto-sincipitale résultant du non-exercice de l'âme.      FRANÇOIS BROUSSAIS.

PUCE (zoologie) [*pulex*]. — Insecte aptère et para-

une petite coque soyeuse, d'une finesse extrême, d'où elles sortent à l'état parfait dix à douze jours après, ou quelquefois plus tard, selon la température. » — Une espèce, qui a le bec beaucoup plus long, a reçu le nom de *chique*. — Voyez ce mot.

**PUGILAT** (gymnastique) [du latin *pugilatus*, dérivé de *pugnus*, poing, combat à coups de poing.] — Le pugilat était le combat où deux athlètes se battaient à coups de poing.

Les Grecs furent les premiers à cultiver le pugilat, et le perfectionnèrent au point d'en former un art particulier, qui avait ses règles et ses finesses, dont on s'instruisait sous des maîtres. Cet exercice était modéré, lorsqu'il se faisait avec le poing nu ; mais, quelquefois les athlètes tenaient dans leurs mains ou une pierre, ou une grosse balle de plomb, et alors l'exercice devenait plus dangereux. Il devint bien plus terrible encore lorsque, chez les Romains, les combattants couvrirent leurs poings d'armes offensives, appelées *cestes*, et leur tête d'une espèce de calotte

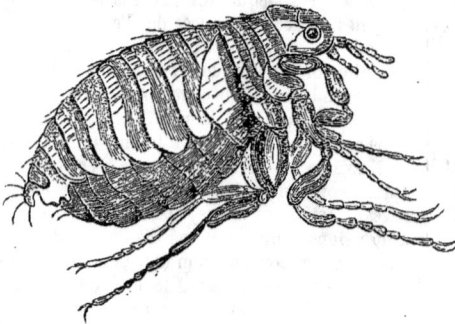

Fig. 1re. — Puce.

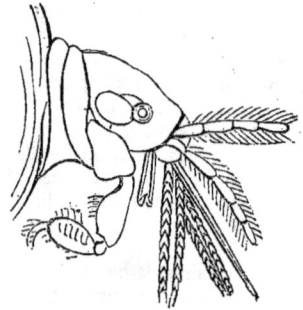

Fig. 2. — Tête grossie.

site, de l'ordre des suceurs, dont la bouche est armée d'un suçoir composé de trois pièces, renfermées entre deux lames articulées et disposées en forme de bec cylindrique et conique. «Leur corps est ovalaire, comprimé, et revêtu de téguments assez solides. La tête est petite, et présente, de chaque côté, un œil arrondi. Les pattes, au nombre de trois paires, dont la première s'insère presque sous la tête, sont fortes et disposées pour le saut. La puce commune se nourrit du sang de l'homme et de plusieurs animaux domestiques. La femelle est beaucoup plus grande que le mâle et pond une douzaine de petits œufs arrondis et un peu allongés, qu'elle laisse tomber où elle se trouve. En sortant de l'œuf, les jeunes puces sont privées de pieds, et ont la forme de petits vers blanchâtres. Ces larves, très-vives, très-agiles, roulées en cercle ou en spirale, deviennent rougeâtres, et se renferment, au bout d'une douzaine de jours, dans

destinée à garantir surtout les tempes et les oreilles.

**PUISSANCE PATERNELLE** ( droit). — Droit fondé sur la nature, donné par la loi aux pères et mères sur la personne et les biens de leurs enfants.

L'enfant, à tout âge, doit honneur et respect à ses père et mère. (C. civ., art. 371.)

L'enfant reste sous l'autorité de ses père et mère jusqu'à sa majorité ou son émancipation. Le père seul exerce cette autorité durant le mariage. (C. civ., art. 372 et 373.)

L'enfant ne peut quitter la maison paternelle sans la permission de son père, si ce n'est pour enrôlement volontaire, après l'âge de dix-huit ans révolus. (C. civ., art. 374.)

Aux termes de l'art. 5 de la loi du 18 mars 1818, le mineur qui n'a pas atteint sa dix-huitième année ne peut souscrire un enrôlement volontaire.

Si la nature et les lois civiles donnent aux pères, sur leurs enfants, une autorité de correction, elles ne leur confient pas le droit d'exercer sur eux des violences ou mauvais traitements qui mettent leur

----

(1) Lieu où affluent les *esprits animaux* par plusieurs lacis vasculaires.

vie ou leur santé en péril. (C. cass., 17 déc. 1819.)

Si l'enfant est âgé de moins de seize ans commencés; le père peut le faire détenir pour un temps qui ne peut excéder un mois; et, à cet effet, le président du tribunal d'arrondissement devra, sur sa demande, délivrer l'ordre d'arrestation. (C. civ.; art. 376.)

— Depuis l'âge de seize ans commencés jusqu'à la majorité ou l'émancipation, le père peut seulement requérir la détention de son enfant pendant six mois au plus; il doit s'adresser au président du tribunal d'arrondissement, qui, après en avoir conféré avec le procureur impérial, délivre l'ordre d'arrestation ou le refuse, et peut, dans le premier cas, abréger le temps de la détention requis par le père. (C. civ., art. 377.)

Il ne doit y avoir, dans les deux cas prévus par les art. 376 et 377, aucune écriture ni formalité judiciaire, si ce n'est l'ordre même d'arrestation, dans lequel les motifs ne seront pas énoncés. Le père sera seulement tenu de souscrire une soumission de payer tous les frais, et de fournir les aliments convenables. (C. civ., art. 378.)

**PUITS.** — Ouverture circulaire creusée perpendiculairement dans la terre jusqu'à ce qu'on trouve une source dont l'eau coule sur un lit de glaise ou de roche, ou autre matière imperméable, dans laquelle on creuse à la profondeur de quelques pieds, pour former un bassin dans lequel se rassemble l'eau qui suinte des couches de terre supérieures.

Dans les travaux des mines, on nomme puits ou *bures* des ouvertures carrées, creusées perpendiculairement dans la terre, et revêtues de charpentes pour empêcher les éboulements. Ces puits servent ordinairement à plusieurs usages, et sont d'une grandeur assez considérable : on leur donne jusqu'à 3 mètres sur 1 m. 30 c. de largeur. Ils servent, soit au passage des ouvriers, soit à extraire les eaux ou le minerai, et sont disposés suivant l'usage auquel on les destine. Ceux qui servent au passage des ouvriers sont garnis d'échelles perpendiculaires de 8 à 10 mètres de longueur, au pied desquelles est un repos, et, à côté, un puits semblable au précédent, et ainsi jusqu'au fond de la mine, qui a souvent 160 à 200 mètres de profondeur, et quelquefois bien davantage.

Ceux qui sont destinés à l'extraction du minerai, vont, sans interruption, jusqu'aux galeries où se font les travaux.

Les puits à air ou *puits d'airage* sont uniquement destinés à changer l'air des souterrains au moyen d'un tuyau, qui monte depuis le fond de la mine jusqu'au jour, où l'air des souterrains est pompé au moyen d'un fourneau placé sur l'ouverture du puits.

L'art de forer les puits artésiens n'est pas nouveau. « Dès la plus haute antiquité on en a creusé en Égypte, dans les oasis du Sahara africain, en Syrie, en Médie, en Perse, en Chine. Toutefois, ce n'est qu'en 1126 qu'a été creusé, en France, le plus ancien puits foré connu, celui d'un couvent des Chartreux, à Lilliers (Pas-de-Calais); et ce n'est que depuis 1818 que, sur un rap-

port de M. Héricart de Thury, l'art de forer prit de l'importance. La sonde, dont on se sert pour cette opération, consiste en une sorte de vis de forme diverse, emmanchée au bout de tiges rigides en fer, que l'on allonge à mesure que l'on creuse. MM. Mulot et Degousée, en France, Kind, en Allemagne, ont apporté de grands perfectionnements à cet appareil. M. Triger a inventé un appareil de forage qui a été couronné par l'Académie des sciences en 1852. — Le forage du puits de Grenelle, à Paris, confié à MM. Mulot et Degousée, a duré sept ans (du 1er janvier 1834 au 26 février 1841). L'eau sort de la profondeur de 547 mètres : elle fournit 4,600 litres par minute. Le puits de Prégny, près de Genève, a 220 mètres environ de profondeur; celui de Mondorff, dans le Luxembourg, en a 730. »

**PUNAISE** (zoologie). — Genre d'insecte hémiptère, dont l'espèce la plus commune est la punaise des lits (*cimex lectularius*), bien connue de tout le monde par l'irritation que cause sa morsure et l'odeur infecte qu'elle exhale. On la trouve surtout dans l'Europe tempérée, dont elle infeste les habitations. « Cachée, pendant le jour, dans les papiers de tenture, dans les fissures des murailles et des boiseries, dans les sangles des lits, dans les plis des rideaux, etc., elle en sort la nuit et se dirige vers les personnes endormies, et, après s'être gorgée de sang, regagne sa retraite avec le jour. L'irritation que cause la morsure de ces insectes est due à un liquide corrosif que sécrètent leurs glandes salivaires. Cet insecte peut vivre très-longtemps, même une année entière, sans prendre de nourriture. On a imaginé toutes sortes de moyens pour se débarrasser de ces hôtes incommodes : il faut, avant tout, leur faire une chasse opiniâtre. On peut aussi laver les lits et les murailles avec de l'essence de térébenthine ou une dissolution alcoolique de sublimé corrosif. L'insecticide Vicat, expérimenté par un grand nombre de sociétés savantes françaises et étrangères, est le moyen qui a donné les meilleurs résultats. — On a prétendu, mais sans fondement suffisant, que ces insectes étaient inconnus en Europe avant la découverte de l'Amérique, et qu'ils auraient été importés du nouveau continent. Dans cette hypothèse, il faudrait dire ce qu'était le *cimex* des anciens. »

**PUNITIONS DISCIPLINAIRES DANS L'INTÉRIEUR DES CORPS DE TROUPE** (art militaire). — Le titre de notre article porte en lui sa définition. Vous appartenez à l'armée; vous manquez aux lois de la discipline; une peine vous atteint: cette peine est une punition disciplinaire. Il s'agit ici de la répression de fautes, le plus souvent très-légères, et non de délits, non de crimes, passibles les uns et les autres des tribunaux militaires.

I. Une armée digne de ce nom n'a jamais existé sans discipline. Les meilleures armées sont celles où la discipline est le mieux comprise, le mieux assise, le plus habilement appliquée.

Qu'est-ce que la discipline, et que veut-elle?

— CE QU'ELLE EST? — C'est la fusion de l'intérêt individuel dans l'intérêt général; c'est la première, la

plus belle, la plus honorable de toutes les vertus militaires, celle qui ne recule devant aucun obstacle,
devant aucune difficulté, devant aucune abnégation,
devant aucun dévouement; c'est, en un mot, l'âme
et le corps d'une armée. C'est elle qui, au célèbre
passage des Thermopyles, cernée de toutes parts par
les innombrables phalanges de Xerxès, ayant à choisir entre la mort et l'esclavage, dicte la mort aux
trois cents braves de Léonidas; et ces trois cents
héros meurent avec leur indomptable chef, les armes
à la main, en immolant des milliers de Perses à la
Grèce.

C'est la discipline qui, dans des moments suprêmes, où sa défaillance pourrait perdre un empire,
arme le chef du plus terrible, mais du plus juste, du
plus nécessaire pouvoir. « Laudon (1), dit Custine
lors des discussions du comité militaire de l'Assemblée constituante, Laudon commandait vingt-cinq
mille Hongrois campés à peu de distance de l'ennemi,
et tout prêts à passer dans le camp prussien; si leurs
chefs s'obstinaient à leur faire prendre une coiffure
qui leur répugnait. Les généraux autrichiens, réunis
en conseil de guerre, opinaient pour qu'on capi-
tulât avec cette mutinerie. Laudon se persuade qu'il
en faut triompher, et il s'en charge seul : il fait
prendre les armes aux mutins, fait apporter des
caisses de nouvelles coiffures, s'adresse au caporal,
qui tient la droite de la ligne et lui ordonne de se
coiffer; sur son refus, il le tue. Il passe à l'homme
suivant, et punit de même la même désobéissance.
Le troisième se décide à la soumission; l'armée se
coiffe et l'ordre renaît. »

— CE QU'ELLE VEUT? — Son but essentiel est de
faire prévaloir, dans l'intérêt de la nation, une seule
volonté pour l'exécution des lois, des règlements
militaires. Ses nœuds sont si bien formés que, dans
tous les grades, dans toutes les positions, ils se prêtent un mutuel, un vigoureux appui. A l'autorité
qui commande est due une obéissance absolue, immédiate, sans la moindre observation. Que deviendrait l'armée s'il était permis aux subordonnés de
délibérer (2), de discuter la valeur d'un ordre donné?

(1) Feld-maréchal et généralissime des armées autri-
chiennes, né en 1716, mort le 14 juillet 1790, fut, en 1770,
présent à l'entrevue de Joseph II et du roi de Prusse.
Comme il prenait à table la dernière place, le grand Frédéric qui l'avait comblé d'égards, lui dit : « Mettez-vous
ici, monsieur de Laudon; j'aime beaucoup mieux vous
avoir à côté de moi qu'en face. »

(2) Ce serait mettre en suspicion le caractère, la loyauté
de tous les supérieurs, depuis le caporal jusqu'aux plus
hautes sommités de la hiérarchie militaire; ce serait, en
quelque sorte, ressusciter contre eux la fameuse loi des
suspects rendue par la Convention, le 17 septembre 1793,
et abolie par elle le 4 octobre 1795, loi qui nous rappelle
la courageuse protestation formée contre elle par le promoteur de l'attaque, de la ruine de la Bastille, l'héroïque Camille Desmoulins, qu'un infâme tribunal révolutionnaire devait envoyer bientôt à l'échafaud.

Dans son journal, le Vieux Cordelier, il fit un tableau
saisissant d'à-propos et de vérité, de la tyrannie présente
sous le nom d'une tyrannie passée. Mettant en scène le

Elle préparerait, elle consommerait sa propre ruine
avec celle de la patrie.

Il n'est pas nécessaire de porter l'épée ou le mousquet pour sentir cette vérité : elle frappe de son évidence, elle éblouit de son éclat quiconque a reçu et
conservé toute sa part de sens commun.

Après le cataclysme de février 1848, amené — on
le sait — par les jongleries d'un parlementarisme
avide d'honneurs et d'argent, d'argent surtout, mais
peu soucieux de la dignité de la France, on vit des
héros d'estaminet outrager, en pleine Assemblée
nationale, la discipline de notre armée. Elle trouva
de nobles défenseurs dans tous les rangs. Le plus
grand poète du siècle, Lamartine, qui, dans les plus
mauvais jours des premiers mois du règne éphémère de la révolte, sut plus d'une fois par son maintien, par son intrépidité, par son entraînante éloquence, museler les fureurs du brigandage, parle
ainsi, en juin 1851, dans les colonnes du journal le
*Pays*, des droits, des devoirs du soldat; et, par soldat,
nous entendons ici tout membre de la noble famille
militaire régie par une législation égalitaire qui
s'applique au sommet comme à la base de l'édifice,
et en vertu de laquelle le général obéit religieusement au maréchal de France, le maréchal au ministre de la guerre, le ministre de la guerre à l'Empereur, comme le simple soldat au caporal : « Nous
avons été profondément affligés, dit Lamartine, par
les deux dernières séances de l'Assemblée. . . . . .

. . . . . . . . . . . . . . . . . . . . . . . . . . . . . . . . . . . . .

» Comme citoyen isolé, le soldat a le droit et le
devoir d'avoir une opinion, de penser, de parler, de
voter, d'agir dans la plénitude de sa liberté, conformément à cette opinion consciencieuse de son
esprit. Son libre arbitre est la loi.

» Comme citoyen soumis à la loi exceptionnelle et
nécessaire de la subordination et de la discipline, il
n'a plus d'opinion, plus de délibération avec lui-
même; il n'a qu'un devoir : obéir à la loi person-

despotisme des empereurs romains, il montre partout
l'effet de la *loi* des *suspects* :

« Un citoyen avait-il de la popularité? c'était un rival
du prince, qui pouvait susciter une guerre civile. Suspect.
— Fuyait-on, au contraire, la popularité, et se tenait-on
au coin de son feu? Cette vie retirée vous avait fait remarquer. Suspect. — Étiez-vous riche? Il y avait un péril
imminent que le peuple ne fût corrompu par vos largesses. Suspect. — Étiez-vous pauvre? Il fallait vous surveiller de bien près : il n'y a personne d'entreprenant
comme celui qui n'a rien. Suspect. — Étiez-vous d'un
caractère sombre, mélancolique et d'un extérieur négligé?
Ce qui vous affligeait, c'est que les affaires publiques allaient bien. Suspect. — Un citoyen se donnait-il du bon
temps et des indigestions? C'est parce que le prince allait
mal. Suspect. — Était-il vertueux, austère dans ses mœurs?
Il faisait la censure de la cour. Suspect. — Était-ce un
philosophe, un orateur, un poète? Il lui convenait bien
d'avoir plus de renommée que ceux qui gouvernaient!
Suspect. — Enfin s'était-on acquis une réputation à la
guerre? On n'en était que plus dangereux par son talent;
il fallait se défaire du général ou l'éloigner promptement de
l'armée. Suspect.

nifiée dans son chef militaire, obéissant lui-même à son chef civil. Pourquoi cette différence entre l'homme individu et le citoyen ou le soldat membre d'un corps social? C'est que la volonté personnelle est la loi de l'individu agissant dans le domaine individuel, et que la volonté de la majorité est la loi des citoyens ou des soldats agissant dans le domaine public.

» Voilà toute la logique de la subordination de l'armée. Si on en admettait jamais une autre, il faudrait à l'instant désarmer l'armée, car elle ne serait plus que l'anarchie sous les armes, la tyrannie individuelle soldée, enrégimentée, agglomérée, pour imposer ses volontés diverses, mobiles, irrésistibles, au corps social. Chaque soldat serait le *prétorien* de son opinion, le *janissaire* de sa conscience, le révolté et l'oppresseur à la fois de sa patrie. Cela ne se discute pas, cela se sent. Heureuses les lois qui ont l'évidence pour contre-épreuve! Celle-ci est si foudroyante de conviction qu'elle n'a été mise en question dans aucun pays et à aucune époque du monde. Un dilemme va vous en convaincre, le voici:

» Ou l'armée est au-dessous de la loi;

» Ou l'armée est au-dessus de la loi;

» Si l'armée est subordonnée à la loi, elle doit lui obéir, et si l'armée est désobéissante à la loi, il n'y a plus de loi: l'armée elle-même devient la loi unique, car elle est la force suprême. La désobéissance facultative de l'armée ne serait donc que la souveraineté de la force. . . . . . . . . . . . . . .

. . . . . . . . . . . . . . . . . . . . . . . . . .

» Disons la vérité: il y a des mystères au commencement et à la fin de toutes ces discussions qui touchent au fondement métaphysique des sociétés humaines; ces mystères ne sont jamais impunément sondés, car l'esprit humain y rencontre certains problèmes que le raisonnement est impuissant à résoudre, et qui ne se résolvent jamais que comme Dieu lui-même se résout dans la foi des hommes: « Je suis parce que je suis. » La sagesse des législateurs, et surtout des soldats, consiste à éviter ces problèmes, et à s'en rapporter au bon sens. . . . .

. . . . . . . . . . . . . . . . . . . . . . . . . .

» Qui donc osera sonder cet abîme? Dieu seul. Qui donc, dans d'autres cas semblables à ceux-ci, déclare le droit ou le crime d'une désobéissance? Deux seuls juges: la conscience du genre humain et Dieu dans le ciel. Mais de ces deux juges, l'un est invisible et ne prononce qu'après nous; l'autre est visible, mais ne prononce que par un fait sans logique et sans réplique, les révolutions. Qui osera affronter l'un ou l'autre de ces deux juges? Nul être moral et raisonnable; et voilà pourquoi nous avons tous écrit dans toutes les langues et nous écrirons, tant que la société existera, ces trois mots mystérieux, mais évidents, au frontispice de tous nos codes militaires:

» *Obéissance passive de l'armée.* »

Ce principe sacré n'admet aucune espèce de commentaire; modifiez-le, vous n'aurez plus de subordination, sans subordination, point d'armée, sans

armée pas de nationalité, pas de société possible. C'est dès lors l'anarchie, c'est le chaos.

L'autorité seule est responsable des ordres qu'elle donne. Mais au subordonné qui, d'abord, est tenu d'obéir, est ouvert le droit de réclamer contre tout acte qui lui semblerait arbitraire; et sa réclamation, remontant au besoin tous les degrés de l'échelle hiérarchique, pourrait arriver jusqu'aux pieds mêmes du Trône Impérial.

Quels sont les moyens employés pour maintenir dans les rangs de notre armée cette admirable discipline qui fait sa force, la fait respecter dans l'intérieur, prépare ses succès, lui assure la victoire, quand l'honneur du pays la conduit au delà des frontières pour courir sus à l'ennemi? Ce ne sont pas seulement les punitions infligées aux infractions à la règle; ce sont surtout les récompenses décernées au mérite; ce sont les moyens employés pour exciter l'émulation, pour faire aimer la vie militaire qui a naturellement tant d'attraits pour des cœurs français; c'est surtout la conscience du devoir si puissant dans une armée patriote, toute dévouée à l'Empereur, à sa nationale dynastie, — dans une armée qui se recrute dans toutes les classes de la nation, dont elle est le plus saisissant reflet, la plus fidèle image.

Il n'en a pas toujours été ainsi.

Mais si, à toute époque, si du temps même de César, le soldat né sur le sol que nous foulons avait pour caractère distinct la vivacité, l'intelligence, la bravoure; s'il était, comme aujourd'hui, impétueux dans l'attaque, bouillant dans le combat, généreux à l'égard de l'ennemi, plein de reconnaissance, d'entraînement pour ses valeureux chefs, à quelle grandeur devaient tout à coup s'élever ces nobles qualités, le jour où 89, broyant des milliers d'injustes, d'odieux privilèges, proclama ses immortels principes! — le jour où l'Assemblée nationale, frayant le passage à l'expansion des éternelles vérités du divin livre des chrétiens, remplit le plus sublime apostolat, fit crouler la tyrannie sapée par la philosophie, et surtout par les efforts continus du catholicisme, foudroya la satanique féodalité, mit la première en action, avec l'évangélique fraternité, la sainte égalité devant la loi! Que d'illustres généraux le Dieu des armées fit alors surgir des rangs plébéiens jusqu'alors frappés d'un sacrilège mépris! Le principe de l'égale admissibilité de tous les Français aux dignités militaires, posé dans la Constitution de 1791, enfanta des prodiges, éleva parfois les plus obscurs soldats aux grades supérieurs de l'armée. Le double système de recrutement et d'avancement introduit dès lors dans l'armée, et maintenu jusqu'à nos jours dans toutes ses importantes dispositions, fit la grandeur de notre France qui, organisée par le génie de son empereur, eût pu et avec plus de justesse, renouveler ces mots des fiers Gaulois: *Si le ciel venait à tomber, nous le soutiendrions de nos lances.* A ce génie, au génie surhumain de Napoléon Ier, embrassant dans ses vastes aspirations tous les intérêts matériels et moraux de la démocratie, était réservé de faire pénétrer profondément cet impérissable principe dans nos mœurs, dans nos lois modernes. L'un des actes qui vint surtout l'affermir, l'entourer d'une auréole de gloire, ce fut la création de la Légion d'honneur. « L'institution de la Légion d'honneur, dit M. Thiers dans son *Histoire du Consulat et de l'Empire*, ne compte guère plus de quarante ans, et elle est déjà consacrée comme si elle avait traversé les siècles, tant elle est devenue, dans ces quarante ans, la récompense de l'héroïsme, du savoir, du mérite en tout genre! tant elle a été recherchée par les grands et les princes de l'Europe les plus orgueilleux de leur origine! Le temps, juge des institutions, a donc prononcé sur l'utilité et la dignité de celle-ci. Laissons de côté l'abus qui a pu être fait quelquefois d'une telle récompense, à travers les divers régimes qui se sont succédé, abus inhérent à toute récompense donnée par des hommes à d'autres hommes, et reconnaissons ce qu'avait de beau, de profond, de nouveau dans le monde, une institution tendant à placer sur la poitrine du simple soldat, du savant modeste, la même décoration qui devait figurer sur la poitrine des chefs d'armée, des princes et des rois. Reconnaissons que cette création d'une distinction honorifique était le triomphe le plus éclatant de l'*égalité* même, non de celle *qui égalise les hommes* en les abaissant, mais de celle qui les égalise *en les élevant*; reconnaissons enfin que, si, pour les grands dignitaires de l'ordre civil et militaire, elle pouvait bien n'être qu'une satisfaction de vanité, elle était, pour le simple soldat rentré dans ses champs, l'aisance du paysan, en même temps que la preuve visible de l'héroïsme. »

*L'égalité qui égalise les hommes en les élevant!* Est-il rien de plus beau, de plus conforme à l'esprit profondément chrétien de la Révolution? Quand les Gallo-Romains furent vaincus par de sauvages Germains, ceux-ci leur enlevèrent leurs biens, leur liberté! et les réduisirent à la plus infime, à la plus désespérante condition! Lorsque, quatorze siècles plus tard, une *bataille* (1) *décisive* donna la victoire aux Gallo-Romains, ceux-ci prompts à pardonner les plus humiliants affronts, les plus dures injures, les

(1) « La Révolution a été une guerre, la vraie guerre, telle que le monde la connaît entre peuples étrangers. Depuis plus de treize siècles, la France en contenait deux, un peuple vainqueur et un peuple vaincu. Depuis plus de treize siècles, le peuple vaincu luttait pour secouer le joug du peuple vainqueur. Notre histoire est l'histoire de cette lutte. De nos jours, une bataille décisive a été livrée; elle s'appelle la Révolution, etc. (*Du Gouvernement de la France*, par F. Guizot; Paris, 1820.) »

A ces paroles si vraies, si justes de M. Guizot, ajoutons que, si les grandioses constitutions de notre Empire se pénétrèrent du véritable esprit, de l'esprit éminemment évangélique de la Révolution, elles ne se laissèrent approcher d'aucune des monstrueuses, des sanglantes souillures dont un certain nombre de scélérats profanèrent 89, cette grande époque qui devait préparer au genre humain, surtout à la France, une époque encore plus grande, celle de l'avènement de la dynastie napoléonienne, sortie des entrailles d'une nation de héros!

crimes les plus affreux, entassés sur leurs ancêtres et sur eux-mêmes, n'hésitèrent pas un instant à élever les vaincus à leur niveau (1). Dès lors, sur l'antique sol de nos ancêtres, il n'y eut plus qu'une seule nation, LA GRANDE ET GLORIEUSE NATION FRANÇAISE.

II. *Punitions disciplinaires chez les anciens et dans le moyen âge.*

D'après l'opinion de Valère Maxime, fondée, du reste, sur les sentiments, sur la pratique des plus grands capitaines de l'antiquité, *le maintien de la discipline militaire exige une dure, une impitoyable répression.* (*Aspero et abscisso castigationis genere militaris disciplina indiget.*) Il en rapporte plusieurs exemples tirés de l'histoire romaine et de l'histoire grecque. Cette sévérité s'appliquait aux militaires de tout grade, sans en excepter les plus hautes sommités de la hiérarchie, surtout quand elle avait à punir la désobéissance, l'insubordination, l'insuccès causé par la négligence ou par la lâcheté. Le dictateur Posthumius livre à la mort son propre fils, son fils chéri, pour avoir quitté son poste sans attendre ses ordres; et ce poste, il l'avait quitté pour combattre l'ennemi, qu'il avait défait.

*Imperia manliana*, les ordres de Manlius, étaient deux mots passés en proverbe à Rome, pour exprimer une excessive rigueur, et cela parce que, entre autres arrêts de mort, ce général avait prononcé celui de son fils, un intrépide guerrier, revenu vainqueur d'un combat singulier qu'il avait accepté, sans l'autorisation préalable de son père, contre Metius, général des troupes de Tusculum. Le dictateur Papyrius fait battre de verges par ses licteurs, en présence des troupes, Quintus Fabius Rullianus, pour avoir fait marcher, sans en avoir reçu l'ordre, ses troupes contre les Samnites, qu'il avait pourtant taillés en pièces.

Caïus Titius, général de la cavalerie romaine, se laisse envelopper par les ennemis, leur rend ses armes, se laisse prendre avec quelques-uns de ses soldats. Que fait, pour punir cette lâcheté, le consul Calpurnius Pison, chef de l'armée? Il fait revêtir Caïus Titius d'un habit en lambeaux, et le condamne, pour tout le reste de la campagne, à monter chaque jour la garde nu-pieds; il lui défend, en outre, la promenade, l'usage des bains, toute espèce de communication avec le personnel de l'armée. De plus, la troupe d'élite que Titius avait commandée est cassée; les chevaux sont ôtés aux cavaliers, et ceux-ci vont désormais combattre avec les *frondeurs*, qui formaient le corps le moins considéré de l'armée.

César débarque dans la Grande-Bretagne. Un soldat romain, nommé Sceva, est mis en faction sur un rocher, dans la mer, assez loin du rivage. A la descente de la marée, un grand nombre d'ennemis accourent,

(1) « La démocratie, disait Napoléon Ier, peut être furieuse; mais elle a des entrailles; on l'émeut; pour l'aristocra ie, elle demeure toujours froide, elle ne pardonne jamais. » (*Mémorial de Sainte-Hélène*, par le comte de Las-Cases, 1823, 7e volume, page 161.)

l'attaquent avec fureur; Scéva leur oppose la plus énergique résistance, en tue plusieurs; son casque est brisé sous une grêle de pierres, son bouclier mis en pièces par les flèches, son corps criblé de blessures; — impossible de tenir plus longtemps; il se jette à la mer, nage avec peine, gagne enfin la terre, où il est accueilli par les enthousiastes acclamations de ses compagnons d'armes, qui avaient été témoins de son indomptable courage. Toutefois, il paraît en tremblant devant César, se prosterne à ses pieds, le supplie de lui pardonner d'avoir abandonné son bouclier. Cette fois la discipline devait fléchir; elle dut pardonner : elle pardonna; César relève Scéva, loue son courage, son respect de la discipline, le nomme centurion.

Qu'un corps entier abandonne son poste, oh! pour le coup, la rigueur du châtiment ne connaît plus de bornes. On décime la cohorte, la légion qui a failli : c'est du moins, d'après Polybe, la peine prononcée le plus souvent. La bastonnade est donnée aux malheureux désignés par le sort; le reste est privé de blé dans la distribution, et ne reçoit que de l'orge. Tous sont relégués hors du camp, exposés ainsi aux attaques, aux insultes de l'ennemi, dont ils se défendent comme ils peuvent. La même punition est infligée à la cohorte qui se laisse enlever son aigle.

On ne peut lire sans éprouver un indicible frissonnement d'horreur, certains détails de la puissance pénale illimitée des anciens : elle va parfois jusqu'à priver les suppliciés de la sépulture. Au rapport de Frontin, de Modeste, de Valère-Maxime, une flétrissure de cette espèce vient atteindre la légion de Campanie, pour avoir, sans ordre, ravagé Rhégium, aujourd'hui Reggio. Cette malheureuse légion, forte de quatre mille hommes, est conduite à Rome, condamnée par le peuple même à périr : elle est massacrée jusqu'au dernier soldat. En présence de ces meurtres, accomplis à raison de cinquante légionnaires par jour, les parents, les amis des victimes doivent rester silencieux, impassibles : le sénat leur défend même de pleurer ! ! !

Dans les premiers siècles de notre monarchie, dans le moyen âge, les punitions étaient régies par l'arbitraire. C'est ainsi que Clovis, inspectant les armes d'un soldat et ne les trouvant pas en bon état, tua ce malheureux de sa propre main. C'était un prétexte, un acte de vengeance. Chez les Francs, une loi de la guerre voulait le partage égal du butin entre tous les combattants. Le roi lui-même n'avait que la part qui lui était assignée par le sort. Après la bataille de Soissons, en 486, Clovis s'apprêtant à retirer du butin un vase d'or, pour l'offrir à saint Rémy, archevêque de Reims, un Franc frappa le vase de sa hache : « Tu n'auras du butin, s'écria-t-il, que ce que le sort t'accordera. » C'est ce soldat qui périt, un peu plus tard, des mains de son roi.

Ce même prince, allant combattre Alaric, roi des Visigoths, défend, sous peine de mort, de rien prendre sans payer, excepté l'eau et l'herbe, sur le territoire de l'église de Saint-Martin. Un soldat ayant enlevé du foin à un paysan, sous prétexte que du foin n'était autre chose que de l'herbe, Clovis le fit massacrer sur-le-champ. Pas le moindre désordre ne signala le passage de l'armée dans cette contrée.

Avant le quatorzième siècle, on ne trouve rien qui traite de la discipline; et, dans le cours de ce siècle, il est à peine permis de s'arrêter sur l'ordonnance rendue, en 1373, par Charles V, sur les gens d'armes. François Ier, Henri II et leurs successeurs sévirent surtout contre le vol, qui était puni de la potence, même à l'égard des gens d'armes, qui étaient presque tous gentilshommes (1). Les passe-volants (2), reconnus pour tels, dans les montres ou revues d'effectif, étaient pendus; on destituait le capitaine de la compagnie où l'on en avait trouvé; et l'homme d'armes absent pour qui le passe-volant avait répondu à l'appel, était banni.

### III. Punitions après le moyen âge.

L'ordonnance de François Ier, constitutive des légions provinciales, condamne tout soldat coupable de blasphème, à être attaché au carcan pendant six heures; à la troisième faute de cette nature, il avait la langue percée d'un fer chaud; il était, en outre, chassé pour toujours de la légion. Cette pénalité fut maintenue par une ordonnance de Louis XIV (3).

(1) La cavalerie des gens d'armes, qu'on appelait aussi compagnies d'ordonnance et gendarmerie, fut instituée en 1445 par Charles VII, forma un corps de 9000 hommes, et se composa presque exclusivement de nobles. Elle a joué le principal rôle dans les guerres du seizième siècle.

Les gens d'armes, créés en 1373 par Charles V, n'avaient pas eu une longue existence, par suite des troubles qui suivirent son règne et s'opposèrent à la complète, à la solide réalisation de cette utile institution.

(2) Les passe-volants étaient des individus étrangers à la compagnie passée en revue, et qui étaient présentés comme s'ils en avaient réellement fait partie. Ce mode d'agir constituait un véritable vol, au détriment de l'État, qui attribuait ainsi, au capitaine, une solde pour des soldats qu'il n'avait pas, soit qu'ils fussent absents, soit même qu'ils n'existassent que sous un nom imaginaire.

(3) Louis XIV en étendit même les rigueurs aux militaires conduits par leurs blessures ou leurs longs services à l'Hôtel des Invalides, où les nouveaux admis étaient, dès leur arrivée, consignés pendant six semaines, sans pouvoir sortir un seul instant de l'intérieur de l'édifice. Cette mesure avait pour objet de donner à des missionnaires préposés ad hoc, le temps de les instruire sur les devoirs de la religion. Tout invalide coupable de blasphème était mis à la grue, trois jours de suite. Un second blasphème était puni du même supplice, dont on prolongeait alors la durée. Enfin, à une troisième récidive, le blasphémateur avait la langue percée; on le dépouillait de ses vêtements militaires, et on l'expulsait définitivement de l'Hôtel.

L'invalide qui s'enivrait et découchait, était puni de huit jours de prison, à la sortie de laquelle il vivait, pendant vingt-deux jours, à la table des buveurs d'eau, où pas une goutte de vin ne lui était servie.

La grue (en latin grus) dont nous venons de parler était instrument de supplice en usage dans les corps de garde des villes de guerre. Il était composé de deux morceaux de fer plats et larges chacun de trois doigts et épais d'environ un bon doigt, formant, au bas, une espèce de bec de grue, et dont le haut, garnis de menottes à chacun

Les tromperies au jeu étaient punies du fouet pour la première fois; mais à la seconde faute de même nature, le tricheur était flagellé, essorillé, et banni pour dix ans.

Ce fut sous le règne de Henri II, et sous la date du 20 mars 1550, que parut la première ordonnance disciplinaire à peu près digne de ce nom; elle fut l'œuvre du seigneur de Châtillon, plus connu depuis sous le nom d'amiral de Coligny, qui la fit scrupuleusement observer en sa qualité de colonel-général de l'infanterie. Pendant l'expédition de Henri II en Allemagne, on voyait, dit Brantôme, sur les chemins, plus de soldats *pendus aux branches des arbres que d'oiseaux*. De là, ce proverbe dans l'armée : *Dieu nous garde du cure-dents de l'Amiral et de la patenôtre du Connétable*, parce que l'amiral de Coligny, en se curant les dents, et le connétable Anne de Montmorency, en disant son chapelet, ordonnaient souvent le dernier supplice durant la marche des colonnes.

Dans le même siècle, parurent la déclaration du 24 février 1597, les ordonnances sur la discipline, du 5 juillet 1574 et du mois d'août 1588. Tous ces règlements respirent l'atrocité. L'ordonnance du 9 octobre 1629 traite de la discipline des troupes en route.

Les féroces châtiments du seizième siècle ne purent se maintenir. La discipline tomba dans un relâchement extrême : il n'y eut qu'anarchie jusqu'à la mort de Mazarin. A son avènement au trône et quand il gouverna par lui-même, Louis XIV ne négligea rien pour la faire cesser. Il rendit à cet effet des ordonnances très-sévères. A celle du 12 octobre 1661, succéda celle de décembre 1684, en vertu de laquelle on coupait aux déserteurs, le nez et les oreilles, on les marquait de la fleur de lis sur chaque joue, on les envoyait ensuite aux galères. On recula bientôt devant l'application de tous ces terribles châtiments, édictés contre un seul et même délit. La peine du fouet et celle de l'estrapade (1) sont aussi écrites dans les ordonnances du Grand Roi. Une des punitions les plus communes pour les fautes moins graves, consistait à mettre le soldat sur le cheval de bois formé de deux planches jointes en dos d'âne, terminées par une figure de tête de cheval et élevées sur deux tréteaux au milieu d'une place publique.

de ses deux côtés, ressemblait au carcan qui a été supprimé en 1832, et qui était un collier de fer fixé à un poteau dans un lieu public, et avec lequel on attachait par le cou les criminels condamnés à ce genre de supplice.

La grue a été ainsi vraisemblablement appelée, parce que le soldat attaché à cet instrument de supplice était debout et faisait, comme on dit, le *pied de grue*, ou bien parce que l'extrémité inférieure de cet instrument avait quelque ressemblance avec le bec de l'oiseau nommé grue.

(1) L'estrapade consistait à hisser le condamné les mains liées, au haut d'une longue pièce de bois, et à le laisser retomber de manière que le poids du corps disloquât ses membres. Une des places de Paris, théâtre ordinaire de ce supplice, porte encore le nom de place de l'Estrapade : elle est située tout près de l'église Sainte-Geneviève, connue aussi sous le nom de Panthéon.

Le soldat ainsi puni était exposé à la vue, à la dérision du peuple. On lui ajoutait quelquefois des mousquets aux jambes afin d'augmenter, par ce poids, la déchirante douleur de son pauvre périnée.

Le châtiment des *baguettes* n'était pas non plus très-bénin : le soldat passait, les épaules nues, entre deux haies de soldats, qui le frappaient violemment avec des baguettes.

Dans le Règlement général de 1691, pour le régiment des Gardes, il est dit, article 76, que, les compagnies de garde étant arrivées à Versailles, si des soldats quittent cette ville pour retourner à Paris, un sergent sera envoyé, sur-le-champ, à leur recherche pour les arrêter, *lesquels on mettra en prison, d'une garde à l'autre, observant de les ramener en garde attachés, avec dix mousquets sur le corps*. L'article 131 porte que tout soldat des gardes, arrêté en habit bourgeois, sera envoyé aux galères.

Terminons l'énumération des principales punitions en usage sous l'ancien régime, par deux mots sur le *Morion et les Honneurs*. Le morion, uniquement appliqué aux fantassins, était une espèce d'amende honorable envers le casque d'infanterie, nommé alors *morion* ou *salade*. Ce n'était pas un précepte de la loi, mais une affaire de vieille tradition, comme aujourd'hui l'ignoble et moderne *savate*, appliquée, à des intervalles *extrêmement* rares, non pas toujours à l'insu, mais toujours en l'absence des officiers, des sous-officiers, des caporaux, qui n'en sont pas officiellement informés et sont censés l'ignorer. Les *Honneurs* étaient des invocations dévotes, des momeries, le complément obligé du Morion. Décrit avec détail dans l'*Alphabet militaire*, petit livre imprimé en 1617, et composé par Montgeon du Haut-Puy de Fléac, qui avait servi comme officier sous Charles IX, ce châtiment était réservé aux fautes commises dans les corps de garde, savoir :

« *Premièrement*, dit l'*Alphabet militaire, pour un démenti au corps de garde, l'on doit donner à un soldat le Morion de dix en bas* (1).

*Qui mettra l'épée à la main plus proche du corps de garde que la longueur d'une pique l'aura aussi de dix en bas.*

Qui tirera son arquebuse, sans congé de son caporal, ou qui *entrera en garde sans munitions de balles et poudre, et tiendra son arquebuse non chargée et esmorchée, aura aussi les Honneurs.*

*Qui fera quelques indignités aux armes, ou ma-*

(1) On ne sait trop ce que Montgeon veut dire par cette expression de *dix en bas* ; peut-être ne le sait-il pas lui-même; peut-être n'avait-il jamais vu appliquer le Morion, comme nous n'avons, nous-même, jamais vu donner la savate, dont le nom indique la nature de l'instrument du supplice. C'est un vieux soulier, plus ou moins ferré, avec lequel les soldats d'une compagnie frappent alternativement, chacun une fois, la partie charnue du postère d'un pauvre diable coupable de quelque petit larcin, dont ils ne veulent pas informer leurs chefs, dans l'intérêt même du délinquant. Nous avons connu, il y a bien des années, un soldat qui fut ainsi puni, par ses camarades, pour s'être approprié une paire de gants de coton de l'un d'eux.

*niera celles de son compagnon, sans le congé de son caporal, aura aussi les Honneurs.*

S'ENSUIT LA FORME QU'ON TIENT POUR DONNER LE MORION.

*Premièrement, celui auquel on veut donner le Morion, doit élire son parrain* (1), *tel que bon lui semblera, pourvu qu'il soit de l'escouade.*

*Le parrain doit désarmer celui auquel il doit donner le Morion, et lui mettre une hallebarde en la main et sur la pointe d'icelle le chapeau de celui qui doit avoir le Morion, puis prendra une arquebuse, et, l'ayant à la main, dira fort haut :* MESSIEURS, L'ON VOUS FAIT A SAVOIR QUE LE MORION SE VA DONNER; *et, après avoir quitté son chapeau et avoir éveillé tous les soldats qui dorment, si aucuns sont, commencera en cette forme :*

*Premièrement, fera le signe de la croix sur la crosse de l'arquebuse, puis la baisera, et fera baiser à celui qui doit avoir le Morion, et commencera en cette forme à frapper sur le derrière d'icelui, pour chaque parole un coup :* HONNEUR A DIEU, SERVICE AU ROI, SALUT AUX ARMES, PASSE MORION, MORION PASSERA. »

Le reste est conçu en termes tels que la bienséance ne permet pas de les transcrire. Comparé à celui de Montgeon, le style actuel de nos corps de garde serait du Bourdaloue, du vrai Bossuet.

Parlerons-nous du fouet correctionnel, à plusieurs lanières, introduit dans l'armée de Louis XIV par un colonel inspecteur d'infanterie (2), un sieur MARTINET, qui lui donna son nom ? Cette invention, peu honorable, dans son but, pour son auteur, tomba bientôt sous le poids de l'indignation, du mépris. Toutefois le *martinet* acquit droit de cité dans l'armée, non pour fustiger le dos du soldat, mais pour secouer la poussière de ses habits. Peu de troupiers, sans doute, connaissent la destination première de cet innocent martinet, dont ils se servent journellement pour battre leur tunique, leur capote, leur veste ou leur pantalon.

Les ordonnances des 18 décembre 1701, 10 avril 1702, et 4 juillet 1716 attestent les courageux efforts d'un vigoureux pouvoir pour régénérer l'armée au moyen d'une mâle discipline, dont elle avait si grand besoin. Dans une de ses ordonnances, Louis XIV dit : qu'*aucun de mes gardes, lorsqu'ils sont dans un poste, ne maltraite personne sans sujet.* N'est-ce pas là l'indice d'une inconcevable indiscipline ? Une telle défense donne la mesure du mal que le Grand Roi ne put jamais déraciner. S'il fallait en croire les écrivains de son temps, la discipline aurait été alors des plus parfaites, des plus admirables. Ce n'est pas la vérité, c'est la flagornerie qui parle, et la crédulité s'est depuis fait niaisement son écho. Tout ce que l'on

(1) C'est-à-dire son bourreau.
(2) On trouve, dans le Code militaire de Briquet (t. III, p. 227 et suiv.), une ordonnance du 10 mai 1689, dans laquelle on remarque que les colonels et les mestres de camp, les lieutenants-colonels, les majors et même les capitaines, pouvaient être chargés de l'inspection des troupes. Peu d'années après (1694), on ne prit plus les inspecteurs généraux que parmi les lieutenants généraux et les maréchaux de camp.

peut dire avec raison, c'est que Louis XIV, merveilleusement secondé par l'esprit organisateur de Louvois, détruisit l'anarchie par une discipline dont les résultats atteignirent les limites du possible dans une armée où la plus révoltante inégalité existait entre ses membres, où le noble était tout, le soldat du peuple rien. Il suffit d'avoir un peu de bon sens à son service pour comprendre l'impossibilité absolue de faire pénétrer le véritable esprit d'ordre dans des troupes gouvernées par des hommes, pour la plupart ingouvernables eux-mêmes, rivalisant d'impertinence, désobéissant impunément à de tristes généraux, se jouant de la surveillance des commissaires des guerres, ne laissant aux administrateurs aucune autorité, dans le but de disposer à leur gré des deniers du soldat et de l'État. Despotes, mutins, trop souvent incapables, les colonels voulaient bien de la discipline pour leurs soldats, mais non pour eux. Par cela seul qu'ils la violaient ouvertement, leurs subordonnés ne pouvaient avoir pour elle estime et respect. Dans l'armée comme ailleurs, les bons exemples doivent descendre du sommet à la base.

La noblesse achetait alors les compagnies, les régiments, les revendait parfois, comme les maquignons font des chevaux. Il y avait même des dédits comme pour toutes les ventes. On lit, à ce sujet, dans le *Journal de Dangeau*, a la date du 16 février 1693 : « Calvau, qui avait acheté le régiment du marquis de Créqui, n'a pas pu payer les cinquante mille francs dont ils étaient convenus pour le prix du régiment, parce que l'homme à qui il vendit sa charge dans la gendarmerie, n'a pas pu lui donner les trente-cinq mille francs dont ils étaient convenus pour la charge. Il a payé mille écus au marquis de Créqui pour le dédit, et celui avec qui il avait traité pour sa charge les lui a payés aussi pour le dédit. »

Louis XIV dut taxer les régiments d'infanterie qui étaient montés à un prix exhorbitant.

La vénalité des grades imposait souvent à l'armée des officiers supérieurs imberbes. Le petit-fils de M$^{me}$ de Sévigné devint colonel avant dix-huit ans. Il éprouva, paraît-il, des difficultés qui firent dire à son aïeule, dans sa lettre du 22 janvier 1690 : « C'est une affaire, à cet âge, que de commander à d'anciens officiers. »

Dès 1701, l'opinion publique s'égayait aux dépens de tous ces jeunes gens improvisés chefs de corps. Dans sa comédie d'*Ésope à la Cour*, représentée vers la fin du règne de Louis XIV, Boursault met en scène une de ces nullités, qui dit naïvement :

> Je ne suis point *soldat*, et nul ne m'a vu l'être ;
> Je suis *bon colonel*, et qui sers bien l'État.

Ésope lui répond :

> Monsieur le *colonel*, qui n'êtes point *soldat*.

Et le public d'applaudir à l'épigrammatique repartie d'Ésope.

Ce fut surtout après les désastres de la guerre de Sept ans, après la honte de Rosbach, que l'opinion publique s'indigna contre ces officiers, braves, très-braves, sans doute, mais incapables de commander, mais trop souvent soupçonnés de spéculer à leur profit sur la solde de leurs troupes. On le disait à haute voix, on l'écrivait ; et les hauts et puissants seigneurs n'osaient pas même protester, tant les accusations portées contre eux étaient écrasantes de vérité! Et cependant le hideux despotisme avait alors à sa libre disposition l'inépuisable ressource des lettres de cachet avec les étouffoirs de la Bastille ! Que devaient être les généraux, les colonels, les capitaines de Louis XV, quand la délicatesse de l'illustre maréchal de Saxe lui-même était publiquement attaquée!

En 1734, ce grand homme de guerre forme un régiment de cavalerie de mille hommes, auxquels il donne le nom de uhlans.

Le 28 novembre 1748, le roi, voulant faire plaisir au maréchal, passe son régiment en revue. L'avocat Barbier décrit dans son *Journal* (1) cette revue, et ajoute : « Ce régiment qui, je crois, est plus curieux qu'utile, doit coûter cher au roi, et d'autant que les uhlans ont été annoncés comme étant sur le pied de gentilshommes. On dit que le roi donne directement la paye à M. le maréchal de Saxe, qui se charge, lui, de leur décompte et de les monter ; *sur quoi il n'est pas douteux qu'il gagne considérablement, et cela suffit pour faire crier.* »

89 vient enfin régénérer la France. C'est alors qu'apparut la vraie discipline ; c'est alors que nous eûmes une véritable armée, une armée nationale. L'émigration lui ayant enlevé la plupart de ses officiers, l'armée, dit l'histoire, en fut affaiblie. Mensonge ! L'émigration délivra l'armée de sa gangrène, la purifia, la fortifia, fit l'office d'Hercule dans les étables d'Augias. Nous aimons l'histoire, mais seulement quand il lui arrive de ne pas mentir. *Comme les animaux,* dit Polybe, *ne sont d'aucun usage quand on leur a crevé les yeux, l'histoire sans la vérité n'est rien.* Qu'était-ce donc que ces marchands de compagnies, de régiments ? Ils purent déserter l'armée sans y laisser des vides ni des regrets. Loin de là ! les Beauharnais, les Custine (2), les Carnot, les Dampierre, les Kellermann, en un mot tout ceux qui portaient dignement l'épaulette d'officier,—et il y en avait beaucoup,—ne se séparèrent point de la cause de la France. Quant à la foule de fugitifs plus ou moins titrés, la révolution les remplaça avec avantage par leurs propres soldats, qui valaient cent fois mieux que leurs orgueilleux chefs ! Ces jeunes soldats s'appelaient Soult, Oudinot, Augereau, Masséna, Bernadotte, Murat, etc., etc., et devaient bientôt compter parmi les plus grands généraux, briller de tout l'éclat de la vraie noblesse, devenir ducs, princes, rois!

Il allait enfin disparaître, ce temps où les plus tristes médiocrités arrivaient d'emblée au grade de colonel avant l'âge de vingt ans, tandis que végétait, depuis plusieurs années, dans le grade de lieutenant

en second, la première capacité de l'univers, le futur empereur des Français, Napoléon Bonaparte !

IV. *Punitions actuellement en usage.* — Le dix-huitième siècle se traîna dans l'ornière du dix-septième ; il fit des essais ; mais il n'améliora rien ; la discipline alla de mal en pis; après avoir éprouvé, pendant très-peu de temps, un commencement d'amélioration sous Choiseul, qui, principal ministre de 1758 à 1770, fit décider qu'à l'avenir les capitaines auraient des appointements fixes et n'exploiteraient plus leurs compagnies, en spéculant sur la solde dont ils retenaient une partie. L'ordonnance du 1er mars 1768 et le règlement de 1788 eurent pour effet d'améliorer les dispositions écrites, mais la discipline elle-même n'y gagna rien ; le mal était dans de déplorables institutions et ne devait disparaître qu'avec elles. D'ailleurs, le faible et malheureux Louis XVI avait infligé une triple insulte à son armée, dont il s'était aliéné l'esprit, en défendant, à trois reprises différentes de ne lui proposer, dans aucun cas, pour la sous-lieutenance, des sous-officiers roturiers (1).

Au moment où la grande révolution précipita le vieux régime dans l'abîme du néant, les règles les plus barbares, les plus vexatoires, écrites dans les ordonnances des rois, étaient déjà tombées en désuétude. Le *vilain* armé, revêtu de l'uniforme, n'était pas toujours aisé à brider ; il sentait qu'il valait au moins le seigneur altier qui le dominait, non par droit de mérite, mais par le vain droit de naissance appuyé du droit des écus. Vainement en 1773, le comte de Saint-Germain, ministre de la guerre, essaya-t-il d'introduire dans l'armée française la discipline prussienne et le régime des coups de plat de sabre. On n'a pas oublié le mot d'un soldat français à cette occasion : « Je ne connais du sabre que le tranchant. »

Sévère, mais juste, mais paternelle tout à la fois, sous la Révolution, le Consulat et l'Empire, la discipline fut réglementée par l'ordonnance du 13 mai 1818, rendue sous la sympathique ministère du maréchal Gouvion-Saint-Cyr, l'un des braves lieutenants de Napoléon 1er. À cette ordonnance, qui avait reproduit, à peu de modifications près, les deux règlements identiques de 1792 et 1816, succéda celle du 2 novembre 1833, encore en vigueur aujourd'hui (1859), semblable à son aînée par la base, par le fond, presque par la forme, et ne différant que par de minimes détails. Il n'y a rien de bien essentiel à critiquer. Tout y respire la bienveillance, l'égalité, à côté de l'inflexible répression toujours proportionnée à la gravité de la faute. C'est que les hommes qui ont concouru à la formation de nos règlements militaires postérieurs à 89, avaient tous passé au feu de la fournaise démocratique.

Ce qui contribue beaucoup de nos jours à porter notre discipline militaire au degré de perfection auquel peuvent aspirer les choses humaines, ce sont nos camps d'instruction organisés, commandés, avec

---

(1) Tome III, pages 42, 43, 44 et 45.
(2) L'affreuse démagogie dévora ces deux généraux avec d'autres illustrations de la même époque.

(1) Déclarations des 22 mai et 10 août 1781 et du 1er janvier 1786.

tant d'intelligence par Napoléon III lui-même, ou par ses maréchaux.

. . Le système disciplinaire des armées étrangères est loin de pouvoir rivaliser avec le nôtre. L'Angleterre toujours prête à s'adjuger la palme du libéralisme, est elle-même bien arriérée sous ce rapport. Chez elle, le grade d'officier n'est jamais la récompense du mérite. L'enfant du peuple, le soldat peut devenir sous-officier ; mais quelle que soit, d'ailleurs, l'honorabilité de ses services, il n'arrive jamais à l'épaulette de sous-lieutenant, uniquement attribuée à l'argent qui l'achète.

Mais, s'il n'est pas permis aux soldats les plus braves, les plus instruits, d'aspirer à l'honneur de devenir officiers, ils peuvent, — et cela n'arrive que trop souvent, — ils peuvent, s'ils viennent à faillir, être condamnés à la dure, à la flétrissante peine du fouet.

. V. L'ordonnance du 2 novembre 1833 trace ainsi les règles de la discipline :

### PRINCIPES GÉNÉRAUX DE LA SUBORDINATION.

La discipline faisant la force principale des armées, il importe que tout supérieur obtienne de ses subordonnés une obéissance entière et une soumission de tous les instants; que les ordres soient exécutés littéralement, sans hésitation ni murmure : l'autorité qui les donne en est responsable, et la réclamation n'est permise à l'inférieur que lorsqu'il a obéi.

Si l'intérêt veut que la discipline soit ferme, il veut en même temps qu'elle soit paternelle; toute rigueur qui n'est pas de nécessité, toute punition qui n'est pas déterminée par le règlement, ou que ferait prononcer un sentiment autre que celui du devoir; tout acte, tout geste, tout propos outrageant d'un supérieur envers un subordonné, sont sévèrement interdits. Les membres de la hiérarchie militaire, à quelque degré qu'ils y soient placés, doivent traiter leurs inférieurs avec bonté, être pour eux des guides bienveillants, leur porter tout l'intérêt et avoir envers eux tous les égards dus à des hommes dont la valeur et le dévouement procurent leurs succès et préparent leur gloire.

La subordination doit avoir lieu rigoureusement de grade à grade; l'exacte observation des règles qui la garantissent, en écartant l'arbitraire, doit maintenir chacun dans ses droits comme dans ses devoirs.

Le soldat doit obéir au caporal (1), le caporal au

(1) Le grade de caporal correspond à celui de brigadier dans la cavalerie ou dans l'artillerie;

Celui de sergent à celui de maréchal-des-logis dans la cavalerie ou dans l'artillerie;

L'emploi de sergent-major correspond à celui de maréchal-des-logis-chef dans la cavalerie ou dans l'artillerie;

Le grade de chef de bataillon à celui de chef d'escadron dans la cavalerie ou dans l'artillerie;

La compagnie correspond à l'escadron dans la cavalerie et à la batterie dans l'artillerie.

fourrier et au sergent, le fourrier et le sergent au sergent-major, le sergent-major à l'adjudant, l'adjudant au sous-lieutenant, le sous-lieutenant au lieutenant, le lieutenant à l'adjudant-major et au capitaine, l'adjudant-major et le capitaine au major et au chef de bataillon, le major et le chef de bataillon au lieutenant-colonel, le lieutenant-colonel au colonel, le colonel au général de brigade, le général de brigade au général de division, le général de division au général de division commandant en chef et au maréchal de France.

. Indépendamment de cette subordination au grade, la discipline exige, à grade égal, la subordination à l'ancienneté, en tout ce qui concerne le service général et l'ordre public. Ainsi, plusieurs militaires du même grade, de service ensemble, qu'ils soient ou non du même corps et de même arme, doivent obéissance au plus ancien d'entre eux, comme s'il leur était supérieur en grade.

Même hors du service, les supérieurs ont droit à la déférence et au respect de leurs subordonnés.

### PUNITIONS.

#### Fautes contre la discipline.

Art. 265. Sont réputées fautes contre la discipline et punies comme telles, suivant leur gravité :

De la part du supérieur, tout propos injurieux, toute voie de fait envers un subordonné, toute punition injustement infligée.

De la part de l'inférieur, tout murmure, mauvais propos ou défaut d'obéissance, quelque raison qu'il croie avoir de se plaindre; l'infraction des punitions; l'ivresse, pour peu qu'elle trouble l'ordre public ou militaire; le dérangement de conduite (1); les dettes, les querelles entre militaires ou avec des citoyens; le manque aux appels, à l'instruction, aux différents services; les contraventions aux ordres et aux règles de police ; enfin toute faute contre le devoir militaire, provenant de négligence, de paresse ou de mauvaise volonté.

Les fautes sont toujours plus graves quand elles sont réitérées et habituelles, et quand elles ont lieu pendant la durée du service, ou lorsqu'il s'y joint

Nous avons employé dans notre article les dénominations particulières à l'infanterie, qui, à elle seule, est de beaucoup supérieure en nombre à toutes les autres armes réunies.

(1) D'après l'arrêté ministériel du 10 mai 1842 (*Journal militaire*, 2e trimestre, page 253), tout sous-officier ou soldat reconnu atteint d'une affection syphilitique ou cutanée, dont la gravité révélerait que l'apparition des symptômes primitifs remonte à plus de quatre jours sans que le malade ait pu s'y méprendre, sera traité à la salle des consignés, et puni, en outre, à sa sortie de l'hôpital, d'un mois de consigne pour ne pas s'être présenté, dès les débuts de la maladie, au médecin-major du corps.

Nonobstant ces dispositions, les chefs de corps conservent le droit de punir *avec sévérité* les hommes que leurs antécédents signaleraient comme plus particulièrement adonnés au libertinage.

quelque circonstance qui peut porter atteinte à l'honneur ou entraîner du désordre.

Tout supérieur qui rencontre un inférieur pris de vin, ou troublant la tranquillité publique, ou dans une tenue indécente, doit employer son influence et même son autorité pour le faire rentrer dans l'ordre; toutefois, il doit, autant que possible, éviter de se commettre avec lui, particulièrement lorsque l'inférieur est dans l'ivresse; il cherche à le faire arrêter par ses camarades, et, au besoin, par la garde.

A moins de nécessité absolue, la punition qu'aurait encourue un homme ivre ne doit lui être infligée que lorsque l'état d'ivresse a cessé.

### DROIT DE PUNIR.

Art. 266. En ce qui concerne le service et l'ordre public, tout militaire peut être puni par un militaire d'un grade supérieur au sien, quels que soient l'arme et le corps de celui-ci (1).

Nul ne peut être puni de plusieurs fautes de discipline simultanément ni successivement, pour une seule et même faute.

Tout supérieur qui inflige une punition à un militaire d'un autre régiment, en rend compte sur-le-champ au commandant de la place, qui en informe le chef du corps auquel appartient le militaire puni.

Lorsque le commandant du régiment use de la faculté qui lui est attribuée de faire cesser les punitions infligées par ses subordonnés dans l'intérieur du corps, il fait sentir à celui qui a puni l'erreur qu'il a commise, et le charge de lever la punition. Il le punit lui-même s'il est reconnu qu'il y ait de sa part abus d'autorité.

Art. 267. Les punitions doivent être proportionnées, non-seulement aux fautes, mais encore à la conduite habituelle de chaque homme, au temps de service qu'il a accompli et à la connaissance qu'il a des règles de la discipline. Elles doivent être infligées avec justice et impartialité, et jamais par aucun motif de haine ni de passion.

Le supérieur doit s'attacher à prévenir les fautes; lorsqu'il est dans l'obligation de punir, il recherche avec soin toutes les circonstances atténuantes. En infligeant une punition, il ne se permet jamais des propos outrageants; le calme du supérieur fait connaître qu'en punissant, il n'est animé que par le bien du service et le sentiment de son devoir.

### PUNITION DES OFFICIERS.

#### Nature des punitions.

Art. 268. Les punitions à infliger aux officiers, pour faute de discipline, sont :

(1) Un médecin aide-major ne peut être réprimandé directement que par un officier supérieur ou par le médecin-major, et un capitaine ne peut qu'en référer à un officier supérieur. (*Solution ministérielle du* 20 *février* 1835).

Les arrêts simples;
La réprimande du colonel;
Les arrêts de rigueur;
La prison.

La réprimande a lieu en présence seulement d'un ou de plusieurs officiers du grade supérieur, ou en présence aussi des officiers du même grade réunis à cet effet.

La durée des arrêts simples ne peut excéder trente jours; il en est de même de celle des arrêts de rigueur. La prison ne peut être ordonnée pour plus de quinze jours; cette dernière punition est toujours mise à l'ordre.

### ARRÊTS SIMPLES.

Art. 269. Un officier peut être mis aux arrêts simples par tout autre officier d'un grade supérieur au sien, ou même d'un grade égal, si ce dernier est plus ancien ou s'il est adjudant-major, et s'il a le commandement du détachement, de la garnison ou du cantonnement dont l'autre fait partie.

Un lieutenant peut ordonner les arrêts simples pendant quatre jours; un adjudant-major ou un capitaine pendant huit; un capitaine, dans sa compagnie, ou un officier supérieur, pendant quinze; le colonel pendant trente jours.

Un officier aux arrêts simples n'est exempt d'aucun service; il est tenu de garder la chambre sans recevoir personne, excepté pour affaires de service.

### ARRÊTS DE RIGUEUR ET PRISON.

Art. 270. Les arrêts de rigueur et la prison ne peuvent être ordonnés que par le commandant du régiment. Ces punitions suspendent de toutes fonctions militaires. Elles obligent l'officier puni à remettre son épée ou son sabre, et à payer la sentinelle lorsqu'il est jugé nécessaire d'en placer une à sa porte. Il lui est fait à ce sujet une retenue journalière du cinquième de ses appointements. Cette retenue est versée à l'ordinaire des hommes qui ont fourni la garde.

L'épée d'un officier supérieur aux arrêts de rigueur ou en prison est portée chez le colonel par un adjudant-major, et celle d'un officier inférieur par un adjudant.

### COMMENT SONT ORDONNÉES LES PUNITIONS.

Art. 271. Les arrêts peuvent être ordonnés de vive voix ou par un billet cacheté; ce billet, qui indique le jour de l'expiration des arrêts, est porté par l'adjudant-major de semaine aux officiers supérieurs, et par l'adjudant de semaine aux autres officiers. Un officier d'un grade supérieur à l'officier puni ou plus ancien que lui, peut seul être chargé de lui signifier verbalement les arrêts. Les arrêts sont mis à l'ordre lorsque l'intérêt de la discipline l'exige.

### COMPTE RENDU.

Art. 272. Tout officier qui a ordonné les arrêts à un officier de la même compagnie que lui en rend

## PUN

chef de bataillon ; si c'est un officier du même bataillon sans être de la même compagnie, il en rend
compte au chef de bataillon, qui en fait informer le
capitaine. Si l'officier puni appartient à un autre bataillon, l'officier qui a ordonné la punition en rend
compte directement au lieutenant-colonel, qui en
fait donner avis au chef de bataillon, et celui-ci au
capitaine.

Les chefs de bataillon et le major rendent compte
sur-le-champ au lieutenant-colonel des punitions
infligées aux officiers sous leurs ordres.

Le colonel rend compte des arrêts simples dans
les rapports périodiques qu'il adresse au général de
brigade. Lorsqu'il inflige les arrêts de rigueur ou la
prison, il lui en rend compte immédiatement.

### LEVÉE DES ARRÊTS.

Les arrêts cessent à l'époque fixée pour l'expiration de la punition et sans autre formalité.

Tout officier doit, en sortant des arrêts ou de prison, se présenter chez celui par l'ordre duquel il a
été puni, et le faire avec la déférence convenable.
L'officier qui l'a puni l'a fait prévenir de l'heure et du
lieu où il le recevra. L'un et l'autre sont dans la
tenue du jour. Un officier d'un grade supérieur ou
égal à l'officier puni peut être présent à cette visite ;
il ne doit pas s'y trouver d'officier inférieur en grade
à l'officier puni.

### FAUTES PENDANT LES ARRÊTS.

Art. 274. Si un officier aux arrêts simples commet une faute, tout supérieur peut augmenter la durée de sa punition. Le commandant du régiment peut
seul changer les arrêts simples en arrêts de rigueur,
et ceux-ci en prison.

L'officier qui viole ses arrêts est puni de la prison.

### ADJUDANTS-MAJORS ; OFFICIERS COMPTABLES.

Art. 275. En ce qui concerne leur service spécial,
les adjudants-majors ne sont punis que par les officiers supérieurs ; les officiers comptables ne peuvent
l'être que par le colonel, le lieutenant-colonel ou le
major. Pour ce qui est étranger à leur service, les
uns et les autres peuvent être punis par tout officier
d'un grade supérieur au leur.

### MÉDECINS (1).

Art. 276. Le médecin-major ne peut être puni que
par le colonel ou par le lieutenant-colonel : les médecins aides-majors ne peuvent l'être que par les
officiers supérieurs ou par le médecin-major.

Le médecin-major s'adresse au lieutenant-colonel
lorsqu'il a une punition à demander contre un lieutenant ou un sous-lieutenant.

(1) Les dispositions des articles 276 et 277 ne sont applicables qu'aux officiers de santé attachés aux corps de
troupes. (Décision ministérielle du 19 janvier 1836.)

PUNITIONS DEMANDÉES PAR LES OFFICIERS DE L'INTENDANCE
MILITAIRE POUR DES FAITS PARTICULIERS A L'ADMINIS
TRATION.

Art. 277. Lorsque le sous-intendant militaire a sujet de se plaindre du major, du trésorier ou de l'officier d'habillement, il en informe le colonel, et, s'il
y a lieu, demande leur punition. Le colonel ne peut
la refuser que par des considérations majeures, dont
il rend compte immédiatement au général de brigade.

Il en est de même à l'égard des médecins, en ce
qui concerne leur service aux hôpitaux.

### PUNITIONS INFLIGÉES PAR LES COMMANDANTS DE PLACE.

Art. 278. Les commandants de place peuvent
mettre aux arrêts simples tout officier d'un grade
égal au leur ; ils en rendent compte au général de
brigade, qui, sur leur rapport, et après avoir pris,
s'il y a lieu, les renseignements nécessaires, fixe la
durée de la punition.

Les commandants de place peuvent mettre aux
arrêts de rigueur et en prison les officiers d'un
grade qui leur est inférieur. Ils ont, quant à la
durée des punitions qu'ils leur infligent, les mêmes
droits qu'un colonel ; ils informent les chefs de corps
des punitions qu'ils ont infligées à leurs subordonnés ; ils en rendent compte au général de brigade.

### PUNITIONS INFLIGÉES PAR LES GÉNÉRAUX.

Art. 279. Le général de brigade et le général de
division sous les ordres desquels le corps est placé
peuvent diminuer, augmenter ou changer la punition des arrêts de rigueur et de la prison ; le général
de brigade peut prolonger jusqu'à trente jours la
durée de la prison ; il en rend compte au général de
division. Le général de division peut infliger la prison
ou la détention dans un fort pendant soixante jours ;
il en rend compte sur-le-champ au ministre de la
guerre.

Tout autre officier général peut ordonner les arrêts et la prison aux officiers de tout grade, en se
renfermant dans les limites prescrites par l'article 268 ; il en rend compte au général de division
commandant la division.

## PUNITION DES SOUS-OFFICIERS.

### NATURE DES PUNITIONS.

Art. 280. Les punitions à infliger aux sous-officiers
sont :

La privation de sortir du quartier après l'appel du
soir ;

La consigne au quartier ou dans la chambre ;

La salle de police ;

La prison.

Pour les fautes de tenue, soit personnelles, soit
relatives à leurs troupes, les sous-officiers sont punis
de la consigne.

Pour les fautes contre la discipline intérieure, ils

sont punis de la salle de police. Pour les fautes plus graves, entre autres celles qu'ils commettent pendant un service armé, ils sont punis de la prison.

### CONSIGNÉS.

Art. 282. Les sous-officiers consignés ne sont dispensés d'aucun service; lorsque leur service exige qu'ils sortent du quartier, ils en préviennent l'adjudant de semaine, et reprennent leur punition aussitôt après.

#### Salle de police; prison.

Art. 283. Tout service est interdit aux sous-officiers à la salle de police ou en prison. Ceux qui sont à la salle de police assistent, dans la même tenue que les autres sous-officiers, à toutes les classes d'instruction auxquelles ils sont attachés. Ceux qui sont en prison n'y assistent pas.

## PUNITIONS DES CAPORAUX ET DES SOLDATS.

### NATURE DES PUNITIONS.

Art. 284. Les punitions à infliger aux caporaux et aux soldats sont :

La consigne au quartier;
La salle de police;
La prison;
Le cachot;
L'interdiction de porter le sabre.

Pour les fautes légères dans les chambrées, pour irrégularité dans la tenue, pour négligence ou paresse à l'instruction, pour manque aux appels de la journée, les caporaux et les soldats sont punis par la consigne; les soldats peuvent l'être aussi par une ou plusieurs corvées.

Tout homme légèrement pris de boisson, s'il ne se met pas souvent dans ce cas, et s'il ne trouble pas l'ordre ou la tranquillité, est seulement puni de la consigne pour la journée.

Pour négligence dans l'entretien de leurs effets ou de leurs armes, les soldats sont punis par un ou plusieurs jours d'inspection avec la garde.

Pour manque à l'appel du soir, pour mauvais propos, désobéissance, querelle, ivresse, les caporaux et les soldats sont punis de la salle de police.

Pour les fautes plus graves, particulièrement lorsqu'elles sont commises pendant un service armé, ils sont punis de la prison ou même du cachot.

Pour avoir tiré le sabre dans des rixes particulières, et indépendamment des autres punitions qu'ils peuvent avoir encourues, ils sont privés, pour un temps déterminé, de la faculté de porter cette arme, même, si le cas est grave, pendant le service.

Art. 285. Les caporaux sont mis dans les mêmes salle de police et prison que les sous-officiers.

Art. 286. Les corvées et l'inspection avec la garde peuvent être ordonnées aux soldats par les autorités de tout grade.

### SERVICE DES HOMMES PUNIS.

Art. 287. Les caporaux et les soldats consignés ou détenus à la salle de police ne sont dispensés d'aucun service; ils assistent à toutes les classes d'instruction auxquelles ils sont attachés; ils reprennent leur punition au retour; les sous-officiers et les caporaux de semaine en sont responsables. Ils sont, en outre, exercés deux fois par jour et pendant deux heures au peloton de punition, sous le commandement d'un sous-officier désigné à cet effet; ils ne le sont qu'une fois les jours d'exercice du régiment.

Les soldats consignés ou détenus à la salle de police sont employés à toutes les corvées du quartier.

Les caporaux et les soldats en prison ou au cachot ne font pas de service.

### DISPOSITIONS COMMUNES AUX SOUS-OFFICIERS, CAPORAUX ET SOLDATS.

Art. 288. Tout officier, sous-officier ou caporal qui inflige une punition, doit en faire informer le capitaine par le sergent-major de la compagnie à laquelle appartient l'homme puni, en indiquant le motif de la punition et le jour auquel elle expire.

A l'expiration des punitions, l'adjudant de semaine fait élargir les hommes punis; il les fait conduire à leur compagnie par les caporaux de semaine.

Le droit de consigner au quartier la totalité ou une fraction d'une troupe n'appartient qu'aux officiers généraux sous les ordres desquels elle se trouve, au commandant de la place et au commandant de cette troupe : ce dernier, lorsqu'il a jugé nécessaire d'ordonner cette punition, en informe sur-le-champ le commandant de la place, et lui en fait connaître les motifs; il en rend compte au général de brigade. Hors le cas d'urgente nécessité, cette consigne ne peut, sans l'autorisation du général de brigade ou du commandant de la place, être infligée au delà de vingt-quatre heures. Les officiers de semaine des compagnies consignées sont tenus de rester au quartier jusqu'à l'appel du soir; le colonel peut ordonner aussi que tous les officiers de ces compagnies se trouvent au quartier.

Le colonel seul peut ordonner que les hommes punis de la prison subissent leur peine dans la prison de la place.

NOTA. *La limite des punitions qui peuvent être infligées aux sous-officiers, aux caporaux et aux soldats, par chacun de leurs supérieurs, est indiquée dans le tableau inséré ci-après au modèle du registre des punitions.*

### RÉCLAMATIONS PAR SUITE DE PUNITIONS.

Art. 291. Les réclamations individuelles sont les seules autorisées.

Art. 292. Des punitions injustes ou trop sévères pouvant être infligées par suite de rapports inexacts, d'informations mal prises, ou par des motifs particuliers étrangers au service, les réclamations sont admises, en se conformant aux règles suivantes :

Quel que soit l'objet de la réclamation, elle ne peut être portée qu'aux officiers et aux généraux sous les ordres immédiats desquels se trouve le militaire qui l'a faite.

Tout militaire recevant l'ordre d'une punition doit d'abord s'y soumettre; les sous-officiers, les caporaux et les soldats peuvent ensuite adresser leurs réclamations à leur capitaine; les officiers peuvent soumettre les leurs à leur chef de bataillon ou au lieutenant-colonel.

Les réclamations relatives aux punitions infligées pendant le service sont, de préférence, adressées à l'adjudant, à l'adjudant-major ou au chef de bataillon de semaine.

Un homme qui réclame étant dans l'ivresse ne peut être entendu.

Les officiers et les sous-officiers doivent écouter avec calme les réclamations, en vérifier avec soin l'exactitude, et y faire droit lorsqu'elles sont fondées; mais ils peuvent augmenter les punitions contre lesquelles on aurait réclamé sans de justes motifs.

Art. 294. Dans un cas extraordinaire, les militaires de tous grades sont autorisés à s'adresser directement au colonel, soit par écrit, soit verbalement.

Ils peuvent également adresser des réclamations par écrit aux généraux, mais seulement après avoir réclamé hiérarchiquement auprès du colonel, à moins que la réclamation ne le concerne personnellement.

VI. Les salles de police et les prisons sont pourvues de paillasses et de couvertures (1); le cachot est muni de paille, et a très-rarement des hôtes. Les hommes punis de l'une de ces trois peines la subissent, la nuit comme le jour, couverts de leurs vêtements ordinaires, par-dessus lesquels ils mettent la capote, qui a beaucoup à souffrir de son séjour en des lieux tenus, sans doute, le plus proprement possible, mais où l'on couche avec sa chaussure, mais où la propreté ne saurait, toutefois, exister au même degré que dans les chambrées. Dans l'intérêt de la tenue, il conviendrait d'autoriser les corps de troupe à laisser à la disposition de chaque compagnie un certain nombre de capotes arrivées au terme de leur durée, pour être portées par les militaires retenus dans les salles de police, etc., et qui, à l'expiration de leur punition, seraient tenus de rendre ce vêtement en état parfait d'entretien. Ce serait une excellente mesure.

La tenue y gagnerait, et l'État serait loin d'y per-

(1) L'article 66 du règlement du 29 octobre 1841 attribue des demi-fournitures aux salles de police et aux prisons, à raison de une pour cent de l'effectif du corps.

dre. En effet, les capotes en service, qui n'auraient jamais traîné dans les lieux de punition, seraient, quand arriverait le terme de leur durée légale, bien mieux conservées, et, par conséquent, vendues beaucoup plus cher, au profit du trésor public, par les soins du domaine.

Une telle mesure serait donc à la fois avantageuse pour la tenue des troupes et pour le trésor. Elle n'aurait, d'ailleurs, rien de bien nouveau : Ne trouvons-nous pas une disposition analogue prescrite par l'auguste fondateur de notre Empire, par Napoléon Ier, dans son règlement du 10 février 1806, où nous lisons? — :

*« Il est réservé huit vieux habits par compagnie, qui servent uniquement aux soldats de garde pendant l'hiver et les jours de mauvais temps des autres saisons. Ces habits sont entretenus de manière qu'ils soient propres et jamais déguenillés. »*

En résumé, les punitions n'ont, dans notre armée, rien d'acerbe, rien d'offensant pour l'homme, pour la dignité de l'habit militaire.

C'est que, si notre discipline est répressive, elle est aussi éminemment préventive.

C'est que, sous l'impulsion de notre Empereur, on met en jeu les plus nobles passions, on fait de grandes choses pour la gloire, pour les intérêts de la France, et tout ce qui touche à la grandeur du pays remue au plus profond des entrailles ce peuple généreux, reconnaissant, heureux de donner à Napoléon III des soldats si vaillants, si dévoués à Sa Majesté!

C'est que l'armée est loin d'être étrangère aux habitudes graves de notre siècle, à ses lumières, à ses aspirations.

Si sa comptabilité est la première du monde, — nous l'avons entendu dire plus d'une fois à des sommités de notre savante cour des comptes, — si la plus scrupuleuse probité en constitue l'essence, d'un autre côté, la science des combats égale, sur les champs de bataille, son indomptable bravoure. Et là ne se bornent pas ses grandioses aptitudes : convaincus que l'instruction première est aujourd'hui une véritable nécessité sociale, ses chefs suprêmes ont à cœur de la faire pénétrer parmi les soldats qui, à leur libération du service, sont, dans les administrations publiques et privées, partout recherchés, partout préférés à l'élément civil.

Notre nationale armée n'est-elle pas la plus haute école d'ordre, de subordination, de moralité?

Le *major* PAUL ROQUES.

Nous avons annoncé, page 15 de ce *Dictionnaire Encyclopédique*, le modèle du registre destiné à l'inscription des punitions infligées aux sous-officiers, aux caporaux, aux soldats; ce registre est, en quelque sorte, le thermomètre de leur conduite militaire.

Avant de donner ce modèle, faisons d'abord connaître la forme du registre où il est tenu note, par le lieutenant-colonel des punitions encourues par MM. les officiers.

### ᵉ RÉGIMENT D

### REGISTRE

DU PERSONNEL DE MM. LES OFFICIERS

M. (*les noms et prénoms*), né le      à      département d

(*le grade*), arrivé au corps le (*la date de son arrivée au régiment ou de sa nomination de sous-lieutenant*), nommé (*indiquer les promotions à de nouveaux grades*).

| PUNITIONS | | | | NOTES |
|---|---|---|---|---|
| DATES. | NATURE. | DURÉE. | MOTIFS. | PARTICULIÈRES ET SUCCESSIVES. |
| | | | Toutes les punitions, sans exception, sont mentionnées ici. | Les notes sont écrites de la main du lieutenant-colonel et signées par lui. Elles sont renouvelées deux fois par an, au 1ᵉʳ janvier et au 1ᵉʳ juillet. |

Tout ce qui va suivre se rapporte au modèle du registre des punitions des hommes de troupe. Nous avons ajouté au modèle actuellement en usage dans les corps, des explications, des documents qui nous ont été suggerés par une longue étude pratique des règlements afférents au commandement et à l'administration.

Le titre ci-après doit former la première page du registre. Vient ensuite une instruction permanente sur la tenue du livre, puis un tableau des punitions que chaque grade peut infliger, et enfin le modèle proprement dit.

MODÈLE F.

Article 125.

### ᵉ RÉGIMENT D

ᵉ BATAILLON.                                    ᵉ COMPAGNIE.

### REGISTRE DES PUNITIONS

DES SOUS-OFFICIERS ET SOLDATS.

## INSTRUCTION PERMANENTE

### SUR LA TENUE DES REGISTRES DE PUNITIONS,

Suivie

1° DU TABLEAU INDICATIF DES LIMITES POSÉES AU DROIT DE PUNIR DE CHAQUE GRADE;

2° DU MODÈLE DU REGISTRE DE PUNITIONS.

Établi sur feuillets mobiles, ce registre doit être tenu avec une parfaite uniformité. Il aura 22 centimètres de hauteur et 30 centimètres de largeur. (Circulaire du 30 août 1823.) La distance entre les deux vis qui fixent le feuillet, et, par conséquent, entre les deux échancrures de chaque feuillet, sera de 14 centimètres, mesurés depuis le milieu de l'une jusqu'au milieu de l'autre.

Il sera d'abord affecté un feuillet à chaque homme, et il en sera intercalé successivement le nombre nécessaire. Les feuillets supplémentaires porteront dans la case destinée au nom, cette indication : *Deuxième* ou *Troisième feuille* du dénommé.....

Au-dessous du numéro matricule, qui tient lieu de numéro de pagination, on inscrira le nom en bâtarde ; les prénoms et surnoms seront écrits lisiblement, sans abréviation; on n'en omettra aucun. La colonne suivante indiquera la date de l'arrivée au corps et la qualité en laquelle sert l'homme. La troisième colonne est destinée à la mention des rengagements. La quatrième colonne présentera les divers grades qui seront successivement obtenus par le titulaire du feuillet; on ne tirera pas de trait sur les grades précédents; on n'y mentionnera pas les changements de compagnie qui ne seraient point la conséquence d'une promotion ou d'un passage aux grenadiers, aux voltigeurs ou au petit état-major. La cinquième et dernière colonne fera connaître les absences de trois mois et au-dessus.

Les folios seront placés par grade, et, dans chaque grade, par ordre de numéro matricule.

Les punitions seront toujours inscrites sur des lignes tracées au crayon. Chaque page contiendra de vingt-quatre à vingt-cinq lignes.

On ne porte sur ce registre les punitions de consigne, qu'autant qu'elles ont été infligées pour quatre jours ou plus. (Note ministérielle du 5 février 1835.)

Dans la colonne destinée aux dates des punitions, on indiquera seulement le jour et le mois; l'année sera indiquée au milieu du registre. A la fin de chaque année, un trait à l'encre séparera l'année finie de l'année commencée.

Quand une punition a été infligée par un chef de poste ou par un chef de détachement, on fait connaître le commandement qu'exerçait le chef au moment où il a puni. Les punitions ordonnées, comme chef de compagnie, par un lieutenant ou par un sous-lieutenant, doivent aussi indiquer cette circonstance.

Le nom et le grade du chef qui a infligé la punition seront inscrits lisiblement; on évitera, autant que possible, les abréviations.

Les punitions ne sont enregistrées qu'après le rapport; on les inscrit avec soin et très-lisiblement. Le libellé porté sur la situation journalière est fidèlement reproduit; s'il a été prescrit de le modifier, on se conforme, avec une stricte ponctualité, aux modifications ordonnées.

Il sera tiré une légère barre à l'encre, à la fin de chaque motif de punition, pour terminer la ligne.

Lorsqu'un homme passe à une autre compagnie, le feuillet qui le concerne est arrêté et signé par le capitaine, et remis au capitaine de sa nouvelle compagnie.

Quand il s'agit du passage à un autre corps, le capitaine arrête aussi le feuillet, et le major y appose son visa.

Les motifs des interdictions de port de sabre, des suspensions, des dégradations, des cassations, des mises en jugement, des condamnations ou des acquittements, seront toujours relatés sur les feuillets de punitions, qui devront être paraphés par les chefs de bataillon.

Les feuillets des hommes libérés du service seront conservés pendant trois ans dans les archives du corps. (Instruction du 23 mars 1838.) Les feuillets des militaires rayés pour tout autre motif sont remis au major, qui les transmet au trésorier.

Quand un homme sera sur le point d'être libéré, le capitaine arrêtera et signera le feuillet, sur lequel il fera connaître si l'homme mérite ou non un certificat de bonne conduite. Exemple :

1° Je propose la délivrance d'un certificat de bonne conduite.

A         le         186

Le commandant de la compagnie,

N.

2° Je propose le refus d'un certificat de bonne conduite.

A         le         186

Le commandant de la compagnie,

N.

L'homme à libérer ou à renvoyer par anticipation sera toujours présenté par le sergent-major au médecin-major, qui constatera, sur un billet préparé d'avance à cet effet, si cet homme a des infirmités ou s'il en est exempt. Ce billet de visite sera fixé par une épingle au feuillet de punition que le capitaine enverra, dès qu'il l'aura signé, au chef de bataillon, qui, après y avoir exprimé son opinion d'après l'une des deux formules ci-dessus, l'adressera au major. Le major le transmettra au chef de corps, pour être soumis à l'examen du conseil d'administration chargé de statuer sur la délivrance ou sur le refus du certificat de bonne conduite.

## TABLEAU DES PUNITIONS

QUI, DANS L'INTÉRIEUR DES CORPS DE TROUPE, ET EN VERTU DE L'ORDONNANCE DU 2 NOVEMBRE 1833, PEUVENT ÊTRE INFLIGÉES :

| PAR (Désignation des Grades.) | 1° AUX SOLDATS (indépendamment des corvées et de l'inspection avec la garde) NOMBRE DE JOURS de | | | | | 2° AUX CAPORAUX NOMBRE DE JOURS de | | | | | 3° Aux SERGENTS-FOURRIERS et aux SERGENTS NOMBRE DE JOURS DE | | | 4° Aux SERGENTS-MAJORS NOMBRE DE JOURS DE | | | 3° Aux ADJUDANTS sous-officiers. NOMBRE DE JOURS DE | | |
|---|---|---|---|---|---|---|---|---|---|---|---|---|---|---|---|---|---|---|---|
| | Consigne | Salle de Police | Prison | Cachot | Interdiction de port de sabre | Consigne | Salle de police | Prison | Cachot | Interdiction de port de sabre | Consigne | Salle de police | Prison | Consigne | Salle de police | Prison | Consigne | Salle de police | Prison |
| Le Caporal.................... | 4 | 2 | » | » | » | » | » | » | » | » | » | » | » | » | » | » | » | » | » |
| Le Sergent-Fourrier et le Sergent.. | 8 | 4 | » | » | » | 4 | 2 | » | » | » | » | » | » | » | » | » | » | » | » |
| Le Sergent-Major { dans sa compag. | 15 | 8 | » | » | 15 | 8 | 4 | » | » | 8 | 8 | 4 | » | » | » | » | » | » | » |
| { hors de sa comp. | 8 | 4 | » | » | » | 4 | 2 | » | » | » | » | » | » | » | » | » | » | » | » |
| L'Adjudant sous-officier.......... | 15 | 8 | » | » | 15 | 8 | 4 | » | » | 8 | 8 | 4 | » | 8 | 4 | » | » | » | » |
| Le Sous-Lieutenant et le Lieutenant | 15 | 8 | » | » | 15 | 8 | 4 | » | » | 8 | 8 | 4 | » | 8 | 4 | » | 8 | 4 | » |
| Le Capitaine { dans sa compagnie.. | 30 | 30 | 8 | » | 60 | 30 | 15 | 8 | » | 30 | 30 | 15 | 8 | 30 | 15 | 8 | 30 | 15 | 8 |
| { hors de sa compagnie | 30 | 15 | 4 | » | 30 | 15 | 8 | 4 | » | 15 | 15 | 8 | 4 | 15 | 8 | 4 | 15 | 8 | 4 |
| Le Capitaine d'habillement { dans la comp. h. rang | 30 | 30 | 8 | » | 60 | 30 | 15 | 8 | » | 30 | 30 | 15 | 8 | 30 | 15 | 8 | » | » | » |
| { hors de cette comp. | 30 | 15 | 4 | » | 30 | 15 | 8 | 4 | » | 15 | 15 | 8 | 4 | 15 | 8 | 4 | » | » | » |
| Le Capitaine-Trésorier.......... | 30 | 15 | 4 | » | 30 | 15 | 8 | 4 | » | 15 | 15 | 8 | 4 | 15 | 8 | 4 | 15 | 8 | 4 |
| Le Capitaine Adjudant-Major...... | 30 | 15 | 4 | » | 30 | 15 | 8 | 4 | » | 15 | 15 | 8 | 4 | 15 | 8 | 4 | 15 | 8 | 4 |
| Le Major et le Chef de Bataillon... | 30 | 30 | 8 | » | 60 | 30 | 15 | 8 | » | 30 | 30 | 15 | 8 | 30 | 15 | 8 | 30 | 15 | 8 |
| Le Lieutenant-Colonel............. | 30 | 30 | 8 | » | 60 | 30 | 15 | 8 | » | 30 | 30 | 15 | 8 | 30 | 15 | 8 | 30 | 15 | 8 |
| Le Colonel.................... | 30 | 30 | 15 | 4 | 90 | 30 | 30 | 15 | 4 | 60 | 30 | 30 | 15 | 30 | 30 | 15 | 30 | 30 | 15 |
| **POSTES ET DÉTACHEMENTS.** | | | | | | | | | | | | | | | | | | | |
| Le Caporal chef de poste ou de détachement................... | 15 | 8 | » | » | 15 | » | » | » | » | » | » | » | » | » | » | » | » | » | » |
| Le Sergent chef de poste ou de détachement. | 15 | 8 | » | » | 15 | 8 | 4 | » | » | 8 | » | » | » | » | » | » | » | » | » |
| Le Sous-Lieutenant, le Lieutenant, et le Capitaine, chefs de détachement............: | 30 | 30 | 8 | » | 60 | 30 | 15 | 8 | » | 30 | 30 | 15 | 8 | 30 | 15 | 8 | 30 | 15 | 8 |
| L'Officier supérieur, chef de détachement. .................. | 30 | 30 | 15 | 4 | 90 | 30 | 30 | 15 | 4 | 60 | 30 | 30 | 15 | 30 | 30 | 15 | 30 | 30 | 15 |

### OBSERVATIONS

Les médecins militaires peuvent infliger la consigne ou la salle de police aux sous-officiers, aux caporaux et aux soldats; ils en rendent compte au lieutenant-colonel, qui, sur leur demande, fixe la durée de la punition. (Art. 288, 5e paragraphe.)

Le cachot ne peut être infligé pour plus de quatre jours, et en déduction d'autant de jour de prison. (Art. 284, dernier paragraphe.)

Les centimes de poche des caporaux et soldats en prison ou au cachot sont versés en totalité à l'ordinaire. (Art. 287, dernier paragraphe.)

Les caporaux-tambours et les tambours ou clairons en prison ou au cachot, versent, en outre, à l'ordinaire, la moitié de leur accroissement de solde de 10 centimes, soit 5 centimes par jour. (Décision ministérielle manuscrite du 12 juin 1850.)

Le lieutenant ou le sous-lieutenant commandant une compagnie a le droit d'infliger les mêmes punitions que le capitaine. (Art. 266, 4e paragraphe.)

Le capitaine commandant par intérim un bataillon a le droit d'infliger les mêmes punitions que le chef de bataillon. (Art. 226, 5e paragraphe.)

L'officier supérieur commandant par intérim le régiment a le droit d'infliger les mêmes punitions que le colonel. Art. 266, 6e paragraphe.)

Les capitaines peuvent, dans leur compagnie, augmenter les punitions infligées à leurs subordonnés. Lorsqu'il y a lieu à diminuer la punition, ils en font la demande par la voie du rapport. (Art. 288, 4e paragraphe.)

Le commandant du régiment peut augmenter ou diminuer les punitions ; il peut en changer la nature et même les faire cesser. (Art. 266, 8ᵉ paragraphe.) Il peut seul ordonner que les hommes punis de la prison subissent leur peine dans la prison de la place. (Art. 288, dernier paragraphe.) Ces droits sont aussi dévolus aux officiers chefs de détachement. (Art. 374, 1ᵉʳ paragraphe.)

Dans les corps qui ne sont composés que d'un bataillon, le chef de bataillon a le droit d'infliger les mêmes punitions que le colonel d'un régiment.

Dans les corps composés d'une seule compagnie, l'officier commandant peut infliger les mêmes punitions qu'un chef de bataillon dans un régiment ; lorsqu'il y a lieu d'ordonner des punitions plus graves, il en réfère au commandant de la place, qui prononce. (Art. 266, dernier paragraphe.)

Le commandant de la place peut infliger les mêmes punitions qu'un colonel de régiment.

Les généraux sous les ordres desquels le corps est placé, peuvent diminuer, augmenter ou changer les punitions (Art. 279, 1ᵉʳ paragraphe.)

Le général de brigade peut infliger 30 jours de prison.

Le général de division peut infliger la prison ou la détention dans un fort pendant soixante jours. (Art. 279, 1ᵉʳ paragraphe.) Les punitions que peut infliger tout autre officier-général ne dépassent pas les limites assignées au droit de punir d'un chef de régiment. (Art. 279, dernier paragraphe.)

*Suspensions, rétrogradations et cassations.* — ART. 289. Les sous-officiers et caporaux peuvent être suspendus de leurs fonctions pendant un temps déterminé qui n'excèdera pas deux mois ; ils seront astreints pendant ce temps au service du grade inférieur.

Les sous-officiers suspendus reçoivent leur nourriture de l'ordinaire de la compagnie.

Les adjudants peuvent être remplacés dans l'emploi de sergent-major ou celui de sergent ; les sergents-majors, dans l'emploi de sergent ; les sergents, dans le grade de caporal.

Enfin, les sergents-majors, les sergents et les caporaux peuvent être cassés et replacés dans le rang des soldats.

Les suspensions sont prononcées par le commandant du régiment.

A moins de circonstances majeures et inopinées, le commandant du régiment n'inflige cette punition que sur la proposition du capitaine, l'avis du chef de bataillon et celui du lieutenant-colonel.

Si les motifs concernent l'administration, le major donne aussi son avis.

Si la faute a été commise dans un poste ou pendant tout service soumis à la surveillance des adjudants-majors et des adjudants, la proposition de l'adjudant-major de semaine et l'avis du chef de bataillon de semaine remplacent la proposition du capitaine de la compagnie et l'avis du chef de bataillon.

Lorsqu'il y a lieu de faire descendre un sous-officier au grade ou à l'emploi inférieur, le capitaine de la compagnie, ou, s'il s'agit d'un adjudant, l'adjudant-major du bataillon dresse une plainte, qui est remise au colonel, après avoir été revêtue de l'avis du chef de bataillon, de celui du lieutenant-colonel, et, si les faits sont relatifs à l'administration, de celui du major. Cette plainte doit être accompagnée du relevé des punitions et de l'état des services du sous-officier.

Si la plainte est motivée principalement sur une faute commise dans un poste ou pendant un service soumis à la surveillance des adjudants-majors et des adjudants, elle est accompagnée en outre d'un rapport de l'adjudant-major de semaine, visé par le chef de bataillon de semaine.

Le colonel adresse le tout, avec un rapport spécial, au général de brigade, qui prend de nouvelles informations, entend, s'il y a lieu, le prévenu, et prononce.

Lorsqu'il y a lieu de casser un sergent-major, un sergent ou un caporal, on suit la marche qui vient d'être tracée pour faire descendre un sous-officier au grade ou à l'emploi inférieur.

La cassation d'un caporal est prononcée par le général de brigade.

La cassation d'un sergent ou d'un sergent-major est prononcée par le général de division, sur le vu des pièces et des renseignements recueillis par le général de brigade.

Les grenadiers et les voltigeurs, et les sous-officiers et les caporaux de ces compagnies, sont renvoyés dans une compagnie de fusiliers sur l'ordre du colonel, d'après le rapport du capitaine, l'avis du chef de batailon et celui du lieutenant-colonel.

En ce qui concerne la compagnie hors-rang, l'officier d'habillement a les mêmes attributions que les autres commandants de compagnie, et l'avis du major remplace celui du chef de bataillon.

*Envoi aux compagnies de discipline.* — Les soldats qui, sans avoir commis des délits justiciables des conseils de guerre, persévèrent néanmoins à porter le trouble et le mauvais exemple dans le régiment, sont désignés au général de division pour être incorporés dans une compagnie de discipline.

## AUTORITÉ

### D'UN CHEF DE DÉTACHEMENT.

Beaucoup de militaires de différents grades, dont plusieurs haut placés dans l'échelle hiérarchique, attribuent à un chef de détachement, *quel que soit son grade*, ne fût-il que sous-officier ou caporal, le droit d'infliger les mêmes corrections que le colonel. Telle est la conséquence qu'ils tirent des dispositions de l'article 374, — ainsi conçu, — de l'ordonnance du 2 novembre 1833 :

*Tout commandant de détachement* est responsable du bon ordre dans les marches, les garnisons *ou les cantonnements. Il est revêtu,* QUEL QUE SOIT SON GRADE, *de toute l'autorité d'un chef de corps pour le service, la police, la discipline et l'instruction; il se conforme à cet égard aux règles établies au* RÉGIMENT.

*Il observe scrupuleusement les instructions* qui lui ont été données; si *les circonstances l'obligent à s'en écarter, il en rend compte sur-le-champ* AU COLONEL.

*Si, pendant la durée d'un détachement, le commandement en devient vacant, ce commandement appartient à l'*OFFICIER *le plus élevé en grade et, à grade égal, au plus ancien.*

Les dispositions du 1er paragraphe sont loin de constituer à elles seules toute l'économie de l'article 374, dont les deux derniers alinéas lui servent de corollaire, l'expliquent, en limitent clairement le sens quant aux droits et aux devoirs du chef de détachement.

En effet, ce chef est astreint de suivre ponctuellement les instructions dont il a été muni et qui sont conformes aux règles établies au RÉGIMENT. S'il est obligé de s'en écarter, il est tenu d'en informer sur-le-champ son colonel. Donc l'autorité dont il est revêtu est nécessairement limitée, et ne peut échapper à l'action dirigeante du chef du corps. Donc l'article 374 ne contient pas un seul mot extensif ou restrictif des droits consacrés par le 7e paragraphe, — ainsi conçu, — de l'article 266 du même règlement :

*Tout capitaine, lieutenant ou sous-lieutenant commandant un détachement a le droit d'infliger les punitions que les articles 269, 281, 285 et 286 assignent aux attributions des officiers supérieurs (1); l'officier supérieur commandant un détachement a les mêmes droits à cet égard que le colonel, sauf ce qui est prescrit article 289 (2).*

Comment pourrait-on admettre que le droit du colonel, en matière de punitions, soit étendu à un sous-officier ou à un caporal, quand le 3e paragraphe de l'article 374, dont nous examinons l'esprit et le texte, porte de la manière la plus explicite, que le commandement, devenu vacant, appartient à l'OFFICIER le plus élevé en grade, et exclut ainsi jusqu'à la possibilité de le déférer à un chef non pourvu du grade d'officier?

Ainsi donc, un chef de détachement a droit, s'il est officier supérieur, d'infliger les mêmes punitions que le colonel, sauf les restrictions posées dans le dernier paragraphe de l'article 289 précité (2). S'il est capitaine, lieutenant, ou sous-lieutenant, son droit de punir est celui des officiers supérieurs (lieutenant-colonel, chef de bataillon ou major), qui ne sont ni chefs de corps, ni chefs de détachement. Toutefois, l'article 374, en revêtant un commandant de détachement de toute l'autorité du chef de corps, a voulu lui conférer le droit attribué au colonel, par le 8e paragraphe de l'article 266 et par le dernier paragraphe de l'article 288, d'augmenter ou de diminuer les punitions, d'en changer la nature, ou même de les faire cesser.

Quant aux sous-officiers et caporaux, placés à la tête d'un détachement quelconque, on doit les assimiler aux chefs de poste de leur grade, et leur appliquer, en conséquence, sous le rapport du droit de punir, le 3e paragraphe de l'article 288, en vertu duquel ils peuvent infliger aux hommes de service sous leurs ordres, les punitions que sont autorisés à ordonner les lieutenants qui ne sont ni chefs de compagnie, ni chefs de détachement.

_____

(1) *Qui ne commandent pas le régiment, qui sont en sous-ordre,* comme le lieutenant-colonel, les chefs de bataillon et major, lorsque le colonel est présent.

(2) Le dernier paragraphe de cet article est ainsi conçu : « Lorsqu'une ou plusieurs compagnies sont détachées hors de la division où se trouve le régiment, le pouvoir de renvoyer les hommes d'élite dans les compagnies de fusiliers, et de suspendre les sous-officiers et les caporaux, appartient au commandant du détachement, qui en rend compte au colonel; lorsqu'il y a lieu de casser des sous-officiers ou des caporaux, le commandant du détachement envoie au colonel le rapport et les pièces à l'appui, et prend ses ordres. En temps de guerre, il envoie directement au général de brigade le rapport et les pièces à l'appui; il rend compte au colonel. En tout temps, lorsque le colonel est avec une partie du régiment hors de France, le commandant du dépôt et les commandants des bataillons restés dans l'intérieur se conforment à cette dernière disposition. »

| Nº MATRICULE 9867 — LOUVANCOURT ADOLPHE-LOUIS. | Arrivé au Corps le 17 août 1852 comme engagé volontaire. | Rengagé le 5 juillet 1859 pour quatre ans. | GRADES. B. C. | ABSENCES. |
|---|---|---|---|---|
| | | | Fusilier le   17 août 1852 1er 4e K. | HOPITAL. Du 8 mars au 6 juin 1853 |
| | | | Caporal le   4 mars 1853 1er 5e E. | Du   au |
| | | | Cassé et remis fusilier le 19 juill. 1854 3e 4e D. | Du   au |
| | | | Caporal le   23 oct. 1855 2e 5e F. | Du   au |
| | | | Sergent le   29 juin 1857 1er 1er G. | Du   au |
| | | | Sergent-major le   20 janv. 1860 1er 2e I. | Du   au |
| | | | Serg.-maj. de voltigrs le 30 juin 1861 2e Vrs O. | Du   au |

| DATES des PUNITIONS. | GENRE DE PUNITIONS et nombre de jours. | | | | PAR QUI LES PUNITIONS ont été infligées. | MOTIFS DES PUNITIONS. |
|---|---|---|---|---|---|---|
| | Consigne | Salle de police. | Prison. | Cachot. | | |
| | | | | | — 1851 — | |
| 5 octobre. | 4 | » | » | » | DAMON, sergent. | Pour être arrivé dix minutes trop tard à la réunion des hommes de corvée. Passé caporal à la 5e comp. du 1er batail., le 4 mars 1853. *Le Commandant de la compagnie,* N… |
| | | | | | — 1852 — | |
| | | | | | — 1853 — | |
| 8 avril. | » | 8 | » | » | M. ALBARET, capitaine. | Pour s'être battu dans la chambre avec un caporal d'une autre compagnie. |
| | | | | | — 1854 — | |
| 18 juillet. | » | » | 6 | » | Le tribunal civil de Lyon, où Louvancourt était en permission de 15 jours. | Pour avoir porté des coups à un bourgeois (art. 311 du Code pénal.) |
| | 4 | 8 | 6 | » | | Cassé et remis fusilier à la 4e comp. du 3e batail., le 19 juillet 1854, par suite de sa condamnation par un tribunal. *Le Commandant de la compagnie,* N… |
| | | | | | — 1855 — | |
| 4 août. | 8 | » | » | » | M. MEZIN, capitaine. | Pour avoir manqué à l'exercice. |
| | 12 | 8 | 6 | » | | Passé caporal à la 5e comp. du 2e batail., le 25 octobre 1855. *Le Commandant de la compagnie,* N… |
| | | | | | — 1856 — | Passé sergent à la 1re comp. du 1er batail., le 29 juin 1857. *Le Commandant de la compagnie,* N… |
| | | | | | — 1857 — | |
| | | | | | — 1858 — | |
| | | | | | — 1859 — | |
| 17 janvier. | 4 | » | » | » | M. RENAULT, chef de bataillon. | Pour négligence à l'exercice. |
| | 16 | 8 | 6 | » | — 1860 — | Passé sergent-major à la 2e comp. du 1er batail, le 20 janvier 1860. *Le Commandant de la compagnie,* N… |
| | | | | | — 1861 — | |
| 8 mars. | » | 4 | » | » | M. DUBOIS, capitaine. | Pour avoir manqué au contre-appel et être rentré à minuit. |
| 9 mars. | » | 2 | » | » | M. GRAND, colonel. | Pour le motif énoncé ci-dessus. (Augmentation.) |
| 24 juin. | 15 | » | » | » | M. DUBOIS, capitaine. | Pour avoir dépassé de deux jours les délais d'une permission de huit jours. Passé pour son grade aux voltigeurs du 2e bataillon, le 30 juin 1861. *Le Commandant de la compagnie,* N… |
| A reporter. | 31 | 14 | 6 | » | | |

| DATES des PUNITIONS. | GENRE DE PUNITIONS et nombre de jours. | | | | PAR QUI LES PUNITIONS ont été infligées. | MOTIFS DES PUNITIONS. |
|---|---|---|---|---|---|---|
| | Consigne | Salle de police. | Prison. | Cachot. | | |
| Report... | 31 | 14 | 6 | | —— 1862 —— | |
| 12 mars. | » | 2 | » | » | HENON, adj. sous-officier. | Pour avoir murmuré dans les rangs au peloton des sous-officiers. |
| 13 mars. | » | 2 | » | » | M. GOY, lieut.-colonel, commandant le régiment | Pour le motif énoncé ci-dessus. (Augmentation.) |
| 10 avril. | 4 | » | » | » | M. FRANÇOIS, sous-lieuten. | Pour avoir manqué à l'appel de onze heures et au tir à la cible. |
| 10 avril. | 4 | » | » | » | M. ALARY, lieutenant, commandant la compagnie. | Pour les motifs énoncés ci-dessus. (Augmentation.) |
| 11 avril. | 2 | » | » | » | M. RIEUX, chef de bataillon, commandant le régiment. | Pour les motifs énoncés ci-dessus. (Augmentation.) |
| 30 avril. | » | » | » | » | M. DUBOIS, capitaine. | Pour avoir manqué à l'exercice (quatre jours de consigne.) |
| 1er mai. | » | 4 | » | » | M. DROUOT, major, commandant le régiment. | Pour le motif énoncé ci-dessus. (Punition changée.) |
| | 41 | 22 | 6 | » | —— 1863 —— | |
| 1er juin. | 8 | » | » | » | M. MARMIER, capitaine. | Pour ne lui avoir apporté, que deux heures après l'avoir touché, le prêt qu'il avait été chargé de percevoir chez le Trésorier. |
| 18 juin. | » | » | 6 | » | 1er conseil de guerre permanent de la 1re division militaire. | Pour avoir légèrement blessé un bourgeois par imprudence. (Le Ministre a maintenu le sergent-major Louvencourt dans son grade, en conformité de la décision du 23 avril 1853.) |
| | | | | | | Je propose la délivrance d'un certificat de bonne conduite. *Le Commandant de la compagnie,* N... |
| TOTAUX... | 49 | 22 | 12 | » | | Je propose la délivrance d'un certificat de bonne conduite. *Le Chef de bataillon,* N... |

Libéré le 15 août 1863. — A reçu un Certificat de bonne conduite.

Le registre sera terminé par une Table alphabétique conforme au modèle ci-après :

## TABLE ALPHABÉTIQUE.

| NUMÉROS MATRICULES. | NOMS. | GRADES. | NUMÉROS MATRICULES. | NOMS. | GRADES. |
|---|---|---|---|---|---|
| | | | | | |
| | | | | | |
| | | | | | |

Les hommes seront inscrits à ce tableau par ordre de numéro matricule, lors de la formation de la table, qui aura dix-huit pages à deux colonnes, soit.......................... .... .......... 36 colonnes.

On affectera :

| | | | |
|---|---|---|---|
| Trois colonnes à chacune des lettres | A, B, C, D................................... | 12 | — |
| Une — à chacune des lettres | E, F........................................... | 2 | — |
| Deux — à la lettre.......... | G............................................. | 2 | — |
| Une — à la lettre.......... | H............................................. | 1 | — |
| Une demi — à la lettre.......... | I............................................. | 0 | 1/2 |
| Une — à la lettre.......... | J............................................. | 1 | — |
| Une demi — à la lettre.......... | K............................................. | 0 | 1/2 |
| Trois — à chacune des lettres | L, M......................................... | 6 | — |
| Une — à chacune des lettres | N, O......................................... | 2 | — |
| Deux — à la lettre.......... | P............................................. | 2 | — |
| Une — à la lettre.......... | Q............................................. | 1 | — |
| Deux — à la lettre.......... | R............................................. | 2 | — |
| Une — à chacune des lettres | S, T........................................ | 2 | — |
| Une demi — à chacune des lettres | U, V......................................... | 1 | — |
| Un tiers — à chacune des lettres | X, Y, Z..................................... | 1 | — |

TOTAL ÉGAL....... 36 colonnes.

Le *Major* PAUL ROQUES.

**PUNITIONS OU PEINES RÉSULTANT DE CRIMES OU DÉLITS MILITAIRES** (armée, justice militaire). — L'armée a ses tribunaux portant le nom de conseils de guerre, dont la fonction ordinaire est de juger les militaires, et dont la juridiction s'étend, pendant l'état de siége, à tous les citoyens. La juridiction de ces conseils constitue le Code de justice militaire pour l'armée de terre, du 9 juin 1857. Voici la nomenclature alphabétique des crimes et délits militaires et des peines qui y sont attachées.

| DÉLITS. | PEINES. |
|---|---|
| Abandon du poste en présence de l'ennemi ou de rebelles armés........ | Mort. |
| *Idem*, sur un territoire en état de guerre ou de siége.............. | Prison de 2 à 5 ans. |
| *Idem*, dans tous les autres cas....... | Prison de 2 à 6 mois (art. 213). |
| *Idem*, étant en faction ou en vedette en présence l'ennemi ou de rebelles armés........................ | Mort. |
| *Idem*, sur un territoire en état de guerre ou de siége.............. | Travaux publics de 2 à 5 ans. |
| *Idem*, dans tous les autres cas...... | Prison de 2 mois à 1 an (art. 211). |
| Absence du poste en cas d'alerte ou à la générale en temps de guerre ou en état de siége............. | Prison de 6 mois à 2 ans (art. 214) |
| Absence d'un militaire au conseil de guerre où il est appelé à siéger.... | Prison de 2 à 6 mois (art. 215) |

| | |
|---|---|
| Achat ou recel d'effets de petit équipement........................ | Prison de 6 mois à 1 an (art. 244). |
| Achat ou recel de chevaux, d'effets d'armement, d'équipement ou d'habillement, de munitions ou de tout autre objet confié pour le service.. | Prison de 1 an à 5 ans (art. 244). |
| Achat ou recel, ou acceptation en gage d'armes, de munitions, d'effets d'habillement, de grand et de petit équipement, ou de tout autre objet militaire............................ | La même peine que l'auteur du délit (art. 247). |
| Acte d'hostilité commis par un chef militaire, sur un territoire allié ou neutre, sans ordre ou provocation. | Destitution (a.226). |
| Armes portées contre la France..... | Mort avec dégradation militaire (art. 204). |
| Attaque sans ordre ou provocation contre les troupes d'une puissance alliée ou neutre................. | Mort (art. 226). |
| Capitulation avec l'ennemi......... | Mort avec dégradation militaire (art. 209). |
| Capitulation en rase campagne...... | Mort avec dégradation militaire ou destitution (art. 210). |
| Commandement pris ou retenu sans ordre ou motif légitime............ | Mort (art. 228). |
| Contrefaçon de sceaux, de timbres ou de marques militaires............ | Réclusion de 5 à 10 ans (art. 259). |
| Corruption dans le service, dans l'administration militaire............ | Dégradation militaire. |
| En cas de circonstances atténuantes. | Emprisonnem. de 3 mois à 2 ans (art. 261). |
| Dépouillement d'un blessé......... | Réclusion. |
| Dépouillement d'un blessé auquel il est fait de nouvelles blessures.... | Mort (art. 249). |
| Désertion à l'ennemi.............. | Mort avec dégradation militaire (art. 238). |
| Désertion en présence de l'ennemi... | Détention de 5 à 20 ans (art. 239). |
| Désertion à l'étranger en temps de paix........................... | Travaux publ. (1) de 2 à 5 ans (art. 235, 236). |
| Désertion en temps de guerre, ou d'un territoire en état de guerre ou de siége.................... | T.avaux publ. (2) de 5 à 10 ans (art. 235, 236). |
| Désertion à l'intérieur en temps de paix........................... | Prison (1) de 2 à 5 ans. |
| Désertion à l'intérieur en temps de guerre, ou d'un territoire en état de guerre ou de siége......... | Travaux publ. (2) de 2 à 5 ans (art. 231, 232). |
| Désertion avec complot en présence de l'ennemi, ou étant chef de complot de désertion à l'étranger.. | Mort. |
| Désertion étant chef de complot à l'intérieur..................... | Travaux publics de 5 à 10 ans. |
| Désertion dans tous les autres cas.. | Le maximum de la peine portée pour la désertion (art. 241). |
| Destruction volontaire d'édifices, bâtiments, ouvrages militaires, magasins, chantiers, vaisseaux, navires, bateaux à l'usage de l'armée..... | Travaux forcés de 5 à 20 ans. |

(1) La peine ne peut être moins de 3 ans pour le premier cas et de 7 ans pour le second, si le coupable a emporté des armes, des effets d'habillement ou d'équipement, ou emmené son cheval, s'il était de service ou s'il avait déserté antérieurement.

(2) Le minimum de 3 ans, si le déserteur a emporté des armes, des effets d'habillement ou d'équipement, ou emmené son cheval, s'il était de service ou s'il avait déserté antérieurement.

| | |
|---|---|
| Idem, en cas de circonstances atténuantes..................... | Réclusion de 5 à 10 ans ou emprisonnement de 2 à 5 ans (art. 252). |
| Idem, en présence de l'ennemi, des moyens de défense, de tout ou partie d'un matériel de guerre, des approvisionnements en armes, vivres, munitions, effets de campement, d'équipement et d'habillement. | Mort avec dégradation militaire. |
| Idem, hors de la présence de l'ennemi.......................... | Détention de 5 à 20 ans (art. 253). |
| Destruction ou bris volontaire d'armes, des effets de campement, de casernement, d'équipement d'habillement appartenant à l'État. | Travaux publics de 2 à cinq ans. |
| Idem, en cas de circonstances atténuantes..................... | Emprisonnem. de 2 mois à 5 ans (art. 254). |
| Idem, des registres, minutes ou actes originaux de l'autorité militaire... | Réclusion de 5 à 10 ans (art. 254). |
| Idem, en cas de circonstances atténuantes...................... | Emprisonnem. de 2 à 5 ans (art. 255). |
| Dissipation ou détournement d'armes, de munitions, effets ou autres objets remis pour le service. | Prison de 6 mois à 2 ans. |
| Distribution de substances, denrées ou liquides avariés, corrompus ou gâtés. | Réclusion de 5 ans à 10 ans. |
| Idem, en cas de circonstances atténuantes...................... | Emprisonnem. de 1 à 5 ans (art. 265). |
| Embauchage pour l'ennemi........ | Mort, de plus la dégradation militaire, si le coupable est militaire (art. 208). |
| Espionnage par les ennemis sous des déguisements.................. | Mort (art. 207). |
| Espionnage pour l'ennemi, ou recel d'espions ou d'ennemis........... | Mort avec dégradation militaire (art. 206). |
| Évasion (auteur ou complice d') de prisonniers de guerre ou détenus. | |
| Idem, en cas de négligence........ | Emprisonnem. de 6 jours à 5 ans. |
| Evasion en cas de connivence...... | Réclusion de 5 à 10 ans ou travaux forcés de 5 à 20 ans ou travaux forcés perpétuels (art. 216). |
| Falsification par un militaire des substances, matières, denrées ou liquides confiés à sa garde ou placés sous sa surveillance. | Réclusion de 5 à 10 ans. |
| Idem, en cas de circonstances atténuantes..................... | Emprisonnem. de 1 à 5 ans (art. 265). |
| Faux sur des états de situation ou de revues..................... | Travaux forcés de 5 à 20 ans. |
| Idem, en cas de circonstances atténuantes..................... | Réclusion de 5 à 10 ans ou emprisonnement de 2 à 5 ans (art. 257). |
| Faux certificats de maladie obtenus d'un médecin militaire par dons ou promesses.................. | Dégradation militaire (art. 262). |
| Hostilités prolongées après l'avis de la paix ou d'une trève........... | Mort (art. 927). |
| Incendie d'édifices, bâtiments ou ouvrages militaires, des magasins, chantiers, vaisseaux, navires ou bateaux à l'usage de l'armée...... | Mort avec dégradation militaire. |
| Idem, en cas de circonstances atténuantes..................... | Travaux forcés de 5 à 20 ans (art. 251). |
| Infidélité dans le service, dans l'administration militaire........... | Prison de 1 à 5 ans 264). |

Infidélité dans les états de troupe.... { Travaux forcés de 5 à 20 ans.

*Idem*, en cas de circonstances atténuantes...... { Réclusion de 5 à 10 ans ou emprisonnement de 2 à 5 ans (art. 257).

Infidélité dans les poids ou mesures des rations...... { Prison de 1 à 5 ans (art 258).

Insoumission...... { Prison de 6 jours à 1 an.

Insoumission en temps de guerre.... { Prison de 1 mois à 2 ans (art. 230).

Instigateurs de pillage en bande, soit avec armes ou force ouverte, soit avec bris de clôture ou violence.. { Mort avec dégradation militaire (art. 250).

Insultes envers une sentinelle...... { Prison de 6 jours à 1 an (art. 220).

Meurtre sur la personne de son hôte, sur celle de sa femme ou de ses enfants...... { Mort (art. 256).

Mise en gage d'effets d'armement, de grand équipement d'habillement ou de tout autre objet confié pour le service...... { Prison de 6 mois à 1 an.

Mise en gage d'effets de petit équipement...... { Prison de 2 à 6 mois (art. 245).

Mort donnée à un cheval ou bête de trait ou de somme employée au service de l'armée...... { Travaux publics de 2 à 5 ans.

*Idem*, en cas de circonstances atténuantes...... { Emprisonnem. de 2 mois à 5 ans (art. 234).

Outrages par paroles, gestes ou menaces envers un supérieur, pendant le service ou à l'occasion du service. { Travaux publics de 5 à 10 ans.

Outrages hors ce cas...... { Prison de 1 à 5 ans (art. 224).

Pillage commis en bande, soit avec armes ou force ouverte, soit avec bris de clôture ou violence...... { Mort avec dégradation militaire.

Pillage dans les autres cas...... { Réclusion (art.250).

Port illégal de décorations, d'uniformes ou d'insignes...... { Prison de 2 mois à 2 ans (art. 266).

Prévarication dans le service, dans l'administration militaire...... { Travaux forcés de 5 à 20 ans.

*Idem*, suivant le cas...... { Dégradation militaire.

*Idem*, en cas de circonstances atténuantes...... { Réclusion de 5 à 10 ans ou emprisonnement de 3 mois à 5 ans (art. 261, 263).

Prisonnier de guerre qui, ayant faussé sa parole, est repris les armes à la main...... { Mort (art. 204).

Provocation ou assistance à la désertion par un militaire...... { Même peine que pour la désertion.

*Idem*, par un individu non militaire. { Prison de 2 mois à 5 ans (art. 242).

Rébellion envers la force armée ou les agents de l'autorité, sans armes. { Prison de 2 à 6 mois.

*Idem*, avec armes...... { Prison de 6 mois à 2 ans.

*Idem*. par plus de deux militaires, sans armes...... { Prison de 2 à 5 ans.

*Idem*, avec armes...... { Réclusion de 5 à 10 ans.

*Idem*, par des militaires armés, au nombre de huit au moins...... { Mort ou travaux publics de 5 à 10 ans, selon les circonstances (art. 225).

Reddition de place...... { Mort avec dégradation militaire (art. 209).

Refus d'obéissance pour marcher contre l'ennemi ou contre des rebelles armés...... { Mort avec dégradation militaire.

*Idem*, sur un territoire en état de guerre ou de siége...... { Travaux publics de 5 à 10 ans.

*Idem*, dans tous les autres cas...... { Prison de 1 à 2 ans (art. 218).

Révolte, suivant la gravité des faits, selon le nombre, la position et le grade de ceux qui y participent... { Mort ou travaux publics de 5 à 10 ans (art. 217).

Sommeil d'un factionnaire ou d'une vedette en présence de l'ennemi ou de rebelles armés...... { Travaux publics de 2 à 5 ans.

*Idem*, sur un territoire en état de guerre ou de siége...... { Prison de 6 mois à 1 an.

*Idem*, dans tous les autres cas...... { Prison de 2 à 6 mois (art. 212).

Soustraction commise par des comptables militaires...... { Travaux forcés de 5 à 20 ans.

*Idem*, en cas de circonstances atténuantes...... { Réclusion de 5 à 10 ans ou emprisonnement de 2 à 5 ans (art. 263).

Tentative de contrainte ou de corruption n'ayant produit aucun effet... { Emprisonnem. de 3 à 6 mois (art. 261).

Trafic à son profit des fonds et deniers appartenant à l'État ou à des militaires...... { Prison de 1 à 5 ans (art. 264).

Trahison...... { Mort avec dégradation militaire (art. 205).

Usage frauduleux des sceaux, timbres ou marques militaires...... { Dégradation militaire (art. 260).

Vente d'effets de petit équipement... { Prison de 6 mois à 1 an (art. 244).

Vente de son cheval, de ses effets d'armement, d'équipement ou d'habillement, de munition ou de tout autre objet confié pour le service...... { Prison de 1 à 5 ans (art. 244).

Violation de consigne en présence de l'ennemi ou des rebelles...... { Détention de 5 à 20 ans.

*Idem*, sur un territoire en état de guerre ou de siége...... { Travaux publics de 2 à 10 ans.

*Idem*, dans tous les autes cas...... { Prison de 2 mois à 3 ans (art. 219).

Violence envers une sentinelle ou vedette à main armée...... { Mort.

*Idem*, sans armes, mais en réunion de plusieurs personnes...... { Travaux publics de 5 à 10 ans.

*Idem*, sans armes, et par une seule personne...... { Prison de 1 à 5 ans (art. 220).

Voies de fait envers un supérieur avec préméditation et guet-apens...... { Mort avec dégradation militaire (art. 221).

Voies de fait commises sous les armes envers un supérieur...... { Mort (art. 222).

Voies de fait envers un supérieur pendant le service et à l'occasion du service...... { Mort.

Voies de fait hors du service ou sans que cela soit à l'occasion du service. { Travaux publics de 5 à 10 ans (art. 223).

Voies de fait envers un inférieur sans motif légitime...... { Prison de 2 mois à 5 ans (art. 229).

Vol des armes et munitions appartenant à l'État, de l'argent de l'ordinaire, de la solde, des deniers ou effets quelconques, appartenant à des militaires ou à l'État, si le coupable en est comptable...... { Travaux forcés de 5 à 10 ans.

*Idem*, en cas de circonstances atténuantes...... { Réclusion de 5 à 10 ans ou emprisonnement de 3 à 5 ans.

| | |
|---|---|
| Vol, s'il n'est pas comptable........ | { Réclusion de 5 à 10 ans. |
| *Idem*, en cas de circonstances atténuantes ...................... | { Emprisonnem. de 1 à 5 ans. |
| Vol chez l'hôte.................. | { Réclusion de 5 à 10 ans. |
| *Idem*, en cas de circonstances atténuantes..................... | { Emprisonnem. de 1 à 5 ans. |
| Vols qualifiés par le Code pénal ordinaire, suivant les circonstances (1). | { Travaux forcés à perpétuité *ou* travaux forcés à temps, *ou* réclusion, *ou* emprisonnement (art. 248). |

La justice militaire est rendue :

1° Par des conseils de guerre;

2° Par des conseils de révision.

*Des conseils de guerre permanents dans les divisions territoriales.*

Il y a un conseil de guerre permanent dans chaque division territoriale.

Si les besoins de service l'exigent, un deuxième conseil de guerre permanent peut être établi dans la division par un décret de l'Empereur, qui fixe le siége du conseil et en détermine le ressort.

Le conseil de guerre permanent est composé d'un colonel ou lieutenant-colonel, président, et de six juges, savoir :

Un chef de bataillon, ou chef d'escadron, ou major ;

Deux capitaines, un lieutenant, un sous-lieutenant;

Un sous-officier.

Il y a près chaque conseil de guerre un commissaire impérial, un rapporteur et un greffier.

Il peut être nommé un ou plusieurs substituts du commissaire impérial et du rapporteur, et un ou plusieurs commis-greffiers.

Les commissaires impériaux et leurs substituts remplissent, près le conseil de guerre, les fonctions du ministère public.

Les rapporteurs et leurs substituts sont chargés de l'instruction.

Les greffiers et commis-greffiers font les écritures.

Les présidents et les juges sont pris parmi les officiers et sous-officiers en activité dans la division; ils peuvent être remplacés tous les six mois, et même dans un délai moindre, s'ils cessent d'être employés dans la division.

Les commissaires impériaux et les rapporteurs sont pris parmi les officiers supérieurs, les capitaines, les sous-intendants militaires ou adjoints, soit en activité, soit en retraite.

Les substituts sont pris parmi les officiers en activité dans la division.

Le président et les juges des conseils de guerre son nommés par le général commandant la division.

La nomination est faite par le ministre de la guerre, s'il s'agit du jugement d'un colonel, d'un officier général ou d'un maréchal de France.

Les commissaires impériaux et les rapporteurs sont nommés par le ministre de la guerre.

Lorsqu'ils sont choisis parmi les officiers en activité, ils sont nommés sur une liste de présentation dressée par le général commandant la division où siége le conseil de guerre.

(1) Les tribuneux militaires appliquent les peines portées par les lois pénales militaires à tous les crimes ou délits non prévus par le présent Code, et, dans ce cas, s'il existe des circonstances atténuantes, il est fait l'application aux militaires de l'article 463 du Code pénal (art. 467 du Code de justice militaire).

Les substituts sont nommés par le général commandant la division.

La composition ordinaire des conseils de guerre est maintenue ou modifiée suivant le grade de l'accusé, conformément au tableau ci-après :

| GRADE DE L'ACCUSÉ. | GRADE DU PRÉSIDENT. | GRADES DES JUGES. |
|---|---|---|
| Sous-officier, caporal ou brigadier, soldat......... | Colonel ou lieutenant-colonel. | 1 chef de batail., ou chef d'escadron, ou major. 2 capitaines. 1 lieutenant. 1 sous-lieutenant. 1 sous-officier. |
| Sous-lieutenant... | Colonel ou lieutenant-colonel.... | 1 chef de batail., ou chef d'escadron, ou major. 2 capitaines. 1 lieutenant. 2 sous-lieutenants. |
| Lieutenant ...... | Colonel ou lieutenant-colonel.... | 1 chef de batail., ou chef d'escadron, ou major. 3 capitaines. 2 lieutenants. |
| Capitaine......... | Colonel ......... | 1 lieutenant-colonel. 3 chefs de bataillon, ou chefs d'escadron, ou majors. 2 capitaines. |
| Chef de bataillon, chef d'escadron, major......... | Général de brigade. | 2 colonels. 2 lieutenants-colonels. 2 chefs de bataillon, ou chefs d'escadron, ou majors. |
| Lieutenant-colonel. | Général de brigade. | 4 colonels. 2 lieutenants-colonels. |
| Colonel........... | Général de division | 4 généraux de brigade. 2 colonels. |
| Général de brigade. | Maréchal de France | 4 généraux de division. 2 généraux de brigade. |
| Général de division | Maréchal de France | 2 maréchaux de France. 4 généraux de division. |
| Maréchal de France | Maréchal de France | 3 maréchaux de France ou amiraux. 3 généraux de division. |

### TABLEAU

*Des deuxièmes conseils de guerre et des conseils de révision établis par décret impérial du 18 juillet 1857, en vertu des articles 2 et 26 du Code de justice militaire.*

| SIÉGE. | RESSORT. | SIÉGE. | RESSORT. |
|---|---|---|---|
| Paris...... | 1re division. | Toulon..... | 9e division. |
| Caen...... | 2e *idem.* | Toulouse... | 14e *idem.* |
| Lille...... | 3e *idem.* | Brest...... | 16e *idem.* |
| Mézières... | 4e *idem.* | Alger...... | Division d'Alger. |
| Metz...... | 5e *idem.* | Oran....... | Division d'Oran. |
| Strasbourg.. | 6e *idem.* | Bone....... | Division de Constantine. |
| Lyon...... | 8e *idem.* | | |

(CONSEILS DE RÉVISION.)

| SIÉGE. | RESSORT. | SIÉGE. | RESSORT. |
|---|---|---|---|
| Paris ..... | { 1re division. 2e *idem.* 3e *idem.* | | 10e division. 11e *idem.* 12e *idem.* |
| Metz....... | { 4e *idem.* 5e *idem.* 6e *idem.* 7e *idem.* | Toulouse... | { 13e *idem.* 14e *idem.* 17e *idem.* |
| Lyon ...{ | 8e *idem.* 9e *idem.* 19e *idem.* 20e *idem.* 21e *idem.* | Rennes .... | { 15e *idem.* 16e *idem.* 18e *idem.* |
| | | Alger...... Oran...... Constantine. | Division d'Alger. Division d'Oran. Division de Constantine. |

# TABLEAU

Annexé au décret impérial du 18 juillet 1857, indiquant, selon le grade, le rang et l'emploi de l'accusé, la composition des tribunaux militaires, pour le jugement des divers individus qui, dans l'armée de terre, sont assimilés aux militaires, aux termes des articles 10 et 13 du Code de justice militaire.

| DÉSIGNATION DES CORPS. | GRADE OU EMPLOI de l'accusé. | GRADE DU PRÉSIDENT. | GRADE DES JUGES. |
|---|---|---|---|
| Intendance militaire. | Adjoint de 2e cl. | Colonel.... | 1 lieuten.-colonel. 3 chefs de bataillon ou chefs d'escadron ou majors. 2 capitaines. 2 colonels. |
| | Adjoint de 1re cl. | Général de brigade.. | 2 lieutenants-colonels. 2 chefs de bataillon ou chefs d'escadron, ou majors. 4 colonels. |
| | Sous-intendant de 2e classe...... | Idem...... | 2 lieutenants-colonels. |
| | Sous-intendant de 1re classe. | Général de division.. | 4 généraux de brigade. 2 colonels. |
| | Intendant divisionnaire...... | Maréchal de France.. | 2 généraux de division. 2 généraux de brigade. |
| | Intendant général........... | Idem...... | 2 maréchaux de France. 4 généraux de division. |
| Officiers de santé.... | Médecin pharmacien sous-aide. | Colonel ou lieutenant-colonel... | 1 chef de bataillon, ou chef d'escadron, ou major. 2 capitaines. 1 lieutenant. 2 sous-lieutenants. |
| | Médecin pharmacien aide-major de 2e ou de 1re classe......... | Idem...... | 1 chef de bataillon, ou chef d'escadron, ou major. 3 capitaines. 2 lieutenants. |
| | Médecin pharmacien major de 2e ou de 1re classe. | Colonel.... | 1 lieuten.-colonel. 3 chefs de bataillon ou chefs d'escadron, ou majors. 2 capitaines. 2 colonels. |
| | Médecin pharmacien principal de 2e ou de 1re classe. | Général de brigade.. | 2 lieutenants-colonels. 2 chefs de bataillon ou chefs d'escadron, ou majors. 4 généraux de division. 2 généraux de brigade. |
| | Médecin pharmacien inspecteur. | Maréchal de France. | |
| Officiers d'administration militaire du service : 1° des hôpitaux militaires.... 2° des subsistances militaires. 3° de l'habillement et du campement.... 4° de la justice militaire.... 5° des bureaux de l'intendance militaire..... | Adjudant en second........ Adjudant en premier........ | Colonel ou lieutenant-colonel... | 1 chef de bataillon, ou chef d'escadron ou major. 3 capitaines. 2 lieutenants. |
| | Officier comptable de 2e classe... Officier comptable de 1re classe... | Colonel.... | 1 lieuten.-colonel. 3 chefs de bataillon ou chefs d'escadron, ou majors. 2 capitaines. 2 colonels. |
| | Principal de 2e classe......... Principal de 1re classe........ | Général de brigade.. | 2 lieutenants-colonels. 2 chefs de bataillon ou chefs d'escadron, ou majors. |
| Vétérinaires militaires. | Aide vétérinaire de 2e classe... Aide vétérinaire de 1re classe... | Colonel ou lieutenant-colonel... | 1 chef de bataillon, ou chef d'escadron ou major. 2 capitaines. 1 lieutenant. 2 sous-lieutenants. |

| DÉSIGNATION DES CORPS. | GRADE OU EMPLOI de l'accusé. | GRADE DU PRÉSIDENT. | GRADE DES JUGES. |
|---|---|---|---|
| Vétérinaires militaires. | Vétérinaire de 2e classe......... Vétérinaire de 1re classe........ | Colonel ou lieutenant-colonel... | 1 chef de bataillon, ou chef d'escadron, ou major. 3 capitaines. 2 lieutenants. |
| | Vétérinaire principal........ | Colonel.... | 1 lieuten.-colonel. 3 chefs de bataillon, ou chefs d'escadron, ou majors. 2 capitaines. |
| Gardes : d'artillerie....... du génie... des équipages militaires... | Garde de 2e ou 1re classe. Garde principal.... | Colonel ou lieutenant-colonel.... | 1 chef de bataillon, ou chef d'escadron, ou major. 3 capitaines. 2 lieutenants. |
| Employés divers dans les corps ou établissements militaires. | Maître artificier.. Chef ouvrier d'état Contrôleur principal des manufactures d'armes.. Chef artificier... Sous-chef ouvrier d'état.... Contrôleur de 2e ou 1re classe dans les manufactures, directions ou fonderies. Ouvrier d'état.... | Idem...... | 1 chef de bataillon, ou chef d'escadron, ou major. 3 capitaines. 2 lieutenants. |
| | Chef armurier de 2e ou 1re classe. Gardien de batterie de 2e ou 1re cl. Maître ouvrier immatriculé..... Ouvrier immatriculé. | Idem...... | 1 chef de bataillon, ou chef d'escadron, ou major. 2 capitaines. 1 lieutenant. 1 sous-lieutenant. 1 sous-officier. |
| | Portier consigne. Portier concierge, éclusier, et tout autre agent y assimilé........ | Idem...... | 1 chef de bataillon, ou chef d'escadron, ou major. 2 capitaines. 1 lieutenant. 1 sous-lieutenant. 1 sous-officier. |
| Musiques militaires. | Musicien de 3e, 2e ou 1re classe... Musicien sous chef | Idem...... | 1 chef de bataillon, ou chef d'escadron, ou major. 2 capitaines. 1 lieutenant. 1 sous-lieutenant. 1 sous-officier. |
| | Musicien chef.... | Idem...... | 1 chef de bataillon, ou chef d'escadron ou major. 2 capitaines. 1 lieutenant. 2 sous-lieutenants. |
| Interprètes militaires. | Interprète de 3e, 2e, 1re classe. Interprète principal. | Idem...... | 1 chef de bataillon, ou chef d'escadron, ou major. 3 capitaines. 2 lieutenants. |
| Aumôniers militaires aux armées actives..... | Aumônier ordinaire........ | Colonel.... | 1 lieuten.-colonel. 3 chefs de bataillon, ou chefs d'escadron, ou majors. 2 capitaines. 2 colonels. |
| | Aumônier chef de service....... | Général de brigade... | 2 lieutenants-colonels. 2 chefs de bataillon, ou chefs d'escadron, ou majors. |
| Enfants de troupes.. | Sans distinction. | Colonel ou lieutenant-colonel... | 1 chef de bataillon, ou chef d'escadron, ou major. 2 capitaines. 1 lieutenant. 1 sous-lieutenant. 1 sous-officier. |

Le Major PAUL ROQUES.

**PURGATIF** (matière médicale) [du latin *purgare*, purger]. — Nom générique des médicaments qui déterminent des évacuations alvines. Les purgatifs sont divisés en laxatifs, cathartiques et drastiques. Les laxatifs (miel, manne, tamarins, casse, pruneaux, huiles grasses) et les cathartiques (huile de ricin, sulfate de potasse, de soude, de magnésie, sel marin, crème de tartre, tartre soluble, séné, rhubarbe, etc.) sont employés lorsqu'on veut ne produire qu'une action locale, ou une faible dérivation. On n'a ordinairement recours aux drastiques que pour déterminer un effet général et une dérivation prompte. Les minoratifs sont des laxatifs.

**PURGATION** (thérapeutique). — « Irritation plus ou moins vive et passagère des voies alimentaires, avec exhalation plus abondante des mucosités intestinales, et activité plus grande des sécrétions biliaire et pancréatique, suivie d'évacuation du produit commun de toutes ces sécrétions mêlé avec les matières qui existaient dans les intestins avant l'administration du médicament. On détermine la purgation pour agir localement, dans les embarras intestinaux, les constipations opiniâtres, certaines affections du foie ; ou pour préparer à certaines opérations chirurgicales, pour faciliter l'accouchement, etc. On provoque aussi la purgation pour produire un effet général et une dérivation, dans certaines hydropisies, dans l'apoplexie, dans les diverses affections mentales, etc. »

**PUS** (pathologie). — Liquide morbide, sans analogue dans l'état sain, formé à la suite d'un travail inflammatoire. « Ce produit varie nécessairement suivant la nature de l'organe enflammé, le degré de l'inflammation, le caractère de la plaie et l'époque de la suppuration. Le pus du tissu cellulaire est un liquide opaque, d'un blanc jaunâtre, de la consistance de la crème, d'une odeur particulière, plus pesant que l'eau, qu'il rend laiteuse par l'agitation. Ses molécules ne s'agglutinent pas, mais il devient filant par les alcalis et les carbonates alcalins, s'épaissit par l'alcool et se dissout dans plusieurs acides. Il contient de la gélatine, de l'albumine et différents sels. Le pus des membranes séreuses est plus albumineux, et se concrète bien mieux par la chaleur que le pus du tissu cellulaire : il est la base des fausses membranes qui se développent si fréquemment à la surface des membranes séreuses enflammées. Le pus des membranes muqueuses tient plus ou moins de la nature du mucus. Quand l'inflammation est très-intense, le pus, quelle que soit la partie enflammée, devient séreux et sanguinolent ; il est très-albumineux, se coagule avec la plus grande facilité, et forme de fausses membranes : c'est ainsi que la fausse membrane du croup ressemble à celle des membranes séreuses. Si l'inflammation est peu intense, le pus est encore séreux, mais plus difficilement coagulable. Telles sont les différences qu'on observe dans le pus, en prenant ce mot dans sa plus grande extension : mais quand on dit *cette matière est du pus*, c'est du pus du tissu cellulaire qu'on veut parler ; c'est lui qu'on prend pour type de toute matière pu-

rulente, et on le suppose alors produit par une inflammation qui n'est ni trop intense ni trop lente : on l'appelle dans ce cas, en chirurgie, pus louable. »

**PUSTULE MALIGNE** (pathologie). — Maladie très-grave due à un principe délétère et putride provenant des animaux attaqués de fièvres malignes et charbonneuses, qui se communique à l'homme par un contact immédiat ou médiat, par inoculation, par la respiration ou la déglutition ; les tanneurs, les bouchers, les fermiers, les vétérinaires, et généralement tous ceux qui soignent les animaux et manient leurs dépouilles, y sont sujets.

La pustule maligne parcourt les quatre périodes suivantes :

1re *Période*. On aperçoit d'abord sur la peau un point semblable à une morsure de puce, qui cause de la chaleur et de la démangeaison ; bientôt s'élève une petite phlyctène, qui s'ouvre, et sous laquelle est un petit tubercule, ferme et livide, du volume d'une lentille. — 2e *Période*. L'auréole qui l'entoure s'étend et prend une couleur brune ; la douleur, la cuisson et le gonflement augmentent ; il se forme de nouvelles phlyctènes, et le tubercule central se change en une tache évidemment gangréneuse. — 3e et 4e *Périodes*. Le mal gagne d'abord le tissu cellulaire, puis les muscles et toutes les parties profondes.

*Traitement*. — Il faut agir et entraver promptement la marche de la maladie : il faut concentrer dans la partie malade le poison septique, exciter l'action vitale dans les parties circonvoisines, y déterminer une inflammation qui borne la gangrène, sépare l'escharre ; on obtient ces effets par l'usage combiné des incisions, des caustiques et des topiques irritants, toniques, antiseptiques. (Quinquina à l'intérieur et à l'extérieur.)

**PUTRÉFACTION**. — Décomposition que subissent, sous l'influence de certaines conditions, les corps organisés que la vie a abandonnés, décomposition qui, pour les matières animales, a lieu par le concours de l'humidité et d'une température de 18 à 25 degrés centigrades, et dont les produits sont de l'eau, de l'acide carbonique, de l'hydrogène carboné et quelquefois phosphoré, de l'acide hydrosulfurique, etc.

Les phénomènes de la putréfaction sont modifiés selon qu'elle a lieu à l'air libre, dans l'eau ou dans la terre. Voici comment le professeur Sédillot décrit chacun de ces phénomènes.

*A. Putréfaction à l'air libre.*

Fourcroy, dans son *Système des connaissances chimiques*, l'a ainsi décrite : « La substance animale se ramollit ; si elle était solide, elle devient plus ténue ; si c'est un liquide, sa couleur change et tire plus ou moins sur le rouge brun ou le vert foncé ; son odeur s'altère, et, après avoir été d'abord fade et désagréable, elle devient fétide et insupportable. Une odeur ammoniacale se mêle bientôt à la première, et lui ôte une partie de sa fétidité. Celle-ci n'est que temporaire, tandis que l'odeur putride, existant avant elle, reste encore après, et subsiste pendant toutes les phases de la putréfaction; les liquides se troublent et se remplissent de flocons, les parties molles se fondent en une espèce de gelée ou de putrilage; on observe un mouvement lent, un boursouflement léger qui soulève la masse, et qui est dû à des bulles de fluides élastiques, dégagées lentement et en petite quantité à la fois. Outre le ramollissement général de la partie animale solide, il s'en écoule une sérosité de diverses couleurs, et qui va en augmentant. Peu à peu, toute la matière fond : ce léger boursouflement s'affaisse, la couleur se fonce; à la fin, l'odeur devient souvent comme aromatique, et se rapproche même de celle que l'on nomme ambrosiaque; enfin, la matière animale diminue de masse, les éléments s'évaporent et se dissolvent, et il ne reste qu'une sorte de terre grasse, visqueuse, encore fétide. »

Mais une foule de causes que nous avons pour la plupart indiquées font varier ces phénomènes; et, en outre, à quelles époques, à quels intervalles sont-ils produits? Voilà les questions spéciales pour le médecin légiste.

Lorsque l'on expose une partie du corps à l'action des larves, dans un endroit assez humide pour que la dessiccation ne puisse avoir lieu, et que la température soit de 15 à 25 degrés, toutes les parties molles sont détruites, à l'exception de quelques portions de la peau, qui est trouée de toutes parts : si l'humidité n'est pas aussi grande, la peau se dessèche et se colle sur les os; un mois suffit pour que ces altérations soient produites; la coloration de la peau en vert survient dans les quatre ou cinq premiers jours qui suivent la mort (le thermomètre étant au-dessus de 15 degrés). L'épiderme se détache deux ou trois jours après; la teinte verte se fronce et devient brunâtre; les chairs sont ramollies, tombent en putrilage, et s'écoulent au travers des perforations de la peau; celle-ci se dessèche et se colle sur les os, à la manière d'une écorce sèche, si la température est élevée et sans humidité; dans le cas contraire, la peau se ramollit et se putréfie, mais exige un temps plus long, de même que les ligaments et les tendons, qui résistent beaucoup à la décomposition. Lorsque la température est à 10 degrés, il faut plusieurs mois pour voir ces mêmes phénomènes.

### B. *Putréfaction dans l'eau.*

Il faut environ six semaines pour qu'elle soit complète : elle est plus rapide dans l'eau courante que dans les eaux stagnantes; les muscles tombent en putrilage, et la graisse se change en formant des margarates et des oléates d'ammoniaque, genre d'altération qui n'a pas lieu à l'air libre. En outre, la peau est corrodée, ou partiellement ulcérée dans l'eau de puits; ce qui n'a pas été observé dans celle des fosses d'aisance, et ce que nous examinerons plus tard.

M. Duvergie a publié un tableau fort intéressant, dans lequel il assigne, d'après soixante-deux observations qui lui sont personnelles, les caractères propres à déterminer depuis combien de temps un noyé est resté dans l'eau, en supposant la submersion

opérée en hiver, et dans une eau courante. Voici ce tableau :

1° *De trois à cinq jours.* Rigidité cadavérique; refroidissement du corps; pas de contraction musculaire sous l'influence du fluide électrique, l'épiderme des mains commençant à blanchir.

2° *De quatre à huit jours.* Souplesse de toutes les parties; couleur naturelle de la peau; épiderme des mains très-blanc.

3° *De huit à douze jours.* Face ramollie, et présentant une teinte blafarde, différente de celle de la peau du reste du corps.

4° *Quinze jours environ.* Face légèrement bouffie, rouge par places; teinte verdâtre de la partie moyenne du sternum; épiderme des pieds et des mains totalement blanc et commençant à se plisser.

5° *Un mois environ.* Paupières et lèvres vertes; épiderme des pieds et des mains fortement plissé.

6° *Deux mois environ.* Face brunâtre, tuméfiée, cheveux adhérents; épiderme des pieds et des mains en grande partie desséché.

7° *Deux mois et demi.* Saponification partielle des joues, du menton; — superficielle des mamelles; — des aines; — de la partie antérieure des cuisses.

8° *Trois mois et demi.* Destruction d'une partie du cuir chevelu, des paupières, du nez; saponification partielle de la face; corrosion et destruction de la peau sur diverses parties du corps; ongles tombés.

9° *Quatre mois et demi.* Commencement d'incrustation calcaire sur les cuisses; progrès de la saponification; destruction et décollement de la presque totalité du cuir chevelu; calotte osseuse dénudée; commençant à être très-friable.

Ce sont de pareils tableaux, fondés sur un grand nombre de faits observés aux différentes époques de l'année, qui permettront de préciser assez exactement des questions vouées autrement à une obscurité et à un doute éternels.

### C. *Putréfaction dans la terre.*

Trop de circonstances font varier la marche de la putréfaction, pour pouvoir en fixer la durée d'une manière précise. Cependant les fossoyeurs, qui sont gens experts en cette matière, assurent qu'il faut trois ou quatre années pour la destruction complète des parties molles d'un cadavre. Burdach désigne trois périodes à la putréfaction : 1° fermentation putride, plusieurs mois; 2° conversion des parties molles en matière pultacée, de deux à trois ans; 3° formation d'une matière terreuse, grasse, friable, brunâtre, qui ne se mêle à la terre ordinaire qu'au bout d'un nombre considérable d'années. Dans la plupart des expériences de MM. Orfila et Lesueur, les cadavres étaient déjà plus que réduits au squelette au bout de quatorze, quinze ou dix-huit mois. Cependant les exemples de conservation de corps ensevelis depuis plusieurs années se présentent en foule, et l'on ne peut qu'engager les experts à bien peser les circonstances de leur jugement. Au reste, nous allons encore essayer d'éclaircir cette question par un coup d'œil jeté sur les altérations que subissent quelques tissus, ou appareils organiques, dans un temps donné.

*Globes oculaires.* — On les retrouve ordinairement entiers jusqu'au deuxième mois, ils se vident ensuite, n'offrent plus que des débris de membranes et de cristallin, puis se transforment en gras de cadavre avant la fin du quatrième mois, de sorte qu'il n'en existe plus de vestiges à cette époque.

*Poumons.* — Pendant deux ou trois mois, terme moyen, on peut reconnaître la structure et constater les lésions dont ils seraient le siége; plus tard, ils s'affaissent, prennent une couleur ardoisée ou bleuâtre, renferment un liquide de couleur bistre; ils finissent par se coller sur les côtés de la colonne vertébrale, et leur situation seule peut les faire distinguer.

*Canal digestif.* — On le trouve souvent très-bien conservé au bout de plusieurs mois. M. Lepelletier, du Mans, a donné deux observations d'exhumations juridiques, faites l'une trois mois, et l'autre deux mois après la mort, et, dans les deux cas, l'appareil digestif était dans une intégrité parfaite, ce que ce patricien attribue avec raison à la persistance des parois abdominales, et au revêtement du péritoine, qui préservent le tube digestif de l'action de l'air, et retardent ainsi sa décomposition. Remarquons toutefois que le terrain où avaient été placés les deux cadavres, était formé d'un sable siliceux, légèrement argileux, très-perméable à l'eau, toujours sec, propre, par conséquent, à retarder la putréfaction.

*Foie.* — Cet organe est ordinairement altéré dans sa structure après quelques semaines d'inhumation.

*Cerveau, cervelet.* — L'encéphale, protégé par les membranes et la boîte osseuse qui l'entourent, ne change pas de caractère pendant les premières semaines; il devient seulement d'un gris olivâtre clair. Au bout de deux mois environ, il s'affaisse et ne remplit plus exactement la cavité du crâne. De deux à huit mois, il se réduit en bouillie, et il n'est plus possible de distinguer ni les deux substances, grise et blanche, ni la structure des diverses parties. Au bout d'une année à peu près, il offre une masse plus dense, semblable à de la terre glaise détrempée et azurée. Enfin, on le retrouve encore plus tard, lorsque toutes les autres parties molles sont détruites et décomposées.

Il nous reste à examiner deux états particuliers, sous lesquels se présentent quelquefois les corps inhumés; la saponification et la momification naturelle.

*De la saponification.* — Les corps ont la propriété, dans certaines circonstances, de se convertir en une matière grasse, appelée gras de cadavre, et qui n'est qu'un véritable savon à double acide et à base ammoniacale, formé, d'après M. Chevreul, d'acides margarique et oléique, de substance amère, d'ammoniaque, et d'une petite quantité de chaux, de potasse, et de quelques sels. Si le corps était plongé dans l'eau, contenant du carbonate ou du sulfate de chaux, ce savon est alors à base calcaire, comme MM. Chevreul et Orfila s'en sont assurés.

Les corps se saponifient plus vite dans l'eau que dans la terre; mais ce n'est cependant que dans les cimetières et dans les fosses publiques, où ils étaient accumulés et superposés d'une manière régulière en plusieurs couches, que l'on a trouvé des cadavres complètement convertis en gras, où la saponification n'est que partielle. D'après Thouret, c'est la peau qui subit la première saponification; d'abord son tissu fibreux subsiste, mais le corps adipeux est déjà blanc. Lorsque celui-ci est passé à cet état, il offre encore en quelques parties la couleur jaune qui lui est ordinaire; sous la peau et la couche de graisse déjà transformées, les muscles conservent encore leur couleur. Les viscères sont longtemps aussi reconnaissables dans leurs cavités, où on les voit d'abord seulement affaissés, desséchés, et ayant perdu de leur volume. Mais bientôt ces mêmes parties subissent la conversion, et l'on voit se développer dans leur tissu la matière du gras, qui les pénètre enfin profondément. Toutes les parties ayant éprouvé la transmutation, le tissu fibreux subsiste encore dans les masses qu'il forme, et ce n'est que lorsqu'il n'en existe plus de vestiges que la saponification est complète.

Dans les corps nouvellement saponifiés et enterrés seulement depuis trois à cinq ans, le gras est léger, mou, très-ductile, et il contient beaucoup d'eau; lorsqu'il est formé depuis trente ou quarante ans, il est sec, cassant, plus dense; il devient même quelquefois transparent, et il imite assez bien la cire : en général, plus il est ancien, plus il est blanc; à une époque plus récente, il offre des teintes rouges, orangées, etc., en plusieurs points.

La formation du gras de cadavre dépend de la présence de la graisse, qui fournit les acides margarique et oléique (ce dernier en très-petite proportion), acides qui se combinent avec l'ammoniaque résultant de la décomposition des autres éléments organiques; aussi, plus les parties ou les corps sont chargés de graisse, plus ils ont de tendance à la saponification.

*De la momification sèche.* — Nous appellerons ainsi la dessiccation complète et spontanée que subissent certains cadavres. Les fluides ont disparu, la forme seule persiste, et la putréfaction n'est plus possible. « Lors des fouilles du cimetière des Innocents, dit Fourcroy, on trouva quelques corps isolés, dont la peau, les muscles, les tendons, les aponévroses étaient desséchés, cassants, durs et d'une couleur plus ou moins grise. Parmi les cinquante ou soixante cadavres ainsi transformés, que Thouret avait conservés, un seul appartenait au sexe masculin. » On lit encore dans le recueil des pièces concernant les exhumations faites dans l'enceinte de l'église de Saint-Éloi, de Dunkerque, que, dans le nombre de soixante exhumés, on trouva onze cadavres entiers, parmi lesquels trois entièrement desséchés et semblables à des momies. On ne pouvait attribuer cette conservation au terrain ni à l'exposition, puisque, à côté des momies dont il s'agit, existaient des corps tout à fait putréfiés.

Vicq-d'Azyr et Puymaurin fils ont donné quelques

détails sur une semblable momification des corps exposés dans les caveaux des Jacobins et des Cordeliers de Toulouse. Nous avons déjà dit que les corps ensevelis dans les sables brûlants de l'Arabie s'y dessèchent, et Chardin parle de cadavres conservés deux mille ans dans les sables de Korassan (Perse). Mais ici les causes sont faciles à concevoir : elles tiennent à la nature des milieux où se trouvent les corps; tandis que, dans nos cimetières, il faut nécessairement admettre l'influence de la constitution individuelle. Or, on pourrait peut-être faire dépendre le plus grand nombre de cadavres de femmes rencontrés en cet état, de l'espèce de dessiccation volontaire à laquelle plusieurs se condamnent par leur genre de vie. On a souvent parlé des abstinences extraordinaires et répétées que des femmes ascétiques avaient supportées; on a même dit qu'après leur mort, leurs tissus étaient phosphorescents. Je n'oserais affirmer un tel fait; mais il est probable que les personnes qui, restant dans un repos presque complet, s'accoutument à manger excessivement peu, doivent être être particulièrement disposées à la momification : la vie est plus lente dans leurs tissus, tous les changements moins fréquents, les fonctions de la peau suspendues, et elles sont réduites à la plus petite proportion possible de liquides. Je connais une dame qui, depuis vingt ans, ne prend, chaque jour, qu'une ou deux cuillerées de liquide pour tout aliment; elle a atteint le dernier degré de maigreur, et serait dans les circonstances les plus favorables pour subir, après la mort, une dessiccation artificielle ou spontanée.

(*Sédillot.*)

**PYLORE** (anatomie) [*pylorus*, de *pylouros*, portier]. — Orifice droit ou inférieur de l'estomac, situé dans l'épigastre au-dessous du foie, au-devant et au-dessus du pancréas, près du col de la vésicule biliaire. Il est ainsi appelé parce qu'il forme l'entrée du canal intestinal, et qu'il est pourvu d'un bourrelet circulaire aplati, perpendiculaire aux parois de l'orifice, qui circonscrit une ouverture étroite par laquelle les aliments passent dans les intestins.

**PYOGÉNIE** [de *puon*, pus, et *génésis*, génération : formation du pus]. — Théorie ou mécanisme de la formation du pus. Quelques auteurs, dit Nysten, ont pensé, avec Dehaen, que le pus se formait dans le système artériel, et était déposé par voie d'excrétion dans la partie enflammée; d'autres, qu'il était formé dans cette partie même par le détritus des solides. Le pus est aujourd'hui assimilé, sous mode de formation, à tous les liquides sécrétés : c'est une sécrétion particulière, dont tous les tissus peuvent devenir le siège par suite des modifications que l'inflammation détermine dans leur vitalité, dans leur organisation. Le pus des plaies est aussi le produit d'une sécrétion : à l'écoulement du pus succède celui d'une sérosité sanguinolente, qui bientôt se tarit; la surface de la plaie est sèche, d'un rouge sale ou grisâtre; ses bords se gonflent, deviennent rouges et douloureux; par suite de l'inflammation qui s'y développe, elle fournit un suintement d'abord sanieux et peu abondant, qui augmente et devient moins ténu

et blanchâtre : c'est la lymphe plastique de Hunter. Cette lymphe forme à la surface de la plaie une couche organique mince et adhérente, qui augmente d'épaisseur; l'organisation s'y perfectionne, des vaisseaux sanguins s'y développent, elle fournit une exsudation plus ou moins abondante, et bientôt elle sécrète une matière blanche, crémeuse, homogène, qu'on nomme le pus; elle constitue une véritable membrane pyogénique. — Voyez *Cicatrisation*.

**PYRALE** (zoologie). — Genre d'insectes de l'ordre des lépidoptères, famille des nocturnes, ayant pour caractères : « antennes sétacées, ailes courtes, élargies à leur base, formant avec le corps une sorte d'ellipse tronquée ou en triangle, dont les côtés opposés sont arqués près de leur réunion. »

Les pyrales diffèrent des lépidoptères par la forme de leurs ailes, qui sont larges à leur origine, arrondies, formant des espèces d'épaules. Elles viennent de chenilles à seize pattes, qui sont rases ou peu velues. Presque toutes ces chenilles vivent renfermées dans des feuilles, dont elles roulent ou plient les bords et mangent le parenchyme. Quelques autres vivent dans l'intérieur des fruits. Parvenues à leur grosseur, elles se changent en nymphes, les unes dans les feuilles mêmes où elles ont vécu, et qu'elles tapissent d'un peu de soie; les autres filent une coque de forme singulière, que Réaumur a nommée *coque en bateau*.

Ces chenilles font leur coque avec une adresse étonnante; elles commencent par filer séparément deux pièces semblables, à chacune desquelles elles donnent la forme d'une coquille; ensuite elles les posent l'une à côté de l'autre, et lient leur bord supérieur avec quelques brins de soie. Placée dans la cavité qui se forme entre ces deux pièces, la chenille parvient, à force de travail, à donner de la solidité à sa coque et la forme d'un petit bateau, et, après qu'elle l'a achevée, elle se change en nymphe. Les chenilles qui font ces coques sont plus ou moins de temps à acquérir leur dernière forme. Les unes deviennent insectes parfaits environ un mois après leur métamorphose; les autres au printemps, ayant passé l'hiver sous l'état de nymphes. On trouve les pyrales pendant toute la belle saison. (*Latreille.*)

**PYRAMIDE** (géométrie) [du grec *pyramis*, même signification.] — Solide qui a pour base un plan polygonal quelconque, et pour faces latérales des plans triangulaires allant tous se réunir en un même point qu'on appelle sommet de la pyramide.

On nomme arête l'intersection de deux faces adjacentes; hauteur, la plus petite distance du sommet au plan de la base; surface convexe, la somme des surfaces des triangles s'élevant sur la base et aboutissant au sommet.

La solidité de toute pyramide est égale au tiers du produit de sa base par sa hauteur.

On distingue la pyramide triangulaire ou *tétraèdre*, dont la base est un triangle; la quadrangulaire, dont la base est un quadrilatère; la pentagonale, dont la base est un pentagone, etc. — On appelle pyramide régulière, celle dont la base est un polygone régulier; axe d'une pyramide régulière, la hauteur même de

celle pyramide; apothème, la hauteur d'une quelconque des faces triangulaires.

En architecture, on nomme pyramide tout monument construit en forme de pyramide. Les anciens élevaient des pyramides pour servir de monuments ou pour quelque événement singulier; telles étaient les fameuses pyramides d'Égypte. Ces pyramides sont incontestablement les édifices les plus grands et les plus admirables qui aient jamais été produits par la main des hommes; mais, en même temps, on doit les regarder sous plus d'un rapport comme des productions inutiles d'une industrie forcée, et comme de tristes monuments du despotisme et de la tyrannie. On compte aujourd'hui plus de quarante pyramides en Égypte. On ignore ce qui a fait naître la première idée de les construire. Toute l'antiquité a admiré les pyramides des environs de Memphis; la plus grande a 230 mètres de côté à la base, et 130 mètres de hauteur verticale.

**PYRÈTHRE** (botanique) [du grec *pyr*, feu, à cause de sa saveur piquante]. — Genre de plante de la famille des composées, dont la racine sèche nous vient de Tunis. Elle est cylindrique, longue et grosse comme le doigt, quelquefois garnie d'un petit nombre de radicules; grise et rugueuse en dehors, blanblâtre en dedans, d'une saveur brûlante et excitant fortement la salivation : aussi est-elle employée comme sialagogue. Le pyrèthre entre dans beaucoup de poudres et d'élixirs dentifrices. Depuis quelques années, elle constitue les poudres insecticides employées pour détruire les punaises.

**PYRITES** (minéralogie). — Ce sont, à proprement parler, des sulfures métalliques natifs, ayant une forme régulière et une grande solidité dans leur agrégation avec l'acier, avec lequel elles produisent du feu. Cette propriété leur a fait donner le nom de pyrites, dérivé du grec. Le premier usage que l'on en fit fut pour les armes à feu, ce qui les fit nommer pierres de carabines; néanmoins le nom de pyrites n'a pas satisfait les minéralogistes; ils ont pensé que le mot de sulfure avec le nom du métal dominant leur convenait mieux. Il nous a paru, pour éviter toute espèce d'équivoque, que l'on pouvait donner le nom de sulfures pyriteux à toutes les espèces de pyrites. C'est ainsi, par exemple, que l'on peut désigner les pyrites arsénicales, cuivreuses, sulfureuses, martiales et aurifères, sous les noms de sulfure d'arsenic pyriteux, sulfure de cuivre pyriteux, sulfure de fer pyriteux, etc.

**PYROMÈTRE** (physique) [de *pyr*, feu, et *metron*, mesure]. — Instrument qui sert à mesurer des températures beaucoup plus élevées que celles que pourrait indiquer le thermomètre ordinaire. Le pyromètre de Wedgwood indique les degrés de chaleur nécessaires à la fusion des métaux et autres substances plus ou moins réfractaires. Il est formé de deux règles de cuivre légèrement convergentes, et fixées sur une plaque du même métal, à laquelle on donne le nom de jauge. Ces règles ont 609,592 millimètres de longueur, et forment un canal dont le diamètre est de 12,7 millimètres à l'extrémité la plus large,

et seulement de 7,62 a l'autre extrémité. L'une des règles est divisée en 140 parties égales ou degrés, dont le zéro est situé à l'extrémité la plus large. Un petit cylindre d'argile de 12,7 millimètres de diamètre et de 14 à 15 millimètres de longueur, cuit à la chaleur rouge, et juste de la grandeur nécessaire pour se tenir au zéro de la division, glisse entre les règles à mesure qu'il prend plus de retrait, c'est-à-dire qu'il diminue davantage de volume par l'action du feu, et s'avance d'autant plus vers l'extrémité étroite

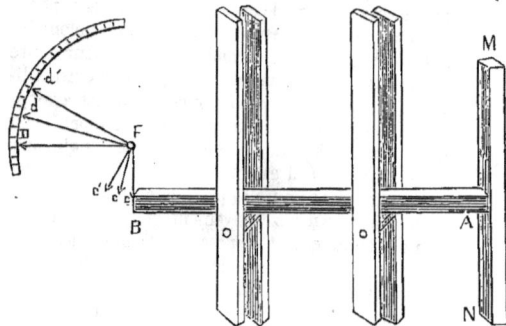

Fig. 3. — Pyromètre.

que la température est plus élevée. Le 0 de l'échelle correspond à 586°,55 du thermomètre centigrade, et chaque degré de l'échelle représente 72°,22 du même thermomètre. Aujourd'hui on emploie des pyromètres métalliques qui sont bien moins défectueux.

Le pyromètre à cadran, employé à la manufacture de Sèvres, est en platine et indique le degré de chaleur par la dilatation de ce métal. Il consiste en deux branches qu'un cylindre de platine écarte à mesure que la chaleur s'élève : on estime l'intensité de cette dernière au moyen d'un arc de cercle gradué.

**PYROSIS** (pathologie) [du grec *pyr*, feu]. — Vulgairement fer chaud, sensation brûlante qui, de l'estomac, se propage dans toute la longueur de l'œsophage et se porte jusqu'à la gorge, où le malade croit sentir l'impression d'un corps irritant, d'un fer chaud. « Elle est toujours accompagnée d'une excrétion abondante de salive limpide; il y a souvent des nausées, des flatuosités, des rapports, de la soif, une faim excessive, de la constipation, de la céphalalgie. La pyrosis affecte surtout les personnes qui se nourrissent d'aliments gras, de fritures, de salaisons, de fromages avancés, ou de toute autre substance irritante. La plupart des auteurs ont considéré la pyrosis comme une affection spasmodique; mais il est difficile de l'admettre au nombre des maladies essentielles. Broussais la regardait comme toujours symptomatique d'une gastrite chronique. Le traitement consiste principalement dans l'éloignement des causes qui ont produit la maladie, la diète lactée et végétale, les boissons douces, mucilagineuses, etc. »

Q, dix-septième lettre de l'alphabet, qui existait, sous le nom de *coppa*, dans l'alphabet primitif des Grecs, qui l'avaient emprunté au *qof* des Phéniciens; le Q n'est resté chez les Grecs que dans la numération, où il vaut 90. Comme abréviation, Q signifiait, chez les Romains, *Quintus, Quinctius, Quirinus, Quirites, Quæstor*; QQ *quinquennalis*. — En médecine, *q.* signifie *quantité; q. s., quantité suffisante.* — Cette lettre était la marque des monnaies frappées à Perpignan.

**QUADRATURE** (géométrie) [du latin *quadratura*]. — Réduction d'une figure en un carré, ou manière de trouver un carré égal à une figure proposée.

*Quadrature des figures rectilignes.* — Cette opération est du ressort de la géométrie élémentaire : il ne s'agit que de trouver l'aire ou la superficie de ces figures, et de la transformer en un parallélogramme rectangle.

*Quadrature des courbes.* — C'est-à-dire la manière de mesurer leur surface, ou de trouver un espace rectiligne égal à un espace curviligne. Cette matière, d'une spéculation plus profonde, fait partie de la géométrie sublime. Archimède paraît être le premier qui ait donné la quadrature d'un espace curviligne, en trouvant la quadrature de la parabole.

Quoique la quadrature des figures, et surtout celle du cercle, ait été l'objet de l'application des plus fameux mathématiciens de l'antiquité, on peut dire qu'on n'a rien fait de considérable sur cette matière que vers le milieu du dix-septième siècle, savoir : en 1657, que Neil et Brownker, et, après eux, Christophe Wren, ont trouvé les moyens de démontrer géométriquement l'égalité de quelques espaces curvilignes, avec des espaces rectilignes. Quelques temps après, plusieurs géomètres firent les mêmes tentatives sur d'autres courbes, et réduisirent le problème au calcul analytique. Mercator en publia pour la première fois l'essai en 1688, dans une démonstration de la quadrature de l'hyper-

bole, du lord Brownker, dans laquelle il se servit de la méthode de Wallis, pour réduire une fraction en une suite infinie par le moyen de la division.

Christophe Wren et Huyghens se disputèrent la gloire d'avoir découvert la quadrature d'une portion de la cycloïde. Leibnitz découvrit celle d'une autre portion ; et, en 1699, Bernouilli découvrit celle d'une infinité de segments et de secteurs de cycloïde.

*Quadrature du cercle.* — C'est la manière de trouver un carré égal à un cercle donné. Ce problème a occupé inutilement les mathématiciens de tous les siècles. Il se réduit à déterminer le rapport du diamètre à la circonférence, ce qu'on n'a pu faire jusqu'ici avec précision.

Plusieurs géomètres ont approché fort près de ce rapport : Archimède paraît avoir été un des premiers qui a tenté de le découvrir, et a trouvé, par le moyen des polygones réguliers de 96 côtés inscrits et circonscrits au cercle, que ce rapport est comme 7 à 22.

Quelques-uns des modernes ont approché beaucoup plus près, surtout Ludolphe de Ceulen. — Voyez *Cercle*.

Les géomètres ont encore eu recours à d'autres moyens, surtout à des espèces de courbes particulières qu'on appelle quadraturées; mais comme ces courbes sont toutes mécaniques ou transcendantes, et non point géométriques, elles ne satisfont point exactement à la solution du problème, et ce moyen n'est dans le fait qu'une pétition de principes.

On a donc recours à l'analyse et tenté de résoudre ce problème par plusieurs méthodes différentes, et principalement en employant certaines séries qui donnent la quadrature du cercle par une progression de termes.

On a deux suites infinies qui expriment la raison de la circonférence au diamètre, quoique d'une manière indéfinie. La première a été découverte par

Newton, qui a trouvé, en supposant $\frac{1}{8}$ pour le rayon, que le quart de la circonférence est $1 - \frac{1}{16} - \frac{1}{16} - \frac{1}{112}$, etc.

La seconde est de Leibnitz, qui trouve de même que le rayon étant $\frac{1}{2}$, l'arc de 45 degré est la moitié de $1 - \frac{1}{3} + \frac{1}{5} - \frac{1}{7} + \frac{1}{8}$, etc.

*Quadrature des lunules.* — Quoiqu'on n'ait point encore trouvé jusqu'ici la quadrature parfaite du cercle entier, on a cependant découvert les moyens de carrer plusieurs de ses portions. Hypocrate, de Chio, est le premier qui ait carré une portion du cercle à qui sa figure a fait donner le nom de lunule.

Cette quadrature ne dépend point de celle du cercle; mais aussi ne s'étend-elle que sur la lunule entière ou sa moitié.

Quelques géomètres modernes ont cependant trouvé la quadrature d'une portion de la lunule à volonté, indépendamment de celle du cercle; mais elle est toujours sujette à certaine restriction qui empêche que la quadrature ne soit parfaite, c'est-à-dire absolue et indéfinie.

*Quadrature de l'ellipse.* — L'ellipse est une courbe dont on n'a point encore trouvé la quadrature exacte, ce qui oblige d'avoir recours à une série.

*Quadrature de la lune.* — C'est la situation de la lune lorsque sa distance au soleil est de 90 degrés, ou qu'elle est dans un point de son orbite également distant des points de conjonction et d'opposition, ce qui arrive deux fois dans chacune de ces révolutions. On appelle ces temps-là premier quartier, dernier quartier.

**QUADRUMANES** (zoologie) [du latin *quatuor*, quatre, et *manus*, main]. — Nom sous lequel Cuvier désigne en zoologie le deuxième ordre des mammifères, ceux qui ont le pouce séparé aux pieds de derrière comme à ceux de devant. Les singes, les sapajous, les makis ou lémuriens et les ouistitis font partie de cet ordre.

Les quadrumanes, dit Salacroux, sont de tous les mammifères ceux qui ressemblent le plus à l'homme par leur conformation générale et par leur organisation intérieure. Leurs dents, presque toujours en même nombre que les nôtres, ont à peu près la même disposition, et leurs molaires sont généralement tuberculeuses et par conséquent frugivores. Leur canal intestinal, leurs cœurs, leurs poumons et tous les organes de la nutrition comparés aux nôtres n'offrent que des différences très-légères. Leur cerveau, quoique moins volumineux, se fait remarquer par le nombre et la profondeur de ses sillons, et par la saillie qu'il forme postérieurement sur le cervelet. Leurs yeux, pareillement dirigés en avant, sont renfermés dans des orbites bien complètes, et séparés de la fosse temporale par une cloison osseuse. Leur conque auriculaire est petite et présente des saillies analogues à celle de l'oreille humaine. Leurs narines, médiocrement développées, n'acquièrent jamais cette ampleur qu'elles ont chez les carnassiers et plusieurs autres mammifères. Leur face est presque nue, leur cou bien distinct, leur

poitrine plus large qu'épaisse, leurs mamelles toujours placées sur la poitrine et au nombre de deux, excepté dans un genre, etc. Cependant, malgré ces rapports, et plusieurs autres que présente leur anatomie, il ne faut pas croire, comme certains naturalistes n'ont pas craint de l'avancer, que ces êtres soient des hommes dégénérés. Sans parler de notre supériorité intellectuelle et du don de la parole que nous avons reçu du Créateur, il existe entre eux et nous des différences trop profondes pour que la transformation des uns dans les autres soit possible; les organes du mouvement surtout diffèrent essentiellement des nôtres par leur conformation, par leurs usages et par leur grandeur relative.

**QUAKER** [de l'anglais *quaker*, dérivé du verbe *quake*, trembler, proprement, *trembleur*]. — Nom de secte de religion dans l'Angleterre; ces sectaires ont été ainsi appelés, parce qu'ils sont dans une perpétuelle frayeur des jugements de Dieu, et prennent à la lettre ces paroles de saint Paul : *Operemini salutem cum timore et tremore.*

Les quakers s'élevèrent en Angleterre, au milieu des guerres civiles du règne de Charles Ier. Georges Fox, né dans un village du comté de Leicester, et cordonnier de son état, prêcha, sans étude, la morale, la charité mutuelle, l'amour de Dieu, un culte simple, et la nécessité de l'inspiration du Saint-Esprit pour mériter le salut. Cromwel le fit arrêter avec sa femme; mais cette persécution multiplia ses disciples et ses sectateurs. On les maltraita, on sévit contre eux, on les joua sur le théâtre; ils méprisèrent les mauvais traitements, les prisons et les satires. La secte fit les progrès les plus rapides. Cromwel fut obligé de la craindre et de la respecter.

**QUARANTAINE** (marine) [de l'italien *quarantana*, fait de *quaranta*, quarante]. — Temps d'épreuve et de clôture, qu'on fait subir aux personnes, aux marchandises et aux vaisseaux qui viennent des pays du Levant, ou autres, soupçonnés de peste, pour prévenir la communication de cette contagion. Le temps est, à la rigueur, de quarante jours; mais selon le plus ou le moins de soupçon et de présomption de l'existence de la peste, dans les lieux d'où vient le vaisseau, et d'après la parfaite santé de tout l'équipage, ce temps est abrégé souvent de plus de moitié, d'après le rapport des médecins et la décision du bureau de santé.

**QUARTZ** (minéralogie). — Mot allemand par lequel on désigne la silice à peu près pure, qui se présente, dans le règne minéral, en grande abondance et constitue de nombreuses variétés, dont le caractère générique est d'être *assez dur pour faire feu au briquet et d'être infusible.* La principale espèce de quartz est le quartz hyalin ou cristal de roche. (Voy. ce mot.) Lorsque le quartz est coloré, il porte, suivant sa couleur, les différents noms d'améthyste, de topaze de l'Inde, etc., et est employé par les joailliers. On distingue : le quartz silex, variété compacte qui fournit la pierre à fusil, ainsi que les silex des terrains de craie, etc; le quartz agate; le quartz jaspe; le quartz opale; le quartz carié ou silex molaire, qui fournit les pierres meulières; le quartz terreux, qui constitue les tufs siliceux ; le quartz arénacé ou grès, variété qui constitue des matériaux excellents pour la construction.

**QUATRAIN** (versification). — Voy. *Versification.*

**QUATRE-TEMPS** (liturgie). — Jeûne qui s'observe dans l'Église au commencement de chacune des quatre saisons de l'année; il a lieu pour trois jours d'une semaine, savoir : le mercredi, le vendredi et le samedi.

Il est certain que le jeûne était déjà établi du temps de saint Léon, puisque dans ses sermons il distingue nettement les jeûnes des quatre saisons de l'année, et qui s'observaient pendant trois jours; savoir : celui du printemps au commencement du carême, celui de l'été à la Pentecôte, celui de l'automne au septième mois, ou en septembre, et celui d'hiver au dixième, ou en décembre.

Mais ce saint pape ne parle pas de ces jeûnes comme d'un usage nouveau, au contraire il les regarde comme une tradition apostolique. Il était persuadé qe c'était une imitation des jeûnes de la synagogue, mais il n'y a pas de preuve que les juifs aient fait trois jours de jeûne au commencement de chaque saison; aussi saint Thomas n'est pas de cet avis; on pourrait peut-être conjecturer avec plus de raison que les quatre-temps ont été institués par opposition aux folies et aux désordres des bacchanales, que les païens renouvelaient quatre fois l'année.

Quoi qu'il en soit, on ne peut pas douter que ce jeûne n'ait eu pour objet de consacrer à Dieu, par la pénitence et la mortification, les quatre saisons de l'année, comme le dit saint Léon, et pour obtenir de Dieu la bénédiction sur les fruits de la terre. Il s'y est joint un nouveau motif, lorsqu'il a été d'usage de faire dans ces temps-là l'ordination des ministres de l'Église, et c'est un règlement qui date au moins du cinquième siècle, puisqu'il en est parlé dans la neuvième lettre du pape Gélase. On a jugé qu'il convenait que tous les fidèles demandassent, par la prière et par le jeûne, les lumières du Saint-Esprit pour cette importante action, afin d'imiter ainsi la conduite des apôtres. (L'abbé *Mullois.*)

**QUESTION** (ancienne jurisprudence) [du latin *quæstio*, de *quærere*, chercher]. — Mode barbare employé pour obtenir des accusés, en les questionnant au milieu des tortures, l'aveu du crime qui leur était imputé, ou pour forcer celui qui était condamné à mort à découvrir ses complices. On distinguait deux espèces de questions : « la question préparatoire ou préalable; elle avait lieu avant le jugement, et avait pour but de tirer des aveux; et la question définitive : on la donnait au condamné immédiatement avant l'exécution du jugement, dans le but de lui faire révéler ses complices. La question était administrée par un bourreau appelé questionnaire; il était assisté d'un médecin, qui avertissait le magistrat instruisant le procès si le patient pouvait ou non supporter l'épreuve sans risque de la vie. Beaucoup d'innocents, ne pouvant résister à la douleur, périrent

victimes d'un aveu fait au milieu des tourments; tandis que le scélérat, s'il était doué d'une grande force de corps, était souvent absous. La question fut en usage parmi nous jusque vers la fin du siècle dernier. La question préparatoire fut abolie par une déclaration de Louis XVI, du 14 août 1780; la question définitive ne fut abolie qu'après la Révolution, par la loi du 9 octobre 1789. »

**QUIÉTISME** [du latin *quietus*, tranquille]. — Erreur de certains mystiques, qui, par une fausse spiritualité, font consister toute la perfection chrétienne dans l'inaction complète de l'âme, et qui, se livrant à la seule contemplation, négligent complètement les œuvres extérieures.

**QUININE** (chimie). — La découverte de cette substance si importante dans la médecine ne remonte pas à une époque très-éloignée; elle est due à MM. Pelletier et Caventou, qui ont rendu par là un service éminent à la science médicale, puisqu'ils lui ont fourni un des médicaments les plus précieux qu'elle possède. Déjà, à une époque plus éloignée, Fourcroy d'abord, puis MM. Séguin et Vauquelin, avaient fait l'analyse de diverses écorces de quinquina; toutefois, l'opinion générale admise que les végétaux devaient leurs propriétés à des sels essentiels dont on ne connaissait pas la nature, mais que l'on reconnaissait dans les substances végétales éloigna peut-être ces savants chimistes de l'idée d'un alcali végétal que l'état des connaissances, à cette époque, ne permettait pas d'admettre.

Guidés par les recherches et les tentatives de leurs prédécesseurs, MM. Pelletier et Caventou découvrirent le nouvel alcali qu'ils nommèrent quinine. Dès lors la nature chimique du quinquina, de cette écorce si précieuse dans les fièvres intermittentes, fut parfaitement connue; l'analyse ne laissait plus rien à désirer, la découverte la plus importante était faite; on était parvenu à retirer le principe actif du quinquina; dès lors tous les praticiens rejetèrent le quinquina, dont l'emploi rebutait toujours le malade, pour y substituer cette substance qui, à la dose de quelques centigrammes seulement, produisait des effets merveilleux.

**QUINIUM** (matière médicale). — Extrait alcoolique de quinquina à la chaux titré, représentant le tiers de son poids de sulfate d'alcaloïdes fébrifuges (trois quarts quinine, un quart cinchonine). Le quinium est très-efficace pour guérir les fièvres intermittentes, reconstituer l'économie. Il représente le meilleur quinquina rouge, et ne coûte presque rien. Dix à trente pilules de 15 centigrammes, contre les fièvres d'accès, peuvent en triompher, et ne coûtent que 5 centimes chacune. On en prend de six à dix par jour. On prépare le *vin de quinium* de la manière suivante : vin généreux, 1 litre; quinium, 45 centigrammes; alcool, 5 grammes. Excellent médicament à la dose de 100 grammes comme fébrifuge, et de 30 grammes comme reconstituant.

**QUINQUINA** ou **QUINA** [du péruvien *kina-kina* ou *kin-kin*, écorce des écorces].—Cinchona, genre de la famille des rubiacées, tribu des cinchonées, renfermant des arbres du Pérou, du Brésil et du Mexique, qui fournissent l'écorce amère et fébrifuge connue aussi sous le nom de quinquina. « Ces arbres croissent à 7 ou 800 mètres au-dessus du niveau de la mer : ils sont tantôt élevés, tantôt de petite taille ; à feuilles opposées, planes, portées sur un court pétiole et munies de stipules foliacées, caduques ; à fleurs blanches ou purpurines, terminales, en panicule ou en corymbe : calice persistant, tubulé, à cinq dents ; corolle supère, quinquéfide, en forme d'entonnoir ; cinq étamines à filaments très-courts, ovaire infère biloculaire, style simple portant un stigmate bifide. Le fruit est une capsule à deux loges polyspermes. »

Les Espagnols du Pérou nomment les quinquinas cascarilla, avec une épithète qui distingue les différentes espèces. On les appelait en Europe, à l'époque de leur introduction, c'est-à-dire vers le milieu du seizième siècle, écorce indienne, écorce péruvienne, écorce américaine, écorce des jésuites, écorce du cardinal de Lugo, écorce de la comtesse de Chincon, écorce fébrifuge, kina-kina, cascarilla. D'abord, il n'en venait que d'un canton, de celui appelé Lôxa, et il provenait d'une espèce qu'on a, dans ces derniers temps, appelée quinquina de la Condamine, parce qu'elle a été décrite par cet académien. Aujourd'hui on en reçoit de toutes les parties du Pérou, du royaume de Santa-Fé, du Brésil, des deux Guyanes, des îles du golfe du Mexique, etc.

On distingue dans les pharmacies les trois espèces suivantes de quinquina : 1° le quinquina gris ou de Lôxa, le premier qui fut introduit en Europe, et dû au *cinchona condaminea*. « Ce sont des écorces roulées, de grosseur variable, de 45 à 55 centimètres de long, recouvertes d'un épiderme grisâtre et de rugosités nombreuses ; il a une odeur prononcée, une saveur amère et astringente ; il abonde en cinchonine. » 2° Le quinquina jaune ou royal, dit aussi calisaya, dû surtout au *cinchona lancifolia* ; il se présente en morceaux aplatis de dimension variable ; l'écorce en est rugueuse, inégale, à cassure très-fibreuse ; c'est le quinquina fébrifuge par excellence ; 3° le quinquina rouge, dû surtout au *cinchona magnifolia*, se présente en morceaux roulés, à surface rude et rugueuse, de couleur rouge brun.

Le quinquina est le premier des fébrifuges connus ; on l'emploi surtout contre les fièvres intermittentes. Il est en même temps tonique et antiseptique ; on l'administre surtout sous la forme de *sels*. — Voyez *Quinine*.

La vertu fébrifuge du quinquina était connue depuis longtemps des Américains lorsque les Européens arrivèrent dans leur pays ; leur manière de s'en servir était de le broyer et de le faire infuser dans l'eau commune pendant un jour. Mais depuis cette époque jusqu'en 1640, les Indiens, conservant une haine implacable contre les Espagnols, avaient pris toutes les précautions imaginables pour empêcher qu'ils ne pussent prendre connaissance des pro-

priétés de cette écorce. Un Indien, pénétré de reconnaissance pour tous les services que lui avait rendus un Espagnol, résolut enfin de le lui découvrir.

La comtesse del Cinchon, vice-reine du Pérou, fut la première qui en fit usage ; elle en fit distribuer aux pauvres, et ce remède prit le nom de *poudre de comtesse*.

Vers l'an 1649, le père provincial des Jésuites de l'Amérique, revenant en Italie pour l'assemblée générale, apporta avec lui une très-grande quantité de cette écorce, qu'il distribua aux religieux de son ordre qui composaient l'assemblée, afin d'augmenter leurs richesses et de les rendre nécessaires dans les différentes parties du monde où ils iraient ; en effet, ces pères, de retour dans leur pays, guérissaient comme par enchantement tous les malades attaqués de fièvres intermittentes, et donnèrent ainsi, en très-peu de temps, une réputation prodigieuse à ce remède, ce qui lui fit donner le nom de *poudre des pères*, lequel lui est resté depuis, surtout en Angleterre, où il est appelé encore aujourd'hui *Jesuit's powder*, poudre des jésuites.

**QUINZE-VINGTS** (HOSPICE IMPÉRIAL DES), à Paris. Cet établissement fut fondé, en 1269, par le roi saint Louis, qui voulut et ordonna par ses lettres-patentes que 300 ou 15-20 aveugles y fussent admis à perpétuité, et que ce nombre de 300 fût toujours tenu au complet. Il dota leur maison d'une rente annuelle de 30 livres parisis sur son trésor particulier, et, à l'aide de ce don tout personnel à saint Louis et des libéralités successives de nombreux bienfaiteurs, elle put, à l'ombre de la protection de l'État, mais sans jamais avoir eu besoin de lui demander des secours pécuniaires, se suffire avec ses propres ressources. Aujourd'hui, tout en restant fidèle au principe de sa fondation, qui veut que ses revenus soient, avant tout, consacrés au payement de la dépense des 300 pensionnaires internes, l'hospice trouve le moyen de secourir 1,000 aveugles externes, dont 150 reçoivent une pension de 200 fr., 350 une de 150 et 500 une de 100 fr. Un décret du 22 juin 1854 a placé cet établissement sous la protection de l'Impératrice. Des pensions d'externes, sont faites par Sa Majesté, sur le rapport du ministre de l'intérieur. Pour être admis à l'internat, il faut : 1° être Français ; 2° être âgé de 40 ans au moins ; 3° justifier d'une cécité complète et incurable ; 4° établir que l'on est sans moyens suffisants d'existence. Tout aspirant à l'un des secours annuels doit remplir les mêmes conditions, sauf cette différence qu'il peut l'obtenir dès l'âge de 21 ans. Les choix sont faits parmi les aveugles dispersés sur toute l'étendue de l'empire.

**QUOTIENT** [du latin *quoties*, contraction de *quot vices*, combien de fois]. — Nombre qui résulte de la division d'un nombre par un autre, et qui montre combien de fois le plus petit est contenu dans le plus grand, ou plutôt combien de fois le diviseur est contenu dans le dividende.

**R**, consonne, 18e lettre de l'alphabet français, que les Romains nommaient *lettre canine*, parce que le chien la fait entendre lorsqu'il gronde. Chez les Romains, R valait 100, R̄ valait 100,000.

**RACES HUMAINES.**—En parcourant la surface de la terre pour connaître les variétés qui se rencontrent entre les hommes de différents climats, et en commençant par le Nord, on trouve en Laponie et sur les côtes septentrionales de la Tartarie une race d'hommes de petite stature, d'une figure bizarre, dont la physionomie est aussi sauvage que les mœurs. Ces hommes, qui paraissent avoir dégénéré de l'espèce humaine, ne laissent pas d'être assez nombreux et d'occuper de vastes contrées. Tous ces peuples ont le visage large et plat, élargi par le haut, rétréci et allongé par le bas, le nez camus et écrasé, de petits yeux, l'iris de l'œil jaune, brun, et tirant sur le noir, les paupières allongées et retirées vers les tempes, les joues extrêmement élevées, la voix grêle, la tête d'une grosseur démesurée, les cheveux noirs et lisses, la peau basanée; ils sont trapus, quoique maigres; la plupart n'ont que 1 m. 30 c. de hauteur. Si l'influence d'un froid rigoureux altère moins la couleur de l'homme que l'action d'une chaleur excessive, elle a des effets bien plus marqués par rapport aux traits du visage, dont elle charge la difformité par les contrastes les plus opposés à la belle nature. En effet, chez tous ces peuples lapons, les femmes sont aussi laides que les hommes, et leur ressemblent si fort qu'on ne les distingue pas d'abord. Celles du Groënland sont de fort petite taille : elles ont rarement le corps bien proportionné, leurs mamelles sont molles et tellement longues, qu'elles donnent à téter à leurs enfants par-dessus l'épaule; le bout de ces mamelles est noir comme du charbon, et la peau de leur corps est de couleur olivâtre très-foncée. Ces peuples, qui se ressemblent tous à l'extérieur, ont aussi tous à peu près les mêmes inclinations et les mêmes mœurs; ils sont également grossiers et stupides, s'occupant peu du travail, et indifférents sur les moyens de s'instruire; ils deviennent naturellement mélancoliques ou tombent dans cet excès de sensibilité puérile qui fait le malheur des gens oisifs, et qui passent leur vie dans une molle et tranquille indolence. Les Lapons et les Groënlandais sont dans l'usage de plonger les enfants dans l'eau froide, au moment de leur naissance (ce qu'on a appelé *les baigner dans le Styx*), pour les rendre impénétrables aux atteintes des maladies. Cette coutume absurde se pratique aussi par quelques Anglais.

Tous les habitants du fond du Nord ont un penchant naturel pour les lieux qui les ont vus naître : ce sentiment est gravé dans presque tous les hommes. Les Lapons, que l'on peut regarder comme les nains de l'espèce humaine, vivent sous terre ou dans des cabanes presque entièrement enterrées et couvertes d'écorces d'arbres ou d'os de poisson. Une nuit de plusieurs mois les oblige à conserver de la lumière dans ce séjour glacé : ils ne laissent pas de se plaire dans cette solitude affreuse. L'été, ils sont obligés de vivre dans une épaisse fumée, pour se garantir de la piqûre de certains insectes. Avec cette manière de vivre, si dure et si triste, ils ne sont presque jamais malades, et ils parviennent à une extrême vieillesse. La seule incommodité à laquelle les vieillards sont sujets est la cécité; elle est occasionnée par l'éclat continuel de la neige pendant l'hiver, l'automne et le printemps, et par la fumée dont ils sont entourés pendant l'été.

Dans la Laponie danoise, la plupart des habitants ont un gros chat noir qu'ils prétendent consulter quand ils veulent aller à la chasse ou à la pêche. Ils se baignent nus, filles et garçons ensemble. Leur pain est souvent fait avec de la farine d'os de poisson : plusieurs boivent de l'huile de baleine. Les productions naturelles du pays, et le poisson qu'ils prennent à la pêche, suffisent pour sustenter une vie oisive et par conséquent frugale, pour se défendre des injures du temps et des horreurs de la faim, et pour se reproduire; tels sont les seuls besoins qui tirent de l'inaction ces hommes simples, qui n'écoutent que la voix de la nature : ceux de cette contrée qui ont reçu la visite des hommes policés ont changé leur condition, et ne s'attribuent plus l'important privilége de sauver et damner sans appel.

Dans le nord de l'Europe, les femmes sont très-fécondes; en Suède, elles ont jusqu'à vingt-huit ou trente enfants. Cette fécondité dans les femmes ne suppose pas qu'elles aient plus de penchant à l'amour, puisque les hommes mêmes sont beaucoup plus chastes dans les pays froids que dans les pays chauds; mais les individus ne s'y épuisent point par de fréquentes et stériles jouissances. Tout le monde sait que les nations du Nord ont toujours été si fécondes, qu'il en est sorti d'immenses peuplades qui ont inondé toute l'Europe; c'est ce qui a fait dire à quelques historiens (le Goth *Jornandez*) que le Nord était la pépinière des hommes, *officina gentium*.

Le sang tartare a pénétré d'un côté chez les Chinois, et de l'autre chez les Russes orientaux, et ce mélange n'a pas fait disparaître en entier les traits de cette race, car il y a parmi les Moscovites beaucoup de visages tartares; et quoique en général cette nation soit du même sang que les autres nations européennes, on y trouve cependant beaucoup d'individus qui ont la forme du corps carrée, les cuisses grosses et les jambes courtes comme les Tartares. Les *Calmuques* (Calmouks), qui habitent dans le voisinage de la mer Caspienne, entre les Moscovites et les grands Tartares, sont des hommes robustes, mais les plus laids et les plus difformes qui soient sous le ciel; en effet, ils semblent offrir les traits les plus chargés d'un profil lugubre et effrayant : ils ont le visage si plat et si large, que d'un œil à l'autre il y a l'espace de cinq ou six doigts; leurs yeux sont extraordinairement petits, et le peu qu'il ont de nez est si plat, qu'on n'y voit que deux trous au lieu de narines; ils ont les genoux tournés en dehors et les pieds en dedans. A mesure qu'on avance vers l'Orient, dans la Tartarie indépendante, les traits des Tartares se radoucissent un peu. Ces peuples sont bons guerriers, et mangent de la chair de cheval, qu'ils préfèrent à toute autre. Les Chinois ne sont pas à beaucoup près aussi différents des Tartares que le sont les Moscovites : il n'est pas même sûr qu'ils soient d'une autre race. Si on les compare aux Tartares par la figure et par les traits, on y trouvera des caractères d'une ressemblance non équivoque. Les Chinois ont en général le visage large et rond, les yeux petits et ovales, les sourcils grands, les paupières élevées, le nez petit et écrasé, et presque point de barbe. Les Japonais sont assez semblables aux Chinois; ils sont seulement plus jaunes et plus bruns, parce qu'ils habitent un climat plus méridional : ces peuples ont à peu près le même mœurs, les mêmes mœurs et les mêmes coutumes que les Chinois. L'une des plus bizarres, et qui est commune à ces deux nations, c'est de serrer les pieds des filles dans leur enfance avec tant de violence, qu'on les empêche de croître. C'est ainsi qu'on

immole la liberté à la jalousie. Une jolie femme de ce pays doit avoir le pied assez petit pour trouver trop aisée la pantoufle d'un enfant de six ans. Les Japonais, ainsi que leurs femmes, vont toujours la tête nue, et mettent le pied hors de leur chaussure pour saluer. Ils font consister la beauté de leurs dents à être fort noires. Les Chinois aiment les sciences et les arts; chez eux, l'obscurité déplaît à l'esprit comme aux yeux; ils récompensent celui qui fait une découverte dont le but est d'éclairer ou de servir son semblable, et ils connaissent cette maxime, que *l'homme devient meilleur en se rendant plus heureux*.

Les Siamois, les Péguans, les habitants d'Aracan, de Laos et autres contrées voisines, ont les traits assez semblables à ceux des Chinois; ils ne diffèrent que du plus ou moins par la couleur. Ces peuples ont, ainsi que tous les peuples de l'Orient, du goût pour les longues oreilles : pour parvenir à obtenir cette difformité artificielle, les uns tirent leurs oreilles pour les allonger, mais sans les percer; d'autres, comme au pays de Laos, en agrandissent le tour si prodigieusement, qu'on pourrait presque y passer le poing, en sorte que leurs oreilles descendent jusques sur leurs épaules. Les Siamois ont aussi la coutume de se noircir les dents; cette habitude leur vient de l'idée qu'ils ont que les hommes ne doivent point avoir les dents blanches comme les animaux : ils se les noircissent avec une espèce de vernis qu'il faut renouveler de temps en temps. Quand ils appliquent ce vernis, ils sont obligés de se passer de manger pendant quelques jours pour donner le temps à cette préparation de s'attacher. Par une autre espèce de préjugé, les jeunes Chinoises se tirent continuellement les paupières, pour se faire paraître les yeux plus petits qu'elles ne devraient les avoir. Cette coutume d'enchérir sur les défauts naturels est presque générale chez les peuples étrangers, qui prennent pour la perfection l'un ou l'autre des extrêmes entre lesquels elle se trouve placée.

Les habitants du vaste archipel indien, connu sous le nom d'îles Manilles, et des autres îles Philippines, sont peut-être les peuples les plus mêlés de l'Univers; par les alliances qu'on faites ensemble les colons espagnols, les Indiens, les Chinois, les Malabares et les noirs. Les noirs qui vivent dans les rochers et les bois de ces îles diffèrent entièrement des autres habitants : quelques-uns ont les cheveux crépus comme les nègres d'Angola, les autres les ont longs; on a vu plusieurs parmi eux qui avaient des queues longues de 10 à 12 centimètres. Ce sont les Niam-Niams, dont on a tant parlé récemment. On voit aussi, dans le royaume de Lambri, de ces hommes qui ont des queues de la longueur de la main, et qui ne vivent que dans les montagnes. Quelques-uns disent aussi que l'on voit de ces hommes à queue, *homines caudati*, dans l'île Formose; ces queues ne sont qu'un prolongement du coccyx. On a vu à Paris un garçon sellier qui avait cette excroissance; elle était longue de 10 centimètres, et elle le fatiguait beaucoup, car il avait bien de la peine à la ranger quand il voulait s'asseoir ou s'habiller. Voici un autre fait qui est également extraordinaire, c'est que dans cette île il n'est pas permis aux femmes d'accoucher avant trente-cinq ans, quoiqu'il leur soit libre de se marier longtemps avant cet âge. Lorsqu'elles sont grosses, les *jébuses* ou prêtresses vont leur fouler le ventre avec les pieds pour les faire avorter; ce serait chez eux non-seulement une honte de devenir mère, mais même un crime, que de laisser venir un enfant avant l'âge prescrit par la loi.

Les Malais sont de la plus grande férocité : ils ne sortent point sans leur poignard, et l'industrie de la nation s'est surpassée dans la fabrication de cet instrument destructeur.

Les habitants de la Nouvelle Guinée sont noirs; ils ont le visage rond et large avec un gros nez plat : cependant leur physionomie ne serait pas absolument désagréable s'ils ne se défiguraient par une espèce de cheville de la grosseur du doigt et longue de douze centimètres, dont ils se traversent les deux narines. Ils ont aussi de grands trous aux oreilles, où ils mettent des chevilles comme au nez. Leurs femmes ont des mamelles qui leur pendent jusqu'au nombril, le ventre extrêmement gros, les jambes fort menues, les bras de même.

Les habitants de la Nouvelle-Hollande sont noirs comme les nègres, grands, droits, maigres; ils tiennent toujours leurs paupières à demi-fermées pour garantir leurs yeux des moucherons qui les incommodent : ceux-ci sont peut-être les hommes les plus misérables, et ceux de tous les humains qui approchent le plus des brutes; ils demeurent en troupes de vingt à trente, hommes et femmes, pêle-mêle; ils n'ont point d'habitation, point d'autre lit que la terre; ils n'ont pour habit qu'un morceau d'écorce d'arbre attaché au milieu du corps en forme de ceinture; ils n'ont ni pain, ni grains, ni légumes; leur unique nourriture consiste en petits poissons qu'ils prennent en faisant des réservoirs de pierre dans la mer.

Les Mogols et les autres peuples de la presqu'île des Indes, ressemblent assez aux Européens par la taille et par les traits; mais ils en diffèrent par la couleur. Les Mogols, hommes et femmes, sont olivâtres; les femmes ont les jambes fort longues, et le corps assez court; ce qui est le contraire chez les femmes européennes. Tavernier rapporte que lorsque l'on a passé Lahor et le royaume de Cachemire, toutes les femmes du Mogol sont dépourvues de poils sur le corps, et que les hommes ont peu de barbe. On dit qu'au royaume de Decan on marie les enfants extrêmement jeunes, les garçons à dix ans et les filles à huit, et ils s'en trouvent qui ont des enfants à cet âge; mais ces femmes cessent aussi ordinairement d'en avoir avant l'âge de trente ans. Il y a des femmes qui se font découper la peau en fleurs, et la peignent de diverses couleurs avec des sucs de leur pays, de manière que leur peau paraît comme une étoffe à fleurs.

Les Bengalais sont plus jaunes que les Mogols : on prétend que les femmes sont de toutes celles de l'Inde les plus portées au plaisir.

Les habitants de la côte de Coromandel, ainsi que ceux de Malabar sont très-noirs. Les coutumes de ces différents peuples de l'Inde sont toutes singulières et bizarres. Les Banians croient à la métempsychose; c'est une secte d'Indiens commerçants et idolâtres, chez lesquels Pythagore vint puiser sa doctrine. Ils sont dispersés dans l'Orient, comme les Juifs parmi nous. On les charge de toutes sortes de services, et il n'y a guère de personnes dans les Indes qui n'aient leur *Banian*. Il n'y a point d'Indiens plus doux, plus propres, plus tendres, plus modestes, plus civils et de meilleure foi envers les étrangers : ils sont ingénieux, habiles et mêmes savants. Ils font leurs marchés sans parler, en faisant seulement des signes de la main. Ils ne se font point raser la tête comme les mahométans : leurs femmes ne se couvrent point le visage; elles ont le tour du visage bien fait; elles aiment à parer leur tête de pendants et de colliers; leurs cheveux noirs ou lustrés forment une ou deux boucles par derrière du cou et sont attachés d'un nœud de ruban; elles ont des anneaux plus ou moins précieux passés dans le nez, aux doigts, aux jambes et aux orteils. Elles s'asseyent comme les Maures, c'est-à-dire les jambes croisées sous elles. Leurs enfants, de l'un et l'autre sexe, vont nus jusqu'à l'âge de quatre ou cinq ans. L'usage est de les fiancer dès l'âge de quatre ans, et de les marier à neuf ou dix ans : on les laisse à cet âge suivre le penchant de la nature. Ces peuples ne mangent rien de ce qui a eu vie : ils s'abstiennent de chair et de poisson : ils ont des hôpitaux pour les bestiaux : ils craignent de tuer le moindre insecte, même ceux qui leur sont le plus nuisibles; aussi les plus dévots d'entre eux font-ils difficulté d'allumer, pendant la nuit, du feu ou de la chandelle, de peur que les mouches ou les papillons ne viennent s'y brûler. Cet excès de superstition donne à cette secte d'idolâtres de l'horreur pour la guerre et pour tout ce qui peut conduire à l'effusion du sang. Leur culte s'étend jusqu'aux vaches, et souvent ils adorent la première chose qui se présente le matin devant eux.

À Baly, île de l'Inde, les hommes ont chacun plusieurs femmes. On y brûle, sur les bûchers des maris qui viennent de mourir celles de leurs femmes qu'ils ont le plus aimées pendant leur vie : il y a de ces infortunées qui courent à ce supplice en dansant, au son des instruments, parées de leurs riches habits et de ce qu'elles ont de plus précieux; et ce stupide dévouement, de la part de la femme, passe, dit-on, chez ces peuples, pour un acte de vertu et d'amour conjugal. Mais est-ce bien là le motif, la condition? On assure que, dans cette contrée, cette loi est un singulier trait de politique, et qu'elle a été promulguée pour que les femmes de ce pays n'empoisonnent point à l'avenir leurs maris; elle est en vigueur, comme si tous les maris de cette contrée ne mouraient qu'empoisonnés par les mains de leurs femmes. Ô Baliennes! ô Malabroises qui voulez vous marier, implorez le Dieu vengeur, qu'il ordonne à vos sénateurs la réforme d'une loi aussi atroce, ou que l'auteur de la nature fasse survivre les hommes aux femmes! autrement, toutes les veuves innocentes expireront dans les tourments de la mort la plus affreuse, le forfait de quelques mains criminelles !

Les habitants du Calicut sont olivâtres, et ne peuvent prendre qu'une femme, tandis que la reine et les dames nobles de sa suite peuvent prendre autant de maris qu'il leur plaît ; et ces arrangements ne produisent aucune mésintelligence entre les époux. Les mères prostituent leurs filles le plus jeunes qu'elles peuvent. C'est ainsi que les choses se passent à Patane, à Bantan ou Bantane, et dans les petits royaumes de Guinée. Quand les femmes, dit Smith, y rencontrent un homme, elles le saisissent et le menacent de le dénoncer à leur mari s'il les méprise. Dans ces pays, le physique de l'amour a presque une force invincible, l'attaque y est sûre et la résistance nulle.

Il y a, parmi les Caliculiens, des familles qui ont les jambes aussi grosses que le corps d'un autre homme : la peau en est dure et rude : avec cela, ils ne laissent pas d'être fort dispos. Cette race d'hommes à grosses jambes s'est plus multipliée parmi les *Naires de Calicut* que dans aucun autre peuple des Indes : on en trouve cependant quelques-uns ailleurs, et surtout à Ceylan.

Les habitants de l'île de Ceylan sont un peu moins noirs que ceux de la côte de Malabar ; mais il y a dans cette même île, des espèces de sauvages, que l'on nomme Bédas, et qui sont d'un blanc pâle comme quelques Européens : leurs cheveux sont roux ; ils ne vivent que dans les bois les plus épais, au nord-est de l'île et s'y tiennent si cachés, qu'on a de la peine à les découvrir : il y a lieu de penser que ces Bédas de Ceylan, ainsi que les Kacrelas ou Chacrelas de Java, et les Albinos du midi de l'Afrique (*Æthiopes Albicantes*), et surtout les *Dondos* de Loango, pourraient être de race européenne. Il est très-possible que quelques hommes et quelques femmes de l'Europe aient été abandonnés autrefois dans ces îles, ou qu'ils y aient abordé dans un naufrage, et que, dans la crainte d'être maltraités par les naturels du pays, ils soient demeurés, eux et leurs descendants, dans les lieux les plus déserts de cette île, où ils ne sortent que le soir, ne pouvant supporter l'action de la lumière, et où ils continuent à mener la vie des sauvages, qui peut-être a ses douceurs lorsqu'on y est accoutumé.

Les Maldivois sont bien formés et bien proportionnés ; il y a peu de différence entre eux et les Européens, à l'exception qu'ils sont de couleur olivâtre, ainsi que les femmes ; cependant, comme c'est un peuple mêlé de toutes les nations, on y voit aussi des femmes très-blanches. Les Maldivoises sont extrêmement indiscrètes. Les talents et les vertus de ces femmes consistent à rechercher le plaisir, et, pour s'y exciter, elles mangent à tout moment du bétel et beaucoup d'épices à leurs repas. Pour les hommes, quoique très-incontinents, ils sont beaucoup moins vigoureux qu'il ne conviendrait à leurs femmes. On peut dire que la pudeur n'est pas plus connue chez ces peuples que chez les Caraïbes ; ces nations n'ont pas même de termes pour l'exprimer. On peut les peindre, hommes et femmes, comme on peint les amours, nus, armés de flèches et d'un car-

quois ; il ne s'agit que de placer le bandeau ; ce vêtement léger et peu embarrassant auquel ils sont habitués annonce, par l'épargne qu'ils y mettent, qu'ils ne s'en servent que par complaisance et pour tromper légèrement sur leur sexe. Chez eux et ailleurs, cette ceinture passe pour ornement. Ce serait une erreur de croire qu'on puisse être homme et sans vice. Celui-là est le plus parfait qui a le moins de défauts.

Goa, qui est le principal établissement des Portugais dans les Indes, est le pays du monde où il se vendait autrefois le plus d'esclaves : on y trouvait à acheter des filles et des femmes de tous les pays des Indes ; ces esclaves savaient, pour la plupart, jouer des instruments, coudre et broder dans la perfection ; il y en avait de blanches, d'olivâtres, de basanées, de toutes couleurs ; celles dont les Indiens sont le plus amoureux, sont les filles cafres de Mozambique, qui sont toutes noires. Il est à remarquer que la sueur de ces peuples indiens, tant mâles que femelles, n'a point de mauvaise odeur ; au lieu que celle des nègres d'Afrique est des plus désagréables ; elle a, dit-on, l'odeur des poireaux verts. Les femmes indiennes aiment beaucoup les hommes blancs d'Europe ; elles les préfèrent aux blancs des Indes et à tous les autres Indiens.

Il n'en est pas de même des Béajous (c'est le nom que l'on donne aux habitants idolâtres de l'île de Bornéo) ; ils sont basanés, de belle taille, et naturellement robustes. L'usage, plutôt qu'aucune loi, les assujettit à n'épouser qu'une seule femme ; ils sont modestes, et regardent comme un crime odieux l'infidélité dans le mariage ; ils sont ennemis du vol et de la fraude, et paraissent sensibles aux bienfaits. Ils ont de la noblesse dans leurs plaisirs. On ne voit guère les Béajous préoccupés par les inquiétudes de l'amour, par les soins de l'ambition, par les tourments de la crainte, par les supplices de la jalousie ; le calme des passions entretient chez eux la paix de l'âme et le repos de l'esprit. Leurs armes sont des poignards, peu différents du cangiar des Maures, et des sarbacanes de deux mètres quarante centimètres de long, avec lesquelles ils soufflent sur leurs ennemis de petites flèches armées d'une pointe de fer, souvent empoisonnée d'un suc mortel.

Les Persans sont voisins des Mogols ; aussi les habitants de plusieurs provinces de Perse ne diffèrent-ils guère des Indiens, surtout ceux des provinces méridionales ; mais, dans le reste du royaume, le sang persan est devenu fort beau, par le mélange des Géorgiens et des Circassiens. Ce sont les deux nations du monde où la nature forme les plus beaux corps ; aussi il n'y a presque aucun homme de qualité, en Perse qui ne soit né d'une Géorgienne ou Circassienne. Comme il y a un grand nombre d'années que ce mélange a commencé à se faire, le sexe féminin s'est embelli comme l'autre, et les Persanes sont devenues fort belles et bien faites, quoique sans avoir la beauté des Géorgiennes. Sans ce mélange, les gens de qualité de la Perse seraient les plus laids du monde, puisqu'ils sont originaires de la Tartarie, dont les habitants sont remarquables par leur laideur.

On voit en Perse une grande quantité de belles femmes de toutes couleurs, qui y sont amenées de tous les côtés par les marchands. Les blanches viennent de Pologne, de Moscovie, de Circassie, de Géorgie et des frontières de la grande Tartarie; les basanées sont originaires des terres du grand Mogol et de celles du roi de Golconde et du roi de Visapour; les noires viennent de la côte de Mélinde et de celles de la mer Rouge.

Les peuples de la Perse, de la Turquie, de l'Arabie, de l'Égypte et de toute la Barbarie, peuvent être regardés comme une même nation, qui, dans le temps de Mahomet et de ses successeurs, s'est extrêmement étendue, a envahi des terrains immenses, et s'est prodigieusement mêlée avec les peuples de ces pays. Les princesses et les dames arabes, qui ne sont point exposées au soleil, sont fort blanches, belles et bien faites; les femmes du peuple sont brunes et basanées; elles se peignent aussi la peau.

Les Égyptiens, quoique voisins des Arabes, et soumis comme eux à la domination des Turcs, ont, cependant, des coutumes fort différentes des Arabes. Par exemple, dans toutes les villes et villages, le long du Nil, on trouve des filles destinées aux plaisirs des voyageurs, sans qu'ils soient obligés de les payer. Les gens riches de ces contrées se font, en mourant, un devoir de piété de fonder des maisons d'hospitalité, et de les peupler de jeunes et belles filles, qu'ils font acheter dans ces vues charitables; des messagers de galanterie conduisent les voyageurs au temple où les jeunes prêtresses font si volontairement leurs stations, conformément aux vues du testateur : on n'y admet que les plus enjouées, celles qui paraissent être les mieux vouées au mystère, celles qui respirent la volupté la plus séduisante, celles dont la taille est dégagée et terminée par les plus belles hanches et les plus belles chutes de reins qu'il soit possible de voir... N'en disons pas davantage, la pudeur pourrait en être alarmée... Jalouses les unes des autres sur la préférence, il y a peu d'union entre elles : elles n'en veulent point à la bourse du voyageur; leur intention est de l'attendrir, de le rendre sensible à leurs charmes, en un mot, de lui procurer et de partager les avantages du plaisir. Tel est le double intérêt d'un service important et public; mais il faut s'en méfier à bien des égards : filles d'Ève, plus curieuses que faibles d'esprit, elles veulent se perdre comme elle pour tout savoir. Les Égyptiennes sont fort brunes; elles ont les yeux vifs; les hommes sont de couleur olivâtre. Quoique les Égyptiens soient aujourd'hui ignorants, il y a encore parmi eux des individus qui conservent quelques étincelles de ce feu oriental qui présentait la vérité sous le voile de l'allégorie.

En lisant l'histoire des peuples d'Afrique, on ne peut apprendre sans étonnement que ceux qui habitent les hautes montagnes de la Barbarie sont blancs; au lieu que les habitants des côtes de la mer et des plaines sont basanés et très-bruns. Cette

petite élévation au-dessus de la surface de la terre produit le même effet que plusieurs degrés de latitude sur sa surface.

Tous les peuples qui habitent entre le vingtième, le trentième et le trente-cinquième degrés de latitude du nord de l'ancien continent, ne sont pas fort différents les uns des autres, si l'on excepte les variétés particulières occasionnées par le mélange d'autres peuples septentrionaux. Ils sont tous, en général, bruns, basanés, mais assez beaux et assez bien faits. Ceux qui vivent dans un climat plus tempéré, tels que les habitants des provinces septentrionales du Mogol et de la Perse, les Arméniens, les Turcs, les Géorgiens, les Mingréliens, les Circassiens, les Grecs et tous les peuples de l'Europe, sont les hommes les plus beaux, les plus blancs et les mieux faits de toute la terre.

Le sang de Géorgie est encore plus beau que celui de Cachemire : on ne trouve pas un visage laid dans ce pays et la nature y a répandu, sur la plupart des femmes, la plus belle couleur du visage, les traits les plus réguliers, et les grâces que l'on ne voit point ailleurs : elles sont grandes et bien faites; la plupart ont deux sourcils peints par l'amour, qui couronnent deux grands yeux, d'où il lance tous ses traits; elles joignent à leur extrême beauté un air de délicatesse, un regard qui charme et enchante : il faut, pour les juger, les avoir admirées. Les hommes sont aussi fort beaux et grands, ils ont naturellement de l'esprit; mais il n'y a aucun pays dans le monde où le libertinage et l'ivrognerie soient poussés à un si haut point qu'en Géorgie. C'est particulièrement parmi les jeunes filles de cette nation que les rois et les seigneurs de Perse choisissent ce grand nombre de concubines, dont les Orientaux se font honneur. Il y a même des défenses très-expresses d'en trafiquer ailleurs qu'en Perse, les filles géorgiennes étant, si l'on peut parler ainsi, regardées comme une marchandise de contrebande, qu'il n'est pas permis de faire sortir hors du pays : il a été cependant stipulé , entre le grand-seigneur et le sophi de Perse, que le sérail ottoman serait rempli par choix et à volonté de jeunes Géorgiennes. Quoique les mœurs et les coutumes des Géorgiens soient un mélange de celles de la plupart des peuples qui les environnent, ils ont en particulier cet étrange usage, que les gens de qualité y exercent l'emploi de bourreau : bien loin qu'il soit réputé infâme en Géorgie, comme dans le reste du monde, c'est un titre aussi glorieux pour les familles de ce pays, que l'impudicité de leurs filles. En effet, elles éprouvent de bonne heure le sentiment que les deux sexes s'inspirent mutuellement , et dans cet état de nature, leurs besoins physiques ne souffrent point de retard.

Les femmes de Circassie sont fort belles et fort blanches : elles ont si peu de sourcils, qu'on dirait que ce n'est qu'un filet de soie recourbé ; elles en sont fâchées, mais elles ont tort; elles seraient trop belles si elles n'avaient pas ce léger défaut; on trouve en elles les proportions exactes de cet ensemble régulier qui forme le modèle de la beauté.

L'été, les femmes du peuple ne portent qu'une chemise qui est ordinairement bleue, brune ou rouge; et cette chemise est ouverte jusqu'à mi-corps : elles ont le sein parfaitement bien fait : elles sont libres avec les étrangers, mais cependant fidèles à leurs maris, qui n'en sont point jaloux.

Les Mingréliens sont aussi beaux que les Géorgiens et les Circassiens; et il semble que ces trois peuples, si célèbres par les agréments de leurs figures, ne fassent qu'une seule et même race d'hommes. La beauté régulière, qui ne se montre que par intervalles dans d'autres pays, semble être chez eux un avantage héréditaire dans chaque famille. Il y a en Mingrélie, dit Chardin, des femmes merveilleusement bien faites, d'un air majestueux, de visage et de taille admirables; elles ont autant d'embonpoint qu'il en faut; des cheveux bien plantés relèvent la beauté de leur front; elles ont, outre cela, un regard engageant, qui caresse tous ceux qui les considèrent, et elles tâchent d'inspirer de l'amour sans cacher celui qu'elles sentent. Leur âme a un degré particulier de sensibilité et de courage. Les habitants épousent leurs nièces, et les maris sont très-peu jaloux : quand un homme prend sa femme sur le fait avec un galant, il a droit de le contraindre à payer un cochon; et d'ordinaire il ne prend pas d'autre vengeance: le cochon se mange entre eux trois. Ils prétendent que c'est une très-bonne et très-louable coutume d'avoir plusieurs femmes ou concubines parce qu'on engendre beaucoup d'enfants, que l'on vend argent comptant, ou qu'on échange pour des hardes et pour des vivres; souvent ils sont ceux qui sont défigurés, mal faits ou infirmes : voilà toute leur politique et toute leur morale. Au reste, ces esclaves ne sont pas fort chers; les hommes, âgés depuis vingt-cinq jusqu'à quarante ans, ne coûtent souvent que quinze écus; et les belles filles, d'entre dix et dix-huit ans, vingt écus.

Les Turcs, qui achètent beaucoup de tous ces esclaves, sont un peuple composé de plusieurs autres peuples. En général, les Turcs sont robustes et assez bien proportionnés : leurs femmes sont belles, blanches et bien faites. On dit que les Turcs, hommes et femmes, ne portent point de poil en aucune partie du corps, excepté les cheveux et la barbe : ils se servent du *rusma* pour l'ôter. (Voyez ce mot.)

Les femmes grecques sont encore plus belles et plus vives que les Turques : on observe chez elles les caractères généraux de la figure la plus parfaite; elles ont le visage d'un ovale charmant, le dessous de leur menton, leur poitrine, leur gorge forment des contours si délicats et si beaux, que la volupté seule peut en avoir tracé le dessin et l'avoir suivi. Elles ont de plus que les Turques l'avantage d'une beaucoup plus grande liberté; et par une illusion douce et consolante, la nature les invite à mettre souvent en acte le plaisir momentané qui expose souvent la femme à perdre la vie pour la donner à un nouvel individu.

Les Grecs, les Napolitains, les Siciliens, les habitants de Corse, de Sardaigne, les Espagnols et les Portugais étant situés à peu près sous le même parallèle,

sont assez semblables pour le teint; tous ces peuples sont plus basanés que les Français, les Anglais et les autres peuples moins méridionaux. Lorsqu'on fait le voyage d'Espagne, on commence à s'apercevoir, dès Bayonne, de la différence de couleur : les femmes ont le teint un peu plus brun; elles ont aussi les yeux plus brillants. Les Espagnols sont maigres, assez petits; ils ont la taille fine, la tête belle. Les voyageurs disent unanimement que la délicatesse de l'organisation fait de l'âme des Français une glace qui reçoit tous les objets et les rend vivement. Tout, à la vérité, parle en eux : la vivacité, la gaieté, la générosité, la bravoure et la sincérité forment leur caractère. En tout ils donnent l'essor et l'énergie à la nature. J'en appelle au témoignage de toutes les nations : la France est le temple du goût, du génie et du sentiment. On dit encore que, de toutes les passions, l'amour est celle qui sied le mieux aux femmes, et surtout aux Françaises; il est du moins vrai qu'elles portent ce sentiment, qui est le plus tendre caractère de l'humanité, à un degré de délicatesse et de vivacité où peu de femmes d'autres nations puissent atteindre. Leur âme semble n'avoir été faite que pour sentir; elles prétendent n'avoir été formées que pour le doux emploi d'aimer et d'être aimées. Sensibles aux hommages, elles doivent céder aux transports de la reconnaissance; et qui peut mieux qu'elles acquitter la dette du cœur? Peut-être leur amour est-il plus éphémère que chez les femmes de nos voisins. Les Français ne sont pas moins favorisés de la nature; rien ne s'oppose à leur bonheur; leur éducation concourt à leur faire connaître, au terme prescrit, les désirs qui mettent quelque prix à la jouissance. Leur taille est à peu près la même que celle des Anglais; mais ceux-ci passent pour être moins enjoués, même mélancoliques et plus philosophes, moins fougueux dans leurs passions. Les femmes de l'une et l'autre nation ont de beaux cheveux, les yeux grands. En général les Françaises ont la gorge belle, la bouche petite, les dents blanches et bien rangées, les lèvres d'un incarnat vif, l'air gracieux et tendre du sourire; le bras bien arrondi, bien fait et la main fort belle; la taille noble et dégagée; le pied fort mignon et la peau fine et blanche.

On voit souvent en Angleterre des hommes vivre plus d'un siècle, ou acquérir un embonpoint extraordinaire, témoin le sieur Bright, de la province d'Essex, qui, à l'âge de douze ans, pesait 92 kilog., à vingt ans 168 kilog., à 29 ans 292 kil., à 30 ans 308 kil.; cet homme avait cinq pieds neuf pouces et demi de haut. Dans la même année (1754) mourut à Londres le nommé Powel, boucher, natif de la province d'Essex; il était âgé de 37 ans et il pesait 325 kilog.; il avait environ quinze pieds d'Angleterre de circonférence. La *Gazette anglaise* du 24 juin 1775 fait mention d'un homme mort cette même année dans la province de Warwick. Cet homme s'appelait M. Spoxer; un mois avant sa mort il pesait 325 kilog.; il était âgé de 37 ans et n'avait pu se promener à pied depuis plusieurs années. Mesuré après sa mort, la largeur d'une épaule à l'autre était de plus de quatre pieds.

En revenant à l'Afrique, et examinant les hommes qui sont au delà du tropique, depuis la mer Rouge jusqu'à l'Océan, on retrouve des espèces de Maures, mais si basanés, qu'ils paraissent presque tout noirs: on y trouve aussi des nègres. En rassemblant les témoignages des voyageurs, il paraît qu'il y a autant de variétés dans la race des noirs que dans celle des blancs. Ceux de Guinée sont extrêmement laids, et ont une odeur insupportable: ceux de Soffala et de Mozambique sont beaux et n'ont aucune mauvaise odeur. On retrouve parmi les nègres toutes les nuances du brun au noir, comme nous avons trouvé dans les races blanches toutes les nuances du brun au blanc.

Les Maures ou Mores habitent au nord du fleuve du Sénégal: ils ne sont que basanés; les nègres sont au midi, et sont absolument noirs, surtout ceux qui habitent la zone torride; car, plus on s'éloigne de l'équateur, plus la couleur des peuples s'éclaircit par nuances. C'est aux extrémités des zones tempérées qu'on trouve les peuples les plus blancs. Les îles du cap Vert sont toutes peuplées de mulâtres, venus des premiers Portugais qui s'y établirent et des nègres qu'ils y trouvèrent: on les appelle nègres couleur de cuivre, parce que, quoiqu'ils ressemblent aux nègres par les traits, ils sont jaunâtres. Les nègres du Sénégal, près la rivière de Gambie, que l'on nomme Jalofes, sont tous fort noirs et bien proportionnés: ce sont les plus beaux et les mieux faits de tous les nègres. Ils ont les mêmes idées que nous de la beauté: il n'y a que sur le fond du tableau qu'ils pensent différemment. Il y a parmi eux d'aussi belles femmes, à la couleur près, que dans aucun autre pays du monde: elles ont beaucoup de goût pour les blancs; leurs maris tiennent à honneur le choix que leurs femmes, leurs sœurs, leurs filles font des blancs et le refus des hommes de leur nation. Au reste, ces femmes ont toujours la pipe à la bouche, et leur peau contracte une odeur désagréable lorsqu'elle est échauffée. Elles aiment beaucoup à sauter et à danser au bruit d'une calebasse ou d'un chaudron; tous les mouvements de leurs danses sont autant de postures lascives et de gestes indécents. D'ailleurs les Jalofes sont d'une ignorance incroyable. On a vu des Européens, introduits dans les assemblées de ces peuples Jalofes, pérorer et tourner en ridicule leurs usages; le discours n'était pas plutôt commencé que l'un jetait un rire méprisant et de pitié, très-familier aux femmes; l'autre interrompait l'orateur par un bâillement énorme, signe non équivoque de l'ennui que lui causait la morale moderne; un autre se couchait par terre, étendait les bras et s'endormait; enfin, il y en avait qui se retiraient et d'autres qui s'écriaient: Nous aimons nos chimères et n'envions pas les vôtres...

Il semble que les Jalofes ne connaissent point ce qui dégrade l'homme, ni ce qui peut le rendre meilleur; ils vivent sans lois. Un jour viendra qu'ils se verront condamnés par l'opinion publique, cette maîtresse du monde qui juge les hommes de quelque nation et de quelque rang qu'ils soient, et dont les jugements sont irréfragables.

Les nègres de l'île de Gorée et de la côte du cap Vert sont bien faits, comme ceux du Sénégal: ils font un si grand cas de leur couleur, qui est en effet d'un noir d'ébène profond et éclatant, qu'ils méprisent les autres nègres qui ne sont pas si noirs, comme les blancs méprisent les basanés. Ces nègres aiment passionnément l'eau-de-vie, dont ils s'enivrent souvent: ils vendent leurs enfants, leur parents, et quelquefois ils se vendent eux-mêmes pour en avoir.

Quoique les nègres de Guinée soient d'une santé ferme et très-bonne, rarement arrivent-ils à une certaine vieillesse: ils paraissent vieux dès l'âge de quarante ans. L'usage prématuré des femmes est peut-être cause de la brièveté de leur vie. Rien n'est si rare que de trouver dans ce peuple quelque fille qui puisse se souvenir du temps auquel elle a cessé d'être vierge, et elles se font une honte de pousser le moindre cri en accouchant. Leur caractère est assez constant. Cette nation est ignorante, et cependant pleine de sentiment, surtout dans l'art d'aimer. On doit même être surpris que des âmes si incultes puissent produire quelques vertus, et que les vices n'y soient pas plus communs: au reste, les nègres des îles d'Afrique sont en général parleurs, menteurs, et toujours prêts à tromper.

On dit qu'au royaume de Benin, sur le golfe de Guinée, le souverain, qui est assez puissant pour pouvoir mettre en peu de temps une armée de cent mille hommes sur pied, ne se montre guère en public que d'une fois l'année, et souvent on honore sa présence en égorgeant quinze ou seize esclaves; on dit aussi que quand il meurt, plusieurs princes de sa cour se vouent à la mort pour l'accompagner au tombeau; mais communément cet honneur est décerné à quelques personnes qu'on saisit parmi le peuple qui accourt en foule pour voir cette cérémonie; on enterre encore avec le monarque ses habits et ses meubles. Les Béniniens sont assez doux, civils et d'un fort bon naturel; ils ont du courage et de la générosité; cependant ils sont tous esclaves, et portent une incision sur le corps en signe de servitude. Les hommes n'osent porter d'habit qu'ils ne l'aient reçu du roi; les filles ne se vêtent que quand elles sont mariées; c'est leur époux qui leur donne le premier habit; et les rues sont pleines de personnes de l'un et de l'autre sexe toutes nues. Aussi les Béniniens sont-ils déréglés dans leurs mœurs, et les hommes peuvent épouser autant de femmes qu'ils veulent, et entretenir encore des concubines. Livrés à tous les excès de l'incontinence, ils attribuent eux-mêmes ce penchant à leur vin de palmier et à la nature de leurs aliments. La jalousie est fort vive entre eux; mais ils accordent aux Européens toutes sortes de libertés auprès de leurs femmes, quoique ce soit un crime à un nègre d'approcher de la femme d'autrui. L'adultère est puni par la bastonnade parmi le peuple, et par la mort parmi les grands; loi qui est à peu près contraire à celles de toutes les autres nations.

On préfère, dans nos îles, les nègres d'Angola à ceux du cap Vert, pour la force du corps; mais ils sentent si mauvais lorsqu'ils sont échauffés, que l'air des endroits par où ils ont passé en est infecté pendant plus d'un quart d'heure. Ceux de Guinée sont aussi très-bons pour le travail de la terre et pour les autres très gros ouvrages. Ceux du Sénégal ne sont pas si forts, mais ils sont plus propres pour le service domestique, et plus capables d'apprendre des métiers. Les nègres ont en général le nombril fort gros, et multiplient beaucoup; ils ont communément les yeux grands, le nez épaté, les lèvres grosses, le bord inférieur des lèvres ainsi que le dedans de la bouche, d'un rouge de corail, et les cheveux semblables à de la laine frisée. On observe que presque tous les blancs, notamment le peuple créole, ont pour les nègres esclaves, dans nos colonies, la confiance la plus humiliante. Plusieurs de ces esclaves ont la réputation d'être médecins, et de posséder des secrets, qui passent dans le gros des esprits des colons de la Guiane pour un don qui tient du sortilège. Ceci prouve que d'un pôle à l'autre, partout le peuple est peuple : il paraît constant qu'il y a de ces charlatans noirs qui sont parvenus à connaître les vertus de quelques plantes vénéneuses, et qu'ils ont l'art d'en tirer des poisons tantôt subtils, tantôt lents, dont ils se servent contre ceux qu'ils haïssent, ou contre leurs ennemis, et on n'en voit que trop souvent de tristes effets.

Si les nègres ont peu d'esprit, ils ne laissent pas d'avoir, comme nous l'avons déjà dit, quelques sentiments : ils sont gais ou mélancoliques, laborieux ou fainéants, amis ou ennemis, selon la manière dont on les traite. Lorsqu'on les nourrit bien, et qu'on ne les maltraite pas, ils sont contents, joyeux, prêts à tout faire, et la satisfaction de leur âme est peinte sur leur visage; mais quand on les traite mal, ils prennent le chagrin à cœur, et périssent quelquefois de mélancolie. Ils portent une haine mortelle à ceux qui les ont maltraités : lorsqu'au contraire, ils s'affectionnent à un maître, il n'y a rien qu'ils ne soient capables de faire pour lui marquer leur zèle et leur dévouement. Quand les nègres sont expatriés, ils paraissent naturellement compatissants, et même tendres pour leurs enfants, pour leurs amis, pour leurs compatriotes; ils partagent volontiers le peu qu'ils ont avec ceux qu'ils voient dans le besoin, sans même les connaître autrement que par leur indigence. Ils ont donc, comme on le voit, le cœur excellent; ils ont le germe de toutes les vertus. Je ne puis écrire leur histoire (et je le dis avec M. de Buffon) sans m'attendrir sur leur état; ne sont-ils pas assez malheureux d'être réduits à la servitude, d'être obligés de travailler toujours sans pouvoir rien acquérir? Faut-il encore les excéder, les frapper et les traiter comme des animaux? L'humanité se révolte contre ces traitements odieux, que l'avidité du gain a mis en usage. On les excède de travail, on leur épargne la nourriture, même la plus commune. Ils supportent, dit-on, aisément la faim : pour vivre trois jours, il ne leur faut que la portion d'un Européen pour un repas; quelque peu qu'ils mangent et qu'ils dorment, ils sont également durs et forts au travail. Comment des hommes à qui il reste quelque

sentiment d'humanité peuvent-ils adopter ces maximes, en faire un préjugé, et chercher à légitimer par ces raisons les excès que la soif de l'or leur fait commettre?

Il naît quelquefois, parmi les nègres, des blancs de père et de mère noirs : chez les Indiens couleur de cuivre jaune, des individus couleur de blanc de lait; mais il n'arrive jamais chez les blancs qu'il naisse des individus noirs. Les peuples des Indes orientales, de l'Afrique et de l'Amérique, où l'on trouve ces hommes blancs, et les albinos dont nous avons parlé, sont tous sous la même ligne, ou à peu près. Le blanc paraît donc être la couleur primitive de la nature, que le climat, la nourriture et les mœurs altèrent et changent, et qui reparaît dans certaines circonstances, mais avec une si grande altération, qu'il ne ressemble point au blanc primitif.

En tout, les deux extrémités se rapprochent presque toujours : la nature, aussi parfaite qu'elle peut l'être, a fait les hommes blancs, et la nature, dans son dernier degré d'altération, les rend encore blancs. Mais le blanc naturel ou blanc de l'espèce est fort différent du blanc individuel ou accidentel. On en voit des exemples dans les plantes aussi bien que dans les hommes et dans les animaux : la rose blanche, la giroflée blanche, sont bien différentes, même pour le blanc, des roses ou des giroflées rouges, qui, dans l'automne, deviennent blanches, lorsqu'elles ont souffert le froids des nuits et les petites gelées de cette saison. Autre singularité : les hommes d'un blond blanc ont les yeux faibles et souvent l'oreille dure. On prétend que les chiens blancs sans aucune tache sont sourds, et, en effet, il y en a des exemples.

On ne connaît guère les peuples qui habitent les côtes et l'intérieur de l'Afrique, depuis le cap Nègre jusqu'au cap des Voltes; mais les Hottentots, qui sont au cap de Bonne-Espérance, sont fort connus. Les Hottentots ne sont pas de vrais nègres, mais des hommes basanés, qui, dans la race des noirs, commencent à se rapprocher du blanc, comme les Maures dans la race blanche commencent à se rapprocher du noir. Les Hottentots vivent errants; leur langage est quelquefois étrange : ils gloussent comme des coqs d'Inde; leurs cheveux ressemblent à la toison d'un mouton noir rempli de crotte, et sont de la plus affreuse malpropreté. Ce sont des espèces de sauvages fort extraordinaires : ils sont maigres et ont d'ailleurs les traits des nègres, mais chargés en laideur : les femmes surtout, qui sont beaucoup plus petites que les hommes, regardent le nez proéminent comme une difformité; aussi l'aplatissent-elles à leurs enfants. Elles leur pressent aussi les lèvres pour les renfler; c'est ainsi qu'elles achèvent de défigurer la nature, en s'imaginant l'embellir. Elles parent leurs cheveux avec des coquilles. Quelques hommes, de leur côté, sont à demi eunuques, parce qu'à l'âge de huit ans on leur enlève un testicule, dans la persuasion que cela les rend plus légers à la course. D'ailleurs ils sont braves, jaloux de leur liberté, agiles, hardis, robustes, grands; leur corps est bien proportionné, mais leurs jambes sont grosses; les exercices de la guerre sont leur unique occupation; ils en sont si passionnés, qu'ils traitent avec les nations voisines pour s'obliger à les défendre; ce sont les Suisses de l'Afrique, si l'on peut parler ainsi.

Dans le pays des Hottentots, il se trouve des sauvages par excellence, c'est-à-dire des hommes dans l'état de pure nature, et dont la différence extérieure avec certains singes est presque insensible. La tête est couverte de cheveux hérissés ou d'une laine crêpue; la face est voilée par une longue barbe surmontée de deux croissants de poils encore plus grossiers, qui, par leur largeur et leur saillie, raccourcissent le front et lui font perdre son caractère auguste, et non-seulement mettent les yeux dans l'ombre, mais les enfoncent et les arrondissent comme ceux des animaux : ils ont les lèvres épaisses et avancées, le nez aplati, le regard stupide et farouche; les oreilles, le corps et les membres velus; la peau dure comme un cuir, noire ou tannée; les ongles longs, épais et crochus; une semelle calleuse en forme de corne sous la plante des pieds, et pour attributs du sexe, des mamelles fort longues et très-molles; la peau du ventre pendante, dit Kolbe, presque jusqu'aux genoux; on dirait d'une espèce de tablier qu'elles découvrent à ceux qui ont assez de curiosité pour examiner cette monstrueuse difformité : leurs enfants se vautrent dans l'ordure et se traînent comme à quatre pattes : le père et la mère se tiennent assis sur leurs talons; tous hideux, tous couverts d'une crasse empestée.

A l'est du Congo sont les Anzicos, race d'anthropophages. Des voyageurs attestent que leurs boucheries sont quelquefois garnies de la chair de leurs esclaves, même de leurs parents et de leurs amis. Au moindre dégoût de la vie, ils ont recours au boucher. Les Anzicos ont la taille bien prise, une contenance agréable : leur marche est vive et légère. Les Cafres, voisins des Hottentots, sont d'un noir peu éclatant : ils regardent comme un devoir de tuer les vieillards infirmes, comme si la nature n'avait pas dû seule armer la main du temps de sa faux meurtrière.

Il semble que l'on peut admettre trois causes, qui concourent à produire les variétés nombreuses que l'on remarque dans les différents peuples de la terre. La première est l'influence du climat; la seconde, qui tient beaucoup à la première, est la nourriture; et la troisième, qui tient peut-être encore plus à la première et à la seconde, sont les mœurs. On peut regarder le climat, notamment ce qu'on doit appeler climat local ou climat respectif, à cause de la différence des températures (1), comme la cause première et presque

(1) Cette température locale varie selon la latitude d'une contrée, ou sa distance à l'équateur; selon l'élévation ou la dépression du terrain; selon sa plus grande ou petite distance aux différentes mers; selon la situation du pays par rapport aux vents, et surtout au vent d'est pour les habitants de la zone torride, et au vent du sud pour ceux de notre zone tempérée; selon la sécheresse ou l'humidité

unique de la couleur des hommes; il est certain que dans la même zone, les hommes n'ont pas la même couleur, puisque, sous la même latitude équinoxiale, on trouve des noirs-nègres, des noirs-cafres, des hommes à peau ou rouge, ou bronzée, ou brune, basanée, grise et même blanche. On voit aussi, à la même distance de l'équateur, sous les même parallèles, différentes couleurs, ou plusieurs nuances de la couleur dominante; mais la nourriture, qui fait à la couleur beaucoup moins que le climat, fait beaucoup à la forme. Des nourritures grossières, malsaines, peuvent faire dégénérer l'espèce humaine; chez nous, les gens de la campagne même sont moins beaux que ceux des villes; et on peut remarquer que dans les villages où la pauvreté est moins grande que dans les villages voisins, les hommes sont mieux faits et les visages moins laids. Les traits du visage de différents peuples dépendent beaucoup de l'usage où ils sont de s'écraser le nez, de se tirer les paupières, de s'allonger les oreilles, de se grossir les lèvres, de s'aplatir le visage, etc. L'homme dans l'état de nature est mieux fait; partout on observe que, dans l'état de société, des habitudes, des gestes bizarres altèrent sa conformation. Voilà ce qu'on appelle quelquefois avoir de la grâce.

En Amérique, on trouve aussi des peuples qui défigurent de différentes manières le crâne de leurs enfants dès le moment de leur naissance. Les Omaguas, au rapport de M. de la Condamine (Mémoires de l'Académie des sciences, 1745, page 428), ont la bizarre coutume de presser entre deux planches le front des enfants qui viennent de naître, et de leur procurer l'étrange figure qui en résulte, pour les faire mieux ressembler, disent-ils, à la pleine lune. C'est ainsi qu'aux Indes on pétrit la tête de l'enfant destiné à être bonze: on lui donne la forme d'un pain de sucre; elle devient un autel sur lequel le bonze fait brûler des feux. On présume bien que toute l'organisation du cerveau est dérangée par une pareille opération; aussi ces ministres ne jouissent-ils pas ordinairement d'un génie bien supérieur. Les Creeks, nation de l'Amérique septentrionale, vont tous nus, sont fort belliqueux et même féroces; ils se peignent des lézards, des serpents, des crapauds, etc., sur le visage pour paraître plus redoutables. Les sauvages du détroit de Davis sont très-grands, très-robustes et fort laids; ils vivent communément plus de cent ans; leurs femmes se font des coupures au visage et les remplissent de couleur noire pour s'embellir et pour s'attirer du respect. Le sang des animaux est une boisson agréable à ces peuples barbares, errants et carnivores.

Les Brésiliens occupent une vaste contrée dans le nouveau continent; dans le nombre de ces peuples,

de l'air; selon la quantité des eaux stagnantes et fluviatiles inscrites et renfermées dans cette contrée; selon l'étendue des terres qui y sont en friche; selon l'espace occupé par de vastes forêts; selon le voisinage, la hauteur, la chaîne et la situation relative des montagnes. Toutes ces circonstances locales, ainsi que l'observe judicieusement M. l'abbé Nauton, concourent à former la température de chaque climat respectif.

dont le pays est divisé en quinze capitaineries par les Portugais, il en est quelques-uns de policés; leurs mœurs sont douces, mais il est dangereux de s'enfoncer dans l'intérieur des terres, où sont des nations féroces et barbares, des sociétés sauvages qui ont le goût le plus décidé pour la chair humaine. Ces peuples cruels, pour venger, disent-ils, l'outrage fait à leurs ancêtres, lors de la conquête de leur pays, épient toujours l'occasion de surprendre les Européens et surtout les Portugais. Ces ennemis dangereux et irréconciliables sont errants, se tiennent dans les rochers, dans les forêts, dans les montagnes; c'est là le siége de leur indépendance : ils portent partout le fer, la flamme, dévorent dans leurs horribles festins ceux qu'ils ont faits prisonniers, et qu'ils ont eu soin d'engraisser. Lorsqu'un captif est maigre, on lui donne pour le servir, une fille jeune et jolie, qui est aussi sa maîtresse, dont il a des enfants, et qui, aussitôt qu'elle a réussi à lui fournir l'embonpoint qu'on désire, assiste elle-même au barbare festin qu'on a préparé. Le jour fixé pour la cérémonie, toute la société antropophage est invitée à la fête, on se divertit à boire et à danser; chacun parle fièrement de ses exploits, des ennemis qu'il a rôtis et mangés; on a soin de laver l'homme tué avant de le faire cuire. Ces hordes vont le corps tout nu et se parent seulement de plumes qu'ils attachent à la tête et aux joues.

Les habitants de la Floride sont assez bien faits; leur teint est de couleur olivâtre tirant sur le rouge, à cause d'une huile de roucou dont ils se frottent : ils vont presque nus, sont braves, et immolent au soleil, leur grande divinité, les hommes qu'ils prennent à la guerre, et qu'ils mangent ensuite. Leurs chefs, nommés *paraoustis*, et leurs prêtres ou médecins, nommés *jonas*, semblables aux jongleurs du Canada, ont un grand pouvoir sur le peuple. Les *Natchez*, l'une des nations sauvages de la Louisiane, sont grands et gros, leur nez est fort long, et le menton un peu arqué. Quand une femme-chef, c'est-à-dire noble ou de la race du soleil, meurt, on étrangle douze petits enfants et quatorze grandes personnes, pour être enterrés avec elle. On met dans leur fosse commune des ustensiles de cuisine, des armes de guerre et tout l'attirail d'une toilette; et pour honorer la mémoire de la défunte, on exécute plusieurs danses de tristesse; les femmes et les filles les plus distinguées y sont invitées. Les *Cannibales* ou *Caraïbes*, peuple de l'île de Saint-Vincent, ont, ainsi que les *Omaguas*, la bizarre et monstrueuse habitude d'écraser ou d'applatir le front de l'enfant qui naît, afin de le rendre plus difforme : aussi leur intelligence est-elle fort bornée. Ils ne doivent peut-être leur couleur rougeâtre qu'au roucou dont ils peignent leur corps avec l'huile. Leurs cheveux noirs, qui ne sont jamais crépus ni frisés, ne descendent qu'aux épaules : ils n'ont point de barbe et ne sont vélus ni aux jambes, ni aux bras, ni à la poitrine. Leurs yeux sont noirs, gros, saillants; l'organe de la vue, où se peignent communément avec tant d'énergie les divers mouvements de l'âme, dont il est l'interprète si

marqué, paraît être absolument muet chez les Caraïbes; un regard fixe et stupide annonce chez eux la déplorable indolence où l'on assure que leur raison reste plongée du matin au soir; ils joignent à la crédulité d'un enfant les délires d'un vieillard. Ils mettent, pour ainsi dire, leurs jambes au moule, en les liant par le haut et par le bas dès leur enfance : ils croient que ce sont autant de moyens de se donner de la grâce. Leur odeur est si désagréable, qu'elle a passé en proverbe. Ils ne se font baptiser, une ou plusieurs fois, que pour avoir les présents qu'on leur fait à cette occasion. Les femmes ne mangent point avec leurs maris, ils s'en croiraient déshonorés. L'amour est pour eux comme la soif ou la faim. Enfin, ils ont un usage qui étonne toujours : lorsque la femme est accouchée, elle se lève aussitôt, elle vaque à tous les besoins du ménage, et le mari se couche; il reste au lit pour elle pendant un mois entier, sans manger ni boire pendant les six premiers jours. Au bout du mois, les parents et amis viennent voir ce prétendu malade, lui font des incisions sur la chair, et le saignent de toutes parts sans qu'il ose s'en plaindre : il n'ose pas encore, pendant les six premiers mois, manger des oiseaux ni des poissons, de peur que le nouveau-né ne participât des défauts naturels de ces animaux. Voilà de ces préjugés qui font honte à l'esprit humain; mais ce ne sont pas les seules nations que l'ignorance ou l'erreur, le préjugé ou la superstition séduisent. Les habitants de Maduré, dans les Indes, se croient descendre en ligne directe de la race des ânes. Au delà du cercle boréal, la peuplade des Eskimaux ou des Innuits, quoique de race américaine, ne comprend que des sujets fort petits; l'action extrême du froid s'y oppose au développement des membres, et il en est à peu près de même dans le Groënland, qu'on dit avoir été, primitivement peuplé par des hordes de race américaine; et il ne doit y avoir aucun doute à cet égard, s'il est vrai qu'il y a le plus parfait accord du langage des Groënlandais avec celui des Eskimaux.

Il n'y a, pour ainsi dire, dans le nouveau continent qu'une seule race d'hommes, qui tous sont plus ou moins basanés. A l'exception du nord de l'Amérique, où il se trouve des hommes semblables aux Lapons, et aussi quelques hommes à cheveux blonds semblables aux Européens du Nord, tout le reste de cette vaste partie du monde ne contient que des hommes parmi lesquels il n'y a presque aucune diversité; au lieu que dans l'ancien continent on trouve une prodigieuse variété dans les différents peuples. Il paraît à M. de Buffon, ainsi qu'à nous, que la raison de cette uniformité dans les hommes d'Amérique vient de ce qu'ils vivent tous de la même manière. Tous les Américains naturels étaient ou sont encore sauvages ou presque sauvages : les Mexicains et les Péruviens étaient si nouvellement policés, qu'ils ne doivent pas faire une exception. Quelle que soit donc l'origine de ces nations sauvages, elle paraît leur être commune à toutes : tous les Américains sortent d'une même souche; comme nous, ils habitent la même planète, le même vaisseau, dont ils tiennent la proue et nous la poupe; mais ils ont conservé jusqu'à présent les caractères de leur race sans grande variation, parce qu'ils sont tous demeurés sauvages, et qu'ils ont vécu à peu près de la même façon; que leur climat n'est pas à beaucoup près aussi inégal pour le froid et pour le chaud que celui de l'ancien continent; et qu'étant nouvellement établis dans leurs pays, les causes qui produisent des variétés n'ont pu agir assez longtemps pour opérer des effets bien sensibles. Les Américains ont, en général, le visage large, le front très-petit et couvert de cheveux aux extrémités jusque vers le milieu des sourcils, ce qui paraît être un de leurs caractères distinctifs. Ils ont les yeux noirs et petits, quoique la portée de leur vue s'étende fort loin. Il faut cependant en excepter presque tout un peuple blanc qui, selon Waffer, se trouve dans l'isthme d'Amérique; leurs sourcils et cheveux ont la couleur blanche de la peau, et leurs sourcils forment une sorte de croissant qui a la pointe en bas. Ce peuple Darien, qui appartient peut-être à des Indiens couleur de cuivre jaune, ou à des Caraïbes, voit clair pendant la nuit, moment où ils sortent comme des hiboux, et courent fort lestement dans les bois. Les autres Indiens les appellent *Yeux de lune*. Cette couleur peut dépendre aussi de la même cause qui fait les albinos, dans le midi de l'Afrique, ainsi qu'il est dit plus haut. Les Dariens ne mangent ni ne boivent avec leurs femmes; celles-ci se tiennent debout et servent leurs maris, qui exigent d'elles la plus grande soumission. Au reste, ces maris ont pour elles la plus grande tendresse. — Consultez les *Recherches philosophiques sur les Américains*.

L'abbé Nauton a consigné, dans le *Journal de Physique* (septembre 1781), un *Essai sur la cause physique de la couleur des différents habitants de la terre*. Il établit quatre théorèmes pour résoudre le problème que présente le tableau des variétés de l'espèce humaine. Il établit, dans le premier, qu'il n'y a qu'une espèce d'hommes; dans le second, que la différente couleur de leur teint et de leur peau dépend des différentes températures locales; dans le troisième, que ces variétés dans la couleur se font remarquer dans les liqueurs essentielles du corps humain, et surtout dans la membrane réticulaire, qui se trouve entre la peau et l'épiderme; dans le quatrième, que ces différentes nuances dépendent immédiatement d'un principe huileux qui est commun à toutes les humeurs, à tous les fluides contenus dans les divers solides ce corps organisé, et dont cette membrane réticulaire est imbibée, et que ce principe huileux colore plus ou moins ces liqueurs et ce réseau selon les degrés de la chaleur locale. D'après ces principes, et notamment ceux du second théorème, l'abbé Nauton résume qu'à mesure que la latitude augmentera, que les circonstances locales qui concourent à augmenter la chaleur de l'atmosphère seront en plus petit nombre, on doit voir le teint s'éclaircir, les traits s'adoucir. Aussi, ne trouve-t-on de vrais nègres que dans les contrées de la zone torride, où l'excès de la

chaleur est le plus grand, au Sénégal, dans la Guinée, dans la Nubie.

Les Maures sont très-sensiblement moins noirs que les nègres, et les Foules font la nuance entre les premiers et les seconds. Les habitants de toute la Barbarie, les Égyptiens, les Arabes, les Turcs, les Persans, sont plus ou moins bruns ou olivâtres, à proportion de leur distance de l'équateur et du concours des autres circonstances locales dont nous avons fait mention plus haut. En Europe, les Portugais, les Espagnols, les Napolitains, sont encore faiblement basanés. Au delà des Pyrénées et des Alpes, le teint est blanc. En Asie, dans les différentes îles de l'archipel Indien, les hommes sont noirâtres ou d'un rouge plus ou moins foncé, ou d'une couleur de cuivre jaune. Les habitants de la presqu'île de Malacca sont encore noirâtres. Les Siamois, les Péguans, les habitants d'Aracan, de Laos, etc., ont le teint d'un brun mêlé de rouge ou d'un gris cendré. Les Cochinchinois sont moins bruns, mais très-basanés. Les Japonais sont encore bruns ou jaunes; les Chinois le sont moins, et ceux qui habitent les provinces septentrionales de la Chine sont moins bruns et d'un teint moins basané que ceux des provinces méridionales. Ceux du milieu de l'empire chinois sont aussi blancs que les Allemands. Les insulaires de Ceylan et les habitants de la côte du Malabar, qui ont assez de traits de ressemblance, sont plus noirs que ceux de la côte de Coromandel. Les Bengalais sont jaunes; les Mogols, olivâtres; les habitants de Cambaie ont le teint gris. En général, tous les peuples situés entre le vingtième, le trentième et le cinquantième degré de latitude, depuis le Gange jusqu'aux côtes occidentales du Maroc, sont plus ou moins bruns et basanés. Ceux qui habitent un climat plus tempéré, comme les habitants des provinces septentrionales du Mogol et de la Perse, les Arméniens, les Turcs, les Géorgiens, les Mingréliens, les Circassiens, les Grecs, etc., sont les plus blancs, les plus beaux, les mieux proportionnés de la terre. Tous les Tartares ont le teint basané ou olivâtre. Les Koriaques, les Kamtschatkales, les Samoïèdes, les Borandiens, les Lapons, chez qui règne un froid extrême, ont tous la peau plus ou moins basanée. D'après ce simple détail, il paraît évident que la couleur des différents peuples passe du noir au brun, de celui-ci au rouge, au jaune, au basané, et enfin au blanc, à proportion qu'augmente la latitude et que diminue la chaleur du climat local; chaleur qui dépend et de la distance de l'équateur et des circonstances respectives dont on a exposé les influences.

Dans le nouveau continent, dit encore M. l'abbé Nauton, on n'a point découvert des hommes véritablement noirs parmi les nations situées entre les tropiques : cela doit être ainsi, parce que le terroir y est beaucoup plus élevé que dans l'ancien continent. D'ailleurs, il y a beaucoup plus de rivières, de grands fleuves, une quantité immense d'eaux stagnantes, les plus grandes forêts du globe; il y a infiniment moins de terrains sablonneux; les plaines y sont huit fois plus considérables qu'en Afrique; on y trouve les plus hautes montagnes; la zone torride y est tempérée de plus de 12 degrés de latitude, que dans les contrées correspondantes de l'Asie et de l'Afrique. Le teint des Américains ne peut donc être noir ni dans le Brésil, ni dans la Guyane, ni au Pérou, ni aux Antilles (V. Bomare).

**RACHITISME** (médecine) [du grec *rakhis*, épine du dos, *rakhitis* nouûre]. — Affection générale de l'organisme, caractérisée principalement par la prédominance du système lymphatique, le ramollissement, la déformation des os, etc.

Les sujets atteints de rachitisme présentent une face pleine, la tête grosse, le teint vermeil. Le foie et la rate ont un développement considérable, le cœur paraît sain, l'appétit et la digestion sont faciles, mais ils sont maigres, desséchés dans toutes les autres parties du corps. L'épine du dos est courbée, les os sont mous, les jointures se gonflent, se contournent, forment des nœuds; les jointures des os de la tête s'écartent, les côtes sont déprimées, les grands os, les os du bras et de la cuisse se courbent, les membres sont contrefaits. La poitrine est aplatie et forme ce qu'on a appelé la poitrine de pigeon. (*J. Petit.*)

Cette maladie se manifeste, en général, de six mois à quatre ans. Cependant on l'a rencontrée chez des enfants qui venaient au monde, on l'a vue chez des vieillards. Elle se développe le plus souvent chez des enfants lymphatiques, nés de parents scrofuleux ou rachitiques eux-mêmes; mais on a vu en être frappés des enfants sains, d'une forte constitution, nés de parents robustes. On a remarqué qu'une maladie antérieure et de longue durée, surtout les diverses espèces de fièvres intermittentes, en favorisaient le développement ou même en déterminaient l'apparition.— C'est, en général, des extrémités inférieures du corps, vers ses parties supérieures, que la maladie se prononce; on voit successivement les pieds s'aplatir, les jambes, les cuisses se courber, le ventre grossir, les jointures prendre un développement quelquefois double de l'état ordinaire. — Le rachitisme atteint le plus souvent des enfants qui ont été allaités artificiellement ou qui, nourris au sein, n'ont eu qu'un lait insuffisant, séreux, venant d'une mère fatiguée par d'autres nourrissons, mal nourrie, mal logée, ou surtout continuant d'avoir ses règles pendant qu'elle allaite. Sa durée est de plusieurs années : chez les uns, sous l'influence des conditions extérieures plus favorables, le dommage des premières années se répare complètement; le mal et ses conséquences disparaissent progressivement; chez les autres, les os se durcissent, ils conservent définitivement leur courbure, et restent déformés pour la vie; enfin, quelquefois de graves altérations se développent dans les viscères, et le malade meurt. (*A. Faure.*)

*Traitement.* — Il se compose de deux ordres de moyens, les uns qui agissent sur l'ensemble de l'économie, les autres qui s'adressent à ses effets et s'appliquent alors sur les membres déviés pour prévenir leur difformité, mais surtout pour la corriger.

Le premier ordre de moyens consiste, pour les enfants très-jeunes, dans l'usage du lait d'une bonne nourrice, l'exposition à un air sec et chaud, le coucher sur des plantes aromatiques. Pour les enfants plus âgés, on les soumet à l'action du soleil, on les couche également sur des plantes aromatiques, on les habille de flanelle sur la peau même, on les nourrit de viandes rôties ou grillées, on leur fait boire du vin généreux, des tisanes de houblon, de gentiane, de cassia amara.

Il est un médicament qui, employé depuis longtemps chez les gens du bord de la mer, en Angleterre et en Hollande surtout, n'avait pas été mis en usage par les médecins : c'est l'*huile de foie de morue*. On en donne matin et soir une cuillerée à café ; les petits malades éprouvent d'abord un dégoût extrême, mais ils s'y habituent très-bien au bout de quelque temps.

On a vu des enfants qui ne pouvaient pas se tenir, jetant des hauts cris quand on essayait de les mettre debout, ou seulement par la force des douleurs que leur causait la maladie, au bout de quelques jours de traitement par l'huile de foie de morue, se lever, se tenir sur leurs jambes et même marcher, s'ils étaient en âge de le faire.

Quant aux moyens qui s'appliquent sur les membres déviés, il n'y a que les machines orthopédiques; mais, hélas! le médecin consciencieux connaît leur peu d'efficacité et les conseille bien rarement.

**RACINE** (botanique). — Voy. *Botanique.*

**RACINES** (mathématiques). — Tout nombre qui, multiplié par lui-même, produit un autre nombre donné qu'on appelle *puissance*. On dit qu'un nombre est, par rapport à un autre, la *racine* 2ᵉ ou *carrée*, la *racine* 3ᵉ ou *cubique*, la *racine* 4ᵉ, la *racine* 5ᵉ, etc., lorsque ce premier nombre figure 2, 3, 4, 5... fois comme facteur pour donner cet autre nombre. Ainsi, 5 est la racine carrée de 25, parce que $5 \times 5 = 25$; 1000 est la racine cubique de 10, parce que $10 \times 10 \times 10 = 1000$.

Les racines sont appelées *commensurables* ou *incommensurables*, suivant qu'elles peuvent être exprimées ou non par un nombre entièrement exact; ainsi, la racine carrée de 4 est commensurable, car elle s'exprime exactement par le nombre 2, tandis que la racine carrée de 5 est incommensurable, attendu qu'il n'existe aucun nombre qui, multiplié par lui-même, produise exactement le nombre 5.

*Racine cubique.* — Lorsqu'un nombre entier n'a pas plus de trois chiffres, la partie entière de sa racine cubique n'a qu'un seul chiffre; lorsqu'il a 4, 5 ou 6 chiffres, elle en contient deux; lorsqu'il a 7, 8 ou 9 chiffres, elle en renferme trois, et ainsi de suite. D'après cela, pour calculer la racine cubique d'un nombre entier quelconque, « on commence par diviser ce nombre en tranches de trois chiffres, à partir de la droite (la première tranche à gauche peut contenir moins de trois chiffres); le nombre des tranches indique combien il y aura de chiffres dans la partie entière de la racine. La racine cubique du plus grand cube contenu dans la première tranche de gauche détermine le premier chiffre de gauche de la racine du nombre proposé; on obtient ensuite les autres chiffres en appliquant le principe de la composition du cube renfer-

VII.

4

mant des dizaines et des unités (Voy. *Cube*). Exemple : déterminer la racine cubique de 273 359 449 :

| | $\sqrt[3]{273.359.449}$ | 649 | | |
|---|---|---|---|---|
| | 216 | | 3 fois le carré | 3 fois le carré |
| 1er reste. | 573.59 | | de 6 = 108. | de 64 = 12288. |
| | 461.44 | | Essai | Essai |
| 2e reste | 112.154.49 | | du chiffre 4. | du chiffre 9. |
| | 112.154.49 | | 43200 | 11059200 |
| 3e reste | 0 | | 2880 | 155520 |
| | | | 64 | 729 |
| | | | 46144 | 11215449 |

Le nombre proposé ayant 9 chiffres, la partie entière de la racine aura trois chiffres. On sépare le nombre proposé en trois tranches; on cherche le plus grand cube contenu dans la première tranche à gauche; ce cube est 216, dont la racine est 6; on note ce 6, et l'on déduit son cube 216 de la tranche 273; on a ainsi un reste de 57. On abaisse à côté de ce reste la deuxième tranche 359; on a ainsi un premier reste 57,359; on place un point sur la droite des 573 centaines de ce premier reste, et on divise par 3 fois le carré du premier chiffre 6 obtenu à la racine ou par 108. On obtient ainsi pour quotient un nombre 4 qui exprime le deuxième chiffre de la racine, et qu'il faut essayer pour voir s'il n'est pas trop fort; on retranche du premier reste la somme des trois dernières parties (432 centaines, 288 dizaines, 64 unités) du cube de 64, et l'on obtient ainsi un deuxième reste 11215. On abaisse à côté de ce reste la troisième tranche 449; on sépare les centaines par un point, et on opère comme précédemment. On trouve ainsi 649, qui représente exactement la racine cubique du nombre proposé. — Pour extraire la racine cubique d'un *nombre décimal*, il suffit de calculer la racine cubique du nombre entier qui résulte de la suppression de la virgule, et de séparer ensuite autant de décimales sur la droite de cette racine, qu'il y a d'unités dans le tiers du nombre des décimales contenues dans le nombre proposé. » — Pour trouver la racine cubique d'une *fraction*, on peut extraire séparément la racine cubique du numérateur et du dénominateur.

**RADE** (marine) [dn gaulois *radis*; d'où provient aussi le nom de l'île de Rhé]. —Espace de mer à l'abri entre les terres et les contours des côtes, où les vaisseaux peuvent jeter l'ancre et demeurer en sûreté, et où ils mouillent en arrivant, pour attendre le vent ou la marée propre pour entrer dans le port, qui est plus à l'abri encore, et plus intérieur que la rade; ou bien, en parlant du port, l'espace où les vaisseaux se mettent en *rade* pour attendre le vent et les circonstances favorables pour appareiller.

**RAGE** (médecine), dite aussi *hydrophobie rabique*, à cause d'un de ses symptômes principaux, l'horreur de l'eau. *Pharyngospasme* (spasme du pharynx), maladie des plus graves qui peut se développer soit spontanément (fait très-rare chez l'homme), soit par communication, chez divers animaux.

La rage se développe spontanément chez le chien, le loup, le renard et le chat; le plus souvent à la suite des chaleurs excessives ou des froids rigoureux qui les

privent de l'eau qui leur est nécessaire; les passions violentes dans le temps du rut sont capables aussi de la déterminer. Le virus est transmis par la salive. Selon le docteur Marochetti, il paraît se former dans de petites vessies qui sont situées près du frein de la langue et qu'on retrouve également chez les individus de l'espèce humaine atteints de la rage, comme chez les autres animaux. C'est, du moins, l'opinion du médecin italien, car en France on n'a pu encore constater chez l'homme atteint de la rage ces vésicules du frein de la langue.

Chez l'homme, on attribue généralement la rage à *l'action d'un virus spécifique déposé dans une plaie par une morsure, ou inoculé de toute autre manière par contact avec la salive d'un animal enragé.* Tantôt ce virus agit en déterminant une irritation locale, fixée dans l'endroit de la blessure, et qui donne ensuite lieu à une névrose générale; tantôt le virus, absorbé et mêlé au sang, produit une infection générale qui ne manifeste ses effets qu'après un temps indéterminé. Un grand nombre de faits portent à croire que la salive et le mucus bronchique sont les seuls véhicules du *virus rabique;* les effets ont lieu quelquefois presque immédiatement après la morsure; d'autres fois ils sont précédés d'une période d'incubation dont la durée est plus ou moins longue : on cite des exemples où les accidents ne se sont déclarés que plusieurs mois ou même plusieurs années après la morsure. — Les symptômes du mal sont : une douleur vive dans la partie mordue, une violente céphalalgie avec excitation des facultés intellectuelles et des organes des sens, des désordres variés des fonctions digestives, une soif brûlante et en même temps une invincible aversion pour l'eau et les liquides, un sentiment de constriction extrême à la gorge, enfin une bave écumeuse. La mort survient ordinairement le cinquième jour. — On peut prévenir le développement du mal en cautérisant immédiatement et profondément la partie mordue. On commence par laver la plaie avec de l'eau simple, puis on applique quelques ventouses pour la faire saigner, et l'on cautérise ensuite, soit avec le cautère actuel (le feu), soit plutôt avec des caustiques liquides (l'acide sulfurique et surtout le chlorure d'antimoine). — On a préconisé toutes sortes de remèdes spécifiques contre ce mal affreux, les uns empruntés au règne végétal, notamment la *passe-rage*, la stramoine, les autres à la chimie, tel que le sulfate de quinine combiné avec l'extrait d'opium, etc., mais tous les moyens intérieurs, rationnels ou empiriques, ont été inutiles.

Le moyen le plus efficace de diminuer les cas de rage a été l'établissement de l'impôt sur les chiens. Cet impôt, qui a été pour quelques gens l'occasion de faire de l'esprit, a forcé beaucoup de personnes à se débarrasser des chiens inutiles; généralement on n'a conservé que les chiens qui rendent des services et qui, par conséquent, sont soignés, surveillés, retenus. Ainsi ont été prévenues ou du moins diminuées les pertes considérables qu'occasionne la rage dans nos campagnes et les malheurs qui en sont la suite.

B. LUNEL.

**RAGLE** (hallucination du désert). — L'hallucination est une illusion de la vue, c'est alors une affection passagère; si cette affection a quelque durée, elle devient délire; si elle est constante, c'est la folie. Les tribus nomades confinées dans les déserts de l'Arabie, et qui font usage des préparations enivrantes en usage dans l'Orient, telles que l'opium, le haschich, sont les plus affectées de ce genre particulier de délire que l'on a, d'après elles, désigné sous le nom d'hallucination du désert.

Un savant voyageur, M. d'Escayrac de Lauture, dit que cette espèce bien caractérisée d'hallucination pourrait être nommée *ragle*, en adoptant le mot arabe *ragl*. Voici comment il s'exprime dans la communication qu'il a faite à l'Académie des sciences, en 1855.

« Un voyageur, pressé d'atteindre le terme éloigné de ses fatigues, marche nuit et jour; accablé de lassitude, il ne tarde pas à être pressé par le sommeil : sa volonté se roidit contre les exigences de sa nature; une lutte s'engage, et cette succession naturelle de repos et de veille, qui est la condition ordinaire de la vie, fait place chez lui à un état particulier, qui n'est plus ni le repos ni la veille. Ses yeux sont ouverts, son oreille perçoit les sons, sa main sent et agit, son esprit raisonne, et pourtant ce voyageur est le jouet des hallucinations les plus bizarres.

» Le terme d'*hallucination* est trop général pour bien désigner ce phénomène. Celui d'*hallucination du désert* a l'inconvénient de faire supposer qu'il ne se produit que dans le désert, et celui d'employer deux mots à la représentation d'une seule idée. Je propose en conséquence de faire passer dans notre langue le nom arabe, en le modifiant seulement par l'addition d'un e muet, et c'est sous le nom de *ragle* que je parlerai de ce phénomène, que j'avais maintes fois éprouvé avant de songer à le décrire.

» Le ragle présente le plus grand rapport avec l'ivresse produite par les boissons alcooliques, avec celle due à l'usage de l'opium, du haschich, du cati, du safran, de l'ambre gris, de la belladone, de l'éther, etc., avec le délire de la fièvre et les hallucinations de quelques fous. C'est une espèce bien caractérisée d'un même genre.

» Le ragle, l'ivresse, l'hallucination, diffèrent du rêve :

» 1° En ce qu'ils se produisent en dehors du sommeil, sans que l'hérétisme normal des organes de la vie animale soit suspendu entièrement, et sans que la raison perde entièrement sa puissance;

» 2° En ce qu'ils procèdent toujours directement de la sensation confuse de quelque objet, en un mot, d'un sentiment réel, tandis que le rêve prend sa source dans le simple souvenir. Il est vrai que ces souvenirs se présentent à l'esprit par suite d'un enchaînement d'idées dont la première est née de quelque sensation qui a précédé le sommeil; mais il n'y a aucun rapport entre cette sensation et le rêve.

» La vision du ragle diffère de celle du mirage en ce que, dans ce dernier phénomène, ce que l'on voit existe réellement. Ainsi, si l'on croit voir de l'eau, c'est qu'il s'est produit réellement l'image d'une surface bleue miroitante et un peu agitée; notre esprit se trompe seulement en supposant que l'existence de l'eau est inséparable de la production d'une telle image. »

**RAIE** (zoologie) [genre de poissons chandroptérygiens à dents serrées et à queue garnie à son extrémité de deux petites dorsales]. — De plus, cet appendice est assez souvent armé à sa pointe de deux épines fortes et aiguës, et devient pour l'animal une espèce de massue dont il se sert pour frapper et assommer sa proie. Il en fait surtout usage lorsque, caché dans la vase ou parmi les plantes marines qui le dérobent à tous les yeux, il aperçoit quelque poisson à sa portée; stratagème auquel il peut avoir recours avec d'autant plus de facilité, que sa peau est ordinairement d'une couleur sombre et analogue à celle du fond de la mer, où rien n'annonce sa présence même aux animaux les plus défiants.

Les raies sont assez communes dans toutes les mers, et partout leur chair est assez bonne, quoiqu'elle soit quelquefois dure et imprégnée d'une odeur désagréable; mais elle perd ces deux mauvaises qualités, lorsqu'on la conserve quelque temps avant de la manger, et surtout quand on l'envoie à une certaine distance. Nos côtes nourrissent plusieurs espèces de ce genre, dont la plupart ont la peau garnie d'aspérités et souvent d'aiguillons qui servent à les protéger; telle est la *raie bouclée*, qui se reconnaît à ses tubercules osseux, garnis d'aiguillons recourbés. Cette espèce est une des plus recherchées. La *raie ronce* n'a ni aiguillons ni tubercules sur le corps; elle n'en a que sur le devant dans le mâle, et en arrière dans la femelle. La *raie blanche* ou *batis* n'a que des tubercules sans aiguillons avec une rangée d'épines sur la queue. Cette espèce est la plus grande de nos mers, elle atteint quelquefois deux pieds de diamètre et pèse plus de deux cents livres. Sa chair, ainsi que celle de la précédente, est assez estimée.

Docteur SALACROUX.

**RAIFORT** (botanique). — On désigne sous ce nom deux racines de plantes appartenant à la famille des Crucifères, et qui ont des propriétés alimentaires et médicales. La première est le raifort des Parisiens. (*Raphanus niger*, Mérat.) « Cette racine est grosse, uniforme, noire au dehors, blanche au dedans, son goût est légèrement âcre et amer; il rappelle celui des radis ordinaires, mais il est beaucoup plus mordant. On coupe cette racine par tranches, on la laisse macérer dans du sel, puis on l'assaisonne avec de l'huile et du vinaigre pour la manger avec les viandes, mais surtout avec le bouilli; pris en petites quantités, c'est un bon digestif, dont le goût savoureux relève la fadeur du bœuf bouilli; mais, si l'on en usait immodérément, il deviendrait trop excitant. Ce condiment convient surtout aux personnes lymphatiques, dont l'estomac paresseux a besoin d'un aliment auxiliaire, pour ainsi dire, qui relève les forces digestives. Le raifort de Bretagne (*Cochlearia armoriaca*), vient, comme l'indique son nom, en Bretagne et dans tout l'ouest de l'Europe. Cette racine est blanchâtre, et quelquefois de la grosseur du bras; elle contient en très-grande quantité l'huile volatile particulière aux crucifères, de là son goût âcre et mordant; elle est quelquefois employée comme assaisonnement, mais on ne saurait en manger une grande quantité à la fois. C'est surtout comme antiscorbutique, que cette racine a des qualités énergiques; elle fait la base de tous les médicaments destinés à combattre le scorbut. Appliquée sur la peau, elle en déterminerait la rubéfaction et pourrait ainsi remplacer avantageusement la farine de graine de moutarde. »

**RAISIN** (botanique). — Voy. *Vigne.*

**RAISINÉ**, moût évaporé en consistance d'extrait, et allié à des fruits à noyaux ou à pépine. Le moût, de quelque raisin qu'il provienne, peut servir à le préparer. Il suffit qu'il soit de bonne qualité, qu'on fasse usage d'un vase convenable et que le feu soit bien conduit. La préparation du raisiné varie suivant les climats, la qualité des raisins et le goût des consommateurs. A Montpellier, on prépare le raisiné avec toutes les espèces de moût, plus ordinairement avec celui du raisin blanc, qu'on aromatise avec du citron ou du cédrat. Les fruits que l'on mélange au moût ne sont pas seulement destinés à donner du corps au raisiné, ils forment encore, au moyen de leur pulpe, une combinaison qui adoucit le moût quelquefois un peu acide, et rend la composition plus agréable et moins dispendieuse. Ceux dont on fait le plus d'usage sont d'abord les poires et les coings, puis les pommes et enfin les prunes, qui s'allient très-bien avec les principes du moût, et développent beaucoup de matière sucrée par la cuisson. La préparation des raisinés fournit un moyen d'utiliser ces fruits abîmés et tombés avant leur maturité; ils perdent, en attendant le moment d'être employés, une partie de leur âpreté. Le raisiné, pour être bon, doit être doux, moelleux, avoir la consistance d'un miel grenu et une petite pointe acide.      MONTBRION.

**RAISON** (philosophie). — Jugement; rapport d'un jugement antérieur; faculté que nous avons de conclure l'un et l'autre. Comparée aux autres facultés, la raison, dit un auteur, ne peut être confondue avec aucune, et elle les éclaire toutes; elle garantit la vérité du jugement; elle recueille les notions générales formées par l'entendement, et en déduit les jugements particuliers qu'elles renferment; elle prescrit à l'imagination d'associer et de combiner les éléments fournis par la sensibilité ou par l'entendement d'une manière vraisemblable. Réciproquement, toutes les facultés concourent à son usage : par la mémoire, elle opère toutes les choses passées; par le jugement, elle sépare les faits constants des faits accidentels; par l'entendement, elle généralise ceux-là et les convertit en lois; par l'imagination, elle pare la vérité, on cherche à l'aborder au moyen des hypothèses et des conjectures. De l'analogie que lui offrent les événements passés avec les événements présents, elle infère les événements futurs; comme de la corrélation de deux idées, elle en infère une troisième. Ainsi, par le raisonnement abstrait et inductif, l'homme embrasse le cours de la vie entière, juge les circonstances probables où il peut se trouver, se pro-

pose un but, règle ses actions de la manière la plus prompte à l'atteindre.

**RAISONNEMENT** (philosophie, morale). — Art de comparer les idées, et de tirer des conséquences des différents rapports qu'elles ont entre elles.

C'est à la faculté de raisonner que nous devons la plupart de nos idées relatives et celles qui sont les plus importantes. C'est par elles particulièrement que nous nous distinguons des bêtes, qui sentent comme nous, qui ne sont pas entièrement dépourvues d'idées, mais qui ne raisonnent pas. Cette faculté est donc la faculté par excellence de l'homme, celle qui surtout en fait une créature raisonnable. — Voyez *Jugement.*

**RAPPORT MÉDICO-LÉGAL** (médecine légale). — Acte dressé par ordre de l'autorité, renfermant l'exposition d'un ou de plusieurs faits, et les conclusions qui en découlent (Orfila). On les divise en *rapports judiciaires, administratifs et d'estimation.*

*Rapports judiciaires et administratifs* (1). Ils se distinguent en ce que les premiers sont demandés par les magistrats et les officiers de police judiciaire; tandis que les seconds sont provoqués par l'autorité administrative (préfets et sous-préfets, etc.) dans un but d'hygiène publique; c'est ce que l'on nommait rapports *de commodo et incommodo.* Les mêmes règles s'y appliquent; ils doivent, comme les premiers, toujours comprendre trois parties.

Dans la première ou exposition (*préambule, protocole, formule d'usage*), on indique les nom, prénoms, qualités et domicile du rapporteur. On note le jour, l'heure et le lieu de la visite; la qualité du magistrat qui l'a ordonnée; celle de celui que l'on accompagne, et l'on désigne les personnes présentes.

Dans la seconde ou historique, narration (*visum et repertum*), il faut entrer dans tous les détails, et décrire, sans redouter le reproche de minutie, tout ce que l'on peut voir et découvrir. On doit indiquer, d'une manière scrupuleuse, la manière dont on a procédé aux recherches, les procédés employés. Si l'on parle d'une blessure, il faut noter la position du corps; la présence de l'instrument vulnérant, la situation de la plaie, ses différents caractères, etc. De cette sorte, on entraîne la conviction, et c'est ce que doit désirer le médecin pour sa propre réputation et l'importance de ses recherches. Ici le premier devoir est d'être clair et intelligible, et l'on doit éviter un vain étalage de science. On ne doit surtout exposer que les détails relatifs à la question qui fait l'objet du rapport. On a vu un médecin, chargé de visiter une fille que l'on soupçonnait d'être accouchée récemment, répondre négativement sur ce fait, mais faire comprendre qu'elle avait déjà été mère. C'était évidemment dépasser sa mission, et commettre une coupable indiscrétion.

Dans la troisième partie ou conclusion, on déduit les conséquences de l'examen des faits et de leur comparaison, et l'on exprime son opinion avec toute la conscience et la conviction que réclame un pareil devoir.

Quoique les mêmes règles générales concernent tous les rapports de ce genre, ces actes étant toutefois une analyse fidèle des circonstances qui peuvent être constatées dans chaque question spéciale, nous en offrirons des modèles, et ils serviront de complément et d'exemple aux préceptes que nous aurons établis. Nous les avons réunis à la fin du volume, pour qu'ils puissent être consultés plus facilement, et qu'ils présentent ainsi un résumé rapide de la médecine légale.

*Rapports d'estimation.* Ces rapports ne sont, à proprement parler, qu'un contrôle exercé par des confrères sur des mémoires fournis par des médecins ou des pharmaciens. Ils constituent plutôt un acte de médecine professionnel que médico-légal.

**RARÉFACTION** (physique). — Action par laquelle un corps augmente de volume, sans augmentation de matière. Cette action est produite soit par la chaleur, soit par la diminution de la pression. Ce qu'on appelle le vide de la machine pneumatique n'est que de l'air extrêmement raréfié.

**RAT** (zoologie) [de l'allemand *ratte*, ou, selon Roquefort, du latin *rasus*, et par corruption *ratus*, à poil ras], *Mus*, de la famille des Murins, qui a pour caractères : « 2 dents incisives et tranchantes à chaque mâchoire, 4 doigts aux pattes de devant, et 5 non palmés à celles de derrière ; une queue nue, longue et couverte d'écailles épidermiques furfuracées. » Ces mammifères sont omnivores et essentiellement destructeurs, d'une fécondité extrême. Ils pullulent considérablement, malgré les pièges, le poison et la dent des chats et malgré qu'ils se détruisent eux-mêmes en s'entre-dévorant. On trouve des rats partout et dans toutes les contrées du globe, surtout dans les pays chauds. Quelques espèces font des voyages considérables. Les principales espèces répandues en Europe sont : le *Rat noir* ou *R. domestique* (*Mus rattus*), la *Souris* (*M. Sorex*), le *Mulot* (*M. medius* ou *M. Sylvaticus*), et le *Surmulot* (*M. Decumanus*).

On remarque parmi les races étrangères à l'Europe le *Rat géant*, des Indes-Orientales (grand comme un petit chat) ; le *Rat Perchal*, de Pondichéry, dont on mange la chair ; le *Rat du Brésil* et le *Rat piloris*, des Antilles. Quant au *Rat d'eau*, Voy. *Campagnol.*

LE RAT COMMUN OU DOMESTIQUE (*Mus vulgaris domesticus*), est connu de tout le monde par les incommodités qu'il cause ; il habite ordinairement les granges ou les vieilles maisons ; il a environ 18 centimètres de longueur depuis le bout du museau jusqu'à l'origine de la queue qui est plus longue que le corps ; il a la tête allongée, le museau pointu, la mâchoire inférieure très-courte, les yeux gros, les oreilles grandes, larges, arrondies, nues et comme transparentes ; il a quatre doigts aux pieds de devant et cinq à ceux de derrière ; tout son corps est couvert d'un poil d'un brun obscur, et sa queue revêtue de très-petites écailles disposées sur des lignes circulaires ; entre ces écailles, quelques poils très-clair-semés.

Le rat, dit *Buffon*, est carnassier et même *panphague* ou *omnivore* ; il semble seulement préférer les substances dures à celles qui sont plus tendres,

ses dents incisives sont ses armes : il mange les fruits, ronge la laine, le coton, le linge, les étoffes, les meubles ; il perce le bois, fait des trous dans les murs, se loge dans l'épaisseur des planchers, dans les vides de la charpente, de la boiserie ; il n'en sort que pour chercher sa subsistance, et souvent il y transporte tout ce qu'il peut traîner ; il y emmagasine même quelquefois ses provisions, surtout lorsqu'il a des petits. En tous lieux, en tout temps, on éprouve ses déprédations et ses ravages : avide de tout, la chair humaine même tente sa voracité ; on a vu des moribonds, des prisonniers, des enfants au berceau, rongés par ce quadrupède omnivore. Les cloaques, les hôpitaux et les lieux malpropres, les greniers, sont le séjour qu'il choisit pour sa retraite. Il cherche les endroits chauds et se niche en hiver auprès des cheminées ou dans le foin, dans la paille : il vit pendant cette saison de graisse, de chandelle, de lard, de fromage, de noix, de papier et boit son urine. La perte qu'il occasionne n'est pas toujours de peu de valeur : il semble à cet animal que tout dans la nature doit un tribut à chaque individu de son espèce ; les rats au lieu de s'entr'aider et de partager en paix le butin, relativement à leurs besoins, ne sont occupés qu'à mutiler, à voler et à se dévorer les uns les autres... Malgré les chats, les belettes, le poison, les pièges, les appâts, ces animaux pullulent si fort qu'ils causent souvent de grands dommages : c'est surtout dans les vieilles maisons, à la campagne où on garde du blé dans les greniers, et où le voisinage des granges et des magasins à foin favorise leur établissement et leur multiplication à un point si excessif, qu'on serait obligé de déserter, s'ils ne se détruisaient eux-mêmes ; mais heureusement ils se tuent, ils se mangent entre eux, pour peu que la faim les presse ; en sorte que quand il y a disette à cause de leur multiplicité, les plus forts se jettent sur les plus faibles, leur ouvrent la tête, sucent d'abord la cervelle, et mangent ensuite le reste du cadavre ; le lendemain la guerre recommence et dure ainsi jusqu'à la destruction du plus grand nombre. C'est par cette raison qu'il arrive ordinairement, qu'après avoir été infesté de ces animaux pendant un temps, ils semblent souvent disparaître tout à coup, et quelquefois pour longtemps. Il en est de même des *mulots*, dont la pullulation prodigieuse n'est arrêtée que par les cruautés qu'ils exercent entre eux, dès que les vivres commencent à leur manquer. *Aristote* a attribué cette destruction subite à l'effet des pluies ; mais les rats n'y sont pas exposés, et les *mulots* savent s'en garantir ; car les trous qu'ils habitent sous terre ne sont pas même humides.

Les rats sont hardis et aussi lascifs que voraces ; ils glapissent dans leurs amours, se battent à outrance, et crient quand ils se blessent ; ils produisent plusieurs fois par an, presque toujours en été : les portées ordinaires sont de cinq ou six. Les femelles préparent un lit à leurs petits, et leur apportent à manger : lorsqu'ils commencent à sortir de leurs trous, la tendresse de la mère la porte à les veiller, les défendre, et à se battre même contre les chats pour les sauver. Un gros rat est plus méchant et presque aussi fort qu'un jeune chat : le rat, qui a les dents de devant longues et fortes, le mord, et le chat ne se défend guère que de la griffe : ainsi il faut, pour résister au rat, que le chat soit non-seulement vigoureux, mais aguerri. La belette, quoique plus petite que le chat, est un ennemi que le rat redoute, parce qu'elle le poursuit jusque dans son trou, qu'elle le mord de toute la mâchoire avec acharnement, et qu'au lieu de démordre par reprises, elle suce le sang de l'endroit entamé; aussi dans ce combat le *rat* succombe-t-il presque toujours.

M. le docteur Morand a étudié pourquoi certains animaux sont sujets à certaines maladies, comme le *chien* en général à la rage ; les *épagneuls* et les *chiens courants*, les *perroquets*, les *alouettes* et les *oiseaux* de complexion chaude, au mal caduc et aux apostèmes; les *oiseaux* en cage, au mal de croupion; le *rossignol*, à la goutte; la *linotte*, à la phthisie, etc. Il a observé que les *rats*, surtout les mâles, sont particulièrement sujets à la maladie de la pierre quand ils sont vieux; ces pierres se trouvent dans les voies urinaires. En général, les *rats* ont communément les reins malades, ulcérés et d'un gros volume, principalement quand ils n'ont pas la pierre et qu'ils deviennent vieux. M. Morand déduit la cause de cette maladie, tant chez les rats que chez les personnes de cabinet, de la vie sédentaire qui rétrécit les passages urinaires, de la situation du corps lorsque l'on est assis ou plié en rond, de l'espèce d'aliment, etc.

*Pâte arsenicale pour détruire les rats.*

Nous n'aurions pas besoin de donner ici la composition de la pâte arsenicale destinée à détruire les animaux nuisibles et principalement les rats et les souris; les propriétaires n'auraient qu'à la demander aux pharmaciens toute préparée, attendu que la loi leur défend de fournir les matières propres à la confectionner.

Néanmoins, comme cette pâte est, entre toutes les préparations destinées à détruire les animaux nuisibles, celle qui est la plus efficace, nous en donnerons la composition.

| | | |
|---|---|---|
| 1° Suif fondu | 1,000 | grammes. |
| 2° Farine de froment | 1,000 | — |
| 3° Acide arsénieux en poudre fine | 100 | — |
| 4° Noir de fumée | 10 | — |
| 5° Essence d'anis | 1 | — |

On fait fondre le suif dans une terrine à feu doux, on y ajoute les autres substances et on mélange exactement.

Le suif est mangé avec délice par les rats; la farine de froment n'est pas dédaignée, mais ils se méfient de sa blancheur et n'en mangent que peu à la fois comme pour s'assurer qu'elle ne leur fera point de mal. Le noir de fumée est aussi très-estimé d'eux à cause de son odeur huileuse, et l'essence d'anis est un parfum qui se fait sentir de loin et qu'ils estiment infiniment.

Le noir de fumée, qui ne peut pas être remplacé par le noir animal, a encore le mérite de donner à la pâte un aspect grisâtre; elle serait trop blanche sans son addition, et la blancheur les mettrait en défiance.

Ces pâtes grises se placent à quelque distance des trous de rats; lorsque ceux-ci les voient placées trop près, ils semblent, dans leur instinct, se demander pourquoi sont-elles là?

On ne peut donc prendre trop de précautions avec des animaux aussi fins, aussi rusés que le sont les rats. Dans la crainte qu'ils ne sentent l'odeur de l'homme, qu'ils savent discerner, il est prudent de ne manier qu'avec des pincettes les vases ou les objets sur lesquels on dépose la pâte.　　　M. D.

**RATAFIA.** — Liqueur préparée par infusion, afin d'obtenir le parfum, les qualités et la teinture d'un fruit. On peut faire du ratafia avec toutes sortes de fruits, mais le plus généralement on le compose de cerises, c'est ce qu'on appelle *ratafia de fruits rouges*, dont le plus estimé est celui de Grenoble. On fait aussi du ratafia avec des groseilles mélangées avec des cerises, des fraises, des framboises ; avec du brou de noix, des coings, des raisins ; avec les sept graines, qui sont l'anis, le carvis, le cumin, le fenouil, le panis et l'amome de quatre fruits différents, etc.

**RATANHIA** (botanique et matière médicale). — Mot péruvien qui veut dire *plante traçant sous terre*, et par lequel on désigne, dans la province de Huanuco, le *krameria triandra*. Cette espèce de *ratanhia* et le *ratanhia* des Antilles, *krameria ixina*, ont une racine ligneuse, longue, fibreuse, rouge à l'extérieur, jaune rougeâtre en dedans Sa partie externe ou corticale a une saveur très-astringente sans mélange d'amertume. Sa partie centrale est plus dure et d'une saveur plus faible. C'est seulement de la partie externe dont on fait usage. M. Vogel y a trouvé 40 de tannin modifié, 1,50 de gomme, 0,50 de fécule, 48 de matières ligneuses, des traces d'acide gallique, et 10 d'eau et perte. M. Peschier y a découvert un acide, qu'il a nommé *kramérique*, mais dont l'existence a besoin d'être confirmée. Le ratanhia est un des plus forts astringents : on l'emploie surtout contre les diarrhées chroniques et les hémorrhagies dites *passives*, c'est-à-dire sans phénomènes d'excitation générale. Les préparations de ratanhia qu'on prescrit le plus sont la décoction et surtout l'extrait. M. Soubeiran regarde l'infusion comme bien préférable et bien plus active que la décoction ; et il a démontré que l'extrait préparé avec l'infusion aqueuse contient beaucoup plus de tannin que celui qu'on obtient par décoction ou par l'action de l'alcool. On donne quelquefois la poudre de ratanhia, à dose double de celle de l'extrait. On en prépare aussi un sirop officinal.

**RATE** (anatomie) [en grec *splén*]. — Viscère spongieux, vasculaire et mou, d'un rouge livide, situé dans l'hypochondre gauche, entre l'estomac et les fausses côtes d'une part, entre le diaphragme et le rein gauche de l'autre, et semblable à un segment d'ellipsoïde coupé suivant sa longueur ; la rate a de 12 à 13 centimètres et pèse 250 grammes environ. Ses fonctions sont peu connues : Malpighi en fait un organe

secréteur auxiliaire du foie ; Ruysch, Chaussier, etc.,
un ganglion sanguin ; Haller, Lieutaud, Bichat, Broussais, etc., un organe destiné à recevoir l'excédant du
sang, quoique tous ne s'accordent pas sur la manière
dont elle reçoit le sang ou le restitue. Son voisinage
du muscle diaphragme explique la douleur qu'on y
ressent par suite d'une course forcée. Du reste, les
affections de cet organe (hyperthrophie, atrophie,
ablation même), ne produisent pas de changement
notable dans l'économie ; on a même prétendu que
jadis on enlevait la rate aux coureurs pour prévenir
le gonflement de cet organe et les rendre plus lestes.

**RATIONALISME** (théologie). — Doctrine de ceux
qui « n'admettant d'autre moyen de connaître que la
raison, rejettent la révélation; ainsi que la doctrine
qui, tout en admettant la révélation, cherche à expliquer d'une manière naturelle les faits miraculeux. La
doctrine du Rationalisme, prise dans le deuxième sens,
est née en Allemagne au dernier siècle, et a donné
lieu aux plus vives controverses. Parmi ceux qui l'ont
soutenue, on cite surtout Semler, Rœhr, Wegschei-
der, Paulus, Genesius, Strauss. Ils ont été combattus
en Allemagne par Tholuck, Hengstenberg, Guéricke,
Hahn, etc. » On appelle *Rationalistes*, en philosophie,
les partisans de la raison pure.

**RAVE** (botanique). — Racine violette et allongée
provenant d'une variété du *raphanus sativus*, dont
une autre variété a une racine arrondie appelée *radis*. Ces deux racines sont, comme celles de beaucoup
de crucifères, légèrement excitantes, diurétiques et
anti-scorbutiques.

**RAYONS** (physique). — Mode d'existence et de
propagation du calorique et de la lumière. Le physicien Melloni considère les rayons caloriques et les
rayons lumineux comme identiques. M. Moser combat cette identité par les faits et les considérations suivantes : « C'est une propriété bien connue de la chaleur de se répandre dans toutes les directions, au
dehors comme à l'intérieur de la substance dans laquelle elle a été excitée. Rien de semblable ne se manifeste pour la lumière : le contraire est même prouvé
par les contours si nets, si tranchés des images da-
guerriennes. Si l'on considère la répartition de la lumière et de la chaleur dans le spectre solaire, il ne
faudra pas moins renoncer à l'idée d'identité ; car les
rayons lumineux partis de cette portion du spectre où
la chaleur est la plus grande, c'est-à-dire du voisinage
du rouge, sont précisément ceux qui agissent le moins
sur l'iodure d'argent, vraisemblablement sur le plus
grand nombre des corps.

» Une petite chambre obscure, munie d'une lentille
de 15 millim. seulement d'ouverture, fut dirigée vers
la lune, et l'on plaça au foyer une plaque iodée, rendue plus impressionnable par le chlorure d'iode. Après
le passage de l'astre, la plaque fut exposée, comme
d'ordinaire, à l'action des vapeurs de mercure, qui
firent apparaître une bonne image de la course de la
lune. L'expérience a été répétée en divers temps, lorsque la lune était pleine, croissante ou décroissante; le
succès a toujours été le même. Et cependant on ne
peut pas même songer cette fois à la chaleur comme

cause de l'effet produit. L'action de la lumière sur tous
les corps offre une particularité qui n'a point d'analogue dans l'action de la chaleur. Celle-ci agit toujours
de la même manière ; son action se continue, elle ne
fait que rendre plus intense l'effet qu'elle avait d'a-
bord produit : elle a commencé par dilater, elle ira
dilatant toujours. La lumière, au contraire, n'agit pas
d'une manière uniforme ; son action parcourt certaines phases, qu'il est surtout facile d'étudier sur l'iodure d'argent. Dans la chambre obscure, l'iodure reçoit d'abord une image négative, comme on le sait
depuis longtemps ; sous l'influence continuée de la lumière, cette image fait place à une image positive.

» Le fait remarquable observé par M. Rauch est une
conséquence nécessaire de cette action non interrompue de la lumière : une gravure qui, pendant quatorze ans, avait été recouverte par une glace, mais
sans être remuée, avait produit sur la glace une image
d'une teinte blanchâtre. On a vu de semblables images fort distinctes se former souvent sur la face intérieure des boîtes de montre sans le concours de la vapeur ou de tout autre secours étranger. L'action des
rayons invisibles fait apparaître après quelques jours
ces mêmes images sur beaucoup de métaux, l'argent,
le cuivre, le laiton, le zinc ou l'or, sur le verre et la
porcelaine. Les rayons de lumière ordinaire produisent
le même effet, mais seulement quand ils sont très-intenses.

» La présence de ces images sur des corps si peu
susceptibles d'éprouver des modifications chimiques
prouve assez par elle-même que l'action de la lumière
est d'une nature toute particulière, et qu'on ne peut
l'assimiler à l'action de la chaleur. »

**RAYONNEMENT** (physique) [de *rayon*]. — Marche progressive du son, du calorique et de la lumière,
qui s'éloignent de leurs foyers en rayonnant de tous
côtés. « Ce mot s'entend surtout de la vertu qu'a la
chaleur non-seulement de se répandre dans les corps
environnants, mais encore de se transmettre en ligne
droite à travers l'air, avec une vitesse instantanée. Le
calorique ainsi émis est dit *Calorique rayonnant*, à la
différence de celui qui se communique par contact.
Les lois du rayonnement sont les suivantes : 1° un
corps chaud rayonne autour de lui dans toutes les directions ; 2° l'air n'est pas indispensable au rayonnement, car le calorique se transmet aussi dans le vide ;
3° la chaleur se transmet en ligne droite quand elle
traverse un milieu homogène. On explique la propagation de la chaleur dans les corps solides par un
rayonnement intérieur de molécule à molécule. C'est
en partie le rayonnement des corps pendant la nuit
qui est cause qu'ils se chargent de rosée.—V. *Lumière*.

**RAYONNÉS** (zoologie). — Classe du règne animal,
comprenant les animaux sans vertèbres dont les parties sont disposées autour d'un axe, et sur deux ou
plusieurs lignes allant d'un pôle à l'autre. On les
nomme aussi *Actinozoaires*. — Voy. *Animal*.

**RÉACTIF** (chimie). — Tout corps destiné à faire
reconnaître la présence ou la pureté d'un autre corps.
Avant d'employer un réactif, il importe d'abord de
s'assurer de sa pureté, pour avoir des résultats exacts.

Un réactif produit en général un précipité (composé insoluble) dans une liqueur contenant en dissolution un sel, un acide ou une base. Ainsi, l'acide sulfurique est le meilleur réactif des sels de baryte, avec lesquels il produit des précipités blancs (sulfate de baryte) tout à fait insolubles. L'oxalate d'ammoniaque est le meilleur réactif des sels de chaux. La sensibilité des réactifs est très-variable. M. Harting a entrepris sur les limites de cette sensibilité une série d'expériences dont voici les résultats :

### I. Réactifs pour les acides.

**A. Pour les acides en général.**

Du *sirop de violettes* ne décèle pas au delà de 1/250 d'acide sulfurique d'un poids spécifique de 1,829.

Du *sous-carbonate de potasse* donne encore une légère effervescence avec 1/250 d'acide sulfurique.

Du papier teint avec la *teinture aqueuse de fernambouc* cesse de réagir au delà de 1/10,000 d'acide.

Du papier teint avec la *teinture aqueuse de chou rouge* rougit encore légèrement avec 1/15,000.

L'*hématosine* (bois de Campêche) prend immédiatement une couleur jaune dorée avec un 1/15,000.

Du papier teint avec la *teinture aqueuse de tournesol* se colore immédiatement avec 1/20,000; et, après l'espace d'une heure, très-légèrement en rouge avec 1/50,000.

L'acide sulfurique du poids spécifique ordinaire contient, d'après *Ure*, 75,83 pour cent d'acide anhydre; de sorte qu'en réduisant les nombres à celui-ci, l'on obtient environ 1/310, 1/12,500, 1/18,750 et 1/62,500.

Le papier teint avec la teinture aqueuse de *fernambouc*, et celui teint avec celle de *chou rouge*, décèlent tous deux 1/10,000 d'acide phosphorique anhydre.

Le papier de *tournesol* rougit tout de suite avec 1/10,000, et, après une heure, 1/30,000 du même acide.

**B. Réactifs propres pour chaque acide.**

1. Pour l'*acide sulfurique.*

a. Pour l'acide sulfurique libre.

Une solution concentrée de *chlorure de calcium* précipite, après quelques heures encore, 1/250 d'acide sulfurique, d'un poids spécifique de 1/829.

La solution de l'*acétate de plomb* donne un précipité avec 1/40,000.

Celle de *chlorure de baryum* décèle encore 1/60,000. Ces nombres réduits à l'acide anhydre sont 1/310, 1/50,000 et 1/75,000.

b. Pour l'acide sulfurique combiné à une base.

L'*acétate de plomb* fait troubler une solution de sulfate de soude, où se trouve l'acide sulfurique anhydre dans la proportion de 1/36,000.

La solution du *chlorure de baryum* précipite encore 1/45,000 de cet acide, contenu dans la solution du même sel.

2. Pour l'*acide nitrique.*

Au moyen de l'*acide chlorhydrique* et d'un petit *feuillet d'or*, M. Harting a pu encore découvrir 1/240 d'acide nitrique, d'un poids spécifique de 1/32. Le feuillet d'or ne s'était dissous qu'après vingt-quatre heures.

3. Pour l'*acide phosphorique.*

L'*acétate de plomb* précipite immédiatement une solution de 1/10,000 d'acide phosphorique anhydre, et, après une demi-heure, celle qui n'en contient que 1/20,000.

L'*eau de chaux* trouble également la solution de 1/10,000 de cet acide, et après une heure la solution de 1/20,000 présente aussi un très-léger précipité.

La solution de *chlorure de baryum* ne précipite plus 1/10,000 d'acide phosphorique.

4. Pour l'*acide arsénieux.*

L'eau de chaux ajoutée en excès décèle jusqu'à 1/4,000 de cet acide dissous dans l'eau.

La solution de *cuivre ammoniacal* dénote encore la présence de 1/8,000.

Le *sulfate de cuivre ammoniacal* en fait découvrir encore 1/12,000.

Les deux derniers réactifs continuent de précipiter des solutions plus diluées encore, mais le précipité ne possède plus alors distinctement la couleur verte qui lui est propre.

L'*acide sulfhydrique*, dissous dans de l'eau, produit un précipité avec 1/30,000 d'acide arsénieux.

Le *nitrate d'argent ammoniacal* donne encore un précipité jaune citron avec 1/36,000 de cet acide; mais cette couleur cesse d'être distincte pour les précipités formés dans des solutions diluées.

### II. Réactifs pour les métaux et leurs oxydes.

1. Pour les alcalis libres en général.

Du papier imprégné de la *teinture aqueuse de curcuma* dénote encore la présence de 1/3,000 de potasse caustique.

Celui de *chou rouge* décèle 1/7,500 du même alcali.

Celui de *fernambouc* se colore encore légèrement en violet avec 1/20,000.

La couleur bleue du papier de tournesol, changée en rouge par l'acide acétique, se rétablit très-distinctement par 1/80,000.

L'hydrate de potasse contient 16 parties d'eau; ces nombres, réduits au protoxyde de potassium, donnent 1/3,600, 1/9,000, 1/24,000 et 1/75,000.

2. Pour la potasse.

La solution alcoolique du *chlorure de platine* précipite une solution de nitrate de potasse qui contient 1/205 de cette base, mais ne trouble plus celle qui n'en contient que 1/240.

Une solution très-concentrée d'*acide tartrique* décèle 1/220 de potasse, mais cesse de réagir avec 1/230.

La sensibilité de ces réactifs fut examinée à une température de 12° centigr.

3. Pour la chaux.

L'*oxalate d'ammoniaque* trouble, après quelques instants, très-sensiblement une solution de chlorure de calcium qui contient 1/400,000 de chaux.

4. Pour la baryte.

L'*acide fluo-silicique* précipite légèrement une solution de chlorure de baryum, où se trouve contenu 13/800 de cette base.

Une solution de *sulfate de soude* en découvre, après une demi-heure, encore 1/71,000.

5. Pour la magnésie.

La solution de *sous-phosphate d'ammoniaque* dénote dans une solution de sulfate de magnésie, après l'espace de 24 heures, la présence de 1/200,000 de magnésie, pourvu que le réactif soit très-concentré, et ajouté en quantité égale du liquide qu'on examine. Cette précaution est absolument nécessaire ; car, en se servant d'un réactif moins concentré et ajouté en petite quantité, il est arrivé de ne voir naître aucun précipité dans une solution contenant même 1/1,000 de magnésie. C'est là aussi apparemment pourquoi *Roth* a fixé la limite de la sensibilité de ce réactif à 1/4,000 de magnésie.

L'*ammoniaque liquide* fait naître, après quelques instants, un léger précipité dans une solution du même sel, contenant 1/6,000 de magnésie.

6. Pour le fer.

*a*. Pour le protoxyde.

La *teinture de noix de galle* et la solution de *deutocyanure de potassium et de fer*, légèrement acidulée par quelques gouttes d'acide chlorhydrique, décèlent, après quelques instants, dans une solution de protosulfate de fer cristallisé, la présence de 1/440,000 de protoxyde.

*b*. Pour le deutoxyde.

La *teinture de noix de galle* fait prendre une très-légère teinte violette à une solution de deutosulfate de fer contenant 1/300,000 de deutoxyde.

La solution de *protocyanure de potassium et de fer* fait découvrir 1/420,000 de deutoxyde dans une solution du même sel.

7. Pour le cuivre.

L'*ammoniaque liquide* fait prendre, après plusieurs heures, une légère teinte bleue à une solution de deutosulfate de cuivre contenant 1/9,400 de deutoxyde de ce métal.

Le *protocyanure de potassium et de fer* rend visible 1/78,000 de cet oxyde dans une solution du même sel. Du fer bien poli décèle 1/125,000 de deutoxyde ou 1/156,000 de cuivre métallique, dans une pareille solution légèrement acidulée par une goutte d'acide nitrique.

8. Pour le plomb.

Une lame de zinc précipite le plomb contenu dans une solution de nitrate de plomb, où se trouve le protoxyde de ce métal dans la proportion de 1/3,000.

L'*acide sulfurique*, ajouté en excès, précipite 1/20,000 de protoxyde contenu dans une solution du même sel.

La solution du *chromate de potasse* trouble une solution qui ne contient que 1/70,000 du même oxyde.

L'*acide sulfhydrique*, dissous dans l'eau, noircit faiblement la solution, qui n'en contient que 1/35,000.

9. Pour l'argent.

Le *chromate de potasse* produit un précipité légèrement rouge dans une solution de nitrate d'argent qui contient 1/1,000 d'oxyde.

Toute réaction cesse au delà de 1/20,000.

L'*arseniate de potasse* donne un précipité encore assez distinctement jaune avec 1/6,000, et cesse de réagir au delà de 1/20,000 d'oxyde.

L'*iodure de potassium* occasionne un précipité jaune jusqu'à la proportion de 1/4,000, et n'en produit plus aucun au delà de 1/30,000 d'oxyde.

L'*acide sulfhydrique*, dissous dans l'eau, en précipite encore 1/35,000.

Le *chlorure de sodium* trouble tout de suite une solution qui ne contient que 1/240,000 d'oxyde.

(D<sup>r</sup> *Hœffer*.)

**RÉALISME.** Le réalisme est un rayon égaré de l'auréole de l'idéalisme.

Le réalisme est à l'idéalisme ce que le sophisme est à la philosophie, la prose à la poésie, le matérialisme au spiritualisme.

Entre le réalisme et l'idéalisme il y a la même différence qu'entre la terre et le ciel.

Le réalisme est-il une inspiration ? est-ce un élan du génie, un effet de la puissance intellectuelle ? Nous croyons que c'est le désespoir de l'impuissance.

Le réalisme se pose avec arrogance, avec une sorte de défi devant l'idéalisme.

S'il se fût présenté modestement, comme cortége, malgré ses écarts, on l'eût accueilli comme un appendice. Il eut pu vivre à l'ombre protectrice de l'idéalisme. Mais comme un torrent, il vient en dévastateur, nous devons mettre un frein à la fureur de ses flots.

Le réalisme est sans doute une idée. Nous dirons sa valeur.

La manière de former les idées, dit J.-J. Rousseau, est ce qui donne un caractère à l'esprit humain. L'esprit qui forme ses idées sur des rapports réels est un esprit solide ; celui qui se contente des rapports apparents est un esprit superficiel ; celui qui voit les rapports tels qu'ils sont est un esprit juste ; celui qui les apprécie mal est un esprit faux ; celui qui controuve des rapports imaginaires, lesquels n'ont ni réalité ni apparence, est un fou ; celui qui ne compare point est un imbécile. L'aptitude plus ou moins grande à trouver des rapports est ce qui fait dans les hommes le plus ou le moins d'esprit (1).

Rousseau a oublié d'accorder plus d'élévation à l'idée. Il aurait dû lui donner des ailes et ajouter : celui qui compare divers rapports et en prend l'essence pour en composer un tout parfait, est un esprit éminent, un génie.

Par cette méthode éclectique, l'esprit assemble plusieurs idées séparées, mais analogues, et, après en avoir formé un faisceau, les coordonne, les range sous une idée générale ; c'est l'idéalisme : le foyer où l'imagination puise toutes les beautés qui étincellent en elle, ces pensées nobles et hardies, ces inspirations heureuses, ces allégories charmantes, l'âme de la poésie, et ces peintures magnifiques qu'un art enchanteur sait réunir avec grâce.

C'est là aussi que se rencontre le germe fécondant qui engendre les chefs-d'œuvre dans la peinture et dans la sculpture.

(1) Émile, liv. III.

Pour nous, l'idée est une conception qui, formée par le sentiment, se peint à l'esprit, coloriée par l'imagination.

Il y a des idées vraies comme il y en a de fausses.

Donnons des exemples de notre définition :

Les œuvres de la nature frappent les sens par leur grandeur; l'idée de créateur se peint à l'esprit, et l'imagination se représente Dieu, de toute bonté, de toute beauté, de toute perfection.

C'est l'idée vraie : la source de l'idéalisme.

La vierge de Murillo et l'Apollon du Belvédère s'offrent à certains yeux. Ils n'ont jamais vu de têtes angéliques comme cette vierge ni aucun être avec les formes de cet Apollon. Loin de les admirer, l'esprit est disposé à les considérer comme des monstres, et l'imagination est plutôt portée à contempler une lavandière et un fort de la halle qu'on voit partout.

C'est l'idée fausse : l'origine du réalisme.

Les réalistes se sont étrangement mépris ; ils ont cru, dans leur aveuglement, que certains vices accidentels dans les œuvres de la nature, et qui lui sont étrangers, devaient être l'état normal de ses enfantements successifs, et de l'exception, ils en ont fait une règle.

L'homme a été fait à l'image de Dieu ; l'homme, dans ses proportions, tel qu'il est sorti des mains de Dieu, fut l'être parfait de la création; il put contempler son créateur, lever le front au ciel; tout dans son être respirait la grandeur, la grâce, la perfection.

Le réalisme ne voit dans l'homme qu'un être déchu, dégénéré, sans grâce, mal bâti, n'osant regarder le ciel, et les yeux fixés à terre comme tous les autres animaux créés également par Dieu.

On a accusé les réalistes d'être athées. Ils n'ont rien compris à cette accusation; elle est aussi vraie que profonde.

En rabaissant l'homme ils insultent la Divinité.

La beauté parfaite c'est Dieu.

La première condition dans les arts c'est l'inspiration.

Loin que les corps, dit Platon, soient la cause des inspirations, ils n'ont au contraire de charme, d'éclat, de signification et de vie, que s'ils prennent l'empreinte de l'âme, ayant la poésie pour interprète.

Un lever de soleil pourra lui offrir un tableau ravissant, mais à une condition nécessaire, c'est qu'elle y verra autre chose que des accidents de lumière, c'est que ce spectacle portera dans notre âme des impressions d'une céleste fraîcheur et d'un religieux enthousiasme; c'est qu'enfin, l'union de la nature vivante à la nature inanimée nous fera aimer et admirer davantage l'une par l'autre en nous élevant à leur commun auteur, en nous montrant les oiseaux en chœur, qui se réunissent et saluent de concert le père de la vie, en animant et passionnant tout. Ainsi la poésie, comme tous les arts, relevant directement de l'esprit humain, faible image de l'intelligence divine, elle a sans cesse besoin de contempler la beauté accomplie qui est en Dieu seul pour être véritablement grande.

L'art imitatif est généralement un ensemble de rapports uniquement fondés sur la proportion et la justesse; ils n'aspirent qu'à reproduire exactement l'égalité entre l'imitation et la chose imitée. Il n'y a là que des procédés scientifiques.

Point d'inspiration, point de poésie !

Il est donc bien démontré que l'une des conséquences du réalisme est l'anéantissement de l'inspiration; il arrête le génie dans son vol, altère le sentiment du beau qui agit avec tant de puissance sur notre âme, qui nous élève, comme le dit Platon, vers le ciel, notre patrie, car nous sommes une plante du ciel et non de la terre.

Tout grand peintre conçoit des modèles formés sur le type immuable de la beauté divine.

Il y a dans l'âme de tout homme de génie une image exquise de la beauté, qu'il contemple du regard attentif de la pensée comme un modèle dont il reproduit la ressemblance. Ni Homère représentant Achille, ni Zeuxis en voulant peindre Hélène, ne peuvent se borner à prendre dans le monde réel des traits épars pour en former un tout, un ensemble parfait.

Dans la poésie et dans les beaux-arts, il ne saurait y avoir de l'esprit créateur qu'à la condition de fixer les yeux de l'âme sur le type divin du beau, d'où l'intelligence descend ensuite pour aller choisir dans la réalité les traits à l'aide desquels l'artiste ou le poëte rendra sensible la beauté immuable du modèle qu'il a conçu.

Cette théorie féconde de l'idéal appliquée aux arts, qui contient la source primitive de toute inspiration et de toute poésie, est de Platon.

L'art imitateur parle mieux aux yeux qu'à l'âme. Voilà en quoi il est plutôt fantasmagorique ou réaliste qu'inspiré.

Aussi l'artiste imitateur a un grand écueil contre lequel il peut se briser, mais que sagement il élude. C'est l'imitation de la raison, de la sagesse qui distinguent l'homme dans les agitations de l'âme.

Le caractère sage et tranquille, toujours semblable à lui-même, n'est ni facile à imiter, ni, une fois rendu, facile à bien concevoir, surtout pour la multitude.

Le génie de l'artiste imitateur ne le porte pas vers cette partie de l'âme, il s'accommode bien mieux des caractères passionnés et mobiles qui sont faciles à imiter et qui, souvent, obtiennent les suffrages de la multitude.

On a dit que le type de la beauté ne se rencontrait pas dans la nature.

C'est un blasphème.

Dieu a fait l'homme à son image. Adam et Ève, au Paradis, étaient des êtres de toute perfection.

Voilà le type de la race humaine.

Si l'artiste ne le rencontre pas dans les mercenaires à 5 francs la journée, faits plutôt pour paralyser l'enthousiasme et refroidir l'imagination que de les réchauffer, il doit porter ailleurs les regards de l'âme et se représenter l'œuvre de Dieu telle qu'elle est sortie de ses mains.

La Grèce a pu rencontrer le type de la beauté sous la tunique aux plis amples et gracieux, qui laissaient aux formes toute facilité de développement et ne gênaient en rien le travail toujours beau, toujours parfait de la nature, lorsqu'elle est livrée à elle-même.

Nous concevons qu'on doit rencontrer rarement ce type depuis que l'œuvre de la nature est emprisonnée dans des cercles d'acier, mais alors c'est au génie à devenir créateur, à s'élever avec audace jusqu'au ciel, et, après avoir conçu son image, c'est à lui de ravir le feu céleste et de remplir le rôle de Prométhée.

C'est à l'aide de ce feu sacré que Pygmalion anima sa Galatée.

Il est des modèles de la beauté parfaite plus qu'on ne pense; mais cette fleur n'est point destinée à étaler ses charmes sur des tréteaux. Ses temples et ses autels sont loin du souffle impur qui les profanerait.

Mais les réalistes eux-mêmes sont forcés de se soumettre et de rendre hommage à l'idéal.

Ils reconnaissent si bien cette puissance dans l'art de la peinture et de la sculpture qu'ils se garderaient bien de nous représenter une nymphe cagneuse, et s'ils peignaient une nymphe colossale, ils nous la montreraient parfaite, autant que possible, dans ses formes même herculéennes.

Soit une figure donnée représentant la Foi, la Charité, l'Espérance.

Pense-t-on que l'exécution puisse se faire autrement que dans les conditions que Platon exige pour le tableau représentant le lever du soleil.

Si l'artiste manque d'inspiration, de poésie, si son enthousiasme ne le transporte au séjour qu'habitent ces trois vertus, au pied du trône de l'Éternel, son pinceau glacé, errant sur sa toile pâle et inanimée, ne produira que des figures sans expression, sans chaleur, privées de vie et sans aucun rayon lumineux pour composer une auréole qui annonce leur origine céleste.

L'artiste de génie créera Junon, Minerve, Vénus, les trois Grâces.

L'artiste réaliste, fidèle à sa foi, nous représentera trois commères, trois Madelon Friquet.

Le thème étant ainsi tracé, nous pourrions en pousser plus loin les conséquences.

Nous croyons avoir assez fait sentir la différence qui existe entre le réalisme et l'idéalisme.

En nous rangeant du côté de Platon, le promoteur de l'idéal, nous condamnons le rhéteur Aristote, dans cette partie de sa poétique qui traite du réalisme.

Nous sommes loin de faire pour cela le procès à Aristote; nous faisons ici abstraction de ses profondes connaissances dans les sciences. Nous nous rappelons qu'il a été appelé, à juste titre, le prince des philosophes, mais nous n'oublions pas que son maître est le divin Platon.

Mais notre tâche n'est point encore remplie.

Il nous reste à parler de la littérature à laquelle les réalistes veulent aussi appliquer leurs règles et l'abaisser à leur niveau.

Jadis, nous voulons dire il y a quarante ans bientôt, les romantiques, autre secte de novateurs, ont voulu refaire notre poétique, notre littérature, par une exagération de pensées et une licence de règles et de style. C'était la guerre aux classiques et surtout à Aristote, et leur audace allait jusqu'à briser les images de nos dieux, à arracher de son piédestal la statue de Racine!

De nos jours, les réalistes, par une autre exagération toute contraire de pensées, de règles et de style, osent tenter le même vandalisme.

Il est bizarre de voir ces deux sectes opposées se rencontrer pour la même œuvre de destruction.

La première réforme c'est la poésie. La poésie ne répond à aucun besoin; la poésie est une chose qui n'est pas naturelle à l'homme; elle n'est pas nécessaire; elle ne s'explique pas; elle est condamnée par les réalistes.

Nous ne nous donnerons pas la peine de réfuter ici un pareil raisonnement, c'est un sacrilége, une négation de tout ce qui tient aux arts, un mépris du beau, une absence du vrai; c'est le règne du faux qui traîne après lui tout ce qui est informe et du plus mauvais goût (1).

Les arguments qu'ils emploient à l'appui de leur système est d'une puérilité et d'une simplesse qu'on ne saurait supposer dans un être raisonnable.

Pour exprimer les pensées et les sensations, il n'est que la prose, langage naturel de tout le monde.

Mais encore une fois quelle prose?

Nous avons la prose affectée à l'histoire, celle propre à tous les genres qui sont de l'essence de la rhétorique, celle qui convient au barreau, à la chaire, à la narration, celle qui appartient au style élevé, celle qui emploie les figures, s'embellit par des images et a toute l'allure poétique; tous ces genres ne conviennent point à la multitude, au monde réaliste, qui n'y comprend rien ou peu de chose, et par conséquent ne peut être d'aucun usage dans la vie réelle.

A quel langage faut-il descendre? Il est facile de le comprendre. Ce langage est celui qui est sans coloration, sans poésie, sans inspiration; c'est le langage sec, bas et trivial.

Il ne souffre pas de parure, de tours, d'harmonie.

Un poëte est prêt à descendre dans la tombe. Les réalistes se garderont bien d'exprimer cette pensée comme Millevoye, dans l'élégie de la chute des feuilles.

Ils diront : un poëte est malade de la poitrine; son dernier moment est arrivé, il meurt, on l'enterre. Cela dit tout assurément, à quoi bon alors :

De la dépouille de nos bois
L'automne avait jonché la terre;
Et dans le vallon solitaire
Le rossignol était sans voix...
. . . . . . . . . . . . . .
Bois que j'aime, adieu... je succombe.
Ton deuil m'avertit de mon sort,
Et dans chaque feuille qui tombe
Je vois un présage de mort...
. . . . . . . . . . . . . .
Tombe, tombe, feuille éphémère !
Et couvrant ce triste chemin,

(1) Voir nos articles: *Éloge, Jugement et Poésie.*

Cache au désespoir d'une mère
La place où je serai demain...
Sa mère (peu de temps, hélas!)
Visita la pierre isolée;
Mais son amante ne vint pas;
Et le pâtre de la vallée
Troubla seul du bruit de ses pas
Le silence du mausolée.

Quelles images! quelles pensées! quelle délicatesse dans l'expression! et quelles touchantes comparaisons! et nous avons abrégé.

Qui peut lire une si heureuse poésie sans éprouver une douce émotion et sans que les larmes lui viennent aux yeux? un réaliste seul.

Un père a perdu son fils. Son gouverneur arrive lui annoncer sa mort.

Seigneur, vous demandez votre fils, il est mort. Certes, cela dit tout et en peu de mots, à quoi bon un récit.

Nous prenons cet exemple du récit de Théramène, parce que c'est un des grands arguments des réalistes. Ils vous disent qu'il n'est pas naturel, qu'il n'est pas dans la réalité qu'un père écoute un si long récit; que c'est un abus, une monstruosité auxquels le réalisme doit porter remède et qu'il doit redresser par la raison, par la vérité, par la réalité.

Ce récit a soulevé plus d'une critique. La défense n'a pas été moins vive.

La critique entre dans les vues des réalistes.

Mais ne peut-elle pas se justifier jusqu'à un certain point, en appréciant ce que peut exiger la raison avec la fiction, et ce que l'illusion théâtrale peut admettre de vérité.

N'a-t-on pas suffisamment satisfait aux convenances lorsque les personnages ne sortent pas de leur caractère par un de ces moyens violents qui opèrent un changement qui choque la vraisemblance?

Thésée, par les révélations qui lui sont faites, conçoit des soupçons sur la culpabilité d'Hippolyte; pour lui le voile qui couvre un horrible mystère est près de se déchirer. Il demande son fils, il veut l'écouter, tout déjà le justifie à ses yeux.

Théramène, en ce moment, vient lui annoncer la mort d'Hippolyte. Frappé à cette nouvelle inattendue, Thésée reste terrifié, absorbé par sa douleur, son esprit est tout à son fils.

Quel coup me l'a ravi? quelle foudre soudaine?

Théramène, profondément ému, tout saisi du douloureux tableau qu'il vient de voir et qui se retrace encore à ses yeux, dans toute son horreur, avec toutes ses circonstances extraordinaires, malgré lui, ne pourra en omettre le moindre détail. Il obéit en outre à Thésée en lui racontant ce tragique trépas.

Ainsi, voilà Thésée et Théramène également disposés, l'un à écouter et l'autre à raconter.

La situation est simple et naturelle.

Le récit a soixante-treize vers; il est débité au théâtre en trois minutes.

La lecture au cabinet dure deux minutes et demie. Peut-on dire qu'il y a longueur de temps?

Le récit serait-il alors trop long parce qu'il est en-nuyeux? C'est un des plus beaux morceaux de la littérature française.

Le livre à la main, à la vue, le récit paraît interminable. On s'imagine que l'haleine va nous manquer et qu'on n'arrivera jamais à la fin, et cependant on est tout étonné de l'avoir lu si tôt: deux minutes et demie!

Admettant qu'il soit long, qui osera dire qu'il y a des longueurs?

Quand on sait comment cette mort épouvantable a eu lieu, d'après la fable, le récit de Théramène, avec des mutilations, eût été aride et bien moins pathétique.

Fait à la réaliste, il eût été comme tout ce qu'il conçoit, froid et trivial, et, réduit même à la moitié ou au quart, il eût été insupportable de longueur.

Mais, de tous les efforts du réalisme, il faut espérer qu'il n'en restera bientôt que l'impuissance, et que, ainsi que son confrère le romantisme, il ne restera sur cette terre qu'un pauvre souvenir et s'éteindra dans les ténèbres.

Nous croyons que toutes ces utopies disparaîtront dans les mille rayonnements qui éclatent en tous sens et qui partout éclairent un nouvel horizon. La régénération nouvelle, pleine d'espérance, semble s'applaudir de toutes parts, et ses aspirations, toutes divines, appellent à ses concerts les lettres, les arts, la poésie avec ses idées grandes et généreuses et sa chaste inspiration. C'est l'ère nouvelle qui s'ouvre au génie; c'est le symptôme d'une heureuse réaction, c'est le triomphe de l'idéal.     REDAREZ SAINT-REMY.

**REBOUTEURS** (Erreurs et préjugés). — Nom donné dans les campagnes, à ces empiriques qui prétendent guérir en quelques jours les fractures et les luxations, et dont la réputation n'est jamais ébranlée, quels que soient les accidents, les difformités et les mutilations dont leurs pratiques aveugles sont la cause. Et de pareils abus ont lieu de nos jours, et des hommes sans études préalables, sans titre aucun, parviennent à capter la confiance des ignorants et même à l'emporter sur des médecins modestes et véritablement instruits! Vraiment il est à déplorer qu'il n'y ait point un ministère de police médicale où puissent se dénoncer de pareilles choses, et devant le tribunal duquel puissent paraître ceux qui déciment les populations en profitant de leur ineptie!

**RÉCOLTES** [du participe latin recollecta, sous-entendu poma; fruits recueillis]. — Action de recueillir les fruits de la terre, et produits en nature qui en résultent. Lorsque ces produits sont des céréales, la récolte est dite moisson; lorsqu'il s'agit de fruits, elle prend le nom de cueillette.

**RECRUTEMENT** [de recrue, nouvelle levée, formé lui-même du vieux français recroître, croître de nouveau]. — Les divers modes de recrutement peuvent se réduire à deux, l'Enrôlement libre ou Engagement volontaire, et l'Enrôlement forcé ou par appel, qui, changeant de nom suivant les lieux et les temps, s'est appelé ban et arrière-ban, milice, levée en masse (réquisition, landsturm), conscription, etc.

Chez les anciens, tout Spartiate était soldat depuis

20 ans jusqu'à 60; à Athènes, les citoyens ne servaient que jusqu'à 40 ans. A Rome, le soldat romain
se devait à sa patrie de 17 à 40 ans : tous les ans les
tribuns légionnaires assemblaient les centuries dans le
Champ-de-Mars, et choisissaient (*legebant*, d'où le
mot *legio*) les citoyens qu'ils jugeaient aptes à servir.
Sous les empereurs, les armées romaines ne se composèrent plus de citoyens seulement ; elles se recrutè-
rent à prix d'argent, le plus souvent parmi les esclaves et les barbares. En France, dans l'origine, tout
Franc était tenu de suivre la bannière de son seigneur;
et celui-ci devait, sur la convocation du roi, fournir
un contingent déterminé d'hommes de pied et de cheval : c'est ce qu'on appelait le *ban et arrière-ban*. Depuis la création des armées permanentes, au xv° siècle jusqu'en 1791, l'armée française se *recruta* principalement par des engagements volontaires et à prix
d'argent : ces engagements étaient faits par des *raco-
leurs* (Voy. ce mot). Il y avait en outre la *milice*, dont
l'organisation complète ne date toutefois que du règne
de Louis XIV : elle n'était réunie qu'en temps de
guerre, et se composait exclusivement de paysans et
de bourgeois désignés par le sort : le tirage avait lieu
à 16 ans et la durée du service était limitée à cinq ou
six ans. En 1792 une levée en masse fut décrétée, et
tous les Français âgés de 18 à 40 ans furent *requis* de
se rendre sous les drapeaux.

En 1798, les réquisitions firent place à une *conscription militaire* comprenant tous les jeunes gens
de 20 à 25 ans; les conscrits étaient répartis en 5 classes, suivant leur âge, et des lois particulières devaient
déterminer le nombre de ceux qui seraient appelés
sous les drapeaux : le remplacement était autorisé.
Ce mode de recrutement fut usité pendant tout l'Empire. Celui qui est en usage aujourd'hui a été établi
par la loi du 10 mars 1818, modifiée par celles du
9 juin 1824 ou du 21 mars 1832. Tous les ans chaque
département fournit un certain nombre de conscrits
pris dans la classe de ceux qui ont atteint leur vingtième année et désignés par le sort. La durée du service est de 7 ans; le contingent annuel est de 80,000
hommes, et il peut être augmenté. La loi permet les
remplacements et admet des exemptions et dispenses.

**REDHIBITOIRES** (droit). [*Vices et Actions.*] —
On nomme rédhibition la résolution de la vente à
cause de quelque défaut de la chose vendue. (C. civ.,
art. 1625, 1642.) Il est de l essence des vices rédhibitoires d'être *cachés* et de rendre la chose plus ou
moins *impropre* à l'usage auquel elle est destinée.

Quant aux défauts *apparents* qui se reconnaissent
à la seule inspection, ils ne rentrent pas dans la classe
des vices rédhibitoires (*Ibid.*, art. 1642), quelle que
soit leur gravité.

Il en est de même des défauts qui ne font que diminuer la qualité de la chose ou qui sont susceptibles
de se réparer facilement, soit par le seul effort de la
nature, soit par les ressources de l'art.

Les vices rédhibitoires sont principalement relatifs
aux animaux ou aux marchandises.

A l'égard des animaux, les seuls vices rédhibitoires
que la loi reconnaisse comme pouvant donner ouver-

ture à l'action résultant de l'art. 1641 du Code civil
sont, aux termes de la loi du 20 mai 1838 :

1° *Pour le cheval, l'âne* ou *le mulet*, la fluxion périodique des yeux, l'épilepsie ou le mal caduc, la
morve, le farcin, les maladies anciennes de poitrine
ou vieilles courbatures, l'immobilité, la pousse, le
cornage chronique, le tic sans usure des dents, les
hernies inguinales intermittentes, la boiterie intermit-
tente pour cause de vieux mal ;

2° *Pour l'espèce bovine*, la phthisie pulmonaire, l'é-
pilepsie ou mal caduc, les suites de la non-délivrance,
après le part chez le vendeur; le renversement du vagin ou de l'utérus, après le part chez le vendeur ;

3° *Pour l'espèce ovine*, la clavelée : cette maladie reconnue chez un animal, entraînera la rédhibition de
tout le troupeau. La rédhibition n'aura lieu que si le
troupeau porte la marque du vendeur. — Le sang de
rate : cette maladie n'entraînera la rédhibition du
troupeau qu'autant que, dans le délai de la garantie,
sa perte constatée s'élèvera au quinzième au moins des
animaux achetés. Dans ce dernier cas, la rédhibition
n'aura lieu également que si le troupeau porte la
marque du vendeur.

**RÉFLEXION** [de *retrò*, en arrière, et *flectere* tourner.] Déviation qu'éprouvent les rayons lumineux
lorsqu'*ils rencontrent des surfaces opaques et polies qui
les renvoient*; et l'on appelle *réfraction*, de *retrò*, en
arrière, et *frangere*, briser, la déviation que ces
rayons éprouvent en *traversant les corps transparents*.
La partie de l'optique qui s'occupe des phénomènes
de la réflexion est la *catoptrique*, celle qui traite de la
réfraction est la *dioptrique*; et cette double série de
phénomènes sont indispensables à connaître pour
comprendre les fonctions attribuées aux diverses parties constituantes de l'œil.

1° *Réflexion*. Lorsqu'un rayon lumineux *tombe* sur
une surface polie, il se réfléchit, il retourne vers le
milieu qu'il vient de traverser, et l'*angle d'incidence*,
c'est-à-dire l'angle que la première direction du rayon
lumineux forme avec la surface sur laquelle il est réfléchit est égal à l'*angle de réflexion*, c'est-à-dire à
l'angle que la nouvelle direction du rayon forme avec
cette même surface. Ainsi, si l'on suppose un rayon
lumineux PR, tombant perpendiculairement sur la
surface opaque AB, l'angle d'incidence ARB, étant un
angle droit, l'angle de réflexion est nécessairement
aussi un angle droit, et ces deux rayons se confondent en un seul. Mais lorsque le rayon E, vient tomber
obliquement au point R, il se réfléchit en T, formant
l'angle de réflexion ART égal à l'angle d'incidence BRE.
Si la surface au lieu d'être plane est convexe ou concave, la loi de réflexion n'en est pas moins la même :
on doit se représenter alors chaque rayon comme se
réfléchissant sur le plan tangent à la surface courbe
au point d'incidence.

2° *Réfraction*. Quand un rayon lumineux tombe
perpendiculairement sur la surface d'un milieu transparent, il le traverse sans changer de direction, il
continue sa route en ligne droite. Mais s'il arrive obliquement sur cette surface, il se dévie de sa direction
primitive, il se *réfracte*, il semble s'être *brisé* au point

d'incidence. Si le milieu dans lequel il entre est plus dense que celui d'où il sort, il se rapproche de la perpendiculaire ; il s'éloigne, au contraire, de cette perpendiculaire, si ce nouveau milieu est moins dense que le premier. Son écartement ou son rapprochement de la perpendiculaire est proportionnel à la densité relative de ces milieux, et il varie aussi un peu en raison de leur nature chimique. Ainsi le rayon P tombant perpendiculairement sur la surface transparente AB, se continue directement en P'; mais le rayon E, au lieu de se continuer en E', est dévié : il se rapproche de la perpendiculaire P' et se continue en T si le milieu est plus dense ; il s'éloigne de cette perpendiculaire, et se continue en T' si le milieu est moins dense. — La forme convexe ou concave des surfaces transparentes influe nécessairement aussi sur la marche de la lumière qui les traverse. Les rayons lumineux se rapprochant, comme il vient d'être dit, de la perpendiculaire au point de contact toutes les fois qu'ils passent obliquement d'un milieu moins dense dans un plus dense (par exemple lorsqu'ils passent à travers la cornée transparente, ou lorsque, après avoir traversé l'humeur aqueuse, ils passent à travers le cristallin, ou, en un mot, lorsqu'ils passent dans un milieu convexe plus dense que celui qu'ils viennent de traverser), les rayons perpendiculaires n'éprouvent pas de déviation, les rayons convergents deviennent plus convergents encore, les rayons divergents divergent moins, ou cessent de diverger, et il peut arriver même qu'ils se réunissent tous. L'inverse a lieu si la surface est concave ; et la déviation que les rayons éprouvent en traversant ainsi des surfaces convexes ou concaves est d'autant plus forte que la courbure de la surface est plus grande : car il est évident que les perpendiculaires au point d'immersion s'éloignent de plus en plus de la direction primitive de ces rayons. Voy. *Vision.*

**RÉGIME** (hygiène) [de *regere*, gouverner].—Usage raisonné et méthodique des aliments et de toutes les choses essentielles à la vie, aussi bien dans l'état de santé que dans celui de maladie. On peut poser en principe qu'il ne faut jamais prendre d'aliments quand on n'y est pas sollicité par un désir ou pressé par un besoin, quand on n'y est pas excité par la soif, par l'appétit, ou par la faim ; jamais on ne doit boire ou manger avant que de ces sensations se soit développée. — Voy. *Convalescence.*

**RÉGIMENT** (art militaire) [vieux mot français, qui signifiait gouvernement, dérivé du latin *regimen,* gouvernement, administration, dont les Italiens ont fait *reggimento*]. — Corps de troupes composé de plusieurs bataillons, si c'est infanterie, et de plusieurs compagnies, si c'est cavalerie, commandé par un colonel.

L'institution des régiments fut faite en France, sous le règne de Henri II, vers 1558; mais ce nom ne commença à devenir commun que sous Charles IX. L'infanterie a été mise en corps de troupes plus tôt que la cavalerie, qui ne fut *enrégimentée* qu'en 1635.

**RÈGLES** (physiologie). — Excrétion sanguine naturelle, qui se fait par les organes génitaux de la

femme. Dans le langage médical on l'appelle *menstruation.* — Voyez ce mot.

**RÉGLISSE** (botanique) [*Glycyrrhiza glabra*]. — Plante de la famille des légumineuses dont la racine est d'un usage salubre et journalier, soit en décoction, soit en infusion, comme boisson du peuple (le *coco*) et comme tisane pectorale. C'est, ainsi que nous l'avons dit ailleurs, le véritable *sucre* de nos hôpitaux. Il est pourtant quelques personnes auxquelles le goût de cette substance répugne, et il y a abus à vouloir la substituer au sucre dans toutes les tisanes. Le sucre est non-seulement un assaisonnement agréable et qui convient à tous les goûts, mais encore c'est un aliment salubre, c'est un remède adoucissant, c'est un condiment qui favorise la digestion d'une foule de substances alimentaires ou médicamenteuses, qui sans cela seraient prises avec répugnance et pèseraient sur l'estomac : or on ne saurait en dire autant de la réglisse. Au mot JUS DE RÉGLISSE nous avons parlé des qualités de l'extrait de cette racine, pour laquelle nous n'aurions que des éloges si l'on n'avait pas voulu, plus encore *par économie* que par *philanthropie,* exalter outre mesure ses vertus et généraliser abusivement son emploi. LAIR.

**RÉGULE** (chimie) [du latin *regulus,* diminut. de *rex, regis,* roi : petit roi]. — Mot employé par les anciens chimistes pour désigner l'état métallique. Ce nom vient des alchimistes qui croyant toujours trouver de l'or dans le culot métallique qu'ils retiraient de la fonte, l'appelaient *régule,* petit roi, c'est-à-dire, l'enfant premier-né du sang royal métallique, qui n'était pas encore vrai métal, mais qui pouvait le devenir avec le temps et la nourriture convenable ; ce mot n'est plus d'usage.

**RÉHABILITATION** (droit). — La réhabilitation est l'acte par lequel un commerçant failli est rendu à l'état dont la faillite l'avait fait déchoir, et aux droits qu'elle lui avait enlevés.

Toute espèce de faillite prive le failli de certains avantages. — Ainsi le failli est incapable d'exercer des droits politiques ; il ne peut être juge de commerce, agent de change ou courtier (C. comm., art. 83) ; il ne peut se présenter à la Bourse (*Ibid.*, art. 614) ; il ne peut être admis à l'escompte de la banque de France (art. 50, décret du 16 janvier 1808) ; il n'est ni électeur ni éligible. — (Voy. *Loi du 31 mai 1850, art. 8, rapportée au mot* DROITS POLITIQUES.)

Le principe général en matière de réhabilitation, se trouve posé dans l'art. 604 du Code de commerce, ainsi conçu : « Le failli qui aura intégralement acquitté, en principal, intérêts et frais, toutes les sommes par lui dues, pourra obtenir sa réhabilitation. — Il ne pourra l'obtenir, s'il est l'associé d'une maison de commerce tombée en faillite, qu'après avoir justifié que toutes les dettes de la société ont été intégralement acquittées en principal, intérêts et frais, lors même qu'un concordat particulier lui aurait été consenti. »

**RELIGION.** — Culte qu'on rend à la Divinité ; lien qui attache l'homme à Dieu, et à l'observation de ses lois, par le sentiment de respect qu'excitent dans notre esprit les perfections de l'Être Suprême. « La religion ne commande à l'homme que d'être heureux, elle défend d'être misérable. Qu'on examine toutes ses lois : c'est toujours nous, c'est toujours notre bien qu'elles regardent, c'est l'intérêt de l'homme qu'elles ont en vue. Les devoirs qui nous lient à la Divinité peuvent se réduire à trois : à l'amour, à la reconnaissance et aux hommages. Pour sa bonté, on lui doit de l'amour; pour ses bienfaits, de la reconnaissance; et pour sa majesté, des hommages. Il y a entre l'amour et l'esprit religieux des rapports intimes. L'amour, dans le sens le plus vrai, est une sorte de culte qui a ses jours de fêtes et de deuil, son intolérance, ses superstitions et son fanatisme. Où trouver le croyant qui attache plus de prix que ne fait l'amant à tout ce qui a le plus faible rapport avec l'objet de ses adorations; qui soit plus chargé d'images et d'amulettes de toutes sortes; qui soit plus fidèle à ses secrètes et superstitieuses pratiques; qui se plaise plus à parer son idole; qui mette plus de témérité et d'ardeur dans ses vœux; qui soit capable des plus grands sacrifices; qui enfin, dans son ravissant délire, se fasse une idée plus pure et plus délicieuse de ce bonheur céleste dont l'imagination peut nous faire jouir? Et qui ne sait si ce n'est pas même dans cette affection que l'esprit de toutes les religions a pris tout ce qu'il a d'impétueux et de brûlant? Voyez en effet quels sont les hommes les plus susceptibles de son influence. Ce sont généralement les plus sensibles, les plus passionnés ou les plus faits pour l'être. Voilà les hommes qui les premiers ont peuplé les déserts et les cloîtres; qui, après avoir perdu, sur une terre désenchantée, l'espoir de l'unique bonheur qu'ils s'y promettaient, l'ont poursuivi jusque dans le ciel. De là cette exaltation de désirs que le temps et l'espace ne peuvent plus contenir; de là ce mépris pour tout ce qui est resserré dans ces étroites limites; de là ce besoin de mourir, qui n'est que celui de vivre à jamais réuni à l'objet aimé. »

**RELIURE** [de *lier*]. — Industrie qui a pour objet de rassembler sous une couverture solide les feuilles d'un livre, de manière à en prévenir la dégradation. M. Ed. Renaudin a présenté de la manière suivante l'historique et les procédés de cet art. Nous ne pouvons mieux faire que de reproduire ici ce qu'il en a dit en 1854.

La reliure, qui semble forcément attachée à l'imprimerie, n'en a pourtant suivi ni l'origine ni les phases diverses, et l'on peut en trouver des traces, sinon près du *volumen* antique et des rouleaux primitifs, du moins dès les manuscrits pesants du moyen âge et dans les bibliothèques royales, où s'espaçaient naïvement vingt à vingt-deux volumes.

Dès lors, en effet, quelques-uns de ces vastes in-folios, souvent rivés par leur poids à une place fixe, cloués à des pupitres immobiles, et même exposés dans la rue à l'abri d'un auvent, étaient entourés d'épaisses couvertures, et c'est alors que les moines soutirèrent de je ne sais quel prince un droit de chasse, sous l'adroit prétexte d'employer les peaux à couvrir leurs missels et leurs in-folios.

Avant tout, le relieur s'attachait à donner au livre une rustique solidité, dont on s'effrayerait aujourd'hui : il l'emboîtait dans des ais et dans des planches bardées de fer, garnies de clous, barricadées d'armatures et flanquées de lanières, recouvrant le tout d'une grossière enveloppe de parchemin; et les finesses de l'art, les raffinements de la sculpture et les enjolivements du métier, il les réservait pour les œuvres de luxe, toutes des plus somptueuses sans être plus légères.

C'est ainsi que les *Heures royales*, les *Œuvres* princières ou galantes et les précieux *exemplaires* étaient habillés de mille délicatesses, soit par le sculpteur, qui mettait sur les deux faces quelque riche bas-relief; soit par le peintre, qui y encadrait des dessins et des peintures; soit enfin par l'artiste, qui y prodiguait, souvent avec goût, les fleurs, les devises et les arabesques, et les montait avec autant de soin que le lapidaire qui dispose les diamants et les émeraudes.

Le livre lui-même devenait dès lors une sorte d'écrin coquet ou superbe, parfois vide et ne servant que d'écorce à un ouvrage médiocre; mais la coquille était toujours aussi belle, et faisait du moins admirer sans réserve le goût ou l'habileté de l'artiste.

Et, d'ailleurs, on fut longtemps à mettre sur le dos des livres le nom des auteurs ou celui du volume. Car longtemps aussi le relieur, craint de ceux-là mêmes qui l'employaient, fut recruté parmi les ignorants; longtemps il ne put échanger son brevet et sa patente que contre un certificat légalisé d'esprit inculte, joint au serment de ne savoir ni lire ni écrire; et cet usage absurde fournit encore un exemple tout près du xvie siècle (1492).

Puis vinrent, avec le progrès des temps et la permission de Messieurs de la Chambre des comptes, des artistes moins ignares, capables de tout lire et d'aligner eux-mêmes les lettres du *compositeur*; vinrent des relieurs amateurs, qui firent de la reliure pour elle seule et tinrent tête aux attaques de la pacotille et de la camelote; vinrent enfin des relieurs lettrés et érudits, tels que Dubin, qui remuèrent les arcanes de leurs fastes et enregistrèrent leurs gloires (1); et jusqu'à des relieurs poètes, tels que Lesné, dont il reste un pauvre et piteux poème didactique, en six chants, intitulé *la Reliure* (1820, in-8°).

C'est *l'Art poétique* de Boileau, soigneusement étudié par ce poète précepteur, et par lui retourné presque vers par vers, à l'aide de grands mots piètrement parodiés et d'autres même disposés en calembours; cela joint à une ridicule préface sur la poésie, à des syllabes violemment contractées ou malheureusement prolongées, à des invocations mythologiques et à de fatigantes nomenclatures.

Là aussi sont des noms fameux, entourés d'une auréole un peu restreinte aux limites de la confrérie, mais qui n'en forment pas moins une chaîne aux anneaux brillants, et marquent de temps à autre des efforts pour sortir de la routine.

Ainsi Naissant, dont Lesné fait une rime superbe pour l'art de ses débuts; ainsi Gascou, « qui sut, le

(1) *L'art de la Reliure*, 1772, in-fol.

premier dans les siècles grossiers, débrouiller l'art confus de nos vieux routiniers...»; Courteval, Derôme, Matifa, Durand, Bisouare, Bradel, qui inventa et baptisa les dos brisés; Delorme, qui coupait le dos des cahiers et remplaçait la couture par la colle; et surtout les Bozerian, qui ramenèrent en France le goût de la saine reliure, longtemps réfugiée au delà des mers.

Et, plus près de nous, il y a mademoiselle Deville, Thouvenin, Pasdeloup; il y a Capé, inconnu encore à Lesné, et qui reproduisit si minutieusement, sur une foule de livres qui sont autant de curiosités, les richesses et les enroulements des reliures à la Vallière.

A la fin du poëme se trouve pourtant un double *Mémoire* « pour retarder le renouvellement des reliures », et c'est la seule chose d'un peu de valeur.

Il arrive en effet que les livres, souvent maniés et fatigués par un frottement continuel, ou même toujours rayonnés, et rongés alors par les vers ou la vétusté, exigent par intervalles soit une retouche partielle, soit une nouvelle et complète enveloppe; et la reliure dure beaucoup moins que l'ouvrage, que pourtant elle préserve et garantit.

Je ne parle pas ici de ces reliures particulières et royales, dont je disais tout à l'heure la lourde et massive solidité, qui meublent maintenant les vitrines des musées, et qui dureront encore quand la dernière pierre en serait tombée; mais des reliures ordinaires, de celles qui endossent nos livres et parent nos bibliothèques. C'est la reliure de tous les jours, pour ainsi dire, celle qui prend l'œuvre à l'état de feuilles ou de brochure, et l'empêche enfin de se fendiller et de se perdre.

Elle a généralement peu de valeur, commune et factice qu'elle est devenue, de ferme et de précieuse qu'elle était, si ce n'est cependant pour quelques amateurs capricieux, qui continuent dans ce sens les dépenses du président de Thou et de son contemporain Groslier. Ce goût, du reste, devient de jour en jour plus difficile et par suite des rares et coûteux relieurs qui ne savent, après tout, que reproduire les anciens modèles, et par suite de la concurrence qu'ils se font l'un à l'autre et qui les a tués tous, les grands comme les petits.

La reliure est donc devenue presque totalement industrielle; elle a dû, et cela remonte aux débuts de l'imprimerie qui rendit les livres si nombreux, se soumettre aux exigences de tous, chercher et afficher avant tout le bon marché, substituer le papier à la peau, la toile au parchemin, la demi-reliure à la reliure pleine, et le cartonnage même à demi-reliure. De tout autre côté, elle a fait vraiment peu de progrès, sauf les dos brisés et la multiplication des ornements, et elle est presque retombée à l'état primitif des *gainiers*, c'est-à-dire au simple soin d'emboîter le catéchisme ou l'atlas dans l'étui le plus vulgaire; et malgré cela, elle n'a pu et ne pourra tenir tête à la librairie populaire, qui donne pour 15 et 20 centimes de petits volumes dont la moindre reliure triplerait aussitôt, et pour quelques instants à peine, le peu de valeur.

Si le luxe s'accroche encore de nos jours à quelques livres de grand débit, c'est surtout aux *Heures* et aux *Messes de midi*, petits missels parfois encadrés de dessins et d'enluminures, revêtus d'un velours riche et coquet, resserrés dans des coins de plomb doré et dans des fermoirs pareils, également taillés à l'emporte-pièce; et tout cela fait piteuse mine près des Heures de Marie Stuart ou près de celles de Catherine de Médicis, ciselées en partie par maître René le Florentin, qui faisait tous les métiers et reliait et *parfumait* les livres.

A le suivre dans toutes ses opérations mécaniques et dans sa longue technologie, l'art du relieur n'a rien de saillant ni même de bien particulier. Ses machines consistent en presses anglaises et même hydrauliques, qui enserrent ou rognent les volumes; et les outils sont le marteau, qui bat les feuilles inégales; l'aiguille, qui les coud; le compas, qui les égalise; le canif, qui les coupe, et le pinceau qui les colle ou les colorie.

Le livre, à peine sorti des presses de l'imprimeur ou des mains de la brocheuse, passe dans l'atelier de reliure. Il y est successivement plié ou débroché, collationné, battu, collationné de nouveau, *grecqué* ou marqué par une petite scie, nommée *grecque*, cousu, époincé, cartonné, endossé, rogné, jaspé, marbré ou doré sur tranches, orné de tranche-files, c'est-à-dire du cordonnet qui retient les signets, enfin, couvert de peaux aussitôt rabattues et abaissées, ou de papiers qui sont racinés, marbrés et glairés.

Puis, s'il y a lieu, le doreur ou le maître-chef y incrustent, au moyen du *compositeur* et des fers, le titre, les initiales, les devises, les fleurons et les timbres, souvent imprimés à froid et au mouvement de la presse; ils promènent partout le polissoir et le vernis, et terminent le tout par des gardes, des gaufrures, des astragales, des guipures et des festons de toutes pièces.

Alors est achevée cette rapide quoique minutieuse opération, qui n'ajoute au contenu qu'une valeur matérielle dont souvent il n'a pas besoin, et dont on ne lui tient pas toujours compte; et le livre va meubler tour à tour et la bibliothèque du banquier, où il se pavane, raide et droit comme une colonne, sur les tablettes d'acajou, et le cabinet poudreux du savant, où les volumes désordonnés s'effacent et s'affaissent les uns sur les autres, éclaircis de ceux qui traînent çà et là, sur les bureaux ou sous les tables.

ED. RENAUDIN.

**REMPLACEMENT MILITAIRE.** — Le jeune homme qui veut remplacer doit justifier qu'il a satisfait à la loi de recrutement, s'il n'a pas servi, par un certificat coté N° 2.

S'il a servi, par un congé en bonne forme et un certificat de bonne conduite du corps, Il doit fournir aussi un extrait des sommiers judiciaires du lieu de sa naissance.

Toutes ces pièces doivent être sur timbre et légalisées.

Ces formalités sont en général les mêmes que pour les engagements, sauf que l'acte de remplacement est reçu par le préfet.

*Substitution.* — Elle n'a lieu qu'entre jeunes gens du même canton.

Elle doit avoir lieu avant la révision : on doit fournir également un certificat en conformité de l'art. 20 de la loi du 21 mars 1832.

L'acte de substitution est passé devant le préfet. — Le substituant exempte son frère.

**RENARD** (zoologie). — Genre de mammifères carnassiers qui se distinguent des *chiens* par leur tête plus grosse, par leur museau plus pointu, par leurs incisives moins échancrées, par une queue plus longue et plus touffue, et surtout par la forme de leur pupille. qui se contracte en long et non circulairement. Leur fourrure, ordinairement plus épaisse et plus fine, s'emploie à des usages plus nobles, et sert à faire des manchons, des bordures de robe, etc.

Le renard languit lorsqu'il n'a pas la liberté, et meurt d'ennui quand on veut le garder trop longtemps en domesticité : il ne s'accouple point avec la chienne; s'ils ne sont point antipathiques, ils sont du moins indifférents. Il ne produit qu'une fois par an; les portées sont ordinairement de quatre ou cinq, jamais plus de six ni moins de trois. Lorsque la femelle est pleine, elle vit retirée et sort rarement de son terrier, dans lequel elle prépare un lit à ses petits : elle devient en chaleur en hiver, et on trouve déjà de petits *renards* au mois d'avril; ils naissent les yeux fermés : ils sont comme les *chiens*, dix-huit mois ou deux ans à croître, et vivent de même treize ou quatorze ans. Le père et la mère les nourrissent en commun, et vont pour cela souvent en quête, surtout lorsque les petits commencent à devenir voraces : ils leur apportent des volailles, des perdrix, des lapins, etc., et les bords du terrier sont bientôt couverts de carcasses de toute espèce. Tout cela est aisé à reconnaître, mais il faut prendre garde d'inquiéter inutilement le père ou la mère. Dans la même nuit ils transporteraient leurs petits, et souvent à une demi-lieue de là. Nous dirons ci-après la manière de s'en emparer.

Le renard, dit *Buffon*, est fameux par ses ruses et mérite sa réputation : ce que le loup ne fait que par la force, il le fait par adresse et réussit plus souvent; sans chercher à combattre les chiens et les bergers, sans attaquer les troupeaux, sans traîner les cadavres, il est plus sûr de vivre : il emploie plus d'esprit que de mouvement; ses ressources semblent être en lui-même; ce sont, comme l'on sait, celles qui manquent le moins. Fin autant que circonspect, ingénieux et prudent même jusqu'à la patience, il varie sa conduite; il a des moyens de réserve qu'il sait n'employer qu'à propos, il veille de près à sa conservation; quoique aussi infatigable et même plus léger que le *loup*, il ne se fie pas entièrement à la vitesse de la course; il sait se mettre en sûreté en se pratiquant un asile où il se retire dans les dangers pressants, où il s'établit, où il élève ses petits : il n'est point animal vagabond, mais domicilié; il s'attache au sol lorsque les environs peuvent lui fournir de quoi vivre : il se creuse un terrier, s'y habitue et en fait sa demeure ordinaire, à moins qu'il ne soit inquiété, ainsi que nous l'avons dit, par la recherche des hommes, et qu'une juste dé-

fiance ne l'oblige à changer de retraite. Ceux que l'inquiétude ou le besoin forcent à chercher un nouveau pays, commencent à visiter les terriers qui ont été autrefois habités par des renards; ils en écurent plusieurs, et ce n'est qu'après les avoir tous parcourus, qu'ils prennent enfin le parti d'en choisir un; lorsqu'ils n'en trouvent point, ils s'emparent d'un terrier habité par des lapins, ils en élargissent les ouvertures ou gueules et l'accommodent à leur usage. Le renard n'habite cependant pas toujours son terrier, c'est une retraite dont il use dans le besoin, mais il passe la plus grande partie du temps à se tenir couché dans les lieux les plus fourrés des bois.

Le renard a les sens aussi bons que le loup, le sentiment plus fin et l'organe de la voix plus souple et plus parfait. Le loup ne se fait entendre que par des hurlements affreux; le renard glapit, aboie et pousse un son triste : il a des tons différents, suivant les sentiments dont il est affecté; il a la voix de la chasse, l'accent du désir, le son du murmure, le ton plaintif de la tristesse, le cri de la douleur qu'il ne fait jamais entendre qu'au moment où il reçoit un coup de feu qui lui casse quelque membre; car il ne crie pas pour toute autre blessure, et il se laisse tuer à coups de bâton comme le loup, sans se plaindre, mais toujours en se défendant avec courage : il mord dangereusement, opiniâtrément, et on est obligé de se servir d'un ferrement ou d'un bâton pour le faire démordre. Son glapissement est une espèce d'aboiement qui se fait par des sons semblables et très-précipités; c'est ordinairement à la fin du glapissement qu'il donne un coup de voix plus fort, plus élevé, plus aigu et semblable au cri du paon. En hiver, surtout pendant la neige et la gelée, il ne cesse de donner de la voix, et il est, au contraire, presque muet en été.

Les renards dorment une partie du jour, ce n'est proprement que la nuit qu'ils commencent à vivre; leurs desseins ont besoin de l'obscurité, de l'absence des hommes et du silence de la nature. Nous avons dit qu'en général ils ont les sens très-fins, mais c'est le nez qui est le principal organe de leurs connaissances; c'est lui qui les dirige dans la recherche de leur proie, qui les avertit des dangers qui peuvent les menacer il assure et rectifie les indices que donnent les autres sens, et c'est lui qui a la plus grande influence dans les jugements qu'ils portent relativement à leur conservation. Aussi le renard va-t-il toujours le nez au vent.

Cet animal se loge aux bords des bois, à la portée des hameaux; il écoute le chant des coqs et le cri des volailles, il les savoure de loin; il prend habilement son temps, cache son dessein et sa marche, se glisse, se traîne, arrive et fait rarement des tentatives inutiles : s'il peut franchir les clôtures ou passer par dessous, il ne perd pas un instant; il ravage la basse-cour, il y met tout à mort, et se retire ensuite lestement en emportant sa proie qu'il cache sous la mousse ou qu'il porte à son terrier : il revient quelques moments après en chercher une autre qu'il emporte et qu'il cache de même, mais dans un autre endroit; ensuite une troisième, une quatrième fois, jusqu'à ce que le jour ou le mouvement dans la maison l'avertisse qu'il faut se retirer et ne plus revenir. Il fait la même manœuvre dans les pipées et les boqueteaux où l'on prend les grives et les bécasses au lacet : il devance le pipeur, va de grand matin et souvent plus d'une fois par jour visiter les lacets, les gluaux, emporte successivement les oiseaux qui sont empétrés, les dépose tous en différents endroits, surtout au bord des chemins, dans les ornières, sous la mousse, sous un génévrier, les y laisse quelquefois deux ou trois jours, et sait parfaitement les retrouver au besoin : il chasse les jeunes levrauts en plaine, saisit quelquefois les lièvres au gîte, ne les manque jamais lorsqu'ils sont blessés, déterre les lapereaux dans les garennes, découvre les nids de perdrix, de cailles, prend la mère sur les œufs, et détruit une quantité prodigieuse de gibier. Si le loup nuit plus au paysan, le renard nuit plus au gentilhomme.

On dit que quelquefois deux renards se joignent ensemble pour chasser d'intelligence le lièvre ou le lapin. Quand un renard poursuit son gibier, il jappe comme un chien basset après la bête ; et pendant ce temps-là un autre renard se tient au passage ou sur le bord du terrier, en attendant que le gibier vienne à passer et qu'il puisse le surprendre ; ensuite le butin devient commun entre les deux braconniers. Un autre trait de son instinct : on dit qu'il se débarrasse de ses puces en se mettant dans l'eau peu à peu, le derrière le premier ; et les puces avançant toujours jusqu'au bout du museau, alors il se plonge rapidement dans l'eau et s'en débarrasse.

### De la chasse du Renard.

La chasse du renard demande moins d'appareil que celle du loup, elle est plus facile et plus amusante. Tous les chiens ont de la répugnance pour le loup ; tous les chiens au contraire chassent aisément le renard, et même avec plaisir ; car quoiqu'il ait l'odeur très-forte, ils le préfèrent souvent au cerf, au chevreuil et au lièvre. On peut le chasser avec des bassets, des chiens courants et des briquets. Dès qu'il se sent poursuivi, il court à son terrier ; les bassets à jambes torses sont ceux qui s'y glissent le plus aisément. Cette manière est bonne pour prendre une portée entière de renards, la mère avec les petits ; pendant qu'elle se défend et combat les bassets, on tâche de découvrir le terrier par dessus, et on la fait succomber sous le plomb meurtrier ou on la saisit vivante avec des pinces : il faut donc assaillir tout d'un coup le terrier, boucher des pièges aux différentes gueules ; et comme on n'est pas toujours sûr que les vieux renards soient enfermés dans le terrier, il faut assiéger aussi les chemins battus appelés coulées, par lesquels ils vont et viennent pour chercher à vivre ; alors la nécessité de nourrir leurs petits les excite à braver les dangers, et leur défiance est anéantie par ce besoin impérieux : sans cela, un renard assiégé de pièges dans un terrier n'en sort qu'à la dernière extrémité. On en a vu un y rester quinze jours, et n'avoir plus que le souffle lorsqu'il se détermina à sortir. Ces animaux, ennemis jurés de la servitude, quand ils sont pris par le pied, sont assez sujets à se le couper à belles dents ne pouvant trouver d'autre expédient pour se sauver, et cela arrive presque certainement lorsque le jour paraît avant qu'on arrive. Mais comme les terriers sont souvent dans des rochers, sous des troncs d'arbres et quelquefois trop enfoncés sous terre, on ne réussit pas toujours. Le terrier est-il un coteau, on doit faire entrer les bassets par les trous qui sont les plus bas ; si au contraire les terriers sont sur une motte en pays plat, alors il faut faire entrer les bassets par le haut, parce que dans l'un et l'autre cas les acculs du terrier, que l'on aura à fouiller, sont moins profondes. Si le terrier est en pays uni, il est indifférent que les bassets entrent par un endroit ou par un autre, parce que les boyaux sont partout d'une égale profondeur. Il faut avoir soin de frapper à grands coups sur les terriers, parce que les renards effrayés du bruit et du tremblement de la terre, abandonnent les carrefours où ils se tiennent volontiers aux aguets pour se retirer dans leur boyau principal ou dans ses casemates qui sont d'une grande profondeur.

Lorsqu'on reconnaît que les bassets ont découvert un renard dans son terrier, il faut aussitôt en boucher tous les trous ou goulets, à l'exception de celui par où seront entrés les bassets, dans lequel on assujettira une espèce de grillage pour que les chiens puissent respirer. C'est ainsi que se fait la chasse du blaireau sous terre.

La façon la plus agréable, la plus ordinaire et la plus sûre de chasser le renard, est de commencer par boucher les terriers ; quand on est sûr que le renard est en plaine, on place les tireurs à portée, on quête avec les briquets ; dès qu'ils sont tombés sur la voie, le renard gagne son gîte : mais en arrivant sous le fusil du chasseur qui l'attend, il essuie une première décharge ; s'il a le bonheur d'échapper à la balle, il fuit de toute sa vitesse, fait un grand tour et revient encore à son terrier ; il essuie une seconde fois le feu de l'artillerie braquée contre lui : est-il encore assez heureux d'être manqué par son ennemi, et trouve-t-il l'entrée du gîte fermée, alors il prend le parti de se sauver au loin, en perçant droit en avant pour ne plus revenir. C'est alors qu'on se sert des chiens courants, lorsqu'on veut le poursuivre : il ne laissera pas de les fatiguer beaucoup, parce qu'il passe ou se précipite à dessein dans les endroits les plus fourrés, où les chiens ont grand'peine à le suivre ; et quand il prend la plaine, il va très-loin sans s'arrêter.

Il est encore plus commode, pour détruire les renards, de tendre des pièges, où l'on met pour appât un pigeon, une volaille vivante, de la chair, etc. Je fis un jour, dit Buffon, suspendre à neuf pieds de hauteur, sur un arbre, les débris d'une halte de chasse, de la viande, du pain, des os ; dès la première nuit, les renards s'étaient si fort exercés à sauter que le terrain autour de l'arbre était battu comme une aire de grange.

Lorsque les renards ne connaissent point encore les pièges, il suffit d'en tendre dans les sentiers où ils ont l'habitude de passer, de les bien couvrir avec de la terre, de l'herbe hachée, de la mousse. On y met pour appât un animal mort auquel on donne la forme d'un abattis, et on l'y laisse pourrir jusqu'à un certain degré, car l'odeur de la chair pourrie attire souvent plus le renard qu'un appât tout frais. On prétend que des hannetons, des sauterelles fricassés dans de la graisse de porc, attirent beaucoup les renards, surtout si l'on met un peu de momie et du musc. Mais ce qui paraît les allécher le plus puissamment, c'est l'odeur de la matrice d'une renarde tuée en pleine chaleur. On la fait sécher au four et elle sert pendant toute l'année. On en frotte d'abord des pierres qu'on entoure de sable, dans les carrefours des bois; les renards mâles et femelles y viennent, s'y arrêtent, y grattent, etc.; ensuite on frotte le piège de la même manière, on le recouvre de deux pouces de sable; et ordinairement cet attrait est assez fort pour vaincre l'inquiétude naturelle de cet animal.

Le renard est aussi vorace que carnassier: il mange de tout avec une égale avidité, des œufs, du lait, du fromage, des fruits et surtout des raisins; il ne dédaigne pas le poisson, les écrevisses, mais il ne rencontre pas toujours dans son chemin de bonnes aubaines. Lorsque les levrauts et les perdrix lui manquent, il se rabat sur les rats, les mulots, les serpents, les lézards, les crapauds, etc., et il en détruit un grand nombre; c'est là le seul bien qu'il procure. Il est très-avide de miel; il attaque les abeilles sauvages, les guêpes, les frelons, qui d'abord tâchent de le mettre en fuite, en s'attachant sur sa peau et le perçant de mille coups d'aiguillons: les blessures multipliées qu'il reçoit dans ce brigandage ne le découragent point; il se retire en effet, mais c'est pour écraser ces petits insectes en se roulant, et il revient si souvent à la charge que la république ailée, lassée de cette persécution, est obligée d'abandonner le guêpier et d'aller se cantonner ailleurs; alors il le déterre, et le miel plus que la cire est le fruit de sa constance victorieuse. Il prend aussi les hérissons, les roule avec ses pieds et les force à s'étendre.

Dans l'été le poil des renards tombe et se renouvelle. On fait peu de cas de la peau des jeunes renards ou des renards pris en été. La chair du renard est moins mauvaise que celle du loup; les chiens et même les hommes en mangent en automne, surtout lorsqu'il s'est nourri et engraissé de raisins. Sa peau d'hiver fait de bonnes fourrures. Cet animal a le sommeil profond, et on l'approche aisément sans qu'il s'éveille: lorsqu'il dort, il se met en rond comme le chien; mais lorsqu'il ne fait que se reposer, il étend les jambes de derrière et demeure étendu sur le ventre; c'est dans cette posture qu'il épie les oiseaux le long des levées et des haies. Les geais, les merles surtout, ont pour lui une si grande antipathie, que dès qu'ils l'aperçoivent ils le conduisent du haut des arbres, répétant souvent le petit cri d'avis, et le suivent quelquefois à plus de deux ou trois cents pas.

Nous avons parlé de l'antipathie qui existe entre les renards et les chiennes. *Buffon* fit élever des renards pris jeunes, en fit garder trois pendant deux ans, une femelle et deux mâles: on tenta inutilement de leur faire couvrir des chiennes; quoiqu'ils n'eussent jamais vu de femelle de leur espèce et qu'ils parussent pressés du besoin le plus ardent de jouir, ils ne purent vaincre l'antipathie que la nature a mise pour barrière entre le renard et la chienne; ils les refusèrent donc constamment: mais dès qu'on leur présenta leur femelle légitime, ils la couvrirent quoique enchaînés, et elle produisit quatre petits.

*Daubenton* pense que l'odeur qui s'exhale du corps des renards sauvages est peut-être la cause de l'aversion que les chiens ont pour ces animaux. Cette odeur changerait par les aliments et par le repos dans les renards domestiques après une longue suite de générations; alors les chiens, dit-il, pourraient s'accoupler avec les renards, et produire par ce mélange des *mélis* semblables aux *chiens de Laconie* dont *Aristote* fait mention, qui, dit-on, étaient produits par le chien et le renard.

Les mêmes renards dont nous avons parlé plus haut, qui se jetaient sur les poules lorsqu'ils étaient en liberté, n'y touchaient plus dès qu'ils avaient leur chaîne. On attachait souvent auprès d'eux une poule vivante, on les laissait passer la nuit ensemble, on les faisait même jeûner auparavant; malgré le besoin et la commodité, ils n'oubliaient pas qu'ils étaient enchaînés et n'attaquaient point la poule: ils dédaignaient les douceurs de la vie domestique.

L'espèce du renard est une des plus sujettes aux influences du climat; l'on y trouve presque autant de variétés que dans les espèces d'animaux domestiques. La plupart de nos renards sont roux, il s'en trouve aussi dont le poil est gris-argenté, et on les appelle en Bourgogne *renards charbonniers*, parce qu'ils ont les pieds plus noirs que les autres; ils paraissent avoir aussi le corps plus court, parce que leur poil est plus fourni: mais je ne puis décider, dit *Buffon*, si cette différence de couleur est une vraie variété, ou si elle n'est produite que par l'âge de l'animal, qui peut-être blanchit en vieillissant. Au reste tous deux ont le bout de la queue blanc. Dans les pays du Nord il y en a de toutes couleurs, des noirs, des bleus, des gris de fer, des gris-argentés, des blancs, des blancs à pieds fauves, des blancs à tête noire, des blancs avec le bout de la queue noire, des roux avec la gorge et le ventre entièrement blancs sans aucun mélange de noir, et enfin de croisés qui ont une ligne noire le long de l'épine du dos et une autre ligne noire sur les épaules, qui traverse la première; ces derniers sont plus grands que les autres et ont la gorge noire, etc. L'espèce commune est plus généralement répandue qu'aucune des autres; on la trouve partout, en Europe, en Asie; on la retrouve même en Amérique, mais elle est fort rare en Afrique et dans les pays voisins de l'Équateur.

Nos renards devenus naturels aux pays tempérés, car ils ne se sont pas étendus vers le Midi au delà de l'Espagne et du Japon; nos renards, dis-je, sont originaires des pays froids, puisqu'on y trouve toutes les variétés de l'espèce et qu'on ne les trouve que là; d'ailleurs ils supportent aisément le froid le plus extrême, et l'on en trouve à des latitudes très-élevées vers le pôle.

La fourrure des renards blancs n'est pas fort estimée, parce que le poil tombe aisément ; ces renards abondent dans toute la Laponie : les gris-argentés sont meilleurs; les bleus et les croisés sont recherchés à cause de leur rareté; mais les noirs sont les plus précieux de tous : leur poil est si fin, et si long, qu'il pend de tel côté que l'on veut, en sorte que prenant la peau par la queue, le poil tombe du côté des oreilles : c'est, après la zibeline, la fourrure la plus belle et la plus chère. On en trouve au Spitzberg, au Groënland, en Laponie, en Canada, où il y en a aussi de croisés et où la race commune est moins rousse qu'en France, et a le poil plus long et plus fourni.                                           DUROZIER.

RENONCULACÉES (botanique).—Famille de plantes qui constitue un ordre de la classe des dicotylédones polypétales à étamines hypogines. Elle se compose de plantes herbacées ou soufrutescentes, à feuilles alternes, embrassantes à leur base, le plus souvent très-divisée (elles ne sont opposées que dans le genre *clématite*). Les fleurs, très-variées, ont quelquefois un involucre formé de trois folioles, tantôt éloigné des fleurs, tantôt caliciforme. Le calice est polysépale, souvent coloré ou pétaloïde, rarement persistant ; la corolle est polypétale, mais quelquefois nulle ; les pétales sont quelquefois simples, avec une petite fossette ou une lame glanduleuse à leur base interne ; plus souvent ils sont difformes, ou irrégulièrement creusés en cornet ou en éperon, et brusquement onguiculés à leur base. Les étamines sont nombreuses, libres, à anthères continues aux filets. Les pistils, quelquefois monospermes et agrégés en une sorte de capitule, ou polyspermes et réunis circulairement, sont quelquefois soudés. Le style, très-court, est ordinairement latéral ; le stigmate simple. Les fruits sont monospermes, indéhiscents, en capitule ou en épi; ou bien ce sont des capsules agrégées, distinctes ou soudées, quelquefois solitaires, uniloculaires, polyspermes, s'ouvrant par leur suture interne, qui porte les grains; très-rarement c'est une baie polysperme. Les graines n'ont pas d'arille; l'embryon, très-petit, a la même direction que la graine, et est renfermé dans la base d'un endosperme charnu ou dur. Toutes les renonculacées sont remarquables par leur âcreté ; mais ce principe âcre et délétère est très-fugace et se perd ordinairement par la dessiccation ou l'ébullition dans l'eau. Dans quelques-unes cependant ce principe est d'une nature alcaline, comme dans les aconits. Appliquées sur la peau, les renonculacées peuvent produire la rubéfaction et même la vésication ; et l'on pourrait s'en servir pour former des vésicatoires, lorsqu'on a lieu de craindre l'action irritante des cantharides.

RENONCULE (botanique). — Genre de plantes de la famille des renonculacées, dont la plupart des espèces contiennent un principe âcre qui les rend très-irritantes et dangereuses : telles sont la renoncule âcre ou bouton d'or, *ranunculus acris*, L. ; la renoncule flamme, ou petite douve, *ranunculus*

*flammula*, L. ; la renoncule scélérate, *ranunculus sceleratus*, L. La renoncule, petite chélidoine ou ficaire, *ranunculus ficaria*, qu'on appelle *herbe aux hémorrhoïdes*, a été préconisée autrefois comme anti-hémorrhoïdale, parce qu'on supposait que, les tubercules dont se compose sa racine ressemblant assez à des fics ou à des hémorrhoïdes naissantes, la plante elle-même devait avoir sur ces tumeurs une action particulière.

RÉPERCUSSIFS (matière médicale) [de *repercutere*, faire rentrer de force].—Médicaments qui, appliqués à l'extérieur sur une partie engorgée, font refluer à l'intérieur les fluides qui l'engorgent. Les astringents, les sels, la glace, l'eau froide sont des répercussifs. Leur action se nomme *répercussion*. On a recours aux répercussifs dans les cas d'infiltrations, de foulure, d'entorse, pour combattre les hémorrhagies, les hémorrhoïdes, pour faire disparaitre une tumeur, un exanthème récent, etc.

REPRODUCTION.— Action par laquelle les êtres vivants perpétuent leur espèce. Cette expression ne s'emploie guère que pour les végétaux, qui peuvent *se reproduire* par graines, par caïeux, par boutures, par drageons, par greffe, etc. La reproduction des animaux est particulièrement exprimée par le mot *génération*. Voy. ce mot.

REPTILES (zoologie) [de *reptare*, ramper]. 3ᵉ classe des animaux vertébrés : composée d'animaux ovipares ou ovovivipares, presque tous carnivores, dont le sang, rouge et froid, a des globules elliptiques et beaucoup plus volumineux et moins nombreux que chez les mammifères et les oiseaux. « Ils respirent par des poumons (sinon dans leur jeune âge, au moins à l'état parfait); mais leur appareil circulatoire est toujours disposé de manière qu'une partie du sang veineux se mêle au sang artériel sans avoir traversé l'organe respiratoire; et le plus ordinairement ce mélange se fait dans le cœur, qui ne présente qu'un seul ventricule dans lequel s'ouvrent les deux oreillettes. Quelquefois ils manquent complétement de membres ou n'en ont que des vestiges ; mais la plupart ont quatre pattes conformées pour la marche ou pour la nage : ces membres sont, du reste, toujours trop courts pour empêcher le tronc de traîner à terre. Leur squelette a beaucoup d'analogie avec celui des mammifères et des oiseaux, mais ils ont presque toujours quelques pièces de moins. Des organes glandulaires assez nombreux entourent la bouche de beaucoup de reptiles et y versent une humeur gluante ou de la salive; quelquefois aussi des glandes qui ont beaucoup d'analogie avec les salivaires, secrètent un poison violent. — La classe des reptiles se divise en 4 ordres : les chéloniens, les sauriens, les ophidiens et les batraciens. Chez les reptiles des trois premiers ordres, la respiration est toujours pulmonaire; mais les premiers (les chéloniens) sont pourvus de membres et d'une carapace; les seconds (les sauriens) sont pourvus de membres et dépourvus de carapace; les troisièmes (les ophidiens) n'ont ni membres ni carapace. Les reptiles du quatrième ordre (les batraciens) respirent par des branchies dans les premiers temps de leur existence; quel-

quefois aussi la respiration est en même temps bran-
chiale et pulmonaire : ils ont en général des métamorphoses.

**RÉPUBLIQUE** (politique). — [du latin *res*, chose,
et *publica*, publique]. Tout Etat, tout gouvernement,
quelle qu'en soit la forme. — Dans un sens plus restreint et plus ordinaire, tout Etat où le peuple se gouverne lui-même soit inmmédiatement, soit par ses
délégués : on l'oppose à *Monarchie.* « On distingue
trois espèces de républiques : les *R. aristocratiques*,
dans lesquelles le gouvernement est entre les mains
de la haute classe des citoyens ; les *R. oligarchiques*,
dans lesquelles il se trouve entre les mains du petit
nombre ; et les *R. démocratiques*, dans lesquelles la
majorité de la nation participe elle-même au gouvernement. On pourrait y ajouter les *Républiques fédé-
ratives*, composées de plusieurs Etats ayant chacun
leur constitution particulière. »

**REQUINS** (zoologie). — Genre de poissons qui se
reconnaissent à leur mâchoire supérieure saillante,
sous laquelle s'ouvre une grande gueule armée de
dents tranchantes et dentelées en scie sur leurs bords,
au défaut d'évents et à la position de leurs ouïes dont
les dernières s'étendent sur les pectorales. On en connaît un assez grand nombre d'espèces (une quinzaine),
dont les principales sont le *R. ordinaire* et la *faux*.

Une taille de vingt-cinq pieds, une force prodigieuse,
une audace effrayante, une voracité insatiable, des
mâchoires énormes et pourvues de plusieurs rangées
de dents aiguës et dentelées, une peau dure et capable de repousser les balles, tout concourt à faire du
requin le tyran des mers. Il réunit à lui seul la férocité du tigre et la force du cachalot. Répandu dans
toutes les mers du monde, il est partout l'effroi des
animaux qui s'y trouvent habituellement ou par hasard. Il les attaque tous, les plus forts comme les plus
faibles, et en fait une épouvantable destruction.
L'homme surtout paraît être la victime qu'il recherche de préférence. Il se met à la suite des vaisseaux
pour dévorer les cadavres qu'on jette à l'eau, ou les
matelots que des accidents forcent à se jeter à la mer.
Il ne les quitte jamais au moment d'une tempête,
dans l'espoir que le naufrage lui livrera le corps de
quelques malheureux. Mais c'est principalement dans
les ténèbres de la nuit qu'il inspire le plus de frayeur ;
l'éclat phosphorique qu'il répand à la surface des flots,
et les mouvements rapides qu'il y exécute, glacent
d'effroi les plus intrépides spectateurs. Sa gueule est
si vaste que jamais il ne mâche sa proie ; il l'avale
toujours tout entière, quelque grande qu'elle soit.
L'homme, le cheval et même le bœuf peuvent, dit-on,
être engloutis dans ce gouffre animé. Heureusement
ce poisson a un ennemi redoutable dans le *mular*,
espèce de cachalot qui lui fait une guerre à mort.
L'homme le poursuit aussi pour avoir sa chair qui est
agréable quand il est jeune, son foie, qui fournit de
l'huile bonne pour l'éclairage, et sa peau qui, par sa
dureté, sert à faire des souliers, des harnais et même
de petites nacelles chez les Groënlandais.

La *faux* ou *renard* a été ainsi nommée à cause de la
longueur du lobe supérieur de sa caudale, qui surpasse le tiers du corps entier ; ce poisson, quoique
moins renommé que le requin pour sa férocité, doit
cependant être très-redoutable, si on considère la
force de ses dents, l'agilité de ses mouvements et la
grandeur de sa taille, qui est de quinze pieds. Mais
comme il est plus rare que l'espèce précédente, on a
été moins souvent témoin de ses actes de férocité, et
ses habitudes sont beaucoup moins connues.

Le *requin bleu* a le corps plus mince que les précédents ; il est d'un bleu d'ardoise en dessus, et d'un
blanc mat en dessous ; il a les pectorales très-longues
et très-pointues. On le prend quelquefois sur nos
côtes (*Salacroux*).

**RÉSINE.** — Principe immédiat des végétaux, composé d'oxygène, d'hydrogène et de carbone. Les résines, dont il existe un grand nombre d'espèces, sont
des substances solides, cassantes, inodores, insipides
ou âcres, un peu plus pesantes que l'eau, jaunâtres et
plus ou moins transparentes. Toutes s'électrisent d'une
manière négative par le frottement ; aucune n'est con-
ductrice du fluide électrique ; l'air n'a aucune action
sur elles à la température ordinaire ; elles sont toutes
insolubles dans l'eau ; la plupart se dissolvent dans
l'alcool, dans le jaune d'œuf, dans l'éther sulfurique,
dans les huiles grasses et essentielles. Il y a des différences remarquables entre les résines suivant leurs
différentes origines : on peut les diviser en trois classes, savoir : les résines liquides, les résines solides et
les résines gommeuses ; on peut aussi distinguer les
résines en naturelles et en artificielles. Un grand nombre de résines découlent du tronc et des branches de
certains arbres.

*Résines liquides.* — Ce sont des produits excrétoires
des végétaux, de nature inflammable, ayant une consistance moyenne entre les huiles volatiles et les résines
sèches ; les résines liquides les plus connues sont les
baumes du Canada, de Copahu ou du Brésil, de la Judée ou de la Mecque, de poix, le périnet vierge, la résine liquide de larix ou du mélèse ; la térébenthine de
Chio, celle dite de Venise.

*Résines solides.* — Ce sont la poix résine, la poix
blanche ou grecque, le storax solide, la sandaraque, le
benjoin, le sang-dragon, etc.

*Résines gommeuses.* — Ces résines sont l'ammoniaque ; le bedellium, le galbanum, l'assa-fœtida, l'elemi,
le caranna, la gomme de lierre, le labdanum, la sar-
cocolle, etc.

On fait un grand usage de ces diverses résines, soit
dans les arts, soit dans la médecine et la parfumerie,
ce qui en fait un objet important de commerce. Nous
les avons décrites dans leur ordre alphabétique.

**RÉSOLUTIFS** (matière médicale). —Médicaments
qui déterminent la résolution des engorgements. Ils
sont pris soit dans la classe des émollients, soit dans
celle des excitants et des toniques, selon que la tumeur est de nature inflammatoire ou atonique. Les
alcalis, les carbonates de soude et de potasse, le savon, plusieurs eaux minérales, sont employés particulièrement dans le but de résoudre les engorgements
lymphatiques.

**RESPIRATION** (physiologie). — Fonction qui a

pour objet d'introduire dans les poumons l'air atmosphérique, afin de mettre les matériaux du sang (sang veineux mêlé à la lymphe et au chyle) en contact avec cet air, pour en compléter l'hématose, et donner au liquide les qualités vivifiantes propres au sang artériel. Les organes chargés de cette fonction sont les *poumons*.

Les divers organes qui concourent au phénomène de la respiration chez l'homme sont 1° le *pharynx* ou arrière-bouche, qui reçoit de l'air de la bouche ou des fosses nasales, et le transmet au larynx; 2° le *larynx*, qui le transmet à la trachée-artère, laquelle n'en est que le prolongement; 3° la *trachée-artère*, qui se divise en deux canaux appelés *bronches*, lesquels, en se ramifiant à l'infini, forment les *poumons*, où l'air va purifier le sang. Le mécanisme de la respiration est tout entier dans les mouvements successifs de contraction et de dilatation de la poitrine, et, par suite, des poumons, mouvements qui produisent l'expiration et l'aspiration (inspiration) de l'air atmosphérique.

*Étude de la respiration* (1).

La quantité de carbone que brûle un individu de l'espèce humaine peut être évaluée, d'après les plus récentes et les plus exactes recherches, à 5, 10 ou 12 grammes par heure, selon l'âge et le sexe.

Le mouvement respiratoire est parfaitement régulier et même en quelque sorte *rhythmique* dans les conditions normales de la vie. Il est donc facile de mesurer et d'analyser la quantité d'air inspirée et de répéter la même étude sur l'air expiré, puisqu'on peut savoir combien de fois le sujet de l'expérience respire par minute.

Chaque expiration est chez l'homme adulte de 1/3 de litre à 1/2 litre; d'après les recherches de M. Bérard (de Montpellier), il se fait 16 mouvements respiratoires par minute; il suit de là que par minute l'homme absorbe 8 litres d'air environ, c'est-à-dire 488 litres par heure à la température de 15° et sous la pression de 0,760.

Dans l'air rendu, on trouve 4 pour cent en volume d'acide carbonique, ce qui fait, pour 488 litres d'air, 18 litres de gaz acide à 0°.

C'est 9 grammes 83 de carbone qui ont été brûlés; la quantité d'oxygène qui est intervenue est de 26 grammes 21 : en volume à 15°, 19 litres 2 dixièmes de ce gaz.

M. Dumas a prouvé qu'il n'y avait pas seulement de carbone brûlé dans la respiration; il se forme en outre de l'eau; il se brûle de l'hydrogène.

Dans une heure il y a, d'après les recherches du savant chimiste, 38 gr. 889 d'oxygène absorbé, il s'est produit par heure 42 gr. 14 d'acide carbonique; 9 gr. 375 d'eau résultant de la combustion de l'hydrogène du sang. En une heure, enfin, un homme brûle une quantité d'hydrogène et de carbone qu'on peut égaler dans ses résultats à 10 gr. de carbone; par jour, 240 gr.

(1) Analyse d'une leçon du cours de M. Boussingault (1857), par M. Platt.

Un homme anéantit donc 2,137 litres d'air atmosphérique par heure, en absorbant 447 litres d'oxygène qui servent à la formation d'acide carbonique et d'eau.

Un homme ne vivrait pas cependant une heure dans une cloche de la capacité de 2,137 litres remplie d'air atmosphérique; une bougie s'éteint dans un volume confiné d'air, un animal y meurt bien avant que l'oxygène n'ait été complétement assimilé. Au lieu de 21 0/0 d'oxygène que contient l'air, il en reste 16 0/0 dans l'atmosphère où ces phénomènes se passent.

C'est une importante question de connaître la quantité-limite d'oxygène nécessaire à la respiration. Dans une galerie de mine où les ouvriers respiraient péniblement, on trouva 16,4 d'oxygène : les lampes n'y brûlaient pas. On a remarqué, en effet, que les hommes peuvent encore respirer dans un air impropre à entretenir la combustion d'une lampe.

Dans une autre galerie où un homme avait été asphyxié, on trouva 10 0/0 d'oxygène, il n'y avait pas d'acide carbonique, particularité curieuse dont nous rapporterons plus tard l'explication.

L'administration de la guerre a fait faire des recherches par les hommes les plus compétents pour savoir quelle quantité d'air était nécessaire à chaque homme.

Un homme émet 12 litres d'acide carbonique pendant 8 heures de nuit, qu'il passe dans la chambrée; ce chiffre résulte des recherches d'un chimiste allemand, qui étudia la respiration pendant le sommeil. Il eut d'abord, dit M. Boussingault, beaucoup de peine à endormir les soldats qui servaient à ses expériences; il leur donna successivement plusieurs livres pour les disposer au sommeil; mais l'ouvrage qui réussit le mieux fut le *Télémaque*, de Fénelon.

Il y a en outre pendant 8 heures de sommeil 40 gr. de vapeur d'eau exhalée; dans un air saturé d'humidité un homme est mal à son aise.

Au théâtre de l'Opéra-Comique, à Paris, un jour où se trouvaient 1,000 personnes à la représentation, on a trouvé que la salle était de 3,500 mètres cubes, il restait à la fin 20,6 0/0 d'oxygène; 3 millièmes de différence avec les proportions normales. La ventilation était donc suffisante; il y avait cependant près de dix fois plus d'acide carbonique qu'à l'extérieur.

Quand une atmosphère contient 20 0/0 d'acide carbonique, un animal y meurt, si le gaz provient de la décomposition d'un carbonate par un acide; si le gaz résulte de la combustion du charbon, l'animal meurt bien avant que l'air n'en renferme cette quantité. En effet, il contient alors de l'oxyde de carbone, gaz délétère dont les effets sont des plus rapides.

On conçoit facilement quel danger présentent les réchauds et les foyers mal ventilés à la surface desquels il se produit un gaz vénéneux.

Il n'est pas besoin de grandes précautions pour renouveler l'air d'une chambrée ou d'une écurie; la différence des températures extérieure et intérieure suffit presque à produire des courants et des échanges de gaz par les fissures des parois.

Si l'on étudie maintenant la respiration du cheval et du bétail, on trouvera un même ordre de phénomènes; les proportions seules varient suivant la taille de l'animal.

Un cheval en une heure produit 190 litres d'acide carbonique; en une heure il consomme 188 litres d'oxygène, C'est 90 mètres cubes d'air par 24 heures qu'il rend irrespirables.

La respiration est une fonction d'une nécessité indispensable. Cette fonction commence et finit avec l'être animé, car si elle est suspendue quelque temps, il périt asphyxié. Cette asphyxie peut arriver de six manières différentes : 1° si le sujet est plongé dans le vide ; 2° s'il inspire un gaz impropre à la respiration ; 3° s'il est plongé dans l'eau ; 4° si l'on s'oppose à l'introduction de l'air dans les poumons ; 5° si l'on opère la section des nerfs qui portent le sentiment à cette fonction ; 6° par la suppression des puissances musculaires elles-mêmes.

**RESPONSABILITÉ MÉDICALE.** — Voilà une des questions les plus graves et les plus délicates qu'un médecin puisse être appelé à traiter, car cette responsabilité n'a pas seulement lieu vis-à-vis de la loi, mais encore envers Dieu, envers l'opinion publique et envers lui-même. Pour traiter complétement ce sujet, il nous faudrait exposer les devoirs du médecin dans l'exercice de son art, prévoir les cas de conscience qui peuvent se présenter dans ses rapports avec ses malades, avec ses concitoyens, avec les magistrats et les ministres de la religion. Disons que la plupart de ses devoirs se trouvent formulés dans l'éducation tout entière du médecin, depuis ses études classiques jusqu'à la fin de ses études médicales, jusqu'à la fin de son entrée dans le monde.

Le docteur Eusèbe de Salles a si bien exposé ce sujet dans son *Traité de médecine légale*, que nous ne pouvons mieux faire que de présenter ici l'analyse de son travail.

Le rigorisme change avec les siècles, il s'affaiblit, se transporte d'un point sur un autre, et, ce qui est à peine croyable, déplace avec lui la morale et la loi religieuse. Zacchias, dans son traité de *Medicorum erroribus, a lege punibilibus,* ordonné, sous peine de péché mortel, de faire administrer les sacrements aux moribonds; il affirme que toujours cette opération améliore l'état du malade. *Videtur enim anima deposita gravissima ac pernecanti peccatorum sarcina recreari, ac respirare, et ex hoc ipsissimum corpus à morbis levari.* Cent cinquante ans après, voici ce que Fodéré a écrit sur le même sujet : « Je puis affirmer avec vérité que, quelle qu'ait été la piété des personnes, l'accomplissement de ce devoir a toujours amené le trouble et la faiblesse dans les forces vitales, la décomposition dans les traits du visage, et qu'enfin il a toujours aggravé la maladie. J'en excepte pourtant les malades que j'ai traités à l'hôpital de Trévoux, malheureux habitants du pays d'étangs, êtres insensibles, à qui la mort paraît aussi indifférente que la vie. Mais dans le midi de la France, en Italie, en Piémont, en Savoie, dans les hôpitaux comme chez les particuliers, j'ai constamment remarqué les fâcheux effets de cette sorte d'avis de se disposer à quitter le monde, chez le dévot comme chez le profane, chez

le prêtre comme chez le séculier. Dans les premiers temps de mon exercice médical, j'ai été quelquefois la dupe des malades pieux qui me priaient de les avertir du danger, m'assurant qu'ils étaient résignés, et que je leur rendrais service ; mais lorsque je tenais parole, je ne reconnaissais plus cette force d'âme et cette résignation. » Le médecin du pape Innocent X était de bonne foi ; mais enfin, sa position l'aurait obligé aujourd'hui même à tenir le même langage, en le tempérant tout au plus par quelque réticence au profit des malades qui auraient plus de peur de la mort que de la damnation.

Ce qu'il y a de mieux à faire dans ces cas, c'est de prévenir les parents ou les assistants du danger de la maladie et de la nécessité de mettre ordre aux affaires du patient. Dès lors, il y a moins de court plus de risques d'aggraver l'état du malade. — Le traité de Zacchias est, ainsi que la citation l'indique, une espèce de guide pour la conscience du médecin dans l'exercice de son art. A part une foule de questions relatives au droit canon, il traite beaucoup de questions purement morales, telles que les suivantes : Si un médecin peut abandonner les principes de l'art tel qu'il les a appris; s'il peut traiter par consultation écrite un malade qu'il n'a pas vu ; s'il peut conseiller les plaisirs de l'amour comme un remède; s'il peut abandonner un malade qui se refuse au traitement qu'il conseille ; s'il peut entreprendre plus de malades qu'il n'en peut soigner avec attention; s'il peut abandonner un lieu attaqué de la peste, etc., et mille autres questions, qu'il résout avec un sens droit et une morale d'honnête homme; il a été, ce me semble, un guide moins sûr dans des questions de responsabilité devant la loi; je traduis quelques-unes de ses propositions : il commence par établir que l'ignorance est punissable par la loi humaine et par la loi canonique, puis il établit les présomptions suivantes d'ignorance: Une maladie rare absolument, ou seulement qui n'avait jamais été vue par le médecin, se présente; il néglige d'appeler en consultation un médecin plus expérimenté que lui.

Le médecin fait usage d'un remède ayant avec la maladie une opposition ou une contre-indication non connue du vulgaire, mais pourtant capable de compromettre les jours du malade, comme, par exemple, dans le cas d'un praticien cité par Amatus Lusitanus, qui prescrivit du vinaigre contre la colique.

L'indication d'un remède énergique est suivie par le médecin, sans tenir compte d'une contre-indication plus forte : ainsi, une fièvre vive et continue indique la saignée; cette opération est pratiquée nonobstant un flux de ventre qui épuise rapidement les forces du malade; et réciproquement une indication majeure est sacrifiée à une contre-indication légère; la douleur, la fièvre et l'inflammation du bas-ventre exigent une saignée qu'on néglige de pratiquer à cause d'un léger flux de ventre.

Un symptôme dominant absorbe toute l'attention et fait négliger l'affection principale, et réciproquement trop de préoccupation de la maladie essentielle fait négliger un symptôme qui surpasse bientôt en gravité la maladie elle-même. Ainsi, les accès d'une fièvre tierce sont accompagnés d'une cardialgie des plus insupportables, le médecin explique la douleur par l'irruption de la bile dans l'estomac, et fait prendre des aliments au malade un peu avant l'accès ou pendant l'accès même. Le malade meurt. Zacchias ajoute que la même pratique lui a permis de dérober à des douleurs atroces et à la mort même des malades chez qui sans doute la cardialgie n'était que symptomatique et secondaire. Cette pratique a été recommandée par Galien.

Un symptôme dépendant de la maladie elle-même est pris pour une crise, et négligé ou même encouragé. Ainsi, Galien rapporte qu'un jeune médecin mit dans un bain chaud un malade qui avait une sueur causée par la syncope; la sueur augmenta et le malade mourut.

Une maladie pernicieuse commence avec des apparences légères ; cependant un symptôme est mêlé aux autres, qui par sa discordance indique le danger; le médecin s'en fie aux apparences dominantes, et laisse gagner du terrain au mal.

Voici maintenant quelques-uns de ses exemples de dol ou de fraude : le médecin, dans une maladie dont les remèdes sont certains et connus, néglige les remèdes certains et connus pour recourir à des remèdes inusités ; ou bien dans une affection très-légère, il a recours aux remèdes violents, l'ellébore, l'antimoine, le mercure.

Les remèdes employés étaient hors de proportion avec la maladie, la constitution du malade, son âge, la saison, la constitution régnante. Ainsi qu'à un malade faible, à un vieillard, en plein hiver, on tire du sang; qu'à un individu tourmenté par une grande difficulté de respirer, on donne un vomitif violent.

Le médecin fait usage de remèdes énergiques sans les avoir fait précéder de la purgation et de la dépuration des humeurs obligées en pareille occurrence. Ainsi, il fait boire des eaux thermales à un cacochyme sans l'avoir purgé; il traite par un liniment très-échauffant la gale d'un pléthorique sans l'avoir préalablement saigné.

Le médecin agit hors du temps opportun, il purge avant la coction opérée, et purge dans les jours critiques sans motif apparent. Zacchias cite à ce sujet Aristote, qui rapporte dans sa *Politique* que chez les Égyptiens il n'était pas permis de purger avant le troisième jour. Le médecin qui prenait sur lui d'enfreindre cette règle le faisait à ses risques et périls, etc.

Certes, ce casuisme comparé à nos idées médicales modernes accuse une révolution plus significative que celle que nous avons fait remarquer déjà à propos des sacrements administrés aux moribonds. La foi médicale est encore plus perdue que la foi religieuse, car les assertions de ce médecin, instruit et sensé pour son temps, nous paraissent aujourd'hui pis que dangereuses et révoltantes, elles nous semblent absurdes et ridicules. Quel est, je le demande, le médecin qui ne s'expose pas chaque semaine, non pas seulement au reproche d'ignorance, mais à l'accusation de dol et de fraude; mais il s'y expose sans remords, car l'arche

sainte du galénisme est renversée, le temple des crises hippocratiques est en ruines ; vingt systèmes se sont disputé depuis l'empire du nom de savant, et n'ont produit que l'anarchie. Il serait bien singulier que la responsabilité devant la loi humaine fût restée debout, tandis que la responsabilité morale se perdait. Quelques procès récents tendraient à nous le faire croire : un médecin de Domfront, le docteur Hélie, est appelé auprès d'une femme qui depuis dix-huit heures était en travail. Les deux bras de l'enfant étaient sortis de l'utérus, l'un jusqu'à l'épaule, l'autre jusqu'au coude. Le col de l'organe les tenait tellement serrés que la circulation semblait y être entièrement arrêtée, et la couleur bleuâtre de ces extrémités pouvait faire croire qu'elles étaient gangrenées. L'accoucheur tenta d'introduire sa main dans la matrice, mais le simple contact arrachait à la malade des cris lamentables, et produisait même des convulsions. Elle assura, a-t-on prétendu, que depuis quelque temps tous les mouvements avaient cessé. Enfin tout faisait présumer que l'enfant était mort dans le sein de sa mère. Tout espoir de le sauver était donc perdu, et le danger de la mère était imminent. Le médecin déclare au père qu'il ne peut plus répondre de la vie de sa femme, et que l'accouchement est impossible s'il ne l'autorise à couper les bras de l'enfant déjà mort. Toute latitude lui est accordée, et aussitôt, avec un couteau fraîchement aiguisé, il coupe jusqu'à l'épaule le premier bras: pas une goutte de sang ne paraît. La probabilité de la mort de l'enfant se change pour lui en certitude. Si quelque doute pouvait rester, le résultat de cette amputation devait être une conviction pour le médecin : aussi rien ne l'arrête, et le second bras est coupé à l'articulation du coude. Il ne s'en échappe pas plus de sang que du premier. Après ces sinistres préliminaires, l'accouchement devient facile et il est bientôt terminé. Le corps de l'enfant est posé par terre; pendant que le médecin est occupé à donner à la malade les derniers soins nécessaires pour compléter l'accouchement, quelqu'un s'écrie que l'enfant remue. L'accoucheur répond qu'il l'aura peut-être en passant fait mouvoir avec son pied; on insiste; et bientôt les cris de l'enfant se font entendre. Alors plus de doute, il reconnaît que effroi que ce corps mutilé est plein de vie. Aussitôt, il s'empresse de faire les pansements nécessaires pour conserver cette vie qui doit servir de base à une accusation, et se retire de la maison avec une précipitation qu'on a voulu blâmer, mais que l'on excusera facilement, si l'on réfléchit combien, dans une pareille circonstance, le sang-froid était difficile. Le lendemain, il se disposait à continuer ses soins à la mère et à l'enfant, lorsqu'on lui apprit que s'il retournait auprès d'eux ses jours ne seraient pas en sûreté; que les paysans ameutés se préparaient à le punir de ce qu'ils appelaient sa barbarie, et que le père, qui la veille avait consenti à l'amputation du bras, partageait le mécontentement général. Il s'abstint donc d'y aller, mais les jours suivants ce fut lui qui fournit aux parents tout ce qui était nécessaire pour les pansements. Quelque temps après, le médecin fut, à la requête du père de l'enfant, appelé à répondre à une accusation judiciaire. Les juges écartèrent l'action criminelle en admettant l'action civile, mais, reconnaissant l'insuffisance de leurs lumières dans un cas de cette nature, ils s'adressèrent à l'Académie royale de médecine. Une première commission de ce corps savant déclara que le docteur Hélie avait fait une faute. Ce rapport, quoique non officiel, fut publié par un journal. Une seconde commission, dont Dupuytren faisait partie, et ayant M. Double pour rapporteur, présenta d'autres conclusions, qui furent transmises officiellement au tribunal de Domfront. Elles se résumaient à dire que les documents transmis n'étaient ni assez complets ni assez clairs pour permettre de porter un jugement. C'était une manière timide et indécise d'éluder de se prononcer. Le tribunal crut avec raison lire la véritable pensée de l'Académie dans le premier rapport qui avait été rendu public, nonobstant son manque de caractère légal, et condamna le docteur Hélie à payer à l'enfant Foucault, à partir du jour de la demande, une rente viagère et alimentaire, et exempte de retenue, de cent francs par an; jusqu'à ce que ledit enfant Foucault ait atteint l'âge de dix ans, et de deux cents francs aussi par chaque an depuis l'époque où il aura atteint l'âge de dix ans, et pendant tout le reste de la vie de cet individu.

Cinq ou six mois après cette affaire, la cour royale de Paris eut à juger un autre procès en responsabilité médicale : la femme Durand s'était présentée chez le sieur Charpentier, officier de santé, pour recevoir de lui les soins nécessaires à une luxation du poignet. Charpentier appliqua des éclisses et des bandages. Bientôt des tumeurs se formèrent, la gangrène survint, et le traitement eut pour résultat que, la main se retirant sur l'avant-bras, la femme Durand fut estropiée et ne put plus se servir de sa main. Sur les réclamations de la malade, Charpentier fut condamné par le tribunal de police correctionnelle à 16 fr. d'amende et 4,000 fr. de dommages-intérêts. Sur l'appel interjeté devant la cour, M. Ollivier (d'Angers), appelé comme expert, déclara que la luxation du radius et la fracture du cubitus nécessitaient une opération de grande chirurgie qui obligeait un officier de santé à appeler comme conseil un docteur en chirurgie; il déclara de plus que si la femme Durand était estropiée, c'était moins par suite de la luxation que de la construction du bandage, et que l'apposition des éclisses avait occasionné des eschares entrant dans les chairs. La cour confirma le jugement de première instance.

Le 17 décembre de la même année, le tribunal civil d'Evreux condamna à des dommages-intérêts le docteur Thouret-Noroy, accusé d'avoir, dans une saignée, blessé l'artère brachiale, dissimulé sciemment cette erreur, négligé les moyens indiqués par l'art, puis enfin abandonné son malade, auquel un autre confrère eut obligé d'amputer le bras tombé en gangrène. Le docteur Thouret en appela à la cour royale de Rouen, qui rendit l'arrêt suivant : Attendu qu'il résulte de l'ensemble des dépositions des témoins de l'enquête directe : 1° Que les personnes présentes lors de la saignée faite par Noroy, au bras de Guigne, furent étonnées de l'effet immédiat de cette saignée, de la manière dont le sang jaillissait et brouait ou brouissait, de la couleur du sang, de l'insistance que Noroy, malgré les observations qui lui furent faites, mit à ce que le sang fût jeté, ce qu'il exécuta lui-même et presque immédiatement; des symptômes alarmants qui suivirent cette saignée. 2° Que pendant dix-huit jours Guigne se plaignit continuellement de la douleur qu'il éprouvait au bras; qu'une tumeur se manifesta bientôt au siége de la saignée, et augmenta chaque jour; que pendant ce temps Guigne a été obligé de garder le lit, et qu'on avait beaucoup de mal à lui passer ses vêtements lorsqu'il se levait. 3° Que dans cet intervalle, Guigne ne s'est livré et ne pouvait se livrer à aucune espèce de travail; qu'après ces dix-huit jours, la tumeur présentait la grosseur et le volume d'un œuf; que cependant Noroy disait que ce n'était rien, et qu'il donnerait de quoi faire passer cette tumeur;

Attendu qu'il est inutile de s'attacher aux petites fioles fournies au malade par Noroy, aux substances qu'elles contenaient, à la couleur qu'elles offraient à l'œil, et à la douleur qu'elles ont produite au bras de Guigne;

Qu'il suffit qu'il soit prouvé et même reconnu par Noroy qu'il a fourni les fioles et les liqueurs qu'elles contenaient, pour qu'il demeure constant que longtemps après la saignée le malade souffrait beaucoup, et que le siége du mal était à l'endroit de cette saignée, où l'on remarquait cette forte tumeur, attestée par un grand nombre de témoins, et dont Noroy n'a pu diminuer le volume, nonobstant ses diverses applications ou compressions;

Attendu que c'est après diverses tentatives sans succès, et dans un moment où Guigne avait le plus grand besoin de l'assistance et des services de son médecin, que celui-ci, désespérant sans doute de pouvoir guérir ou au moins soulager son malade, l'abandonna à ses souffrances;

Attendu qu'aux symptômes qui ont accompagné la saignée, aux événements qui sont survenus postérieurement, à la tumeur qui s'est formée et a progressivement augmenté, aux douleurs continuelles du malade, à l'impossibilité où il était de se livrer à aucun travail, à l'inefficacité des remèdes de Noroy, et à l'abandon du malheureux Guigne, il faut réunir ce qui s'est passé ultérieurement et les autres circonstances que révèle également l'enquête;

Qu'il résulte des dépositions de quatre témoins, au moins des trois témoins qui ont été présents aux opérations antérieures à l'amputation, que l'officier de santé leur fit palper et reconnaître les battements qui existaient à la tumeur; que lorsqu'elle fut ouverte il en sortit du sang caillé et du sang liquide couleur rouge; qu'ils reconnurent que la piqûre existait à l'artère; qu'ils jugèrent à l'odeur et à la couleur du sang que c'était du sang artériel, et qu'ils ont vu le sang jaillir de l'artère avant l'introduction de la sonde; qu'enfin la gangrène survenue a nécessité l'amputation;

Que Noroy, présent à l'enquête, n'a fait aucune observation, aucune interprétation lors de la déposition de Chouippe (l'officier de santé qui pratiqua l'amputation), quand il avait tant d'intérêt à contredire des déclarations et les symptômes dont l'officier de santé rendait compte;

Attendu qu'il est également établi, par tous les documents du procès, que c'est par le fait de Noroy, par le résultat de la saignée qu'il a pratiquée, par la lésion de l'artère brachiale, par l'inefficacité de ses remèdes, par sa négligence grave, par une faute grossière, notamment par l'abandon du malade, dont il a refusé de visiter le bras lors même qu'il en était par lui requis, que l'amputation du bras de l'infortuné, quoique après les opérations réitérées et douloureuses qu'il avait subies, est devenue indispensable;

La cour, par ces motifs, confirme le jugement de première instance, et, de plus, condamne Thouret-Noroy, et par corps, à 100 fr. à titre de supplément de dommages-intérêts.

Ce jugement ne fait point mention d'une expertise médico-légale; la cour, comme le tribunal d'Evreux, s'est faite juge de la question médicale, non pas seulement sans l'aide des lumières d'un expert, mais en écartant et méprisant une consultation médico-légale, rédigée par plusieurs médecins honorables de Rouen, MM. Flaubert, Holles, Lendet, Blanche, Couronné, Désalleurs et Pillore. Cette consultation justifiait la conduite du docteur Thouret-Noroy, et déclarait que la tumeur, suite de la saignée, avait été un thrumbus et non pas un anévrisme.

Dans l'ancienne jurisprudence, les procès de responsabilité médicale n'ont pas été rares : un arrêt du parlement de Bordeaux, rendu en 1596, condamna en 150 écus de dommages les enfants d'un chirurgien qui avait blessé un malade en le saignant; le 30 janvier 1503, un arrêt du parlement de Paris condamne à 150 livres de dommages un chirurgien qui, en saignant une femme, lui avait offensé le tendon. La femme demandait une pension alimentaire, n'étant pas en état de gagner sa vie.

Il est assez remarquable que toujours les cas qui motivent ces procès sont des cas chirurgicaux; la tentative de rendre le médecin responsable du mal attribué à une ordonnance n'a pas eu le même succès. En 1707, un sieur Lenoir concluait en 500 livres de pension contre un médecin de Saint-Denis, appelé Seignoret, sur ce qu'il lui avait ordonné mal à propos des saignées; la demande du malade fut repoussée.

Citons les articles de loi qui aujourd'hui paraissent avoir servi de base aux procès de responsabilité :

Articles du code pénal : « 319. Quiconque, par ma-
» ladresse, imprudence, inattention, négligence ou
» inobservation des réglements, aura commis invo-
» lontairement un homicide ou en aura été la cause
» involontaire, sera puni d'un emprisonnement de
» trois mois à deux ans, et d'une amende de 50 fr.
» à 600 fr.

» Art. 320. S'il n'est résulté du défaut d'adresse ou
» de précaution que des blessures ou coups, l'empri-
» sonnement sera de six jours à deux mois, et l'a-
» mende de 16 francs à 100 francs. »

Articles du Code civil. « Art. 1382. Tout fait quel-
» conque de l'homme qui cause à autrui un dommage
» oblige celui par la faute duquel il est arrivé à le ré-
» parer.

» Art. 1383. Chacun est responsable du dommage
» qu'il a causé, non-seulement par son fait, mais en-
» core par sa négligence ou par son imprudence. »

Ces articles ne font pas mention des médecins, mais ils ne les exceptent pas de la règle générale. L'art. 29 de la loi du 19 ventose an II, relative à l'exercice de la médecine, concerne spécialement l'officier de santé :

« Les officiers de santé ne pourront pratiquer les
» grandes opérations chirurgicales que sous la sur-
» veillance et l'inspection d'un docteur, dans les lieux
» où celui-ci sera établi. Dans les cas d'accidents gra-
» ves arrivés à la suite d'une opération exécutée hors
» de la surveillance et de l'inspection prescrite ci-des-
» sus, il y aura recours à indemnité contre l'officier
» de santé qui s'en sera rendu coupable. »

Maintenant, nous pouvons entamer le fond de la question.

D'après la législation qui nous régit, la responsabilité des médecins peut être considérée sous deux points de vue : dans l'un, sa négligence ou son imprudence formerait un délit, et le soumettrait à l'action criminelle ou plutôt correctionnelle; dans l'autre, l'une ou l'autre ne serait qu'un quasi-délit, et donnerait contre lui une action civile. Dans le premier cas, le ministère public pourrait poursuivre, même quand la partie lesée s'en abstiendrait. Cette question s'est présentée au parquet de Paris, lorsque sept épileptiques furent empoisonnés à Bicêtre par de l'acide cyanhydrique mal préparé; elle fut résolue par la négative; les poursuites n'eurent pas lieu. Dans le second cas, les poursuites ne peuvent avoir lieu qu'à la requête de la partie civile. Examinons le premier point de vue. Les faits de négligence, de maladresse ou d'inattention, que l'art. 319 a voulu punir, supposent toujours dans leur auteur la cause du préjudice qu'il peut occasionner : l'homme qui place un vase sur le bord d'une fenêtre élevée sait bien qu'en ne fixant pas ce vase il expose les passants à la mort; l'homme qui, monté sur un cheval fougueux, s'élance au galop dans une rue fréquentée, sait bien qu'il expose un grand nombre de personnes; tous deux ont établi pour l'homicide des chances qu'ils pouvaient calculer, qu'ils pouvaient éviter. Quelle parité avec la position du médecin ou du chirurgien dont la faute causerait la mort du malade? Quelque hardie que soit l'opération, quelque énergiques que soient les remèdes, non-seulement l'intention de nuire n'existe pas; les chances de nuire ont été vues, calculées, mais balancées avec les chances de guérir; ces dernières ont été trouvées plus fortes, l'espérance de leur succès reste seule dans l'esprit au moment de l'action. L'imprudent ou le négligent que la loi a voulu punir offrait la mort sans aucune compensation. S'il y a témérité dans le calcul des chances favorables et défavorables, cette témérité pouvait faire non-seulement le salut d'un malade, mais de tous ceux qui désormais se seraient trouvés dans le même cas. Si l'acide hydrocyanique avait triomphé de l'épilepsie, quelle récompense aurait pu être d'accord avec la grandeur de la découverte! La société ne peut avoir de châtiments pour une expérience qui ne réussit pas, quand, d'autre part, elle n'a pas de moyens de reconnaissance proportionnés au succès de celui qui réussit. Notre opinion s'appuie sur plusieurs arrêts : le parlement d'Aix décida, le 24 avril 1654, que l'action criminelle ne comptait point contre un apothicaire ou un chirurgien qui auraient mal pansé un malade par ignorance. Le parlement de Paris décida, le 15 juin 1602, que les médecins et chirurgiens ne pourraient être tenus des accidents qui surviennent à leurs malades; tous les jugements et arrêts que nous avons cités dans la leçon précédente ont pareillement écarté l'action correctionnelle, ou, ce qui revient au même, ne l'ont pas élevée. Cependant, un fait récent paraît ébranler cette jurisprudence : la cour royale de Paris a confirmé un jugement du tribunal de première instance qui avait fait à un médecin l'application de l'art. 319. Le docteur Pharamond, qui guérit les loupes avec un emplâtre, a été condamné comme coupable d'homicide involontaire ; mais, à l'audience comme dans sa conduite, ce médecin avait fait preuve d'une imprudence égale à son ignorance; de plus, il portait illégalement la croix de la Légion d'honneur. Ces circonstances accessoires firent évidemment écarter les juges du principe. L'article de la loi relatif aux officiers de santé ne parle que d'une action civile. L'art. 320 n'est pas applicable non plus, nous ne disons pas à *fortiori*, car, par une disposition qui a l'air d'une bizarrerie, le Digeste, qui rend le médecin responsable des fautes d'impéritie, déclare que l'événement de la mort ne peut lui être imputé ; il y aurait donc moins de danger à tuer son malade qu'à l'estropier. La loi romaine ne peut pas avoir voulu cela; elle a seulement voulu fermer la porte à un abus, empêcher qu'après chaque mort les parents répondissent par une accusation d'homicide à la demande des honoraires du médecin : elle a voulu éviter aussi la question insoluble, à savoir si la mort était la conséquence du mal ou du remède.

Donc, point d'action correctionnelle, mais dans la société, où tout le monde est responsable de ses fautes, le médecin aura-t-il le droit d'une impunité entière, quand de ses fautes dépendent la vie, la mort, la capacité ou l'incapacité de travail, conséquemment la fortune ou la misère. « Les médecins qui ont abordé ce sujet ont consulté leurs sentiments plutôt que la législation; ils ont dit ce qu'ils voulaient être, non ce qu'ils étaient, et quand on leur opposait la loi ils ont invoqué leur dignité » (Elias-Regnault). M. Bouillaud s'est demandé s'il était croyable que ce fût dans le même chapitre où il est question des dommages causés à autrui par un animal qui s'est égaré ou échappé, par un bâtiment écroulé, etc., que le législateur eût placé les dommages que les fautes des médecins peuvent causer à leurs malades! Un des rédacteurs de la *Gazette médicale* a soutenu que la responsabilité ne pouvait s'établir que sur une faute, que toute faute

supposait un délit; mais l'on peut répondre à M. Bouillaud que les art. 1384 et suivants ne sont en aucune façon l'application des principes généraux contenus dans les deux premiers; ils renferment un principe nouveau plus étendu encore ; ils sont là comme complément, nullement comme exemple.

D'ailleurs, le rapprochement qui a choqué M. Bouillaud n'est que la reproduction du titre du Digeste *ad legem Aquiliam.* Dans la loi romaine, l'exemple du médecin est textuellement cité. *Si medicus servum imperite secuerit, vel ex locato vel ex lege Aquilia competit actio.* A la *Gazette médicale*, on peut répondre que le législateur est encore plus préoccupé de réparer le dommage que de punir la faute. Nous avons déjà vu que la faute n'est pas punie puisque les art. 319 et 320 ne sont pas applicables ; quant à la sollicitude du législateur pour la réparation du dommage, laissons parler Bertrand de Grenille. Voici ce qu'on lit dans l'exposé des motifs fait au tribunal, en lui présentant le chapitre des délits et quasi-délits : « Tout individu est garant de son fait, c'est une des premières maximes de la société; d'où il suit que si ce fait cause à autrui quelque dommage, il faut que celui par la faute duquel il est arrivé soit tenu de le réparer. Ce principe n'admet point d'exception ; il embrasse tous les crimes, tous les délits, en un mot tout ce qui blesse les droits d'un autre ; il conduit même à la conséquence de la réparation du tort qui indique le résultat de la négligence ou de l'imprudence. On pourrait, au premier aspect, se demander si cette conséquence n'est pas trop exagérée et s'il n'y a pas quelque injustice à punir un homme pour une action qui participe uniquement de la faiblesse ou du malheur, et à laquelle son cœur et son intention sont absolument étrangers. La réponse à cette objection se trouve dans ce grand principe d'ordre public, c'est que la loi ne peut balancer entre celui qui se trompe et celui qui souffre. Partant où elle aperçoit qu'un citoyen a éprouvé une perte, elle examine s'il a été possible à l'auteur de cette perte de ne pas la causer; et s'il trouve en lui de la légèreté ou de l'imprudence, elle doit le condamner à la réparation du mal qu'il a fait ; tout ce qu'il a droit d'exiger, c'est qu'on ne sévisse pas contre sa personne. » La sollicitude du magistrat pour l'homme qui souffre a été portée quelquefois au point d'accorder des dommages intérêts lorsque le préjudice avait été causé sans imprudence. Jean Gitz, traduit devant la cour d'assises du Bas-Rhin, pour homicide commis sur la personne de Bœsch, fut acquitté par le jury qui déclara que l'homicide avait été involontaire et sans imprudence. La veuve Bœsch, obtint des dommages-intérêts comme partie civile, attendu le préjudice évident causé à elle-même et à ses enfants par la perte du mari. La cour de cassation confirma cet arrêt.

Ainsi la législation est claire : les médecins sont, comme tout le monde, dans le droit commun, et puisque notre diplôme nous met à l'abri des articles 319 et 320; qu'il empêche qu'on ne sévisse contre notre personne, comme on sévirait contre celle d'un charlatan (dont le but n'est pas de guérir, il ne peut légitimement avoir confiance dans les remèdes qu'il distribue), nous ne voulons, nous ne pouvons, nous ne devons pas exciper de ce diplôme pour nous soustraire à la responsabilité civile de nos erreurs et de nos imprudences. Seulement nous avons le droit d'exiger, avant de subir l'application des articles 1382 et 1383, du code civil, que notre faute soit prouvée ; ou si le magistrat, selon l'esprit et le vœu de la loi, désire réparer un préjudice causé, secourir, soulager une victime, c'est bien le moins qu'on nous prouve ce préjudice, qu'on nous montre cette victime. Ici la difficulté devient plus sérieuse que dans la question des principes. Et, nous devons le dire, elle n'a pas été résolue d'une manière convenable dans les derniers procès qui ont occupé l'attention du public médical. Dans l'affaire du docteur Hélie, le tribunal a pris sur lui de donner à l'Académie royale de médecine une leçon d'accouchement, car il a décidé ce que l'Académie avait laissé en question. Le tribunal, dira-t-on, s'est laissé guider par la première réponse de l'Académie ; mais cette réponse n'était qu'une opinion individuelle, celle de M. Capuron ; elle n'avait point de caractère officiel, elle ne fut pas approuvée par l'Académie, qui nomma d'autres rapporteurs. Le tribunal consulta donc l'Académie, puis se passa de ses conseils. Dans l'affaire Charpentier, la cour royale de Paris fut plus conséquente ; la responsabilité du jugement pèse tout entière sur le rapport de l'expert, qui, avec une légèreté inconcevable, décida, après un an écoulé, que la plaignante avait eu une luxation du poignet, lorsque Dupuytren a soutenu et prouvé que toutes les luxations du poignet étaient compliquées de fractures : or, la fracture motivait l'application de l'appareil qui, selon M. Ollivier, avait causé la gangrène. La luxation du cubitus avec fracture du radius, qui pouvait exister chez la femme Charpentier, pouvait bien à elle seule estropier la malade. C'est celle-là qu'Hippocrate défendait de réduire sous risque de mort pour le sujet. Et sur les faits authentiques rassemblés par M. Malgaigne, on trouve que deux sujets sont morts, un troisième n'a échappé à la mort que par l'amputation ; un quatrième a subi la résection du cubitus et est demeuré estropié ; les trois autres ont guéri sans opération, mais il n'est dit que d'un seul qu'il ait conservé le parfait usage de son membre. M. Ollivier est d'autant moins excusable d'avoir accepté une mission de compétence toute chirurgicale qu'il ne s'occupe pas spécialement de chirurgie. La question de savoir si la réduction d'une luxation ou d'une fracture était ou non une des grandes opérations chirurgicales que les officiers de santé ne peuvent pratiquer sans la présence d'un docteur, était peut-être plus difficile à résoudre que celle de l'opportunité des éclisses et du bandage. La loi aurait dû expliquer ce qu'elle entend par grandes opérations. D'ailleurs, dans les cas urgents, celui de hernie étranglée, par exemple, l'obéissance à la loi peut causer le malheur que la loi a voulu prévenir.

Mais c'est dans l'affaire Thouret-Noroy que l'illégalité a été vraiment poussée jusqu'au scandale. Le tribunal d'Évreux n'a pas à alléguer un rapport ambigu d'une société savante, ni l'opinion tranchante, quoi-

que erronée, d'un expert. Aucune autorité scientifique compétente n'a été consultée. La cour royale de Rouen a fait pis, elle a méprisé une consultation médico-légale rédigée et signée par sept médecins et chirurgiens distingués d'une grande ville, pour s'en rapporter, comme le tribunal d'Évreux, au témoignage de paysans ignorants et crédules. Encore ceux-ci racontent-ils moins ce qu'ils ont vu qu'ils ne répètent les leçons de Chouippe, officier de santé, personnellement intéressé à la condamnation de Thouret-Noroy : sans cette condamnation, lui-même se trouvait dans le cas prévu par l'article 29 de la loi de ventose. Il avait, sans le conseil d'un docteur, pratiqué deux grandes opérations, la ligature de l'artère et l'amputation du bras.

Donc, sous peine de se constituer en Sorbonne médicale, les cours et tribunaux doivent, en pareille matière, se faire éclairer par les hommes spéciaux. Mais tout ne serait pas fini, en supposant que l'opinion de ces hommes fût écoutée. Il faut se demander s'il serait prudent, s'il serait juste de s'y rapporter dans tous les cas. Dans un art dont toutes les parties sont connues et certaines, l'opinion des experts fait loi devant les tribunaux. L'art de guérir peut-il être mis dans cette classe ? non, évidemment. Il y a deux mille ans, Celse écrivait, à propos de la médecine : *via ulla generalia præcepta reperias.* Aujourd'hui nos livres nombreux, nos systèmes contradictoires, sont une énergique démonstration que le même adage peut être répété. Nous avons cité quelques maximes du code médical du temps de Zacchias, qui prouvent que le doute de Celse et le nôtre sont bien moins dangereux qu'une pareille foi. Doute pourrait paraître ici un mot impropre, en considérant l'enthousiasme et le fanatisme excités par quelques systèmes. Mais qu'on y fasse attention, le même acharnement a reparu en peu d'années et pour et contre des théories opposées. C'est pour cela surtout que les tribunaux, tout en devant se récuser comme juges d'une question médicale, devraient se défier d'un aréopage médical auquel ils la déféreraient. La même question pourrait être jugée contradictoirement par des experts choisis dans des sectes opposées ; et comme les opinions de ces sectes sont connues d'avance, il dépendrait entièrement des juges de choisir les réponses en choisissant les arbitres.

Avouons que cette incertitude des principes de l'art de guérir s'attache plus particulièrement à la portion de cet art qui s'occupe des maladies internes. L'opinion publique le sait aussi bien que nous, car si elle murmure souvent après qu'un malade a succombé, il est arrivé rarement que les intéressés aient poursuivi jusque devant les tribunaux la responsabilité du docteur qui avait prescrit les remèdes. Au contraire, et nous l'avons fait remarquer déjà, presque tous les procès et toutes les condamnations avaient pour base des opérations chirurgicales. Zacchias lui-même ressusciterait aujourd'hui, il n'oserait pas affirmer qu'un émétique a tué un malade affecté de péripneumonie ; il connaîtrait Laennec et Rasori ; il saurait qu'il est une maladie assez légère pour que le mercure y soit contre-indiqué; il connaîtrait la médecine des Anglais. En tout point, la conduite du médecin, quelle qu'elle eût été, aurait pour se justifier d'honorables et de nombreux précédents. Les chirurgiens seraient moins embarrassés pour juger la conduite d'un confrère, les chirurgiens appelés comme experts ne se sont jamais récusés : la délicatesse, la pitié pour un confrère malheureux, a pu leur faire emmieller le blâme ; mais le blâme, on a pu l'entendre assez durement dans le premier rapport de l'Académie royale, dans l'affaire Hélie. Je l'entrevois à travers les apologies des médecins de Rouen ; car la prétention de faire passer pour un thrombus une tumeur qui dure plusieurs mois ne peut pas être sérieuse. On l'a dit avec raison, le peuple s'habille de la défroque des savants. En intentant à des chirurgiens malheureux des procès en responsabilité, le peuple accepte le renom d'infaillibilité qu'il a entendu faire à l'art chirurgical. Si les chirurgiens ont pris cette gloire au sérieux, le moins qu'ils puissent faire, c'est d'en accepter la conséquence logique, la responsabilité logique. (*Eusèbe de Salles.*)

Citons, pour terminer, deux exemples propres à effrayer les praticiens et leurs familles. Un médecin, appelé, en 1845, pour opérer une hernie étranglée, demande l'assistance d'un docteur. Le malade succomba après trois jours au milieu de symptômes renouvelés de l'étranglement. Des experts, nommés par le tribunal de Vesoul, prétendant que le procédé employé (incision inclinée faite au-dessous et à peu de distance de l'anneau inguinal) rendait le débridement plus difficile que si l'incision eût été opérée au scrotum et en remontant vers l'anneau. Le docteur et l'officier de santé sont condamnés à la prison et à l'amende. La cour impériale de Besançon casse ce jugement, mais en consacrant le principe du recours légal contre les hasards malheureux de notre art.

En 1832, M. Langlois, officier de santé, est condamné à la prison et aux dépens, parce qu'une femme qu'il avait accouchée mourut d'une hémorrhagie. Voici le jugement du tribunal :

« Attendu qu'il résulte de l'instruction et des débats, que Langlois a, dans la nuit du 11 au 12 avril 1832, procédé à l'accouchement de la femme Collé ; qu'en présence d'un état grave, d'une hémorrhagie imminente, reconnue par lui, ainsi que l'attestent les prescriptions qu'il a faites, il s'est retiré, laissant la femme Collé aux soins, empressés sans doute, de personnes inexpérimentées, impuissantes à combattre ou même à reconnaître l'hémorrhagie redoutée ;

» Qu'il est établi que la femme Collé est morte d'une hémorrhagie non combattue à temps ; que dès lors la mort doit être attribuée à un acte d'imprudence, à un fait de négligence imputable à Langlois ;

» Attendu les circonstances atténuantes, condamne Langlois à un mois de prison et aux dépens. »

Cependant le docteur Gratiot, appelé en témoignage, a dit qu'il était impossible d'opérer la délivrance immédiatement après l'accouchement. M. Paul Dubois a ajouté que non-seulement on peut attendre, mais que dans certains cas, on doit attendre plusieurs jours ; enfin le docteur Maximilien Kauffman a cité des faits

qui attestent la moralité et la capacité de Langlois ; le jugement n'en a pas moins prouvé que le glaive de la loi atteint souvent aveuglément le médecin dans son honneur, dans sa moralité et dans l'avenir de sa laborieuse carrière.

A l'occasion de ce jugement, *l'Observateur des sciences médicales* de Courtrai, fait les réflexions suivantes : « Notre intention, dit le docteur Aug. Frédéric, n'est pas de nous livrer à l'examen des raisons qui ont motivé le jugement dans l'affaire du médecin Langlois : nous désirons seulement émettre quelques considérations sur la question si épineuse de la *responsabilité* médicale.

« En droit, chacun est responsable de ses actions et doit réparation du mal qu'il a causé par sa faute. Ce principe, si souvent invoqué contre nous, a été la cause d'un grand nombre de condamnations plus ou moins sévères qui ont ruiné quelques médecins, mais n'ont point établi une jurisprudence fixe et arrêtée, qui serve de guide aux tribunaux. »

Cette responsabilité admise, les tribunaux auront à examiner, le cas échéant : 1° la question d'ignorance ; 2° la question de négligence ou d'imprudence.

Pour ce qui regarde la question d'ignorance elle a été jugée une première fois par le jury d'examen, qui, en accordant un diplôme au médecin, l'a entouré d'une certaine autorité, en lui reconnaissant les capacités exigées pour pratiquer son art. Ceux donc qui accusent le médecin d'ignorance devant le tribunal, mettent la valeur du diplôme en question. C'est aller en appel contre la décision du jury examinateur.

Certainement les examinateurs ne sont pas infaillibles, encore moins les récipiendaires ; nous admettons par conséquent que la question d'ignorance, dans un cas spécial, puisse être posée ; mais à la condition qu'elle tombe sous l'examen de juges compétents, qui ont fait une étude sérieuse de la chose ; c'est-à-dire qu'une commission de médecins sera seule à même de donner une bonne décision.

Les tribunaux, avant de prononcer la pénalité, sont donc obligés de s'en référer exclusivement au rapport fait par les médecins sur la question en litige.

La question d'ignorance devient dans certaines circonstances des plus difficiles à juger ; elle comporte à notre sens des distinctions que l'on ne saurait perdre de vue ; il faut établir : 1° s'il y a eu ignorance des notions élémentaires de l'art de guérir ; 2° si le médecin, tout en possédant la science requise, en a fait une application fautive au lit du malade.

On comprend qu'il sera difficile de prouver qu'un médecin ne possède pas les notions de l'art qu'il pratique ; d'autant plus que personne, d'après la loi, n'a le droit de le soumettre à un nouvel examen, son diplôme est à vie.

Le fait, s'il était prouvé, entraînerait nécessairement une condamnation, et personne ne plaindrait le confrère indigne de donner des soins aux personnes qui lui confient ce qu'elles ont de plus cher.

Mais la question est délicate, alors que, possédant la science requise, il en fait une application fautive au lit du malade ; c'est-à-dire dans les cas où il y aurait erreur de diagnostic. Cette erreur devrait-elle nécessairement motiver une condamnation? dans l'affirmative, aucun médecin n'osera plus assumer la responsabilité d'un traitement, les praticiens les plus justement renommés commettent des bévues pareilles, la médecine pratique est trop difficile pour que quelqu'un ose se vanter d'être à l'abri de l'erreur. Quel est le professeur de clinique qui ne prépare parfois un éclatant démenti en face de ses élèves?

On peut le dire sans être désapprouvé: si l'on condamne un médecin pour une erreur de diagnostic, il faudra condamner tout le corps médical; parce que tous, dans des cas difficiles, ont fait des erreurs, il n'y a que celui qui ne voit jamais de malade qui ne se trompe pas.

Si l'on persiste à nous condamner pour des erreurs de diagnostic, il faut que les tribunaux aussi portent la responsabilité des jugements qu'ils rendent, il faudrait pouvoir également les poursuivre en dommages et intérêts le cas échéant.

Quel est l'avocat qui ne s'est jamais trompé sur une question de droit? est-il justiciable alors pour les conseils qu'il a donnés à ses clients contraires à leurs intérêts.

On lit dans la *Gazette des Tribunaux* du 30 juin 1852.

« La seconde chambre du tribunal, sous la présidence de M. Fleury, a rendu aujourd'hui un jugement qui consacre les principes de responsabilité dans les rapports des avocats avec leurs clients. Il s'agissait d'une demande en dommages-intérêts formée par un plaideur contre son avocat, à la négligence duquel il imputait la perte de son procès:

» Attendu, dit le tribunal, qu'à raison de l'indépendance de son ministère, l'avocat ne peut pas être réputé le mandataire de son client, et soumis aux conséquences légales du mandat, lors même qu'il a accepté la défense; qu'il ne relève en effet que de sa conscience dans l'accomplissement de ce ministère, et que, par conséquent, hors le cas de fraude, il ne saurait être responsable envers le client du mauvais choix ou de l'omission des moyens, ni par suite de l'insuccès de la défense,

» Le jugement constate ensuite, en fait et subsidiairement, qu'aucun grief n'existait à la charge de l'avocat, et que la défense ayant été présentée d'une manière suffisante, le plaideur n'est pas fondé à alléguer que la décision de la justice lui a causé un préjudice, à moins de remettre en question la chose jugée. »

Nous ne réclamons pas des priviléges aussi larges que ceux que les avocats se sont accordés à eux-mêmes; la véritable ignorance, nous désirons la voir flétrie, et rien de plus.

Une fois que la négligence ou l'imprudence d'un praticien serait bien établie, rien ne nous semble plus juste que la responsabilité qui lui incombe. Mais toute la question est de prouver le délit. Il est des situations dans lesquelles les médecins ne sont pas rigoureusement d'accord. Un tel entourera son malade de précautions qu'un autre jugera superflues; ceci dépend du caractère des personnes et avant tout des convictions scientifiques; de part et d'autre on croira

avoir de bons motifs pour en agir ainsi. Il y a plus, un traitement thérapeutique donné sera considéré tantôt comme une précieuse ressource, tantôt comme une impardonnable témérité; cependant ces deux jugements ne seront pas portés à la légère, ils émaneront d'individus qui auront étudié la question.

Soit une hernie irréductible, deux opinions sont en présence: 1° l'opération instantanée, 2° la temporisation. On prend le dernier parti, le malade succombe, parce que l'opération n'a pas été faite à temps; le médecin est-il justiciable des tribunaux pour les avis qu'il a donnés nuisibles à son malade? Irez-vous le condamner comme ignorant? Pas possible; c'est un homme de science, et il s'appuie sur l'autorité de maîtres. Sera-t-il négligent? Non, il a entouré son malade de soins.

Autre exemple: Après l'accouchement le placenta est adhérent, il faut temporiser, il faut de la patience, quelquefois vingt-quatre heures durant. L'accoucheur s'absente alors pour quelques instants, parce que, d'après ses convictions, il n'y a aucun péril; il n'est pas le seul qui agisse de la sorte; d'autres confrères en font autant: M. Paul Dubois, professeur d'accouchements, approuve cette conduite.

Condamnera-t-on l'accoucheur pour imprudence? Certainement non; parce que, d'après les convictions de quelques illustrations de l'art, la conduite a été sans reproche.

La question d'imprudence et de négligence est donc aussi difficile à juger que la question d'ignorance; c'est au fond la même chose: on est imprudent parce qu'on est ignorant.

Il ressort de ce qui vient d'être établi que l'examen de ces questions (*ignorance, négligence, imprudence*), doit être fait par des hommes compétents. Si, par hasard, les tribunaux eux-mêmes voulaient se livrer à l'étude de ces questions, sur la simple déclaration d'un expert, dont on ne tient pas toujours compte, ils risqueraient d'être au delà ou en deçà de la vérité, parce que toute donnée scientifique qui doit servir à élucider le problème a une certaine portée, que des hommes compétents seuls sont à même de saisir.

C'est le propre des hommes ignorants d'attacher une importance capitale à des faits secondaires, et lorsqu'il s'agit de science médicale les jurisconsultes sont aussi ignorants que le premier venu. Dans certaines circonstances, ils s'exposent donc à délivrer gratuitement des brevets *d'incapacité, de négligence, d'imprudence*, à des praticiens recommandables, dont ils brisent la carrière, et dont ils font à jamais le malheur.

**RÉTENTION D'URINE** (médecine). — Accumulation de l'urine dans la vessie avec émission impossible ou difficile. La rétention d'urine offre plusieurs degrés: il y a *dysurie* si le malade n'éprouve qu'une simple difficulté d'uriner; *strangurie* quand l'urine sort goutte à goutte; *ischurie*, si la mixtion n'a plus lieu du tout. Dans ce dernier cas, la vessie se distend nécessairement; l'urine continuant de s'y verser, la distension n'a de bornes que celles de l'extensibilité des fibres de la vessie. Cette affection reconnaît pour cause la paralysie de la vessie ou un obstacle au cours de l'urine, comme il arrive souvent dans les cas de hernie de la vessie, de pression du rectum sur cet organe, de tumeurs situées dans son voisinage, de corps étrangers introduits dans sa cavité, d'inflammation et de rétrécissement des canaux urinaires, etc. « Au sentiment de pesanteur et aux vives douleurs éprouvées dans la région de la vessie, succèdent bientôt une fièvre violente, une transpiration d'odeur urineuse; et, si l'on ne remédie promptement à la rétention, le malade périt d'inflammation, de gangrène, de rupture de la vessie; ou bien il se forme des crevasses en quelque point des voies urinaires, et il survient des abcès, des fistules, des infiltrations. »

*Quand la rétention est incomplète chez l'homme*, on peut chercher à en diminuer les progrès en traitant d'abord la maladie qui l'a déterminée. Mais *lorsqu'elle est complète*, la première indication à remplir, c'est d'évacuer l'urine (ce n'est qu'après avoir obtenu cet effet, qu'on peut et qu'on doit alors attaquer la cause qui a produit la rétention, par la sonde, quelquefois même par la ponction de la vessie).

**RETRAITE** (pensions militaires de) [de l'armée de terre]. Avant 1789, les pensions de toute nature n'étaient que des faveurs accordées par les rois qui en faisaient quelquefois un noble usage. Le discernement présidait rarement à la distribution de ces faveurs, comme le prouve la liste des pensions aux gens de lettres publiée au commencement de 1663, avec les titres de chacun d'eux à la pension octroyée. Vous y voyez fort bien rentés des écrivains dont on ignorerait aujourd'hui jusqu'au nom, sans les satires de Boileau qui les ont affublés de la célébrité du ridicule. L'abbé Cotin a 1,200 livres; l'abbé de Pure, 1,000 livres; l'abbé Cassaigne a 1,500 livres; Chapelain a 3,000 livres; c'est, dit la liste, *le plus grand poète français qui ait jamais été et du plus solide jugement!* Le mérite de notre inimitable Molière n'y est coté qu'à 1,000 livres, et celui de notre immortel Racine qu'à 800 livres.

Les deux successeurs de Louis XIV ne se montrèrent pas plus judicieux répartiteurs de leurs largesses, comme le démontra à la France et à l'Europe le fameux *livre rouge*, — ainsi nommé de la couleur de sa reliure, — que la Convention fit imprimer, et dans lequel Louis XV et Louis XVI avaient écrit leurs dépenses particulières. On est indigné d'y voir comme on gaspillait l'argent arraché aux sueurs d'un malheureux peuple pressuré jusqu'au sang : du 19 mai 1774 au 16 août 1789, le total des dépenses particulières de Louis XVI atteint le chiffre énorme de DEUX CENT VINGT-SEPT MILLIONS NEUF CENT QUATRE-VINGT-CINQ MILLE SEPT CENT SEIZE LIVRES DIX SOUS UN DENIER! On y lit, avec l'indication des différentes pensions, celle des gratifications extraordinaires. Mᵐᵉ de Lameth, par exemple, y figure pour 60,000 livres destinées à l'éducation de ses fils.

Quant aux fonctionnaires civils ou militaires, ils obtenaient quelquefois des *brevets de retenue*, en vertu desquels ils touchaient une pension servie par leur successeur. C'était une faveur et non un droit. Ce régime arbitraire tomba avec une myriade d'autres abus, devant la patriotique volonté de l'Assemblée constituante : la loi des 3-22 août 1790 consacra le droit des fonctionnaires publics à une pension de retraite.

Nous regrettons de ne pouvoir mettre sous les yeux de nos lecteurs, avec la loi du 11 avril 1831 qui régit les pensions militaires, le tarif de ces pensions; on trouvera l'une et l'autre dans le *Manuel des Pensions de l'Armée de terre* ou *Collection générale des Lois, Réglements, Modèles, Formules*, etc., etc., annoté par M. A. Garrel. Cet excellent ouvrage est le *vade mecum* de quiconque a des dossiers de retraite à former ou à vérifier. Là se trouvent habilement groupés en un seul faisceau des milliers de documents épars dans l'inextricable dédale des nombreux volumes du *Journal militaire officiel*. Tout y est classé avec une rare intelligence. Ce travail est digne des autres ouvrages publiés par M. A. Garrel et qui, depuis plusieurs années, lui ont valu dans le monde militaire une reconnaissante popularité.     Le major Paul ROQUES.

**RÉTRÉCISSEMENT DE L'URÈTRE** (pathologie). — Affection consistant dans des altérations qui diminuent momentanément le canal de l'urètre et constituent un rétrécissement plus ou moins durable au cours de l'urine. Le rétrécissement est *spasmodique*, s'il est dû à une contraction convulsive des parois de l'urètre; *inflammatoire*, s'il résulte d'un état phlegmasique de la muqueuse urétrale ou du col de la vessie; *organique*, s'il reconnaît pour cause des altérations de structure du canal de l'urètre. Ce dernier est le plus commun. On comprend que le traitement varie selon l'espèce de rétrécissement : les antispasmodiques contre le spasme; les antiphlogistiques contre le rétrécissement inflammatoire; les moyens chirurgicaux (sondes, scarification, cautérisation) contre le rétrécissement organique.

**RHÉTORIQUE.** — Du grec (*rhétoriqué*), sous-entendu (*techné*), art, dérivé de (*rhéo*), parler : l'art de parler.

La *rhétorique* est la théorie de l'art de persuader. La rhétorique n'est pas la même chose que l'éloquence. L'une est la théorie et l'autre la pratique; l'une trace la méthode et l'autre la suit; l'une indique les sources et l'autre y va puiser; l'une enseigne les moyens et l'autre les emploie.

Pour découvrir l'origine de la rhétorique, il faut remonter jusqu'au temps où les peuples policés commencèrent à cultiver leur langue et à faire cas des talents de l'esprit. Elle subsistait certainement chez les Grecs, dans la guerre de Troie; car Hésiode assure que, dès lors, on avait établi des règles et une méthode pour bien parler. Ainsi, on ne peut douter que du temps d'Homère, qui vivait après le siège de Troie, la *rhétorique* n'eût déjà été réduite en art, et même que cet art n'eût toute son étendue et sa perfection, parce que les rhéteurs ont tiré de ce poète plus d'exemples pour appuyer leurs préceptes, que de tous les orateurs ensemble, et que l'étude d'Homère a toujours fait la base de l'instruction que les maîtres donnaient à leurs disciples.

Le talent de la parole fut, dans Athènes, le plus puissant moyen d'acquérir du crédit, de la considération et des honneurs. A Rome on ne connut, pendant quatre ou cinq cents ans, dit Cicéron, d'autre éloquence que celle qui vient de la nature et d'un génie heureux. Mais enfin, lorsque les Romains eurent vaincu les Grecs, ceux-ci y portèrent les sciences, et y enseignèrent la rhétorique, dont Cicéron donna, dans la suite, des préceptes. Les Romains, de leur côté, allèrent entendre dans la Grèce, ce qu'il y restait d'orateurs, et s'adonnèrent à l'étude de l'éloquence avec une ardeur incroyable. Aristote, Quintilien, Cicéron ont écrit excellemment de la *rhétorique*. La première *rhétorique* française qui ait paru est intitulée : *Le grand et vrai Art de pleine rhétorique, par Pierre Fabri, natif de Rouen. Année* 1521.

La rhétorique ne peut produire l'*éloquence*, qui est un don de la nature, mais elle sert à l'orateur de règle et d'auxiliaire, et lui apprend à user de toutes ses ressources. L'origine de cet art est fort ancienne : elle eut des écoles brillantes en Grèce, à Rome, dans les Gaules, et elle n'a cessé, depuis les temps les plus reculés, d'être l'objet d'un enseignement spécial.

On a divisé la rhétorique en quatre parties, savoir : l'*invention*, la *disposition*, l'*élocution* et la *prononciation*. Voy. *Discours* et *style*.

On appelle figure de rhétorique, une autre façon de parler qu'emploie l'orateur pour donner ou de la force, ou de la grâce au discours.

*Des figures de rhétorique.*—D'après Dumarsais, « on nomme figures des manières de parler distinctes des autres par une modification particulière, qui fait qu'on les réduit chacune à une espèce à part, et qui les rend ou plus vives, ou plus nobles, ou plus agréables que les manières de parler qui expriment le même fond de pensée sans avoir d'autres modifications particulières. »

Ainsi, suivant le savant auteur des *Tropes*, les figures doivent être distinguées de ce qu'on appelle *phrase*, en ce que les phrases n'ont d'autre but que de faire entendre ce que l'on pense, tandis que les figures, non-seulement font entendre les pensées, mais les revêtent, pour ainsi dire, chacune d'une forme particulière qui les fera toujours reconnaître et permettra de leur appliquer un nom particulier. Les figures ne sont donc, pour ainsi dire, que les vêtements, les parures de nos pensées, et en ce sens on conçoit que si ces parures sont de bon goût, élégantes, gracieuses, les pensées qui en sont ornées plairont beaucoup plus à l'esprit et le toucheront davantage.

Un vieillard qui dirait : La royauté est trop pénible pour moi à présent que je suis vieux, exprimerait simplement sa pensée. Mais s'il disait :

Dans ma vieillesse languissante
Le sceptre que je tiens pèse à ma main tremblante.

Indépendamment de cette diction élégante et naturelle, de cette épithète de languissante attribuée à la vieillesse, c'est-à-dire à tous les vieillards, de cette idée de sceptre d'or trop lourd pour une main que

l'âge fait trembler, cette seconde manière de s'exprimer, tout en renfermant le même fond de pensée que la première, a encore l'avantage de concentrer l'imagination sur un seul objet, et cet objet, le sceptre, étant un des principaux attributs de la royauté, suffit pour représenter l'image d'un roi orné de toutes les marques de sa dignité.

En disant d'Achille :

Il se précipite comme un lion,

on fait une comparaison. Mais si l'on dit :

Ce lion se précipite,

la comparaison est si resserrée, qu'on ne voit plus le lion d'un côté et Achille de l'autre ; ces deux êtres n'en font plus qu'un seul. Parce que dans la force l'intrépidité d'Achille, on retrouve la force, l'intrépidité du lion ; Achille est un lion.

*Des tropes.* — Le mot trope vient du mot grec *trépo*, qui signifie tourner, changer. On appelle tropes, en effet, des figures par lesquelles on donne à un mot une signification autre que celle qu'il a habituellement. Quand on dit *cent voiles* pour signifier cent vaisseaux, on change la signification du mot voiles, on fait un trope.

Outre les tropes, il y a encore les figures qui conservent le nom générique de *figures* ; on les divise en figures de mots et en figures de pensées ; mais les tropes eux-mêmes ne sont qu'une espèce particulière de figures de mots.

Avant d'entrer dans l'étude des tropes, nous dirons quelques mots des *épithètes*.

Les épithètes ne sont autre chose que des modificatifs qui, donnant aux substantifs des manières d'être frappantes et bien appropriées, embellissent le discours, rendent la pensée plus sensible, agrandissent le sentiment, sèment les plus belles images. Le défaut à éviter, c'est de les multiplier trop, et de les mettre sans discernement et sans choix.

Si de ces deux vers :

Dans ma vieillesse languissante
Le sceptre que je tiens pèse à ma main tremblante,

on retranchait les mots languissante et tremblante, il n'y aurait plus qu'une métonymie, c'est-à-dire le *sceptre* mis pour *la royauté*, mais cette image de la vieillesse, que ces deux épithètes font si bien ressortir, disparaîtrait entièrement.

Dans ces quatre vers, tirés des *Catacombes* de Delille :

Vain espoir, par le feu la cire consumée,
Par degré s'abaissant sur la mèche enflammée
Atteint sa main *souffrante* et de ses doigts *vaincus*
Les nerfs *découragés* ne le soutiennent plus ;

et dans ces deux autres de Victor Hugo :

Sur la foule *ondoyante* il brille comme un phare
Des flots d'une mer entourée.

qu'on ôte les mots en italique, nous n'assisterons plus à ce combat de l'inquiétude et de la volonté contre la douleur, et ce combat a je ne sais quel charme dont nous aimons jouir. Nous plaignons ce jeune homme égaré dans les catacombes, nous partageons ses angoisses, nous souffrons de sa peine; il a perdu, hélas! le fil sauveur qui pouvait seul le ramener à la lumière, et son flambeau, ce flambeau, sa dernière espérance, menace de s'éteindre! Comment alors voir indifféremment qu'il ne fît aucun effort pour le conserver? Aussi ne s'en sépare-t-il qu'après avoir longtemps souffert sur sa main la cire bouillante au contact de la flamme, que lorsque ses doigts sont vaincus par la douleur, et que lui-même découragé il ne sent plus la force de se soutenir. Les épithètes *souffrante, vaincus, découragés,* sont donc une beauté pour ces vers.

Dans les deux vers suivants, on retrancherait l'épithète ondoyante, que toute la beauté de ce vers disparaîtrait; il n'y aurait plus cette ressemblance immédiatement aperçue entre la *foule* et les *flots* de la mer, et si ce rapprochement cessait d'être naturellement fait, comment ne pas regarder comme un peu forcée la comparaison que le poëte établit entre un prince et un phare?

Tel est le secours de l'épithète, sans elle le plus souvent la pensée serait froide, nue et stérile; l'épithète lui donne la vie, la force ou la grâce; elle la dessine, la peint ou l'agrandit.

Revenons maintenant aux figures. Nous allons étudier 1° l'espèce *figures de mots* qu'on appelle *tropes,* 2° les figures de mots proprement dits, 3° les figures de pensées.

Les principaux tropes sont: 1° la métaphore, 2° l'allégorie, 3° la catachrèse, 4° la métonymie, 5° la synecdoche, 6° l'antonomase.

La métaphore n'est qu'une comparaison abrégée. Par cette figure, un mot perd sa signification propre pour en prendre une autre qui ne lui convient qu'en vertu d'une comparaison qui est dans l'esprit.

Celui qui fait une comparaison se sert de mots qui font comprendre qu'il s'agit d'une comparaison. Par exemple, dans Achille s'élance *comme* un lion, le mot *comme* fait voir que l'on compare; mais si l'on dit, en parlant d'Achille, ce lion s'élance, il n'y a plus de terme qui établisse physiquement la comparaison, mais cette dernière est dans l'esprit; c'est une métaphore. Quand on dit le feu du regard, la dureté de l'âme, les fleurs de la jeunesse, les glaces de la vieillesse, on compare 1° la sensation que produit le regard à celle qu'on reçoit du feu, 2° l'âme à un corps dont la dureté est très-grande, 3° les agréments de la jeunesse à ceux d'une fleur, 4° la langueur, la torpeur des vieillards à l'état d'inactivité, d'engourdissement de toute la nature lorsque les froids de l'hiver arrêtent la végétation; toutes ces expressions sont donc autant de métaphores. Quand on dit que telle science est la clef de telle autre, on veut faire entendre que de la même manière qu'une clef nous permet de pénétrer dans un appartement, cette science donne la facilité de commencer l'étude d'une autre. C'est encore dans ce sens qu'un historien a dit: « Péluse était la clef de

l'Egypte. » Et ces deux expressions sont des métaphores.

Tous ces exemples définissent assez clairement la métaphore; cependant cette figure est si fréquemment employée, qu'il ne sera pas inutile d'en présenter encore quelques exemples.

> Le dieu qui met un frein à la fureur des flots
> Sait aussi des méchants arrêter les complots.

La métaphore consiste ici en ce que Racine compare les flots à un cheval auquel on mettrait un frein pour le dompter ou le diriger.

On dit, dans le même sens, mettre un frein à ses passions.

Phèdre, en parlant d'Hippolyte, s'écrie:

> Ce tigre que jamais je n'abordai sans crainte
> Soumis, apprivoisé, reconnaît un vainqueur.

Cette large bouche à feu vomit des torrents de fumée et de flammes, des fleuves de bitume, de soufre et de métal fondu, des nuées de cendres et de pierres.

La dénomination de *torrent,* de *fleuve,* ne s'applique qu'à l'eau, et le mot nuée à la vapeur d'eau; Buffon, en les appliquant à la flamme, au soufre, aux cendres, fait une métaphore, car il veut dire que la fumée et la flamme sortent du volcan avec l'impétuosité d'un torrent, que la quantité de bitume, de soufre et de métal fondu qui descendent du cratère, ressemblent à un fleuve, tant par la masse que par la liquidité.

La métaphore est de tous les tropes le plus communément employé; c'est par elle que le discours s'anime et que le style s'affranchit de cette lenteur d'expression si peu en accord avec la marche de l'esprit. Mais autant ce trope produit un bel effet quand il est bien employé, autant il est défectueux:

1° Quand on le tire de sujet bas, comme lorsque Tertullien dit que le déluge fut la lessive générale de l'univers.

2° Quand la comparaison qu'on veut établir n'est pas assez sensible. C'est le défaut de Théophile, lorsqu'il dit: Je baignerai mes mains dans les ondes de tes cheveux, ou bien: La charrue écorche la terre.

3° Quand les termes métaphoriques, dont l'un est dit de l'autre, expriment des idées contradictoires, incohérentes ou même incompatibles, comme par exemple, si l'on disait d'un orateur véhément: C'est un torrent qui allume, au lieu de dire: Un torrent qui entraîne.

4° Quand la métaphore exprime une comparaison un peu éloignée ou un peu forcée; mais alors on peut l'adoucir en la changeant une comparaison, ou par des phrases semblables à celles-ci: *Pour ainsi dire, si l'on peut parler ainsi, s'il m'est permis de le dire,* etc. L'art doit être, *pour ainsi dire,* enté sur la nature; la nature soutient l'art et lui sert de base, et l'art embellit et perfectionne la nature (Du Marsais).

5° Quand on se sert en prose d'expressions seulement reçues en poésie.

Accourez, troupe savante,
Des sons que ma lyre *enfante*
Ces arbres sont réjouis.

BOILEAU.

On ne dirait pas en prose qu'une lyre enfante des sons.

6° Enfin une langue a ses métaphores particulières et dont on ne peut changer l'expression sans tomber dans le ridicule.

Thésée a pu dire, en parlant à Hippolyte :

Je t'aimais, et je sus que malgré ton offense
Mes entrailles pour toi se troublent par avance;

mais lui aurait-il été permis de dire : *Mes boyaux* pour toi se troublent, etc.?

Que diriez-vous d'un étranger qui trouverait vos habits trop équitables, pour dire trop justes.

Ce vers du *Cid* :

Malgré des feux si beaux qui rompent ma colère, etc.

pêche contre notre 3° remarque, car on voit bien que les feux ne rompent pas, mais brûlent. Entre l'idée de feu et celle de rompre, il n'y a pas de cohérence; la métaphore est défectueuse.

Ce même défaut a été reproché à Rousseau dans ces vers :

L'hiver qui si longtemps a fait blanchir nos plaines,
N'enchaîne plus le cours des paisibles ruisseaux,
Et les jeunes zéphyrs de leurs chaudes haleines
Ont fondu l'écorce des eaux,

car on fend, ou brise l'écorce, on ne la fond pas. Il y a incompatibilité entre l'idée de fondre et celle d'écorce.

*L'allégorie* n'est qu'une métaphore continuée. Une pièce allégorique qui serait prise dans le sens propre, donnerait à entendre tout autre chose que ce que l'auteur a eu en vue, mais le sens figuré qu'on emploie tout en cachant, pour ainsi dire, la pensée, la laisse pourtant apercevoir à travers le voile dont il la recouvre.

L'allégorie habite un palais diaphane.

LEMIERRE.

Voici un exemple de cette figure, tiré de la *Henriade* de Voltaire :

Henri III sort un moment de son indolence, en s'apercevant du danger qui le menace, mais son caractère apathique l'emporte sur ses intérêts; il oublie tout pour se livrer à de nouveaux plaisirs :

Valois se réveilla du sein de son ivresse ;
Ce bruit, cet appareil, ce danger qui le presse
Ouvrirent un moment ses yeux appesantis.
Mais du jour importun ses regards éblouis
Ne distinguèrent point au fort de la tempête
Les foudres menaçants qui grondaient sur sa tête,
Et bientôt fatigué d'un moment de réveil,
Las, et se rejetant dans les bras du sommeil,
Entre ses favoris et parmi les délices,
Tranquille, il s'endormit au bord du précipice.

Les proverbes, les fables, les paraboles, les énigmes, sont de véritables allégories.

La *catachrèse*, abus, extension, imitation, est une figure par laquelle un mot prend une signification qui n'est pas la sienne propre. C'est une espèce de métaphore. Les langues n'ont jamais un assez grand nombre de mots pour représenter chaque idée particulièrement, et l'on est obligé, pour rendre certaines de ces idées, d'emprunter les mots propres à d'autres idées qui ont le plus de rapport à celle qu'on veut exprimer. C'est dans cet emprunt que consiste la catachrèse. On dit en effet une feuille d'or, de carton, de papier, de tôle, etc., par imitation des feuilles d'arbres, et on donne ce nom à tous les objets très-longs et très-larges relativement à leur épaisseur. On dit : Aller à cheval sur un âne, sur un bâton, parce qu'il n'y a que les mots *aller à cheval* qui représentent l'attitude qu'on a sur l'âne ou sur le bâton. On ferre d'argent un cheval, une cassette, et cette expression *ferrer* n'est employée que parce que le fer est le plus communément en usage sous les pieds des chevaux, et pour garnir les cassettes. Le mot *glace* signifie proprement de l'eau gelée; c'est par extension et par imitation qu'on a appliqué la même dénomination à une lame de verre poli, et l'on dit une glace pour signifier un miroir, les glaces d'une voiture, etc., etc.

La *métonymie* consiste à dire : 1° le nom de la cause, pour faire entendre celui de l'effet, et réciproquement ; 2° à nommer le contenant pour dire le contenu ; 3° à citer le signe caractéristique d'une chose au lieu de nommer cette chose elle-même ; 4° à désigner une chose, non par son propre nom, mais par celui du lieu où on la fait ; 5° à employer le nom abstrait pour le concret.

1° *La cause pour l'effet.*

Tranquille, elle y monta, quand, debout sur le faîte,
Elle vit le bûcher qui allait dévorer.

C. DELAVIGNE.

Ce n'est pas le bûcher qui va dévorer, c'est la flamme que ce bûcher va produire. C'est donc la cause de la flamme employée pour la flamme elle-même.

Cet homme vit de son travail.

C'est-à-dire du fruit de son travail, c'est aussi la cause pour l'effet. On dit encore, par la même figure, Bacchus pour le vin, Cérès pour le blé, Vulcain pour le feu, Mars pour la guerre, le nom de l'auteur d'un ouvrage pour signifier l'ouvrage lui-même : J'ai acheté un Buffon, j'ai lu Voltaire, etc.

*L'effet pour la cause.*

Sa main désespérée
M'a fait boire la mort dans la coupe sacrée.

On ne boit pas la mort, on boit le poison qui cause la mort; dire la mort au lieu du poison, c'est dire l'effet pour la cause.

Les pâles maladies, la triste vieillesse.

Voilà encore deux métonymies de l'effet pour la

cause : les maladies ne sont point pâles, mais rendent pâle ; la vieillesse n'est pas triste, mais rend triste.

2° *Le contenant pour le contenu.* Voici plusieurs exemples : Cet homme aime la bouteille, c'est-à-dire qu'il aime le vin ; cet homme me présenta une coupe empoisonnée, c'est-à-dire contenant du poison ; Alexandre soumit l'Inde, c'est-à-dire les habitants de cette contrée ; la civilisation de l'Europe, des habitants de l'Europe.

3° *Le signe pour la chose signifiée.* On dit :

L'épée pour la profession militaire, la robe pour la magistrature, la palme pour la victoire, l'olivier pour la paix, le sceptre pour la royauté, etc.

A la fin je quitte la robe pour l'épée.

(*Le Menteur.*)

4° *Le nom du lieu où une chose se fait pour la chose elle-même.*

Et chez le chapelier du coin de notre place
Autour d'un *caudebec* j'en ai vu la préface.

Autour d'un chapeau fabriqué à Caudebec.

C'est un vrai damas, c'est du beau damas.

Un couteau, un sabre, une étoffe fabriqués à Damas. On appelle faïence une sorte de vaisselle de terre vernissée, du nom de Faïence, ville de la Romagne où cette vaisselle a été faite pour la première fois.

5° *Le nom abstrait pour le concret.*

Les vainqueurs ont parlé, l'*esclavage* en silence
Obéit à leur voix dans cette ville immense.

L'esclavage pour dire les esclaves. C'est ce mot seul qui fait toute la beauté de ces deux vers.

Phèdre, poëte latin, au lieu de dire que la grue confie son long cou à la gueule du loup, se sert avec plus d'avantage de l'expression abstraite : La grue confie *la longueur* de son cou.

La *synecdoche.* Le propre de cette figure est de faire comprendre tantôt plus, tantôt moins que le mot dont on se sert ne ferait entendre s'il était pris dans son sens primitif. Par cette figure, on prend : 1° *Le genre pour l'espèce,* 2° *l'espèce pour le genre,* 3° *la partie pour le tout,* 4° *le tout pour la partie,* 5° *le singulier pour le pluriel et réciproquement,* 6° *le nom de la matière dont une chose est faite pour la chose elle-même,* 7° *un nombre certain pour un nombre incertain.*

1° *Le genre pour l'espèce.* On dit très-souvent *les mortels* pour ne désigner que les hommes ; et cependant les hommes ne composent qu'une espèce des êtres mortels.

2° *L'espèce pour le genre.* Horace nomme la vallée de Tempé pour désigner toutes les vallées agréables et délicieuses (1).

(1)          Somnus agrestium
Lenis virorum, non humiles domos
Fastidit, umbrosam que ripam
Non zephyris agitata Tempe.

« Le doux sommeil se plaît dans les humbles cabanes des bergers, ou à l'ombre, au bord d'un ruisseau, ou dans la vallée délicieuse de Tempé qu'ombragent des arbres agités par les zéphyrs.

3° *La partie pour le tout.*

On dit : Cent voiles pour cent vaisseaux ; une tête si chère, pour dire une personne que l'on aime beaucoup et qui est capable de rendre de grands services ; qu'une ville a cinquante mille âmes pour dire cinquante mille habitants ; qu'un village a cent feux, pour dire qu'il y a cent familles.

4° *Le tout pour la partie.*

Quand on dit : Les Français sont polis, humains, courageux, industrieux, on ne veut parler que de la plus grande partie des Français.

5° *Le singulier pour le pluriel et réciproquement.*

Le Français est brave, spirituel, pour dire les Français sont, etc. ; l'ennemi est aux portes de la ville, c'est-à-dire les ennemis sont, etc. C'est aussi par synecdoche que les auteurs disent fort souvent dans leurs ouvrages *nous* au lieu de *je.*

6° *Prendre le nom de la matière dont une chose est faite pour la chose elle-même.*

Boileau dit *airain* pour signifier *canon* dans ces vers.

Et par cent bouches horribles
L'*airain* sur ces monts terribles
Vomit le fer et la mort.

7° *Dire un nombre certain pour un nombre incertain.*

C'est une chose que j'ai vue cent fois, mille fois ; on veut dire un grand nombre de fois.

L'*antonomase* est une figure par laquelle on se sert d'un nom individuel pour faire entendre une dénomination générale et réciproquement. Pour désigner un prince cruel, on dit : C'est un Tibère, c'est un Néron ; si l'on veut faire entendre qu'un homme est grand orateur, c'est un Démosthènes ; pour parler d'un bon ou d'un mauvais critique, c'est un Aristarque, c'est un Zoïle.

On dit aussi par antonomase l'orateur romain, pour parler de Cicéron ; le destructeur de Carthage et de Numance, pour désigner Scipion.

Boileau se sert de cette figure dans les deux vers suivants :

Et déjà vous croyez dans vos rimes obscures
Aux *Saumaises* futurs préparer des tortures.

Saumaise était un critique distingué du XVII° siècle. On peut ajouter à ces diverses figures la *métalepse* et l'*antiphrase.* La première fait entendre ce qui suit en disant ce qui précède et réciproquement :

Il a vécu pour : il est mort.

L'antiphrase a pour but de faire comprendre positivement le contraire de ce que l'on dit : quelques-uns l'appellent *contrevérité.* C'est par antiphrase qu'on donne aux furies le nom d'*Euménides,* c'est-à-dire *bienfaisantes,* qu'on appelle la mer Noire le Pont-Euxin, c'est-à-dire *mer hospitalière.* On sait que la mer Noire est sujette à de fréquents naufrages et que ses bords étaient habités par des peuplades cruelles. Ce serait donc la peur qui aurait fait donner à cette mer le nom de Pont-Euxin ; il semble qu'on ait voulu se la rendre plus favorable en la flattant, en l'appelant la mer hospitalière.

*Des figures de mots.* — Les figures de mots comprennent, outre les tropes dont nous venons de parler, les figures de construction, les figures de mots proprement dites, qu'on peut appeler figures de diction.

Les figures de construction sont: l'ellipse, le pléonasme, l'hyperbate, l'hypallage et la syllepse.

Ces figures de mots proprement dites sont : La répétition, la disjonction, la conjonction, l'apposition, la synonymie, la gradation.

Les figures de diction sont la syncope et la tmèse.

Les figures de construction sont ainsi appelées parce qu'elles résultent de la structure de la phrase, du tour de l'expression de la pensée.

Les figures de mots proprement dites résultent de l'assemblage des mots, de leur opposition, de leur signification.

Enfin les figures de diction consistent dans la constitution des mots eux-mêmes, dans les changements des lettres des syllabes.

*Des figures de construction.* — L'ellipse supprime un ou plusieurs mots qui seraient nécessaires pour la construction grammaticale, mais dont l'absence ne nuit en rien à la compréhension de la pensée.

Lorsque l'expression est lourde, lente, pénible, et qu'on peut l'alléger en en retranchant quelques mots, on doit faire l'ellipse de ces mots; car il vaut mieux être agréable à l'esprit que de se traîner sur le tissu d'une syntaxe. Cependant on ne peut se permettre une suppression de mots qu'autant qu'il est facile au lecteur de retrouver ces mots s'il lui plaît de faire l'analyse de la phrase elliptique.

Dans ce vers de Racine :

Je t'aimais inconstant, qu'aurais-je fait fidèle ?

il y a une ellipse des plus hardies, et très-loin d'être autorisée par la grammaire ; mais cette expression est rapide et agréable, et j'aime mieux que le poëte se soit affranchi des règles que de l'entendre me dire :

Je t'aimais lorsque tu étais inconstant, qu'aurais-je fait si tu m'eusses été fidèle ?

D'un côté il vole, de l'autre il rampe péniblement.

Loin d'être autorisée *l'ellipse* est vicieuse si elle occasionne une *équivoque*, ou si *les mots supprimés ne peuvent facilement être rétablis.* Il faut donc ne se servir de cette figure qu'avec beaucoup de circonspection.

Il est des phrases souvent employées et dans lesquelles se trouve l'ellipse.

Quand viendrez-vous me voir ? demain. C'est-à-dire je viendrai vous voir demain.
Vous vous conduisez comme un sage. Sous-entendu, *se conduit.*

Le *pléonasme* est le contraire de *l'ellipse.* On ajoute par pléonasme plusieurs mots inutiles au sens, mais ces mots doivent donner plus d'énergie à l'expression, sans cela cette surabondance de termes ne serait que défectueuse.

Molière fait un pléonasme dans ces vers :

Je l'ai *vu*, dis-je, *vu*, de mes propres yeux *vu*,
Ce qu'on appelle *vu.*

Et Racine dans cet autre :

Et que m'a fait à *moi* cette Troie où je cours.

Il suffisait pour le sens de dire : Je l'ai vu, ou bien : Que m'a fait cette Troie où je cours; mais dans le premier exemple le pléonasme donne de l'agrément et de la vivacité, et dans le second, tout en donnant de la force aux raisons qu'Achille fait valoir en faveur d'Iphigénie, il ajoute encore à l'amertume des reproches que ce dernier adresse au père de sa fiancée.

On trouve la même figure dans les phrases suivantes :

Je l'ai entendu *de mes oreilles.*
*Moi* je ne veux pas que vous vous amusiez maintenant.
J'irai moi-même vous chercher ce soir.
Qu'est-ce que c'est ?

Mais toutes les fois qu'au lieu de donner de la force au discours, les mots explétifs qu'on ajoute le rendant traînant et disgracieux par la répétition d'une idée commune ou désagréable, le pléonasme est un défaut. Serait-ce bien de dire : Il est *possible* que je *puisse* venir ; ces soldats *s'entrégorgent mutuellement* ; le champ de bataille est couvert de *cadavres inanimés*? Non, sans doute ; dites: Il est possible que je vienne, *ou bien* : Je pourrai venir ; ces soldats s'entrégorgent, car le mot *entre* exprime la même idée que *mutuellement* ; le champ de bataille est couvert de cadavres, car le mot *cadavres* emporte l'idée d'*inanimés.*

*L'hyperbate* ou *inversion* transporte un mot dans une place autre que celle qu'il doit occuper suivant l'ordre analytique qui veut que le sujet soit placé le premier, l'inversion ne doit être employée qu'en faveur de la clarté, de la cadence et de l'harmonie. Toute inversion qui rendrait la pensée moins nette, et, à plus forte raison, confuse, serait un vice qu'il faut toujours éviter avec le plus grand soin.

Fléchier, en profitant de l'inversion, a fait de la période suivante un modèle d'harmonie.

Déjà frémissait dans son camp l'ennemi confus et déconcerté ; déjà prenait l'essor pour se sauver dans la montagne cet aigle, dont le vol hardi avait d'abord effrayé nos provinces, etc., etc.

L'ordre direct serait : L'ennemi confus et déconcerté frémissait déjà dans son camp ; cet aigle, dont le vol hardi avait d'abord effrayé nos provinces, prenait l'essor vers la montagne, etc. ; mais quelle lenteur, et combien le style est pesant ! Dans la période de Fléchier, au contraire, quel tact dans l'ordre des idées, et quelle majestueuse harmonie! Ce qui frappe le plus dans ce premier membre de période, ce sont les frémissements de l'ennemi; ce que l'esprit aime à se retracer comme l'image la plus agréable, c'est l'ennemi confus, déconcerté; aussi l'orateur commence-t-il par: *Déjà frémissait* dans son camp l'ennemi; et finit par: *Confus et déconcerté.*

Voilà l'ordre que l'esprit voulait dans l'expression des idées; Fléchier était trop adroit pour ne le pas sentir. Quant à la place des mots, s'il eût dit:

Déjà l'ennemi confus et déconcerté frémissait dans son camp,

indépendamment que l'esprit n'eût pas été satisfait, quelle oreille n'eût pas été blessée de cette chute lourde, de cette idée finale presque inutile quand elle devrait dire plus que les autres? En disant seulement: L'ennemi déconcerté et confus, il y eût eu quelque chose de moins satisfaisant, d'abord parce que déconcerté est une idée plus forte que celle que nous nous faisons du mot confus, et ensuite parce que l'harmonie eût souffert de la chute trop rapide de ce premier membre de la période. L'arrangement qu'a choisi l'orateur est seul parfait; on y retrouve la cadence rhythmique de la poésie, la pensée est fortement rendue; il y a peu loin de ce long mot déconcerté, qui termine l'incise, à l'harmonie imitative.

L'*hypallage* est une figure par laquelle on renverse, on change la construction de la phrase en faisant accorder avec certains mots quelques modificatifs qui naturellement devraient se rapporter à d'autres mots. L'hypallage renverse les rapports que les mots ont naturellement entre eux. Virgile dit, par hypallage, *donner les vents à la flotte.* On ne livre pas les vents à la flotte, mais au contraire la flotte au vent. En français, c'est par la même figure qu'on dit: *Il n'a pas de souliers dans ses pieds;* et cela signifie il n'est pas chaussé, ou bien il n'a pas ses pieds dans des souliers; il enfonce son chapeau dans sa tête, pour il enfonce sa tête dans son chapeau, etc.

La *syllepse* est une figure par laquelle les accords des mots sont réglés par le sens plutôt que par les règles de la syntaxe.

Entre *le pauvre* et vous, vous prendrez Dieu pour juge,
Vous souvenant, mon fils, que caché sous le lin
Comme *eux* vous fûtes pauvre et comme *eux* orphelin.

Puisqu'il y a *le pauvre,* il faudrait, pour l'exactitude grammaticale: *Comme lui,* et non pas comme eux; mais le pauvre ici signifie tous les pauvres; *et c'est le sens* qui a conduit Racine à mettre *comme eux* et non pas comme lui.

C'est encore par syllepse qu'on dit: Une multitude de soldats combattant, un grand nombre de personnes sont venues, etc., et l'on voit que *combattent* se rapporte de préférence à *soldats* et *venues* à *personnes,* parce que ces derniers substantifs ont plus de force dans l'esprit que ceux de multitude et de nombre.

Outre ces figures, il en est encore plusieurs autres

que nous ne ferons que nommer parce qu'elles n'ont qu'une importance secondaire. Ce sont : le *zeugme* qui a beaucoup de rapport avec l'ellipse, la *périsologie* qu'on peut assimiler au pléonasme, et l'*énallage* qui regarde plutôt la langue latine que la nôtre.

*Des figures de mots proprement dites.* — La *répétition* est une figure par laquelle on emploie plusieurs fois le même mot ou les mêmes mots pour donner au discours plus de force en insistant sur quelque vérité, pour peindre quelque sentiment avec plus d'énergie ou en s'occupant plus spécialement de l'objet qui le fait naître.

L'argent, l'argent, dit-on, sans lui tout est stérile,
La vertu sans argent est un meuble inutile ;
L'argent en honnête homme érige un scélérat;
L'argent seul au palais peut faire un magistrat.
BOILEAU.

Tendre épouse, c'est toi qu'appelait son amour,
Toi qu'il pleurait la nuit, toi qu'il pleurait le jour.
DELILLE.

La *conjonction* est la figure qui résulte de l'emploi d'un même accessoire conjonctif souvent répété. La répétition de cet accessoire entre toutes les parties d'une phrase semble accroître les objets.

Quel carnage de toutes parts !
On égorge à la fois les enfants, les vieillards,
*Et* la sœur *et* le frère,
*Et* la fille *et* la mère,
Le fils dans les bras de son père.

La *disjonction,* par opposition à la figure précédente, supprime les accessoires conjonctifs (1) pour rendre la marche du discours plus rapide.

Si je vous aime, oh ! dieux, mes serments, mes parjures,
Ma fuite, mon retour, mon respect, mes injures,
Mon désespoir, mes yeux de pleurs toujours noyés,
Quels témoins croyez-vous, si vous ne les croyez ?
(Andromaque.)

Français, Anglais, Lorrains que la fureur assemble
Avançaient, combattaient, frappaient, mouraient ensemble.
HENRIADE.

L'*apposition* est une figure par laquelle on place un substantif à côté d'un autre pour servir d'épithète.

Le juste..........
Invite à la vertu sa famille attendrie,
Vante la paix du ciel, *sa future patrie.*

Patrie est mis en opposition à côté de ciel.

La *synonymie* exprime la même idée par plusieurs mots, soit pour rendre cette idée plus claire, soit pour corroborer la pensée.

Le vrai sage jouit, par anticipation, du bonheur de la félicité, de la béatitude éternelle.

La *gradation* consiste dans l'emploi de mots de plus en plus élevés, expressifs, forts, énergiques pour ex-

(1) Conjonction.

primer une pensée, et alors elle est dite ascendante ; elle est descendante lorsque les mots dont on se sert, loin d'enchérir les uns sur les autres, sont, au contraire, de moins en moins élevés. Voici un exemple d'une gradation ascendante :

> César, car le destin que dans les fers je brave,
> M'a fait ta prisonnière et non pas ton esclave,
> Et tu ne prétends pas qu'il m'abatte le cœur
> Jusqu'à te rendre hommage et te nommer seigneur ;
> De quelque rude coup qu'il m'ose avoir frappée,
> Souviens-toi que je suis veuve du grand Pompée,
> Fille de Scipion, et pour dire encor plus,
> Romaine.... mon courage est encor au-dessus.

*Des figures de diction.* — La *syncope* consiste dans la suppression d'une lettre, d'une syllabe. Ainsi on disait, et quelques personnes disent encore, m'amie pour ma amie ; c'est une syncope. On retrouve aussi cette figure dans les mots grand'mère, grand'rue, portor, justaucorps.

La *thmèse* coupe les mots. On pourrait dire que cette figure se retrouve dans tous nos substantifs composés.

*Les figures de pensées.* — Les Grecs appelaient ces figures *schêmata*, c'est-à-dire formes, attitudes, habits. Les figures de pensées sont en effet comme les attitudes du discours. Elles diffèrent des figures de mots en ce que si, dans les dernières, on ôte le mot qui fait la figure, l'image disparaît, tandis que la figure de pensée subsiste toujours après le changement des mots qui l'expriment. Les premières ne dépendent donc que des mots, les autres résultent de la manière de penser et des tours de l'imagination.

Les figures de pensées sont très-nombreuses : nous nous bornerons à examiner les suivantes : L'interrogation, l'apostrophe, l'exclamation, la prosopopée, l'obsécration, l'imprécation, l'hypotypose qui renferme 1° l'étopée, 2° la prosographie, 3° le portrait, 4° la topographie ; l'ironie, l'hyperbole, la litote, la périphrase, l'antithèse, la comparaison, l'allusion, la prolepse, la suspension, la prétérition, la réticence ou aposiopèse, la correction ou épanorthose, l'épiphonème et la sentence.

*L'interrogation* est une figure par laquelle on semble interroger, non pas tant pour obtenir une réponse que pour presser, convaincre ou persuader celui ou ceux à qui l'on s'adresse.

Joad, voyant Josabet s'entretenir avec Mathan, exprime ainsi son indignation :

> Où suis-je ? de Baal ne vois-je pas le prêtre ?
> Quoi, fille de David, vous parlez à ce traître ?
> Vous souffrez qu'il vous parle, et vous ne craignez pas
> Que du fond de l'abîme entr'ouvert sous vos pas
> Il ne sorte à l'instant des feux qui vous embrasent,
> Ou que tombant sur vous ces murs ne vous écrasent ?
> Que veut-il ? de quel front cet ennemi de Dieu
> Vient-il infecter l'air qu'on respire en ce lieu ?

Il y a une autre espèce d'*interrogation* que les rhéteurs appellent *subjection*, elle diffère de l'interrogation en ce que l'orateur s'adresse les questions et y répond lui-même.

*L'apostrophe* est une figure par laquelle on cesse pour un instant de parler à ceux qui vous écoutent, pour s'adresser à un être soit présent, soit absent, soit vivant, soit mort, à une chose inanimée ou même de pure abstraction.

> Nuit de tant de trésors sage dépositaire,
> Qui porte dans ton sein le monde planétaire,
> Dis-moi, ne puis-je voir le monarque éternel
> Assis dans son repos auguste et solennel ?
> Et vous au char du pôle étoiles attelées,
> Toi brillant Orion, vous Pléiades voilées,
> Où faut-il diriger mes pas et mon ardeur
> Pour contempler ce dieu dans toute sa splendeur ?

*L'exclamation* exprime la joie, la tristesse, l'indignation, l'amour, l'admiration, en un mot les sentiments vifs et subits dont l'âme est affectée. C'est ordinairement par des interjections qu'elle éclate.

> Ah ! Jocelyn, dit-elle, ah ! frère, où donc es-tu ?
> Ah ! si du pied des monts tu pouvais les entendre
> Comme d'un œil vengeur tu viendrais me défendre !
> Comme du seul aspect tu les démentirais !
> Comme d'un seul regard tu les écraserais !
> Jocelyn ! Jocelyn ! à travers la distance
> Accours ! viens à leurs mains disputer ta Laurence !
> Viens me rendre à leurs yeux dans tes bras entr'ouverts
> Cet asile où mon cœur braverait l'univers.
>
> DE LAMARTINE.

La *prosopopée* entr'ouvre les tombeaux, en évoque les mânes, fait parler les morts, les dieux, les choses inanimées, les êtres absents ou même imaginaires.

O Fabricius, qu'eût pensé votre grande âme, si, pour votre malheur, rappelé à la vie, vous eussiez vu la face pompeuse de cette Rome sauvée par votre bras et que votre nom seul avait plus illustrée que toutes ses conquêtes ! Dieux ! eussiez-vous dit, que sont devenus ces toits de chaume et ces foyers rustiques qu'habitaient jadis la modération et la vertu ! Quelle splendeur funeste a succédé à la simplicité romaine ! Quel est ce langage étranger ? Quelles sont ces mœurs efféminées ? Que signifient ces statues, ces tableaux, ces édifices ? Insensés ! qu'avez-vous fait ? Vous, les maîtres des nations, vous vous êtes rendus les esclaves des hommes frivoles que vous avez vaincus ! Ce sont des rhéteurs qui vous gouvernent ! C'est pour enrichir des peintres, des architectes et des histrions que vous avez arrosé de votre sang et la Grèce et l'Asie ! Les dépouilles de Carthage sont devenues la proie d'un joueur de flûte ! Romains ! hâtez-vous de renverser ces amphithéâtres, brisez ces marbres, brûlez ces tableaux, chassez les esclaves qui vous subjuguent et dont les funestes arts vous corrompent. Que d'autres mains s'illustrent par de vains talents ; le seul talent digne de Rome est celui de conquérir le monde et d'y faire régner la vertu. Quand Cynéas prit notre sénat pour une assemblée de rois, il ne fut ébloui ni par une pompe vaine, ni par une élégance recherchée ; il n'y entendit point cette éloquence frivole, l'étude et le charme des hommes futiles. Que vit donc Cynéas de majestueux, ô citoyens ? Il vit un spectacle que ne donnèrent jamais nos richesses ni tous vos arts, le plus beau spectacle qui ait jamais paru sous le ciel : l'assemblée de deux cents hommes illustres, dignes de commander à Rome et de gouverner l'univers.                J.-J. ROUSSEAU.

*L'obsécration* consiste en une prière ardente adressée à Dieu ou aux hommes pour obtenir quelque chose à quoi on attache beaucoup d'importance.

> Et quand l'ange exauçant enfin ma dernière heure
> Vous amène du ciel au père qui vous pleure,
> Quand pour diviniser cette heure du trépas,
> Il ne me faut qu'un mot, vous ne le diriez pas?
> Oh! mon enfant, au nom de ces larmes dernières
> Qui sur vos mains de fils tombent de mes paupières,
> Au nom de ces cheveux blanchis dans les cachots,
> De ces membres promis demain aux échafauds,
> Au nom des tendres soins que j'ai pris de votre âme,
> Au nom de votre mère! au nom de cette femme,
> Qui, si son œil de vierge ici pouvait vous voir,
> Vous pousserait du geste et du cœur au devoir,
> Et qui fille du Christ, ne voudrait pas sans doute
> Acheter votre vie au prix qu'elle vous coûte!
> Déchirez le bandeau qui vous couvre les yeux.
> Dites ce mot, mon fils, que je l'emporte aux cieux!
>> DE LAMARTINE.

L'*imprécation* invoque le ciel, les enfers, ou quelque puissance supérieure, contre un objet odieux.

Camille, voyant revenir son frère chargé des dépouilles de son amant, s'écrie:

> Rome, l'unique objet de mon ressentiment!
> Rome à qui vient ton bras d'immoler mon amant!
> Rome qui t'a vu naître et que mon cœur abhorre!
> Rome enfin que je hais parce qu'elle t'honore!
> Puissent tous ses voisins ensemble conjurés
> Saper ses fondements encor mal assurés!
> Et si ce n'est assez de toute l'Italie,
> Que l'Orient contre elle à l'Occident s'allie!
> Que les peuples unis des bouts de l'univers
> Passent pour la détruire et les monts et les mers!
> Puissé-je de mes yeux y voir tomber la foudre!
> Voir ses maisons en cendre et ses temples en poudre!
> Voir le dernier Romain, à son dernier soupir,
> Moi seule en être cause et mourir de plaisir!
>> CORNEILLE.

L'*hypotypose* peint si vivement les choses, qu'on croit les voir ou les entendre.

> Du Christ avec ardeur Jeanne baisait l'image;
> Ses longs cheveux épars flottaient au gré des vents.
> Au pied de l'échafaud sans changer de visage
>     Elle s'avançait à pas lents.
> Tranquille elle y monta, quand debout sur le faîte
> Elle vit le bûcher qui l'allait dévorer,
> Les bourreaux en suspens, la flamme déjà prête,
> Sentant son cœur faillir, elle baissa la tête
>     Et se prit à pleurer.
>> C. DELAVIGNE.

La *prosographie* nous montre l'air, les traits, le maintien d'une personne.

> La jeune fille avait cette fleur de beauté,
> Que n'a mûrie encore aucun rayon d'été.
> Ce duvet de la joue où la rougeur colore
> La moindre impression qu'un regard fait éclore:
> Son œil humide et bleu laissait voir au plein jour
> La calme volupté d'un mutuel amour;
> Pour cacher une honte, une ombre, une pensée
> Sa paupière aux longs cils n'était jamais baissée;

> Mais son regard posait confiant, affermi,
> Comme pose une main dans la main d'un ami.
> Un réseau noir serrait ses cheveux de sa maille,
> Deux tresses seulement descendant sur sa taille
> Où quelques blanches fleurs des prés s'entremêlaient
> Sur l'herbe derrière elle en blonds anneaux roulaient,
> Un étroit corset rouge embrassait sa ceinture,
> Une robe aux plis lourds et de couleur obscure
> Lui venait à mi-jambe, et laissait voir ses pieds
> Nus et blancs sur la mousse au soleil appuyés,
> Comme dans des débris dont la terre est couverte
> Deux pieds de marbre blanc brillent sur l'herbe verte.
> Ses doigts tressaient l'osier tandis que son regard
> Dans le vague des prés s'égarait au hasard.
>> DE LAMARTINE.

L'*étopée* peint le caractère, comme la prosographie les traits.

> C'est de la tête aux pieds un homme tout mystère
> Qui vous jette en passant un coup d'œil égaré
> Et sans aucune affaire est toujours affairé.
> De la moindre vétille il fait une merveille
> Et jusqu'au bonjour il dit tout à l'oreille,
>> MOLIÈRE.

Le *portrait* est la réunion de la prosographie et de l'étopée; c'est la description du personnage tout entier.

> Les oisifs courtisans que leurs chagrins dévorent
> S'efforcent d'obscurcir les astres qu'ils adorent;
> Si l'on croit de leurs yeux le regard pénétrant,
> Tout ministre est un traître, un roi n'est qu'un tyran.
> L'hymen n'est entouré que de feux adultères;
> Le frère à ses rivaux est vendu par ses frères;
> Et sitôt qu'un grand roi penche vers son déclin,
> Ou son fils ou sa femme ont hâté son destin.....
> Qui croit trop le crime en paraît trop capable (1).

La *topographie* est la description d'un lieu, d'un château, d'un jardin, etc. La description est le nom générique des quatre figures précédentes. On fait la description d'un combat, d'une tempête, d'un incendie, d'une inondation, etc., etc.

L'*ironie* est une figure par laquelle on exprime une pensée tout à fait opposée à celle que l'on veut faire comprendre.

Boileau, voulant donner Quinault pour un mauvais poëte, dit:

> Je le déclare donc, Quinault est un Virgile.

Oreste est au paroxysme de la fureur et du désespoir lorsqu'il apprend qu'Hermione n'a pu survivre à Pyrrhus; il s'écrie:

> Grâce au ciel mon malheur passe mon espérance;
> Oui, je te loue, ô ciel, de ta persévérance;
> Appliqué sans relâche au soin de me punir,
> Au comble des douleurs tu m'as fait parvenir.
> Ta haine a pris plaisir à former ma misère,
> J'étais né pour servir d'exemple à ta colère,
> Pour être du malheur un modèle accompli:
> Eh bien! *je meurs content*, et mon sort est rempli.

(1) Réminiscence.

« Dans la situation d'Oreste, dit La Harpe, ce mot : Je meurs content, est le sublime de la rage. »

*L'hyperbole.* Lorsqu'une idée nous affecte vivement, nous ne sommes pas satisfaits si nous ne pouvons communiquer aux autres toute l'impression que nous fait cette idée ; alors les mots propres, qui en sont ordinairement l'expression, étant trop faibles pour faire sentir tout ce que nous éprouvons nous-mêmes, nous nous servons de mots qui, entendus à la lettre, vont au delà de la vérité ; mais ceux qui nous écoutent savent toujours les ramener à leur juste valeur.

Lorsque Fléchier dit : « Des ruisseaux de larmes coulèrent des yeux de tous les habitants, il fait une hyperbole ; l'idée du ruisseau passe le vrai, mais chacun sait diminuer ce qu'il faut de cette expression et ôter à l'idée ce qu'elle a d'exagéré.

La *litote,* au lieu de dire plus pour faire entendre moins, dit au contraire moins pour faire entendre plus. Pour dire d'un homme qu'il a de l'esprit, on dira : qu'il n'est pas sot ; qu'il ne déplaît pas, pour dire qu'il fait plaisir, etc.

Quand Chimène dit à Rodrigue : Va, je ne te hais pas, elle fait évidemment entendre plus qu'elle ne dit.

La *périphrase* consiste à peindre une idée en plusieurs mots, au lieu de l'exprimer en un seul. On dit : *L'astre du jour,* pour le soleil ; le vainqueur d'Annibal, pour dire Scipion, etc.

Quelquefois les mots propres sont peu honnêtes et peuvent blesser la susceptibilité, on adoucit alors la pensée par une périphrase. Une pensée pourrait n'être pas assez claire si, pour la rendre, on se servait des mots propres, lesquels, pour n'être pas assez communément employés, ne seraient pas compris. On se servira avantageusement, dans ce cas, d'une circonlocution pour développer davantage la pensée, et on aura plus de chance d'être bien compris. Une expression vulgaire ne convient pas dans un morceau de style élevé ; au moyen de la périphrase, on orne l'idée, et de simple et commune qu'elle était, elle devient élégante et même gracieuse. La périphrase est l'ornement du style, surtout en poésie.

Au lieu de dire : Le soleil se couche, M. de Lamartine dit :

Le roi brillant du jour, se couchant dans sa gloire,
Descend avec lenteur de son char de victoire.

Le vent fait tomber les feuilles. Voilà une pensée sans ornement, qui n'a rien qui plaise à l'esprit. Delille orne cette pensée par la périphrase :

..... Bientôt les aquilons
Des dépouilles des bois vont joncher les vallons.

La nuit vient. C'est ainsi que tout le monde parle. Boileau embellit cette maison en disant :

Les ombres cependant, sur la ville épandues,
Du faîte des maisons descendent dans les rues.

Ce qui précède montre que la périphrase ne doit être employée que pour rendre le discours plus vif,

plus élégant, plus clair : une périphrase obscure, ou qui n'ajouterait rien à l'ornement du discours, serait défectueuse.

*L'antithèse* oppose les mots aux mots, les pensées aux pensées.

En voici plusieurs exemples :

Ils font des vœux pour nous qui les persécutons.

Faire des vœux est opposé à persécuter.

« On nous maudit, s'écrie saint Paul, et nous bénissons ; on nous persécute, et nous souffrons la persécution ; on blasphème contre nous, et nous répondons par des prières. »

L'antithèse se trouve ici dans *maudire* et *bénir, persécuter* et *souffrir, blasphèmes* et *prières.*

Sous les ordres d'un roi, aussi pieux que puissant, l'un faisait prospérer les *armes,* l'autre étendait la *religion.* L'un *abattait* des remparts, l'autre *redressait* des autels ; l'un *ravageait* les terres des Philistins, l'autre *portait l'arche* autour des pavillons d'Israël.

On trouve beaucoup d'antithèses dans Fléchier ; on pourrait peut-être dire avec justice que cet auteur se laisse trop apercevoir à la recherche de cette sorte de figures, que la trop grande profusion des antithèses dépare son mérite, ou plutôt rend son style un peu trop uniforme.

La *comparaison* donne plus de clarté au raisonnement en rapprochant de l'objet que l'on veut expliquer un autre objet qui y ressemble soit par un seul côté, soit par plusieurs.

Le sénat répondit par un noble silence.
Tels, dans les murs de Rome, abattus et brûlants,
Les sénateurs courbés sous le fardeau des ans
Attendaient fièrement sur leur siége immobiles
Les Gaulois et la mort avec des yeux tranquilles.
(*Henriade.*)

Quand on oppose deux hommes illustres, la comparaison prend le nom de parallèle.

Richelieu, Mazarin, ministres immortels,
Jusqu'au trône élevés de l'ombre des autels,
Richelieu, grand, sublime, implacable ennemi,
Mazarin, souple, adroit et dangereux ami ;
L'un feignant avec art et cédant à l'orage ;
L'autre aux flots irrités opposant son courage ;
Des princes de mon sang ennemis déclarés,
Tous deux haïs du peuple et tous deux admirés ;
Enfin par leurs efforts, ou par leur industrie,
Utiles à leur roi, cruels à la patrie.
VOLTAIRE.

*L'allusion* est une figure par laquelle on dit une chose pour réveiller l'idée d'une autre.

Néron se voyant accusé par sa mère de la mort de Britannicus, lui fait cette réponse :

Il n'est point de forfait dont je ne sois capable ;
Peut-être s'il fallait en croire vos discours,
Ma main de Claude même aurait tranché les jours.

Agrippine était soupçonnée d'avoir empoisonné Claude son époux.

La *prolepse* est une figure par laquelle l'orateur prévient les objetions de son adversaire et y répond d'avance. (Voyez n° 21.)

La *suspension* est une figure par laquelle l'orateur tient l'auditoire en suspens et dans l'incertitude de ce qu'il va dire ; puis il parle tout à coup d'un tout autre objet que de celui auquel on pouvait s'attendre.

> Elle remercia Dieu de deux grandes grâces l'une de l'avoir faite chrétienne. l'autre,.... Messieurs, qu'attendez-vous? peut-être d'avoir rétabli les affaires du roi son fils? Non, c'est de l'avoir faite reine malheureuse.     BOSSUET.

La *prétérition* se fait lorsque l'orateur dit une chose tout en assurant qu'il ne la dira pas.

> N'attendez pas, messieurs, que j'ouvre ici une scène tragique, que je représente ce grand homme étendu sur ses propres trophées, que je découvre ce corps pâle et sanglant auprès duquel fume encore la foudre qui l'a frappé, etc., etc.     FLÉCHIER.

La *réticence*. Lorsque sans finir une idée on passe subitement à une autre, soit que l'on craigne d'en dire trop, soit que ce que l'on a dit suffît pour faire entendre ce qu'il resterait à dire, et plus énergiquement que si on voulait l'expliquer, on fait une réticence. Aricie parlant de Phèdre à Thésée :

> Prenez garde, seigneur, vos invincibles mains
> Ont de monstres sans nombre affranchi les humains;
> Mais il en reste encor, et vous en laissez vivre
> Un... votre fils, seigneur, me défend de poursuivre;
> Instruite du respect qu'il peut vous conserver,
> Je l'offenserais trop si j'osais achever.

La *correction*. L'orateur fait cette figure lorsqu'il se reprend lui-même, comme s'il était mécontent de ce qu'il vient de dire :

> Siècles, hâtez vos pas, aurores désirées,
> Rougissez de vos feux les plaines éthérées!
> Nature, avec amour enfante ton Sauveur !
> Mais que dis-je, il est né...
>     SOUMET.

> Valois régnait encor, et ses mains incertaines
> De l'État ébranlé laissaient flotter les rênes,
> Les lois étaient sans force et les droits confondus,
> *Ou plutôt, en effet, Valois ne régnait plus.*
>     (HENRIADE, CH. 1.)

L'*épiphonème* n'est qu'une réflexion courte qui termine un récit : cette figure ne consiste le plus souvent qu'en une exclamation :

> Tant de fiel entre-t-il dans l'âme des dévots !
>     BOILEAU.

> Détestables flatteurs, présent le plus funeste
> Que puisse faire au roi la colère céleste.

La *sentence*. Il y a cette différence entre l'épiphonème et la sentence que celle-là se place seulement à la fin d'un récit, tandis que la sentence se place partout.

A toutes ces figures on peut joindre la *communica-*tion, figure par laquelle l'orateur, plein de confiance en son bon droit, semble s'en rapporter à la décision de l'auditoire, ou même de son adversaire; la *dubitation*, par laquelle l'orateur paraît être incertain sur ce qu'il va dire ; la *subjection*, voyez interrogation; la *permission*, qui consiste à feindre d'accorder quelque chose à son adversaire pour en tirer ensuite un avantage contre lui; la *licence*, par laquelle l'orateur semble prendre un ton de liberté porté à l'excès, mais avec l'intention secrète de plaire; la *concession*, qu'on peut rapporter à la permission.     J. M. RAVEAUD.

**RHINOCÉROS** (zoologie). — Genre de mammifères pachydermes dont le nom signifie *nez cornu*. Ce nom se tire d'une éminence dure, en forme de corne, qui surmonte les os du nez de l'animal, mais qui se distingue des cornes véritables, en ce que, au lieu de faire corps avec les os du crâne, comme celles du bœuf, de la chèvre, etc., elle ne tient qu'à la peau, et semble formée par le rapprochement et l'agglutination d'une grande quantité de poils. Pour servir de soutien à cette éminence cornée, les os du nez sont très-épais, et forment par leur réunion une voûte solide sur laquelle s'appuie sa base, lorsque l'animal la redresse pour s'en servir.

Ces animaux sont, après les éléphants, les plus grands quadrupèdes connus; ils ont souvent trois à quatre mètres de long et deux mètres de haut. Leurs formes sont un peu moins lourdes et moins pesantes que celles des précédents, et leurs jambes sont proportionnellement moins grosses et plus longues; leur peau sèche, rugueuse et presque nue, forme ordinairement en plusieurs endroits de leur corps d'énormes replis, sous lesquels elle est plus souple et plus sensible qu'ailleurs; leur tête de grandeur moyenne, n'est remarquable que par la corne unique ou double qui s'élève au-dessus des os du nez, et par un petit appendice mobile et extensible qui termine la lèvre supérieure, et dont l'animal se sert adroitement pour saisir ses aliments. Leurs molaires sont au nombre de sept partout; les canines manquent et les incisives varient à chaque mâchoire et dans chaque espèce; leurs pieds ont chacun trois doigts courts et gros.

Tous les rhinocéros sont d'une force extraordinaire, et leur corne leur fournit une arme formidable avec laquelle ils résistent au tigre, au lion et à l'éléphant, qu'ils parviennent même à éventrer quelquefois. (*Salacroux.*)

Les rhinocéros habitent les parties les plus méridionales de l'Asie et de l'Afrique, surtout les Indes occidentales, l'Abyssinie et la Cafrerie; ils se tiennent dans les forêts et les solitudes marécageuses. Leur vie paraît être fort longue, quoiqu'on n'en puisse préciser la durée.

Ce genre ne renferme qu'un très-petit nombre d'espèces. Les principales sont le *Rhinocéros des Indes* (*Rh. unicornis*), qui n'a qu'une corne : il était connu des anciens qui le faisaient combattre dans leurs cirques contre les éléphants, mais il est assez rare aujourd'hui; le *Rh. d'Afrique* (*Rh. bicornis*), qui a deux cornes et la peau beaucoup moins plissée que l'espèce précédente: ce rhinocéros n'a point de dents incisives;

et le *Rh. de Sumatra*, qui est de la grosseur d'un petit bœuf. On a trouvé une grande quantité de débris de *Rhinocéros fossiles*, dont les types n'existent plus.

*Chasse du rhinocéros; sa force et sa fureur; son combat contre l'éléphant.* — Le rhinocéros sans être ni féroce, ni carnassier, ni même extrêmement farouche, est cependant intraitable, (on est néanmoins parvenu, disent les jésuites portugais qui ont demeuré longtemps en Abyssinie, à les rendre domestiques ou du moins dociles en Abyssinie, et on l'y fait servir comme l'éléphant à porter des fardeaux) : il est à peu près en grand ce que le cochon est en petit, brusque et brut, sans intelligence, sans sentiment et sans docilité; il est même sujet à des accès de fureur que rien ne peut calmer ; il est aussi, comme le cochon, très-enclin à se vautrer dans la boue et à se rouler dans la fange; il aime les lieux humides et marécageux, et il ne quitte guère le bord des rivières.

Ces animaux ne se rassemblent pas en troupe, et ne marchent pas en nombre comme les éléphants; ils sont plus solitaires, plus sauvages et peut-être plus difficiles à chasser et à vaincre; l'acier de Damas, les sabres du Japon n'entament pas leur peau, et les lances ne peuvent la percer; elle résiste même aux balles du mousquet : celles de plomb s'aplatissent sur leur cuir, et les lingots de fer ne les pénètrent pas en entier; les seuls endroits absolument pénétrables sont le ventre, les yeux et le tour des oreilles ; aussi les chasseurs, au lieu d'attaquer cet animal de face et debout, le suivent de loin à la trace et attendent pour l'approcher les heures où il se repose et s'endort.

Voici ce que quelques voyageurs rapportent de la chasse du rhinocéros et de la manière de le prendre : ils disent que quand la femelle allaite son petit dans les pâturages, les Indiens, les uns armés de piques et les autres de fusils, vont l'attaquer : ils la tirent près des oreilles qui sont, selon Gervaise, le seul endroit où elle peut être blessée à mort; s'ils ont le bonheur de la tuer, ils prennent le petit qui ne peut encore ni courir bien vite, ni se défendre. Mais cette chasse est très-dangereuse; car quoique cet animal ne fasse naturellement aucun mal à l'homme, cependant lorsqu'il est provoqué ou blessé, il va quelquefois au feu, et renverse, dit Bontius, tout ce qui se trouve devant lui, hommes et chevaux. Le même Bontius ajoute que la femelle du rhinocéros ne va au feu que quand elle a mis son petit en sûreté : telle est la manière de prendre les rhinocéros femelles et les petits.

A l'égard du rhinocéros mâle, la chasse n'en est pas si dangereuse. Les Indiens construisent dans les endroits marécageux où vont ces animaux, soit pour s'endormir, soit pour se vautrer, une forte cabane à plusieurs portes, qu'ils entourent d'arbres et de feuillage : ils mettent dans une partie de cette cabane une femelle de rhinocéros déjà apprivoisée, dans le temps qu'elle est en chaleur, et laissent ouverte la porte antérieure : le rhinocéros mâle attiré par la femelle, n'est pas plutôt entré dans cette partie antérieure, que les Indiens qui se sont cachés ferment aussitôt la porte, ensuite ils le tuent ou le prennent en vie. Telle est,

dit-on, la seule manière de prendre le rhinocéros vivant, du moins en Asie.

En Afrique, dit Kolbe, ceux des peuples de Bamba qui s'adonnent à cette chasse, entendent fort bien la manière de prendre le rhinocéros : leur méthode est d'ouvrir dans les lieux que ces animaux fréquentent, de larges fossés qui vont en rétrécissant vers le fond; ils les couvrent de branches d'arbres et de gazon qui cachent le piége; les rhinocéros y tombent et ne peuvent en sortir. Ce moyen les met à l'abri de la fureur de cet animal. Les Hottentots, dit le même auteur, font à peu près de même. Comme ces animaux suivent presque toujours la même route pour aller aux rivières, la trace de leurs pas est toujours facile à reconnaître à cause de la pesanteur de leurs corps. Les Hottentots ouvrent dans cette route une fosse de deux à trois mètres de profondeur et d'environ 1 mètre 30 de diamètre, au milieu de laquelle ils enfoncent un pieu pointu; ils le couvrent ensuite avec tant d'art que les yeux mêmes d'un homme y seraient trompés. Le rhinocéros en tombant dans cette fosse ne manque pas de rencontrer le pieu qui lui perce la poitrine ou le cou, et qui l'arrête assez pour donner aux chasseurs, qui sont cachés dans les buissons au-dessous du vent, le temps d'arriver et de l'achever à grands coups de sagayes.

Le rhinocéros a l'odorat extrêmement subtil ainsi que l'ouïe ; avec e vent favorable il sent de loin toute sorte d'animaux; il marche vers eux en droite ligne, et courant dans sa colère plus vite qu'un cheval, forçant, perçant tout ce qu'il rencontre, rien ne peut le faire détourner : avec la corne qu'il a sur le nez il déracine les arbres, se fait jour à travers les buissons et les haies; il enlève les pierres qui s'opposent à son passage et les jette derrière lui à une grande distance; en un mot il abat tous les corps sur lesquels sa corne peut avoir quelque prise : s'il ne rencontre rien en courant, il se contente de baisser la tête comme les cochons, de la tourner souvent de côté et d'autre, et de faire des sillons dans la terre dont il jette brusquement une grande quantité qui retombe sur sa propre tête : il attaque assez rarement les hommes, à moins qu'on ne le provoque ou que l'homme n'ait un habit rouge; dans ces deux cas il entre en fureur et devient très-redoutable, il tâche de saisir la personne par le milieu du corps et la fait voler par-dessus sa tête avec une telle force qu'elle est tuée par la violence de sa chute : alors il vient la lécher fortement de manière à lui enlever toutes les chairs; il en fait de même aux autres animaux. Néanmoins quelque furieux qu'il soit, il n'est pas difficile de l'éviter lorsqu'on le voit venir, il va fort vite, il ne se tourne qu'avec beaucoup de peine; d'ailleurs il ne voit que devant lui, ainsi on n'a qu'à le laisser approcher à quelques distance et se jeter lestement de côté, alors il ne voit plus ou il voit mal celui qu'il poursuivait, et ne peut que très-difficilement le retrouver. Kolbe dit l'avoir éprouvé lui-même.

Cette arme offensive du rhinocéros est une corne très-dure, solide dans toute sa longueur et placée plus avantageusement que les cornes des animaux ruminants; elle défend dans cet animal toutes les parties antérieures du museau et préserve d'insulte le muffle, la bouche et la face, en sorte que le tigre attaque plus volontiers l'éléphant dont il saisit la trompe, que le rhinocéros qu'il ne peut coiffer sans risquer d'être éventré; car le corps et les membres sont recouverts d'une enveloppe impénétrable, et cet animal ne craint ni la griffe du tigre, ni l'ongle du lion, ni le fer, ni le feu du chasseur.

Pline et tous les auteurs assurent que le rhinocéros, est l'ennemi naturel de l'éléphant. Il semble, disent-ils, aiguiser sa corne contre les rochers, il la frotte aussi contre les arbres et tous les corps durs, quand il se prépare au combat; et lorsqu'il attaque l'éléphant, même de la plus haute taille, il tâche de lui porter des coups de boutoir et de corne sous le ventre, où la peau est la plus sensible et la plus pénétrable, et il le blesse quelquefois mortellement. La possession d'un pâturage excite entre eux des combats singuliers, ils ne veulent point se repaître dans les mêmes lieux. L'éléphant qui est rusé et subtil évite quelquefois la corne du rhinocéros, le fatigue avec sa trompe, le terrasse, le déchire, le hache et le met en pièces avec ses grandes dents ou défenses; mais le rhinocéros, s'il ne manque pas son premier coup, remporte souvent la victoire. Plusieurs croient fabuleux le combat de ces deux animaux; cependant Emmanuel, roi de Portugal, fit combattre en 1513 un rhinocéros mâle contre un éléphant, et celui-ci fut vaincu dans l'arène de Lisbonne. Selon le rapport des jésuites portugais et des écrivains orientaux, on voit assez souvent des éléphants étendus morts et percés par la corne du rhinocéros.

Il semblerait que ce colosse qui n'a pas de goût pour la chair, qui ne craint pas les grands animaux, ne doit pas inquiéter les petits, et peut vivre en paix avec tous: aussi a-t-on vu l'éléphant et le rhinocéros en captivité vivre tranquillement sans s'offenser ni s'irriter l'un contre l'autre; peut-être aussi leur génie ou leur caractère était flétri par l'esclave.

D'après ce que nous avons dit concernant les rhinocéros des Indes ou d'Asie, il paraît que ceux d'Afrique forment une seconde race, dans laquelle les individus ont généralement, mâle et femelle, la corne double, et n'ont le cuir ni relevé en boucliers épais, ni aussi impénétrable, ni sillonné de plis aussi profonds que les rhinocéros d'Asie qui forment la première race. Nous ajoutons, d'après M. Allemand, que les rhinocéros d'Afrique ont tout le corps couvert de ces incrustations en forme de gales ou tubérosités qui se voient sur ceux d'Asie, avec cette différence que dans ceux-ci elles ne sont pas parsemées également partout. Il y en a moins sur le milieu du corps, et il n'y en a point à l'extrémité des jambes: quant aux plis de la peau, ils sont bien moins forts et moins marqués: les adultes en ont un à l'aine, profond de trois pouces, un autre derrière l'épaule d'un pouce de profondeur, un derrière les oreilles, mais peu considérable; quatre petits devant la poitrine et deux au-dessus du talon; ceux qui se font remarquer le plus et qui ne se trouvent point sur ceux d'Asie, sont au nombre de

neuf sur les côtés, dont le plus profond ne l'est que d'un demi-pouce; autour des yeux ils ont plusieurs rides qui ne peuvent pas passer pour des plis.

Tous les rhinocéros d'Afrique, jeunes ou vieux, qu'a vus M. Gordon, avaient deux cornes; la plus grande de ces cornes est placée sur le nez, elle est aplatie en dessus: la seconde corne a sa base à environ demi-pouce de la première et elle est beaucoup plus courte; l'une et l'autre sont uniquement adhérentes à la peau, et placées sur une éminence unie et est au-devant de la tête; en les tirant fortement en arrière on peut les ébranler: l'ouverture des yeux est d'un pouce, ils sont situés aux côtés de la tête, à peu près à égale distance de la bouche et des oreilles; les naseaux sont fort ouverts et longs de deux pouces et demi; les oreilles ont neuf pouces en longueur, et leur contour est de deux pieds; leur bord extérieur est garni de poils rudes, longs de deux pouces et demi; il y a sur le corps quelques poils noirs, mais clair-semés entre les tubérosités de sa peau et au-dessus des yeux; le rhinocéros d'Afrique a comme celui d'Asie vingt-huit dents: la longueur des pieds de devant égale leur largeur, mais ceux de derrière sont un peu allongés: il y a sous la plante du pied une semelle épaisse et mobile. Le meilleur moyen d'éviter cet animal est de se tenir sous le vent; lorsqu'ils courent, ils impriment quelquefois sur la terre par le balancement de leur tête et à l'aide des deux cornes, deux sillons à la fois, et alors ils sautent à droite et à gauche en dressant leur queue comme s'ils avaient des vertiges. (*De Bomare.*)

**RHINOPLASTIE** (chirurgie) [du grec *rhin, rhinos,* nez, et *plassô,* fabriquer, façonner]. — Art de refaire le nez à ceux qui l'ont perdu. Cet art, dit un auteur, a pris naissance aux Indes, où l'amputation du nez était fréquemment infligée comme punition. On commence par prendre, à l'aide d'un morceau de papier ou de cire, la forme du nez; puis on applique ce patron sur la peau du front, que l'on incise en suivant le contour du patron; on détache ainsi un lambeau de peau, qui tient seulement entre les yeux, et on le rabat sur le tronçon du nez, en le retournant. Les deux peaux, mises en contact, et fixées par des points de suture, s'unissent en formant une sorte de greffe: la réunion est complète le 25e jour. Ce procédé, connu sous le nom de *méthode indienne,* est celui qu'on emploie le plus généralement aujourd'hui. La *méthode* dite *italienne* n'en diffère qu'en ce que le lambeau est pris sur la surface antérieure et interne du bras. Il faut dans tous les cas que le lambeau implanté communique par un pédicule avec la partie à laquelle on l'emprunte jusqu'à ce que la cicatrisation soit complète.

**RHIZOME** (botanique) [du grec *rhizôma,* augmentatif de *rhiza,* racine]. — On appelle ainsi: 1° le pivot d'une racine; 2° les tiges souterraines des fougères, des iridées, etc., qui ont l'apparence de racines et qu'on appelle aussi *souches;* 3° la radicule de la graine.

**RHODIUM** (chimie) [du grec *rhodon,* rose; par allusion à la couleur de la plupart de ses combinaisons]. — Corps simple métallique sans usage qui, lorsqu'il est pur, a la couleur de l'argent. Il est dur, cassant, et d'une densité de 10,6. On le rencontre dans certains minerais de platine. Il a été découvert en 1803 par Wollaston.

**RHODODENDRON** (botanique) [du grec *rhodon*, rose, et *dendron*, arbre]. — Type de la tribu des rhododendrées, renfermant des arbres et des arbrisseaux élégants, assez semblables aux azaléas, et qui font l'ornement des jardins par leurs fleurs souvent très-grandes, d'un aspect fort agréable, variant du blanc rose au rouge le plus vif : feuilles persistantes, alternes, entières, éparses, d'un vert foncé et luisant. Les principales espèces de ce genre sont : le *Rh. ferrugineux*, vulgairement *Rose des Alpes*, arbrisseau à rameaux tortueux et diffus, à feuilles ovales, oblongues, persistantes, vertes en dessus, ponctuées, rousses ou ferrugineuses en dessous ; à fleurs nombreuses, d'un très-beau rouge, réunies en bouquets à l'extrémité des rameaux : il croît naturellement dans toute la chaîne des Pyrénées et des Alpes ; il fleurit à la fin du printemps ; son écorce et ses feuilles passent pour astringentes ; — le *Rh. hérissé*, plus petit que le précédent : ses feuilles sont hérissées sur les bords de longs cils épars ; ses fleurs sont plus petites et d'un rouge plus pâle ; il croît aux mêmes lieux, mais il est plus rare ; — le *Rh. du Pont* (*Rh. ponticum*), très-abondant le long des ruisseaux, sur les côtes de la mer Noire et aux environs de Trébizonde.

**RHUBARBE** (botanique) [*Rheum*]. — Genre de plantes de la famille des polygonées, dont toutes les espèces se distinguent par de grandes feuilles à pétiole, chacune sortant immédiatement de terre, des fleurs petites, disposées en panicule, et des racines très-grosses, dont la plupart ont des propriétés purgatives. Les racines de rhubarbe, dit M. Lair, employées en médecine nous viennent de la Tartarie chinoise, mais les unes arrivent par terre en traversant la Russie, de là le nom de rhubarbe de Moscovie, qu'elles portent dans le commerce ; les autres viennent directement de la Chine par mer, et sont appelées rhubarbe de Chine. Il est très-probable que ces deux espèces de racines appartiennent à la même plante, et cependant la rhubarbe de Moscovie est considérée, avec raison, comme très-supérieure à l'autre ; cela tient à une circonstance toute spéciale, c'est que le gouvernement russe entretient à Kiatcha, sur les frontières de l'empire de la Tartarie, un pharmacien qui n'a d'autre mission que de refuser toutes les racines de qualité inférieure ; par conséquent la rhubarbe qui vient par la Russie ou rhubarbe de Moscovie, est toujours une rhubarbe de choix. Elle se distingue par son grain fin, rosé, son odeur agréable, et sa saveur franchement amère. Elle est le plus souvent en morceaux aplatis, tandis que la rhubarbe de Chine est en morceaux arrondis. On a fait de longues recherches pour découvrir quelle était l'espèce de *rheum* qui fournissait ces racines ; l'opinion la plus probable est que c'est le *rheum orientale*, décrit par Colebrooke. On comprend de quel intérêt il est pour les négociants chinois, les plus fins, les plus défiants du monde, d'induire les Européens en erreur ; l'Europe leur a déjà enlevé tant de branches d'industrie, qu'ils cherchent à conserver le petit nombre de celles qui leur restent encore. On a essayé de s'affranchir, en France, de ce tribut que nous payons à l'Asie, et on a essayé, dans différentes localités, de cultiver la rhubarbe. Les espèces qu'on a choisies sont le *R. palmatum*, *R. undulatum*, et *R. compactum*. On a obtenu des produits dont MM. Itard, Ribes et Geoffroy ont essayé la valeur thérapeutique, et ils ont trouvé que ces rhubarbes avaient une action identique à celle des exotiques, en augmentant la dose d'un quart environ. En Angleterre, on cultive maintenant les rhubarbes comme plante potagère ; les queues des feuilles sont grosses, charnues, tendres, et d'un goût agréablement acide ; on les prépare, en conséquence, à peu près comme le céleri et le cardon, et il paraît que ce mets est destiné à devenir européen. Ceci n'est du reste qu'un emprunt fait à la cuisine des Cosaques du Don, qui de temps immémorial mangent les pousses et les feuilles du *R. rhaponticum*. Le goût acide particulier, que quelques chimistes ont désigné sous le nom de *rheumique*, est regardée par d'autres comme identique, avec l'oxalique que nous trouvons dans l'oseille, et toutes les espèces d'*oxalis*. L'action de la racine de rhubarbe est très-différente suivant la dose à laquelle elle est employée, et cette différence est telle, qu'elle satisfait alors à des indications tout à fait différentes. En poudre, à la dose de deux à six grains dans une cuillérée de potage, unie à un peu de cannelle ou de quinquina, c'est un léger amer, un digestif dont quelques personnes font un usage habituel, pour favoriser l'action de l'estomac. En teinture, à la dose d'un gros, on obtient des effets analogues, et l'on peut dire de la rhubarbe que c'est un amer, un tonique léger. Cependant il est quelques organisations impressionnables, sur lesquelles elle agit comme purgatif même à cette dose ; ainsi le célèbre poëte Goethe était, au rapport de ses médecins, purgé par une cuillérée à thé de teinture de rhubarbe. Sur les constitutions ordinaires, elle agit comme laxatif à la dose de quinze à vingt-quatre grains en poudre, ou le double en infusion dans de l'eau. Le docteur Jackson de Boston prétend que dix grains de rhubarbe, mâchés pendant quinze à vingt minutes, produisent plus d'effet que cinquante grains avalés immédiatement. La rhubarbe agit surtout sur le commencement du petit intestin, et provoque la sécrétion de la bile. On la conseille aux personnes affectées d'hémorrhoïdes, aux enfants, aux femmes, et en général aux personnes délicates et impressionnables. Elle entre aussi dans la composition d'un grand nombre de médicaments composés, dont on fait rarement usage aujourd'hui.

**RHUMATISME** (médecine). — Affection essentiellement mobile, attaquant plus particulièrement les parties fibreuses des jointures et des muscles, et caractérisée par une douleur plus ou moins vive, à laquelle se joignent assez souvent des symptômes inflammatoires. Le nom de rhumatisme vient de deux mots grecs : *rhéo*, je coule, et *rheuma*, flux, courant. Cela ne nous indique nullement la nature de cette maladie, qui n'a été bien décrite que depuis Sydenham. Aussi écoutons le professeur Grisolle au sujet de cette affection :

Lorsqu'on étudie, dit-il, les différentes formes sous lesquelles se présente à nous l'affection rhumatismale, on trouve d'abord entre elles tant de dissemblances, qu'on serait tenté d'y voir tous autres états morbides distincts les uns des autres. Que de différences n'y a-t-il pas, par exemple, entre les douleurs erratiques mobiles des muscles et le rhumatisme articulaire aigu ! Cependant, il est facile de reconnaître que ces maladies, en apparence si distinctes, ne diffèrent que par la forme ; elles co-existent entre elles, se remplacent, alternent les unes avec les autres ; elles surviennent sous l'influence des mêmes causes et dépendent d'une même diathèse. Eu égard à son siége spécial, comme à l'état symptomatique qui l'accompagne, on peut diviser l'affection rhumatismale en deux grands groupes, suivant qu'elle siége dans les muscles ou dans les articulations. De là la division du rhumatisme en *musculaire* et en *articulaire*. On a aussi établi un troisième ordre, comprenant les rhumatismes *viscéraux* ; on ne possède encore sur ces derniers que des renseignements peu précis. Il est d'ailleurs certain que, sous la dénomination de rhumatismes viscéraux, on a confondu des affections très-dissemblables.

Les causes des rhumatismes sont la prédisposition, l'habitation des lieux bas et humides, les refroidissements, l'intempérance, la suppression d'évacuations habituelles, etc. Il peut affecter tous les âges, mais surtout les adultes et les vieillards.

Le rhumatisme est *articulaire* ou *musculaire*; la maladie est aussi *aiguë* ou *chronique*.

« Le *rhumatisme articulaire aigu* est souvent précédé de symptômes généraux, tels qu'un malaise et une fièvre plus ou moins vive. Au bout de 24 à 48 heures, une ou plusieurs articulations deviennent douloureuses et se tuméfient ; il s'y développe de la chaleur et une teinte rosée. La durée de cette affection varie depuis quelques jours jusqu'à deux et trois mois. Souvent elle se porte d'une articulation à une autre, et parcourt successivement les principales articulations ; les douleurs sont plus atroces dans l'articulation qui commence à être entreprise que dans celle qui l'est déjà depuis quelque temps. Le plus ordinairement la maladie se termine par résolution, sans laisser de traces, mais elle est sujette à récidive. Le *rhumatisme articulaire chronique* succède quelquefois à l'état aigu. Les articulations sont douloureuses et comme empâtées ; les mouvements deviennent difficiles et très-bornés ; la rougeur et la chaleur locales sont peu intenses ; le gonflement articulaire est ordinairement très-lent. Il y a rarement un mouvement fébrile, mais seulement perte de l'appétit, et quelquefois privation de sommeil ; les membres maigrissent, s'atrophient, et restent dans un état de demi-flexion ou de contraction. Quelquefois la maladie, après avoir disparu presque complétement, reparaît soit spontanément, soit sous l'influence d'une impression de froid. Souvent elle laisse des dépôts de matière gélatino-albumineuse ou des concrétions tophacées : dans ce dernier cas, le

rhumatisme prend le nom de *rhumatisme goutteux*, et est assez difficile à distinguer de la *goutte* proprement dite. »

Le rhumatisme articulaire se complique assez souvent d'inflammation des plèvres et des membranes qui enveloppent le cœur; ces complications, qui constituent, pour ainsi dire, la gravité de cette espèce de rhumatisme, sont loin, selon nous, d'être aussi communes que le pense le professeur Bouillaud, à qui revient l'honneur d'avoir fixé sur elles l'attention des médecins.

Le *rhumatisme musculaire* diffère du rhumatisme articulaire « en ce qu'il se manifeste dans la continuité des membres, et que, quelque vive que soit la douleur, la partie affectée n'offre extérieurement ni rougeur, ni tuméfaction, ni chaleur, ni réaction fébrile. Il peut attaquer toutes les parties du corps. On en distingue, selon le siége qu'occupe la douleur, plusieurs variétés, qui, pour la plupart, ont reçu les noms particuliers de *torticolis* (rhumatisme du cou), de *lombago* (rhumatisme des reins), de *pleurodynie*. »

*Traitement.* — Dans le *rhumatisme articulaire* : la saignée, les sangsues, les boissons douces et tièdes légèrement nitrées ; des cataplasmes laudanisés sur les jointures douloureuses ; deux ou trois fois de l'eau de Sedlitz contre la constipation ; 5 centigrammes d'opium lorsqu'il y a insomnie, la diète et le repos, tels sont les moyens qu'on oppose généralement au rhumatisme aigu.

Dans le *rhumatisme chronique* : boissons sudorifiques, purgatifs, bains de vapeur, vésicatoires volants, vapeurs sèches de benjoin, de genièvre, douches d'eau simple ou sulfureuse, etc. Dans le *rhumatisme goutteux chronique*, avec concrétions tophacées dans les articulations, l'emploi du bicarbonate de soude, selon les uns, l'hydrothérapie, selon les autres, sont fort utiles.

**RHYTHME** (beaux-arts) [du grec *rhuthmos*, nombre, cadence, mesure]. — Dans son acception la plus générale, le *rhythme* est la proportion qu'ont entre elles les parties d'un même tout. Aristide Quintilien divise le *rhythme* en trois espèces; savoir : le *rhythme* des corps immobiles, lequel résulte de la juste proportion de leurs parties, comme dans une statue bien faite; le *rhythme* du mouvement local, comme dans la danse, la démarche bien composée, les attitudes des pantomimes ; et le *rhythme* des mouvements de la voix.

Le *rhythme* appliqué à la voix peut s'entendre de la parole ou du chant. Dans le premier sens, c'est du *rhythme* que naissent le nombre et l'harmonie dans l'éloquence ; la mesure et la cadence dans la poésie; dans le second, le *rhythme* s'applique à la valeur des notes, et s'appelle aujourd'hui *mesure*.

*Vossius*, dans son livre de *Poematum cantu, et viribus rhythmi*, relève beaucoup le *rhythme* ancien, et il lui attribue toute la force de l'ancienne musique. Il dit qu'un *rhythme* détaché comme le nôtre, qui ne représente aucune image des choses, ne peut avoir aucun effet, et que les anciens nombres poétiques n'avaient été inventés que pour cette fin que nous négligeons. Il ajoute que le langage et la poésie moderne sont peu propres pour la musique, et que nous n'aurons jamais de bonne musique vocale jusqu'à ce que nous fassions des vers favorables pour le chant ; c'est-à-dire, jusqu'à ce que nous réformions notre langage, et que nous lui donnions, à l'exemple des anciens, la quantité et les pieds mesurés, en proscrivant pour jamais l'invention barbare de la rime.

**RICHESSE** ( économie politique ). — Tout ce qui est susceptible de satisfaire nos besoins et nos goûts matériels et intellectuels ; que ces goûts et ces besoins soient réputés naturels, et qu'ils soient l'effet de la civilisation dans notre pensée, *les richesses* ont un sens matériel ; elles résident dans les choses qui ont *un prix*, qui sont, jusqu'à un certain point, susceptibles *d'évaluation*. Quelques économistes, préoccupés de la crainte, très-noble au reste, d'exciter trop la cupidité, et d'avilir l'homme en l'attachant à des études d'intérêt exclusivement matériel, ont trop étendu le domaine de l'économie politique, et ont contribué à accroître la confusion qui règne encore dans cette belle science, et en mêlant à une science plus haute, la science de la morale. Sans doute, les vertus sont les premières et les plus importantes *richesses*, mais elles appartiennent à la partie morale de l'homme, et ce n'est que par pauvreté de langage, par figure, qu'on les désigne ainsi. L'économie politique ne deviendra une science applicable et réelle, que quand on l'enfermera dans les limites que lui assigne la raison.

Les biens naturels, l'eau, l'air, nos organes, etc., sont aussi des richesses dont nous sommes tous appelés à jouir. L'économie politique peut bien s'occuper de leur action sur la production des autres biens, mais leur répartition étant égale pour tous, et leur création étant indépendante du travail humain, ils n'entrent pas absolument dans ses études. La question des richesses réduites à ce point de simplicité, nous les montre dans les fruits du travail de l'homme, source noble et pure à laquelle l'homme, si la société est bien réglée, doit puiser librement, et sans autre limite que celle de ses forces physiques et de son intelligence. Le développement de ces forces tend donc à multiplier la puissance créatrice du travail et à augmenter les richesses ; l'éducation qui développe la force intellectuelle tend donc à accroître les richesses d'un État ; les machines qui centuplent les forces physiques, tendent donc à l'accroissement des richesses sociales ; à quels magnifiques résultats ne pourrait-on pas atteindre en facilitant à toutes les classes de la société les moyens de s'instruire ! C'est l'aumône la plus belle et en même temps la plus sûre ; toutes les autres ne sont que mesquines, transitoires, insuffisantes ; elles ne sauraient donner la richesse à qui ne l'a pas ; le travail seul crée les richesses.

**RICIN** (botanique). — Genre de plante de la famille des euphorbiacées, dont l'huile que donnent les graines, à l'état de pureté, est d'un jaune pâle presque sans couleur, d'une matière douce et entièrement soluble dans l'alcool. On la prépare soit en mettant les graines en presse entre deux plaques, après les avoir dépouillées de leur enveloppe, soit en les traitant par l'alcool. Le premier de ces deux procédés est le plus généralement employé et le meilleur. Ce n'est que vers 1776, qu'Odier, médecin de Genève, alors en grand renom, introduisit sur le continent l'usage de l'huile de ricin qu'il avait vu employer en Angleterre sous le nom de *castor oil* ; longtemps les médecins français l'avaient repoussée et avec quelque raison ; ils lui reprochaient d'être un médicament infidèle, tantôt inerte, tantôt actif au point de donner lieu à des accidents terribles. Des botanistes et des chimistes s'occupèrent de la question et pensèrent que les propriétés de l'huile tirée de l'albumen n'étaient peut-être pas les mêmes que celles de l'huile tirée de l'embryon ; mais on vit bientôt qu'elles étaient identiques, et que d'ailleurs la quantité d'huile contenue dans l'embryon était tellement minime qu'il était oiseux d'en tenir compte. La cause des mécomptes des médecins et des malades était ailleurs. L'huile de ricin venait alors d'Amérique, où elle est employée non-seulement comme médicament, mais encore comme moyen d'éclairage. Pendant le long trajet qu'elle avait à faire elle rancissait et acquérait ainsi des propriétés véritablement délétères. Peut-être aussi y mêlait-on de l'huile extraite de quelques autres graines d'euphorbiacées, telles que celles du Médicinier ou du *Croton tiglium*, et alors il n'est pas étonnant qu'on ait eu de super-purgations. Maintenant tous les pharmaciens ont de l'huile de ricin faite avec des graines de plantes venues en France et préparée dans leurs propres laboratoires. Aussi, observe-t-on rarement les effets alarmants qui étaient si communs autrefois. L'huile de ricin est un bon purgatif à la dose d'une once et demie à deux onces pour un adulte. Cependant elle a deux inconvénients, d'abord son goût nauséabond et sa consistance oléagineuse, qui font que beaucoup de malades ne sauraient l'avaler, ensuite la pesanteur qu'elle détermine à l'estomac. Souvent elle est rejetée à l'instant même sans produire l'effet que le médecin en attendait. Cette huile a dû sa grande faveur à la médecine physiologique qui avait, on ne sait trop pourquoi, proclamé son innocuité tandis qu'elle tonnait contre les purgatifs. Son principe âcre très-réel, puisqu'il peut amener la mort, avait trouvé grâce devant ces médecins qui n'agissaient que sous l'empire de la terreur que leur inspirait l'irritation. Auraient-ils vu dans la consistance oléagineuse du médicament quelque chose de doux, de velouté, de calmant qui rappelant les huiles végétales sans âcreté, leur parut un correctif à l'action purgative du principe âcre. Cela se pourrait, et alors pourquoi se moquer de nos prédécesseurs qui employaient la pulmonaire parce que ces feuilles ressemblaient à un poumon et l'hépatique parce que les siennes ont trois lobes comme le foie.

M. Dareste, dans une note communiquée à la Société d'acclimatation, en 1857, a fait ressortir tout l'avantage qui résulterait de la culture du ricin en Algérie, où cette plante croît naturellement et en grande abondance. La quantité d'huile produite par un hectare cultivé en ricin dépasserait 1800 kilogrammes ; le rendement des palmiers à l'huile, dans les régions intertropicales, n'est que de 900 kilogrammes, et celui des oliviers, dans les régions méridionales, n'est que de 600 kilogrammes. M. Dareste fait connaître que M. Bouis, habile chimiste, a fait dans ces dernières années une étude approfondie de l'huile de ricin. Le travail de M. Bouis contient un résultat qui exercera peut-être un jour une influence sur la prospérité de notre colonie africaine.

Lorsque l'on distille l'huile de ricin sur de la potasse concentrée, on en extrait deux produits qui trouveront certainement un jour un emploi utile dans l'industrie : l'acide sébacique et l'alcool caprylique. L'acide sébacique a été découvert, il y a longtemps déjà, par M. Thénard, dans la distillation des graisses ; mais ce procédé ne donne qu'un produit très-peu abondant, et il a d'ailleurs quelque chose de repoussant par l'odeur infecte dont il s'accompagne. Le procédé de M. Bouis a le double avantage de ne donner lieu à aucune mauvaise odeur, et de produire une quantité considérable d'acide sébacique, à peu près le quart en poids de l'huile de ricin employée. L'acide sébacique, par l'élévation de son point de fusion, jouit d'une solidité remarquable, et peut remplacer avec avantage l'acide stéarique dans la fabrication des bougies. Quand, au lieu de l'employer seul, on le fait entrer en petite proportion dans les bougies d'acide stéarique, on augmente leur dureté et leur éclat, et on leur donne un aspect qui imite celui de la porcelaine. Aujourd'hui que l'on s'occupe avec succès d'employer, pour la fabrication des bougies de qualité inférieure, des acides gras plus mous et plus fusibles que l'acide stéarique, cette dernière propriété aurait une importance considérable.

L'alcool caprylique, que l'on obtient dans la même préparation, peut être employé à tous les usages auxquels on fait servir l'alcool ordinaire, particulièrement à l'éclairage et à la composition des vernis ; de plus, il donne naissance à de nouveaux éthers composés très-remarquables par leur odeur, et qui pourraient être employés par les parfumeurs et les confiseurs, comme les éthers composés dont on fait actuellement un grand usage en Angleterre.

**RIME** (poésie) [du saxon *rima*, bord, terminaison, ou du teutonique *rim*, nombre, mètre]. — Uniformité de son placé à la fin des mots qui terminent les vers.

On a beaucoup discuté si la rime est une source de beautés ou de défauts dans les vers ; les uns prétendent que c'est une pratique barbare qui entraîne avec elle une monotonie insoutenable, les autres n'y trouvent qu'une consonnance qui charme l'oreille.

Voici ce qu'on raconte sur l'origine de la rime : Les orateurs grecs qui cherchaient à chatouiller les oreilles du peuple, affectaient une certaine cadence de périodes composées, qui finissaient par une même consonnance et une même terminaison. Ils les appelaient ὑποτελεῦτα (*opoioteleuta*). Les Latins qui les imitèrent, nommèrent ces phrases ainsi mesurées, *similiter desinentia*. Cette affectation augmenta dans le déclin de la langue latine, et la langue gauloise conserva cette cadence de rimes, qui parut plus douce et plus agréa-

ble que les vers mesurés des Grecs et des Romains. Il arriva même que les poëtes qui composaient en latin, ajoutèrent la rime à la mesure ancienne des vers, qu'ils appelèrent *léonins*, du nom d'un certain *Léonius* qui excella dans ces sortes de vers.

La rime fut d'abord la seule règle que les poëtes observassent. Ils ne songèrent point à l'arrangement des rimes, et bien loin de les diversifier, c'était une espèce de beauté que de faire un grand nombre de vers sur les mêmes rimes. Ce ne fut que du temps de saint Louis, que la versification, devenant plus exacte, l'on mêla régulièrement les rimes masculines et féminines.

L'introduction de la rime dans les vers est due, suivant les uns, au pape Léon II (VIIe siècle) ; suivant d'autres, à Paul, diacre d'Angoulême et secrétaire de Didier, roi des Lombards ( VIIIe siècle ). Enfin on l'attribue encore à un religieux de Vissembourg, nommé Alfred, qui l'employa dans un poëme latin sur la grâce. Marot passe pour avoir imaginé le mélange des rimes masculines et féminines ; mais Ronsard, son contemporain, est le premier qui les ait employées régulièrement ( XVIe siècle ).

**RIVIÈRE** [de *ripa*, rive]. — Se dit en général de toute espèce de cours d'eau, et particulièrement d'un cours d'eau qui se jette dans un fleuve. On appelle *flottables*, les rivières par lesquelles peuvent flotter des trains de bois, et *navigables*, celles qui peuvent porter des bateaux.

### *Des principaux cours d'eau du globe.*

Les grandes rivières qui existent à la surface de la terre portent le nom de *fleuves* ; et on conserve celui de *rivières* aux autres courants d'eau. Les fleuves dont les eaux coulent immédiatement dans la mer, sont très-nombreux. On en compte plus de 430 dans l'ancien continent, et plus de 180 dans l'Amérique, ou le nouveau continent.

La première origine des fleuves et des autres rivières vient des vapeurs aqueuses que le soleil et l'agitation de l'air élèvent de la surface des eaux, de la mer et de la terre. Ces vapeurs aqueuses, soutenues dans les couches inférieures de l'atmosphère et poussées au gré des vents sur les montagnes, forment des nuages qui se fondent en pluie, en rosée, en brouillard ou en neige. Les eaux qui en proviennent descendent dans les plaines, forment des torrents et des rivières, qui creusent leurs lits en cherchant à s'ouvrir des chemins jusqu'à la mer.

Souvent, au milieu des plus hautes montagnes, et surtout à la base des énormes pointes ou pics qui les terminent, et qui s'élèvent beaucoup au-dessus des nues, on observe des plates-formes, des enfoncements et des vallons, sur lesquels les eaux, les neiges et les glaces s'arrêtent, y forment des étangs qui, en s'infiltrant à travers les terres, entretiennent un grand nombre de sources à la surface du globe. Les rivières qui contiennent les eaux les plus pures sont celles qui coulent avec rapidité sur des lits de galet ou de sable. Elles sont les plus propres aux usages domestiques et les moins corruptibles.

Une grande partie des eaux qui pénètre à travers les plaines et les montagnes ne sort point du sein de la terre; elle va former profondément des ruisseaux qui, par leur réunion, occasionnent des fleuves souterrains, dont le cours et l'embouchure sont inconnus.

Dans beaucoup d'endroits, et surtout dans les plaines, on est certain de trouver des filets et des courants d'eau, dont le niveau se rapproche plus ou moins de celui des rivières voisines, situées à la surface de la terre. Aussi, en fouillant dans les plaines, on établit facilement des puits.

Si on perfore plus profondément, à travers des bancs de silex et de roches calcaires, on rencontre souvent, à plusieurs centaines de trouver des pieds, des courants d'eau qui viennent de très-loin et d'un lieu beaucoup plus élevé; alors une partie de cette eau souterraine, pour se mettre en équilibre avec son point de départ, remonte par l'ouverture perforée et détermine une source artificielle ou une fontaine jaillissante, qu'on nomme en France *puits artésien*. Les qualités de ces eaux varient suivant la nature des couches minérales qu'elles traversent, comme le prouvent les sources naturelles dont nous avons parlé plus haut.

Plusieurs grands fleuves de l'Europe prennent leur source du côté de la Suisse, parce que cette région est beaucoup plus élevée que les royaumes environnants.

Les grandes rivières de France sont : la Seine, la Loire, la Garonne, le Rhône et le Rhin. Ces rivières, qu'on nomme aussi *fleuves*, en reçoivent dans leur cours plusieurs autres que nous allons seulement indiquer ici pour les rappeler à la mémoire.

La Seine prend sa source dans le département de la Côte-d'Or, va se réunir à la mer près du Havre-de-Grâce. Elle reçoit l'Yonne à Pont-sur-Seine, la Marne près de Paris, l'Oise au-dessous de Saint-Germain en Laye, et l'Eure au Pont-de-l'Arche.

La Loire sort des Cévennes, reçoit l'Allier à Nevers, le Loir et la Sarthe au-dessous d'Angers. Le Cher, l'Indre et la Vienne auprès de Chinon, et va se jeter dans l'Océan au-dessous de Nantes.

La Garonne sort des Pyrénées et va se réunir à l'Océan : elle reçoit dans son cours le Lot, le Tarn, l'Aveyron et l'Ariège avant de passer à Bordeaux. Au delà de cette ville elle fait sa jonction avec la Dordogne, et prend ensuite le nom de Gironde jusqu'à la mer Atlantique.

Le Rhône a sa source dans la Suisse, au pied du mont Grimsel, traverse le Valais, le lac de Genève, passe à Lyon et va rapidement se jeter dans la Méditerranée au-dessous d'Arles. Le Rhône reçoit la Saône à Lyon, l'Isère près de Valence, et la Durance au-dessous d'Avignon.

Le Rhin sort des Alpes de la Suisse, près du mont Saint-Gothard, traverse le lac de Constance, sépare la France de l'Allemagne et se divise en deux branches; l'une appelée Vahal, se jette dans la Meuse, l'autre conserve le nom de Rhin, donne naissance à un bras près d'Arnheim, lequel prend le nom d'Yssel et va se rendre dans le golfe de Hollande, appelé. *Zuyderzée.* L'autre bras se rend à la mer au-dessous de Rotter-

dam. Le Rhin reçoit dans sa course le Laar, qui vient du lac Neuchâtel, et la Moselle à Coblentz.

La Meuse prend sa source en France, passe dans les évêchés de Toul, Verdun, dans le Luxembourg, à Namur, à Liége, et se jette dans l'Océan près des bouches du Rhin. Elle reçoit la Sambre à Namur; elle traverse la Belgique.

Les principales rivières de l'Espagne et du Portugal sont le Tage, le Minho, le Douéro, la Guadiana, le Guadalquivir et l'Èbre. Ce dernier se rend dans la Méditerranée au-dessous de Tortose, après avoir traversé la Catalogne. Le Tage prend sa source dans les confins du royaume d'Aragon, traverse la nouvelle Castille et le Portugal, pour se jeter dans la mer à Lisbonne. Les trois autres se rendent aussi dans l'océan Atlantique. Au nombre des grandes rivières de France et de la Belgique, il faut placer l'Escaut, qui prend sa source à Valenciennes, passe à Tournay, à Gournay, à Gand, Anvers, et se jette dans la mer à Flessingue.

Les grands fleuves de l'Italie et de l'Allemagne sont : 1° le Pô, qui traverse le Piémont et la Lombardie en passant par Turin pour se rendre dans la mer Adriatique, près de Venise; 2° le Danube, fleuve de 710 lieues de long, sortant de la Suisse, passant à Ratisbonne, à Vienne et à Presbourg, traversant la Bavière, l'Autriche et la Hongrie, séparant la dernière province de la Servie et la Valachie de la Bulgarie, pour aller se jeter dans la mer Noire par plusieurs embouchures; il reçoit dans son cours la Save à Belgrade et la Drave un peu auparavant; 3° l'Elbe, qui traverse la Bohême et la Saxe pour se joindre à la mer du Nord, près de Hambourg; 4° l'Oder, qui, de la Moravie coule à travers de la Silésie et le nord de la Prusse pour se réunir à la mer Baltique.

Les principaux fleuves de la Russie européenne et de l'Asie sont, du côté de l'occident, la Vistule et la Dwina. La première prend sa source dans la Silésie, passe à Varsovie, à Thorn, et va se jeter dans la mer Baltique à Dantzig. La seconde prend son origine près de celle du Volga, dans le duché de Rescow, et se jette dans le golfe de Riga. Il y a aussi une rivière de ce nom qui se rend au nord de la mer Blanche. A l'orient sont : 1° le Dnieper, qui, de la Pologne, va dans la mer Noire; 2° le Don ou Tanaïs, qui de la Moscovie se rend dans la mer d'Azow, ou le *Palus Méotide.* Il sépare l'Europe de l'Asie; 3° le Volga, fleuve très-long, qui prend sa source dans la Pologne, traverse la Russie d'Europe pour se jeter en Asie dans la mer Caspienne; 4° le Kiang ou la rivière Bleue, qui traverse la Chine de l'ouest à l'est et se jette dans la mer au-dessous de Nankin; 5° le Hoang-Ho, ou fleuve Jaune, traverse aussi l'empire chinois de l'ouest à l'est et va se rendre dans la mer Jaune; 6° l'Indus et le Gange, qui sortent tous deux des montagnes du Thibet et versent leurs eaux, le premier dans le golfe de l'Inde, et le second dans le golfe du Bengale; la plupart de ces fleuves ont un cours de 8 à 900 lieues.

L'Afrique a ses fleuves comme les autres parties de l'ancien continent. Les principaux sont : le Nil, le

Niger et le Sénégal. Le Nil prend sa source au milieu de l'Abyssinie, traverse la Nubie et l'Egypte pour aller se jeter dans la Méditerranée près du Caire. Il commence à déborder au milieu de juin, croît jusqu'au milieu de septembre, et décroît ensuite. Sa crue la plus forte est de 18 coudées ou de 27 pieds, et la plus faible est de douze coudées ou de 18 à 19 pieds. Entre ces deux termes il fertilise beaucoup l'Égypte. Il a près de 1,200 lieues de cours.

Le plus grand fleuve de l'Amérique antarctique est celui des Amazones. C'est le plus grand de la terre : il a plus de 1,100 lieues de long. Il prend sa source au pied des Andes, non loin de Lima, et se jette par deux énormes embouchures dans l'océan Atlantique. Après ce fleuve viennent la Plata et l'Orénoque. L'une se rend à la mer à Buénos-Ayres, et l'autre traverse le royaume de Grenade et se jette dans la mer vis-à-vis l'île de la Trinité.     Docteur LHERMINIER.

RIZ (botanique) [*Hexandrie monogynie*]. — Plante annuelle de la famille des graminées, qui constitue seule un genre, ayant pour caractères : une balle sans arête, à pointe aiguë et à deux valves à peu près égales, renfermant une fleur; un calice à deux valves inégales, creusées en forme de bateau; l'extérieure sillonnée et surmontée d'une arête; six étamines, un ovaire turbiné, muni à sa base de deux écailles opposées, et soutenant deux styles à stigmate plumeux; une semence oblongue, obtuse et sillonnée, renfermée dans le calice.

Il n'existe point de plante qui nourrisse une plus grande quantité d'hommes que le riz, et qui, en conséquence, soit plus cultivée; non-seulement il fait la base de la nourriture de la plupart des peuples intertropicaux de l'Asie, de l'Afrique, de l'Amérique; mais même il s'en consomme considérablement en Europe et autres parties du monde.

Les variétés de riz sont innombrables en Asie et dans les îles qui en dépendent, parce qu'il y est cultivé de temps immémorial. Elles sont moins multipliées en Amérique, et encore moins en Europe. Il y en a dont les grains sont presque ronds : le GONON-DOULI de l'Inde; d'autres qui offrent une longueur de six lignes, sur une demi-ligne de diamètre : le BENA-FOULI de l'Inde. Il y en a de rougeâtres, de jaunâtres, de noirâtres, d'opaques, de transparents, de hâtifs, de tardifs, de barbés et d'imberbes.

C'est dans l'eau que croît naturellement le riz, et c'est là où, en l'inondant souvent, il faut le cultiver, si on veut en obtenir d'abondantes récoltes. S'il y a un *riz sec* à la Cochinchine, c'est qu'on le sème sur des montagnes où il pleut presque tous les jours pendant l'été; aussi, sa culture est-elle partout suivie de la dépopulation, lorsqu'elle n'a pas lieu dans les circonstances les plus favorables, ou qu'on ne prend pas les précautions convenables. Aussi, dans toutes les parties de l'Europe où on la fait, c'est-à-dire en Piémont et en Espagne, a-t-il fallu la restreindre par des lois rigoureuses. Elle est une des causes qui ont rendu si insalubres nos colonies de l'Amérique. Il est cependant vrai de dire que les Nègres et les Indiens, soit par l'effet de leur constitution, soit par l'habitude,

sont moins sujets que les Européens aux émanations délétères des rizières.

Les principes de la culture du riz se fondent sur la nécessité de le couvrir d'eau pour le faire germer, pour activer sa végétation, et de le découvrir, pour le biner, pour accélérer sa maturité, pour le récolter. En conséquence, ce n'est pas dans des marais, proprement dits, qu'on doit le placer, quoiqu'on le fasse souvent, mais sur le bord des rivières et des ruisseaux, où on puisse l'inonder ou le mettre à sec à volonté. Plus l'eau dans laquelle il croît est pure, et plus le grain est bon; autre motif pour ne le semer dans les eaux stagnantes, que lorsqu'on ne peut faire autrement.

Le mode de la culture du riz varie selon les pays; mais ses bases sont : 1° de niveler un espace et de l'entourer d'une digue assez solide pour qu'elle puisse retenir un à deux pieds d'eau; de diriger des rigoles qui y amènent à volonté de l'eau en suffisante quantité, et qui l'en laissent sortir également à volonté, le plus rapidement et le plus complétement possible; 2° de labourer le sol; 3° de semer au printemps; 4° de mettre l'eau pendant quelques jours pour faire germer le grain, et de l'ôter pour donner au plant qu'il a fourni la facilité de se développer; 5° de remettre et ôter alternativement l'eau selon le besoin, en ayant attention qu'elle ne couvre jamais l'extrémité des feuilles; 6° de donner un binage avant la floraison, lorsque le plant est arrivé à la moitié de sa croissance, et d'en donner un second lorsque la floraison est effectuée; 7° enfin de faire la récolte.

Sans chercher à diminuer les éloges prodigués au riz, il paraît certain que si on voulait comparer les travaux que demande la culture de ce grain avec ceux du blé, on verrait que l'humidité fangeuse au milieu de laquelle il germe, croît et mûrit, ne respecte pas davantage son organisation que celle des autres grains. D'abord cette plante ne prospère qu'au quarante-huitième degré; il faut des étés chauds, un grand soleil, et un sol susceptible d'être inondé à volonté. A peine est-il disposé dans la cavité qui doit lui servir de berceau, qu'il est déjà menacé par les animaux.

Echappe-t-il à la rapine des oiseaux, des rats et des insectes, les accidents et les maladies l'assiégent de toutes parts, une surabondance de suc nourricier le rouille; un coup de vent fait ployer sa tige; les pluies accompagnées d'orages pendant la floraison délayent et entraînent ses poussières fécondantes; la grêle hache ses panicules; les plantes parasites l'énervent; enfin, pour abréger, l'attente du cultivateur de riz est aussi souvent trompée que celle du cultivateur de froment.

On ne peut se dissimuler, en effet, que les hommes qui font du riz leur nourriture fondamentale, outre l'affaiblissement physique et moral, ne soient exposés comme nous à des disettes qui les forcent aussi de recourir à des suppléments; et dans le temps même où des écrivains, dirigés par l'esprit de système, affirmaient que chez les peuples qui vivaient de riz, il n'y avait à redouter ni famine ni monopole, tout le Bengale, qui n'a pas d'autre aliment, perdait un tiers de ses habitants par l'influence de ces deux causes. Ne soyons donc pas étonnés si la culture du riz aux îles de France et de Bourbon se resserre tous les jours, et si on donne la préférence au maïs, au manioc et aux patates. PARMENTIER.

**ROCHE** (géologie) [du grec *rox*, rocher]. — Association des parties minérales, de même espèce, ou d'espèces différentes, qui se trouvent dans l'écorce solide du globe en masses assez considérables pour être regardées comme parties essentielles de cette écorce. « On donne encore ce nom à des couches de sable et à des dépôts de débris organiques plus ou moins minéralisés. Le mode d'arrangement des parties qui composent une roche s'appelle *texture*. Il y a des roches à texture *cristalline*, *feuilletée*, *fibreuse*, *lamellaire*, etc. Sur environ 400 espèces distinctes de minéraux qu'on a reconnues dans l'écorce du globe, il n'y a guère qu'une trentaine qui entrent comme éléments essentiels dans la composition des roches; les autres espèces n'y figurent que comme parties accidentelles, disséminées en petites quantités sous diverses formes. »

**ROMANCE** (littérature). — Ce mot a d'abord désigné une sorte de poëme écrit en langue *romane*, en petits vers simples et naïfs, sur un sujet touchant et fait pour être chanté. Depuis, il a été appliqué à toute chanson tendre ou plaintive divisée en couplets avec refrain, et ayant pour sujet une histoire, un regret, une plainte.

Nous citerons comme modèle du genre la poésie suivante :

#### L'amour d'un Ange.

L'amour d'un ange, c'est le rêve
Qui parle à notre cœur épris ;
C'est l'idole qui nous élève
Jusqu'au bonheur d'être compris.
C'est de l'espoir la blanche flamme
Qui rayonne parfois sur nous ;
L'amour d'un ange, c'est votre âme,
Puis vous, toujours vous, rien que vous !

L'amour d'un ange, c'est le charme
Qu'on trouve dans un tendre aveu ;
C'est encore cette douce larme
Que l'on verse en pensant à Dieu.
C'est la Vierge qui nous est chère
Et que l'on implore à genoux ;
C'est le parfum de la prière,
Puis vous, toujours vous, rien que vous.

L'amour d'un ange sur la terre
C'est votre amour délicieux ;
C'est votre cœur, chaste mystère,
Qui s'unit au mien dans les cieux.
C'est ce bonheur pur que j'envie,
Ce sentiment suave et doux ;
L'amour d'un ange, c'est la vie,
Puis vous, toujours vous, rien que vous !

ADOLPHE FAVRE.

On a donné le nom de *Romancéro* à un petit poëme espagnol composé de strophes contenant quelque histoire héroïque ou touchante. La plupart des romancéros sont des chroniques à refrain qui chantent les exploits de Bernard del Carpio, de Fernand Gonzalès et surtout du Cid. L'un des plus anciens recueils de romanceros est le *Cancionero general de romanceros* de 1510. Le plus célèbre par le grand nombre de pièces qu'il renferme est le *Romancero general* de don Pedro de Florès, publié en 1604. DE JÉMONVILLE.

**ROMANS** (littérature). — Ce mot désignait dans l'origine tout poëme écrit dans la langue *romane*. Dans le moyen âge, ce mot s'applique à des compositions de nature très-diverse, qu'on peut ranger en trois classes : *Romans de chevalerie*, *Romans d'amour*, et *Romans satiriques*.

« Les *Romans de chevalerie* forment trois cycles : ceux du *Cycle de Charlemagne*, belliqueux, sans mélange de galanterie (la *Chanson de Roland*, les *Quatre fils Aymon*, de Huon de Villeneuve); ceux du *Cycle de la Table ronde*, qui roulent sur les exploits guerriers ou galants des chevaliers de la cour du roi Artus (le *Lancelot du lac*, de Chrestien de Troyes); ceux du *Cycle d'Alexandre*, qui offrent un mélange bizarre de traditions de l'antiquité et de coutumes féodales, et dont le héros est le plus souvent Alexandre et quelquefois Hector, César, etc. Lambert le Court et Alexandre de Bernay sont les principaux écrivains de ce Cycle. Parmi les *Romans d'amour*, on cite surtout *Aucassin et Nicolette*, poëme demi-sentimental et demi-burlesque ; *Narcissus* ; *Pyramus et Thysbé*, imités d'Ovide ; le *Châtelain de Coucy et la dame du Fayel*, récit touchant dont le fond est historique. Les *Romans satiriques* ou *allégoriques*, un peu postérieurs aux précédents, offrent deux compositions remarquables : le *Roman de la Rose*, de Guillaume de Lorris et de Jehan de Meung, et le *Roman du Renard*, de Pierre de Saint-Cloud. — Le mot *Roman* désigne aujourd'hui toute histoire feinte, écrite en prose, où l'auteur cherche à exciter l'intérêt, soit par le développement des passions, soit par la peinture des mœurs, soit par la singularité d'aventures purement imaginaires. On peut distinguer le *Roman de mœurs*, le *R. pastoral*, le *R. historique*, le *R. philosophique*, le *R. comique*, le *R. satirique*, etc.

L'existence du roman est fort ancienne. Les Orientaux, dit Bouillet, ont cultivé de tout temps ce genre de composition. Les Grecs d'Alexandrie le leur empruntèrent : les *Histoires éthiopiques*, d'Héliodore, les *Amours de Daphnis et Chloé*, de Longus, sont encore lus. Au moyen âge dominèrent les romans chevaleresques. Au XVIIe siècle, l'auteur de *Don Quichotte* couvrit de ridicule ces récits fabuleux et surannés ; mais à la même époque, naissait le roman pastoral : l'*Astrée* de d'Urfé, le *Cyrus* et la *Clélie* de Mlle de Scudéry, la *Cassandre* et la *Cléopâtre* de La Calprenède ne prêtaient pas moins au ridicule par leur style précieux, par l'afféterie des sentiments et une fade galanterie. Le Sage mit en honneur le roman de mœurs, dans lequel brillèrent au XVIIIe siècle Richardson, Marmontel et Marivaux. Voltaire excella à la même époque dans le roman philosophique et satirique. A la fin du XVIIIe siècle, Pigault-Lebrun donna des romans comiques, qui jouirent d'une grande popularité. Le roman historique, en vogue surtout depuis le commencement de ce siècle, a été porté à un haut degré de perfection par Walter Scott. De nos jours, tous les genres ont été confondus; la production des romans, favorisée par les revues et par la presse quotidienne (*Romans-feuilletons*), est devenue prodigieuse.

Parmi les romanciers contemporains qui se sont fait un nom mérité dans ce genre, nous citerons V. Ducange, P. de Kock, Balzac, Fr. Soulié, MM. A. Dumas, E. Sue, Adolphe Favre, Mᵐᵉ G. Sand, etc.

La lecture des romans peut offrir de graves inconvénients, surtout pour la jeunesse. L'abbé Lenglet-Dufresnoy a discuté ce sujet dans deux de ses ouvrages : *De l'usage des romans* (1734), *l'Histoire justifiée contre les romans* (1735).

Si l'abbé Lenglet-Dufresnoy a traité la question des inconvénients de la lecture des romans, de nos jours, cette question a été envisagée sous le rapport médical. Le docteur Delenda a adressé, en 1855, un mémoire à ce sujet à l'Académie de médecine, et le 22 janvier 1856, M. le docteur Collineau, chargé d'un rapport sur ce mémoire, concluait :

1° Que les mouvements intellectuels, insaisissables par tout autre moyen que par la pensée, sont, suivant l'usage qu'il en sait faire, ce que l'homme a de plus libre, de plus précieux, de plus utile et aussi de plus pernicieux ;

2° Que, malgré les dangers incontestables des mauvaises publications, l'expérience acquise depuis des siècles prouve que les exercices de l'esprit sur tous les sujets sont évidemment favorables aux progrès de l'intelligence et de la civilisation, à l'amélioration des rapports sociaux et des mœurs ; rappellent l'homme au sentiment de sa dignité, de ses droits et de ses devoirs ; développent et justifient l'instinct et les principes religieux qui servent de base à la morale, à nos dernières consolations, à notre dernière espérance ;

3° Que dans l'immense variété des mouvements intellectuels il y a des choix à faire : mais que l'influence de l'époque, du caractère individuel, du sexe, de l'âge et des vicissitudes de la vie se fera toujours sentir en premier lieu, — toutefois sans arrêter constamment le progrès et les aspirations de la pensée ou de l'âme, qui, par sa nature, tendra toujours, en définitive, vers le vrai, le bon et le bien;

4° Que l'on doit signaler des tendances intellectuelles, des paradoxes dangereux pour l'ordre social, les mœurs et la santé, mais que l'on ne peut proscrire d'une *manière absolue* aucune littérature, ni en général rien de ce qui, en exerçant la pensée, tend à développer l'intelligence. Si quelque chose peut soutenir et faire aimer la vertu, c'est le tableau du vice et de ses conséquences ;

5° Que les avantages et les dangers de la lecture sont relatifs aux dispositions physiques et morales du lecteur, autant et plus qu'à la nature du sujet qui appelle son attention ;

6° Que dès lors il est dans les attributions et du devoir du médecin d'indiquer aux chefs de famille le genre de lecture qu'il faut permettre et celui qu'il faut repousser, suivant le caractère et les dispositions particulières des individus ;

7° Que sous ces rapports divers, la question dont il s'agit, proposée par M. Delenda et soutenue par les hommes qu'il a cités, est beaucoup plus importante et plus médicale qu'on n'aurait pu le croire au premier aperçu;

8° Que sans avoir reçu aucune mission spéciale à cet égard, les médecins n'ont jamais manqué à ce que réclamaient de leur savoir et de l'expérience l'hygiène et la morale.

*Style roman.* On nomme ainsi, en architecture, le style romain altéré. C'est au roman qu'appartiennent les édifices religieux élevés en France depuis la fin du vᵉ jusqu'au xiᵉ siècle. La plupart des *cryptes* appartiennent au même style.                DE JÉMONVILLE.

**ROMARIN** (botanique). — Genre de plantes de la famille des labiées, dont une seule espèce, le *rosmarinus officinalis*, est un stimulant assez énergique, quoique peu employé. Ses fleurs portent le nom d'*anthos* dans les officines.

**RONGEURS** (zoologie) [du verbe *ronger*].—Ordre de mammifères, renfermant des animaux onguiculés, presque toujours de petite taille ; les membres postérieurs, plus longs que ceux de devant; caractérisés généralement par l'absence de canines aux deux mâchoires, et par la disposition des incisives, ordinairement deux en haut et deux en bas, séparées des molaires par un espace bien marqué. Ces incisives, que quelques auteurs considèrent comme des canines, de sorte que les animaux dont il s'agit manqueraient d'incisives, sont longues, arquées, prismatiques, sans racine, et poussent toujours par la base à mesure qu'elles s'usent à l'autre extrémité.

Le type de cet ordre est le lapin.

Les rongeurs se ressemblent beaucoup plus entre eux que les carnassiers. En outre, la véritable importance des carnassiers pour l'homme, le parti que l'on peut en tirer, ne paraissent pas devoir augmenter dans un avenir très-rapproché. Les rongeurs, au contraire, sont appelés à nous rendre un jour des services beaucoup plus multipliés.

Les carnassiers sont utiles à cause de leurs fourrures et des matières odorantes qu'ils fournissent.

Les fourrures des rongeurs sont moins précieuses que celles des carnassiers. Le chinchilla, animal des Cordillières, se fait remarquer par la finesse, le moelleux et la coloration marbrée de son pelage, mais sa fourrure est peu solide. Le petit-gris est un écureuil à poil très-fin et très-recherché. La couleur varie suivant le pays où on le trouve. On comprend sous le nom de *petit-gris* deux espèces d'écureuils. En effet, on sait que les couleurs des animaux varient avec le climat où ils vivent. Ainsi la panthère des régions chaudes a un pelage jaune doré; celle qui se tient sur les montagnes a une couleur grisâtre. Le puma, ou lion d'Amérique, présente les mêmes variations ; il en est de même du petit-gris. En Russie et en Sibérie, il est gris et a le poil fin, doux et long; sa taille est assez petite, tandis que celui d'Amérique est plus grand, a le poil moins fin, et se distingue par une bande roussâtre sur les flancs.

Les rongeurs sont plus importants que les carnassiers au point de vue des matières odorantes qu'ils procurent. Le castor donne le castoréum, matière beaucoup plus employée que la civette. Cet animal est utile par le poil laineux qu'il porte à la base de ses poils ordinaires, et qui est très-facile à feutrer ; aussi l'emploie-t-on par excellence dans la chapellerie. On se sert également, dans cette branche d'industrie, de l'ondrate, auquel sa ressemblance avec l'animal précédent, et sa plus petite taille, ont fait donner le nom de frère cadet du castor.

Au point de vue alimentaire, les rongeurs sont excessivement précieux. Blainville disait, dans ses cours, qu'il n'y en a pas un seul dont la chair ne soit excellente, lorsqu'on le nourrit bien. Parmi les animaux domestiques, nous avons le cochon d'Inde et le lapin. Le premier, appelé aussi cobaye, est le moins important ; il provient d'un animal de la famille des cavidés, nommé aperea, et diffère de ce dernier en ce que celui-ci a du blanc, du noir et du jaune finement mélangés ensemble, tandis que le cobaye les porte séparés par grandes taches. Le lapin, introduit pour la première fois en Europe par les Espagnols, s'est reproduit avec une grande abondance par suite de sa fécondité et de son rapide développement. Aussi le trouve-t-on sauvage dans presque toute l'Europe, à l'exception de l'Italie. Comme notre pays ne possède aucun animal à fourrures, on pourrait acclimater dans nos montagnes, à l'état sauvage, le *chinchilla*; ses habitudes nocturnes lui permettraient d'échapper aux poursuites des chasseurs, et lui donneraient ainsi la facilité de se reproduire en grand nombre sans être inquiété et détruit dès l'origine.

A l'état demi-sauvage et demi-domestique, on pourrait essayer de répandre chez nous l'agouti et le dolichotis. L'*agouti* a une bonne chair, mais il n'est pas aussi utile ni aussi facile à acclimater que d'autres rongeurs, parce qu'il a un poil ras, long, épais et sec, à la manière des animaux des pays chauds. Aussi, M. Geoffroy n'aurait pas osé conseiller son introduction dans nos pays, si M. Chenu n'avait vu dans ces derniers temps que l'agouti peut échapper aux rigueurs de nos hivers, et se multiplier sans difficulté dans nos climats. Il vient du Brésil et de la Guyane. A côté de lui est le *dolichotis* ou mara, décrit depuis longtemps sous les noms d'agouti de Patagonie, de lièvre de Patagonie ou des Pampas. Cet animal, remarquable par la prédominance en longueur de ses membres postérieurs sur les antérieurs, est d'une vitesse excessive à la course, ce qui est une condition très-favorable à la chasse. Du reste, on pourrait l'acclimater beaucoup plus facilement que l'agouti, car il habite des pays tempérés et possède un pied assez court. Le dolichotis vient de Patagonie et des Pampas de Buénos-Ayres.

Le *cabiai* et le *paca* sont, en leur qualité d'animaux aquatiques, d'une taille très-grande. Leur poil est peu abondant, mais leur chair est excellente : ils sont féconds, se développent très-vite et se nourrissent de plantes aquatiques peu ou point utilisées. Le second est des pays chauds ; il faudrait l'introduire avec beaucoup de précautions. Le cabiai a une peau très-épaisse,

et sert, sous ce point de vue, de transition des rongeurs aux pachydermes.

L'ordre des rongeurs se subdivise en un grand nombre de familles, de genres et d'espèces.     GOSSART.

**ROSACÉES** (botanique). — Famille de plantes comprenant des végétaux herbacés, des arbustes ou des arbres, qui constituent un ordre de la classe des dicotylédones polypétales périgynes. Leurs caractères sont des feuilles alternes, simples ou composées, accompagnées à leur base de deux stipules persistantes, quelquefois soudées avec le pétiole ; calice monosépale à 4 ou 5 divisions, quelquefois accompagné extérieurement d'une sorte d'involucre qui fait corps avec le calice, de manière que celui-ci paraît à 8 ou 10 lobes ; corolle rarement nulle, à 4 ou 5 pétales régulièrement étalés ; étamines nombreuses et distinctes ; pistil formé tantôt d'un ou de plusieurs carpelles entièrement libres et distincts dans un calice tubuleux (comme dans le genre *rosa*), tantôt de carpelles adhérant avec le calice par le côté extérieur, ou soudés et avec le calice et entre eux, ou bien enfin réunis sur un gynophore. Chacun de ces carpelles est uniloculaire et contient des ovules dont la position est très-variée. Le style est toujours plus ou moins latéral, et le stigmate simple ; le fruit est tantôt une drupe, tantôt une mélonide ou pomme, tantôt un ou plusieurs akènes, une ou plusieurs capsules déhiscentes, ou une réunion de petites drupes ou de petits akènes formant un capitule sur un gynophore qui devient charnu. Les graines ont un embryon homotrope et dépourvu d'endosperme. C'est de végétaux de la famille des rosacées que proviennent la plupart de nos fruits comestibles : la pomme, la poire, la pêche, l'abricot, la prune, la cerise, la fraise, l'amande, etc., etc. Beaucoup donnent des gommes en vieillissant ; beaucoup renferment un principe astringent utilisé par la thérapeutique (l'aigremoine, la rose rouge, la benoîte, la tormentille, etc.).

**ROSE ROUGE** (rose de Provins). — Cette rose d'un rouge foncé est presque inodore ; on la cultive particulièrement à Provins, à Fontenay-aux-Roses, etc. On en fait la récolte lorsqu'elle est encore en boutons : on sépare alors le calice, on coupe l'onglet de chaque feuille et on fait sécher d'abord à l'air, et ensuite à l'étuve.

Les roses de Provins, sèches, doivent avoir une couleur pourpre foncée et veloutée, une odeur légère et agréable, et une saveur très-astringente, propriété qu'elles doivent à la présence d'une grande quantité de tannin.

On prépare avec les roses rouges, des vinaigres très-astringents, des teintures alcooliques, des infusions vineuses ou aqueuses, un sirop, un mellite et une conserve.

Ces diverses préparations sont astringentes, toniques, styptiques ; elles reçoivent une foule d'applications en médecine et en chirurgie.

**ROSEAU** (botanique). — Genre de la famille des graminées, qui rivalise avec la canne à sucre par l'élégance de son port et par la beauté de son bouquet floral ; il la surpasse de beaucoup par l'élévation de sa taille, puisque, dans les pays chauds, il atteint la hauteur des plus grands arbres de nos forêts. Trois espèces de ce genre méritent une mention particulière; ce sont le *roseau à quenouille*, le *roseau à balai* et le *bambou*. Les deux premiers, qui croissent en France, ont beaucoup de rapport avec eux; mais ils diffèrent par leur taille, qui est plus élevée dans le roseau à quenouille que dans la seconde espèce. Ces graminées ont, dans l'économie domestique, des usages peu brillants, il est vrai, mais si nombreux et si journaliers qu'elles sont réellement très-précieuses. On fait avec leur tige des échalas, des treillages, de petits instruments de musique, des anches de hautbois, des balais, etc.; leurs feuilles servent de litière et de nourriture aux bestiaux. Dans l'économie de la nature elles sont encore plus importantes; croissant dans des terrains marécageux ou arénacés, elles contribuent au desséchement de la terre trop humide et à la fixation des sables, et, par leur multiplication rapide, servent, ainsi que les autres plantes analogues, à produire ces tourbières auxquelles beaucoup de pays doivent leur combustible habituel. Quant au bambou, la majesté de son port et l'élévation de sa taille semblerait devoir l'exclure de la modeste famille des graminées, si le caractère de ses fleurs, la forme de sa tige et toute son organisation n'y avaient évidemment fixé sa place. Il atteint souvent dans l'Inde, sa patrie, la hauteur des plus beaux palmiers. Ses usages sont très-nombreux; jeune il renferme dans son chaume une moelle sucrée dont les Indiens sont avides. Parvenu à sa maturité, sa tige sert de charpente dans la construction des maisons, et ses feuilles s'emploient pour les couvrir. Son bois joint à la souplesse, à l'élasticité et à la force, la propriété de n'être pas endommagé par l'action de l'air, ni pénétré par l'humidité. Aussi l'emploie-t-on de préférence dans la construction des barques et des coffres qu'on remplit de terre végétale pour y semer du riz. Enfin la pellicule qui tient lieu d'écorce sert de papier de Chine, et c'est sur elle que sont imprimés la plupart des livres qui nous arrivent de ce pays.     (D<sup>r</sup> *Salacroux*.)

**ROSÉE** (physique, météorologie). — Petite pluie fine, qui tombe quelquefois sans que l'on aperçoive le moindre nuage au ciel; au contraire même, on a remarqué que plus les nuits sont calmes et sereines, plus la rosée est abondante. « La rosée n'est autre chose que l'amas du serein joint aux vapeurs que la terre exhale la nuit dans les grandes chaleurs. Ces vapeurs ne peuvent beaucoup s'élever, parce que la fraîcheur de la nuit les condense. Dès l'approche du jour, l'atmosphère se réchauffe par le soleil; alors l'air qui les soutenait, venant à se dilater, les abandonne et les laisse tomber en gouttes. Un exemple familier fera saisir aisément ce phénomène. Lorsque l'air est saturé d'humidité, et qu'il vient à toucher un corps plus froid que lui, toutes les parties de cet air qui le touchent, déposent dessus toute la quantité d'humidité qu'elles retenaient à une température plus élevée que celle à laquelle elles ont été abaissées par le contact du corps froid. C'est ce que nous voyons lorsqu'en été, par un temps chaud, on sort une bouteille

de la cave; on sait que dans ce cas elle se couvre entièrement d'eau; ce qui est dû à ce que la bouteille, étant plus froide que l'air dans lequel on la transporte, elle précipite toute l'humidité que l'excès de la température avait fait perdre à cet air. La formation de la rosée a précisément la même origine; les corps sous lesquels elle se présente sont devenus plus froids, pendant l'absence du soleil, que l'air dans lequel ils sont; et, comme cet air se trouve toujours saturé d'une certaine quantité d'humidité, il vient la déposer sur les corps refroidis. »

**ROSIER** (botanique). — Genre de la famille des rosacées, renfermant des arbustes ou sous-arbrisseaux presque tous armés d'aiguillons, et dont les espèces très-nombreuses sont répandues par toute la terre. Les caractères sont : feuilles alternes pennées avec impair, formées de folioles dentées en scie, avec stipules adnées au pétiole; fleurs terminales, quelquefois solitaires, le plus souvent groupées ou rapprochées à l'extrémité des rameaux; elles sont généralement grandes, de couleurs et de nuances très-diverses, mais le plus souvent rosées : calice ovale ou arrondi, resserré au sommet, à cinq divisions, les unes entières, d'autres comme foliacées ou barbues; cinq pétales à l'état sauvage; étamines nombreuses, susceptibles de se changer en pétales par suite de la culture; ovaire inférieur, chargé de plusieurs styles. La base du calice se convertit en une baie rougeâtre contenant plusieurs semences osseuses, hérissées de poils.

On compte environ 160 espèces de rosiers; mais les variétés obtenues par la culture s'élèvent à plusieurs milliers.

**ROSSIGNOL** (zoologie) [*luscinia*]. — Petit oiseau de l'ordre des passereaux dentirostres et de la famille des becs fins, section des fauvettes. Il a le plumage roussâtre sur le dos et les ailes, et d'un blanc grisâtre sous la gorge et le dessous du corps. Son bec est droit, grêle et pointu, brun en dessus et couleur de chair en dessous; ses pattes sont grêles, ses ongles courbés et comprimés sur les côtés, sa queue arrondie.

Cet oiseau charme nos bois pendant les belles nuits de l'été. La femelle pond trois fois par an, mais le plus souvent deux dans nos contrées.

Dès que le rossignol a des petits, il cesse de chanter, et rarement on l'entend pendant la deuxième couvée, pour peu qu'elle soit tardive; mais il jette souvent, et surtout le soir, un cri perçant qui s'entend de loin, *whit, whit*, et une sorte de croassement *errrrre*, qui ne s'entend que de près, et que le père et la mère répètent sans cesse lorsqu'on approche du nid ou des petits envolés : cris d'inquiétude et d'alarme, qui, bien loin de les sauver, les décèlent, les exposent au danger; cependant, à ce signal, la jeune famille reste immobile, se blottit sur les branches ou se cache dans les broussailles, et garde surtout le plus profond silence.

Vers la fin d'août, et même plus tôt, si leur nourriture habituelle devient rare dans les bois, tous, vieux et jeunes, les quittent pour se rapprocher des haies vives, des terres nouvellement labourées, des jardins, lieux où elle est plus abondante, et à laquelle ils joignent les baies tendres, les fruits de sureau, etc. Alors leur chair, prenant beaucoup de graisse, acquiert cette délicatesse qui les fait rechercher, surtout en Gascogne; mais ni là ni ailleurs, on ne les engraisse pour la table, comme le disent quelques naturalistes; ils le sont naturellement, ainsi que les *fauvettes*, les *becfigues*, et la plupart des oiseaux à bec fin; on les prend alors le long des haies, avec des crins et des lacets.

De tous les oiseaux, le rossignol est celui qui a le chant le plus harmonieux, le plus varié et le plus éclatant. Il n'est pas un seul oiseau chanteur que le rossignol n'efface; il réunit les talents de tous; il réussit dans tous les genres. On compte, dans son ramage, seize reprises différentes, bien déterminées par leurs premières et dernières notes; il le soutient pendant vingt secondes, et la sphère que remplit sa voix a au moins un mille de diamètre. Le chant est tellement l'attribut de cette espèce, que la femelle, assure Montbeillard, a un ramage moins fort, il est vrai, et moins varié que celui du mâle, mais qui, du reste, lui ressemble; enfin, le rêve du rossignol est un gazouillement; aussi l'a-t-on nommé le *coryphée des bois*. Ce qui charme dans cet oiseau, c'est qu'il ne se répète pas comme les autres; il crée à chaque reprise; du moins, s'il redit quelque passage, c'est avec un accent nouveau, embelli de nouveaux agréments. Qui peut l'écouter sans ravissement, dans ces belles nuits de printemps, dans ces temps calmes, où sa voix n'est offusquée par aucune autre? C'est alors qu'il déploie, dans leur plénitude, toutes les ressources de son incomparable organe, dont l'éloquent coopérateur de Buffon nous fait une peinture aussi brillante que fidèle. Mais, avare des beautés de son flexible gosier, il n'est plus le même dès le solstice d'été, et s'il se fait encore entendre, ses sons n'ont ni ardeur ni constance, et quelques jours après, *le chantre de la nature* se tait. Ce ramage inimitable est alors remplacé par des cris rauques et une sorte de croassement, où l'on ne reconnaît point du tout la mélodieuse Philomèle; ce qui autrefois a donné lieu de lui imposer en Italie un autre nom dans cette circonstance.

Bechstein étant le seul auteur qui ait exprimé d'une manière exacte le ramage de ce rossignol, je vais transcrire ici ce qu'il en dit, pour ceux qui ne possèdent pas son ornithologie, en rapprochant, autant qu'il me sera possible, la prononciation allemande de la nôtre, soit en changeant ou en ajoutant quelques lettres. Je crois que ceux qui sont un peu familiarisés avec le chant de cet oiseau, jugeront comme moi, qu'on ne peut guère en donner une meilleure idée :

Tiouou, tiouou, tiouou, tiouou,
Sehpe tiou tokoua,
Tio, tio, tio, tio, tiotia,
Kououtio, kououtio, kiououtio, kououtio, kououtio ;
Tskouo, tskouo, tskouo, tkouo,
Tsii, tsii, tsii, tsii, tsii, tsii, tsii, tsii, tsii, tsi,
Kouorror tiou kououa pipitskouisi.
Tso tso tso tso tso tso tso tso tso tso tso tso tsirrhading!
Tsisisi tosisisisisisi,

Tsorre tsorre tsorre tsorrehi ;
Tsain tsain tsain tsain tsain tsain tsain tsi.
Dlo dlo dlo dlo dlo dlo dlo dlo dlo :
Kouioo trrrrrrrr itzt.
Lu lu lu ly ly ly li li li li,
Kouio didl li loulyli.
Ha guour guour kouí kouio !
Kouio kououi kououi kououi kouí kouí kouí kouí, ghi ghi ghi ;
Gholl gholl gholl gholl ghia hadudol.
Koui koui horr ha dia dia dillbi !
Hets hets hets hets hets hets hets hets hets hets hets hets hets hets kwarrho hostehoí ;
Kouia kouia kouia kouia kouia kouia kouia kouiati ;
Koui koui koui io io io io io io io io koui.
Lu ly li le la lo lo didl io kouia.
Higuai guai guai guai guai guai guai guai guai tsiotsiopi kouior.

On a cherché les moyens de jouir longtemps du ramage de cet oiseau ; mais pour conserver à sa voix le charme qui, dans l'oiseau libre, disparaît avec ses amours, il faut le tenir en captivité ; ce n'est pas assez, il exige de la patience, des attentions ; il faut lui prodiguer des soins que ne demandent pas les autres, car c'est un captif d'une humeur difficile, qui ne rend le service désiré qu'autant qu'il est bien traité.

(*Vieillot.*)

**ROTIFÈRES** (zoologie) [du latin *rota*, roue, et *fero*, porter.] — Ordre d'animalcules microscopiques, dont la bouche est entourée d'appendices très-mobiles en forme de roue (*cirrhes*), et qui présentent, en outre, à la partie postérieure de leurs corps une espèce de queue destinée à favoriser leurs mouvements. Le corps des rotifères est généralement de forme ovale et de consistance gélatineuse ; on y distingue facilement une bouche, un estomac, un intestin et souvent un anus. Leur nourriture se compose d'autres animaux microscopiques qu'ils attirent dans leur bouche par le mouvement rotatoire de leurs cirrhes.

**ROUGEOLE** (médecine). — Fièvre éruptive précédée et accompagnée de rhume de cerveau (coryza), de mal de gorge (angine), de larmoiement et de toux, présentant les symptômes suivants : « Ordinairement le troisième jour, on voit paraître sur la face, sur les côtés du cou, sur la partie supérieure de la poitrine, et, enfin, sur tout le corps, de petites taches rosées ou d'un rouge vif, semblables à des morsures de puce, arrondies, se réunissant pour former des groupes très-irrégulièrement configurés ; tantôt ces rougeurs sont très-nombreuses, d'autres fois, au contraire, elles sont très-rares, et c'est probablement dans les cas de ce genre que l'on a cru aux rougeoles sans éruption. — Au bout de trois ou quatre jours, ces taches pâlissent et disparaissent dans l'ordre de leur apparition ; sur le lieu qu'elles occupaient, la peau se dépouille de son épiderme sous forme de poussière ou de petites écailles semblables à du son ; le malade entre alors en convalescence. » — La rougeole, peu grave par elle-même, est accompagnée d'une inflammation des bronches qui n'est pas sans danger : aussi doit-on, dans le traitement, s'attacher à prévenir ou à combattre cette complication. La rougeole est presque toujours le résultat d'une contagion ; souvent aussi elle règne épidémiquement. Cette maladie n'attaque ordinairement qu'une seule fois.

*Traitement.* Il est des plus simples : tenir le malade au lit chaudement, mais sans le charger de couvertures ; lui faire prendre des tisanes émollientes chaudes, et le mettre à la diète. Si la toux est très-intense, on pourrait mettre dans chaque verre de tisane une cuillérée à bouche de sirop de pavots blancs, et, si l'éruption se supprimait, il serait urgent de la rappeler par des boissons sudorifiques, par un bain de vapeurs ou par des cataplasmes légèrement sinapisés. B. L.

**RUBIS** (minéralogie). — Corindon hyalin d'un beau rouge sang de bœuf, trop souvent altéré par des reflets laiteux, qui, à part ses autres caractères physiques, le fait aisément reconnaître. Le velouté qui le distingue, joint à sa pesanteur spécifique bien supérieure aux autres gemmes, puisqu'elle atteint 4,2833, son extrême dureté, sa transparence et son beau poli en font la pierre précieuse la plus remarquable et la plus estimée après le diamant. Celui dont nous parlons constitue le rubis oriental, le seul vraiment estimé ; l'autre variété s'en éloigne à beaucoup d'égards et se nomme rubis spinelle, et par une seconde décroissance en qualités, rubis balais.

Les rubis n'ont pas de formes bien déterminées, quelques-uns sont octogones, d'autres arrondis, beaucoup sont presque demi-cabochons, c'est-à-dire aplatis par un des côtés : la forme la plus commune est l'ovale imparfait.

Il est facile de reconnaître que les rubis d'Orient sont d'origine ignée, quoiqu'ils soient cependant susceptibles de clivage.

Les plus beaux rubis viennent de Ceylan, puis de l'Inde et de la Chine. Ils sont composés d'alumine presque pure colorée par l'oxyde de fer. Les rubis d'un certain poids étant très-rares, arrivent à dépasser le prix du diamant. Mais pour cela, ils doivent réunir une masse de qualités : couleur nettement accusée, limpidité parfaite, poli vif et velouté, forme pure et bonnes proportions. Ces dernières diffèrent cependant de celles du diamant, en ce sens qu'on doit donner beaucoup plus au-dessous de la pierre qu'au-dessus. Les gros rubis d'Orient sont excessivement rares, nous l'avons dit ; cependant, Walhs en cite un superbe pesant 436 carats 1/2. Furetière eu a vu un, à Paris, du poids de 240 carats, Tavernier en cite un de 50 carats, Chardin cite et parle avec admiration d'un rubis cabochon de très-belle couleur, de la grosseur et de la forme de la moitié d'un œuf, et sur lequel était gravé, vers la pointe, le nom de — Scheik Séphy.

Gustave III, roi de Suède, en possédait un de la grosseur d'un petit œuf de poule et de la plus belle eau. Il en fit présent à la czarine, en 1777, quand il fut à Saint-Pétersbourg. Enfin, on trouve dans l'inventaire des pierreries de la couronne de France de 1791, qu'elle possédait 81 rubis d'Orient de variable beauté, ainsi que le prouve cette nomenclature, si l'on fait attention aux évaluations et aux différences de poids.

*Rubis d'Orient.*

| | pesant | carats | | estimé | |
|---|---|---|---|---|---|
| 1 | pesant | 8 carats | 3/16 | estimé | 4,000 fr. |
| 1 | | 7 | | | 8,000 |
| 1 | | 5 | 6/16 | | 1,200 |
| 1 | | 5 | 8/16 | | 4,000 |
| 1 | | 4 | 2/16 | | 1,200 |
| 1 | | 3 | 12/16 | | 1,800 |
| 1 | | 3 | 4/16 | | 3,000 |
| 1 | | 2 | 8/16 | | 300 |
| 1 | | 3 | 2/16 | | 200 |
| 1 | | 3 | 2/16 | | 200 |
| 1 | | 2 | 5/16 | | 600 |
| 1 | | 1 | 15/16 | | 150 |
| 1 | | 3 | 1/16 | | 1,000 |
| 1 | | 3 | 6/16 | | 400 |
| 1 | | 2 | 3/16 | | 200 |
| 1 | | 78 | 2/16 | | 7,850 |

*Rubis spinelle.*

| 1 | pesant 56 carats | 12/16 | estimé | 50,000 fr. |
|---|---|---|---|---|
| 1 | 5 | 14/16 | | 300 |
| 1 | 3 | 12/16 | | 500 |

*Rubis balais.*

| 1 | pesant 20 carats | 6/16 | estimé | 10,000 fr. |
|---|---|---|---|---|
| 1 | 12 | 6/16 | | 3,000 |
| 1 | 8 | 1/18 | | 800 |
| 1 | 8 | » | | 600 |
| 1 | 12 | » | | 800 |
| 1 | 4 | 2/16 | | 50 |
| 1 | 3 | 5/16 | | 50 |
| 1 | 3 | 6/16 | | 72 |
| 1 | 4 | 1/16 | | 150 |
| 1 | 5 | 4/16 | | 400 |
| 1 | 4 | 5/16 | | 200 |
| 1 | 5 | 9/16 | | 200 |
| 1 | 3 | 10/16 | | 50 |
| 1 | 5 | 2/16 | | 200 |
| 44 | 26 | | | 1,032 |

On peut juger d'après ce tableau si varié en évaluation, eu égard aux poids respectifs, des divers degrés de beauté et de l'énorme différence de valeur des rubis d'Orient, spinelle et balais.

Le rubis oriental a la réfraction double et subit la plus grande violence du feu sans altération de forme et surtout de couleur ; cette dernière qualité semble plutôt augmenter.

La gravure sur rubis oriental ne réussit pas bien, vu son extrême dureté, et les deux que l'on voit au Musée de minéralogie du Jardin des Plantes donnent une pauvre idée de ce travail ou plutôt en constatent la difficulté et presque l'impossibilité sur des pierres de ce genre.

Le rubis spinelle, beaucoup plus commun, surtout en grandes pierres, est moins riche en couleur et tire plutôt sur le rouge ponceau ; sa dureté est beaucoup moindre et sa pesanteur spécifique aussi, puisqu'elle ne dépasse pas 3,7.

Il diffère encore par sa réfraction simple et sa composition bien moins riche en alumine et qui offre de la magnésie. Quant à sa coloration, elle est due à

l'acide chromique. Ses formes naturelles sont l'octaè-
dre régulier et parfois le tétraèdre, presque toujours
modifiées, mais présentant néanmoins plus de faces
indiquées que le rubis oriental.

On le trouve également dans l'Inde, en Chine et à
Ceylan, ainsi qu'en Sudermanie. Les plus beaux viennent de Pégu et des montagnes de Cambaie.

Quoique d'un mérite bien inférieur au rubis oriental, on a pu voir dans le tableau ci-dessus que le rubis spinelle atteint encore de très-hauts prix.

Caire cite deux rubis spinelle gravés : un représentant *Cérès debout*, un épi à la main, du musée
d'Odescalchi, et une tête de philosophe grec sur un
rubis spinelle en forme de cœur, dans la collection du
duc d'Orléans.

Le rubis balais, troisième et dernière qualité du
rubis, est de couleur rouge clair ou rouge groseille,
tirant parfois sur le vineux ou le violet. Ses diverses
nuances sont très-rarement bien accusées; encore
moins dur que le spinelle, il prend cependant un
assez beau poli, qu'on peut attribuer à la finesse de
sa pâte qui contient plus de magnésie que le spinelle.
Du reste, à moins d'être d'une grandeur et d'une
beauté hors ligne, il a peu de valeur. Le rubis balais,
ainsi que le spinelle, n'offrent jamais de reflets laiteux. Sa pesanteur spécifique est de 3,646.

Nous n'admettons pas au nombre des rubis ceux
désignés sous les noms de : rubicelle, rubace, rubis
de roche, rubis rose, rubis du Brésil, de Sibérie, etc.

Ce ne sont que des quartz, des feldspaths colorés,
des tourmalines ou des topazes brûlées.

Nous devons cependant dire ici un mot sur le rubace.

Ce n'est qu'une espèce de cristal de roche gercé et
coloré en rose. Taillée et montée par les procédés ordinaires de la bijouterie, cette pierre présente un aspect
assez peu agréable, quoique jouant ou plutôt miroi-
tant beaucoup.

Les félures qui la distinguent et leur couleur rose
sont factices et obtenues en faisant chauffer le cristal
et le refroidissant dans un pourpre de Cassius ou dans
une liqueur carminée.

La plus grande difficulté à vaincre, dit-on, est que
la pierre ne soit fêlée que dans son intérieur, tout en
laissant le passage libre au liquide colorant, ce qui
nous paraît assez difficile à admettre.

C'est, du reste, peu heureux comme produit de
l'art.     Ch. Barbot.

RUCHE (apiculture). — Habitation préparée pour
un essaim d'abeilles, où elles déposent le miel et la
cire, et où elles forment de nouveaux essaims. « C'est
une espèce de panier renversé en paille de seigle, tordue et roulée en cylindre. Sa hauteur est d'environ 80
centimètres sur 50 à 60 de large. L'intérieur est enduit d'un mélange de terre et de bouse de vache, cor-
royées ensemble. Le sommet est garni d'un *chapeau*
ou *surtout*, espèce d'entonnoir de paille que l'on place
renversé pour forcer l'eau à s'écouler. On fabrique
encore les ruches en bois, en osier ou en jonc. Le *chapeau* s'enlève quand on veut retirer le miel. Pour
exécuter cette opération, on chasse les abeilles avec la

fumée, ou bien l'on remplace le chapeau plein de gâ-
teaux de miel par un autre chapeau vide. »

RUMINANTS (zoologie). — Huitième ordre de
mammifères à pieds fourchus qui n'ont jamais de
dents incisives à la mâchoire supérieure; ils en ont
ordinairement six, quelquefois huit à l'inférieure. Tous
n'ont que deux doigts à chaque pied; ils jouissent de
la faculté de faire revenir leurs aliments à la bouche
après les avoir avalés une première fois : voilà pourquoi on les a nommés ruminants. L'estomac des ruminants est formé de quatre poches qui communiquent toutes ensemble. La première qui est la plus
volumineuse, se nomme panse ou herbier. C'est là
que vont se rendre les herbes que l'animal arrache
sur la terre, et qu'il ne se donne pas la peine de mâcher. Les herbages se ramollissent dans cette cavité;
lorsqu'elles ont été soumises pendant quelque temps
à l'action de ce viscère, et que l'animal est tranquille,
il s'occupe de les remâcher et de les ruminer. Sa
panse se contracte et fait passer dans une poche voisine, mais beaucoup plus petite, une portion de ces
aliments, qui sont, pour ainsi dire, exprimés par l'action des parois musculaires de cette seconde poche. Ils
se trouvent resserrés de manière à prendre la forme
d'une pelote qui, par un mouvement inverse de déglutition, est repoussée dans l'œsophage, et par suite
dans la bouche, où l'animal le remâche avec soin.
Lorsque ces aliments ont été suffisamment divisés par
les dents et imbibés de salive, le ruminant les avale
une seconde fois; mais alors l'œsophage les dirige dans
une troisième poche qu'on nomme feuillet. C'est encore une petite cavité, ainsi nommée parce que ses
parois sont garnies de lames rapprochées et parallèles entre elles, comme les feuillets d'un livre. Il ne
paraît pas que la matière nutritive séjourne longtemps dans le feuillet; elle passe bientôt dans la quatrième cavité appelée caillette, c'est là qu'on trouve
dans le jeune veau le lait dont il se nourrit, et qui s'y
caille comme le fromage.

RUSSIE (géographie, histoire). — Empire géant
dont les cent bras s'étendent fièrement en Europe, en
Asie et en Amérique. Sa domination ne cesse de se
propager au loin dans le triple intérêt de la civilisation,
de la moralité, du bien-être des peuplades voisines,
encore soumises à de stupides croyances, à de perni-
cieuses pratiques.

Pour traiter un sujet qui exigerait bien des volumes,
il nous est assigné le tout petit espace que peut com-
porter un article de dictionnaire encyclopédique. Nous
manœuvrerons de notre mieux sur ce bout de terrain, afin que notre rapide esquisse donne au moins
une faible idée du colossal empire dont nous avons
à parler si brièvement.

Un mot d'abord sur sa géographie avant d'aborder
son histoire.

I. L'empire russe comprend douze provinces et cin-
quante et un gouvernements. Sa population est de
soixante-six millions d'habitants. Sa capitale est Saint-
Pétersbourg, ville magnifique à l'embouchure de la
Newa, dans le golfe de Finlande, fondée en 1703 par
Pierre le Grand, dont on y voit la statue en bronze;

ouvrage du sculpteur français Falconet ; le piédestal est un rocher de granit du poids de quinze cent mille kilogrammes. Cette ville est remarquable par la beauté de ses quais et de ses édifices publics, parmi lesquels on doit distinguer le palais impérial, l'église Notre-Dame-de-Kasan, le temple de Saint-Isaac, récemment construit par M. de Montferrand, architecte du Czar, et mort en 1858, peu de temps après avoir achevé son œuvre.

Saint-Pétersbourg est la plus grande ville de l'Europe après Londres et Paris. Sa population est de 450,000 habitants.

## RUSSIE D'EUROPE.

La Russie d'Europe (anciennes Sarmatie, Tauride et Colchide), a pour bornes, au nord, la mer Glaciale ; à l'ouest, la Suède, le golfe de Bothnie, la mer Baltique, la Prusse et les États de l'empereur d'Autriche ; au sud, la Turquie d'Europe, la mer Noire, le Caucase et la mer Caspienne ; et à l'est, le fleuve Oural, les monts Ourals ou Poyas et le fleuve Kara, qui la séparent de la Russie d'Asie. Elle a 2,920 kilomètres de long sur 1,600 de large.

Provinces septentrionales de la Russie d'Europe. — Leurs principales villes sont : Saint-Pétersbourg, dont nous venons de parler. — Cronstadt (25,000 habitants), jolie ville forte dans une petite île du golfe de Finlande ; arsenal de la marine russe avec trois ports. — Helsingfors (26,000 habitants), capitale du grand-duché de Finlande, siège du gouvernement et de l'université de Finlande, et florissante par son commerce, ses fabriques et ses chantiers de constructions navales. — Libau (8,000 habitants), ville très-commerçante sur la mer Baltique, avec un port qui rend la ville la plus importante du gouvernement de Courlande. — Milau (24,000 habitants), chef-lieu du gouvernement de Courlande. — Revel (16,000 habitants), chef-lieu du gouvernement d'Esthonie, ville fortifiée, avec un beau port. — Abo, entre les golfes de Bothnie et de Finlande, vis à vis de l'archipel qui porte son nom, ville principale de la Finlande, ancienne province suédoise, dont une partie fut cédée à la Russie en 1721, et le reste conquis par cette puissance en 1808. — Riga (90,000 habitants), située sur le golfe de Livonie, ainsi nommé de la province dont Riga est la capitale, et qui fut conquise sur les Suédois par Pierre le Grand, après la victoire qu'il remporta à Pultawa, dans la Russie centrale. — Arkangel, port sur la mer Blanche, à l'embouchure de la Dwina ; entrepôt du commerce du nord de la Russie.

Provinces centrales et méridionales de la Russie d'Europe. — Leurs principales villes sont : Moscou, sur la Moskowa, ancienne capitale de la Russie, brûlée par les Russes en 1812, au moment de l'entrée des troupes françaises. Elle a depuis été rebâtie sur un plan plus régulier. Sa population est de 356,000 habitants. C'est à Moscou que se font couronner les empereurs. Parmi ses monuments, on remarque le Kremlin, château-fort qui renferme le palais des anciens czars et la cathédrale. — Wladimir, au nord-est de

Moscou, ancienne résidence des grands-ducs de Russie. — Toula, qui a une célèbre manufacture d'armes fondée par Pierre le Grand. — Pultawa, célèbre par la victoire que le czar Pierre le Grand y remporta sur Charles XII, roi de Suède, en 1709. — Wilna, ville riche et commerçante, ancienne capitale de la Lithuanie. — Grodno, au sud-ouest de Wilna, et où se tenaient autrefois les diètes polonaises. — Mohilev, sur le Dniéper, au sud-est de Wilna, ville forte et très-marchande. A environ 85 kilomètres, à l'ouest de cette ville, coule la Bérésina, trop fameuse par les désastres que les Français, vaincus par le plus terrible hiver, éprouvèrent sur ses bords, en 1812, dans la malheureuse retraite de Moscou. — Varsovie (155,000 habitants), capitale du royaume de Pologne, sur la rive gauche de la Vistule, mais communiquant par un pont de bateaux avec le faubourg de Praga, situé sur la rive droite. — Kalisz, la seconde ville du même royaume par sa population et son industrie. — Kasan (38,000 habitants), au sud-est de la précédente, près du Volga, capitale d'un ancien royaume tartare conquis par les Russes en 1552. Elle a une université et un observatoire. — Kiew (22,000 habitants), au sud-ouest, sur le Dniéper, ancienne capitale de la Russie avant Moscou. — Odessa, au sud de Kiew, port franc, fondé en 1776, le plus commerçant de la mer Noire ; exporte beaucoup de blés. Cette ville doit ses embellissements à un Français, le duc de Richelieu. — Kaffa, près de la mer Noire, dans le gouvernement de la Tauride, qui renferme la presqu'île de Crimée jointe au continent par l'isthme de Pérékop, sur lequel se trouve la ville de ce nom. — Taganrog, petit port sur la mer d'Azof, où l'empereur Alexandre Ier est mort en 1825. — Astrakan, ancienne capitale d'un royaume tartare, dans une île du Volga, à l'embouchure de ce fleuve dans la mer Caspienne, l'une des villes les plus considérables de la Russie ; elle fait un grand commerce de fourrures qui en portent le nom, et tire de la pêche sa principale richesse.

Les îles qui dépendent de la Russie d'Europe sont :

1° Dans la mer Baltique :

Les îles d'Aland, groupe situé vis-à-vis d'Abo, sur la côte sud-ouest de la Finlande, et compris dans son gouvernement : ces îles furent cédées par la Suède à la Russie en 1809. Leur population est de 14,000 habitants. Leurs villes sont Dago et Œsel, à l'ouverture du golfe de Riga ou de Livonie.

2° Dans la mer Glaciale : les îles de Kalgouff et de la Nouvelle-Zemble. Cette dernière n'est point habitée ; mais elle sert comme de pied à terre aux Russes et aux Samoïèdes qui vont à la pêche. — Au sud-est de ces îles se trouve celle de Vaïgatch, séparée du continent par le détroit qui porte son nom.

## RUSSIE D'ASIE.

La Russie Asiatique se compose de deux parties tout à fait distinctes : l'une que l'on peut nommer la *Russie du Caucase*, est séparée, au nord, par la chaîne du Caucase, de la Russie européenne, et se trouve comprise entre la mer Noire à l'ouest, la mer Caspienne à l'est, et les provinces de la Turquie d'Asie et de la Perse au sud. Cette contrée toute hérissée de montagnes, compte plus d'un million d'habitants. La seconde partie, beaucoup plus considérable, et connue sous le nom de Sibérie, occupe toute la partie septentrionale de l'Asie, dans une longueur de près de six mille kilomètres, de l'ouest à l'est, sur environ deux mille trois cents de largeur, du nord au sud. Elle est bornée au nord par l'océan Glacial arctique ; à l'ouest, par le fleuve Kara, les monts Poyas ou Ourals, qui la séparent de la Russie d'Europe ; au sud, par le Turkestan, par le Grand-Océan et le détroit de Behring. — La population de cette immense contrée dont on s'exagère beaucoup trop la rigueur du climat, s'élève à plusieurs millions et tend sans cesse à s'accroître dans de larges proportions : le gouvernement met tout en œuvre pour la rendre heureuse, et il y parvient ; les villes, les bourgs, les villages, s'y élèvent en foule.

Les principales villes de la Russie du Caucase sont : TIFLIS, sur le Kour, ancienne capitale du royaume de *Géorgie*, et maintenant résidence du gouverneur-général des provinces du Caucase ; — DERLENT, sur la mer Caspienne, au nord-est de Tiflis, la ville la plus importante de l'ancienne province persane du *Daghestan* ; — BAKOU, au sud-est de Derbent, l'un des ports les plus commerçants de la mer Caspienne ; — CHAMAKIE, au nord-ouest de Bakou, et, comme elle, dans la province de Chirvan conquise sur la Perse ; — AKHALTSSIKHÉ, à l'ouest de Tiflis, ville importante, défendue par une bonne citadelle ; — ERIVAN, au sud-est d'Akhaltsikhé, près du lac *Sébanga*, ancienne capitale de l'Arménie persane. Au sud-ouest se trouve le mont Ararat, sur lequel s'arrêta, à ce que l'on croit, l'arche de Noé.

La Sibérie se divise en OCCIDENTALE et ORIENTALE. Ses villes principales sont : — TOBOLSK, près du confluent du Tobol et de l'Irtych, c'est la ville la plus peuplée de toute la Sibérie et la résidence du gouverneur de la Sibérie occidentale.—TOMSK, sur un affluent de l'Ob, est la capitale d'une contrée la plus riche en or de tout l'ancien continent.—KRASSNOIARSK, sur l'Iénisei.—IRKOUTSK, près du lac Baïkal, est la résidence du gouverneur de la Sibérie orientale et l'entrepôt du commerce qui se fait par caravanes avec la Chine, et qui, dans un avenir peu éloigné, se fera, il y a lieu de l'espérer, par les fleuves et les chemins de fer. — NERTCHINSK, située à l'est, a dans ses environs des mines d'argent ; — JAKOUTSK, sur la rive gauche de la *Léna*, est au centre de la contrée occupée par les *Iakoutes* qui paraissent descendre des Tartares. — OKHOTSK, chantier de construction, est sur la mer à laquelle elle donne son nom.—PÉTROPAWLOSK ou *Saint-Pierre-et-Saint-Paul*, port au sud de la province du Kamtchatka, est la ville la plus considérable [de ce district. Le commerce des fourrures, le principal de la Sibérie, rend presque toutes ces villes importantes.

Les îles qui dépendent de la Sibérie sont : — 1° La NOUVELLE-SIBÉRIE ou les îles LIAÏKHOV, découvertes par le navigateur de ce nom, au nord de l'embouchure de la Léna ; — 2° les KOURILES, formant une chaîne de 21 petites îles, dont 14 seulement sont habitées ; elles s'étendent de la pointe sud du Kamtchatka aux îles du Japon, et appartiennent en partie à la Russie et en partie au Japon.

## AMÉRIQUE RUSSE.

L'Amérique Russe occupe tout le nord-ouest de l'Amérique, et a pour bornes, au nord, l'océan Glacial arctique ; à l'ouest, le détroit et la mer de Behring ; au sud-ouest, le Grand-Océan ; au sud-est et à l'est, la Nouvelle-Bretagne. Cette vaste contrée est encore peu habitée. On en tire de riches fourrures. On la divise en deux parties distinctes, savoir : la *partie continentale*, qui renferme quelques établissements dont l'importance ne cesse d'augmenter, tels que *Simiona* et *Alexandrov-Skaïa*, sur les côtes méridionales, et les *îles*, où se trouvent les principaux établissements, et dont les plus remarquables se composent de trois groupes principaux, savoir : — 1° les îles ALÉOUTIENNES ou Aléoutes, formant une chaîne qui semble lier l'Amérique à l'Asie. Les plus orientales sont aussi désignées sous le nom d'*îles aux Renards*, et l'on comprend quelquefois parmi elles l'île *Kadiak*, la plus grande du groupe peuplée de quinze mille habitants, et dont le port le plus important est celui d'*Alexandria-Saint-Paul* ; — 2° l'archipel du *Roi Georges*, dont l'île principale porte le même nom, et quelquefois aussi celui de *Sitka*, qui était le nom du premier établissement russe, détruit en 1808 par les naturels, et remplacé par le fort de la Nouvelle-Arkangel, chef-lieu de toutes les possessions russes en Amérique et résidence du gouverneur ; — 3° l'archipel du *Prince de Galles* situé au sud de celui du Roi Georges et qui fait, comme ce dernier, partie du grand archipel de QUADRA ET VANCOUVER, qui comprend toutes les îles de cette côte.

NOTIONS ET OBSERVATIONS DIVERSES. Le gouvernement russe est monarchique, héréditaire même pour les femmes. La nation se divise en seigneurs et en serfs ; mais cette dernière dénomination va cesser d'exister, l'émancipation complète des paysans étant chose résolue.

La *Russie d'Europe*, par sa vaste étendue, offre toutes les variétés du climat ; à Saint-Pétersbourg, la Newa est gelée tous les ans pendant cinq à six mois ; la température de la Crimée rappelle celle de l'Italie. On récolte en abondance dans cette belle presqu'île du blé, du lin, du chanvre, du tabac, du vin. Les contrées intermédiaires ont à peu près le climat de l'Angleterre. Les productions animales et végétales de la Russie varient suivant les lieux ; ici on cultive l'orge, le seigle et l'avoine ; plus loin le sol se refuse à toute espèce de culture ; le centre donne du lin et du chanvre ; le maïs et tous les fruits des climats tempérés viennent très-bien dans les provinces méridionales ; la Sibérie possède les plus belles mines du monde ; les monts Ourals donnent des diamants, le platine ou or blanc ; les mines de cuivre et de fer abondent dans toute l'étendue de l'empire ; le fer, les bois pour la marine, les blés, les fourrures, le suif et les cuirs qui sont les plus recherchés de l'Europe forment les principales branches de commerce de la Russie.

Quelque immenses que soient ces territoires, ils ne forment pas même le quart de cet empire qui s'étend au loin dans le nord de l'Asie et de l'Amérique, et dont toutes les possessions réunies égalent la septième partie de la terre habitable ! La Sibérie seule occupe environ treize millions de kilomètres carrés, c'est-à-dire près du tiers de l'Asie.

RELIGION. Les habitants de la Russie se classent approximativement de la manière suivante :

| | |
|---|---:|
| Appartenant à l'église orthodoxe russe orientale. . . . . . . . . . . . . . . . | 49,000,000 |
| Appartenant à l'église catholique romaine.. . . . . . . . . . . . . . . . . | 8,000,000 |
| Appartenant à l'église protestante. . . | 3,500,000 |
| Appartenant à l'islamisme. . . . . . . | 2,400,000 |
| Appartenant au judaïsme. . . . . . . | 1,500,000 |
| Arméniens catholiques et arméniens grégoriens. . . . . . . . . . . . . . | 1,000,000 |
| Idolâtres. . . . . . . . . . . . . . | 600,000 |
| | 66,000,000 |

II. *Histoire.* C'est par le Scandinave Rourik que les historiens de la Russie font commencer leur récit. Ce point de départ est dans le IXe siècle. Mais comme l'histoire de France, commençant à Pharamond l'an 420, l'histoire russe est, dans son origine, enveloppée d'obscurités dont elle ne se dégage guère avant la fin du XIVe siècle, époque où, après de longs déchirements produits surtout par l'anarchie féodale, les diverses dominations des descendants de Rourik se réunissent, se centralisent, s'affranchissent, brisent pour toujours le joug des Tartares, forment enfin la véritable, la grande Russie qui devait s'élever si haut dans les XVIIIe et XIXe siècles !

Rourik, avons-nous dit, était Scandinave. Il appartenait dès-lors à un peuple pour qui la guerre était l'idéal du bonheur, et qui croyait fermement à la suprême félicité d'un paradis où se livraient de perpétuels combats. Cet intrépide souverain avait donc l'esprit éminemment guerrier, qualité essentielle pour civiliser, pour grandir un peuple, pour le rendre heureux. Pas un chef de grande dynastie qui n'ait été d'abord grand par l'épée.

Les tout petits Etats eux-mêmes suivent cette loi générale : N'est-ce pas un tout petit sabre qui avait élevé à une imperceptible miniature d'empire la microscopique dynastie de Soulouque, commencée et finie dans la lilliputienne majesté de Faustin Ier ?

Napoléon Ier, à Sainte-Hélène, rappelant le souvenir de ses grands actes, et parlant avec une sorte de dédain des consuls Sieyès et Ducos, ses collègues, disait qu'après le 18 brumaire, il s'était emparé de la présidence du gouvernement, sans que les deux autres consuls eussent même songé à la lui disputer; il ajoutait : « Pour gouverner, il faut des bottes et des éperons. » Telle fut aussi l'opinion de l'Assemblée nationale de 1848. En juin, la patrie est en danger ; il lui faut un dictateur. L'assemblée, peuplée d'illustrations

civiles de tous les régimes, va-t-elle choisir dans son sein un brillant orateur, un sublime écrivain, une sommité scientifique, un grand homme d'Etat ? Non ! elle ne s'arrête pas un instant à cette pensée : elle tourne ses regards vers l'armée : elle veut un sabre, le sabre d'un vigoureux soldat, et le sabre de Cavaignac commande....... jusqu'au jour où LE PEUPLE consulté à son tour, RAPPELLE A SA TÊTE L'INVINCIBLE ÉPÉE DES NAPOLÉONS.

La capitale de Rourik fut Novgorod, tellement redoutable à ses voisins, qu'on avait l'habitude de dire : « Qui oserait s'attaquer à Dieu et à Novgorod la Grande ? » Ne nous étonnons pas qu'un tel peuple ait donné le suprême pouvoir à Rourik, à un brave entre les braves.

Nous regrettons de ne pouvoir jeter même un simple coup d'œil sur la constitution primitive de l'empire russe, sur ses mœurs, ses lois, ses progrès, ses efforts constants pour marcher de front avec les autres peuples dans les routes de la civilisation européenne, efforts que le succès a si heureusement couronnés ! Comment, d'ailleurs, reconnaître la vérité, toute la vérité dans la simple et naïve rudesse des chroniqueurs du moyen âge, dont les récits n'ont le plus souvent, ni bonne foi, ni exactitude, ni indépendance, et dont les gros et poudreux volumes doivent toujours être lus avec une critique éclairée, capable de débrouiller un peu ce chaos ?

Quelle est l'origine du peuple russe ? C'était la plus puissante de ces peuplades slavonnes qui, de bonne heure, ont reflué du nord au midi et de l'est à l'ouest, après la chute de l'empire romain.

Le nom de Russes semble venir de *Rhoxani* ou *Rhoxolani*, imposé par les anciens aux races qui, de temps immémorial, avaient habité les parties centrales de la Russie.

Selon certains auteurs, les Russes furent jadis un peuple particulier, confondu depuis avec les Slaves qui, dès le IVe siècle, ont pris rang dans l'histoire des peuples du nord, mais qui, alors même, n'étaient pas un peuple nouveau. Ils étaient connus, sous divers noms, des Grecs et des Romains. Des rapports de leur langue avec celle des anciens habitants du Latium, on peut inférer que leur origine remonte à celle des peuples les plus anciens, des peuples générateurs. Leur nom paraît être un dérivé de *Slava*, qui signifie gloire. S'il fallait en croire certains historiens, une colonie de Scythes s'étant établie en Russie, dans le VIe siècle, l'un de ses chefs, *Russus*, que l'on fait dériver de *Ross* (peuple dispersé), aurait donné son nom à la Russie.

Nous avons hâte d'arriver, avant d'avoir dévoré le court espace qui nous appartient, à la situation de la Russie au moment même où nous écrivons (fin mars 1859). Il faudra donc, à notre grand regret, ne rien dire de Wladimir le Grand qui, en 980, introduisait le premier dans son empire la divine religion du Christ, et mérita de compter au nombre des plus illustres saints : car ce ne pouvait être un saint ordinaire, un petit saint de cloître, l'immortel héros qui avait bravement porté l'épée et vaillamment servi la cause du Dieu fort, du Dieu des armées.

Nous ne parlerons pas non plus d'un digne descendant de Rourik, dont la maison s'éteignit en 1598, d'Ivan I<sup>er</sup> monté en 1476 sur le trône de Moscou, auquel il soumit de vastes provinces ; il sut mériter le glorieux titre de restaurateur de l'indépendance nationale.

Ni d'Ivan IV Vassiliéwitch, surnommé par les Russes le *Terrible*, et par les étrangers le *Tyran*. Son règne (de 1535 à 1584) fut signalé par de grandes actions, mais aussi par une longue série de crimes. Le czar Ivan IV fut le vrai Louis XI de la Russie, dont il augmenta démesurément la puissance.

Ni de Michel I<sup>er</sup> Romanow, élevé en 1611 au trône auquel il ajouta de nombreuses provinces.

Ni du czar Alexis, mort en 1676, et qui fut à la fois conquérant et législateur. A lui l'honneur d'avoir réuni et formé les diverses parties de la législation russe, dans un recueil connu sous le nom d'*Ulosche-nije*, monument des plus utiles que l'on consulte encore aujourd'hui avec intérêt.

Ni du czar Pierre le Grand, qui commit des fautes, sans doute, même des crimes, mais qui n'en fut pas moins un des plus étonnants génies du monde. Jamais on ne vit une volonté plus puissante, possédée de cet amour national qui met l'honneur au service de la patrie et fait du dévouement la première des vertus civiques. C'est Pierre qui fonda Saint-Pétersbourg ; qui joignit par un canal la mer Baltique à la mer Caspienne en réunissant la rivière de Tver à celle de Msta ; qui créa une redoutable armée, une marine imposante, et mourut, en 1725, après avoir inondé son pays d'une impérissable gloire, après avoir fait passer avec rapidité son empire d'un rang secondaire en politique à la suprématie militaire du nord.

Ni de la *Sémiramis du nord*, de l'impératrice Catherine II, qui occupa le grand trône avec tant de gloire, de 1762 à 1796.

Ni du czar Alexandre I<sup>er</sup>, qui a joué un si beau rôle dans les destinées de l'Europe, surtout dans celles de son pays, où il a régné de 1801 à 1825.

Ni de l'empereur Nicolas I<sup>er</sup>, dont l'énergique patriotisme a fait de si grandes choses pour sa nation, de 1825 au 2 mars - 18 février 1855, jour où son âme héroïque s'est envolée dans le sein de la divinité, jour où a été appelé à lui succéder le Césaréwitch et grand duc héritier, l'empereur régnant, ALEXANDRE II NICOLAEWITCH, né le 29 - 17 avril 1818, marié le 28 - 16 avril 1841, à la fille de Louis II, grand-duc de Hesse, MARIE-ALEXANDROWNA.

Le grand-duc héritier actuel est Nicolas-Alexandrowitch Césaréwitch, né le 20 - 8 septembre 1843.

Le grand empire russe est dignement représenté par le comte de Kisselef, dans la capitale de notre grand empire, fier de son grand empereur Napoléon III, qui peut avec orgueil, avec confiance, montrer les Français à ses amis comme à ses ennemis.

III. Rien de généreux comme le Russe, si ce n'est le Français ; rien de plus noble, de plus loyal, de plus brave que l'héroïque Russie ; aussi rien de plus sympathique à notre chevaleresque France qui la paie d'un si tendre retour.

Le dévouement le plus absolu à ses amis est le caractère distinctif de la nation russe. En voici une preuve entre mille : les laves brûlantes de la démagogie de 1848 roulent sur le sol autrichien et vont l'ensevelir. La Russie n'écoutant que la voix d'une chaleureuse amitié, se jette au milieu du volcan pour l'éteindre, au risque de s'y consumer elle-même, et en retire saine et sauve la malheureuse Autriche qui allait y périr, l'Autriche qui semblait lui rendre affection pour affection, mais qui depuis.....!

Parlerons-nous de cette mémorable guerre de Crimée, qui n'a fait qu'augmenter l'estime réciproque de la France et de la Russie, deux peuples de géants qui, après avoir combattu l'un contre l'autre, comme dans un loyal tournoi, avec une égale ardeur, avec une égale courtoisie, ont été si heureux de se jeter, à la fin de la lutte dans les bras l'un de l'autre, d'oublier leurs querelles, de ne se rappeler que leur vieille intimité ! Le Piémont qui, lui aussi, avait comme autrefois sous Napoléon I<sup>er</sup>, vaillamment combattu à côté de la France, sur les rives de l'Euxin, aime comme nous la Russie et en est aimé. C'est que les nations que caractérisent la bravoure et la loyauté, s'aiment, s'estiment, se font dans la guerre le moins de mal, et dans la paix le bien possible.

La Russie s'avance à grands pas dans la voie d'une civilisation nouvelle, s'associe avec une prudente résolution, aux nobles idées du progrès européen. L'avénement du czar Alexandre II a marqué une ère nouvelle dans l'existence de cet Etat. L'Eglise grecque reconnaît au souverain temporel la juridiction spirituelle. Alexandre II fait tourner ce caractère d'infaillibilité au bien-être moral et matériel de son empire. Que ne peut-il pas attendre d'un peuple qui a salué son sacre avec une si admirable unanimité ? — qui puise dans le respect de la religion et du trône un patriotisme égal à celui de la France ?

Quelle défaite que celle de Sébastopol ! Elle a ajouté de nouveaux lauriers aux lauriers des victoires de la Russie, qui a fait tout le possible, tenté même l'impossible ! Nous ne pouvons comparer cette gloire de l'immortelle vaincue qu'à celle de la France s'éloignant du champ de bataille de Waterloo, après y avoir épouvanté le monde des prodiges de son héroïsme !

Toutes les améliorations nécessaires, utiles, Alexandre II les a étudiées, méditées ; il en poursuit la réalisation avec une activité, avec une persévérance qu'il puise dans son amour du bien, dans le sentiment du devoir du chef spirituel et temporel d'un grand empire.

L'émancipation des paysans rencontre à peine quelques détracteurs, et compte des millions de partisans. La grande pensée d'Alexandre II a été comprise, adoptée. Sa généreuse initiative a triomphé des égoïsmes individuels : l'œuvre du souverain est devenue l'œuvre de la nation. Pour créer des droits aux nouveaux propriétaires, on commence par respecter ceux des anciens. Une mesure contraire aurait porté le cachet d'une révoltante injustice, et aurait été, surtout, fatale aux paysans qui ne sauraient se former une idée juste, salutaire des droits sacrés de la propriété, si on ne leur faisait comprendre tout d'abord qu'elle ne s'acquiert que par le travail et l'économie. Ils achèteront donc et leur chaumière et leur enclos d'après un mode de paiement sagement réglé.

Le travail libre, dont Alexandre II a deviné la puissance, triplera la fortune du seigneur et portera chez le paysan l'aisance et la liberté. La liberté!!! mot enivrant, magique, dont il est si difficile de déterminer la signification, la portée réelle! Mais, pour ne pas la compromettre, cette liberté, la brillante noblesse de l'Europe orientale a, pour s'éclairer, les leçons du passé de la noblesse occidentale. Les mœurs des supériorités russes résument en elles ce que le monde le plus civilisé a de plus spirituel, de plus aimable; elle saura, dans son intérêt, comme dans celui du trône, comme dans celui du paysan, faire arriver par degrés ce dernier à cette sage liberté qui ne doit jamais se prostituer à la licence où elle trouverait son tombeau.

Créé pour commander, l'homme naquit sans maître,
Et, chef-d'œuvre imparfait du Dieu qui le fit naître,
Avec l'instinct du bien vers le mal emporté,
Pour choisir la vertu, reçut la liberté,
La licence est en lui l'abus d'un droit sublime :
La liberté gouverne et la licence opprime.
Elle seule, à nos yeux, de son front sans pudeur,
Sous un masque romain déguisa sa laideur,
Et de la liberté simulacre infidèle,
Lui ravit nos respects en se donnant pour elle.

(CASIMIR DELAVIGNE. — Épître à LAMARTINE, sur la Liberté.)

IV. Alexandre II a, depuis son avénement au trône, transformé sa belle armée, dont le tir a été beaucoup amélioré. L'infanterie, surtout, avec ses nouveaux fusils et sa compagnie de tirailleurs par régiment, est une des meilleures de l'Europe.

Secondé par son ministre de la guerre, l'Empereur poursuit avec ardeur les réformes dont ce département est susceptible : rien n'entravera l'action bienfaisante de ses ordres applicables à des mesures essentiellement progressives. L'erreur et le mensonge s'ingénient trop souvent à nous représenter le soldat russe comme n'obéissant qu'à la peur des châtiments. La peur! allons donc! les faits, qui possèdent une bien autre éloquence que les affirmations, proclament tout le contraire. La guerre de Crimée a prouvé une fois de plus le dévouement absolu du soldat russe à ses chefs, et le dévouement ne va jamais, que nous sachions, à ceux dont on a justement à se plaindre. Dans la vaillante armée d'Alexandre II, il y a, dans tous les grades, dans le cœur du simple soldat comme dans celui du maréchal, une corde qui vibre au contact des grandioses sentiments, des nobles actions! Son système disciplinaire diffère sans doute beaucoup du nôtre, qui n'a pas son pareil au monde, parce que notre mode de recrutement est aussi le meilleur de tous. Mais chaque peuple a ses coutumes appropriées à ses mœurs, à la forme de son gouvernement. Et la Russie, dont les aspirations, guidées par un grand souverain et par une chevaleresque noblesse, tendent sans cesse à réaliser l'idéal du beau, du bien, n'est pas, sous le rapport de la discipline de son armée, au-dessous d'aucune puissance, la France exceptée. Elle laisse même, sous ce rapport, assez loin derrière elle l'Angleterre, où les enfants du peuple qui entrent dans les rangs de l'armée n'ont pas, ne peuvent avoir le moindre espoir, quelle que soit leur bravoure, quels que soient leurs services, leurs talents, d'atteindre à l'épaulette de sous-lieutenant, toujours réservée à l'argent qui l'achète! Malgré le libéralisme, si vanté de la nation britannique, les soldats y sont soumis, pour certaines fautes, au dur châtiment du fouet; et ceux qui le subissent sont quelquefois réduits à un état voisin de la mort. Un de ces malheureux ayant perdu la vie sous les coups redoublés des cruelles lanières, l'opinion publique s'en émut un instant! Le gouvernement anglais fit examiner la question de savoir s'il conviendrait de bannir un tel supplice de la pénalité disciplinaire. Cette question fut résolue par la négative. Le duc de Wellington, qui devait sa gloire à ses soldats, fut aussi d'avis qu'il fallait les fouetter! Et on les fouette encore!!!

V. L'isthme de Suez va être percé et la route de l'Indo-Chine ouverte aux milliers de navires de toutes les nations. Pour répondre aux exigences d'un avenir dont les horizons sont immenses pour elle, la Russie augmente ses forces navales. La Reine du Nord n'avait pas dans la Méditerranée un seul point de relâche. Elle exprime le désir d'en avoir un : l'amitié de la Sardaigne s'empresse de la satisfaire : elle aura, elle a déjà un pied à terre sur les côtes d'Italie, une escale où ses navires marchands pourront trouver un refuge, se ravitailler. Le port de Villa-Franca, situé à deux kilomètres de Nice, est mis par Turin à la disposition de Saint-Pétersbourg. Le développement de la marine commerciale russe dans les eaux de la Méditerranée ne rencontrera aucun obstacle. Pas une difficulté n'arrêtera son essor! n'aura-t-elle pas un port vaste et sûr où ses navires seront comme chez eux, comme leur propre patrie? L'industrie moscovite peut donc trouver tout près de ses fidèles alliés les moyens d'action nécessaires pour manifester sa puissance, pour féconder ses progrès, pour courir au-devant des vastes perspectives qui s'ouvrent devant elle : le champ à exploiter est immense comme son pays! La surabondance de vitalité de la Russie, son entrain d'expansion, guidés par l'instinct, par la passion des grandes choses, sauront profiter des incalculables avantages réservés à la navigation à travers l'isthme de Suez, dont le canal va supprimer le cap de Bonne-Espérance, et rapprocher de trois mille lieues l'Europe de l'Inde, de la Chine, de l'Océanie!

Depuis l'origine de la civilisation en Europe, une foule d'exemples ont prouvé les avantages du commerce avec l'Asie : il a donné richesse et prospérité à toute nation qui a su l'exploiter. Jusqu'à la découverte du cap, c'est Gênes, c'est Venise qui, commerçant surtout dans la mer Noire, ou passant par l'isthme de Suez, ont su s'attribuer les avantages du trafic avec l'Asie. Le Portugal, la Hollande, à leur tour, ont dû l'éclat passager de leur marine au même commerce qu'exploite presque exclusivement aujourd'hui l'Angleterre, dont il a élevé si haut l'opulence et l'autorité politique.

Et alors même que l'isthme de Suez n'eût pas dû s'ouvrir à une civilisatrice navigation, cette voie ne sera, nous allons le prouver, qu'un puissant auxiliaire des voies de terre, comme en France nos canaux à l'égard des chemins de fer. La voie de terre, disons-nous, n'aurait-elle donc pas permis à toutes les nations de l'Europe de porter la lumière, la paix, le bien-être en Chine, dans l'Inde, et d'en tirer d'incommensurables avantages?

Quand les Dix-Mille, conduits par l'ami de Socrate, par Xénophon, surent parcourir en Asie 5,800 kilomètres en quinze mois et en deux cent-quinze étapes, l'Europe, des Français, des Russes, dont l'abnégation, le courage et la vigueur ne connaissent pas d'obstacle insurmontable, ne sauraient-ils nouer, conduire, comme jadis les Génois et les Vénitiens, à travers l'espace terrestre, des relations commerciales jusque dans les régions où, sur les bords du Gange, campèrent les victorieuses phalanges d'Alexandre.

Mais que le commerce d'Europe, aux pieds délicats et mignons, se rassure! Il n'est nullement question de l'envoyer à pied, en caravane dans les régions lointaines de l'Orient. Non! Ce serait trop long, trop pénible pour lui : sur tous les points de la Russie, s'étend, chaque jour, un réseau, de plus en plus vaste, de chemins de fer. Et la Russie tient à la Chine! Et la Russie touche, par la mer Caspienne, à la Perse voisine elle-même de l'Hindoustan! Oui, la Russie est à la veille de devenir la grande artère de l'Europe entière, de l'Europe commerciale, de l'Europe scientifique, de l'Europe voyageuse!

Oui, si le canal de Suez doit servir d'abord de trait-d'union entre l'Europe et l'Indo-Chine, une autre voie, plus rapide encore, se prépare pour concourir au même but. Saint-Pétersbourg sera uni au Wolga par un chemin de fer. Un autre rail-way reliera la mer d'Aral à la mer Caspienne. Ces deux mers sont déjà, comme le Wolga, sillonnées par les paquebots russes, en sorte que les voyageurs et les marchandises précieuses susceptibles de transbordements pourront arriver, en moins d'un mois, de Paris aux portes de l'Asie. De plus, la Russie veut établir une voie ferrée allant de Moscou à l'embouchure du fleuve Amour, avec embranchement sur le détroit de Behring. Pour se rendre de Paris en Amérique, par exemple, à Quebec, à New-York, on effectuera le trajet sans sortir de wagon, si ce n'est, pour enjamber le détroit de Behring, pour faire une courte, une rapide traverse. Eh! ne songe-t-on pas, en effet, de la manière la plus sérieuse, en Angleterre, à établir, dans le nouveau monde, un chemin de fer qui sillonnera le continent dans toute sa largeur, depuis Halifax, dans la Nouvelle Ecosse, jusqu'à la Nouvelle Calédonie?

La voie de terre à travers la Russie, pour pénétrer rapidement dans l'Inde, en Chine, en Amérique, mettra en rapport, avec tous les points de l'Europe, des foyers d'échange encore inexploités.

On le sait, nous l'avons déjà dit, la Russie touche au nord de la Chine, qui lui a cédé la Mandchourie et la Mongolie, immense territoire supérieur en superficie à la France. Une ville nouvelle se fonde en Sibérie, au confluent du Sav et de l'Amour, sur l'emplacement de la Stranitza ou village d'Ust-Seiskh. Cette ville, très-favorablement située, porte le nom de Blakoweschtschenck, et formera bientôt une immense place d'armes. La forteresse de Nicolajew, élevée à l'embouchure de l'Amour, est devenue pour ces parages ce qu'est Cronstadt pour la Néwa. Par un décret du mois d'août 1856, l'empereur Alexandre II a imprimé une vigoureuse marche à l'administration des possessions russo-chinoises dans l'extrême Orient. Cette administration est présidée par un amiral résidant à Nicolajew. Les émigrants chinois se portent par milliers des îles voisines, sur la rive droite de l'Amour, dans les contrées russes, où ils sont traités avec une paternelle justice. De là à Pékin, les étapes ne sont ni innombrables ni impossibles à franchir. Dans le glorieux règne de Sa Majesté Alexandre II, secondé par une noblesse spirituelle, instruite, libérale dans toute l'acception vraie du mot, la Russie marche vers un avenir indéfini de gloire, de richesse, de civilisation. La mission du dix-neuvième siècle étant de constituer l'égalité des peuples dans le commerce du monde, surtout dans celui de l'Asie, le soin de la conduire de la diriger, semble être dévolu à deux grandes et généreuses nations, la France et la Russie qui n'y failliron pas.          — Le major PAUL ROQUES.

### Aspect du climat et mœurs de la Russie (1).

I. Sous ce ciel, il n'y a point de transition, tout y est brusque. Vous sortez d'une saison pour tomber brutalement dans une autre. Du jour au lendemain le changement s'opère : hier il y avait dix degrés de chaleur, ce matin il y a dix degrés de froid et dix pouces de neige. Hier vous alliez en bateau sur la Newa, et ce matin vous y allez en traîneaux. Je n'affirmerai pas que le printemps et l'automne existent ; l'hiver commence pour ainsi dire à la mi-août et finit à la mi-mai. L'été n'occupe donc que juin et juillet pendant lesquels cependant il arrive quelquefois qu'on y voit de la neige. En hiver, les nuits durent vingt heures, le jour commence à poindre entre neuf et onze heures le matin, et finit à deux heures après-midi. En été, les jours n'ont pas de nuit. C'est une alternative de chaleurs suffocantes, épaissies par des nuages de poussière et une humidité pénétrante qui vous paralyse tous les membres. Le froid, terme moyen, est à Moscou et à Saint-Pétersbourg de plus de dix degrés. Dans les jours les plus rigoureux, le mercure descend fréquemment à dix et vingt degrés, quelquefois à trente au-dessous de zéro.

Le bon sens semble indiquer qu'il doit y avoir dans ce pays des différences de température en rapport avec sa longitude et sa latitude, par exemple la température des parallèles européens; il n'en est rien.

(1) Extrait d'un ouvrage de M. Germain de Lagny, intitulé les Russes, etc.; Paris, Giraud, 1853.

Astrakan et Gouriew sur la mer Caspienne, Odessa et Tanganock sur la mer Noire sont entre le 43° et le 44° de latitude, comme Marseille, Nice, Gênes, Florence, Ancône, Constantinople. Eh bien ! les ports des villes russes gèlent et restent fermés à toute navigation pendant plusieurs mois de l'année. Saint-Pétersbourg doit à son voisinage de la mer Baltique d'avoir une variation de température exorbitante, un climat inconstant. J'ai vu dans le mois de janvier pleuvoir le matin, un dégel complet, les rues inondées d'une boue épaisse, et le soir dix-huit degrés de froid. En 1798, le thermomètre y descendit à près de trente-quatre degrés Réaumur, et pendant trente-cinq jours successifs, de vingt-deux à vingt-trois degrés.

Les tables de l'observatoire signalent que dans une moyenne de dix ans, le mois de mars a eu neuf jours clairs, onze jours nébuleux, onze jours de neige et deux jours de pluie ; que le mois de septembre n'a que sept jours clairs ; que le mois de mai est quelquefois d'une grande rudesse, et que pendant l'été des gelées blanches se font souvent sentir ; que, malgré la réverbération de la neige, le mois de décembre n'a que cinq heures de jour ; le mois de novembre n'a que trois jours clairs, huit nébuleux et vingt jours de neige ; le mois de janvier est à peu près le même, ils n'ont l'un et l'autre que trois heures de jour.

Une année, à Archangel, le froid est descendu à cinquante et un degrés Réaumur, le mercure s'était congelé en masse solide aussi dure que le fer.

Annuellement Pétersbourg et Moscou ont cent vingt-trois jours de pluie, quatre-vingt-sept jours clairs ; il y a de cent quatre-vingt-dix à deux cent cinq jours de gelées continues pendant lesquels il tombe *vingt-trois mille* pouces cubes de neige pendant quatre-vingt-douze jours. La plus grande partie peut donc s'appeler l'hiver. Il faut absolument avoir besoin de sortir pour oser mettre le nez dehors ; la neige crie sous vos pas ; les carreaux craquent et disparaissent sous une épaisse couche de glace dont les cristaux offrent des jeux de figures bizarres et monstrueuses. Les oiseaux et les animaux gèlent ; les corneilles, les pigeons et les moineaux dont la ville est peuplée par millions se blottissent dans les trous, dans les profondeurs des corniches, sur les fenêtres, partout enfin où ils peuvent s'abriter de la bise, et n'en sortent que pressés par le besoin ou chassés brutalement ; dès qu'ils déploient leurs ailes, ils tombent gelés. Les sentinelles sont relevées toutes les heures, et bien qu'elles soient couvertes d'épaisses fourrures de loups ou d'ours, il en périt souvent. Quand le czar passe devant le front d'un poste, tout le peloton de service sort en habit d'uniforme, prend et présente les armes, le tambour bat au champ ; le froid tue quelques hommes, n'importe, la discipline l'exige.

II. Au-dessous de seize degrés les théâtres sont fermés, les fêtes et les bals contremandés. Qui oserait affronter une pareille température ! les cochers gèlent sur leurs siéges, les postillons sur leurs selles, d'où on les enlève raides et glacés. Tous les hivers fournissent des milliers d'accidents de cette nature ; ils sont si fréquents que personne n'y prête attention. Les gens de service sont les seuls individus qu'on rencontre dans les rues désertes. On se croirait dans une ville morte ou en état de siége, ou infectée de la plus terrible des pestes.

Les rues sont enfouies sous une couche de glace de plusieurs pieds d'épaisseur. La neige, qui la couvre et sur laquelle glissent les traîneaux, est dure comme du sable, noirâtre et boueuse. Si ce n'était l'éclatante blancheur de celle qui séjourne sur les toits, sur les appuis ou les corniches des fenêtres, et le froid qui vous rappelle que vous n'êtes pas en Orient, on dirait les rues sablées de graviers. L'atmosphère est brumeuse, épaisse et pailletée d'une pluie de petits cristaux de neige, qui circulent dans l'air comme des atomes de poussière. La police fait chaque nuit, et si les besoins l'exigent, plusieurs fois le jour, déblayer les trottoirs de la neige et du verglas, par les portiers des maisons. Sans cette précaution, au bout de quelques jours on ne pourrait aborder nulle part.

Les arbres sont entièrement enveloppés de givre ; de loin on les croirait cristallisés. Les rampes en fer ou en bois des ponts ou des quais sont également enveloppées de cristaux épais.

Avant de se couvrir de glaces, les eaux de la Newa charrient de la neige fondue ; à sept degrés au-dessous de zéro, le fleuve et les canaux prennent. Cela arrive ordinairement dans le courant d'octobre. Quelques jours d'un froid un peu vif suffisent pour qu'on puisse les traverser en traîneau. Avant qu'il y eût un pont de fer, on traversait le fleuve sur une espèce de strapontin en planches reliées les unes aux autres et clouées sur des poutrelles solidaires les unes aux autres, de manière que la glace venant à se briser sous la pression des passants, aucun accident grave ne fut à redouter. Lorsque la glace a trois pouces d'épaisseur, on peut y passer à pied ; de quatre à cinq pouces, les traîneaux et les chevaux ; à neuf pouces, les équipages à roues et à plusieurs chevaux ; à onze pouces, l'artillerie, la cavalerie et l'armée par régiment. On peut même y passer des revues de plusieurs centaines de mille hommes.

Pour la traversée des fleuves, des lacs, des golfes, la police fait tracer sur la glace des chemins directs pour abréger les distances, et ces chemins et sentiers sont jalonnés avec des corps branchus de jeunes sapins de quinze ou vingt pieds de hauteur, piqués dans la glace ou dans la neige, à dix ou douze mètres de distance, absolument comme des chaussées garnies d'une ligne d'arbres. Cette précaution est nécessaire pour la traversée de Pétersbourg à Cronstadt, vingt-huit kilomètres, et sur les vastes branches du delta qui forme la Newa à son embouchure dans le golfe. Les rafales soufflent avec une violence extrême ; elles roulent la neige et font disparaître en quelques minutes tous les chemins. Les tourbillons de neige ensevelissent les hommes et les animaux. L'épaisseur de la neige est telle vers la fin de l'hiver que ces tiges de sapin n'apparaissent plus que par le sommet ; tout le reste est enfoui.

Il arrive quelquefois que des coups de vent de nord-ouest soulèvent les eaux et brisent la glace ;

alors tous les convois sont engloutis; hommes animaux, chariots, tout périt. La tempête s'apaise, les glaçons amoncelés poussés les uns sur les autres se soudent, et alors un spectacle curieux s'offre aux yeux des voyageurs, c'est celui d'un fleuve, d'un lac ou d'une mer dont les vagues et les flots se sont pétrifiés instantanément. Ils présentent en effet les mêmes aspérités, les mêmes ondulations, et il faut attendre que la neige vienne combler ces myriades de vallées avant de songer à s'y aventurer en traîneau.

Les débâcles ne se font jamais avant la mi-avril, quelquefois plus tard. Lorsque l'ébranlement a lieu, les ponts de bateau glissent sur les ancres et se rangent d'un côté ou de l'autre. La glace, dans sa décomposition, est soumise à des lois invariables. D'abord la couche de neige qui la couvrait se fond et une couche d'eau la remplace; cette eau, légèrement chauffée par une température qui s'adoucit chaque jour, finit par traverser la glace qui se noircit, devient spongieuse et se désagrége; alors malheur aux imprudents qui s'y aventureraient !

III. Un phénomène dont on a beaucoup parlé il y a plus d'un siècle, en 1740, et que les Russes racontent avec orgueil, c'est le palais de glace que fit bâtir l'impératrice Anne. Construit d'énormes glaçons taillés comme la pierre, ce palais avait cinquante pieds de long sur seize de large, trois d'épaisseur et couvert en charpente d'une couche de neige. Il y avait table, chaise, lit, tout un ameublement. On avait placé devant des pyramides, des statues équestres et des animaux en glace; six canons de six livres de balle et deux mortiers de glace. On tira un de ces canons, dont le boulet aussi de glace perça une planche de deux pouces à soixante pas de distance; l'édifice ne fut pas ébranlé. Il paraît que le soir les jeux de lumière étaient saisissants.

Ce fastueux palais ne prouve qu'une chose, c'est la rudesse et la dureté du froid et du climat.

Durant tout l'hiver, le froid est d'une telle intensité que, si par hasard vous ouvrez les vasistas de votre fenêtre pour renouveler l'air de votre appartement, la vapeur se précipite au dehors avec la même violence qu'une fusée volante. Si on se hasarde dehors, le froid vous saisit, vous prend partout; le nez se resserre; la bouche et la gorge se contractent, les yeux semblent se retirer dans le fond du crâne, les oreilles bourdonnent; vous ne pouvez respirer qu'à travers l'épaisseur d'un cache-nez ou d'un foulard. Le givre vous enveloppe immédiatement les cils, les sourcils, la barbe et les cheveux et vous occasionne des milliers de picotements qui vous tirent les larmes. Un plaisant a dit que les paroles gelaient; cela est vrai jusqu'à un certain point, car on a la poitrine tellement oppressée, irritée, gelée même, que les organes de la respiration se refusent à fonctionner. Quand on doit absolument sortir, une précaution est à prendre, c'est de se frotter la figure de temps en temps avec le parement fourré de sa pelisse pour ramener par cette légère friction la circulation du sang sous la peau.

Tout le monde connaît le remède pour se dégeler les membres endommagés. C'est l'emploi de la neige et de l'eau glacée avant de rentrer dans un appartement chaud. Pendant tout un hiver j'avais pris l'habitude, lorsque j'étais obligé de sortir, de m'enduire toute la figure d'une très-légère couche de pommade : le froid prend très-difficilement sur les corps gras, et je pouvais impunément braver les rigueurs du climat pendant plusieurs heures; je résistais toujours mieux que mes compagnons. La neige a la ténacité et la force de la glace; elle réfléchit les rayons du soleil avec une si grande force que les yeux n'en peuvent supporter l'éclat.

Vers la fin de l'hiver, une course un peu longue en traîneau devient bien fatigante; un voyage est presque impossible. Les chasse-neige et les violentes rafales dont je vous parlais tout à l'heure rendent les routes onduleuses. Une pierre et une branche d'arbre suffisent, quand le vent souffle, pour amonceler des collines et des vagues fort grosses; à moins d'être fait à de telles secousses, il est difficile de voyager; c'est un roulis et un tangage perpétuels, saccadés, durs; le vaisseau soulevé par les flots de la mer glisse doucement dans les vallées profondes creusées par la tempête et se relève de même; mais le traîneau heurte brutalement les obstacles; il tombe comme une pierre dans les profondeurs de ces sillons, et hommes et chevaux ont beaucoup de peine à supporter un long chemin.

IV. Une course en traîneau par la ville n'est pas toujours sans danger, même alors que la neige présente une surface unie comme un lac. Tous les chevaux ne savent point tirer ce genre de véhicule, et lorsqu'il s'agit de tourner l'angle d'une rue, le traîneau fringant se renverse, vous jette au loin, la tête sur les murailles ou contre les traîneaux qui vous croisent. Dix fois ces accidents me sont arrivés et j'ai toujours eu le bonheur d'en être quitte pour quelques égratignures. Ce bonheur-là n'arrive pas à tout le monde.

L'hiver est un bienfait pour les habitants des villes autant que pour ceux de la campagne. Les marchés sont encombrés de provisions de toute espèce que les paysans apportent de toutes parts, une fois que le traînage est établi. Légumes, viandes, poisson, gibier, tout est gelé. Rien n'est plus bizarre à voir que ces marchés peuplés de porcs, de moutons, de veaux, de bœufs gelés, debout ou posés sur les quatre pattes autour de l'étalage du marchand. On croirait qu'ils font l'exercice d'animaux savants. Quand la neige manque, les villes souffrent. La vie matérielle y devient fort chère; quelquefois il y a famine; la navigation étant interrompue ainsi que le traînage, les arrivages ne se font pas; ou bien les provisions arrivent avariées, en mauvais état et hors de prix. D'un autre côté, la terre et les semailles n'étant point garanties par une couche de neige, les froids rigoureux tuent toutes les céréales.

Le passage d'une saison à l'autre se fait en quelques jours, presque en quelques heures; une semaine tout au plus de pluies fines et glaciales, de grésil épais et dur; puis les chaleurs commencent et croissent comme les jours. La végétation se déploie avec une rapidité prodigieuse; du jour au lendemain, surtout après une pluie tiède, les arbres bourgeonnent et verdissent. Mais il serait très-imprudent de se fier à cette apparente beauté du ciel; les soirées sont très-humides et dangereuses; des orages fréquents se forment sur le Ladoga et viennent fondre en grêle ou en neige sur la ville.

A partir de la mi-février, les jours allongent et grandissent; vers la mi-avril, tous les fleuves débâclent; vers la mi-mai, le soleil se couche entre dix et onze heures; et en juin jusqu'à la mi-juillet, il ne quitte plus l'horizon. On peut lire, écrire et jouer toute la nuit sans le secours d'aucune lumière. Pendant vingt minutes tout au plus, le soleil semble disparaître; mais le ciel reste parfaitement éclairé par de gros nuages de vapeurs chaudes et rouges, comme celles que produit la nuit un vaste incendie. Puis bientôt après il reparaît avec le plus vif éclat. Ses rayons projettent alors des ombres immenses, celles des arbres et des monuments ont des proportions gigantesques. Un jour, rentrant chez moi à deux heures du matin, j'eus la curiosité de mesurer mon ombre, elle avait plus de deux cent cinquante pas de long.

V. Rien ne frappe vivement l'imagination comme le silence qui règne dans la nature, de onze heures du soir à cinq heures du matin. L'air a une sonorité si grande que les sons se transmettent avec une grande pureté à des distances très-considérables. La voix humaine, le pas d'un cheval, les aboiements des chiens, le hurlement des loups, le chant des oiseaux, le pas d'un homme marchant sur le gravier du rivage se perçoivent très-distinctement. Il m'est arrivé plus de trente fois en été, lorsque j'habitais les îles, de passer la nuit sur mon balcon, à fumer et à contempler à mon aise cette nature si bizarre. J'entendais très-clairement et je suivais sans en perdre une syllabe toute la conversation des paysans ou des pêcheurs qui se trouvaient à plus de deux kilomètres de moi. J'avoue qu'en ces moments-là je trouvais la Russie sublime.

Chauffée et éclairée nuit et jour, la végétation grandit à vue d'œil. L'histoire de la fée Fine-Oreille entendant et voyant l'herbe croître cesse de me paraître tout à fait un conte d'enfant. Ce qui était encore hier couvert de neige, vers les premiers jours de mai, est grandi, mûr, récolté, et engrangé vers la fin de juillet.

Toute médaille a son revers. L'été est court. Au 1er août déjà, les jours ont décru si rapidement qu'à sept heures du soir la nuit se fait, et qu'à huit heures on allume les réverbères. La quasi-chaleur que l'on trouvait si bonne à la mi-juillet n'est plus que dans l'imagination des habitants qui, voyant encore l'air calme et le soleil à peu près brillant, se figurent que l'été continue et qu'il fait chaud. Il est difficile alors de sortir sans se couvrir de vêtements de laine et de prendre son manteau. En septembre les pluies fines et glaciales et les gelées recommencent; en octobre, la glace et la neige couvrent de nouveau le sol entier de ce pays, du nord au sud.

Je vous le répète, la température est brusque, grossière et variable. Dans le mois de juillet, les chaleurs sont suffocantes au milieu du jour, le soir une fraîcheur glaciale, et le matin des brouillards épais, fétides et catarrheux. Sous les influences d'aussi rapides transitions, les phthisies, les fièvres, les pneumonies, les apoplexies, les rhumatismes sont très-fréquents. La suppression accidentelle de la transpiration est un arrêt de mort presque immédiat. Cependant en toute chose Dieu a mis le remède à côté du mal; une infusion de framboises sauvages, sèches, prise aussi chaude que possible et à temps, rétablit en quelques minutes la transpiration et vous sauve.

Ce spectacle d'une contrée immense ensevelie sous plusieurs pieds de neige qui nivelle tout, les fleuves, les lacs, les marais, la mer même, d'un parquet de glaces solides de plusieurs pieds d'épaisseur, est très-imposant, mais d'une tristesse insurmontable. Quand l'ouragan soulève et chasse cette neige comme une mer mouvementée, là aussi il y a des drames et des sinistres terribles.

Quand arrive le dégel, l'eau s'empare de tout le sol et transforme le pays en un marais. Les chemins, les routes, les rues des villes et de la capitale même sont des fondrières. On ne peut, tant qu'il dure, aller en traîneau, ni en voiture, ni à pied.

Une chose m'a vivement frappé ici, c'est la vigueur et le foncé de la verdure de tous les végétaux. C'est un phénomène que j'ai remarqué partout où il neige beaucoup, et où le sol reste couvert de neige une partie de l'année.

La Russie est le plus détestable climat de la terre, et Saint-Pétersbourg a été bâti sous le plus affreux climat de la Russie; les Russes eux-mêmes le reconnaissent. Rien n'y vient, rien n'y pousse; il n'y a aucun fruit que des baies sauvages qui nourrissent à peine les ours. Tandis qu'en Suède, sous la même latitude et même plus haut encore, les pommiers, les poiriers, toutes les espèces de cerisiers, de guigniers, les groseilliers viennent à merveille en pleine terre et y donnent de beaux et excellents fruits. On y cultive aussi d'excellents légumes dont les marchés sont abondamment pourvus. Mais ici, si nous voulons avoir des cerises, il nous faut des serres chaudes, des ceriseries; si nous voulons avoir des asperges et des petits pois, il nous faut payer les unes soixante francs la botte et les autres vingt-cinq francs le litre. Nous payons ici une poire jusqu'à huit et dix francs en hiver. En revanche, nous récoltons beaucoup de citrouilles, de cornichons et de champignons.

Les amusements de l'hiver sont les courses en traîneau, les spectacles, les concerts, les bals, les soirées et le jeu, un jeu d'enfer, où des centaines de mille roubles tombent sur le tapis; puis les montagnes de glace, la chasse aux ours, aux élans, aux loups et aux coqs de bruyères. (*Germain de Lagny.*)

FIN DE LA LETTRE R.

**S**, 19e lettre de l'alphabet français et 15e des consonnes : on la nomme *lettre sifflante*. Chez les Grecs, σ valait 200; σ 200,000. Chez les Romains, employée comme lettre numérale, S valait 90, et, avec un trait, S̄, 90,000. — Comme abréviation, S. à Rome signifiait *Sanctus*, saint; Sp., *Spurius*; Ser., *Servius* ou *Servilius*; Sext., *Sextus*; S. J., *sacrum Jovi* (consacré à Jupiter); S. M., *sacrum Manubus* (consacré aux mânes); S. P. Q. R., *senatus populusque Romanus* (le sénat et le peuple romain); S. D., en tête des lettres, *salutem dicit*, formule de salutation. En France, S. se met pour *Saint*, SS. pour *Saints*, ou *Sa Sainteté*, S. M., pour *Sa Majesté*, S. H., pour *Sa Hautesse*. — Dans les formules chimiques, S signifie *soufre*, Sb, *stibium* ou antimoine, Si, *silicium*, Sn, *stannum* ou étain, Sr, *strontium*.

**SABBAT** (culte judaïque) [mot d'origine hébraïque, qui signifie *jour de repos*]. — Nom que portait chez les Juifs le dernier jour de la semaine : il était consacré au Seigneur, et toute œuvre servile y était interdite par la loi.

Les chrétiens qui avaient en horreur tout ce qui appartenait aux Juifs, ont donné le nom de sabbat à ces prétendues assemblées nocturnes de sorciers; non-seulement parce qu'ils croyaient qu'elles avaient lieu le samedi, ou jour du sabbat, mais encore parce qu'ils s'imaginaient qu'elles devaient être aussi tumultueuses que celles des Juifs, qui, dans leurs synagogues, chantent les psaumes tous ensemble, à voix haute, et sans aucun chant réglé. C'est de là encore qu'on a appelé sabbat un bruit qui se fait avec désordre, avec confusion.

**SABOT** (technologie) [du latin *sapinus*, de sapin, sans doute parce qu'on les faisait dans l'origine avec le bois de cet arbre]. — Chaussure de bois faite toute d'une pièce, et creusée de manière à contenir le pied. On fait le plus souvent les sabots en hêtre et en noyer.

Dans un article récent, publié par M. A. Ysabeau, on trouve les détails sur la fabrication des sabots (1).

Malgré les nombreux perfectionnements apportés dans la fabrication des cuirs, les sabots sont encore

(1) Nouveau journal des connaissances utiles.

l'unique chaussure de l'immense majorité de la population, dans plusieurs de nos départements. A Paris, leur usage est relégué aux extrémités des faubourgs, parmi les jardiniers maraîchers; encore ne s'en servent-ils que dans l'exercice de leur profession; lorsqu'ils viennent en ville, ils ont des souliers. Cette modification dans le costume des classes laborieuses de la capitale s'est accomplie de nos jours; des gens qui ne sont pas encore des vieillards se souviennent d'avoir lu affiché à la porte des guinguettes de la barrière : « Une tenue décente est de rigueur; on laisse les sabots à la porte. »

Dans le bon temps de la chanson, sous le règne de Désaugiers et du *Caveau moderne*, l'un des meilleurs chansonniers de l'époque consacra à ses sabots une chanson alors très-populaire, qui se termine par le couplet suivant. L'auteur, après avoir raconté comment, lorsqu'ils sont tout à fait hors de service, ses sabots lui servent à allumer son feu, dit en finissant :

Ah ! si l'heureux temps de la fable
Existait encore ici-bas,
Par une fin si misérable,
Sans doute, ils ne périraient pas !
Au haut de la voûte éternelle,
A côté des frères Gémeaux,
En constellation nouvelle
Je ferais placer mes sabots !

En jetant un coup d'œil rétrospectif sur une chaussure qui s'en va (car, de même que les dieux du paganisme, les sabots s'en vont!), rappelons la place occupée dans l'histoire par les sabots du célèbre Prémyslas, premier roi de la nation Tzègue ou Bohémienne; on porte encore de nos jours, sur un coussin, à côté des insignes de la royauté, les sabots de Prémyslas, au couronnement des empereurs d'Autriche comme rois de Bohème, à Prague.

Dans l'est de la France, les sabots, dont la fabrication est la principale industrie de plusieurs communes du département de la Meuse, se font principalement avec le bois de hêtre. Un stère de ce bois fournit treize douzaines de paires de sabots, ce qui constitue une *grosse*, selon les usages du commerce local. La grosse se paye de 54 à 64 francs. Les sabots de 54 fr. la grosse reviennent au marchand à 34 c. et demi la paire : ce sont des sabots d'homme; ils ne manquent pas d'élégance, mais [ne portent aucun ornement; ceux de 64 fr. la grosse reviennent au marchand à 41 c. la paire; ce sont pour la plupart des sabots de femme, plus ou moins ornés et noircis. Un habile ouvrier peut faire dans sa journée douze paires de sabots: il n'en fait ordinairement que dix.

Rien de plus primitif que la fabrication des sabots. Un bloc, détaché de l'arbre au moyen du coin et de la scie, grossièrement dégagé à la hache, est évidé intérieurement à l'aide de tarières de diverses grosseurs, puis façonné et plus ou moins orné en dehors avec des lames courbes à deux poignées, après quoi l'exposition à la fumée de bois vert des sabots terminés leur donne la couleur dorée, recherchée des élégants et élégantes de village. Il est probable que la *solea lignea* de nos ancêtres les Gaulois était un véritable sabot, et qu'elle se fabriquait exactement comme la même chaussure de nos jours.

Depuis quelques années, l'usage des sabots pour hommes semble avoir sensiblement diminué ; beaucoup de marchands se font livrer la grosse de treize douzaines, comme il suit : Sabots d'homme, deux douzaines de treize paires (vingt-six paires); sabots de femme, six douzaines de treize paires (soixante-dix-huit paires); sabots d'enfant, quatre douzaines de treize paires (quarante-deux paires).

Cet usage, tendant à se généraliser, montre que, dans l'est de la France, la plus belle moitié du genre humain use beaucoup plus de sabots que l'autre.

Les arbres préférés pour la fabrication des sabots sont des hêtres de 2 mètres à 2 m. 33 de circonférence; leur bois se fend mieux et se travaille plus aisément que celui des arbres de moindres dimensions.

Les arrondissements de Commercy et de Verdun sont ceux de tout l'est de la France où il se fabrique le plus de sabots. (*A. Ysabeau.*)

**SAFRAN** (botanique) [*crocus*]. — Stigmates de la fleur du *crocus sativus*, de la famille des Judées. Le safran nous venait autrefois d'Asie sous le nom de *safran oriental*; mais il est aujourd'hui cultivé en Espagne et en France, et celui du Gâtinais est le plus estimé. « Dès que la corolle du safran est épanouie, on cueille la fleur et on en enlève les *stigmates* que l'on se hâte de faire sécher sur les tamis de crin chauffés par de la braise, opération qui leur fait perdre les 4/5 de leur poids. Le safran doit être en filaments longs, souples, d'un rouge orangé foncé, sans mélange d'étamines ; il doit fortement colorer la salive en jaune doré, avoir une odeur forte, vive et pénétrante. Il donne à l'analyse, une lumière colorante rouge-orangée, une huile volatile odorante, une huile fixe concrète, de la gomme, de l'albumine et quelques sels. Bouillon, Lagrange et Vorel y avaient indiqué une substance qu'ils ont nommée *polychroïte*, mais que Henry père a reconnue être une matière colorante mêlée d'huile volatile. » Il est souvent sophistiqué avec la fleur du carthame ou *safran bâtard*, *safranum* : mais cette fleur se reconnaît à son tube rouge, quin-

quéfide, renfermant le pistil et les étamines; elle n'a d'ailleurs ni la souplesse ni l'odeur agréable du safran.

Le safran est cultivé en grand dans diverses provin-

Fig. 1re. — Safran.

ces de France et notamment dans le Gâtinais. Tout le monde connaît ses belles fleurs violettes marquées de veines pourprées, qui s'épanouissent en septembre et en octobre. On emploie la partie supérieure du style et les stigmates (organes sexuels de la fleur) qui sont d'une couleur jaunâtre bien connue, d'une odeur assez agréable, et d'une saveur un peu forte. Outre ses usages dans les arts et les combinaisons qu'on lui fait subir en pharmacie (il entre notamment dans la composition du *laudanum* de Sydenham et de l'*Élixir de Garus*), on conseille assez souvent l'infusion légère de safran (une petite pincée pour une théière), de préférence, coupée avec du lait, aux jeunes personnes qui sont atteintes de la maladie connue sous le nom de *pâles couleurs*. Le safran jouit, en effet, de propriétés stimulantes et emménagogues fort avantageuses en pareil cas, pourvu que l'estomac le supporte facilement.

**SAGAPÉNUM** (botanique) ou *gomme séraphique*. — Gomme résine qui nous est apportée de la Perse, ordinairement en masses molles, demi-transparentes, mêlées d'impuretés et de semences et de plantes ombellifères. Il ressemble au galbanum; mais il a la couleur de l'assa-fœtida : il ne se colore pas en rouge par le contact de la lumière, comme le fait cette dernière substance. Sa composition et ses propriétés physiques et chimiques sont les mêmes que celles des autres gommes résines. On présume que le sagapénum est fourni par un *ferula*. On ne l'emploie pas seul, mais il entre dans plusieurs compositions pharmaceutiques, notamment dans le diachylon gommé et la thériaque.

**SAGE-FEMME** (c'est-à-dire *femme savante*), femme qui exerce l'art des accouchements. — Des cours d'accouchement sont faits dans les écoles de médecine, pour les élèves sages-femmes. Il est fait, en ouire, dans l'hospice le plus fréquenté de chaque département, un cours annuel et gratuit. Celles qui n'étudient pas dans les écoles doivent du moins avoir suivi ce cours pendant 2 ans, et avoir vu pratiquer pendant 9 mois, ou pratiqué elles-mêmes les accouchements pendant 10 mois, dans un hospice ou sous la surveillance d'un professeur. Elles sont examinées par les jurys médicaux sur la théorie et la pratique des accouchements, sur les accidents qui peuvent les précéder, les accompagner et les suivre, et sur les moyens d'y remédier. On leur délivre gratuitement un diplôme, qu'elles font enregistrer au tribunal de première instance et à la sous-préfecture de l'arrondissement où elles ont été reçues. Celles qui ne seraient pas pourvues de diplômes seraient poursuivies et condamnées, en faveur des hospices, à une amende de 100 fr., et, en cas de récidive, à une amende double, et à un emprisonnement qui pourrait durer jusqu'à 6 mois. — Les sages-femmes ne peuvent employer les instruments dans les accouchements artificiels.

Jusqu'au règne de Louis XIV, les sages-femmes furent généralement en possession de l'art des accouchements : un chirurgien était rarement appelé, même dans les cas désespérés; mais, sous le monarque absolu, l'accoucheur Clément fut appelé pour les couches de mademoiselle de la Vallière, qui devaient être secrètes. Toutes les dames de la cour imitèrent l'exemple du grand roi, et le préjugé qui avait fait réserver exclusivement aux femmes la pratique de l'art obstétrical tomba presque en désuétude.

**SAGOU** (botanique). — Fécule qui existe dans le commerce sous la forme de petits grains irréguliers, arrondis, d'un blanc sale comme rougeâtre; il est légèrement transparent, élastique, comme corné; il résiste sous la dent; il est insoluble dans l'eau froide et se ramollit, se gonfle et devient transparent dans l'eau bouillante. Le sagou vient des îles Moluques; on le prépare avec la moelle d'une espèce de palmier nommé *Sagus farina*.

Pour donner au sagou la forme qu'on lui connaît, les Moluquois, après avoir légèrement mouillé la moelle féculente, la pressent avec effort sur des plaques perforées; ils soumettent ensuite les petits grains qu'ils obtiennent à la dessiccation en les agitant sur des plaques légèrement chauffées où le sagou subit une légère torréfaction et acquiert la coloration qui le distingue. Le sagou est un aliment nutritif, restaurant, analeptique, d'un goût assez agréable; on en fait des potages avec le lait ou le bouillon.

**SAIGNÉE** (chirurgie).—Évacuation d'une certaine quantité de sang provoquée par l'art. On distingue la *saignée* artérielle, la *saignée* veineuse et la *saignée* capillaire. La *saignée* artérielle (*artériotomie*) et la *saignée* veineuse (*phlébotomie*) se font avec une lancette ou un phlébotome. L'*artériotomie* ne peut guère être pratiquée que sur de petites branches qui présentent un point d'appui solide, telle que l'artère temporale. — C'est le plus ordinairement au pli du bras ou au pied qu'on pratique la *phlébotomie* : 1° au bras, on peut tirer le sang de la céphalique, de la basilique, des médianes céphalique ou basilique, ou de la cubitale antérieure; 2° au pied, on ouvre la grande ou la petite saphène. Quelquefois on ouvre, au cou, la veine jugulaire externe; à la main, la céphalique ou la salvatelle; au front, la veine frontale ou préparate; dans la bouche, les veines ranines. — Pour pratiquer une *saignée du bras*, on commence par comprimer le membre circulairement au-dessus de la veine que l'on veut ouvrir pour que le sang la rende plus apparente en s'y accumulant. Le chirurgien se plaçant alors au côté droit du malade s'il doit ouvrir une veine du bras droit, fixe dans son aisselle gauche la main droite du malade, en même temps qu'il saisit de la main gauche le coude de ce bras. Il explore de nouveau la position de la veine qu'il veut ouvrir, marque légèrement avec l'ongle ou fixe bien de l'œil le point qu'il doit inciser, prend par le talon, entre le pouce et l'index de sa main droite, sa lancette (qu'il a préalablement ouverte et placée entre ses lèvres), fléchit ces deux doigts, pose les autres sur l'avant-bras pour donner de la fixité à sa main; et, tendant la peau bien régulièrement, il enfonce dans le vaisseau la pointe de la lancette, puis par un léger mouvement de bascule, il relève le tranchant de l'instrument, de manière à agrandir l'ouverture en le retirant. Le chirurgien se place au côté gauche du malade et tient sa lancette de la main gauche, s'il pratique la saignée sur le bras gauche : le manuel de l'opération est, du reste, le même. Pendant que le sang coule, il faut avoir soin de maintenir le parallélisme des ouvertures de la veine et de la peau, et recevoir ce liquide dans des vases d'une capacité déterminée, afin que l'on puisse juger de la quantité évacuée : on accélère l'écoulement en déterminant des contractions musculaires de l'avant-bras, par exemple en recommandant au malade de faire rouler entre ses doigts un corps quelconque. Lorsqu'on juge la saignée suffisante, on détache la ligature, on rapproche les lèvres de la plaie, on lave, et on applique une compresse et un bandage en 8 de chiffre. Lorsqu'un malade a été déjà plusieurs fois saigné, on incise au-dessous des cicatrices. C'est ordinairement sur la médiane céphalique qu'on pratique la saignée du bras, parce qu'il est facile, en n'enfonçant pas la lancette trop profondément, d'éviter de blesser le nerf musculo-cutané, seule partie dont on ait à craindre en cet endroit la lésion. Si l'on est obligé de la pratiquer sur la médiane basilique, il faut reconnaître exactement ses rapports avec l'artère brachiale, et marquer avec l'ongle l'endroit où elles s'entre-croisent, afin d'ouvrir la veine au-dessus ou au-dessous : mais si l'on n'a pas l'habitude de saigner, il vaut mieux ouvrir la veine du dos de la main ou de l'avant-bras qui présenterait le plus de volume, en ayant soin de plonger auparavant le membre dans un bain chaud.

Pour la *saignée du pied*, on ouvre le plus souvent la saphène interne, au-devant de la malléole. Après avoir fait gonfler les vaisseaux au moyen d'un bain de pied bien chaud, le chirurgien place une ligature à la jambe sur laquelle il veut opérer. Il fait replonger le pied dans le bain, puis il place sur son genou, et ouvre la veine comme il a été dit pour la saignée du bras. On replace ensuite le pied dans l'eau pour activer l'écoulement du sang. La saignée faite, on essuie le membre et l'on applique le bandage dit *étrier*.

La *saignée capillaire* se fait au moyen des sangsues ou des scarifications : on l'appelle aussi *saignée locale*, parce qu'elle dégorge spécialement la partie du système capillaire où on la pratique ; de même qu'on donne souvent le nom de *saignée générale* à la phlébotomie, parce qu'elle dégorge pour ainsi dire immédiatement tout le système sanguin. — La saignée est dite *révulsive*, lorsqu'on la pratique loin de la partie où le sang se porte en trop grande abondance, dans le but de détourner ce fluide, d'en changer le cours. On l'a appelée *spoliative*, lorsqu'on l'employait pour diminuer la partie rouge du sang : on a attribué cet effet aux fréquentes saignées, le sérum du sang se réparant, disait-on, plus promptement que la partie rouge. Quelques auteurs, se fondant sur le grand nombre de faits qui prouvent la sympathie qui existe entre tous les organes situés d'un même côté de la ligne médiane, ont recommandé de pratiquer la saignée du côté correspondant au siége du mal : c'est aux saignées considérées sous ce point de vue qu'on a donné le nom de *saignées latérales*. — *Saignée blanche* : on dit que l'on a fait une *saignée blanche*, lorsque l'on a manqué la veine, qu'on ne l'a point ouverte.

(Nysten.)

**SAISIE** (droit). — On distingue plusieurs sortes de saisies. Pour saisir, il faut être créancier, soit de son chef, soit de celui dont on est héritier. La saisie immobilière est un acte par lequel un créancier fait mettre les biens immeubles de son débiteur sous la main de la justice, pour être vendus par expropriation au plus offrant et dernier enchérisseur.

**SAISONS** (astronomie). — Parties de l'année qui sont distinguées par les signes dans lesquels entre le soleil. La terre étant placée au foyer d'une ellipse, on conçoit que la ligne des équinoxes ne doit pas la partager en deux parties égales : d'où il suit que la longueur des quatre saisons ne saurait être la même. La terre est plus loin du soleil en été de 1/32ᵉ environ. Le printemps et l'été sont les deux saisons les plus longues de l'année ; en effet on compte :

| | | | |
|---|---|---|---|
| De l'équinoxe du printemps au solstice d'été | 99 j. | 2 h. | 14' |
| Du solstice d'été à l'équinoxe d'automne | 93 | 13 | 34 |
| De l'équinoxe d'automne au solstice d'hiver | 89 | 16 | 35 |
| Du solstice d'hiver à l'équinoxe du printemps | 89 | 1 | 47 |

Le contraire a lieu dans l'hémisphère austral ; ce qui explique pourquoi, à latitude égale, la température est plus basse que dans l'autre.

**SALAISON** (commerce, industrie). — Elle consiste dans l'art de préparer une substance quelconque, surtout une substance animale, avec du sel, de manière à la garantir de la putréfaction et à la conserver. C'est une branche d'industrie d'une haute importance, surtout pour la salaison de plusieurs espèces de poissons, principalement des harengs ; les Hollandais se sont acquis une grande renommée dans cet art, par la perfection qu'ils ont donnée à la salaison de leurs harengs, comme les Irlandais à celle de leurs viandes salées. C'est ce qui divise l'art de saler en deux branches distinctes : 1° celle de la salaison des poissons ; 2° celle de la salaison des viandes. L'objet le plus important de la salaison consiste dans le choix du sel, qui doit être d'une grande pureté. Si la France n'a pas si bien réussi dans l'art de la salaison, on doit l'attribuer à l'emploi du sel des marais salants établis sur les côtes de l'Océan et de la Méditerranée ; ces sels, pour la plupart combinés avec d'autres matières hétérogènes, sont peu convenables à la conservation des substances animales, ce qui est la principale cause de la mauvaise qualité des salaisons. Les Hollandais, les Anglais et les Irlandais ne font aucun usage du sel des marais salants ; ils n'emploient que celui qui a été purifié ou qui provient des salines où l'eau salée est évaporée lentement presque sans ébullition ; c'est ce que les Anglais appellent *baysalt*. Il est exclusivement réservé aux salaisons des viandes et des poissons. Les salaisons forment un objet considérable de commerce pour l'approvisionnement des vaisseaux et la conservation des produits des pêches.

**SALEP** (botanique, hygiène alimentaire). — Le salep est la racine ou bulbe racinien de plusieurs espèces d'orchis, et plus particulièrement de l'*orchis mascula*, de la famille des orchidées.

Le salep vient de la Turquie et de l'Asie Mineure : il reste sous forme de petites bulbes arrondies oblongues, d'une couleur grise jaunâtre demi-transparente, d'un aspect et d'une texture comme cornés.

La saveur du salep est mucilagineuse et légèrement salée. Son aspect particulier a fait longtemps ignorer la nature du salep ; enfin Geoffroy ayant mondé de leur épiderme, les racines de plusieurs espèces d'orchis indigènes, les ayant trempées dans l'eau bouillante et fait sécher, prouva non-seulement que le salep était une racine bulbeuse ; mais encore que les bulbes sèches des orchis indigènes, pouvaient très-bien remplacer le salep de Turquie.

Le salep est très-nourrissant à cause de la grande quantité d'amidon qu'il contient ; il est restaurant, analeptique ; on l'emploie en gelée, en potage, au lait ou au bouillon ; on le mêle aussi au chocolat.

(Ch. Martens.)

**SALINES.** — Ce mot désigne les sources salées qui produisent le sel, qui diffère du sel marin par sa netteté et sa blancheur, mais qui n'est pas aussi convenable aux salaisons. Il résulte de divers états que les salines du département de la Moselle donnent annuellement une moyenne de 255,908 quintaux.

L'exploitation des marais salants est une des branches importantes de l'industrie du département de la Loire-Inférieure. Elle a lieu principalement aux environs de Guérande, du Croisic, de Bourgneuf et dans les îles de Basin et de Noirmoutiers. Les salines sont de grands bassins profonds divisés par des carrés de 20 centimètres environ, en plusieurs compartiments ou *œillets*. L'eau de mer y monte par des canaux qu'on nomme *étiers*, bordés de chaussées qui servent de chemins et portent le nom de *bassis*; quelquefois ces bassis servent à recevoir le sel nouvellement recueilli.

Le sol des marais est supérieur au niveau des marées ordinaires, mais inférieur à celui des hautes marées. L'eau entre par un conduit souterrain appelé *coef* dans un bassin où elle commence à subir un premier degré d'évaporation. Ce bassin est appelé *vasière* dans la Loire-Inférieure, et porte le nom de Loire sur les côtes de la Vendée. Il y a des marais qui, outre la vasière, ont un second réservoir nommé *caber*, dont la destination est la même, mais dont la forme est différente.

La récolte du sel ne commence que vers la fin du printemps. Pendant l'hiver, tous les bassins sont cachés sous l'eau.

SALINES DE WIELESKA. Ces mines, d'une immense richesse, se trouvent à un mille seulement de Cracovie; elles appartiennent à l'Autriche et sont un vrai phénomène. C'est de leurs pooduits encore abondants, après six siècles d'exploitation, que les rois de Pologne tiraient leurs principaux revenus, évalués à moins de 3,500,000 florins, environ 7 millions de francs. Leur longueur est de 7,000 pieds, leur largeur de 3,000 et leur profondeur d'environ 1,000 pieds. Plus de 1,200 hommes y sont continuellement employés; ils en tirent quatre espèces de sel gemme : le brut, le blanc, le cristallisé et le vert. Ce dernier plutôt gris de fer, et l'on n'a besoin que de le piler pour pouvoir en faire usage. Cependant, il est inférieur au sel marin. Sa dureté égale celle de la pierre, et parfois il faut le faire sauter avec de la poudre. Grâce à ces mines si abondantes, l'Autriche est en possession de fournir de sel tout l'empire de Russie. En 1809, on en a retiré 1,700,000 quintaux, production qui n'a cessé de s'accroître: c'est que nulle part on n'a creusé à une aussi grande profondeur, puisque le plus bas étage des mines de sel est ordinairement à 50 mètres au-dessous de la mer. L'art n'a pas été négligé dans cette exploitation; de belles voûtes, des rues, des chapelles, avec leurs ornements, forment un magnifique tableau et font admirer la puissance industrieuse de l'homme qui ose aller s'ensevelir tout vivant dans ce lugubre souterrain.

**SALIVE** (chimie). — Humeur inodore, insipide, transparente, un peu visqueuse, sécrétée par les glandes parotides, sous-maxillaires et sublinguales, versée dans la bouche par les conduits de Sténon, de Warthon et de Rivinus, et destinée à imprégner le bol alimentaire et à lui faire subir, à l'aide de la mastication, un commencement d'élaboration. La salive est composée, selon M. Berzélius, de 992,9 d'eau, de 2,9 d'une matière animale particulière soluble dans l'eau et insoluble dans l'alcool, de 1,4 de mucus, de 1,7 de chlorures de potassium et de sodium, de 0,9 de lactate de soude et de matière animale, et de 0,2 de soude. M. Gmélin y a indiqué l'existence du sulfocyanure de potassium.

**SALPÊTRE.** — Voy. *potasse.*

**SALSEPAREILLE** (botanique) [de l'espagnol *sarza*

ou *çarza*, ronce, et *parilla*, vigne, ou, selon d'autres, de *Parillo*, nom d'un médecin espagnol qui aurait apporté cette plante en Europe]. — *Smilax*, genre type de la famille des Smilacées, qui se compose « d'arbustes à tiges sarmenteuses, souvent épineuses, à feuilles coriaces, persistantes, munies d'une vrille de chaque côté du pétiole; à fleurs petites, dioïques : corolle à 6 divisions; 6 étamines; 3 styles; ovaire supérieur. Le fruit est une baie à 3 loges et à 2 graines dans chaque loge. » Presque toutes les espèces sont exotiques. La plus importante est la *Salsepareille du Portugal* (*Sm. medica*), qui vient du Brésil. Sa racine est un puissant sudorifique, dépuratif et diurétique; on l'emploie dans tous les cas où il importe d'accélérer l'action du système cutané, contre les maladies de la peau, les rhumatismes, les scrofules, et surtout contre les affections syphilitiques; la *Salsepareille de Chine* (*Sm. China*) s'emploie aux mêmes usages : sa racine est connue dans le commerce sous le nom de *Squine* (corruption de *Chine*). La seule espèce de salsepareille qui croisse en Europe est la *S. d'Italie*, vulgairement *Liseron épineux, Liset piquant* (*Sm. aspera*) : c'est une plante très-épineuse, dure, sèche, à anneaux anguleux, à feuilles en cœur, ovales ou lancéolées; à fleurs blanchâtres, petites, odorantes, et disposées en grappes terminales; les individus femelles portent des baies sphériques, rouges, brunes et noirâtres, selon les variétés. Elle croît dans le midi de l'Europe, aux lieux arides, parmi les buissons, et le long des côtes maritimes, sur les roches stériles. Elle fleurit en automne. Sa racine passe aussi pour sudorifique et dépurative comme celle de la *Salsepareille exotique*, mais à une dose beaucoup plus forte. On emploie la racine de salsepareille en infusion, en décoction, mais plus souvent en sirop et en extrait, sous les noms de *Sirop de salsepareille* et d'*Extrait alcoolique de salsepareille.* »

**SANDAL** (botanique).—Bois dur, pesant et odorant, dont il se fait un grand commerce dans les îles de l'Océan Indien ou Océanie, où l'on en fait un grand usage. Le sandal blanc et le citrin viennent du tronc du même arbre, mais le rouge se tire d'un arbre fort différent. Le meilleur sandal est le produit d'un arbre qui croît dans l'île de Timor sur de hautes montagnes; l'arbre qui donne le sandal rouge croît en grand nombre sur la côte de Coromandel. Il n'a pas une odeur aussi aromatique. On l'emploie en médecine, en parfumerie, en tabletterie, etc. Il se vend au poids.

**SANDARAQUE** (botanique).—Substance résineuse fournie par le *thuya articulata*, petit arbre qui croît dans la partie septentrionale de l'Afrique. On se la procure par incision, soit du grand genevrier, qui croît en Afrique, soit de l'oxicèdre.

La sandaraque est en larmes transparentes, dures, allongées, souvent arrondies, à cassure vitreuse, d'un blanc paillé qui jaunit en vieillissant, et recouverte d'une poussière très-fine; elle se met en poudre sous la dent, au lieu de se ramollir, et se dissout dans les huiles essentielles et l'alcool. On doit la choisir en larmes claires, luisantes, de couleur blanche tirant sur le citrin. Cette résine est employée principalement pour la fabrication des vernis; réduite en poudre, elle sert à frotter le papier qu'on a gratté, et le rend imperméable à l'encre.

**SANG** (physiologie, chimie pathologique). — Liquide remplissant les artères et les veines, et qui, au moyen de la circulation, pénètre toutes les parties et leur porte la nourriture, la chaleur et les matériaux des actions organiques qu'elles doivent accomplir. Le sang est un fluide visqueux, d'un rouge vermeil ou noirâtre, selon qu'il circule dans les artères ou dans les veines, d'une saveur salée et d'une température de 36° centigrades. — Tiré des vaisseaux, il se prend presque immédiatement en une masse gélatiniforme, et, dans l'espace de 24 à 48 heures, il se sépare en deux parties, savoir : 1° le *caillot*, formé de la fibrine, qui s'est solidifiée en masse spongieuse, renfermant dans ses mailles les globules rouges qui colorent le sang; — 2° le *sérum*, partie restée fluide autour du caillot, et qui contient de l'albumine (matière du blanc de l'œuf), divers sels et une matière grasse. — Au microscope, on voit des globules arrondis, les uns rouges très-nombreux, les autres blancs très-rares. — La proportion moyenne des principes constituants du sang est, d'après l'analyse, chez l'homme : de 14,9 globules, 0,27 fibrine, 5,7 albumine, et 76,7 eau; — chez la femme : de 12,77 globules, 0,26 fibrine, 5,90 albumine, et 78,70 eau. Le sang renferme en outre des matières très-variables, qui y sont accidentellement mêlées, et qui proviennent des aliments ainsi que des gaz oxygène, acide carbonique, azote.

MM. Andral et Gavarret ont démontré que la composition du sang change dans le cours de beaucoup de maladies. Ainsi, « dans les affections franchement inflammatoires, telles que la pneumonie, la pleurésie, la péritonite, etc., la fibrine augmente dans une proportion notable; dans les fièvres éruptives (rougeole, scarlatine, variole), dans la fièvre typhoïde, dans le scorbut, cette substance diminue sensiblement; dans la chlorose, dans la plupart des maladies chroniques, et après des saignées répétées, le chiffre des globules s'abaisse, etc. »

*Méthodes d'analyse pour le sang.* — On a proposé plusieurs méthodes pour analyser le sang. Voici celle de M. Simon, de Berlin. On bat du sang récemment tiré, pour en séparer la fibrine. On lave cette dernière jusqu'à ce qu'elle soit parfaitement blanche, et, après l'avoir séchée à 110° dans un bain de chlorure de calcium, on en détermine le poids. On la traite ensuite à plusieurs reprises par de l'éther bouillant, pour en extraire les matières grasses. Une quantité pesée de sang exempt de fibrine est chauffée dans l'eau bouillante et desséchée au bain-marie, puis chauffée pendant quelque temps à 110°. On détermine la quantité d'eau par la perte éprouvée. Ensuite on réduit en poudre fine le sang desséché, et on pèse une certaine quantité (environ 0,5 ou 1 gramme) dans un petit ballon de verre. On en extrait la matière grasse en traitant par l'éther bouillant, et cela à 5 ou 6 reprises différentes; et on fait bouillir ensuite le sang ainsi purifié avec de l'alcool de 0,915, tant que celui-ci se colore. Les parties insolubles dans ce véhicule se dépo-

sent complétement quand on abandonne le mélange au repos, et l'on peut en décanter le liquide surnageant pendant qu'il est encore chaud. Ce dernier se trouble par le refroidissement. Dès que l'alcool ne se colore plus, on a un résidu d'albumine plus ou moins colorée par un peu d'hématosine. Les extraits alcooliques déposent une masse de globules (hématoglobuline); on évapore au bain-marie le liquide trouble jusqu'à siccité, on réduit le résidu en poudre fine, on l'humecte d'un peu d'eau, et on l'abandonne pendant quelque temps à une douce chaleur. Ensuite on y ajoute l'hématoglobuline. La séparation de cette dernière matière est fort difficile. M. Simon y a reconnu la présence de l'urée dans une plus grande portion de sang, en précipitant celui-ci par de l'alcool anhydre; l'urée reste alors en dissolution avec le sucre, avec les matières extractives et quelques sels. On évapore la dissolution, on extrait le résidu par de l'alcool anhydre, et on précipite enfin cette nouvelle dissolution par de l'acide nitrique. L'hématoglobuline qui reste à l'état insoluble est traitée par de l'alcool de 0,83, aiguisé d'un peu d'acide sulfurique, tant que le liquide se colore. Il reste du sulfate de globuline, que l'on sèche après l'avoir lavé convenablement. On sursature la solution alcoolique de sulfate de globuline par de l'ammoniaque, on filtre, et, après avoir évaporé à siccité, on lave le résidu avec de l'eau. L'hématosine qui reste alors n'est pas pure; elle contient encore un peu de matière grasse et de l'*hémophéine*, dont on ne la dépouille pas toujours. Pour avoir de l'hématosine à l'état de pureté, et pour en extraire l'hémophéine, on épuise le résidu précédent avec de l'éther, ensuite avec de l'eau, et enfin avec de l'alcool bouillant. Ce dernier laisse l'hémophéine mélangée d'un peu d'hématosine. On évapore la solution à siccité, et on extrait l'hémophéine de l'alcool à froid, qui laisse l'hématosine à l'état insoluble.

*De l'analyse du sang à l'état physiologique et à l'état pathologique.*

Voici le résumé des recherches de M. Max. Parchappe, sur ce sujet, et du mémoire lu par ce savant confrère à l'Académie de médecine en 1856 (séance du 29 avril). L'analyse quantitative des matériaux composants du sang n'offre un véritable intérêt au point de vue des applications physiologiques et pathologiques, et ne peut être considérée comme exacte, même au point de vue chimique, que lorsque, s'appuyant sur la détermination de la quantité réelle des deux parties constituantes du sang, les globules et le plasma, elle évalue les proportions des matériaux composants en rapportant ces matériaux non pas à la masse totale du sang, mais bien à celle des deux parties constituantes du sang, à laquelle ces matériaux appartiennent réellement. Pour avoir négligé cette base essentielle de toute analyse rationnelle du sang, les méthodes habituellement employées ont introduit dans les résultats des inexactitudes et des erreurs qui ont vicié les faits d'analyse de manière à diminuer sensiblement leur valeur intrinsèque comme expression de la nature propre à chaque sang, et plus sensiblement encore leur valeur comparative.

Ainsi, dans chaque analyse et pour chaque espèce de sang, ces méthodes, en diminuant artificiellement la quantité des globules et en augmentant dans le même rapport la quantité des matières albumineuses, extractives et salines provenant du sérum, altèrent la proportion réelle des principes constituants du sang et donnent une idée inexacte de sa composition.

En négligeant de rapporter la quantité absolue de la fibrine à la partie du sang qui la contient exclusivement, ces méthodes ne fournissent pas la solution de la véritable question d'analyse quantitative, à savoir: Quelle est la proportion de la fibrine au plasma? Et, en rapportant la quantité absolue de la fibrine à la masse du sang, elles font concevoir une idée fausse de la composition du plasma.

Ces altérations artificielles des proportions réelles des matériaux composants du sang dans chaque résultat analytique sont certes de nature à infirmer d'une manière positive la valeur des déductions qu'on a pu faire sortir de ces faits comparés entre eux.

Mais cette valeur comparative est encore diminuée en ce que l'importance des erreurs et des inexactitudes introduites dans chaque fait varie d'un fait à l'autre en raison même de l'inégalité du rapport de quantité réelle entre les globules et le plasma.

D'après les résultats d'analyses quantitatives des matériaux du sang qui ont été publiés par divers expérimentateurs et qui s'éloignent peu de ceux que MM. Dumas et Prévost ont obtenus, et que MM. Andral et Gavarret ont pris pour point de départ dans leurs études physiologiques et pathologiques, on devrait concevoir le sang moyen de l'état de santé comme constitué ainsi qu'il suit en ce qui touche la proportion de ses principaux matériaux.

Le sang serait composé, sur 1,000 parties, de 790 parties d'eau et de 210 parties de substances solides.

La somme de substances solides se répartirait de cette manière:

| | |
|---|---|
| Globules | 127 |
| Fibrine | 3 |
| Albumine du sérum | 69 |
| Matières extractives et salines | 11 } 80 |
| | 210 |

En d'autres termes:

| | |
|---|---|
| Eau | 790 |
| Matériaux solides des globules | 127 |
| Matériaux solides du plasma | 83 |
| | 1,000 |

En admettant que les globules secs soient aux globules humides dans le rapport de 1 à 3,4, cette analyse attribuerait au sang moyen pour proportion en poids de ces parties constituantes 431¼ de globules, 569 de plasma.

La reconstruction du sang moyen de MM. Dumas et Prévost dans ces parties constituantes réelles, d'après

les données mêmes de la méthode employée, donnerait les résultats suivants:

| | |
|---|---|
| Globules secs | 127 + 31 |

Chiffre de la quantité fictive de matériaux solides du sérum attribuée à l'eau d'organisation des globules.

| | |
|---|---|
| bules | 158 |
| Fibrine | 3 |
| Albumine du sérum | 42,26 } |
| Matières extractives et salines | 6,74 } 49 |
| | 210 |

En d'autres termes:

| | |
|---|---|
| Eau | 790 |
| Matériaux solides des globules | 158 |
| Matériaux solides du plasma | 52 |

Et la proportion des globules unis au plasma dans ce sang donnerait 735 pour les globules, 463 pour le plasma.

Les expériences que j'ai faites d'après la méthode ordinaire, modifiées au moyen de la détermination de la quantité relative des globules humides et du plasma par le poids du caillot coupé par tranches et égoutté, donnent les résultats suivants:

*Sang d'homme.*

Moyenne de douze analyses:

| | |
|---|---|
| Eau de sang | 768 |
| Matériaux solides du sang desséché | 232 |
| Proportion des globules frais et de la fibrine évaluée par le poids du caillot égoutté | 529 |
| Proportion du sérum | 471 |
| Proportion de l'albumine et des matières salines et extractives dans le sérum | 103 |

*Répartition proportionnelle dans la totalité du sang de ses principes composants d'après les résultats des analyses.*

| | Eau. | Matériaux solides desséchés. |
|---|---|---|
| Globules secs diminués de 3 millièmes pour la proportion moyenne de la fibrine sèche dans le sang | 181 | » | 181 |
| Eau d'organisation des globules diminuée de 7,2 pour l'eau de la fibrine | 340,8 | 340,8 | » |
| Quantité des globules humides | » | 521,8 | » |
| Fibrine sèche | 3 | » | 3 |
| Eau d'évaporation | 7,2 | 7,2 | » |
| Albumine. Matières extractives et salines sèches | 48,0 | » | 48,0 |

| Eau d'évaporation du sérum et de ses matériaux...... | Eau. | Matériaux solides désséchés. |
|---|---|---|
| | 420,0 | 420,0 | » |
| Quantité du plasma. | 478,0 | » | » |
| Proportion de l'eau et des matériaux solides secs dans la totalité du sang. | » | 768,0 | 232 |

521,8 de globules humides, d'après la proportion de 3,4 à 1, n'auraient dû produire que 153,4 de globules secs.

### Sang de femme.

Moyenne de sept analyses sur 1,000 :

| | |
|---|---|
| Eau du sang................:.......... | 794,00 |
| Matériaux solides du sang desséché.... | 206,00 |
| Proportion des globules et de la fibrine humide, évaluée par le poids du caillot égoutté. | 490,00 |
| Proportion du sérum.............. | 510,00 |
| Proportion de l'albumine et des matières extractives et salines desséchées dans le sérum.................. | 98,00 |

### Répartition proportionnelle.

| | Eau. | Matériaux solides desséchés. |
|---|---|---|
| Globules secs diminués de 3 millièmes de fibrine sèche......... | 153 | » | 153 |
| Eau d'organisation des globules diminuée de 7,2 pour l'eau de la fibrine. | 329,8 | 329,8 | » |
| Quantité des globules humides..... | 482,0 | » | 3 |
| Fibrine sèche...... | 3,00 | » | 3 |
| Eau d'évaporation.. | 7,2 | 7,2 | » |
| Albumine. Matières extractives et salines.......... | 50,0 | » | 50 |
| Eau d'évaporation du sérum et de ses matériaux... | 457,0 | 457,0 | » |
| Quantité de plasma. | 517,2 | » | » |
| Proportion de l'eau et des matières solides desséchées dans la totalité du sang......... | » | 794 | 206 |

482,8 de globules humides, d'après la proportion de 3,4 à 1, n'auraient dû produire que 142 de globules secs.

Ces résultats ont été plutôt confirmés qu'infirmés par ceux que j'ai obtenus dans une série de recherches entreprises, de 1845 à 1848, au moyen de la méthode de détermination directe du rapport des globules au plasma par leur séparation spontanée dans le sang défibriné, méthode pour le perfectionnement de laquelle le temps d'abord et, depuis, les occasions m'ont manqué.

Ils conduisent à faire admettre que dans le sang à l'état physiologique la quantité des globules humides est en poids à peu près égal à la quantité du plasma, plus considérable chez l'homme dans le rapport de 520 à 480, plus faible chez la femme dans le rapport de 483 à 517.

La proportion des globules secs, d'après cette détermination de la quantité relative des globules humides et du plasma, devrait être estimée à 153 chez l'homme et à 142 chez la femme, si les globules secs sont aux globules humides dans le rapport de 1 à 3,4.

Les résultats de nos analyses ont fourni, en moyenne, 161 pour le sang d'homme, 153 pour le sang de femme.

La quantité de la fibrine dans le plasma serait, d'après mes expériences, pour le sang voisin de l'état physiologique, dans le rapport de 6 à 8 sur 1,000.

La proportion des matières albumineuses, extractives et salines provenant du sérum, dans la totalité du sang, serait de 48,5 chez l'homme, de 50 chez la femme.

Mais tous ces résultats n'ont, en définitive, qu'une valeur approximative.

Pour arriver à une détermination rigoureuse de la composition du sang et pour obtenir des faits qui puissent être considérés comme une source pure d'inductions comparatives exactes, il est indispensable de recourir à une méthode d'analyse qui prenne pour point de départ la détermination de la quantité réelle des globules humides et du plasma. C'est la démonstration de cette nécessité que j'ai eu surtout pour but en publiant des travaux qui, en tant qu'ils sont propres à mettre cette nécessité en évidence, n'ont pas perdu tout intérêt malgré leur ancienneté.

Jusqu'à ce qu'on ait pu réussir à peser exactement les globules humides non altérés et complétement séparés du plasma, les méthodes d'évaluation par la détermination du poids du caillot ou du volume des globules, auront une valeur provisoire et devront servir à éviter ou à corriger des erreurs qui dérivent nécessairement des méthodes d'évaluation, fondées sur le principe erroné qui assimile au sérum l'eau cédée par la totalité du sang au moyen de la dessiccation.

Les déterminations fournies par mes expériences doivent être absolument trop fortes en ce qui concerne la quantité proportionnelle des globules, et trop faible en ce qui concerne la quantité proportionnelle des matériaux albumineux extractifs et salins provenant du sérum; car la méthode qui consiste à évaluer la proportion des globules par le poids du caillot, bien que coupé par tranches et égoutté pendant vingt-quatre heures, attribue à tort aux globules humides la quantité indéterminable de sérum qui demeure encore retenue par le caillot, même après sa filtration.

Mais je crois que l'erreur introduite par cette imperfection de la méthode dans les résultats, doit être considérée comme assez faible, et il est certain qu'en tout cas elle est beaucoup moins considérable que celle qui résulte, dans les méthodes ordinaires, de l'assimilation de toute l'eau des globules humides à du sérum.

D'autre part, la méthode, malgré son imperfection réelle pour une détermination absolue de la quantité des globules dans chaque sang en particulier, a l'avantage, à mon avis, incontestable, de rendre les faits comparables, la section des caillots par tranches et leur égouttement sur un filtre pendant une même période de temps ayant pour résultat de supprimer autant que possible, dans les divers caillots, l'inégalité qu'ils présentent naturellement quant à la proportion de sérum parue retenue au moment de la coagulation.

**SANG DE DRAGON.** — Espèce de résine sèche, friable, inflammable, d'une couleur rouge foncée et obscure lorsqu'il est en masse, et de couleur de sang lorsqu'il est en poudre; on l'obtient par incision d'un arbre qui croît aux Antilles et dans l'Amérique du Sud.

On en distingue de plusieurs sortes dans le commerce : l'une en petites larmes détachées, transparentes, d'une belle couleur rouge; cette sorte est la plus rare; la seconde, et la plus estimée dans la droguerie, est celle en petites masses ovales de la grosseur d'une aveline, enveloppées dans des feuilles de roseaux ; elle porte le nom de sang de dragon en larmes; une troisième sorte se trouve en masse quatre fois plus grosse, enveloppée dans des feuilles de l'arbre qui le fournit; la quatrième vient en masses irrigulières, molasses et tenaces, ayant une teinte rouge moins vive et une odeur moins agréable quand on la brûle.

Le sang de dragon, ayant la forme d'une aveline, est celui dont on fait principalement usage; on lui donne le nom de sang de dragon en roseau. Le nom vient de la Hollande. On l'emploie aussi pour la composition de différents vernis, et les doreurs s'en servent pour rendre leur or plus vif; on en fait aussi quelque usage en médecine dans les hémorrhagies et les crachements de sang : il est astringent.

**SANGLIERS** (zoologie). — Genre de pachydermes qui se reconnaissent aisément à leurs formes épaisses, à leurs allures pesantes, à la longueur de leur tête, à la raideur de leurs soies, à leur queue médiocre et à leurs canines saillantes. Leurs habitudes sont ordinairement paisibles; ils se tiennent couchés le jour, et passent la nuit à se promener lentement dans les bois ou dans les terres cultivées, cherchant les fruits tombés, paissant l'herbe, broutant les feuilles, flairant les racines cachées et les déterrant avec leur groin. A les voir marcher aussi paisiblement, on les

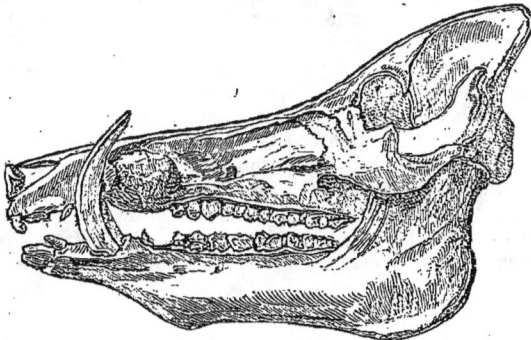

Fig. 2. — Tête de sanglier.

prendrait pour les animaux les plus doux et les plus inoffensifs; mais si une cause vient à les irriter, leur douceur se trouve tout d'un coup changée en furie; ils se précipitent sur l'objet de leur courroux avec la rapidité d'un trait, pour le tuer ou s'en faire tuer.

Ce caractère vindicatif rend la chasse de ces animaux dangereuse; les meutes surtout sont extrêmement exposées, et il est rare que la prise d'un sanglier ait lieu sans la perte de plusieurs gros chiens; les chasseurs eux-mêmes reçoivent quelquefois des blessures profondes par un coup de son boutoir. Mais les plaisirs de cet exercice périlleux sont tellement attrayants, qu'on brave tout pour se les procurer.

Les sangliers sont assez communs dans tous les pays chauds et tempérés de l'ancien continent, excepté en Angleterre. Ils vivent par petites troupes composées d'un mâle, d'une femelle ou laie, et de quatre à dix petits; ceux-ci qu'on désigne sous le nom de marcassins, tant qu'ils ont la livrée, accompagnent leur mère pendant environ deux ans : à cette époque, ils la quittent sans retour, et vont eux-mêmes former de nouvelles familles.

On distingue trois espèces principales de ce genre : le *Sanglier à masque*, de Madagascar et d'Afrique, ainsi nommé de deux bosses qu'il a de chaque côté de ses joues et qui le défigurent d'une manière hideuse; le S. *d'Ethiopie*, que sa tête aplatie et très-élargie ne rend pas moins difforme; le S. *d'Europe*, souche du *cochon domestique*, qui a fourni tant de variétés, entre autres le *cochon à grandes oreilles*, le *cochon de Siam*, le *cochon turc*, celui de *Pologne*, de *Russie*, de *Guinée*, etc. (*Dr. Salacroux*.)

**SANGSUES** (zoologie) [*hirudo*]. — Genre d'annélides qui se distinguent généralement des autres hirudinés, par la forme de leur tête qui se confond avec le reste du tronc; elles ont toutes des points oculaires, et vivent dans l'eau douce, où elles se nourrissent de toutes sortes de matières animales.

Les sangsues, quoique très-voraces et carnassières, supportent très-facilement le jeûne. Sans parler de l'abstinence qu'elles endurent l'hiver, pendant qu'elles restent enfoncées dans la vase, on en a vu vivre des années entières sans prendre d'autre nourriture que les parcelles des matières organiques tenues en dissolution dans l'eau qu'on leur donnait; et tout le monde sait que ceux de ces animaux qu'on emploie à faire des saignées sur les malades, ne veulent reprendre qu'après un très-long jeûne.

Ces annélides se trouvent en abondance dans presque toutes les eaux dormantes, et se rendent même souvent incommodes en s'attachant aux bestiaux qui vont boire dans les mares qu'elles habitent. On compte un assez grand nombre d'espèces de ce genre, entre autres la *sangsue médicinale*, la *sangsue de cheval*, etc.

A l'approche d'une tempête, on voit les sangsues quitter leur engourdissement, se débattre avec une vivacité proportionnelle à l'intensité de la tempête qui va suivre, et faire des tentatives nombreuses, pour escalader les parois du vase qui les renferme. M. Merryweather a eu l'heureuse idée de régler ces mouvements excentriques des sangsues et d'en faire accuser les effets d'une manière plus marquée.

Voici le mécanisme par lequel ce physiologiste distingué atteint ce but. Sur un banc ou table sont disposées plusieurs bouteilles remplies d'eau en partie, et dont chacune contient une sangsue. Un tube en verre ou en métal verni plonge dans l'eau et communique à l'extérieur par le goulot. Ce tube est obstrué en partie par une petite tringle en baleine qui, à son tour, est articulée à un fil communiquant en dernier lieu avec le battant d'une sonnette. La sangsue inquiétée par l'état électrique de l'atmosphère, suit son instinct et monte dans le tube; elle déplace donc la baleine, et le bruit de la sonnette vient mettre au fait de l'état de l'atmosphère.

Depuis une trentaine d'années environ, la disette de sangsues, de plus en plus prononcée, le prix élevé auquel ces utiles annélides avaient fini par atteindre, ont déterminé bon nombre de personnes, savants ou industriels purs, à s'occuper de la question de savoir s'il était possible de conserver les sangsues dans des bassins artificiellement formés par la main des hommes; de les y faire reproduire et de les élever jusqu'au moment où elles deviennent assez fortes pour être livrées au commerce et employées en médecine.

Pour la première partie du problème, la conservation, la revivification des sangsues qui avaient déjà été employées, on sait de combien d'essais elle fut l'objet, et, nous devons le dire, de combien d'essais infructueux, de la part des savants et des théoriciens exclusifs. Pendant bien des années, on eut beau répéter les expériences dans des auges, des réservoirs, dans des bassins même d'une certaine étendue, on n'arrivait à aucun résultat. Mais d'autre part, et sans invoquer le secours de la science, des commerçants, des cultivateurs principalement, dépourvus de toute notion d'histoire naturelle, essayaient dans des marais naturels de *semer* des sangsues, se guidant sur les analogies grossières qu'ils croyaient remarquer entre certaines localités où n'existaient pas de sangsues, et d'autres qui en renfermaient de grandes quantités. Ici l'instinct, qu'on me passe le mot, vainquit la science. Ce que les savants n'avaient pu faire, un boucher sans instruction, ne sachant ni lire ni écrire, le réalisa complétement, et du premier coup, sans essais préalables, dans un *grenouillat* des environs de Dompierre (Ain).

C'est qu'en effet, autre chose est d'opérer dans une mare, dans un petit étang où coule constamment une eau vive, où poussent des plantes marécageuses, où vivent de petits animaux susceptibles de servir de nourriture aux sangsues; autre chose est de confiner ces précieux animaux dans des cuvettes ou des baquets garnis de terre glaise, où ils devaient nécessairement mourir de faim en peu de temps.

Dès que la première tentative du boucher de Dompierre eut réussi, et qu'il fut certain que l'on avait pu faire reproduire et élever des sangsues dans des endroits où l'on ne se souvenait pas d'en avoir jamais vu (cela se passait en 1836), on se mit à l'œuvre sur de nouveaux frais. Quelques observateurs intelligents, bien que sans instruction, imitèrent d'abord, puis peu à peu, à force de voir par eux-mêmes, perfectionnèrent les procédés primitifs [et instituèrent la culture des sangsues, de laquelle ils parvinrent à retirer quelque profit. Mais alors les savants reprirent le dessus. On observa les mœurs de ces animaux; on étudia avec un soin tout particulier et la constitution géologique du sol, et les conditions topographiques, hydrologiques, botaniques des localités où abondaient les sangsues, et bientôt, de toutes parts, mais dans quelques départements du midi et du centre de la France surtout, on vit se former de vastes exploitations destinées à l'hiruculture, exploitations dont on appréciera toute l'importance lorsque l'on saura que dans le département des Landes seul, cette industrie, qui ne date que de dix ans, produit par an plus d'un million de francs.

*(Docteur Foucart.)*

**SANTÉ.** — État dans lequel toutes les fonctions nécessaires à la vie s'exécutent avec régularité, liberté et facilité. — Malgré tout ce que l'expérience apprend journellement aux hommes sur les suites de la perte de la santé, bien peu emploient les moyens nécessaires pour la conserver; ils n'en connaissent véritablement le prix qu'après l'avoir perdue, et souvent lorsqu'il n'est plus temps de la ressaisir. Toutes les règles de l'hygiène concourent à l'entretien de la santé. Mais nous croyons que, pour parvenir très-sûrement à la consolider, il faut s'astreindre à celles qui suivent, et que présente le docteur Macquart.

1° Éviter tout excès; 2° respirer un bon air; 3° faire beaucoup d'exercice; 4° rechercher la gaîté; 5° observer les aliments qui nous conviennent; 6° ne pas changer subitement ses habitudes; 7° garder une juste proportion entre les aliments qu'on prend, l'exercice qu'on fait, et la force individuelle; 8° fuir les charlatans et éviter les remèdes de précaution.

*(B. L.)*

**SAPHIR** (minéralogie). — Corindon hyalin présentant toutes les nuances de bleu, depuis le plus foncé jusqu'au plus faible. Il n'y en a qu'une véritable espèce qui vient de Ceylan et des Indes. Sa dureté égale toujours celle du rubis oriental et souvent la surpasse. Sa puissance réfractive, quoique n'atteignant pas à beaucoup près celle du diamant, dépasse cependant de beaucoup celle d'autres substances qu'on pourrait lui comparer. Mesurée avec un prisme à angle de 20°, elle arrive à 14 1/2, tandis que le verre blanc ne marque que 10 1/2.

Le saphir oriental a une pesanteur spécifique de 4,01; il possède la double réfraction et tient le milieu entre le translucide et le transparent : cette dernière qualité lui est acquise lorsqu'il est très-mince et non laiteux, défaut que l'on rencontre souvent dans sa cristallisation.

Sa forme primitive paraît dériver du dodécaèdre à faces triangulaires, mais ses morceaux sont le plus souvent arrondis, ce que l'on a toujours attribué aux frottements qu'ils éprouvent dans le lit des torrents, idée que nous ne pouvons admettre, puisque ceux trouvés dans les fentes de rochers ou attachés encore à leur gangue le sont également. Pour nous, cette particularité se rencontrant dans la majeure partie des corindons hyalins, quelle que soit leur couleur, est le résultat et la preuve de leur origine ignée, ce qui n'exclut ni les apparences de forme, ni la pureté de la cristallisation, ni la transparence.

Analysé, le saphir d'Orient est, comme le rubis, composé d'alumine presque pure; sa coloration est due également à l'oxyde de fer. On comprend peu comment le même métal peut produire deux couleurs si différentes dans des pierres de même nature; cependant, si l'on réfléchit que le rouge du rubis se fonce au feu, tandis que le bleu du saphir y disparaît, on peut attribuer cette différence si frappante à un plus ou moins grand degré d'oxygénation du métal, ce qui le rend plus fixe, et il est probable qu'avant la fusion des matières qui produisent ces deux corindons, ils sont semblables, et que ce n'est que la différence du calorique qui change les conditions de l'oxyde colorant.

D'un bleu entre l'indigo et le barbeau, c'est-à-dire ni trop foncé, ni trop clair, mais d'une couleur franche; le saphir oriental doit présenter à l'œil une limpidité parfaite, et ce qui en fait l'excellence est le velouté admirable qu'il possède à un haut degré; lorsqu'à ces qualités il réunit une certaine dimension, il peut dépasser le prix du diamant; mais ces pierres sont excessivement rares, et très-recherchées des amateurs.

Leur taille est à peu près la même que celle du rubis, quoique cependant on étende plus la table et qu'on lui conserve moins d'épaisseur en dessous.

Le plus beau saphir connu vient d'Orient, il en est fait mention dans l'inventaire des pierreries de la couronne de France, fait en 1791; son histoire est assez curieuse. Ce saphir, sans tache ni défauts, pèse 132 carats 1/16, il est de forme losange à six pans et poli à plat sur toutes les faces. Il est estimé 100,000 fr.

Ce merveilleux saphir fut trouvé au Bengale par un pauvre homme qui faisait le commerce de cuillers en bois; aussi porta-t-il longtemps ce surnom. Il appartint à la maison Rospoli de Rome, à qui il fut acheté par un prince d'Allemagne, lequel le revendit à Perret, joaillier français, pour la somme de 170,000 fr. C'est de cette pierre qu'il est question dans le fameux procès du saphir. Considérant ses qualités et son poids hors ligne, nous pensons que ce saphir n'est pas estimé à sa valeur. Il est à présent au Musée de minéralogie.

On voit dans la même collection un saphir très-précieux par la beauté de sa couleur et surtout sa grandeur; de forme ovale, il présente une surface de 0,050ᵐᵐ sur 0,036ᵐᵐ.

La couronne de France possède encore :

| | | | | |
|---|---|---|---|---|
| 2 saphirs pesant | 27 carats chaque | estimés ensemble | 18,000 fr. |
| 1 | 19 | — | 6,000 |
| 3 | de 13 à 12 | — | 5,300 |
| 4 | de 10 à 9 | — | 5,200 |
| 15 | de 6 à 5 | — | 6,400 |
| 8 | de 4 | — | 1,800 |
| 17 | de 3 à 2 | — | 2,700 |
| 84 | 144 2/16 | — | 8,670 |

Citons encore, parmi les saphirs extraordinaires, les deux gros appartenant à miss Burdett Coutts, évalués 750,000 fr., et que nous avons tous admirés dans la vitrine de M. Hancock, à l'Exposition universelle de 1855.

La seconde espèce de saphir, qu'on pourrait appeler occidentale, se trouve en Silésie, en Bohême, en Alsace, au Brésil, à Expailly. Les uns sont d'un bleu verdâtre, et sont désignés sous le nom de saphir plombé. Les autres sont d'un blanc clair, mêlé de bleu céleste, qui forme une couleur mixte; ils sont nommés saphirs d'eau. Ceux-ci se trouvent aussi à Ceylan, mais leur peu de couleur disparaît vite à un feu ordinaire. Ils sont tendres et leur pesanteur spécifique n'est que de 2,580.

Parmi ceux qu'on trouve dans le ruisseau d'Expailly, il en est d'un assez beau bleu, mais leur peu de dureté les fait aisément distinguer. On les nomme saphirs de France. Pour nous, ce ne sont que des variétés de quartz colorés en bleu. Ils sont sans valeur.

L'École des Mines de Paris possède une assez jolie collection de saphirs de diverses provenances et présentant des cristallisations variables, quoique paraissant toutes appartenir au dodécaèdre. Ils viennent de l'Inde, de Ceylan, du Groënland, d'Expailly, de la Haute-Loire, du volcan du Coupet, du Saint-Gothard, etc., etc. La plupart prouvent parfaitement leur origine ignée, d'autres sont dans une gangue alumineuse micacée et parfois dans des laves.

La gravure sur saphir présente encore plus de difficultés que celle sur rubis, le premier étant plus cassant et souvent plus dur. Cependant, on remarque au cabinet Strozzi, à Rome, un Hercule de profil, gravé par Cnéius, et qui n'est pas sans mérite. Le cabinet de France possède un saphir d'une belle couleur, représentant Pertinax gravé en intaille; le travail est parfait. On voit encore à Saint-Pétersbourg un saphir à deux teintes sur lequel l'artiste a gravé une tête de femme. Il a tiré un merveilleux parti des teintes et la draperie est du bleu le plus intense, quand la tête entière est à peine nuancée. Cette pierre appartenait aux Orléans. A Turin, on remarque dans la collection Genevosio, une tête de Tibère sur saphir blanc. Toutes ces gravures sur pierres si dures s'exécutent avec des pointes de diamants ou de l'égrisée (1).    CH. BARBOT.

**SAPIN** (botanique) [*abies*].—Un des plus beaux et des plus grands arbres que nous possédions. La rectitude de sa tige le fait rechercher pour la mâture des vaisseaux et pour la charpente des maisons. Son écorce, comme celle du pin, laisse couler une résine

(1) Extrait de notre *Traité des pierres précieuses.*

que l'on confond souvent avec celle de ce dernier; c'est la *térébenthine de Strasbourg*.

**SAPONAIRE** (botanique) [*Saponaria*].—Genre de la famille des caryophyllées, ainsi nommé parce que la tige et la racine de quelques espèces ont la propriété de donner à l'eau une qualité savonneuse. Ce sont des plantes herbacées, vivaces, très-voisines des œillets, dont elles ne diffèrent essentiellement que par l'absence d'écailles à la base du calice : ce calice est un tube à 5 dents; la corolle a 5 pétales munis de longs onglets. L'espèce principale, la *Saponaire commune* (*S. officinalis*), croît par toute l'Europe, au bord des buissons, des fossés, dans les champs; elle a des tiges de 4 à 6 décim. de haut, des feuilles ovales, des fleurs nombreuses de couleur blanche ou rosée, sans odeur; sa racine est grêle, longue et d'un blanc jaunâtre. On emploie en médecine les feuilles et la racine de la saponaire comme toniques, sudorifiques, anti-scrofuleuses et anti-siphylitiques : on les administre en décoction contre les engorgements des viscères abdominaux, les maladies de la peau, l'ictère, etc. Les anciens faisaient usage de la saponaire pour préparer les étoffes à la teinture. — La *Saponaire des vaches* (*S. vaccaria*), ainsi nommée parce qu'elle est recherchée des vaches, est une espèce élégante à belles fleurs rouges; elle croît au milieu des champs, parmi les moissons. — La *Saponaire à feuilles de basilic* (*S. ocymoïdes*) rampe sur les rochers : elle a de belles fleurs rouges, en très-grand nombre.

On se sert dans les arts d'une racine qu'on nomme *Saponaire d'Égypte, du Levant, d'Illyrie*, etc., pour dégraisser les laines, les cachemires; on croit qu'elle appartient au *Gypsophila Struthium* de Linné, déjà employé du temps de Pline à cet usage.

**SAPONIFICATION** [du latin *sapo*, savon, et *facere*,faire].—Opération chimique par laquelle les corps gras sont transformés en savons. « Lorsqu'on chauffe de l'huile ou de la graisse avec un alcali, l'acide du corps gras (acides stéarique, margarique, oléique, etc.) se combine avec l'alcali et produit du savon, tandis que la *glycérine* du corps gras est mise en liberté. Cette opération s'exécute en grand dans les fabriques de savon. On doit surtout à M. Chevreul la connaissance des principes de la saponification; avant les travaux de ce chimiste, on croyait que les huiles et les graisses se combinaient directement avec les alcalis pour constituer les savons.

**SAPONINE**, — Principe chimique extrait de la racine de saponaire d'Egypte, indiqué par Wahlenberg et étudié par M. de Bussy.

**SARCOCÈLE** (chirurgie) [du grec *sarx, sarkos*, chair, et *hélè*, tumeur]. — *Sarcodidyme, engorgement testiculaire, hypertrophie du testicule*. — Endurcissement squirrheux et fonte cancéreuse des testicules. Le sarcocèle est souvent produit par les inflammations du testicule, surtout lorsqu'elles sont mal traitées ou répétées; mais il peut aussi dépendre d'un engorgement lent et chronique de cette partie, et survenir spontanément et sans cause apparente; dans ce dernier cas, le cancer du testicule attaque particulièrement les hommes de 45 à 60 ans ou d'un tempéra-

ment bilieux poussé jusqu'à l'hypochondrie : les affections tristes favorisent aussi sa formation et son développement.

*Symptômes.* — Le testicule est plus volumineux que de coutume; ce volume, doublé dans certains cas, peut être tel dans d'autres, que l'organe égale les deux poings. Tant que le sarcocèle est d'un volume médiocre, la tumeur conserve quelque chose de la forme du testicule; elle est ovoïde, aplatie sur ses côtés; sa grosse extrémité se trouve tournée en haut et en avant, la petite dirigée en bas et en arrière : sa pesanteur spécifique est très-considérable : on la voit longtemps indolente, à moins que, faute d'être soutenue, elle ne tiraille par son poids le cordon des vaisseaux spermatiques : il n'y a ni changement de couleur à la peau, ni chaleur augmentée, ni fluctuation; mais bientôt cette tumeur durcit, augmente de volume, devient inégale, se déforme; des douleurs lancinantes annoncent sa fonte putride, l'ichor qu'elle contient est résorbé, le cordon et les glandes lymphatiques voisines s'engorgent, des tumeurs consécutives se développent, le malade tombe dans le marasme et meurt épuisé par la *fièvre hectique*.

*Traitement.* — Applications réitérées de sangsues, bains, régime doux, pilules de ciguë et de calomel. Il devient quelquefois nécessaire de recourir à l'extirpation des testicules.

**SARDAIGNE** (royaume de) (géographie). — C'est la tête libre et monstrueuse d'un fier et courageux lion, dont tous les autres membres, condamnés à l'impuissance par des entraves plus ou moins dures, aspirent à les secouer, à les briser. C'est la plus noble partie d'un grand tout. Ce tout est la plus belle péninsule du monde, c'est l'Italie, dont il faut bien, en passant indiquer les bornes. Cette magnifique région est comprise entre les 37e et 46e degrés de latitude nord, et les 5e et 17e de longitude est, à partir du méridien de Paris. Au nord-ouest, les Alpes, vaste et haute chaîne de montagnes, la séparent de la France, de la Suisse et de l'Allemagne. De tous les autres côtés, elle est entourée de mers portant différents noms et qui sont toutes les subdivisions de la Méditerranée. Sa plus grande longueur depuis la Calabre jusqu'à la Savoie, est de 1,160 kilomètres, sa largeur varie de 120 à 580 kilomètres. Sa superficie est d'environ 76,000 kilomètres carrés. Sa population actuelle, — vingt millions d'habitants, — est de beaucoup inférieure à celle du temps des Romains.

— Non de ce temps efféminé où le sensualisme, enrichi des dépouilles de la conquête, avait converti presque toute l'Italie en vastes et somptueuses *villas*, en parcs, en jardins, en viviers où, pour engraisser leurs lamproies, des Lucullus leur jetaient en pâture des corps vivants d'esclaves !

— Mais de ce robuste temps, où des peuples nombreux sous les noms de Sabins, de Latins, d'Herniques, de Crustumériens, de Falisques, de Véiens, de Volsques, de Fidénates, mettaient chacun sur pied des armées de trente, quarante, cinquante mille hommes, armées souvent battues, défaites, quelquefois à moitié exterminées, mais qui, pareilles aux dents du Dragon de

Cadmus, pareilles aux hommes engendrés par les pierres de Deucalion, semblaient, en expirant, résurgir du sein fécond d'une généreuse terre, pour aller affronter de nouveaux dangers.

La terre de l'Italie, jadis si fertile en courage, aurait-elle été épuisée par ses excès de bravoure et de gloire? Ne saurait-elle plus rien produire de noble, de grand? Le Piémont se charge de répondre par l'inexorable logique des faits tirés de sa propre histoire. Depuis plusieurs années déjà, c'est-à-dire depuis que son roi Charles-Albert, de chevaleresque mémoire, a donné l'essor aux patriotiques élans de la Sardaigne, n'a-t-elle pas sans cesse fourni la mesure de son admirable énergie vitale? Ne s'est-elle pas donné, avec une belle marine, une armée nombreuse, bien disciplinée, qui, sur le sol de la Tauride, a fait preuve, à côté de la nôtre, de son excellent esprit, de son abnégation, de son mépris du danger?

Le canon de Crimée a grandi l'importance, la gloire de l'intrépide Piémont, qui a conquis une place dans les affaires de l'Europe et un rôle étendu dans les destinées de l'Italie.

La fraternité du champ de bataille a fortement resserré les liens d'amitié qui unissaient le Piémont à la France.

La fille de Sa Majesté le roi Victor-Emmanuel, la princesse Clotilde, est devenue l'épouse du prince Napoléon, du cousin de Sa Majesté l'Empereur Napoléon III. L'antique dynastie qui règne sur le beau royaume de Sardaigne, dont elle est à la fois la providence et l'idole, a encore ajouté à son lustre par son alliance à la plus brillante, à la plus glorieuse des maisons régnantes de l'Europe.

### *Bornes, population, composition, etc. des États du roi de Sardaigne.*

Ces États comprennent, outre l'île de Sardaigne, des possessions considérables au nord-ouest de l'Italie et du golfe de Gênes, possessions bornées au nord par la Suisse, à l'ouest par la France, au sud par la Méditerranée, et à l'est par le duché de Parme et le royaume Lombard-Vénitien. La population de tous ces Etats est d'environ 5,100,000 habitants, dont 600,000 pour l'île de Sardaigne et les autres petites îles qui l'entourent. Ils professent la religion catholique. Le gouvernement de ce royaume est une monarchie constitutionnelle.

Les États du roi de Sardaigne ont été formés de sept provinces principales, savoir: l'*île de Sardaigne*, au sud de la Corse, dont elle est séparée par le détroit de Bonifacio; le duché de *Savoie*, à l'est du Dauphiné, berceau de l'illustre famille qui règne aujourd'hui dans ce pays; le *Piémont*, séparé de la Savoie, par le *Grand* et le *Petit* Saint-Bernard, et par le *Mont-Blanc*; le *Montferrat*, le *Milanais Sarde*, à l'est; *le comté de Nice* et le *duché de Gênes*, qui occupe toute la côte septentrionale du golfe du dernier nom.

Les principales villes du royaume de Sardaigne sont: TURIN (*Augusta Taurinorum*), dans une plaine aussi agréable que fertile, près du confluent de la Doria

Riparia et du Pô; c'était la capitale des Taurins, descendus des Liguriens. Cette ville qui porta d'abord le nom de Tauresia, fut détruite par Annibal, rétablie par une colonie qu'Auguste y envoya, d'où elle prit le nom d'Augusta Taurinorum. Elle fut successivement pillée, saccagée par les Goths, les Huns, les Hérules, les Bourguignons. Soumise par les Lombards, elle forma avec son territoire un des quatre duchés de leur royaume. Elle subit, depuis Charlemagne, plusieurs autres révolutions, jusqu'à ce qu'elle devint la capitale du royaume actuel. Elle compte 150,000 habitants. C'est une des plus belles villes de l'Europe, par ses palais superbes, ses rues droites et spacieuses, se coupant toutes à angle droit, son écluse qui distribue l'eau dans tous les quartiers, sa riche bibliothèque, son musée, son observatoire, sa collection de statues. Le géomètre Lagrange y est né.

CHAMBÉRY (18,000 habitants), au sud-ouest de la Savoie, dont elle était la capitale. C'est la patrie de l'historien Saint-Réal et du grammairien Vaugelas.

CASALE (9,300 habitants), sur le Pô, ville forte, capitale du *Montferrat*.

ALEXANDRIE (43,000 habitants) au sud-est de Turin, sur le Tanaro, ville très-forte, ancienne capitale du *Milanais Sarde*.

NICE (Nicæa), à cinq kilomètres de l'embouchure du Var, à 148 kilomètres de Gênes, capitale du comté de son nom; dans une situation admirable et sous un ciel extrêmement pur. Fondée par une colonie de Marseillais, elle était déjà considérable sous les Romains qui, attirés par sa délicieuse position, y venaient en foule jouir des magnifiques perspectives que présentent ses environs. Nice qui est encore de nos jours une ville importante, a 40,000 habitants, une magnifique terrasse régnant le long de la mer et de riantes promenades d'oliviers.

C'est à 12 kilomètres de Nice qu'est située, dans un pays fertile en oranges, en citrons, la petite ville maritime de Monaco (*Herculis Monæci portus*), peuplée de 1,000 habitants, et chef-lieu de la principauté de ce nom, dont le territoire a une superficie de 120 à 130 kilomètres avec 7,000 habitants.

GÊNES (Genua). Ses habitants se sont toujours livrés au commerce avec de grands succès; les princes chrétiens furent puissamment secondés par eux dans les croisades.

Les Génois résistèrent aux Pisans, en 1125, et furent ensuite travaillés par les factions, qui, tour à tour victorieuses et opprimées, firent passer la turbulente république d'esclavage en esclavage jusqu'à la fin du XIVe siècle qu'elle se soumit à Charles VI roi de France; puis elle se révolta, et reçut, en 1408, le joug de Charles VII qu'elle secoua encore; après quoi elle offrit de se donner à Louis XI, qui, ne voulant pas d'elle, lui répondit qu'il *la donnait au diable*. Mais les Génois n'ayant pas jugé à propos de ratifier ce cadeau, s'adjoignirent, en 1464, au duc de Milan. Ils appartenaient à la France en 1528, quand André Doria leur rendit leur indépendance et organisa la forme du gouvernement qui a subsisté jusqu'en 1796. En 1800, Masséna y soutint contre les Anglais et les Russes le siège le plus mémorable des temps modernes, siège pendant lequel il périt plus de vingt mille personnes de faim et soixante-cinq mille autres par les ravages d'une cruelle épidémie survenue à la suite de la famine. Gênes qui, en 1814, a été annexée, avec son territoire, à la Savoie, n'est sans doute plus la riche et puissante république qui, en 1684, s'attira, par sa fierté, le courroux de Louis XIV. Mais, avec une population de 115,000 habitants habiles au commerce, bons marins, braves soldats, elle n'en est pas moins une grande, une très-importante cité. C'est une magnifique ville, assise en amphithéâtre au fond du golfe qui porte son nom, entourée d'une double muraille, surnommée *la superbe* à cause de la beauté de ses églises et de ses nombreux palais en marbre, présentant pourtant des rues étroites et irrégulières, avec un port vaste et profond, fermé par deux môles fortifiés. Elle a donné le jour à plusieurs grands hommes, parmi lesquels le pape Adrien V, Doria et Christophe Colomb, qui naquit sur son territoire.

CAGLIARI (Caralis), au sud de l'île de Sardaigne, sur le golfe du même nom. C'est la capitale de l'île et le siège d'un archevêché. Elle a 29,000 habitants.

Le major PAUL ROQUES.

SARDINE (zoologie) [*clupea sardina*]. — Espèce du genre clupe, très-voisine du hareng, dont elle ne diffère essentiellement que par son sous-opercule, qui est taillé carrément au lieu d'être arrondi, et par sa taille, qui dépasse rarement 12 à 15 centimètres. « La sardine a la tête pointue, la mâchoire inférieure plus avancée que la supérieure et

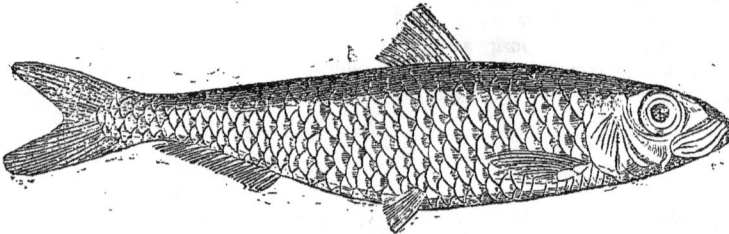

Fig. 3. — Sardine.

recourbée sur le haut; le front noirâtre, les yeux gros; les nageoires petites et grises; les côtés argentins et le dos bleuâtre. Les sardines voyagent en troupes nombreuses dans l'Atlantique, la Baltique et la Méditerranée; elles sont surtout abondantes dans les parages de la Sardaigne : d'où leur nom. On les pêche pendant l'automne, à l'époque du frai, parce qu'alors elles s'approchent des côtes. En France, cette pêche est très-abondante sur les côtes de Bretagne : c'est de là surtout qu'on les expédie, rangées par lits dans des boîtes de fer-blanc.

SARIGUE (zoologie).—Genre de mammifères marsupiaux, originaires des contrées chaudes ou tempérées de l'Amérique. Les espèces en sont très-communes dans les forêts du Brésil, de la Guiane et des États-Unis, ce qui tient d'une part à leur fécondité et de l'autre à la tranquillité dont ils jouissent. Les femelles produisent de quatre à dix ou douze petits, nombre très-considérable pour des animaux carnassiers; et comme leur chair a une odeur repoussante, due à une matière grasse secrétée dans la poche abdominale, elle est dédaignée par l'homme, le seul ennemi réellement redoutable pour eux, car ils sont assez agiles pour échapper aux autres, en grimpant sur les arbres. Comme ils sont d'ailleurs très-prudents, ce n'est que pendant la nuit qu'ils vont chercher leur subsistance; le jour ils restent couchés dans des trous, où ils se roulent sur eux-mêmes, à peu près comme les chiens lorsqu'ils veulent dormir.

Malgré leur naturel sauvage, les *sarigues* sont faciles à apprivoiser, quand on veut s'en donner la peine. Mais leur société n'est rien moins qu'agréable : sales dans leurs fourrures, lentes et gauches dans tous leurs mouvements, elles ont un aspect repoussant qui est loin d'être compensé par l'odeur fétide qu'elles exhalent; la seule chose qui puisse plaire en elles, c'est l'allaitement et l'éducation des petits. Quoique devant parvenir à une taille égale à celle d'un chat, ceux-ci sont tout au plus de la grosseur d'une mouche au moment de leur naissance. C'est alors un plaisir de voir ces petits êtres s'attacher à la mamelle de leur mère, croître avec rapidité, sortir ensuite de la poche abdominale, y rentrer au moindre danger, et la mère s'empresser de la leur ouvrir et de s'enfuir au loin avec son précieux fardeau. Du reste, ces animaux ne sont d'aucune utilité.

On peut diviser les espèces de ce genre en trois sections : les unes ont la poche abdominale bien formée et assez grande pour envelopper complétement leurs petits; tels sont la *Sarigue ordinaire*, le *crabier*, le *gamba*, tous trois de la taille d'un chat; le *quatre-œil*, de la taille d'une belette, qu'on a ainsi nommé à cause d'une tache blanchâtre qu'il a au-dessus de chaque sourcil, etc.

Les autres n'ont, au lieu de la poche, qu'un simple repli de la peau de chaque côté du ventre. Dans ces espèces, l'accroissement des petits est plus rapide que dans les précédentes, et lorsqu'ils sont devenus assez forts, ils montent sur le dos de leur mère, autour de laquelle ils entortillent leur queue. Les principales espèces de ce groupe sont le *grison*, le *cayapollin*, la *marmose*, etc.

La troisième section ne se compose que d'une seule espèce, l'*oyapock*, que Buffon appela *petite loutre de la Guiane*, quoiqu'elle diffère essentiellement des loutres par son système dentaire et même par sa queue longue et privée de poils. La palmure des pieds postérieurs, qui rend cet animal aquatique, est la seule ressemblance qu'il ait avec les loutres. (*Salacroux*.)

SARRASIN ou BLÉ NOIR (botanique). — Espèce de blé originaire de l'Asie et de l'Afrique, d'où les Sarrasins en ont transporté la culture en Europe. Il croîtactuellement en tous pays et dans les terrains secs ; le blé noir est une plante annuelle ; il est très-abondant dans la Basse-Bretagne, dans plusieurs parties de la Bourgogne et de la Champagne. On en cultive aussi une grande quantité dans plusieurs provinces de la Hollande, où l'on en fait une grande consommation, non pas en pain, mais en bouillie avec du lait ; sa graine sert de nourriture et d'engrais à la volaille ; on fait des cataplasmes avec sa farine qui est résolutive. On en fait un grand usage dans toute la Hollande, on en fait aussi un pain pour la basse-classe ; on en fait aussi une bouillie avec du petit-lait. On récolte du blé noir en Champagne et en Bourgogne dans les plus mauvais terrains de ces provinces. La Pologne en produit une grande quantité que l'on consomme dans le pays.

**SASSAFRAS** (botanique).—La racine du sassafras est celle d'un arbre connu sous le nom de laurier des Iroquois, et sous celui de pavame par les Indiens. C'est un des quatre bois sudorifiques ; sa racine, qui est la plus employée en médecine, est couverte d'une écorce adhérente, assez épaisse, grise à l'extérieur, au dedans d'une couleur de rouille. Le corps de la racine est léger, poreux, d'un grain assez rude, très-odorant et très-aromatique, mais moins encore que l'écorce. Elle est conditionnée en grenier. On la met quelquefois en paniers, pour la facilité de l'expédition.

**SATELLITE** (astronomie) [du latin *satelles*, compagnon]. — Corps céleste qui circule autour d'un autre plus considérable. Les satellites dont on a pu reconnaître le diamètre présentent toujours la même partie de leur surface à la planète dont elles dépendent, et on pense qu'elles sont retenues dans cette position relative, par leur forme allongée dans le sens du diamètre dirigé vers le corps qui les gouverne.

On observe parfois dans ces astres des différences d'éclat qui proviennent sans doute de leur atmosphère.

La terre a pour satellite la lune, qui en est éloignée de 60 rayons et 67 centièmes de rayon terrestre, ou 386,892 kilomètres; son diamètre est de 3,478 kilomètres, elle fait sa révolution en 29 jours 12 heures 44 minutes 2 secondes et 9 dixièmes.

Jupiter a quatre satellites, dont la distance et la durée des révolutions ont été données au mot *astronomie* (tome II page 278) ; le premier est jaune, à peu près du volume de Mars, et plus brillant que les trois autres; le deuxième est un peu bleuâtre et d'une densité plus grande que la planète même ; le troisième, d'une teinte jaune, a l'éclat d'une étoile de sixième grandeur ; le père Secchi a cru y reconnaître des taches dont le mouvement ne coïnciderait pas avec sa révolution autour de la planète; le quatrième est d'un rouge sombre. Les trois premiers s'éclipsent à chaque conjonction et à chaque opposition; mais le quatrième est plus incliné sur l'équateur de Jupiter, et ses occultations sont moins fréquentes. Les distances de ses satellites forment une progression géométrique dont la raison est 1, 625.

Saturne a huit satellites (voir tome II, page 279) et l'on a remarqué que la durée de la révolution du 3e est double de celle du 1er; celle du 4e double de celle du 2e. Les distances des cinq premiers forment une progression géométrique dont la raison est 1, 389, et le même rapport existe entre le 6e et le 7e ; ce qui peut faire penser qu'il en existe d'autres, qu'on n'a pas aperçus, entre le 5e et le 6e, et entre le 7e et le 8e.

Uranus a aussi huit satellites (tome II, page 279); les six premiers forment une progression géométrique au rapport de 1, 321.

Neptune a un ou deux satellites : le premier décrit son orbite en 5 jours 20 heures 50 minutes 45 secondes, à une distance de 360 mille kilomètres. L'existence du second n'est pas confirmée.      GOSSART.

**SATURNE** (astronomie). — Planète supérieure, la plus éloignée de celles que les anciens connaissaient. C'était aussi celle qui employait le plus de temps à accomplir sa révolution autour du soleil (29 ans et 166 jours). Voilà pourquoi les peuples qui avaient personnifié et même déifié les astres l'avaient appelé Kronos ou le Temps, et le représentaient en vieillard. Dans les livres chaldéens il porte le nom de Zerouan, qui signifie riche en or, et, dans les livres juifs, il a celui d'Abraham, qui a la même signification. Les Romains lui avaient élevé un temple, et ses fêtes se célébraient dans le mois de décembre. Enfin, Saturne, qui était considéré comme la dernière planète, a donné son nom au dernier jour de la semaine (samedi, *saturni dies*). Les travaux des modernes ont apporté de grands changements au système astronomique : ainsi Uranus, découvert en 1781, par Herschell, est beaucoup plus éloigné du soleil que Saturne, et Neptune, dont l'existence a été révélée en 1846 par M. Leverrier, est encore plus loin que Saturne. Le nombre des corps célestes (les étoiles exceptées), qui était autrefois de 7 seulement, a éprouvé des modifications plus considérables encore, car aujourd'hui il est de 89 au moins. (Voir au mot *astronomie*, où tous ces corps sont indiqués, à l'exception de 14 planètes télescopiques découvertes depuis, entre Mars et Jupiter.)

Le diamètre de Saturne est de 128,000 kilomètres ; il tourne sur son axe en 10 heures 29 minutes 17 secondes; sa densité n'est que les 6 dixièmes de celle de l'eau (à peu près comme le bois d'acajou) et l'on voit à la surface des bandes obscures parallèles à son équateur. Sa distance moyenne au soleil est de 14,400,000 kilomètres. Ce qui étonne le plus dans cette planète, c'est l'existence de deux ou trois anneaux minces dont elle est entourée, et qui tournent avec la même rapidité que le globe lui-même. Ces anneaux sont placés à peu près dans le plan de l'équateur de Saturne.

| | |
|---|---|
| Le diamètre du plus grand est de.... | 283,850 kilom. |
| Sa largeur de.................... | 17,010 id. |
| L'intervalle entre les anneaux...... | 2,880 id. |
| Le diamètre du second anneau est de | 244,110 id. |
| Sa largeur de.................... | 27,640 id. |
| Le diamètre du 3e anneau est de..... | 188,830 id. |
| Sa largeur de.................... | 15,360 id. |
| Sa distance à la planète de......... | 15,360 id. |

D'après des observations qui remontent à l'année 1838, et qui ont été reprises en 1850, il paraît que le troisième anneau est contigu au second ; mais les deux premiers sont opaques, tandis que le troisième est formé d'une matière transparente, réfléchissant la lumière plus imparfaitement que la planète et les autres anneaux. Saturne a en outre huit satellites dont les éléments ont été donnés tome II, page 279. GOSSART.

**SATYRIASIS** (médecine). — Penchant irrésistible à l'acte vénérien, quelquefois avec la faculté de le soutenir longtemps sans épuisement.

Une répression longue et persévérante fait souvent dégénérer cette maladie en affection maniaque : elle peut accompagner le crétinisme ; quelquefois aussi elle est le résultat du développement précoce des organes génitaux, du défaut de propreté dans les vêtements, d'une affection dartreuse déterminée vers l'urètre. On peut distinguer deux espèces de satyriasis. Dans la première, il offre la marche des maladies aiguës, et dépend d'une sorte d'inflammation des parties génitales : il y a rougeur de la face, disposition à se serrer le ventre, tristesse ; et, quand le mal est extrême, agitation vive, propos obscènes, écume à la bouche. La seconde renferme deux variétés : la première variété se manifeste chez les hommes déjà usés et affaiblis par l'habitude des jouissances vénériennes ; la deuxième variété est provoquée par l'explosion d'un tempérament ardent ou des désirs trop vivement contenus : elle est à l'homme ce que la nymphomanie est à la femme. Le traitement consiste dans une vie active ; coucher sur un lit dur, révulsions physique et morale.

**SAUGE** (botanique et matière médicale) [salvia]. — Genre de plantes labiées, dont plusieurs espèces sont toniques et stimulantes. On emploie particulièrement les sommités de la sauge officinale, salvia officinalis, dont on reconnaît trois variétés. L'une est la grande sauge, dont les tiges sont rameuses, ligneuses, velues, garnies de feuilles oblongues, larges, obtuses, épaisses, ridées, blanchâtres et cotonneuses, d'une odeur forte et agréable, d'une saveur aromatique et amère, un peu âcre. La seconde est la petite sauge ou sauge de Provence, dont les feuilles sont moins larges, plus petites, plus blanches, d'une odeur encore plus aromatique : c'est la plus estimée. La troisième est la sauge dite de Catalogne, qui est plus petite encore. La sauge officinale est employée surtout en infusion. Elle fait partie des espèces vulnéraires, du thé suisse, etc. Elle fournit à la distillation une eau très-aromatique et beaucoup d'huile.

**SAULE** (botanique) [salix]. — Genre type de la famille des salicinées, qui se compose d'arbres de moyenne taille, croissant de préférence dans les terrains aquatiques et dans les vallées profondes et humides. « Leur tronc est presque toujours creux et pourri dans le cœur ; leurs rameaux droits portent des feuilles nombreuses, alternes et lancéolées ; les fleurs, qui paraissent dès les premiers jours du printemps, avant les feuilles, sont petites et peu remarquables ; elles sont tantôt monoïques, tantôt dioïques, en chaton : les chatons mâles sont de petites écailles qui

tiennent lieu de périanthe ; chaque écaille renferme de un à cinq étamines ; les chatons femelles portent un grand nombre d'ovaires munis d'un style et de deux stigmates, auxquels succèdent autant de capsules à deux valves, à une loge renfermant de très-petites graines garnies d'une aigrette soyeuse et touffue. » — Le saule blanc (S. alba) est l'espèce la plus commune ; « on le rencontre presque partout le long des chemins, dans les environs des bourgs et des villages, dans les forêts de l'Europe. Son tronc s'élève à une hauteur de dix mètres environ ; son feuillage répand un éclat soyeux et argenté ; ses fleurs fournissent aux abeilles une abondante pâture. Son bois est souple et tenace ; brûlé, il ne donne qu'une chaleur médiocre ; avec les grosses branches on forme des cercles pour les tonneaux, du charbon pour les crayons et pour la fabrication de la poudre à canon. Les rameaux servent à faire les liens : la coupe périodique de ces rameaux finit par épaissir le tronc, qui est dit alors taillé en têtard. L'écorce du sol est astringente, et peut servir à tanner les cuirs ; on en obtient une couleur rouge et une substance à laquelle on attribue des vertus fébrifuges, la salicine. Les chèvres, les vaches et les moutons mangent les feuilles du saule. Avec le tronc des plus gros saules, débité en planches, on fait des caisses et divers ouvrages légers.

**SAUMON** (zoologie) [salmo]. — Genre de poissons de la famille des salmonés, et qui sont caractérisés par la place de leur première dorsale, qui est située en avant des ventrales ou tout au plus à la même hauteur qu'elles, et surtout par leur système dentaire qui est des plus complets ; ils ont une rangée de dents pointues ou maxillaires, aux palatins, et deux sur le vomer, sur la langue et sur les pharyngiens. Aussi ces poissons peuvent-ils être comptés parmi les plus voraces et les plus carnassiers de leur classe ; et leur naturel se trouvant secondé par une agilité peu commune, ils deviennent pour les habitants des eaux des tyrans non moins redoutables que les brochets, les perches, les thons, etc. La plupart d'entre eux ont le corps tacheté, et remontent les rivières pour frayer. Ils ont ordinairement dix rayons branchiostèges. On en connaît plusieurs espèces, parmi lesquelles on désigne sous le nom de saumons les plus grandes qui vivent dans la mer, et dont la chair est presque rouge ; et sous celui de truites celles qui sont plus petites, qui habitent les eaux douces, et ont la chair blanche ou faiblement colorée en rouge.

Le saumon ordinaire est un poisson d'environ trois pieds de longueur et pesant à peu près vingt livres ; il est généralement noir sur le dos, bleuâtre ou verdâtre sur les flancs, et argenté sur le ventre, avec de grandes taches noires et irrégulières qui disparaissent dans les eaux douces. Il vit en troupes innombrables dans la plupart des mers tempérées ou froides, mais il redoute la trop grande chaleur ; il est même très-rare dans la Méditerranée.

Tous les ans, au printemps, il entre dans les grands fleuves, et les parcourt dans un espace de plusieurs centaines de lieues, sans se laisser arrêter par les obstacles qu'il rencontre sur sa route. Pour franchir les cataractes qui s'opposent à son passage, il se ploie en arc, saisit sa queue avec ses dents, et se débandant tout à coup, il frappe l'eau avec tant de vigueur, que celle-ci le relance au-delà de l'obstacle qu'il veut franchir. Comme ce poisson est sensible à la chaleur, il choisit de préférence les courants profonds et ombragés, où il est garanti du soleil et des yeux de ses ennemis ; mais ses précautions ne le mettent pas à l'abri du danger. L'homme, à qui sa pêche rapporte un profit considérable, emploie pour le prendre toute sorte de stratagèmes ; tantôt il se sert de vastes filets qui interceptent le cours des rivières ; d'autres fois il construit au milieu du courant des chambres dont l'ouverture est disposée de manière que le saumon puisse y entrer, sans pouvoir en sortir. En Ecosse, on le prend quelquefois en le perçant avec une lance, mais il faut pour cela que l'eau soit peu profonde. Le *saumon* frais est délicieux, mais il se mange aussi salé ou fumé. Dans ce dernier état, il se transporte aisément dans tous les pays et devient l'objet d'un commerce assez important.

Le *bécard*, que certains naturalistes regardent comme le mâle du précédent, forme, selon G. Cuvier, une espèce distincte, caractérisée par un crochet saillant que la mâchoire inférieure forme dans le mâle.

(*Salacroux.*)

**SAURIENS** (zoologie) [*Saurii*, du grec *sauros*, lézard), second ordre de la classe des reptiles, renfermant des animaux caractérisés par un corps allongé, couvert d'écailles ou d'une peau fortement chagrinée ; par des doigts garnis d'ongles crochus ; ils ont des paupières mobiles, le tympan distinct, les mâchoires armées de dents enchâssées, etc. Parmi les sauriens, les uns habitent les eaux, d'autres la terre ; ceux-ci sont amphibies, ceux-là se tiennent dans les lieux secs et élevés ; quelques-uns (dragons) peuvent se maintenir quelques instants en l'air à l'aide de membranes qui remplacent les ailes. Tous sont pourvus d'une queue plus ou moins longue ; le sens de la vision est le plus développé chez eux. Ils habitent surtout les pays chauds et se nourrissent de mammifères, d'oiseaux, de mollusques, etc.

Cuvier divise cet ordre en six familles : celles des *Crocodiliens*, des *Lacertiens*, des *Iguaniens*, des *Geckotiens*, des *Caméléoniens* et des *Scincoïdiens*. Le lézard, le crocodile, le caïman, le basilic, le dragon, le caméléon, le gecko, etc., en sont les genres les plus importants.

On trouve un grand nombre de sauriens parmi les animaux fossiles, sous les noms d'*Ichthyosaure*, de *Plésiosaure*, de *Pleurosaure*, etc., surtout dans les terrains de la deuxième époque ; ils ont généralement des dimensions beaucoup plus grandes que celles qu'offrent aujourd'hui les espèces vivantes.

**SAUTERELLE** (zoologie) [de *sauter*, parce que ces animaux s'avancent par sauts]. — (*Locusta*) ; genre d'insectes orthoptères de la famille des sauteurs, communs dans nos prairies, de couleur vert-jaunâtre, reconnaissables à leurs pattes postérieures beaucoup plus longues et plus fortes que les antérieures. Ils volent très-loin et très-haut. « Les mâles font entendre une sorte de chant qui est produit par le frottement de leurs cuisses contre les élytres ; les femelles déposent leurs œufs dans la terre : elles en pondent une assez grande quantité à la fois, rassemblés dans une membrane mince. Les larves ne diffèrent de l'insecte parfait que par l'absence des ailes et des élytres. Sous leurs différentes formes, les sauterelles sont très-voraces : elles ravagent les campagnes partout où elles s'abattent en grand nombre. Les dégâts occasionnés par l'espèce connue sous le nom de *Criquet* ou

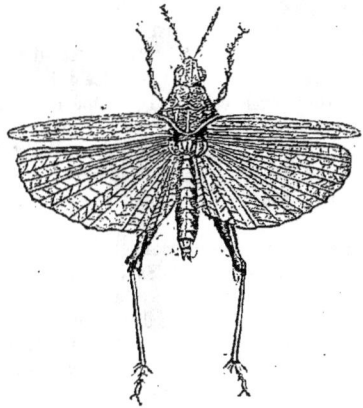

Fig. 4. — Sauterelle.

*Sauterelle de passage*, sont les plus considérables : les pays chauds de l'Orient et le nord de l'Afrique y sont surtout exposés. Ces sauterelles arrivent en masses si grandes à travers les airs qu'elles forment comme d'épais nuages et cachent par moments la lumière du soleil. Elles sortent ordinairement de la Tartarie, de l'Arabie ou du Sahara, et viennent porter la désolation et la misère jusqu'en Europe. On est quelquefois réduit à incendier les récoltes pour leur opposer une barrière. Heureusement ces insectes redoutables rencontrent de puissants obstacles : un vent violent, une pluie d'orage, peuvent en détruire des millions en un instant ; les renards, les cochons, les oiseaux, les lézards et les grenouilles, en dévorent une grande quantité ; en outre, les sauterelles se font entre elles une guerre acharnée. — On prétend que les cuisses de sauterelle sont bonnes à manger et fournissent même un mets assez délicat : certains peuples de l'Orient font, dit-on, des provisions de sauterelles qu'ils conservent pour parer aux époques de disette. Parmi les principales espèces d'Europe, on cite surtout la *Grande Sauterelle verte* (*Locusta viridissima*) : parmi les espèces étrangères, quelques-unes se font remarquer par la variété de leurs couleurs ou par la forme singulière de leurs élytres, qui parfois ressemblent à des feuilles d'arbre. »

**SAVOIE** (géographie). — Jetée comme une barrière éternelle entre la France et l'Italie, la Savoie avec ses montagnes gigantesques, ses délicieuses vallées, ses lacs mélancoliques, ses cascades, ses grottes et ses glaciers ensevelis dans le linceul de leurs neiges séculaires, est certainement une des régions les plus bizarres du globe, et n'a rien à envier aux beautés de la Suisse, sa sœur jumelle. A voir toutes ses merveilles fantastiques, il semble que le Créateur ait voulu y réunir tout ce que l'imagination ardente de l'artiste ou du poète peut rêver de plus gracieux et de plus terrible.

Il existe une foule de personnes très-recommandables, des académiciens, des vaudevillistes et même des hommes d'État, tous gens d'infiniment d'esprit, qui, ne connaissant la Savoie que par *la Linda di Chamouny*, ou les déclamations démagogiques, s'imaginent que ce pays est très-pauvre et gémit sous l'oppression. Ils auraient bientôt reconnu leur double erreur, s'ils avaient vu cette belle vallée de Chambéry, dont la fertilité égale celle du Dauphiné et de la Limagne, et les prétendus esclaves qui l'habitent, coiffés impunément du bonnet rouge qui scandalise si fort certaine république, ce qui ne les a pas empêchés de refuser la liberté qu'on voulait naguère leur imposer.

Que nos lecteurs nous pardonnent de leur faire ici un petit cours d'histoire de la Savoie ; si nous nous y intéressons si fort, c'est qu'il y a entre elle et la France une si grande analogie de religion, de langage et de mœurs, qu'en parlant de la Savoie, c'est encore parler de la France, avec laquelle elle s'est souvent intimement unie par des alliances princières.

Sans remonter aux temps antédiluviens, nous dirons donc que la Savoie s'appelait autrefois *Sabaudia* ou *Sapaudia*, mots latins dérivés de la langue celtique et dont la nébuleuse étymologie a, comme tant d'autres, le privilége d'exercer quelques esprits ingénieux, sans rien apprendre, le plus souvent, de bien positif.

Les Allobroges, habitants de cette contrée, visités par Annibal, 217 ans avant J.-C., passèrent définitivement sous la domination romaine pendant le règne de Néron, qui les annexa à la seconde Narbonnaise. Si, pendant cet état de choses, qui dura jusqu'à la chute de l'empire d'Occident, en 395 de l'ère chrétienne, les Allobroges vécurent dans un état florissant, ils payèrent chèrement leur bonheur momentané. Les barbares du Nord, les Huns avec Attila, les Vandales et les Bourguignons plongèrent tour à tour, pendant plusieurs siècles, leur malheureux pays dans toutes les horreurs de la guerre et du pillage.

Enfin, la Providence sembla prendre pitié des malheurs de la Savoie, en lui donnant pour maître, en 1010, Humbert aux *blanches mains*, comte de Maurienne, d'où descendent les princes de cette puissante et valeureuse maison de Savoie, qui pendant huit siècles ont régné, d'abord sous le titre de comtes, depuis Thomas Ier, mort en 1223, puis sous celui de ducs, conféré à Amédée VII, en 1416, par l'empereur Sigismond, et enfin sous celui de rois, depuis Victor Amédée Ier, qui monta sur le trône en 1675, jusqu'au roi actuel Victor-Emmanuel, le digne successeur de l'héroïque Charles-Albert.

La Savoie, on le sait, fut pendant vingt-deux ans

incorporée à la France, sous le nom de département du Mont-Blanc ; mais les traités de 1815 la rendirent à Victor Emmanuel V, dont le royaume s'accrut de l'important territoire de l'ancien duché de Gênes. La population, qui lors du dernier recensement était de 564,137 habitants, est aujourd'hui d'environ 600,000. Elle forme actuellement une des divisions militaires du royaume de Sardaigne et se subdivise en sept provinces : Savoie propre, Genevois, Faucigny, Chablais, Haute-Savoie, Maurienne et Tarentaise, qui sont administrées par sept intendants qui relèvent d'un intendant général résidant à Chambéry, avec le gouverneur commandant général de la province.

Les illustrations de tous genres, qui ont jeté tant d'éclat sur ce pays, sont trop nombreuses pour que nous les passions sous silence. Ainsi, indépendamment des princes Pierre de Savoie, dit le *petit Charlemagne*, d'Amédée V, dit *le Grand*, qui après la levée du siége de Rhodes plaça la croix blanche dans les armoiries de sa maison, d'Amédée VI, dit *le Comte vert*, à cause de la couleur de son armure, d'Amédée VIII, fondateur de l'ordre de Saint-Maurice, d'Emmanuel Philibert, surnommé *Tête-de-fer*, et du magnanime Charles Albert, dont la célébrité grandira dans l'histoire comme celle de l'illustre vaincu de Pavie, la Savoie s'enorgueillit encore d'avoir donné le jour à plusieurs autres grands hommes.

Les noms, à jamais célèbres, de saint François de Sales, de Bernard de Menthon, du grammairien Vaugelas, de Ducis, de Berthollet, de Joseph et de Xavier de Maistre, n'ont pas besoin de commentaires. Si on y ajoute ceux de l'abbé de Saint-Réal, de Michaud, des de Buttet, des Costa, de trois papes et des généraux Desaix, Curial, de Boigne, Chastel, de Couz et Pactod, on verra que la Savoie n'a rien à envier, sous ce rapport aux autres nations. (*Audiffret*).

On trouve dans cette contrée plusieurs eaux minérales les plus remarquables sont celle d'Aix et celle de Challes, près de Chambéry, cette dernière découverte par le savant docteur Domenget, médecin du roi.

**SAVONS** [ du latin *sapo* ]. — Pline est le premier auteur qui fasse mention de savon. Il en attribue la découverte aux Gaulois. « Ils le fabriquent, dit-il, avec des cendres et du suif. » (*Hist. nat.* XVIII, 12.)

Les combinaisons que les alcalis produisent s'appellent *savons* ; celles auxquelles l'oxyde de plomb donne naissance portent le nom d'*emplâtres*.

La composition de ces corps n'était point connue avant M. Chevreul ; on n'en avait que des notions fort vagues, inexactes ; aussi tout ce que nous savons est dû aux admirables recherches de ce chimiste. La découverte du *principe doux des huiles* ou *glycérine*, par Scheele, est le seul fait remarquable qui ait précédé les travaux de M. Chevreul.

Cet illustre savant a fait voir que tous les corps gras renferment, pour la plus grande partie, trois principes particuliers, combinés entre eux dans une foule de proportions. Ces principes sont l'*oléine*, constamment liquide à la température ordinaire et à 0° ; la *stéarine* et la *margarine*, tous deux solides et fusibles. Ces principes peuvent être considérés comme des combinaisons de l'oxyde de glycérine avec les divers acides gras.

Lorsqu'on traite un principe gras par une base métallique, il y a décomposition : la base s'empare de l'acide gras, et met en liberté l'oxyde de glycérine, qui se sépare à l'état d'hydrate. Si sa base réagissante est un alcali, la combinaison qu'elle produit est soluble dans l'eau.

Les savons n'ont point d'odeur ; ils ne sont odorants qu'autant qu'ils sont formés par un acide gras volatil.

Lorsqu'on emploie les lessives alcalines concentrées dans la préparation des savons, ceux-ci se rendent à la surface du liquide, tandis que la glycérine demeure en dissolution. Si les lessives sont diluées, le savon produit reste également dissous dans le liquide aqueux, qui se prend alors, par le refroidissement, en une masse onctueuse et filante.

On peut distinguer les savons en *savons durs* ou à la base de soude, et en *savons mous* ou à base de potasse. (*Hœfer*.)

SCAMMONÉE, (botanique, matière médicale). — Gomme-résine, que l'on retire d'une plante appelée par les botanistes *convolvulus scammoneus*, qui croît dans l'Asie-Mineure, d'où elle nous vient principalement; on en distingue deux espèces, qui sont appelées du nom des Echelles du Levant d'où on les expédie ; la scammonée d'Alep et la scammonée de Smyrne.

C'est un purgatif sûr. Son insipidité le rend précieux dans la thérapeutique des enfants. La dose en poudre est de 50 centigrammes à un gramme en bols, pilules, etc., ou pris dans un verre d'eau sucrée ; on l'unit souvent au jalap.

SCARLATINE ( médecine ) [du latin *scarlatina*, écarlate, ou *fièvre scarlatine*]. — Fièvre éruptive, contagieuse et souvent épidémique, caractérisée par des taches d'un rouge écarlate.

La maladie est rarement précédée de frissons, mais plutôt d'une chaleur vive à la peau ; « la face est rouge, la tête extrêmement douloureuse, le malade se plaint d'un *mal de gorge* s'étendant parfois jusque dans les oreilles par des conduits intérieurs ; assez souvent encore il a desnausées, et même des vomissements plus ou moins opiniâtres : la fièvre est plus forte que dans la rougeole. Le délire, les convulsions sont aussi plus communs : l'éruption se montre ici très-promptement, c'est-à-dire au bout de vingt-quatre heures, sous la forme de taches pointillantes d'un rouge écarlate ou cramoisi, plus ou moins larges, très-irrégulières. Ces taches paraissent d'abord à la face et au cou, et de là descendent au reste du corps. Dans d'autres cas, la marche est inverse, les mains, les pieds sont atteints les premiers, et l'envahissement a lieu des extrémités vers le centre. Ces taches se réunissent, forment de larges surfaces qu'on dirait lavées avec du jus de framboises ; puis, au bout de quelques jours, mais après un temps plus long que pour la rougeole, cette teinte pâlit, disparaît, et la peau se dégage de son épiderme par *larges écailles*. Ici, encore, l'éruption peut être à peine appréciable. Des accidents plus ou moins graves, une esquinancie violente et parfois même d'apparence croupale, des phénomènes céré-

braux, etc., peuvent compliquer cette maladie, dont l'issue peut être funeste. Dans les cas simples, le traitement est celui de la rougeole.

SCEAU [*sigellum* pour *sigillum* ,et dont on a d'abord fait *scel*, par contraction]. — Grand cachet. Lame de métal, qui a une face plate, ordinairement de figure ronde ou ovale, dans laquelle sont gravées en creux la figure, les armoiries, la devise d'un roi, d'un prince, d'un Etat, d'un corps, d'un seigneur particulier, et dont on fait des empreintes avec de la cire, sur des lettres en papier ou en parchemin, pour les rendre authentiques.

L'usage des sceaux est très-ancien. Il en est fait mention dans la Genèse; il est dit en Daniel, chap. 14, que Darius fit mettre son sceau sur le temple de Bel. Les sceaux des Egyptiens étaient ordinairement gravés sur des pierres précieuses. Souvent la figure du prince y était représentée, quelquefois des symboles. Pline dit que, de son temps, on n'usait point de sceaux dans le reste du monde, et hors de l'empire ; cependant il ne paraît pas que les Romains eussent des sceaux publics ; les empereurs signaient seulement les rescrits avec une encre particulière, dont leurs sujets ne pouvaient se servir, sans encourir la peine du crime de lèze-majesté, au second chef.

Les rois de France de la première race, à l'exception de Childéric Ier, et de Childéric III, avaient pour sceaux des anneaux orbiculaires : Charlemagne n'en avait point d'autres que le pommeau de son épée, où son sceau était gravé.

Le sceau, sous Philippe-Auguste, tenait encore lieu de signature, parce qu'il n'y avait que les clercs qui sussent écrire.

On n'a commencé à mettre les armes sur les sceaux, que vers l'an 1366. Les empereurs commencèrent au dixième siècle à marquer sur leurs sceaux le nombre qui distingue les princes du même nom. François Ier est le premier roi de France qui ait suivi cet usage.

Les empereurs ont scellé d'un sceau d'or les actes d'importance : ainsi, la bulle d'or de Charles IV, pour l'élection de l'empereur, a pris son nom du sceau d'or qui y pend, et qu'on appelait *bulle*.

Le pape a deux sortes de sceaux : le premier dont il se sert pour les brefs apostoliques, les lettres secrètes, s'appelle *l'anneau du pécheur* ; c'est un gros anneau où l'on voit la figure de saint Pierre qui tire ses filets pleins de poissons : l'autre, dont il se sert pour les bulles, a la tête de saint Pierre à droite, et celle de saint Paul à gauche, avec une croix entre deux ; et, de l'autre côté, le nom du pape, quelquefois avec ses armes, mais rarement. Le sceau des brefs s'imprime sur la cire rouge, et celui des bulles, sur du plomb.

SCELLÉ (droit). — Acte par lequel un magistrat constate qu'il a apposé son sceau sur les ouvertures d'un appartement ou d'un meuble pour empêcher d'y pénétrer et conserver ce qu'il renferme.

Il y a apposition de scellés :

1° Après la mort naturelle ou civile (C. proc., civ., art 907);

2° En cas de faillite;

3° Quand un individu disparaît et qu'il n'y a personne pour veiller à la conservation de ses effets et papiers;

4° Lors d'une demande en interdiction quand il n'y a personne près du défendeur, pour veiller à la conservation de ses effets;

5° Dans le cas de demande en séparation de corps.

*Par qui l'apposition de scellés peut-elle être demandée.* — L'apposition des scellés peut, suivant les circonstances, être ordonnée, soit sur la réquisition des parties intéressées, soit à la diligence du maire, soit enfin d'office, par le juge de paix. Les personnes qui peuvent requérir l'apposition des scellés sont : 1° Ceux qui prétendent droit dans la succession ou la communauté ; 2° tous créanciers fondés en titre exécutoire, ou autorisés par une permission, soit du président du tribunal de première instance, soit du juge de paix du canton où le scellé doit être apposé (C. civ., art. 820); 3° et en cas d'absence, soit du conjoint, soit des héritiers ou de l'un d'eux, les personnes qui demeuraient avec le défunt, et ses serviteurs et domestiques. (*Ibid.*, art 909.)

**SCEPTICISME** (philosophie ancienne) [du grec *skeptomai*, considérer, contempler]. — Doctrine ou sentiment d'une secte de philosophes anciens, disciples de Pyrrhon, qui faisaient profession de douter de tout, c'est-à-dire, qui examinaient tout, sans rien décider. On dit aussi la *philosophie sceptique*, pour la philosophie qui consiste à douter de tout; et philosophe *sceptique*, ou simplement *sceptique*, pour celui qui fait profession de douter de tout.

**SCEPTRE** (histoire) [du grec *sképtron*, bâton, dérivé de *sképto*, s'appuyer : bâton d'appui]. — Le sceptre ne fut d'abord qu'une canne ou bâton dont les rois et les généraux se servaient pour marcher; ou plutôt c'était une pique sans fer, ainsi qu'on peut s'en convaincre par d'anciennes médailles représentant des souverains et des dieux, et par le passage de Justin, qui donne le nom de lance ou sceptre, *hasta para*, à une pique sans fer, qu'on voit à la main des divinités et des rois. Dans la suite, le sceptre devint le symbole du pouvoir. Agamemnon, Ulysse, Achille avaient des sceptres d'or. Rome vit pour la première fois Tarquin l'Ancien ajouter cet ornement à la royauté. Le sceptre releva la pourpre des consuls sous le nom de bâton de commandement. Les empereurs l'ont conservé jusque dans les derniers temps, et les rois le portent dans les grandes cérémonies.

Sous la première race des rois de France, le *sceptre* ou bâton royal, était une verge d'or, recourbée par le bout en forme de crosse, et presque toujours de la hauteur du roi.

**SCHEIK** ou **CHEIK** (histoire turque). — Mot arabe qui signifie vieillard. C'est le nom que les Turcs donnent à leurs prélats, dans la religion mahométane. Les *scheiks* se distinguent des autres musulmans par un turban vert. Le muphti est qualifié de *scheik-ulis-mani*, ce qui signifie prélat des élus. Il y a des scheiks à qui on donne le titre de *schérif*, c'est-à-dire de saint; ce titre se donne surtout aux prélats des *jamis* ou grandes mosquées.

**SCHOLASTIQUE**, ou comme l'écrit l'académie *scolastique* [du grec *scholé*, loisir ou école; l'étude exigeant que pour s'y appliquer on soit libre de tout soin]. Le titre de *scholastique* a été longtemps un titre d'honneur; dès le siècle d'Auguste, on le donna à ceux qui se distinguaient par l'éloquence et la déclamation. Sous Néron, on l'appliqua à ceux qui étudiaient le droit et se disposaient à la plaidoirie; de là il passa aux avocats qui plaidaient dans le barreau.

Dans le moyen âge, lorsque Charlemagne eut conçu le dessein de faire refleurir les études ecclésiastiques, on nomma *scholastiques* les premiers maîtres des écoles où l'on enseignait aux clercs les lettres, la théologie et la philosophie.

*Théologie scholastique*, ou simplement *scholastique*; c'est l'art de traiter les matières de théologie, selon la méthode *scholastique*.

C'est dans le douzième siècle que commença cette manière d'enseigner la théologie; c'est-à-dire, à l'époque où la philosophie d'Aristote s'introduisit dans les écoles, sous la forme sèche et décharnée que lui avaient donnée les Arabes, et que les théologiens adoptèrent. Roscelin et Anselme, auxquels succédèrent Abailard et Gilbert de la Poirée, l'introduisirent dans les écoles de Paris.

Dans le quinzième siècle, la méthode *scholastique* commença à perdre de son crédit; les bons auteurs s'en défirent peu à peu et aujourd'hui elle est entièrement bannie des écoles.

**SCHISTE** (minéralogie). — Minéral clivable en lames plus ou moins larges, et ayant pour base de sa composition la silice et l'argile (alumine). De là le nom de *schiste argileux*; outre la silice et l'alumine, le schiste argileux contient des proportions variables d'oxyde de fer, d'oxyde de manganèse, de chaux, de magnésie, de potasse et de carbone.

**SCIATIQUE** (médecine). — Vulgairement *goutte sciatique.* — Douleur nerveuse fort vive qui se fixe principalement à la hanche (origine du nerf sciatique), à l'emboîture des cuisses, et se fait quelquefois sentir jusqu'à l'extrémité du trajet du nerf sciatique, c'est-à-dire sur le dos du pied. Les douleurs sont quelquefois intolérables, et beaucoup de malades ne peuvent rester dans leur lit ni nuit ni jour. Les principales causes de cette affection sont : le refroidissement des membres inférieurs, la suppression de la transpiration; les personnes qui couchent dans des lieux bas et humides, les bateliers, les blanchisseuses, tous ceux qui sont obligés de travailler les jambes dans l'eau, même dans les froids rigoureux, y sont très-exposés; le virus scorbutique, syphilitique, etc., peuvent aussi la produire. Les accès sont fort longs, ils durent souvent plusieurs mois de suite. La maladie passe quelquefois à l'état chronique.

*Traitement.* — Le plus souvent on a recours, d'abord aux saignées locales (sangsues), aux bains chauds, aux fumigations émollientes et calmantes; puis aux révulsifs de tout genre, aux frictions, aux moxas, à l'acupuncture, à l'électricité; ce dernier moyen est l'un des plus sûrs, il nous a donné des résultats excellents. Dans les cas extrêmes, on a pratiqué l'excision du nerf sciatique. Les eaux thermales, surtout celles d'Aix en Savoie, ont été employées avec succès dans quelques cas de sciatique chronique.

**SCIE** (technologie). — Instrument d'un usage très-utile et généralement adopté pour fendre et diviser en plusieurs pièces différentes matières solides, comme le bois, le marbre, la pierre de taille, l'ivoire, etc. La scie est de fer ou d'acier avec une multitude de dents plus ou moins grandes ou petites, et différemment limées et tournées suivant l'usage auquel elle est destinée.

Chaque art ainsi que chaque métier a une scie qui lui est particulière, et qui, sans avoir la même forme, tend au même but ; il y a un grand nombre de diverses espèces de scies appropriées aux usages auxquels elles sont destinées.

L'Angleterre et l'Allemagne sont renommées pour fabriquer les meilleures scies, dont elles ont fourni pendant longtemps la France, qui est enfin parvenue à s'affranchir de ce tribut ; non-seulement elle n'importe plus que pour 40 ou 50,000 fr. de scies et ressorts, mais elle commence à en exporter.

**SCIENCE** [en latin *scientia*, de *scire*, savoir]. — Tout ensemble de connaissances sur quelque matière que ce soit, mais surtout les connaissances qui ont été contrôlées et systématisées par l'application de la méthode, et qui sont devenues l'objet d'une étude spéciale. Avec les *Lettres* et les *Arts*, les sciences composent le domaine de l'esprit humain.

Il n'y a pas longtemps encore, dit le D<sup>r</sup>. Mayer, la science était la préoccupation exclusive de quelques esprits d'élite qui la cultivaient en silence, et lui vouaient un amour en quelque sorte platonique. La multitude ignorante, et succombant sous le poids de travaux abrutissants, restait étrangère aux découvertes les plus fécondes qui ne recevaient ainsi aucune des applications qu'on pouvait en faire immédiatement. Aussi l'industrie demeurait-elle stationnaire, et fallut-il qu'un demi-siècle s'écoulât pour que la vapeur et l'électricité révélassent leur puissance aux yeux des masses ébahies. Combien les temps ont changé ! De nos jours, les investigateurs — et il y en a dans tous les rangs — n'interrogent la science que pour lui arracher de nouveaux secrets en vue du bien-être de l'homme sur la terre. Ou bien encore l'artisan, après avoir accompli sa journée de labeur, va chercher dans des cours publics ouverts partout dans les grands centres de population, les notions qui lui sont nécessaires sur les matériaux qu'il façonne, ou sur les outils mécaniques dont il fait usage. Et bientôt, son intelligence, sollicitée par d'incessantes méditations, lui fait entrevoir des perfectionnements qui avaient échappé à ses devanciers, si ce n'est une création de toutes pièces qui imprime au progrès un pas de géant. En somme, le besoin de connaître est aujourd'hui stimulé par une tendance instinctive vers l'amélioration de la destinée humaine que la science a pour mission d'amener après elle.

Voyons en effet quels immenses services la science a déjà rendus à la civilisation et combien sont profondes les transformations que le génie de l'homme

a imprimées à la société moderne, depuis le commencement de ce siècle.

En premier lieu apparaît la vapeur qui substitue sa force motrice aux bras de l'homme, lequel bientôt n'aura plus d'autre fonction que celle de construire et de diriger les machines, instruments de sa puissance. La locomotive, en rapprochant les distances, établit entre les peuples des communications incessantes qui deviennent un gage de paix et de fraternité.

L'électricité, d'autre part, accomplit des merveilles non moins étonnantes. Grâce à cet agent mystérieux, l'espace est supprimé, et la pensée, conduite à travers un fil, se transmet presque instantanément d'un bout du monde à l'autre.

L'art du dessin est détrôné par la lumière qui fixe les images avec la fidélité du miroir.

La douleur, elle-même, est bannie des opérations les plus cruelles par l'intervention des vapeurs subtiles du chloroforme.

Les animaux et les végétaux, jusqu'ici parqués dans les contrées du globe qui les ont vus naître, tendent à devenir cosmopolites, sous l'influence des procédés d'acclimatation, et des espèces nouvelles surgissent chaque jour sous les efforts de l'art qui dompte la nature. J'ai nommé la *greffe* et l'*entraînement*.

Quelques années encore, et les forces naturelles perdues — les cours d'eau et les vents — converties, ici, en travail utile, là en chaleur, sous forme d'air comprimé et d'appareils à frottement (thermo-générateurs), se substitueront au combustible, qui sera réservé à d'autres usages et préservé d'une disparition inévitable, dans un avenir plus ou moins éloigné.

Tel est, au point de vue synthétique, l'inventaire des immenses conquêtes réalisées par la science contemporaine.

**SCIENCES** (classification des). Le système de nos connaissances est composé de différentes branches, dont plusieurs ont un même point de réunion, que l'on a essayé de figurer, dans le plus petit espace possible, sous la forme d'un arbre généalogique ou encyclopédique. Les sciences pouvant être envisagées sous une multitude de rapports différents, et les savants qui les cultivent plaçant assez généralement celle dont ils s'occupent au centre de toutes les autres, il en résulte que chacun d'eux a imaginé un système des connaissances humaines en rapport avec la science à laquelle il donne la préférence sur toutes les autres.

Nous allons présenter ici quatre tableaux synoptiques des connaissances humaines. (Voyez pages 135, 136 et 137.)

**SCILLE** (botanique) [*scilla maritima*, L.]. — Plante vivace de la famille des liliacées. Le bulbe de la scille, dit Nysten, qui est au moins de la grosseur du poing, est composé de tuniques serrées : il est rouge ou blanc, selon la variété de la plante ; mais le rouge est seul employé en médecine. On jette les premières tuniques ; celles du centre, qui sont blanches et mucilagineuses, sont peu estimées, et l'on ne fait ordinairement usage que des tuniques intermédiaires, qui sont épaisses, recouvertes d'un épiderme blanc rosé, plei-

(*A suivre page* 138.)

# SYSTÈME GÉNÉRAL DE LA CONNAISSANCE HUMAINE

## SUIVANT LE CHANCELIER BACON.

Division générale de la science humaine en HISTOIRE, POÉSIE et PHILOSOPHIE, selon les trois facultés de l'entendement, MÉMOIRE, IMAGINATION, RAISON.

### I.

Division de l'histoire, en *Naturelle* et *Civile*.

L'histoire naturelle se divise en histoire des productions de la nature, histoire des emplois de la nature ou des arts.

Seconde division de l'histoire naturelle, tirée de sa fin et de son usage, en histoire proprement dite et histoire raisonnée.

Division des productions de la nature, en histoire des choses célestes, des météores, de l'air, de la terre et de la mer, des éléments, des espèces particulières d'individus.

Division de l'histoire civile, en ecclésiastique, en littéraire et en civile proprement dite.

Première division de l'histoire civile proprement dite, en mémoires, antiquités, histoire complète.

Division de l'histoire complète, en chroniques, vies et relations.

Division de l'histoire des temps, en générale et en particulière.

Autre division de l'histoire des temps, en annales et en journaux.

Seconde division de l'histoire civile, en pure et en mixte.

Division de l'histoire ecclésiastique, en histoire ecclésiastique particulière, histoire des prophéties.

Division de la partie de l'histoire qui roule sur les dits notables des hommes, en lettres et apophthegmes.

### II.

Division de la poésie, en *narrative, dramatique* et *parabolique*.

### III.

Division générale de la science, en *théologie sacrée* et *philosophie*.

Division de la philosophie, en science de Dieu, science de la nature, science de l'homme.

Philosophie première, ou science des axiomes. Autre branche de cette philosophie première qui traite des qualités transcendantes des êtres.

Théologie naturelle, ou science des anges et des esprits.

Division de la science de la nature, en science spéculative et pratique.

Division de la science spéculative, en physique particulière et métaphysique.

Division de la physique, en science des principes des choses, science de la formation des choses ou du monde, et science de la variété des choses.

Division de la science de la variété des choses, en science des concrets et science des abstraits.

Division de la science des concrets dans les mêmes branches que l'histoire naturelle.

Division de la science des abstraits, en science des propriétés particulières des différents corps, et science des mouvements.

Branches de la philosophie spéculative, qui consistent dans les problèmes naturels et le sentiment des anciens philosophes.

Division de la métaphysique, en science des formes et science des causes finales.

Division de la science pratique de la nature, en mécanique et magie naturelle.

Branches de la science pratique de la nature, qui consistent dans le dénombrement des richesses humaines, naturelles ou artificielles.

Branche considérable de la philosophie naturelle, tant spéculative que pratique, appelée Mathématiques. Division des mathématiques en pures et mixtes. Division des mathématiques pures, en géométrie et arithmétique. Division des mathématiques mixtes, en perspective, musique, astronomie, cosmographie, architecture, science des machines, etc.

Division de la science de l'homme, en science du corps humain, et science de l'âme humaine.

Division de la science du corps humain, en médecine, cosmétique, athlétique, et science des plaisirs des sens.

Division de la médecine, en trois parties : art de conserver la santé, art de guérir les maladies, art de prolonger la vie. Peinture, Musique, etc. Branche de la science des plaisirs.

Division de la science de l'âme, en science du souffle divin et science de l'âme irrationnelle.

Autre division de la science de l'âme, en science de la substance de l'âme, science de ses facultés, et science de l'usage et de l'objet de ces facultés : de cette dernière résulte la divination naturelle, etc.

Division des facultés de l'âme sensible, en mouvement et sentiment.

Division de la science de l'usage et de l'objet des facultés de l'âme, en logique et morale.

Division de la logique, en art d'inventer, de juger, de retenir et de communiquer.

Division de l'art d'inventer, en invention des sciences ou des arts, et invention des arguments.

Division de l'art de juger, en jugement par induction et jugement par syllogisme.

Division de l'art du syllogisme, en analyse et principes pour démêler facilement le vrai du faux.

Science de l'analogie, branche de l'art de juger.

Division de l'art de retenir, en science de ce qui peut aider la mémoire, et science de la mémoire même.

Division de la science de la mémoire, en prénotion et emblème.

Division de la science de communiquer, en science de l'instrument du discours, science de la méthode du discours, et science des ornements du discours, ou Rhétorique.

Division de la science de l'instrument du discours, en science générale des signes, et en grammaire, qui se divise en science du langage et science de l'écriture.

Division de la science des signes, en hiéroglyphes et gestes, et en caractères réels.

Seconde division de la grammaire, en littérature et philosophie.

Art de la versification et prosodie, branches de la science du langage.

Art de déchiffrer, branche de l'art d'écrire.

Critique et pédagogie, branche de l'art de communiquer.

Division de la morale, en science de l'objet que l'âme doit se proposer, c'est-à-dire, du bien moral, et science de la culture de l'âme.

Division de la science civile, en science de la conversation, science des affaires, science de l'état, et plusieurs autres divisions.

L'auteur finit par quelques réflexions sur l'usage de la théologie sacrée, qu'il ne divise en aucunes branches.

## TABLEAU SYNOPTIQUE
## DE L'ENSEMBLE DES CONNAISSANCES HUMAINES,
### SUIVANT LES AUTEURS DE LA BIBLIOTHÈQUE POPULAIRE.

**LES SCIENCES SE DIVISENT EN :**

---

**SCIENCES COSMOLOGIQUES, ou POSITIVES, ou D'OBSERVATION (qui ont pour objet le Monde).**

**SCIENCES DES CORPS.**

- du Ciel............ ASTRONOMIE.
- de la Terre.
  - de la Terre même.
    - GÉOLOGIE........................
      - thalassographie (description de la mer).
      - géognosie, ou géologie propre.
      - atmosphérolog e et météorologie.
      - orographie, hydrographie, etc.
    - GÉOGRAPHIE......................
      - ethnographie, zoologie géographique, etc.
      - topographie.
      - statistique.
  - des corps distribués à sa surface ou dans ses entrailles.
    - Corps inorganiques. | MINÉRALOGIE. BOTANIQUE.
    - Corps organisés.... ZOOLOGIE.....
      - des vertébrés......
        - mammalogie.
        - ornithologie.
        - herpétologie.
        - ichtyologie.
        - malacologie.
      - des invertébrés....
        - entomologie.
        - crustacés.
        - annélides.
        - zoophytes.

**SCIENCES DES LOIS DES CORPS.**

- Lois physiques....
  - Mécaniques ou PHYSIQUE proprement dite.............
    - mécanique......... { mécanique propre. / hydraulique. }
    - atmologie.
    - acoustique.
    - électricité et magnétisme.
    - optique........... { dioptrique. / catoptrique. }
  - Chimiques ou CHIMIE.....................
    - inorganique.
    - organique........ { botanique. / animale. }
- Lois numérales ou MATHÉMATIQUES..............................
  - arithmétique.
  - géométrie et trigonométrie.
  - algèbre.
  - analyse.
  - calcul infinitésimal.

---

**SCIENCES ANTHROPOLOGIQUES, ou QUI TRAITENT DE L'HOMME.**

**INACTIF.**

- CORPS.....
  - Anatomie.........
    - de l'homme sain.......... ANATOMIE proprement dite et PHYSIOLOGIE.
    - de l'homme malade....... PATHOLOGIE et NOSOGRAPHIE.
  - Iatrosophie.........
    - préventive ou...... HYGIÈNE.
    - répressive. { chimique ou.. MÉDECINE. / mécanique ou. CHIRURGIE. }
- ÂME........
  - Faits........... PSYCHOLOGIE...........
    - de l'entendement.
    - de la volonté.
  - Lois..............
    - organiques et de détails...........
      - de l'entendement ou LOGIQUE.
      - de la volonté ou morale... { morale propre. / droits des gens. }
    - absolues et leurs conséquences.....
      - ontologie.
      - THÉODICÉE et à la suite THÉOLOGIE.

**AGISSANT ET PRODUISANT.**

- DES SIMPLES ACTES...
  - Histoire des actes..
    - Histoire générale du monde ou d'un peuple.
    - Histoires spéciales................
      - d'une province, tribu, famille, etc.
      - biographique.
      - d'une société.
      - d'une institution.
      - des voyages.
      - législation.
  - Théories des actes,
    - Économie politique............
      - transcendante ou constitutions, institutions.
      - organique ou jurisprudentielle.
    - Mœurs et Coutumes.
- DES PRODUITS...
  - technologiques.... ARTS....
    - d'exploitation................
      - de l'extérieur du sol, AGRONOMIE.
      - de l'intérieur du sol, MINES, CARRIÈRES.
    - de transformation..............
      - macération, cuisson, fermentation, distillation, fonderie, teinture, etc.
    - de commerce..................
      - transport, vente, etc.
      - tenue des livres.
  - technesthétiques... BEAUX-ARTS....
    - I. Arts qui emploient la parole :
      - Littérature, laquelle comprend :
        - Éloquence et Poésie.
    - II. Arts muets :
      - 1° s'adressant à l'oreille :
        - Musique ;
      - 2° s'adressant aux yeux :
        - 1° symboliquement :
          - Danse ou Chorégraphie,
          - Architecture ;
        - 2° kyriologiquement : les arts du dessin, qui comprennent :
          - Peinture.
          - Sculpture, et dans celles-ci :
            - *Gravure et Lithographie.*
            - *Bas-Reliefs.*

# CLASSIFICATION GÉNÉRALE DES SCIENCES,

D'APRÈS M. P. BRESSANT.

| SCIENCES ABSTRAITES. | SCIENCES NATURELLES. | SCIENCES APPLIQUÉES. | SCIENCES INDUSTRIELLES. |
|---|---|---|---|
| Elles ont pour objet de découvrir *les lois* des phénomènes. | Elles ont pour objet de découvrir et de classer *les faits.* | Elles ont pour objet de déterminer *les règles* de l'application rationnelle. | Elles ont pour objet de découvrir et de féconder *les moyens de production.* |
| 1. Logique. | 11. Barologie. | 21. Grammaire générale. | 31. Exploitation des mines. |
| 2. Analyse mathématique. | 12. Astronomie. | 22. Arithmétique. | 32. Agriculture. |
| 3. Géométrie. | 13. Physique du globe. | 23. Graphique. | 33. Zootechnie. |
| 4. Mécanique. | 14. Géologie. | 24. Géodésie. | 34. Minéralurgie. |
| 5. Physique. | 15. Botanique. | 25. Navigation. | 35. Technologie organique. |
| 6. Chimie. | 16. Zoologie. | 26. Physique appliquée. | 36. Plazotechnie. |
| 7. Biologie. | 17. Anthropologie. | 27. Artillerie. | 37. Constructions. |
| 8. Psychologie. | 18. Géographie. | 28. Médecine. | 38. Beaux-arts. |
| 9. Sociologie. | 19. Histoire. | 29. Morale. | 39. Commerce. |
| 10. Métaphysique. | 20. Droit. | 30. Politique. | 40. Économie. |

## TABLEAU DES SCIENCES

Présenté par N. BOUILLET, dans le *Dictionnaire universel des sciences, des lettres et des arts.*

### SCIENCES.

I. *Sciences métaphysiques et morales.*
Théologie : Théologie naturelle et Théodicée ; Théologie révélée : dogme, liturgie, exégèse ;
Philosophie : psychologie, logique, métaphysique, morale, esthétique, pédagogie ;
Jurisprudence : droit de la nature et des gens, droit politique, droit administratif, droit civil et criminel, droit canonique ;
Économie politique et sociale.

II. *Sciences historiques.*
Histoire politique, histoire ecclésiastique, histoire littéraire, biographie, bibliographie ;
Chronologie, généalogie, archéologie, paléographie, numismatique, blason ;
Géographie, ethnographie, statistique.

III. *Sciences mathématiques.*
Mathématiques pures : arithmétique, algèbre, géométrie ;
Mathématiques appliquées : mécanique, astronomie, marine, art militaire, génie, construction navale, construction des ponts et chaussées, des chemins de fer, etc.; métrologie.

IV. *Sciences physiques et naturelles.*
Physique : optique, acoustique, calorique, électricité, magnétisme, météorologie, etc ;
Chimie : chimie inorganique, chimie organique ;
Histoire naturelle : minéralogie, géologie, botanique, zoologie, anthropologie, anatomie comparée ;
Sciences médicales : anatomie et physiologie humaines; médecine : pathologie, hygiène, thérapeutique; chirurgie ; pharmacie ; art vétérinaire.

V. *Sciences occultes ou fausses sciences.*
Alchimie, astrologie, cabale, magie, chiromancie, nécromancie, sorcellerie, etc.

### LETTRES.

Grammaire, linguistique, philologie ;
Rhétorique et étude des compositions en prose : discours et divers genres d'éloquence, histoire, romans, ouvrages didactiques, genre épistolaire, etc.;
Poétique et étude des compositions en vers : poésie lyrique, épique, dramatique, satirique, didactique, descriptive, élégiaque, etc.;
Critique littéraire.

### ARTS.

I. *Beaux-arts et Arts d'agrément.*
Arts du dessin : dessin proprement dit, peinture, gravure, lithographie, photographie ; sculpture et statuaire ; architecture ;
Musique : théorie de la musique, solfége, musique vocale et instrumentale; composition musicale ;
Danse et chorégraphie ; gymnastique, escrime, équitation, natation ;
Jeux : jeux scéniques et fêtes publiques ; mimique, jeux d'adresse, prestidigitation, etc.

II. *Arts utiles. A. mécaniques et industriels : Technologie.*
Arts qui fournissent les matières premières : arts agricoles ; chasse, pêche, zootechnie, pisciculture, apiculture, sériciculture; exploitation des mines, des carrières, des salines, etc.;
Arts et industries qui préparent les matières premières : fabriques, manufactures et usines; filature, tissage, draperie, pelleterie, tannerie, teinturerie ; métallurgie, affinage ; fabrication des produits chimiques, des poudres et salpêtres, raffinerie, etc.;
Arts et industries qui mettent en œuvre les matières préparées : arts alimentaires, boulangerie, boucherie, fabrication de boisson (vin, bière, cidre, esprits, etc.), art culinaire ; — arts de l'habillement : tailleur, chapelier, cordonnier, gantier, couturière, etc.; — arts du bâtiment et de l'ameublement : maçonnerie, charpente, menuiserie, serrurerie, peinture, fumisterie, ébénisterie, tapisserie, etc.; — arts céramiques : poterie, vitrerie ; — arts de luxe : orfévrerie, bijouterie, joaillerie ; — fabrication des instruments, outils, machines : instruments aratoires, coutellerie, armurerie ; instruments de mathématiques, d'optique, etc. ; instruments de musique ; — arts typographiques : papeterie, imprimerie, librairie, etc.
Industrie commerciale : négoce, trafic, transport des marchandises; change des monnaies, négociation des valeurs, banque.

nes d'un suc visqueux et inodore, mais amer, âcre et corrosif. Pour les faire sécher, on les coupe en lanières, on les enfile en chapelets, et on les met à l'étuve. C'est en cet état que les écailles ou squammes de scille nous viennent d'Espagne ou d'Italie. Bien que ces bulbes perdent une partie de leur âcreté par la dessiccation, c'est néanmoins encore un médicament très-énergique. Il contient un principe particulier (scillitine) d'une amertume excessive, soluble dans l'eau et dans l'alcool, et déliquescent, auquel la scille doit une grande partie de ses propriétés, mais qui peut-être n'a pas encore été obtenu tout à fait pur ; on y trouve aussi de la gomme, du tannin, du citrate de chaux, de la matière sucrée, du ligneux, et un dernier principe âcre et corrosif qu'on n'a pu isoler. La scille est une plante très-active et un des plus puissants diurétiques ; on l'administre aussi comme stimulant de la membrane muqueuse bronchique, mais cette dernière action est loin d'être suffisamment constatée. A dose un peu élevée, la scille détermine des superpurgations, des vomissements, et tous les effets des poisons âcres et irritants.

**SCINQUES** (zoologie) [*scincus*]. — Genre de reptiles de la famille des scincoïdiens qui sont de tous les sauriens de cette famille ceux qui se rapprochent le plus des lézards : leur corps est à peu près le même, excepté qu'il est de toute une venue avec la queue, et que cette dernière est proportionnellement moins longue et plus grosse, surtout à sa base. Leurs membres, quoique courts, ne sont pas absolument inutiles pour la marche, parce qu'ils sont un peu moins éloignés les uns des autres que dans les genres suivants. Les ongles aigus dont leurs doigts sont pourvus, servent même à quelques-uns pour grimper le long des murs et jusque sur

Fig. 5. — Scinque.

les toits des cabanes peu élevées ; mais ces espèces sont en petit nombre, et les mouvements de la plupart d'entre eux sont généralement lents et embarrassés.

Ces sauriens, sans être aussi désagréables à la vue que les geckos et les caméléons, sont cependant bien loin d'être jolis ; leurs formes trapues ressemblent plus ou moins à celles des salamandres ; et malgré les écailles assez bien colorées, toujours brillantes et uniformes, qui recouvrent leur peau avec une parfaite régularité, leur aspect excite plutôt le dégoût qu'il ne flatte, tant pour le défaut d'harmonie entre les diverses parties de leur corps, qu'à cause de l'humeur gluante qui enduit continuellement leur enveloppe cutanée. Cet enduit, analogue à celui qui humecte les écailles des poissons et la peau des grenouilles, annonce des habitudes un peu aquatiques ; aussi la plupart des scinques vivent-ils assez indistinctement sur la terre et dans les eaux douces, où les vers et les insectes leur servent de nourriture.

On compte environ vingt espèces de ce genre, dont la plus célèbre et la plus anciennement connue est le *scinque des pharmacies*, reptile d'environ sept pouces de long. Sa chair passait autrefois et passe même encore en Turquie pour un des médicaments les plus propres à réparer les forces énervées par de coupables abus ; mais ces propriétés sont purement chimériques, et tout autre saurien posséderait les mêmes vertus, ou plutôt n'en aurait pas davantage. On trouve ce scinque dans la plupart des pays de l'Afrique, où il se tient au milieu des sables, dans lesquels il se creuse un terrier avec une rapidité incroyable, quand il est poursuivi. On en trouve aussi en Europe une espèce qu'on recommandait jadis aux épileptiques, auxquels on la faisait avaler toute vivante, après lui avoir coupé les pattes et la queue. Il y en a également aux Antilles une espèce fort remarquable, qu'on y appelle *brochet de terre* ; elle est aussi grosse que le bras, quoiqu'elle n'ait pas plus d'un pied de long.     (*Salacroux*.)

**SCOLOPENDRE** (zoologie) [*scolopendra*]. — Genre d'insectes de l'ordre des myriapodes, qui ont au moins vingt paires de pattes, et les anneaux semblables sur le dos et sous le ventre.

Ce sont, de tous les myriapodes qu'on évite, ceux qu'on redoute le plus, soit parce que leur taille est plus considérable ou leurs mouvements plus agiles, soit parce que leur venin est plus violent et plus actif. Et il faut convenir que la forme de leurs mandibules, qui ressemblent à des tenailles aiguës et qu'ils dirigent de tous côtés avec une rapidité qui rappelle celle du serpent, sont bien faits pour inspirer de l'éloignement pour un animal qui jouit, de temps immémorial, d'une réputation suspecte, quoique certainement on ait exagéré le danger de sa morsure. On peut ajouter d'ailleurs, pour justifier l'effroi que les scolopendres inspirent, que, semblables aux serpents par leurs habitudes comme par leur forme, elles fuient la lumière et se cachent dans les lieux humides. Du reste, il ne paraît pas qu'elles fassent périr de gros animaux.

On divise ce genre en deux sous-genres.

1° Les scolopendres propres qui ont quarante-deux pattes, huit yeux bien distincts et dix-sept articles aux antennes.

Nous en avons une espèce en France qui a de six à sept pouces de long, c'est la *scolopendre commune* ; la *S. d'Amérique* ou *mordante* est à peu près de la même taille; mais, comme elle habite un climat plus chaud, elle est plus dangereuse.

2ᵉ Les Geophiles (*geophilus*) ont plus de quarante-deux pattes, et leurs antennes n'ont que quatorze articles; leur corps est aussi proportionnellement plus long et plus étroit, et leurs yeux peu distincts. On en rencontre deux espèces aux environs de Paris, le *géophile électrique* et le *géophile maxillaire*, qu'on rencontre jusque dans l'enceinte de la capitale.

(*Salacroux.*)

**SCOMBÉROIDES** (zoologie) [du genre type *Scomber*, maquereau]. — Famille de poissons acanthoptérygiens dont les caractères sont : forme élégante, opercules non dentelés, écailles petites et lisses, nageoires verticales généralement sans écailles, cœcums nombreux. Ces poissons sont marins, et vivent en troupes innombrables. Ils offrent à l'homme une nourriture saine et délicate, et leur pêche est l'objet d'une industrie avantageuse. — Voy. *Maquereau, Thon,* etc.

**SCORBUT** (médecine). — Maladie qui affecte particulièrement les marins, surtout dans les voyages de long cours, et qui est caractérisée par un état général d'engourdissement et de débilité, par des taches livides répandues sur différentes parties du corps, et surtout par la rougeur, la mollesse, la tuméfaction des gencives, par la fétidité de l'haleine, avec disposition aux hémorrhagies passives et aux ulcérations fongueuses.

*Causes.* — Une température froide et humide, le défaut de propreté et de renouvellement de l'atmosphère, la disette, l'usage d'aliments peu nourrissants ou tendant à la putréfaction, des fatigues excessives ou une inaction prolongée; des affections morales tristes. Le scorbut n'est pas contagieux.

*Symptômes.* — *Premier degré.* Gencives rouges, molles, tuméfiées, saignant par le moindre frottement; haleine fétide; taches rouges, bleuâtres, noirâtres et livides sur la peau; face pâle, livide, bouffie; lassitudes générales, aversion pour l'exercice, fatigue au moindre mouvement, état de tristesse. — *Deuxième degré.* Gencives fongueuses, très-fétides; tendance à des hémorrhagies passives par les membranes muqueuses du nez, des bronches, de l'estomac, des intestins, de l'utérus; par les reins, par la vessie; induration et enflure des membres inférieurs; ulcères fongueux, dont les bords sont livides, boursoufflés ou durs, et qui rejettent un liquide noirâtre, fétide, sanguinolent; impossibilité de marcher, contraction des muscles fléchisseurs et de la jambe. — *Troisième degré.* Ulcérations fongueuses très-fétides, hémorrhagies passives excessives, dyspnée, syncopes fréquentes au moindre mouvement, et quelquefois par la seule exposition au contact de l'air; hydropisie; découragement porté à l'excès, hypocondrie; mort.

Cette maladie est devenue beaucoup plus rare chez les marins depuis qu'on fait usage de conserves alimentaires, et que les progrès de la marine et surtout l'introduction de la vapeur, ont abrégé la durée des traversées.

*Traitement.* — Les moyens curatifs sont en grande partie tirés de l'hygiène; tels sont les soins de propreté, l'habitation dans des lieux secs, éclairés par les rayons solaires, l'usage d'aliments végétaux ou animaux de bonne qualité, celui de bon vin, un exercice modéré, des affections morales agréables, la distraction. Les végétaux âcres de la famille des crucifères paraissent devoir être employés de préférence dans le premier et le second degré de la maladie, et les fruits sucrés et acides dans le troisième. Le traitement local doit varier selon les symptômes. On touche les ulcères de la bouche avec l'acide chlorhydrique étendu; on fomente les ulcères cutanés avec du vin, de l'alcool, ou du vinaigre aromatique et camphré; on combat les hémorrhagies passives avec l'acide sulfurique, l'alun, etc.

**SCORPIONS** (zoologie) [*scorpio*]. — Genre d'arachnides qui ont le corps long et terminé brusquement par une queue noueuse et munie à son extrémité d'un dard aigu, qui verse dans les plaies qu'il fait une liqueur venimeuse. Leur thorax et leur abdomen sont bien distincts, et sont formés le premier d'une seule pièce large et le second de sept ou huit anneaux.

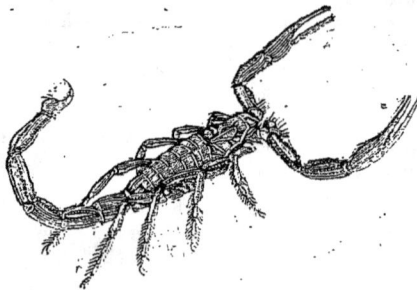

Fig. 6. — Scorpion.

Ces arachnides habitent les deux continents; elles vivent à terre, se cachent sous les pierres, les troncs d'arbres et recherchent ordinairement les lieux sombres et frais, ou même s'établissent dans l'intérieur des maisons. Elles courent vite, en redressant leur queue en forme d'arc sur le dos; mais lorsqu'elles sont en danger ou qu'elles veulent piquer quelque insecte, elles la dirigent à leur gré contre leur ennemi ou contre leur proie, et s'en servent comme d'une arme offensive ou défensive. C'est ainsi qu'elles détruisent une grande quantité d'araignées, de cloportes, etc.; elles sont aussi très-friandes d'œufs d'insectes. La piqûre de ces animaux est toujours dangereuse; mais les accidents qu'elle détermine sont proportionnés à l'âge et à la taille de celui qui la fait. Les individus âgés et forts sont les plus redoutables, sans que toutefois leur morsure produise la mort, à moins que des circonstances particulières ne favorisent les funestes effets du venin. On neutralise ces effets par le moyen de l'ammoniaque ou alcali volatil, appliqué extérieurement sur la plaie, ou introduit dans les voies digestives dans un véhicule tonique.

Les *scorpions* sont extrêmement voraces et cruels; non-seulement ils détruisent une grande quantité d'insectes de toute sorte; mais ils s'entre-dévorent encore et n'épargnent pas même leurs petits.

On connaît huit ou dix espèces de ce genre; une seule appartient à l'Europe et se trouve dans le midi de la France; c'est le *scorpion commun*. Elle a environ un pouce de long; sa piqûre n'est pas à beaucoup près aussi dangereuse que celle du *scorpion d'Afrique*, qui est aussi plus grand.    (*Salacroux.*)

**SCROFULAIRE** (botanique). — De la famille des scrofulariées, plante à racine blanchâtre et noueuse qui se trouve dans les lieux ombragés, et fleurit aux mois de juin et juillet. Son odeur vireuse, sa saveur amère semblent indiquer qu'elle n'est pas dépourvue de toute propriété; elle est cependant aujourd'hui complétement abandonnée, après avoir passé pour propre à résoudre les engorgements scrofuleux quand on appliquait les feuilles de cette plante sur les engorgements. Elle entrait jadis dans la composition de certaines pommades contre les maladies de la peau, aujourd'hui inusitées. Les vertus vulnéraires de la scrofulaire aquatique ne sont pas prisées davantage par les médecins de notre époque.

**SCROFULES** (médecine) [du grec *scrofa*, truie, à cause de l'analogie qu'a cette maladie avec une affection à laquelle la truie est sujette]. — Dites aussi *strumes*, vulgairement *écrouelles*, *humeurs froides*. — Maladie tuberculeuse qui consiste en un engorgement des ganglions lymphatiques superficiels, avec altération des fluides qui les pénètrent.

Les causes de cette maladie sont : l'enfance, l'adolescence ou la puberté; une constitution particulière caractérisée par la tuméfaction des lèvres et des ailes du nez, une peau fine et colorée, des cheveux blonds, des yeux bleus, la tuméfaction du ventre, le développement précoce de l'esprit et des organes génitaux, la fréquence des affections de la peau et des membranes muqueuses, etc.; l'habitation des gorges de montagnes, des lieux humides, obscurs et froids, des lieux marécageux, l'allaitement par une nourrice enceinte ou scrofuleuse; l'usage, durant l'enfance, d'aliments farineux non fermentés, les suites de maladies cutanées, le virus syphilitique. Elles sont héréditaires, endémiques, non contagieuses; elles disparaissent pour reparaître dans la même partie ou dans d'autres régions.

*Symptômes.* — *Première période.* Tuméfactions dures, irrégulières, indolentes des glandes lymphatiques du cou, de l'aisselle, et des autres parties du corps. Phénomènes d'une excitation générale, à laquelle succède bientôt un état d'atonie. — *Deuxième période.* Augmentation de volume, ramollissement, puis fluctuation de ces tumeurs; aspect d'abord luisant, puis couleur bleuâtre, rougeâtre et azurée de la peau qui les recouvre; formation d'ulcères dont les bords sont durs, élevés, tuméfiés, rugueux, décollés, d'un rouge livide, dont la suppuration est claire et grumelée, et se continue pendant longtemps, qui se cicatrisent et sont souvent remplacés par l'affection analogue d'autres glandes. — *Troisième période.* Carie des os, état fongueux des ulcères, état squirrheux des glandes; fièvre hectique, consomption et mort.

Le traitement est en grande partie hygiénique : air pur, sec et chaud, vêtements de laine, exercice en plein air, régime fortifiant, viandes rôties, vins généreux; on recommande aussi des frictions sèches ou les fumigations aromatiques, les bains de rivière, et surtout les bains de mer ou sulfureux. De tous les médicaments réputés *anti-scrofuleux*, l'iode et les préparations iodées sont ceux auxquels on donne aujourd'hui la préférence : on les prescrit soit à l'extérieur, en topiques, soit à l'intérieur, sous forme de solution ou de pilules; ils ne doivent, du reste, être employés qu'avec ménagement. On attribue aussi une grande efficacité au vin anti-scorbutique, à l'huile de foie de morue, ainsi qu'à l'infusion de feuilles de noyer; mais ce dernier remède agit plus lentement. On a autrefois vanté la *scrofulaire*; mais elle est aujourd'hui abandonnée. Pendant longtemps aussi la superstition attribua aux rois de France la merveilleuse faculté de guérir les écrouelles par le simple attouchement.

**SCULPTURE** (beaux-arts). — La sculpture est l'art de représenter en relief toutes les formes qui existent dans la nature.

La sculpture, appelée *statuaire* lorsqu'elle représente des statues *ronde-bosse* ou *plein relief*, fait presque toujours partie d'un monument et en compagnie du *bas-relief*. C'est la statuaire qui représente, par une figure ou un groupe, l'allégorie ou la synthèse, soit de la science, soit de l'illustration pour lesquels le monument a été élevé.

Le bas-relief (demi relief ou quart de relief) est une sculpture aplatie qui s'applique aux parties des monuments qui se refusent aux grandes saillies.

Le bas-relief permet aussi de représenter de grandes scènes avec un nombre infini de personnages, on pourrait l'appeler : *la peinture de la sculpture*; il exige la même science qu'elle sous le rapport de la perspective et de l'arrangement.

La sculpture se fait au moyen du ciseau et du marteau quand il s'agit du marbre ou de la pierre, mais ce n'est pas, ainsi que le croit généralement le public, ces instruments à la main que l'artiste forme son œuvre directement; il existe un travail préalable qui lui est supérieur et est vraiment la vraie conception, c'est le *modelage*; nous allons l'expliquer en peu de mots.

Le modelage est l'art de pétrir les formes de la figure et de l'ornement, soit avec l'argile ou la cire; l'artiste façonne et pétrit ces matières avec les mains d'abord, pour ébaucher le sujet grossièrement, puis ensuite avec l'ébauchoir, sorte de petite spatule en bois, en ivoire ou en fer pour terminer et polir le modèle.

C'est dans le modelage que consiste tout le talent du statuaire; c'est avec lui qu'il conçoit et exprime son œuvre.

La mollesse de la terre glaise et de la cire se prête aisément aux caprices de l'imagination par les changements successifs que peut leur faire éprouver l'artiste pendant sa conception.

L'artiste sculpteur se sert de l'ébauchoir pour accuser les formes, comme le peintre se sert du pinceau pour former les ombres et les reliefs ; le premier n'obtient le modelé qu'en évidant les parties qui doivent être creuses et en ajoutant à celles qui doivent être en relief ; le second ne peut obtenir ces conditions qu'au moyen de la couleur.

Le modelé s'applique aussi bien à la peinture qu'à la sculpture ; le peintre doit, pour être modeleur, posséder le sentiment des formes et la science des ombres. Le sculpteur doit sentir sous sa main palpiter la chair, afin de reproduire exactement les ondulations et les délicatesses du modelé ; du reste, ces deux arts exigent les mêmes qualités, le même savoir pour arriver à la perfection.

Quand le modelage d'une œuvre est terminé, la sculpture est faite ; on la moule alors en plâtre pour la conserver et servir de modèle, soit au *praticien* pour tailler le marbre avec l'aide de l'auteur, ou au fondeur pour le couler en métal.

La taille du marbre ou de la pierre exige une certaine pratique et la connaissance intime de la matière soumise à ce travail. Les parties évidées et minces sont réservées avec des points d'appui jusqu'au moment où l'œuvre est près d'être terminée ; on les dégage alors sans craindre de les briser. Quant à l'exécution de la statue elle-même, elle est tellement secondaire, que la plupart des sculpteurs confient sans hésiter au praticien ce travail qui est tout mécanique jusqu'à l'ébauche ; c'est seulement lorsqu'il s'agit de donner la vie aux chairs et l'expression au tout, que l'artiste consent à terminer son œuvre, et encore beaucoup laissent-ils ce soin à l'artiste praticien.

C'est par les moyens géométriques que l'on obtient avec le marbre ou la pierre la copie identique du modèle en plâtre ; on peut, par ces moyens, grandir ou diminuer la statue.

Un outil, appelé *machine à mettre aux points* (1), a pour mission de rechercher sur le modèle les dimensions des parties creuses ou saillantes ; ces mesures prises, on fait une marque au crayon sur chacune des parties correspondantes au modèle, puis, au moyen du compas, les distances et les épaisseurs sont régulièrement observées ; on arrive enfin pas à pas, en creusant par plans, à une exactitude surprenante ; le marbre presque terminé au ciseau et à la râpe est uni avec la pierre ponce qui épure et finit le modèle.

L'art de peindre et de sculpter est né partout ; chez l'homme encore sauvage, partout il a voulu imiter surtout la forme humaine : on n'a donc tardé nulle part à pétrir de la terre, à tailler du bois, et l'on est vite parvenu partout à vouloir représenter à peu près la même figure humaine par des traits grossiers de couleur. Telle a été l'origine de la *sculpture* et de la peinture, et ces deux arts se sont arrêtés à ces premiers rudiments, sur une grande partie de la terre. Moïse nous montre des ouvrages de *sculpture* dans des siècles bien antérieurs à ceux où il écrivait.

(1) La machine à mettre aux points est ordinairement une longue tige d'acier, glissant sur une colonne de métal et pouvant se rapprocher ou s'éloigner de l'objet selon les distances données par le fil à plomb.

Dans la Genèse, lorsque Jacob se disposait à quitter en secret Laban, et à retourner dans le pays où il avait pris naissance, Rachel parvint à dérober les idoles de son beau-père.

On voit encore que l'art de jeter en fonte les métaux, et de les faire servir à des imitations de la nature, fut connu des Israélites, dans des temps fort reculés, puisqu'ils fondirent un veau d'or dans le désert.

Les Egyptiens inventèrent de bonne heure la *sculpture* ; mais deux obstacles s'opposèrent à ce qu'ils pussent la porter à la perfection ; le premier était invincible : c'est qu'ils n'étaient pas beaux eux-mêmes ; le second, c'est que les lois leur prescrivaient une continuité de principes et de pratique, qui ne permettait pas aux artistes de rien ajouter à ce qu'avaient fait leurs prédécesseurs. Les Égyptiens ne pouvaient d'ailleurs connaître l'anatomie, puisque celui même qui ouvrait les corps pour les embaumer, était obligé de se soustraire, par la fuite, à la fureur du peuple.

Les grands ouvrages des Phéniciens ont été détruits ; mais Homère rend hommage à leur habileté dans les arts, en parlant du cratère de Pélée, qui l'emportait, dit-il, en beauté, sur tous les ouvrages de la terre entière, car c'étaient les Sidoniens, ces hommes habiles, qui l'avaient travaillé.

Les conjectures que l'on peut faire sur l'habileté des Perses, dans les arts qui tiennent au dessin, ne sont pas favorables à ce peuple. Comme la décence ne leur permettait pas de se montrer nus, ils ne purent faire de grands progrès dans le dessin de la figure, puisqu'ils n'en connaissaient pas les formes, et ne durent guère connaître d'autre beauté que celle des têtes, et la hauteur majestueuse de la taille.

Pline et Winkelman regardent comme probable que les Étrusques avaient conduit avant les Grecs, l'art de la *sculpture* à une certaine perfection ; ce qui est certain, c'est que longtemps avant le siège de Troie, un artiste, nommé Dédale, fuyant la colère de Minos, se réfugia en Sicile, où il travailla, et d'où il passa en Italie ; il y laissa des monuments de son art. Pausanias et Diodore de Sicile, assurent que l'on voyait encore, de leur temps, des ouvrages attribués à cet artiste célèbre, et qui étaient imposants par la grandeur de leur caractère.

Si les Grecs entrèrent plus tard que d'autres peuples, dans la carrière des arts, ils surent, en les devançant, faire servir ce désavantage à leur gloire. Dès qu'ils eurent fait les premiers pas, les encouragements, les récompenses, la gloire, les excitèrent à en faire de nouveaux ; et au moment où s'ils s'arrêtèrent enfin, s'il leur restait quelques découvertes à faire, ce n'était du moins que dans quelques parties inférieures de l'art, qui nuisent souvent à l'étude des parties capitales. D'ailleurs, jamais les statuaires n'eurent d'aussi fréquentes occasions que dans la Grèce, de développer leurs talents, et d'en recueillir la récompense. Tout homme qui méritait la reconnaissance de ses concitoyens, tout homme qui parvenait à se distinguer, avait les honneurs d'une statue.

On connaît l'amour des Grecs pour la beauté ; on sait que leurs ouvrages sont remplis des éloges de cette qualité extérieure ; chez un pareil peuple, les artistes devaient se la proposer pour objet capital de leur art : ils devaient surpasser, en suivant cet objet, tous les peuples qui avaient cultivé la *sculpture*, et leurs ouvrages devaient être les modèles de tous les peuples à venir.

Comme les honneurs des statues furent principalement accordés aux hommes qui excellèrent dans les jeux publics, les artistes durent avoir de beaux modèles, car des athlètes vainqueurs à la course, au pugilat, etc., devaient être des hommes bien conformés, et devaient offrir, par le genre de leurs exercices, différentes espèces de beauté.

Jusqu'au règne d'Alexandre, les arts s'avancèrent dans la Grèce successivement vers la perfection ; mais, après la mort de ce prince, quoique la peinture et la *sculpture* fussent toujours plus cultivées, elles ne firent plus de progrès dans les parties capitales. Après la chute des républiques grecques, les beaux arts furent transportés de la Grèce à Rome ; mais ils ne paraissent pas avoir eu beaucoup d'éclat avant le règne de Néron ; il est même probable que les beaux ouvrages faits du temps de ce prince, ainsi que sous les règnes de Trajan et d'Adrien, ont été exécutés par des Grecs.

Lorsque la Grèce fut tombée sous la domination de Rome, les artistes, privés de l'espérance de s'attirer de la considération de la part d'un gouvernement qui n'estimait que les gens de guerre, tombèrent dans le découragement ; dès lors ils renoncèrent à l'étude de l'art, qui devint une sorte de métier, et qui fut enfin plongé dans un abandon total.

L'art ne faisant plus de progrès déchut rapidement ; s'il se releva quelque temps sous les princes qui l'aimaient, les révolutions de l'empire, les guerres successives, le changement de religion, l'abolition des images, l'invasion des barbares, portèrent les derniers coups au bon goût, en détruisant ce qui restait encore des chefs-d'œuvre des anciens.

C'est dans le xv° siècle que la *sculpture* est sortie du néant, soutenue par Michel-Ange. Tandis qu'elle florissait en Italie, Jean Goujon lui préparait en France une nouvelle gloire ; mais cette gloire se perdit dans les guerres civiles qui désolèrent le royaume. Le siècle de Louis XIV, si fécond en merveilles, vit naître Puget, Girardon, Coustou, etc.

Depuis cette époque jusqu'au xix° siècle, la sculpture eut peu de représentants, mais depuis une cinquantaine d'années, cet art refleurit de nouveau en s'imprégnant du caractère de notre temps, c'est-à-dire que si elle s'éloigne parfois du style grec, elle n'en a pas moins de largeur et d'expression.

L'étude de l'antique, tant préconisée, semble absolument nécessaire dans les écoles comme principe d'exactitude dans les proportions anatomiques, du modèle et de la perfection des formes, mais il nous semble impossible, à notre époque, de suivre constamment cette froideur, que ressent chaque visiteur à l'aspect de ces figures que nous ne cessons d'admirer comme modèle de sévérité et de noblesse, et que cependant la plupart des artistes n'oseraient copier pour les présenter au public.

Nous allons essayer d'expliquer cette crainte et l'éloignement des écoles modernes pour l'antique ; cela paraît provenir de deux choses : la première, c'est qu'il est tellement admis, avec juste raison, qu'on ne peut mieux faire, qu'il semble téméraire ou superflu à l'artiste de chercher à imiter ce qu'on ne voudrait jamais lui accorder, c'est-à-dire la perfection ; nous sommes ainsi faits ; quand nous nous sommes enjoués d'une chose quelconque et surtout ancienne, nous ne reconnaissons jamais à nos contemporains la possibilité de faire avec la même supériorité ; et puis, on s'étonne que nos artistes s'écartent des principes de l'école, quand on a eu le soin de leur déclarer d'abord qu'on ne pourra jamais sculpter ou peindre comme les anciens. L'élève, ainsi averti, cherche la réputation et la gloire dans l'originalité, l'imprévu.

Voici une première explication, voyons la seconde ; celle-ci nous paraît moins probante : Notre xix° siècle est-il le siècle de Périclès ? nos mœurs et notre civilisation et surtout notre esprit sont-ils les mêmes ? sommes-nous bien sûrs que notre nature, c'est-à-dire notre cerveau, ne se soit point modifié dans une période de deux mille et quelques cents ans, et l'art que les Grecs nous ont transmis doit-il être forcément celui d'aujourd'hui, et jusqu'à la fin des temps ? Nous ne le croyons pas ; chaque époque a sa transition pour passer dans le mode qui convient à la nouvelle génération ; l'âge de la terre changeant comme celui de chaque être, ce changement apporte des sentiments et des goûts nouveaux qu'il serait ridicule de vouloir arrêter. Hier la beauté froide et sévère, aujourd'hui la nature expressive et passionnée, le caprice et l'originalité. Tels sont les deux termes contre lesquels viendront se briser les plus grands discoureurs, sans rien changer à la marche du torrent qui envahit sans rien entendre.

A ce sujet, l'unité de l'art prend ici sa place, et par les mêmes motifs que nous venons d'énoncer, nous le croyons inséparable de la manière dont quelques théoriciens l'entendent. L'unité de l'art, pour eux, c'est l'identité ou uniformité, qualité de ce qui est unique, par opposition à la pluralité. C'est ainsi que l'expliquent les dictionnaires. Partant de ce principe, l'unité de l'art, disent-ils, consiste à adopter telle école, à suivre les mêmes tendances, les mêmes choix, et donner ainsi une tendance, une homogénéité, un ordre enfin digne de la création.

Si nous suivions le système de ce genre d'unitéistes, comme ils le comprennent, nous aurions toutes nos villes bâties sur un même plan, d'après les mêmes lignes ; qu'on se représente toutes les rues de Paris établies dans le style Louis XIII de la place Royale, ou dans le genre des arcades de la rue de Rivoli ; la promenade qui exige tant de variété pour plaire à l'imagination serait bientôt bornée, et de même pour tous les arts ; une fois leur genre arrêté, leur idéal choisi, tout serait charpenté sur la même gamme. « Trop longtemps, s'écrie M. le comte de Laborde, comme des enfants en lisière, les artistes les plus forts dans leur talent, ont été retenus par vos programmes; il est temps de leur donner de l'essor. Qu'ils jettent leurs bourrelets par-dessus les moulins, qu'ils courent, qu'ils gambadent dans le vaste champ de l'imagination, plus d'un roulera à terre, se fera des bosses et des noirs, mais les habiles développeront leurs grâces naturelle ou leur puissante originalité. »

L'unité, telle que nous la concevons, est partout, dans chaque chose et dans toutes; elle est dans une seule œuvre formée de ses parties constituantes, elle est aussi dans la majorité des œuvres qui donnent l'harmonie.

Nous pouvons appeler *unité* un seul *son*, mais l'unité réside aussi dans l'*accord*.

La variété nous semble un principe naturel. Tout dans la nature est varié avec un tel enchaînement et une telle gradation, que de cet ensemble ressort l'harmonie.

C'est ainsi que nous comprenons l'*unité*; chaque variété, néanmoins, comporte en elle sa puissance qui est *une*, mais cette *unité* serait monotone et incomplète s'il n'y en avait point d'autres autour d'elle pour faire apprécier sa propre qualité. C'est, en un mot, l'homme créé à l'image de Dieu, mais ne pouvant vivre sans se confondre et vivre de la vie de ses semblables, de la nature entière, de la grande *unité* ! C'est le microcosme dans le macrocosme; enfin, et pour terminer, n'est-il pas absurde de réclamer le semblable quand rien dans l'Univers ne se ressemble, et surtout de ce qui émane de la nature de l'homme. N'y a-t-il rien de plus varié et parfois de si opposé dans la série humaine. Quels degrés différents dans la puissance et la qualité des passions, des sentiments et de l'intelligence de l'homme. Tel peut avoir les instincts prédominants 1° sur les sentiments et de ceux-ci sur l'intelligence; la prédominance des instincts sur l'intelligence et de celle-ci sur les sentiments; la prédominance des instincts sur un égal développement des sentiments et de l'intelligence.

2° Prédominance des sentiments sur les instincts, et de ceux-ci sur l'intelligence; sur l'intelligence, et de celle-ci sur les instincts; sur les instincts et sur l'intelligence également développés.

3° Prédominance de l'intelligence sur les instincts, et de ceux-ci sur les sentiments; sur les sentiments, et de ceux-ci sur les instincts; sur les instincts et sur les sentiments également développés.

4° Prédominance de deux classes sur la troisième.

Des instincts et des sentiments également développés sur l'intelligence;

Des instincts et de l'intelligence également développés sur les sentiments;

Des sentiments et de l'intelligence également développés sur les instincts.

Qu'on ajoute à ces grandes divisions des subdivisions, quelle infinité de nuances incalculables n'aura-t-on pas?

On le voit, cette question de l'unité de l'art a besoin, pour être résolue des études les plus sérieuses sur la physiologie et la psychologie de l'être humain; les con-

trastes sont si frappants, les éléments si divers dans le cerveau et le cœur de l'homme, qu'il n'est possible à aucune puissance de lui assigner telle ou telle condition; ce n'est que par une étude approfondie qu'on peut le modifier, mais non lui retirer le *moi* qui lui appartient.

Si l'attraction est une loi universelle, c'est bien dans la nature humaine qu'elle est palpable, c'est bien cette sympathie qui nous pousse à aimer, choisir notre idéal, et cet idéal n'est pas celui des autres; il sera donc modifié par chacun : de là vient le genre, le style, la manière, la touche, la vigueur ou la mollesse du modelé, la pureté ou le saccadé des lignes, la grandeur ou la mesquinerie du travail, le fini ou la rudesse des plans, etc.

Il est évident, en effet, qu'un artiste sans passions ne peut créer une œuvre aussi énergique et aussi expressive que celui qui en est doué; il en est ainsi des autres différences qui ressortent de l'intelligence des sentiments et de la manière de voir, c'est-à-dire des facultés perceptives.

Par tous ces motifs, nous le répétons, il est impossible d'obtenir une seule et même école dans les arts, partant pas d'unité, si ce n'est dans le tout par ce qui est vrai et beau.

Les facultés spéciales de la configuration et de l'étendue sont absolument nécessaires pour l'artiste qui se destine à l'art de la sculpture, s'il ne veut tomber dans le ridicule ou l'incohérence. C'est par la science qu'elles donnent que l'on est parfois obligé d'exagérer quelques parties, ou les amoindrir selon la place qu'elles occupent par rapport à l'œil de l'observateur : ainsi plus une statue sera peu élevée, plus elle devra se rapprocher des proportions véritables. Cette science n'est expliquée nulle part; le sentiment et les lois de la perspective sont les seuls guides en ces cas.

Quelques indifférents, ridicules ou anti-artistes, insensibles aux grandes générosités, aux actions sublimes, au progrès, aux découvertes, au génie enfin, gens qui dans leur égoïsme brutal ne considèrent que les chiffres, accompagnés de quelques niais, osent, c'est à n'y pas croire (mais nous leur pardonnons), trouver qu'en ce temps de lumières on élève trop de statues! qu'il est temps d'en finir! Que diraient-ils donc ces champions du matérialisme démolisseur, s'ils se trouvaient transplantés tout d'un coup dans l'ancienne Grèce ou à Rome, et qu'ils vissent, par exemple, trois cents statues représentant un même homme. « Démétrius de Phalère vit dresser en son honneur, à Athènes seulement, trois cents statues pendant son habile administration des intérêts de la ville et de l'Attique, et cela pendant l'espace de dix années. » Qu'étaient-ce que trois cents statues quand « Lysippe, l'un des plus grands sculpteurs de Sycione et de la Grèce, a pu, dans sa courte carrière, et bien que réputé pour la perfection apportée à son travail, en faire mille cinq cents à lui seul, j'entends assisté d'un monde d'élèves. »

On en était venu à s'ériger des statues à soi-même, et Lucius Sisenna Bassus léguait à Carthage les fonds nécessaires pour qu'on lui refît tous les sept ans une

nouvelle statue. Sans admettre cette dernière exagération, nous sommes encore loin d'imiter ces nations
qui comprirent l'art et la civilisation à un degré fort
avancé; c'est qu'en effet ces deux liens intimes ne
peuvent se séparer sans destruction.

La vulgarisation de l'art ne fut pas moins grande à
l'époque de la renaissance. Les plus grands artistes en
Italie montaient sur les échafauds et peignaient les
maisons : c'est ainsi que Giorgione, le Titien, ont illustré la plupart des façades de leur génie. Ces grands
maîtres ne possédaient sans doute pas l'estime de soi
à un degré aussi élevé que quelques-uns de nos artistes actuels; car, en livrant à l'intempérie des saisons leurs chefs-d'œuvre, ils se souciaient peu de leur
gloire future. Raphaël et beaucoup d'autres firent à
Rome des compositions ayant le même but; l'Italie
entière présentait alors l'aspect d'un musée en plein
soleil. L'art aussi fut estimé comme il devait l'être
(sinon rétribué), et le peuple était susceptible d'apprécier, à cause de la vue constante de ces œuvres
et par le goût qu'il en acquérait; ils vivaient pour
ainsi dire dans un nouvel élément.

Si le goût pour les arts décroissait un instant, on
verrait aussitôt la société s'amoindrir dans ses plus
nobles sentiments et périr ensuite.

Les beaux-arts, le culte du beau, l'amour de la nature, entretiennent la chaleur de l'imagination, créent
les plus belles et les plus ardentes intelligences, les
plus pures poésies, le sublime génie !

Toutes ces vérités, l'essence de Dieu même, prési-
dant à tous les actes, à l'existence entière de l'humanité, toutes ces jouissances de l'esprit ne sont pas de
vains hochets; c'est un besoin inné, c'est une nourriture de l'âme qui engendre même parfois chez celui
qui les produit comme chez ceux qui les ressentent,
jusqu'à de l'enthousiasme, et qu'est-ce que l'enthousiasme si ce n'est l'amour et l'exaltation de la vie?

Nous voyons donc avec joie notre pays entrer dans
cette nouvelle ère, car elle est celle du progrès et de
la civilisation; il serait à désirer que notre nation res-
semblât à Athènes, où il y avait toute une population
artiste, soit par la pratique, soit par le sentiment, le
bon goût; nous n'aurions plus de ces natures incom-
plètes qui en sont à regretter, que chaque ville en
France honore au moins une illustration qu'elle a
vue naître !

Peut-on moins faire? et enfin n'est-ce pas un grand
spectacle que celui de glorifier l'homme ou la femme
qui a servi son pays et souvent l'humanité tout entière, par ses actes, ses œuvres, ses découvertes, ses
inventions, ou le sacrifice de sa vie ! Et quelle émulation pour les générations qui se succèdent d'avoir
présent à la vue, l'image de ces célébrités? c'est à
l'envi que chacun suit ces traces, l'amour et l'approbation de ces contemporains, parfois l'admiration de
l'avenir. N'est-ce pas suffisant pour celui qui sent son
cœur battre et qui connaît l'inspiration ?

La sculpture par les statues et le monument, devient
non-seulement un moyen civilisateur par le goût et
l'intelligence qu'elle répand sur le public, mais encore
un exemple pour le dévouement.

La sculpture paye de déceptions et de misère ceux
qui s'y livrent en général, elle est aussi peu goûtée
et souvent mal appréciée : le goût public en France
tend vers l'art, mais il n'est pas ce qu'il devrait être.
Ce langage divin que comprenaient les Grecs est aujourd'hui inconnu pour la plupart; les artistes seuls, à
quelques exceptions près, d'une façon plus ou moins
complète, possèdent la science et le génie de cet immense poëme, mais cela ne suffit pas; Dieu n'a pas
privilégié quelques élus de cet amour sublime, pour
qu'ils en jouissent avec égoïsme; non, il a voulu que
le plus petit des humains pût profiter du savoir de son
semblable, en donnant à chacun des aptitudes différentes, et a prétendu ainsi qu'il fût d'une utilité évidente pour tous, et que l'on profitât moralement ou
matériellement de son talent spécial. Ce sera par la
profusion des œuvres artistiques sous toutes espèces
de formes, que cette éducation se créera, en développant les facultés de la configuration, du coloris, la
poésie et l'amour du beau.

Nous recommandons encore cette propagation de
l'art comme devant être utile aux artistes.

La sculpture, nous l'avons dit, abrite plus souvent
la misère que l'abondance, nulle profession n'est aussi
peu dédommagée; malgré toute la protection d'un
gouvernement ami des arts, la sculpture pour le plus
grand nombre est hérissée de difficultés et de sacrifices incroyables; combien de jeunes talents sont morts
pleins d'amertume et de dégoûts !

Nous allons esquisser à grands traits la condition
ordinaire du sculpteur pour que l'on ne nous accuse
pas d'exagération. Notre langage doit, nous le savons,
paraître étonnant aux gens du monde, c'est qu'en
effet ils ne pourront croire que cet art tant vanté, tant
complimenté (c'est ce dont on est le moins avare),
puisse être si peu productif à l'artiste, et lui donner
si peu de satisfaction. Voici donc l'énigme et ce qui
arrive quatre-vingts fois sur cent : Un élève, après avoir
fait ses études préparatoires et avoir passé plusieurs
années dans l'atelier d'un maître, atteint ordinairement de vingt-cinq à trente ans, âge de vigueur et
d'imagination ; s'il n'a pu aller à l'école de Rome, ce
qui, pour un artiste, est un droit qui le fait espérer,
il rassemble son courage, entre dans la vie artistique
plein d'amour et de foi, et, confiant dans sa persévérance, se met résolûment à l'œuvre. A l'œuvre, dit-
il, et le voilà jetant tout le feu de son ardente imagination dans une ou plusieurs œuvres, où il engloutit en
même temps la majeure partie de ses ressources ;
mais ces œuvres sans nul doute seront appréciées et
rapporteront à leur auteur; tel il lui semble, car il
passait pour bien faire, et il vient de consacrer deux
ou trois années à l'élucubration de la synthèse de tout
son être sur son travail ! Rêve trompeur, mirage du
désert ! le grand jour de la lutte arrive enfin, l'exposition reçoit notre jeune passionné ; mais, ô terrible
déception, la foule, ses amis, ses protecteurs qui ne lui
avaient pas épargné leurs éloges, ne sont plus là quand
il s'agit de faire placer les œuvres (qui l'ont quelquefois fait vieillir de dix années), qui doivent lui donner
la possibilité de continuer sa carrière artistique,...

Elles rentrent dans un coin de l'atelier et y restent
jusqu'au jour où un profane vient lui en offrir la valeur du plâtre si elle est de marbre ! L'artiste est
ruiné ! Il y en a peu que le sort favorise. Quoique la
peinture ne soit pas mieux traitée, cependant on ne
peut la comparer à cet égard, en ce qu'un peintre
peut produire une grande quantité d'œuvres avec la
somme qui ne donne qu'une statue ; elle a donc cet
avantage qu'elle peut se soutenir avec moins de peine
et avoir la possibilité de progresser et de faire admettre ses œuvres au nombre des plus remarquables, ce
qui est absolument interdit au statuaire qui tombe
dès sa première œuvre.

Sans compter les tracasseries sans nombre dont l'artiste est abreuvé, les misères sans fin qui lui l'accompagnent, nous maintenons que la sculpture, à mérite égal
sur tous les autres arts, porte en elle un désavantage
qui consiste dans les frais qu'elle exige et qui ne sont
jamais assez rétribués.

Ce tableau serait fort alarmant pour la sculpture
et le sculpteur, s'il n'était un moyen puissant de
s'en affranchir : nous voulons parler de l'alliance de
l'art avec l'industrie. Quelques-uns pourront nous
accuser de profanation ; mais quand ils auront compris toute la valeur de notre proposition, ils pourront
ressentir les bienfaits et l'indépendance qu'ils dési-
rent tant !

En effet, si comme nos plus grands maîtres, ainsi
que nous l'avons démontré, la classe d'artistes dont
nous venons de parler, voulait condescendre à enrichir
notre industrie de leur talent, cette même industrie ne
serait point aux abois, elle serait plus élevée, formerait le goût du public qui alors apprécierait mieux
l'art, et donnerait à l'artiste une aisance qui le mettrait à même d'exécuter ses projets.

L'art pour l'art ou plutôt les beaux-arts ne peuvent
être interprétés par la tranquillité d'esprit qu'ils exigent, que par des artistes ayant une sorte d'indépendance résultant d'une position acquise. Nous croyons
donc que l'industrie au xixe siècle apporte un élément
nouveau d'aspiration vers la perfection qui exige le
concours des beaux-arts, et qu'elle leur rendra au
centuple ce qu'ils lui auront prêté dans un avenir
prochain.

Au mot *Écriture*, notre savant collaborateur, J. Prodhomme, a dit que les peuples sauvages de l'Amérique faisaient usage de figures peintes ou sculptées
pour exprimer leurs idées, perpétuer leur histoire, etc.;
mais il n'en a pas donné de modèles. Nous suppléons
à cette omission en présentant ici quelques-unes des
gravures qu'un érudit américain, M. Thomas, a données dans le second volume de son histoire de l'Imprimerie ; nous avons pensé qu'elles intéresseraient
aussi bien les archéologues que les artistes et les savants.

Ces dessins (7 à 16) nous montrent les mouvements
d'une troupe d'Indiens qui, au xviiie siècle, s'asso-
ciaient aux colons de la France dans leurs luttes incessantes contre les Anglais. Mais, pour comprendre
ces grossières ébauches, il est nécessaire d'y joindre
une explication.

VII.

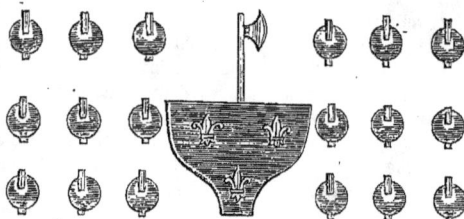

Fig. 7.

La hache placée au-dessus de l'écusson fleurdelisé indique
l'alliance des Indiens avec les Français. Chaque signe
placé à droite et à gauche de cet écusson représente le
nombre 10, ce qui forme un total de 180 Indiens.

Fig. 8.

Le départ des guerriers est figuré par cet oiseau qui ouvre
ses ailes sur une montagne. La lune avec le daim annonce
la date de cette expédition (le premier quartier de la
lune du daim, qui répond au mois de juillet).

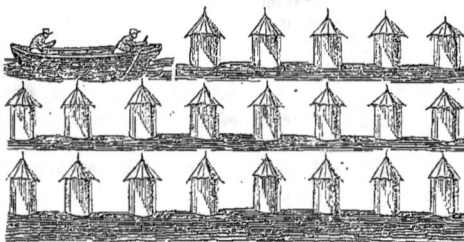

Fig. 9.

Le canot nous fait voir que les Indiens ont fait leur premier trajet par eau ; et le nombre des huttes, qu'ils sont
restés vingt-un jours en route.

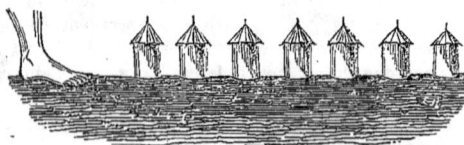

Fig. 10.

Ils posent le pied sur le sol, et voyagent sept jours par
terre.

Fig. 11.

Ils arrivent, au lever du soleil, près du terrain occupé par l'ennemi, et les trois huttes indiquent qu'ils ont fait là une halte de trois jours.

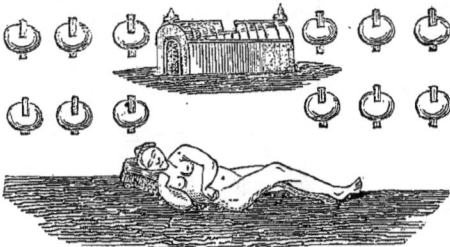

Fig. 12.

Ils surprennent dans leur sommeil cent vingt Anglais (12 fois 10), et font une brèche dans leur habitation.

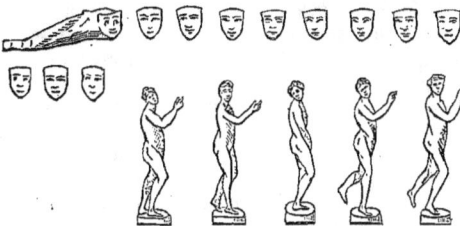

Fig. 13.

Ils assomment avec leur tomahawk onze ennemis, et en font cinq prisonniers.

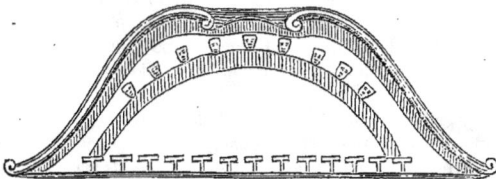

Fig. 14.

Ils ont perdu dans ce combat neuf de leurs hommes, représentés par ces neuf têtes encadrées dans l'arc.

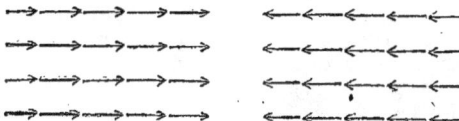

Fig. 15.

Les pointes des flèches dirigées les unes contre les autres sont le signe du combat.

Fig. 16.

Toutes les flèches tournées dans le même sens annoncent la déroute et la fuite de l'ennemi.

Les missionnaires jésuites citent des inscriptions en caractères de ce genre qu'ils ont observées chez les Iroquois et chez les Hurons. On en a trouvé de semblables chez les Patagons et parmi les peuplades de l'Océanie.     EUG. PAUL, *statuaire*.

**SECRET** (philosophie, morale). — On sourit aujourd'hui avec le haut dédain de la supériorité, quand on se reporte au temps où l'on aimait mieux mourir dans d'atroces tortures que de trahir un secret mis sous la sauvegarde du serment. Serments et secrets nous paraissent aujourd'hui des choses aussi passées, aussi décrépites que la magie blanche, les terreurs du diable et les rêves de l'alchimie. On consent bien encore un peu à garder un secret, mais c'est à la condition qu'il ne sera pas très-important et qu'il ne faudra pas le porter toute la vie; et si d'aventure l'on prête un serment, il est tacitement convenu qu'il n'arrivera rien de fâcheux à celui qui, une heure après, le violera. Funeste relâchement des mœurs! car, qu'on y songe, sans le secret, qui est la serrure de l'âme, et sans le serment, qui est le verrou des lèvres, rien ne demeure dans l'homme; tout s'en échappe comme une vaine fumée, quand la confiance ainsi méprisée ne se change pas aussitôt en délation. Cependant la société, toute positive qu'elle est ou qu'elle veut être, est soutenue plus qu'elle ne le croit, par le double appui du secret et du serment. Ce sont les deux rangées de côtes où s'enferme son cœur. Retirez le serment, la justice s'écroule; c'est sa base; ôtez le secret, le poignard va décimer les familles. Les très-honnêtes gens et les grands voleurs sont seuls à comprendre aujourd'hui, toute l'immense efficacité du secret et du serment, par la raison qu'en bien ou en mal la discrétion et la fidélité dans les engagements contractés sont la seule force qui soit restée sur la terre. (*Léon Gozlan.*)

**SÉCULAIRES** (JEUX) (histoire ancienne). — Jeux qui se célébraient une fois en 100 ou en 110 ans: ils duraient trois jours et trois nuits. Le premier qui les célébra à Rome fut Valérius Publicola, le premier consul créé après qu'on eut chassé les rois, l'an 245 de la fondation de Rome. Quelques auteurs prétendent qu'un *siècle* était composé de cent dix ans, d'autres, de cent ans; mais il est certain que plusieurs empereurs n'ont pas attendu ni la cent dixième, ni la centième année. Auguste avait fait célébrer les jeux *séculaires* l'an de Rome 736; Caligula en fit représenter 64 ans après; moins de temps encore après, Domitien en fit faire, auxquels Tacite assista en qualité de *quindécemvir.* Septime Sévère fut le dernier qui les célébra.

*Poëme séculaire*: c'est une pièce de vers qui se chantait ou se récitait aux jeux *séculaires*.

L'ode saphique d'Horace, qui est à la fin du livre des Epodes, est un fort beau poëme séculaire. Plusieurs éditions donnent encore le titre de poëme séculaire à la vingt-unième ode du premier.

*Année séculaire :* c'est l'année qui termine chaque siècle.

**SÉCULIER** (histoire ecclésiastique). — S'est dit d'abord de tout ce qui est temporel, par opposition à *ecclésiastique*. De là les *puissances séculières* comparées aux *puissances ecclésiastiques*. Ce mot s'est ensuite étendu aux ouvrages profanes, par opposition aux ouvrages sacrés, ou qui avaient rapport à la religion. La Légende sacrée rapporte que saint Jérôme ayant été sévèrement repris pour avoir lu avec trop de plaisir et d'attachement Cicéron et Platon, fut obligé, pour faire cesser les coups qu'il recevait à ce sujet, de promettre à Dieu qu'il ne lirait plus de livres *séculiers*.

**SEGMENT** (géométrie) [du latin *segmen* ou *segmentum*, retaille, morceau coupé.] — *Segment d'un cercle;* c'est la partie du cercle comprise entre un arc et sa corde; ou bien, c'est une partie d'un cercle comprise entre une ligne droite plus petite que le diamètre, et une partie de sa circonférence. *Segment d'une sphère;* c'est une partie d'une sphère terminée par une portion de sa surface, et un plan qui la coupe par un endroit quelconque. *Segment* se dit aussi par extension des parties de l'ellipse, ou d'autres figures curvilignes.

**SEICHES** [*sepia*]. — Genre de mollusques qui ont les plus grands rapports avec les calmars, dont ils ne diffèrent que par leur coquille et par leurs nageoires latérales. Dans les *seiches*, la coquille est ovale et de nature calcaire, et les nageoires s'étendent sur toute la longueur du corps; tandis que dans les calmars, la première est longue et conique, et les dernières n'existent qu'à la partie postérieure du corps. Du reste, dit Salacroux, ces deux genres de mollusques ont la même organisation et les mêmes habitudes; aussi agiles et aussi rusés les uns que les autres, ils font une grande destruction de poissons et de crustacés, soit au milieu de la mer, soit près de ses rivages. A leur tour ils sont poursuivis par les gros poissons, et, entre autres, par les congres qui en font leur principale nourriture. Mais leur fécondité est immense; ils pondent leurs œufs en grandes grappes, auxquelles on donne, sur les ports, le nom de *raisins de mer*. On recherche les *seiches* comme les calmars, pour leur encre et pour leur chair; leur coquille qu'on nomme vulgairement *os de seiche*, s'emploie à polir divers ouvrages, et se suspend dans la cage des petits oiseaux pour leur servir à s'aiguiser le bec. L'espèce la plus répandue dans toutes nos mers, est la *seiche officinale*, qui atteint 30 centimètres et plus de longueur: sa peau est lisse, blanchâtre, pointillée de roux.

**SEIGLE** (botanique).—Plante graminée qui fait partie des céréales, et qui ne compte qu'une seule espèce: le *seigle commun*. Cette plante, que nous cultivons en grand sur tous les points de l'Europe, et qui n'exige pas de très-bons terrains, est annuelle, produit une ou plusieurs tiges droites, grêles, creuses, articulées et garnies de feuilles linéaires à tous les nœuds. Dans les terrains maigres, le seigle ne s'élève guère à plus d'un mètre de haut, tandis que dans les bons sols il acquiert jusqu'à 2 mètres. Les fleurs du seigle sont nombreuses, verdâtres, disposées en épis plats au sommet des tiges, et varient aussi de longueur avec la bonté du sol; quand le seigle est en fleur, ce sont les étamines qui sortent de l'épi : c'est pour cette raison que la pluie l'empêche de fructifier, quand elle lave la poussière dont ces organes sont couverts.

On est dans l'usage de semer le seigle avant les autres céréales; il n'exige point autant de fumier qu'elles; mais plus les terres qu'on lui destine sont bien ameublies, bien préparées, mieux il réussit. Le seigle germe avec une seule feuille, comme toutes les graminées; mais cette feuille est d'un rouge pourpre, qui disparaît au bout de quelques jours, et fait place au plus beau vert.

Le seigle est le froment de la montagne et du pauvre; c'est lui qu'on récolte le premier, car *point d'avril sans épis*, et c'est toujours dans le seigle que l'on trouve ces députés de la moisson; ce sont eux qui soutiennent le courage du malheureux; encore quelques semaines et la récolte est là, et c'est le seigle qui tombera sous la faucille quinze jours avant le froment.

Le seigle semé dans le courant de septembre, deux fois plus épais qu'on ne le fait ordinairement, produit un fourrage vert et précoce qui est précieux pour les bestiaux à une époque où les greniers sont assez souvent vides.

La paille de seigle, par sa longueur et sa flexibilité, se prête à une foule d'usages auxquels la paille de froment n'est pas propre. C'est avec cette paille fine et longue que l'on prépare les liens des gerbes, que l'on attache le sarment à son tuteur, que l'on couvre le toit de la chaumière qui en a conservé le nom, que l'on fait les paillassons qui doivent abriter les espaliers, que l'on garnit le siége des chaises, etc.

La farine de seigle mêlée à celle du froment produit un pain plus frais et plus savoureux que celui du froment pur; mais cette farine seule ne donne qu'un pain lourd et gluant, que l'on ne mange que par régime ou fantaisie, parce qu'on le dit très-rafraîchissant.

Le seigle est sujet à une maladie particulière qui déforme ses graines et les change complétement de nature en décuplant leur volume. Voy. *Seigle ergoté.*

**SEIGLE ERGOTÉ** (thérapeutique). — Substance médicamenteuse fournie par une excroissance fungiforme développée entre les valves de la fleur du seigle, et qui constitue ce qu'on appelle *ergot*. D'après les recherches les plus récentes, l'ergot paraît se composer à la fois de l'ovaire qui a pris un grand développement, a changé de nature et de couleur, et formé presque toute la masse de l'ergot; et en second lieu d'un tubercule fungiforme ou champignon parasite nommé par M. Léveillé *Sphacelia segetum*. L'ergot se présente sous la forme d'un petit corps allongé, légèrement recourbé, paraissant composé d'une substance cornée, dure et cassante; sa couleur est d'un brun violacé à l'extérieur, blanchâtre ou nuancée de violet intérieurement. Sa saveur est légèrement âcre, et son odeur, quand il est réduit en poudre ou réuni en grande quantité, est désagréable et *sui generis*. Le seigle ergoté a des effets puissants sur l'économie, et qui diffèrent selon la manière dont on en a fait usage. Pris avec les aliments, comme cela a lieu dans certains pays où le pain est assez souvent fait avec la farine de seigle affecté d'ergot, cette substance donne lieu à une espèce d'empoisonnement dont les principaux symptômes sont des vertiges, des douleurs, des contractions spasmodiques des muscles, et même la gangrène locale ou le sphacèle de quelques parties du corps, et surtout des membres inférieurs. Administré chez les femmes en travail à la dose de quelques grains, le seigle ergoté provoque les contractions de l'utérus et hâte l'accouchement. Malgré la différence des résultats obtenus dans les diverses expérimentations faites par le docteur Prescott, cette propriété de l'ergot sur l'économie est parfaitement démontrée; les travaux récents des docteurs A. Goupil et Villeneuve ne laissent aucun doute à cet égard. Ceux du premier de ces médecins ont en outre pour résultat de prouver les bons effets du seigle ergoté dans le traitement des hémorrhagies utérines consécutives à l'accouchement. On emploie ce médicament sous différentes formes; mais c'est en poudre qu'il paraît avoir le plus d'action. Sa dose est de 50 centigr. à 2 gr. suspendus dans un véhicule quelconque, de 1 gr. à 4 gr. en décoction dans 250 gr. d'eau, dont on donne une cuillerée toutes les dix minutes.

Ordinairement quelques minutes après l'administration de la première ou de la seconde dose, les douleurs expulsives qui étaient suspendues reparaissent, se prolongent, deviennent plus intenses, et l'accouchement s'opère. On conçoit que le seigle ergoté, pour avoir des effets aussi heureux, ne doit être administré que dans le cas où le seul obstacle à la terminaison de l'accouchement consiste dans l'état d'inertie de l'utérus; dans toute autre circonstance, surtout quand la difficulté de l'expulsion du fœtus tient à une étroitesse même relative du bassin, à une position vicieuse, etc., son emploi ne pourrait être que funeste.    Dʳ A. TAVERNIER.

**SEL.** — Le sel est le produit de deux sources principales : l'une est minérale, tel que le sel gemme, que l'on trouve en abondance dans plusieurs montagnes de différentes parties du globe. On les exploite comme les mines ordinaires des métaux, et leurs produits s'appellent sel de roche ou sel gemme.

On trouve des mines de sel en France, en Hongrie, en Pologne, en Espagne et en Angleterre, à Norwich, dans le Cheshire.

La fameuse mine de Wieliczk, près de Cracovie, en Pologne, est une des plus curieuses et des plus considérables qui existent en Europe, tant pour sa profondeur que pour ses distributions en rues, en chambres, chapelles, dont les ameublements sont pareillement taillés dans le sel de roche, et jettent un brillant éclat à la lumière. La mine de Salzbourg n'est pas moins extraordinaire par la manière dont elle est exploitée

au moyen de l'eau que l'on fait filtrer dans les différentes excavations ou ce qu'on appelle chambres, et qui dissout en peu de temps la masse du sel de roche qu'on attaque. Cette eau, fortement imprégnée de sel, est ensuite conduite hors de la mine, et on en retire le sel par l'évaporation, ce qui produit une grande économie dans l'exploitation.

*Sel de source ou de fontaine.* Une autre source de la production du sel, c'est le grand nombre de sources salées qui existent dans beaucoup de pays. On obtient ce sel de différentes manières, soit par l'évaporation, soit par le calorique, soit par l'action de l'air sur les particules de l'eau que l'on fait évaporer en faisant tomber celle des sources salines d'une certaine hauteur, de cascades en cascades, à travers des fagots de bouleau : on achève quelquefois l'évaporation par le calorique ordinaire.

Mais la principale source d'où l'on se procure la plus grande partie du sel qui sert à la consommation, est celui qui résulte de l'évaporation de l'eau de la mer au moyen de la chaleur ardente du soleil en été, sur le littoral des pays du Midi. Cette opération est la plus facile et la plus économique : on n'a qu'à faire entrer l'eau de la mer à certains intervalles dans des places réservées qui sont des bassins partagés en plusieurs compartiments, où l'on retient la marée pendant le temps nécessaire pour opérer la cristallisation du sel par la seule action de la chaleur du soleil, d'où on le transporte dans des réservoirs suspendus pour le faire sécher et le purifier.

*Usage du sel.* Le principal usage du sel est destiné à l'assaisonnement des aliments, pour leur communiquer un certain goût sans en augmenter la partie nutritive; il excite ou facilite la digestion, et il est agréable au palais. En effet, il n'existe dans le monde aucune autre substance qui soit plus favorable à l'estomac et dont on ne puisse plus se passer une fois qu'on y a été habitué.

Ce qui n'est pas moins remarquable, c'est que le sel est le seul minéral de toute la nature qui sert à l'alimentation des animaux. Son action sur la constitution ou les organes est une opération toute chimique et n'est pas nutritive, comme nous l'avons fait observer; c'est-à-dire que le sel opère quelque changement dans les éléments qui forment la matière que doit digérer l'estomac, et qui la rend plus propre à être convertie complètement en chyle, ou bien qu'en se mêlant avec les jus produits par les organes de la digestion, il en augmente l'énergie. Aussi, on a généralement reconnu que le sel était d'un grand avantage dans l'économie rurale et domestique. Il conserve la santé des animaux, excite leur appétit défaillant, empêche les maladies, et en retardant la fermentation putréfactoire ou la décomposition des matières animales et végétales, nous donne la faculté de conserver un grand nombre de substances alimentaires, telles que la chair de porc, de bœuf, des poissons, le beurre; et l'on sait que les poissons salés et les salaisons, en général, forment un grand article de commerce, surtout pour l'approvisionnement des vaisseaux marchands et de guerre.

Voici quelques observations récentes de M. Goubaux qui s'est proposé de résoudre expérimentalement les questions suivantes :

1° Le sel marin peut-il exercer sur les animaux une action tonique? 2° dans l'affirmative, à quelles doses précises acquiert-il cette propriété? 3° quelle est sa manière d'agir sur l'économie animale, et principalement sur les organes digestifs? 4° la saumure a-t-elle une action différente de celle du sel marin qu'elle tient en dissolution?

Ces recherches expérimentales, mises en regard des faits observés par divers praticiens sur la plupart de nos espèces domestiques, peuvent se résumer dans les proportions qui suivent :

Le sel marin, administré par les voies digestives au delà d'une certaine dose, devient manifestement toxique. Cette dose varie un peu suivant les animaux et l'état de vacuité ou de plénitude de l'appareil gastro-intestinal. Néanmoins elle se détermine exactement, soit d'une manière absolue, soit relativement au poids du corps.

En ce qui concerne les carnivores, le chien en particulier, il suffit d'une quantité de sel égale à 1/400 du poids du corps pour tuer en douze heures, et à 1/113 ou à 1/140 pour déterminer la mort en moins de deux heures. En d'autres termes, ce résultat est produit par 60 à 80 grammes de sel marin chez les chiens de taille moyenne. Pour le cheval, à 1/300 du poids du corps est toxique dans l'espace le sel marin de douze heures.

La première action du sel marin, ingéré dans les voies digestives, est semblable à celle des émétiques. Elle se traduit par des nausées, par des efforts violents de vomissement. Ainsi, pour constater la série des effets de cette substance, il est indispensable de lier l'œsophage sur les animaux qui sont susceptibles de vomir.

Les effets qui se manifestent en second lieu montrent que le sel agit, comme purgatif drastique, avec une énergie proportionnelle à sa dose. Ceux-ci consistent en déjections fréquentes, opérées avec violence au début, sans efforts et presque involontairement sur la fin. Ces déjections, d'abord normales, deviennent bientôt molles, puis très-fluides; elles prennent successivement la teinte bleuâtre du mucus, celle de la bile; enfin elles acquièrent une teinte rosée et rougeâtre, de plus en plus foncée, à mesure qu'elles contiennent une plus grande proportion de sang.

Des phénomènes généraux très-remarquables se développent très-parallèlement et consécutivement aux troubles des fonctions digestives. L'animal éprouve habituellement une vive excitation, des tremblements épileptiformes, et, au bout d'un certain temps, il tombe dans un état de stupeur ou de prostration, où il reste plongé jusqu'au moment de la mort.

A l'autopsie des sujets qui succombent à la suite de l'ingestion du sel marin, on trouve l'estomac débarrassé d'une quantité plus ou moins grande de la solution saline, et plein de mucosités, souvent sanguinolentes. La muqueuse gastro-intestinale est vivement mais inégalement enflammée dans toute son étendue;

elle est épaisse; son tissu cellulaire sousjacent montre quelquefois une légère infiltration. La plupart des autres organes sont restés sains; néanmoins, il y a fréquemment un peu d'irritation à la muqueuse de la vessie et à celle du bassin, et, du côté du système nerveux, de l'injection à la pie-mère, des ecchymoses diffuses à la surface du cervelet et des hémisphères cérébraux.

En comparant le sel marin à la saumure, sous le triple rapport de l'action que ces substances exercent sur l'appareil digestif, de leurs effets généraux et des lésions matérielles qui se développent à la suite de leur administration, on s'assure que la saumure agit à la manière du sel et par le sel qu'elle tient en dissolution.

Ainsi, les animaux auxquels on donne une quantité déterminée de saumure en éprouvent sensiblement les mêmes effets que les animaux auxquels on a fait prendre une quantité de sel égale à celle tenue en dissolution dans la saumure administrée aux autres.

A la suite de l'ingestion de la saumure, comme après celle du sel marin, il survient, toutes choses étant égales d'ailleurs, des nausées, des vomissements, des phénomènes généraux de vive excitation, des convulsions et des déjections abondantes, d'abord normales, puis bilieuses, rosées et enfin sanguinolentes.

Tous ces effets se manifestent, à quelques différences individuelles près, dans le même temps, suivant le même ordre et avec une égale intensité.

Enfin le sel et la saumure, donnés à dose toxique, laissent, après la mort, des lésions matérielles identiques. S'il peut y avoir quelque différence dans le mode d'action de l'une et celui de l'autre de ces deux substances, cela tient à ce que la saumure contient souvent, outre le sel marin, de l'azotate de potasse, du poivre et d'autres matières excitantes.

Les propriétés toxiques spéciales attribuées à la saumure sont donc purement fictives; ses propriétés sont celles du sel marin lui-même. Ainsi il n'y a pas de raison de proscrire l'usage de la saumure, soit à titre de condiment, soit à celui de médicament stimulant : une telle exclusion serait aussi absurde que celle du chlorure de sodium.

Toutes les précautions à prendre pour prévenir les mauvais effets de ces deux composés, consistent à en régler les doses d'après les données de l'expérimentation et en se guidant sur l'instinct de chaque espèce. Aussi peut-on dire que, au point de vue de l'hygiène et de l'économie domestique, le résultat des recherches résumé dans les proportions précédentes est de montrer la nécessité de régler l'emploi du sel ou des solutions salines.                    J.-B.

SEL (chimie). — Combinaison d'un acide avec une base. La médecine emploie un très-grand nombre de sels : comme caustiques, les nitrates de mercure, d'argent; comme spécifiques contre les maladies vénériennes, les sels de mercure, d'or, d'argent et de platine; comme toniques et antiscrofuleux, les sels d'iode : comme fébrifuge et anti-périodique, le sulfate de quinine; comme purgatifs, le sur-tartrate de potasse ou *crème de tar-*

*tre*, les sulfates de soude ou *sel de Glauber*, de magnésie ou *sel d'epsom*, de potasse ou *sel de Duobus*, le tartrate de potasse et de soude ou *sel de seignette*, et plusieurs sels composés, dont quelques-uns sont vendus comme remèdes secrets, tel, par exemple, le *sel de Guindre*, auquel le vulgaire attribue de grandes propriétés et qui n'est qu'un mélange de six gros de soude, douze grains de nitrate de potasse ou sel de nitre et un demi-grain d'émétique. On emploie encore comme diurétique et apéritif, le sel de nitre ou nitrate de potasse; comme astringent ou styptique, l'alun et le sulfate de zinc ; comme émétique ou vomitif, le tartrate d'antimoine et de potasse ou émétique, les sels de zinc, etc., etc.

**SÉLÉNIATES** (chimie). — Ces sels sont analogues aux sulfates par leur composition ($MO, SeO^3)^3$, par leurs propriétés physiques et chimiques. Les séléniates de baryte, de strontiane, de chaux et de plomb sont insolubles comme les sulfates correspondants, avec lesquels ils ont isomorphes. Les séléniates de fer, de cuivre et de zinc chauffés, dégagent de l'oxygène et de l'acide sélénieux, duquel on peut retirer du sélénium au moyen de l'acide chlorhydrique et d'un sulfate. On prépare les séléniates comme les sulfates. (*Hœfer.*)

**SÉLÉNITES** (chimie).—Ces sels sont analogues aux sulfites par leur composition ($MO, SeO^2$), par leurs propriétés physiques et chimiques. Les sélénites sont un peu plus stables que les sulfites, avec lesquels ils sont isomorphes. Chauffés avec du charbon, ils donnent lieu à des vapeurs de sélénium, et à un dégagement d'acide carbonique ou d'oxyde de carbone, suivant que le charbon ou le sélénite est en excès. Les sélénites sont, à l'exception des sélénites alcalins, en général peu solubles dans l'eau.

**SÉLÉNIUM** (chimie). — Le sélénium se présente sous forme de poussière d'un rouge brique foncé. Fondu et réduit en morceaux compactes, il a un éclat métallique qui rappelle celui du plomb. A la température ordinaire, il est friable, et à cassure vitreuse conchoïde. A la température de l'eau bouillante, il devient mou comme de la cire, et se laisse réduire, comme le soufre, en fils très-minces. Il fond vers 130° et bout vers 400°, en donnant des vapeurs jaunes, semblables aux vapeurs de soufre; comme celui-ci, il donne alors, en se déposant sur des corps froids, des fleurs de sélénium d'un rouge brun foncé. Le sélénium est susceptible de cristalliser dans l'acide sulfurique concentré. Sa densité est de 2,132.

Le sélénium a la plus grande analogie avec le soufre. Comme celui-ci, il brûle à l'air avec une flamme pâle, livide, pour donner naissance à de l'acide sélénieux ayant la même composition que l'acide sulfureux qui se produit dans les mêmes circonstances. En absorbant 1 équiv. d'oxygène de plus, il forme l'acide sélénique $SeO^5$, tout à fait analogue à l'acide sulfurique $SO^5$. (*Hœfer.*)

**SÉLÉNIURES** (chimie).—Les séléniures sont tout à fait analogues aux sulfures. Tout ce qu'on dit de ces derniers peut, avec quelques légères modifications, s'appliquer aux séléniures. Les séléniures sont isomorphes avec les sulfures, et s'accompagnent dans un grand nombre de minerais et de composés organiques. Traités par un acide, ils dégagent de l'acide sélénhydrique, tout comme les sulfures qui, placés dans les mêmes conditions, dégagent de l'acide sulfhydrique.

La *solubilité*, la *composition* et la *préparation* des séléniures rappellent celles des sulfures.

**SEMEN CONTRA** (botanique). —Fleurs non épanouies et mêlées de pédoncules coupés menu, de deux espèces d'armoises, *artemisia judaïca* et *artemisia contra*, de la famille des corymbifères, qui croissent naturellement dans la Perse, le Thibet, le Boutan et l'Asie Mineure.

Le semen-contra (*semen contra vermes*) est employé en médecine.

On distingue plus particulièrement dans le commerce les deux espèces suivantes :

*Semen-contra d'Alep*. Le semen-contra d'Alep, qui vient de la Perse et du Levant, est un amas de fleurs à peine formées. Il est verdâtre quand il a vieilli : il exhale une odeur aromatique et très-forte. Il vient en balles de feutre.

*Semen-contra de Barbarie*. Celui-ci, comme le premier, est composé de pédoncules hachés et de fleurs. Il est sensiblement plus léger que celui d'Alep; son odeur, quand on le frotte, paraît entièrement semblable. On y trouve beaucoup de bûchettes et d'impuretés. Il vient en balles de jonc de 70 à 120 kil.

**SÉMINAIRE** [en latin *seminarium*, pépinière, dérivé de *semen*, semence]. — Etablissement où l'on élève des jeunes gens pour les former à l'état ecclésiastique. « On distingue les *grands séminaires* ou *séminaires* proprement dits, où les jeunes clercs font leur philosophie et leur théologie, et les *petits séminaires*, maisons d'éducation dirigées par des ecclésiastiques, sous le patronage des évêques, et qui servent, soit à préparer des jeunes clercs à entrer dans les grands séminaires, soit même à élever de jeunes laïques.

» Saint Augustin passe pour être le premier instituteur des maisons de noviciat ecclésiastique. Le concile de Trente, dans sa vingt-troisième session, prescrivit à tous les évêques d'entretenir un séminaire dans leur diocèse; cette obligation fut renouvelée en France par les articles organiques du Concordat, qui enjoignent en même temps d'enseigner dans chaque séminaire les maximes gallicanes de la déclaration de 1682. Les petits séminaires furent organisés par une ordonnance du 5 octobre 1814 et se multiplièrent rapidement. Les élèves étant exempts de la rétribution universitaire, une ordonnance du 16 juin 1828 en limita le nombre à 20,000; depuis la suppression de la rétribution, cette ordonnance est sans objet. — Les cultes réformés ont aussi des séminaires pour l'éducation de ceux qui se consacrent au culte. »

Les grands séminaires, qui sont sous la juridiction des archevêques et des évêques et qui ressortissent au ministère de l'instruction publique et des cultes, ont pour but de former des jeunes gens à l'état ecclésiastique et de les disposer à recevoir les ordres sacrés. Il existe généralement par diocèse un grand séminaire. Les jeunes gens qui veulent entrer dans un grand séminaire doivent s'adresser à l'archevêque ou évêque diocésain, pour en obtenir l'autorisation, et se munir des papiers suivants : 1° leur extrait de baptême, dans lequel il doit être fait mention qu'ils sont nés d'un mariage catholique, ledit extrait légalisé par l'évêque ou par un grand vicaire ; de leur acte de naissance.

S'ils se présentent pour faire leurs études de philosophie, ils doivent, en outre, se munir d'un certificat de rhétorique, et être en état de subir un examen sur les auteurs latins qu'on a coutume d'expliquer dans les cours d'humanité, spécialement sur les traités philosophiques de Cicéron et sur les poésies de Virgile. S'ils ont achevé leur cours de philosophie et ont déjà reçu la tonsure ou l'un des saints ordres, ils doivent présenter leur lettre d'ordination.

S'ils n'obtiennent pas l'une des bourses diocésaines fondées par le gouvernement et données par les évêques, ils doivent s'engager à payer le prix de la pension, qui varie suivant les diocèses. Ce prix est de 700 francs à Paris, au séminaire de Saint-Sulpice ; il est généralement de 350 à 400 fr. dans les autres diocèses.

Il existe à Paris, dans les bâtiments des Carmes, une école ecclésiastique de hautes études, sous le patronage de Monseigneur l'archevêque. MM. les ecclésiastiques y sont préparés aux grades des facultés des lettres et des sciences.

Il existe pour le culte protestant deux grands séminaires à Strasbourg et à Montauban, et une école préparatoire à Nîmes ; et, pour le culte israélite, une école rabbinique à Metz.

**SÉNAT** (histoire romaine) [du latin *senatus*, fait de *senex*, vieillard, assemblée des plus notables d'une république, qui ont part au gouvernement]. — Le sénat romain fut créé par Romulus, et composé de cent sénateurs, dont il laissa l'élection au peuple, à la réserve du président. Ce nombre fut doublé depuis l'alliance faite entre Romulus et Tatius, roi des Sabins. Quand Albe fut démolie sous le règne de Tullius Hostilius, six familles de cette ville furent inscrites dans le sénat, pour y remplir les places. Tarquin l'Ancien crut devoir ajouter au sénat cent nouveaux membres tirés des plébéiens, et cette augmentation fut la dernière du temps des rois.

Le sénat, sous la république et pendant sa splendeur, ne s'occupait point d'affaires contentieuses ; il nommait des juges tirés du sénat ou d'entre les chevaliers ; il ordonnait des affaires de la guerre, nommait ceux qui devaient commander les armées, envoyait des gouverneurs dans les provinces, maniait les finances, et disposait des revenus de l'empire.

Le sénat, avili par César, tomba, sous Tibère, dans un état de bassesse dont il ne lui fut plus possible de se relever.

On a depuis donné le nom de sénat à des assemblées revêtues d'une autorité à peu près pareille à celle du sénat de Rome, comme le sénat de Venise, le sénat de Gênes, le sénat de Pologne, etc.

*Sénat conservateur.* Dans la constitution de l'an 8 de la république française, on appelait ainsi un corps politique composé de membres inamovibles et à vie, qui élit dans la liste nationale les législateurs, les tribuns, etc., et qui est aussi chargé d'annuler tous les actes qui lui sont déférés comme inconstitutionnels par le tribunat, etc. Ce corps politique a été rétabli en France en 1852, mais avec quelques modifications.

**SENATUS-CONSULTE** (histoire romaine) [du latin *senatus*, et de *consulta, orum*, ordonnance, arrêt, résolution : décret, résolution du sénat]. — Décret par lequel le sénat romain ordonnait ou établissait quelque chose : c'est la définition qu'en donne Justinien.

*Sénatus-consulte* est employé, en France, depuis la constitution de l'an 8, pour signifier une décision du corps politique, appelé *sénat conservateur* ; c'est par un *sénatus-consulte* que Napoléon a été déclaré empereur héréditaire de la république française.

**SÉNÉCHAL** (histoire) [du latin barbare *seniscalcus*, pour *præfectus servorum*, chef, intendant de la maison].—Le *sénéchal* est un officier dont les fonctions ont été différentes selon les temps ; il paraît que dans l'origine c'était le plus ancien officier d'une maison. Il y en avait non-seulement chez les rois et les grands, mais même chez les particuliers.

Sous la première race des rois de France, les sénéchaux étaient du nombre des grands du royaume ; ils assistaient aux plaids du roi, et souscrivaient les chartes qu'il donnait. Il y en avait aussi sous la seconde et la troisième race ; ils sont nommés dans les actes après le comte ou maire du palais et avant tous les autres grands officiers.

La dignité de maire du palais ayant été éteinte, celle de grand sénéchal prit la place ; le dernier qui remplit la place de grand sénéchal, fut Thibaut, dit le Bon, comte de Blois et de Chartres, sous Louis VII. Celle de grand maître de la maison paraît lui avoir succédé.

L'une des principales fonctions du grand sénéchal était celle de rendre la justice ; les souverains qui possédaient les provinces de droit écrit, avaient chacun leur sénéchal, et lorsque ces provinces furent réunies à la couronne, leur premier officier de justice a conservé le titre de sénéchal.

**SENS** (physiologie). — Organes par lesquels l'âme se met en rapport avec les objets extérieurs ; faculté par laquelle l'âme perçoit les idées ou les images des objets, soit qu'elles lui viennent du dehors par l'impression des objets mêmes, soit qu'elles soient occasionnées par quelque action de l'âme sur elle-même.

On distingue les sens extérieurs, tels que l'ouïe, la vue, le goût, le tact et l'odorat qui présentent les images des objets immédiatement du dehors ; et les sens intérieurs ou internes, tels que l'imagination, l'attention, la mémoire, etc., qui présentent les objets du dedans.

*Étude sur les sens.* — Les sens, avons-nous dit, ont été divisés en externes et en internes. Les sens externes sont, comme on le sait, le toucher, le goût, l'odorat, la vue et l'ouïe. Les sens internes ou besoins sont la faim, la soif. On pourrait peut-être en ajouter un autre, le sens génital, comme je tâcherai de le démontrer plus tard.

Mais aujourd'hui mon intention est seulement d'essayer de prouver que les sens externes peuvent être subdivisés en deux groupes principaux, le premier se composant de l'ouïe et de la vue, le second du goût, de l'odorat et du toucher.

Dans les expériences que j'ai entreprises sur le haschich, j'avais déjà fait remarquer que les illusions, plutôt que les hallucinations de l'ouïe, de la vue, ne se produisaient pas en même temps que celles du goût, de l'odorat et du toucher. L'expérimentation directe m'avait donc déjà tracé cette division, mais l'étude des phénomènes intellectuels est venue encore la confirmer.

Si, en effet, on observe ce qui se passe pour chaque sens en particulier, on s'aperçoit que la vue nous sert non-seulement à voir les objets extérieurs, mais aussi ceux qui existent fictivement dans le cerveau ; que l'ouïe ne nous fait pas seulement entendre les voix extérieures, mais aussi d'autres que j'appellerai intérieures ; qu'au contraire les trois autres ne reçoivent à l'état physiologique que des impressions venant du dehors.

Dans le premier cas, lorsque les sensations externes ne sont pas perçues, les internes peuvent devenir extrêmement vives et donner naissance à ce que l'on désigne sous le nom d'hallucinations ; mais celles-ci, ainsi que j'ai déjà essayé de le démontrer, ne sont pas pour moi de véritables hallucinations, dans le sens où on l'entend généralement, ou du moins je ne les regarde pas comme des phénomènes pathologiques, mais bien comme dépendant d'un surcroît dans l'activité du cerveau placé dans des conditions spéciales, comme l'*état intermédiaire* entre la veille et le sommeil. Les hallucinations vraiment pathologiques n'existent que lorsque les perceptions internes viennent se mêler complétement avec les perceptions externes, et *faire tache*, pour ainsi dire, sur ces dernières.

Pour m'expliquer plus simplement, je dirai que l'étude pathologique de l'ouïe et de la vue conduit à admettre, si l'on veut, deux espèces d'hallucinations : une première variété formée par celles qui se produisent lorsque le cerveau n'est pas soumis aux agents extérieurs, comme celles qui s'observent pendant le sommeil et que l'on a désignées sous le nom de songes, comme celles qui se développent dans l'état intermédiaire entre la veille et le sommeil, qui, différant des songes par leur intensité plus grande, s'en rapprochent beaucoup par des conditions nécessaires à leur développement.

Une seconde formée par celles qui se produisent lorsque le cerveau perçoit en même temps des sensations provenant de l'intérieur et qui sont complétement pathologiques, puisque cet organe est incapable de recevoir à la fois deux ordres de sensations.

Pour les autres sens, toucher, goût et odorat, il ne peut y avoir à l'état physiologique qu'un ordre de perceptions, puisque les sensations proviennent toujours de l'extérieur. Il doit par conséquent n'exister qu'une variété d'hallucinations, hallucinations provenant toujours d'un trouble grave, et nullement d'une suractivité dans le jeu d'un organe connu ; cela s'observe pour celles de la première catégorie.

Cette étude nous a donc permis de reconnaître une différence entre les sens de la première catégorie et ceux de la seconde. Les observations vont venir aussi à leur tour nous aider.

On remarque d'abord ceci : c'est que les hallucinations de l'odorat, du goût et du toucher ne sont notées que lorsque celles de l'ouïe et de la vue sont complétement pathologiques ; c'est-à-dire lorsqu'elles ne se produisent pas dans l'obscurité ou dans le silence, mais bien dans des conditions opposées.

Une autre observation très-importante, c'est que les hallucinations de la vue ou de l'ouïe peuvent exister en même temps que celles des autres sens, mais que le plus souvent ces dernières peuvent aussi manquer complétement ou exister seules.

La division que je viens d'établir repose donc sur deux ordres de faits :

1° Sur ce qu'elle est le résultat d'une expérience directe ;

2° Sur ce que les sens de la vue et de l'ouïe jouissent seuls, à l'état physiologique, du pouvoir d'être impressionnés par des sensations à la fois physiques et intellectuelles, tant que les autres ne le sont que par des sensations externes.

Il me serait facile de démontrer encore les liens qui réunissent ces derniers entre eux et qui font qu'on peut les regarder toutes les trois comme étant une modification du toucher. Je me contenterai seulement de rappeler que chez les personnes hystériques, où le plus souvent il existe des altérations du toucher, on rencontre aussi des modifications dans le goût et dans l'odorat ; et, à ce propos, je citerai une observation d'hystérie chez l'homme, notée dans la thèse de M. Bastien, où ces trois sens présentaient chacun quelques altérations, consistant dans une analgésie pour le toucher, dans l'impossibilité de goûter les saveurs âcres pour le goût, dans la non-perception des odeurs fortes pour l'odorat. En présence de pareils faits, ne serait-on même pas porté à regarder ces différentes sensations comme étant transmises par le même ordre de fibres nerveuses, les autres l'étant par une autre série, comme cela semble avoir lieu du reste pour le toucher ?

Il ne faut pas croire que cette division soit purement oiseuse ; je pense même qu'elle pourra servir à expliquer la marche de certains phénomènes intellectuels, et c'est seulement pour cela que j'ai essayé d'en constater l'existence. (Ch. Judée.)

**SENSATION.** — Les métaphysiciens ont exactement défini la sensation en disant qu'elle est *la conscience d'une impression*, mais ils ne nous ont rien appris sur la manière dont les sensations se produisent, sur les organes qui servent à leurs manifestations, sur les rapports qui existent entre la sensation, l'idée, le jugement, d'une part ; la mémoire, l'imagination, le raisonnement et la méthode de l'autre. Ils ont encore omis de nous faire nettement connaître ce que c'est que la conscience et comment les impressions lui parviennent. Combler ces lacunes, c'est donner des bases physiologiques à la philosophie ainsi qu'à la logique : tel est le but de cette étude.

Le système nerveux étant le siége, le moyen, le *médium*, pour parler selon la mode, de notre sensibilité, de notre intelligence, de notre volonté, et l'instrument de toutes ces manifestations phénoménales que nous appelons impression, sensation, idée, jugement, mémoire, imagination, raisonnement, méthode, télégraphie du sentiment, télégraphie du mouvement et de la volonté, nul doute qu'il importe d'en bien comprendre le mécanisme. Nous rappellerons donc en quelques mots ces principaux caractères, en nous plaçant au point de vue des découvertes les plus récentes.

Toujours et partout, depuis les animaux les plus inférieurs jusqu'à l'homme, le système nerveux se compose de deux éléments : l'un *tubulaire*, filamenteux, subordonné — c'est *le nerf*; l'autre est l'élément moteur et sentant, l'élément directeur, — c'est le *ganglion* : il se compose de cellules que toujours l'on peut rapporter à trois types; aussi est-il *cellulaire*.

Le ganglion est aux nerfs ce que la pile est aux fils télégraphiques, ou mieux encore, ce qu'un aimant artificiel est à des fils conducteurs.

La vie et ses phénomènes chimiques, voilà la souche possible d'une aimantation spéciale des ganglions. L'agent nerveux diffère de l'agent galvanique, de l'agent magnétique, ou paraît en différer; mais il est de la même famille et se transmet de la même manière. L'étude des courants nerveux explique tous ces mouvements d'apparence bizarre, tels que les mouvements de *rotation* qui succèdent à certaines blessures encéphaliques, à certaines mutilations faites au point de vue de l'expérimentation.

Chez les animaux supérieurs, le système nerveux se divise en six appareils ou groupes d'appareils principaux — savoir :

1° Les ganglions des sens ou externes ;

2° Les ganglions internes ou de la vie végéto-organique ;

3° Les ganglions cérébraux de la vie intellectuelle;

4° La télégraphie du sentiment, qui est sensifère et centripète;

5 La télégraphie du mouvement, qui est centrifuge et porte les ordres de la volonté.

Le sixième appareil complète les deux télégraphies précédentes; il existe dans le cerveau même, il est formé par de la substance blanche tubulaire et sert à mettre en rapports incessants les divers groupes ganglionaires qui forment les départements de l'unité cérébrale. Ce fait, ignoré des anciens, n'a été *entrevu* pour la première fois que par Gratiolet, qui l'a signalé dans un ouvrage tout récent. Il est de la plus haute importance.

Nos écoles et nos livres les plus modernes n'enseignent point encore que nos sens sont des appareils ganglionaires, mais on y viendra. Rien d'ailleurs n'est plus facile à démontrer au moyen du microscope. La rétine d'un animal inférieur et celle de l'homme, l'extrémité tactile du mollusque et la partie tactile de la peau de l'index contiennent des cellules qu'il est difficile de rapporter à autre chose qu'au système ganglionaire. Impossible de les prendre pour des nerfs

épanouis : les tubes nerveux ne sauraient engendrer des cellules.

Toutefois, les ganglions, disposés d'une certaine manière, peuvent être à la fois des conducteurs télégraphiques et des agents de motricité et de sensibilité; c'est ce qui a lieu pour la moelle épinière.

Sentir et agir sont choses distinctes, voilà pourquoi la différence est si grande parmi les instruments qui nous mettent en rapport avec le monde extérieur, si grande encore entre les agents de la volonté et les agents de la sensibilité, entre les mécanismes de la marche, de la préhension, de la parole et ce que l'on appelle les sens.

Si nous n'étions retenu par l'espace, nous aimerions à tracer ici la série des progrès accomplis par le système nerveux dans la série des êtres, et à donner la démonstration la plus complète de deux grandes propositions que nous nous bornons à énoncer :

Le système nerveux, dans ses développements, va de la confusion des parties et des fonctions à la solidarité, à l'unité, à la hiérarchie; il procède à la distinction et à la multiplication des fonctions, par la concentration et l'orientation de ses organismes.

Les types supérieurs et complexes ne sont que les types simples antécédents, auxquels s'ajoutent des parties nouvelles et caractéristiques.

Pour que de telles règles existent, il faut que les ganglions moteurs de la moelle donnent naissance aux nerfs moteurs et *vice versâ*; que les nerfs mixtes aient des racines mixtes, et que l'appareil cérébral ait sous ses ordres des appareils quasi-automatiques, subordonnés les uns du mouvement, les autres du sentiment. Ces règles nous expliquent aussi pourquoi, chez l'homme et les vertébrés supérieurs, la grosse racine du nerf optique distribue directement les filets à divers départements cérébraux (Gratiolet, découverte de 1854).

Nous pouvons procéder maintenant à l'étude de la sensation. Une sensation, chez les animaux supérieurs, comporte au moins trois phénomènes :

Une impression ;

Le transport de cette impression au cerveau;

La perception de cette impression par la conscience.

Nous nous gardons, on le voit, de suivre l'exemple de Flourens et de quelques savants, en confondant l'*impression* et la *sensation*. Ce serait embrouiller l'étude des phénomènes de l'intelligence de manière à ne s'y plus reconnaître. Confondre encore la sensibilité normale de nos organes avec la sensibilité maladive ou avec cette sensibilité sous l'influence des instruments piquants, tranchants et contondants, que l'on doit appeler *irritabilité*, c'est commettre une de ces fautes graves qui mènent à l'absurde. C'est de la sorte que Magendie a été conduit à nier la sensibilité de la rétine, et que Flourens est arrivé à nier celle du cerveau.

Revenons à la sensation : Je regarde la lettre A et aussitôt elle se dessine au fond de mon œil en deux endroits : 1° au fond de l'œil, sur l'enduit noir de la choroïde où elle est très-observable. Cette image, par effet de chambre obscure, est celle que Descartes a découverte. La seconde est produite par les ondulations lumineuses de la lettre A au sein de la vitre transparente et membraneuse qui porte le nom de rétine. Cette image, toute ganglionaire, est la seule efficiente.

Les fils télégraphiques du nerf optique transmettent, de la rétine au cerveau, ces vibrations lumineuses qui dessinent au fond de l'œil un A ainsi renversé Ɐ.

Chaque fil télégraphique porte une image, une impression rétineuse, encore que la rétine externe et la rétine interne aient chacune dans chaque œil leurs filets nerveux particuliers. Chaque groupe ganglionaire cérébral qui reçoit un filet du nerf optique, reçoit donc aussi une image renversée de la lettre A, c'est-à-dire, et ceci mérite grande attention, une image *négative*, un véritable *cliché* nerveux et photographique, qui se transforme aussitôt en image *positive*, au contact d'éléments préparés par le phénomène vital et cérébral que nous appelons *attention*.

Il ne s'agit pas ici de suppositions gratuites. Le phénomène de la mémoire nous prouve que la sensation visuelle est à l'impression oculaire ce qu'une image positive est à un cliché; or, il faut bien que cette image positive soit dans le cerveau même pour qu'elle s'y enregistre et s'y conserve.

Puisque les nombreux filets du nerf optique portent chacun une image du cerveau, les images cérébrales sont donc multiples et même nombreuses.

Dans un stéréoscope, ce charmant instrument aujourd'hui si commun, nous regardons *deux* images du même objet, et notre conscience n'en perçoit qu'*une*.

De même au cerveau, nous avons 10, 20, 25 N, images de la lettre A ou de tout autre objet, et nous ne percevons qu'une image.

Il y a donc au cerveau un effet de stéréoscope multiplié par 10, 20, 25 N, et divisé par deux.

Les images que nous fabriquons dans l'appareil de Daguerre portent le nom de *photographies*. Il convient d'appeler *névrographies*, celles que les nerfs portent et impriment au cerveau.

Des névrographies multiples, perçues et réduites à l'unité par la conscience, voilà le phénomène de l'ordre des impondérables que nous appelons *sensation*.

Une sensation, par suite, se confondra nécessairement dans notre esprit avec la névrographie unitaire dont nous avons conscience, avec la résultante des névrographies diverses produites au cerveau par une impression.

Buffon, et nous sommes de son avis, n'admettait qu'un sens, *le toucher*, qui se modifie selon les essences des phénomènes extérieurs dont il doit rendre compte. Le goût n'est en effet qu'un toucher chimique; l'odorat est le toucher des molécules volatilisées, des molécules à l'état aromatique; l'ouïe est le toucher des cordes sonores; la vision est le toucher des ondes lumineuses.

Un sens peut être *passif*, et, alors, c'est l'action des phénomènes extérieurs qui provoque cet état vital que nous avons appelé attention.

Un sens peut être *actif*, et alors, c'est notre intelli-

gence qui l'envoie en quelque sorte à la découverte, qui en fait une sorte de sentinelle avancée. La logique des langues a parfaitement saisi le fait; nous disons en effet :

Toucher, — palper.
Goûter, — déguster.
Sentir, — odorer, flairer.
Voir, — regarder, considérer, examiner.

En réfléchissant sur ce qui précède, nous comprenons pourquoi nous voyons les objets droits et non renversés. Ce n'est pas l'image rétinienne que nous voyons; c'est l'image cérébrale positive qu'elle a engendrée.

Les lois d'évolution des êtres n'ont pas toujours produit un progrès en ligne droite dans la série des organismes : chez l'homme, chaque hémisphère cérébral est un cerveau qui a son œil et ses nombreux filets nerveux télégraphiques. Chez certains animaux, ce sont les yeux qui sont multiples, et chaque œil est relié à un ganglion cérébroïde par un seul filet nerveux : c'est ce qui a lieu chez des insectes, chez des arachnides. Nous trouvons, du reste, chez les animaux inférieurs, la preuve de l'unité des sens. Il en est dont l'œil et le toucher sont desservis par le même tronc nerveux.

L'unité des sens nous conduit à l'unité dans les vibrations qui transmettent les impressions, à l'unité dans la manière dont elles se névrographient.

Mais, si c'est un ganglion interne qui reçoit une impression, quelle différence pouvons-nous concevoir, soit dans l'excitation qui en résulte, soit dans son mode de transmission télégraphique? Nos pères avaient pressenti cette similitude; aussi disaient-ils sens *externes*, sens *internes*, tout comme le médecin dit chaque jour symptôme objectif, symptôme subjectif. Il y a donc nécessité de règles semblables pour les impressions et les sensations objectives et subjectives, externes et internes. Les éléments nerfs et ganglions sont les mêmes, le milieu est le même; la différence gît tout entière dans le placement et la fonction des ganglions. C'est pour cela qu'il nous a toujours paru peu rationnel de nier les sensations anormales perçues par l'épigastre, par certains extatiques et cataleptiques. Mais poursuivons.

Chaque partie du cerveau qui reçoit un filet nerveux oculaire, dans l'expérience qui est notre point de départ, forme tout naturellement un département cérébral, un groupe de ganglions. Si l'un de ces groupes reçoit une excitation quelconque, par exemple, sous l'influence d'une névrographie en lui déposée, voilà une impression ganglionaire cérébrale qui se produit. Cette impression est immédiatement transmise aux autres groupes ganglionaires du cerveau par des fibres de substance blanche qu'indique et que prouve le scalpel; de là, une névrographie qui ne sera plus ni externe, ni interne, mais purement cérébrale, et que nous pourrions appeler abstraite.

Nous voici arrivés à reconnaître qu'il y a en nous trois ordres de ganglions, trois ordres d'impressions, une télégraphie sensitive, une télégraphie de la volonté, une télégraphie purement cérébrale ; et qu'il existe trois ordres de *sensations* : les sensorielles, les internes, les abstraites ; mais nous ne possédons encore que les bases de notre étude. Essayons d'édifier.

Les impressions sensorielles ou externes nous disent, en se névrographiant au cerveau, le chaud, le froid, la dureté, la mollesse, la lumière des corps et même les diverses qualités de cette lumière. Elles nous disent encore leurs formes, leurs grandeurs, leurs odeurs, leurs sons.

Par elles nous apprécions les harmonies et les beautés de la nature. Ces impressions portent au cerveau les tableaux les plus ravissants, les plus parfaits, et toutes les poétiques imitations que l'art imagine.

Les sensations sensorielles sont sujettes à trois ordres d'impuissance et à trois ordres d'erreurs : ces impuissances et ces erreurs peuvent dépendre des vices de conformation ou des maladies des appareils sensoriels, des vices de conformation ou des maladies de l'appareil télégraphique de la sensibilité, des vices de conformation ou des maladies du cerveau.

Dans un certain ordre, les impuissances sont des *idioties* véritables, et les erreurs des *folies*.

Les sensations internes ont un autre caractère. Tantôt ce sont de simples informations sur nos besoins, le boire, le manger, etc., etc.; tantôt ce sont des joies ou des plaintes incessantes qui accusent la satisfaction, le bien-être de nos organes, ou leur souffrance. L'on comprend que leur action continue doit faire sur le grand-livre de la conscience des teintes presque plates, analogues à celles qui résultent sur un papier d'une série de points très-rapprochés. Ces névrographies jettent du rose, du blanc, du gris ou du noir, sur chacune de ces pages cérébrales plus ou moins complètes, plus ou moins interrompues, qui commencent à un réveil pour finir à un autre réveil. Ici, comme pour les sensations sensorielles, nous trouvons encore trois sources d'erreurs, trois sources d'impuissance, des causes d'idiotie et de folie.

Les sensations ou névrographies cérébrales sont abstraites et réellement transcendantes, par rapport aux autres, et cependant il faut pour qu'elles se produisent que notre intelligence ait été initiée par les sens aux phénomènes du monde extérieur. Dans des cas exceptionnels, un sourd-muet peut arriver à de très-grands résultats intellectuels. La ville d'Angers a possédé un aveugle-né, professeur de mathématiques spéciales, et la Loire-Inférieure a possédé, possède peut-être encore un autre aveugle-né qui fabrique des serrures et des horloges. Mais, si bien né sous d'autres rapports que soit un être à la fois sourd-muet et aveugle-né, il ne saura rien de ses rapports de fils, de frère, de citoyen, d'habitant de ce grain de sable perdu au sein des mondes que nous appelons la terre. L'ordre cérébral comporte aussi ses erreurs et ses impuissances, ses idioties et ses folies ; mais elles n'ont que deux sources, les ganglions cérébraux et la télégraphie cérébrale.

Le druidisme de nos pères avait ses triades ; la physiologie a aussi les siennes ; à côté des trois ordres de télégraphie nerveuse, des trois ordres de ganglions, des trois ordres d'impressions, des trois ordres de sensations, nous devons placer les trois modes de notre entendement : *la sensibilité*, source des sensations, *l'intelligence* et la *volonté* qui en procèdent.

*L'intelligence* se compose de mémoire, d'imagination, de raisonnement, de méthode, quatre choses qui n'existeraient point dans les sensations. La sensibilité et l'intelligence ont à leurs ordres la volonté, qui procède de l'une et de l'autre ; aussi tout acte dicté par les ganglions non cérébraux, fût-il rationnel en lui-même, doit être considéré cependant comme intelligent et comme automatique ou nullement raisonné.

La reproduction, la locomotion, la préhension, la parole, font chez l'homme le pendant des sens et servent à compléter nos relations avec le monde ambiant, mais il n'y a ni état inverse, ni symétrie, entre ces facultés qui créent pour nous tant de phénomènes objectifs, et les appareils de la sensibilité qui sont les facteurs de la sensation.

La parole et le geste sont des moyens très-parfaits, chez l'homme, qui lui servent à traduire aux animaux et à ses semblables, les névrographies déposées en sa cervelle ; mais ils ne procèdent pas seulement de la sensibilité, ils procèdent aussi de l'intelligence et ils sont soumis à la volonté.

La science de la parole porte le nom de logique. Le langage et ses règles, les écritures, les langues diverses, leurs grammaires, les raisonnements, les méthodes, la langue universelle rêvée par quelques savants, et l'algèbre, forment son domaine. Comment tout cela se rattache-t-il à la sensation? Nous allons l'expliquer.

L'ancienne logique, qui ne se doutait pas des névrographies, faisait de la *sensation*, de *l'idée*, du *jugement*, trois choses directes. En y réfléchissant, nous comprenons qu'il faut appeler *idée* une sensation, une névrographie sur laquelle une attention prolongée a jeté quelques nouvelles teintes de manière à l'accentuer. Nous appelons *jugement* une névrographie encore plus teintée par cette attention soutenue qui s'appelle *réflexion* ; mais de même qu'il y a partout le positif et le négatif des choses, de même nous avons des névrographies, des idées, des jugements clairs, nets, précis, excessivement élucidés, voilà pour le positif ; et des névrographies, des idées, des jugements peu nets, peu précis, peu clairs, peu élucidés, confus, très-confus.

La sensation ou névrographie étant une combinaison transcendante entre *l'impression* et l'état cérébro-intellectuel que nous appelons *attention*, cette combinaison peut et doit avoir I A (I représentant l'impression, A l'attention) I 2 A, I 3 A, I 4 A, I 5 A, I 7 A, et 2 IA, 3 IA... 7 IA, ou, encore, 2 I 3 A, 3 I 2 A, etc., etc., pour expression de ses différents modes.

Remarquons, avant de passer outre, que les névrographies qui représentent au cerveau les sensations, sont très-analogues aux protographies qui pourraient représenter le chant d'un piano ou d'un orgue. En général, rarement une névrographie existe seule ; puisque toujours elle a son accompagnement, *accordant* ou *discordant.* Voici que le sens de la vue, ou que le sens de l'ouïe apporte à la conscience une foule d'impressions toutes plus délicieuses ; mais elles peuvent être embellies ou gâtées par une série incessante de sensations internes, agréables ou douloureuses. Cette manière de comprendre et d'expliquer la concordance et la discordance des sensations, jette un grand jour sur les états que nous appelons nostalgie, hypocondrie, hystérie, etc.

Que mes lecteurs, en me voyant exposer ainsi le matériel des phénomènes de la sensation, se gardent de me prendre pour un *matérialiste*. Je suis tout autre chose, je suis essentiellement *vitaliste*, essentiellement religieux ; mais ce n'est pas ici qu'il convient de parler théologiquement de l'âme humaine. Je reviens à mon sujet. Qu'est-ce que la mémoire ?

Nous savons que le cerveau se compose de nombreux groupes ganglionaires qui représentent autant de casiers, autant de départements de cette bibliothèque vivante où notre conscience, faisant le rôle de greffier, enregistre et dépose les névrographies au fur et à mesure qu'elles se produisent. Posséder de la mémoire, c'est donc posséder une aptitude spéciale à conserver des névrographies, des sensations. La mnémotechnie sera pour nous, par suite, la méthode souvent presque mécanique, qui aura pour but d'une part d'aider à la conservation des névrographies, et de l'autre, d'aider à les retrouver quand on en a besoin.

Au déclin de la vie, les souvenirs du jeune âge sont ceux qui se présentent avec le plus de netteté. On dirait que le torrent vital de la circulation a repris et résorbé la substance cérébrale qui contenait les névrographies intermédiaires.

L'imagination, qui varie comme la mémoire selon les aptitudes spéciales des individus, n'est pas plus difficile à exprimer, quand on a de la névrographie, appelée *sensation*, une idée nette. L'on est doué d'imagination pour une science, pour une étude spéciale, quand le groupe ganglionaire qui représente au cerveau cette science, cette étude peut entrer facilement en excitation à l'occasion de quelque névrographie ancienne ou récente, et arriver par une sorte de thème varié à une névrographie très-différente de celle qui fut le point de départ. L'on possède réellement un génie spécial, quand dans cet ordre de travail l'on saute aisément par-dessus les névrographies intermédiaires, en négligeant celles qui complètent la série des transformations, celles qui servent de transition.

La méthode Jacotot faisait grand bruit dans ma jeunesse, non sans raison, quoique M. Jacotot eût admis l'égalité des instruments intellectuels de notre âme, ce qui était absurde ; mais la méthode était réellement excellente pour graver dans la mémoire une série de névrographies fondamentales, et pour développer l'imagination par les nombreux thèmes variés qu'elle faisait faire à ses élèves.

Proposer une *sensation* ou névrographie à de jeunes esprits et leur demander toutes les *dérivées* qu'elle peut fournir, en la soumettant à des conditions préalables dans ces variations ; ou encore leur demander, quand c'est possible, de démontrer des dérivées, des

variations à la névrographie première. voilà le plus puissant des exercices intellectuels. Il développe l'imagination sans jamais lui permettre les écarts infructueux du dévergondage. L'on apprend aussi à faire des séries de dérivées, des séries de variations sur une névrographie donnée ; c'est-à-dire à *sérier* dans deux ordres tout à fait inverses. Dans un cas, l'on parcourt toutes les dérivées d'une névrographie primitive ; dans l'autre, l'on remonte des dérivées à la source qui les a engendrées. La chimie, la zoologie, la nosographie, la thérapeutique et l'histoire emploient ces deux méthodes, tout aussi bien que les mathématiques, qui en ont été dotées par Leibnitz et par Newton.

L'on confond souvent, dans le monde, un *jugement* et le *jugement*. Nous savons, maintenant, qu'un jugement est une névrographie tentée par la réflexion, et le jugement la faculté de bien névrographier.

Une proposition étant l'énoncé verbal ou écrit d'un jugement, doit être considérée comme une sensation, suivie d'un acte destiné à l'exprimer. C'est une sensation transmise dans le but de faire participer autrui à ce qui se passe en nous.

Rapprocher des sensations, des névrographies, pour montrer leurs rapports, c'est *raisonner*, c'est énoncer une proposition complexe, souvent très-complexe.

L'existence de rapports entre les phénomènes divers, constitue des séries des phénomènes plus ou moins identiques, plus ou moins rapprochés.

Il en résulte que raisonner, c'est *sérier* des névrographies, des sensations.

La distribution des phénomènes, d'après leurs rapports, porte le nom de *méthode*. Le but de la méthode est donc de *sérier*. La méthode est donc un raisonnement continuel qui se sert incessamment de deux outils scientifiques : l'*expérience* et l'*observation*.

S'il n'y a qu'une nature, il n'y a qu'une science de la nature, qu'une vérité, qu'une méthode naturelle ; voilà pourquoi toute classification systématique des connaissances humaines, des vérités acquises ou à acquérir, doit être rejetée, si elle ne concorde avec les séries naturelles, eût-elle pour auteur saint Thomas, d'Alembert, Ampère, Michel Chevalier ou Auguste Comte.

Nous avons appris, en étudiant la sensation, ce qu'il faut entendre par ces mots, sensation, idée, jugement, proposition, et par ceux-ci, mémoire, imagination, raisonnement, méthode. Nous savons ce que c'est que la sensibilité ; l'intelligence nous apparaît comme l'ensemble des facultés que nous appelons mémoire, imagination, raisonnement. Il nous reste, pour que notre étude soit complète, à nous entendre sur les mots *conscience* et *volonté*, et à signaler les degrés divers d'élévation de la sensation.

La *conscience* n'est pas plus la *justice* que la *volonté* n'est la *fermeté*. La justice et la fermeté sont deux facultés particulières de notre entendement, tandis que l'état *conscient* et l'état de *volonté* représentent des situations du cerveau dans lesquelles toutes nos facultés cérébro-intellectuelles sont en jeu.

Conscience signifie *avoir avec*. L'état conscient est

celui dans lequel tous les groupes ganglionaires du cerveau ont sensation d'une névrographie, c'est-à-dire celui où des névrographies multiples sont confondues et unifiées en une résultante. La conscience fait des organes de notre entendement quelque chose d'analogue à une assemblée dont tous les membres lisent religieusement la même pensée exprimée de la même manière dans le même ouvrage.

La conscience varie par suite avec les organes cérébraux. Elle varie donc aussi chez le même individu, selon ses âges différents. Elle varie encore d'individu à individu, de peuple à peuple et de race à race. La conscience est en rapport avec le nombre et l'étendue des facultés, avec la force d'attention dont elles sont susceptibles. Comment comparer la conscience des Australiens, dont les hommes de génie ne peuvent comprendre ce que c'est qu'une dizaine, avec la conscience des Caucasiens, qu'ils soient de race germanique, slave, gallo-romaine ou même de race mêlée, comme beaucoup d'Arabes?—Lorsque les Gaulois, nos pères, avaient le crâne fait comme les peaux rouges, il est probable que leurs organes cérébraux différaient beaucoup des trônes, et par suite leur conscience.

Lorsque le cerveau est à l'état conscient pour une impression, la névrographie qui en résulte peut être indifférente pour certains organes, agréable ou désagréable pour d'autres; de là, des états de neutralité, d'attraction, de répulsion. Si les forces attractives l'emportent sur les répulsives, la balance penche de leur côté. L'attractive produit les actes que l'on peut appeler positifs; la répulsive, les actes négatifs, les actes d'abstention.

Ici se présente dans l'étude de la sensation la plus grande des questions, celle de la *liberté humaine*, qui se rattache à l'élévation plus ou moins grande des sensations.

Chez certain poisson, le cerveau est à peine rudimentaire, cela veut dire que ses actes ne sont jamais intelligents, jamais réfléchis, mais sont quasi toujours automatiques. Chez un grand nombre de poissons et même de reptiles, le cerveau est à peu près au même rang que les ganglions olfactifs et optiques, ce qui signifie que l'intelligence a très-peu d'importance et qu'elle n'a pas grand pouvoir pour interposer la mémoire, l'imagination, le raisonnement, entre l'impression et l'acte qu'elle détermine. En d'autres termes, la sensation est bien *encéphalique*, mais elle n'est que fort peu *cérébrale*. Le cerveau existe sans doute, mais rien ne prouve qu'il soit beaucoup plus utile que les autres ganglions qui l'avoisinent et qui apparaissent presque comme des égaux. Déjà, cependant, surtout chez quelques poissons chasseurs, le cerveau a beaucoup augmenté de volume. Chez les oiseaux, c'est autre chose : le cerveau a acquis un grand développement; chez quelques-uns l'on pressent les circonvolutions, chez d'autres il existe déjà deux lobes; mais les tubercules bijumeaux, le cervelet, la moelle, sont relativement considérables. L'anatomie comparée de l'encéphale, même dans ses indications sommaires, demanderait des pages entières. Nous terminerons en signalant les faits les plus importants.

Chez les mammifères, au fur et à mesure que l'on s'élève vers les premiers degrés de la hiérarchie zoologique, l'on voit la moelle allongée et les autres ganglions encéphaliques diminuer de volume, au profit du cerveau. Chez les rongeurs, les édentés, les insectivores, les hémisphères sont encore insuffisants pour recouvrir les tubercules quadrijumeaux; mais, chez les singes, ils recouvrent déjà le cervelet. Le déplacement de la substance nerveuse encéphalique, le balancement des organes, se fait surtout au profit de la partie postérieure du cerveau. Chez les singes, les hémisphères, précédemment bilobés, offrent un troisième lobe, qui semble avoir acquis chez l'homme un complet développement. Ainsi se trouve élevée au rang de substance cérébrale cette substance qui crée chez d'autres animaux la prédominance de la moelle allongée et des ganglions encéphaliques. La vie organique est de plus en plus subalternisée par la vie intellectuelle. Chez les monotrèmes et les marsupiaux, les systèmes d'union du cerveau et du cervelet, le corps calleux et la protubérance annulaire sont rudimentaires : c'est-à-dire que l'unité, la solidarité, la hiérarchie, sont imparfaites et rudimentaires encore au sein de l'encéphale. Chez l'homme, au contraire, ces deux systèmes ne laissent rien à désirer. Les circonvolutions, plus développées en général chez les herbivores que chez les carnivores, nous paraissent un moyen employé par la nature pour multiplier la substance ganglionale dans son espace donné, pour établir par suite sa prédominance. Elles sont chez l'homme, quelle que soit sa nourriture, au maximum de leur développement. Notons au passage un fait très-important oublié jusqu'à ce jour : c'est que les circonvolutions cérébrales sont d'autant plus fixes dans une espèce, que cette espèce est plus arrêtée, plus fixée dans sa situation intellectuelle. Si le loup et le renard ont les circonvolutions plus fixes que celles du chien, n'est-ce pas pour ce dernier l'indice de progrès possibles? Si chez l'homme les circonvolutions cérébrales varient de race à race, d'individu à individu, et d'un côté à l'autre du cerveau; cela ne veut-il pas dire que notre cerveau est mobile, qu'il a changé, qu'il change, qu'il n'est pas arrivé à son idéal, que les croisements et l'éducation peuvent et doivent le modifier profondément encore?

Cette digression apparente est toute dans notre sujet. La liberté de faire ce qui est le bien, c'est-à-dire, selon les lois de notre nature, d'arrêter le mal ou ce qui nous est contraire, résulte uniquement de la possibilité d'interposer une plus grande somme de réflexions intelligentes entre la sensation et l'acte ou l'abstention qu'elle peut déterminer. Evoquer fréquemment le grand conseil des facultés pensantes, c'est-à-dire la conscience, pour qu'il soit délibéré sur des névrographies, c'est se former à la liberté par l'examen des sensations. Agir en sens inverse, négliger l'examen des sensations, c'est descendre vers l'automatisme, c'est renoncer aux dons que nous a faits la Providence en nous permettant d'analyser et d'apprécier nos sensations en elles-mêmes et pour les résultats possibles des actes vers lesquels elles peuvent nous entraîner. Sentir, c'est penser, mais sentir, abstraction faite des sens externes et des sens internes, abstraction faite des appétits organiques, pour mieux apprécier la valeur de nos sensations, c'est s'élever dans la sphère la plus haute, loin des entraînements des passions qui nous sont communes avec les animaux; c'est en quelque sorte, pour parler le langage d'un grand philosophe, élever l'humain jusqu'au divin.    Dᴿ A. GUÉPIN.

**SENSIBILITÉ** (physiologie). — Faculté, capacité de sentir. Le caractère de la sensibilité est d'être passif, involontaire, fatal. Les différentes manières dont elle s'applique sont les *sens*.

On distingue une *sensibilité animale*, qui réside dans le centre sensitif, et par laquelle nous avons conscience des modifications produites en nous par les corps; et une *sensibilité organique*, qui réside dans les organes et reçoit des impulsions dont nous n'avons pas conscience : cette seconde espèce de sensibilité est plus exactement désignée sous le nom d'*irritabilité*. La sensibilité peut être momentanément suspendue. Voyez *Anesthésie*.

La faculté de sentir est le principal caractère qui distingue les animaux des végétaux et des minéraux. Quelques philosophes se sont demandé cependant si les végétaux n'en étaient pas doués jusqu'à un certain degré. Voyez *Sensation* et *Sensitive*.

**SENSITIVE** (botanique) [*Mimosa pudica*]. — Espèce du genre *Mimosa* se présentant sous la forme d'un joli arbuste de 60 à 70 centimètres de haut, à tiges armées d'aiguillons; à feuilles composées de folioles délicates, élégantes; à fleurs petites, de couleur rouge ou violet clair. « La *sensitive* doit son nom à la singulière faculté qu'elle a de se montrer *sensible* au moindre attouchement : on voit alors ses rameaux articulés fléchir, se rapprocher de leurs tiges, et toutes les folioles se coucher les unes contre les autres, et s'éloigner, comme par pudeur, de l'objet qui les a touchées. Ces mouvements s'exécutent au point d'insertion du pétiole avec la tige et des folioles avec le pétiole; il existe à chaque insertion une très-petite glande, qui est le point le plus irritable; il suffit de la toucher avec la pointe d'une épingle pour faire fermer la feuille ou la foliole. La sensitive est une des plantes chez lesquelles on observe une sorte de sommeil : vers le soir, ou même quand le ciel se couvre, elle plie ses rameaux, ses feuilles, et semble tomber endormie; elle se relève et s'épanouit avec le retour du jour; ses feuilles ne sont dans un état complet d'épanouissement qu'éclairées par la lumière directe : un nuage qui passe devant le soleil suffit pour en changer la direction. On est parvenu à changer les heures du sommeil de la sensitive, à la faire dormir en plein jour et veiller pendant la nuit, en la mettant dès le matin dans une chambre noire, et la portant le soir dans une salle très-éclairée. D'après les expériences du docteur Bretonneau, de Tours, la sensitive, comme les animaux, perdrait sa sensibilité sous l'action du chloroforme; M. le docteur Leclerc est même parvenu à l'endormir avec du laudanum. La sensitive est aussi offensée par des mouvements très-brusques, tels que ceux d'une voiture qui roule rapidement sur le pavé; cependant elle s'y habitue quand ils deviennent fré-

quents. On a fait jusqu'ici des efforts inutiles pour expliquer les phénomènes qu'offre cette plante singulière. Plusieurs savants ont supposé que certains végétaux étaient pourvus, à l'instar des animaux, d'un système nerveux, et doués d'une véritable sensibilité. »

La sensitive est originaire de l'Amérique méridionale; elle se cultive en Europe dans les serres chaudes.

Elle est le symbole de la Sensibilité et de la Pudeur.

**SENSORIUM.** — Terme emprunté du latin, pour signifier le siège de l'âme, du sentiment. Le *sensorium* est une partie du corps qui reçoit les impressions des objets sensibles, que lui apportent les nerfs de chaque organe des sens, et qui est par conséquent la cause immédiate de la perception. Willis attribue cette fonction au corps cannelé du cerveau, et Descartes à la glande pinéale.

**SÉPARATION** (droit). — Tout époux séparé de biens et marié sous le régime dotal, qui embrasserait la profession de commerçant postérieurement à son mariage, est tenu de remettre un extrait de son contrat de mariage aux greffes et chambres désignés par l'art. 872 du Code de procédure, et ce, dans le mois du jour où il aura ouvert son commerce, à peine, en cas de faillite, d'être puni comme banqueroutier frauduleux (69).

SÉPARATION DE CORPS. Elle emporte toujours la séparation de biens. Tout jugement qui prononce une séparation ou un divorce entre mari et femme, dont l'un est commerçant, doit être soumis aux formalités prescrites par l'art. 872 du Code de procédure civile, à défaut de quoi les créanciers seront toujours admis à s'y opposer pour ce qui touche leurs intérêts, et à contredire toute liquidation.

Le Code de commerce, voulant prévenir les fraudes qui pourraient se commettre par des commerçants mariés qui dérogeraient, par des actes secrets, à la communauté des biens, sur la foi de laquelle on a souvent coutume de traiter dans le commerce, a, par son titre ɪᴠ du livre 1ᵉʳ, établi le mode de publicité à donner par les commerçants de leur contrat de mariage et de leur séparation de biens, comme le porte l'art. 69 que nous avons cité.

Cet extrait annoncera si les époux sont mariés en communauté, s'ils sont séparés de biens, ou s'ils ont contracté sous le régime dotal (67).

Toute demande en séparation de biens sera poursuivie, instruite et jugée conformément à ce qui est prescrit au Code civil, livre ɪɪɪ, tit. ᴠ, ch. ɪɪ, sect. 3, et au Code de procédure civile, 2ᵉ part., liv. ɪ, tit. ᴠɪɪɪ.

Tout jugement qui prononcera une séparation de corps entre mari et femme dont l'un serait commerçant, sera soumis aux formalités prescrites par l'art. 872 du Code de procédure civile; à défaut de quoi les créanciers seront toujours admis à s'y opposer, pour ce qui touche leurs intérêts, et à contredire toute liquidation qui en aurait été la suite.

**SEPS** (zoologie) [du grec *sépô*, putréfier]. — Genre de reptiles sauriens de la famille des scincoïdiens, très-voisin de l'orvet, renfermant des animaux au corps très-allongé, cylindriques et couverts d'écailles arrondies et imbriquées, à tête petite, peu obtuse, recouverte de plaques. Cet animal a quatre pieds très-minces et courts, terminés par un ou plusieurs doigts; les pattes sont si courtes qu'il n'en paraît pas avoir, ce qui le fait ressembler à un serpent. Le *seps tridactyle* ou *chalcide*, dit aussi *cicella* (*Cœcilia*), a des pieds terminés par trois doigts très-courts. Sa taille varie de 15 à 40 centim.; son corps est d'un gris d'acier, avec quatre raies longitudinales brunes. Ce seps se nourrit d'insectes, et vit dans les endroits garnis d'herbes, près des lieux marécageux; il est vivipare. On le trouve en France, dans le Midi et dans l'Italie. Le vulgaire regarde sa morsure comme très-venimeuse, d'où le nom qui lui a été donné.

**SEPTANTE** (histoire sacrée) [du latin *septuaginta*, sept dizaines ou soixante-dix]. — On appelle ainsi les auteurs d'une fameuse version grecque de l'Ecriture, que Ptolémée Philadelphe, roi d'Egypte, fit faire par soixante-dix juifs que lui avait envoyés le grand-prêtre Eléazar, 277 ans avant Jésus-Christ.

**SEPTEMBRE** (calendrier) [du latin *september*, fait de *septem*, septembre]. — Nom du neuvième mois de l'année, ainsi nommé parce qu'il était le septième de l'année romaine, qui commençait par le mois de mars. C'est dans ce mois que l'été finit et que l'automne commence, le soleil entrant dans le signe de la balance, le 22 ou le 23 (le 1er ou le 2 vendémiaire). Le moment où cela arrive s'appelle l'équinoxe d'automne.

**SÉPULTURE.** — Le dernier asile dans lequel on place la dépouille mortelle de l'homme. Elle n'a pas été identique chez tous les peuples; ainsi les anciens Perses, dit un auteur, jetaient les corps à la voirie, et, quand ils étaient promptement dévorés par les animaux carnassiers, c'était un honneur pour la famille; dans le cas contraire, c'était un déshonneur. Depuis, ils les ont enterrés dans les mosquées en couvrant tout leur corps d'une couche épaisse de cire pour les conserver. Au rapport d'Hérodote, les Scythes suivaient cette méthode; les Ethiopiens les entouraient de plâtre; les Turcs et plusieurs autres peuples lavent le cadavre, en rasent le poil, et l'enveloppent dans un linceul, humecté d'eau de savon et d'eau de roses; les Mexicains et les habitants du Mechualan les brûlaient ou les embaumaient; les Groënlandais les faisaient durcir à la gelée; les Tartares les suspendaient aux arbres pour les faire sécher; les Hyrcaniens entretenaient des chiens pour les dévorer; les Ibères les exposaient aux vautours; les Colchiens les enfermaient dans des sacs de peau et les pendaient aux arbres; les habitants de la Floride les tournaient autour d'un grand feu pour les dessécher; les Thraces les brûlaient, les Romains également, etc. Maintenant chez presque tous les peuples, on dépose le cadavre dans le sein de la terre.

L'obligation de donner la sépulture aux morts, dit N. Bouillet, a été regardée par tous les peuples civilisés comme un devoir de religion : les Egyptiens, les Grecs, les Romains surtout, étaient fort scrupuleux dans l'accomplissement de ce devoir; ils auraient cru se rendre coupables d'un crime horrible en y manquant, même envers des étrangers. Ils étaient persuadés que ceux qui ne recevaient point la sépulture erraient pendant cent ans sur les bords du Styx :

Centum errant annos, volitantque hæc littora circum.

(*En.*, vi, 327.)

La privation des honneurs de la sépulture a de tout temps été regardée comme la plus sévère des punitions : pour les Romains, c'était le comble de l'infamie. Dans les pays catholiques, les règles ecclésiastiques défendent d'accorder la sépulture chrétienne à celui qui n'est pas catholique ou qui a abjuré sa foi, ainsi qu'à celui qui est mort dans l'impénitence ou dans un flagrant délit; mais il faut que la profession de l'impiété ou de l'erreur ait été publique, ou que le crime soit notoire. L'application des règles relatives aux *refus de sépulture* ne doit être faite qu'avec une extrême prudence, ces refus étant de nature à compromettre l'honneur des familles, en même temps qu'à flétrir la mémoire du défunt, et pouvant quelquefois provoquer des troubles dangereux. Pour prévenir tout excès en ce genre, Napoléon avait décidé que tout individu devait être enseveli suivant le rit du culte qu'il avait professé pendant sa vie, à moins qu'il n'eût formellement demandé le contraire (décision du 16 juillet 1806): cette sage règle fut invariablement suivie par les évêques de France pendant tout son règne. — Dans les localités où différents cultes sont professés, chaque culte a son lieu de sépulture particulier.

**SÉRAIL** (histoire turque) [corruption du turc, *seraï* ou *seray*, maison, palais]. — C'est le nom du palais du grand seigneur; les palais des souverains orientaux, des bachas, et des autres grands de la Porte, portent aussi le nom de *seraï*, que nous appelons improprement *sérail*. Les hôtelleries publiques où vont loger les caravanes, sont appelées *caravan-seraï*, palais, maison des caravanes.

**SEREIN** (physique) [de l'italien *serotino*, fait du latin *serotinus*, sous-entendu *aer* : l'air du soir]. — On appelle ainsi une humidité qui se manifeste dans l'atmosphère pendant les soirées d'été, une heure ou deux après le coucher du soleil. Cette humidité provient des vapeurs qui s'étaient élevées par l'effet de la chaleur, et qui, se trouvant condensées par le refroidissement de l'air, retombent sur la terre en gouttelettes imperceptibles, mais quelquefois assez abondantes pour humecter les vêtements.

A Rome, où, pendant les grandes chaleurs, l'atmosphère est remplie des exhalaisons empestées qui s'élèvent des marais Pontins, il est extrêmement dangereux de s'exposer au *serein*.

**SERF** (féodalité) [du latin *servus*, esclave]. — On entend par serf, un homme de condition servile, soumis à certaines redevances et à certains droits envers son seigneur. Jusqu'au commencement de la troisième race, tout le bas peuple en France était serf. Louis le Gros, aidé des conseils de l'abbé Suger, et dans le dessein d'abaisser les seigneurs, prit le parti d'affranchir les serfs. Louis VIII suivit les mêmes maximes et signala le commencement de son règne par l'affranchissement des serfs, dont il y avait encore grand nombre en France. Saint Louis et ses successeurs, abolirent aussi, le plus qu'ils purent, toutes les servitudes personnelles; cependant il y avait encore quelques serfs en France sur la fin du treizième siècle; mais les seigneurs ayant bientôt suivi l'exemple du monarque, la servitude fut enfin abolie. S'il restait des traces de cette servitude dans la province de Bourgogne, la révolution les a fait entièrement disparaître.

**SÉRICICULTURE** [du latin *sericum*, soie].— Cette branche de l'histoire naturelle appliquée à la culture de la soie, se compose de deux parties bien distinctes: la partie agricole ou *sériciculture* proprement dite, qui renferme la culture du mûrier, l'éducation des vers à soie et la préparation des cocons; et la partie manufacturière, ou *industrie sérigène*, qui comprend le travail des filatures, celui du dévidage et du moulinage, et enfin celui du tissage. — Le savant Olivier de Serres, à la fin du XVIᵉ siècle; l'abbé Boissier de Sauvages, au XVIIIᵉ; le comte vénitien Dandolo, au commencement du XIXᵉ, et de nos jours MM. Bonafous et Camille Beauvais, sont ceux dont les travaux ont le plus contribué aux progrès de la sériciculture.

**SERIN** (zoologie). — Les serins font partie de la famille des moineaux, et sont voisins des linottes. Le serin, bien qu'originaire des îles Canaries, s'est tellement naturalisé chez nous qu'on l'admet sans difficulté au nombre des oiseaux de France.

Le serin, dans l'état sauvage et tel qu'on le trouve à Ténériffe et dans les autres îles voisines, n'est point jaune comme notre serin domestique; il a tout le dessus du corps brun, varié de gris, la poitrine d'un vert jaune, les flancs variés de traits bruns, et le croupion blanchâtre; toutes ces teintes sont plus pâles et moins tranchées chez les femelles que chez les mâles.

Ces oiseaux, dans l'état de liberté, se tiennent habituellement sur le bord des ruisseaux et des fossés humides; on a essayé inutilement de les élever de nouveau en captivité, de les faire produire entre eux et avec leurs anciens compatriotes, on n'a pu y réussir: ce qui pourrait faire douter que notre serin domestique soit véritablement originaire des Canaries. Le serin sauvage chante mal, et c'est encore une différence qui peut faire croire qu'il n'est véritablement pas la souche de nos serins chanteurs d'Europe.

*Le serin domestique* est un peu plus gros que le moineau friquet; il a treize centimètres du bout du bec au bout de la queue, et près de vingt-deux centimètres de vol; tout son corps est couvert de plumes blanches à leur base, et d'un jaune citron plus ou moins foncé sur toute leur partie apparente; les grandes plumes de ses ailes et de sa queue sont blanches au-dessous et jaunes au-dessus; son œil est brun, et son bec ainsi que ses pattes sont couleur de chair.

La femelle du serin fait quatre ou cinq pontes par an, de cinq ou six œufs à la fois; on lui donne un petit panier pour nid et du coton pour le doubler; de plus on suspend dans sa cage un os de seiche contre lequel ces oiseaux frottent leur bec pour aiguiser sa

pointe, qui, sans cette précaution, devient longue et difforme.

Les serins domestiques sifflent bien, et sont susceptibles d'apprendre des airs au moyen d'un petit orgue, nommé serinette, qui est fait exprès pour eux, et qui est en parfaite harmonie avec le timbre de leur voix; mais outre cette faculté de chanter, le serin est doué d'une sorte de gazouillement qu'il fait entendre avec une volubilité d'autant plus grande qu'il entend des personnes parler dans la chambre qui renferme sa cage; on dirait qu'il prend à tâche de se faire remarquer et de couvrir la voix de ceux qui ne font point attention à lui.

Le serin apprend non-seulement à siffler des airs assez longs, mais il est susceptible aussi d'apprendre à parler d'une manière assez distincte. *Petit fils, petit mignon, baisez maîtresse* est la phrase reçue pour la causerie, c'est l'usage, et l'on ne sort pas de là. C'est à la tombée du jour, et avant que l'oiseau se livre au repos que l'on doit lui jouer son air et lui répéter sa leçon; car pendant le jour il serait trop distrait par les objets qui l'entourent pour profiter des soins que l'on donnerait à son éducation.

Les amateurs d'oiseaux se plaisent à croiser la race pure des canaris avec plusieurs autres espèces de la même famille; d'abord avec le cini, qui paraît être un serin naturel à la France, et qui a beaucoup de rapport avec notre serin domestique par son plumage et par sa taille; ensuite avec les mâles des chardonneret, des bouvreuils, des linots et des tarins. De toutes ces unions forcées, il résulte de petits métis bigarrés que l'on nomme arlequins, et qui sont parfois assez jolis.

Les serins sont sujets à quelques infirmités comme tous les animaux domestiques; ils ont, entre autres, la maladie du bouton qui se développe sous la queue, et qu'il faut percer à temps; il paraît aussi que ceux qui ont l'iris rouge sont de vrais albinos, car cette couleur de l'œil accompagne ordinairement le jaune blanchâtre du plumage de certains individus.

Les serins sont beaucoup plus aisés à nourrir et à élever que les rossignols; des épis de panis, du millet, du mouron, du plantain, du seneçon, font la base de la nourriture des serins; mais on y ajoute le sucre et les échaudés, que l'on cuit exprès pour eux dans les grandes villes.

Buffon a cité vingt-neuf variétés de serins qui provenaient probablement toutes de l'union de la serine jaune avec les mâles dont nous avons parlé ci-dessus, et avec les métis qui en sont résultés; mais le plus rare et le plus distingué de tous est le *serin plein*, qui est entièrement couleur de jonquille; viennent ensuite le *huppé*, le *panaché de noir et de jonquille*, le même avec les yeux rouges, etc. Une belle variété de serin est le *serin hollandais*, remarquable par la longueur de ses pattes; une paire de ces serins isabelle doré se vend à Paris soixante francs.         (*Brard*.)

**SERINGAT** (botanique). — Le seringat odorant est un arbrisseau qui forme naturellement buisson, dont les nombreux rameaux sont couverts de feuilles ovales, pointues, gaufrées, d'un très-beau vert, dentées vers leur pointe et régulièrement opposées ; ses fleurs, d'un blanc jaunâtre, sont douées d'une odeur agréable, mais un peu forte en général. Le seringat est un fort bel arbuste qui fait parfaitement bien dans les massifs, et qui se multiplie facilement d'éclats et de marcottes.

Le seringat croît naturellement dans les vallées du Piémont et dans les montagnes du Caucase ; mais il est naturalisé depuis fort longtemps en France, où l'on est parvenu à faire doubler sa fleur. L'odeur du seringat est si forte qu'il faut éviter d'en placer des rameaux la nuit dans les chambres à coucher.

**SERMENT.** — Les serments prirent naissance au temps où les hommes commencèrent à tromper ; c'est dire assez qu'ils sont fort anciens. Abraham jura par le *Dieu véritable*. Les Perses, les Grecs et les Romains, prenaient à témoin le soleil. Les Scythes juraient par l'air et par leur cimeterre. A Athènes, on jurait le plus souvent par Minerve, déesse tutélaire de cette ville ; à Lacédémone, par les fils de Jupiter, Castor et Pollux, descendus par leur mère des rois du pays ; en Sicile, par Proserpine. Les vestales juraient par la déesse à laquelle elles étaient consacrées ; les femmes mariées, par Junon, qui présidaient à la paix et au bonheur des ménages ; les laboureurs, par Cérès ; les vendangeurs, par Bacchus ; les chasseurs, par Diane ; les amants, par Vénus et par son fils, etc.

Les Français juraient communément sur l'évangile, sur la croix ou sur les reliques des saints.

*Serment de fidélité* ; c'est une promesse solennelle que fait le sujet à son prince, d'être toute sa vie son fidèle sujet et serviteur.

L'établissement des fiefs, sous la seconde race, fit naître les serments féodaux, dont aucun ordre de l'Etat ne fut exempt ; mais ce qui multiplia les serments de fidélité, fut le besoin qu'eurent Clovis et Charlemagne de s'assurer de la fidélité de leurs nouveaux sujets ; besoin qui donna lieu à tant de lois, de canons, de formules, etc., qu'on voit répandus dans les capitulaires de Charlemagne ou dans les conciles tenus sous son règne.

*Serment judiciaire* ; c'est celui qui est prêté par autorité de justice. L'on distingue le serment déféré par le juge même, d'avec le serment qu'une des parties exige de l'autre. De ces deux serments, il n'y a que le dernier qui soit décisif ou *décisoire*, parce que c'est une espèce de transaction entre les parties, qui a plus de force qu'un simple jugement, et qui éteint totalement l'action.

*Serment de calomnie* ; on a donné ce nom au serment que les plaideurs prêtaient chez les Romains, pour attester à la justice qu'ils étaient de bonne foi, et qu'ils croyaient être bien fondés, l'un dans sa demande, l'autre dans sa défense. Celui qui refusait de prêter ce serment perdait sa cause.

Ce serment a été reçu par le droit canonique ; en conséquence, il a été introduit en France ; mais il y a longtemps que l'usage en a été aboli. Il n'en reste qu'une seule trace ; c'est le serment que les avocats et les avoués prêtent à leur réception, et qu'ils réitèrent chaque année ; on le leur faisait prêter autrefois

au commencement de chaque cause ; mais, comme cela prenait trop de temps, on s'est contenté de l'exiger à leur réception et à chaque rentrée du tribunal.

**SERPENT** (zoologie) [en latin *serpens*, de *serpere*, ramper]. — Reptiles au corps très-allongé, cylindrique, sans pieds, se mouvant au moyen de replis qu'ils font sur le sol. C'est par le mouvement de leur colonne vertébrale, douée d'une grande mobilité et munie de muscles puissants, qu'a lieu chez eux la progression. « A une force prodigieuse quelques serpents joignent une extrême agilité : ils montent très-facilement sur les arbres. Les serpents n'ont qu'un poumon, point de conque auditive ; leurs yeux manquent de paupières, ce qui donne à leur regard une grande fixité : leur langue, presque toujours longue, bifide, est très-extensible ; c'est à tort qu'on la regarde comme lançant le venin qui est propre à certaines espèces : ce venin est instillé dans la plaie par des crochets situés sous la langue (V. VIPÈRE). Les serpents passent la mauvaise saison dans un engourdissement léthargique, cachés dans quelque retraite obscure, isolés, ou entrelacés les uns avec les autres. Ils sont les uns ovovivipares, les autres ovipares. C'est dans les contrées méridionales que les serpents sont presque exclusivement répandus : on n'en trouve point dans la zone glaciale. Sous les tropiques, quelques-uns acquièrent un volume énorme. Les serpents forment, sous le nom d'*Ophidiens*, un ordre de la classe des reptiles. On les divisait autrefois en deux familles : celle des *anguis* ou *orvets*, et celle des *serpents* proprement dits ou *vrais serpents*. Ceux-ci étaient divisés en trois tribus : celle des *amphisbènes* ou *doubles-marcheurs*, celle des *serpents sans venin*, et celle des *serpents venimeux*. On les a depuis divisés d'après leur système dentaire.

SERPENT FÉTICHE. — On voyait ce serpent dans le cabinet de Chantilly, sous les noms de *jaucourou* et de *daboue* ; il se trouve dans le royaume de Juidah sur la côte de Guinée, à six degrés nord de la ligne : il est gros à proportion de sa longueur, qui est d'environ deux pieds et demi : sa queue n'est pas fort pointue ; la peau est couverte d'écailles de la grandeur de celles de la vipère, ornée de taches noires sur un fond d'un blanc sale, qui est pointillé de noir ; les espaces blancs font sur les côtés autant de triangles aigus.

Un auteur rapporte que les nègres de cette contrée ont eu une vénération singulière pour cette espèce de serpent. C'était leur divinité secondaire, le dieu tutélaire de la nation. Il avait un temple magnifique, des prêtres, des prêtresses. Dans les calamités publiques on l'invoquait, on lui faisait des offrandes : étoffes de soie, bijoux, mets les plus délicieux du pays, bestiaux vivants ; tous ces présents tournaient au profit des prêtres imposteurs qu'on nommait *fétichères*. Aussi ceux-ci avaient-ils des revenus considérables, des terres immenses, une multitude d'esclaves à leur service. La superstition est un tyran despotique qui fait tout céder à ses chimères. Les nègres avaient l'imbécilité de croire que les jeunes filles avaient eu communication avec le *serpent fétiche*, tandis que ces tendres et innocentes victimes avaient été sacrifiées à la brutalité des *fétichères*. De vieilles prêtresses qu'on avait honorées du nom de *Bétas* et qui exerçaient un empire absolu sur leurs maris et sur leurs biens (ces maris ne leur parlaient qu'à genoux, tandis que les autres femmes du même pays rendaient à leurs maris des hommages serviles); ces vieilles furies, dis-je, dans le temps que le maïs commençait à verdir, s'en allaient la nuit par toute la ville et les bourgades voisines, armées d'une grosse massue ou bâton de commandement, forçaient les filles les plus jolies, de l'âge de huit ans jusqu'à douze, à les suivre et à entrer dans le temple. Secondées par les prêtres, elles assommaient impitoyablement quiconque osait faire résistance. On instruisait les jeunes filles à chanter des hymnes et à danser en l'honneur de la divinité.

La dernière partie du noviciat était très-sanglante; elle consistait à leur imprimer dans toutes les parties du corps sur la peau, avec des poinçons de fer, des figures de fleurs, d'animaux et surtout de *serpents*. Cette opération douloureuse occasionnait une grande effusion de sang, suivie fort souvent de fièvres dangereuses. Dans cette cérémonie barbare, les cris des patientes ne touchaient et n'arrêtaient point les impitoyables prêtresses. La peau étant guérie ressemblait à un satin noir à fleurs; mais sa principale beauté, aux yeux des nègres, était de marquer une consécration perpétuelle au service du serpent. Enfin le temps de les épouser par commission arrivait; la scène se passait dans un caveau où elles trouvaient des serpents à figure humaine : on égayait cette entrevue secrète par des chants et des danses au son des instruments, que les novices et les prêtresses exécutaient, mais à une distance suffisante pour qu'on ne pût entendre ce qui se passait dans le caveau mystérieux. C'est ainsi que les prêtres jouissaient des charmes de ces novices, et les fascinaient au point de leur faire accroire qu'elles avaient été honorées de l'approche, de la marque et des embrassements de l'immortel *fétiche*. Si quelqu'une, au sortir de ce temple, ou plutôt de ce sérail, osait révéler leurs horribles mystères, elle était saisie, mise à mort, et l'on croyait que c'était le serpent qui les emportait et devait les brûler vives. Quelques-uns croient que toutes ces scènes étaient opérées par la *Magie Noire*. Un anonyme, voyez *Alector* ou le *Coq*, liv. 2, des *Adeptes*, voudrait persuader au public qu'il est un des premiers confidents de Satan; il prête aux démons un esprit de galanterie qui justifie leur prédilection pour le sexe et les faveurs dont ils l'honorent.

Les parents de ces jeunes personnes, quoique avertis du lieu où étaient leurs filles, loin de s'en affliger, se croyaient fort honorés de voir tomber le choix sur leur sang. Il y en avait même qui offraient une fille ou deux au service du serpent, parce qu'elles étaient décorées par la suite du titre de *femme du serpent*. L'on ne faisait point de difficulté de les recevoir; il leur suffisait d'avoir des agréments naturels. De la main des prêtres elles passaient dans d'autres, et cette seconde alliance était un contrat social de longue durée. Qui croirait que les *fétichères* trou-

vaient encore l'art séducteur de se faire payer chèrement leurs plaisirs! Cette portion de leur revenu entrait pour moitié, dit-on, dans les coffres du souverain : le reste se partageait entre eux et leurs vieilles pourvoyeuses. Les cochons étaient mal reçus dans ce pays; l'espèce en avait même été proscrite, parce qu'ils étaient friands de serpents et qu'ils mangeaient les divinités favorites de la nation.

SERPENT-GÉANT. *Serpens gigas.* — Adanson rapporte dans son *Voyage au Sénégal*, qu'au mois de mai 1752, on lui fit présent d'un jeune serpent vivant, de l'espèce dont il s'agit. Ce serpent n'avait encore qu'un peu plus d'un mètre de longueur : le fond de sa couleur était un jaune livide, coupé par une large bande noirâtre, qui régnait tout le long du dos et sur laquelle étaient semées quelques taches jaunâtres, assez irrégulières; tout son corps était luisant, comme s'il eût été vernissé; il avait la tête arrondie et un peu allongée.

Adanson ajoute que ce serpent n'était qu'une faible image des gros, dont il ne se serait jamais formé une juste idée, si peu de temps après on ne lui en eût apporté deux médiocres, dont le plus grand avait près de huit mètres de long sur vingt-deux centimètres de diamètre : la couleur de sa peau était d'un gris-cendré, tirant sur le noir et lavé de quelques lignes jaunes, peu apparentes; cette peau étant étendue avait vingt-cinq à vingt-six pouces de largeur : on la donna tout entière à Adanson, avec un tronçon de la chair, dont le reste devait faire le repas du chasseur et de tout son village pendant plusieurs jours : la tête égalait en grandeur celle d'un crocodile de deux à trois mètres; ses dents étaient longues de plus de 8 millim., fortes et aiguës; l'ouverture de la gueule aurait été plus que suffisante pour avaler en entier un lièvre et même un chien assez gros. La vue de ces deux serpents, qui de l'aveu des nègres et de ceux qui avaient vu beaucoup de ces animaux, n'étaient que d'une grandeur médiocre, ne permit plus à Adanson de douter de ce qu'il avait entendu dire souvent dans le pays de la grandeur extraordinaire des serpents de cette espèce. Les nègres, dont il tenait ceux dont il s'agit ici, l'assurèrent qu'il n'était pas rare d'en trouver à quelques lieues vers l'est de l'île du Sénégal, dont la grandeur égalait celle d'un mât ordinaire de bateau. Des habitants du Bissoa disaient qu'ils en avaient vu dans leur pays qui auraient surpassé de beaucoup ces pièces de bois.

De tous ces témoignages, comparés avec l'observation des serpents qu'Adanson avait alors sous les yeux, ce naturaliste conclut que la taille des plus grands serpents de cette espèce devait être de treize à dix-sept mètres de longueur, et de trente à quarante centimètres de largeur : sa tête est alors deux fois plus forte que celle du grand crocodile; sa gueule est d'une ouverture prodigieuse. Selon le même auteur, la manière dont ce serpent fait sa chasse, n'est pas moins singulière que son énorme grosseur : il se tient dans les lieux humides et voisins des eaux : sa queue est repliée sur elle-même en deux ou trois tours de cercle, ou en spirale, dont la plus grande circonférence a environ deux mètres de diamètre; sa tête se lève en se dressant avec une partie de son corps : dans cette attitude et comme immobile, il porte ses regards autour de lui, et ,quand il aperçoit un animal à sa portée, il s'élance sur lui à l'aide des circonvolutions de sa queue, qui font l'effet d'un puissant ressort. Si l'animal qu'il a saisi entre ses dents est trop gros pour être avalé en son entier, comme serait un bœuf, une gazelle, ou le grand bélier d'Afrique, après lui avoir donné quelques coups de dents, il l'écrase et lui brise les os, soit en le serrant de quelques nœuds, c'est-à-dire dans les replis de son corps, soit en le pressant seulement de son poids et en se glissant dessus avec effort; il le retourne ensuite dans sa gueule pour le couvrir d'une bave écumeuse qui lui facilite le moyen de l'avaler sans le mâcher.

Au reste, Adanson observe que cet énorme serpent ne fait pas tant de ravages qu'on pourrait l'imaginer. Son corps roulé sur lui-même paraît de loin comme la margelle d'un puits, et c'est un indice suffisant qui le décèle aux yeux des voyageurs et des bestiaux même, et qui les avertit de se détourner de leur route. On n'entend dire que rarement que ce monstre si terrible par sa grandeur et par sa force, ait attaqué des hommes. D'ailleurs la chasse aux grands animaux, tels que le cheval, le bœuf, le cerf et autres quadrupèdes semblables, qui trouvent leur salut dans la fuite, paraît n'avoir pas beaucoup d'attrait pour lui, soit parce qu'elle est trop pénible et peu assurée, soit parce que la chair de ces animaux est moins de son goût. Il mange volontiers d'autres serpents bien moins grands que lui, des lézards, et surtout des crapauds et des sauterelles, espèces d'animaux qui se répandent comme par nuages dans tout ce pays. De cette manière, il purge les terres où il se trouve, d'une multitude innombrable de reptiles incommodes et d'insectes qui forceraient les habitants à abandonner le sol, malgré sa fertilité; en sorte que ceux-ci, loin de regarder les serpents dont il s'agit comme des ennemis dangereux et funestes, se croient intéressés à les laisser vivre en paix.

SERPENT A LUNETTES, *Coluber naja*. — Ce serpent, dont la morsure est très-dangereuse, se trouve dans les Indes-Orientales; il est remarquable par le renflement que forment les parties latérales de son cou et par une tache d'une figure particulière qui répond à ce renflement, sur la partie supérieure du corps; cette tache imite à peu près un arc de cercle terminé par deux anneaux, ce qui l'a fait comparer aux lunettes que l'on porte sur le nez et dont on se sert pour aider la vue; de là le nom de *serpent à lunettes* que l'on a donné à cet animal; quelques-uns l'ont nommé aussi *serpent couronné*.

Ce serpent, lorsqu'il est agacé, se renfle beaucoup aux côtés de son cou; en même temps il se dresse, s'élance, la gueule ouverte, avec une extrême rapidité sur son ennemi, et si celui-ci n'a pas l'adresse de se dérober promptement à son attaque, bientôt le serpent lui fait des morsures qui sont suivies d'une mort inévitable, si l'on n'a promptement recours aux antidotes

usités dans le pays. Cependant on voit dans l'Inde des bateleurs exposer aux regards d'un public curieux, ces serpents qu'ils ont dressés à différentes manœuvres. Les voyageurs qui ont été dans ces contrées parlent de la danse du *serpent à lunettes*.

Voici, au rapport de Kæmpfer, en quoi consiste la danse de ce serpent : le bateleur qui a dressé ce reptile, après avoir attiré du monde autour de lui par l'annonce d'un spectacle d'un genre tout nouveau, prend un morceau d'une espèce de racine, dont il a toujours une provision sur lui; il assure en même temps les spectateurs que par la vertu de cette racine il peut attaquer impunément les serpents et se garantir de leur morsure empoisonnée : alors il fait sortir un serpent à lunettes du vase où il le tenait enfermé, et l'agace en lui donnant un petit coup de baguette, ou en lui présentant le poing de la main droite, dans laquelle il tient la racine dont on a parlé : à l'instant le serpent se tourne vers l'agresseur, dresse son corps, en se soutenant sur sa queue, se renfle, pousse un sifflement en dardant sa langue, et la gueule béante, l'œil enflammé, fixe attentivement le poing du charlatan; alors celui-ci commence sa chanson et en même temps agite son poing en cadence, et quelquefois aussi de haut en bas et de bas en haut : le serpent, toujours attentif aux mouvements du poing qu'on lui présente, les imite par ceux de son corps, en sorte que sa queue restant toujours immobile par son extrémité, la tête varie continuellement ses positions, ce qui fait une espèce de danse assez plaisante, qui dure environ un demi-quart d'heure. Après cela le bateleur, qui prévoit le moment où le serpent fatigué retomberait subitement, interrompt sa chanson et les mouvements de sa main, et par là même fait cesser la danse du serpent, qui s'abaisse sur la terre, après quoi le charlatan le fait rentrer dans le vase qui lui sert de retraite.

On présume bien que la racine employée par le bateleur dans cet exercice singulier, n'a point, comme il le prétend, la vertu de le préserver des morsures du serpent. Notre empirique n'est pas plus croyable, lorsqu'il assure que c'est la musique qui excite le serpent à se mettre en danse. En quoi doit donc consister son art, et comment parvient-il à rendre le serpent docile en quelque sorte aux différents gestes qu'il lui fait? C'est ce que nous apprend Kæmpfer, qui avait observé la manière dont un Brachmane s'y prenait pour dresser des serpents qu'il vendait ensuite tout apprivoisés à des charlatans. Il en conservait vingt-deux dans autant de vases de poteries de terre, fermés par un couvercle, et d'une capacité suffisante pour que les serpents eussent la liberté de s'y retourner : il choisissait pour les exercer le temps de la journée où la chaleur du soleil était modérée : alors il faisait sortir les serpents l'un après l'autre de leurs vases, et les exerçait plus ou moins longtemps, selon le degré d'habitude où ils étaient parvenus et les progrès qu'ils avaient faits. Dès que le serpent, après être sorti du vase, commençait à fuir, le maître, à l'aide d'une petite baguette, lui retournait la tête de son côté, et à l'instant où le serpent était prêt à s'élancer sur lui, il lui présentait le vase dont il se servait comme d'un bouclier pour parer ses coups, en sorte que l'animal voyant tous ses efforts inutiles était forcé de reculer. Cette espèce de lutte était continuée l'espace d'un quart d'heure ou d'une demi-heure, et pendant ce temps le serpent tenant toujours sa peau renflée et montrant les dents, suivait tous les mouvements du bouclier qu'on lui opposait. Par cet exercice on accoutumait peu à peu le serpent à se dresser de lui-même, dès qu'on lui présentait le vase, que l'on supprimait dans la suite, pour y substituer la main fermée et tenir l'animal en respect, par la crainte de se choquer contre l'obstacle qu'il avait sans cesse devant les yeux. Le bateleur qui avait fait l'acquisition du serpent, accompagnait sa danse d'une chanson pour compléter l'illusion du spectacle.

Mais quelque adresse et quelques précautions qu'il employât pour éviter les attaques du serpent danseur, il n'était guère possible qu'il n'en fût quelquefois mordu, et il aurait pu lui en coûter la vie, s'il n'avait eu auparavant l'attention de priver l'animal de son venin. Pour y réussir, il lui présentait un morceau d'étoffe à plusieurs reprises, et l'excitait en l'irritant à se jeter dessus : le serpent, en imprimant sa morsure dans l'étoffe, y faisait couler son venin, qui s'épuisait ainsi dans cette opération réitérée : le bateleur recommençait le lendemain, ou de deux jours l'un, et prenait bien garde que le serpent ne mangeât de l'herbe fraîche, ce qui aurait été capable de reproduire son venin dans l'espace de quelques heures. Par cet artifice, l'empirique mettait sa vie en sûreté, et s'il arrivait qu'il fût mordu par le serpent, soit lorsqu'il l'exerçait en particulier, soit lorsqu'il l'exposait aux regards du public, il en était quitte pour une blessure assez légère, qui se guérissait promptement.

**SERPOLET** (botanique). — Espèce de thym dont les tiges sont couchées, et qui se distingue aussi du thym cultivé, dont les tiges et les rameaux sont droits et forment de petits buissons. Cette plante odorante croît dans les terrains à friche, et se fait remarquer par ses petites fleurs violettes et par l'excellente odeur que répand la plante entière quand on vient à la froisser.

Les lapins aiment beaucoup le serpolet, et la chair de ceux qui peuvent en manger habituellement est beaucoup meilleure que celle des lapins domestiques.

Les parfumeurs emploient le serpolet dans la préparation des sultans et des sachets à odeur dont on fait usage pour parfumer le linge.

**SETON** (chirurgie). — Exutoire beaucoup moins usité en chirurgie aujourd'hui qu'autrefois, mais qui, placé à la nuque, est encore assez souvent employé contre les maux d'yeux, graves et opiniâtres, ou les maux de tête rebelles. « Il consiste dans la présence d'une mèche de coton ou de linge effilé, que le chirurgien introduit sous la peau, et qui entretient une suppuration habituelle dans le trajet parcouru par le corps étranger. Chaque jour, on fait avancer cette mèche (après l'avoir huilée), de manière à faire sortir la portion cachée sous la peau (qui est salie par le pus et que l'on retranche avec des ciseaux), et l'on fixe l'extrémité attirée au dehors, en la retournant et l'appliquant sur la portion de peau qui recouvre le trajet du séton. Un peu de charpie est placée au-dessous, de manière à protéger la petite plaie, et à absorber le pus qui s'écoule. L'autre extrémité de la mèche doit être assez longue pour pouvoir servir à plusieurs pansements ; on la tient enveloppée dans un linge fin. Après avoir placé de la charpie sur les deux ouvertures qui forment l'entrée et la sortie du séton, deux petites compresses ployées en plusieurs doubles, et une bande dont on enveloppe le cou complètent l'appareil. Lorsque la mèche arrive à la fin, on en attache une nouvelle à l'extrémité de celle-ci, en ayant soin de rendre aussi peu saillant que possible le point de jonction, pour que le passage de la mèche nouvelle ne soit pas plus douloureux que celui de la précédente. »

**SÈVE** (botanique) [*arborum succus* ou *lympha*]. — Liquide incolore, essentiellement aqueux, que les racines puisent et absorbent dans le sein de la terre, et les feuilles dans l'atmosphère, pour le faire servir à la nutrition du végétal. L'eau concourt bien à la nutrition des plantes, mais elle ne constitue pas seule la sève ; elle est le véhicule qui introduit dans les organes des végétaux les diverses substances qu'ils doivent s'assimiler, savoir : le carbonate qui se trouve à l'état d'acide carbonique dans les engrais, dans le fumier, dans le sein de la terre, et qui, par sa décomposition, fournit une grande proportion d'oxygène ; les substances terreuses, les sels, et même les oxydes métalliques, qui, sans faire partie de l'organisation des végétaux, s'y trouvent toujours en quantité plus ou moins considérable. La sève présente des différences suivant qu'elle provient de telle ou telle partie d'un même végétal ; ainsi elle est d'autant plus dense et plus sapide qu'on l'a prise à une hauteur plus considérable de la tige : mais, sauf quelques exceptions, elle est essentiellement la même dans la plupart des végétaux. Les auteurs ne s'accordent pas sur les voies par lesquelles circule la sève ; les uns ont cru qu'elle montait par la moelle, les autres par les couches corticales ; mais il paraît aujourd'hui démontré que c'est par les couches ligneuses, et particulièrement par celles qui avoisinent le canal médullaire : si quelques arbres creux, et qui semblent réduits à leur écorce, continuent de végéter, c'est qu'il existe encore quelques couches ligneuses au-dedans de cette écorce. Plusieurs forces concourent à l'ascension de la sève dans les végétaux ; telles sont l'endosmose, la capillarité et l'évaporation continue qui se fait à la surface des feuilles. Mais ces diverses forces ne suffiraient pas pour produire le mouvement rapide que l'on observe à certaines époques de l'année : il faut admettre une force inhérente aux tissus vivants : *la tonicité des cellules et des vaisseaux dans lesquels circule la sève ascendante*. C'est principalement au printemps que se fait l'ascension de la sève : peu à peu les feuilles se chargent de substances terreuses et de carbone, leurs vaisseaux et leur parenchyme s'obstruent, et la sève finit par cesser de monter ; cependant, il se fait, dans certains végétaux, une nouvelle ascension de la sève vers la fin de l'été; c'est ce qu'on appelle la *sève d'août*. — A l'extrémité des branches, dans les feuilles, la sève perd une partie des principes et surtout de l'eau qu'elle contenait; elle acquiert des qualités nouvelles, et redescend des feuilles vers les racines à travers le liber ou la partie végétante des couches corticales : c'est alors surtout qu'elle renouvelle et entretient le cambium (sève descendante), fournit les sucs propres et concourt à l'accroissement et au développement de la tige.

**SHERIF** (histoire). — [Mot anglais composé de *shire*, comté, province, et de *reève*, gouverneur : gouverneur d'un comté]. Officier chargé dans chaque comté, de faire exécuter les ordres du souverain. Il y en a deux pour le comté de Middlessex, qui sont nommés par les habitants de Londres : pour les autres comtés, le souverain choisit sur trois candidats qui lui sont présentés par les habitants du comté.

**SIBÉRIE** (géographie). — La Sibérie, dite aussi Russie Asiatique et Tartarie Russienne, est une vaste contrée de l'Asie, baignée par la mer Glaciale, et qui est située au nord de la Tartarie chinoise, et de la Tartarie Indépendante. Elle s'étend depuis la Russie européenne, jusqu'à l'Océan oriental, sur une longueur de 520 myriamètres d'occident en orient. Sa longueur du nord au sud est de 2000 kilom. Comme ce grand pays s'étend depuis le 56e degré de latitude, jusqu'au 76e, le froid y est excessivement rigoureux dans les parties septentrionales, et en été on éprouve des chaleurs excessives. Depuis le 60e degré, le pays est entièrement inculte et stérile, aussi la population y est excessivement faible. L'habitant n'a, en général, point d'habitation fixe; il vit dans des huttes, ou dans des excavations pratiquées sous terre. La chasse et la pêche y fournissent à sa subsistance. Un arc, des flèches, un couteau, une hache, une marmite, sont tout son avoir. La religion des habitants consiste en quelque honneur rendu au soleil, à la lune et à leurs idoles qu'ils battent, qu'ils brisent, ou jettent au feu si elles ne signalent leur pouvoir, en accédant à leurs demandes. A la réserve du voisinage de la mer, où il ne croît point de bois, la plus grande partie de la Sibérie est couverte de forêts de pins. Il s'y trouve du chevreuil, du sanglier, des rennes, des ours, des élans, mais ce qui la distingue, ce sont ses riches fourrures, plus précieuses qu'en aucune autre contrée de la terre et que fournissent les zibelines, les hermines, les petits-gris, les renards noirs, les renards blancs, les loups-cerviers, les martres, les castors, objets dans lesquels l'habitant acquitte partie de son tribut.

On trouve d'ailleurs en Sibérie du marbre, des mines d'or, d'argent, de fer et de cuivre. Le cuivre y est de la meilleure qualité, et le fer ne le cède point à celui de Suède. Il y a des pierres précieuses : ses topazes surtout sont très-belles, et peu inférieures aux topazes orientales. Il s'y rencontre aussi du jaspe sanguin, des pierres d'aimant, du talc qu'on substitue aux verres dans toutes les fenêtres par toute la Sibérie. Enfin, il s'y exploite des mines de charbon fossile.

La monnaie de Russie, la seule qui ait cours, y étant fort rare; le commerce ne s'y fait guère que par échange. L'autorité y est confiée à un métropolitain du rit grec, résidant à Tobolsk. Cette contrée, dans sa partie méridionale, fut autrefois riche et peuplée, si on en juge par des ruines et des tombeaux, où, parmi les cendres et les ossements, les habitants ont trouvé quantité d'or, d'argent, des poignées de sabres, des armures, etc. La cour de Russie, informée de ces découvertes, envoya un officier-général avec un corps de troupes pour ouvrir ceux des tombeaux auxquels on n'avait pas encore touché, et recueillir ce qu'ils contiendraient. En examinant ces monuments sans nombre dispersés dans un vaste désert, il pensa que le plus gros tertre devait être la sépulture d'un prince ou chef; il ne se trompa point. Après l'enlèvement des terres et des pierres, les ouvriers parvinrent successivement à trois voûtes grossièrement faites. Le corps du prince était au centre : on le reconnaissait aisément à son sabre, sa lance, son arc, son carquois et ses flèches. Son corps était couché sur une feuille d'or, étendue de la tête aux pieds, et couverte d'une autre feuille d'or de la même dimension. Il était enveloppé d'un riche manteau à franges d'or, et garni de diamants. Il avait la tête, le cou, la poitrine et les bras nus et sans aucun ornement; sous la voûte suivante, on trouva les ossements de son cheval, avec sa selle, sa bride, ses étriers; la dernière voûte renfermait le corps d'une femme distinguée par les ornements de son sexe. Elle portait autour du cou une chaîne d'or enrichie de rubis, et des bracelets d'or autour de ses bras. Sa tête, sa gorge et ses bras étaient nus; son corps, couvert d'une belle robe, était placé entre deux feuilles d'or fin, ces quatre feuilles pesaient quarante livres. On fouilla ensuite la plupart des autres tombeaux, mais ils étaient moins importants que celui-ci. Ces faits sont tirés de traités relatifs à l'antiquité, publiés à Londres, in-4°, en deux volumes, 1773. L'impératrice de Russie, Catherine II, en envoyant à Buffon de riches fourrures de Sibérie, y joignit une chaîne d'or, tirée d'un de ces tombeaux. L'ignorance de l'idiôme des peuples Tartares a enseveli dans une nuit éternelle la série de l'époque des événements, dont leurs contrées ont été le théâtre.

La Sibérie forme aujourd'hui trois grands gouvernements : ceux de Tobolsk, de Tomskoi, et d'Irkutski. Le premier comprend les deux provinces de Tobolsk, et de Jeniséi; le second, plus au midi, a son siége à Tomsk, situé sur la rivière de Tom qui se jette dans l'Oby; le troisième qui est fort vaste, comprend les pays d'Ilimsk, de Sélinginsk, de Nertschinsk, d'Iakutski, d'Ochotskoi, et la presqu'île de Kamischatka.

**SIBYLLE** (antiquité) [du grec *sibulla*, que quelques-uns croient un nom propre, que d'autres prétendent être un composé de *sios*, employé pour *théos*, dieu, et de *boulé*, conseil, comme qui dirait conseil divin]. — Le nom de *Sibylle* fut d'abord donné, à ce qu'on croit, à la prophétesse de Delphes, qui vivait très-longtemps avant le siége de Troie; mais il est devenu commun à toutes les filles qui rendaient des oracles.

**SICAIRE** (histoire juive) [du latin *sicarius*, fait de *sica*, poignard]. — Les *sicaires* étaient, avant le siége de Jérusalem, des voleurs de Palestine, répandus dans le pays, qui excitaient le peuple à la révolte, et pillaient les maisons de ceux qui restaient dans l'obéissance des Romains. Ces voleurs étaient armés de petits poignards, courbés comme les cimeterres des Perses ; et comme les Romains appelaient *sica* un poignard, ils nommèrent ces assassins *sicarii*.

**SICILE** (géographie). — Ile d'Italie, la plus considérable de toutes celles de la Méditerranée, tant sous le rapport de la grandeur que sous celui de l'abondance et de la fertilité. Elle n'est séparée de l'Italie que par le détroit de Messine qui n'a qu'une lieue de large. La Sicile, de forme triangulaire, a 280 kilom. d'orient en occident, et 200 du nord au sud. Décorée du titre de royaume, elle est divisée en Val de Démona, Val de Noto, et Val de Mazara. Il ne faut pas conclure de ces démonstrations, que ce sont trois vallées ; ici, le mot *val* est une expression arabe qui signifie canton ou pays. Le val du Démona a dans son enceinte la ville de Messine et le mont Etna ; le val de Noto comprend les villes de Catania, Agosta, Noto et Syracuse : le val de Mazara renferme les villes de Palerme, capitale de toute l'île, Montréal, Mazara et Girgenti. Le climat de la Sicile est ardent, mais l'air y est pur, le nombre de ses habitants est de près de 2 millions. La Sicile donne abondamment du blé, du vin, de l'huile, du miel, de la cire, du coton, de la soie, du sel, des fruits excellents. On y cultive la canne à sucre ; il s'y fait de la soude et du jus de réglisse ; on en tire du soufre, on y recueille des pistaches, de la manne très-vantée et on y pêche le thon sur les côtes. En général, sa fertilité est telle que, dans l'antiquité, on l'appelait le grenier de Rome. Ajoutons qu'il s'y trouve des pierres précieuses, des agates, du porphyre, du jaspe, du lapis-lazuli. Il y a des carrières de beaux marbres, d'autres d'albâtre, quelques-unes de sel gemme, et des mines d'or, d'argent, de cuivre, d'étain, de plomb, de fer, d'alun, de vitriol ; le papyrus y croît sur les eaux d'une petite rivière qui se jette dans le port de Syracuse. Sur la côte de Trapani, on pêche le corail ; il s'y rencontre des bains salutaires, et la mer qui l'environne, est très-poissonneuse.

Les Sarrasins, dans le ixe siècle, y établirent des gouverneurs ou émirs qui se maintinrent à Palerme jusqu'à l'an 1074, qu'ils en furent chassés par les Normands. Pierre III, roi d'Aragon, qui y avait des droits, fit égorger dans la Sicile tous les Français, le jour de Pâques 1282, au premier coup de vêpres, qui fut le signal du massacre, et c'est ce qu'on nomme les Vêpres Siciliennes, époque depuis laquelle les Français n'ont pu y remettre le pied. La Sicile était sous la domination des rois d'Espagne, comme roi d'Aragon. L'archiduc Charles, depuis Charles VI, s'en était saisi en 1708 ; et, à la paix d'Utrecht, 1713, les alliés l'avaient donnée au duc de Savoie, qui s'y fit couronner la même année. Mais le traité de Vienne 1736, mit l'infant don Carlos en possession des royaumes de Naples et de Sicile ; et en 1759, ce prince étant de-

venu roi d'Espagne, la Sicile, avec le royaume de Naples, passa à l'infant don Ferdinand, le troisième de ses fils, Charles Ferdinand II, roi actuel (1859) des Deux-Siciles, a succédé à son père François Ier, le 8 novembre 1830.

On croit qu'anciennement la Sicile était jointe au continent, et qu'elle en fut séparée par quelque catastrophe de la nature, ou par l'effort des deux mers,

> Hæc loca vi quondam, et vasta convulsa ruina
> Dissiluisse ferunt, quum protinus utraque tellus
> Una foret.
> 
> Virg., *Æneid.*, lib. iii,

Silius Italicus assure le fait si positivement, qu'on croirait qu'il en a été témoin. Pline, liv. III, chapitre 8, en parle sur le même ton : *Sicilia quondam Brutio agro cohærens, mox interfuso mari avulsa.* Enfin Buffon assigne l'époque de cette division à celle de la formation de la Méditerranée.

**SIÈCLE** [du latin *sæculum*]. — Espace de cent années. La division par siècles était en usage chez les Romains : elle a été conservée chez les modernes. Les années de chaque siècle se désignent (excepté la dernière) par l'adjectif ordinal qui énonce le chiffre de centaine immédiatement supérieur à celui de la centaine exprimée : ainsi l'on dit de 1701 à 1799 le xviiie siècle, de 1801 à 1899 le xixe siècle : la dernière année du siècle (l'an 1800 par exemple) porte seule le nom du chiffre de centaine qui sert à l'écrire. Chaque peuple compte les siècles d'après l'ère qu'il a adoptée ; les Romains, à partir de la fondation de Rome (754 avant J.-C.) ; les Mahométans, de l'hégire (622 après J.-C.), etc. Dans tous les pays chrétiens, on compte les siècles avant et après J.-C. ; ainsi l'on dit : Rome fut fondée au milieu du viiie siècle avant J.-C. ; la renaissance commença au xve siècle après J.-C.

**SIÉGE** (art militaire) [du latin *sedes*, de *sedere*, s'asseoir]. — Action d'attaquer une place forte pour s'en rendre maître. Lorsqu'on investit la place pour l'empêcher de recevoir aucun secours en hommes, en vivres, en munitions, le siége prend le nom de *blocus*. « Les opérations d'un siége comprennent le tracé des *parallèles* et des *tranchées*, le travail de la *sape* et de la *mine*, l'établissement des *batteries*, qu'on garnit de *pièces* de gros calibre, de *mortiers*, etc., constituant ce qu'on appelle *artillerie de siége* ; la formation de la *brèche* et l'*assaut*. Les principaux siéges dont l'histoire fasse mention sont, dans l'antiquité ; ceux de Jéricho (1605 avant J.-C.), de Troie (1280-70), de Tyr par Nabuchodonosor (584-72) et par Alexandre (332), de Babylone par Cyrus (536), de Rome par les Gaulois (389), de Sagonte par Annibal (219), de Syracuse par Marcellus (212), de Carthage (146) et de Numance (133) par Scipion Émilien ; d'Alésie par César (52), de Jérusalem par Titus (70 après J.-C.) ; et dans les temps modernes, de Jérusalem par les Croisés (1099), de Calais (1347) et d'Orléans (1428) par les Anglais, de Constantinople par Mahomet II (1453), de Grenade par Ferdinand et Isabelle (1492), de Rhodes (1522) et de Vienne (1529 et 1683) par les Turcs, de Paris par Henri IV (1589 et 1593), de la Rochelle par Louis XIII (1629), de Turin par les Français (1706), de Prague par les Impériaux (1742), de Gibraltar par les Français (1782), de Lille par les Impériaux (1792), de Toulon (1793) et de Mantoue (1797) par Bonaparte, de Gênes par les Anglais et les Austro-Russes (1800); enfin ceux de Saragosse (1808), d'Alger (1830), d'Anvers (1831), de Constantine (1837), de Rome (1849), de Sébastopol (1855). »

**SILÉSIE** (géographie). — Etat souverain annexé à l'Allemagne entre cette contrée et la Pologne. C'est un des plus beaux, des plus grands, et des plus considérables duchés de l'Europe. Sa longueur est d'environ 450 kilom. et sa largeur de 160. Sa population est de 2 millions d'habitants. Breslaw en est la capitale.

La Silésie, divisée dans toute sa longueur par l'Oder, est presque entièrement environnée de montagnes. Il en descend un grand nombre de rivières qui, après avoir fertilisé le pays, se jettent dans l'Oder. Elle est très-fertile en blé et en pâturages. On y entretient une grande quantité de bergeries qui fournissent à ses industrieux habitants les matières premières pour un grand nombre de fabriques de draps. La partie la plus ingrate des montagnes donne d'utiles récoltes en lin; le tabac et le houblon s'y cultivent avec succès, et la culture de la soie commence à s'y étendre et à s'y perfectionner. Il sort de ses manufactures de belles toiles de lin, des toiles unies et damassées, des toiles peintes de la plus grande beauté, des basins, des futaines, des linons unis, rayés et à fleurs, des serges, des bouracans, calmandes, siamoises; on y fait aussi de fort belles dentelles. Les papeteries et les verreries y sont en assez grand nombre. Il y a des moulins à poudre; il s'y prépare une grande quantité de cuirs, et il en sort de la quincaillerie.

Des sapins, des pins, des mélèzes, qui couvrent les montagnes de la Haute-Silésie, on tire de la résine, de la poix et de la térébenthine. Dans ces mêmes montagnes, il se trouve des agates, du jaspe, des améthystes, et même des diamants. On y voit des carrières de belles pierres à bâtir, d'autres qui fournissent des meules de moulin, et les bois de charpente et de chauffage n'y manquent pas. On y voit du charbon de terre et de la tourbe, et il s'y rencontre des mines de vitriol, des mines de fer et de plomb, quelques-unes de cuivre et même d'argent, des ardoisières, de la craie rouge, de la terre à porcelaine et des cristaux. Enfin, il s'y trouve plusieurs sources d'eaux minérales, et on pêche dans l'Oder le saumon, l'esturgeon et la lamproie, etc.

Quant à la religion, entière liberté de conscience; ce qui n'a pas peu servi à y fixer l'industrie et à y accroître la population.

La Silésie était divisée entre un grand nombre de petits princes qui, toujours en guerre les uns contre les autres, se soumirent tous peu à peu aux rois de Bohême, et devinrent leurs vassaux; et par l'extinction de ces différentes lignées, les rois de Bohême devinrent maîtres de la Silésie. Le roi de Prusse, Frédéric II, à son avénement au trône, motiva des prétentions sur ce duché, et ses armes victorieuses le lui firent céder par la maison d'Autriche en 1742, à la réserve d'une portion de la Haute-Silésie, qui compose une population de 400,000 habitants, et dont Troppau est la capitale.

**SILEX** (minéralogie) [mot latin qui signifie *caillou*]. — Pierre du genre quartz, dure, formée de silice. Le quartz agate, le quartz jaspé, le quartz hyalin, la pierre à fusil, les pierres meulières, etc., sont des *silex*. Les silex sont tous demi transparents au moins sur les bords; ils sont à peu près aussi durs que le quartz, et leur cassure ressemble plus ou moins à celle de la cire. Les silex éclatent au feu mais ne s'y fondent jamais; quand on les frotte les uns contre les autres ils répandent une odeur particulière que l'on désigne sous le nom d'*odeur de pierre à fusil*. Dans l'obscurité ce frottement est accompagné d'une lueur plus ou moins forte qui est analogue à la phosphorescence du sucre. La couleur du silex est excessivement variée : on en trouve de gris, de blanchâtres, de jaunes, de rouges et d'à peu près noirs; et quant à leur forme, elle est toujours très-irrégulière quand ils ne sont point modelés sur quelques corps organisés réguliers.

Les silex passent aux agates, comme celles-ci passent aux silex; les nuances qui conduisent des uns aux autres sont tellement fugaces qu'il serait difficile, pour ne pas dire impossible, de poser la limite entre les deux; on trouve de véritables calcédoines dans les meules de moulin, et la croûte de certaines agates n'a rien de plus fin que les silex à pierre à fusil: quelques atomes d'alumine suffisent pour en troubler la transparence. La contexture du silex varie depuis la plus parfaite homogénéité et le tissu le plus serré jusqu'à celle qui est criblée de trous et de cavités irrégulières.

Les silex se trouvent en place dans les bancs de calcaire crayeux, ou bien errants à la surface du sol, et à l'exception du silex molaire, ils ne forment point des bancs continus et puissants, mais seulement des lits ou des cordons plus ou moins serrés dans des bancs de craie.

Les silex servent à ferrer les chemins, à fabriquer des pierres à fusil et des meules de moulin; ils contiennent souvent des corps organisés ou de simples débris de ces mêmes corps. La matière du silex s'est moulée sur des madrépores, sur des alcyons, sur des coquilles, des oursins et autres corps marins, enfin elle s'est infiltrée dans la fibre ligneuse, car les bois agatisés sont pour la plupart simplement changés en silex.

Il paraît que les premiers habitants des Gaules, qui ne connaissaient point encore le fer, savaient tailler les silex en coins, en haches, en dards et en poignards; on trouve non-seulement encore ces meubles et ces armes sur tous les points de l'Europe; mais on a découvert les traces des ateliers et les nombreux débris qui résultaient de leurs travaux; on trouve des haches ébauchées à grands coups, d'autres où le travail était plus avancé, d'autres qui n'avaient plus que le dernier poli à recevoir; quelques-unes ont encore conservé leur tranchant.

**SILICATES** (chimie). — Sels formés de silice et

d'une base. Les silicates constituent des espèces minérales assez répandues, telles que le feldspath, la serpentine, le mica, la tourmaline, l'écume de mer, etc. L'argile, les poteries, le verre, la porcelaine, sont aussi des mélanges de divers silicates. A l'exception des silicates avec excès d'alcali, qu'on obtient artificiellement, tous les silicates sont insolubles dans l'eau.

**SILICE** [dite aussi *acide silicique*, de silicium et d'oxygène]. — Substance blanche, solide, sans saveur ni odeur, « préparée artificiellement, elle constitue une poudre légère semblable à de la farine, insoluble dans l'eau et les acides, infusible au feu de forge le plus intense. On l'obtient sous cette forme en faisant chauffer du sable ou des cailloux avec de la potasse, dissolvant le produit dans l'eau et précipitant par un acide : la silice se dépose alors sous la forme d'une gelée incolore (*silice hydratée*), qu'on recueille sur un filtre et qu'on calcine. La silice est un véritable acide. Cette substance est extrêmement répandue dans la nature, surtout en combinaison avec l'alumine, et forme avec elle la plus grande partie de la terre des champs et un grand nombre de pierres. A l'état de pureté plus ou moins grande, elle constitue le sable, les cailloux, la pierre à fusil, les différentes variétés de quartz ou de silex. Le cristal de roche est de la silice cristallisée et parfaitement pure. Différentes parties des plantes, notamment la tige des graminées, la paille des céréales, renferment de la silice en grande quantité. Certaines eaux minérales, surtout l'eau des geysers de l'Islande, renferment de la silice en dissolution ; il en existe même en petite quantité dans l'eau des rivières et des sources. La silice est particulièrement employée dans la fabrication du verre, des mortiers, des poteries et des pierres précieuses artificielles. »

**SILICIUM** (chimie) [de *silex*, d'où l'on retire le silicium]. — Le silicium est coloré en brun noisette. Il prend, par le frottement, un aspect métallique. Il est infusible et fixe. Sa densité est environ 2. Il est très-mauvais conducteur du calorique et de l'électricité, ce qui tient à son état d'agrégation moléculaire. C'est ainsi, par exemple, que le fer, bon conducteur de la chaleur et de l'électricité, devient mauvais conducteur quand on le réduit en poudre impalpable.

Le silicium ne brûle qu'incomplétement dans l'oxygène. Chauffé avec du carbonate de potasse ou de soude, il s'oxyde complétement : l'acide silicique qui

en résulte s'empare de l'alcali employé pour former un silicate soluble. Il est à remarquer que, malgré l'affinité énorme du silicium pour l'oxygène, le chlorate de potasse et le nitre ne l'oxydent qu'incomplétement. Il se combine directement avec l'acide fluorhydrique pour former de l'acide fluosilicique, et il y a en même temps dégagement d'hydrogène.

Pour le préparer, on fait arriver sur du potassium des vapeurs de chlorure de silicium ; puis on chauffe le tout légèrement dans un tube de verre soufflé en boule. Pendant la réaction, il se produit du chlorure de potassium soluble, et du silicium insoluble dans l'eau. La quantité de silicium qu'on obtient est toujours très-petite.

Le silicium a été découvert par M. Berzelius, après avoir été déjà entrevu, en 1807, quelques années avant sa découverte, par MM. Gay-Lussac et Thénard.
(*Hœfer.*)

**SILURE** (zoologie) [*silurus*, du grec *silouros*, espèce d'esturgeon]. — Genre de poisson, type de la famille des siluroïdes. Les silures sont reconnaissables soit à la nudité de leur corps, soit à de grandes plaques osseuses qu'on y remarque : bouche très-fendue, garnie ordinairement de six barbillons ; tête large et déprimée. La plupart de ces poissons ont le premier rayon des pectorales transformée en une forte épine : c'est une arme dangereuse qui peut causer le tétanos. Ce sont néanmoins des animaux timides et craintifs ; ils sont peu agiles, de nature paresseuse. Ils se nourrissent de substances végétales. Ils habitent les eaux douces des pays chauds et tempérés. Le silure proprement dit (*S. Glanis*), dit aussi *Saluth*, est le plus grand de nos poissons d'eau douce : ce qui lui a valu le nom de *Baleine des rivières*. Sa couleur est d'un noir verdâtre. Sa taille atteint quelquefois deux mètres. Il se trouve en abondance dans les fleuves de la Prusse, de la Livonie, dans le Rhin, le Danube, le Volga, etc. Sa chair est blanche, fade et facile à digérer : son goût rappelle celui de la lotte ou de l'anguille. On trouve dans le Nil le *silurus auritus*, qui a huit barbillons,

Fig. 17. — Silure d'Europe.

et dans les eaux de Java, une autre espèce qui n'en a que deux.

**SIMILOR** (technologie). — Composition de cuivre qui paraît d'or ou dorée, dont on fait une infinité d'ouvrages, tels que flambeaux, boucles, cercles de tabatières, bagues, chaînes, etc. Paris, Londres, Manheim et Nuremberg, sont les villes où l'on travaille et emploie cette composition, à laquelle on donne aussi le nom d'or de Manheim, à cause du grand nombre d'ouvrages en ce genre qu'on y fabrique.

**SINGES** (zoologie) [*simiæ*]. — Famille de mammifères formant presque à elle seule l'ordre entier des quadrumanes; elle renferme des animaux qui se rapprochent beaucoup de l'homme par leur conformation générale et leur organisation interne. « Ils ont de 32 à 36 dents, deux mamelles pectorales, les quatre membres terminés par des mains offrant un pouce séparé et plus ou moins opposable aux autres doigts; des ongles plats comme ceux de l'homme. Ils ont la tête généralement arrondie; l'angle facial variant entre 30 et 65°; le visage presque toujours nu, tantôt couleur de chair, tantôt bleu ou noir; les narines rapprochées et assez semblables à celles de l'homme dans les espèces de l'ancien continent, mais, au contraire, écartées à la droite et à la gauche d'une large cloison dans les espèces américaines; les oreilles sans lobule et rarement bordées; les yeux vifs et très-mobiles. Leur taille varie depuis celle d'un écureuil jusqu'à celle d'un homme de près de deux mètres; leur corps est généralement maigre, recouvert d'un pelage assez fourni, de couleur variable : presque toutes les espèces de l'ancien continent ont, aux parties postérieures, des callosités fort laides à voir; leurs membres sont grêles et allongés, surtout les membres antérieurs, qui, dans quelques espèces, sont d'une longueur démesurée; la station droite ne leur est point naturelle. Leur queue varie en longueur; beaucoup d'espèces n'en ont même point; chez celles qui en ont, elle est tantôt lâche, tantôt prenante : dans ce dernier cas, c'est comme un cinquième membre qui leur sert pour le tact et la préhension : leurs mains sont recouvertes d'une peau très-fine et souvent ridée. Ces animaux sont en général frugivores. »

Si l'on ne devait juger des animaux que par la forme, dit Buffon, l'espèce du *singe* pourrait être prise pour une variété de la nôtre. Le sauvage hottentot est le premier des singes ont une chevelure hérissée, la face voilée par une longue barbe, le front raccourci, les yeux enfoncés et arrondis, le regard stupide et farouche; le reste de la peau tout velu; la peau dure; l'un et l'autre se tiennent assis sur leurs talons. Si, dis-je, on ajoute à tout cela les rapports d'organisation, les convenances de tempérament, l'appétit véhément des singes mâles pour les femmes, la même conformation dans les parties génitales des deux sexes, l'écoulement périodique dans les femelles et les mélanges forcés ou volontaires des négresses aux singes, dont le produit est, dit-on, rentré dans l'une ou l'autre espèce, et en supposant que ces générations métisses ne soient ni de l'une ni de l'autre espèce, l'intervalle qui les sépare paraîtra sans doute difficile à saisir.

Mais si le Créateur n'a pas voulu faire pour le corps de l'homme un modèle absolument différent de celui de l'animal; s'il a compris sa forme, comme celle de tous les animaux, dans un plan général, en même temps qu'il lui a départi cette forme matérielle semblable à celle du singe, il a pénétré ce corps animal

de son souffle divin; s'il eût fait la même faveur, je ne dis pas au singe, mais à l'espèce la plus vile, à l'animal qui nous paraît le plus mal organisé, cette espèce serait bientôt devenue la rivale de l'homme; vivifiée par l'esprit, elle eût primé sur toutes les autres, elle eût pensé, elle eût parlé : quelque ressemblance qu'il y ait donc entre le Hottentot sauvage et le singe, l'intervalle qui les sépare est immense, puisqu'à l'intérieur il est rempli par la pensée, et au dehors par la parole. Ainsi il y a plus loin encore du singe au Hottentot sauvage, que de ce Hottentot à nous.

Le singe est donc animal, et, malgré sa ressemblance à l'homme, il n'est point le second de notre espèce. Il n'approche de nous que par sa forme matérielle, et c'est sur ce rapport de ressemblance corporelle qu'est appuyée la grande opinion qu'on s'est formée des facultés du singe. C'est par cela seul qu'il pourrait, dit-on, former le second rang dans l'échelle ou la chaîne des êtres animés. Mais le singe n'est pas le premier dans l'ordre des animaux, puisqu'il n'est pas le plus intelligent; il ne fait pas de lui-même tout ce que nous faisons; il imite seulement quelques-unes de nos actions, et ses actions n'ont ni le même principe ni la même fin : il ne reçoit, comme les autres animaux, qu'une éducation purement individuelle, et à l'égard de l'imitation qui paraît être le caractère le plus marqué, l'attribut le plus frappant de l'espèce du singe, et que le vulgaire lui attribue comme un talent unique, il faut, avant de décider, examiner si cette imitation est libre ou forcée. Le singe nous imite-t-il parce qu'il le veut, ou bien parce que sans le vouloir il le peut? Quiconque a observé cet animal sans prévention, ne pourra s'empêcher de dire qu'il n'y [a rien de libre, rien de volontaire dans cette imitation; le singe ayant des bras et des mains, s'en sert comme nous, mais sans songer à nous; la similitude des membres et des organes produit nécessairement des mouvements et quelquefois même des suites de mouvements qui ressemblent aux nôtres; étant conformé, construit et en apparence organisé comme l'homme, le singe, par nécessité de nature, ne peut que se mouvoir comme lui; mais se mouvoir de même n'est pas agir pour imiter. L'imitation suppose le dessein d'imiter : le singe est incapable de former ce dessein qui demande une suite de pensées, et par cette raison, l'homme peut, s'il le veut, imiter le singe, et le singe ne peut pas même imiter l'homme.

Et cette parité, qui n'est que le physique de l'imitation, n'est pas aussi complète ici que la similitude, dont cependant elle émane comme effet immédiat : le singe ressemble plus à l'homme par le corps et les membres, que par l'usage qu'il en fait; en l'observant avec quelque attention, on s'apercevra aisément que tous ses mouvements sont brusques, intermittents, précipités, et que pour les comparer à ceux de l'homme, il faudrait leur supposer une autre échelle ou plutôt un module différent : toutes les actions du singe tiennent de son éducation qui est purement animale; elles nous paraissent ridicules, inconséquentes, extravagantes, parce que nous nous trompons d'échelle en les rapportant à nous, et que l'unité qui doit leur servir de mesure est très-différente de la nôtre. Comme la nature du singe est vive, son tempérament chaud, son naturel pétulant, qu'aucune de ses affections n'a été mitigée par l'éducation, toutes ses habitudes sont successives et ressemblent beaucoup plus au mouvement d'un maniaque qu'aux actions d'un homme ou même d'un animal tranquille; c'est par la même raison que nous le trouvons indocile, et qu'il reçoit difficilement les habitudes qu'on voudrait lui transmettre : il est insensible aux caresses et n'obéit qu'au châtiment; on peut le tenir en captivité, mais non pas en domesticité : toujours triste ou revêche, toujours répugnant, grimaçant, on le dompte plutôt qu'on ne l'apprivoise; aussi l'espèce n'a jamais été domestique nulle part, et par ce rapport il est plus éloigné de l'homme que la plupart des animaux. Enfin le passif du singe a moins de rapport avec l'actif de l'homme, que le passif du chien ou de l'éléphant, qu'il suffit de bien traiter pour leur communiquer les sentiments doux et même délicats de l'attachement fidèle, de l'obéissance volontaire, du service gratuit et du dévouement sans réserve.

Nous disons donc que le singe est plus loin de l'homme que la plupart des autres animaux par les qualités relatives; il en diffère aussi beaucoup par le tempérament : l'homme peut habiter tous les climats; il vit, il multiplie dans ceux du Nord et du Midi : le singe a de la peine à vivre dans les contrées tempérées, et ne peut multiplier que dans les pays les plus chauds. Cette différence dans le tempérament en suppose d'autres dans l'organisation, qui, quoique cachées, n'en sont pas moins réelles; elle doit aussi influer beaucoup sur le naturel : l'excès de chaleur qui est nécessaire à la pleine vie de cet animal, rend excessives toutes ses affections, toutes ses qualités, et il ne faut pas chercher une autre cause à sa pétu-

Fig. 18. — Singe cynopithèque.

lance, à sa lubricité et à toutes ses autres passions, qui toutes nous paraissent aussi violentes que désordonnées.

Ainsi, ce singe, que les philosophes avec le vulgaire ont regardé comme un être difficile à définir, dont la nature était au moins équivoque et moyenne entre celle de l'homme et celle des animaux, n'est dans la vérité qu'un pur animal portant à l'extérieur le masque de la figure humaine, mais dénué à l'intérieur de la pensée et de tout ce qui fait l'homme; un animal au-dessous de plusieurs autres par les facultés relatives et encore essentiellement différent de l'homme par le naturel, par le tempérament et aussi par la mesure du temps nécessaire à l'éducation, à la gestation, à l'accroissement du corps, à la durée de la vie, c'est-à-dire par toutes les habitudes réelles qui constituent ce qu'on appelle *nature* dans un être particulier.

Les singes diffèrent aussi beaucoup entre eux, non-seulement par la conformation, mais encore par le naturel. L'*orang-outang* qui ressemble le plus à l'homme, est le plus intelligent, le plus grave, le plus docile de tous. Le *magot* qui commence à s'éloigner de la forme humaine, et qui approche de celle des animaux, est brusque, désobéissant et maussade. Les *babouins* qui ne ressemblent plus à l'homme que par les mains, et qui ont une queue, des ongles aigus, de gros museaux, ont l'air de bêtes féroces et le sont en effet; les *guenons* sont extravagantes, etc., et ces différents noms conduisent à distinguer d'abord le véritable *singe* ou *singe* proprement dit, de tous les autres.

Buffon, dont le pinceau philosophique a su exprimer d'une manière forte et précise la différence ou les rapports d'identité des animaux, veut, dans son *Histoire des Singes*, que le nom de singe ne soit donné qu'à un animal sans queue, dont la face est aplatie, dont les dents, les mains, les doigts, les ongles ressemblent à ceux de l'homme, et qui, comme lui, marche debout sur ses deux pieds.

Cette définition tirée de la nature même de l'animal et de ses rapports avec celle de l'homme, exclut, comme l'on voit, tous les animaux qui ont des queues, tous ceux qui ont la face relevée ou le museau long, tous ceux qui ont les ongles courbés, tous ceux qui marchent plus volontiers sur quatre que sur deux pieds. D'après cette notion fixe et précise, voyons combien il existe d'espèces d'animaux auxquels on doit donner le nom de singe.

Les anciens n'en connaissaient qu'une seule, le *pithecos* des Grecs (le *pithèque*) : le *simia* des Latins est un singe, un vrai singe, et c'est celui sur lequel Aristote, Pline et Galien ont institué toutes les comparaisons physiques et fondé toutes les relations du singe à l'homme. Mais ce pithèque, ce singe des anciens, si ressemblant à l'homme par sa conformation extérieure, et plus semblable encore par l'organisation intérieure, en diffère néanmoins par un attribut qui, quoique relatif en lui-même, n'en est cependant ici pas moins essentiel, c'est la grandeur; la taille de l'homme en général est au-dessus de cinq pieds, celle du pithèque n'atteint pas tout à fait le tiers de cette hauteur; aussi ce singe eût-il été encore plus ressemblant à l'homme qu'il ne l'est, les anciens auraient eu raison de ne le regarder que comme un *homuncule*, un nain manqué, un pygmée, capable tout au plus de combattre avec les grues, tandis que l'homme sait vaincre le lion et dompter l'éléphant.

Mais depuis les anciens, depuis la découverte des parties méridionales de l'Afrique et des Indes, on a trouvé un autre singe avec cet attribut de grandeur, un singe aussi haut, aussi fort que l'homme, aussi ardent pour les femmes que pour ses femelles; un singe qui sait porter des armes, qui se sert de pierres pour attaquer et de bâtons pour se défendre, et qui d'ailleurs ressemble encore plus à l'homme que le pithèque : car indépendamment de ce qu'il n'a point de queue, de ce que sa face est aplatie, que ses bras, ses mains, ses doigts, ses ongles sont pareils aux nôtres, et qu'il marche toujours debout, il a une espèce de visage, les traits approchants de ceux de l'homme, des oreilles de la même forme, des cheveux sur la tête, de la barbe au menton et du poil ni plus ni moins que l'homme en a dans l'état de nature. Aussi les habitants de son pays, les Indiens policés, n'ont pas hésité de l'associer à l'espèce humaine par le nom d'*orang-outang*, c'est-à-dire *homme sauvage*; tandis que la plupart des nègres, presque aussi sauvages, aussi laids que ces singes, et qui n'imaginent pas que pour être plus ou moins policé, l'on soit plus ou moins homme, leur ont donné un nom propre (*pongo*), un nom de bête et non pas d'homme; et cet orang-outang n'est en effet qu'un animal, mais un animal très-singulier, que l'homme ne peut voir sans rentrer en lui-même, sans se reconnaître, sans se convaincre que son corps n'est pas la partie la plus essentielle de sa nature.

Voilà donc deux animaux, le pithèque et l'orang-outang, auxquels on doit appliquer le nom de singe.

Il y en a un troisième auquel on ne peut guère le refuser, quoiqu'il soit difforme et par rapport à l'homme et par rapport au singe : cet animal qui a été apporté des Indes orientales sous le nom de *gibbon*, marche debout comme les deux autres et a la face aplatie; il est aussi sans queue ; mais ses bras au lieu d'être proportionnés à la hauteur du corps comme ceux de l'homme, ou du moins comme ceux de l'orang-outang ou du pithèque, sont d'une longueur si démesurée, que l'animal étant debout sur ses deux pieds, il touche encore la terre avec ses mains sans courber le corps et sans plier les jambes : cet animal est le troisième et le dernier auquel on doive donner et conserver le nom de singe; c'est dans ce genre une espèce monstrueuse, hétéroclite, comme l'est dans l'espèce humaine la race des hommes à grosses jambes, dites de *Saint-Thomas*.

Après les singes proprement dits, se présente une autre famille d'animaux, que Buffon indique sous le nom générique de *babouin*; et pour les distinguer nettement de tous les autres, nous dirons que le babouin est un animal à queue courte, à face allongée, museau large et relevé, avec des dents canines plus grosses à proportion que celles de l'homme, et des callosités sur les fesses. D'après cette définition, nous excluons de cette famille tous les singes qui n'ont point de queue, tels que l'orang-outang, le pithèque, le gibbon; toutes les guenons, tous les sapajous et sagouins qui n'ont pas la queue courte, mais qui tous l'ont aussi longue ou plus longue que le corps; et tous les makis, loris et autres quadrumanes qui ont le museau mince et pointu.

Il paraît que les anciens n'ont jamais eu de nom propre pour ces animaux; Aristote est le seul qui semble avoir désigné l'un de ces babouins par le nom de *Simia porcaria*, encore n'en donne-t-il qu'une indication fort indirecte : les Italiens sont les premiers qui l'aient nommé *babuino*; les Allemands l'ont appelé *bavion*; les Anglais, *bavoon*; les Français, *babouin*; et tous les auteurs qui, dans ces derniers siècles, ont écrit en latin, l'ont désigné par le nom *papio*. Nous l'appellerons nous-mêmes *papion*, pour le distinguer des autres *babouins* qu'on a trouvés depuis dans les provinces méridionales des Indes et de l'Afrique.

Nous connaissons trois espèces de ces animaux : 1° Le *papion* ou *babouin* proprement dit, dont nous venons de parler, qui se trouve en Libye, en Arabie, etc., et qui vraisemblablement est le *Simia porcaria* d'Aristote; 2° le *mandrill* qui est un babouin encore plus grand que le papion, avec la face violette, le nez et les joues sillonnées de rides profondes et obliques, qui se trouve en Guinée et dans les parties les plus chaudes de l'Afrique; 3° L'*ouanderou* qui n'est pas si gros que le papion, ni si grand que le mandrill, dont le corps est moins épais et qui a la tête et toute la face environnée d'une espèce de crinière très-longue et très-épaisse; on le trouve à Ceylan, au Malabar et dans les autres provinces méridionales de l'Inde. Ainsi voilà trois singes (l'*orang-outang*, le pithèque, le *gibbon*), et trois babouins (le *papion*, le *mandrill*, l'*ouanderou*), bien définis, bien séparés, et tous six distinctement différents les uns des autres.

Mais comme la marche de la nature va toujours par degrés, et que son plan est nuancé partout et s'étend en tout sens, il doit se trouver entre le genre du singe proprement dit et celui du babouin, quelque espèce intermédiaire qui ne soit précisément ni l'un ni l'autre, et qui cependant participe des deux. Cette espèce intermédiaire existe en effet, et c'est l'animal que nous appelons *magot* : il se trouve placé entre nos deux définitions ; il fait la nuance entre les singes et les babouins : il diffère des premiers en ce qu'il a le museau allongé et de grosses dents canines ; il diffère des seconds, parce qu'il n'a réellement point de queue, quoiqu'il ait un petit appendice de peau qui a l'apparence de la naissance d'une queue. Il n'est par conséquent ni singe ni babouin, et il tient en même temps de la nature des deux. Cet animal, qui est fort commun dans la haute Égypte, ainsi qu'en Barbarie, était connu des anciens : les Grecs et les Latins l'ont nommé *cynocéphale*, parce que son museau ressemble assez à celui d'un dogue.

Après les singes, le magot et les babouins, se trouvent les *guenons* ; c'est ainsi que nous appelons, d'après notre idiome ancien les animaux qui ressemblent aux singes ou aux babouins, mais qui ont de longues queues, aussi longues ou plus longues que le corps. Le mot *guenon* a eu, dans ces derniers siècles, deux acceptions différentes de celles

Fig. 19. — Singe callitrix.

que nous lui donnons ici : l'on a employé le mot de guenon généralement pour désigner les singes de petite taille, et en même temps on l'a employé particulièrement pour nommer la femelle du singe ; mais plus anciennement on appelait *singes* ou *magots* les singes sans queue, et *guenons* ou *mones* ceux qui avaient une longue queue : on pourrait le prouver par quelques passages de nos voyageurs des xvie et xviie siècles. Le mot même de guenon ne s'éloigne pas, et peut-être a été dérivé du nom *kébos* ou *képos*, que les Grecs donnaient aux singes à longue queue.

Ces kébos ou guenons sont plus petites et moins fortes que les singes et les babouins ; elles sont aisées à distinguer des uns et des autres par cette différence

et surtout par leur longue queue. On peut aussi aisément les séparer des makis, parce qu'elles n'ont pas le museau pointu, et qu'au lieu de six dents incisives qu'ont les makis, elles n'en ont que quatre comme les singes. On en connaît neuf espèces, que nous indiquerons chacune par un nom différent, afin d'éviter toute confusion. Ces neuf espèces de guenons, sont : 1° les *macaques*, qui sont natifs de Congo ; 2° les *patas*, du Sénégal ; 3° les *malbrouks*, de Bengale ; 4° les *mangabeys*, de Madagascar ; 5° la *mone*; 6° le *callitriche*; 7° le *moustac*, de Guinée ; 8° le *talapoin*, de Siam ; 9° le *douc*, de la Cochinchine.

Les anciens Grecs et les Latins ne connaissaient que deux de ces guenons, la *mone* et le *callitriche*, qui sont originaires de l'Arabie et des parties septentrionales de l'Afrique ; ils n'avaient aucune notion des autres guenons, parce qu'elles ne se trouvent que dans les provinces méridionales de l'Afrique et des Indes Orientales, pays entièrement inconnus du temps d'Aristote ; et nous avons eu grand soin de conserver aux guenons qu'on y a trouvées, les noms propres de leur pays. Le philosophe Aristote et les Grecs en général, étaient si attentifs à ne pas confondre les êtres par des noms communs, et dès lors équivoques, qu'ayant appelé *pithecos* le singe sans queue, il sont nommé *kébos* la guenon ou singe à longue queue : comme ils avaient reconnu que ces animaux étaient d'espèces différentes et même assez éloignées, ils leur avaient donné à chacun un nom propre, et ce nom était tiré du caractère le plus apparent. Tous les singes et babouins qu'ils connaissaient, c'est-à-dire le pithèque ou singe, proprement dit, le cynocéphale, ou magot, et le *simia porcaria* ou *papion* ont le poil d'une couleur à peu près uniforme : au contraire, la guenon que nous appelons ici *mone*, et que les Grecs appelaient *kébos*, a le poil varié de couleurs différentes ; on l'appelle même vulgairement le *singe varié* ; c'était l'espèce de guenon la plus commune et la mieux connue du temps d'Aristote, et c'est de ce caractère qu'est dérivé le nom de *kébos*, qui désigne en grec la variété des couleurs.

Ainsi tous les animaux de la classe des singes, babouins et guenons, indiqués par Aristote, se réduisent à quatre, le *pithecos*, le *cynocephalos*, le *simia porca-*

*ria* et le *kébos*, que l'on est fondé à représenter aujourd'hui par le pithèque ou singe proprement dit, le magot, le papion premier babouin, et la mone ou guenon, ou singe varié; parce que non-seulement les caractères particuliers que leur donne Aristote leur conviennent en effet, mais encore parce que les autres espèces que nous avons indiquées, et celles que nous indiquerons encore, devaient nécessairement lui être inconnues, puisqu'elles sont natives et exclusivement habitantes des terres où les voyageurs grecs n'avaient point encore pénétré de son temps.

Deux ou trois siècles après celui d'Aristote, on trouva dans les auteurs grecs deux nouveaux noms, *callitrix* et *cercopithecos*, tous deux relatifs aux guenons ou singes à longue queue : à mesure qu'on découvrait la terre et qu'on s'avançait vers le midi, soit en Afrique, soit en Asie, on trouvait de nouveaux animaux et d'autres espèces de guenons ; et comme la plupart de ces guenons n'avaient pas, comme le *kébos*, les couleurs variées, les Grecs ima-

Fig. 19. — Singe cynocéphale amadrios d'Arabie.

ginèrent de faire un nom générique, *cerco-pithecos*, c'est-à-dire *singe à queue*, pour désigner toutes les espèces de guenons ou singes à longue queue ; et ayant remarqué parmi ces espèces nouvelles une espèce de guenon d'un poil verdâtre et de couleur vive, ils appelèrent cette espèce *callitrix*, qui signifie *beau poil*. Ce *callitrix* ou *callitriche* se trouve en effet dans la partie méridionale de la Mauritanie et dans les terres voisines du Cap-Vert ; c'est la guenon que l'on connaît vulgairement sous le nom de *singe vert*.

Et comme la nature est constante dans sa marche, comme elle ne va jamais par sauts, et que dans l'échelle de ses productions tout est toujours gradué, nuancé, on trouve entre les babouins et les guenons, une espèce intermédiaire, comme celle du magot l'est entre les singes et les babouins : l'animal qui remplit cet intervalle et qui forme cette espèce intermédiaire, ressemble beaucoup aux guenons, surtout aux macaques, et en même temps il a le museau fort large et la queue courte comme les babouins : ne lui connaissant point de nouveau nom, on l'a appelé *maimon*, pour le distinguer des autres : il se trouve à Sumatra ; c'est le seul de tous ces animaux, tant babouins que guenons, dont la queue soit dégarnie de poil ; et c'est par

cette raison que les auteurs qui en ont parlé, l'ont désigné par la dénomination de *singe à queue de rat* ou de *singe à queue de cochon*.

Voilà les animaux de l'ancien continent auxquels on a donné le nom commun de singes, quoiqu'ils soient non-seulement d'espèces éloignées, mais même de genres assez différents ; et ce qui a mis le comble à l'erreur et à la confusion, c'est qu'on a donné ces mêmes noms de *singe*, de *cynocéphale*, de *kébos* et de *cercopithèque*, noms donnés il y a quinze cents ans par les Grecs, à des animaux du Nouveau Monde, qu'on a découvert il n'y a pas encore tout à fait quatre siècles. On ne se doutait pas qu'il n'existait dans les parties méridionales de ce nouveau continent aucun des animaux de l'Afrique et des Indes Orientales.

On a trouvé en Amérique des bêtes avec des mains et des doigts ; ce rapport seul a suffi pour qu'on les ait appelées singes, sans faire attention que pour transférer un nom, il faut au moins que le genre soit le même, et que pour l'appliquer juste, il faut encore que l'espèce soit identique ; or ces animaux d'Amérique, dont on fait deux classes, sous les noms de *sapajous* et de *sagouins*, sont très-différents de tous les singes de l'Asie et de l'Afrique ; et de la même manière qu'il ne se trouve dans le nouveau continent ni singes, ni babouins, ni guenons, il n'existe aussi ni sapajous, ni sagouins dans l'Ancien.

*Mœurs, ruses, habitation, nourriture et durée des quadrumanes, vulgairement appelés* Singes.

Indépendamment de la conformation, de l'organisation intérieure et extérieure qui présentent aux naturalistes et au vulgaire des rapports frappants entre les singes et l'homme, il est certain que ces animaux frappent encore plus notre vue par leurs mœurs, leurs gestes, leur manière de vivre en particulier ou en république. On dit que le singe sent, compare, juge, réfléchit, choisit et paraît guidé dans ses mouvements et ses actions par un instinct supérieur et d'une manière moins monotone que dans les autres animaux brutes. Nous avons déjà répondu, d'après Buffon, que le singe est dénué de tout ce qui fait l'homme ; la privation de la pensée et de la parole met un intervalle immense entre ce quadrumane et l'homme ; le singe n'est qu'un pur animal, une bête, et il porte à l'extérieur quelques-uns des traits de la figure humaine ; voilà son plus grand avantage : la manière dont ses membres se meuvent tient à leur conformation ; et en cela seul, ces animaux semblent opérer comme nous. Mais que de différence pour les habitudes, etc. !

On ne peut disconvenir que les singes en général ne soient fort laids : ils ont les membres très-forts et sont très-enclins à voler, à déchirer, à casser ; ils sont très-adroits dans toutes leurs fonctions, sensibles au bien-être et à la détresse ; ils témoignent en tout temps leurs passions par leurs trépignements et d'une manière très-expressive. Si on les bat, quelques-uns de ceux soumis à l'éducation de l'homme, surtout les *mandrills*, les *ouanderous*, les *saïs*, ont l'art de soupirer, de gémir, de pleurer comme des enfants, et de pousser, suivant les cas, des cris d'épouvante, de douleur, de colère ou de dérision ; ils font des grimaces et ont des attitudes si ridicules que l'homme le plus mélancolique ne pourrait s'empêcher de rire.

Il y a des races de ces animaux qui observent, dit-on, entre eux une certaine discipline, et exécutent tout avec une adresse admirable. Quoique habiles au pillage, surtout les *papions* parmi les *babouins*, et les *macaques* parmi les *guenons*, ils ne font guère d'expéditions importantes qu'en troupe. S'agit-il de dévaster une melonnière considérable : une grande partie d'entre eux entre dans le jardin, se range en haie à une distance médiocre les uns des autres ; ils se jettent de main en main les melons, que chacun reçoit adroitement et avec une rapidité extrême. La ligne qu'ils forment finit ordinairement sur quelque montagne : tout s'exécute dans un profond silence. Wafer dit qu'étant à l'île Gorgonia, il observa différents singes (des *coaïtas*) qui venaient cueillir des huîtres lorsque la marée était basse ; ils mettaient l'huître sur une pierre, et avec une autre pierre la frappaient jusqu'à ce qu'ils eussent rompu l'écaille en morceaux. L'espèce de guenon appelée *malbrouck*, au Bengale, prend et mange des huîtres de la même manière.

Plusieurs de ces animaux (parmi les sapajous, on compte l'*ouarine* ou *singe hurleur*, et le *coaïta*), ont un instinct particulier pour connaître ceux qui leur font la guerre, et pour chercher les moyens, quand ils sont attaqués, de se secourir et de se défendre. Leurs armes sont des branches d'armes qu'ils cassent, des cailloux qu'ils amassent et leurs excréments qu'ils reçoivent dans leurs mains ; ils jettent tout à la tête de leurs ennemis. Point de déserteurs ni de traîneurs ; ils ne s'abandonnent point ; ils courent en plaine, sautent d'arbre en arbre très-rapidement ; si quelqu'un d'entre eux est blessé, ils crient tous d'une manière épouvantable et redoublent d'ardeur. S'agit-il de franchir une petite rivière, ces sapajous s'assemblent en certain nombre, grimpent à un arbre, se prennent tous par une partie du corps au moyen de leur queue ; ils donnent beaucoup de mouvement et de branle à cette chaîne ; puis, à un signal, ils s'élancent et se jettent en avant : le dernier de la chaîne s'attache for-

tement à un tronc d'arbre de l'autre côté de la rivière et attire les autres ; ils s'entr'aident ainsi, et s'attachent avec leurs pattes et leur queue aux branches en tombant.

En général, les singes aiment à manger des fruits surtout du raisin et des pommes, des vers, des araignées, des poux et d'autres vermines. Leur goût est plus ou moins délicat : ils s'accommodent très-bien de la nourriture des hommes, et communément ils pillent, dans les champs de millet et de riz, les récoltes et les légumes des habitants. C'est ainsi que les papions et les macaques s'emparent gratuitement des moissons. Il faut se méfier dans les maisons des babouins, surtout du mandril et des guenons, notamment du macaque ; ils sont insolemment lubriques.

Il semble que le génie de ces animaux ne soit pas toujours flétri par la captivité, car on voit dans quelques maisons l'ouanderou également rusé, audacieux, voluptueux, fripon et moqueur. Il s'assied sur son derrière pour manger, et tient sa nourriture de son espèce de main. On lui apprend facilement à faire une toilette, à faire la roue à la manière des petits garçons, à attiser le feu, à laver la vaisselle, à pousser la brouette, à jouer du tambour, à embrasser, à rincer des verres, même à donner à boire : nous en avons vu un tourner la broche d'une main et de l'autre recevoir le suc du rôti sur un morceau de pain qu'il mangeait ensuite ; nous en avons vu un en 1762 à Bordeaux, qui étonna singulièrement les spectateurs, lorsque monté sur la corde et assis entre les bâtons croisés, il offrit et tendit de son propre mouvement la plante de ses pieds pour les faire frotter de craie ; ensuite prenant le balancier dans ses mains, on le vit marcher gravement sur la corde, faire la belle jambe, puis courir en avant, en arrière, faire des entrechats, et exécuter d'autres tours d'adresse aussi bien qu'un habile danseur de corde. Mais c'est dans les mains des bouffons moresques et indiens qu'il faut voir les gentillesses de ces animaux. Au reste, il faut en tout ceci distinguer les qualités acquises par l'éducation, des fonctions réelles et naturelles de l'animal, en un mot du degré d'intelligence qui lui est propre.

Soit que les pithèques et particulièrement les patas, dorment, travaillent ou maraudent, il y en a toujours en sentinelle sur la cime de quelque lieu élevé, ou sur un arbre, et dont l'oreille, la vue et le cri servent à la sûreté commune : ils font un cri particulier qui sert de signal, alors toute la troupe s'enfuit avec une vitesse étonnante : les jeunes, qui ne sont pas bien accoutumés à ce manége, montent sur le dos des plus vieux, où ils se tiennent d'une manière fort plaisante ; on s'est plu à citer des exemples qu'ils punissent de mort les sentinelles qui n'ont pas fait leur devoir.

Les Européens du Cap prennent quelquefois de jeunes singes, en tuant auparavant les mères : ils les élèvent et les nourrissent avec du lait de chèvre ou de brebis. Lorsque ces singes apprivoisés sont devenus grands, ils font quelquefois une assez bonne garde dans la maison pendant la nuit ; mais leur malice naturelle se développe avec l'âge : leurs mouvements sont toujours brusques. Si le mâle est avec sa femelle et ses petits, en un mot quand ils sont, les uns admis à la société de l'homme, les autres dans l'état sauvage, alors on peut apercevoir dans les actions et l'éducation comparées de ces animaux un mélange ou assemblage bizarre de talents ou naturels ou acquis, talents qui supposent aux yeux de bien des personnes un instinct infiniment supérieur à celui des autres brutes.

Leur face mobile, comme celle de l'homme, se prête à mille grimaces et admet mille contorsions, qui, jointes à leurs gestes ridicules et extravagants, donnent le spectacle le plus risible et le plus divertissant; et comme il y en a qui sont susceptibles d'une sorte d'éducation, on en voit aussi qui sont d'excellents pantomimes, et portés à l'imitation de tout ce qui se présente devant leurs yeux; par leurs gestes, ils répondent quelquefois avec intelligence; ils demandent ou grondent, affectent un geste ou une contenance qui ressemblent beaucoup aux attitudes humaines: il y en a qui apprennent parfaitement à faire ce qu'on leur enseigne, même ce qu'on ne prétend pas qu'ils sachent. Dans le séjour de la Condamine et Bouguer, au Pérou, des singes privés (probablement des coaïtas) examinèrent si bien comment ces académiciens faisaient leurs observations sur les montagnes qu'on fut bien étonné, dans une comédie pantomime, exécutée par des singes et où nos astronomes furent invités, de voir ces animaux planter des signaux, courir à une pendule, puis prendre la plume pour écrire, enfin regarder les astres avec des lunettes, etc.

L'aventure qui arriva aux troupes d'Alexandre, à l'occasion des singes, est trop singulière pour la passer ici sous silence. Ces troupes marchaient toujours en bon ordre, elles se trouvèrent dans des montagnes où il y avait beaucoup de singes, et l'on y campa la nuit: le lendemain, quand l'armée se mit en marche, elle aperçut à quelque distance une quantité prodigieuse de singes (probablement des mones), qui s'étaient assemblés et rangés par pelotons. Les Macédoniens qui ne pouvaient rien soupçonner de pareil, crurent reconnaître l'ennemi; on se forme en bataille, chacun prend les armes et se dispose au combat: mais Taxile, prince du pays, qui s'était déjà rendu à Alexandre, lui apprit ce que c'était que cette armée prétendue, qu'il ne suffisait que de l'approcher pour la mettre en fuite.

Ces animaux ont une grande antipathie pour le crocodile, il suffit de leur en montrer la peau pour les faire tomber en défaillance.

La queue sert souvent aux sapajous de cinquième jambe ou de main, pour descendre des arbres. Si quelque individu parmi ceux que l'on appelle ouarines, est blessé, ils sondent, dit-on, la plaie avec la patte antérieure, et y font entrer adroitement, au lieu de charpie, des feuilles qu'ils ont mâchées.

Ces animaux naturels aux pays très-chauds, transportés dans nos climats, renfermés ou privés de la liberté pour laquelle ils ont le goût le plus décidé, gémissent dans l'esclavage, et ne peuvent goûter les plaisirs de l'amour. C'est donc dans les pays brûlants,

où les désirs de la jouissance sont portés à l'excès, que leur reproduction doit avoir lieu. Cependant on a vu, il y a plusieurs années, à Mantoue, la femelle d'un magot mettre bas un petit, vigoureux et très-bien constitué. L'espèce de petit sagouin, appelé ouistiti a fourni aussi à Paris l'exemple d'une pareille fécondation.

Les femelles des singes portent leurs petits de la même manière que les négresses portent leurs enfants. Ces petits se tiennent sur le dos de leur mère avec les pattes de derrière, ils leur embrassent le cou avec les pattes de devant. Quand les femelles veulent donner à téter à leurs petits, elles les prennent dans leurs pattes antérieures ou bras, et leur présentent la mamelle comme les femmes. Les singes, surtout les rouges, le long de la Gambra, grande rivière de Nigritie en Afrique, sont toujours en groupe de trois ou quatre mille ensemble; ce sont des guenons appelées *patas*. Ces singes forment, dit-on, des républiques où la subordination, pour ce qui les concerne, est assez bien observée: ils voyagent en très-bon ordre, sous certains chefs qui sont de la plus grosse espèce; l'arrière-garde est toujours composée d'un nombre des plus gros singes, entre lesquels, quand ils articulent leur langage, il y en a, comme le malbrouck, dont la voix forte prend au besoin le dessus et réduit les autres au silence. Leur retraite est toujours un spectacle fort réjouissant pour un Européen; car certains nègres les regardent comme une espèce d'hommes vagabonds, qui ne veulent pas prendre la peine de se bâtir des cases. Les patas sont aussi habiles au pillage que les macaques, et on les vend à fort bas prix dans le pays à cause du tort qu'ils font aux récoltes. Au reste, les familles de ces différents genres d'animaux ne se mêlent guère, chaque espèce habite un quartier différent. Les nègres, qui n'ont pas l'usage des armes à feu, ont soin de ne leur décocher des flèches que dans le visage; les blessures qu'ils reçoivent en cet endroit les font tomber infailliblement, parce qu'ils y portent d'abord leurs pattes.

Il arrive quelquefois que, tirés par le chasseur et tombant de l'arbre, les sapajous ou singes à queue prenante, accrochent une branche et y entortillent cette cinquième main, laquelle s'y raidit de manière qu'ils y demeurent suspendus après qu'ils sont morts, qu'ils y pourrissent ou qu'ils y sèchent... Dès qu'un des singes est ainsi blessé à mort ou tué, d'autres singes vigoureux poursuivent souvent les chasseurs jusque dans leurs cases; et si on leur ferme la porte au nez, ils ont la malice de découvrir la maison, de briser les calebasses et d'emporter tout ce qui leur tombe sous la patte.

On avait toujours cru jusqu'à présent qu'il n'y avait que l'homme parmi les animaux qui fût susceptible de la petite vérole et de la rougeole; mais depuis que les hommes ont élevé dans leurs maisons des singes, l'expérience nous a prouvé le contraire.

(*V. de Bomare.*)

Voici les principaux groupes aujourd'hui admis dans ces deux grandes divisions: *singes de l'ancien continent*: chimpanzé (*troglodytes*), orang (*pithecus*);

gibbon (*hylobates*), semnopithèque, cercopithèque ou guenon, macaque (*cercocebus*), cynocéphale ou babouin; — *singes américains* : 1° singe à queue prenante, alouate (*stentor*), ériode, atèle, lagotriche, sajou ; 2° singe à queue non prenante, callitriche ou saïmiri, douroucouli (*nyctipithecus*), saki (*pithecia*), ouistiti.

Les seuls singes dont les anciens paraissent avoir eu réellement connaissance sont : le *magot* (le *pithécos* des Grecs, le *simia* des Latins), les *cynocéphales* (que nous appelons papion et tartarin), le patas (*kébos, cephus*), le grivet, et, depuis Alexandre, l'entelle et l'ouenderou : ils n'ont point connu l'orang, le gibbon et le chimpanzé.

## SINGULARITÉS JUDICIAIRES DU MOYEN AGE.

— La jurisprudence du moyen âge présente des singularités nombreuses et variées, et souvent les magistrats interviennent dans des circonstances si bizarres, que nous avons peine à comprendre, de nos jours, comment ces graves organes de la justice ont pu raisonnablement figurer dans de telles affaires.

Toutefois notre but n'est pas de critiquer ici des usages plus ou moins absurdes, mais d'en constater simplement l'existence.

Plusieurs siècles nous séparent de l'époque dont nous cherchons à étudier les mœurs et les idées qui forment avec les nôtres de si étranges disparates; aussi n'est-ce qu'après de scrupuleuses recherches faites dans les ouvrages des jurisconsultes et des historiens les plus respectables, que nous présentons cette rapide esquisse.

§ 1. *Procès contre les animaux.* — Au moyen âge on soumettait à l'action de la justice tous les faits condamnables de quelque être qu'ils fussent émanés, même des animaux.

L'histoire de la jurisprudence nous offre à cette époque de nombreux exemples de procès dans lesquels figurent des taureaux, des vaches, des chevaux, des porcs, des truies, des coqs, des rats, des mulots, des limaces, des fourmis, des chenilles, sauterelles, mouches, vers et sangsues.

La procédure que l'on avait adoptée pour la poursuite de ces sortes d'affaires revêtait des formes toutes spéciales; cette procédure était différente, suivant la nature des animaux qu'il s'agissait de poursuivre.

Si l'animal auteur d'un délit — tel par exemple qu'un porc, une truie, un bœuf — peut être *saisi, appréhendé au corps*, il est traduit devant le tribunal criminel ordinaire, il y est assigné *personnellement*; mais s'il s'agit d'animaux sur lesquels on ne peut mettre la main, tels que des insectes ou d'autres bêtes nuisibles à la terre, ce n'est pas devant le tribunal criminel ordinaire que l'on traduira ces délinquants *insaisissables*, mais devant le tribunal ecclésiastique, c'est-à-dire devant l'officialité.

Tels étaient, en matière de procès contre les animaux, les principes admis par les jurisconsultes du moyen âge. Arrivons maintenant à la preuve de cette assertion.

Parlons d'abord des procès poursuivis contre les animaux devant la justice criminelle ordinaire.

Comme on le voit encore de nos jours dans certai-

nes localités, les porcs et les truies, au moyen âge, couraient en liberté dans les rues des villages, et il arrivait souvent qu'ils dévoraient des enfants; alors on procédait directement contre ces animaux par voie criminelle. Voici quelle était la marche que suivait la procédure :

On incarcérait l'animal, c'est-à-dire le *délinquant*, dans la prison du siége de la justice criminelle où devait être instruit le procès. Le procureur ou promoteur des causes d'office, c'est-à-dire l'officier qui exerçait les fonctions du ministère public auprès de la justice seigneuriale, requérait la mise en accusation du coupable. Après l'audition des témoins et vu leurs dépositions affirmatives concernant le fait imputé à l'accusé, le promoteur faisait ses réquisitions, sur lesquelles le juge du lieu rendait une sentence déclarant l'animal coupable d'homicide, et le condamnait définitivement à être étranglé et pendu par les deux pieds de derrière à un chêne ou aux fourches patibulaires, suivant la coutume du pays.

Du XIII° au XVI° siècle, les fastes de la jurisprudence et de l'histoire fournissent de nombreux exemples sur l'usage de cette procédure suivie contre des pourceaux et des truies qui avaient dévoré des enfants, et qui, pour ce fait, étaient condamnés à être pendus (1).

Les jugements et arrêts en cette matière étaient mûrement délibérés et gravement prononcés; voyez ce passage d'une sentence rendue par le juge de Savigny, le 10 janvier 1457; il s'agit d'une truie :

« ... C'est assavoir que pour la partie dudit demandeur, avons cité, requis instamment en cette cause, en présence dudit défenseur présent et non contredisant, pourquoi nous, juge, avons dit, savoir faisons à tous que nous avons procédé et donné notre sentence définitive en la matière qui suit; c'est assavoir que veu le cas est tel comme a esté proposé pour la partie du dit demandeur et duquel appert à suffisance, tant par tesmoing que autrement denhuement hue. Aussi conseil avec saiges et praticiens et aussi considérer en ce cas l'usage et coustume du païs de Bourgoigne, aïant Dieu devant les yeulx, nous disons et prononçons pour notre sentence définitive et à droit et à icelle notre dicte sentence, déclarons la truie de Jean Bailli, *alias* (autrement dit) Valot, pour raison du multre et homicide par icelle truie commis... estre pendue par les pieds de derrière à un arbre esproné, etc. »

L'exécution était publique et solennelle; quelquefois l'animal paraissait habillé en homme. En 1386 une sentence du juge de Falaise condamna une truie à être mutilée à la jambe et à la tête, et successivement pendue pour avoir déchiré au visage et au bras et tué un enfant. On voulut infliger à l'animal la peine du talion. Cette truie fut exécutée sur la place de la ville, en habit d'homme; l'exécution coûta dix sous dix deniers tournois, plus un gant neuf à l'exécuteur des hautes-œuvres. L'auteur de l'*Histoire du duché*

(1) Nous avons rapporté un grand nombre de sentences et jugements sur ce sujet dans nos *Curiosités judiciaires et historiques*. Paris, 1858, 1 vol. in-8°, chez Dumoulin.

*de Valois*, qui rapporte le même fait, ajoute que ce gant est porté sur la note des frais et dépens pour une somme de six sous tournois, et que dans la quittance donnée au comte de Falaise par le bourreau, ce dernier y déclare qu'il s'y tient pour *content et qu'il en acquitte le roi notre sire et ledit vicomte.* Voilà une truie condamnée bien juridiquement!

Nous trouvons aussi dans un compte du 15 mars 1403 les détails suivants sur la dépense faite à l'occasion du supplice d'une truie, qui fut condamnée à être pendue à Meulan pour avoir dévoré un enfant :

« Pour dépense faite pour elle dedans la geôle, six sols parisis (1).

» *Item*, au maître des hautes-œuvres, qui vint de Paris à Meulan faire ladite exécution par le commandement et ordonnance de nostre dit maître le bailli et du procureur du roi, cinquante-quatre sols parisis;

» *Item*, pour voiture qui la mena à la justice, six sols parisis;

» *Item*, pour cordes à la lier et haler, deux sols huit deniers parisis;

» *Item*, pour gants, deux deniers parisis. »

En octroyant des gants au bourreau, on voulait sans doute, d'après les mœurs du temps, que ses mains sortissent pures de l'exécution d'une *bête brute*.

Un compte de 1479, de la municipalité d'Abbeville, nous apprend qu'un pourceau également condamné pour meurtre d'un enfant fut conduit au supplice dans une charrette; que les sergents à masse l'escortèrent jusqu'à la potence, et que le bourreau reçut soixante sous pour sa peine (2).

Pour une semblable exécution faite en 1435 à Tronchères, village de Bourgogne, le *carnacier* (le bourreau) reçut également une somme de soixante sous.

Les formalités étaient si bien observées dans ces sortes de procédures, que l'on trouve au dossier d'une affaire jugée le 18 avril 1499, jusqu'au procès-verbal de la signification faite au pourceau dans la prison où l'on déposait les condamnés avant d'être conduits au lieu d'exécution.

On procédait aussi par les mêmes voies judiciaires contre les taureaux coupables de meurtres. Dans la poursuite on observait des formalités identiques avec celles que nous venons d'indiquer.

En effet, écoutons l'auteur de l'*Histoire du duché de Valois*, qui rapporte le fait suivant :

« Un fermier du village de Moisy laissa échapper un taureau indompté. Ce taureau ayant rencontré un homme, le perça de ses cornes; l'homme ne survécut que quelques heures à ses blessures. Charles, comte de Valois, ayant appris cet accident au château de Crépy, donna ordre d'appréhender le taureau et de lui faire son procès. On se saisit de la bête meurtrière. Les officiers du comte de Valois se transportèrent sur les lieux pour faire les informations requises; et sur la déposition des témoins ils constatèrent la vérité et la nature du délit. Le taureau fut condamné à être pendu. L'exécution de ce jugement se fit aux fourches patibulaires de Moisy le Temple. La mort d'une bête expia ainsi celle d'un homme.

» Ce supplice ne termina pas la scène. Il y eut appel de la sentence des officiers du comte, comme juges incompétents, au parlement de la Chandeleur de 1314. Cet appel fut dressé au nom du procureur de l'hôpital de la ville de Moisy. Le procureur général de l'ordre intervint. Le parlement reçut plaignant le procureur de l'hôpital en cas de saisie et de nouvelleté, contre les entreprises des officiers du comte de Valois. Le jugement du taureau mis à mort fut trouvé fort équitable; mais il fut décidé que le comte de Valois n'avait aucun droit de justice sur le territoire de Moisy, et que ses officiers n'auraient pas dû y instrumenter. »

Cette condamnation n'est pas la seule de cette espèce. En 1499 un jugement du bailliage de l'abbaye de Beaupré, ordre de Cîteaux, près Beauvais, rendu sur requête et information, condamna à la potence jusqu'à mort inclusivement un taureau « pour avoir par furiosité occis un joine fils de quatorze à quinze ans, » dans la seigneurie du Cauroy, qui dépendait de cette abbaye.

Les chevaux étaient aussi poursuivis criminellement à raison des homicides qu'ils avaient commis. Les registres de Dijon constatent qu'en 1389 un cheval, sur l'information faite par les échevins de Montbar, fut condamné à mort pour avoir *occis* un homme.

Aux époques dont nous parlons, la jurisprudence, se basant d'ailleurs sur l'autorité des livres saints, avait adopté l'usage d'infliger aux animaux des peines proportionnées aux délits dont ils étaient convaincus. On pensait que le supplice du gibet, appliqué à une bête coupable d'un meurtre, imprimait toujours l'horreur du crime, et que le propriétaire de l'animal ainsi condamné était suffisamment puni par la perte même qu'il faisait de cet animal. Telles étaient les idées de nos pères sur le point qui nous occupe; mais elles se modifièrent successivement. En effet, à partir de la seconde moitié du XVe siècle, les annales de la jurisprudence ne nous offrent plus d'exemples de condamnations *capitales* prononcées contre des bœufs ou des pourceaux, à raison du meurtre d'un homme ou d'un enfant. C'est qu'à cette époque on avait presque renoncé à ce mode de procédure aussi absurde que ridicule contre les animaux, et que pour la poursuite des faits dont ils s'étaient rendus coupables, on était revenu aux seuls et vrais principes sur cette matière, en condamnant à une amende et à des dommages-intérêts le propriétaire de l'animal nuisible. On ne faisait plus de procès à la bête malfaisante, on ordonnait purement et simplement qu'elle fût assommée.

La superstition persuadait jadis au peuple que les

---

(1) Dans une quittance délivrée le 16 octobre 1408 par un tabellion de la vicomté de Pont-de-Larche au geôlier des prisons de cette ville, les frais de nourriture journalière d'un pourceau incarcéré pour cause de meurtre d'un enfant, sont portés, au même taux que ceux indiqués dans le compte pour la nourriture individuelle de chaque homme alors détenu dans la même prison.

(2) Voyez nos *Curiosités judiciaires et historiques*, p. 13 et suivantes.

coqs faisaient des œufs et que de ces œufs maudits sortait un serpent ou même un *basilic*. Gross raconte dans sa *Petite chronique de Bâle* qu'au mois d'août 1474, un coq de la ville fut accusé d'un pareil méfait, et qu'ayant été dûment atteint et convaincu, il fut condamné à mort ; la justice le livra au bourreau et celui-ci le brûla publiquement avec son œuf au lieu dit *Kohlenberger*, au milieu d'un grand concours de bourgeois et de paysans rassemblés pour voir cette bizarre exécution.

Cette condamnation se rattache évidemment aux procès de sorcellerie, qui furent si multipliés pendant le xvᵉ et le xviᵉ siècle. En effet, on reprochait aux sorciers qui voulaient se mettre en rapport avec Satan, d'employer dans leurs pratiques, entre autres moyens d'évocation, les œufs de coq, sans doute parce que ces œufs étaient réputés renfermer un serpent, et que ces reptiles plaisent infiniment au diable. Il ne doit donc pas sembler étonnant que dans un temps où la superstition outrageait à la fois la religion, la raison et les lois, un malheureux coq fût condamné au feu avec l'œuf qu'il était réputé avoir pondu, puisque cet œuf, dans l'esprit même des juges, était considéré comme un objet de terreur légitime, comme une production du démon (1).

Occupons-nous maintenant des procès intentés pendant le moyen-âge contre les insectes et autres animaux nuisibles aux productions du sol, telles que mouches, chenilles, vers, charançons, limaces, rats, taupes et mulots.

Souvent les récoltes sont dévorées par des quantités innombrables d'insectes qui font invasion sur le territoire d'un canton, d'une commune.

Au moyen âge, l'histoire mentionne fréquemment des calamités de ce genre. Ces fléaux produisaient d'autant plus de ravages que la science agronomique, presque dans l'enfance à cette époque, offrait moins de moyens pour combattre ces désastreuses invasions.

Afin de conjurer ces maux sans remèdes humains, les populations désolées s'adressaient aux ministres de la religion. L'Eglise écoutait leurs plaintes ; leur accordant sa sainte intervention, elle fulminait l'anathème contre ces ennemis de l'homme, qu'elle considérait comme envoyés par le démon.

Alors l'affaire était portée devant le tribunal ecclésiastique, et elle y prenait le caractère d'un véritable procès, ayant d'un côté pour *demandeurs* les paroissiens de la localité, et de l'autre, pour *défendeurs*, les insectes qui dévastaient la contrée. L'official, c'est-à-dire le juge ecclésiastique, décidait la contestation. On suivait avec soin dans la poursuite du procès toutes les formes des actions intentées en justice.

Nous avons, dans nos *Curiosités judiciaires et histo-*

riques, rapporté par ordre de date les décisions et sentences prononcées contre des hannetons, des limaces, des mouches, etc.

Au xvᵉ et au xviᵉ siècle, ce mode de procédure était en pleine vigueur.

Dans le xviiᵉ siècle on ne rencontre plus que quelques rares procès intentés par les officialités contre les animaux ; c'est qu'en effet l'Eglise, à cette époque, avait presque renoncé à ces ridicules procédures ; aussi voit-on alors, dans les réglements des différents diocèses de France, introduire certaines prohibitions destinées à corriger ces abus.

Dulaure, dans son *Histoire de Paris*, signale encore l'existence d'un procès intenté vers les premières années du xviiiᵉ siècle, contre les chenilles qui désolaient le territoire de la petite ville de Pont-du-Château, en Auvergne. Un grand vicaire, appelé Burin, excommunia ces chenilles et renvoya la procédure au juge du lieu, qui rendit une sentence contre ces insectes et leur enjoignit solennellement de se retirer dans un territoire inculte qui leur était désigné.

Ces procédures n'étaient pas seulement suivies en Europe, mais leur usage s'était propagé jusqu'en Amérique. On y fulminait l'excommunication contre des oiseaux et contre des insectes.

Le baron de La Hontan, qui, vers la fin du xviiᵉ siècle, passa de longues années au Canada, raconte que « le nombre des tourterelles était si grand dans ce pays, que l'évêque avait été obligé de les excommunier plusieurs fois par le dommage qu'elles faisaient aux biens de la terre.

Nous trouvons aussi l'excommunication pratiquée au Brésil contre des fourmis ou cabas. Nous y voyons au commencement du xviiiᵉ siècle, les religieux du monastère de Saint-Antoine intenter une action en violation de propriété contre ces insectes, afin de les faire, sous peine d'excommunication, déguerpir des lieux qu'il savaient envahis. Le tribunal ecclésiastique rendit son jugement le 17 janvier 1713 (1).

Un autre procès du même genre eut lieu dans le xviiiᵉ siècle au Pérou. Une excommunication y fut prononcée contre des termites (espèce de fourmis blanches), désignées dans le pays sous le nom de *comejones*, lesquelles s'étaient introduites dans une bibliothèque et en avait dévoré un grand nombre de volumes.

§ 2. *Procès pour cause d'impuissance.* — Dans les premiers siècles de l'Eglise, on n'admettait point l'accusation d'impuissance. Mais cette discipline changea ; peu à peu on reçut les accusations d'impuissance, tant de la femme contre le mari que du mari contre la femme. Lorsque cet usage commença à s'établir en France, on s'en rapporta d'abord au serment du mari ; mais comme l'époux impuissant ne voulait presque jamais avouer ce défaut de nature, on exigea bientôt le serment de la femme.

Plus tard, on demanda que sept personnes de la fa-

(1) Le savant Lapeyronie, dans les *Mémoires de l'Académie des sciences* pour l'année 1710 (p. 553 et suiv.), a donné des détails fort intéressants sur les prétendus œufs de coq. Il y démontre la fausseté de cette erreur populaire, qui était encore de son temps partagée par les gens du monde. Les œufs dont il s'agit sont des œufs de poule incomplets dont le jaune s'est échappé dans le passage de l'*oviductus*.

(1) Voyez nos *Curiosités judiciaires et historiques*, p. 41 et suiv., on y trouvera les plaidoiries et le texte du jugement de ce procès bizarre.

mille ou du voisinage, attestassent devant les juges (1), que les parties avaient dit la vérité et qu'elles ne pouvaient se conjoindre.

Mais cet état de choses changea, les témoins furent supprimés, et on leur substitua les visites.

Lorsque la femme, se prétendant vierge, venait se plaindre que son mari n'avait pas accompli ses devoirs envers elle, si le mari reconnaissait la virginité de sa femme, on n'exigeait pas d'autres preuves et le mariage était rompu.

Mais si le mari soutenait que le mariage avait été consommé, on demandait alors le témoignage des matrones et des experts qui visitaient soigneusement la plaignante, et si sa virginité était constatée, on annulait le mariage.

Toutefois, ces preuves ayant été reconnues souvent insuffisantes et fautives, on introduisit un autre mode de procéder, c'est-à-dire le congrès. Le *Dictionnaire de l'Académie française*, édition de 1835, définit ce mot : « L'épreuve de la puissance ou de l'impuissance des gens mariés, que l'on faisait dans certaines occasions par ordre de justice, en présence de chirurgiens et de matrones. »

Cette sorte de preuve judiciaire, dont on ne trouve aucune trace, ni dans le droit civil, ni dans le droit canonique, fut introduite, dans les officialités de France, vers le milieu du XVIᵉ siècle.

« On attribue, dit Merlin, dans son *Répertoire de Jurisprudence*, l'origine du congrès à l'effronterie d'un jeune homme qui, étant accusé d'impuissance, offrit de prouver le contraire en présence des chirurgiens et des matrones. L'official eut l'indiscrétion d'admettre ce nouveau genre de preuve.

» Les autres officiaux suivirent cet exemple, et ce qu'il y a de plus étrange, c'est que les parlements l'autorisèrent. Les fastes de notre jurisprudence fournissent une foule de monuments, qui attestent que cette preuve indécente était ordonnée et confirmée par une multitude d'arrêts. Le mari accusé d'impuissance était condamné à prouver sa virilité en présence de médecins et de matrones, qui étaient nommés par l'official pour faire leur rapport. Si le mari sortait victorieux du combat, l'attaque de la femme était rejetée. Si au contraire il n'avait pu consommer le mariage, alors la demande en impuissance était admise et le mariage était déclaré nul. »

« On peut dire, ajoute le même auteur, que les tribunaux étaient devenus complices du libertinage, en ordonnant une preuve presque publique d'un acte que la nature a voulu ensevelir dans l'ombre du mystère. »

Boileau, dans sa huitième satire, composée en 1667, avait flétri en vers énergiques ce mode obscène de procédure :

Jamais la biche en rut n'a pour fait d'impuissance
Traîné du fond des bois le cerf à l'audience,

Et jamais juge, entre eux ordonnant le congrès,
De ce burlesque mot n'a sali ses arrêts.

Le congrès fut enfin supprimé en France par arrêt du parlement de Paris, du 18 février 1677. Le procès qui donna lieu à cette décision fut un des plus célèbres de cette époque. Il avait été intenté par le marquis de Langey, dont le mariage avait été, après les épreuves du congrès, annulé pour cause d'impuissance ; les avocats plaidèrent pendant douze audiences, l'arrêt fut prononcé sur les conclusions du président Lamoignon, alors avocat général. Cet arrêt portait *défense à tous juges, même à ceux des officialités, d'ordonner à l'avenir, dans les causes du mariage, la preuve du congrès.*

Depuis cet arrêt, cette preuve scandaleuse ne fut plus admise en France, et l'on se contenta de recourir, dans les accusations d'impuissance, à la visite des gens de l'art.

Cet état de choses continua d'exister pendant le XVIIIᵉ siècle. Mais sous l'empire du Code Napoléon, cette jurisprudence fut modifiée.

En effet, le Code décide que l'impuissance naturelle du mari ne peut motiver l'action en désaveu de paternité. Toutefois, il en est autrement de l'impuissance accidentelle, si elle est survenue après le mariage et si elle a rendu la cohabitation impossible dans le temps de la conception présumée de l'enfant. L'impuissance accidentelle peut être une cause de nullité de mariage s'il est prouvé qu'elle existait avant la célébration.

§ 3. *Procès relatif au droit du seigneur.* — Pour éviter de se servir des mots trop crus, sous lesquels les auteurs désignent le privilége seigneurial sur les mariages, on emploie souvent cette expression que tout le monde comprend : *le droit du seigneur.*

Une discussion fort vive et même très-passionnée s'est élevée entre les publicistes modernes sur la question relative au droit du seigneur.

Les uns ont soutenu que ce droit était bien réellement un privilége établi par les lois et exercé par les seigneurs féodaux sur l'honneur de celles de leurs *sujettes* qui se mariaient. Les autres ont nié formellement l'existence du droit du seigneur.

D'autres enfin ont prétendu que le droit du seigneur a existé, non comme une loi, mais comme un abus usurpant les apparences d'un droit.

Nous n'avons pas l'intention d'entrer ici dans une discussion que ne comportent pas les limites étroites de cet article. Nous nous proposons de publier sur ce sujet une dissertation basée sur les faits et dégagée de toutes ces attaques inconvenantes et personnelles qui nous semblent indignes de la majesté de l'histoire.

Nous nous contenterons de rappeler ici qu'on a des preuves certaines qui constatent l'existence du droit du seigneur.

On lit dans le *Glossaire du droit français*, d'Eusèbe de Laurière : « Par arrêt de la cour du 19 mars 1409, à la poursuite des habitants et eschevins d'Abbeville, défenses furent faites à l'évêque d'Amiens d'exiger argent des nouveaux mariés pour leur donner congé de coucher avec leurs femmes la première, la seconde, et troisième nuit de leurs noces ; et dit que chacun desdits habitants pourra coucher avec sa femme la première nuit de leurs noces sans congé de l'évêque. »

« J'ai vu moi-même, dit Boerius, devant la cour métropolitaine de Bourges, juger un procès dans lequel un curé prétendait avoir, selon la coutume, la première connaissance charnelle de la mariée ; cette coutume fut abolie et le curé condamné à l'amende. »

§ 4. *Procès en résiliation de bail pour cause d'apparition de spectres ou de fantômes.* — La question de savoir si l'apparition de spectres ou de fantômes, dans une maison donnée à bail, peut être pour le locataire une cause légitime de résiliation, a été souvent agitée devant les tribunaux au moyen âge et dans les siècles suivants. Voici parmi les affaires de ce genre, celles qui nous ont semblé les plus dignes d'attention. Pour ne point, autant que possible, enlever au récit sa forme simple et naïve, nous laisserons parler, en reproduisant leur langage, nos vieux jurisconsultes qui, souvent peu aguerris en cette matière et partageant les erreurs de leur temps, croyaient aux apparitions de fantômes.

Piléus, dans ses *Questions notables,* s'exprime ainsi :

« Procès s'est agité devant le sénéchal de Guyenne ou son lieutenant, entre Robert de Vigne, propriétaire de certaine maison, située en la rue de la Rouselle de la ville de Bordeaux, d'une part, et le locataire Jean de Topy, d'autre. Disant qu'ayant demeuré l'espace de quinze temps dans cette maison, il trouva qu'elle était infestée par l'apparition de quelques esprits qui se présentaient tantôt en forme de petits enfants, tantôt en d'autres formes terribles et épouvantables qui opprimaient et inquiétaient les personnes, remuaient les meubles et ustensiles de la maison, excitaient des bruits et tintamarres, et avec force et violence jetaient hors des lits ceux qui y reposaient. A cause de quoi il aurait été contraint de quitter la maison et de se retirer ailleurs, et par suite il demande que le contrat de location soit rompu et que l'argent qu'il a avancé pour le temps de six mois restant soit rendu. A quoi parfaire le propriétaire ayant été condamné par sentence du sénéchal, en a appelé et relevé son appel devant le parlement de Bordeaux où la cause fut plaidée et sert de sujet à cette solennelle pronouciation. Or, d'autant que tout ce doute est fondé sur l'apparition des esprits et démons, il en faut plus au long disputer et amener les causes qui pourraient apporter tant d'un côté que de l'autre pour donner le jour à la vérité.

» L'avocat de l'appelant disait que telles frayeurs et craintes d'apparition n'étaient suffisantes ni aucunement considérables pour rompre un contrat de location ; mais que l'on dit que ces spectres ne sont qu'illusions et fantômes, vains songes et fantaisies de nul effet, qui troublent le cerveau des hommes, leur font concevoir des imaginations non moins vaines que les Hypocentaures et Chymères des poëtes, alléguant à ce propos l'opinion de quelques philosophes anciens qui ont pensé que les démons et bons et mauvais n'étaient autre chose que les bonnes et mauvaises cupidités de notre âme qui nous induisent ou à bien ou à mal. »

Pour donner plus de force à ses arguments, l'orateur cite tour à tour les philosophes, les poëtes grecs et latins, la Bible, les textes du droit romain et des conciles, et ajoute : « Mais quelques esprits que ce soient, s'il est vrai qu'il en vienne dans cette maison, l'intimé devait plutôt apporter tous les remèdes pour y pourvoir que de décrier cette maison au grand préjudice du propriétaire, Dieu et nature nous ayant donné assez de moyens pour ce faire. »

Et alors il indique en quoi consistent ces moyens :

« Que n'usait-il de laurier, de la rue ou sel pétillant dans les flammes et charbons ardents, des plumes de la huppe ; de la composition dite *Arcolus vetulus,* avec la rhubarbe, avec du vin blanc qui soulage fort ceux qui sont agités de ces passions, comme remarquent les modernes ; de soufre, d'eau marine, de l'herbe petphilion, des rameaux d'olivier, de la valériane, du saule suspendu au seuil de la porte de la maison, de l'herbe batonique, du bois de palmier, de l'herbe dite *baccaris,* du cuir du front de l'hyène, du fiel de chien que l'on tient être d'une vertu merveilleuse et efficace à chasser les démons. Que n'usait-il aussi de l'herbe Moly, laquelle Mercure ayant donné à Ulysse, il se servit comme d'antidote contre les charmes de Circé.

» Il pouvait aussi se servir des sons aigus, comme des lames d'airain qui, battues et frappées, rendent des sons et bruits qui les étonnent et les font fuir hors des maisons.

» Mais si ces remèdes ne lui étaient point propres et commodes ou inconnus, que n'avait-il recours ou au médecin qui en doit avoir la connaissance, ou à son évêque ou curé qui en a d'ordinaires, comme les conjurations, purgatious, exorcismes, l'huile sacrée, l'encens, l'eau bénite, qui sont remèdes et moyens du tout souverain. »

L'avocat termine sa plaidoirie en disant que le locataire n'ayant point usé des moyens ordinairement employés pour chasser les démons et fantômes, la résiliation du bail ne doit pas être prononcée.

L'avocat de la partie adverse, celui de l'intimé, c'est-à-dire du défendeur à l'appel, répond que quand même son client aurait fait usage des moyens tels que le laurier, la rue, le corail, la cossidoine de diamant, le jaspe et autres pierres précieuses ou herbes puissantes contre l'apparition des esprits, il n'aurait pu en prévenir le retour ; « car, dit-il, les esprits étant subtiles à merveilles, ne craignent les moyens ni les remèdes des causes naturelles. Il est certain que les naturalistes et tous ceux qui ont considéré de plus près la vertu des plantes et des pierres précieuses disent qu'elles peuvent bien avoir quelque vertu sur les choses animées, mais non contre les malins esprits, et seulement qu'elles nous soulagent la vue et nous fortifient. Ils ne changeront pas davantage les figures et anneaux, nombres et caractères, mais s'en jouent et se moquent, vu que ce ne sont qu'inventions fallacieuses et diaboliques pour tromper les hommes, vrais artifices et suppositions de nul effet. »

« Mon client, ajoute-t-il, se serait en vain servi de ces remèdes, car tant s'en faut qu'ils puissent profiter, que même les exorcismes qui sont les plus puissants et violents moyens qu'on y pourrait apporter, conjurations et imprécations, ne peuvent toujours réussir comme on désire, car il y a des esprits et démons si malins et opiniâtres, qu'ils aiment mieux être bourrelés et vexés, que se soumettre à la volonté des hommes. Il y en a à l'exorcisation desquels il faut apporter, outre les conjurations et cérémonies instituées, la prière, le jeûne et l'aumône... Mais quand ces remèdes auraient lieu et pourraient trouver quelque chose qui pût servir contre les démons, c'est toujours le propriétaire, qui en est tenu envers le locataire, auquel le prix avancé doit être rendu s'il n'est pas possible de jouir de la chose louée (1). »

Après avoir rappelé que la question a été jugée plusieurs fois en faveur du locataire, par le parlement de Grenade, l'avocat cite à l'appui les lois romaines, dans lesquelles il est dit, que celui qui a loué un champ qui produit des herbes pestiférées et venimeuses, peut faire rompre le contrat et s'écrie gravement : « Or, il n'est herbes plus venimeuses que ces esprits. » Puis, après avoir cité, comme l'a fait son confrère, toute l'antiquité païenne et chrétienne, il conclut au maintien de la première sentence, qui ordonne la résiliation du bail, pour cause d'apparition d'esprits et démons dans la maison donnée à loyer. Sur quoi, le parlement de Bordeaux, par arrêt prononcé en robes rouges, le 21 mars 1595, confirma le jugement du sénéchal de Guyenne, et députa en même temps des commissaires chargés de visiter la maison et les lieux circonvoisins, pour être juges oculaires des faits de la cause.

Telle était sur la question qui nous occupe la jurisprudence constante du parlement de Bordeaux. Celle du parlement de Paris ne fut pas toujours uniforme à cet égard. En effet, cette cour avait admis quelquefois que les apparitions de fantômes dans une maison était un motif légitime de résiliation du bail. Cependant la jurisprudence du parlement de Paris inclinait pour le maintien du contrat, ne trouvant pas que la crainte des esprits fût, en vertu des lois romaines ou françaises, une cause suffisante de rompre une convention loyalement formée entre les partis. C'est ainsi que ce point avait été jugé notamment par les arrêts du 6 mars 1576 et du 16 juillet 1647.

Un ancien auteur, Brillon, après avoir signalé la contrariété de jurisprudence que l'on rencontre dans les décisions du parlement de Bordeaux et celles du parlement de Paris ajoute : « la raison de cette différence peut être de ce que les visions ne sont pas si fréquentes à Paris qu'en Guyenne. »

De nos jours, cette source de difficultés est entièrement tarie ; nous ne croyons plus aux revenants.

On comprend que dans un temps où la sorcellerie envahissait les villes et surtout les campagnes, des

procès du genre de ceux que nous venons de rapporter aient dû fréquemment se produire. En effet, il en arriva qu'avec de semblables dispositions d'esprit, on était facilement conduit par habitude et, pour ainsi dire, par goût à soutenir, même devant les tribunaux, de ces controverses où un savoir véritable, toujours hérissé de citations grecques et latines, venait s'entremêler aux questions les plus brûlantes et les plus embrouillées de la métaphysique.

Nous bornons ici la tâche que nous avons entreprise sur un sujet qui eût sans doute comporté de plus longs développements ; mais notre but a été principalement de constater des faits qui, de nos jours, peuvent sembler singuliers, mais qui n'en appartiennent pas moins au domaine de l'histoire et qui concourent à révéler l'état des mœurs et des idées de toute une époque.

EMILE AGNEL.

**SIPHON** (physique) [du grec *siphón*, tuyau]. — Tuyau courbé de verre ou de métal, et dont une branche est plus courte que l'autre. On se sert du siphon pour vider la liqueur d'un vase, sans incliner le vase ; pour cela, on place l'extrémité de la courte branche dans le vase qui contient la liqueur, on ôte l'air du siphon, en suçant par l'extrémité de la longue branche ; alors l'écoulement commence et ne finit que lorsque la courte branche ne plonge plus du tout dans la liqueur.

Le jeu du siphon dépend de la pression de l'air sur la surface de la liqueur dans le vase, car tous les points de cette surface sont également pressés par la colonne d'air ; si à quelque endroit de cette surface on supprime cette pression, la liqueur doit s'écouler par là, puisqu'elle y trouve moins de résistance. C'est pourquoi le siphon se remplit en entier, lorsqu'on suce l'air par l'extrémité de la longue branche.

*Siphon double*, ou de *laboratoire* ; c'est un siphon qui ne diffère du précédent, qu'en ce qu'on adapte à sa longue branche, un tube qui sert à sucer les liqueurs qu'il serait dangereux de faire venir à la bouche. On fait usage de ce siphon dans les laboratoires de chimie, par sûreté, et dans les offices, par propreté.

Le siphon, dit de Wirtemberg, fut inventé en 1683 par Jean Jordan, natif de Stuttgard, et présenté au prince Frédéric Charles, duc de Wirtemberg, qui le donna à Salomon Reisel, son médecin, pour en éprouver les effets. Ces effets ayant été rendus publics, le fameux navigateur Jean Davis imagina la machine qui les avait produits, et en donna la description dans les transactions philosophiques de 1685. M. Denis Papin fit aussi la même année un siphon dont les propriétés ne le cédaient point à celles du siphon de Wirtemberg. Reisel reconnut alors que ce serait en vain qu'il garderait plus longtemps le mystère sur l'invention de Jordan, et il la publia.

**SIROPS.** — Conserves liquides qui ont pour condiment le sucre et le miel, et pour véhicule l'eau chargée de principes médicamenteux ou de substances alimentaires, au moyen de la solution, de l'infusion, de la macération, de la décoction ou de la distillation. L'eau pure est rarement employée. Le vin, les émulsions, les liqueurs acides, les eaux distillées, aroma-

---

(1) *Discours des spectres ou visions et apparitions d'esprits*, par Pierre Leloyer.

tiques, et les sucs des plantes, sont encore des véhicules pour les sirops.

Les sirops sont simples ou composés, suivant le nombre de substances traitées par le véhicule.

Les sirops se préparent par solution au bain Marie, par ébullition et clarification. On a recours à la solution toutes les fois que l'on a à faire des sirops qui ont pour véhicule des liquides aromatiques, vineux, acéteux et émulsifs. On prépare par ébullition et clarification tous les sirops simples ou composés, qui ne sont pas aromatiques ou qui ont pour véhicule des sucs de plantes inodores.

Il y a un grand nombre de différentes sortes de sirops; tels sont le sirop de gomme, le sirop capillaire, le sirop de lierre terrestre, le sirop de suc de citron, le sirop de groseilles, le sirop d'orgeat, le sirop doux de raisin, de raisins secs, sirop de vinaigre.

Plusieurs sirops ne sont connus que par le nom de leur auteur : tels sont le *sirop béchique de Willis*, vin tenant en dissolution du sulfate de soude et du sucre; le *sirop de Bellet*, proto-nitrate de mercure dissous dans de l'eau et mêlé à froid avec du sirop de sucre et de l'éther nitrique rectifié : c'est un médicament énergique, qu'on emploie comme stimulant dans les affections du système lymphatique, mais qui peut être dangereux; le *sirop diaphorétique de Glauber*, solution de fleurs argentines d'antimoine incorporée dans du sirop de sucre; le *sirop incisif de Deharambure* et le *sirop de Saint-Georges* recommandés contre les rhumes, toux, catarrhes, coqueluches et toutes les maladies de poitrine. Le sirop de Saint-Georges, préparé par Victor Ligot, d'Angers, a rendu de grands services. Il doit ses propriétés thérapeutiques au *modus faciendi* particulier à cet habile pharmacien.

SOCIALISME. — Sous ce nom, qui est de création toute récente (il fut employé pour la première fois en 1835 par M. L. Reybaud), on confond les divers systèmes qui ont eu la prétention de refaire à neuf la société tout entière. On doit cependant bien distinguer parmi les réformateurs ceux qui veulent abolir toute propriété individuelle et mettre tous les biens en commun : ce sont les *Communistes*; et ceux qui veulent seulement transformer par l'association la propriété et la famille; ce sont les *Socialistes* proprement dits.

Le communisme, dont on trouve le germe dans les législations de Minos et de Lycurgue, dans la République idéale de Platon, dans les écrits de Campanella, dans quelques passages de J.-J. Rousseau et de Mably, a été professé dans les temps modernes avec plus ou moins de rigueur, sous les formes les plus diverses, par Morelly, par Babeuf, et, de nos jours, par MM. Rob. Owen, Cabet, Louis Blanc, Proudhon.

Le Socialisme a eu pour chefs Saint-Simon et Ch. Fourier, qui ont présenté deux systèmes essentiellement différents : le premier s'attachant surtout à la réforme de l'industrie, et voulant établir une hiérarchie sociale fondée sur la capacité, à la tête de laquelle il place le *Père*, investi d'un pouvoir suprême; le second fondant sa réorganisation sociale sur les attractions passionnelles, et lui donnant pour base l'association restreinte qu'il appelle *phalange*, premier fruit des attractions.

Les excès auxquels se sont livrés, à certaines époques, ceux qui proclamaient le communisme, tels que les *Jacques*, les Anabaptistes, les projets subversifs des *Egaux*, disciples de Babeuf, les journées de juin 1848, qui ensanglantèrent Paris au nom de la République démocratique et *sociale*, ont trop bien démontré le danger des doctrines communistes, en même temps que l'impuissance des socialistes à rien fonder, a suffisamment établi la vanité de leurs théories. Toutefois les uns et les autres ont signalé dans l'ordre social des imperfections réelles, qu'une philanthropie éclairée et une sage politique s'efforcent chaque jour de faire disparaître ou d'atténuer. (*N. Bouillet*.)

SOCIÉTÉ. — L'assemblage des hommes unis par la nature ou par les lois. La disposition naturelle des hommes à vivre en société, constitue la *sociabilité*. L'homme a été créé pour la société; ses affections, ses besoins l'y appellent et l'y retiennent. Cependant, quelques philosophes, J.-J. Rousseau, entre autres, se sont plu à combattre l'état social et à exalter l'état sauvage sous le nom d'*état de nature*. D'autres, exagérant les vices de l'état social et sans songer que la société est l'œuvre du temps, ont voulu reconstruire l'édifice de fond en comble : ce sont les *socialistes*. Voy. ce mot.

En politique et en religion, on a appelé *Sociétés secrètes*, celles qui se réunissent en secret, c'est-à-dire celles qui n'admettent au nombre de leurs membres que des individus affiliés, lesquels subissent plusieurs épreuves physiques ou morales, et doivent retenir certains mots, certains signes, capables de les faire reconnaître au sein desdites sociétés. « De tout temps il a existé des sociétés secrètes, les unes religieuses, comme les *Mystères* de l'antiquité païenne, les *Illuminés* du dernier siècle; quelques-unes scientifiques, comme les *Rose-croix*; la plupart politiques : parmi ces dernières, les plus célèbres sont, en Allemagne, le *Tugenbund* et le *Burschenschaft*; en Italie et en France, le *Carbonarisme*; dans la Grèce moderne, l'*Hétérie*. Les sociétés politiques se développèrent surtout en France sous Louis-Philippe. Poursuivies en vertu des lois qui régissent les *associations*, elles se reformèrent sans cesse sous des noms différents, tels que ceux de *Société des droits de l'homme*, *Société des familles*, *Société des saisons*, *Société des travailleurs*, *Société des égalitaires*, etc. Ces Sociétés contribuèrent à préparer les événements de 1848 : il fallut néanmoins les prohiber cette année même (28 juillet). »

FRANC-MAÇONNERIE. — Quelques auteurs rangent à tort la franc-maçonnerie dans les sociétés secrètes, tandis que cette antique institution n'est qu'une société de frères, d'amis, une société philanthropique dans toute l'acception du mot. Voici en quoi consiste les mystères de la franc-maçonnerie :

Des hommes se réunissent en secret, et ces hommes sont des francs-maçons. Ils ne reçoivent dans leur société que ceux qu'ils supposent le mériter; mais pour les connaître, il faut les étudier; pour les étudier, il est nécessaire de les mettre aux prises avec leurs passions. Cette étude-là est celle qui porte le mieux son fruit. .

On s'empare du candidat, on l'entoure d'illusions et de prestiges, on ouvre une vaste carrière à son imagination, on le prive momentanément de l'un des sens les plus précieux, on le conduit dans des lieux inconnus, difficiles à parcourir, on l'isole; il *n'entend que le silence*; bientôt il est en scène. On le questionne, on le menace, on l'épouvante, on le charme, on le séduit, on le place dans les situations les plus graves, les plus fausses. Son esprit, son cœur, ses passions sont attaqués...

De ces situations si pleines de contrastes, de ces situations vives, dramatiques, instantanées, naissent de sa part et malgré lui d'innombrables éclairs de raison, de prudence, de sagesse, de folie, de force, de faiblesse, de tristesse, d'abandon...

Et cette volonté puissante qui fait mouvoir tant de fils différents, et qui sont pour le récipiendaire comme autant de chaînes à triples anneaux, le conduit au but où il tend, mais dont on peut l'éloigner à jamais sans qu'il puisse se rendre compte à lui-même, et encore moins aux autres, de ce qui s'est passé, de ce qu'on a voulu de lui. Demande-t-il sa liberté? à l'instant même il la recouvre; mais comme un fantôme, comme une ombre, comme une vapeur, tout a disparu : il se retrouve là où on l'a introduit d'abord. Persiste-t-il dans sa démarche, les épreuves sont reprises; le chaos renaît, les éléments se combattent; l'homme et la nature, les hommes avec tout ce qu'ils ont créé, semblent être aux prises... Le calme renaît, et de nouveau il *n'entend que le silence!*...

Puis en ne lui promettant ni titres, ni honneurs, ni richesses; en lui faisant jurer d'être fidèle à sa patrie, aux lois, au gouvernement; en lui recommandant avec insistance d'être simple, modeste, désintéressé, humain, sociable avec tous les individus, on ne lui offre que l'agrégation maçonnique, c'est-à-dire la qualité de *Frère*...

Et cet homme, riche ou titré, savant ou sans instruction, homme du monde ou de la nature, promet et accepte tout pour devenir *frère !*...

Profanes sages ou à préjugés, profanes de bonne foi ou railleurs, voilà les *mystères de la franc-maçonnerie*.

La franc-maçonnerie est utile à tous les francs-maçons, en leur offrant une société honorable où l'on ne s'entretient que de choses louables, utiles, instructives, ou de plaisirs dignes d'être avoués par les honnêtes gens;

Aux indigents, qui y trouvent des secours de toute nature;

Aux infortunés, qui ont besoin de consolations et d'appui;

Aux jeunes gens, qui y apprennent la pratique de la morale et s'y forment aux habitudes de la bonne compagnie, à l'art oratoire, soit par l'occasion des discours improvisés, soit par des productions écrites;

Aux hommes d'un âge mûr et aux vieillards, qui y trouvent les délassements du cœur et de l'esprit, et tous les égards qui font sentir à l'homme sa dignité, qui lui font chérir sa longue expérience.

Si les loges n'étaient composées que de gens distingués, de gens instruits ou disposés à s'instruire, des personnes qui croient que le titre de maçon impose à celui qui l'a reçu une sorte de caractère sacré, elles seraient les premières sociétés de morale du monde, de véritables académies où se professeraient les sciences, le droit public ou privé; des lieux saints où la divinité recevrait les plus purs hommages. L'homme s'y améliorerait en rectifiant ses mauvais penchants, en fortifiant les penchants heureux qu'il doit à la nature, et qui ne sont altérés que par la fréquentation des hommes corrompus et corrupteurs.

Les maçons ne désespèrent pas que les loges n'atteignent un jour le point que nous venons d'indiquer.

SOCIÉTÉS COMMERCIALES. — Dans le commerce, une *société* est la « réunion de deux ou plusieurs personnes qui conviennent de mettre quelque chose en commun dans la vue de partager les bénéfices et de contribuer aux pertes qui pourraient en résulter. »

La loi distingue trois espèces principales de sociétés commerciales : 1° la *société en nom collectif*, que contractent deux ou plusieurs personnes pour faire le commerce sous une raison sociale; 2° la *société en commandite*, qui est contractée entre un ou plusieurs associés responsables et solidaires, et un ou plusieurs associés simples bailleurs de fonds, qui prennent le nom de *Commanditaires* ou d'*Associés en commandite* : elle est régie sous un nom social. Voy. *Commandite*; 3° la *société anonyme*, qui n'est qualifiée que par l'objet de son entreprise, et n'a pas de nom social : celle-ci ne peut exister qu'en vertu de l'autorisation du gouvernement, et reste sous sa surveillance. — La loi reconnaît en outre des *sociétés en participation*, par lesquelles plusieurs personnes conviennent de participer à une affaire dans la proportion qui est déterminée par leurs conventions.

SOCIÉTÉ (RÈGLE DE) [arithmétique]. — La règle de société ou de compagnie n'est qu'un cas particulier des partages proportionnels.

I. Trois associés ont mis dans le commerce, le premier 20000 francs, le second 60000, et le troisième 80000 ; le bénéfice total est de 40000 francs. Partager ce bénéfice proportionnellement aux mises.

La somme des mises étant 160000 francs, on obtiendra les parts demandées en multipliant le nombre 40000 fr., bénéfice à partager, par les rapports :

$$\frac{20000}{160000}, \frac{60000}{160000}, \frac{80000}{160000}$$

ou en simplifiant, par les rapports :

$$\frac{2}{16}, \frac{6}{16}, \frac{8}{16}$$

ou enfin, en simplifiant encore, par ceux-ci :

$$\frac{1}{8}, \frac{3}{8}, \frac{1}{2}$$

ce qui donnera :

Part du 1er associé 40000 fr. $\times \frac{1}{8} =$ 5000 fr.

   »    2e   »    40000   $\times \frac{3}{8} =$ 15000

   »    3e   »    40000   $\times \frac{1}{2} =$ 20000

                     Total. . . . . 40000 fr.

Donc, règle générale, pour partager un bénéfice ou une perte proportionnellement aux mises, il faut multiplier la somme à partager par le rapport de chaque mise particulière à la mise totale.

*Remarque.* Ce problème peut aussi se résoudre par la méthode de réduction à l'unité. En effet,

Une mise de 160000 f. ayant produit un bénéfice de 40000 f.

$\quad$ » $\quad$ 1 f. aurait produit » de $\dfrac{40000}{160000}$

$\quad\quad\quad = \frac{1}{4}$ de franc.

Donc

20000 fr. 1ʳᵉ mise doivent produire $\frac{1}{4} \times 20000 = 5000$ f.

60000 fr. 2ᵉ $\quad$ » $\quad$ » $\quad$ $\frac{1}{4} \times 60000 = 15000$

80000 fr. 3ᵉ $\quad$ » $\quad$ » $\quad$ $\frac{1}{4} \times 80000 = 20000$

II. Trois commerçants ont à se partager un bénéfice de 697ᶠ 50. Le premier a mis 300 francs qui sont restés 12 mois dans le commerce de la société; le second a mis 750 francs pour 10 mois, et le troisième 500 francs pour 6 mois. Que revient-il à chacun?

On réduit préalablement à l'unité de temps en disant:

3000 francs pendant 12 mois équivalant à 12 fois 3000 francs pendant un seul mois, et de même pour les deux autres associés.

On remplace donc les mises par les suivantes:

Mise du 1ᵉʳ associé 3000 fr. $\times$ 12 = 36000 fr. pendant 1 mois.

$\quad$ » du 2ᵉ $\quad$ » $\quad$ 750 fr. $\times$ 12 = 7500 $\quad$ »

$\quad$ » du 3ᵉ $\quad$ » $\quad$ 500 fr. $\times$ 6 = 3000 $\quad$ »

$\quad\quad\quad\quad$ Total.... $\overline{46500}$

et le problème rentre dans le précédent.

En faisant les calculs on trouvera les résultats suivants:

$\quad\quad$ Part du 1ᵉʳ associé 540ᶠ 00

$\quad\quad$ » du 2ᵉ $\quad$ » $\quad$ 112 50

$\quad\quad$ « du 3ᵉ $\quad$ » $\quad$ $\underline{\phantom{00}45\ 00}$

$\quad\quad\quad\quad$ Total... 697ᶠ 50

III. Trois négociants ont formé une société qui a duré 100 mois; le bénéfice a été de 750000 francs.

Le premier a mis 20000 francs; 8 mois après il a ajouté 5000 francs, 3 mois après il a retiré 20 francs, 2 mois après il a ajouté 300 francs, 5 mois après il a retiré 150 francs, 14 mois après il a ajouté 3000 francs, 20 mois après il a retiré 1800 francs;

Le second a mis 30000 francs, 15 mois après il a retiré 18000 francs, 14 mois après il a retiré 2000 francs, 20 mois après il a retiré 6000 francs;

Le troisième a mis 100000 francs qui sont restés pendant tout le temps de la société.

Que revient-il à chacun?

On prépare ainsi l'énoncé de cette question:

| | | |
|---|---|---|
| Le premier a mis................ | | 20000 |
| 8 mois après ................... | + | 5000 |
| 3 » ................... | — | 20 |
| 2 » ................... | + | 300 |
| 5 » ................... | — | 150 |
| 14 » ................... | + | 3000 |
| 20 » ................... | — | 1800 |

| | | |
|---|---|---|
| Le second a mis................ | | 30000 |
| 15 mois après................... | — | 18000 |
| 14 » ................... | — | 2000 |
| 20 » ................... | — | 6000 |
| Le troisième a mis................ | | 100000 |

qui sont restés dans la société pendant 100 mois.

Le premier négociant a mis d'abord 20000 francs qui sont demeurés pendant 8 mois dans la société; or, le bénéfice correspondant à 20000 francs placés pendant 8 mois est égal au bénéfice de 20000×8, ou de 160000 francs placés pendant 1 mois.

D'après l'énoncé du problème, le premier négociant après avoir mis 20000 francs dans la société, a ajouté 8 mois après 5000 francs: donc il a eu dans la caisse de la société 20000+5000 ou 25000 francs qui sont restés pendant 3 mois; le bénéfice de 25000 francs pendant 3 mois est égal au bénéfice de 25000×3, ou 75000 francs placés pendant 1 mois.

En suivant toujours l'énoncé du problème: 3 mois après il a retiré 20 francs: donc il a eu dans la caisse 25000—20, c'est-à-dire 24980 francs qui sont demeurés 2 mois dans la société, et qui ont produit un bénéfice égal à celui de 24980×2 = 49960 placés pendant 1 mois.

2 mois après il a ajouté 300 francs: alors il a dans la caisse sociale 24980+300 ou 25280 francs qui y sont restés pendant 5 mois, et qui ont produit un bénéfice égal à celui de 25280ᶠ×5, ou de 126400 francs placés pendant 1 mois.

5 mois après il a retiré 150 francs: donc il a eu dans la caisse sociale 25280ᶠ—150ᶠ, ou 25130 francs qui, placés pendant 14 mois, ont rapporté autant que 25130ᶠ×14 ou 351820 francs placés pendant 1 mois.

14 mois après il a ajouté 3000 francs: il a donc eu dans la caisse de la société 25130ᶠ+3000ᶠ, ou 28130 francs qui, pendant 20 mois, ont produit un bénéfice égal à celui de 28130ᶠ×20 ou de 562600 francs placés pendant 1 mois.

Enfin, 20 mois après il a retiré 1800 francs: or, il avait dans la caisse 28130 francs, il n'y aura donc plus que 28130ᶠ—1800ᶠ, ou 26330 francs qui ont été pendant tout le reste du temps, c'est-à-dire pendant 48 mois dans la société; cette somme 26330ᶠ placée pendant 48 mois a rapporté un bénéfice égal à celui de 26330ᶠ×48, ou 1263840 francs placés pendant 1 mois.

En résumé, le bénéfice qui doit revenir au premier négociant est égal au bénéfice produit par le capital 2589620 fr., placés pendant 1 mois.

On obtient ce nombre 2589620 en faisant la somme

$\quad\quad\quad\quad$ 160000

$\quad\quad\quad\quad\phantom{0}$ 75000

$\quad\quad\quad\quad\phantom{0}$ 49960

$\quad\quad\quad\quad$ 126400

$\quad\quad\quad\quad$ 351820

$\quad\quad\quad\quad$ 562600

$\quad\quad\quad\quad\underline{1263840}$

$\quad\quad\quad\quad$ 2589620

des nombres obtenus précédemment.

En opérant d'une manière analogue, nous trouverons le capital qui, placé pendant un mois, produira un bénéfice égal à celui qui doit revenir au second associé.

Quant au troisième associé : 100000 francs placés pendant 100 mois produisent un bénéfice égal à celui du capital 10000000ᶠ placé pendant 1 mois.

Ce travail préparatoire étant terminé, nous rentrons dans le premier cas. (*Eugène Cassanac.*)

**SODIUM** (chimie). —Métal de la soude, mou comme de la cire, se laissant facilement couper avec le couteau ; il se rapproche beaucoup du potassium par ses propriétés physiques, excepté qu'il est de la couleur du plomb ; il a aussi une affinité plus grande pour l'oxygène. Il est plus léger que l'eau ; sa pesanteur spécifique est de 0,972, à la température ordinaire ; il fond à 90°+0. Il décompose l'eau sans produire de lumière. Projeté sur le mercure humide, il s'amalgame avec bruit et explosion. Il se combine en deux proportions avec l'oxygène, et son protoxyde entre en combinaison avec les acides, et donne des sels. Le sodium forme des alliages avec les métaux ; mais ces combinaisons sont peu solides : il suffit de les exposer à l'air pour les rendre alcalines. On l'obtient comme le potassium, et on le conserve sous l'huile de naphte.

**SOIE** (technologie). —La soie du commerce provient en entier des cocons de la chenille du mûrier. Quand cette chenille, plus connue sous le nom de *ver à soie*, a été bien soignée et bien nourrie avec de bonne feuille de mûrier, il se forme, dans l'intérieur de son corps, deux petits réservoirs d'une substance qui ressemble à du vernis : cette substance liquide, c'est la soie. Pour la réduire en fils déliés d'une souplesse extrême, l'animal n'a plus qu'à la forcer à passer à travers deux filières, et cette soie liquide se consolide à l'instant où elle reçoit le contact de l'air ; et quoiqu'elle soit d'une bien grande finesse, quand la chenille en tapisse tout l'intérieur de son cocon, elle est cependant déjà doublée, car l'animal a deux filières, et il ne produit jamais qu'un fil à la fois.

Quelques jours avant de se changer en chrysalide, la chenille devient jaune de grise qu'elle était ; elle cesse de manger, se retire à l'écart, et se met à filer la bourre qui entoure son cocon ; puis elle commence seulement à produire la soie marchande ; car jusque là elle n'a donné que de la *filoselle* que l'on doit carder.

Si l'on ne se hâtait pas d'étouffer les chrysalides en les passant au four ou les exposant à la vapeur, le papillon, en sortant, percerait son cocon et couperait la soie. Aussi, pour éviter ce grave inconvénient, on les tue presque aussitôt que les chenilles se sont métamorphosées, et l'on peut ensuite conserver les cocons pour les dévider quand le temps est convenable ; car on a remarqué que l'état hygrométrique de l'air influe beaucoup sur la facilité et sur le succès du dévidage : ce qui est possible, puisque la soie est à la fois un corps électrique et très-sensible à l'humidité.

La soie a la plus grande analogie de composition avec la laine, les poils, les cheveux, la corne et le mucus ; elle est fortement azotée.

La soie du commerce reçoit différents noms, suivant l'état où les premières manipulations l'ont amenée. On distingue donc :

1° *La soie grège*, qui n'a été que tirée ou dévidée des cocons ;

2° *La soie crue* ou *soie écrue*, qui, sans avoir été débouillie, a passé au moulinage ;

3° *La soie cuite*, que l'on a fait bouillir pour lui enlever la partie gommeuse dont elle est imprégnée ;

Et 4° *la soie décreusée*, que l'on a fait bouillir dans de l'eau de savon, afin de la préparer au blanchissage ou à la teinture.

On connaît trois couleurs différentes à la soie naturelle : *le bleu pur*, *le jaune citrin*, et *le jaune doré* ; la première est la plus estimée, et la dernière l'est moins que les deux autres.

La chenille du mûrier n'est point la seule qui produise de la soie ; beaucoup d'autres filent aussi des cocons particuliers ou des bourses communes ; mais, jusqu'ici du moins, la soie marchande ne s'extrait que des cocons de cette chenille. On dit cependant que l'on utilise, à la Chine et dans d'autres parties de l'Asie, plusieurs autres soies communes pour la fabrication de certaines étoffes grossières.

Les araignées, outre la soie dont elles se servent pour fabriquer leurs toiles, leurs piéges et leurs filets, filent aussi de petits cocons dans lesquels leurs œufs et leurs petits sont enfermés et que certaines espèces ne quittent jamais ; enfin d'autres insectes encore produisent des soies plus ou moins fines, plus ou moins grossières, mais dont nous n'avons jusqu'ici tiré aucun parti. Le byssus de certaines coquilles a les plus grands rapports avec la soie proprement dite. — (*Brard.*)

Voici le résumé des observations présentées, en 1856, à la Société impériale zoologique d'acclimatation, sur l'éducation des vers à soie, par M. Eug. Robert, le savant directeur de la magnanerie expérimentale de Sainte-Tulle.

« La nature a certainement beaucoup fait pour la production de la soie en France, car les belles soies françaises ont été jusqu'ici sans rivales dans le monde.

» Il ne faudrait cependant pas en conclure que l'industrie de la soie n'a plus rien à faire de son côté, non-seulement pour se perfectionner, mais même pour se maintenir au premier rang qu'elle occupe encore, et qu'elle est menacée de perdre par suite des efforts si persévérants, et l'on peut même dire si opiniâtres, des nations voisines, qui sont dans des conditions à peu près semblables à celles où nous nous trouvons nous-mêmes. Le *Moniteur* reproduisait, en 1850, un article d'un journal italien, énonçant hautement les espérances qu'avaient les industriels en soie de la Lombardie de voir leurs produits placés sur la même ligne que les nôtres à l'Exposition universelle, et attribuant en partie la diminution du chiffre de nos importations de soieries, aux progrès faits par les manufactures de leur pays.

» Pour maintenir notre position, plusieurs choses très-essentielles sont à faire.

» Il faut prendre d'abord des moyens efficaces pour

régénérer les races des vers à soie qui sont arrivées aujourd'hui à un état d'abâtardissement à peu près complet, par suite de l'inintelligence et de la négligence de la grande majorité des éducateurs et surtout des petits producteurs. L'avidité d'un grand nombre de spéculateurs sur la graine de vers à soie et l'épidémie de *gattine*, qui sévit cruellement depuis trois ou quatre années sur nos principales contrées séricicoles, ont puissamment contribué à augmenter le désordre et à amener ce triste résultat.

» L'abâtardissement des races produit fatalement les deux plus grands inconvénients qui puissent frapper l'industrie de la soie, savoir : la plupart des maladies qui désolent les magnaneries, et qui coûtent annuellement la moitié de la récolte ; l'infériorité de la qualité des soies, dont la régularité parfaite, avec des produits de cocons si variés de formes, de couleurs, de brins, devient d'une difficulté prodigieuse, lorsqu'elle n'est pas tout à fait impossible.

» Il faut trouver les moyens de rendre moins incertains les produits de la récolte de vers à soie, en cherchant les procédés les plus rationnels pour prévenir les nombreuses maladies que l'abâtardissement des races et beaucoup d'autres causes, qu'il serait trop long d'énumérer ici, introduisent dans les éducations ordinaires.

» Il faut continuer le perfectionnement des méthodes qui sont susceptibles de s'enrichir successivement de toutes les découvertes nouvelles de la science moderne et de la pratique réunies, afin de les faire pénétrer peu à peu dans les contrées séricicoles, où l'empirisme domine encore.

» Il faut augmenter la richesse en soie des cocons par le perfectionnement dont les races types sont susceptibles, afin de pouvoir obtenir d'abord le plus grand produit possible en soie d'une quantité de feuilles de mûriers donnée.

» A la recherche et au perfectionnement des types se rattache une question, dont, selon nous, les conséquences sont incalculables.

» Nos travaux, poursuivis depuis près de vingt ans à la magnanerie expérimentale de Sainte-Tulle, avec toute la persévérance dont nous avons pu être capable, nous ont démontré péremptoirement que les soies provenant de diverses races ne jouissent pas des mêmes qualités ni des mêmes propriétés. Les unes sont plus tenaces, plus élastiques, et peuvent être par conséquent filées à trois ou quatre brins ; d'autres le sont moins et ne peuvent pas être filées à moins de cinq à six brins. Certaines races ont le brin plus ferme, ce qui donne au fil de soie les titres les plus variables : les unes donnent des soies duveteuses ; les autres des soies qui ont peu ou pas de duvet : enfin, l'élasticité et la ténacité des fils varient dans des proportions presque infinies.

» On comprend aisément qu'il doit nécessairement résulter de ces différences de qualités, de ces différences de propriétés, que telles ou telles soies sont plus ou moins propres à tels ou tels emplois spéciaux de l'industrie. L'expérience nous prouva bientôt à nous-mêmes que les races élevées en Provence, dans le rayon où nous opérons, donnent des soies qu'on ne peut filer avantageusement qu'à quatre ou cinq brins, et que ces soies-là sont essentiellement propres à la fabrication du satin. Toutes les fois que, dans l'espérance d'un progrès et d'un placement plus avantageux, nous avons voulu sortir du titre que nous imposait la spécialité de nos races, si nous pouvons nous exprimer ainsi, et produire des soies pour d'autres emplois, tels, par exemple, que celui des peluches, des rubans ou des articles de fantaisie, nous avons constamment échoué. Cependant, avec les cocons du Vivarais, on obtient parfaitement ce résultat ; mais aussitôt que la race vivaraise est importée chez nous, elle perd peu à peu cette propriété, et, au bout de quelques années, elle arrive comme les nôtres au type satin, moins parfait, il est vrai, par suite de son origine.

» De ce seul fait que nous citons là, découlent deux conclusions forcées.

» Les diverses races de vers à soie ne jouissent pas des mêmes qualités, des mêmes propriétés ; l'influence des localités dans lesquelles on les élève, agissant sur elles d'une manière plus ou moins marquée, amènent des variations qui peuvent s'étendre à l'infini, au grand détriment de la réussite des éducations de vers à soie, de la régularité de la filature des soies et du perfectionnement de la fabrication des tissus.

» On n'a jamais étudié jusqu'ici les différences provenant des diverses races de vers à soie et des modifications que subissent les types, suivant les différentes conditions de l'éducation auxquelles ils se trouvent soumis. On a encore moins étudié l'influence des localités sur la constitution, sur la conservation et sur le perfectionnement de telle ou telle race donnée. La plus incroyable confusion a donc régné jusqu'ici dans l'éducation des diverses races. Or, comme on vient de le voir par notre propre expérience, chaque localité a une tendance marquée à produire une race, un type qui jouit de telle ou telle propriété. Toutes les fois que cette tendance naturelle est contrariée par l'ignorance et par l'empirisme des éducateurs, on arrive fatalement à la *dégénérescence des races*. C'est précisément où nous en sommes en ce moment, par suite de l'invasion des races étrangères, introduites sans discernement et sans des travaux préparatoires convenables.

» Or, le plus grand service que, suivant nous, on puisse rendre à la sériciculture au point où elle est arrivée aujourd'hui, c'est de faire une étude sérieuse, savante et pratique tout à la fois des diverses races de vers à soie, afin de les ramener à un petit nombre de types ; c'est d'étudier industriellement les qualités et les propriétés particulières des soies qui proviennent de chaque race distincte de vers à soie ; en un mot, c'est d'étudier enfin, si l'on peut s'exprimer ainsi, les affinités qui existent entre tel ou tel type donné, et les influences et les conditions particulières que peuvent présenter chaque zone et quelquefois même chaque localité séricicole. Quand on sera bien fixé sur toutes ces choses là, on saura quelle est la race de vers à soie qu'il faut élever de préférence pour produire les plus beaux satins, les plus beaux velours et les plus beaux rubans possible, et quel est le pays, quelle est la localité qui peuvent amener par une certaine tendance, par certaines affinités naturelles, la race satin, la race velours, la race rubans, à leur type le plus pur.

» Quand on saura toutes ces choses, la *dégénérescence* des races sera arrêtée, puisqu'on n'élèvera plus dans chaque contrée que la race qui lui conviendra le mieux, et qui, par conséquent, au lieu d'y dégénérer, s'y perfectionnera au contraire de plus en plus, jusqu'à ce qu'elle soit arrivée à la limite qui lui est assignée par la nature.

» Quand on en sera arrivé là, l'idée fondamentale qui a présidé à la création de la magnanerie expérimentale de Sainte-Tulle, dans la direction de laquelle notre honorable collègue, M. Guerin-Meneville, nous prête si généreusement son concours depuis huit années, sera réalisé.

»L'industrie de la soie aura été étudiée sous son point de vue le plus général, depuis la culture des diverses espèces de mûriers, l'éducation des différentes races de vers à soie, les filatures des soies qu'elles peuvent produire, la détermination précise des propriétés particulières des soies de chaque race, enfin, jusqu'aux rapports qui existent entre leurs propriétés et la fabrication des tissus les plus variés par les caprices de la mode.

» L'industrie de la soie ainsi étudiée, disons-nous, aura subi une révolution complète, dont le commencement datera de l'introduction des méthodes rationnelles d'éducation, et dont le terme le plus avancé sera la *classification industrielle des races de vers à soie*. » (*Eugène Robert*.)

Les Chinois font remonter à l'an 2602 avant J.-C., l'invention de la préparation de la soie, et en font honneur à l'épouse de leur empereur Hoang-Ti. Les Grecs l'attribuent à Pamphile, fille de Platès, roi de l'île de Cos (906 ans avant J.-C.). Les Romains en eurent bientôt connaissance, mais n'en surent pas profiter. Héliogabale fut, dit-on, le premier qui porta, chez eux, des habits de soie. Aurélien en refusa une robe à sa femme, parce qu'il ne voulait pas payer du fil au poids de l'or. La soie était alors tirée de l'Éthiopie. En 555, deux moines revenant des Indes à Constantinople, y propagèrent l'éducation des vers à soie. D'autres placent cette importation en 274; mais c'est seulement au vi° siècle que plusieurs manufactures devinrent florissantes dans la Grèce. En 1130, Roger, roi de Sicile, qui avait ravagé Athènes et Corinthe, introduisit, avec ses prisonniers, la fabrication de la soie, à Palerme, d'où elle se répandit dans toute l'Italie et en Espagne. Louis XI est le premier qui ait tenté d'introduire cette branche d'industrie en France. Il en établit les premières manufactures à Tours, vers 1470. Toutefois ce ne fut guère que sous les règnes de François I° et de Henri IV, que les manufactures françaises prirent ce grand essor qui les place aujourd'hui au-dessus de toutes celles des nations voisines. L'art de lustrer les étoffes de soie fut inventé, au xvii° siècle, par Ottavio Meg, fabricant de Lyon. En 1709, Bon, président de la chambre des comptes de Montpellier, imagina d'employer, comme la soie, les

cocons dans lesquels les araignées des jardins déposent leurs œufs, et il réussit à en faire des mitaines et des bas. Il paraît qu'on n'a donné aucune suite à cette épreuve. En 1717, Jurnies, de Lyon, inventa le métier actuel à tisser la soie, et, en 1738, Falcon imagina une mécanique très-ingénieuse pour alléger le travail des tireuses de cordes. Enfin, en 1808, les frères Roumieux, de Paris, inventèrent des procédés pour transformer le lin et le chanvre en coton, soie et bourre de soie.

**SOIF** (physiologie).—Désir ou besoin plus ou moins vif de prendre des aliments liquides. Les physiologistes ne sont pas d'accord sur le siège de la soif; les uns le placent dans l'arrière-bouche, les autres dans l'estomac. On ne connaît pas davantage sa cause immédiate : on l'a attribuée à la sécheresse des papilles nerveuses du pharinx.

**SOL** (physiologie végétale et culture). — On donne le nom de sol à la couche superficielle de terre dans laquelle les végétaux plongent leurs racines. On distingue plusieurs espèces de sol à cause des proportions des substances 'erreuses qui constituent cette couche. Afin d'éviter les tâtonnements de la culture, qui, toujours, sont longs, dispendieux, et souvent même funestes, il importe au cultivateur de les reconnaître par des procédés simples et faciles. La plupart des sols sont formés par quatre substances : 1° la silice; 2° le carbonate de chaux; 3° l'alumine; 4° l'humus. La silice en poudre est rude au toucher; elle ne retient et n'attire pas l'humidité; ses parties mouillées ne contractent aucune liaison entre elles. Au toucher, le carbonate de chaux est très-doux; il a quelques propriétés alcalines, cependant dans l'eau il est peu soluble, il aspire sensiblement l'humidité, et il se réunit en masses que la sécheresse et le moindre choc ramènent presque immédiatement à l'état pulvérulent. L'alumine en poudre, de même que le carbonate, est très-douce au toucher; dans cet état, elle aspire facilement l'humidité, la retient fortement, et forme une pâte ductile que la sécheresse fait fendre, alors elle ne s'imbibe que très-lentement. L'humus n'est autre chose que le résidu des substances végétales et animales décomposées; c'est une matière brune, onctueuse, lâche, élastique et légère, qui aspire l'humidité de l'atmosphère encore plus facilement que l'alumine réduite en poudre, mais qui la laisse échapper avec une grande facilité; cette substance ne se prend point en pâte, car l'action journalière de l'air et de la lumière la décompose.

Les trois premières substances, mêlées en différentes proportions, donnent des caractères particuliers à la couche superficielle du sol. La végétation dont elle se couvre varie suivant que c'est telle ou telle de ces substances qui domine, de façon que bien souvent il suffit de jeter les yeux sur les espèces végétales d'un sol pour reconnaître quelle substance terreuse y joue le principal rôle. Dans les terrains argileux croissent le *tussago furfara*, le *potentilla anserina*, *argentea* et *reptans*, etc. Dans les terrains calcaires, par conséquent formés en majeure partie de carbonate de chaux, croissent le *lithospermum officinale*, le *phy-*

*teuma orbicularis*, le *verbuscum lychnitis*, etc. Dans les sables siliceux croissent les *veronica tripsilla* et *verna*. Mais voici comment le cultivateur doit procéder s'il veut avoir des données plus positives sur la nature du sol; cette connaissance s'obtient au moyen de procédés chimiques très-simples que nous allons expliquer : on fait sécher à une chaleur modérée une petite quantité de terre prise à deux ou trois pouces au-dessous de la superficie du sol, on la pèse et on la met dans un vase avec cinq ou six fois son volume d'eau de pluie; pendant quelque temps on l'agite, puis on la laisse reposer le temps nécessaire pour que les matières les plus pesantes tombent au fond; on vide ensuite dans un autre vase la liqueur trouble, et on lave le résidu contenu dans le premier récipient jusqu'à ce que l'eau renouvelée plusieurs fois sorte pure. Si l'opération est faite avec soin, le résidu n'offre en définitive que du sable siliceux et peut-être un peu de carbonate de chaux, tandis que les eaux du lavage contiennent la majeure partie du carbonate, l'alumine et l'humus. Alors on sèche, on pèse, et on pulvérise le résidu déposé au fond du premier vase, on y verse une petite quantité d'eau, et on y fait tomber goutte à goutte de l'acide acétique concentré. Le dégagement du gaz acide carbonique en bulles indiquera la présence du carbonate, sa décomposition et la formation de l'acétate de chaux, sel soluble dans l'eau; tant que l'effervescence dure on continue de verser de l'acide acétique, après quoi on lave à plusieurs reprises, on fait sécher et on pèse de nouveau le résidu solide, qui n'est que du sable. C'est la diminution du poids qui donne la quantité du carbonate calcaire qui faisait partie du mélange. Ensuite on fait évaporer sans ébullition les eaux du lavage, puis on pèse et on calcine le résidu sec. Cette dernière opération détruit complétement l'humus, dont conséquemment la quantité est indiquée par la réduction du poids. Le reste est traité par l'acide acétique, le carbonate se change en un acétate soluble, dont on se débarrasse en le décantant, puis on pèse et sèche le dépôt qui s'est formé en masse alumineuse. Pour qu'un sol soit fertile, il faut qu'il ne soit ni trop compacte ni trop lâche, qu'il donne accès à l'air et qu'il ait la propriété de pomper et de retenir l'humidité atmosphérique, propriété qui résulte de la petitesse des espaces que les molécules terreuses laissent entre elles, et aussi certainement de l'affinité chimique des terres calcaires et argileuses pour l'eau. La réunion de ces conditions, qui est indispensable, prise isolément, manque à chacune de ces trois terres que nous avons indiquées. Quoique l'eau se loge entre les parties grossières du sable siliceux, elle n'y est pas retenue, ou elle s'infiltre dans les couches inférieures, ou bien souvent elle s'élève en vapeur dans l'atmosphère. Le sol calcaire, où presque toujours domine le carbonate de chaux, aspire l'humidité, mais ne la conserve pas, un courant d'air chaud et sec suffit pour la lui enlever en un instant. Le sol argileux, qui en grande partie est formé d'alumine et d'une petite quantité de silice, aime beaucoup l'eau et la retient avec tant de force, que pour l'en débarrasser il ne

faut rien moins qu'un feu très-vif, il devient pâteux et ferme tout accès à l'air quand il est mouillé, et si la chaleur atmosphérique dissipe une partie de son humidité, il se durcit comme la pierre. Comme nous l'avons dit, l'humus pompe l'eau en abondance, mais il la lâche avec une grande facilité; d'ailleurs cette matière si riche d'éléments nutritifs et si destructible, la seule dont on puisse augmenter la quantité jusqu'à un certain point, n'a pas, comme on le comprend, la consistance requise pour former un bon sol : on la considère du reste seulement comme un engrais et un amendement passager, mais nullement comme une terre particulière. Elle ne peut que dans des cas fort rares être employée isolément, et seulement pour la petite culture. Mais, dans toute espèce de sol, il faut qu'elle se trouve en plus ou moins grande quantité, puisque c'est elle qui principalement offre aux végétaux la nourriture qui leur est nécessaire. On comprend facilement, d'après ce qui précède, qu'un sol composé seulement d'alumine, de carbonate de chaux ou de silice, serait improductif, mais que le mélange de ces diverses matières forme un sol excellent. Sans labours périodiques il n'y a pas de culture possible; pour que cette opération soit bien faite il ne suffit pas que l'on retourne la terre, il faut encore briser, émietter les mottes et mêler les molécules terreuses. Un sol qu'on ne remue pas, se tasse, et conséquemment ferme ses pores à l'air et à l'humidité, les terres argileuses surtout exigent de fréquents labours; car dans le repos elles se resserrent, se durcissent et ne permettent même pas aux racines de se développer. Ce sont la bêche et la charrue, qui seules parviennent à leur rendre pour un temps la perméabilité sans laquelle elles seraient tout à fait stériles. Les terres sont de fort mauvais conducteurs de chaleur, elles ne s'échauffent que très-difficilement lorsqu'elles ont beaucoup de consistance; mais si le laboureur les ameublit, l'air qui s'insinue entre leurs molécules dépose dans leur sein une partie du calorique dont il est pénétré. Ce n'est pas le seul avantage qui résulte de la présence de l'air, il agit avec l'eau sur les matières végétales, il les décompose et se combine avec leurs éléments, son oxygène se porte sur le carbone et donne naissance à du gaz acide carbonique, son azote s'unit à l'hydrogène, et produit de l'ammoniaque, il y a aussi formation des sels nitreux; ces nouvelles substances, dissoutes dans l'eau, serviront plus tard d'aliment aux plantes qui naîtront des graines que le cultivateur confiera au sol. Si les labours s'opèrent au pied de plantes herbacées ou ligneuses déjà développées, leur effet sera plus bienfaisant. Leurs racines ne peuvent supporter la privation complète de l'air, elles en absorbent l'oxygène, et rejettent au dehors un volume égal de gaz carbonique, de là résultent des combinaisons nécessaires à la végétation. Du reste, l'ameublissement de la terre est très-favorable à la multiplication du chevelu, et leur permet de l'étendre à de plus grandes distances. Pour labourer comme il convient une terre quelconque, on doit d'abord avoir égard au sol et au sous-sol : si la couche superficielle est épaisse et fertile, des labours profonds sont avantageux; si la couche superficielle mince repose sur un sous-sol de qualité supérieure, il en est de même, mais dans le cas contraire on ne doit que modérément enfoncer le soc de la charrue, sinon on court le risque presque certain de détériorer le sol. Il est à remarquer que le sol demande une masse d'engrais d'autant plus considérable que les parties terreuses qui le composent retiennent moins d'humidité; cela s'explique, car l'engrais, contenant beaucoup d'humidité jouit à un haut degré de la propriété hygrométrique, et son abondance rend par conséquent l'imperfection du sol moins sensible. En outre, comme dans un sol lâche et poreux l'engrais est promptement détruit par l'action de l'air, de la chaleur et de la lumière, il en faut une plus grande quantité pour obtenir le même effet sur la végétation que dans un sol consistant, où son influence se manifeste encore après deux ou trois ans. Le cultivateur peut mêler quelquefois avec avantage la terre du sol avec celle du sous-sol, ainsi, la première étant sablonneuse et la seconde une argile molle, il y a des localités où, malgré les dépenses qu'entraîneront de profonds défoncements, il lui sera très-avantageux d'opérer ainsi, et cette manière qui permet à la terre de se refroidir et de s'échauffer avec plus au moins de facilité a une grande influence sur la culture; les cultivateurs ont raison de distinguer les sols chauds et les froids; ces deux qualités contraires dépendent surtout de l'aptitude plus ou moins grande que possèdent les terres de retenir l'humidité. Si on expose à la chaleur du soleil plusieurs espèces de terres parfaitement sèches, on remarque que celles qui s'échauffent les premières sont celles qui se refroidissent le plus vite dès qu'on les reporte à l'ombre. En terminant cet article nous parlerons de l'écobuage, l'une des opérations agricoles qui exercent sur le sol l'influence la plus marquée et la plus durable. Voici comment on procède à cette opération : on enlève la couche superficielle du sol en larges mottes de trois à cinq pouces d'épaisseur, de manière qu'elles emportent avec elles la majeure partie des racines; on les dispose en voûte de four, les unes sur les autres, ayant soin de tourner les racines vers l'intérieur, qui est rempli de branchages secs; une ouverture est ménagée du côté d'où vient le vent; c'est par là qu'on met le feu; quand la combustion est assurée, on bouche l'ouverture; les mottes sont rarement assez serrées pour que l'air ne puisse pas arriver jusqu'au feu, mais si avant l'entière réduction en cendre des matières combustibles le feu paraissait prêt à s'éteindre, il suffirait pour le rallumer de percer la voûte à différentes places. La combustion doit être lente et continue; dès que les mottes sont refroidies on les émiette et on les répand sur le sol, qu'on laboure plusieurs fois pour opérer le mélange des terres. Les uns soutiennent que l'écobuage fertilise les terres, tandis que d'autres disent qu'il les rend stériles; tous ont raison. Cette opération devient bonne ou mauvaise, suivant qu'elle est bien ou mal appliquée; comme certains remèdes héroïques, elle tue ou sauve. Il ne faut donc y avoir recours qu'avec la plus grande précaution et dans les cas désespérés, sinon l'on courrait le risque

d'avoir perdu la terre au lieu de l'améliorer. L. HERVÉ.

**SOLANÉES** ( botanique ) [*solaneæ*]. — Famille de plantes dicotylédones monopétales à étamines hypogynes, à laquelle le genre *solanum* a donné son nom. Elle contient des plantes herbacées, des arbustes et arbrisseaux, à feuilles simples ou découpées, alternes ou géminées vers la partie supérieure des rameaux. Elles ont des fleurs souvent très-grandes, extra-axillaires, ou en épis ou en grappes, un calice monosépale persistant à cinq divisions peu profondes, une corolle monopétale, le plus souvent régulière, de forme très-variée, à cinq lobes plus ou moins profonds, plissés sur eux-mêmes; les étamines en même nombre que les lobes de la corolle, à filets libres, quelquefois mo-

Fig. 22. — Solanée Belladone.

nadelphes à leur base; un ovaire sur un disque hypogyne, à deux ou rarement à trois ou quatre loges polyspermes, dont les ovules sont attachés à l'angle interne; un style simple, un stigmate bilobé. Le fruit est ou une capsule à deux ou quatre loges polyspermes, s'ouvrant en deux ou quatre valves, ou une baie à deux ou trois loges. Les graines, quelquefois réniformes et à épisperme chagriné, ont un embryon recourbé dans un endosperme charnu. — Un grand nombre de solanées sont narcotiques (jusquiame, belladone, etc.); à cette même famille appartient la pomme de terre.

**SOLE** (zoologie). — Poisson plat et irrégulier, qui est

du petit nombre des animaux qui manquent de symétrie. Ses deux côtés ne se ressemblent pas : on dirait que ses deux faces sont le dessus et le dessous, tandis que ce sont la droite et la gauche du poisson.

Le côté droit, que l'on serait tenté de prendre pour le dos, est brun, couvert d'écailles tenaces et raboteuses, et porte les deux yeux ; le côté gauche, qui semblait être le ventre, est blanchâtre et couvert d'une peau douce. Enfin, la nageoire dorsale s'étend jusqu'au museau et se termine à la queue, qui est arrondie.

La sole habite presque toutes les mers, et varie de taille avec les parages qu'elle fréquente. Celles que l'on pêche à l'embouchure de la Seine ont jusqu'à deux pieds de long ; celles des bouches du Var pèsent de trois à quatre livres, et l'on en trouve sur les côtes d'Angleterre qui atteignent au poids de six à huit livres. Au reste, ces grosses soles sont des exceptions ; car en général ce poisson, fort délicat et fort estimé, ne dépasse guère huit à dix pouces de long.

On pêche les soles à la ligne dormante ; elles se conservent plusieurs jours.

**SOLEIL** (astronomie) [en latin *sol*].—Corps sphérique, lumineux par lui-même, qui est le centre de notre système planétaire et le régulateur du mouvement de la terre et des autres planètes. Le soleil est la source principale de la chaleur et de la lumière, et, comme tel, le principe vivifiant de tous les êtres organisés. La chaleur se transmet par rayonnement, et, comme rien dans la nature ne s'anéantit, on doit penser que celle qui nous vient du soleil y retourne par une combinaison analogue à celle qui fait revenir à la mer les eaux que l'évaporation en fait sortir. On attribue généralement au soleil un noyau solide et obscur entouré d'une atmosphère lumineuse. Le soleil a un mouvement de rotation sur lui-même, qui s'opère en 25 jours et demi, d'occident en orient. En outre, il paraît se déplacer lentement dans l'espace et se rapprocher peu à peu de l'étoile *mu* de la constellation d'*Hercule*. La distance moyenne du soleil à la terre est d'environ 152 millions de kilomètres, son diamètre est de 1,440 mille kilomètres, sa lumière nous vient en 8 minutes et demie. Cet astre est quatorze cent mille fois plus gros que la terre.

Les anciens croyaient que le soleil tournait autour de la terre et le comprenaient parmi les planètes ; on sait depuis Copernic que c'est la terre qui tourne, et on range le soleil parmi les étoiles fixes. La révolution annuelle de la terre autour du soleil produit à nos regards un mouvement apparent du soleil qui a lieu suivant l'orbite même que parcourt la terre, et en vertu duquel l'astre, décrivant une spire formée de tous ses cercles quotidiens, paraît s'approcher et s'éloigner alternativement de l'équateur ; de même, il résulte de la rotation de la terre sur son axe, que le soleil et tous les corps célestes semblent tourner en 24 heures d'orient en occident autour de nous. Le premier de ces mouvements apparents s'appelle le *mouvement propre du soleil*, et l'autre le *mouvement diurne*. Ils servent tous les deux à mesurer le temps. Rien

n'est plus majestueux que le lever du soleil : on le voit s'annoncer de loin par les traits de feu qu'il lance au-evant de lui. L'incendie augmente, l'orient paraît tout en flammes : à leur éclat, on attend l'astre longtemps avant qu'il ne se montre ; à chaque instant, on croit le voir paraître ; on le voit enfin. Un point brillant part comme un éclair et remplit aussitôt tout l'espace : les ténèbres s'effacent, l'homme reconnaît son séjour et le trouve embelli. La verdure a pris une vigueur nouvelle, le jour naissant qui l'éclaire, les premiers rayons qui la dorent, la montrent couverte d'une brillante rosée qui réfléchit la lumière et les couleurs. Les oiseaux se réunissent et saluent en chœur le père de la vie. Le concours de tous ces objets porte aux sens une impression qui pénètre jusqu'à l'âme ; il y a là une demi-heure d'enchantement auquel nul homme ne résiste : un spectacle si grand, si beau, si délicieux, n'en laisse aucun de sang-froid ; aussi le soleil a-t-il été adoré de toutes les nations primitives et surtout des peuples d'Orient. C'était le *Bel* ou *Baal* des Chaldéens, le *Moloch* des Chananéens, l'*Osiris* des Égyptiens, le *Mithra* des Perses, l'*Adonis* des Phéniciens, le *Phœbus* ou *Apollon* des Grecs et des Romains, le *Patchacamak* des Péruviens, etc. Cet astre recevait surtout un culte solennel en Égypte et en Syrie.

TACHES DU SOLEIL. — Ces taches, qu'on ne peut apercevoir à l'œil nu, car on est ébloui par la vive lumière du soleil, s'observent aisément avec une lunette d'un grossissement ordinaire dans laquelle on interpose des verres fortement colorés, de manière à atténuer l'éclat des rayons solaires. Elles ont été découvertes simultanément par Galilée, Fabricius et Schneider, en 1611, peu de temps après l'invention de la lunette astronomique.

Les taches du soleil sont inégalement distribuées à sa surface ; elles sont de forme absolument quelconque, d'un noir foncé dans les parties centrales et d'une teinte grisâtre sur les bords. Ces deux teintes ne sont point fondues l'une avec l'autre, elles sont au contraire très-nettement tranchées. Les taches sont entourées de nombreux points brillants nommés *facules* ; et des rides ou plis très-lumineux qui ont reçu le nom de *lucules*, sillonnent le reste de la surface du soleil.

Quand on observe attentivement une tache pendant plusieurs jours, on reconnaît qu'elle se déplace d'un bord à l'autre du disque du soleil ; on a pu constater, par de semblables observations, que le soleil fait un tour complet sur lui-même dans l'espace de vingt-cinq jours. Il n'existe pas de taches dans le voisinage des pôles du soleil, c'est-à-dire des extrémités de la ligne autour de laquelle il tourne.

Les taches du soleil changent très-souvent de formes et de dimensions ; ces changements sont d'ordinaire assez lents ; quelquefois au contraire ils sont presque instantanés, au point qu'un observateur peut voir disparaître une tache et en voir naître une autre pendant qu'il regarde dans la lunette.

Il est rare qu'une tache persiste pendant plus de six semaines sur le disque du soleil, quelles que soient d'ailleurs ses dimensions qui peuvent aller jusqu'à six fois le diamètre de la terre. On cite comme une exception remarquable une tache qui a duré plus de deux mois presque sans changer d'aspect.

L'étude attentive des taches du soleil a conduit les astronomes à considérer cet astre comme formé d'un noyau obscur, dont la température peut n'être pas très-élevée, et qui est entouré de deux couches de nuages très-mobiles, placées l'une au-dessus de l'autre. La couche inférieure, ou la plus voisine du noyau, se composerait de nuages opaques ou du moins très-peu lumineux; tandis que la couche extérieure consiste en une matière gazeuse portée à une température très-élevée et devenue aussi très-lumineuse. Si un courant de gaz ou de vapeur vient à s'élever au-dessus de la surface du noyau intérieur, il se formera dans les deux nuages une espèce de trouée qui s'évasera de plus en plus jusqu'aux limites de la couche lumineuse extérieure appelée *photosphère*. On verra donc au fond de cette ouverture une portion de la surface noire du noyau intérieur qui sera entourée d'une bordure grisâtre produite par la couche de nuages opaques et enfin d'une série de points lumineux ou facules, car la matière lumineuse de la photosphère se trouve accumulée sur les bords de l'ouverture. Ainsi s'expliquent les apparences que présentent les taches.

Cette ingénieuse hypothèse, due à William Herschel, est pleinement confirmée par les expériences d'Arago, qui prouvent que la lumière du soleil possède certaines propriétés qui lui sont communes avec les flammes et qu'on ne retrouve pas dans la lumière émanée d'un corps incandescent, d'une barre de fer rouge, par exemple. La protosphère qui entoure le soleil peut donc être regardée comme une flamme, c'est-à-dire comme une matière gazeuse portée à une température très-élevée et tenant en suspension un corps solide très-divisé, analogue aux particules de charbon ou *noir de fumée*, que contient la flamme d'une lampe ou d'une bougie.

M. Laugier a constaté, par des observations rigoureuses, que les taches du soleil sont animées de mouvements dirigés en différents sens et tout à fait analogues à ceux que prennent les nuages de notre atmosphère sous l'action des vents, et d'après M. Carrington, tandis que certaines taches se déplacent vers la gauche, en prenant une longitude plus grande, d'autres se dirigent vers la droite en diminuant de longitude, ce qui indique l'existence d'une impulsion propre pour chacune. Le déplacement en longitude est accompagné d'un déplacement en latitude, de plusieurs minutes en quelques jours. L'ensemble des observations tend à démontrer qu'il existe à la surface du soleil : 1° un courant équatorial qui entraîne un certain nombre de taches dans le sens de la rotation du soleil; 2° des courants de sens contraires qui, à des latitudes plus élevées, entre 15 et 41 degrés nord et sud, impriment aux taches de ces régions un mouvement rétrograde apparent. Il faudra donc prendre de nouvelles précautions pour déterminer le temps de la rotation du soleil sur son axe. La période la plus probable jusqu'ici est 25 jours, 15 heures 38 minutes 52ᵐ 8.                          GOSSART.

**SOLEIL** (botanique). — Voyez *Tournesol*.

**SOLFATARE** (géologie) [de l'italien *solfato*, de soufre]. — Anciens terrains volcaniques d'où s'exhalent des vapeurs sulfureuses qui déposent du soufre sur les parois des fissures qui leur livrent passage. Une partie de ces vapeurs passe à l'état d'acide sulfurique par l'action de l'air, et, réagissant sur l'alumine des roches qu'elles traversent, elles donnent naissance à la pierre d'alun. Les plus célèbres solfatares sont celles de Pouzzoles, près de Naples, connues de toute antiquité, et le volcan de la Soufrière à la Guadeloupe.

**SOLFÉGE** [des notes *sol, fa, mi*]. — Nom donné à tout recueil d'exercices, d'études et d'airs disposés dans un ordre progressif, et destinés à former les élèves au chant en leur faisant énoncer avec le ton convenable les notes d'un air, d'un morceau de musique : faire cet exercice, c'est *solfier*.

**SOLIDE** (géométrie) [du latin *solidus*]. — Corps qui réunit les trois dimensions de longueur et épaisseur ou profondeur. Les solides sont terminés, les uns par des surfaces planes, comme le *prisme*, le *parallélipipède*, le *cube*, la *pyramide*, et tous les *polyèdres* en général; les autres par des surfaces courbes, comme la *sphère*, le *cylindre*, le *cône*, etc.

En physique, on appelle *solides* les corps dont les molécules intégrantes sont assez unies par la force de cohésion pour opposer à leur séparation une résistance complète.

**SOLSTICE** (astronomie)[du latin *solstitium*, formé de *solis statio*, arrêt du soleil]. — Position qu'atteint le soleil lorsqu'il est le plus éloigné de l'équateur. Le nom de solstice vient de ce que le soleil, arrivé à ce point, semble, pendant quelques jours, rester stationnaire et se tenir à la même distance de l'équateur sans s'en éloigner ni s'en rapprocher sensiblement. Les cercles parallèles à l'équateur que le soleil semble décrire aux époques des solstices ont été appelés *tropiques*.

**SOLUBILITÉ** (chimie). — C'est la propriété qu'a un corps de se dissoudre dans l'eau ou dans tout autre liquide. La solubilité, dit Hœfer, est aussi variable que la fusibilité. Il n'y a pas deux corps qui soient solubles exactement dans les mêmes proportions. Entre le maximum et le minimum de solubilité, il y a une infinité de degrés intermédiaires. C'est ce qui permet de séparer dans un mélange plusieurs corps les uns des autres; et l'analyse en a fait son profit. Il y a à ce sujet une loi fondamentale dont voici l'énoncé : Lorsqu'on met deux ou plusieurs corps dans l'eau, *tous ceux qui pourront se combiner se combineront; les composés les plus solubles se dissoudront dans l'eau, et les moins solubles se précipiteront en entraînant une certaine quantité des composés solubles*. Cette loi est bien plus générale et plus conforme à l'expérience que celle de Berthollet, que voici : « Lorsqu'on met ensemble deux sels dissous, et susceptibles de donner naissance à un sel soluble et à un sel insoluble, ou bien à deux sels insolubles, leur décomposition a nécessairement lieu, à moins qu'il ne puisse se former un sel soluble.

**SOMMEIL** (physiologie). — Le sommeil est le repos

des sens et des mouvements volontaires; il nous procure en quelque sorte le bonheur de renaître chaque jour, et de jouir d'une vie nouvelle.

Indépendamment du repos physique que le sommeil donne à l'homme comme aux autres animaux, c'est encore le baume réparateur qui vient rafraîchir son esprit, suspendre les peines de son âme, adoucir l'impression des sensations diverses qui l'ont frappé dans la journée, et lui donner de nouvelles forces pour soutenir les nouveaux combats qui l'attendent souvent au réveil.

« Otez à l'homme, a dit un philosophe, le sommeil et l'espérance, et il sera l'être le plus malheureux. » En effet, sans le sommeil la sensibilité s'évanouirait et l'esprit ne pourrait plus agir.

Le malheureux trouve dans le sommeil l'oubli de ses peines; souvent celui qui s'endort en désespérant de l'avenir, en maudissant sa destinée, trouve à son réveil une force nouvelle qui lui fait envisager son sort sous des couleurs moins sombres. Peu de criminels dorment d'un sommeil paisible; les nuits qui précèdent leur supplice ou leur jugement sont troublées par de terribles insomnies, ou par des rêves plus cruels encore.

On a vu au contraire des hommes condamnés à perdre la vie pour des causes politiques, d'innocentes victimes de l'ignorance de leurs juges, de la fureur ou de la stupidité des partis, s'endormir tranquillement, pour n'ouvrir les yeux qu'au moment où la foule avide se rassemblait pour voir couler un peu de sang sur l'échafaud.

Les physiologistes modernes regardent le sommeil comme une conséquence naturelle de la fatigue des organes de la vie de relation, qui ont besoin de se reposer pendant un certain temps. Ce besoin se fait sentir impérieusement lorsqu'il n'est pas satisfait.

« On a vu des soldats, dit Bouillet, au milieu des marches forcées si fréquentes dans nos belles campagnes, la nuit, par des temps affreux, profiter de la plus petite halte, se coucher dans l'eau, dans la boue, croyant retrouver, par un seul instant de repos, la force qui les abandonnait.

» Nous avons vu en Espagne, dans un moment critique où un petit corps de notre armée échappait comme par miracle à la poursuite active d'un ennemi sans miséricorde, quelques-uns de nos braves compagnons chercher à se soustraire à la surveillance de leurs camarades, s'écarter de la colonne et se cacher, dans l'espoir trompeur de ne dormir que quelques minutes, sachant bien pourtant qu'une mort certaine et cruelle les attendait, s'ils fussent tombés entre les mains de ceux qui nous harcelaient sans relâche. »

Après le repas, tous les animaux éprouvent la propension au sommeil. Cela vient de ce que les forces déterminées vers les régions de l'estomac pour le travail de la digestion, s'exercent moins dans les autres parties de l'économie.

Le froid peut quelquefois produire le sommeil; il est utile de remarquer qu'un homme qui s'endort en plein air, quand le thermomètre est à 8 ou 9 degrés au-dessous du terme de la congélation, y meurt pour l'ordinaire, au lieu que celui qui est en action peut supporter impunément un froid de plus de 70 degrés.

C'est en concentrant les forces à l'intérieur de l'organisme, et en produisant ainsi des spasmes violents, que le froid détruit la vie.

Spallanzani a produit par le moyen du froid un sommeil artificiel sur des grenouilles qu'il avait recouvertes de neige et de glace.

L'action du cerveau est singulièrement diminuée durant le sommeil profond; il ne lui en reste que ce qui lui est nécessaire pour la vie.

C'est dans le sommeil léger, et lorsque le cerveau conserve un certain degré d'action, que l'on a des songes; c'est alors que le silence de la nuit rappelle à l'imagination les objets qui l'ont frappée vivement pendant la veille, et même lui fait entrevoir plus ou moins vaguement les choses inconnues; les phénomènes du magnétisme ne sont sans doute pas étrangers aux songes.

On lit dans les Tablettes de Marc-Aurèle : « Les dieux ont la bonté de donner aux hommes, par les songes et par les oracles, les secours dont ils ont besoin. Une grande marque du soin des dieux pour moi, c'est que, dans mes songes, ils m'ont enseigné des remèdes pour mes maux, particulièrement pour mon vertige et mon crachement de sang, comme il m'arriva à Gaëte et à Chryse. » (Pensées de Marc-Aurèle, liv. IX, § 27.)

Il y a toujours une grande analogie entre la nature des rêves et l'état moral ou physique, l'âge, le tempérament, les passions, l'état de santé de celui qui les éprouve.

« Nous avons produit à volonté, sur plusieurs personnes, des rêves de diverses natures, au moyen de différentes sensations que nous leur faisions éprouver. Un homme profondément endormi sur une chaise se réveille en sursaut, se croyant au milieu des flammes. Nous avions produit ce rêve chez lui en faisant entendre à ses oreilles, pendant assez longtemps, ces mots : « Au feu! » prononcés à de certains intervalles, en élevant graduellement la voix avec un accent lamentable. »

Lorsque le sommeil est l'effet des causes naturelles, et que sa durée est proportionnée aux besoins du corps, il le restaure et le rend plus agile et plus dispos; le pouls devient plus lent, la respiration moins fréquente; le cours du sang et des humeurs est ralenti, les sécrétions et les excrétions diminuent. Insensiblement les forces, concentrées dans un point, se distribuent à toutes les parties dans des proportions convenables; les nerfs et les muscles reprennent leur activité, et la veille revient.

Ordinairement, lorsque le sommeil est produit artificiellement, ou qu'il est porté à l'excès, il débilite le corps et le rend pesant, il diminue l'activité des sens et les forces de la vie; la sensibilité s'émousse et le corps tombe dans le relâchement; il s'amollit, engraisse et devient ainsi moins propre à remplir ses fonctions. En détendant les fibres cérébrales et brisant leur ressort, il nuit aux opérations de l'âme, surtout à la mémoire.

Pour être salutaire, le sommeil ne doit donc pas excéder certaines bornes; d'après les plus grands maîtres, il ne devrait pas durer moins de six heures pour un adulte bien constitué, et au plus huit ou neuf heures.

Dans la couche, il faut que le corps soit presque dans une position horizontale, excepté la tête; il est bon qu'elle soit un peu élevée.

Il est nuisible de dormir assis; cette situation rend difficile la circulation du sang et des humeurs dans les viscères du bas-ventre, et produit des difformités dans l'enfance et la jeunesse.

D'après la forme et la situation de l'estomac, il paraît que la disposition la plus favorable à la digestion est sur le côté droit, surtout lorsqu'on se couche peu de temps après avoir pris beaucoup d'aliments.

Dans la situation contraire, les aliments ont une pente qui rend difficile leur passage dans les intestins, et gênent par leur volume les mouvements alternatifs du diaphragme, et par suite ceux du cœur; et lorsque l'on repose sur le dos, ils déterminent assez souvent le cauchemar.

Lorsque la digestion se fait mal, on change naturellement et à chaque instant de situation; on se couche tantôt sur la droite, tantôt sur la gauche, puis sur le dos et sur le ventre; par ce changement de position, la nature inquiète s'aide instinctivement dans cette circonstance.

Les veilles prolongées ne sont pas moins préjudiciables à la santé que le sommeil porté à l'excès; elles dérangent l'ordre des fonctions et mettent les organes dans une tension nuisible. Elles abrégent la vie et la remplissent de maux.

L'imprudence de celui qui abrège considérablement le temps de son sommeil, en croyant prolonger sa vie, est bien grande; il restera plus longtemps les yeux ouverts, mais il ne jouira jamais de la vie à proprement parler; jamais il n'aura cette vivacité, cette énergie de l'esprit, suite ordinaire d'un sommeil paisible et assez long, et qui imprime le même caractère à tout ce que nous faisons. Rien n'accélère notre consomption, ne détruit et ne fait vieillir avant le temps, comme le défaut de sommeil.

Une veille prolongée réunit toutes les qualités qui tendent à détruire la vie : dissipation continuelle des facultés vitales, destruction des organes, accélération de la consomption, et retardement de la restauration.

Suivant l'habitude ou le climat, la digestion se fait quelquefois mieux durant le sommeil que pendant la veille.

L'habitude de dormir immédiatement après le repas peut être utile aux personnes qui se livrent journellement à des exercices violents. Dans les pays chauds, la chaleur excessive du milieu du jour, qui détourne de l'estomac les forces nécessaires à la digestion, demande un temps de repos immédiatement après le repas.

Les enfants, les femmes d'une constitution délicate, la plupart des gens de lettres, et généralement toutes les personnes dont le système nerveux est très-mobile, ont besoin de dormir pour bien digérer. Pendant le sommeil, la nature est plus maîtresse d'elle-même, elle emploie une plus grande somme de forces au travail de la digestion; pendant l'état de veille, au contraire, les causes d'irritation qui excitent l'action des nerfs se renouvellent presque à chaque instant.

Le mouvement diurne de la terre fait remarquer son influence d'une manière bien sensible sur l'économie animale. On observe dans chaque individu et principalement chez ceux qui ont le système nerveux très-mobile, des changements qui correspondent aux différentes positions du soleil; le plus marqué est celui qui arrive le soir, et qui consiste dans une petite fièvre caractérisée par la précipitation du pouls, la lassitude et la propension au sommeil, qui augmente insensiblement jusqu'à minuit.

Cette fièvre est utile en ce qu'elle tend à opérer la dépuration des humeurs, et à élaborer complétement la matière des sécrétions.

Il résulte de là que celui qui, au lieu de se livrer au repos nocturne, veille durant l'accès fébrile destiné à séparer et à épurer les humeurs, trouble et déconcerte l'appareil des mouvements qui doivent opérer d'aussi salutaires effets, et se prépare une foule de maux inévitables.

La qualité de l'air, plus frais et plus humide la nuit que durant le jour, les ténèbres, le silence, l'exemple de presque tous les êtres vivants, indiquent à l'homme le temps où il doit se livrer au repos.

Tous ceux qui ont atteint un âge très-avancé, dit Hufeland, savant docteur allemand, aiment à se lever de bonne heure. J. Westley, fondateur d'une secte soumise à des pratiques particulières, homme original et très-remarquable, était si persuadé de la nécessité de s'y habituer, qu'il en fit un point de religion; et il vécut jusqu'à quatre-vingt-huit ans: Il avait pour devise une maxime pratique que je ne puis m'empêcher de recommander ici : *Se coucher de bonne heure et se lever de bonne heure donne à l'homme santé, richesse et sagesse*.                    RAMBOSSON.

**SOMNAMBULISME** (médecine) [*somnambulismus, hypnobatasis, noctambulatio*]. — Névrose des fonctions cérébrales caractérisée par une sorte d'aptitude à répéter pendant le sommeil les actions dont on a contracté l'habitude, ou à marcher et à exécuter divers mouvements, mais sans qu'il reste, après le réveil, aucun souvenir de ce qui s'est passé. Le somnambulisme est peut-être un état physiologique; ce n'est peut-être qu'un degré de plus des songes ordinaires, plutôt qu'une affection nerveuse. — *Somnambulisme magnétique* : état nerveux particulier dans lequel les adeptes auraient la faculté de jeter, par une sorte d'influence morale, des individus d'une grande susceptibilité nerveuse, et particulièrement des femmes hystériques. (Voy. *Magnétisme*.)

**SON** (physique) [du latin *sonus*]. — Mouvement vibratoire imprimé à un corps sonore ou élastique, communiqué ensuite par ce corps au fluide qui l'environne, et transmis enfin par ce fluide à l'organe de l'ouïe, qui en reçoit l'impression. La partie de la physique qui s'occupe des lois du son est l'*acoustique*.

Le son se propage par l'air, par les liquides et par tous les corps élastiques en général : il ne se produit pas dans le vide. Quand un corps sonore a été frappé, ses molécules éprouvent aussitôt un mouvement de *vibration* ou d'*ondulation*; l'air qui environne ce corps participe à ce mouvement, forme tout autour des *ondes* qui s'étendent à de grandes distances dans des cercles concentriques, et parviennent ainsi à l'oreille. La vitesse du son dans l'air est de 340 mètres par seconde.

| | | |
|---|---|---|
| Dans l'eau | 1500 | mètres. |
| Dans l'argent | 3060 | — |
| Dans le bois de chêne | 3620 | — |
| Dans le cuivre | 4000 | — |
| Dans le verre et le fer | 5000 | — |
| Dans le bois de sapin | 6120 | — |

Un vent favorable ou contraire, la chaleur ou le froid peuvent augmenter ou diminuer la vitesse du son. Les ondes sonores qui rencontrent un obstacle sur leur route sont *réfléchies*, à la manière des corps élastiques, en faisant leur angle de réflexion égal à l'angle d'incidence; le mouvement que ces ondes reçoivent par la réflexion donne naissance à l'*écho* (Voy. ce mot). — On peut rassembler les rayons sonores et les condenser, comme on condense les rayons lumineux : cette condensation s'effectue à la faveur d'un cornet de figure parabolique, appelé *cornet acoustique*.

Un son est plus ou moins *grave* ou *aigu*, suivant le nombre des ondes qui le produisent.

| | | |
|---|---|---|
| *La* | 880 | vibrations. |
| *Si* | 990 | — |
| *Ut* | 1056 | — |
| *Ré* | 1188 | — |
| *Mi* | 1320 | — |
| *Fa* | 1408 | — |
| *Sol* | 1584 | — |
| *La* | 1760 | — |

Le *ton* est le rapport de gravité et d'acuité de deux sons. Si les corps sonores font leurs vibrations en temps égaux, il n'y a aucune différence entre ces tons; et cette consonnance, la plus parfaite de toutes, s'appelle l'*unisson*. L'*intensité* du son dépend des compressions plus ou moins fortes et des vitesses plus ou moins grandes que l'air a reçues du corps sonore, et qui se transmettent de couche en couche jusqu'à l'ouïe. Le *timbre* des sons dépend de l'ordre dans lequel se succèdent les vitesses et les changements de densité dans les tranches d'air qui sont comprises entre les deux extrémités de l'onde. Les sons rendus par les corps vibrants suivent des lois particulières que la science est parvenue à reconnaître. On nomme *sons harmoniques* des sons singuliers et fort doux qu'on tire des instruments à cordes en posant légèrement le doigt sur certaines divisions de la corde.

Le plus grave qu'on puisse entendre résulte de 14

ou 15 vibrations par seconde, et le plus aigu en exige 48 000.

Le *la* du diapason correspond à 880 vibrations par seconde; il faut le double de ce nombre pour obtenir l'octave en montant, ainsi qu'on le voit dans le tableau ci-dessous.      GOSSART.

**SORGHO** (botanique, culture). — Précieuse graminée, qui fournit à la fois un aliment pour les hommes et les animaux, un excellent fourrage, de l'alcool, du sucre, des matières colorantes et textiles, etc.

Le sorgho sucré était déjà connu en Europe au siècle dernier, puisqu'il avait été décrit et classé par Linné, sous le nom de *holcus saccharatus*; on avait même tenté de le cultiver en grand aux environs de Florence; mais, sans doute par suite des procédés défectueux employés, ces essais n'avaient nullement réussi, et on avait abandonné cette culture qui était tombée dans un profond oubli, d'où elle ne fut tirée qu'en 1851, par l'envoi que notre infatigable consul de Changaï, M. de Montigny, fit d'une caisse de sorgho sucré à la Société de géographie de Paris.

C'est en 1851 qu'eut lieu la première tentative d'acclimater en France la culture du sorgho sucré. Cependant ce ne fut que vers 1853 que les agronomes du Midi entrevirent le brillant avenir de la nouvelle canne à sucre. A cette époque nous la voyons non-seulement cultivée régulièrement de l'autre côté des Cévennes, mais déjà elle a traversé le bassin de la Loire, et on en trouve des plants jusque dans les plaines de Normandie, de Beauce, et même, si je ne me trompe, en Picardie. Dans une si grande variété de sols et de climats, le précieux végétal a dû être soumis à de nombreux systèmes de culture. Les uns le sèment à la volée, d'autres en lignes; les uns le piquent sur place, d'autres le sèment sur couches, puis le transplantent; tel le fume avec un engrais animalisé, tel autre avec un engrais purement végétal; celui-ci lui affecte une sorte de terrain, celui-là une autre, etc., etc.

Après cinq années d'essais généralement heureux et entrepris sur une si vaste échelle, l'expérience doit être aujourd'hui en mesure de prononcer sur la méthode la plus efficace, et de s'offrir pour guide aux agriculteurs qui la préfèrent à toutes les théories.

Commençons par le Midi. On sait que ces contrées sont fort rétives à toute nouveauté. Le méridional possède un ciel radieux, un climat doux, un sol riche en grains, en légumes et en fruits; la vigne, l'olivier, le maïs, le mûrier et la garance sont pour lui des sources de richesses qui suffisent à son ambition, et qui le rendent assez indifférent aux produits qui lui manquent. Cependant, un peu de bétail, s'il voulait bien y réfléchir, serait loin d'être superflu pour son bien-être. Les consommateurs y trouveraient leur compte dans les villes; et les éleveurs, qui manquent d'engrais, de beurre, de lait et autres produits de la laiterie, trouveraient dans ces divers produits une branche importante de revenus. Or, le sorgho peut apporter tout cela aux cultivateurs méridionaux qui lui consacreront un quart seulement de leur assolement. Les plus intelligents d'entre eux comprennent qu'un accroissement de richesse fourragère serait la plus précieuse des conquêtes pour ces départements, où le bétail et l'engrais sont toujours en déficit. Mais c'est surtout comme plante à sucre et à alcool que le sorgho promet un brillant avenir à ces contrées. M. Leplay a constaté, par des expériences dont il a soumis l'appréciation à l'Académie des sciences, que les tiges de sorgho dont la graine était parvenue à parfaite maturité donnaient environ 12 et 15 pour 100 de sucre parfaitement cristallisable. C'est à la suite de ces essais que M. Leplay a fondé dans le Midi une compagnie industrielle ayant pour objet l'exploitation du sorgho, par la distillation et la fabrication du sucre.

Une autre question non moins importante pour l'avenir de cette industrie a été également résolue, après de longs essais, par M. Leplay. Il s'agissait de dessécher les tiges de sorgho par des moyens économiques et avec des appareils faciles à transporter d'une contrée à une autre. C'est ce qui a eu lieu avec un plein succès. Le sorgho ainsi desséché peut se conserver indéfiniment ; on peut le mettre en réserve et échelonner la fabrication du sucre ou de l'alcool dans tout le cours de l'année. La dessiccation enlève au sorgho 70 pour 100 de son poids et diminue d'autant les frais de transport. Ainsi, grâce à une opération peu coûteuse, les grandes usines pourront reculer à des distances indéfinies leur rayon d'approvisionnement, et le cultivateur pourra livrer ses produits aux époques et aux lieux qui lui conviendront, puisque le sorgho desséché est à l'abri de toute détérioration. Le cultivateur et le fabricant se trouveront affranchis de l'obstacle des distances.

Donc dans le Midi, le sorgho a tous les priviléges de la canne à sucre. Outre un sucre abondant et de bonne qualité, il donne de l'alcool égal en qualité à celui des vins de ces contrées.

Les vins inférieurs du Midi, au nom desquels on craignait une concurrence, trouveront au contraire dans le sorgho un puissant auxiliaire. Grâce à lui, les vins inférieurs cesseront d'être convertis en alcools ; quelques litres de jus de sorgho mêlés au moût de raisin, pendant la fermentation, donneront au vin le plus inférieur la force et la douceur qui lui manquent, et tous les vins de ces contrées pourront être vendus pour être consommés en nature à des prix avantageux.

CULTURE DU SORGHO. I. *Préparation du sol.* — Dans le Midi, on assimila d'abord la culture du sorgho à celle du maïs ; on avait même commencé par cultiver les deux plantes dans les mêmes sillons. Mais les tiges du maïs, plus promptes à lever, ont d'abord étouffé le sorgho ; plus tard les tiges de sorgho qui avaient pu se développer ont fait périr les tiges de maïs qui les entouraient. C'était l'idéal des mauvais ménages. Cependant l'analogie de culture entre les deux plantes est sérieuse. Comme le maïs, le sorgho n'exige pas de fortes fumures ; et il rend au sol tout ce qu'il lui emprunte, nous le verrons plus loin. Les terres voisines des distilleries peuvent même être fumées avec les résidus, pour tout engrais. Comme le maïs, le sorgho aime les terres légères et profondes, fraîches

sans être humides, les terres d'alluvion surtout.

On prépare le terrain par un défonçage profond, suivi de deux hersages énergiques. Il faut que la terre soit parfaitement ameublie. Pour la fumure, c'est l'engrais d'étable qui jusqu'ici semble avoir produit les meilleurs effets ; une plante enterrée en vert l'automne précédent est encore une bonne préparation. Le guano, en cas de pénurie d'engrais, a parfois aussi donné de bons résultats. On en portait la dose jusqu'à 500 kilog. par hectare.

II. *Ensemencement.* — La graine de sorgho mûre et bien conservée est en partie couverte d'une pellicule d'un noir brillant, formée de deux valves de même couleur ; la graine dépouillée de cette pellicule ne perd rien de sa vertu germinative, elle offre un aspect rouge pâle.

La meilleure graine pour semence est la plus pesante. On la reconnaît et on la prépare à la fois en la faisant tremper dans l'eau. Les graines qui surnagent au bout de vingt-quatre heures doivent être rejetées ; celles qui restent au fond sont les plus propres à la germination, qui sera accélérée d'ailleurs par l'humidité dont elles sont pénétrées. Quelques cultivateurs mêlent du purin à cette eau. Cette substance ne peut qu'accroître l'énergie végétative de la graine et la faire germer plus tôt.

On sème le sorgho, après les préparations ci-dessus indiquées, du 15 avril au 15 mai. Les gelées blanches sont redoutables à la graine ; il vaut mieux ne semer qu'à l'époque où on ne les craint plus. On sème à la volée ou en lignes ; mais ce dernier mode est toujours préférable, parce qu'il facilite les sarclages et les binages. On espace les lignes suivant la fertilité du terrain et suivant la destination du sorgho. La distance de 80 centimètres n'est pas trop grande pour les tiges, ou plutôt pour les touffes destinées à la maturité ; celle de 40 à 60 centimètres suffit pour le sorgho fourrager. Au reste, les tiges rapprochées se soutiennent mieux contre les rafales et les ouragans que les tiges plus écartées. Elles s'appuient les unes aux autres et s'inclinent pour se relever, tandis qu'on voit parfois de superbes plants de sorgho renversés par des coups de vent. Cela s'explique sans peine : la plante est haute et pesante, et sa racine n'est ni étendue ni profonde. Il vaut donc mieux semer un peu épais, puis éclaircir une ou deux fois le plant, lorsqu'il aura 50 à 75 centimètres de hauteur environ ; le produit de ces éclaircies donnera un excellent fourrage aux bestiaux.

On fait avec un bâton des trous profonds de 3 centimètres, distants les uns des autres de 30 à 40 centimètres. On met trois graines dans chaque trou, on les recouvre et on affermit la terre avec le pied.

Si on sème à la volée pour fourrage, on recouvre avec le dos de la herse ; ensuite on donne un coup de rouleau pour affermir la terre. Cette opération est indispensable surtout dans les terres légères.

Un procédé ingénieux, adopté par quelques cultivateurs du Midi, consiste à sillonner le champ de raies en long et en large, toutes également distantes. Il en résulte que le champ est distribué en carrés comme un échiquier. On sème les graines dans chaque coin ; dès lors, tout le plant offre une parfaite régularité, et chaque touffe a un espace égal pour se développer. Dans les terres cultivées en ados, ou en billons, on trace à moitié hauteur sur chaque côté du billon une ligne profonde de 3 cent., où on creuse de petits poquets de la même profondeur aux distances voulues. On sème quatre ou cinq grains par poquet, et on enterre comme il est dit ci-dessus ; surtout on a soin de fouler légèrement la terre qui recouvre la graine. Tous ces détails de l'ensemencement ont une grande influence sur le produit ; les propriétaires ne sauraient trop surveiller les ouvriers chargés de ce travail. La quantité des graines est de 5 à 8 kilog. par hectare, suivant le mode de semence qu'on adopte.

III. *Travaux à faire pendant l'accroissement de la plante.* — Pendant le mois qui suit la germination, la végétation semble souvent chétive et languissante ; les feuilles jaunissent comme si les plants allaient périr ; mais peu à peu la plante se ranime et reprend vigueur, et désormais les sécheresses ne pourront nuire à son développement. Dès que le plant a de 25 à 30 centimètres on le sarcle, et on l'éclaircit s'il est trop épais ; à cette hauteur il suffit de douze à quinze tiges par mètre carré. Les racines du sorgho se développent à la surface de la terre ; et il semble qu'elles ont besoin du contact immédiat de l'atmosphère. Aussi beaucoup d'agriculteurs s'abstiennent de butter. En tout cas, le buttage doit être très-léger. Quant au sarclage, il est nécessaire dans les premiers mois, et utile jusqu'à la fin. En général, on donne au sorgho les mêmes soins qu'au maïs.

IV. *Coupes et éclaircies du sorgho.* — Si l'on cultive le sorgho pour fourrage vert, on pourra pratiquer une première coupe lorsque la plante aura atteint une hauteur de 60 centimètres. Plus on coupe le sorgho, plus il repousse vigoureusement. Mais il est bon de remarquer que les tiges de sorgho vert sont loin des cannes arrivées à maturité, comme valeur nutritive. Aussi les avis sont-ils partagés sur la question de savoir s'il convient mieux de faire plusieurs coupes vertes, ou une seule lorsque la plante est à maturité.

Dans le Midi, les agronomes les plus renommés inclinent pour ce dernier parti.

« Depuis trois ans que je me livre à la culture du sorgho, dit M. d'Holier, je me suis convaincu qu'il ne faut pas donner cette plante aux animaux avant son entière maturité. »

M. Faure d'Esplas, président du comice agricole de Castelnaudary, a conclu, de ses nombreuses épreuves, que le sorgho complétement mûr a un avantage notable sur tout autre fourrage. « Il doit être compté, dit-il, à la moitié, pour le moins, de la valeur du foin. »

M. Laurent, président de la Société d'agriculture de l'Ariége, raconte qu'une partie de son plant ne lui paraissant pas de nature à attendre la maturité, il se décida à le faire manger par le bétail. « Quoique tendre encore, dit-il, les tiges avaient néanmoins 2 mè-

tres de hauteur ; elles furent données aux bêtes à cornes, qui les mangèrent avec avidité et parurent s'en trouver à merveille. » Mais ce qu'on avait obtenu des tiges encore tendres, pourrait-on l'espérer de celles qui avait atteint leur développement complet ? Ces tiges si fortes et en apparence si dures, n'offriraient-elles pas à la mastication de ces animaux les mêmes difficultés que les tiges sèches du maïs, dont ils rejettent la plus grande partie comme litière ?

« L'épreuve a encore montré ici la supériorité du sorgho, plus riche en matière sucrée qu'il ne l'était un ou deux mois avant. Cette plante a semblé exciter encore davantage l'avidité du bétail, qui, la prenant par l'extrémité supérieure, la mâchait et l'avalait sans lâcher prise et sans en perdre une miette jusqu'à ce que la canne tout entière y fût passée. Il en était devenu si friand, qu'il refusait tout autre nourriture pendant tout le temps que le sorgho a duré ; à ce point que les maîtres, valets, d'abord prévenus, maintenant partisans enthousiastes de cette plante, ne cessaient de répéter qu'ils seraient vraiment embarrassés quand elle serait finie pour remettre les animaux à leur alimentation ordinaire. »

M. Leplay a soumis le sorgho à de nombreuses analyses qui ont pleinement confirmé les expériences que nous venons de relater.

En effet, ces analyses, qui ont été soumises à l'Académie des sciences, constatent qu'il existe une grande différence entre la quantité de matière assimilable contenue dans le sorgho mûr, et celle que contient le sorgho non mûr.

Dans le sorgho arrivé à maturité, M. Leplay a trouvé sur 100 parties, 70 parties d'eau et 30 de parties sèches, dont 20 étaient assimilables et 10 seulement composées de matières ligneuses.

Le sorgho non mûr, ou plutôt coupé avant la formation de la panicule, contenait 80 p. 100 d'eau et 15 parties de matières sèches, dont 5 assimilables ; les 5 autres étaient de la matière ligneuse.

Ainsi, le sorgho mûr contient 20 p. 100 de parties assimilables, et le sorgho vert n'en donne que 5.

Donc 100 kilog. de sorgho mûr équivalent comme puissance nutritive à 400 kilog. de sorgho vert !

L'habile chimiste conclut de ces faits, que la surabondance de fourrage obtenue par des coupes successives de sorgho non mûr, ne compense pas la coupe unique du sorgho arrivé à maturité.

« La théorie et la pratique, dit-il, sont d'accord sur ce point important : aussi nous n'hésitons pas à conclure que le sorgho, cultivé comme fourrage dans le Midi de la France, ne doit être récolté qu'au moment de sa maturité. »

Puis il ajoute ceci : « Dans les contrées où l'on ne peut espérer d'obtenir la maturité de la graine, nous conseillons de semer en lignes plus rapprochées et de mettre moins d'espace entre les lignes. »

Nous verrons plus loin que la justesse de ce conseil est contestable.

En effet, puisque la formation du sucre a lieu avec celle de la graine, partout où le sorgho monte en graine, il y a profit pour le cultivateur à le récolter en cet état. Alors, on prélève des fourrages d'été sur la récolte par voie d'éclaircies, au lieu de couper en vert. Mais il faut arracher chaque plant tout entier, non en partie, et laisser tous ses rejetons au plant conservé; parce que le sorgho végète en touffes et non en tiges isolées comme le maïs. Sur ce point les deux plantes réclament un traitement différent. Il convient même de ne pas arracher les feuilles et de les conserver jusqu'au moment de couper les cannes. Les feuilles sont indispensables au développement complet de la plante.

V. *Récolte finale.* — Dans le Midi, et partout où la graine de sorgho parvient à maturité, la récolte se fait dès que cette graine prend une couleur brun-noir brillant. Il faut se garder d'attendre que la graine durcisse et que la tige ait perdu sa couleur vert foncé. En cet état la tige perd beaucoup de sa richesse en sucre si on la laisse sur pied.

Dès que le sorgho est coupé et effeuillé, on le met en bottes, qu'on groupe ensemble debout, de manière à en former des faisceaux volumineux. On le livre le plus tôt possible à la distillation ou à la fabrique de sucre. Lorsqu'on le laisse en tas, il ne tarde pas à perdre de son jus, et le sucre subit un commencement de fermentation, surtout si la température est élevée.

VI. *Rendement et résultats.* — 1° *Rendement en cannes.* — Nous relevons dans quelques journaux du Midi les chiffres suivants accusés par divers agriculteurs qui ont récolté à l'hectare:

M. Casseyrol, au Mas-Grenier, 42 000 kilogrammes; M. Pailhiez, dans les environs de Carcassonne, 40 000; M. Cazano, aux environs de Narbonne, 37 000; M. Coulopis, 45 600; M. Alamoly, 40 000. C'est, comme on le voit, une moyenne de 40 000 kilog. à l'hectare.

M. Itier, directeur des douanes à Toulouse, accuse es rendements qui suivent:

| | |
|---|---|
| 1 hectare a produit 42 775 kilog. de cannes épaillées. Triturées et pressurées, elles ont rendu 4435 kilog. de sirop, soit 2960 kilog. de sucre à 60 cent. . . . . . . . . . | 1776 fr. |
| 2° 3333 kilog. de graines, à 14 fr. les 100 kilog. . . . . . . . . . . . . . . . . . . . . . . . | 467 fr. |
| 3° 7300 kilog. de fourrage, à 4 fr. les 100 kilog. . . . . . . . . . . . . . . . . . . . | 292 fr. |
| 3° 16 000 kilog. de bagasse, à 2 fr. les 100 kilog. . . . . . . . . . . . . . . . . . . . | 320 fr. |
| Bénéfice brut . . . . . . . . . . . . . . . . . . . . . | 2855 fr. |
| Frais de culture . . . . . . . . . . . . . . . . . . . | 855 fr. |
| Bénéfice net . . . . . . . . . . . . . . . . . . . . . | 2000 fr. |
| Si au lieu de sucre on fabrique de l'alcool, le produit brut est de . . . . . . . . . . | 3087 fr. |
| Et les frais sont diminués de 48 fr. Soit. | 707 fr. |
| Bénéfice net . . . . . . . . . . . . . . . . . . . . . | 2380 fr. |

Ce ne sont là, il est vrai, que les résultats des premiers essais; on a obtenu depuis lors des rendements de 100 000 kilog. par hectare. On peut accepter en moyenne les rendements de 60 à 80 000 kilog., les-

quels à raison de 20 fr. les 1000 kilog., donnent un produit brut de 12 à 1600 francs par hectare, auquel il faut ajouter 4 à 500 francs pour les produits accessoires.

En portant les frais de culture, rente du sol comprise, à 800 francs, on arrive à un produit net de 1200 francs en moyenne.

2° *Rendement en alcool.* — Un hectare de vignes donne dans les meilleures années 100 hectolitres de vin, qui produisent à la distillation de 18 à 12 hectolitres de 3/6, à 50 francs l'hectolitre: ce qui représente un produit brut de 500 francs.

Un hectare de sorgho produit au minimum 40 000 kilog. de cannes, qui donnent de 30 à 40 hectolitres d'alcool, soit 1500 à 2000 francs de produit brut: c'est-à-dire une différence de trois et quatre capitaux pour un.

3° *Rendement en sucre.* — Dans la note qu'il a soumise à l'Académie des sciences, M. Leplay rend compte des expériences qu'il a faites, à l'aide de l'instrument dit *saccharimètre*, pour constater la quantité de sucre cristallisable ou non cristallisable contenue dans les tiges de sorgho. Les expériences ont eu lieu sur des tiges coupées à divers degrés de végétation, en vue de leur application à la fabrication du sucre et à celle de l'alcool.

« Il est d'abord résulté, dit l'auteur de la note, des nombreuses expériences que j'ai faites, que la quantité de matières solides que donnent les tiges de sorgho par la dessiccation augmente successivement d'une manière assez régulière depuis la formation de la panicule jusqu'à la maturité de la graine, quel que soit d'ailleurs le terrain où le sorgho a végété. J'opérais la dessiccation des tiges de sorgho divisées dans une étuve à eau bouillante; les différents sorghos m'ont fourni des poids de résidu très-variables entre eux. Les tiges de sorgho arrivées à maturité ont donné comme nombres extrêmes: eau, 70 à 73 pour 100; résidu sec, 30 à 27 pour 100.

» Les tiges de sorgho non mûres ont donné: eau, 80 à 82 pour 100; résidu sec, 28 à 18 pour 100.

» J'ai voulu savoir pour quelle quantité la matière ligneuse entrait dans ce résidu solide. Les tiges de sorgho prises à différents états de maturité ont été soumises à l'action de la râpe, la matière ainsi divisée a été pressée fortement pour en extraire une partie du jus; le résidu pressé a été lavé à l'eau froide, puis tiède, et enfin à l'eau bouillante, afin de débarrasser la matière ligneuse de tout principe soluble. La matière ligneuse insoluble, ainsi lavée, a été desséchée à une température de 100 degrés centigrades, et a donné pour résidu sec: pour le sorgho avec épi sans graine, de 8,75 à 9,25; pour le sorgho dont la graine est arrivée à parfaite maturité, de 9 à 9,80.

» Ces nombres établissent que la matière ligneuse, débarrassée de tout principe soluble dans l'eau, existe dans le sorgho dans des proportions peu variables entre elles, quel que soit d'ailleurs le degré de maturité de la graine. On peut donc représenter le sorgho comme contenant en poids une partie ligneuse et insoluble dans l'eau, environ de 9 à 10 pour 100;

et une partie liquide ou jus, de 94 à 90 pour 100.

» Il résulte aussi de ces nombres, mis en présence de ceux que fournit la dessiccation du sorgho, que si la matière solide augmente dans les tiges de sorgho au fur et à mesure de la formation et de la maturité de la graine, cette maturité s'accumule dans le jus, et non dans la partie insoluble du végétal.

» Les matières en dissolution dans le jus contiennent une grande quantité de sucre ; sans me préoccuper pour le moment de la nature de ce sucre, j'ai cherché, au moyen du rendement alcoolique, à déterminer quelle pouvait être sa quantité totale.

» Il résulte de plus de cinquante expériences comparatives faites sur le rendement alcoolique que, lorsque la tige du sorgho est verte et la panicule encore absente ou à peine formée, il ne s'y rencontre que des quantités minimes de sucre. Puis le sucre s'accumule dans la tige à mesure que la végétation avance et que la graine se rapproche davantage de sa maturité. Du reste, la composition de la tige et la proportion de matière sucrée dépendent entièrement de l'état de végétation de la plante, et non de l'époque de sa récolte.

» Une tige qui n'est pas arrivée à graine a la même composition, qu'elle soit récoltée en septembre, octobre ou novembre, et une tige mûre a toujours donné des rendements au maximum, quel que soit d'ailleurs le mois où elle a été coupée. Toutefois nous devons faire observer qu'il est important que la maturité ne soit pas dépassée ; autrement la tige, restée sur pied, jaunit, perd de son poids et de son sucre. La graine noirâtre non durcie et la tige parfaitement conservée avec sa couleur verte correspondent toujours à la plus grande richesse en sucre.

» Dans l'intention de déterminer quelle était la nature de ce sucre, j'ai voulu employer le saccharimètre. Mais comme cet instrument, quand on en fait usage pour un mélange de sucre pourrait induire en erreur à raison des différents pouvoirs rotatoires de ces sucres, j'ai dû, pour vérifier sa valeur dans la détermination du sucre contenu dans le sorgho aux différentes époques de la maturité de la graine, faire une série d'expériences saccharimétriques sur le jus extrait de ces tiges comparativement avec le sucre accusé par la fermentation du même jus. »

Ces nombreux essais ont amené l'auteur à cette conclusion : « On peut considérer le sorgho dont la graine est arrivée à maturité complète comme contenant son sucre presque exclusivement à l'état cristallisable, et dans une proportion qui dépasse souvent 15 pour 100 de son poids.

» Il est une autre question aussi très-importante pour l'avenir de la culture et de l'industrie du sorgho ; nous l'avons depuis longtemps mise à l'étude, et nous la considérons comme résolue : elle permettra non-seulement de travailler le sorgho toute l'année, mais encore d'aller le chercher dans les contrées les plus éloignées de nos usines. Nous voulons parler de la dessiccation du sorgho.

» Appliquée au sorgho dans les conditions où nous l'avons réalisée, la dessiccation est devenue une opéra-

tion peu coûteuse d'installation, facile à pratiquer dans chaque centre de grande culture au moyen d'appareils mobiles pouvant être facilement transportés d'un point à un autre. Le sorgho ainsi desséché peut se conserver indéfiniment, être mis en réserve et servir à alimenter la fabrication pendant toute l'année.

» Par la dessiccation, le sorgho perd 70 pour 100 de son poids, et diminue ainsi de 70 pour 100 les frais de transport. »

VII. *Le sorgho est-il une plante épuisante ?* — Cette question a vivement préoccupé les agriculteurs dans le Midi ; tout le monde n'est pas encore rassuré contre la crainte de voir sa terre épuisée par la culture du sorgho.

Quand cela serait, peut-on répondre, il ne s'ensuivrait pas qu'on dût renoncer à la culture du sorgho, mais il y aurait à examiner si le rendement de cette plante est supérieur aux fumures qu'elle nécessite, soit pour elle-même, soit pour maintenir le sol en bon état de fertilité.

Le blé est incontestablement une plante plus épuisante que le sorgho. Est-ce une raison pour ne plus le cultiver ?

La culture du sorgho est encore trop nouvelle chez nous pour savoir à quoi nous en tenir sur cette question.

Mais, en supposant que le sorgho fût une plante épuisante, il n'aurait cet effet que dans les tiges qui produisent des graines ; tout le reste, en donnant un abondant fourrage, fournirait tout l'engrais nécessaire pour rendre à la terre les sucs fertilisants qu'elle aurait perdus.

Ajoutons que, même dans les pays où on le cultive pour la distillation et pour la fabrication du sucre, les résidus de ces fabrications suffiraient, en grande partie, à réparer les pertes du sol.

VIII. *Le sorgho est-il annuel ou vivace ?* — Voilà une autre question d'une haute importance. Si le sorgho est seulement bisannuel, il pourra donner une seconde récolte sans travaux de main-d'œuvre. Dans les contrées méridionales, où les gelées sont nulles ou très-rares, le sorgho peut être classé parmi les plantes vivaces.

M. Hardy, directeur de la pépinière impériale, à Alger, s'exprime ainsi sur ce sujet :

« Nous avons encore vivante une plantation faite au commencement de 1854 et par conséquent ayant en ce moment quatre années d'existence. Cette petite plantation n'a reçu d'irrigation que la première année ; pendant les trois autres années elle a été complétement abandonnée à elle-même. On a seulement eu soin de ne pas la laisser envahir par de mauvaises herbes. La première année, les tiges étaient grosses, élevées et peu nombreuses, telles qu'on les voit dans de bonnes conditions. Les années suivantes, les touffes ont été en s'élargissant, et plantées à 50 centimètres en tout sens ; elles se touchent presque aujourd'hui ; les tiges sont devenues plus nombreuses et moins élevées, etc.

Terminons ce qui concerne le Midi par deux faits.

M. du Peyrat annonce qu'il a fait du rhum de sorgho de très-bon goût, par le procédé employé dans les colonies anglaises, qui est très-différent des systèmes Leplay et Champonnois, en usage en France. Le procédé des colonies, dit-il, est un peu plus coûteux, mais le produit est bien supérieur. Une autre expérience utile à consigner est due à M. Bonnet. Après la coupe des tiges, cet habile agriculteur passe la charrue comme pour semer une céréale ; il déracine ainsi le sorgho et après avoir enlevé les racines, il les lave avec soin ; il les ramollit ensuite en les faisant bouillir. Enfin il les hache et les donne aux porcs qui les mangent avec avidité.

IX. *Le sorgho dans les autres contrées de la France.* — Par le sorgho, le Midi possède indubitablement un moyen puissant de rivaliser avec le Nord ; mais c'est peut-être à tort qu'il se croit en possession d'un monopole. Le sorgho a passé la Loire ; on le cultive en Bretagne, dans l'Orléanais, en Normandie, en Beauce et jusqu'en Picardie. Déjà les notabilités agricoles du Nord se préoccupent de l'acclimater, non-seulement comme plante fourragère, mais aussi comme plante à alcool. Si le climat offre des difficultés, ces habiles agronomes savent par expérience qu'on peut en triompher. Ainsi, le sorgho, semé en mars, sur couches comme en Chine, puis replanté en place au mois de mai, peut donner des tiges hautes de deux à trois mètres couronnées de graines mûres. S'il ne faut que de la persévérance, des façons habiles et multipliées, des fumures, des sarclages, binages, etc., les gens du nord y réussiront, n'en doutez pas. Donc que le Midi ne s'endorme pas sur sa conquête ; le jour où le Nord entrera en lice avec lui, malgré l'infériorité de son ciel, la lutte pourrait être vive sur le terrain agricole ; sur le terrain industriel, on sait que le Nord ne connaît pas d'obstacle.

En Bretagne nous trouvons le sorgho cultivé, mais comme plante fourragère seulement. M. Anger de la Loriais a obtenu 80,000 kilog. à l'hectare, c'est-à-dire l'équivalent de près de 1,500 fr. de foin. Il fait ses premiers semis en mai, et les échelonne de 15 en 15 jours jusqu'à la mi-juillet ; le fourrage se récolte de septembre à novembre, précisément à l'époque où le bétail manque de nourriture.

La culture du sorgho permet d'exécuter deux ou trois labours ; on renouvelle les hersages jusqu'à ce que le terrain soit parfaitement ameubli. On sème 10 kilog. à l'hectare, après une bonne fumure. Le fumier de bêtes à cornes est le plus convenable ; une plante enterrée en vert l'automne précédent est encore une excellente préparation pour la terre. On conseille le guano en cas de pénurie d'engrais, on peut, dit M. Jamet, en porter la dose jusqu'à 500 kilog. par hectare.

Le sorgho mûrit dans nos vallées du Dauphiné. M. de Galbert, un des habiles agriculteurs de ce pays, qui s'est occupé depuis plusieurs années de cette culture, estime que la distillation du sorgho ne donnerait pas de bénéfices élevés tant que l'alcool de betterave se vendra de 58 à 60 fr. Mais il emploie le jus de sorgho à fabriquer une boisson que les ouvriers trouvent de beaucoup préférable à la piquette de marc de raisin.

Le meilleur moment, selon M. de Galbert, pour couper la canne, c'est lorsque la graine commence à se former. Le jus obtenu par la pressée a fermenté dans une cuve sans mélange de levure, seulement on avait jeté au fond de la cuve 300 kil. de cannes broyées et non pressées. Ces cannes ont dû activer la fermentation. Le huitième jour il s'élevait à 14° Réaumur ; le dixième jour il était devenu très-clair. On le mit dans des tonneaux, qu'on boucha immédiatement, comme pour le vin de raisin.

Avec le jus de cannes, M. de Galbert a fait des confitures, des raisinés, des conserves de fruits, de coings, poires, écorces de melon, betteraves, etc., qui, cuits dans ce jus à un feu lent, ont donné des produits excellents, dont le prix ne revenait pas à 20 centimes le kilogramme.

Enfin le sorgho a donné à M. de Galbert du vinaigre de bonne qualité et sans mauvais goût.

Aux environs de Chartres, M. Roussille fils a obtenu de riches récoltes de sorgho ; il ne doute pas qu'un jour la Beauce, encouragée par de si brillants résultats, ne s'avise à son tour d'exploiter la richesse saccharine de sorgho.

En attendant, ce pays tire du sorgho un très-précieux parti pour la nourriture des bestiaux en automne, époque difficile à passer jusqu'ici pour les cultivateurs, et qui, grâce au sorgho, est celle où les vaches donnent les meilleurs produits en lait, en beurre et en viande.

Enfin, M. Dumont Carment d'Amiens, qui a fait de sérieuses études sur la culture du sorgho et qui travaille à la vulgariser dans le département de la Somme, s'est arrêté à la méthode suivante, que nous citons, comme la plus sûre à suivre, selon nous, dans le nord de la France :

« La semence se fait du 15 avril au 15 mai ; tous les sols sont bons à cette culture, même les calcaires. Les soins et la main-d'œuvre à donner au sol sont connus des agriculteurs. La fumure, le labour, le hersage, sont les premiers travaux ; ensuite, la semence en lignes à 35 centimètres d'écartement ou à la volée, pour ce qui doit être employé comme fourrage, dont le fauchage a lieu lorsque la plante a acquis une hauteur de 70 à 80 centimètres. La force de végétation est subordonnée à la nature du sol, à la force des engrais, aux influences atmosphériques et au climat. Comme je l'ai dit, cette plante se fauche trois fois successives, et a donné chez nous un poids de 150,000 kilos de fourrage à l'hectare. Ce fait s'est passé chez M. le vice-président de notre comice agricole. La graine à employer est de 14 kilogrammes à l'hectare (1). Les lignes d'ensemencement doivent avoir cinq centimètres de profondeur ; les graines doivent, autant que possible, être écartées de 10 centimètres les uns des autres. Après avoir été déposées dans les raies, le passage du rou-

---

(1) Cette quantité nous paraît exagérée. Si on ne sème que de la bonne graine, c'est-à-dire celle qui est plus pesante que l'eau, et préparée comme nous l'avons dit plus haut, il est évident que 10 kilogr. suffiront partout, même dans les terres compactes.                      **H.**

leau suffit pour les recouvrir. Il est un fait que je dois signaler, et qui est important, en ce qu'il provient d'un effet défavorable que présentent les plantes: quand le sorgho est arrivé à sept et même six centimètres de hauteur, il reste stagnant pendant quelques jours; ses feuilles jaunissent comme s'il devait périr, et cet aspect souffrant est de peu de durée, car il reprend, en peu de temps, une énergie des plus satisfaisantes. »

« Lorsque le sorgho est destiné à être livré à l'industrie, la culture diffère de la précédente : les lignes d'ensemencement doivent avoir soixante-dix centimètres d'écartement; on comprend que les plantes, devant atteindre une hauteur de deux mètres cinquante à trois mètres, ont besoin d'avoir de l'espace. 8 kilog. suffisent pour semer un hectare. Les soins à donner consistent en un sarclage, quand les plantes ont cinquante centimètres de hauteur; un binage si le sol est compacte et dur. — Dans les sols légers, le sorgho peut être semé pour fourrage à bien des époques; en juin, après les colzas, les trèfles incarnats, les seigles, et tout cela sur un hersage énergique. Semé à la volée, il en faut 14 kilog. à l'hectare. »

Si la culture du sorgho en est à ce point aux environs d'Amiens, le Nord est bien près d'en faire à son tour la conquête, au profit de ses distilleries aussi bien qu'au profit de ses races d'animaux perfectionnés.

Néanmoins, nous croyons qu'il n'est point superflu de consigner ici le résultat d'une série d'expériences faites sur le sorgho en 1856 et 1857 par M. Cavé, propriétaire à Condé :

16 *avril.* — 500 gr. de sorgho semés en lignes dans dix ares de terrain. Une coupe faite le 5 août a donné 4700 kilog., ce qui représente 47,000 kilog. à l'hectare. Le regain ayant gelé, on n'en a pas constaté la quantité.

*Même date.* — 500 gr. ont été semés dans un autre coin d'un dixième d'hectare. La tempête du 7 au 8 octobre a couché les tiges de la partie centrale qui étaient les plus éloignées les unes des autres. Les autres tiges, qui ont résisté au vent, ont donné 6108 kilog., soit 61,080 kilog. pour l'hectare; et les cannes sans les feuilles 44,800.

22 *avril.* — 500 gr. dans dix ares, semés à la touffe. La coupe faite le 22 novembre a produit 3442 kilog., soit 34,420 kilog. à l'hectare; quelques gelées avaient fané les feuilles qui ne pesaient que 7,460 kilog.

*Même date.* — 5 kilog. semés à la volée dans dix ares, coupe du 22 juillet au 4 août, 400 kilog., soit 40,000 à l'hectare. Les vaches mangèrent ce fourrage avec avidité et donnèrent plus de lait et du beurre de meilleure qualité.

Le regain, coupé du 10 octobre au 18 novembre, rendit 4,500 kilog., soit à l'hectare 45,000 kilog.

22 *avril.* — 5 kilog. de graines semées à la volée dans dix ares. La tempête du 7 au 8 octobre renversa les tiges chargées de graines. La coupe du 20 novembre a donné 6,000 kilog., soit 60,000 pour un hectare.

24 *mai.* — 5 kilog. semés à la volée dans dix ares.

Une coupe en vert du 25 août au 3 septembre a produit 5,884 kilog., soit à l'hectare 58,840 kilog. Le regain, gelé et fané, n'a produit que 3,000 kilog. ou 30,000 à l'hectare.

Une autre plantation fut déracinée par la tempête du 7 au 8 octobre. La terre étant détrempée par la pluie, les racines ne purent soutenir les tiges contre la violence du vent, celles-ci s'abattaient, et la végétation fut arrêtée. La coupe faite le 25 novembre a produit 6,972 kilog. ou 69,720 k. à l'hectare.

3 *mars.* — Un semis de graine de Condé fut fait sur couches et en pots, repiqué en pots le 15 mars, puis planté en pleine terre le 15 mai. Belle végétation. La graine a bien mûri.

*Même date.* — Graine du Midi semée en pots et sur couches. Repiquée le 15 mars, puis plantée en pleine terre le 4 mai. Cannes magnifiques, et graines bien mûres.

15 *mars.* — Graine de Condé semée sur couche, repiquée en pots le 1er avril, puis plantée en pleine terre le 12 mai. Cannes de toute beauté et graines bien mûres.

*Même date.* — Graine du Midi semée sur couches. Repiquée en pots le 1er avril; plantée en pleine terre le 12 mai. Belles cannes. La graine a mûri.

*Même date.* — Graine de Chine semée sur couches. Repiquée en pots le 1er avril; plantée en pleine terre le 12 mai. Faible végétation. Peu de sucre dans la tige.

*Même date.* — Sorgho à balais, graine de Condé, semée sur couches, repiquée en pots le 1er avril, plantée en pleine terre le 12 mai. Très-belle et abondante végétation, beaucoup de graine. La canne moins sucrée que le sorgho de Chine.

20 *avril.* — Semis à la volée 1 kilog. de graine du Midi. Une coupe en vert le 26 août sur une surface de 30 mètres a rendu 320 kilog., soit pour un hectare 106,666 kilog.

Les tiges commençant à épier furent soumises à l'alcoolisation. 30 kil. donnèrent 950 centilitres de jus à 30 centigr. que la fermentation réduisit à 750.

53 kilog. coupés le 20 septembre ont donné 22 kilog. de jus qui ont rendu.. 34 centilitres à 50 centigr.

|      |     |    |
|------|-----|----|
| 20   | à   | 15 |
| 50   | à   | 15 |
| 1450 | à   | 5  |

12 *mai.* — Semis de graine de Chine, a donné une belle végétation et la graine a bien mûri.

1er *juillet.* — Graine semée sur une terre très-sèche a levé avec peine. La coupe en vert du 26 septembre au 6 octobre a produit à raison de 38,300 kilog. à l'hectare.

Il résulte de ces intéressants essais que le sorgho destiné à la distillation et à la nourriture fourragère doit être semé sur place, ou du moins qu'il n'y a pas d'avantage sérieux à faire les frais d'un semis sur couches suivi d'un repiquage, mais qu'il faut réserver ce mode, dans les pays du Nord, pour s'assurer des tiges porte-graines.

C'est un moyen de se dispenser d'acheter des graines du Midi.

**X. Le sorgho en Amérique.** — Pendant que le sorgho était en Europe l'objet d'études et de tâtonnements prolongés, les Américains des Etats-Unis l'accueillaient partout avec cette promptitude de résolution et cette sagacité pratique qui leur font rarement défaut en matière d'agriculture et d'industrie. La lettre suivante, publiée par le *Moniteur*, donnera une idée du succès extraordinaire qu'obtient le sorgho au delà de l'Atlantique :

« Depuis quelques années, on a introduit dans les Etats-Unis la culture de la canne à sucre de Chine (*sorghum saccharatum*), et on en a obtenu des résultats tels, jusqu'ici, que déjà. de tous les points des Etats-Unis, Nord et Sud, on regarde ce produit comme l'une des richesses agricoles les plus précieuses. On calcule que plus de cent mille acres de terre sont dès à présent livrés à la culture de cette canne à sucre, et en Pensylvanie la plupart des fermiers fabriquent aujourd'hui eux-mêmes le sirop qui vient remplacer pour eux le sucre qu'ils tiraient du commerce du Sud.

» Indépendamment du sirop qu'il obtient de la canne, le fermier trouve dans cette culture un abondant et excellent fourrage pour les chevaux et le bétail : double bénéfice qui rend précieuse l'introduction de la canne de Chine dans ce pays.

» L'introduction de cette plante aux Etats-Unis et la facilité de sa culture ont fait naître l'espérance d'en obtenir dans le Nord le sucre que, jusqu'à présent, on demande au Sud. L'opinion générale cependant était que la cristallisation nécessaire pour en fabriquer du sucre ne pourrait se faire, et beaucoup d'hommes spéciaux avaient jusqu'ici échoué dans leurs essais.

» Quelques faibles cristallisations, il est vrai, se rencontraient par extraordinaire, mais ne suffisaient pas à donner grande confiance dans le résultat si désiré.

» Le problème vient d'être résolu à Philadelphie par M. Joseph S. Lovering, qui a enfin réussi, après de longues recherches, à faire de très-beau sucre avec la canne de Chine.

» J'ai vu ce sucre ; il est aussi beau que celui qu'on retire de la canne à sucre ordinaire, et la qualité en est tout aussi bonne.

» Dans le rapport que M. S. Lovering a publié, il donne le résultat de chacune des expériences auxquelles il a dû se livrer pour obtenir la perfection à laquelle il est arrivé dans la fabrication du sucre. Après le compte-rendu de ses essais, il se résume ainsi :

» 1° Il est clair qu'il existe un point culminant de développement du vesou dans la canne, qui est le temps propre pour la fabrication du sucre. Ce point ou saison arrive quand la plus grande partie, sinon la quantité de la graine, est en parfait état de maturité, et après plusieurs gelées, disons, lorsque la température tombe à 25 ou 30 degrés (3°89 centig., ou 11° 11 au dessous de zéro).

» 2° La gelée, voire même la gelée forte, ne porte préjudice ni au vesou ni au sucre ; mais de fortes chaleurs, après la gelée, seraient préjudiciables et donneraient une déperdition dans la quantité et dans la qualité.

» 3° Si la canne est coupée et engrangée ou mise en tas dans le champ, quand elle est dans sa meilleure condition, elle se conservera ainsi pendant un long espace de temps.

» 4° Lorsque le vesou est extrait, l'opération doit suivre immédiatement et sans discontinuer.

» 5° La clarification doit être aussi parfaite que possible au moment où la densité atteint 15 degrés du pèse sirop de Beaumé.

» 6° Quoique des œufs aient été employés dans ces expériences faites sur une petite échelle, le sang de bœuf est également bon, et même le lait de chaux peut suffire ; mais, dans ce dernier cas, un écumage plus constant et plus long serait nécessaire pour obtenir la clarification parfaite, qui est de toute importance.

» 7° La concentration ou précipité, après clarification, doit être aussi rapide que possible, et il faut avoir soin de se servir d'un appareil évaporatoire peu profond, qui est considéré comme le meilleur pour le succès de l'opération.

» Ces conditions une fois remplies, on peut dire que la fabrication du sucre est facile et assurée. »

RÉSUMÉ. — *Usages du jus de sorgho.* — On voit par tous ces faits réunis le chemin qu'a fait la culture du sorgho en peu d'années dans le monde agricole. Sans doute l'avenir peut encore nous apprendre bien des secrets au sujet de cette culture, mais elle est assez connue pour ne laisser aucune hésitation sur les avantages du sorgho dans l'esprit de tout cultivateur doué de quelque intelligence.

Nous estimons que les jurys des concours régionaux feraient une œuvre très-utile en encourageant la culture du sorgho par des médailles et des primes. Sa propagation se lie intimement au progrès de notre richesse agricole et surtout de l'élève du bétail.

Dans tous ces faits il nous semble facile de déduire les conclusions pratiques que voici :

1° Comme plante à sucre, le sorgho ne donne de résultats assurés que dans le midi de la France et en Algérie, parce que le sucre que contient la tige n'est cristallisable que lorsque la graine parvient à maturité.

Ce rendement est d'environ 9 p. 100 du poids des cannes.

2° Comme plante alcoolifère, sa culture peut donner des résultats satisfaisants dans toute la France.

3° Comme culture fourragère, le sorgho est une conquête inappréciable pour toutes nos régions agricoles, surtout pour celles où le manque de fourrages rend la saison d'automne difficile à passer.

La graine nourrit et engraisse la volaille ; les tiges vertes, surtout lorsque la plante est mûre, et les feuilles, sont un fourrage excellent pour les bêtes à cornes et pour tous les bestiaux ; le résidu des distilleries et sucreries est encore une nourriture d'une grande valeur pour les animaux ; la racine remplace la pomme de terre pour l'engraissement des porcs. De tels avantages, joints à sa richesse hors ligne en sucre et en alcool, placent le sorgho au rang des plus utiles plantes de la création.

4° Enfin, l'économie domestique peut tirer un parti fort avantageux des tiges de sorgho par l'extraction du jus sucré. On coupe les tiges en menues rondelles; on les fait bouillir dans moitié leur volume d'eau, jusqu'à consistance de marmelade. On passe dans un linge le jus ainsi obtenu; on l'exprime par une forte pression; puis on le replace sur le feu pour le faire épaissir, en y ajoutant pour le clarifier quelques pincées de chaux en poudre ou du sang de bœuf. Comme le dit M. Lovering, un vase plat et large convient mieux pour l'évaporation qu'un vase profond. On retire du feu, et si la clarification n'est pas parfaite, on l'achève avec du blanc d'œuf battu.

Le sirop ainsi obtenu est mis en réserve dans des vases de terre, dans un lieu sec et frais. Il remplace le sucre dans tous les usages de cuisine; on l'emploie surtout à améliorer la qualité du vin. Mêlé au moût de raisin, lorsque le raisin n'est pas parfaitement mûr, il active la fermentation alcoolique et il donne au vin plus de qualité, plus de corps, comme on dit; il lui enlève le goût âpre et vert, et le rend plus facile à transporter et à conserver.

Mêlé au moût de pommes et de poires, il communique des qualités analogues aux cidres et aux poirés, ainsi qu'aux boissons économiques qu'on compose avec de l'eau et divers fruits. Bien plus encore, le jus de sorgho seul, mêlé à l'eau, et fermenté donne une boisson agréable et saine, qui est déjà recherchée des classes laborieuses dans plusieurs contrées.

Enfin dans les conserves de fruits, les raisinés, confitures, etc., le jus du sorgho remplace le sucre avec une économie considérable.

Pour qui connaît le régime alimentaire de nos campagnes, ce ne sont point là des avantages à dédaigner, même auprès des bienfaits de la fabrication du sucre et de l'alcool.                    Louis HERVÉ.

**SOUCI** (botanique). — Les soucis sont des plantes dont les fleurs radiées et ordinairement jaunes sont portées sur des rameaux plus ou moins élevés; on en connaît un assez grand nombre d'espèces; mais deux seulement doivent trouver leur place ici, c'est le souci des champs et le souci des jardins.

1° *Le souci des champs* est très commun dans les vignes et dans les terres cultivées. Ses tiges sont plus ou moins élevées; ses rameaux diffus et terminés par des fleurs d'un assez joli jaune, qui sont, comme toutes les fleurs radiées composées de fleurons et de demi fleurons; ceux du centre sont stériles. Le calice est formé d'un double rang de folioles, et les graines hérissées d'aspérités d'un côté et creusées en nacelles de l'autre; elles sont renfermées dans des espèces de capsules membraneuses.

Le souci des champs fleurit presque toute l'année et devient très difficile à extirper des terres où il s'est établi; car ses graines se ressèment d'elles-mêmes tous les mois, et l'on a remarqué qu'elles se conservent très-longtemps en terre sans germer, jusqu'à ce qu'un nouveau labour vienne leur rendre la vie: c'est donc un véritable fléau pour les cultivateurs.

Heureusement les vaches et les autres bestiaux mangent cette plante avec avidité, ce qui permet d'utiliser toutes celles que l'on arrache. Je ne conseillerai pas cependant de cultiver le souci comme plante fourragère, et encore moins comme plante propre à être enterrée en vert; car il ne serait pas facile de le détruire quand on voudrait le remplacer par une autre culture.

2° *Le souci des jardins.* Cette espèce est beaucoup plus grande et beaucoup plus vigoureuse dans toutes ses parties que celle qui précède. Ses tiges et ses rameaux sont plus robustes, moins grêles; ses feuilles, plus épaisses et plus larges, sont rétrécies vers leurs tiges en forme de spatules; et ses fleurs, d'un jaune orangé, sont éclatantes et presque aussi larges que celles des reines marguerites; ses graines sont recourbées en arc.

Le souci des jardins croît naturellement aux environs de Montpellier et sur les côtes de Barbarie; mais on en a obtenu plusieurs jolies variétés par la culture : tel est *le souci anémone, le souci de la reine,* etc. On multiplie cette belle plante par semis, par éclats et par boutures; on la nomme quelquefois *calende,* parce qu'elle fleurit tous les mois. (*Brard.*)

**SOUDE** (botanique). — Les plantes qui ont pendant si longtemps fourni exclusivement l'alcali végétal nommé *soude* croissent au bord de la mer; mais il en est beaucoup d'autres qui vivent dans l'intérieur des terres et qui ne sont d'aucun intérêt pour les arts : nous ne nous occuperons donc que des premières.

Les soudes (ou *salsola*) sont en général des plantes herbacées ou ligneuses dont les feuilles sont plus ou moins charnues, souvent linéaires et portant une pointe épineuse à leur extrémité; elles n'ont point de corolle, et leurs graines, enroulées sur elles-mêmes, sont enveloppées par le calice. Les espèces que l'on cultive sont :

1° *La soude commune,* qui est annuelle; ses racines sont fibreuses; ses tiges, presque rampantes, ont un pied ou dix-huit pouces de long; ses feuilles sont opposées vers le bas et alternes à l'extrémité supérieure. Elle croît naturellement sur toutes les côtes d'Europe et sur celles du nord de l'Afrique.

2° *La soude cultivée* est annuelle comme la précédente et lui ressemble beaucoup; ses tiges n'ont généralement qu'un pied de haut, et ses nombreux rameaux étalés sont garnis de feuilles presque tout à fait cylindriques. Elle croît naturellement sur les côtes d'Espagne.

3° *La soude kali* ne diffère des deux précédentes que parce qu'elle est hérissée de poils courts et raides dans toutes ses parties, ce qui la rend très-rude au toucher. On remarque aussi que le calice de cette espèce est cartilagineux et terminé par un aiguillon. Cette soude croît naturellement sur nos côtes.

Comme ces plantes ne croissent point en assez grande abondance pour suffire à la fabrication de la soude du commerce, on les cultive depuis longtemps tout exprès pour les brûler ensuite, et pour retirer la soude brute qu'elles fournissent, ou les sels de soude que l'on obtient par des dissolutions et des cristallisations successives. Les trois espèces que nous venons de citer sont celles qui en fournissent la plus grande quantité, et ce sont celles aussi que l'on cultive de préférence.

Ces plantes demandent un terrain fertile' et très-voisin de la mer, et elles exigent des terres bien labourées et bien fumées. On sème leurs graines en octobre ou en novembre, quelquefois en janvier; mais les semis d'automne donnent toujours de meilleurs produits. On choisit un temps pluvieux pour faire ces semis, et l'on herse légèrement pour recouvrir la graine, que l'on jette à la volée. Des sarclages fréquents sont indispensables à la bonne réussite de cette culture, parce que les soudes croissent lentement, et qu'elles seraient étouffées par les mauvaises herbes, qui poussent toujours trop vite pour les cultivateurs.

C'est à la fin de juillet et dans le courant d'août que l'on commence à récolter la soude, et l'instant propice est indiqué par la maturité des graines et le changement de couleur des tiges et des rameaux. On arrache les pieds de soude à la main; on en fait de petits tas qu'on laisse sécher pendant quatre à cinq jours sur le champ, après quoi on les réunit en meules jusqu'au moment où l'on procède à la combustion, opération qui se fait dans des fosses creusées en terre et dans lesquelles on trouve la soude réunie en une seule masse.

C'est particulièrement sur les côtes de Languedoc, aux environs de Narbonne et auprès d'Alicante, en Espagne, que l'on se livre en grand à la culture des soudes et à la fabrication de l'alcali qu'on en retire pour les usages multipliés où il est de première nécessité, ainsi que nous allons le dire en parlant de la soude alcali et de la soude artificielle.

SOUDE (chimie). — Pour les industriels et les gens du monde, la soude est toujours un alcali ; mais pour les savants, c'est l'oxyde d'un métal que l'on nomme *sodium*, de même que le métal dont la potasse est un oxyde se nomme *potassium*. Nous n'en parlons, au reste, que pour prévenir nos lecteurs de l'existence de ces métaux, qui jusqu'à présent ne sont d'aucune utilité dans les arts et l'industrie, et nous continuerons à nous occuper de cette substance sous le nom que l'usage lui a consacré; nous ne dirons point *protoxyde de sodium*, mais tout simplement *soude*.

La soude du commerce se présente sous différents aspects et sous différentes couleurs, suivant qu'elle provient de l'incinération des plantes marines ou de la décomposition du sel marin. La première porte le nom de *soude naturelle*, et l'autre se nomme *soude artificielle*; mais ces deux soudes, telles qu'elles sortent des fosses ou des fours, sont bien loin d'être pures.

Les soudes naturelles sont noires et mélangées d'une grande quantité de charbon; les soudes artificielles sont d'un gris vineux, et présentent dans leur cassure un très-grand nombre de pores qui proviennent du dégagement de chlore qui a lieu dans le cours de la décomposition du sel marin. Cependant, telles qu'elles sont, ces soudes s'emploient dans la fa-

brication du verre noir et des savons communs; mais, pour la préparation des savons de toilette, pour les vernis blancs et pour la fabrication des toiles imprimées, on les fait dissoudre et cristalliser de manière à les épurer et à les amener à l'état de cristaux blancs et limpides, et c'est dans cet état que la soude prend le nom de *sel de soude*.

SOUDURE (technologie). — En terme de forgeron, on entend par soudures les places où l'on a réuni deux morceaux de fer ensemble, ou bien une pièce de fer avec une pièce d'acier; mais les chaudronniers, les ferblantiers, les bijoutiers, les armuriers, etc., donnent le nom de soudures à des alliages plus fusibles que les métaux qu'ils veulent souder ensemble.

La soudure nommée brasure, qui s'emploie pour réunir de la tôle ou de très-petites pièces de fer, se compose avec du cuivre et de l'étain; celle qui sert aux bijoutiers se prépare avec de l'or et de l'argent, ou avec du cuivre et de l'argent; celle des ferblantiers se compose d'étain et de plomb.

Quant aux proportions, elles varient suivant l'habitude ou l'opinion de l'ouvrier qui doit mettre ces soudures en œuvre; mais une condition essentielle à la réussite et à la solidité des soudures, c'est que les pièces que l'on veut réunir soient parfaitement *décapées*, c'est-à-dire grattées au vif ou avivées avec du sel ammoniac ou de l'acide hydrochlorique ou muriatique : on emploie cette liqueur pour préparer le zinc à recevoir la soudure des ferblantiers.

Une chaude suante est indispensable à la soudure du fer avec l'acier; les bijoutiers emploient souvent aussi le borax.

SOUFRE (minéralogie, technologie). — Le soufre est solide, d'un jaune clair, il fait entendre un craquement quand on le presse avec les doigts, odorant quand il est frotté, fusible à 108°, gazeux à 440. Il brûle facilement avec une flamme bleue, il forme en brûlant un gaz suffoquant. Il développe l'électricité résineuse par le frottement. Sa pesanteur spécifique est 2.

*Gisement.* — On le trouve en amas et en veines dans presque tous les terrains; principalement dans le voisinage des volcans en activité et à demi éteints, dans les terrains intermédiaires et secondaires.

Le soufre est en si grande abondance dans tous les pays volcaniques, qu'on néglige de l'extraire dans beaucoup d'endroits. Les soufrières naturelles ou solfatares se trouvent à Pouzzoles, près de Naples, en Islande, à la Guadeloupe, etc. C'est la Sicile qui fournit à la consommation de presque toute l'Europe; il y a dans cette île des plaines entières de soufre presque pur.

*Propriétés du soufre.* — Le soufre est liquide à 108 degrés, il cristallise par le refroidissement lent en belles aiguilles transparentes; mais, si au lieu de le laisser refroidir, on le chauffe progressivement jusqu'à 220 degrés, il s'épaissit en se colorant en rouge; depuis 950 degrés, jusqu'à 440, qui est le point de son ébullition, il reprend sa limpidité en conservant sa couleur rouge.

Lorsque le soufre épaissi est jeté subitement dans

l'eau, il reste mou, transparent et rouge : on peut alors le tirer en fil aussi fin qu'un cheveu.

C'est avec le soufre que les modeleurs et les graveurs prennent l'empreinte des médailles. C'est aussi avec le soufre que sont faites les médailles à bon marché qui simulent plus ou moins le bronze. En prenant une médaille ou une pièce de monnaie bien propre, et passant dessus un peu d'huile, et coulant sur les deux faces alternativement une couche de plâtre très-fin, bien gâché et bien clair pour qu'il puisse prendre toutes les sinuosités de la médaille, on obtient deux moules que l'on réunit en limant ce qu'il y a de trop ; quand le plâtre est bien sec, on ménage un trou par lequel on introduit du soufre liquide, qui prend parfaitement l'empreinte de la médaille.

La vapeur du soufre sert à blanchir la soie, la paille, etc., et à détacher le linge taché par des fruits.

On blanchit la soie en la mouillant et en l'étendant dans une chambre dont on mastique bien les fissures ; puis on dispose au milieu de la pièce un réchaud plein de soufre enflammé. Au bout de vingt-quatre heures l'opération est terminée ; l'acide sulfureux, qui est le résultat de la combinaison de l'oxygène de l'air avec le soufre par la combustion, s'est porté sur la soie mouillée et l'a totalement décolorée.

Si l'on expose des fleurs à la vapeur du soufre, elles perdent leurs couleurs ; si l'on expose à l'action de ce gaz des linges ou autres objets tachés par des fruits, les taches disparaissent.

Le soufre donne du cri et du maniement à la soie. On appelle ainsi une certaine élasticité perceptible au toucher, et un frémissement sensible à l'ouïe, qui distingue très-bien la soie préparée de celle qui ne l'est pas.

La plupart des substances organiques contiennent du soufre ; les nerfs, les muscles, la matière cérébrale, les ongles, les cheveux, etc., en contiennent. Quand ces substances se décomposent, il se forme de l'acide sulfhydrique, c'est-à-dire une combinaison de soufre et d'hydrogène. C'est ce gaz qui rend infects les animaux morts, les œufs gâtés, etc. Tous les corps qui contiennent du soufre libre ou combiné produisent en se décomposant de l'acide sulfhydrique.

L'acide sulfhydrique noircit souvent les couverts d'argent, aussi bien que le cuivre, le plomb et l'étain, parce que le soufre qu'il contient s'unit facilement aux métaux ; pour la même raison, il peut détériorer les lambris peints avec des couleurs métalliques.

Le soufre entre pour un septième environ dans la fabrication de la poudre à canon ; pour un dixième dans celle de l'acide sulfurique ou huile de vitriol. On le verse liquide dans le creux des pierres pour y sceller la ferrure, à laquelle il adhère fortement ; mais il a l'inconvénient de ronger le fer et de faire éclater la pierre.

Le soufre est un remède très-utile dans les maladies de la peau, dans celle de la vigne, etc. ; on brûle dans les futailles des mèches trempées dans du soufre fondu avant d'y déposer le vin, afin de l'empêcher d'y fermenter.

Le soufre sert à faire les allumettes. Les ouvriers ont pour les tailler une espèce de grand couteau, au moyen duquel ils débitent jusqu'à cinq ou six mille allumettes par heure ; on a construit des machines qui peuvent en faire soixante mille. Les allumettes ainsi débitées sont mises en paquets, et on termine en trempant le bout dans le soufre.

*Extraction.* Lorsque le soufre est à l'état natif, il suffit de le fondre pour le purifier ; s'il ne l'est pas, on le distille, on en fait passer la vapeur dans des chambres ou caisses revêtues de plomb : si la distillation est lente, la vapeur va se condenser contre les parois de ces caisses à l'état de poussière ; si la distillation est poussée avec activité, la vapeur condensée contre les parois retombe liquide sur le sol, et coule de là dans des moules cylindriques pour former ce qu'on appelle le soufre en canon.

Parmi les substances minérales exploitées par les arts chimiques, il n'en est point de plus importante que le soufre, ce corps simple, contemporain des premiers âges du globe, qui se rencontre dans la nature sous divers états, jusque dans l'organisme des deux règnes. Le corps d'un homme, par exemple, représentant en moyenne 11 kilogrammes de substance organique sèche, renferme environ un centième de ce poids, ou 110 grammes de soufre.

Comme le soufre est la base de la fabrication de l'acide sulfurique, à l'aide duquel on prépare presque tous les autres acides commerciaux, les sulfates et la soude, base alcaline la plus usitée, on peut dire que rien ne donne une idée plus juste de l'état industriel d'un pays que les quantités de soufre qui s'y consomment. Voici quels ont été, ainsi envisagés, les progrès de l'industrie en France. La consommation du soufre a été :

| | | | |
|---|---|---|---|
| En 1820 | de | 6,790,000 | kilog. |
| En 1825 | de | 10,500,000 | — |
| En 1830 | de | 12,900,000 | — |
| De 1835 à 1838 | de | 19,000,000 | — annuel- |
| De 1842 à 1846 | de | 26,000,000 | — lement. |
| En 1852 et 1853 | de | 29,360,000 | — — |

Une augmentation considérable s'est manifestée de même dans les quantités de soufre employées en Allemagne et en Angleterre dans ces dernières années.

Le sulfure de carbone, qui se forme toutes les fois que le soufre se trouve en contact, en vase clos, avec le charbon à la température rouge, a été considéré longtemps comme le seul dissolvant du soufre. M. Payen a reconnu que divers liquides, tels que l'huile légère de goudron de houille, la benzine, les essences de térébenthine, le naphte, l'éther pur, l'alcool anhydre, peuvent aussi dissoudre des proportions notables de soufre, mais en quantités beaucoup plus grandes à chaud qu'à froid.

Une propriété curieuse du soufre, également observée par M. Payen, est celle qui se manifeste lorsqu'on chauffe ce corps en contact avec le caoutchouc à une température de 125 à 160 degrés centésimaux. Tandis que le soufre se combine avec le caoutchouc, il se produit de l'acide sulfhydrique, dont une portion très-appréciable est absorbée par le soufre à cette température. La plus grande partie de l'acide se dégage pendant le refroidissement et la cristallisation de la substance ; mais on ne laisse pas d'obtenir une augmentation apparente du volume total, due à ce que le gaz, en traversant le soufre, s'est trouvé emprisonné entre les cristaux de ce corps et y a formé des cavités nombreuses qu'on aperçoit lorsqu'on brise la masse solidifiée.

Un autre phénomène remarquable que présente le soufre, c'est que cette substance, qui n'est fusible que vers 111 degrés, lorsqu'elle est jetée, très-divisée, sur une surface chauffée de 45 à 100 degrés, répand des vapeurs sensibles, et peut être entraînée dans l'air à l'état d'une extrême division. L'expérience est des plus faciles et chacun peut la répéter. Il suffit de placer de la fleur de soufre sur une assiette chauffée par la vapeur d'eau, puis de recouvrir le tout d'un large entonnoir en verre. On voit bientôt les parois intérieures de celui-ci ternies par une fine poussière qui offre toutes les propriétés caractéristiques du soufre.

C'est de la Sicile, pays volcanique, riche en solfatares, que nous vient la majeure partie du soufre employé dans les arts. L'extraction s'y borne à une espèce d'épuration incomplète qui donne les soufres bruts du commerce, contenant 3 à 10 pour 100 de matières étrangères, et qui sont ensuite préparés pour être vendus, soit raffinés en canons, soit à l'état pulvérulent, sous la forme de fleur de soufre.

A l'état brut, le soufre s'emploie pour la fabrication des acides sulfurique, sulfureux et sulfhydrique, pour sceller les pièces de fer dans la pierre. Raffiné, il entre dans la composition de la poudre de guerre, de chasse, de mine et d'artifice ; personne n'ignore qu'une de ses applications les plus anciennes consiste dans la préparation des allumettes. On s'en sert aussi pour prendre des empreintes, pour mouler des médailles, pour fabriquer des mèches destinées au soufrage des barriques qui ont pris un goût d'aigre, ainsi que pour le blanchîment des étoffes et la destruction des insectes qui attaquent les plumes, les laines, les blés, etc.

Il n'est pas hors de propos de rappeler ici qu'une certaine quantité de fleur de soufre jetée dans une cheminée où le feu vient de se déclarer, et dont on ferme ensuite l'ouverture au moyen d'un drap mouillé, peut, par sa combustion, s'emparer assez rapidement de l'oxygène de l'air pour arrêter les progrès de la flamme et même pour faire disparaître toute trace d'incendie.

Une des applications les plus heureuses du soufre en fleur est celle que l'on en fait contre la maladie de la vigne ; et jusqu'à présent cette substance est le seul agent dont l'efficacité soit bien constatée pour arrêter tout développement du champignon parasite érésiphe ou oïdium Tukeri. On ne saurait trop engager les cultivateurs à y avoir recours, et à ne pas reculer devant la dépense comparativement restreinte que son emploi nécessite, dépense dont ils seront d'ailleurs amplement dédommagés par le produit de leur récolte. C'est de l'année 1846 que date ce procédé dont un jardinier anglais nommé Kyle, eut, dit-on, la première pensée, mais qui fut peu employé en Angleterre, sans

doute par suite des difficultés qu'il offrait dans son application. En France, il fut bien vite popularisé, grâce à un ustensile fort simple et peu coûteux, inventé par un de nos habiles horticulteurs, et à l'aide duquel on parvient sans beaucoup de main-d'œuvre à saupoudrer de soufre de grandes surfaces.

Les vignerons de Thomery et de Fontainebleau font généralement trois aspersions sur toutes les parties de la vigne :

1° Au moment où les organes de la floraison commencent à se montrer ;

2° Après la floraison, lorsque le raisin commence à se former ;

3° Un peu avant la maturité du fruit.

Autant que possible, l'opération doit être faite par un beau soleil.

Quant à savoir si l'oïdium Tukeri est cause ou effet, question souvent débattue jusqu'à ce jour, il paraît résulter des opérations de M. Pépin, un des habiles jardiniers-chefs du Muséum, que l'envahissement du parasite n'est nullement la conséquence d'un état maladif de la plante, et qu'il peut se manifester sur des vignes parfaitement saines (1).

La fleur de soufre a été employée de même avec succès pour combattre des maladies analogues du pêcher, des rosiers et du houblon, maladies occasionnées par d'autres espèces d'érésiphes.

Dans les serres où l'on cultive des raisins de primeur on peut employer un procédé de soufrage plus économique. Ce procédé, basé sur une des propriétés du soufre rapportées plus haut, consiste à répandre de la fleur de soufre sur les tubes horizontaux des calorifères à circulation d'eau chaude. La température de ces tuyaux suffit à volatiliser une petite quantité de soufre, accompagnée d'une quantité moindre d'acide sulfureux. Ces proportions de substances sulfurées, toutes faibles qu'elles sont, répandues dans l'air atmosphérique, se déposent sur toutes les surfaces des tiges, des rameaux, des feuilles et des fruits de la vigne, et arrêtent le développement de l'oïdium. Au reste, la décroissance constante de la maladie, depuis trois ans, donne tout lieu d'espérer que nos cépages en seront complétement affranchis dorénavant, du moins dans le rayon de Paris.

*Sulfate de carbonate.* — On doit à M. Gérard, de Grenelle, de grands perfectionnements dans les appareils et ustensiles destinés à fabriquer, à épurer et à emmagasiner cette substance, liquide à la température ordinaire, et dont la vapeur peut se former à cette même température en proportions suffisantes pour rendre l'air insalubre, toxique même dans des espaces clos. Cette vapeur, facilement inflammable à l'approche d'un corps quelconque en ignition, pourrait occasionner des incendies, en produisant d'ailleurs trois gaz irrespirables ou très-insalubres : les acides sulfureux et carbonique, et, de plus, l'azote, résidu de la

(1) Un habile viticulteur de Palalda (Pyrénées-Orientales), M. Jean Gonsalez a démontré que la maladie de la vigne est due à une espèce de chenille particulière, appelée par ce savant, *chenille arachnoïde.* — Voyez *Vigne.*

réaction. On ne saurait donc se préoccuper trop vivement des dangers que l'absence de précautions pourrait faire courir aux personnes chargées des différentes manipulations de cette substance. Il faut que les ateliers et magasins soient isolés et bien ventilés; il faut encore que les récipients d'une dimension un peu forte soient faciles à vider, sans qu'on puisse les renverser ni les briser. M. Gérard emploie un récipient cylindrique en zinc, d'une capacité de 100 litres environ, Il dispose un certain nombre de ces appareils sur un bâti en charpente, élevé d'un mètre au-dessus du sol, autour d'un magasin de construction légère, percé de larges fenêtres, de vastes portes qu'on a soin d'ouvrir pendant les décantations.

L'introduction du liquide se fait au moyen d'un large tube dont chaque récipient est pourvu. Un seul siphon à branche recourbée peut suffire au soutirage de tous les vases.

Le sulfate de carbone a acquis de nos jours une importance nouvelle par les usages auxquels on l'emploie pour dissoudre, gonfler, et pour *volcaniser*, ou plus poétiquement pour *vulcaniser* le caoutchouc, suivant les expressions consacrées, dont l'origine remonte aux premiers brevets pris en Amérique. Comme beaucoup d'autres découvertes, celle de la sulfuration du caoutchouc est due au hasard. En 1839, un ouvrier américain eut l'idée d'employer du soufre en fleur au lieu de talc de Venise pour empêcher l'adhérence de feuilles de caoutchouc : il fut ainsi amené à observer les propriétés remarquables que le soufre communique à cette substance, et qui ont puissamment contribué à en faire un des plus précieux agents de l'industrie. Le caoutchouc, on peut le dire, a marché à pas de géant dans la voie des transformations utiles, depuis le temps encore voisin de nous où il ne servait guère qu'à l'écolier pour la confection de ses balles élastiques, et au calligraphe pour la toilette de son vélin.

**SOULÈVEMENTS** ( géologie ). — Changements produits par l'action de volcans ou de feux souterrains qui, aux époques antédiluviennes, ont soulevé le sol, exhaussé les plaines, dérangé les couches formées par le dépôt des eaux, etc. C'est à ces soulèvements qu'on attribue la formation des montagnes et les principales révolutions qu'a subies l'écorce du globe. M. Elie de Beaumont a mis hors de doute cette théorie et l'a appliquée avec un grand succès à l'explication des divers systèmes de montagnes. (Voyez *Terre*.)

**SOUPAPE** (mécanique). — Espèce de couvercle placé sur une ouverture de telle manière qu'il s'ouvre d'un côté, tandis que de l'autre il bouche exactement l'ouverture, et d'autant mieux qu'il est plus fortement pressé. Les soupapes sont destinées à laisser entrer ce fluide dans l'intérieur d'un corps de pompe et de tout autre appareil, à l'empêcher de ressortir, et réciproquement. On les appelle souvent *clapets*. On les fait, selon leur destination, en bois, en cuir, en métal.

Les chaudières des machines à vapeur sont munies d'une *soupape de sûreté* qui s'ouvre à une forte pression pour donner issue à une partie de la vapeur, et empêcher ainsi l'explosion des chaudières : cette soupape consiste en une plaque métallique qui ferme une ouverture pratiquée dans la chaudière, et qu'on charge de poids; la résistance est calculée de manière que la soupape se soulève avant que la pression intérieure ait atteint la limite de la résistance de la chaudière. Les *plaques fusibles* ont le même objet que les soupapes de sûreté : elles ferment une ouverture de la chaudière et se fondent à une température un peu supérieure à celle que prend la vapeur dans le travail ordinaire. On les fait avec un alliage de plomb, de bismuth et d'étain, dit *alliage fusible de Darcet*.

**SOURCE** [du vieux verbe *sourdre*, sortir de terre, lui-même formé du latin *surgere*]. — On appelle ainsi l'origine d'un cours d'eau, le lieu où l'eau commence à sortir de terre pour prendre son cours et former, soit de simples *fontaines*, soit des *ruisseaux*, des *rivières* ou des *fleuves*.

Voici les principales méthodes qui ont été indiquées par les anciens et par les modernes pour découvrir les sources; elles sont assez curieuses pour qu'elles puissent intéresser nos lecteurs.

Vitruve, qui travaillait pour la gloire d'Auguste, en montrant dans ses dix livres d'architecture la perfection où les arts et les sciences se trouvaient sous le règne de cet empereur, n'oublie pas de marquer les divers moyens dont on se servait alors pour découvrir où il y avait de l'eau.

Pour connaître les lieux où il y a de l'eau, dit-il, il faut, un peu avant le lever du soleil, se coucher sur le ventre, ayant le menton appuyé sur la terre, et regarder le long de la campagne : car le menton étant ainsi affermi, la vue ne s'élèvera point plus haut qu'il n'est nécessaire, elle s'étendra au niveau; alors, si l'on voit en quelques endroits une vapeur unie s'élever en ondoyant, il faudra fouiller, car cela n'arrive point aux lieux sans eau.

De plus, quand on cherche de l'eau, il faut examiner la qualité de la terre, parce qu'il y a certains lieux où elle se trouve plus en abondance. L'eau que l'on trouve parmi la craie n'est jamais abondante ni de bon goût; parmi le sable mouvant elle est en petite quantité, bourbeuse et désagréable si on la trouve après avoir fouillé profondément.

Dans la terre noire elle est meilleure, quand elle s'y amasse de pluies qui tombent pendant l'hiver et qui, ayant traversé la terre, s'arrêtent aux lieux solides et non spongieux; celle qui naît dans une terre sablonneuse analogue à celle qui se trouve au bord des rivières est aussi fort bonne, mais la quantité en est médiocre et les veines n'en sont pas certaines; elles sont plus certaines et assez abondantes dans le sablon mâle, dans le gravier et dans le carboucle; dans la pierre rouge elles sont bonnes et abondantes, pourvu qu'elles ne s'échappent point par l'ouverture des pierres.

Au pied des montagnes, parmi les rochers et les cailloux, elles sont plus abondantes, plus froides et plus saines; dans les vallées elles sont salées, pesantes, tièdes et peu agréables, à moins qu'elles ne viennent des montagnes et qu'elles ne soient conduites sous terre jusque dans ces lieux, ou que l'ombre des arbres ne leur donne la douceur agréable que l'on remarque en celles qui sortent du pied des montagnes.

Outre ce qui a été dit, il y a d'autres marques pour connaître les lieux où l'on peut trouver des eaux, savoir : lorsqu'il y a de petits joncs, des saules qui sont venus d'eux-mêmes, des aunes, des vitex, des roseaux, du lierre et toutes les autres plantes qui ne naissent et ne se nourrissent qu'aux lieux où il y a de l'eau.

SOURCE ('géologie'). — Les travaux de mines, le foncement des puits domestiques et des puits artésiens ont prouvé l'existence dans presque tous les terrains, et jusqu'à une assez grande profondeur, des filets et des courants d'eau qui coulent sous terre à notre insu. Sur cent puits de mine creusés dans toute espèce de terrains, à peine en trouve-t-on quatre qui n'aient pas rencontré quelques sources. Les personnes qui s'adonnent à la recherche des sources ont donc véritablement beau jeu, et plus de quatre-vingt-dix à parier contre cent qu'elles réussiront, surtout si elles y joignent le fruit de leurs observations faites à la surface, et qu'elles n'y fassent point entrer les prétendus effets de la baguette divinatoire. Or, toutes les fois que ces sources ou ces courants souterrains peuvent se faire jour, ils donnent naissance aux fontaines qui arrosent et fertilisent nos vallées, qui furent l'objet du culte et de l'admiration des anciens, qui déifiaient tout, et dont l'existence a souvent motivé l'établissement des villes et de la plupart de nos villages.

On s'étonne de la constance et de l'éternité des sources; mais autant vaudrait s'étonner de la constance des fleuves et des rivières, car tout s'enchaîne dans la nature, et s'il est évident que ces grands courants d'eau sont dus à la réunion d'une infinité de sources, il est certain que ces sources sont dues à l'évaporation et à la condensation de l'eau qui s'élève à chaque instant de la surface des mers, des lacs et des fleuves, et surtout à la perte que ces grands amas de liquides ne cessent de faire par le seul fait des infiltrations : perte énorme qui peut alimenter toutes les sources et toutes les fontaines d'un pays de plaine; perte qu'il est difficile de calculer sur les cours d'eau naturels, mais dont on a apprécié l'importance dans les travaux d'art, et particulièrement quand il s'est agi d'exécuter des canaux à point de partage.

En effet, l'expérience et les calculs ont appris que les rigoles qui alimentent le canal de Languedoc, qui sont celles qui perdent le moins de toutes, ne rendent que moitié de ce qu'elles reçoivent; qu'en prenant pour exemple le canal de Briare, qui existe depuis plus de deux siècles, et dont les filtrations doivent être arrivées à leur minimum, il faut qu'il entre dans un canal une quantité d'eau égale à vingt fois son prisme de remplissage, pour suffire aux dépenses d'eau qu'il doit supporter, tant pour la navigation que pour remplacer ce qu'enlève l'évaporation, et surtout pour réparer les pertes toujours considérables occasionnées par les filtrations. Lorsque Colbert vou-

lut alimenter les fontaines des jardins du château et de la ville de Versailles, on parvint à réunir aux environs soixante-neuf millions de mètres cubes d'eau; c'était beaucoup plus qu'il n'en fallait; mais quand on eut creusé les rigoles, il n'en arriva pas assez, et l'on construisit la machine de Marly, chef-d'œuvre du temps et que l'on vient de remplacer par une machine à vapeur dont on se moquera peut-être un jour.

Que l'on juge donc des pertes énormes que doit faire un grand fleuve pendant quelques centaines de lieues de cours; que l'on se figure celle des mers et des lacs élevés; que l'on se représente la multitude de ces voies souterraines; que l'on fasse entrer en considération la différence des niveaux entre le fleuve qui perd et la source qui jaillit au loin; que l'on se représente encore les accidents sans nombre qui naissent nécessairement des cavités souterraines, de la pente inverse des couches dont les montagnes de différentes formations sont composées, de la nature perméable ou imperméable de ces mêmes couches, et l'on pourra s'expliquer jusqu'à un certain point les intermittences et les autres phénomènes périodiques que l'on observe assez communément dans les sources et les fontaines. Point de fontaines sans sources, parce que ce sont les sources qui alimentent toujours les fontaines.

Quelques individus ont prétendu être doués du pouvoir de découvrir les sources au moyen d'une sensibilité particulière qui ferait tourner entre leurs mains une baguette de coudrier : on les a nommés *sourciers, hydroscopes*. On peut arriver au même résultat par des moyens plus sûrs, dus à une observation attentive du sol et de la disposition des lieux. De nos jours, l'abbé Paramelle s'est fait dans le Midi une réputation par ce genre de sagacité. Paul Tournier a donné l'*Art de découvrir les sources*.

SOURCIL (anatomie) [*supercilium* des Latins, ὀφρύς des Grecs]. — Les sourcils sont deux éminences arquées, convexes en haut, plus ou moins saillantes suivant les individus, qui sont couchées sur l'arcade sourcilière de l'os frontal, au-dessus des paupières, depuis les côtés de la racine du nez jusqu'aux tempes. Leur extrémité interne ou leur *tête* est plus saillante que l'externe qu'on nomme la *queue*. Les sourcils sont recouverts de poils courts et roides, obliquement dirigés de dedans en dehors, beaucoup plus nombreux dans le premier que dans le second sens, et ordinairement de la couleur des cheveux. La peau dans laquelle sont implantés ces poils, repose sur les muscles orbiculaires des paupières, frontal et sourcilier, qui impriment aux sourcils divers mouvements. Les sourcils servent d'ornement au visage, et peuvent en couvrant l'œil, le défendre de l'impression d'une trop vive lumière qu'ils absorbent, ou de l'atteinte de la poussière et des corps légers qu'ils retiennent.

*(Jules Cloquet.)*

SOURDINE (musique). — Morceau de bois en forme de peigne, à 3 dents évidées, que l'on enchâsse sur le chevalet du violon, de la basse, de l'alto, pour amortir les sons et produire certains effets particuliers. On en fait de différentes sortes, la sourdine de

M. Duhamel se compose de 2 lames de fer qui se serrent à volonté au moyen d'une vis à oreilles. Les sourdines du hautbois et de la clarinette sont des pavillons rentrants en dedans, et n'ayant qu'une petite ouverture. La sourdine des cors est un cône de carton, percé d'un trou à sa base, et qu'on place dans le pavillon. Les pianos ont une pédale qui fait l'office de sourdine : elle fait marcher des réglettes de bois garnies de peau qui, venant s'appliquer sous les cordes, amortissent le son.

**SOURDS-MUETS.** — Voy. *Muet et surdi-mutité.*

DE L'ÉDUCATION DES SOURDS-MUETS. — Le simple bon sens suffit, jusqu'à un certain point, pour guider l'instituteur ordinaire dans l'enseignement des choses qu'il a apprises lui-même. Mais il n'en est pas ainsi de l'instituteur des sourds-muets, qui doit absolument consulter la philosophie. Car, s'il n'étudie pas la nature de l'homme, ses lois, ses besoins et ses facultés, où ira-t-il puiser la lumière la plus propre à l'éclairer dans des voies encore mal tracées et que l'antiquité n'a pas même entrevues ?

Qu'on ne s'étonne pas si tous les siècles, hormis le dernier, ont persisté à déclarer les sourds-muets incapables de s'élever jusqu'à nos langues, nos lois et nos sciences, et s'il ne résulte des travaux accomplis que de rares exemples d'un succès encourageant. La pensée des temps anciens à l'égard des sourds-muets s'explique par la nécessité où l'on était d'agir et de parler d'une manière plus exclusivement immédiate ; tandis que, dans les temps modernes, on s'attache beaucoup plus qu'autrefois, et avec une ardeur sans bornes, à agir et à parler médiatement, c'est-à-dire, par l'entremise de la matière modifiée à cet effet. Or, c'est dans ce nouvel et immense horizon que les instituteurs des sourds-muets ont construit leur temple, espérant qu'à force de cérémonies mystérieuses, ils réussiraient à conduire leurs élèves, d'abord du langage mort au langage vivant, et de celui-ci aux idées de l'esprit et aux sentiments du cœur, et ensuite de la simple inspection des produits de l'industrie, aux instruments dont elle se sert, et de ceux-ci aux organes et à la force dont ils peuvent être animés, et qu'une fois que ce double but serait atteint, une double réaction, du centre à la circonférence, s'opérerait d'elle-même à travers tous les milieux. Mais la nature fait agir tous les individus conformément aux lois de l'espèce et du genre auxquels ils appartiennent, et si l'intelligence de l'homme a le don de la comprendre dans un ordre inverse, elle n'a pas pour cela la puissance de seconder le développement essentiel de certains êtres, autrement qu'en accompagnant de tout près la production spontanée des phénomènes, surtout quand ces êtres ne sont pas à l'état normal.

Comme nous donc, et plus que nous, le sourd-muet doit suivre pas à pas la marche de la nature, c'est-à-dire qu'il doit particulariser avant de généraliser, sans quoi sa chétive individualité né s'assimilerait l'éducation et l'instruction que pour mieux atteindre sa fin physique ou absolue. Il ne pourrait pas s'élever graduellement des effets aux moyens et des moyens aux principes, ou de l'imagination au jugement et du jugement à la raison. La servilité de la mémoire et les artifices de l'esprit suffiraient à une volonté égarée, dès ses premiers élans, par la perte de l'ouïe et par l'excès que cette perte jette dans les autres sens.

On le sait, l'individuel, le particulier et le général forment les trois sphères d'existence dans lesquelles l'homme est appelé à vivre en allant sans cesse de l'une à l'autre. Que si nous ne prenons pas nous-mêmes la seconde pour moyen terme, les deux extrêmes s'absorberont l'un l'autre, et produiront, en dehors de la règle commune, soit le sublime excès de l'héroïsme, soit le vil excès de l'égoïsme.

Que sera-ce si l'on va jusqu'à supprimer le particulier et le général, pour mettre l'individuel en présence de l'universel ? Certainement, les facultés physiques resteront maîtresses des facultés intellectuelles, ou elles se briseront, avant l'âge, pour laisser plus tôt l'âme retourner à son auteur.

Voilà cependant à quoi l'on s'expose en créant, sans les intermédiaires voulus, un rapport immédiat entre les termes les plus éloignés, et le danger est encore plus grand avec des infirmes.

Pour aller au fond des choses, rien n'empêche de supposer, en faisant consister l'homme social dans l'action et la parole, que l'action, qui a son principe dans la force, monte de la terre au ciel, à travers l'individuel, le particulier et le général, et que la parole, qui a son principe dans l'intelligence, descend du ciel sur la terre, dans le courant contraire, de telle manière que d'une part l'action une fois produite se fait geste, et le geste, signe ; et que de l'autre, la parole une fois acquise se fait chant, et le chant musique. Or, l'éducation n'est-elle pas le moyen de procurer harmonieusement ces deux développements primordiaux ? et l'instruction n'est-elle pas le moyen de les pousser, ultérieurement, jusqu'à leur dernière limite, sur le terrain de l'écriture et des livres, des sciences et des arts ?

On se tromperait dès lors beaucoup si l'on n'admettait pas que l'action, le geste et le signe, d'ailleurs si profondément incarnés dans les personnes et les choses des sociétés privées et publiques, n'ont pas partout et toujours exercé une influence grandement civilisatrice sur les sourds-muets, et si on imaginait, comme on l'a fait, de tout demander à une famille artificielle, à une parole artificielle, à des signes artificiels, et à une langue écrite non moins artificielle, derrière lesquels, dans le cas présent, le vieil homme reste caché, plus vivant que jamais, avec une seconde, et même une troisième déchéance.

Cela posé, on ne saurait trop regretter que les premiers instituteurs n'aient pas fait attention aux puissants moyens d'éducation dont la Providence a entouré elle-même l'existence incomplète des sourds-muets ; qu'ils n'aient pas travaillé avant d'étendre ces moyens, et qu'ils n'y aient pas puisé les données fondamentales dont ils avaient besoin pour ne pas faire fausse route. Mais l'heure est enfin venue où il faut, au nom de l'humanité et même des gouvernements, que l'on cesse de commencer par la fin, ou d'opérer avec un art séparé de la nature.

Pour vaincre l'erreur, il n'est pas nécessaire de frapper de grands coups sur les partisans de la mimique vocale, essayant de fabriquer une parole pour les yeux, car ils se trompent ou trompent d'une manière trop évidente, ni sur ceux qui ont l'innocente prétention de procurer les idées mystiques à l'aide de figures symboliques, sorte de mimique dessinée ; mais il n'en est pas de même des grands-prêtres de la mimique théâtrale qui, sans se croire dans le faux, traduisent notre langue, parlée ou écrite dans le langage du corps sans aucune application à la vie réelle et d'après les non-sens de la grammaire mise en exercices.

Encore si leur mimique, libre dans ses allures, n'avait qu'à peindre, au point de vue dramatique, des tableaux mobiles, où l'imagination émeut fallacieusement les cœurs, on pourrait espérer que toute vérité ne périrait pas chez les acteurs et chez les spectateurs. Mais la mimique, entre les mains des instituteurs des sourds-muets, est forcée de quitter la région des beaux-arts pour descendre au terre-à-terre de la traduction littérale et pour se construire à peu près comme la parole des nègres ; sans quoi les élèves, qui n'ont que leurs signes instinctifs, privés ou communs, ne parviendraient pas à faire avec leurs maîtres les conventions nécessaires pour donner aux mots écrits un peu de leur sens absolu et relatif. Malgré cela, il y a toujours une si grande différence entre les signes mimiques ou imitatifs des instituteurs superficiels, et les signes instinctifs ou passifs des sourds-muets, que ces divers signes ne parviennent jamais à s'identifier. Aussi qu'arrive-t-il ? c'est que l'élève se met, par pure obéissance, à contrefaire la mimique appauvrie de son maître ; mais alors ce n'est plus qu'avec un mouvement presque mécanique et en divisant sa personnalité.

Donc, ce n'est ni dans les signes passifs, ni dans les signes imitatifs, qu'il faut chercher le langage propre à développer sainement l'entendement et la volonté des sourds-muets, mais dans les signes actifs, seuls rayons de lumière émanant de l'âme libre dans sa subordination envers Dieu et dans son empire sur le corps. En effet, les signes passifs ne proviennent que des sensations extrinsèquement et intrinsèquement vraies, et les signes imitatifs que d'images et d'affections au moins intrinsèquement fausses ; tandis que les signes actifs découlent d'idées et de sentiments intrinsèquement et extrinsèquement vrais. On peut dire aussi que les signes passifs, contrairement aux signes actifs, expriment plutôt la douleur que la joie, la négation que l'affirmation, et que les signes imitatifs ne font que simuler les mêmes choses. Enfin, il est évident que les signes passifs répondent aux besoins naturels supérieurs, tandis que les signes imitatifs ou neutres ne répondent qu'aux besoins factices de tous les ordres, ce qui en fait un poison au lieu d'un remède ; car mimer ce n'est ni agir ni parler d'aucune manière, mais tout traduire comiquement ou tragiquement dans le jeu silencieux des organes locomoteurs. Arrière donc la mimique des mots isolés, ou les signes méthodiques, la mimique des idées sous

forme d'images, ou les signes mimiques, et la mimique de toutes choses ou la pantomime.

Tâchons d'éclaircir davantage la question. Les mouvements et les signes purement individuels du sourd-muet, abandonné autant qu'il peut l'être, n'ont leur principe et leur fin qu'en lui, mais l'action commandée et le langage d'action enseigné, qui ont leur origine et leur application dans la famille, la commune et la paroisse, se présentent comme un moyen tout trouvé, et qui ne demande qu'à être mis davantage en lumière, pour procurer à tous les sourds-muets la civilisation particulière dont j'ai parlé. Et même que peut-on leur transmettre d'abord de plus salutaire que ce que le travail, les bonnes mœurs et la piété ont de visible et de tangible, avant de leur apprendre, dans les écoles, ce que ces trois choses ont de purement intelligible ? En effet, dans un premier ordre, l'action, poussée jusqu'à l'industrie, s'enseigne en vue des mêmes intérêts. Dans un second ordre, le langage d'action, plus ou moins orné de gestes, apparaît pour manifester les sentiments. Enfin, dans un troisième ordre, le langage des signes, fort de ce qui le précède, éclate en traits lumineux pour l'échange des pensées. Un pareil développement étant dans la nature, il s'ensuit que la force, la moralité et la raison se produisent par une sorte de nécessité, et l'écriture, au lieu d'être l'original à peindre, n'est plus qu'une peinture où l'esprit des signes se déverse presque de soi-même à la place de l'esprit de la parole.

Ainsi, les écoles de sourds-muets sont appelées à faire seulement passer leurs élèves de l'acquis individuel et particulier à l'acquis général ; mais plus que toutes les autres écoles, elles doivent reprendre en sous-œuvre l'éducation domestique, et pour cela ressembler avant tout à de grandes familles patriarcales, sous peine de n'être que des espèces de théâtres. Que donc on cesse partout de commencer la réparation de l'infirmité des sourds-muets par le maître sans la mère, par la parole sans l'ouïe, par l'écriture sans la parole, par les dessins sans les objets, par les signes sans les actions, par les idées sans les sentiments, et même par les sentiments sans les sensations ; car une pareille intervention enfreint toutes les lois naturelles et positives.

Professer une doctrine si contraire à celle qui a cours depuis cent ans, c'est, je le sais, s'exposer à une critique qui, dans le passé, reposait encore sur des convictions respectables, mais qui de nos jours ne prend même plus la peine de raisonner. Heureusement que le bon sens public est là, qui s'est toujours refusé à sanctionner le renversement que je combats et que j'ai la confiance de ne m'être point écarté de la vérité, qui s'identifie avec la nature, ni du bien réel qui a été fait aux sourds-muets. Au surplus, j'ai pour moi déjà 300 élèves formés à la satisfaction de leurs parents et de l'administration publique. Enfin, depuis qu'un ministre de l'Empereur a signalé d'une certaine manière l'erreur commise, je suis plus sûr de mon fait, et je redouble d'efforts pour atteindre de mieux en mieux le but de ma vie.

La *Méthode de Dactylologie* que nous avons publiée

il y a cinq ans, est la base d'un nouveau système d'enseignement pour les écoles. Elle est donc celle qu'il était le plus convenable de publier la première, non-seulement parce qu'elle est la pierre angulaire de la véritable instruction des sourds-muets, mais encore parce qu'elle est celle que tout le monde peut le plus facilement apprendre, celle enfin qui a, tout à la fois, le plus d'analogie avec les signes, la parole et l'écriture, et qui, seule, en se produisant dans les circonstances du moment, permet d'enseigner aux sourds-muets la langue maternelle.

Loin de ne présenter la dactylologie que dans son alphabet manuel, comme ont fait nos prédécesseurs, nous avons donné un traité qui n'omet presque rien d'essentiel quant aux dessins et aux explications; mais attendu qu'elle n'est pas par elle-même un moyen d'éclairer la langue qu'elle constitue ou représente, nous avons dû la faire entrer dans des procédés offerts à l'état de spécimens, qui donnent, comme par enchantement, un sens aux mots et aux phrases. Or, ces procédés, que nous avons découverts il y a longtemps, consistent à identifier la dactylologie avec la langue écrite rapprochée du dessin des objets et du tracé des signes.

C'est en prenant d'abord les choses comme la Providence les offre, et en calquant sur leurs rapports les rapports des mots, que nous sommes parvenu à nous débarrasser, au début, des nomenclatures méthodiques et du mécanisme grammatical. En posant pour principe, l'action qui façonne la matière et qu'analyse le langage d'action, on en tire aisément des signes naturels intellectuels qui se réduisent peu à peu à leur plus simple expression et qui illuminent les mots, en se déroulant dans le même ordre. Tandis que si l'on subit la loi des signes spontanés des sourds-muets incultes, et qu'on les altère encore en les greffant avec les signes mimiques, on met tout en morceaux dans l'intelligence, hormis un reste de jugement incapable et indigne de figurer dans une proposition régulière. Comme il fallait exposer au moins sommairement le système d'instruction dont notre *Méthode de Dactylologie* est le foyer, nous avons tenté de le faire avec des considérations un peu abstraites peut-être; mais qu'on suive les sourds-muets dans les diverses situations où le sort les a placés, ou qu'on lise seulement les livres les plus récemment écrits sur eux, et l'on s'assurera si nous n'avons pas eu raison d'éviter au nom de la métaphysique et de ma propre pratique, l'abîme des méthodes artificielles.

Que conclure de ce qui précède? Sinon que, pour ne plus commettre à l'avenir d'erreurs ni d'abus, il faut :

1° Exhorter les parents à faire tout leur possible pour substituer aux mouvements et aux signes instinctifs de leurs enfants sourds-muets, l'action ou le travail et le langage d'action que les lois divines et humaines ont consacrés dans nos sociétés, et l'expérience a prouvé que même en restant là, on construit au moins le premier étage de l'édifice.

2° Eclairer MM. les curés sur la très-grande utilité du culte domestique et du culte public, pour conduire peu à peu les sourds-muets au culte intérieur, qui consiste dans la connaissance des perfections de Dieu et dans les sentiments qui y correspondent, connaissances et sentiments que les simples actes font entrer plus avant qu'on ne pense dans nos âmes et que le langage des signes naturels intellectuels peut, après cela, exprimer assez positivement, pour que la religion exerce son sublime empire, alors même que ce langage n'aurait pas encore déposé sa valeur spirituelle dans notre écriture.

3° Apprendre aux instituteurs primaires qu'ils peuvent rendre un vrai service aux enfants sourds-muets, par leur discipline, par le langage d'action, par les premières leçons de dactylologie, d'écriture, etc.; mais qu'ils perdraient à peu près leur temps à vouloir restituer notre parole, ou découvrir les signes de l'ordre intellectuel et de l'ordre moral, qui ne croissent et ne fructifient que dans les grandes et bonnes institutions. Ils savent au reste que leurs écoles sont faites pour des enfants qui agissent et parlent librement et à qui il ne manque guère que la langue écrite et ce qu'elle renferme; tandis que les enfants sourds-muets mous ou emportés, stupides ou malicieux, sont tellement au-dessous et en dehors de leurs frères enfendants-parlants, que loin de se borner à les retenir sur des bancs pendant de longues heures, pour les forcer à copier de l'écriture ou à être les échos d'une parole matérialisée, sinon les miroirs mobiles des premiers signes méthodiques et mimiques, il est encore nécessaire qu'ils soient exercés, sous la conduite des auteurs de leurs jours, à lire et à écrire, si l'on peut parler ainsi, dans le grand livre de la nature, et dans celui de l'industrie, et cela est si vrai que pas un seul instituteur primaire n'a pu encore donner une instruction tant soit peu avancée à un sourd-muet. Donc s'il y a avantage, pour les enfants sourds-muets, à être admis dans les écoles primaires, il y a aussi à éviter l'inconvénient de les déshabituer d'aller et de venir, et de se livrer à quelques petits travaux développant la santé, les forces, la volonté et l'intelligence, qui manquent trop souvent. Enfin, l'instruction des sourds-muets étant avant tout une affaire de langage, ce n'est, nous le répétons, que par celui qui se produit, en l'absence de la parole dans des communautés parfaitement gouvernées, que cette instruction peut sérieusement s'accomplir.

4° Mettre les institutions spéciales sur un autre pied; leur demander, avant tout, le perfectionnement de l'action extérieure et du langage d'action dont nous nous servons tous, et celui du langage des signes qui leur est propre; la bonne conduite des élèves; l'enseignement d'une profession à ceux qui n'ont pas de quoi vivre, et ne pas mesurer, comme dans le passé, les résultats obtenus par les seuls progrès dans la parole ou la langue écrite, car ce sont choses que peu de sujets parviennent à bien acquérir, et que la plupart, les ouvriers surtout, oublient assez vite pour revenir à leur langage naturel.

5° Etablir quatre nouvelles écoles impériales de sourds-muets en France, conformément à un décret de la Convention nationale; charger leurs directeurs

de se concerter avec qui de droit pour éclairer la première éducation des jeunes sourds-muets dans la
famille et dans la localité; étendre la même sollicitude aux demi-sourds et aux enfants arriérés, enfin,
favoriser la formation de sociétés de patronage.

**Piroux,**
*directeur de l'Inst. des sourds-muets de Nancy.*

Après avoir plaidé habilement la cause de tous les
sourds-muets (dont on porte le nombre, pour le
globe entier à 600,000, et pour la France à 30,000),
on comprendra que M. Piroux ne cesse d'appeler les
sympathies du gouvernement sur l'Institution qu'il a
fondée à Nancy, avec le concours de huit départements
(renfermant plus de 2,500 sourds-muets). Ici d'ailleurs, dit-il dans un de ses ouvrages, particulariser
après avoir généralisé, est un droit non moins qu'un
devoir, surtout quand on a l'honneur d'être, avant
tout autre, l'organe de la charité de ses compatriotes
envers une classe d'infirmes devant lesquels naguère,
au cri de sa conscience, on a quitté les sentiers déjà
frayés mais sans issue de l'erreur, pour ouvrir les
voies larges et droites de la vérité; surtout enfin quand
on a le bonheur d'entrevoir et de hâter le jour où,
pour des victimes d'un écart de la nature, l'ivraie sera
séparée du bon grain, dans notre société.

L'Institution des sourds-muets de Nancy a pour elle
non-seulement d'être située dans une des six grandes
villes dont un décret de la Convention nationale a fait
le siége d'une école régionale et publique du même
genre, mais encore de compter déjà quatre-vingt-six
vœux émis par huit conseils généraux dans le but de la
faire ériger en école impériale. Peu de cités, d'ailleurs,
ont, autant que l'ancienne capitale de la Lorraine, le
privilége de rayonner au loin par de nombreux établissements, et ce rayonnement vient encore de
s'agrandir par le commandement supérieur des divisions militaires de l'Est. Mais ce qui donne surtout à la
ville de Nancy des droits à la possession d'une école
impériale de sourds-muets, c'est la salubrité de ses
rues, la beauté de ses édifices et le bon ton de ses
habitants : conditions éminemment salutaires pour
des enfants dont la poitrine a besoin de l'air le plus
pur, et les yeux, de la lumière morale la plus éclatante.

Il ne nous appartient pas de juger tout le mérite
de l'Établissement des sourds-muets dirigé par
M. Piroux, bien que, comme médecin, nous ayons pu
apprécier la valeur de son système d'enseignement et
surtout de ses magnifiques résultats; cependant il est
des progrès dont il a pris l'initiative et que nous sommes heureux de consigner ici. Un de ses progrès entrepris avant 1830, avec un caractère à peu près officiel, alors que personne n'y songeait et que les préjugés
se dressaient comme des géants, consiste à faire commencer l'éducation et l'instruction des jeunes sourds-
muets par les parents, les curés et les instituteurs primaires. Or, cette innovation, exempte de plagiat et
d'utopie, s'est tellement disséminée dans toute la
contrée, que sur les cent vingt élèves de l'Institution
de M. Piroux, de 1857-1858, plus de cent avaient
avantageusement fréquenté l'école primaire de leur

commune, et tous, ce qui vaut mieux, avaient reçu
des soins plus intelligents de leurs parents. On se
convaincra en lisant les ouvrages de M. Piroux que
pour aller, sous une forme nouvelle, au secours des
sourds-muets, il n'a point procédé comme on procède
de nos jours pour faire prospérer les entreprises industrielles. Il a propagé, presque toujours à ses
frais, le précepte et le moyen dans une population
trois fois plus nombreuse que celle de Paris; secondé
qu'il a été quelquefois par MM. les recteurs et les
préfets, et même par M. le ministre de l'Instruction
publique, qui, en 1832, a mis 2,000 francs à sa disposition.

Un autre progrès, dû au zèle et au dévouement de
M. Piroux, c'est d'avoir, pour mieux atteindre le but,
créé, dès le mois de juin 1849, une société de patronage, dont il est allé démontrer l'utilité et la nécessité à ses confrères et à de grands personnages de la
capitale, avant qu'on y songeât à y établir deux du
même genre.

Enfin, il est un dernier progrès accompli par
M. Piroux, et qui consiste à avoir divisé ses élèves en
trois catégories d'après l'origine, le degré et les conséquences de l'infirmité; ce qui l'a conduit à ouvrir
pour les enfants arriérés une classe spéciale, où ils ont
été heureusement traités pour la première fois, par
l'alliance de l'action ou du langage d'action avec la
parole. En 1855, sur sa demande, M. le ministre de
l'intérieur a donné l'ordre à l'inspecteur-général des
Établissements d'aliénés de venir juger, par lui-même,
de l'importance de sa méthode et de ses résultats,
et les suffrages du célèbre aliéniste ont surabondamment confirmé sa théorie et sa pratique. Dr B. Lunel.

**SOURIS** (zoologie) [du latin *sorex*]. — *Mus mus-
culus, Micromys,* mammifère rongeur du genre rat,
originaire de l'Europe, mais aujourd'hui répandu dans
toutes les parties du monde.

La *souris,* dit Buffon, beaucoup plus petite que le
rat, est aussi beaucoup plus nombreuse, plus commune et plus généralement répandue. Elle a le même
instinct, le même tempérament, et n'en diffère que
par la faiblesse et par les habitudes qui en sont la
suite. Timide par nature, familière par nécessité, la
peur et le besoin font tous ses mouvements. Elle ne
sort de son trou que pour chercher à vivre ; elle ne
s'en écarte guère, y rentre à la première alerte, et ne
va pas, comme le rat, de maisons en maisons, à moins
qu'elle n'y soit forcée; elle fait aussi beaucoup moins
de dégât, elle a les mœurs plus douces, et s'apprivoise jusqu'à un certain point, mais sans s'attacher :
comment attirer en effet ceux qui nous dressent des
embûches ! Plus faible que le rat, elle a plus d'ennemis auxquels elle ne peut échapper ou se soustraire
que par son agilité et sa petitesse même. Les
chouettes, tous les oiseaux de nuit, les chats, les
fouines, les belettes, les rats même lui font la guerre;
on l'attire, on la leurre aisément par des appâts, on
en détruit par milliers; la prudence lui manque souvent : cette espèce ne subsiste enfin que par son immense fécondité.

Les souris produisent dans toutes les saisons et plus

sieurs fois par an ; les portées ordinaires sont de cinq ou six petits : en moins de quinze jours ils prennent assez de force et de croissance pour se disperser, grimper, trotter avec légèreté et aller chercher à vivre ; ainsi la durée de la vie de ces petits animaux est très-courte, puisque leur accroissement est si prompt, et cela augmente encore l'idée qu'on doit avoir de leur grande multiplication. Aristote dit qu'ayant mis une souris pleine dans un vase à serrer du grain, il s'y trouva peu de temps après cent vingt souris toutes issues de la même mère.

Ces petits animaux ne sont pas laids ; ils ont l'œil vif et même une figure assez fine ; l'ouïe fort subtile. La souris porte son manger à sa gueule avec les deux pattes qui lui servent de mains : elle se tient assise sur son derrière à la manière des écureuils ; elle urine très-fréquemment, et cette urine exhale une fort mauvaise odeur. L'espèce d'horreur qu'on a pour ces animaux est en général fondée sur les petites surprises et sur l'incommodité qu'ils nous causent. On voit tous les jours des personnes qui ont le même dégoût ou plutôt une espèce d'antipathie pour des araignées, des serpents, des crapauds, des lézards et même des chats. Voy. *Antipathie.*

Toutes les souris sont blanchâtres sous le ventre, et il y en a aussi de plus ou moins brunes et de plus ou moins noires. Les souris blanches sont atteintes d'*albinisme.* Voy. ce mot.

L'espèce de la souris est généralement répandue en Europe, en Asie, en Afrique ; mais on prétend qu'il n'y en avait point en Amérique, et que celles qui y sont actuellement en grand nombre, viennent originairement de notre continent. Ce qu'il y a de vrai, c'est qu'il paraît que cet animal suit l'homme et fuit les pays inhabités, par l'appétit naturel qu'il a pour le pain, le fromage, le lard, l'huile, le beurre et les autres aliments que l'homme prépare pour lui-même. Pour les moyens de détruire les souris, voy. au mot *Rat. Le souricide Vicat* donne aussi de précieux résultats pour la destruction de ces animaux.

**SOUSTRACTION** (mathématiques). — Opération par laquelle on retranche un nombre d'un autre nombre de même espèce, pour connaître de combien le plus grand surpasse le plus petit.

Le résultat de cette opération se nomme *reste, excès* ou *différence.*

Pour faire la soustraction, on place le plus petit nombre sous le plus grand, de manière que les unités soient sous les unités, les dizaines sous les dizaines, etc. On retranche ensuite les unités des unités, on écrit le reste au-dessous, et zéro s'il ne reste rien. On fait de même pour les dizaines, les centaines, etc. Si, dans une colonne, le chiffre inférieur est plus fort que son correspondant supérieur, on ajoute à ce dernier 10 unités, on fait la soustraction, et l'on augmente d'une unité le chiffre inférieur à gauche qui vient immédiatement après, afin que la différence soit la même.

EXEMPLE.

Soit 1,957 à retrancher de 4,679. Je dispose ainsi l'opération, et je dis :

4,679
1,957
—————
2,722

1re *Colonne.* — 7 ôtés de 9, reste 2 ; je pose 2 sous les unités.

2e *Colonne.* — 5 ôtés de 7, reste 2 ; je pose 2 sous la colonne des dizaines.

3e *Colonne.* — 9 ôtés de 6, cela ne se peut ; j'ajoute 10 à 6, et je dis 9 ôtés de 16, reste 7 ; je pose 7 à la colonne des centaines, et je retiens 1 pour le joindre au chiffre inférieur de la 4e colonne.

4e *Colonne.* — 1 de retenue et 1 font 2, ôtés de 4, reste 2.

Le nombre 2,722 est la différence demandée.

On commence la soustraction par la droite, parce que, de cette manière, chaque soustraction partielle fournit un chiffre de la différence cherchée.

La preuve de la soustraction se fait en ajoutant le plus petit nombre à la différence ; le total doit être égal au plus grand nombre.

L'addition doit se faire de bas en haut, afin de n'avoir rien à écrire.

On fait encore la preuve de la soustraction en retranchant la différence du plus grand nombre ; si l'opération a été bien faite, on doit retrouver le plus petit, car la différence est l'excédant du nombre supérieur sur le nombre inférieur.

*Preuves de l'addition par la soustraction.* — Cette preuve se fait de deux manières :

1° On additionne tous les nombres à l'exception d'un seul ; on place le total partiel sous le total général, et l'on retranche le premier du second. Il est évident que si l'opération a été bien faite, on retrouvera le nombre qui n'a pas été compris dans la seconde addition.

2° On additionne, en commençant par la gauche, chaque colonne de l'opération, et l'on en retranche la somme de celle qui lui correspond dans le total ; on joint à celle-ci, comme formant les dizaines à son égard, le reste fourni par la colonne précédente. Ayant retranché successivement de la somme totale les sommes partielles dont elle est composée, il restera zéro à la dernière colonne, si l'opération a été bien faite.

*Remarques sur la soustraction.* — 1° L'addition d'un même nombre à deux autres, n'en change pas la différence. En effet, soit 6 à soustraire de 9 ; si j'ajoute 9 à ces deux nombres j'aurai 15 et 18, dont la différence est 3, comme celle de 6 à 9.

2° On peut obtenir de deux manières la différence de deux nombres, soit en ôtant du plus grand nombre toutes les unités du plus petit, soit en ajoutant au plus petit nombre ce qu'il faut pour égaler le plus grand.

*Soustraction des nombres décimaux.* — Elle se fait comme celle des nombres entiers ; seulement, pour faciliter l'application de la règle, on complète le nombre des chiffres décimaux, quand il est différent dans les deux nombres, en ajoutant des zéros à la droite de celui qui en a le moins, et on place à la différence une virgule, dans la colonne où se trouvent les virgules des nombres proposés.

EXEMPLE :

$$425,6000$$
$$233,5244$$
$$192,0756$$

Après avoir réduit les nombres à la même espèce en ajoutant trois zéros à 425,6, j'ai fait la soustraction et séparé ensuite 4 décimales à la différence.

La preuve de la soustraction des nombres décimaux se fait comme celle des nombres entiers.

*Soustraction des fractions.* — Pour faire la soustraction des *fractions ordinaires*, on opère sur leurs numérateurs, si elles ont le même dénominateur, et on donne au reste le dénominateur commun; dans le cas contraire, on les réduit d'abord au même dénominateur. Pour retrancher, par exemple, $\frac{2}{5}$ de $\frac{3}{4}$, on réduit ces fractions en douzièmes, ce qui donne $\frac{8}{12}$ à retrancher de $\frac{9}{12}$, c'est-à-dire 8 de 9; il reste 1, auquel on donne pour dénominateur 12, ce qui fait $\frac{1}{12}$.

En algèbre, pour faire une soustraction, il faut écrire, à la suite l'une de l'autre, les deux quantités données, en changeant les signes de tous les termes de la quantité qu'on veut soustraire, c'est-à-dire en changeant les + en — et les — en +. Ainsi :

$$(a-b)-(ab+bc-cd)=a-b-ab-bc+cd.$$

KRAMER.

**SOUTANE** [de l'italien *sottana*, adjectif fait de *sotto*, en-dessous, parce que la soutane se porte sous la robe ou sous le manteau]. — Habit long, descendant sur les talons, et à manches étroites, que portent les ecclésiastiques. La soutane est de couleur noire pour les simples prêtres et diacres, violette pour les évêques, rouge pour les cardinaux, blanche pour le pape. Du xiie au xve siècle, la soutane était portée non-seulement par les ecclésiastiques, mais par les magistrats, les avocats, les médecins, les professeurs et les personnes de distinction. On appelait *soutanelle* une petite soutane qui ne descendait que jusqu'aux genoux.

**SOUVERAIN.** — Celui en qui réside l'autorité suprême. L'objet et les conditions de la souveraineté se tirent de sa nécessité même. Nous avons vu que l'état de société est une loi de la nature humaine, et toute loi de la nature humaine ayant Dieu pour cause, il s'ensuit que la souveraineté, condition nécessaire de toute société, émane de Dieu. La souveraineté émane de Dieu, disons-nous, au même titre que la paternité. *Omnis potestas à Deo.* Tout pouvoir social est donc divin dans sa source, dans son principe, par conséquent dans sa nature, parce que considéré en lui-même, dans son objet et dans son but, il est une délégation partielle de cette puissance universelle, par laquelle la Providence conserve toutes choses. Ce qui ne veut pas dire que toute souveraineté, ou telle

forme de souveraineté plus que telle autre, est d'*institution divine*. « Non, dit M. Frayssinous, aucune forme de gouvernement n'a été expressément révélée. L'Évangile n'en consacre aucune comme nécessaire; il fait dériver de Dieu la puissance, et non la manière extérieure dont elle s'exerce. Celle-ci a pu varier suivant les besoins, les circonstances, le génie des peuples, présenter des monarchies ou bien des républiques plus ou moins tempérées, placer le pouvoir suprême dans les mains d'un seul ou de plusieurs, d'un roi, d'un sénat, ou des deux réunis ensemble; mais partout la source et la nature du pouvoir ont été les mêmes. Sans examiner comment il s'est établi, jusqu'à quel point y a concouru tacitement la multitude, toujours est-il vrai que l'ordre social entrait dans les vues de la Providence; qu'elle a voulu, pour la conservation de la société, qu'il y eût dans son sein des dépositaires du pouvoir; que ce pouvoir suprême a ses attributs comme le pouvoir paternel a les siens. Ainsi, l'autorité est une des règles générales de la Providence pour l'harmonie sociale, comme la gravitation est une de ses règles générales pour l'harmonie du monde planétaire. »

*Des droits et des pouvoirs inhérents à la souveraineté.* — Pour déterminer les droits du souverain et les pouvoirs qu'il exerce, il faut le considérer par rapport à la société qu'il est appelé à régir, et par rapport aux sociétés étrangères.

1° *Par rapport à la société qu'il régit*, il exerce nécessairement trois sortes de pouvoirs : le *pouvoir législatif*, le *pouvoir exécutif* et le *pouvoir judiciaire*, car il est impossible de pourvoir à la conservation d'une société, et d'y assurer le maintien de l'ordre, si chaque membre de la société, ne sait pas ce qu'il a à faire, s'il n'existe aucun moyen d'assurer l'exécution des mesures prescrites, si, enfin, celui qui fait les choses défendues ou ne fait pas les choses commandées, n'est pas réprimé ou contraint. Or, c'est de cette impossibilité même que se tirent les droits du souverain.

Mais ce droit de régler les actions des citoyens dans l'État et par rapport à l'État, est renfermé dans de certaines limites qu'il doit respecter. Il ne faut pas qu'il oublie que, si tous les pouvoirs sociaux émanent de lui, le sien émane de Dieu, et que si, dans les tribunaux qu'il institue, toute justice doit se rendre en son nom, lui-même doit la rendre au nom de cette justice suprême dont les principes éternels doivent être la base de sa législation et de ses jugements. Il doit se rappeler aussi que la société étant le théâtre où l'homme doit s'exercer à remplir la fin pour laquelle Dieu l'a fait naître, ses lois, non plus que son action gouvernementale, ne doivent être conçues et dirigées dans un sens capable de contrarier cette fin et d'en détourner l'homme.

La définition suivante que les moralistes donnent de la loi positive, et le commentaire qu'ils y ajoutent, nous feront connaître les règles que le souverain doit suivre dans l'exercice des fonctions de législateur et par cela même les restrictions auxquelles son droit est soumis.

« La loi, disent-ils, est un précepte commun, con-

» forme à la justice, ayant pour objet le bien public,
» promulgué par celui qui a mission de veiller aux
» intérêts et à la conservation de la communauté, et
» sanctionné par des peines et des récompenses. »

*Un précepte commun* : parce que nul ne peut être
excepté de la soumission aux lois, et dispensé des
obligations et des charges qu'elle impose. La loi doit
être faite pour tous, et c'est cette égalité devant la loi,
qui est la plus forte garantie de la protection qu'elle
assure à tous les citoyens.

*Conforme à la justice* : parce qu'une loi injuste, ne
pouvant obliger la conscience, ne serait pas véritablement une loi. *Lex mihi esse non videtur, quæ justa
non fuerit,* dit saint Augustin. Or, pour qu'une loi soit
juste, trois conditions sont exigées : il faut 1° que son
objet soit du nombre des choses licites, ne soit pas
en opposition avec la loi divine ; 2° que le législateur
ne dépasse point les limites de son pouvoir ; 3° que les
charges de la communauté soient réparties entre ses
membres proportionnellement aux facultés de chacun
d'eux.

*Ayant pour objet le bien public* : car les législateurs
n'ont pas reçu la puissance pour leur avantage particulier, mais pour l'utilité de ceux qui leur sont soumis, et dont ils doivent se considérer comme les pères
et les protecteurs.

*Promulgué* : car, pour qu'une loi oblige, il faut
qu'elle soit connue. Or, cette connaissance de la loi ne
peut avoir lieu que par le moyen de la promulgation.
Cependant, pour qu'une loi soit exécutoire, il n'est
pas nécessaire qu'elle soit connue de tous et de chacun ; il suffit d'une promulgation par laquelle la loi
soit solennellement et légalement publiée, de manière
que chaque sujet puisse facilement en prendre connaissance. Cette formalité une fois remplie, tous sont
également obligés par la loi, ceux qui la connaissent,
comme ceux qui l'ignorent.

*Par celui qui a mission de veiller aux intérêts et à
la conservation de la communauté.* En effet, il est évident qu'une loi ne peut obliger la société pour laquelle
elle est portée qu'autant qu'elle est faite par le supérieur légitime, la force obligatoire d'une loi ne se
tirant pas de la loi même, mais de l'autorité et du
droit de celui qui la fait.

*Sanctionné par des peines et des récompenses* : sans
cette sanction des lois, il est évident que rien n'en ga-
rantirait suffisamment l'exécution. Il faut des peines,
pour prévenir le crime par la crainte des châtiments,
et rassurer la société contre les suites funestes de l'impunité ; il faut des récompenses, pour intéresser les
citoyens à l'observation fidèle des lois, et les encou-
rager à les respecter et à les maintenir.

2° *Par rapport aux sociétés étrangères*, le souverain
exerce deux sortes de pouvoirs, le *pouvoir diplomatique* et le *pouvoir militaire*. Le pouvoir diplomatique
est le droit de négocier et de conclure des traités avec
les nations voisines ; et le pouvoir militaire consiste
dans le droit de faire la guerre à ces mêmes nations
et de recourir à la force des armes pour vider les
querelles qui s'élèvent de peuple à peuple, de gouvernement à gouvernement.

Le souverain constitué, par la nature même de la
mission qu'il remplit, le gardien et le protecteur de la
nation qu'il régit, peut en effet défendre de deux manières les droits et les intérêts de cette nation : par des
conventions qui lui assurent des alliances et des appuis, ou par l'emploi de la force ouverte, selon que sa
prospérité ou sa dignité sont compromises par des prohibitions ou des obstacles qui gênent le développement de son industrie, le libre mouvement de son
commerce ou l'extension de sa puissance ; ou selon
que sa sûreté est menacée par des hostilités. Ainsi
l'habileté ou la force, voilà ses armes contre les entreprises des sociétés étrangères.

Les négociations entre gouvernements reposent sur
les mêmes principes qui président aux négociations
entre individus. C'est-à-dire que le souverain qui défend les intérêts de son peuple par la voie de la diplomatie, doit apporter dans les traités qu'il négocie des
intentions justes et droites, et que la même justice et
la même droiture doivent le diriger dans leur exécution. Il lui est permis de déployer toute l'adresse dont
il est capable, pour obtenir les meilleures conditions
possibles ; mais il ne lui est pas permis d'employer la
ruse et la fourberie pour surprendre la bonne foi des
puissances étrangères. L'exercice de son droit à cet
égard est donc subordonné à certaines lois ayant pour
objet de régler les rapports des nations entre elles, et
fondées sur la nature et la conscience, comme celles
qui sont destinées à régler les rapports des hommes
entre eux ; lois dont l'ensemble est appelé pour cette
raison, *droit des gens*.

Ce droit des gens détermine les limites du pouvoir
de faire la guerre, comme il détermine celles du pouvoir de négociateur. Nous poserons d'abord en principe que les mêmes droits qui appartiennent aux individus appartiennent aux hommes pris collective-
ment. D'où il suit : 1° que nulle société n'a le droit
d'en attaquer une autre, et que toute guerre entreprise par ambition, fausse gloire ou passion, est un
crime ; 2° que toute société qui est attaquée par une
autre, a le droit de se défendre, et que la guerre défensive est toujours permise, sa légitimité n'étant
qu'une conséquence du devoir de se conserver imposé
aux nations comme aux individus.

Mais quelque incontestable que soit le droit de la
guerre défensive, il est limité, comme celui de légitime défense entre particuliers, par la loi naturelle,
qui ne permet pas de faire plus que ce qui est absolument nécessaire pour se conserver soi-même. Or,
cette nécessité n'exigeant jamais l'extermination du
peuple vaincu, ni même la mort d'aucun citoyen dé-
sarmé, non plus que le ravage des campagnes, ou la
destruction des villes et des monuments, toutes ces
actions sont autant d'injustices que les chefs d'armées
doivent empêcher. Tout ce que la victoire autorise
contre le peuple agresseur, c'est qu'il soit condamné
à payer les frais de la guerre, et forcé de donner des
gages de ses dispositions pacifiques pour l'avenir.

*Des différentes formes de gouvernement.* — L'histoire nous fait connaître comment le pouvoir qui, originairement, reposa dans les mains d'un seul, du père

commun, du chef de la tribu, fut plus tard exercé tantôt par un individu, tantôt par une réunion d'individus. Il n'entre pas dans notre sujet de nous arrêter sur ces transformations diverses de la souveraineté, et d'en expliquer l'origine. Ces transformations amenées par des causes différentes, selon le caractère, les mœurs, les besoins des peuples, et les circonstances particulières et très-variables dans lesquelles ils se trouvaient, n'altérèrent en rien le principe de la souveraineté en elle-même, sa nature et sa destination. Sa forme extérieure et son mode d'action sont seuls changés : ses droits subsistent dans toute leur intégrité, si elle a été légitime dans son établissement, ou consacrée par un long espace de temps.

Si le souverain est un individu, on lui donne le nom de roi ou d'empereur. Ce roi ou empereur est appelé *monarque*, quand il existe des lois qu'il ne peut changer, et *despote* quand il n'en existe pas, et qu'il n'y a d'autre règle de gouvernement que sa volonté.

La *royauté* est *élective* ou *héréditaire*. *Élective*, elle peut être à temps ou à vie ; *héréditaire*, elle peut être transmise exclusivement de mâle en mâle, ou admettre indifféremment au droit de succéder les hommes et les femmes. Faisons remarquer en passant que la *monarchie élective* est la pire de toutes les formes de la souveraineté. C'est le vice fondamental de cette espèce de gouvernement, qui a causé la ruine de la Pologne, et l'a fait disparaître du rang des nations, en offrant une prime d'encouragement à toutes les ambitions étrangères.

Si le souverain est un être collectif, ou une réunion d'individus, la forme du gouvernement reçoit le nom de *république*. La *république* peut se modifier elle-même, selon que le nombre des citoyens qui exercent la souveraineté est plus ou moins considérable que le nombre de ceux qui ne l'exercent pas. Dans le premier cas, on l'appelle *démocratie*; et *aristocratie*, dans le second. L'*aristocratie* peut-être elle-même *élective* ou *héréditaire*, comme la *royauté*. Du reste, la *démocratie* et l'*aristocratie* sont susceptibles de plus ou de moins d'extension ; car le pouvoir souverain peut reposer dans les mains du peuple tout entier, ou se restreindre dans celles de la majorité de la nation, ou se concentrer dans celles d'un petit nombre d'individus. Par le fait, il est impossible que le peuple tout entier exerce le pouvoir ; de sorte que la *démocratie* est en général le gouvernement des majorités.

Il est bien rare que ces différentes formes de gouvernement soient pures dans l'application et la pratique, et exemptes d'aucun élément étranger. Il est peu de gouvernements, surtout dans nos temps modernes, qui ne présentent pas un mélange plus ou moins sagement combiné des trois formes, monarchiques d'un côté, aristocratiques d'un autre, et démocratiques sous un troisième point de vue.

Le danger des gouvernements despotiques, c'est de dégénérer en *tyrannie*, lorsque le pouvoir absolu du prince n'étant pas contenu, par les constitutions de l'État, dans les bornes de la modération et de la justice, est livré à la violence de son caractère personnel et au caprice de ses passions. Le danger des républi-

ques, c'est l'*anarchie*, plus funeste encore que la tyrannie proprement dite, parce que, sous l'empire du despotisme, on n'a qu'un tyran, tandis que chez un peuple livré à l'anarchie, on en a mille, c'est-à-dire, autant qu'il y a de souverains dans le gouvernement de la multitude. Le danger de l'aristocratie, c'est l'*oligarchie*, gouvernement où le pouvoir sorti des mains du corps de la noblesse, se concentre dans celles d'un petit nombre d'hommes riches et puissants, qui ont fini par usurper l'autorité souveraine, pour l'exercer à leur profit.

La question de savoir quelle est la meilleure de toutes ces formes de gouvernement ne saurait être résolue d'une manière absolue, de sorte qu'elle pût être appliquée indifféremment à tous les peuples, avec la certitude de leur assurer la plus grande somme de bonheur possible. Si nous consultons l'histoire, elle nous apprendra que la *monarchie tempérée*, c'est-à-dire, celle où le monarque est assujetti à des lois supérieures, et peut y être rappelé par les remontrances respectueuses de ses sujets et en particulier des grands corps de l'État, est la plus universelle, la plus ancienne, et en général la plus paisible, la moins onéreuse, la mieux réglée de toutes les formes de société civile, celle où les souverains, d'un côté, sont les plus augustes, les plus aimés et les plus puissants ; et où les peuples, de l'autre, sont les plus heureux, les plus libres, les mieux défendus, les mieux gouvernés, les mieux représentés, celle qui s'adapte le mieux aux grands empires, celle enfin où l'homme peut jouir avec le plus de sécurité de tous ses droits naturels. Si nous consultons la raison, elle nous dira que cette même espèce de gouvernement est la plus simple, la plus naturelle, la plus conforme au principe de l'unité de pouvoir, celle qui, par l'effet même de la concentration des forces sociales dans la même main, offre l'avantage de la promptitude d'exécution, de la liberté d'action dont le pouvoir a besoin, d'une plus grande facilité à voir l'ensemble du gouvernement. Née immédiatement du pouvoir patriarcal, la monarchie tempérée est l'image la plus fidèle de la société de famille, où le père, tout en exerçant dans sa plénitude la puissance qu'il tient de la nature, admet cependant ses enfants à participer au gouvernement des intérêts domestiques, dès que leur raison ou leur expérience les met en état de donner de sages conseils ou de rendre d'utiles services. Quant aux inconvénients qu'on s'est plu à lui reprocher dans les temps modernes, ils ne sont autres que ceux qu'on peut adresser à toutes les autres formes de gouvernement. La disposition à abuser du pouvoir, à se mettre au-dessus des lois, c'est-à-dire la tendance à la tyrannie et au despotisme, est un inconvénient commun à la démocratie et à l'aristocratie, comme à la monarchie. En mettant des bornes aux ambitions privées, en les renfermant dans la sphère des emplois et des honneurs auxquels le talent et le mérite peuvent légitimement conduire les citoyens, en les empêchant ainsi d'aspirer au pouvoir souverain, rendu inaccessible à la foule, la forme monarchique est d'ailleurs la plus forte garantie du maintien de l'ordre et de la subordination, le plus grand obstacle à ces luttes acharnées qui s'élèvent si fréquemment dans les républiques entre ceux qui se disputent la domination.

*Des lois civiles et politiques.* — Les lois en général peuvent être considérées dans leur principe, dans leur fin ou dans leur objet. *Considérées dans leur principe,* elles ont leur source dans la volonté de Dieu, qui a posé lui-même les règles immuables de la justice comme fondement des sociétés. Elles ne doivent donc pas être autre chose que l'interprétation de la loi naturelle, et ne peuvent avoir d'autre force que celle qu'elles empruntent à cette loi suprême. En dehors de cette distinction souveraine du bien et du mal, du juste et de l'injuste, nul homme ne peut créer pour un autre homme d'obligation nouvelle, pas plus qu'il ne peut l'affranchir de quelque devoir que ce soit.

*Considérées dans leur fin,* les lois n'ont pas une destination autre que le pouvoir lui-même, c'est-à-dire, qu'elles sont le moyen nécessaire pour le souverain pour conserver la société et pourvoir au maintien de l'ordre public. Toute loi qui ne remplirait pas ce but, manquerait à la première de ses conditions pour être bonne. Et il serait évident par cela même qu'elle blesserait quelques-uns des principes de la loi naturelle, puisque l'ordre social repose tout entier sur l'ordre moral.

*Considérées enfin dans leur objet,* les lois sont destinées à régler les rapports, soit *des sujets au souverain,* soit *des sujets entre eux.* Dans le premier cas, elles sont appelées lois *fondamentales* ou *politiques,* et dans le second, lois *civiles.* L'ensemble des droits que les premières consacrent a reçu le nom de droit *constitutionnel* ou *politique,* de même qu'on appelle droit *civil* l'ensemble des droits que les citoyens exercent les uns à l'égard des autres. Du reste, ces différentes lois ne sont encore que la conséquence nécessaire des règles générales de la justice, parce que les rapports des citoyens entre eux ne sont pas autres que ceux qui lient entre eux tous les membres de la grande société du genre humain.

*Des devoirs du souverain envers ses sujets.* — A l'imitation du gouvernement de la Providence qui est le modèle de tous les gouvernements, le souverain doit réunir à l'intelligence qui sait gouverner, la puissance qui peut toujours protéger, et l'amour qui veut et qui sait toujours faire le bien. Comme législateur il doit savoir ce qui est juste et ce qui est injuste, ce qui est utile ou ce qui est nuisible, ce qui est conforme et ce qui est contraire aux véritables intérêts de son peuple. Et comme les lois qu'il établit doivent régler les actions de tous ses sujets, non-seulement il doit les publier pour les porter à la connaissance de tous, mais encore il doit les rédiger d'une manière simple, claire, précise, pour éviter toute fausse interprétation. Il est facile de prévoir tous les malheurs et tous les abus qui peuvent résulter de l'ignorance des règles de la justice, des principes du gouvernement, des vrais besoins de la société, des légitimes intérêts de la patrie, ou qui peuvent naître de l'obscurité ou de l'ambiguïté des lois, des embarras et des complications de la procédure.

Comme chargé du pouvoir exécutif, il doit veiller sans relâche à l'exécution des lois, entrer dans leur esprit, et les suppléer avec intelligence dans tous les cas où elles sont insuffisantes, joindre la modération à la sévérité, l'exactitude à l'uniformité de conduite, et n'admettre ni excuse, ni dispense dans une matière qui intéresse si essentiellement l'ordre public.

Comme administrateur de la fortune publique, il doit la régir avec ordre et économie, s'abstenir de toutes dépenses qui ne sont pas réclamées par des besoins de première nécessité et des intérêts réels, et ne pas oublier que les impôts ne sont institués que pour faire prospérer l'État, et pour assurer à tous une protection efficace, ainsi que la jouissance paisible de tous les biens de la vie sociale, et de tous les droits légitimes qu'elle consacre.

Comme juge, il doit appliquer les lois avec promptitude et impartialité, s'appuyer toujours sur les principes de l'équité, quand la loi garde le silence, faire en sorte que chacun reçoive bonne et exacte justice, et ne laisser impuni aucun attentat contre les libertés légales des citoyens, contre leur honneur, leurs biens et leurs vies, et contre les saintes lois de la morale des nations.

Comme investi du pouvoir militaire, il doit recourir à la force des armes, non dans des intérêts d'ambition personnelle, d'amour-propre ou de vaine gloire, mais pour garantir la sûreté, pour défendre l'honneur du pays, pour maintenir son peuple au rang qui lui appartient parmi les nations, pour lui assurer ses limites naturelles, pour protéger son commerce et ses relations, pour soutenir les alliances qui lui sont nécessaires, et pour lui procurer, par la vigueur même avec laquelle il sait défendre ses droits, les bienfaits inestimables de la paix. En appelant les citoyens sous ses drapeaux, et en leur demandant le sacrifice de leur temps et de leur vie, pour voler aux combats, il doit se rappeler que la grandeur même du sacrifice qu'il exige d'eux, lui impose le devoir de ne pas abuser de leur dévouement, et de n'y recourir que lorsque la nécessité le commande.

Enfin, il doit dans les traités qu'il conclut avec les puissances étrangères, comme négociateur, ne pas oublier que la prospérité et le bien-être intérieur d'une nation dépendent autant de ses rapports avec les nations voisines, et de la manière dont elle assure au dehors ses alliances et la liberté de ses mouvements, que de la manière dont elle est administrée et gouvernée intérieurement. Pourvoir par une diplomatie habile et vigilante à tous les intérêts que ne contredit point la justice, telle doit être à cet égard sa règle de conduite.

Mais il ne remplira bien tous ses devoirs, qu'autant qu'il puisera ses inspirations, non pas seulement dans une intelligence élevée, dans une capacité développée par une instruction solide, dans une volonté ferme et persévérante, mais surtout dans son amour et dans son dévouement pour son peuple.

*Des devoirs des sujets envers le souverain, et des citoyens envers la patrie.* — Le souverain, dans l'acception la plus générale de ce mot, est la personnification de tous les intérêts de la patrie, parce qu'il n'en est pas un seul qu'il n'ait mission de protéger et de défendre, pas un seul qui n'ait ou ne doive avoir sa garantie sous l'égide des divers pouvoirs qu'il exerce. Il importe d'ailleurs au salut du peuple et de l'Etat, que ces deux choses ne soient jamais séparées dans la pensée publique, et qu'elles y soient identifiées autant que possible. On comprend, en effet, quels désordres et quels malheurs doivent résulter de la scission et de la distinction qu'établit entre elles l'opinion égarée d'un peuple qui, divisant ce qui doit être indivisible, voit le souverain d'un côté, la patrie de l'autre, au lieu de les confondre dans une seule et même affection, dans un seul et même amour; toutefois, comme le souverain représente plus particulièrement les divers pouvoirs de l'État, et la patrie les divers intérêts moraux ou matériels de la société, nous dirons qu'on peut résumer tous les devoirs des sujets envers le souverain dans l'obéissance et la fidélité, et tous ceux des citoyens envers la patrie, dans le sacrifice et le dévouement; car celui qui commande a besoin d'une exacte et constante soumission; c'est la subordination de la volonté à ses ordres qu'il a droit d'exiger; et celle qui nous a nourris, protégés, entourés de ses soins depuis notre enfance jusqu'à la vieillesse, de qui nous avons reçu la vie de l'âme et du corps, par l'éducation, par la religion, par la science, par tous les moyens qu'elle nous a fournis de pourvoir à tous nos besoins, qui nous a assuré la jouissance paisible de tous nos droits comme hommes et comme citoyens, a incontestablement droit à notre reconnaissance et à notre amour, en échange de tous les bienfaits de la vie sociale; nous devons donc la servir de nos talents, de nos biens, de notre courage, de nos vertus, au péril même de nos jours; car la patrie est à notre égard, et sous un certain point [de vue, ce que le père est à l'égard du fils : espèce de paternité civile à laquelle doit correspondre une piété vraiment filiale. (*Rattier.*)

**SPAHIS** (art militaire). — Ce nom désignait originairement un corps de cavalerie turque dont on attribue l'organisation à Amurat Iᵉʳ. Ce corps était divisé en deux sections, dont l'une avait, en campagne, un étendard rouge, l'autre un étendard jaune. Les spahis n'étaient soumis à aucune discipline pendant la guerre, ils marchaient en troupe, avaient pour armes le sabre, la lance ou le javelot, et une large épée attachée à la selle du cheval. Depuis 1820, ces spahis sont, comme le reste des troupes turques, organisées à l'européenne.

On appelle aujourd'hui ainsi en Algérie, un corps de cavalerie au service de la France, qui est composé en grande partie d'indigènes, armés et équipés selon l'usage de ce pays. L'uniforme des spahis consiste en un gilet bleu, un pantalon bleu, ample, serré par une large ceinture, et qui descend jusqu'au-dessous du genou, une veste garance ouverte par devant, un burnous garance, et un turban rouge. Ils sont armés d'un sabre et d'un fusil qu'ils portent en bandoulière.

**SPARADRAP.** Emplâtres agglutinatifs étendus sur de la toile ou de la peau. Ainsi préparés, ces emplâtres servent à préserver les parties excoriées sur lesquelles le corps repose, ou à former des bandelettes destinées à rapprocher les bords d'une plaie, à maintenir les vésicatoires, diverses sortes de pansements, etc. On se sert ordinairement d'une pièce de toile longue et étroite, sur laquelle on coule et l'on étend l'emplâtre réduit à l'état liquide par l'action du feu; puis on laisse sécher et l'on conserve pour l'usage.

**SPECTRE** (erreurs et préjugés) [du latin *spectrum*, vision]. — Fantôme, figure fantastique qui représente les formes d'un être mort, et que l'imagination montre à certaines personnes. Les anciens croyaient à l'existence des spectres, qu'ils appellent *ombres* : ils s'imaginaient que, quand le cadavre était déposé dans le tombeau, il en surgissait une figure entièrement semblable qui se manifestait aux parents, aux amis des morts. Aussi avaient-ils établi des fêtes pour conjurer les spectres, afin qu'ils ne vinssent pas effrayer les hommes par leur apparition. La croyance aux *spectres*, comme celle aux *revenants*, était encore en pleine vigueur au xvıᵉ siècle, et elle a donné lieu à de graves publications, entre autres : *De spectris*, *Lemuribus*, etc. de L. Lavater (Zurich, 1570) ; *Les Spectres se montrent visiblement aux hommes*, par Leloyer (Angers, 1587), et le *Traité des Apparitions*, de Langlet-Dufresnoy (Paris, 1750).

En histoire naturelle, on a donné le nom de *spectre*: 1° à un groupe de chauves-souris, plus connu sous le nom de *Vampire*; 2° à des papillons crépusculaires.

En physique, on nomme *spectre solaire*, l'image oblongue et colorée du soleil qui se produit par le passage de ses rayons à travers un prisme dans une chambre noire. La lumière blanche du soleil se décompose, dans ces circonstances, en sept rayons différemment colorés.

**SPHÈRE** (géométrie) [du grec *sphaïra*, corps rond]. — Une *sphère* est un solide terminé par une surface courbe, fermée dans tous les sens et dont tous les points sont à égale distance d'un point intérieur nommé *centre*. Ce solide peut être considéré comme engendré par la révolution d'un demi-cercle autour de son diamètre. Le centre et le rayon du cercle générateur sont le centre et le rayon de la sphère.

*Surface.* — La surface d'une sphère est égale au produit de sa circonférence par son axe au diamètre.

*Volume.* — Le volume d'une sphère est égal au produit de sa surface par le tiers de son rayon.

*Zone et segment.* — On appelle *zone* la partie de la surface de la sphère comprise entre deux sections ou deux plans parallèles, et *segment*, la partie solide ayant les mêmes limites. — On obtient la surface d'une zone ou calotte en multipliant la circonférence du grand cercle de la sphère par la hauteur de cette zone. — On obtient le volume du segment en multipliant la surface de la calotte par le tiers du rayon de la sphère.

*Fuseau.* — Le *fuseau* est la portion de surface sphérique comprise entre deux demi cercles terminés au même diamètre. — La partie solide se nomme *coin sphérique.* — La surface du fuseau est à la surface totale *de la sphère*, comme l'angle dièdre qui lui correspond est à quatre angles droits. — Le volume du coin ou onglet s'obtient en multipliant la surface du fuseau qui lui sert de base par le tiers du rayon de la sphère.

*Secteur.* — Le *secteur* sphérique est la portion d'une sphère comprise entre une calotte et un cône dont le sommet est au centre de la sphère. — Son volume est égal au produit de la surface de sa calotte par le tiers du rayon de la sphère.

*Théorèmes relatifs à la sphère.* — Toute section de la sphère par un plan est un cercle.

Les cercles de la sphère sont d'autant plus grands qu'ils se rapprochent plus du centre.

Le cercle qui passe par le centre est le plus grand ; aussi l'appelle-t-on *grand cercle*.

Deux cercles à égale distance du centre sont égaux et réciproquement.

Tous les cercles parallèles dans une même sphère ont leurs centres sur une même perpendiculaire, passant par le centre de la sphère, autrement dit, sur le même *axe*.

Tout grand cercle divise la sphère et sa surface en deux parties respectivement égales. C. DUPASQUIER.

SPHÈRE ( astronomie ). — On appelle *sphère céleste* l'espace immense qui enveloppe la terre, et auquel les étoiles semblent attachées. La *sphère terrestre* n'est autre chose que le contour de la terre. Ces deux sphères sont concentriques ainsi que les cercles de même nom qu'on a imaginés sur chacune d'elles.

On appelle *axe* la ligne droite imaginaire qu'on suppose passer par le centre de la terre, et sur laquelle tourne cette planète. Les deux extrémités de l'axe se nomment *pôles* ; l'un est le pôle *nord*, *boréal* ou *arctique* ; l'autre, le pôle *sud*, *austral*, ou *antarctique*.

Pour déterminer les différents points de la surface de la sphère, on a imaginé quatre grands cercles ( c'est-à-dire qui ont même centre que la sphère : ) ce sont : l'*équateur*, le *méridien*, l'*horizon* et l'*écliptique*. On a de même imaginé quatre petits cercles, ( c'est-à-dire qui ont leur centre sur l'axe de la sphère, mais non pas au centre ), ce sont : les deux *tropiques* et les deux *cercles polaires*.

Ces cercles tracés sur la sphère terrestre correspondent aux mêmes cercles tracés sur la sphère céleste.

L'*équateur* est un grand cercle qui entoure la sphère à égale distance des pôles, et partage ainsi la terre en deux hémisphères égaux, l'un boréal et l'autre austral. L'équateur est divisé en 360 parties égales ou degrés, le degré en 60 minutes, la minute en 60 secondes, etc.

Le *méridien* est un grand cercle qui fait le tour de la terre en passant par les pôles. On l'appelle ainsi parce qu'il est midi en même temps pour tous les pays placés sous le demi-méridien de ce cercle lorsque le soleil est au-dessus. Il y a un grand nombre de méridiens. En France, le premier méridien est celui qui passe par l'Observatoire de Paris.

L'*horizon* est un grand cercle dont la position est tout à fait relative à celle des individus, quoiqu'il embrasse toujours la moitié de la sphère. L'extrémité supérieure de la perpendiculaire élevée au centre de l'horizon se nomme *zénith*, et l'extrémité inférieure se nomme *nadir*.

On appelle horizon *sensible* ou *visuel* le cercle qui borne notre vue lorsque nous sommes en pleine campagne.

L'*écliptique* est un grand cercle de la sphère céleste que la terre parcourt dans sa marche oblique autour du soleil. Il n'est point parallèle à l'équateur qu'il coupe en deux points diamétralement opposés ; et dont il s'éloigne de 23 degrés et demi.

Les *tropiques* sont deux petits cercles parallèles à l'équateur dont ils sont éloignés de 23 degrés et demi ; l'un est au nord et l'autre au midi.

Les *cercles polaires* sont de petits cercles parallèles à l'équateur et éloignés des pôles de 23 degrés et demi.

On distingue encore deux grands cercles célestes qui se coupent perpendiculairement aux deux pôles de l'écliptique, ce sont les *colures*.

L'un passe par les deux points des équinoxes, et l'autre par les deux points des solstices.

La sphère céleste est dite *droite* pour les régions de l'équateur, parce que les astres paraissent monter et descendre perpendiculairement à l'horizon. Elle est *oblique* pour tous les pays qui ne sont situés ni sous l'équateur ni sous les pôles, parce que les étoiles paraissent tracer des cercles plus ou moins inclinés sur l'horizon. Enfin elle est *parallèle* pour les régions polaires, attendu que l'on y voit toutes les étoiles et le soleil circuler parallèlement au plan de l'horizon.

C. DUPASQUIER.

SPHÉROIDAL (physique). — Ressemblant à une *sphère*. On a appelé *état sphéroïdal*, en physique, un état particulier que présentent les liquides mis en contact avec une surface chauffée jusqu'au rouge blanc, lorsqu'au lieu de s'agiter et de bouillir vivement, ces liquides prennent une forme globulaire, et conservent leur volume, à peu près comme si la température était insuffisante pour l'ébullition. Pour en faire l'expérience sur de petites masses, « on fait chauffer un creuset de métal, et ensuite on y fait tomber quelques gouttes d'eau : ce liquide s'arrondit alors comme le mercure sur le verre ; il reste en repos pendant quelque temps, ou bien il tourne sur lui-même d'un mouvement très-rapide ; l'ébullition est nulle et la diminution de volume insensible. Mais si l'on retire le creuset pour qu'il refroidisse, il arrive un moment, près de la température du rouge brun, où tout à coup le liquide bout avec violence et se trouve projeté de toutes parts. Cette expérience, signalée pour la première fois en Allemagne par Leidenfrost, a reçu des développements fort remarquables entre les mains de M. Boutigny (d'Évreux), qui a consigné, en 1844, le résultat de ses recherches dans les *Annales de Physique*. Cet observateur a reconnu que la température nécessaire pour faire passer les corps à l'état sphéroïdal doit être d'autant plus élevée que leur point d'ébullition l'est davantage ; et que les corps qui sont dans cet état restent constamment à une température inférieure à celle de leur ébullition. Il fixe à + 96°,5 la température qu'offrent l'eau et plusieurs autres liquides quand ils sont passés à l'état sphéroïdal. — On explique ce singulier effet par la force répulsive des surfaces incandescentes qui empêchent tout contact entre elles et le liquide, lequel, ne pouvant alors s'échauffer que par le rayonnement et annulant lui-même l'action de ce rayonnement par la réflexion des rayons calorifiques, s'isole pour ainsi dire du foyer incandescent et se maintient dans les conditions normales de l'évaporation. Les faits extraordinaires qu'ont souvent offerts les hommes soumis à l'*épreuve du feu* et les *hommes incombustibles* paraissent appartenir au même ordre de phénomènes : on peut, dit-on, sans danger réel, plonger la main dans du plomb fondu, pourvu qu'il ait été élevé à un certain degré de chaleur, ou même dans de la fonte, au moment où elle s'échappe par la percée du creuset, etc.; l'humidité naturelle de la peau passe alors à l'état sphéroïdal, et empêche le contact entre elle et le métal. »

**SPHINX** [du grec *sphinx*]. — On a donné ce nom à certains monstres imaginaires, ainsi qu'aux figures et statues qui représentent ces monstres. On doit distinguer le *Sphinx égyptien* et le *Sphinx grec*, qui, du reste, est lui-même d'origine égyptienne.

« Les sphinx égyptiens sont des statues ayant le corps d'un lion, avec une tête de femme ou d'homme. La tête des sphinx est parfois soutenue par un buste humain orné de deux seins; le corps est ordinairement couché et les pattes posées à plat. La plupart des monuments égyptiens offrent l'image du sphinx. C'était l'emblème de la prudence, de la sagesse et de la force réunies. On pense aussi que c'était l'image du Nil pendant son inondation périodique, laquelle a lieu en effet quand le soleil parcourt les signes de la Vierge et du Lion : ce qui expliquerait le singulier assemblage des figures qui forment ce monstre. Le sphinx grec était, suivant la fable, un monstre qui avait la tête et le sein d'une femme, le corps d'un chien, les griffes

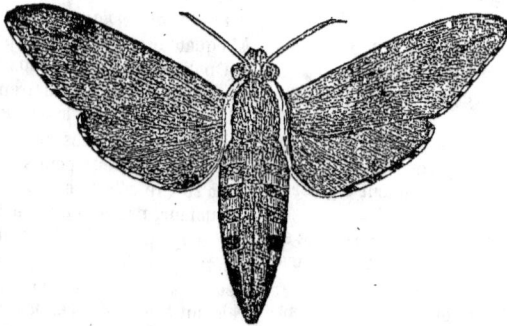

Fig. 23. — Sphinx pinastri.

d'un lion, les ailes d'un aigle, et la queue armée d'un dard aigu. Il habitait sur un rocher dans le voisinage de Thèbes, proposait aux passants une célèbre énigme : Quel est l'animal qui a 4 pieds le matin, 2 à midi et 3 le soir ? et dévorait ceux qui ne pouvaient la deviner. Œdipe devina l'énigme en nommant l'*Homme*, et le sphinx se précipita du haut de son rocher. — *N. Bouillet.*

**SPHINX** (zoologie). — Genre de grands lépidoptères, renfermant des insectes au corps robuste, caractérisés par une tête allant un peu en pointe, des ailes triangulaires, un abdomen conique. Ces insectes volent avec rapidité sur les fleurs, dont ils sucent le suc pour se nourrir. On ne les voit qu'à la chute du jour. Le *sphinx du troëne* (*Sph. ligustri*) a une envergure de 10 centimètres; ses ailes sont parées de couleurs éclatantes : il vit sur le troëne, le lilas, le frêne, etc. On trouve encore en Europe le *sphinx convolvuli*, le *sphinx pinastri*, et le *sphinx atropos* ou *tête de mort*, une des espèces les plus remarquables du genre : il pénètre dans les ruches, extermine les abeilles et dévore le miel et les larves.

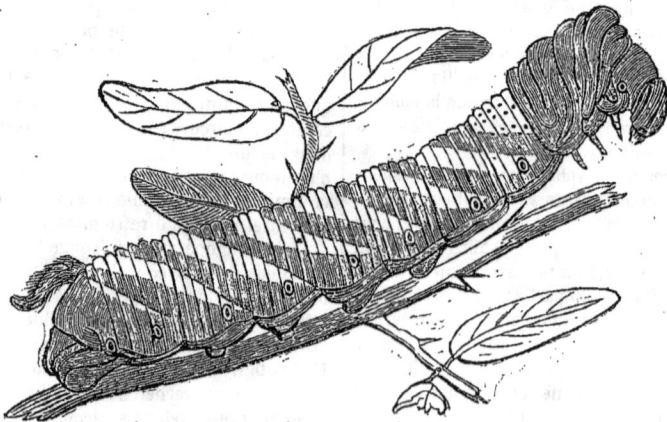

Fig. 24. — Sphinx chenille.

**SPINA** BIFIDA (c'est-à-dire *Epine* (*dorsale*) *divisée*). — Maladie du rachis, caractérisée par l'écartement que présentent les apophyses de l'épine dorsale, d'où résultent ordinairement des tumeurs remplies d'un liquide séreux. C'est une espèce d'hydropisie du rachis, ce qui lui a fait donner le nom d'*hydrorachis*. Le *spina bifida* est une maladie congéniale, fort difficile à guérir. On l'a traité tantôt en comprimant les tumeurs, tantôt en les faisant traverser par des sétons.

On a appelé *spina ventosa* (épine dorsale remplie de vent), tantôt des hyperostoses ou des exostoses, parfois même de simples abcès développés dans l'intérieur des os. On regarde aujourd'hui le *spina ventosa* comme une dégénérescence fongueuse de la membrane qui tapisse l'intérieur des os. Son principal caractère consiste en ce que l'os semble comme soufflé dans le point malade : il se tuméfie, se dilate dans toute sa périphérie, et acquiert ainsi un volume énorme. Cet état est accompagné d'une douleur, qui, d'abord obtuse, devient ensuite vive et piquante. La seule ressource est l'amputation de la partie affectée.

**SPIRITUALISME** (philosophie) [du latin *spiritus*, esprit). – Sous ce nom, qui s'oppose à *matérialisme*, on désigne deux systèmes : l'un, exclusif, qui nie l'existence de la matière, et n'accorde de réalité qu'aux êtres spirituels; l'autre éclectique, qui, tout en reconnaissant l'existence de la matière, soutient qu'il faut admettre un autre ordre d'êtres, les *esprits*, l'âme et Dieu : on appelle aussi cette seconde doctrine *dualisme*. La doctrine qui se borne à distinguer l'âme et le corps est aussi ancienne que le monde et est impliquée dans toutes les religions qui enseignent l'immortalité de l'âme; elle fut soutenue dans l'antiquité par Pythagore, Anaxagore, Socrate, Platon et les Néoplatoniciens, et, depuis la naissance du christianisme, par tous les Pères de l'Église; elle compte parmi ses plus illustres défenseurs, dans les temps modernes, Descartes et Leibnitz ; elle est seule enseignée dans nos écoles. — Quant au spiritualisme exclusif, que l'on appelle aussi *idéalisme*, on peut en trouver le germe dans les dogmes de l'école éléatique et dans quelques spéculations de Platon; il a été soutenu dans les temps modernes par Berkeley, Hume et Fitche. Il était impliqué dans la théorie de Locke sur les *idées*, dans celle de Condillac sur la *sensation transformée*, et dans le *Criticisme* de Kant : leurs disciples l'en ont tiré. (*N. Bouillet.*)

**SPLEEN** (pathologie) [forme anglaise du mot grec *splén*, rate). — Sorte d'hypocondrie, qui consiste en un état de consomption engendré par la mélancolie et caractérisé par la tristesse du malade, le dégoût de la vie, une grande apathie, de l'indifférence pour toute chose. Cette maladie, qui est plus commune en Angleterre que partout ailleurs, entraîne souvent la mort et porte au suicide. Son nom vient de ce qu'on a longtemps placé dans la rate la bile noire (mélancolie), qui, disait-on, déterminait par son action sur le cerveau les accidents de tristesse qui constituent le *spleen*.

Fig. 25. — Sphinx tête de mort.

**SPORES** [du grec *spora*, graine]. — Corps reproducteurs des plantes cryptogames, et, en particulier, des mousses : ils sont analogues dans leurs fonctions aux graines des plantes phanérogames. Ce sont, en général, des utricules remplis de matière organique amorphe ; ces utricules sont très-petits, souvent d'une forme ovoïde ou globuleuse. Quelques-uns sont mobiles et paraissent doués d'une certaine vitalité : tels sont ceux des *zoosporées*. Quelques spores commencent par être simples ; mais bientôt la masse organique qu'ils renferment se partage en plusieurs parties qui se revêtent chacune d'une membrane spéciale et finissent par se séparer les unes des autres. Les spores sont quelquefois réunis plusieurs ensemble dans un utricule général, qui en contient un nombre variable. On nomme *sporidies* ces utricules communs, qui sont ordinairement transparents. Les spores prennent eux-mêmes le nom de *sore, sorédie*, lorsqu'ils sont réunis en masse.

**SPORT.** — Mot anglais qui signifie *jeu, divertissement*, et s'emploie depuis quelque temps en France pour désigner les plaisirs de la chasse, des courses de chevaux, etc.

**SPORULE** (botanique) [diminutif de *spore*]. — Nom donné à ceux des corpuscules reproducteurs des cryptogames qui sont dépouillés de toute enveloppe : ils sont, en général, ovoïdes, oblongs ou sphériques, libres par tous les points de leur surface, sans nulle adhérence à l'intérieur des utricules ou conceptacles qui les renferment.

**SQUALE** (zoologie) [*Squalus*]. — Genre de poissons chondroptérygiens, de la famille des sélaciens de Cuvier, très-voisin des raies, renfermant un grand nombre d'espèces, au corps allongé, légèrement comprimé, revêtu d'une peau rugueuse et très-dure, et terminé postérieurement par une queue grosse, charnue et comme fourchue ; au museau proéminent ; à la bouche située transversalement sous le museau, et garnie de dents fortes, pointues, extrêmement tranchantes. Les squales sont les poissons les plus voraces de l'Océan ; quelques-uns atteignent des dimensions considérables. Leur chair est dure et coriace ; la peau de quelques espèces sert à polir divers ouvrages, à couvrir des étuis, etc. On les a divisés en plusieurs sous-genres ; les principaux sont : la *roussette* ou *chien de mer*, le *requin*, la *milandre*, la *scie* et le *marteau*.

**SQUELETTE** (anatomic) [du latin *sceletum*, sec, aride, desséché; dont il ne reste plus que les os.]—On a donné le nom de squelette à l'ensemble des parties dures du corps ou des os. On trouve un squelette chez presque tous les animaux; il n'est pas dans tous conformé

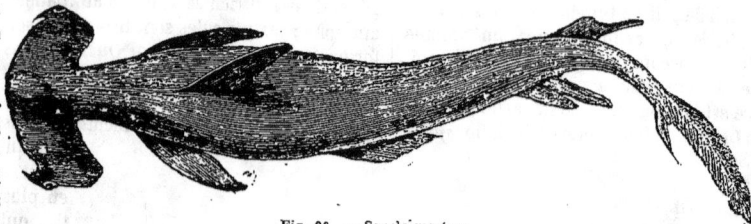

Fig. 26. — Squale marteau.

de la même manière. Chez les uns, comme chez les crustacés et les testacés, dans quelques poissons et reptiles, il est en tout ou en partie à l'extérieur; chez les autres, comme chez les oiseaux, les mammifères, il est à l'intérieur. Il sert de soutien aux autres organes; c'est de lui que dépendent les formes générales du corps et celles de ses diverses parties: il en détermine les proportions, et représente tantôt des leviers dont les muscles sont les puissances, et tantôt des cavités destinées à loger les organes essentiels à la vie, et à les garantir de l'action des corps extérieurs. Lorsque les os sont encore réunis par leurs ligaments véritables, le squelette se nomme *naturel*, et on le distingue en *frais* et en *sec*; lorsqu'au contraire ils sont joints entre eux par des moyens mécaniques étrangers, comme des fils d'archal, de laiton, de chanvre, on le nomme *artificiel*. On distingue aussi des squelettes de fœtus, d'enfant, d'adultes, de vieillards, d'homme, de femme, etc.

**SQUILLE** (zoologie) [*Squilla*].—Genre de crustacés

blanc bleuâtre ou grisâtre, un peu transparente, qui crie sous le scalpel quand on l'incise, et dont la consistance varie depuis celle de la couenne de lard jusqu'à une dureté voisine de celle des cartilages; ordinairement homogène, cette matière semble divisée en masses subdivisées en lobules qu'unit un tissu cellulaire serré. Le tissu squirreux, avec la matière encéphaloïde, constitue le cancer; il se développe particulièrement dans les intestins, le foie, les reins.

**STALACTITES** (minéralogie). — Concrétions allongées, coniques ou cylindriques, qui résultent de l'infiltration d'un liquide chargé de molécules pierreuses ou métalliques à travers les voûtes des cavités souterraines. Ces cônes ou cylindres sont creux ou pleins à l'intérieur; leur surface est tantôt lisse et tantôt hérissée de pointes cristallines; ce sont des formes accidentelles qui dépendent uniquement du mouvement lent et vertical que possédait le liquide qui a déposé ses particules.

**STALAGMITES** (minéralogie).—Gouttes qui tombent sur le sol des cavités souterraines et y forment d'autres dépôts, ordinairement mamelonnés. Quelquefois ces dépôts, en prenant de l'accroissement, vont joindre les stalactites qui pendent aux voûtes, forment par la suite d'énormes colonnes. On en voit de

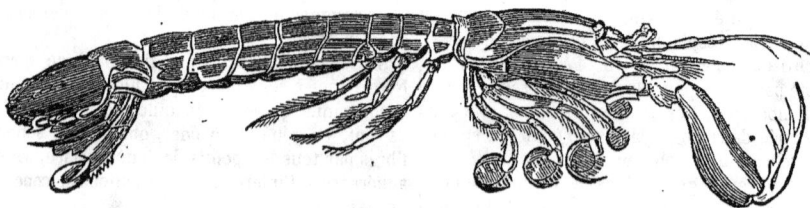

Fig. 27. — Squille.

type de de la tribu des squilliens dont les caractères sont : corps étroit, allongé, demi-cylindrique, recouvert d'un test assez mince, et composé de 12 segments; pattes ravisseuses très-puissantes, terminées par une griffe en lame de faux dentelée. Les squilles habitent les lieux sablonneux et fangeux sur les bords de la mer. Leur chair est d'un goût fort agréable.

**SQUIRRE** (pathologie) [du grec *skirrhos*, corps dur, pierre].—Tumeur dure et non douloureuse qui se forme en quelques parties du corps, et qui peut offrir la dégénérescence cancéreuse. Le squirre est formé d'un tissu anomal, accidentel, qui n'a point d'analogue parmi les tissus naturels : c'est une substance d'un

semblables dans un grand nombre de grottes calcaires, et particulièrement dans les grottes d'Auxelles et d'Arcy en France; mais de toutes les grottes de ce genre la plus célèbre est celle d'Antiparos dans l'Archipel, qui a été visitée et décrite par Tournefort.

**STAPHYLOME** (pathologie) [du grec *staphulé*, raisin].—On a donné ce nom à plusieurs affections du globe de l'œil, savoir : 1° le *staphylome de la cornée*. Cette maladie consiste dans une tumeur inégale, bosselée, bleuâtre ou blanchâtre, arrondie ou conique, dont le volume varie de celui d'une tête d'épingle à celui d'une noix, et qui est formée par la membrane cornée transparente. Celle-ci présente dans le staphylome, tantôt une grande augmentation d'épaisseur, et tantôt au contraire elle se trouve distendue et amincie; 2° le *staphylome de la sclérotique* consiste dans une tumeur noirâtre ou bleue, inégale, bosselée, accompagnée de déformation du globe de l'œil, et qui se trouve enveloppée par la sclérotique considérablement amincie. Ces deux maladies, qui reconnaissent souvent pour causes des coups, des plaies, des ophthalmies prolongées, etc., sont le plus souvent au-dessus des ressources de l'art; elles nécessitent presque toujours l'excision ou l'extirpation de l'œil; 3° le *staphylome de l'iris*. On a donné ce nom à la maladie décrite par Scarpa sous le nom de *procidence de l'iris*. Elle consiste dans une petite tumeur noire, arrondie, molle, douloureuse, formée par l'iris, engagée dans une ouverture accidentelle de la cornée transparente.

**STATIQUE** (mécanique).—Partie de la mécanique qui a pour objet les lois de l'équilibre des corps ou des puissances qui agissent les unes sur les autres.

**STATISTIQUE.**—C'est la science qui embrasse la nomenclature universelle des productions de la nature et des arts, ainsi que des connaissances humaines : c'est l'une des sciences les plus utiles à l'économie politique et industrielle; elle sert de guide au commerce en lui faisant connaître les ressources de chaque pays; elle a principalement pour objet de faire apprécier tous les éléments qui concourent à former la richesse d'un pays. La statistique paraît avoir pris naissance en Allemagne et en Angleterre, où elle a été appliquée à l'économie politique, à la géographie, à la population, aux productions, aux mouvements du commerce et de la navigation. Ce n'est pas seulement une science de chiffres, elle exige des développements et des preuves authentiques et certaines, que l'on extrait des registres publics; elle doit surtout s'appuyer sur des preuves mathématiques et géographiques autant que possible. Cette science a fait de grands progrès en Angleterre et aux États-Unis, ainsi qu'en France, où M. César Moreau a fondé la Société de statistique universelle française, qui réunit un grand nombre de membres distingués.

STATISTIQUE (économie politique). — La loi, et la raison avant elle, dit un auteur, font un devoir à tout homme qui se livre aux affaires de constater tous les ans sa situation financière; les études auxquelles il doit se livrer à cette occasion doivent le guider dans sa marche ultérieure, et diriger ses efforts sur telle partie plus faible, ou concentrer son action sur telle branche de travail plus productive. Sous une multitude de rapports, une nation doit avoir les mêmes études à faire sur son état réel; il faut donc qu'elle le connaisse, et qu'elle se livre à toutes les recherches utiles sur ce qu'elle est, matériellement parlant. De cette analogie très-facile à saisir dans les deux positions, nous tirerons une définition également claire de la statistique; ce sera pour nous : *l'inventaire d'un peuple*. En considérant la statistique de ce point de vue, il n'est personne qui n'en comprenne la haute utilité; mais il n'est personne non plus qui ne conçoive l'extrême difficulté, dans l'état actuel des lumières, d'arriver à une connaissance complète des

faits de la civilisation, et de les traduire en chiffres. Non-seulement l'égoïsme et l'ignorance sont là pour s'envelopper de ridicules mystères, mais les méthodes manquent encore à la science pour la guider dans sa marche; et par-dessus tout, les hommes à folle imagination sont là aussi pour tout brouiller, tout exagérer, pour faire fléchir les faits au gré de leurs rêves, ou mieux encore, pour les arranger systématiquement dans l'intérêt non de la vérité, mais d'opinions préconçues. Il faut bien l'avouer, les erreurs de quelques statisticiens qui se sont arrogé le monopole de la statistique, ont attiré sur elle une bonne partie du mépris dont la totalité leur est cependant bien acquise; mais ce n'est pas aux économistes de bonne foi qu'il siérait de repousser des études qui, bien faites, peuvent servir à la démonstration des principes et des vérités utiles. La difficulté, est nous l'avouons, d'arriver à la vérité et à quelque chose de complet en matière de statistique. Mais jamais, pour les hommes courageux et éclairés du moins, le mot difficulté n'a été pris pour le mot impossibilité. Il s'agit de vouloir, avant tout, et d'arriver progressivement, si ce n'est à la certitude mathématique, au moins à ce qui en approche. Les gouvernements ont à leur disposition des moyens d'une force immense, et quand ils voudront invoquer le secours des hommes éclairés et de bonne volonté, ils en trouveront partout dans notre patrie, dévoués, ardents, pleins de verve et de patriotisme véritable, toujours prêts à payer de leur personne quand de fâcheux soupçons ne viennent pas glacer le zèle. C'est par une habile division dans ce travail même, par des contrôles multipliés, qu'on peut obtenir de bons renseignements statistiques.

**STATUE** (beaux-arts) [du lat. *stare*, être debout]. — Figure fondue en bronze, ou sculptée en marbre, en pierre, en bois. Si l'on voulait avoir égard à l'étymologie, on ne devrait appeler *statues* que des figures droites, et laisser le nom générique de figures à celles qui sont assises ou couchées; mais l'usage veut qu'on appelle *statue*, toute figure sculptée, debout ou assise, d'une proportion approchante de la proportion naturelle, et au dessus, et *figure*, toute figure sculptée dans la proportion de demi-nature et au dessous.

*Statue pédestre* : c'est une statue en pied ou debout.

*Statue équestre* : c'est celle qui représente un homme à cheval.

*Statue curule* : c'est celle qui représente un homme dans un char, comme on en a vu dans les cirques et dans les hippodromes anciens.

*Statue allégorique* : c'est celle qui, sous le symbole de la figure humaine, représente des fleuves, des divinités, etc.

*Statue hydraulique* : c'est celle qui sert d'ornement à une fontaine, et qui fait l'office de jet ou de robinet par quelqu'une de ses parties.

*Statue colossale* : c'est celle qui est beaucoup plus haute que nature, comme le colosse de Rhodes, et l'ancienne *statue* de Néron.

*Statue persique* : c'est toute figure d'homme qui fait l'office de colonne sous un entablement.

*Statue cariatide* : c'est la *statue* d'une femme qui fait également l'office d'une colonne.

*Statue grecque* : cette expression signifie, en termes d'antiquaire, une statue nue et antique, comme les Grecs représentaient leurs divinités, leurs héros, leurs athlètes.

*Statue romaine* : les savants donnent ce nom aux statues qui sont vêtues, et qui reçoivent différents noms, suivant le genre de leurs habillements.

Les premières statues furent élevées en Egypte, et elles furent un hommage rendu à la religion. Des sphinx décoraient l'entrée des temples du Soleil et de la Lune, et dans l'intérieur il y avait aussi des statues de lion, à cause de l'entrée du soleil dans le signe du lion, au temps du débordement du Nil, principe de la fertilité des terres que ce fleuve arrosait. Osiris fut honoré, après sa mort, sous la forme d'une génisse, pour avoir enseigné l'agriculture. Les Israélites élevèrent le serpent d'airain.

Les Grecs et les Romains eurent de bonne heure le goût des statues, et ils en remplirent les édifices sacrés. Dans les uns étaient placées les images des dieux et des demi-dieux, et dans les autres on voyait celles des héros, des législateurs et bienfaiteurs de la patrie; les femmes mêmes qui lui avaient rendu quelques services, en éprouvaient la même reconnaissance.

Dans la suite, le nombre des statues s'accrut à un degré qui paraîtrait incroyable, s'il n'était attesté par tous les historiens de l'antiquité. Sans parler de l'Attique et de la ville même d'Athènes, qui fourmillaient en ce genre d'ouvrages, la seule ville de Milet en Ionie en rassembla une si grande quantité, que, lorsqu'Alexandre s'en rendit maître, il ne put s'empêcher de demander où étaient les bras de ces grands hommes, quand les Perses les subjuguèrent.

A Rome, la multitude des statues était si grande, qu'en l'an 590 de sa fondation, les censeurs P. Cornélius Scipion et M. Pompilius, se crurent obligés de faire ôter des marchés publics les statues des particuliers qui les remplissaient, attendu qu'il en restait encore assez pour les embellir, en laissant subsister celles des citoyens qui en avaient obtenu le privilège par des décrets du peuple et du sénat.

Cette passion pour les statues s'accrut encore sur la fin de la république, ainsi que sous le règne d'Auguste et de ses successeurs. L'empereur Claude fit des lois inutiles pour la modérer. Les statues de prix étaient si nombreuses qu'il fallut des officiers pour garder nuit et jour ce peuple de statues et ces troupeaux de chevaux dispersés dans toutes les rues, palais et places publiques de la ville.

En France, sous les première, seconde et troisième races, jusqu'au règne de Louis XIII, si l'on faisait la statue d'un roi, ce n'était que pour la placer sur son tombeau, ou au portail de quelque grand édifice, ou dans quelque maison royale. La statue équestre de Henri IV est le premier monument public de cette espèce qu'on ait élevé à la gloire des rois de France. Voy. *Sculpture.*

**STEEPLE-CHASE** [mot anglais qui signifie chasse au clocher]. — Le *steeple-chase*, dit M. E. Aubin, est un des plaisirs favoris de la fashion parisienne. Quand les arbres se couvrent de leurs premières feuilles, la Société d'encouragement, le *Jockey-club*, si on aime mieux l'appeler par son nom populaire, fait un appel à tous les habitués du *turf* parisien, soit pour les courses du printemps au Champ-de-Mars, soit pour un *steeple-chase* à la Croix de Berny, à la Marche ou sous les beaux arbres du domaine de Chantilly. Au jour indiqué, quelque temps qu'il fasse, les boulevards sont sillonnés d'un nombre inaccoutumé de voitures; des chaises de poste passent au grand galop avec leur attelage de cordes; la rue Bréda et le faubourg Saint-Germain émigrent en masse pour le terrain des courses. Cherchez-vous d'où vient ce vertige? Ce sont tous les entraînements à la mode réunis. Ces dames vont montrer leurs toilettes et leurs équipages; ces jeunes gens vont lorgner les grisettes ou saluer de loin les comtesses : beaucoup se rendent là comme à tous les spectacles, pour voir le luxe, pour en repaître leurs yeux; quelques-uns s'y ennuient à périr et se désoleraient de n'y pas aller, parce qu'il faut faire comme tout le monde; d'autres encore vont aux courses comme un joueur va à la Bourse, pour se donner des émotions, pour s'enrichir, ou se ruiner. Au milieu de la cohue, nous ne doutons pas qu'il n'y ait aussi quelque véritable amateur, venu là tout exprès pour voir la course. Pour nous, nous aimons tout ce qui touche à l'amélioration des races, nous traitons un *steeple-chase* comme nous traiterions un combat de coqs ou une course de taureaux, c'est-à-dire comme un spectacle, et nous croyons, sans manquer de respect à la Société d'encouragement, que la plupart de nos lecteurs penseront comme nous, qu'un *steeple-chase* est plutôt le prétexte d'une gravure que le sujet d'une dissertation.

**STÉGANOGRAPHIE** (diplomatique) [du grec *stéganos*, couvert, caché, et de *grapho* écrire : écriture cachée]. — L'art d'écrire d'une manière obscure, soit en chiffres, soit en signes, de sorte qu'on ne puisse être entendu que de son correspondant.

Polybe rapporte qu'un nommé Ænéas le tacticien avait inventé vingt manières d'écrire en *stéganographie*. Trithème a travaillé sur ce sujet; Jean-Baptiste Porta, Vigenete, le P. Niceron, Gaspard Schot, Wolfand, Ernest Eidel se sont également exercés sur l'art *stéganographique*. S'Gravesande a fait un petit traité dans lequel, après avoir donné les règles générales de la méthode analytique, et de la manière de faire usage des hypothèses, il applique avec beaucoup de clarté ces règles à l'art de déchiffrer.

**STELLÉRIDES** (zoologie) [de *stella*, étoile]. — Nom donné par Lamarck à une section de l'ordre des Échinodermes, correspondant aux *Astéries* ou *Etoiles de mer.*

**STÉNARITHMIE** (mathématiques) [du grec *sténos*, abrégé, et *arithmos*, nombre.] — Nom donné à un ouvrage assez récent d'Arithmétique abrégée, publié par Mallet Bachelier. Ce livre dont le succès a été marqué par l'épuisement rapide de la première édition, qui s'est écoulée en moins d'un an; par une approbation très-élogieuse de la société des Institu-

STÉ

teurs du département de la Seine, et par une médaille d'or de la Société des sciences industrielles, arts et belles lettres de Paris, devrait être connu de tous les professeurs; il répond parfaitement à son titre, car il donne des méthodes de calculs extrêmement remarquables par leur simplicité, et qui s'appliquent aux opérations les plus difficiles : il contient, notamment, sept manières différentes de faire la multiplication ; la division n'exige que de simples multiplications ; le calcul des racines, surtout, est tellement simplifié qu'il se réduit à des divisions, de sorte qu'on les obtient quelquefois plus promptement par les moyens de la sténarithmie qu'en se servant de logarithmes.

Une autre conséquence découle naturellement de ces méthodes abrégées : c'est qu'elles donnent au calcul de tête des ressources qu'on n'avait pas prévues jusque là; aussi le traité dont il s'agit renferme-t-il, à cet égard, des préceptes qui permettent de trouver, sans le secours de la plume, des résultats qu'il serait impossible d'obtenir par des moyens ordinaires.

Quelques notions de sténarithmie ont déjà été données dans ce dictionnaire au mot *arithmétique abrégée*, en ce qui concerne les opérations sur le papier; les développements ci-après se rapportent particulièrement au calcul mental et complètent ainsi les indications nécessaires pour donner un aperçu des ressources que l'on peut trouver dans la sténarithmie.

### ADDITION.

L'addition de deux nombres se fait en ajoutant à l'un une quantité que l'on retranche de l'autre, de manière à former un nombre rond.

Exemple : quel est le total de 48 plus 63?

En ajoutant 2 à 48, on a 50, et en retranchant 2 de 63, il reste 61; or 50 et 61 font 111, c'est le total demandé.

$$
\begin{aligned}
&\text{De même } 52 + 44 \\
&\text{ou} \quad 50 + 46 = 96 \\
&\qquad 426 + 337 \\
&\text{ou} \quad 430 + 333 \\
&\text{ou} \quad 400 + 363 = 763 \\
&\qquad 1752 + 198 \\
&\text{ou} \quad 1750 + 200 = 1950
\end{aligned}
$$

Quand il y a trois nombres à additionner, on fait d'abord le total de deux, auquel on ajoute le troisième.

$$
\begin{aligned}
&\qquad 52 + 87 + 426 \\
&\text{ou} \quad 50 + 89 + 426 \\
&\text{ou} \qquad 139 + 426 \\
&\text{ou} \qquad 140 + 425 \\
&\text{ou} \qquad 100 + 465 = 565
\end{aligned}
$$

### SOUSTRACTION.

On donne le nom de *minuende* au nombre dont il faut retrancher, et celui de *minuteur* à la quantité qu'il s'agit de soustraire; l'opération se fait en ajoutant à chaque terme un même nombre; ce qui n'altère pas le résultat.

Ainsi pour déduire 49 de 125, on ajoute 1 à chacun de ces nombres, ce qui donne 50 et 126; ajoutant encore 50 à ces deux derniers, il vient 100 et 176 qui ne présentent plus aucune difficulté : 176—100=76.

Voici d'autres exemples :

$$
\begin{aligned}
&\qquad 743 - 525 \\
&\text{ou} \quad 748 - 530 \\
&\text{ou} \quad 818 - 600 = 218 \\
&\qquad 1243 - 997 \\
&\text{ou} \quad 1246 - 1000 = 246
\end{aligned}
$$

### MULTIPLICATION.

Parmi les divers modes de multiplication que fournit le sténarithmie, le plus simple consiste à doubler, tripler, ou décupler le multiplicande, et à faire subir au résultat la correction nécessaire, s'il y a lieu.

Pour multiplier par 2 on double le multiplicande:

$$123 \times 2 = 123 + 123 = 246$$

Pour multiplier par 3 on ajoute 2 fois le multiplicande à lui-même:

$$
\begin{aligned}
123 \times 3 &= 123 + 123 + 123 \\
\text{ou} \quad &= 246 + 123 = 369
\end{aligned}
$$

Par 4, il faut doubler 2 fois :

123 et 123 font 246
246 et 246 font 492

Par 5 : on ajoute mentalement un zéro et l'on prend ensuite la moitié :

$$123 \times 5 = \text{la moitié de } 1230 = 615$$

Par 6 : on commence par tripler et l'on double ensuite :

$$123 \times 6 =$$
123 et 123 font 246
246 et 123 font 369
369 et 369 font 738

Par 7 : après avoir trouvé le produit par 6, on y ajoute le multiplicande, ce qui donne :

738 et 123 = 861

Il est bien entendu que pour ces calculs, on fait usage des moyens de facilité indiqués au titre de l'addition.

Par 8 : on double 3 fois :

Par 9 : on ajoute un zéro, et l'on retranche ensuite le dividende :

$$123 \times 9 = 1230 - 123 = 1107$$

Par 10 : ajouter un zéro;

Par 11 : ajouter un zéro, puis le multiplicande :

$$123 \times 11 = 1230 - 123 = 1353$$

Par 12 : prendre 3 fois le multiplicande et doubler ensuite 2 fois :

123 et 123 font    346
246 et 123 font    369
369 et 369 font    738
738 et 738 font   1476

Par 13 : ajouter 3 fois le multiplicande à son décuple ;

Par 14 : doubler 2 fois et additionner avec le décuple ;

Par 15 : tripler, ajouter un zéro et prendre la moitié ;

Par 16 : doubler 4 fois ;

Par 17 : doubler 4 fois et ajouter le multiplicande ;

Par 18 : doubler, ajouter un zéro, retrancher le double ;

Par 19 : doubler, ajouter un zéro, retrancher le multiplicande ;

Et ainsi de suite.

La sténarithmie a d'autres moyens de multiplication ; par exemple : le carré de la demi-somme moins le carré de la demi-différence des facteurs ; le calcul séparé des dizaines et des unités ; l'emploi de produits partiels, connus à l'avance, tels entre autres, que 111, qui proviennent de $37 \times 3$ :

$$
\begin{array}{ll}
222, & \text{de } 37 \times \phantom{0}6 \\
333, & \text{de } 37 \times \phantom{0}9 \\
444, & \text{de } 37 \times 12 \\
555, & \text{de } 37 \times 15 \\
666, & \text{de } 37 \times 18 \\
777, & \text{de } 37 \times 21 \\
888, & \text{de } 37 \times 24 \\
999, & \text{de } 37 \times 27 \\
1001, & \text{de } \begin{cases} \phantom{0}7 \times 143 \\ 11 \times \phantom{0}91 \\ 13 \times \phantom{0}77 \end{cases}
\end{array}
$$

Si l'on avait à multiplier 77 par 13, on saurait, après avoir étudié ce tableau, que le produit est 1001 ;

Par conséquent 77 par 14 donnerait $1001 + 77 = 1078$
78 par 13        $1001 + 13 = 1014$

Voir à ce sujet les développements contenus dans le traité.

### DIVISION.

Le calcul de tête n'est pas plus difficile pour la division que pour la multiplication, puisqu'on peut remplacer l'une par l'autre. Si l'on avait à diviser 183 par 13 on pourrait chercher par quel nombre il faut multiplier 13 pour avoir 183, ou pour en approcher le plus possible : 13 par 10 donnent 130, par 5 de plus ce serait $130 + 65$ ou 195 ; mais 183 a 12 de moins, donc 183 divisé par 13 égale 15 moins 12 ou 14 plus 1.

Lorsque le diviseur approche d'un nombre rond de dizaines, le calcul est très-facile : ainsi 1234 à diviser par 99 donne 12 centaines et 34 unités ; or 12 centaines valent 12 fois 99 et 12 fois 1 ; le quotient est donc 12 et le reste $34 + 12$ ou 46.

S'il fallait diviser 1234 par 199 on ferait ce raisonnement : dans 1234 il y a 12 centaines et 34 ; or 1200 valent 6 fois 200, le quotient est donc 6 et le reste $34 + 6 = 40$.

VII.

Pour trouver le nombre d'or de 1859, après avoir ajouté 1 à ce quantième, ce qui fait 1860, qu'il s'agit de diviser, par 19, on prend la moitié des dizaines de ce nombre ; c'est 93 ; mais 93 sont des vingtaines ; elles valent donc 93 fois 19 et 93 fois 1 ; opérant sur ces 93, comme on a fait pour 1860, on a 4 au quotient. Les restes sont 13 et 4 : le nombre d'or est donc $13 + 4 = 17$.

Le calcul de l'épacte se fait mentalement avec la même facilité : on retranche 1 du nombre d'or, il reste 16 qui, multipliés par 11, donnent 176, car 10 fois 16 font 160, et en ajoutant 16 à ce dernier, il vient 176. Pour diviser par 30, on prend le tiers des 17 dizaines ; on a 5 et il reste 2 dizaines qui avec les 6 unités de 176 font 26, c'est l'épacte.

On divise 475 par 23 de la manière suivante : 2 fois 23 font 46 ; 20 fois 23 font 460 : le quotient est donc 20 et le reste 15.

### PUISSANCES ET RACINES.

Le calcul des carrés se fait en retranchant d'une racine une quantité que l'on ajoute à l'autre racine : le produit des deux racines ainsi modifiées, plus le carré du nombre qui a servi à ces modifications, forment le carré cherché.

Ainsi pour avoir le carré de 12, au lieu de multiplier 12 par 12, on multiplie $12 - 2$ par $12 + 2$, c'est-à-dire 10 par 14, il vient 140, à quoi ajoutant 4, carré de 2 : on trouve 144.

De même $13 \times 13$ est égal à

$$
\begin{array}{rcl}
(13-3) \times (13+3) + 3^2 &=& 169 \\
14 \times 14 = (18 \times 10) + 4^2 &=& 196 \\
15 \times 15 = (20 \times 10) + 25 &=& 225 \\
16 \times 16 = (22 \times 10) + 36 &=& 256 \\
43 \times 43 = (46 \times 40) + \phantom{0}9 &=& 1849 \\
44 \times 44 = (50 \times 38) + 36 &=& 1936 \\
96 \times 96 = (100 \times 92) + 16 &=& 9216
\end{array}
$$

Pour appliquer ce procédé à un nombre de 3 chiffres, on fait d'abord le carré des deux derniers ; par conséquent

$$543 \times 543 = (586 \times 500) + 1849 = 294\,849$$

On passe ensuite à un quatrième chiffre.

$$8543^2 = (9086 \times 8000) + 294\,849 = 72\,692\,849$$

On obtient la racine carrée en divisant le nombre donné par une racine approximative : la demi-somme du diviseur et du quotient est égale à la racine.

Exemple. Quelle est la racine carrée de 968 ? Ce nombre a nécessairement deux chiffres à sa racine et celui des dizaines est un trois ; on divise 968 par 30, il vient 32 : or la moitié de $30 + 32 = 31$ ; c'est donc 31 qui est la racine demandée.

Si l'on voulait avoir cette racine à moins d'un dixième, il faudrait ajouter deux zéros et diviser par 300, on aurait

$$\frac{96800}{300} = 322 \text{ et } \frac{322+300}{2} = 31,1$$

Pour trouver la racine cubique, il faut diviser le nombre proposé par une racine évaluée approximativement; diviser le premier quotient par la même racine approximative, enfin prendre le tiers des deux diviseurs et du dernier quotient.

Exemple. Calculer la racine cubique de 76 660 : en supposant que ce soit 40, on prend le quart de 7 666 qui est de 1916 ; et le quart de 191 qui est 47 ; or

$$\frac{40+40+47}{3} = 42$$

S'il y avait une différence trop grande entre le dernier quotient et le diviseur, il faudrait recommencer l'opération en employant pour diviseur le nombre trouvé.

Supposé qu'on cherche la racine cubique de 124 800 et qu'on ait divisé deux fois par 40, on trouve 1° 3120 ; 2°, 78 ; or

$$\frac{40+40+78}{3} = 52$$

Comme la différence entre 40 et 78 est très-forte, il convient d'employer comme diviseur 52 ou mieux 50, qui est plus facile ; on obtient ainsi 124 80 divisé par 5 ou, en doublant les deux termes, 24 960 par 40 égale, 2496 ; puis 2496 par 50 ou, en doublant encore, 4992 par 100 égale 49.

Enfin,

$$\frac{50 \times 50 \times 49}{3} = 49$$

Donc la racine est 49.

On trouve la racine quatrième en divisant 3 fois par un nombre approché, et en prenant le quart des trois diviseurs et du dernier quotient.

Trouver la racine quatrième de 12959800.

Supposé que cette racine soit 60 : il suffit de prendre le sixième 3 fois de ce nombre, en supprimant chaque fois un chiffre à droite. Exemple :

```
Un 6°....   12 959 800
            2 159 96
2°........    359 9
3°........     59
60 + 60 + 60 + 59
```
$$\frac{60 + 60 + 60 + 59}{4} = 59, \text{qui est la racine.}$$

Il en est de même pour toutes les puissances : ainsi on aura la racine 5e de 130692300, en prenant 4 fois le quart, et supprimant un chiffre chaque fois, parce que cette racine doit approcher de 40 :

```
            130 692 300
 1/4         32 673 07
 1/4          8 168 2
 1/4          2 042
 1/4            51
40 + 40 + 40 + 40 + 51     211
```
$$\frac{40 + 40 + 40 + 40 + 51}{5} = \frac{211}{5} = 42, \text{racine}$$

On est émerveillé de trouver avec autant de facilité des résultats que les anciennes méthodes ne permet-

taient d'obtenir qu'à la suite d'une longue étude, et par des procédés tellement compliqués que, sur cent élèves qui les avaient appris, il y en avait à peine 2 ou 3 qui, au bout de quelques années, fussent en état de s'en servir. (Voir le mot *Arithmétique abrégée*.)

GOSSART.

**STÉNOGRAPHIE** [du grec *stenos*, abrégé, et *graphein*, écrire]. — Écriture abrégée dont l'objet principal est de recueillir les discours improvisés. On l'utilise avec beaucoup d'avantage dans les chambres législatives, dans les tribunaux, dans les cours publics, et si l'usage en était plus répandu, elle rendrait de très-grands services dans la correspondance par lettres privées, commerciales et administratives.

Quelque habile que soit un écrivain, il ne pourrait, avec l'alphabet ordinaire, suivre la parole d'un orateur; la transcription d'un discours exige généralement six fois le temps qui a été employé à le prononcer.

Il faut donc que la sténographie abrège de cinq sixièmes sur l'écriture usuelle, autrement elle serait insuffisante.

La méthode qui fait l'objet de cet article est extraite d'un traité qui se trouve chez Mallet-Bachelier; elle paraît susceptible d'atteindre le degré de vitesse nécessaire : sans cesser d'être lisible, elle se trouve réduite à peu près à un simple trait pour chaque syllabe, et on reconnaîtra que c'était une condition essentielle; car l'intonation d'une phrase nécessite autant de mouvements des organes vocaux qu'il se trouve de syllabes dans les mots qui la composent, il faut donc que la main, pour qu'elle puisse accompagner la parole, n'ait aussi à faire qu'un mouvement par syllabe.

Cette remarque fait voir, en outre, la nécessité de baser la sténographie sur la langue parlée et non sur la langue écrite, de renoncer, par conséquent, à l'orthographe, qui s'écarte très-souvent de la prononciation.

En figurant les mots d'après le son qui leur est propre, on simplifie d'ailleurs l'écriture et on évite quelquefois des quiproquos. Les expressions *bis* (couleur ou répétition), *vis* (du verbe voir ou pièce de mécanique), *fier* (confiance ou orgueil), *excellent* (très-bon ou troisième personne plurielle du verbe exceller), en sont des exemples.

Le sténographe écrit donc :

| | |
|---|---|
| Du pain bis | par : du pin bi. |
| Numéro dix bis, | — numéro dis bis. |
| Dès que je le vis, | — dè q j l vi. |
| Vis de pression, | — vis d présion. |
| Se fier, | — s fié. |
| Faire le fier, | — fer l fier. |
| Homme excellent, | — om exélan. |
| Ils excellent, | — ilz éxèl. |

D'un autre côté, les termes homonymes, dont l'orthographe est différente dans l'usage ordinaire, se trouvent écrits en sténographie avec les mêmes lettres. Ainsi *vers* (poésie), *vert* (couleur), *verre* (glace), s'écrivent tous *ver*; il en est de même des mots *pain* (aliment), *pin* (arbre), et de beaucoup d'autres. Ces noms se distinguent parfaitement dans le dialogue et n'offrent pas plus de difficulté lorsqu'ils sont sténographiés.

Pour faciliter autant que possible aux élèves l'étude des abréviations, on les a présentées dans plusieurs chapitres successifs en procédant toujours du connu à l'inconnu; il est donc essentiel de ne passer à une nouvelle leçon que quand la précédente sera bien comprise.

La première réforme qui se présente à l'esprit, c'est de supprimer les *lettres muettes*. Qui ne sent, en effet, que dans une écriture abrégée, il serait absurde de tracer cinq lettres pour le mot *homme*, puisque les deux lettres *om* ont absolument la même valeur phonétique? Cette règle, appliquée à l'*e muet*, réduit à une seule lettre les monosyllabes *le*, *me*, *que*, etc. Exemples.

broc, tabac, perd, père, le, me, clef, huit,
bro taba per pèr l m clé uit

fils, paon, trop, dîner, mis, plat, que, nez.
fi pan tro diné mi pla q né

Par la même raison, on se dispense de redoubler les consonnes. Exemples :

abbé, accru, effort, aggravé, elle, homme, donné,
abé accru éfor agravé él om doné.

*Alphabet.* — On a vu que les mots, en sténographie, doivent toujours être représentés conformément à leur prononciation. Cette condition exige que les lettres de l'alphabet conservent toujours la même valeur, ce qui n'a pas lieu dans l'écriture ordinaire. Ainsi le *c* de *second* s'articule *g*; dans *cèdre* il sonne comme un *s*; on doit donc remplacer le premier par un *g* et le second par un *s*.

De même on substitue

*j* au *g* de cage, rouge;
*y* au *l* de bail, rouille;
*n* au *m* de bombe, temple;
*z* au *s* de base, muse;
*s* au *t* de nation, position;
*v* au *w* de wallon, waggon;
*s* au *x* de Bruxelle, Auxerre;
*z* au *x* de deuxième, sixain;
*i* à l'*y* de syllabe, type.

Cette manière d'écrire, qui paraît ridicule avec les lettres ordinaires, n'a pas le même inconvénient en sténographie où elle est au contraire indispensable.

En poussant plus loin encore les investigations, on s'aperçoit que la langue française a des sons et des articulations; c'est-à-dire des voyelles et des consonnes qui n'ont pas, dans l'alphabet, de caractères qui leur soient propres : *ou* est un son simple, indivisible, ce n'est pas une diphtongue, mais une voyelle, et comme elle n'a pas de signe, le sténographe se trouve obligé d'en créer un. Il en est de

même des sons *an*, *on*, *eu*, *in*, *un*. Les lettres *ch* et *gn* des mots *chaise* et *agneau* représentent aussi des articulations simples et ne doivent pas se figurer de la même manière que dans *chœur* et *agnus*.

Enfin il existe en français des articulations composées analogues au Ψ des Grecs; ce sont *st* de *stage*, *sp* de *spectacle*, *sph* de *sphinx*, *sc* de *scander*; il est utile de leur attribuer des signes particuliers.

Par suite de ces considérations, l'alphabet se compose de 12 voyelles et de 24 consonnes; parmi ces dernières, il en est qui, produites par les mêmes organes, présentent de la similitude, et que, pour cette raison, on a rapprochées en leur donnant l'épithète de faibles ou de fortes : *b* et *p*, par exemple, résultent toutes les deux du mouvement des lèvres; ce sont des labiales; *p* est la forte, *b* la faible : on a été amené ainsi à changer l'ordre alphabétique.

Voici le tableau de ces dénominations.

| | | | |
|---|---|---|---|
| palatales | *l* | *r* | *y* |
| dentales | *t* | *d* | *st* |
| labiales | *p* | *b* | *sp* |
| sifflantes | *s* | *z* | *x* |
| nasales | *n* | *m* | *gn* |
| gutturales | *k* | *g* | *sc* |
| soufflantes | *f* | *v* | *sf* |
| linguales | *j* | *ch* | *h* |

Les voyelles sont a, o, an, on, é, ou, e, eu, i, u, in, un.

Et les consonnes, savoir :

| | | | | | | | |
|---|---|---|---|---|---|---|---|
| primitives | l | t | p | s | n | q | f | j |
| similaires | r | d | b | z | m | g | v | ch |
| dérivées | y | st | sp | x | gn | sc | sf | h |

Il est essentiel que les élèves sachent énoncer toutes les lettres l'une après l'autre sans hésitation.

Ils se rappelleront facilement l'ordre des voyelles en apprenant par cœur la phrase suivante où elles sont rangées comme dans l'alphabet.

AmO, dANs sON d'ÉgOUt, quE vEUt-Il?
dU pAIN brUN?

Les consonnes primitives et similaires sont également contenues, selon leur disposition alphabétique, dans les deux vers suivants, à la première lettre de chaque mot : il faut aussi que l'élève apprenne ces deux vers :

La Tempête Paraît Sur Nous Qui Fort Joyeux,
Ravis D'un Bon Zéphyr, Marchions Gais Vers Charpieux.

Il y aurait un grand avantage pour la typographie à adopter cet alphabet; il ne contient pas plus de lettres que celui dont on se sert maintenant, puisqu'il n'a pas *à*, *â*, *û*, *ù*, *û*, etc. Le nombre des caractères nécessaires à l'impression serait réduit de moitié environ, ce qui, en diminuant dans la même proportion le prix des livres, donnerait à la librairie un nouvel essor.

On trouverait facilement des signes pour les lettres

nouvelles ; par exemple le *w* qui dans plusieurs langues se prononce *ou* remplacerait ces deux lettres ; les nasales *an, on, in, un* pourraient se figurer par *à, ó, i, ù* ; *eu* par l'*e muet* seul, qui deviendrait inutile ; *c* prendrait le son de *ch* qu'il a dans la langue italienne et on mettrait *q* pour le son *k*; *gn* seraient remplacés par *ñ* comme dans l'espagnol ; *st, sp, sf* n'exigeraient qu'une petite modification aux lettres *t, p, f*, enfin *se* seraient remplacés par *k*.

On rend l'écriture plus rapide en supprimant le point de l'*i* et du *j*, la sécante du *t* et du *f*, ainsi que les apostrophes.

Cet alphabet permet de figurer avec deux lettres seulement les mots :

|  |  |  |  |  |
|---|---|---|---|---|
| *tant* | *bout* | *ceux* | *qu'un* | *chat* |
| tà | bw | se | qù | ca |

Et avec trois les mots :

|  |  |  |
|---|---|---|
| *heureux* | *danse* | *chante* |
| ere | dàs | càt |

*Contractions.* — Des abréviations importantes ont déjà été obtenues par suite des remarques renfermées dans ce qu'on vient de lire, et il est évident que l'écriture, comme peinture de la parole, n'a rien perdu de sa fidélité.

En faisant attention que le *l* et le *r* se trouvent souvent joints à d'autres consonnes dont ils ne font, en quelque sorte, que modifier la prononciation, comme dans *gland, grand,* par exemple, où le *g* est la consonne essentielle, *l* et *r* ne s'y présentent que comme accessoires, on est fondé à les retrancher si, en même temps, pour avertir les yeux de cette suppression, on fait subir au *g* un changement analogue, pour ainsi dire, à celui qui se manifeste aux oreilles.

Un plein plus prononcé suffit dans cette circonstance ; on distinguera celui du *l* en mettant un accent aigu au-dessus du signe. Ex. 3.

|  |  |  |  |
|---|---|---|---|
| *plus* | *trop* | *clou* | *plomb* |
| **p**u | **t**o | **q**w | **p**ò |

La même règle s'applique aux voyelles lorsqu'elles sont suivies d'un *l* ou d'un *r* qui termine la syllabe. Ex. 4.

|  |  |  |  |
|---|---|---|---|
| *fer* | *dur* | *paul* | *miel* |
| fe | d**u** | p**o** | mie |

Quand la lettre *e*, au commencement des mots, est suivie de *st, sp, x, sc*, on la supprime sans inconvénient pour la lecture : au lieu de *estime, espèce, exercice, escadre*, on met donc, *stime, spèce, xercice, scadre*. Ex. 5.

On se dispense également de figurer les consonnes qui, à la fin d'un mot, se font entendre sur le suivant lorsque ce dernier commence par une voyelle ou un *h* muet. Ex. 6.

|  |  |  |
|---|---|---|
| *tabac à fumer,* | *grand* | *homme* |
| taba a fume | **g**à | om |

Le *h muet* se supprime toujours. Quand il est *aspiré* on est libre de l'écrire ou de l'omettre, c'est ce dernier mode qui est suivi le plus généralement.

*Alphabet de positions.* — L'écriture se forme, en général, par le placement successif des lettres sur une ligne horizontale, tracée ou supposée. Quelques signes s'écartent néanmoins de cette ligne, ainsi l'apostrophe s'écrit au dessus, le *j*, le *g*, et quelques autres lettres descendent au dessous. De plus, en passant d'un mot à un autre, on laisse un intervalle blanc. Chaque position a, par conséquent, une valeur déterminée, et rien n'empêche de s'en servir pour indiquer les lettres de l'alphabet. Ainsi, en supposant qu'on utilise la place de l'apostrophe pour exprimer la lettre *a*, il suffira d'y écrire un *l* pour former le mot *la* ; un *m* à la même position signifierait *ma*, et on aurait par ce moyen figuré avec une seule lettre un mot qui en contient deux. Les mots *la, ma*, par

$$lm.$$

exemple, s'écriraient ainsi :

De cette manière on peut employer six positions.

Les voici :　　1$^{re}$　2$^e$
　　　　　3$^e$　4$^e$
　　　　　　5$^e$　6$^e$

La première, celle de l'apostrophe, est au dessus de la ligne d'écriture.

La seconde, au dessus de la ligne également, avec intervalle. Dans l'écriture ordinaire, on y met les renvois.

La troisième sur la ligne d'écriture. Elle sert pour le placement successif des lettres d'un même mot ; ainsi dans le substantif *duc*, l'*u* et le *c* sont à la troisième position.

La quatrième est pareillement sur la ligne d'écriture après un espace blanc. Elle correspond à l'endroit où se recommence habituellement un mot relativement à la dernière lettre de celui qui précède. Par exemple, dans la phrase : l'*étude corrige les mœurs*, le *e*, le *l* et le *m*, sont à la quatrième position.

La cinquième est au dessous de la ligne d'écriture ; dans le type ordinaire on y met la cédille du *ç* : on peut dire aussi que les lettres *g, j, p, q, y*, au milieu des mots, s'y trouvent placées par leur corps inférieur.

La sixième position se trouve également au dessous de la ligne, mais à distance.

Ces six positions, bien distinctes, peuvent donc tenir lieu de lettres, voyelles ou consonnes.

L'alphabet comprenant douze voyelles, chaque position servira pour deux : la première voyelle de chaque position sera indiquée par un accent grave, la seconde par un accent aigu.

*Voyelles attribuées à chaque position.*

| | | | |
|---|---|---|---|
| 1$^{re}$ position : | a, o ; | 2$^e$ : | an, on ; |
| 3$^e$ : | é, ou ; | 4$^e$ : | e, eu ; |
| 5$^e$ : | i, u ; | 6$^e$ : | in, un. |

Il suffit d'écrire à la position convenable l'accent

propre à une voyelle, lorsque, seule, elle forme un mot. Ex. 8.

a o an on é ou e eu i u in un

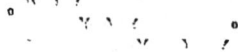

*Syllabes.* — Pour les syllabes composées d'une consonne et d'une voyelle, on trace la consonne seule sur la position propre à la voyelle, et si cette dernière lettre est une de celles qui se désignent par un accent grave, cet accent est supprimé : l'accent aigu seul se conserve.

Par conséquent les mots *la, ta, sa, ma* se figurent par les lettres *l, t, s, m,* à la 1ʳᵉ position, et les mots *lot, tôt, saut, mot* par les mêmes lettres à la même position avec l'accent aigu à leur suite. Ex. 9.

l t s m l, t, s, m,
la, ta, sa, ma ; lot, tôt, saut, mot.  ;

Ainsi pour les autres. Ex.

l t s l, t, s,
lent, tant, sang, long, ton, son.

qp                m, mt            vs,
capacité    t  momentané    n jouvenceau j,
    s

Lorsque deux consonnes appartiennent à la même syllabe, on les réunit par une liaison. Ex. 30.

Dans les syllabes où il entre une diphthongue, on écrit la consonne sur la position de la première voyelle et on trace la seconde à la suite en la liant. Ex. 33.

Les six positions destinées aux voyelles peuvent aussi remplacer avantageusement les consonnes pour simplifier l'écriture ; mais cette dernière application sera réduite à deux cas : 1° Aux particules *le, te, de, se, me, que, je,* lesquelles ne se composent que d'une consonne, puisque l'*e muet* ne s'écrit pas en sténographie. Chacune de ces particules s'indiquera par un point à la position fixée pour la consonne qui lui est propre. 2° Aux monosyllabes terminés par une consonne, tels que *or, il, air, art* : pour ces mots on écrira la voyelle seule, et sa place fera connaître la consonne terminale. Ex. 31.

*Consonnes attribuées à chaque position.*

1ʳ position :  l,  r,  y ;    2° :  t,  d,  p,  b ;
3° :       s,  z,  x ;    4° :  n,  m ;
5° :       q,  g ;       6° :  f,  v,  j, ch.

Chaque position a plusieurs consonnes, et pour distinguer celle qu'indique le point, on fera ce point petit pour la première consonne ; plus gros pour la seconde ; encore plus gros pour la troisième : au reste on ne doit pas attacher d'importance à ces dimensions du point, attendu que les particules auxquelles il s'applique sont toujours dépendantes des autres mots contenus dans les phrases où elles se rencontrent, et

qu'il n'est jamais possible, à cet égard, de faire confusion. Ex. 13.

lry t d p bszx n mqg f v j ch

On se convaincra de l'exactitude de cette assertion en lisant les exemples du numéro 33.

Pour les monosyllabes à l'égard desquels les voyelles initiales sont seules figurées, on peut ajouter le point ou les accents comme ceux qui caractérisent les voyelles *o, on, eu, u, un* (Ex. 9), lorsque la consonne supprimée n'est pas la première de la position ; c'est-à-dire que pour *l, t, s, n, q, f* on ne ferait pas de signe additionnel, tandis qu'on en mettrait toujours un pour *r, y, d, p, b, z, x, m, g, v, j, ch.* Ex. 9 et 29.

Quand les monosyllabes commençant par une voyelle ou une diphthongue se terminent par deux consonnes avec ou sans *e muet,* toutes les lettres sont écrites, et la première consonne est portée à la 4ᵉ position. Ex. 33.

On a vu, par les exemples précédents, que toutes les lettres d'une même syllabe sont réunies par des liaisons ; on ne confondra donc pas les mots *pape* et *papa* qui se représentent chacun par deux *p,* puisque dans le premier ces lettres se tiennent, tandis qu'elles sont séparées pour le second. On distinguera de la même manière *cesse* de *cesser, pèse* de *peser.*

*Signes accessoires.* — La ponctuation sera marquée par un signe *unique* (un *petit cercle* comme dans l'écriture chinoise), qui fera connaître, par sa position, tous les degrés de silence en usage : à la 1ʳᵉ position, il remplace la virgule ; à la 2ᵉ, le point-virgule ; à la 3ᵉ, le point ; à la 4ᵉ, les deux points ; à la 5ᵉ, le point interrogatif ; et à la 6ᵉ, le point exclamatif. Ex. 18.

, ;. :? !

Pour éviter de déplacer la main à chaque alinéa, on indiquera la fin de la période par un cercle plus grand.

Les termes, *article, chapitre, division, paragraphe, partie, section,* seront également représentés par le caractère unique, §, placé sur les diverses positions. Ex. 19.

Article. Chapitre. Division. § Partie. Section.

§ § § §

De même les figures appelées *astérisque* ou *renvoi,* c'est-à-dire, *et-cætera, guillemet, parenthèse, tiret* seront toutes remplacées par un seul signe qui changera de valeur selon la place qu'il occupera. Ex. 20.

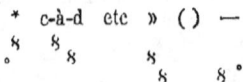

* c-à-d  etc  »  ( )  —

Pour se rappeler facilement la signification des caractères en ce qui concerne les deux exemples précédents, il faut remarquer que les noms de ces caractères sont classés par ordre alphabétique dans chaque catégorie.

On vient de parcourir toutes les abréviations possibles en faisant usage de l'alphabet ordinaire; le résultat obtenu est considérable, puisqu'il réduit l'écriture sténographique au tiers de l'écriture usuelle; à la vérité les lettres n'étant pas toujours liées et devant se porter en haut, en bas, à distance, ne se traceraient pas aussi rapidement que dans le mode ordinaire; il est hors de doute, néanmoins, que l'application totale ou partielle des moyens de simplication indiqués doit accélérer l'écriture, et qu'on trouvera beaucoup d'avantage à s'en servir. Ex. 21, traduit ci-dessous.

### FRAGMENT SUR L'ÉLOQUENCE.

« L'éloquence, qui domine quelquefois si puissamment les États, est soumise à l'influence des gouvernements; et l'on pourrait, en suivant ses vicissitudes, retrouver toute l'histoire morale et politique des peuples. Sous le despotisme, il n'y a pas de place pour l'éloquence, non plus que pour la gloire. Les révolutions deviennent son théâtre et son écueil; elle y brille pour mourir frappée par le glaive; et les têtes des orateurs sont attachées à la tribune sanglante. Elle s'affaiblit et s'énerve dans la paix des monarchies heureuses, qui redoutent l'agitation, ont peur du changement. Les républiques mêmes, que l'on croit le domaine de l'éloquence, ne sont pas toujours faites pour elle. L'éloquence ne s'élèvera pas dans ces démocraties économes et modestes, où la liberté n'est pas un effort d'héroïsme, une conquête de l'enthousiasme, mais un avantage du sol, et, pour ainsi dire, un présent de la pauvreté : la Suisse n'a jamais eu d'orateurs. L'éloquence ne s'élèvera pas dans ces républiques factieuses où les citoyens aiment encore plus la vengeance que la liberté, où la force décide incessamment, et signale ses victoires successives par l'exil et la mort : Florence n'a jamais eu d'orateurs. L'éloquence ne montrera pas son génie dans ces républiques industrieuses et commerçantes, où la liberté même n'est estimée que comme un instrument de richesses, où le patriotisme n'est qu'un calcul d'intérêt, où les plus grands sacrifices sont des spéculations plutôt que des vertus : on n'a jamais vanté les orateurs de Carthage; on ne connaît pas les orateurs de la Hollande. L'éloquence n'osera pas naître dans ces aristocraties ombrageuses où l'activité du despotisme est rendue plus terrible par le nombre de ceux qui l'exercent, où des républicains tyranniques redoutent d'autant plus la liberté qu'ils lui doivent leur puis-

sance et règnent en son nom : à Venise on ne parlait pas. »　　　　　　　　　M. VILLEMAIN.

Mais le but proposé n'est pas encore atteint; ce n'est pas à un tiers, c'est à un sixième que le tracé doit être restreint pour devenir aussi rapide que la parole, il faut donc de toute nécessité abandonner l'alphabet ordinaire et en composer un autre avec des signes plus simples, qui puissent se combiner facilement et se prêter à toutes les règles déduites précédemment.

### ALPHABET STÉNOGRAPHIQUE.

*Voyelles.*

*Consonnes.*

Primitives. l t p s n q f j

Similaires. r d b z m g v ch

Dérivées. y st sp x gn sc sf h

L'alphabet sténographique (Ex. 22), est divisé,

comme celui qui a été donné sous le n° 1er, en voyelles et en consonnes, et le même ordre a été suivi pour les lettres : de plus les signes s'y succèdent méthodiquement, d'après leur forme, et l'élève qui doit se rappeler les trois vers.

AmO, dANs sON .dÉgOUT, quE vEUt-Il ? dU pAIN brUN ?

La Tempête Paraît Sur Nous Qui Fort Joyeux,
Ravis D'un Bon Zéphyr, Marchions Gais Vers Charpieux.

ne peut manquer de savoir en très-peu de temps ces nouveaux caractères. Les quatre premières voyelles sont formées d'une ligne bouclée et se tracent en montant; la boucle de l'o est plus grande que celle de l'a; les nasales ont deux fois la longueur des voyelles simples. C'est comme dans l'écriture ordinaire e, l. De même é, ou, e, eu se font en montant et se distinguent par la grandeur du crochet et par la longueur du trait; i, u, in, un, s'écrivent en descendant.

Les signes l et r sont une simple ligne droite, penchée à gauche, plus longue pour le dernier; on les trace en descendant au commencement des mots, et après n, m, pour qu'ils ne se confondent pas avec le trait final de e, ou, eu, après q, g, ils se font en montant; dans tous les autres cas, on leur donne la direction la plus commode, f, j, v, ch, s'écrivent toujours de haut en bas.

Tous les signes se lient avec la plus grande facilité, comme on le voit dans les exemples suivants.

*Diphthongues.* — Pour former les diphthongues, il suffit de réunir par juxta-position les voyelles dont elles sont composées.

Lorsque les lettres a, o, an, on commencent les mots, on peut se dispenser de tracer la boucle initiale; dans ce cas, les lettres se distinguent par la longueur du trait. Ex. 23.

aa ao oa aï oï oué oui ieu ui uan

*Liaison des consonnes.* — Les consonnes se réunissent directement entre elles et aux voyelles, à l'exception des caractères t, p, s, d, b, z, lorsqu'ils sont à la suite d'une lettre avec laquelle ils formeraient un angle obtus par leur liaison immédiate : on évite cet angle, qui est incompatible avec la vitesse, en joignant les signes par une petite boucle. Voir lt, lp, ps, pt, sp, tp. Ex. 24.

ll lt lp ls ln lq lf lj pt ps pn pst xl

lr tl pl sl nl ql fl jl tp sp np stp lx

On peut faire usage de la même boucle pour attacher les signes y, st, sp, x, aux lettres dont ils sont précédés. Ex. 25.

La contraction dont il a été parlé, en ce qui concerne le l et le r avec les consonnes et avec les voyel-

les, s'opère dans les signes sténographiques, de la manière indiquée pour les lettres ordinaires; c'est-à-dire, par le grossissement du caractère, en ajoutant un accent aigu pour l. Ex. 25.

prune brun traître pur faire lire genre jour

plume blanc simple paul seul sel mille

Les terminaisons *sion, tion, xion* qui sont très-fréquentes, se remplacent avantageusement par une boucle. Ex. 26.

pension nation prédilection fluxion tourment serment

On se servira du même moyen pour la désinence *ment*, en faisant la boucle plus grande. Ex. 26.

Un point au-dessous des mots sert à indiquer les voyelles longues et à distinguer les pluriels *ils, leurs,* du singulier des mêmes mots. Ex. 28.

côte amie fée nue ils leurs

Les quatre derniers exemples montrent la possibilité de former, avec les signes sténographiques, réunis par mots, une écriture simplifiée, rapide et très-lisible; mais par l'application simultanée de ces signes et des positions abréviatives indiquées au chapitre 4, on réduit l'écriture sténographique comme on a réduit l'écriture ordinaire; on obtient même, pour la première, des simplifications plus satisfaisantes encore qu'avec les lettres usuelles, parce que la liaison de ses signes est plus simple, plus facile, et qu'on peut souvent y attacher, en forme d'appendices, les accents qui caractérisent la seconde voyelle des positions. Voir à cet égard l'exemple 29.

Ces accents restent séparés lorsqu'il y a une autre lettre dans la syllabe, après celle de la position. Ex. 30.

Des appendices de même nature servent à spécifier dans les monosyllabes pour lesquels on n'écrit que les voyelles, les diverses consonnes (à l'exception de la première) applicables à chaque position. Ainsi, aucun signe additionnel ne sera fait quand il s'agira de l, t, s, n, q, f; on mettra un accent aigu pour r, d, z, m, g, v; un accent grave marquera y, p, x, gn, so, j; enfin un accent horizontal servira à indiquer b, ch. Ex. 31.

On ne fait que rarement usage de ces distinctions, attendu que les mots peuvent être facilement lus sans leur secours.

Les mots *être, autre, huître,* etc., peuvent s'écrire *éte, âute, huîte.* Ex. 32.

Les autres règles données pour la formation des syllabes avec les lettres ordinaires, sont toutes applicables aux signes sténographiques. Elles se partagent en deux catégories qui se résument ainsi :

PREMIÈRE RÈGLE. Une consonne isolée ou la première consonne d'un groupe de signes, représente, par sa position, une voyelle subséquente non écrite.

SECONDE RÈGLE. Une voyelle seule, ou un groupe de signes qui ne contient que des voyelles, représente, par sa position, une consonne finale non écrite.

Voir le n° 33 dans lequel sont reproduits, en caractères sténographiques, les exemples qui avaient été donnés précédemment en lettres usuelles, sous les n°ˢ 11, 12, 14, 16, 17.

29. la ta sa ma lo to so mo

lent tant sang ment long ton

son capacité momentané.

30. dose toute muse conte

31. elle art ail hôte ode huppe ambe

as ose use axe une aune homme

hic œuf ève, âge hache

32. être autre huître acre ocre ivre

33. par pour pire paul sphèr

lié loi lui doigt lieu point

muid lion prière cruel cria

atteint ôté oiseau entré été

honteux outré idem

vous ne me dites rien

arc hieble huître asthme

astre autre estime esprit

34. obéi asperge spectre apôtre

35. linot. résolu paradis tenté

*Écriture sténographique.* — L'application des règles contenues dans les deux chapitres précédents ne permet pas de tracer tous les mots d'un seul jet de la plume; car les voyelles étant indiquées par la position sur lequel on met les consonnes, il faut que ces dernières soient indépendantes les unes des autres, afin de pouvoir les transporter au lieu convenable.

Pour écrire *linot*, par exemple, on met un *l* à la 3ᵉ position et un *n* à la 1ʳᵉ ; le mot se figure donc par deux signes détachés; *résolu* (Ex. 35) exige un *r* à la 3ᵉ position, un *z* à la 1ʳᵉ et un *l* à la 5ᵉ; en tout trois lettres à écrire séparément; telle est, en réalité, l'écriture que l'on obtient ainsi. Le tracé en est très-facile et avec un peu d'habitude on la lit sans hésitation, même en se dispensant de figurer les accents

indiqués, dans les exemples 30, 31 et 32. Il suffit, pour s'assurer de la réduction considérable que présente cette sténographie, de jeter les yeux sur l'exemple n° 36 qui contient une partie du fragment sur 'éloquence transcrit plus haut.

36

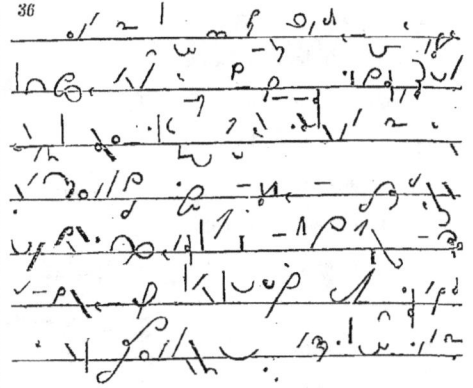

On pourrait néanmoins réunir toutes les lettres de chaque mot en ne se servant des positions que pour la première syllabe. C'est au sténographe à choisir la manière qui lui convient le mieux: il n'y a aucun inconvénient à cela.

L'usage des positions nécessite, au commencement de chaque ligne, comme dans la musique, l'emploi d'une clef qui détermine la valeur du caractère suivant. La clef sténographique est un petit cercle sur la ligne d'écriture. Ex. 29.

On peut suppléer à la clef par un pli au papier, comme cela se pratique d'ordinaire pour former la marge. Une ligne verticale, tracée au crayon, remplit le même but.

Il importe, de plus, que le papier soit réglé; mais rien n'oblige d'y tracer trois lignes; une seule suffit. On pose dessus les signes qui doivent être écrits à la 3ᵉ et à la 4ᵉ position; pour la 1ʳᵉ et la seconde position, on porte les caractères au dessus de cette ligne; on les met au dessous quand il s'agit de la 5ᵉ et de la 6ᵉ position.

*Écriture syllabique.* — On ne doit pas induire de cette dénomination que, pour chaque syllabe, il faut former un signe isolé; la règle veut, au contraire, qu'on ne lève la main que quand on doit représenter une consonne suivie d'une voyelle que l'*e muet*. Beaucoup de mots de deux et même de trois syllabes s'écrivent sans interruption. Tels sont *appui, obéi, asperge, spectre, apôtre, apprêts, effroi, fuir, Espagne, truite, prière.* Ex. 34.

*Écriture monogrammatique.* — La sténographie est essentiellement une écriture abrégée, et il est rationnel d'y apporter toutes les simplifications compatibles avec une interprétation facile; or, dans l'écriture syllabique, l'obligation de lever la main entraîne une perte de temps qu'on évitera en réunissant toutes les lettres qui doivent figurer un même mot. Par ce moyen, les voyelles appartenant aux dernières syllabes ne sont pas indiquées; mais il n'en sera pas moins possible de lire, parce que le sens des phrases fera connaître les lettres qu'il faut ajouter à celles écrites. Les mots déjà cités *Linot*, *résolu*, *paradis*, *tenté* se réduisent ainsi à *Line*, *resl*, *pard*, *tente*. Ex. 38.

38. linot résolu paradis tenté

39. à la, et la, en la, on la, à ma

à mon, et qui, ou qui, et elle, et il,

40. il y a, il y en, il y eut, il y avait.

41. à peu près, à laquelle, quelle que

42. cet cette même, de cette.

43. expression excès exclus.

44. sort sire serment.

45. filière circulaire première.

46. Arago, Fénelon, Villemain.

47. M^r Mad^e M^elle Mon^eur

    M^rs Mesd^es M^elles Mess^eurs

48. S. Ex. Son Alt. S. A. R. Sa M.

    SS. Ministre Ministère Président

    vice-prés^t honorable h. collègue

    h. préop^t Président du conseil conseil des Ministres.

49. constit^on constit^él constitut^nt

    accidentel, accident^nt, monum^al

On s'aperçoit en outre que les mêmes caractères serviront souvent à représenter plusieurs expressions différentes : pour celles-ci on trouvera, dans la période, les éléments nécessaires à la lecture. Quoique les termes *paradis*, *parade*, *parader*, *paradons*, par exemple, se ressemblent en sténographie, il est aisé de retrouver chacun d'eux dans les phrases suivantes : *il est digne d'aller en paradis*, *je vais à la parade*, *il aime à parader*, *nous paradons souvent*. Les inflexions des verbes se reconnaissent au moyen des pronoms qui les accompagnent, et personne, en voyant, *nous marche*, *vous marche*, n'hésitera à dire *nous marchons*, *vous marchez*.

Certains monosyllabes qui peuvent être réunis sans inconvénient, fournissent un nouveau moyen de célérité : tels sont *à la*, *et la*, *eu la*, *en la*, *et elle*, *à ma*, *on m'a*, *on n'a*, *et ma*, *eu ma*, *et il*, *à mon*, *à ta*, *on t'a*, *et qui*, etc. Ex. 39.

Il en est de même de *à peu près*, *à laquelle*, *quelle que*. Ex. 41.

Les locutions *il y a*, *il y en*, *il y eut*, *il y avait*, peuvent également se contracter ainsi : *ya*, *yen*, *yeut*, *yavait*. Ex. 40.

Pour *cet*, *cette* on se servira du signe unique *st* ; *même* se figurera par un *m* agrandi. Ex. 42.

Dans les mots *expression*, *extrait*, *exclus*, le *x* sonne ordinairement comme un *s*, ce qui permet de les écrire ainsi ; *espression*, *estrait*, *esclus*, d'employer par conséquent les signes spéciaux *sp*, *st*, *sc* et de supprimer l'*e* initial. Ex. 43.

Le signe du *s* ne pouvant se grossir, à cause de sa forme horizontale, on lui donnera plus de longueur pour faire connaître qu'il est suivi d'un *l* ou d'un *r*. Ex. 44.

En terminant par un crochet à gauche les lettres ascendantes *l*, *r*, *a*, etc., on indique la présence d'un *l* ou d'un *r* à la fin du mot. Le crochet se fait plus grand pour le *r* Ex. 45.

Les mots nouveaux ou peu connus et les noms propres s'écrivent par syllabes qu'on souligne pour indiquer qu'elles ne forment qu'une seule expression : ou bien les mots se tracent d'un seul trait de plume, en indiquant la première voyelle par la position et en traçant toutes les autres lettres.

*Abréviations.* — Les moyens abréviatifs développés jusqu'ici sont suffisants et pourraient dispenser d'en chercher d'autres. Il est toutefois des circonstances particulières dans lesquelles la possibilité d'abréger se présente tout naturellement à l'esprit. L'usage ordinaire en offre des exemples fréquents : *Monsieur*, *Madame*, *Maître*, *son Excellence*, *son Altesse* se mettent généralement en abrégé. Les commerçants se servent du même moyen pour certains mots dont ils ont souvent besoin : ils écrivent *v/* pour *vous*, *votre* ; *m/o*, *s/c*, pour *mon ordre*, *son compte*, etc. Chaque profession a en quelque sorte les siennes. Les sténographes en appliquent pareillement aux termes qui reviennent le plus souvent, surtout à ceux qui se rapportent plus particulièrement au sujet dont on s'occupe.

Dans l'écriture usuelle, on abrège en mettant la dernière lettre du mot un peu plus haut que la première : *Monsieur* se marque ainsi *M^r*. En sténographie, la dernière lettre se place au dessus de la première. Ex. 47.

Pour les mots longs on n'écrit que les premières syllabes, et on place au dessus, un caractère qui indique la désinence. Ex. 48.

Enfin, il est un dernier mode d'abréviation qu'on peut utiliser simultanément avec celui des positions ; c'est l'emploi des lettres ordinaires pour exprimer les termes les plus généraux en égard à la circonstance particulière où se trouve le sténographe.

Dans les chambres, par exemple, un *g* servirait pour les mots *gouvernement*, *gouverner*, etc. Un *c* exprimerait *chambre*, un *d*, *député*. Dans les cours d'astronomie, de chimie, de médecine, un *a*, un *r* un *m*, seraient employés pour *astronomie*, *chimie*, *médecine*, et les termes qui en dérivent ; il en serait de même pour les expressions techniques les plus usitées. Ces initiales se placent à la position de la dernière voyelle du mot qu'elles représentent.

*Exemples :*

Gouverner, Gouverné, gouvernement, gouverneur.

$$g$$
$$ogg \qquad\qquad go$$

Député, députer, députation.

$$d$$
$$odd \qquad\qquad o$$

Astronomiquement, astronomie, astronomique, astronome.

$$a$$
$$\qquad\qquad ao$$
$$aa$$

Ghimiquement, chimie, chimique, chimiste.

$$c$$
$$\qquad\qquad c^o$$
$$cc$$

Médical, médicalement, médicamenter, médecine, médecin.

$$m \quad m$$
$$\qquad m \qquad m$$
$$\qquad\qquad m^o$$

*Numération.* — Rien n'empêche de se servir des chiffres arabes.

Mais comme la sténographie peut s'utiliser pour une écriture secrète, et que, d'ailleurs, elle est plus facile à simplifier, son alphabet s'applique avec avantage à la numération.

Pour faciliter la mémoire, on a donné, autant que possible aux chiffres sténographiques, des signes qui rappellent le nombre auquel ils se rapportent Ex. 50.

1 2 3 4 5 6 7 8 9 0 00 000 000000 000000000

En voici la mnémonique :

1. Même caractère pour la sténographie que le chiffre arabe.
2. Demi cercle qui représente le commencement du chiffre arabe 2.
3. Le chiffre sténographique n'est que la première moitié du 3 arabe.
4. Dans le 4 fait à la main, le dernier trait est souvent penché à droite.
5. *s* Première lettre sténographique du mot *cinq.*
6. Le caractère sténographique n'a que la boucle de moins que le chiffre arabe 6.
7. Le 7 manuscrit commence par un demi-cercle semblable à celui du 7 sténographique ; mais dans le sens inverse, il y a presque identité de forme.
8. *t* sténographique ; c'est la seule consonne qui se fasse entendre dans le mot *huit.*
9. *n* Première lettre du mot *neuf.*

Chacun des chiffres sténographiques 1, 2, 3, 6, 9, commencé par une boucle, indique un nombre de zéros égal à sa valeur, et on peut les appeler *dix, cent, mille, million, billion* ou *milliard.*

Les caractères numériques se lient entre eux comme les lettres ; il est bon de les séparer par tranches de trois chiffres, sauf les nombres ronds, tels que *mille, deux millions, trois milliards,* etc., qui s'écrivent d'un

seul jet. On les souligne pour qu'ils ne se confondent pas avec le texte. Ex. 51.

| 1000 | 8 millions | 6 billions | 11 | 22 | 44 | 88 |
|---|---|---|---|---|---|---|

| 12418 | 200 | 85000 | 1859 | 77475 |
|---|---|---|---|---|

Les fractions ordinaires et décimales se figurent avec les chiffres sténographiques de la même manière qu'avec les chiffres arabes.

*Premier,* 2$^e$, 3$^e$, etc. ; 1$^o$, 2$^o$, 3$^o$, etc. ; 1$^{ent}$, 2$^{ent}$, 3$^{ent}$, etc., sont représentés par les chiffres 1, 2, 3, etc., et on ajoute au trait qui les souligne un *r,* une petite boucle, ou une grande boucle. Ex. 52.

$\frac{5}{6}$ $\frac{25}{42}$ 1$^{er}$ 2$^e$ 1$^o$ 4$^o$ 1$^{ment}$ 6$^{ment}$

*Conclusion.* — Ce mode d'écriture présente plusieurs avantages notables sur les autres méthodes de sténographie : le premier, le plus essentiel, c'est la célérité. On comprendra également qu'il doit offrir moins de difficultés à la lecture, si l'on remarque que toutes les particules, telles que les articles, les pronoms, les prépositions, les conjonctions, qui sont d'un grand secours pour l'interprétation des phrases, ont été conservées intégralement, tandis que dans la plupart des autres systèmes, on n'écrit que la première lettre de ces mots.

On ne peut guère concevoir quelque chose de plus simple dans l'application, que les règles établies par ce traité. Toutes les lettres ont leur signe particulier ; ces signes se joignent les uns aux autres de la manière la plus naturelle ; jamais le tracé n'embarrasse. Qu'on apprenne les signes et la valeur des positions, on saura tout ce qu'il faut pour suivre la parole d'un orateur ; il ne restera plus à acquérir que la promptitude : une pratique de quelque temps peut seule la procurer.

Avec l'écriture syllabique, on se forme un texte fidèle, réduit aux dernières limites de la simplicité : elle convient parfaitement pour prendre des notes ; copier des passages ; rassembler des matériaux.

S'agit-il de recueillir un morceau d'improvisation, de lecture, de déclamation ; l'écriture monogrammatique fournit toutes les ressources possibles de vitesse.

La seule critique qu'on pourrait faire en apparence à cette écriture, c'est d'avoir différents degrés d'inclinaison pour ses caractères, et de retarder ainsi le tracé en forçant la main à changer continuellement de position, mais ce reproche tombe de lui-même en présence des essais infructueux qu'on a tentés pour conserver à la sténographie une pente uniforme. L'expérience a d'ailleurs prouvé que l'objection n'est pas fondée, puisqu'elle atteint les sténographies qui ont donné les meilleurs résultats jusqu'à présent.

Cette sténographie semble donc de nature à satisfaire à toutes les conditions désirables. Il serait beaucoup à souhaiter qu'on adoptât définitivement un système unique d'abréviation; car, les personnes qui l'auraient étudié, en se communiquant leurs idées, en correspondant par ce moyen, y trouveraient une satisfaction que la diversité des méthodes exclut; ce serait, en outre, un stimulant pour celles qui n'y seraient pas encore initiées : elles en sentiraient davantage le prix.

Malgré le placement des signes à trois degrés différents de hauteur, cette écriture peut se faire sur du papier sans aucune préparation; mais il est plus avantageux, pour éviter toute hésitation, soit en écrivant, soit en lisant, de tracer à l'avance des lignes au crayon ou de se servir de papier réglé à la mécanique, en encre grise, tel qu'on en trouve chez tous les papetiers.

Les personnes qui étudient la sténographie ne doivent pas d'abord chercher à écrire avec rapidité; il est préférable qu'elles s'attachent auparavant à tracer les signes d'une manière correcte. Les préceptes sont à cet égard peu nombreux, mais il importe de ne pas les négliger. Les voici :

1° Donner exactement la forme d'un demi-cercle aux signes n, m, q, y, st, sp, ꞷ.

2° Conserver avec soin la direction des consonnes. Ainsi l, p, f, j, et les lettres qui en sont formées doivent être inclinés de 45 degrés. Il faut que s, z, etc., soient bien horizontaux, et on doit veiller à ce que t, d, etc., ne penchent ni à droite ni à gauche.

3° Attacher une juste importance à la longueur des signes. La proportion la plus convenable est de doubler pour les grands la longueur des petits; si le l a 2 millimètres, il faut que le r en ait 4, et ainsi des autres.

4° On fera bien de fixer la 1re, la 2e, la 5e et la 6e position à la longueur d'un l, au-dessus et au-dessous de la ligne d'écriture, c'est-à-dire à 2 millimètres environ.

5° L'espacement à donner aux caractères est d'un millimètre pour la 1re, la 3e et la 5e position, et de 3 millimètres pour la 2e, la 4e et la 6e. Ces distances se mesurent entre les points les plus rapprochés des deux signes, lorsqu'ils n'ont pas la même direction.

L'élève qui voudra se former à la sténographie fera bien de copier d'abord tous les exemples; il devra ensuite traduire en sténographie le fragment de la page 230, comparer ce qu'il aura fait avec le texte du tableau (n° 53); se rendre compte des fautes qui se seront glissées dans son travail, et le recommencer jusqu'à ce qu'il n'en trouve plus. S'il s'exerce après cela à écrire sous la dictée, lentement d'abord, et plus vite successivement, il acquerra en peu de temps toute l'habileté nécessaire. (*Gossart.*)

**STEPPE** [mot slave qui signifie *lande*]. — Plaines immenses, élevées, d'un aspect uniforme, les unes privées d'eau et stériles, les autres sillonnées par des ruisseaux et couvertes de pâturages : ces dernières sont habitées par de nombreux troupeaux de moutons et de chevaux en liberté. Les steppes commencent en Europe, vers l'embouchure du Danube, et deviennent

très-nombreuses et très-étendues dans la Russie méridionale et la plus grande partie de la Tartarie. Ces plaines ont été habitées de tout temps par des peuples nomades et pasteurs, par les Scythes dans l'antiquité, par les Mongols, les Tartares et les Cosaques dans les temps modernes.

**STÉRÉOSCOPE** [du grec *stéréos*, et *skopeô*, voir].— Instrument d'optique, inventé en 1838 par M. Wheatstone, à l'aide duquel des images planes apparaissent en relief. « C'est une boîte en forme de pyramide rectangulaire tronquée, qui porte à la base d'une de ses grandes faces une ouverture pour éclairer les images placées à l'intérieur, et sur son sommet deux tuyaux de lunettes par lesquels on regarde simultanément, à travers deux prismes, deux images d'un même objet prises sous un angle différent. En regardant ainsi, les deux yeux ne voient pas les deux images distinctes qui existent réellement, mais bien une seule placée dans l'espace intermédiaire ; et cette image unique, qui résulte de la superposition des deux images, offre absolument le relief de l'objet qui a servi à les obtenir. On se sert ordinairement, à cet effet, d'images photographiques obtenues au même moment sous une même action de la lumière. »

**STÉRÉOTYPIE** [du grec *stéréos*, solide, et *typos*, type, caractère]. — Art de convertir en planches ou formes solides, des pages qui ont été préalablement composées en caractères mobiles. « On peut employer pour *stéréotyper* des procédés fort divers : 1° souder par la queue les caractères mobiles (procédé primitif); 2° prendre l'empreinte d'une page de caractères mobiles ordinaires en appliquant cette page avec force sur une matière métallique particulière, puis, à l'aide d'un mouton, appliquer cette empreinte sur du métal à l'état de pâte, de manière à y reproduire le relief de la page primitive (procédés Carez, F. Didot); 3° se servir pour la composition en mobile de caractères dont l'œil soit frappé en creux, et qui puissent servir eux-mêmes, sans aucun intermédiaire, de matrice pour la planche en relief (procédé Herban); 4° prendre en creux, avec du plâtre fin et humide ou avec une pâte de carton, l'empreinte d'une page composée en caractères ordinaires, puis couler dans cette espèce de matrice, après l'avoir séchée au feu, un alliage métallique tel que celui qu'emploient les fondeurs en caractères (procédé de MM. de Paroy et Durouchail): ce dernier procédé, que l'on appelle *Clichage*, est à peu près le seul employé aujourd'hui. » Voy. *Clichage*.

**STERNUM** (anatomie). — Os impair situé au-devant et au milieu du thorax. Il offre une face antérieure ou sous-cutanée, et une postérieure ou médiastine, une extrémité supérieure ou claviculaire et une inférieure, qui se termine par un prolongement appelé *appendice sternal* ou *appendice xiphoïde*. Le sternum est articulé de chaque côté avec la clavicule et les sept premières côtes. Il se développe par cinq points d'ossification, qui forment d'abord autant de pièces distinctes appelées par Béclard, d'après leur position de haut en bas, *os primi-sternal* ou *clavi-sternal*, *os duo-sternal*, *os tri-sternal*, *os quarti-sternal*, *os quinti-sternal* et *os sexti-sternal* ou *ultimi-sternal*.

**STERNUTATOIRE.** — Substances qui provoquent l'éternuement ; tels sont particulièrement le tabac, les poudres de bétoine, de cabaret, de marjolaine, les fleurs de muguet, l'euphorbe, etc.

**STÉTHOSCOPE** [du grec *stethos*, poitrine, et *skopein*, considérer, examiner.]—Nom donné par Laënnec à l'instrument qu'il a eu l'heureuse idée d'employer pour explorer la poitrine. Le *stéthoscope* de Laënnec est un cylindre de bois de 3 centimètres de diamètre et 32 cent. de longueur, percé d'un bout à l'autre d'un canal central de 8 millim. de diamètre. Pour rendre cet instrument plus portatif, il est formé de deux portions d'égale longueur, dont l'une présente à une de ses extrémités un tenon garni de fil ciré, et l'autre une cavité adaptée exactement à la forme du tenon, en sorte que les deux pièces se réunissent à volonté. L'une des deux pièces présente, en outre, à son extrémité opposée au tenon, un évasement de 5 centimètres de profondeur dans lequel est placé un *enbout* ou obturateur percé d'un canal central comme le cylindre lui-même. Un tube en cuivre qui garnit ce canal de l'enbout et qui entre dans la tubulure du cylindre fixe ces deux pièces (l'enbout et le cylindre) l'une à l'autre. Lorsque toutes les parties du stéthoscope sont ainsi adaptées, il représente un simple tube à parois épaisses, qui sert pour explorer la voix et les battements du cœur. On retire l'obturateur, lorsqu'il s'agit d'explorer la respiration ou le râle. La longueur d'environ 32 cent. est celle que Laënnec regardait comme la plus convenable : néanmoins, lorsque la position du malade oblige de se servir d'un instrument plus court, la division du cylindre en deux pièces permet de ne se servir que de la partie supérieure, et d'y adapter, s'il le faut, l'obturateur. Diverses autres modifications ont été faites au stéthoscope ; mais d'après les nombreuses expériences faites par Laënnec pour déterminer la forme et les dimensions à donner au stéthoscope, il est probable que ces stéthoscopes modifiés sont moins bons conducteurs des divers sons qui se produisent dans les organes thoraciques. Néanmoins on emploie assez généralement aujourd'hui le stéthoscope de M. Piorry, qui est plus commode et surtout plus léger. Il n'a que 24 cent. de longueur ; sa partie inférieure, évasée en entonnoir, a environ 3 millim. de diamètre à son extrémité ; mais ce diamètre diminue rapidement, et n'est plus, dans toute la longueur de l'instrument, que de 6 à 8 millim. Du reste ce stéthoscope est canaliculé comme celui de Laënnec, et contient de même un enbout logé dans sa portion évasée, et qu'on peut mettre ou ôter à volonté. Une plaque vissée à la partie inférieure de cet instrument, de manière à retenir l'enbout dans l'espèce d'entonnoir où il est placé, se visse à l'autre extrémité du stéthoscope lorsqu'on veut pratiquer l'auscultation ; et indépendamment de cette plaque, qui est percée d'un trou à son centre pour faire suite au canal de l'instrument, plaque que l'on peut appeler *auriculaire*, puisqu'elle est destinée à être appliquée contre l'oreille, une autre plaque, adaptée aussi à l'extrémité du stéthoscope, bien qu'elle lui soit étrangère, est destinée à la percussion : c'est le *plessimètre* de M. Piorry. (Voy. *Plessi-*

*métrisme*). Pour *ausculter* avec le *stéthoscope*, l'observateur tient le cylindre comme une plume à écrire ; il place l'extrémité de l'instrument sur le point de la poitrine qu'il veut explorer, en ayant soin qu'il soit appliqué exactement, sans exercer une trop forte pression : il applique son oreille à l'autre extrémité. — (Voy. *Auscultation*.)

**STHÉNIE** (pathologie).— Excès de force, exaltation de l'action organique. Ce mot a été employé surtout par les brownistes, de même que celui d'*asthénie*, qui est son opposé.

**STIGMATE** (botanique) [du grec *stizo*, je pique, je marque par des points].—Partie du pistil destinée à recevoir le principe fécondant et à le transmettre à l'ovaire, soit immédiatement (si le stigmate est sessile), soit par l'intermédiaire d'un support plus ou moins long appelé *style*. Cet organe se compose de petits utricules allongés, lâchement unis par une matière mucilagineuse, et convergents de sa surface extérieure vers le style. — M. Jules Cloquet a désigné par le mot *stigmates* les cicatrices rayonnées et fibreuses qui restent sur le péritoine, après l'oblitération du col d'un sac herniaire.

**STIMULANT** (matière médicale). — Médicaments qui ont la propriété d'exciter plus ou moins promptement et d'une manière manifeste l'action organique des divers systèmes de l'économie. On distingue des *stimulants diffusibles*, c'est-à-dire qui ont une action prompte et de peu de durée, et des *stimulants persistants*, qui ont, en général, une action moins prompte, mais toujours plus durable. Les stimulants diffusibles paraissent agir en même temps comme sédatifs du système nerveux : tels sont le camphre, l'éther, l'ammoniaque, les huiles volatiles. On range parmi les stimulants persistants les semences des ombellifères, les sommités des labiées aromatiques, la cannelle, le girofle, la muscade, la vanille, la myrrhe, les térébenthines, les résines.

**STIMULUS.** — Mot latin, qui signifie *aiguillon*, transporté dans le langage médical, pour désigner tout ce qui est de nature à déterminer une excitation dans l'économie animale. Le *stimulus* joue surtout un grand rôle dans la doctrine de Rasori.

**STIPULATION** (droit). — Terme de pratique qui s'applique à toutes sortes de clauses, conditions et conventions qui entrent dans un contrat. Un négociant ne saurait trop faire attention aux stipulations des contrats qu'il forme, soit pour la vente, soit pour l'achat des marchandises qui font l'objet de son commerce ou de ses spéculations, attendu que c'est d'après ces stipulations que, dans le cas de contestations, le tribunal doit juger, d'après le rapport des arbitres, de la cause qui est de son ressort.

**STOÏCISME** (philosophie) [du grec *stoa*, galerie, portique]. — Opinion, doctrine des stoïciens, disciples de Zénon, ainsi nommée parce que Zénon rassemblait ses disciples sous un portique, pour s'entretenir avec eux.

*Stoïcisme* se dit aussi de la fermeté, de l'austérité, de la constance dans les douleurs, dans l'adversité, telle qu'était celle des stoïciens.

Le *stoïcisme* est sorti de l'école cynique. Zénon qui avait étudié la morale sous Cratès, en fut le fondateur; cependant Zénon rendit sa philosophie plus étendue et plus intéressante que celle de Diogène. Il ne s'en tint pas à traiter les devoirs de la vie, il composa un système de philosophie universelle, d'après les maîtres qu'il avait entendus, et il donna aux exercices de l'école une face nouvelle.

La secte des stoïciens s'étendit et s'accrédita dans l'empire romain, sous le premier Antonin; des femmes eurent le courage d'embrasser le *stoïcisme* et de se distinguer par la pratique de ses vertus austères.

La philosophie stoïcienne eut des restaurateurs dans le quinzième siècle, entre autres Juste-Lipse, Scioppus, Heinsius et Gataker.

**STOMOMATIQUE** (médecine). — Terme employé par quelques médecins pour désigner une menue écaille d'acier qui a une qualité fort astringente. Inusité.

**STORAX** (matière médicale).. — Gomme résineuse et odorante qui découle par incision du *storax officinale*, ou de l'alibousier, arbre qui croît dans la Caramanie, en Syrie, et d'autres lieux de l'Asie Mineure. On en distingue deux espèces, l'une sèche ou solide, et l'autre liquide. La perfection du storax dépend de sa blancheur, et il n'est blanc qu'autant qu'on l'a dégagé de cette partie grossière appelée la semoule; pour s'en assurer, on fait avec le couteau une ouverture dans l'intérieur de la boîte, sans s'arrêter à la superficie, qui, formée des parties les plus pures, est toujours fort belle : c'est une tromperie d'usage dont l'acquéreur ne doit pas être la dupe. La caisse de cette espèce se compose de quatre boîtes, renfermant chacune 15 kilog. pesant de résine pure.

Dès qu'on a recueilli le storax liquide, on gratte les parois de l'incision faite à l'arbre qui le distille, et de cette opération il résulte une autre espèce de storax bien inférieure à la première. On les mélange et quoique ces distillations, tombées quelquefois jusqu'au pied de l'arbre, soient chargées de poussière, ce n'est point une raison pour les dédaigner.

Le storax arrive ainsi mélangé de la Caramanie dans l'île de Chypre. On le met dans de grandes chaudières, et, par le moyen du feu et d'une agitation continuelle, on parvient à le séparer de la partie terreuse et des criblures les plus grossières, appelées semoule du storax, laquelle, privée de ce qui en faisait le mérite, se vend à très-bas prix.

On vend le storax ainsi nettoyé et mis dans des sacs aux négociants européens du Levant, qui l'expédient dans toutes les contrées du continent.

Le storax sec ou solide est une substance résineuse dont on distingue aussi deux sortes dans le commerce, le storax calamite et le storax commun ou en sorte.

Le storax calamite est en masses formées de lames amygdaloïdes, d'un blanc jaunâtre, molles, opaques, assez volumineuses, réunies par une substance brun rougeâtre, formant des couches vitreuses et transparentes. L'odeur du storax calamite est suave; sa saveur, douce, aromatique, parfumée, un peu âcre. Il est sec et friable; c'est l'espèce la plus estimée.

La seconde espèce est le storax en sorte; il est d'une consistance un peu molle, d'une couleur roussâtre, gras, ou un peu gluant; il provient des débris de la plante qui fournit le storax calamite. Il est en masses irrégulières, sèches, cassantes, légères, parsemées d'une multitude de très-petits points brillants; il exhale une odeur agréable, mais beaucoup moins pénétrante que celle du storax calamite.

**STRABISME** (pathologie) [du latin *strabismus*]. — Disposition vicieuse des yeux qui ne sont pas dirigés simultanément vers le même objet.

Des causes variées peuvent le produire : les principales sont l'inégalité dans la force des muscles moteurs des yeux, et une différence dans la faculté visuelle de ces organes. De ces deux causes la première produit constamment le strabisme quand elle est portée à un certain degré. La seconde ne le produit plus quand elle est portée très-loin; l'œil faible alors ne transmet presque plus de sensation; mais si la différence est médiocre, le malade voit mieux avec un seul œil qu'avec les deux, et le moins fort ne tarde pas alors à se dévier. On pense du reste que quelques autres circonstances peuvent encore le produire. Il succède quelquefois aux convulsions générales, et souvent on l'a attribué à la direction vicieuse dans laquelle la lumière frappe les yeux de l'enfant au berceau. Ailleurs, le strabisme a paru être le résultat de l'habitude de loucher volontairement, dont beaucoup d'enfants se font un jeu. Dans quelques cas il est symptomatique d'une lésion du cerveau, ou d'une maladie de l'orbite.

Les symptômes du strabisme sont manifestes : au lieu de converger vers un même but, les yeux sont dirigés chacun vers un point différent; l'œil le plus fort vers l'objet que le sujet regarde, l'œil le plus faible vers un autre qui en est plus ou moins éloigné. C'est le plus souvent en dedans qu'il est dévié, quelquefois en dehors, très-rarement en haut ou en bas. Quand le strabisme est commençant et peu considérable, la vue double en est souvent le premier symptôme; mais ce phénomène cesse quand la déviation est plus grande, et il reste seulement une diminution dans l'étendue et dans la netteté de la vue. La plupart des malades ne voient que de l'œil le plus fort; quelques-uns se servent de l'œil faible pour regarder les objets très-petits et très-peu éloignés; ils louchent alors alternativement d'un œil et de l'autre. Quand le strabisme est dû à l'inégalité dans la force musculaire, il augmente ou diminue selon que le malade regarde à gauche ou à droite; et dans ce cas si le malade voit les objets doubles, il arrive que les deux objets s'éloignent ou se rapprochent selon que la déviation des axes optiques augmente ou diminue. Dans une autre variété du strabisme, qu'on a nommé *fixe*, il y a constamment la même déviation entre les deux axes optiques, quelle que soit la position du globe de l'œil. On a admis aussi comme variétés, le strabisme *en dedans*, le strabisme *en dehors*, et le strabisme *passager*.

Les moyens qu'on a opposés au strabisme sont en général plus ingénieux qu'efficaces; toutefois il y a moins d'inconvénient à les tenter inutilement qu'à les négliger dans les cas où ils peuvent réussir. Ces moyens sont, 1° des masques ou simplement des hémisphères placés sur les yeux et percés d'un trou étroit dans l'endroit où il convient de ramener la pupille; 2° des besicles à miroirs destinées par la gêne qu'elles produisent à repousser en dehors l'œil dévié vers le nez; 3° dans le strabisme dû à la faiblesse d'un des yeux, on a proposé de le fortifier en l'exerçant seul et d'affaiblir l'autre par le repos absolu, ou bien par l'usage d'un verre de lunette concave; 4° dans le cas où l'on a pu soupçonner la paralysie ou l'état convulsif des muscles moteurs de l'œil, on a proposé l'emploi des remèdes qui conviennent contre ces affections.

On a essayé de remédier au strabisme par la section des muscles trop courts : ce procédé a surtout été mis en honneur par les chirurgiens allemands Stromeyer (1828) et Dieffenbach (1830), et, en France, par M. Baudens; mais, à côté de succès réels, il s'est produit aussi des accidents graves dont les moindres sont la déviation des yeux en sens inverse ou la fixité de la pupille. M. Tavignot a proposé de remplacer la section des muscles trop courts par le raccourcissement et la ligature des muscles opposés, qui, chez les personnes louches, sont trop longs.

**STRAMOINE** ou **STRAMONIUM** (botanique et matière médicale). — Genre de plantes de la famille des solanées, dont une espèce, le *datura stramonium*,

Fig. 28. — Stramoine.

doit à son fruit le nom de *pomme épineuse*, et à ses propriétés narcotiques ceux d'*endormie*, d'*herbe aux sorciers*. La stramoine, *datura stramonium*, employé même à doses fractionnées et graduées, détermine souvent quelques vertiges, l'obscurcissement de la vue, la dilatation de la pupille, des hallucinations des sens, un délire agréable et passager : il suffit souvent de 3 à 4 grains. A dose un peu élevée, c'est un poison narcotico-âcre des plus violents : il faut se hâter d'exciter

le vomissement, et d'administrer ensuite du vinaigre, qui paraît être son meilleur antidote. En thérapeutique, on emploie à l'extérieur ses feuilles fraîches, comme cataplasmes; on fait aussi usage de leur infusion ou de leur décoction pour faire des fomentations. C'est surtout contre les névralgies qu'on emploie le stramonium : on combat la sciatique au moyen de frictions avec la teinture alcoolique; ou bien on emploie par la méthode endermique 2 à 10 centigr. d'extrait; et, pour que son application ne soit pas douloureuse, le professeur Récamier place quelquefois l'extrait sur le côté du linge opposé à celui qui est en contact avec la peau dénudée. On a prescrit avec succès les fumigations de datura contre l'asthme : à cet effet on place des feuilles de datura dans une pipe au lieu de tabac, et le malade fume cette pipe au commencement de l'accès. On emploie aussi l'extrait en frictions contre le rhumatisme chronique. A l'intérieur, on doit ne donner le stramonium qu'à très-petites doses, que l'on augmente progressivement avec une extrême circonspection : 5 à 50 centigrammes de la poudre des feuilles; 1 centigr. de l'extrait, et progressivement jusqu'à 2 ou 3 centigr.; quelques gouttes seulement de la teinture.

**STRANGULATION** (ASPHYXIE PAR) (médecine légale). — Cette asphyxie a lieu par étranglement ou par pendaison.

Deux questions importantes sont faites aux experts dans des cas de strangulation.

1° *La pendaison a-t-elle été le fait d'un assassinat?* 2° *L'individu a-t-il été pendu vivant ou après sa mort ?*

Examinons d'abord, d'après Eusèbe de Salles, les modes divers auxquels peut succomber un pendu. Ces modes dépendent principalement de la manière dont est placé le lien. Si le lien n'est pas appliqué circulairement, mais forme seulement une anse sur laquelle le col ne pèse qu'à sa partie antérieure, la trachée seule est comprimée, il y a mort par asphyxie. Les vaisseaux étant libres, il n'y aura pas d'apoplexie ni de congestion cérébrale; seulement, la circulation éprouvant un obstacle léger, il y aura cette somnolence dans laquelle trouvent du charme les libertins ou les curieux qui ont essayé les effets de la pendaison. Un second cas, c'est celui où le lien fait un tour complet, ou plusieurs tours autour du cou, mais né l'étreint pas. Dans ce cas l'asphyxie et la congestion cérébrale peuvent marcher ensemble, mais lentement; la congestion cérébrale sera plus prompte dans le cas où le lien étreindrait le cou. Un dernier cas est celui où des tractions brusques et fortes ont été ajoutées aux effets d'un de ces liens. Tractions exercées sur les pieds, ou sur les épaules comme dans les pays où le bourreau se laisse tomber avec force sur l'échine du patient; tractions que peut aussi exercer le poids du corps du patient lui-même, lorsqu'il se suspend à la corde après une chute d'une branche d'arbre, d'une échelle, d'un banc ou de tout autre endroit sur lequel il était monté pour accomplir sa funeste résolution. Il y a aussi des pays où les bourreaux impriment au tronc un mouvement de rotation, pendant que la tête est fixée ; d'autres où, le genou appliqué sur la nuque, l'exécuteur tire fortement à lui la tête jusqu'à ce qu'il ait entendu un craquement intérieur. Dans toutes ces circonstances, il y a rupture des ligaments, qui assujettissent les vertèbres cervicales entre elles. La tête peut être luxée sur le cou latéralement, antérieurement ou postérieurement. Il y a donc quatre morts différentes dans la pendaison, l'asphyxie, la congestion cérébrale, le mélange de ces deux-là, et enfin la compression ou déchirure de la moelle épinière. Cependant, à l'exemple de Fodéré, Orfila n'en veut reconnaître que deux espèces, l'asphyxie et la lésion de la moelle. Cette dichotomie, qui est insuffisante quand on examine les parties internes, est soutenable relativement à l'appareil des symptômes extérieurs. En effet, on voit des pendus qui souffrent très-peu, qui éprouvent même un sentiment de somnolence non exempt de plaisir, puisqu'ils voient des étincelles bleues, qu'ils ressentent ensuite l'engourdissement des facultés et enfin perdent connaissance. C'est ce que rapportent Bacon de cet homme de sa connaissance, qui avait voulu faire une épreuve sur lui-même ; Morgagni, d'un homme qui fut ressuscité après avoir été manqué par le bourreau ; Fodéré, de quelques individus, que dans les premiers troubles révolutionnaires, les Marseillais avaient attachés à la corde des lanternes ; des observateurs de Paris l'ont vu chez des malheureux qui dans cette ville avaient été victimes de la fureur populaire, et qui avaient été décrochés à temps. Enfin il paraît indubitable que quelques libertins ont cherché, même dans la pendaison, des jouissances que leurs sens blasés leur refusaient dans l'état ordinaire. Ce premier groupe de symptômes se rapporte à l'asphyxie par privation d'air. En voici un autre qui ressort évidemment de la compression de la moelle, convulsion des muscles de la face, saillie et distorsion horrible des yeux, que Zacchias appelle *ecpiesme*, et que Christophe Burgmann a décrit avec soin : convulsions des membres, poignets fermés avec une telle violence que les ongles entrent dans le derme auquel ils correspondent dans la paume de la main. Mais, notons-le bien, ces symptômes n'ont jamais été observés que chez les suppliciés par la main du bourreau. Et il ne suffit pas que l'exécuteur leur ait passé le nœud au cou, et les ait laissé couler doucement, comme dans le cas déjà emprunté à Morgagni ; il faut qu'il leur ait sauté sur les épaules ou exercé des tractions ou des torsions sur les pieds. Dans ces derniers temps, et à l'occasion de la mort du prince de Condé, on s'est beaucoup occupé de la position des pendus, pour induire de cette position les présomptions d'homicide ou de suicide. On était assez généralement porté à croire qu'il fallait que le corps fût suspendu dans toute sa longueur, et pesât sur la corde de tout son poids. Mais un mémoire de M. Marc a clairement démontré qu'un poids bien inférieur à celui de la totalité du corps suffisait pour étreindre le cou, de façon à causer l'asphyxie et la mort. Le prince de Condé, pendu à l'espagnolette d'une fenêtre, touchait au parquet du bout des pieds ; mais plusieurs individus

dont le suicide n'a jamais été contesté, ont été trouvés pendus les genoux touchant la terre, comme Louis en avait déjà rapporté un exemple ; d'autres avaient écarté leurs jambes en branche de compas. Un jardinier d'Arpajon, enfermé dans le violon d'un corps-de-garde, se pend aux barreaux d'une fenêtre qui n'était qu'à trois pieds et demi du sol, et pour que son cou tire sur la cravate qui lui sert de lien, il est obligé de s'accroupir, les cuisses fléchies sur le bassin, par conséquent touchant le sol des pieds et presque du siége. Enfin une femme se pend aux Madelonnettes à un des pieds de son lit, qui était bien moins haut que la fenêtre du violon, et pour étreindre le lien qu'elle s'est passé au cou, elle glisse son corps dans toute sa longueur sur le carreau le long du lit. Les descriptions du mémoire de M. Marc sont aidées par des dessins d'un médecin des prisons nommé Jacquemain. M. Marc aurait pu citer aussi l'exemple encore plus singulier de malades qui se sont pendus assis dans leur lit, en se passant au cou la corde qui leur sert à se relever sur leur séant. — Lorsqu'on est appelé pour faire l'autopsie d'un pendu, on constate d'abord l'état de la face. Elle peut être injectée et rouge, si le lien comprime circulairement, et surtout, comme le remarque Esquirol, s'il est resté appliqué quelque temps après l'évanouissement et la mort. Si le lien n'a comprimé que la partie antérieure du cou, la face est pâle. La saillie des yeux, notée par les auteurs, se rapporte, comme nous l'avons dit, à des suppliciés qui avaient souffert beaucoup ; il en est de même de la langue, rouge, saillante et mordue. Par rapport à la position de la langue, Belloc a remarqué que si le lien passait au-dessus du cartilage sténiforme ou thyroïde, la langue ne sortait pas parce qu'elle était poussée en arrière par la compression de l'hyoïde. Au contraire, si le lien passe sur le cartilage cricoïde, la langue fait saillie au dehors. Le Dr Devergie, ayant essayé sur plusieurs cadavres l'effet d'un lien appliqué immédiatement sur l'hyoïde et même au-dessus, a vu la langue faire saillie ; ce qui est contradictoire avec l'assertion de Belloc, qui, à la vérité, parle de ce qui se passe chez le vivant. M. Deslandes a fait une série d'expériences qui tendent à prouver que sur le tyroïde le lien produit peu de saillie, qu'au-dessous il en produit beaucoup et qu'au-dessus il ne la produit pas. La sortie de la langue chez un individu vivant, est un phénomène nerveux, et par conséquent variable. La circonstance de la langue mordue ou du moins placée entre les dents, est assez fréquente. Quand on examine le cou, il faut d'abord considérer la nature du lien, et bien s'assurer que les sillons tracés par ce lien lui correspondent par la largeur, la profondeur, etc. Si on trouvait un sillon d'une dimension qui ne s'accordât pas avec celle du lien, ce serait la preuve d'une violence étrangère, d'un homicide antérieur à la suspension. Il faut aussi constater si le lien occupe le dessus ou le dessous du larynx ; dans le suicide il est presque toujours au-dessus. L'aspect des sillons est variable suivant le moment où on les examine. Quelques instants après l'application et la mort, il y a peu d'altération visible à l'extérieur de la peau ; quinze ou vingt heures après, les endroits où les parties molles sont moins abondantes prennent une teinte rousse, sèche et parcheminée. Dans le premier cas lesfluides n'ont pas été refoulés, un peu plus tard ce refoulement a lieu, et de plus l'évaporation a eu lieu au dehors. Mais cette évaporation est bien plus prompte si les liens sont enlevés ; c'est alors surtout que l'aspect parcheminé se prononce, et beaucoup plus aux endroits où la peau a pu être comprimée sur un point d'appui solide. La profondeur du sillon est variable selon la force de la compression; elle est toujours plus considérable devant que derrière. Les lèvres du sillon sont violacées ou rouges. Cette couleur provient du sang encore contenu dans les vaisseaux. Il ne faut pas la confondre avec l'ecchymose. Elle est plus manifeste chez l'individu qui a été pendu vivant, mais on peut la produire en étreignant le cou d'un individu. Au-dessous de la peau, le tissu cellulaire offre un état particulier que le Dr Esquirol a le premier bien fait connaître. Au sillon extérieur, correspond une lame argentine, formée par les mailles du tissu cellulaire appliquées. La rupture des vésicules adipeuses a vidé de graisse ces cellules comprimées. Mais pour trouver ce sillon argentin, il faut disséquer le cou peu de temps après la mort. Si l'on donne aux liquides le temps de s'évaporer, le sillon n'est plus nacré, il est sec. Au-dessus et au-dessous de la lame argentine ou nacrée, on rencontre parfois des ecchymoses. Elles sont plus fréquentes dans la strangulation violente, par conséquent plus dans l'homicide que dans le suicide par suspension. Autrefois, on regardait l'ecchymose comme un symptôme obligé; c'était la préoccupation de ce qu'on avait remarqué chez les suppliciés. Depuis, le respect de l'ancienne croyance a fait prendre pour des ecchymoses, la rougeur que la peau présente souvent au-dessus et au-dessous du sillon. Un médecin allemand, Fleichmann prétend que dans quatre-vingt-dix cas de pendaison, on a presque toujours trouvé des ecchymoses, mais Fleichmann n'a pas observé lui-même tous les cas ; et les gens qui les avaient recueillis pour lui, y avaient mis si peu d'attention, qu'ils n'ont pas noté à quel endroit se trouvait placé le lien. Il faut savoir aussi que la ligne bleuâtre non ecchymosée se produit chez le cadavre aussi bien que sur le vivant. Du reste, Fleichmann expliquait par la mort prompte, par l'apoplexie, l'absence de l'ecchymose dans les cas, selon lui, rares. Pour que l'ecchymose eût le temps de se faire, il fallait la lenteur de la mort par asphyxie. La ligne argentine se retrouve sur quelques muscles, d'abord sur les deux sterno-mastoïdiens en avant, en arrière sur les splenius et les complexus, quand la compression a été circulaire. On peut retrouver des ecchymoses dans la propre substance des muscles, dans le cas où une grande violence a été exercée, par conséquent dans le cas de suicide. Il faut aussi examiner l'intérieur de l'artère carotide, pour y chercher une lésion observée par M. Amussat. D'abord on trouve parfois le tissu cellulaire qui avoisine cette artère ecchymosée. Puis, en fendant l'artère de bas en haut, on trouve non loin de la bifurcation en carotide externe

et interne, une section de la tunique intérieure, le fragment inférieur est adhérent, mais le supérieur est relevé et isolé. Les lèvres de la section sont à peine sanguinolentes. Cette lésion qu'il ne faut pas confondre avec l'éperon membraneux qui existe à la bifurcation, s'observe à quelques lignes au-dessous de cette division du tronc artériel en deux branches. On ne l'a observé jusqu'ici que deux fois, une sur le pendu que M. Amussat disséqua à Versailles, l'autre sur celui que M. Devergie disséqua à Vincennes. Elle est précieuse, parce qu'elle est une preuve irrécusable de la vie ; jamais on n'a pu la reproduire en étreignant le cou des cadavres. A part la précaution que nous avons recommandée relativement à la bifurcation artérielle, il faut avoir le soin de ne pas se servir de pince en disséquant le vaisseau. La moindre compression avec cet instrument déchire la membrane interne. Au larynx, il est rare que l'on trouve des ruptures des cartilages ou de l'os hyoïde, surtout dans le cas de suicide. Dans les autres cas on a rencontré parfois des fractures de l'os hyoïde, et la déchirure des ligaments qui unissent cet os au cartilage thyroïde. Ces complications peuvent arriver plus aisément dans le cas où le lien porte des nœuds à la partie qui correspond au larynx. Une fois on a trouvé aussi une déchirure de la veine cave supérieure. A la partie postérieure du cou, il n'y a presque jamais de désordre dans le cas de suicide. Cependant on a trouvé du sang épanché dans la couche profonde des muscles. Les cas rapportés où les trois premières vertèbres étaient écartées, leurs ligaments rompus, le ligament transverse de l'atlas distendu, sont des cas exceptionnels (cas d'Ausaux, femme très-forte, pendue dans un grenier en s'élançant d'un tabouret), et dans lesquels la cause de la mort était douteuse. La rupture des ligaments odontoïdiens, le passage de l'apophyse odontoïde dans la cavité de l'atlas, la rupture des ligaments apophysaires, la déchirure ou compression de la moelle, n'ont pu se rencontrer que chez des individus suppliciés par la corde. Le cas du sabotier de Liége, examiné par Pfeffer, ne contredit pas cette assertion, car le cou n'a pas été disséqué; et, bien qu'on fût frappé de sa mobilité extraordinaire, rien ne prouve que cette mobilité fût due à la luxation des vertèbres. Les cadavres qui n'ont pas encore la rigidité cadavérique présentent tous cette mobilité. Le cerveau n'offre souvent que peu d'altération, quelquefois les hémisphères sont piquetés, les veines sont pleines de sang, les ventricules de sérosité. Dans des cas plus rares, on a trouvé les sinus déchirés avec épanchement de sang. Dans la pendaison, comme dans toutes les morts par asphyxie, la base de la langue est injectée, les pupilles saillantes, la membrane du larynx et de la trachée-artère est rose. Beaucoup d'auteurs ont parlé d'une écume qui se trouve dans la trachée et dans la bouche; Orfila regarde cette écume comme se trouvant constamment; mais M. Devergie, qui a déjà ouvert un grand nombre de pendus, déclare ne l'avoir rencontrée que rarement. Les poumons sont plus ou moins gorgés de sang, suivant que la mort a eu lieu par asphyxie ou par congestion cérébrale. Dans le cas d'asphyxie, le côté droit du cœur est aussi plus plein que le gauche, nous avons déjà noté la rupture de la veine cave supérieure, qu'on n'a du reste observée qu'une fois. L'estomac n'offre rien de particulier. Le foie, la rate, les reins sont engorgés. Le pénis, chez les pendus qu'on examine peu de temps après la mort, présente fréquemment l'état d'érection; de plus, le linge de l'individu offre à la région correspondante des taches de sperme qui prouvent que l'éjaculation a eu lieu. Quand on trouve ces effets, on peut toujours affirmer que le sujet a été pendu vivant. Mais pour être certain que les taches sont dues à du sperme, il faut savoir les analyser chimiquement. Ces taches, plus ou moins considérables, deviennent gris-jaunâtre en se desséchant; alors l'irrégularité de leur circonférence et la coloration de leur surface, les fait ressembler beaucoup aux régions d'une carte géographique; l'odeur particulière du sperme se dissipe par la dessiccation, mais cette odeur peut reparaître quand on mouille la tache. La partie tachée est raide; frottée entre les doigts, la tache s'enlève en écailles. En la chauffant un peu, elle prend une teinte jaune qui ne tient pas au roussissement du linge. Humectée après cet échauffement, elle reprend ses anciennes propriétés. La tache plongée dans l'eau, s'y ramollit, et donne au doigt le sentiment d'une matière gluante. Bientôt l'eau se trouble, et parfois, mais non pas toujours, il se précipite une matière floconneuse. L'odeur spermatique reparaît alors. La liqueur est un peu alcaline et rétablit le papier tournesol rougi. En filtrant la liqueur et la rapprochant à siccité, on obtient une matière transparente analogue à la gomme arabique solide. En traitant cette matière solide par l'eau, on a deux parties distinctes, l'une soluble, l'autre insoluble. Celle-ci est soluble dans la potasse. La partie soluble, traitée par le chlore, par l'acétate et le sous-acétate de plomb, par le sublimé et par l'alcool, se trouble et fournit un précipité blanc ou blanc grisâtre. L'acide nitrique mis en contact avec la partie soluble, ne lui fait pas perdre sa transparence, mais la jaunit légèrement. En desséchant la matière floconneuse ou évaporant la partie soluble, on obtient une matière qui, calcinée, se comporte comme les matières animales, et exhale des vapeurs pyrogénées alcalines. On pourrait confondre avec les taches de sperme des traces d'écoulement blennorrhagique; la matière de cet écoulement a, comme on sait, une teinte légèrement jaune ou verte. Les taches d'écoulement dissoutes dans l'eau dépose des flocons. Cette solution, chauffée et évaporée, au lieu de donner un résidu transparent, donne des flocons d'albumine. En reprenant par l'eau le résidu de la dessiccation, et le traitant par l'acide nitrique, la liqueur jaunit, et il se précipite une matière floconneuse. L'acide nitrique employé pour cette opération doit être concentré. Orfila ayant analysé des taches formées par des couches de salive appliquées à plusieurs reprises les unes sur les autres et desséchées, leur a trouvé tous les caractères que nous venons d'assigner aux taches de sperme moins l'odeur spéciale. Mais quelques physiologistes affirment que dans les moments d'exaltation

causée par des désirs vénériens, l'odeur du sperme se communique à toutes les liqueurs excrétées. Il faut donc convenir que l'analyse des taches de sperme n'a pas encore un caractère de certitude satisfaisant.

En même temps que du sperme, l'urètre des pendus laisse parfois échapper du sang, et ce fut le cas du prince de Condé. L'incertitude que nous avons déjà vue dans les signes de la mort par submersion, reparaît dans ceux de la mort par strangulation. Trois seulement, l'ecchymose du cou, la rupture de la membrane interne des carotides, et les taches de sperme prouvent que l'individu a été étranglé vivant. Mais les deux premiers sont extrêmement rares. L'éjaculation n'est pas bornée à la pendaison, on l'a observée dans des lésions du cerveau et de la moelle épinière. Les autres signes peuvent pour la plupart se reproduire dans la strangulation d'un cadavre, nous voulons parler de ceux qui caractérisent la mort tranquille par suspension. Heureusement c'est celle qui a lieu dans le suicide, et la justice n'a besoin d'éclaircissement que lorsqu'il y a suspicion d'homicide. Or, l'étranglement fait de violence, étranger à l'individu, est accompagné de signes beaucoup plus décisifs. Nous les avons distingués et particularisés en les énumérant. Rappelons-les brièvement; face livide, yeux saillants, et ces deux effets beaucoup plus marqués que dans l'asphyxie par le charbon. Langue mordue ou saillante, sillon avec ecchymose et même excoriations, fractures des cartilages du larynx avec ecchymose près des fractures. La rareté de la rupture de la membrane interne des carotides, nous fait regarder comme peu probable, la compression des nerfs pneumogastriques admise par Foderé comme aidant l'asphyxie dans la strangulation. Les désordres vertébraux, tels que luxations, fracture des corps ou des apophyses vertébrales, déchirure ou compression de la moelle, doivent être accompagnés d'ecchymoses; les traces de congestion cérébrale sont moins significatives, elles sont communes à une foule de maladies. Il en est de même de la rougeur de la base de la langue et de la muqueuse de la trachée; dans toutes les affections catarrhales, on observe cette coloration, puisque les circonstances propres aux cadavres n'offrent que peu de lumières pour distinguer le suicide de l'homicide, il faudrait faire attention aux circonstances extérieures. Il faut d'abord s'entourer de lumières sur l'état moral de l'individu pendant les derniers temps de sa vie. Presque toujours les gens qui finissent par le suicide, laissent des écrits qui expliquent leurs motifs ou qui empêchent la justice d'accuser des innocents de leur mort. On a dit à ce propos que des meurtriers pourraient forcer les victimes à leur donner même cette espèce de sauf-conduit. Mais les meurtriers sont ordinairement pressés. On tâche de s'assurer si l'individu n'avait pas manifesté l'envie de se détruire, s'il n'avait pas communiqué ce projet à quelqu'un de ses proches ou de ses amis. On cherche quel intérêt les meurtriers pouvaient avoir à faire croire à un homicide. Cet intérêt est presque toujours l'empressement d'hériter ou de succéder, et alors on est conduit à scruter la position particulière, la moralité, les actes des domestiques, des parents. Enfin on examine l'état des lieux; ordinairement celui qui veut se détruire s'enferme pour ne pas être dérangé; on trouve ses portes, ses fenêtres closes, les verrous mis. Quand le cadavre est pendu un peu haut, il faut trouver près de lui banc, chaise, échelle, quelque instrument avec lequel il ait pu s'élever. L'absence de cet instrument prouverait l'intervention d'une force étrangère. Si le cadavre était trouvé pendu à un arbre, on n'aurait pas besoin de recourir à cette supposition : il est clair qu'on peut monter sur l'arbre le long du tronc, puis s'élancer après avoir attaché la corde à une branche. Il faut tenir compte aussi de la situation du lien. Le suicidé n'a pas pu l'étendre aussi bien que des meurtriers. Dans le cas de suicide, il est toujours lâche et oblique. Dans l'homicide, il est circulaire; il faut s'assurer, aussi en interrogeant les gens de la maison, si le patient avait le libre usage de tous ses membres, s'il n'avait pas eu une épaule démise, ou quelques paralysies ou affaiblissement du bras qui l'empêchât de mettre sa cravate. Les vieillards ont en général beaucoup de peine à élever les mains au niveau du cou. Ordinairement les meurtriers ne pendent leurs victimes qu'après les avoir étranglées. Dans ce cas, on trouvera la trace de deux liens; celui qui aura causé l'étranglement sera accompagné de traces de violence. Ceci nous amène à la question de savoir si un homme peut se tuer en s'étranglant? L'affirmative est bien difficile à concevoir, car la douleur paralyse toujours la main, et les nœuds ne pourront être ni étreints ni peut-être formés au moment où cette faiblesse arrive. Mais M. Desgranges, de Lyon, a cité le cas d'un homme qui fut trouvé mort dans une forêt. Il avait au cou un mouchoir serré à l'aide d'un billot. La Société de médecine de Lyon, consultée par le tribunal, admit la possibilité du suicide, et M. Desgranges appuie cette opinion. Un homme qui veut fortement mourir, dit-il, peut se serrer tout à-coup par quelques tours redoublés du billot, de manière à s'étrangler non pas à l'instant, *à laqueo*, comme les pendus, mais à gêner assez le retour du sang du cerveau pour amener une affection comateuse profonde et soutenue, le carus, à laquelle il succombe. Sa volonté de mourir lui fait faire des efforts pour y réussir, et bientôt l'engorgement apoplectique lui ôte les forces et la puissance d'y remédier. Le corps couché, la tête peut presser le billot, l'engager sous le cou de manière à empêcher son relâchement. Le même auteur cite l'exemple du suicide d'un vieillard qui s'étrangla dans son lit avec sa cravate tordue au moyen de l'anse d'un pot en guise de billot. (*Eusèbe de Salles*).

**STRASS** (technologie).— Imitation des pierres précieuses, du nom d'un joailler allemand du commencement du dernier siècle, qui, possédant quelques connaissances chimiques, imagina d'appliquer à l'imitation des pierres précieuses les procédés en usage alors pour la fabrication du verre, mais en les appropriant à leur nouvelle destination. Il peut donc être regardé comme inventeur. Longtemps avant Strass, divers essais avaient été tentés, mais seulement pour l'imitation du diamant, dont on avait espéré approcher en employant le cristal de roche, le saphir blanc, la topaze blanche,

le jargon, les cailloux du Rhin, d'Alençon, du Brésil, de Bristol, etc.; mais on n'avait pas encore essayé d'imiter le diamant en augmentant la densité du verre, et les pierres précieuses colorées en y introduisant des oxydes et principes colorants.

Le strass en général, base première des autres imitations, se compose avec la silice, la potasse, le borax, les divers oxydes de plomb et quelquefois même l'arsenic. On peut donc le nommer chimiquement silicate double de potasse et de plomb.

La silice peut se prendre dans le cristal de roche, dans le sable blanc ou dans le silex. Cependant le premier est préférable, surtout que, dans ses compositions, une des premières conditions est l'extrême pureté des matières ou ingrédients employés. Dans cette fabrication, plus importante et plus épineuse que ne le croit le vulgaire, la parfaite réussite, indépendamment du choix des matériaux, réside dans les soins à prendre et les précautions à observer. On ne doit d'abord se servir que de creusets éprouvés sous le rapport de leurs composants, de leur fixité au feu le plus violent et de leur impénétrabilité à l'action des oxydes métalliques. Toutes les matières destinées à être mises en fusion doivent préalablement être pulvérisées et même porphyrisées avec le plus grand soin. On ne doit pas oublier que les plus parfaits mélanges ne peuvent s'obtenir que par de nombreuses tamisations. Les tamis doivent toujours avoir le même emploi et ne jamais servir pour des ingrédients différents. Les matières, une fois bien mêlées, doivent être fondues dans le creuset placé dans le foyer d'un four cylindrique terminé en dôme. Sa hauteur doit être environ de 2$^m$30 sur 1$^m$30 de diamètre. Le chauffage, autant que possible, doit avoir lieu avec du bois bien sec fendu très-mince. La fonte doit se faire à un feu gradué et bien égal, surtout à son maximum de température; puis, une fois la fusion bien opérée, ce qui ne peut avoir lieu que dans un espace de temps de vingt à trente heures, on laisse refroidir le creuset très-lentement.

Les magnifiques travaux de Strass, de Douhaut-Wiéland, de Lançon père et fils, de Bouguignon, de Maréchal, de Loysel, de Bastenaire, de Savary et Mosback, de Bouillette et Yvelin, de Masson, etc., dont on a vu les glorieuses productions à toutes les plus belles expositions, et notamment à la dernière de 1855, ont certes révélé d'immenses progrès dans cet art, depuis Strass jusqu'à Savary.

Il est constant pour nous que leurs imitations de pierres précieuses, surtout pour de certaines couleurs, ne laissent rien à désirer, mais il en est aussi où l'imitation est loin d'être aussi parfaite. Aussi croyons-nous, et nous ne le disons que dans un but d'encouragement, que la coloration des verres est encore loin de sa perfection, malgré les magnifiques résultats obtenus et que chacun est à même d'apprécier.

Maintenant qu'il est parfaitement établi que les terres vitrifiables et les alcalis sont des oxydes métalliques, il ne s'agit donc, pour en obtenir de beaux effets, que de les combiner sagement et dans leur plus grand état de pureté avec les autres oxydes métalliques, produits de l'art, qu'on peut soumettre à la vitrification.

A notre sens, des essais doivent être tentés sur toutes les substances oxydables et vitrifiables, et la nomenclature en est longue : les potassium, sodium, silicium, calcium, aluminium, bismuth, nickel, tungstène, tellure, molybdène, manganèse, platine, urane, titane, colombium, palladium, rhodium, iridium, cérium, baryum, strontium, etc., etc., puis les sels divers, fluates, phosphates, verre phosphorique, etc.

Nous avons fait nous-même quelques essais pour l'imitation de l'opale et de la chrysoprase, et nous pouvons dire que pour la première le tungstate de chaux, et pour la seconde le chromate de potasse, nous ont donné de bons résultats.

Bien que les mélanges à faire soient généralement connus, nous croyons devoir en donner ici quelques-uns, ne fût-ce que pour éclairer les artistes qui, ne s'occupant que de la monture, ignorent la composition des masses.

Il est bien entendu que ceux que nous relatons sont dans le domaine public, chaque artiste ayant ses procédés, ses ingrédients et ses doses particulières.

#### MÉLANGES POUR LE STRASS.

|  | 1 | 2 | 3 | 4 |
|---|---|---|---|---|
|  | gr. | gr. | gr. | gr. |
| Cristal de roche.. | 220,070 | 193,312 | 187,500 | 193,312 |
| Minium...... | 342,177 | » » | 281,250 | » » |
| Céruse (pure)..... | » » | 366,305 | » » | 366,305 |
| Potasse (pure).... | 116,963 | 68,440 | 105,523 | 68,440 |
| Borax.......... | 15,072 | 19,800 | 11,772 | 19,585 |
| Arsenic......... | » 660 | » 660 | » 330 | » » |

#### STRASS ORDINAIRE.
Litharge.................... 5,000
Sable blanc................. 3,730
Potasse..................... » 500

#### STRASS DOUHAUT-WIELAND.
Cristal de roche tamisé.................. 187,50
Minium très-pur.................. 289,05
Potasse très-pure.................. 105,45
Acide borique.................. 11,70
Deutoxyde d'arsenic.................. » 32

#### STRASS ANGLAIS.
Cailloux siliceux calcinés.......... 62,50
Potasse pure.................. 31,25
Borax calciné.................. 23,50
Belle céruse.................. 7,85

#### STRASS BASTENAIRE.

|  | 1 | 2 | 3 | 4 | 5 |
|---|---|---|---|---|---|
| Sable blanc, traité par l'acide chlorhydrique........... | 100 | 100 | 25 | 25 | 25 |
| Minium (1re qualité)....... | 40 | 140 | 50 | 60 | 33 |
| Potasse blanche bien calcinée. | 24 | 32 | 7 | 4 | 10 |
| Borax calciné.............. | 20 | 12 | « | 6 | 8 |
| Nitrate de potasse cristallisé. | 12 | » | 8 | » | 5 |
| Peroxyde de manganèse..... | 0,4 | » | » | 0,10 | » |
| Deutoxyde d'arsenic........ | » | 0,6 | » | 0,15 | » |

#### STRASS COLORÉS DIVERSEMENT.

##### Topaze n° 1.
Strass très-blanc.................... 54,687
Verre d'antimoine................... 2,365
Pourpre de Cassius.................. 0,035

##### Autre.
Céruse de Clichy.................. 50 »
Cailloux calcinés et pulvérisés.............. 50 »

##### Autre.
Sable blanc bien traité.................... 100 »
Minium.................... 145 »
Potasse calcinée................. 32 »
Borax id................. 9 »
Oxyde d'argent................. 5 »

##### Saphir.
Strass très-blanc.................... 250 »
Oxyde de cobalt pur.................... 3,740

##### Autre.
Strass très-beau.................... 31,25
Oxyde de cobalt très-pur.................... 0,11

##### Emeraude n° 1.
Strass.................... 250 »
Oxyde vert de cuivre pur.................... 2,310
Oxyde de chrôme.................... 0,110

##### Autre (ordinaire).
Strass.................... 500 »
Acétate de cuivre.................... 3,960
Tritoxyde de fer.................... 0,825

##### Autre.
Strass.................... 31,25
Oxyde de cuivre précipité de son nitrate (par la potasse).................... 21,65

##### Autre (Bastenaire).
Sable bien traité.................... 10 10
Minium.................... 15 15
Potasse blanche calcinée.................... 3 5
Borax calciné.................... 2 2
Oxyde jaune d'antimoine.................... 0,5 »
Oxyde de cobalt pur.................... 0,1 »
Oxyde vert de chrôme.................... » 0,25

##### AMÉTHYSTE (Bastenaire).
Sable blanc.................... 10
Minium.................... 15
Potasse calcinée.................... 3
Borax id.................... 2
Peroxyde de manganèse.................... 1
Pourpre de Cassius.................... 0,12

|  | Claire. | foncée. |
|---|---|---|
| Strass.................... | 500 | 250 |
| Oxyde de manganèse........ | 1,320 | 1,980 |
| Oxyde de cobalt............ | 0,035 | 1,320 |
| Pourpre de Cassius........ | » | 0,055 |

##### AIGUE MARINE.
Strass.................... 187,500
Verre d'antimoine.................... 1,320
Oxyde de cobalt.................... 0,082

GRENAT SYRIEN.

| | | |
|---|---|---|
| Strass | 27,730 | 31,25 |
| Verre d'antimoine | 13,972 | » |
| Pourpre de Cassius | 0,110 | 0,14 |
| Oxyde de manganèse | 0,110 | » |

*Observations.* — Pour la topaze n° 1 on doit choisir le verre d'antimoine le plus transparent et le plus clair. Très-souvent ce mélange ne donne qu'une masse opaque, translucide sur ses bords et offrant dans ses lames minces une couleur rouge quand on les oppose entre ses yeux et la lumière; on peut alors en faire du rubis. Pour l'obtenir, on prend une partie de matière topaze mélangée avec huit parties de beau strass; on les fait fondre dans un creuset de Hesse pendant trente heures à un feu bien égal au four à potier, et il en résulte un beau cristal jaunâtre semblable au strass, qui produit, étant taillé, l'imitation des plus beaux rubis d'Orient.

On peut en faire d'une autre teinte en employant les proportions suivantes :

Strass,        156,250
Oxyde de manganèse,    3,960

Pour l'émeraude n° 1 on peut, en augmentant la proportion de chrôme ou d'oxyde de cuivre, et en y mélangeant de l'oxyde de fer, faire varier la nuance verte et imiter le péridot ou l'émeraude foncée.

Nous ne saurions trop le répéter, l'imitation des pierres précieuses est un grand progrès, nous l'avouons, mais on peut espérer à arriver encore à mieux avec de nouvelles combinaisons, un choix judicieux de matières premières bien pures, une bonne entente du coup de feu, beaucoup de patience pour le refroidissement toujours gradué jusqu'à l'insensibilité, et enfin essayer de nouvelles tailles pouvant augmenter le jeu et les effets de lumière.

La fabrication des pierres artificielles a, du reste, acquis un développement extrême ; des fabriques immenses sont établies dans le Jura (à Septmoncel) et occupent plus d'un millier d'ouvriers à cette industrie, dont il se produit des quantités fabuleuses.

Plusieurs industriels de Paris perfectionnent à l'envi les procédés les plus parfaits et produisent des ouvrages vraiment surprenants.

M. Savary surtout, dans ses magnifiques collections qu'on croirait vraies, si elles étaient chez Poignoux ou chez Mellerio, et sa parfaite exécution des diamants célèbres, est arrivé à une hauteur que l'on ne pourra guère dépasser, et cependant nous savons que le temps est un grand progressiste.

La déclaration que nous avons faite dans notre avant-propos, sur la constitution de notre ouvrage essentiellement pratique, nous dispense d'expliquer la présence de cet article dans un traité de pierres précieuses.

Ce livre étant adressé à tout ce qui tient de près ou de loin aux arts de luxe et d'ornementation, nous n'avons pu omettre d'écrire ces quelques lignes sur un sujet qui, à tous égards, intéresse tous les arts somptuaires, indépendamment des progrès qu'il peut amener dans les produits résultant des combinaisons d'oxydes.      Ch. BARBOT (1).

**STRATÉGIE ET TACTIQUE** (art militaire).— Ces deux sciences étant intimement liées l'une à l'autre, nous les comprendrons dans le même article.

La stratégie amène les armées sur un champ de bataille, et la tactique les fait agir, quand elles sont en présence.

Nous allons donner un exposé rapide des principes de chacune d'elles, principes que nous puiserons dans nos meilleurs auteurs, dans le souvenir des cours qui nous ont été faits autrefois et qui résumaient les préceptes des maîtres dans l'art de la guerre.

I. *Stratégie* [du grec *stratégos*, formé de *stratos*, armée, et *égomai*, conduire]. — « La stratégie est la grande conception des manœuvres hostiles ; la tactique est l'emploi momentané des évolutions. La tactique rend apte à combattre ; la stratégie combat ; car c'est combattre que de se mouvoir hostilement, fût-ce loin de l'ennemi ; c'est combattre que vaincre, ou se préserver d'être vaincu, sans avoir approché même des baïonnettes de l'ennemi. L'étude peut faire un tacticien, pourvu qu'il sache rester de sang-froid sous le canon ; mais ce sont l'étude, l'expérience, le génie, le courage d'esprit, le coup d'œil, qui font le stratégiste. »

Tous les écrivains militaires ne donnent pas la même définition de la stratégie. Chacun la définit selon sa manière de voir. Cependant nous pouvons dire qu'elle est *l'art de tracer un plan de campagne sur la carte.*

Avant de tracer un plan de campagne, il faut être bien fixé sur l'espèce de guerre que l'on va entreprendre ; car cela peut être une guerre offensive ou défensive, et ces deux espèces de guerre se divisent elles-mêmes en un grand nombre d'autres dans les détails desquelles le court espace assigné à un article de dictionnaire encyclopédique ne saurait permettre d'entrer.

L'espèce de guerre étant convenue entre le gouvernement et le général en chef, celui-ci trace son plan de campagne. Son devoir est de commencer par bien étudier le pays dans lequel il aura à opérer. Cette étude l'amène ensuite à choisir la base d'opérations.

*La base d'opérations* est la partie d'un pays d'où une armée tire ses moyens de subsistance, ses renforts, ses approvisionnements, d'où elle part pour une guerre offensive et sur laquelle elle s'appuie pour une guerre défensive.

La base d'opérations étant déterminée, le général prend un premier point objectif.

On appelle *point objectif* un point dont l'importance est décisive pour la campagne, ou seulement très-utile pour les opérations ultérieures, tels qu'une grande place forte, la ligne d'un fleuve, une chaîne de montagnes, etc.

Le but de la campagne détermine le choix du point objectif. Dans une guerre d'invasion, c'est ordinairement la capitale de l'ennemi.

(1) Extrait de notre *Traité des pierres précieuses.*

Dans une guerre défensive, le point objectif est celui que l'on veut protéger.

Il y a deux espèces de points objectifs : les objectifs géographiques qui sont ceux dont nous venons de parler, et les objectifs de manœuvres.

Ces derniers se rapportent à la destruction des armées ennemies. C'est dans leur choix que brille le talent du général. C'est dans ce choix qu'excellait Napoléon 1er, témoins les campagnes d'Italie en 1796, celle de 1800 terminée par une seule bataille, à Marengo, etc., etc.

La ligne qui joint la base d'opérations au point objectif s'appelle ligne d'opérations.

Dans l'offensive, on peut avoir successivement plusieurs bases d'opérations ; celle qui est formée par les frontières naturelles d'abord, puis celles que le général pourra établir dans les États soumis ou alliés où il trouvera les mêmes lignes de défense permanentes et les mêmes ressources que dans son propre pays.

Dans la défensive, il faut s'en réserver une seconde ou même plusieurs autres en arrière de la première qui est ordinairement la frontière.

Le plus souvent, les bases d'opérations secondaires sont parallèles entre elles ou à peu près ; ainsi, une armée française battue sur le Rhin aurait une seconde base sur la Meuse et la Moselle, une troisième sur la Seine, une quatrième sur la Loire, fleuves qui coulent à peu près parallèlement l'un à l'autre. Mais il peut arriver qu'une base d'opérations soit perpendiculaire à celle que l'armée avait choisie d'abord ; et ces sortes de bases sont très-avantageuses en ce qu'elles se trouvent alors parallèles aux lignes d'opérations de l'ennemi et qu'alors ses communications sont à chaque instant compromises. Toute base, pour être parfaite, doit offrir deux ou trois places d'une capacité suffisante pour y établir des magasins, des dépôts, etc. Elle doit avoir au moins une tête de pont retranchée sur chacune des rivières inguéables qui s'y trouvent.

Si une base d'opérations perpendiculaire à la première offre des avantages sur celle-ci en ce qu'elle peut empêcher l'ennemi de pénétrer au cœur de l'État menacé, il est évident que la meilleure base sera celle qui aurait deux côtés perpendiculaires l'un à l'autre, menaçant ainsi l'ennemi sur son front et sur son flanc.

Le choix des bases d'opérations dépend beaucoup de la configuration du terrain, théâtre de la guerre, qui peut toujours être considéré comme un échiquier, dont un ou deux côtés sont formés soit par la mer, soit par une puissance neutre. Alors la base d'opérations doit être choisie dans le but de rejeter l'ennemi sur l'un ou l'autre côté de cet échiquier, de manière à rendre la retraite impossible.

Une puissance insulaire débarquant sur le continent doit évidemment s'appuyer sur la mer où sont les vaisseaux qui l'approvisionnent, et qui lui offrent une retraite assurée ; mais une puissance continentale doit, en général, éloigner sa base d'opérations le plus possible de la mer. Ce n'est que dans le cas particulier où cette armée n'ayant devant elle que des forces très-inférieures, ne trouverait pas de facilités pour ses approvisionnements dans l'intérieur, et serait maîtresse certaine de la mer, qu'elle pourrait s'y appuyer.

Au début d'une campagne, une armée s'appuie sur sa base naturelle ; et si elle ne s'en éloigne que de quelques journées, elle n'a pas besoin d'en avoir une autre ; mais si c'est une guerre lointaine que l'on entreprend, il est indispensable de former une ou *plusieurs bases éventuelles*.

Mais ces bases ne peuvent être établies qu'autant qu'une armée considérable se trouvant à proximité, ne menacerait pas la ligne de communications joignant cette base éventuelle à la base principale.

Il est aussi assez rare de trouver en pays ennemi une bonne base éventuelle reposant sur les conditions de sûreté que doit remplir toute base ; alors on y supplée par des réserves stratégiques qui sont de véritables bases.

De même qu'une armée, un corps d'armée, une division, une brigade, un régiment, un bataillon, un peloton même sur un champ de bataille ont leur réserve, de même une grande armée doit avoir sur ses derrières des dépôts où s'organisent les renforts, les recrues, les hommes sortant des hôpitaux, auxquels on joint quelques bataillons de bonnes troupes pour leur donner de la consistance. C'est là ce qu'on appelle des réserves stratégiques.

II. Nous avons déjà dit quelque chose des points objectifs. Entrons à ce sujet dans de nouveaux développements.

Nous avons dit que la base d'opérations étant déterminée, le général prendrait un premier point objectif.

Il existe des rapports intimes entre les points objectifs, que nous avons dit être des points dont l'importance est décisive pour la campagne, et les *points stratégiques décisifs*. Cependant il ne faut point les confondre. En effet, tous les points décisifs ne sauraient être à la fois le but objectif des opérations ; tandis que tout point objectif sera évidemment un des points décisifs du théâtre de la guerre. Une bonne définition en fera voir la différence.

On nomme *points stratégiques* décisifs ceux qui exercent une grande influence, soit sur l'ensemble des opérations, soit sur une opération de détail.

Il y a deux espèces de points décisifs :

Les points décisifs géographiques, et les points décisifs de manœuvre.

Les premiers sont permanents et comprennent les fleuves, les places fortes, les chaînes de montagnes, les nœuds des vallées, etc.

Les seconds sont, au contraire, éventuels, et résultent de l'emplacement des deux partis.

Tantôt ce sera l'une ou l'autre extrémité d'une armée, tantôt ce sera son centre.

Quand nous traiterons de la tactique, nous entrerons à cet égard dans tous les développements nécessaires.

DES FRONTS STRATÉGIQUES. On appelle front stratégique l'ensemble du terrain occupé par une armée prête à attaquer ou à se défendre.

Des FRONTS D'OPÉRATIONS. On appelle front d'opérations le terrain situé en avant du front stratégique. C'est l'espace qui sépare les deux armées rivales, lorsqu'elles ne sont plus qu'à une ou deux marches l'une de l'autre.

Des LIGNES DE DÉFENSE. On appelle ligne de défense, une ligne sur laquelle s'appuie une armée sur la défensive, et qui lui offre de bons points d'appui. Nous y reviendrons tout à l'heure.

Ces trois choses *front stratégique, front d'opérations, lignes de défense*, ont été souvent confondues parce qu'elles se sont quelquefois trouvées réunies dans une même localité, comme sur la ligne du Rhin en 95 et 96. Cependant ce sont trois choses bien différentes.

En effet une armée peut avoir une ligne de défense en arrière de son front stratégique.

Une armée envahissante n'a point de ligne de défense.

Une armée dans un camp retranché n'a point de front stratégique ; mais une armée a toujours un front d'opérations.

Le front stratégique et, par conséquent, le front d'opérations, sont habituellement parallèles à la base ; mais ils sont aussi quelquefois perpendiculaires à cette base, par suite de manœuvres stratégiques qui rentrent dans les hautes combinaisons de la guerre.

Les lignes de défense sont permanentes ou éventuelles.

Les premières comprennent les chaînes de montagnes, de grands fleuves, de grandes places fortes.

Les secondes comprennent les rivières d'un passage un peu difficile, les défilés qui peuvent être défendus par quelques ouvrages de fortification passagère.

Les *positions stratégiques* sont celles occupées par une armée sur un plus grand front qu'il n'est nécessaire pour combattre.

Une armée, dont les divisions sont dispersées derrière un fleuve, sur les différentes parties d'une ligne de défense, dont une partie couvre un siége pendant que l'autre opère activement ; en un mot, tous les grands détachements composés de fractions considérables de l'armée occupent, sur l'échiquier des opérations, des positions stratégiques ; et c'est l'ensemble de ces positions qu'on appelle, comme nous l'avons dit, *front stratégique*.

*Axiomes.* Après avoir donné les définitions précédentes, avec lesquelles il faut être familiarisé pour lire avec fruit les ouvrages qui traitent de l'art de la guerre, nous allons poser quelques axiomes, à défaut de maximes nombreuses, impossibles à présenter ; car l'imprévu et le terrain qui offre tant de variétés, jouent le plus grand rôle à la guerre.

Relativement aux objets que nous venons de traiter, nous dirons, quant aux fronts stratégiques : ·

Qu'ils ne doivent pas être trop étendus, afin que les troupes des diverses positions puissent se concentrer au besoin en un point décisif ;

Que, sur la défensive, les flancs soient couverts par quelque obstacle naturel ou artificiel. Cet obstacle, qui est ordinairement une grande place forte, prend, en stratégie, le nom de pivot d'opérations, qu'il ne faut

pas confondre avec un pivot de manœuvre. Ce dernier est un corps de troupes laissé sur un point pendant que le reste de l'armée manœuvre en s'appuyant sur lui ; la manœuvre finie, le pivot n'existe plus, tandis qu'un pivot d'opérations est permanent ;

Que les fronts d'opérations ne soient ni trop petits ni trop grands. Trop petits ils ne permettraient pas à une armée considérable de manœuvrer de manière à obtenir les résultats les plus favorables ; trop grands, l'ennemi pourrait échapper aux coups qu'on lui porte

Que les lignes de défense soient aussi courtes que possible, afin que si l'armée est obligée de se mettre sur la défensive, elle se trouve concentrée et, par conséquent, plus forte et plus en état de prendre l'offensive ;

Que les positions stratégiques, auxquelles ce qui précède s'applique également, aient entre elles des communications faciles, et que les troupes de diverses positions puissent se concentrer plus promptement que l'ennemi et sans obstacles de sa part. Ces dernières doivent, en outre, présenter à proximité un ou deux champs de bataille, étudiés d'avance, où l'armée puisse se réunir et combattre avec avantage.

Enfin, que les fronts stratégiques, les fronts d'opérations, les lignes de défense et les positions stratégiques doivent avoir entre eux et avec la ligne d'opérations, des communications faciles. A ces axiomes nous ajouterons qu'une armée offensive agira toujours avec prudence en se ménageant une ligne de défense sur laquelle elle puisse se retirer avec confiance en cas de non-succès.

III. *Définitions.* — Nous avons dit que la ligne qui joint la base d'opérations au point objectif, s'appelle ligne d'opérations. Nous allons traiter ce sujet avec toute l'étendue nécessaire ; car le choix des lignes d'opérations est peut-être la partie la plus importante d'un plan de campagne.

Les expressions de *zones d'opérations, lignes d'opérations, lignes de communications*, ont été quelquefois employées l'une pour l'autre ; elles expriment cependant trois choses bien différentes et sur lesquelles il est nécessaire d'être bien fixé.

On appelle zone d'opérations une grande fraction du théâtre de la guerre, comme l'Italie en cas de guerre avec l'Autriche.

La ligne d'opérations est la partie de cette zone que parcourt l'armée pour arriver à l'objectif, en suivant une ou plusieurs routes.

Les lignes de communications sont les routes praticables qui relient entre eux les divers points stratégiques occupés par l'armée dans la zone d'opérations.

Une zone d'opérations ne présente quelquefois qu'une ligne d'opérations, quelquefois elle en présente plusieurs ; mais il ne faut pas croire que chaque route que suivrait une division de l'armée serait une ligne d'opérations. Bien que suivant plusieurs routes à peu près parallèles et se dirigeant toutes vers un même front d'opérations, si ces routes n'éloignent pas le centre des deux ailes de l'armée de plus d'une ou de deux marches, il n'y aura qu'une seule ligne d'opérations.

DES DIVERSES ESPÈCES DE LIGNES D'OPÉRATIONS. — Les diverses positions de l'ennemi, les différentes communications qui existent dans la zone d'opérations et les projets du général forment autant de lignes d'opérations dont le choix judicieux forme le plus grand talent du général.

Les lignes d'opérations se divisent en :

1° Lignes d'opérations simples ;
2° Lignes d'opérations doubles ;
3° Lignes intérieures ;
4° Lignes antérieures ;
5° Lignes concentriques ;
6° Lignes divergentes ;
7° Lignes accidentelles.

Nous allons définir chacune de ces lignes, puis nous donnerons quelques maximes.

1° *Lignes d'opérations simples.* — Ce sont celles qui, partant de la base d'opérations, suivent une seule direction, l'armée étant réunie et ne formant point de grand détachement.

2° *Lignes d'opérations doubles.* — Ce sont celles que suivraient deux armées partant d'une même base, pour agir indépendamment l'une de l'autre, ou, quoique sous le commandement supérieur d'un même général, agiraient à de grandes distances l'une de l'autre et pour un temps indéterminé.

3° *Lignes intérieures.* — Ce sont celles que forment les différentes divisions d'une armée en se dirigeant de telle sorte que les divisions puissent se réunir avant que l'ennemi ne soit en mesure de leur opposer une masse supérieure.

4° *Lignes extérieures.* — C'est le contraire ; par conséquent, ce sont celles que formera une armée sur les deux extrémités de l'ennemi.

5° *Lignes concentriques.* — Ce sont celles qui, partant de deux points éloignés de la base, marchent à la rencontre l'une de l'autre, soit en avant, soit en arrière de cette base.

6° Les *lignes divergentes* sont celles qui, partant d'un même point, prennent deux directions différentes

7° Les *Lignes accidentelles* sont celles que des événements imprévus forcent à prendre, en quittant celles d'après lesquelles on avait opéré jusque-là. Ce changement de lignes dans le cours des opérations offrant de graves dangers, ce n'est qu'un grand général qui peut se le permettre.

*Maximes.* — Nous allons donner maintenant quelques maximes sur les lignes d'opérations.

1° L'art de la guerre consiste à porter sur un point donné des masses plus considérables que l'ennemi. Or les lignes d'opérations servant à atteindre ce résultat, il est évident que tout bon plan de campagne repose sur le bon choix de ces lignes.

2° Le choix de ces lignes dépend de la topographie de la zone d'opérations et des diverses positions stratégiques de l'ennemi ; mais, en général, si l'on est en forces égales ou même inférieures, l'on opérera sur le centre ou sur une des extrémités de l'ennemi.

Ce ne serait que dans le cas où l'on aurait des forces très-supérieures que l'on pourrait agir simultané-

ment sur le centre et sur les ailes. Dans tout autre cas, ce serait une grande faute.

L'on opère sur le centre de l'ennemi, si celui-ci a fait la faute de trop s'étendre ; si, au contraire, ses positions sont resserrées, l'on agit sur l'une de ces extrémités. Cette dernière direction conduit sur la ligne d'opérations de l'ennemi, et l'on peut ainsi le couper de sa base. Lorsqu'on sera maître de son choix, il faudra toujours donner la préférence à cette manœuvre.

3° En se portant sur l'une des ailes de l'ennemi, de manière à le couper de sa base, il faut faire bien attention à ne pas se laisser couper de la sienne, et pour cela il faut ou s'en ménager une seconde que l'on puisse gagner facilement, ou se lier avec la première par une bonne ligne de retraite.

4° Il ne faut point former deux armées entièrement indépendantes l'une de l'autre, et partant d'une même base. Si les masses étaient trop considérables pour ne pouvoir suivre une même direction sans encombrement, l'on pourrait les diviser en deux armées, mais elles devraient rester sous les ordres d'un général en chef qui se tiendrait à l'armée principale.

5° Il suit de la maxime précédente qu'en général une ligne d'opérations simple sera préférable à une ligne double.

6° Si, cependant, soit d'après la nature du théâtre de la guerre, soit d'après les positions de l'ennemi, l'on adopte une double ligne d'opérations, il faudra choisir des lignes intérieures comme plus propres à réunir les masses avant l'ennemi.

7° Cependant les lignes intérieures ne doivent pas être tellement rapprochées que l'ennemi plus nombreux ne parvienne à resserrer, dans un espace étroit, les masses qui, placées dans l'impossibilité de manœuvrer, pourraient être accablées simultanément.

8° Elles ne doivent pas non plus être trop éloignées, afin que les différents corps ne soient pas exposés à être battus successivement.

9° Par la même raison que les lignes intérieures sont préférables aux lignes extérieures, les lignes concentriques le sont aux lignes divergentes. Cependant il faut que les premières soient telles que l'on ne soit pas exposé à rencontrer l'ennemi réuni sur l'une d'elles, avant de pouvoir se réunir soi-même. Cela rentre, au reste, dans les lignes intérieures. Quant aux lignes divergentes, l'on en fait usage après une bataille, lorsque l'ennemi étant rompu, il est nécessaire de pousser les différentes parties de l'armée battue dans des directions qui ne leur permettent pas de se réunir de nouveau.

10° Il arrive à la guerre que l'on peut être obligé de changer sa ligne d'opérations et d'en prendre une que nous avons appelée ligne accidentelle. C'est une opération très-grave, très-délicate qu'un grand capitaine seul peut se permettre (projet de l'Empereur dans la campagne de 1814).

L'on peut ajouter à ces maximes les remarques suivantes :

Le choix des lignes d'opérations est beaucoup plus facile quand une armée porte la guerre dans un pays dont les éléments ne sont pas homogènes. Au contraire, ce choix est fort difficile, quand on envahit un Etat dont les forces sont doublées par l'homogénéité de ces parties. La nature du pays, sa fertilité, ses richesses rendent également le choix de ses lignes plus ou moins facile. En résumé, l'art de bien choisir les lignes d'opérations consiste à les combiner avec la base de telle sorte que l'on parvienne à couper les communications de l'ennemi sans exposer les siennes.

C'est là le problème ; et il est difficile à résoudre.

IV. *Des lignes stratégiques.* — Il y a deux espèces de lignes stratégiques : les lignes permanentes et qui sont dans la nature, comme un grand fleuve, une chaîne de montagnes, etc., et les lignes passagères qu'on appelle lignes stratégiques de manœuvres.

L'on confond souvent ces dernières avec les lignes d'opérations, et cependant elles en diffèrent beaucoup. Les lignes d'opérations sont, comme nous l'avons vu, celles qui conduisent de la base au front d'opérations. Les lignes stratégiques de manœuvres sont toutes les communications qui lient entre eux les divers points importants de la zone d'opérations qui s'en trouve ainsi sillonnée en tous sens.

Tout ce qui a été dit des lignes d'opérations est, en grande partie, applicable aux lignes stratégiques; nous n'ajouterons donc rien à ce que nous avons dit déjà, si ce n'est qu'il faut avoir le plus grand soin, dans le choix des lignes stratégiques, à ne jamais laisser la ligne d'opérations à découvert, à moins que de cette manœuvre hasardeuse ne dépende un grand succès.

*Du système actuel des marches.* — Les règles pour la marche des armées forment une branche importante de l'art qu'on appelle *Logistique.* Comme elle se rapproche plus de la grande tactique que de la stratégie, nous en parlerons avec détail un peu plus loin ; mais il est bon de dire ici en quoi elle tient à la stratégie. Avant les guerres de la révolution, l'on ne faisait guère que ce qu'on appelle guerres de positions. Déjà avant cette époque, le maréchal de Saxe avait dit que le secret de la guerre était dans les jambes des soldats; depuis, Napoléon Ier l'a bien prouvé ; et quoique aucun général ne se trouvera peut-être plus dans la position favorable de Napoléon pour faire la guerre, et que ces grands déplacements de populations ne se renouvelleront probablement plus, le système de marches l'emportera toujours sur celui des positions, et ce sera toujours avec lui qu'on gagnera les batailles.

Les marches, en ce qu'elles ont de commun avec la stratégie, ont été suffisamment expliquées par ce qui précède ; elles rentrent dans ce qui a été dit [principalement des lignes d'opérations.

Faire une belle marche, c'est porter ses forces sur un point décisif.

Le point capital est de tenir, tant que l'on est loin de l'ennemi, les différentes parties de l'armée à des distances telles qu'elles puissent marcher sur le plus grand front possible, dans le triple but de se mouvoir avec plus de facilité, de vivre plus facilement et de tromper l'ennemi sur le véritable objectif, mais aussi de manière qu'elles puissent se concentrer au moment décisif. C'est là le grand talent du général.

Disons un mot des marches de flanc : on les a toujours représentées comme très-dangereuses; mais il faut, pour bien apprécier le danger qu'elles offrent, les distinguer en marches stratégiques et en marches tactiques.

Certainement ces dernières, qui se font en vue de l'ennemi (les Austro-Russes à Austerlitz) sont très-dangereuses; mais toute marche stratégique se faisant à plusieurs journées de marche de l'ennemi, n'offre plus ces dangers et, en définitive, les marches les plus remarquables de Napoléon Ier (1800-1805) ne sont pas autre chose à bien dire que des marches de flanc. Cependant il ne faut pas que l'ensemble de la ligne d'opérations, des lignes stratégiques et du front d'opérations, présente le flanc à l'ennemi, pendant toute la durée d'une entreprise; ni que l'armée, ayant une ligne d'opérations très-longue, fasse une marche de flanc qui la laisse en prise.

*Magasins.* La science de faire vivre les armées, surtout quand elles sont considérables, est une chose fort difficile. Les détails d'exécution rentrent dans les attributions de l'Intendance; mais un général ne doit pas s'en rapporter exclusivement à ce corps, et il doit s'occuper de ses magasins dont l'établissement a des relations intimes avec la stratégie. Il est assez facile de faire vivre une armée dont la force n'excède pas cent mille hommes, quand on fait la guerre dans de riches contrées ; mais si l'armée est plus considérable ou si, faisant la guerre dans des pays pauvres, inhabités, les mouvements ralentis par les vivres qu'elle est obligée de traîner après elle, deviennent bien plus difficiles.

Si les autorités sont restées dans le pays, il faut les charger de former des magasins aux points les plus convenables, selon les mouvements de l'armée, en frappant des réquisitions sur les habitants que l'on paye bien. Si les autorités ont quitté le pays, le général en nommera d'autres, prises parmi les notables.

On peut compter qu'il ne faut pas plus d'un mois pour une première opération de guerre. Pendant ce temps l'armée pourra vivre de ce qu'elle trouvera sur son passage ; il faudra alors former des magasins de réserve pour l'avenir, soit que l'armée se concentre sur des points donnés, soit qu'elle marche à de nouvelles entreprises. Les magasins doivent être établis sur trois lignes de communications convergeant des ailes vers le centre, dans le double but de mieux couvrir ces magasins en les éloignant le plus possible de l'ennemi, et de faciliter les mouvements concentriques en arrière.

Lorsque l'on a formé des magasins, il faut pouvoir transporter les vivres facilement, afin de suivre l'armée dans ses mouvements. Il sera donc nécessaire, d'abord, de ne former les magasins que de vivres faciles à transporter et d'une bonne conservation. Les soldats porteront des vivres pour plusieurs jours, et l'on réunira tous les moyens de transport que comporte le pays où l'on opère. Les voitures du pays seront très-utiles; on en formera des parcs échelonnés, afin de ne pas trop éloigner de chez eux les paysans que l'on aura soin de bien payer et de bien traiter.

La mer est un bon moyen de s'approvisionner, mais il faut avoir soin de ne pas s'y laisser acculer, d'avoir une ligne de magasins indépendante et de se ménager une ligne de retraite sur un des flancs du front stratégique; un grand fleuve parallèle à la ligne d'opérations est un excellent moyen de faire suivre les approvisionnements; mais il ne faut pas que le gros de l'armée le suive trop près des rives auxquelles il pourrait être acculé comme à la mer, et se trouver dans une position très-critique.

*Places fortes.* Autrefois les places fortes jouaient un grand rôle à la guerre, les opérations d'une campagne ne consistaient même guères qu'en siéges. Dans les temps modernes l'on a fait tout le contraire, l'on a méprisé les places et l'on a marché rapidement sur le point objectif décisif. Il ne faut cependant pas conclure de là que les places sont inutiles; car il est probable que de longtemps, on ne verra sur pied des masses armées aussi considérables que sous l'empire, et un État qui n'aurait pas ses frontières garanties par des places fortes serait fort exposé. Les places fortes rentrent donc dans l'étude de la stratégie par trois points :

1° Où faut-il les construire ?

2° Dans quel cas peut-on les négliger ou les assiéger?

3° Quel est leur rapport entre l'armée assiégeante et l'armée qui couvre le siége ?

1° Pour prendre la France comme exemple, l'on peut dire que le système des places y est mal entendu. Il y en a trop à la frontière du Nord et pas assez ni sur les autres frontières, ni au centre de la France. Il est vrai que ce dernier défaut est corrigé aujourd'hui par les fortifications de Paris et de Lyon. Tout pays peut être considéré en général comme un polygone de quatre côtés. Sur chacun de ces côtés il faut trois places en première ligne, trois en seconde et une grande en troisième ligne près du centre de la puissance de ce pays. Tout le reste est superflu et demande trop d'argent pour l'entretien de cette foule de petites places et trop de troupes pour les garder. Les places doivent être construites sur des points stratégiques, ayant une importance majeure.

Celles qui sont à cheval sur un grand fleuve ou au confluent de deux fleuves, sont dans les meilleures conditions. Les grandes places sont bien préférables aux petites.

Cependant ces dernières ont leur utilité et favorisent les opérations de l'armée.

Il est aussi très-important d'avoir de simples forts au débouché des montagnes qui forcent une armée ennemie à changer de direction, l'arrêtent quelquefois court, et peuvent avoir une influence décisive sur le résultat de la guerre.

2° Lorsque des peuples entiers, pour ainsi dire, se précipitent sur une nation comme en 1814, l'on peut négliger les places fortes et passer outre; mais les préceptes de la guerre ne sont pas faits pour ces cas exceptionnels, et une armée ordinaire ne négligera jamais impunément une grande place forte.

Si, pour atteindre un résultat décisif, une armée laisse sur ses flancs ou ses derrières une ou plusieurs places importantes, il faudra qu'elle batte complètement l'armée ennemie et la disperse totalement, sans quoi elle ne poursuivrait pas son invasion sans grands périls. Dans tous les cas elle ferait observer ces places et s'assurerait d'une grande place située sur sa ligne de retraite.

3° Quand on a résolu de faire le siége d'une place, un corps d'armée est chargé spécialement de cette opération. Le reste de l'armée prend des positions stratégiques pour couvrir le siége contre l'armée ennemie qui viendrait au secours de la place. Si l'on a des forces considérables, le meilleur parti est de marcher contre les forces ennemies, de les battre et de les poursuivre le plus loin possible. Dans le cas contraire, on prend position, on réunit tout ce que l'on peut de troupes, y compris celles du siége, et l'on attaque l'armée de secours.

*Des camps retranchés.* Ces camps remplissant le même but que les places fortes et sont soumis aux mêmes règles; mais ils n'offrent pas à une armée le même appui que les places, et il est nécessaire qu'ils soient établis à proximité d'une forteresse. Leur but est d'assurer un refuge momentané à une armée, afin de gagner du temps, d'attendre des renforts pour pouvoir reprendre l'offensive. On les place ordinairement sur un grand fleuve, avec une bonne tête de pont. Mais encore faut-il qu'ils ne puissent être pris à revers par suite d'un passage de fleuve, ni isolés par suite de rupture de ponts.

*Résumé.* — En résumé, l'art de la guerre, en ce qui concerne la stratégie, consiste à bien choisir sa base d'opérations par rapport à celle de l'ennemi, à diriger ses opérations sur la zone la plus favorable à ses projets et qui offre en même temps le plus de chances contre l'ennemi, sans se compromettre; à diriger ses lignes d'opérations tantôt sur une des ailes de l'ennemi, tantôt sur le centre dans les mouvements offensifs, et d'une manière concentrique dans un mouvement de retraite; à déterminer ses lignes stratégiques de manœuvre de telle sorte que l'on puisse toujours réunir ses divisions sur un point avant l'ennemi; à donner à ses troupes tout le degré d'activité possible afin de remporter des avantages décisifs par leur emploi successif sur les points importants.

La campagne de 1814 est la plus fertile en leçons de ce genre.

V. Tactique. — (Du grec *taktos*, participe de *tassô* je range, je mets en ordre.) La tactique est l'art de ranger les troupes en bataille et de faire les évolutions militaires. Elle comprend ce qu'on peut appeler la grande tactique et la tactique de détail. Celle-ci s'applique aux divers mouvements que nous voyons journellement exécuter sur nos champs de manœuvres par des troupes plus ou moins nombreuses. La grande tactique porte le nom de *Logistique.*

### LOGISTIQUE.

Avant de faire combattre des troupes, il faut les

amener sur le champ de bataille, rassembler les troupes, les approvisionner, les mettre en marche, les faire camper, enfin les amener en présence de l'ennemi, tels sont les devoirs d'abord du général, mais plus particulièrement de son chef d'état-major et que l'on peut regarder comme une des branches les plus importantes de l'art de la guerre. On lui a donné le nom de *logistique*.

Elle consiste :

1° A préparer le matériel de l'armée ;

2° A tracer les itinéraires et faire les ordres de route;

3° A rédiger les ordres pour les mouvements qui doivent concourir à la réussite des projets du général ;

4° A arrêter avec le génie les travaux à faire pour faciliter les opérations et fortifier certains points ;

5° A ordonner toutes les reconnaissances, à organiser l'espionnage, enfin, à se procurer tous les renseignements nécessaires pour bien connaître la position de l'ennemi ;

6° A régler tous les détails des marches des diverses colonnes, de manière qu'elles se fassent avec ordre et précision ;

7° A organiser les avant-gardes ou arrière-gardes, les flanqueurs ;

8° A répartir les différentes armes dans les colonnes à proximité de l'ennemi de la manière la plus convenable pour le moment du combat ;

9° A indiquer des points de rassemblement aux corps isolés ou détachés en cas de besoin ;

10° A prendre toutes les mesures d'ordre pour la marche des convois, équipages, et pour que les vivres et munitions soient remplacés en temps utile ;

11° A établir les camps, bivouacs et cantonnements;

12° A organiser les lignes d'opérations, et les étapes, à y attacher des officiers pour veiller à la sûreté des communications, à y former les dépôts, les hôpitaux, les ateliers de confections ;

13° A bien savoir où sont les divers détachements, afin de ne pas les exposer dans un mouvement de retraite à tomber au pouvoir de l'ennemi ;

14° A assurer dans les retraites la marche des *impedimenta*, à faire reconnaître à l'avance les points les plus favorables pour arrêter la marche de l'ennemi ; à y disposer les troupes de réserve pour relever ou soutenir l'arrière-garde.

Il est encore bien d'autres choses que l'on ne peut indiquer, et qui font de la logistique une partie des plus importantes de la guerre.

L'on peut voir par là que la logistique tient à la stratégie et à la grande tactique; elle est le complément de l'une et le préliminaire de l'autre.

Le général doit la connaître; mais comme il ne peut tout faire par lui-même, on lui adjoint un chef d'état-major dont elle est la partie la plus essentielle de ses attributions. On comprend que le chef d'état-major, étant en quelque sorte le bras, et le général la tête, il faut entre ces deux hommes l'accord le plus parfait.

Nous allons donner quelques développements aux principaux articles que nous venons de passer en revue.

Ainsi, relativement au matériel rien ne devra échap-

per, avant d'entrer en campagne, aux investigations du chef d'état-major : munitions de guerre, vivres, habillement, harnachement, outils, chevaux, chaussures, équipages de pont, etc. Si l'on doit ouvrir la campagne par le passage d'une rivière, il faudra réunir à l'avance tous les moyens de passage et faire reconnaître les points les plus favorables pour l'embarquement et le débarquement.

Les itinéraires devront être établis de manière à réunir au jour indiqué les différents corps et surtout à ne pas laisser pénétrer les projets du général par l'ennemi.

L'obligation la plus importante pour un chef d'état-major est de rédiger avec la plus grande clarté, les ordres concernant les mouvements d'où dépend la réussite des projets du général.

C'est ici le cas de discuter si un général en chef doit informer ses lieutenants de ses projets, ou ne les instruire que de ce qui regarde particulièrement leurs corps. S'il ne leur dit pas ses projets, il court le risque de les voir échouer, parce que de l'inexécution d'un mouvement particulier dépend souvent la réussite du plan général. S'il leur fait part de son plan par écrit, l'ennemi peut l'apprendre par une trahison ou par la prise d'une ordonnance. Il y a un terme moyen qu'il serait bon d'adopter : C'est de donner par écrit à chaque général les ordres relatifs à ce que doit exécuter son corps, et à l'instruire des mouvements des corps voisins ; puis de confier l'ensemble du plan à un officier capable et sur lequel on puisse compter pour le rendre exactement au général.

Il y a plusieurs sortes de marches : celles qui ont lieu loin de l'ennemi, et celles qui se font à sa portée.

Les unes et les autres tiennent à la logistique, mais plus particulièrement les premières.

Dans ces sortes de marches le chef d'état-major doit donner ses instructions relativement aux distances à parcourir par les diverses colonnes, afin de combiner le moment de leur départ avec ces distances, avec les obstacles qu'elles auront à franchir, avec le matériel qu'elles traînent après elles, etc. Il prendra toutes les mesures de précaution nécessaires, telles que de faire marcher avec chaque colonne des sapeurs munis des outils et matériaux pour aplanir les obstacles, jeter de petits ponts ; mais, quant aux détails de la marche, il faudra s'en rapporter à l'expérience des généraux auxquels il suffira de faire savoir la direction qu'ils devront suivre, le moment où ils devront arriver, quels sont les corps qui marchent latéralement, et on leur indiquera une direction de retraite, en cas de besoin absolu.

Pour les marches qui se font à proximité de l'ennemi, il faut surtout beaucoup d'ordre pour éviter l'encombrement qui pourrait résulter de la proximité des diverses colonnes, et de la grande quantité de troupes de diverses armes qui marchent ensemble. Ces suites de marches tiennent plutôt à la tactique qu'à la logistique, et le rôle de l'état-major sera surtout de faire accompagner les avant-gardes par de bons officiers capables de bien apprécier les mouvements de l'ennemi, et d'en informer le général en chef, qui joue alors le rôle principal et dirige ses colonnes selon ses vues.

Il serait trop long d'entrer dans tous les détails des combinaisons par lesquelles des troupes en marche se forment en bataille pour l'action.

*Des reconnaissances.* Quand les troupes ont été amenées par la logistique sur le champ de bataille, la première chose à faire est de reconnaître la position de l'ennemi, afin de prendre ses dispositions en conséquence : c'est donc ici le moment de parler des reconnaissances, et des autres moyens les plus propres à reconnaître la position et les projets de l'ennemi.

Ces moyens sont :

1° Les reconnaissances ;

2° Les prisonniers de guerre ;

3° L'espionnage ;

4° Les hypothèses ;

Les reconnaissances faites par des officiers capables, intelligents, sont certainement un moyen de s'assurer de la position de l'ennemi ; mais comme, en définitive, elles ne peuvent franchir les avant-postes, ce n'est pas un moyen infaillible et quand il ne s'agit pas seulement de connaître la position, mais les projets de l'ennemi les reconnaissances, si bien faites qu'elles soient, ne pouvant voir ce qui ce passe au delà des avant-gardes, il faut avoir recours à d'autres moyens.

Les prisonniers de guerre, bien questionnés par des officiers adroits et ayant cette habitude, donneront souvent d'excellents renseignements ; mais il faut bien se garder d'ajouter une foi aveugle à ces sortes de rapports.

L'espionnage est un moyen excellent qui, pour n'être pas infaillible, n'en est pas moins précieux. Il faut employer beaucoup d'argent, parce qu'un général celui qui paie bien est bien servi ; mais ce n'est encore qu'un moyen imparfait, parce qu'un espion ne peut, ordinairement, juger que de ce qu'il voit, et ne pénètre pas sous la tente du général en chef.

Le meilleur moyen sans contredit de découvrir les projets de l'ennemi, c'est de faire des hypothèses sur les différents partis qu'il a à prendre. Comme l'on opère toujours sur le centre d'une armée ou sur une aile, ou enfin sur les deux ailes à la fois ; il n'y a donc, comme on voit, que trois ou quatre hypothèses à faire, et si le général a le jugement sain, un sens droit, il se trompera rarement.

En résumé, un général ne négligera aucun des moyens indiqués ci-dessus pour connaître les projets de l'ennemi ; car la vérité ne peut jaillir que de la multiplicité des renseignements, quelque contradictoires qu'ils soient.

### VI. FORMATION DE LA LIGNE DE BATAILLE.

Il ne faut pas confondre les expressions de ligne de bataille et d'ordre de bataille, qui sont deux choses bien différentes.

La ligne de bataille est la dénomination propre à une troupe formée en bataille, d'après les règles de l'ordonnance, sans but déterminé.

L'ordre de bataille est la dénomination propre à une armée formée en bataille, avec le projet de manœuvrer soit dans l'attaque, soit dans la défense, selon l'ordre parallèle ou oblique.

Ces définitions bien comprises, nous allons examiner comment, dans nos armées modernes, les troupes sont formées sur la ligne de bataille.

Avant la révolution, les armées, généralement peu nombreuses, marchaient, campaient et combattaient sous les yeux du général en chef. Elles étaient formées en une seule masse divisée en corps de bataille et en deux ailes.

A la révolution, l'on adopta le système divisionnaire, c'est-à-dire, que l'on divisa l'armée en fractions très-mobiles réunissant les trois armes, et pouvant, dans certains cas, se suffire à elles-mêmes ; mais ces fractions, appelées divisions, si bien constituées qu'elles fussent, lorsqu'elles se trouvaient attaquées isolément par des forces supérieures, étaient exposées à être battues.

Napoléon 1er réunit alors plusieurs divisions sous le nom de corps d'armée, assez forts dans toutes les circonstances pour opérer isolément ; et c'est avec ce système qu'il fit de si grandes choses.

Les événements de la guerre apportant souvent des modifications forcées à l'ordre primitif dans lequel les troupes ont été formées pour entrer en campagne, il est difficile de donner des règles invariables à ce sujet. Cependant il est rationnel de diviser une armée en centre, en aile droite, aile gauche et réserve ; par conséquent en quatre corps. L'on a beaucoup écrit, beaucoup discuté sur le nombre de divisions, de brigades qui convenait le mieux. Ce chiffre 4 paraît convenir le mieux en toutes formations, comme donnant le moyen d'avoir deux ailes, un centre et une réserve. Aussi les corps d'armée sont généralement composés de 4 divisions ; la division est aussi le plus souvent formée de 4 brigades ; mais pour que les circonstances journalières, telles que détachements, escortes, postes à occuper, etc., n'apportent pas de modifications constantes à cet ordre de choses, il convient d'avoir plusieurs divisions mixtes, c'est-à-dire, composées de toutes les armes et, pour ainsi dire, hors rang, destinées à parer à toutes les éventualités.

L'infanterie se place ordinairement sur deux lignes avec une réserve : c'est la meilleure formation.

Autrefois la cavalerie, peu nombreuse, se plaçait invariablement sur les ailes. Aujourd'hui que les armées sont très-considérables, le placement de la cavalerie n'a pas de règles fixes ; chaque corps d'armée a ordinairement une division de cavalerie légère.

S'il est au centre, la cavalerie se place le plus souvent derrière l'infanterie ; s'il est à l'une des ailes, elle se place habituellement sur les flancs. Outre ces divisions de cavalerie légère, l'on réunit plusieurs brigades de grosse cavalerie pour former des réserves, et l'on a même vu, sous l'Empire, des corps d'armée de cavalerie présentant des masses énormes de cette arme ; mais, pour manier de pareilles masses, il faut des officiers-généraux de cavalerie bien expérimentés, et le moyen d'assurer leur existence est un problème toujours fort difficile à résoudre.

L'artillerie est répartie sur la ligne de bataille dans chaque division ; elle se place habituellement entre les brigades ; elle a aussi ses réserves.

- Nous avons dit que l'infanterie se formait sur deux lignes. Ici se présente là question de savoir s'il faut placer les divisions d'un même corps l'une derrière l'autre, ou bien sur une même ligne ; dans ce dernier cas, le commandant de la première ligne ayant ses forces étendues sur une grande ligne, n'a pas ses troupes sous la main, et ne peut compter sur un secours efficace de la seconde ligne qui n'est pas sous son commandement. En plaçant les troupes de la même brigade de la même division les unes derrière les autres, ces inconvénients disparaissent : c'est donc la meilleure formation.

### VII. EMPLOI DES DIFFÉRENTES ARMES. — DE L'INFANTERIE.

L'on a beaucoup écrit, beaucoup discuté sur l'ordre mince et l'ordre profond, et cette question n'est pas encore vidée ; mais cela tient à ce que chacun des partisans de l'un ou l'autre ordre ne traite la question qu'à son point de vue, et ne l'embrasse pas d'une manière assez générale. Car il est certain que la force de l'infanterie réside, dans la défensive, dans son feu et, par conséquent, dans l'ordre mince ; il est aussi hors de doute que, pour l'offensive, elle devra présenter de fortes colonnes d'attaque, enlevant les positions en quelque sorte par la force de son impulsion et sans tirer un coup de fusil. Au lieu donc de perdre son temps en discussions oiseuses pour savoir lequel vaut mieux de l'ordre mince ou de l'ordre profond, il est plus rationnel et plus instructif de rechercher dans quelles circonstances il convient mieux d'employer tel ou tel ordre. Nous allons examiner les différentes manières dont l'infanterie doit marcher à l'ennemi.

Nous ne dirons qu'un mot de l'ordre en tirailleurs qui n'est qu'un accessoire. Au commencement des guerres de la Révolution, le courage dut suppléer à l'instruction qui manquait à nos armées. Fallait-il enlever une position, le général français lançait en avant une masse de tirailleurs qui étonnaient l'ennemi par leur feu meurtrier, et à l'abri desquels les colonnes pleines d'enthousiasme, sinon de science de la guerre, culbutaient l'ennemi au chant de la Marseillaise. Cette manière de combattre est encore employée en Afrique où il faut lutter contre d'excellents tirailleurs. Dans l'état actuel de l'art militaire, les tirailleurs jouent un grand rôle quoique moins étendu que dans les guerres de la Révolution.

L'on marche habituellement à l'ennemi en ordre déployé, en colonnes par bataillon (c'est l'ordre semi-profond), en colonnes profondes ; l'ordre déployé convient mieux en général à une troupe sur la défensive, car sa principale force réside dans le choix de sa position et dans son feu. Or, c'est l'ordre déployé qui donne le plus de feux.

Dans l'offensive, l'ordre déployé peut être avantageux lorsqu'on n'a que peu de terrain à parcourir, ou qu'arrivant en colonne sur une position occupée par de l'infanterie, il est nécessaire de la chasser par son feu.

Mais soit que l'on se forme en ligne déployée pour la défense, soit que l'on se déploie pour l'attaque, cette ligne sera exposée à être percée ou prise en flanc, si elle n'est pas soutenue par une seconde ligne formée de bataillons en colonne.

Cet ordre semi-profond convient principalement pour l'attaque ; il se plie à tous les terrains, à toutes les circonstances ; il permet de marcher facilement, de passer avec rapidité à l'ordre déployé ; c'est l'ordre par excellence. L'ordre en masses profondes a été employé en quelques circonstances, mais sans succès. Les masses profondes sont trop peu mobiles, et, attaquées par le flanc, elles sont facilement détruites.

L'ordre en carré rentre dans l'ordre demi-profond, il s'emploie contre la cavalerie ; dans l'offensive, il convient de former les carrés par bataillon ; dans la défensive, des carrés par régiment offriront un plus grand espace intérieur, et feront une meilleure résistance à cause des réserves qu'ils renferment, et de la masse de feux qu'ils fournissent.

En examinant bien les divers ordres indiqués ci-dessus, l'on reconnaîtra qu'il serait absurde de se prononcer exclusivement pour l'un ou l'autre. Ce sont les circonstances qui détermineront à prendre tel ou tel ordre, mais nous pouvons cependant établir comme principes :

1° Que, pour l'offensive, l'ordre demi-profond paraît le plus favorable en couvrant le front d'attaque d'une ligne épaisse de tirailleurs ;

2° Que, dans la défensive, l'ordre déployé pour la première ligne, et en colonne pour la deuxième, doit le plus souvent réussir, cet ordre permettant de se tenir sur une défensive offensive.

Les différentes manières de former les troupes étant certainement un problème fort difficile à résoudre en présence de l'ennemi, il faudra principalement les exercer : 1° à la marche en bataille ; 2° à la marche en colonne, surtout en colonne double ; 3° à la marche en échiquier comme plus facile à diriger qu'une ligne pleine. Une manière de marcher en bataille qui n'est pas usitée, et qui pourrait être employée au moins hors de portée de l'ennemi, serait de faire marcher les pelotons en colonne par le flanc pour reformer la ligne en bataille ; chaque peloton n'aurait qu'à se former en ligne.

### DE LA CAVALERIE.

Elle se divise : 1° en cavalerie légère destinée aux reconnaissances, à éclairer les colonnes, à escorter les convois et à combattre le plus souvent en tirailleurs, soit pour masquer les mouvements et préparer une charge, soit pour poursuivre l'ennemi afin de compléter la victoire ; 2° en grosse cavalerie dont le rôle est d'enfoncer les masses ébranlées par l'artillerie ou par le feu de l'infanterie. Il y a une cavalerie mixte destinée à jouer alternativement, selon les circonstances et selon le terrain, le rôle de la cavalerie et de l'infanterie : ce sont les dragons dont l'utilité est incontestable ; car un jour de bataille, une masse de fantassins transportée rapidement d'un point à un autre peut décider la victoire ; mais l'expérience n'a pas toujours été en faveur de cette arme, qui est et sera probablement toujours à l'état de problème ; car il est difficile d'être bon cavalier et bon fantassin en même temps.

La cavalerie se forme à peu près comme l'infanterie, sur deux lignes avec une réserve ; l'ordre déployé en lignes pleines lui convient peu, et dans cet ordre son maniement en serait presque impossible ; l'ordre en échiquier et surtout en échelon semble préférable.

La distance entre les lignes doit être plus grande que dans l'infanterie, afin d'éviter le désordre ; et jamais la seconde ligne ne doit être pleine, afin de ne pas être entraînée par la première. Aussi l'on n'entassera jamais ses légions de cavalerie en colonnes les unes derrière les autres ; l'ordre en colonnes d'attaque par régiment de deux escadrons de front paraît ce qu'il y a de plus favorable à l'offensive et, dans cet ordre, les divisions ne doivent pas être serrées en masse, mais à distance entière, afin d'avoir du champ pour charger.

La cavalerie étant faite pour l'attaque n'a point en quelque sorte d'ordre de bataille pour la défensive. Hors des coups de l'ennemi, elle se forme en masses serrées pour occuper moins de terrain et se met à l'abri derrière un bois ou un pli de terrain. Forcée de garder une position, elle doit se déployer pour offrir moins de prise, et, d'ailleurs, elle sera toujours, dans ce cas, couverte par de l'infanterie ou de l'artillerie, sans quoi elle serait bientôt chassée de sa position. Une attaque sur son flanc étant toujours fort dangereuse, l'on dispersera quelques pelotons à distance sur ce flanc pour le protéger.

De même que dans l'infanterie, il est préférable d'établir les brigades en profondeur plutôt qu'en longueur ; la cavalerie est ainsi plus maniable. Deux régiments par brigade et un en réserve pour la division, c'est là la meilleure composition d'une division de cavalerie.

Les réserves sont plus utiles encore dans la cavalerie que dans l'infanterie ; rarement la première ligne réussit ; si elle est enfoncée et ramenée, il faut des chevaux frais pour reprendre l'avantage qui, en définitive, restera aux derniers escadrons.

Du reste, ce n'est ni le nombre ni l'ordre suivant lequel est formée la cavalerie, qui décide le plus souvent la victoire ; c'est l'ascendant moral des chefs et la confiance du soldat, et surtout le coup d'œil de l'officier qui saisit le moment d'agir, moment qui fuit avec la rapidité de l'éclair, si on le laisse échapper, et qui ne se présente pas deux fois dans une affaire.

### DE L'ARTILLERIE.

Moins encore que pour la cavalerie, nous ne nous occuperons des mille détails de cette arme. Nous dirons seulement deux mots de ses rapports avec les autres armes ; elle est, comme elles, employée dans l'offensive et la défensive.

Dans l'offensive, elle se réunit en grandes batteries pour ébranler les colonnes par son feu et préparer une charge de cavalerie. Ses batteries suivent les colonnes d'attaque pour les seconder, et de fortes réserves sont organisées pour se porter rapidement au point décisif ; ces réserves sont formées d'artillerie légère.

Dans la défensive, l'artillerie, placée dans une position légèrement dominante, protége les troupes et arrête l'ennemi aux points faibles de la ligne. Attaquée elle-même dans ces positions, elle tire à mitraille et se réfugie ensuite dans les carrés d'infanterie disposés à proximité pour la soutenir. Dans une retraite, elle retarde la marche de l'ennemi, et l'on ne doit pas craindre pour obtenir ce résultat d'en sacrifier quelques pièces.

Dans tous les cas, le rôle de l'artillerie est de tirer sur les colonnes et non sur les pièces. Quelques-unes de ces pièces seules sont exclusivement employées à contrebattre les batteries ennemies.

Disons en passant que les feux croisés, d'écharpe, de flanc, et surtout de revers, sont ceux qui frappent le plus le moral des troupes.

### DE L'EMPLOI COMBINÉ DES TROIS ARMES.

Il est bien difficile, pour ne pas dire impossible, d'astreindre à des règles fixes l'emploi combiné des trois armes. C'est au génie du général à en tirer le meilleur parti possible suivant le terrain et les circonstances. Nous pouvons cependant établir que, dans l'offensive, l'artillerie précédant les colonnes, ébranle les colonnes ennemies, et prépare l'attaque des autres armes ; l'infanterie s'avance sous la protection de ses batteries, se déploie au besoin, et la cavalerie saisit le moment favorable soit pour enfoncer les troupes déjà ébranlées par l'artillerie, soit pour prendre l'ennemi en flanc. En général, on peut dire que l'artillerie prépare l'attaque, l'infanterie l'exécute et la cavalerie profite du succès en poursuivant l'ennemi.

Dans la défensive, l'infanterie couvre les deux autres armes ; si elle est serrée de trop près, la cavalerie la dégage, l'artillerie opposant ses feux à ceux de l'ennemi, suspend ou ralentit ceux-ci. En un mot, l'action simultanée des trois armes doit être combinée de telle sorte que chacune d'elles soit employée suivant les qualités qui lui sont propres, et en les faisant soutenir mutuellement. Il n'y a pas d'autres règles à donner : le reste s'apprend par l'étude des guerres et par l'expérience.

### VIII. DES BATAILLES ET AUTRES OPÉRATIONS DE GUERRE.

Nous avons dit que la stratégie est l'art d'amener les troupes sur le champ de bataille, et la tactique celui de les y faire agir. Lorsque deux armées sont ainsi en présence et qu'elles sont décidées à vider leur querelle par les armes, le choc qui en résulte se nomme *combat*, si des portions seules de ces armées en viennent aux mains ; et *bataille*, si le choc est général, quoique, pour qu'il y ait bataille, il ne soit pas nécessaire que la totalité des troupes soit engagée directement.

Il y a trois espèces de batailles :

1° Les batailles défensives ;

2° Les batailles offensives ;

3° Les batailles imprévues ou de rencontre.

*Batailles défensives.* — Lorsqu'un général, ayant des troupes inférieures soit en qualité, soit en nombre, occupe une position dont la force lui permet de compenser ces désavantages, il livre une bataille défensive.

Il peut aussi prendre ce parti, même avec une armée qui ne le cède en rien à celle de son adversaire, lorsqu'il a confiance en sa position, qu'il prévoit que l'ennemi s'épuisera en efforts inutiles contre elle et qu'alors il pourra passer de la défensive à l'offensive, ce qu'il faut toujours faire sous peine d'être infailliblement forcé dans sa position. On livre encore une bataille défensive, lorsqu'on couvre un point objectif important.

Un général, qui livre une bataille défensive, n'a pas de but déterminé d'avance, si ce n'est celui de ne pas être vaincu ; il attend les coups qu'on va lui porter sur tous les points à la fois ; il ne pourra donc prendre aucun ordre de bataille. Si l'on se rappelle la définition que nous avons donnée de la ligne et de l'ordre de bataille, l'on voit que la ligne de bataille appartient à la défensive et l'ordre de bataille à l'offensive.

D'après ce que nous avons dit plus haut, il y a deux espèces de batailles défensives : celles purement défensives et celles où l'on passe de la défensive à l'offensive.

Les premières se livrent dans des positions très-fortes par elles-mêmes ou rendues telles par des travaux d'art ; les secondes se livrent dans des positions ouvertes, mais choisies d'avance, de telle sorte que les issues, quoique défendues contre l'approche de l'ennemi, permettent de prendre l'offensive au moment opportun ; que l'artillerie puisse profiter de tous ses avantages ; il est important d'avoir ses flancs bien appuyés et une retraite facile ; de pouvoir dérober ses mouvements de troupe d'un point à un autre au moyen d'accidents de terrain, de forcer enfin l'ennemi à attaquer le centre de la ligne défensive.

Dans une position purement défensive, le feu étant le plus grand moyen de défense, le meilleur arrangement des troupes sera celui qui en produira le plus ; il faut, en outre, de bonnes réserves prêtes à se porter partout où la ligne sera menacée d'être percée.

Il n'y a que des généraux médiocres qui livrent des batailles purement défensives, ou il faut y être forcé par des considérations bien puissantes. Mais passer à propos de la défensive à l'offensive, c'est le propre du génie ; c'était ce que faisait si bien Napoléon Ier. La défensive sur laquelle il se tient d'abord avec ses troupes sous sa main, lui donne l'avantage de voir venir l'ennemi, et si celui-ci commet une faute, comme, par exemple, les Austro-Russes à Austerlitz, une vigoureuse offensive surprendra l'ennemi qui croyait toucher à la victoire, sa défaite sera presque certaine.

*Batailles offensives.* — Un général, qui a confiance dans ses troupes et qui veut conserver un ascendant moral sur l'ennemi, prendra toujours l'initiative de l'attaque.

Dès que l'attaque est résolue, il faut chercher le point décisif, afin de prendre tel ordre de bataille qui pourra conduire au but.

Ce point décisif se détermine par la forme du terrain, par l'emplacement des troupes, et surtout par le but stratégique que l'on se propose.

Des reconnaissances faites avec beaucoup de soin par l'état-major indiqueront les points d'attaque, et le général arrêtera toutes ses dispositions.

Dans une bataille offensive, l'on doit chercher à culbuter l'ennemi en faisant effort soit sur son centre, soit sur une aile, soit sur les deux ailes ; enfin sur le centre et sur une aile. Pour atteindre l'un de ces résultats, on emploie divers ordres de bataille que l'on nomme ordre oblique en général, parce que, consistant à renforcer une partie de la ligne de bataille en affaiblissant d'autres parties que, pour cette raison, on est obligé de refuser, la ligne devient en quelque sorte oblique par rapport à la ligne ennemie.

Les écrivains militaires ont donné un grand nombre d'ordres obliques qui se réduisent aux trois résultats du but que nous venons d'indiquer ci-dessus, comme étant celui que l'on se propose le plus habituellement.

1° L'on fera effort sur le centre de l'ennemi, lorsqu'il occupera une ligne trop étendue, les deux parties de son armée étant coupées seront battues séparément.

Dans ce cas et pour que l'ennemi voyant ce qu'on médite sur son centre n'y réunisse pas ses réserves, on fait une fausse attaque sur un autre point de son front.

2° Une attaque sur les deux ailes amènera d'immenses résultats ; mais pour se la permettre, il faut une armée très-supérieure en nombre.

3° Faire effort sur le centre et sur une aile en même temps, c'est la manœuvre qu'affectionnait Napoléon ; mais, pour réussir, il faut un coup d'œil d'aigle, être parfaitement secondé par ses lieutenants ; car une attaque faite par l'un des corps agissant avant ou après le moment favorable peut tout compromettre ; il faut aussi que le mouvement tournant ne soit pas trop large, et que le corps qui l'opère soit lié au centre de l'armée sous peine d'être attaqué pendant son mouvement et tourné lui-même.

Nous n'entrerons pas dans les détails de la conduite des troupes. C'est au coup d'œil du chef, au moral des troupes, à leur instruction, à toutes sortes de manœuvres et de feux, qu'il appartient de prendre telle ou telle formation, selon les circonstances, pour amener le choc entre les deux armées ; mais il arrivera souvent que ce choc n'aura pas lieu, ou qu'il se bornera à quelque combat partiel comme à Ulm. Lorsque, par l'effet des manœuvres stratégiques, une armée se trouve coupée de sa ligne de retraite, elle n'a plus, dans ce cas, qu'à poser les armes.

Cependant, comme règle générale, nous pouvons

poser que, pour enfoncer une ligne ennemie, il faut d'abord l'ébranler par un feu violent d'artillerie, puis faire une charge de cavalerie impétueuse et lancer à la suite de la cavalerie des masses compactes d'infanterie précédées d'une nuée de tirailleurs ; mais il faut aussi (et sans cette précaution la victoire pourrait vous être enlevée au moment où vous croiriez la tenir) faire soutenir bien à propos la première ligne par la seconde et celle-ci par les réserves, et ne pas oublier que la victoire restera presque toujours à celui qui aura les dernières réserves à employer.

*Batailles de rencontre ou imprévues.* — Nous dirons peu de choses sur ces sortes de batailles, car il ne peut y avoir de règles fixes dans une circonstance fortuite qui amène deux armées en présence au moment où elles s'y attendaient le moins. C'est au talent du général à prendre rapidement un parti ; car l'hésitation n'est pas permise ici, et c'est alors qu'on reconnaît le génie d'un grand capitaine. Tout ce qu'il est permis de dire, c'est que, moins encore que dans les batailles défensives ou offensives, il n'est pas permis de s'écarter des règles de la guerre. On engagera donc les avant-gardes en les faisant soutenir ; on s'emparera des points importants et l'on fera masser les colonnes, puis on choisira les manœuvres improvisées qui sembleront les meilleures suivant le terrain et la position de l'ennemi que l'on se hâtera de reconnaître.

### DE DIVERSES AUTRES OPÉRATIONS.

*Retraites.* — Les retraites sont, sans contredit, l'opération la plus difficile et la plus délicate de l'art de la guerre, surtout les retraites après une bataille perdue ; et cela se conçoit, car alors il faut mettre de l'ordre dans des masses confuses, portées à ne plus écouter que la voix de la frayeur et de l'indiscipline.

Il y a plusieurs espèces de retraites : d'abord celles dont nous venons de parler ; puis les retraites après une bataille perdue, les retraites devant un ennemi supérieur, soit pour prendre une position plus favorable, soit pour se rallier à un autre corps ou pour aller au secours d'un point menacé.

Les retraites prévues, arrêtées d'avance et qui ne jettent pas, par conséquent, la démoralisation dans l'armée, peuvent se faire avec beaucoup d'ordre ; et, si le pays à travers lequel on se retire n'est pas très-hostile, une retraite bien conduite se fera sans que l'armée soit entamée et sans pertes sensibles d'hommes et de matériel.

Mais une retraite après une bataille perdue, demande de la part du chef un génie qui se rencontre bien rarement même chez les plus grands capitaines. Aussi cite-t-on à peine quelques retraites bien faites tandis que les batailles gagnées fourmillent dans l'histoire.

Il y a plusieurs manières d'opérer une retraite : il s'agit de choisir la meilleure suivant les circonstances. L'armée se retire-t-elle dans le but de prendre une position plus favorable et dans l'intention de combattre, elle opérera sa retraite en masse, en suivant une même direction, mais en profitant de tous les chemins parallèles pour diminuer sa profondeur et être plus tôt disposée pour le combat. Après un échec, l'on se retire le plus habituellement en plusieurs corps échelonnés, afin d'éviter l'encombrement ; mais c'est ici que la science de la logistique doit être employée judicieusement par l'état-major général, afin que la mise en marche des troupes et les haltes soient combinées de telle sorte que les différents corps ne se rencontrent pas, ce qui occasionnerait des fatigues inutiles, des temps d'arrêt et du désordre ; car il peut arriver qu'une halte intempestive produise autant de mal qu'une déroute.

Si le pays le permet, l'on marchera de préférence sur plusieurs routes parallèles et de front. Cet ordre aura le double avantage de faciliter la subsistance des troupes et de laisser les troupes dans l'ordre de combat. Mais il ne faudrait pas que les routes fussent trop éloignées l'une de l'autre, sans quoi l'armée ennemie se glissant entre les différents corps les battrait séparément.

Lorsqu'au moment où la retraite devient nécessaire, l'armée occupe des points éloignés les uns des autres, les différents corps se retirent en convergeant sur le centre pour opérer leur jonction. C'est alors une retraite concentrique. Certains auteurs ont parlé de retraites excentriques, qui consisteraient à faire prendre à une armée réunie différentes directions divergentes pour échapper à la poursuite de l'ennemi.

Une armée qui commettrait une pareille faute, serait perdue ; car l'armée ennemie réunissant plusieurs corps de manière à être supérieure partout aux fractions en retraite, les battrait et les détruirait successivement.

Dans certaines circonstances, il conviendra de faire une retraite parallèlement aux frontières, au lieu de suivre une direction perpendiculaire qui conduise au centre du pays ; car l'ennemi craignant d'être pris en flanc ou même de voir ses communications coupées, s'arrêtera probablement dans sa marche sur le point objectif capital ; et si l'armée en retraite reprend l'offensive dans des circonstances favorables, la perte totale de l'armée ennemie peut être le résultat de cette manière d'opérer sa retraite.

Quelque système de retraite que l'on adopte, il faudra couvrir l'armée par une bonne arrière-garde, commandée par un chef doué de calme, de sang-froid, et possédant la confiance des troupes. L'on devra maintenir la discipline la plus exacte, et, pour cela, faire assurer la subsistance de l'armée pour éviter la maraude qui tue la discipline.

Nous n'entrerons pas dans les détails de la conduite d'une retraite ; nous dirons simplement que les flancs de l'armée devront toujours être bien couverts en faisant marcher des colonnes légères sur les crêtes qui pourraient dominer la direction de l'armée. L'on doit faire reconnaître, à l'avance, les positions où l'on pourra résister longtemps et où l'on établira des troupes qui seront relevées successivement jusqu'à l'arrivée de l'arrière-garde ; celle-ci ne se repliera que lorsque l'armée aura filé ; et selon la force de cette arrière-garde et celle des positions en arrière, elle pourra rester en arrière à une demi-journée, quelquefois même à une journée entière. Si l'ennemi devenait trop entreprenant, l'arrière-garde simulerait un mouvement rétrograde, et le général en chef la soutenant avec de bonnes troupes saisirait une occasion favorable de faire un mouvement offensif. C'est le cas ici de dire un mot des poursuites qui doivent être faites avec vigueur ; car c'est une faute de faire un pont d'or à son ennemi ; il faut chercher à gagner ses flancs et à couper ses colonnes, afin de lui prendre son matériel ou de le forcer à l'abandonner. Mais il faut conserver soi-même de l'ordre et prendre garde qu'une ardeur imprudente vous fasse tomber dans les piéges qu'un bon officier d'arrière-garde ne manquera pas de vous tendre fréquemment, s'il s'aperçoit qu'il n'y a pas d'ordre et d'ensemble dans la poursuite. La cavalerie sera très-utile pour soutenir la retraite et tomber à l'improviste sur les poursuivants.

### DES PASSAGES DE RIVIÈRES.

Le passage des fleuves ou rivières larges, rapides, est une des opérations les plus importantes de la guerre, dans le voisinage de l'ennemi. Nous ne nous en occuperons que dans les rapports que cette opération a avec la stratégie, le soin de l'établissement des ponts étant du domaine des pontonniers, et le passage proprement dit étant du ressort de la tactique.

Si l'on se rappelle ce que nous avons dit des points stratégiques qui sont ceux dont la possession peut avoir une influence décisive sur l'issue de la campagne, ou, au moins, sur les opérations ultérieures, on comprendra qu'il est nécessaire que le point choisi pour effectuer le passage d'une rivière, soit situé de manière à réunir les avantages stratégiques aux convenances tactiques des localités.

Outre ces conditions essentielles, il est important que ce point soit encore tel qu'après le passage, l'armée se trouve dans une direction perpendiculaire à son cours, afin de ne pas être exposée à livrer bataille avec une rivière à dos, ce qui peut amener les plus grands désastres.

Quant aux moyens d'exécution, nous pouvons établir comme règles générales :

1° Qu'il convient de choisir, pour l'établissement du pont, un angle rentrant qui permette d'établir sur la rive amie des batteries dont les feux croisés protégeront l'établissement du pont et le passage des troupes ;

2° Il faut donner le change à l'ennemi en simulant plusieurs passages, là où l'on ne veut précisément pas l'effectuer ; pour cela on réunira des troupes et l'on fera grand bruit d'artillerie, tandis qu'on fera ses préparatifs sur le point véritable, dans le plus grand secret et en silence ;

3° Le voisinage d'une île comme aussi celui d'un affluent, seraient excellents pour faciliter le passage et rassembler les matériaux ;

4° L'on devra transporter des troupes sur la rive opposée pour s'emparer des points propres à protéger le passage.

Si le passage d'une rivière, dans l'offensive, est une opération difficile, c'est bien autre chose encore dans une retraite.

Il faudra commencer, si l'on en a le temps, par élever sur la rive ennemie une tête de pont, ou au moins quelques bonnes redoutes dont le feu protégera le passage des dernières troupes. On arrêtera l'armée à une assez grande distance de la rivière, et l'on fera filer les bagages et tous les *impedimenta*. On disposera des troupes fraîches près des ponts destinés à former l'extrême arrière-garde, et l'on calculera les heures de départ des divers corps, de telle sorte que l'arrière-garde arrive, lorsque les dernières troupes du corps de bataille passeront, alors cette arrière-garde passera dans les intervalles de l'extrême arrière-garde, qui effectuera à son tour le passage autant que possible pendant la nuit, sous la protection de l'armée en position de l'autre côté de la rivière.

Le major Paul Roques.

**STROBILE** [du grec *strobilos*, pomme de pin]. — Dit aussi *Cône*, réunion de fruits couverts, provenant

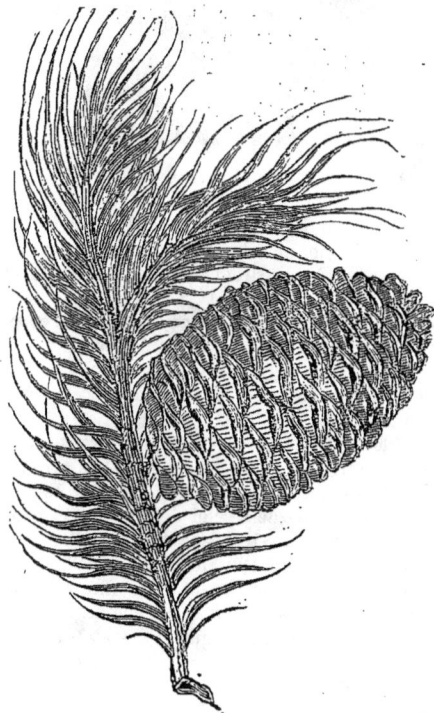

Fig. 29. — Strobile conifère.

de fleurs nées à l'aisselle de bractées écailleuses dont l'ensemble forme un corps conique ou globuleux : tel est le fruit du pin. Voy. *Cône*.

**STROMBE** (zoologie) [*strombus*, du grec *strombos*, toupie, à cause de sa forme]. — Genre de mollusques gastéropodes pectinibranches, de la famille des buccinoïdes, caractérisés par des coquilles univalves, ventrues, terminées à leur base par un canal accompagné d'un sinus distinct, et dont la lèvre droite se dilate ou s'étend avec l'âge, en un lobe simple ou digité. Les strombes se trouvent dans les mers d'Europe et de l'Inde. Quelques-uns sont fort grands ; on les recherche surtout à cause de la belle coloration de leur ou-

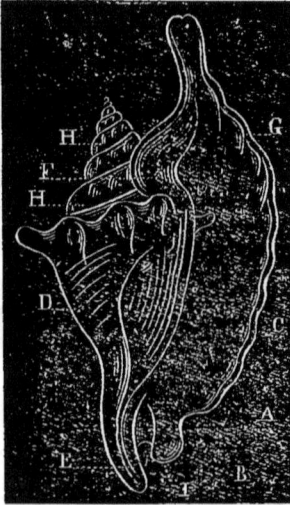

Fig. 30. — Strombe.

verture : tels sont le strombe géant, vulgairement *Aile d'aigle*, le strombe pied de pélican, vulgairement *Aile de chauve-souris*, le strombe lucifer, vulgairement *Chameau*.

**STRONGLE** (zoologie) [*strongylus*, du grec *stroggylos*, rond, cylindrique]. — Genre de vers entozoaires parasites des mammifères, des oiseaux et des reptiles. Le *sirongle géant*, long de 2 à 3 décimètres, attaque le cheval, le chien et l'homme.

**STRONTIANE** (minéralogie). — Terre alcaline qui a la propriété de former des sels neutres avec les acides. On la tire du sulfate de strontiane par un procédé chimique analogue à celui dont on se sert pour obtenir la baryte. La strontiane pure est d'un gris blanchâtre, d'une pesanteur spécifique moindre que celle de la baryte. La nature ne nous offre point la strontiane dans un état simple, isolé ; elle est toujours combinée avec l'acide sulfurique et l'acide carbonique, mais plus rarement avec ce dernier. Son nom lui vient de Strons ou Stranteau, ville d'Ecosse, où on la trouve d'abord à l'état de sulfate. Mais, aujourd'hui, on la rencontre partout en France, notamment sur la montagne de Montmartre.

**STRUTHIONS** (zoologie) [du grec *stroulhos*, autruche]. — Ordre des oiseaux caractérisé par un sternum aplati, des ailes rudimentaires impropres au vol, terminées par des ongles que recouvrent des plumes à barbes et barbules différentes de celles des autres oiseaux. Langue charnue, presque libre à la pointe. Estomac s'éloignant de la forme du gésier. Appareil simulant une vessie. Paupières pa-

VII.

raissant bordées de cils. Organisation qui rapproche ces animaux des mammifères. Cet ordre comprend deux tribus, savoir :

1re tribu. Struthionidés, espèces vivantes. Oiseaux coureurs, habitant les déserts de l'Afrique et de l'Amérique, et les forêts de la Malaisie et de l'Australie. Ils vivent de fruits, de graines, d'herbes, de jeunes pousses, d'insectes et de limaçons. Tarses nus au-dessus du genou, 2, 3 ou 4 doigts libres, corps massif, oreilles garnies d'une conque sans plumes.

1re famille, aptériginés, genre aptérix, 3 espèces.
2°    —    struthioninés, genre Casoar, 1 espèce.
      —    Emeu, 1 espèce.
      —    Nandou, 2 espèces.
      —    Autruche, 1 espèce.

2e tribu, Dinornithidés, espèces fossiles. 3 ou 4 doigts, os privés de trous à air comme les mammifères et les reptiles, caractère commun à l'aptérix.

1re famille, Didinés, genre Didus. L'espèce, le Dronte ou Dodo, habitait les îles de France et Bourbon, il y a environ cent ans.

2e famille, Dinornithinés, genre Dinornis, 5 espèces à 3 doigts. Le *dinornis giganteus* avait 4 mètres et plus de hauteur. Les premiers vestiges ont été trouvés à la Nouvelle-Zélande, et les os contiennent encore une grande proportion de gélatine, ce qui fait penser que la disparition de ces oiseaux n'est pas fort ancienne.

3e famille, Épiornithinés, genre Épiornis. On a découvert dans les alluvions modernes de l'île de Madagascar les œufs et des ossements d'un oiseau dont la taille devait être de 3 à 4 mètres ; les œufs, dont la capacité est de plus de 8 litres, ont 34 centimètres de longueur et 22 de largeur. Les naturels de l'île assurent que cet oiseau vit encore, mais qu'il est extrêmement rare. Voy. *Æpiornis*.

4e famille. Ornithichnitinés, genre Ornithichnite. 7 espèces. Cette famille est formée d'oiseaux, dont on n'a trouvé que l'empreinte des pieds dans le grès rouge de la vallée de la rivière de Connecticut, dans l'Amérique septentrionale. Les plus grandes empreintes, celles de l'ornithichnite géant, ont trois doigts ; la longueur du pied, non compris les ongles, est de 50 centimètres, et la dimension des enjambées varie de 1 mètre 30 à 2 mètres. On estime que sa taille était de 4 à 5 mètres.              GOSSART.

**STRYCHNINE** (chimie). — Alcaloïde découvert en 1818 par Pelletier et Caventou. Il existe dans plusieurs espèces de *Strychnos* (*S. nux vomica*, *S. ignatia*, *S. colubrina*). Il s'y trouve combiné avec l'*acide igasurique*. La strychnine cristallise en octaèdres ou en prismes blancs, solubles dans l'alcool aqueux, et insolubles dans l'éther et l'alcool absolu. Elle ne se dissout que dans 7000 parties d'eau froide et dans 2500 parties d'eau bouillante. Elle est très-vénéneuse ; l'empoisonnement est caractérisé par des mouvements convulsifs, dans lesquels la colonne vertébrale est brusquement recourbée en avant ou en arrière (*emprostotonos* et *opistotonos*). Sa solution est extrême-

17

ment amère, même étant très-étendue ; les sels d'argent la colorent, sous l'influence de la lumière, en rouge brunâtre ; le perchlorure d'or la colore en bleu clair, le caméléon violet lui communique une teinte verte, et l'infusion de noix de galle la précipite en blanc (Duflos). La strychnine est inaltérable à l'air, inodore, non fusible, non volatile, et facilement décomposable par la chaleur. Elle se dissout dans l'acide nitrique avec un résidu jaune verdâtre ; la coloration est rouge lorsqu'il y a de la brucine. Elle est colorée par l'acide sulfurique concentré, d'abord en rouge brun, puis en violet. Formule : $C^{44} H^{23} N^2 O^8$.

(Docteur Hœfer.)

**STUC** [en italien *stucco*, mot que Ménage dérive de l'allemand *stuck*, fragment, parce que le stuc se fait avec des pierres concassées]. — Mélange de chaux éteinte, de craie et de marbre blanc pulvérisé que l'on gâche dans l'eau de manière à former une espèce de mortier où plâtre cuit exprès, bien pilé et tamisé, puis gâché dans de l'eau chaude contenant de la colle de Flandre en dissolution. Cette composition est susceptible de prendre le poli du marbre, et acquiert, en séchant, une dureté égale à celle de la pierre.

**STYLE** [du grec *stylos*]. — Manière d'exprimer les pensées de vive voix ou par écrit. Caractère particulier que chaque écrivain imprime à la langue commune. C'est en ce sens qu'on dit le style de Voltaire, de Molière, de Montesquieu, etc.

De trois tableaux représentant un même sujet, il arrive que le premier charme vos yeux, que le second vous est indifférent et que le troisième est détestable. Pourquoi le premier mérite-t-il votre attention? C'est que les détails en sont exquis, qu'ils sont placés dans le lieu du tableau qui leur convient le mieux, et que les rapports, les liaisons entre les diverses parties sont naturelles et offrent un coup d'œil satisfaisant. Pourquoi le second vous plaît-il moins? Les figures partielles sont cependant très-bien rendues, et pourtant l'ensemble ne satisfait pas : il faut donc que la disposition relative de ces figures ne soit pas naturelle, soit forcée, laisse voir comme un embarras, une gêne, quelque chose de peu coulant, que le peintre n'a pu éviter. Pourquoi enfin le troisième est-il loin de vous être agréable? C'est que non-seulement les figures de détail sont mal exécutées, mal rendues, mais que les liaisons entre ces diverses figures sont également mauvaises.

Ces trois tableaux ne sont autre chose qu'un discours écrit ou parlé, mais de trois styles différents. Dans le premier, les pensées sont claires, pures, correctes, précises, nobles; les liaisons en sont simples, naturelles et justes; le tout offre un ordre facile, coulant et qui charme l'esprit. Dans le second, les pensées sont aussi bien rendues que dans le premier, mais l'enchaînement de ces pensées est incorrect, les liaisons sont choquantes, les transitions peu naturelles ou même forcées, l'ordre est désagréable, ces pensées enfin n'occupent plus la place qui leur convenait le mieux. Dans le troisième, non-seulement les pensées sont obscures, entortillées, confuses, mais encore elles sont entassées pêle-mêle et sans ordre. Ce

discours est l'œuvre d'un esprit brouillon ou extravagant.

Il y a trois sortes de styles : le simple, le tempéré et le sublime.

*Du style simple.* — Le style simple n'admet point de recherches, point de tours ambitieux, point d'ornements où l'effort de les trouver se laisse apercevoir, point de périodes longues et étudiées; en un mot, écrivez naturellement et sans apprêt, mais avec ordre, netteté et précision, votre style alors sera simple.

Ce style convient dans les lettres, les mémoires des avocats, les fables, etc. La Fontaine est le plus parfait modèle en ce genre. Voici comment il commence la fable : Le Lion et le Rat :

> Il faut, autant qu'on peut, alléger tout le monde,
> On a souvent besoin d'un plus petit que soi.

Et celle de l'Ane et du Chien :

> Il se faut entr'aider, c'est la loi de nature.
> L'âne pourtant un jour s'en moqua
> Et ne sais comme il y manqua,
> Car il est bonne créature.

Chacun croirait pouvoir en faire autant !

*Du style tempéré.* — Ce style tient le milieu entre le simple et le sublime ; plus orné et plus majestueux que le simple, moins fort que le sublime, il peut être paré de toute la grâce de l'élocution. La métaphore et l'antithèse y brillent par intervalle; et si la force n'est pas son apanage, l'élégance, l'adresse, la variété de sa diction ne laissent pas que de le faire triompher le plus souvent.

Les qualités particulières du style tempéré sont : *l'élégance*, la *richesse*, la *délicatesse* et la *naïveté*.

*L'élégance.* — L'élégance du style consiste à rendre sa pensée par un tour noble et poli, par des expressions gracieuses, châtiées et coulantes à l'oreille.

> L'homme ravit la laine à la brebis paisible;
> Le taureau lui soumet son front large et terrible;
> La génisse apporta son nectar argenté,
> Aliment le plus doux, source de la santé.

Et ailleurs :

> Le coursier sans vigueur et la tête penchée,
> Jette un triste regard sur l'herbe desséchée.
> SAINT-LAMBERT.

La *richesse* du style consiste dans les pensées brillantes, les tours nombreux et variés, les images frappantes, les figures hardies. Soyez sobre cependant dans la distribution des ornements, ne préférez jamais à une élégante simplicité ces ornements frivoles plus luxueux que solides, qui éblouissent par leur éclat et par leur multiplicité, mais qui ne servent qu'à dissimuler la laideur ou la misère.

> Que peuvent tes amis, et leurs armes fragiles,
> Des habitants des eaux dépouilles inutiles,
> Ces marbres impuissants en sabres façonnés,
> Ces soldats presque nus et mal disciplinés,
> Contre ces fiers géants, ces tyrans de la terre,
> De fers étincelants armés de leur tonnerre,

Qui s'élancent sur nous, aussi prompts que les vents.
Sur des monstres guerriers pour eux obéissants.
VOLTAIRE.

La *finesse* consiste à laisser deviner une partie de sa pensée, mais il faut que ce qu'on ne dit pas se laisse apercevoir aisément. La finesse ne consiste pas à montrer qu'on a de l'esprit, mais plutôt à laisser croire aux autres qu'ils en ont.

HIPPOLYTE.

Je fuis, je l'avoûrai, cette jeune Aricie,
Reste d'un sang fatal conjuré contre vous.

THÉRAMÈNE.

Quoi! vous-même, seigneur, la persécutez-vous ?
Jamais l'aimable sœur des cruels Pallantides
Trempa-t-elle aux complots de ses frères perfides,
Et devez-vous haïr ses innocents appas?

HIPPOLYTE.

Si je la haïssais je ne la fuirais pas.

Ce dernier vers est plein de finesse, Hippolyte ne pouvait avouer son amour plus adroitement.

La *délicatesse* n'est autre chose que la finesse du sentiment, tandis que la finesse est la délicatesse de l'esprit.

Virgile nous raconte ainsi les jeux d'une bergère (1).

Galatée me jette une pomme, s'enfuit derrière des saules; mais, avant que de s'y cacher la folâtre jeune fille désire avoir été aperçue.

Voici une circonstance finement saisie, mais c'est la finesse du sentiment, c'est la délicatesse.

La *naïveté* se trouve dans la simplicité, l'ingénuité des expressions. Une pensée naïvement exprimée plaît par cette sorte de négligence, cette absence de travail, cet abandon qu'on y remarque. On parle naïvement lorsque les idées se présentent d'elles-mêmes, sans réflexion et sans efforts; réfléchir pour être naïf, ou s'efforcer de le devenir, c'est vouloir tomber dans le bas et le ridicule.

La Fontaine, à chaque pas, nous offre des exemples d'une naïveté inimitable.

Voulez-vous savoir quelle était l'expérience d'un vieux rat?

C'était un vieux routier, il savait plus d'un tour,
Même il avait perdu sa queue à la bataille.

Il est une autre espèce de naïveté qui peut quelquefois parer même le style noble et les grands sujets. Voltaire nous en donne un bel exemple dans *Alzire*, lorsqu'il fait dire à Zamore, s'adressant à Alvarez :

Dieu? ta religion? Quoi ! ces tyrans cruels,
Monstres désaltérés dans le sang des mortels,
Qui dépeuplent la terre, et dont la barbarie
En vaste solitude a changé ma patrie,
Dont l'infâme avarice est la suprême loi,
*Mon père, ils n'ont donc pas le même dieu que toi ?*

(1)    Malo me Galatea petit, lasciva puella,
       Et fugit ad salices, et se cupit ante videri.

Ce dernier vers est d'une naïveté sublime!

*Du style sublime.* — Le style sublime est plein de noblesse, de majesté, de grandeur; l'élévation des pensées, l'énergie des sentiments et des passions, voilà ce qui le constitue. Il a sa source dans l'enthousiasme et dans l'inspiration. « Le sublime, dit Marmontel, c'est tout ce qui porte une idée au plus haut degré d'étendue et d'élévation, tout ce qui saisit l'âme et l'affecte si vivement, que toute sa sensibilité réunie dans un point laisse toutes ses facultés interdites et suspendues. »

Les qualités du style sublime sont : l'énergie, la véhémence et la magnificence.

*L'énergie* consiste à rendre sa pensée en resserrant l'expression pour lui donner plus de force.

Néron, dans *Britannicus*, exprime énergiquement sa haine invétérée contre son frère, lorsqu'il dit, même en allant se réconcilier avec lui :

J'embrasse mon rival, mais c'est pour l'étouffer.

Corneille dit de trois ministres qui se disputaient les dépouilles du vieux empereur Galba :

On les voyait tous trois s'empresser sous un maître,
Qui, chargé d'un long âge, a peu de temps à l'être;
Et tous trois à l'envi s'empresser ardemment
*A qui dévorerait ce règne* d'un moment.

« Dévorer un règne ! s'écrie La Harpe, quelle effrayante énergie d'expression ! »

La *véhémence* peut être définie : la vivacité de l'expression produite par des sentiments qui naissent en foule dans l'esprit de l'orateur, impatient de les transmettre à ceux qui l'écoutent.

Nisus voulant mourir pour Euryale, s'exprime ainsi:

Moi, c'est moi, c'est sur moi qu'il faut porter vos coups,
Cet enfant n'a rien fait, n'a rien pu contre vous,
Arrêtez, me voici, voici votre victime.
DELILLE.

Est il possible de rendre mieux l'héroïsme de l'amitié (1) ?

La pompe réunie à l'éclat, la grandeur, la richesse de l'expression constitue *la magnificence*.

Viens, des cieux enflammés abaisse la hauteur.
VOLTAIRE.

On distingue deux sortes de sublime : *le sublime de pensée* et *le sublime de sentiment*.

*Le sublime de pensée* consiste dans une idée grande et noble, mais rendue sans pompe, sans éclat :

Dieu dit : que la lumière soit. Et la lumière fut.

Quoi de plus simple dans cette diction, et en même temps quoi de plus capable de nous représenter la puissance de Dieu?

(1) Virgile avait dit :
    Me, me, adsum qui feci, in me convertite ferrum,
    O Rutuli, mea fraus omnis, nihil iste nec ausus,
    Nec potuit.
*Enéide, l.* IX.

*Le sublime de sentiment* peint un mouvement de l'âme, une fermeté, une fierté héroïque, un sentiment noble exprimé en quelques mots :

JULIE.

Que vouliez-vous qu'il fît contre trois?

HORACE.

Qu'il mourût.

« Voilà, dit Voltaire, ce fameux *qu'il mourût*, ce trait du plus grand sublime, ce mot auquel il n'en est aucun de comparable dans toute l'antiquité. »

« Comment veux-tu que je te traite? disait Alexandre à Porus prisonnier. — *En Roi*, répondit Porus. » Quels mots pouvaient mieux caractériser la fierté héroïque, la grandeur d'âme du prince indien.

QUALITÉS GÉNÉRALES DU STYLE — Nous venons d'énumérer les qualités particulières des trois espèces de styles reconnus par les rhéteurs. Outre ces qualités, il y en a d'autres encore qui conviennent à tous les trois à la fois, et que, pour cette raison, on appelle qualités générales. Ce sont : *la pureté, la clarté, la précision, la noblesse* et *l'harmonie*.

La *pureté* consiste à s'exprimer correctement et à ne se servir que des mots admis par l'usage et de constructions autorisées par la grammaire. Voici comment s'explique à cet égard l'auteur de l'*Art poétique*:

Surtout qu'en vos écrits la langue révérée
Dans vos plus grands excès vous soit toujours sacrée;
En vain vous me frappez d'un son mélodieux,
Si le terme est impropre et le tour vicieux;
Mon esprit n'admet point un pompeux barbarisme,
Ni d'un vers ampoulé l'orgueilleux solécisme;
Sans la langue en un mot l'auteur le plus divin
Est toujours, quoi qu'il fasse, un méchant écrivain.

La *clarté*. — Pour être clair, évitez les mots équivoques, les constructions forcées, les périodes trop longues. Nous l'avons déjà dit ailleurs, à quoi servent, sans la clarté, les images les plus jolies, les ornements les mieux distribués? Sont-ce les figures qui me feront comprendre un sens impénétrable? Sont-ce les ornements qui me feront aimer un écrivain qu'il me faudrait relire deux fois pour le deviner? Quintilien disait (1) :

Il faut que la pensée frappe l'esprit de l'auteur comme le soleil frappe la vue.

La *précision*. — Quand on dit tout ce qu'on doit dire et rien de plus, et en se servant des termes les plus justes, le style est précis; il ne faut pas confondre la précision avec la concision. Un historien et un orateur, qui auraient une même pensée à développer, pourraient être précis tous deux, et cependant l'historien dira en deux lignes ce que l'orateur fait bien de dire en quatre. En effet, l'historien n'est occupé que de la pensée simple, et l'orateur doit non-seulement énoncer la même pensée, mais encore la dire

(1) Ut in animum audientis oratio, sicut sol in oculos, occurrat.

d'une manière qui flatte, intéresse ou touche son auditoire.

On est précis parce qu'on n'a rendu qu'une seule pensée, si l'on n'avait qu'une seule pensée à exprimer, c'est-à-dire si l'on ne dit rien de superflu.

On est concis si l'on s'exprime avec le moins de mots que possible. Ainsi, la précision a rapport à l'idée, et la concision dépend de l'expression de cette idée.

Ce qui distingue la concision du laconisme, c'est qu'un discours concis peut être cependant très-long, tandis qu'il ne saurait être long et laconique. Laconisme est synonyme de brièveté.

Corneille pèche contre la précision en disant :

Trois sceptres à son trône attachés par mon bras
Parleront au lieu d'elle et *ne se tairont pas*.

Car il est clair que s'ils parleront, ils ne se tairont pas. Il a exprimé deux idées, une seule suffisait.

Xerxès invitant Léonidas à rendre les armes :

Viens les prendre,

répond le Spartiate. Cette réponse est laconique.

Au style précis est opposé le style diffus qui consiste à s'exprimer avec plus de mots qu'il n'en faut. Un homme qui dirait :

Je me levai le matin, je taillai ma plume, je réfléchis un moment et j'écrivis à mon père,

serait évidemment diffus. Ne suffirait-il pas de dire : J'écrivis ce matin à mon père? Cet exemple fait voir à quel point il importe d'être précis. Un style diffus et traînant lasse l'attention, rebute l'auditeur et met sa patience à bout.

Tout ce qu'on dit de trop est fade, est rebutant,
L'esprit rassasié le rejette à l'instant.

C'est le précepte de Boileau.

La concision est opposée à la prolixité, mais elle touche à la sécheresse. Ce sont là deux écueils qu'il faut éviter avec le plus grand soin : la prolixité, parce qu'elle dénote toujours un manque d'érudition ou de conviction en celui qui en est capable : on n'emploie en effet que rarement la périphrase, quand on connaît le mot propre; on ne s'amuse pas à parler, on veut prouver quand on est convaincu : la sécheresse, parce que rien ne sent le pédantisme comme cette prétention de vouloir se faire comprendre avec des demi-mots, et qu'un homme réellement orateur monte à la tribune avec cette inspiration qui lui tient lieu de style, avec cette connaissance intime de son sujet qui le met au-dessus de l'affectation ridicule de dire les choses de telle manière plutôt que de telle autre.

Le *naturel* est opposé à l'effort, à la recherche, à l'apprêt. Le style naturel a des beautés, mais de ces beautés qui semblent négligées, et qui ne sont pas l'ouvrage de l'art; il est susceptible d'images, de figures, mais ces ornements sont venus s'y placer d'eux-mêmes.

La *noblesse* consiste à éviter les termes bas et populaires. Le style noble se fait remarquer par la fécondité des pensées et l'élévation de l'expression. Racine emploie avec succès les mots voiles et cheveux, qui ne seraient rien moins que déplacés dans une tragédie, s'il n'avait pas eu l'habileté de les ennoblir par le dernier de ces trois vers :

> Laissez-moi relever ces voiles détachés,
> Et ces cheveux épars dont vos yeux sont cachés,
> Souffrez que de vos pleurs je répare l'outrage.
>
> *(Bérénice.)*

Réparer l'outrage de ses pleurs, c'est là ce qui fait oublier les expressions de voiles et de cheveux; on n'a plus dans l'esprit que les désordres de la douleur.

Boileau donne encore ici son précepte :

> Quoi que vous écriviez évitez la bassesse;
> Le style le moins noble a pourtant sa noblesse.

L'*harmonie* résulte du choix et de l'arrangement des mots, de l'intonation et de la nature des sons, de leur durée, de leurs liaisons faciles, de la texture de la phrase et de la période.

> Il est un heureux choix de mots harmonieux;
> Fuyez des mauvais sons le concours odieux;
> Le vers le mieux rempli, la plus noble pensée,
> Ne peut plaire à l'esprit quand l'oreille est blessée.
>
> *(Art poétique.)*

A ce style coulant et harmonieux, opposons les quatre vers qu'un plaisant a injustement adressés à l'une des gloires poétiques de notre siècle.

> Où, ho ! Hugo, juchera-t-on ton nom,
> Justice encore rendu que ne t'a-t-on?
> Quand donc au corps qu'Académie on nomme
> Grimperas-tu de roc en roc, rare homme !

On appelle période une pensée composée de plusieurs autres pensées dont le sens est suspendu jusqu'à un dernier repos qui est commun à toutes. Chacune de ces pensées, prise séparément, porte le nom de membre de période; ces membres sont liés par des conjonctions ou par le sens (1).

> Si M. de Turenne n'avait su que combattre et vaincre : | s'il ne s'était élevé au dessus des vertus humaines; | si sa valeur et sa prudence n'avaient été animées d'un esprit de foi et de charité, | je le mettrais au rang des Fabius et des Scipions.

Cette période est composée de quatre membres; nous les avons séparés par des traits verticaux.

Une période n'est autre chose qu'une phrase renfermant plusieurs propositions. Si ces propositions sont courtes, elles sont séparées les unes des autres par des virgules. Si elles sont composées, complexes, on les sépare par un point-virgule. La beauté de la période consiste à ne pas laisser trop d'inégalité entre les membres, à ne pas faire les derniers trop courts

(1) V. Leclerc.

par rapport aux premiers. Il faut éviter les périodes trop longues. Rarement elles doivent avoir plus de quatre membres et moins de trois.

> Tout à coup, au milieu de la nuit, un bruit affreux retentit à leurs oreilles; | ils entendent de loin la mer mugir et rouler sur le rivage ses ondes amoncelées; | la terre tremble sous leurs pas; | ils courent pleins d'effroi au milieu des ténèbres épaisses.

Les membres, comme on voit, n'ont pas une grande inégalité. Le troisième est plus court; mais ici c'est une qualité, c'est un repos pour l'oreille.

Voici une troisième période où le premier et le troisième membre renferment plusieurs propositions :

> Une montagne ardente s'entr'ouvrant avec effort, lance au plus haut des airs une colonne ardente qui répand au milieu de l'obscurité une lumière rougeâtre et lugubre; | des rochers énormes volent de tous côtés; | la foudre éclate et tombe; | une mer de feu s'avançant avec rapidité inonde la campagne.

Quelle chute désagréable, si Lacépède eût dit : Une mer de feu inonde la campagne ! l'oreille eût été loin d'être satisfaite, et cela, parce que la dernière incise eût été trop courte relativement à la première.

L'harmonie précédente est appelée mécanique parce qu'elle ne dépend que du choix matériel des mots et de la proportion des phrases qui entrent dans la composition de la période. Il en est une autre que l'on appelle imitative parce que les sons des mots dont on se sert pour exprimer une pensée rappellent l'objet de cette pensée.

Jézabel apparaît en songe à sa fille, Athalie fait appeler Mathan et lui raconte épouvantée ces paroles terribles de sa mère :

> Tremble ! m'a-t-elle dit, fille digne de moi,
> Le cruel dieu des Juifs l'emporte aussi sur toi;
> Je te plains de tomber dans ses mains redoutables,
> Ma fille....

Ne vous semble-t-il pas voir le fantôme de Jézabel fuir et se perdre dans l'ombre?

Oreste, que son désespoir a privé de la raison, s'imagine voir les Euménides :

> Eh bien, filles d'enfer, vos mains sont-elles prêtes;
> Pour qui sont ces serpents qui sifflent sur vos têtes?

Tous ces *s* accumulés imitent le sifflement des serpents.

Boileau imite le galop du cheval dans ce vers :

> Le chagrin monte en croupe et galope avec lui.

La lenteur de la marche des bœufs au labourage, dans ceux-ci :

> N'attendait pas qu'un bœuf pressé de l'aiguillon
> Traçât à pas tardif un pénible sillon.

La fuite rapide du temps, dans cet autre :

> Le moment où je parle est déjà loin de moi.

Voulez-vous voir les replis de la peau d'un taureau?

Sa croupe se recourbe en replis tortueux.

J. M. RAVEAUD.

**SUBLIMATION** (chimie) [du latin *sublimare*, élever].—Opération par laquelle on volatilise et on condense à la partie supérieure d'un appareil (alambic, matras, etc.), des matières sèches et solides. Quand il s'agit de matières liquides ou gazeuses, on se sert du mot *volatilisation*. Les anciens chimistes donnaient généralement le nom de *fleurs* aux produits de la sublimation : *fleurs de soufre, d'arsenic, d'antimoine*.

**SUBMERSION** (ASPHYXIE PAR). — C'est l'asphyxie des noyés, qui ne périssent que parce que la respiration ne peut plus avoir lieu dans le liquide où ils sont plongés.

« Chez l'asphyxié par submersion, la face est ordinairement rouge et bouffie, la pupille dilatée, la langue saillante derrière les lèvres, et une mousse écumeuse sort de la bouche et des narines, la peau du tronc et des membres est pâle ; la trachée-artère contient une écume aqueuse et sanguinolente, comme le prouvent les expériences de MM. Orfila, Berger et Louis. Cette écume ne se forme dans les voies aériennes que pendant la vie, car elle manque sur les cadavres que l'on soumet à l'immersion. M. Piorry a prouvé qu'elle ne se rencontrait pas non plus lorsque l'individu n'était pas venu respirer à la surface de l'eau et qu'il avait été constamment recouvert par ce liquide. Quant à l'introduction de l'eau dans l'œsophage, elle a lieu pendant la vie comme après la mort, et l'estomac en contient toujours une certaine quantité. »

L'asphyxie par submersion donne lieu aux deux questions suivantes :

1° *L'individu a-t-il été submergé vivant ?*

2° *L'immersion a-t-elle été volontaire, accidentelle ou criminelle?*

Le professeur Ledillat répond ainsi à ces questions :

1° Les principaux signes qui indiquent que l'individu a été submergé vivant, sont l'introduction de l'eau dans l'estomac et dans les dernières ramifications bronchiques, et la présence d'une écume sanguinolente dans la trachée-artère et les bronches, quoique ces signes ne puissent être considérés comme certains. D'après ce que nous avons dit précédemment, l'introduction du liquide dans les dernières ramifications bronchiques est certainement le moins douteux. Le médecin chargé de décider cette question devra examiner s'il n'existe pas d'autres indices de mort violente, tels que des fractures du crâne, des marques de strangulation, etc.; car il se pourrait que des assassins, pour cacher leur crime, aient jeté dans l'eau un homme déjà mortellement frappé. On aura égard dans ces circonstances à toutes les règles établies à l'histoire des blessures.

2° C'est en vain que l'on voudrait chercher dans l'état de la physionomie et dans celui des voies aériennes les signes que l'immersion a été volontaire, accidentelle ou criminelle. Pour arriver à la solution de cette question, on doit examiner avec la plus scru

puleuse attention la surface du corps, pour y découvrir quelques sévices, car il est impossible qu'un individu soit immergé sans résistance et sans avoir été souvent affaibli par des coups violents sur la tête, etc. Il faudra donc s'assurer qu'il n'y a pas d'ecchymoses, de plaies, etc.; et si quelques lésions étaient aperçues, il faudrait encore décider si elles ont eu lieu avant, pendant ou après l'immersion (Voy. *Blessures*). On décrira la situation du cadavre et les circonstances locales, on notera la hauteur de l'eau, on constatera si le fond est en pente ou à pic, et si le lieu où l'on trouve le cadavre est plus ou moins éloigné du rivage, quoique ces détails soient frappés de nullité, lorsque le corps a été entraîné par une eau courante. Le médecin légiste devra donc alors remettre aux débats judiciaires le soin d'établir quelles ont été les causes de l'immersion. Mais il n'en serait pas de même si son rapport portait sur un nouveau-né, parce qu'il serait évident qu'il n'aurait pu se précipiter lui-même. Il serait seulement nécessaire de constater s'il était vivant, mort-né ou non viable.

**SUBROGATION** (droit). — La subrogation d'une chose, dit Renusson, a lieu quand cette chose est subrogée à une autre, qu'elle prend sa place et qu'elle est réputée avoir une même qualité que l'autre. Il suit de cette définition que la subrogation de chose ne consiste que dans une fiction ; car on peut bien feindre qu'une chose est la même qu'une autre, mais on ne peut jamais réaliser cette identité. Les fictions légales sont de droit étroit ; elles ne peuvent être établies que par la loi ou que par des conventions que la loi autorise; ce principe s'applique dans toute son étendue à la subrogation.

**SUC** (chimie). — Liqueurs élaborées dans les organes des animaux et des végétaux, et qui servent à l'accroissement des uns et des autres. Ces substances sont très-composées : elles contiennent en même temps des sels, des huiles, des extraits ou savons naturels, des résines, etc. On peut les diviser en trois classes principales : les sucs aqueux, les sucs huileux et les sucs laiteux.

**SUCCESSION** (droit). — Transmission des biens, droits et charges, d'une personne décédée, à une ou plusieurs autres.

Les successions sont transmises par la force de la loi, et, dans ce cas, elles sont dites *légitimes*; ou elles sont transmises par la volonté de l'homme; on les nomme alors *testamentaires*.

L'espace nous manque pour traiter avec les détails qu'elle comporterait l'importante matière des successions ; nous sommes donc obligé de nous en tenir aux règles les plus essentielles à connaître dans la pratique.

*Des divers ordres de successions.* — La loi, dans l'ordre qu'elle a tracé pour régler les successions, a voulu suivre le vœu de la nature. Ses prescriptions formulent en quelque sorte le testament de ceux qui n'en ont pas fait.

Les successions sont déférées :

1° Aux enfants et descendants du défunt ;

2° A ses ascendants ;

3° A ses parents collatéraux ;

Dans l'ordre et suivant les règles déterminées ci-après (C. civ., art. 731).

La loi ne considère ni la nature, ni l'origine des biens pour en régler la succession (C. civ., art. 732).

Toute succession échue à des ascendants ou à des collatéraux, se divise en deux parts égales : l'une pour les parents de la ligne paternelle, l'autre pour les parents de la ligne maternelle. — Il ne se fait aucune dévolution d'une ligne à une autre, que lorsqu'il ne se trouve aucun ascendant ni collatéral de l'une des deux lignes (Art. 733).

Cette première division opérée entre les lignes paternelle et maternelle, il ne se fait plus de division entre les diverses branches ; mais la moitié dévolue à chaque ligne appartient à l'héritier ou aux héritiers les plus proches en degré, sauf le cas de la représentation (*Ibid.*, art. 734).

La proximité de parenté s'établit par le nombre de générations, et chaque génération s'appelle un *degré* (C. civ., art. 735).

La suite des degrés forme la ligne ; on appelle *ligne directe* la suite des degrés entre personnes qui descendent l'une de l'autre.

La *ligne collatérale* est la suite des degrés entre personnes qui ne descendent pas les unes des autres, mais qui descendent d'un auteur commun.

On distingue encore la *ligne paternelle* et la *ligne maternelle*. La ligne paternelle embrasse tous les parents du côté du père, et la ligne maternelle ceux du côté de la mère.

On divise la ligne directe en ligne directe descendante et en ligne directe ascendante. La première est celle qui lie le chef avec ceux qui descendent de lui, la deuxième est celle qui lie une personne avec ceux dont elle descend (C. civ., art. 736).

En ligne directe descendante ou ascendante, on compte autant de degrés qu'il y a de générations entre les personnes. — Ainsi, le fils est à l'égard du père au premier degré ; le petit-fils au second ; et réciproquement du père et de l'aïeul à l'égard des fils et des petits-fils (*Ibid.*, art. 737) ; c'est-à-dire, que le père est à l'égard du fils au premier degré et l'aïeul à l'égard du petit-fils, au second.

En ligne collatérale, les degrés se comptent par les générations, depuis l'un des parents jusques et non compris l'auteur commun, et depuis celui-ci jusqu'à l'autre parent. — Ainsi, deux frères sont au deuxième degré ; l'oncle et le neveu au troisième, les cousins germains au quatrième, ainsi de suite (*Ibid.*, art. 738).

**SUCCIN** [*succinum*, karabé, ambre jaune, électrum]. — Substance solide, d'une couleur jaunâtre, insipide, d'une texture compacte, d'une cassure vitreuse, susceptible de recevoir un beau poli, inodore, mais pouvant acquérir une odeur agréable par le frottement, la trituration et la combustion, d'une pesanteur spécifique de 1,078, s'électrisant résineusement par le frottement, s'enflammant facilement lorsqu'elle a le contact de l'air, ne s'altérant point à l'air, donnant à la distillation de l'acide succinique et une huile empyreumatique se dissolvant dans les huiles grasses et

essentielles, si elle a été préalablement fondue : l'eau dissout une portion de l'acide succinique qu'elle contient ; elle est altérée par l'alcool bouillant, qui la dissout en partie. On la trouve principalement sur le rivage de la mer Baltique. On s'en sert pour préparer l'acide succinique et les vernis gras ; on en fait des bijoux. Elle est excitante, et employée comme telle sous forme de fumigations (*Orfila*).

**SUCRE** [en latin *saccharum*].—Bien que dans le langage vulgaire, on donne le nom de *sucre* à toute matière qui offre une saveur douce et agréable, il n'y a véritablement que deux espèces de sucre dans la nature : le sucre cristallisable et le sucre liquide, qui ne peut pas cristalliser. Le sucre cristallisé, bien purgé de toutes les substances étrangères avec lesquelles il est mêlé dans les végétaux, les fruits ou les racines, est toujours le même, soit qu'on le retire de la canne à sucre, de la betterave, du raisin, des champignons ou de la fécule. Le sucre cristallisé est toujours accompagné de sucre liquide ; le premier est le sucre proprement dit, l'autre se perd dans les mélasses, et voilà pourquoi l'on ne retire ordinairement que cinq pour cent de sucre des betteraves en grand, tandis que l'analyse en trouve dix.

Les chimistes très-rigoureux dans leur langage, donnent le nom de *sucres* aux seules substances qui possèdent la propriété de fermenter, c'est-à-dire de se convertir en esprit-de-vin et en acide carbonique. Ils distinguent, sous ce rapport, quatre espèces de sucre : le *sucre ordinaire*, le *sucre de raisin* ou *glucose*, le *sucre de lait* ou *lactine*, et le *sucre incristallisable*.

I. SUCRE ORDINAIRE.—«Le *sucre ordinaire* est répandu dans un grand nombre de plantes, surtout dans la tige de la canne à sucre et du maïs, dans la sève des érables et des bouleaux, dans les racines de betterave, de carotte, de navet, de guimauve ; dans les châtaignes, les melons et les citrouilles ; dans les fruits du figuier, du bananier, etc. Le sucre propre aux usages domestiques s'extrait presque exclusivement de la canne et de la betterave. « Il cristallise en gros prismes transparents à quatre ou six faces : on peut l'obtenir sous cette forme par l'évaporation, dans une étuve, de sa solution aqueuse ; ces cristaux s'appellent vulgairement *sucre candi*, c'est-à-dire blanchi (du latin *candidus*, blanc, transparent). Le plus habituellement, dans le commerce, le sucre est en pains coniques, compactes, durs et sonores, d'une cassure grenue et cristalline. Quand on le brise dans l'obscurité, il devient lumineux. Il renferme du carbone, de l'hydrogène et de l'oxygène dans les rapports de $C^{12} H^{11} O^{11}$. Soumis à l'action d'une douce chaleur, il fond, se colore en jaune, puis en brun, et se transforme en une substance amère appelée *caramel*, c'est-à-dire *miel noir*. Le sucre se dissout dans la moitié de son poids d'eau froide, et en toutes proportions dans l'eau bouillante ; sa dissolution rapprochée jusqu'à 30° de l'aéromètre est visqueuse et porte le nom de *sirop de sucre* ou simplement de *sirop*. Si l'on fait cuire le sirop assez pour qu'il se prenne en masse par le refroidissement, et qu'on le roule alors en petits cylindres, on obtient ce qu'on appelle le *sucre d'orge* (on l'appelle ainsi parce qu'on faisait cuire autrefois le sucre dans une décoction d'orge). Le sucre se dissout assez bien dans l'eau-de-vie ; les acides faibles convertissent peu à peu le sucre ordinaire en sucre de raisin ; l'acide azotique le convertit à chaud en acide oxalique. »

Dans un ouvrage récent, M. A. Ysabeau a présenté l'histoire et la fabrication du sucre de canne. Nous résumons ici le travail de ce savant auteur.

**A.** Le sucre est compris au nombre des choses qui font partie de ce que Voltaire nommait le superflu, chose si nécessaire. L'Inde et la Chine ont connu, dès la plus haute antiquité, l'art d'extraire le sucre de la canne. Ces deux pays en expédiaient, aux peuples civilisés de l'antiquité, de petites quantités sous forme de sucre candi ; on le payait au poids de l'or, et il était regardé comme un médicament des plus précieux. Le sucre de canne n'a commencé à devenir commun et d'un usage habituel en Europe, qu'à une époque relativement assez récente, lorsque les colonies européennes du Nouveau-Monde ont eu pris un assez grand développement, et ont envoyé à l'Europe des masses importantes de toutes espèces de produits. Enfin, dans les temps tout à fait modernes, la cherté du sucre sur le continent européen pendant les guerres de l'Empire, a fait naître l'industrie aujourd'hui florissante de la fabrication du sucre de betterave. Le sucre joue actuellement un tel rôle dans l'économie domestique des peuples civilisés, qu'il n'est plus permis, pour ainsi dire, à personne d'ignorer d'où il provient et comment il se produit.

Les Indous fabriquent de temps immémorial de très-mauvaise cassonade brune et de très-grossier sucre candi, dont il se fait dans leur pays une énorme consommation, car ils en mettent dans tous les mets, et la population de l'Inde, qui préfère à tout autre ce régime sucré, approche de deux cents millions. Nous prendrons seulement un aperçu rapide de la canne, de ses principales variétés cultivées, et des procédés mis en usage par les Européens dans les colonies des deux Indes pour l'extraction du sucre de canne.

La canne à sucre a-t-elle été importée par les Européens dans le nouveau continent, ou bien existait-elle en Amérique avant l'arrivée des Européens ? C'est un point très-controversé et sur lequel il ne nous est pas possible de formuler une opinion positive. Il ne nous paraît pas qu'il existe de preuve certaine de l'existence de la canne à sucre en Amérique avant la découverte du Nouveau-Monde par les Espagnols.

**B.** La canne est un roseau assez semblable, quant à la contexture et au feuillage, à la canne commune dans tous les terrains marécageux du midi de la France (*arundo donax*), employée à une foule d'usages, bien connue surtout des pêcheurs à la ligne. On trouve la canne à sucre à l'état sauvage à la Chine, dans tout l'Indostan, dans les îles du grand archipel indien et dans la plupart de celles de la Polynésie. Les cannes les plus belles et les plus riches en sucre sont celles d'Otaïti, de l'Ile-Bourbon, de Java et de la Chine. Les Malais de Java cultivent un très-grand nombre de variétés de cannes, également répandues dans la presqu'île de Malacca. Sans vouloir faire ici de l'éru-

dition, nous ferons remarquer que tous les peuples malais et indous nomment la canne *tubboo*, ce qui signifie tuyau, origine évidente du mot latin *tubus*, et des mots français tuyau et tube ; exemple frappant de la fraternité des langues humaines. La canne ne se reproduit pas par le semis de ses graines, par l'excellente raison qu'elle ne porte pas de graines ; ses fleurs sont constamment stériles, du moins il est impossible de citer une observation authentique de multiplication de la canne par ses graines, ou d'un auteur digne de foi ayant vu et touché des graines de canne à sucre. Toute la culture de cette plante par les Chinois, les Indous, les Malais et les colons européens, se pratique en la multipliant par boutures. On réserve à cet effet un certain nombre de tiges de canne, que l'on coupe par tronçons, munis d'un ou deux nœuds desquels sortent des yeux qui deviennent de nouvelles cannes. On emploie aussi comme boutures la partie supérieure des cannes mûres, considérée comme trop peu riche en sucre pour être broyée et soumise à la presse avec le reste de la récolte. Avant de planter des cannes dans un champ, il faut qu'il soit préalablement labouré à plusieurs reprises pour en bien pulvériser le sol sur lequel on trace des raies parallèles à un mètre les unes des autres. Les boutures de cannes y sont déposées à 50 cent. dans les raies et, malgré cette écartement, quand le sol est de bonne qualité, les cannes finissent par se toucher et couvrir complètement la surface du sol. Pendant le cours de leur végétation, elles ont besoin d'être au moins à deux reprises buttées, pour empêcher le vent de les renverser. Il faut aussi, à trois ou quatre fois différentes, faire passer entre les lignes de cannes des ouvriers chargés d'enlever les feuilles sèches ou flétries, en respectant les feuilles encore vertes, nécessaires à la bonne végétation de la plante. On réserve avec soin les débris provenant de cet *effeuillement* pour les enterrer au pied des cannes, en vertu de ce principe admis aujourd'hui par les hommes les plus compétents dans la culture de cette plante, que la canne est pour elle-même le meilleur de tous les engrais. En effet, la canne à sucre peut donner d'abondantes récoltes pour ainsi dire sans interruption, sous le climat des tropiques, dans des terres qui ne reçoivent pas d'autres engrais que les feuilles des cannes et le marc de leurs tiges broyées et soumises à la presse pour en extraire le jus sucré. C'est que la canne, comme toutes les plantes de la famille des graminées dont elle est une des plus remarquables, puise dans l'atmosphère, par son ample feuillage, une grande partie de sa nourriture. Ne portant pas graine, elle ne fatigue pas le sol au même degré que nos céréales ; et pourvu qu'on rende à la terre tous les débris qui en proviennent après qu'on en a extrait le sucre, cet engrais végétal suffit pour prévenir l'épuisement de la fertilité des champs livrés à sa culture. Il faut bien se donner de garde de mettre dans ces champs du fumier de bestiaux en fermentation, tel que nous le donnons à la plupart des plantes cultivées en Europe : encore moins faudrait-il fumer les champs de cannes avec de la poudrette ou du guano. Tous ces engrais favorisent, il est vrai, la croissance de la canne, mais ils introduisent dans son jus des principes azotés qui rendent l'extraction du sucre également difficile et dispendieuse. Si l'on reconnaît que les champs d'une plantation de cannes ont besoin d'un supplément de fumure outre le marc des cannes elles-mêmes, il ne faut leur donner que du fumier passé à l'état de terreau après avoir épuisé complétement sa fermentation.

La culture de la canne à sucre dans les colonies des Indes orientales, spécialement au Bengale et dans la presqu'île de Malacca, est souvent contrariée par la sécheresse, qui fait périr les plantes sur pied, si elles ne peuvent être largement irriguées, par les vents violents qui renversent ou brisent les cannes, et par les fourmis blanches qui les font périr en dévorant leurs racines. Dans ces mêmes pays, les cannes des plantations, situées dans le voisinage des grandes forêts, ont à redouter en outre les dégâts causés par les bandes d'éléphants, qui, lorsqu'elles envahissent un champ de cannes presque mûres, n'y laissent pas grand'chose à récolter.—Avant d'aborder l'exposé de la fabrication du sucre de canne, nous devons dire quelques mots des divers systèmes de culture sous l'empire desquels la canne est produite dans les colonies de l'ancien et du nouveau continent. Dans l'Indostan, les labours se font à l'entreprise ainsi que la plantation des boutures de cannes, par des paysans indous qui traitent de gré à gré avec les colons. Ceux-ci, aidés de leurs ouvriers à gages, ont ensuite à irriguer les champs de cannes, à les soigner jusqu'à la récolte, puis à les enlever pour en extraire le sucre. C'est le système en vigueur depuis le haut Indostan jusqu'au Bengale, où le sucre est produit en quantités énormes. Il faut observer que la plupart des travaux de la culture ne se renouvellent que tous les deux ou trois ans. Quand une plantation de cannes a bien réussi, les souches ne meurent pas après la récolte ; elles poussent de nombreux rejetons qui, souvent, valent autant que les cannes de la première pousse, et cette seconde récolte est très-souvent suivie d'une troisième avant que les souches considérées comme épuisées soient arrachées pour renouveler la plantation. Malgré cette circonstance, et en dépit du bas prix de la main d'œuvre dans tous les pays du monde soumis à la domination anglaise, les Européens planteurs de cannes à sucre y font rarement de très-brillantes affaires; c'est que les Indous, tout en recevant un salaire des plus minimes, sont payés en réalité fort cher, en raison de la somme de travail qu'ils fournissent.

Il n'en est pas de même dans les colonies anglaises de la presqu'île de Malacca; les plantations de cannes à sucre y sont florissantes, et la presque totalité des colons européens qui s'adonnent à l'industrie sucrière réalisent des bénéfices considérables. C'est que dans cette colonie les travaux de culture sont confiés à des émigrés chinois, race active, intelligente, et éminemment agricole. Depuis un demi-siècle environ, l'émigration des Chinois dans les colonies de la presqu'île de Malacca, ne fait que grossir d'année en année. Les émigrés chinois préfèrent le travail des champs à tout autre moyen d'existence, et ils entendent admirable-

ment l'industrie rurale. Le système ordinaire pour traiter avec les cultivateurs chinois des plantations de cannes à sucre consiste à leur donner à l'entreprise toute l'opération, depuis les premiers labours jusqu'à l'enlèvement des cannes. On les paye en raison de la quantité de sucre obtenue des cannes récoltées sur une étendue de terrain déterminée ; ils ont le droit d'assister à la fabrication du sucre et au pesage de ce produit.

Il nous reste à parler de la production de la canne à sucre, telle qu'elle a eu lieu pendant à peu près deux cents ans, sous le régime du travail des esclaves. Tous les travaux de préparation du sol, de plantation et de buttage des cannes, au lieu de se faire à la charrue avec divers attelages, se faisaient à la pioche, ce qui exigeait un nombre considérable de bras, d'autant plus que les nègres, n'ayant aucun intérêt dans le succès de la culture, travaillaient le moins possible. Ce système, quand même le progrès des idées n'aurait pas amené forcément l'abolition de l'esclavage, n'aurait pu se soutenir en présence de la concurrence faite au sucre de cannes par le sucre de betteraves. En appliquant à la culture de la canne à sucre les procédés et les instruments perfectionnés de l'agriculture moderne, et surtout en fabriquant le sucre d'après la méthode économique que nous allons exposer, l'industrie sucrière peut rester ce qu'elle a été depuis l'origine, la plus profitable des industries coloniales.

C. La récolte des cannes est supposée mûre lorsque les fleurs, semblables à celles de la canne de Provence (*arundo donax*), se montrent au sommet des tiges. Il y a même des cannes qui mûrissent sans fleurir; on juge de leur maturité par l'aspect des feuilles, qui se fanent successivement, en commençant par le bas. Les tiges sont alors coupées et liées en bottes pour être portées au moulin : le sommet, à l'état encore herbacé, regardé comme trop peu riche en sucre, est utilisé comme bouture. Les moulins à broyer les cannes consistent toujours dans un système de cylindres entre lesquels les tiges de cannes sont écrasées et réduites en pâte. Les moulins les plus perfectionnés ont deux jeux de cylindres, agissant l'un après l'autre.

Le marc est ensuite soumis à une très-forte presse, puis le jus est immédiatement travaillé pour l'extraction du sucre. Il importe beaucoup que le moulin et les appareils pour l'extraction du sucre de cannes soient calculés dans des proportions telles que le jus ne soit pas exposé à attendre trop longtemps pour être manipulé, sans quoi il fermenterait, et une partie de la matière sucrée serait inévitablement perdue. Les compositions en usage pour la clarification du jus de cannes sont assez nombreuses, et très-différentes les unes des autres ; la chaux vive y joue le principal rôle. Aussitôt que le jus a subi leur action dans des appareils nommés clarificateurs, il passe par d'autres appareils, où il subit un filtrage soigné au moyen du charbon, qui le rend limpide comme de l'eau pure. Alors commence l'opération principale, celle de la cuisson du jus en sirop. On pourrait, par la seule action du feu, évaporer le sirop jusqu'à la consistance voulue pour sa conversion en sucre par la dissipation complète de son humidité. Mais on possède, pour achever l'opération d'une manière plus expéditive à la fois et plus économique, divers appareils dont le plus en usage est celui que les colons anglais nomment *vacuum pan*, mot intraduisible, si ce n'est par une périphrase. Le vacuum pan est un appareil dans lequel l'évaporation se fait par le moyen du vide.

Dans les colonies hollandaises de Java et de Surinam, où il se fabrique de très-grandes quantités de sucre de canne, on se sert pour l'évaporation du sirop d'un autre appareil inventé par M. Claes de Lembeck, et connu sous le nom de *cône de Lembeck.*

En sortant de ces appareils, le sucre, parvenu près du terme de sa fabrication, passe dans la dernière division de la sucrerie, partie qu'on nomme, dans les colonies françaises, *la purgerie.* C'est là qu'il est coulé dans des formes et soumis à l'égouttement, afin d'en séparer la mélasse; il est alors enfin prêt à être emballé pour être expédié en Europe.

Lorsque la culture de la canne à sucre et la fabrication du sucre de canne ont été conduites d'après les procédés les plus rationnels, on peut compter sur un rendement de 4,500 à 5,000 kilogr. de sucre par hectare de cannes, et il n'est pas douteux que ce rendement ne puisse être de beaucoup dépassé. (*Ysabeau.*)

II. Sucre de betterave.—Voici l'analyse des procédés de la fabrication du sucre de betteraves. Les betteraves privées de leur collet et de leurs spongiales sont passées au *débourdeur* composé de douves plongeant en partie dans une *cuve* remplie d'eau. Nettoyées, soumises au râpage, les betteraves fournissent une pulpe donnant le jus dont le traitement comprend les 6 opérations suivantes :

La *défécation*, qui a pour but d'enlever les acides, l'albumine et la matière visqueuse (qui empêcheraient la cristallisation), se fait dans des chaudières particulières. Le jus est amené rapidement à la température de 60 degrés. On y ajoute 30 grammes de chaux éteinte par hectolitre. On porte la liqueur à ébullition ; l'écume se porte à la surface du liquide. On laisse déposer la liqueur et on la jette sur des filtres à noir (filtre Dumont). Ce jus se décolore et se clarifie. On le soumet à une première évaporation ; on le fait passer une seconde fois sur le filtre Dumont et l'on procède à la *cuite.* Celle-ci se fait à l'air libre, ou mieux au moyen du vide qui s'est produit par une pompe aspirante ou par la condensation de la vapeur. Après avoir filtré une première fois (filtre Taylor); puis une seconde (filtre Dumont). On verse le sirop cuit dans une chaudière appelée *rafraîchissoir*, où la cristallisation se manifeste. Le *clairçage*, qui consiste à laver le sucre avec des sirops assez denses pour ne dissoudre que les corps étrangers; a pour but d'obtenir un sucre d'une plus grande blancheur.

III. Sucre de raisin, dit aussi *glucose*, espèce particulière de sucre qui existe dans les raisins, les groseilles et, en général, dans tous les fruits sucrés de nos climats qui présentent en même temps une saveur acide. Il constitue les grains de sucre qu'on voit dans le raisin sec. Il se produit également par l'action que les acides étendus exercent sur le sucre ordinaire, la

fécule et le ligneux : il prend alors les noms de *sucre de fécule, d'amidon, de bois*; il est contenu dans le foie de la plupart des animaux et dans l'urine des diabétiques : dans ce dernier cas, on le nomme *sucre de diabète.* La composition chimique de ce sucre est $C^{12} H^{14} O^{14}$. Il se forme aussi quand le sucre ordinaire subit l'action des ferments, avant de se décomposer en alcool et en acide carbonique. Il existe enfin dans le miel. « Le sucre de raisin ne cristallise pas comme le sucre ordinaire en cristaux réguliers; mais on l'obtient le plus souvent en grains mamelonnés, qui se groupent comme des têtes de chou-fleur. Sa saveur est fraîche et bien moins sucrée que celle du sucre ordinaire; il est aussi moins soluble dans l'eau, et il faut 2 fois 1/2 autant de sucre de raisin que de sucre ordinaire pour sucrer la même quantité d'eau. Il renferme les mêmes éléments que le sucre ordinaire, associés chimiquement à une certaine quantité d'eau. Il se distingue aussi par l'action différente qu'exercent sur lui les alcalis et les acides : le sucre de raisin se dissout sans se colorer dans l'acide sulfurique concentré, tandis que le sucre ordinaire noircit au contact de cet agent; au contraire, la potasse brunit fortement, même à froid, le sucre de raisin, et n'altère pas le sucre ordinaire. A l'époque du blocus continental, Parmentier, Proust et Chaptal s'occupèrent d'établir sur une grande échelle la fabrication du sucre de raisin. De nombreux établissements s'élevèrent alors dans le midi de la France, et rendirent bientôt de grands services; mais cette industrie fut abandonnée dès qu'on eut réussi à exploiter la betterave. »

IV. Sucre de lait, dit aussi *lactine, lactose*, matière sucrée contenue dans le lait des mammifères. « On l'en extrait en évaporant le petit-lait par la chaleur; elle s'y dépose alors en cristaux blancs, durs, craquant sous la dent, et d'une texture feuilletée. Ces cristaux renferment du carbone, de l'hydrogène et de l'oxygène ($C^{12} H^{10} O^{10} + 2\ aq.$) Ils sont moins solubles dans l'eau que le sucre ordinaire, et ne donnent pas de sirop; ils s'en distinguent aussi en ce qu'ils donnent, comme les gommes, de l'acide mucique quand on les traite par l'acide nitrique. Les acides dilués transforment la lactine en glucose ou sucre de raisin, susceptible de donner de l'esprit-de-vin par la fermentation; dans certaines circonstances, cet effet se produit dans le lait : ainsi les peuplades nomades de l'Asie préparent une boisson enivrante avec le lait de leurs juments. Au contact de l'air et en présence du caséum, la lactine se convertit en acide lactique. »

V. Sucre incristallisable, espèce particulière de sucre qui existe dans tous les fruits franchement acides, ainsi que dans les pommes, les poires, le miel, le nectar des fleurs. Il forme un liquide épais qu'on ne parvient pas à transformer en sucre ordinaire, solide; toutefois, à la longue, il se convertit en mamelons de sucre de raisin. On le produit aussi artificiellement par l'action des acides sur le sucre ordinaire ; il constitue pour la plus grande partie la *mélasse* qu'on obtient dans le traitement des sucs de canne et de betterave.

SACCHARIMÉTRIE. — Pour apprécier la pureté du sucre et la quantité de sucre contenue dans les matières exploitées on emploie deux méthodes : 1° La *méthode chimique*, indiquée par M. Frammer, employée pour la première fois par M. Barreswil, et perfectionnée par M. Payen, est basée sur ce que « le sucre de canne ou de betterave ne réduit pas le bioxyde de cuivre contenu dans un liquide alcalin, mais qu'il devient apte à réduire ce bioxyde après avoir été transformé en sucre incristallisable par l'acide sulfurique dilué, et sur ce que la quantité de bioxyde réduite dans cette réaction est proportionnelle à la quantité de sucre employée. Les dosages se font à l'aide d'une liqueur d'épreuve, titrée à l'avance, que l'on compose avec du sulfate de cuivre, du tartrate neutre de potasse et de la potasse caustique. »

2° La *méthode optique*, imaginée par M. Biot, est bien plus exacte que la méthode précédente : « elle consiste à mesurer, à l'aide du polarimètre, la déviation que la liqueur sucrée produit sur le plan de polarisation des rayons lumineux; en effet, le sucre de canne ou de betterave dévie toujours ce plan d'un certain nombre de degrés vers la droite de l'observateur, suivant le nombre des molécules sucrées que le rayon polarisé rencontre dans son passage. M. Soleil a imaginé un instrument très-avantageux pour la saccharimétrie optique. »

On doit aussi à M. Clerget des tables qui abrègent le calcul des analyses saccharimétriques : ces tables existent dans les *Annales de Chimie et de Physique*, 3ᵉ série, t. XXVI, p. 175.

ORIGINE DU SUCRE. — Parmi les productions dont la vue remplissait les premiers croisés (1099) de surprise et de joie, une plante, dont le suc était plus doux que le miel, attira surtout l'attention des pèlerins. Cette plante était la canne à sucre; on la cultivait dans plusieurs provinces de la Syrie, et surtout dans le territoire de Tripoli, où l'on avait trouvé moyen d'en extraire la substance que les habitants appelaient *zucra*. (V. Albert d'Aix, liv. V, c. XXXVII.) Au rapport d'Albert d'Aix, elle avait été d'un grand secours aux chrétiens poursuivis par la famine aux sièges de Marras et d'Archas. Cette plante, qui est aujourd'hui si importante dans le commerce, avait été jusqu'alors ignorée dans l'Occident. Les pèlerins la firent connaître en Europe, et vers la fin des croisades elle fut transportée en Sicile et en Italie, tandis que les Sarrasins l'introduisaient dans le royaume de Grenade, d'où les Espagnols la transportèrent dans la suite en Portugal, à Madère et dans les colonies d'Amérique. Telle est l'origine du sucre et l'histoire de son introduction dans le commerce du monde. (V. Michaud, *Histoire des Croisades*, t. I; Ch. Romey, *Histoire d'Espagne*, t. V.)

USAGES, PROPRIÉTÉS DU SUCRE. — Le sucre qui, sous Henri IV, ne se vendait encore que chez les apothicaires, est devenu un produit de première nécessité. Il rend plus agréable et plus digestif une foule de substances âcres, amères, acides, mucilagineuses ou fades. Il entre dans la composition de tous les sirops, des gelées, glaces, liqueurs de table, etc. Pris sans modération, surtout en nature, il altère, produit la constipation, dispose aux cachexies; comme il n'est pas nutritif, il trompe la faim.

Quelques médecins ont assigné au sucre des propriétés que l'expérience n'a pas justifiées. Avicenne le regardait comme le meilleur palliatif de la phthisie pulmonaire. Le docteur Calwright, médecin américain, dit avoir enrayé la marche des tubercules, en envoyant ses malades passer plusieurs heures par jour dans une fabrique de sucre (1852). M. Schuermans a écrit dans la *Presse médicale belge* que le sucre combattait toute espèce de hoquet, même celui si douloureux des cholériques.          B. L.

SUÈDE (géographie). — Royaume d'Europe, entre les 55° et 70° deg. de lat. Il est borné au nord par l'Océan septentrional, au sud et à l'orient, par la mer Baltique. Cette monarchie se compose des deux royaumes de Suède et de Norwége, depuis le traité de 1814, par lequel le roi de Danemark céda à la Suède la Norwége, en échange de la Poméranie suédoise et de l'île de Rugen qui en dépend. La Suède jouit d'un air pur et salubre, et l'on y parvient jusqu'à une extrême vieillesse. Mais pendant plus de huit mois de l'année, il y fait un froid rigoureux, auquel succèdent des chaleurs excessives. Le soleil, dans sa plus grande élévation, est dix-huit heures et demie sur l'horizon de Stockholm, et procure pendant quelques semaines un jour continuel, par la continuité du crépuscule à l'aurore, mais les jours d'hiver sont bien courts, et dans la même proportion, car le soleil n'y existe sur l'horizon que cinq heures et demie.

La Suède est un pays très-montagneux, arrosé de beaucoup de rivières, et entrecoupé de grands lacs, qui, avec les montagnes et les forêts, en occupent plus de la moitié. Les maisons y sont pour la plupart construites en bois de sapin. Le sol en est ingrat. De toutes les provinces de la Suède, il n'est guère que la Scanie qui produise du froment. Presque partout le terrain est sablonneux, marécageux. Au reste, on y trouve d'excellents pâturages, où l'on élève beaucoup de bétail. Les fourrures les plus précieuses, les pelleteries de toutes espèces sont, avec les fers et le cuivre, une des branches les plus importantes du commerce de la Suède, ainsi que la pêche du hareng, de la morue et de la baleine. Elle fournit d'ailleurs des bois pour mâture et les constructions navales, des planches, poutres et madriers de sapin, du goudron, de la résine, des cuirs, du chanvre, du lin; il s'y trouve même une mine d'argent d'un assez bon produit. Ses fers, d'une excellente qualité, doux, liants, très-ductiles, sont aussi très-recherchés dans le commerce. Il y a des aigles, des faucons, et d'autres oiseaux de proie. Le bétail y est en général petit, ainsi que dans les autres pays septentrionaux. La laine que donnent les moutons est grossière, et ne peut servir qu'aux habits des paysans. Les chevaux, quoique petits, sont légers, vigoureux, forts et excellents pour le traîneau, qui est l'unique voiture des habitants pendant la longue durée de l'hiver.

On trouve en Suède du cristal, des améthystes, des topazes, du porphyre, du lapis-lazuli, de l'agate, des carnioles, de l'alguemarine, du corail, de l'amiante des pierres de touche, des ardoises, de belles pétrifications, du talc, du vitriol, de la mine de plomb, du vif-argent, du plomb, du blanc de céruse, de l'alun, de la calamine, de l'huile de pétrole, des pyrites, du soufre, des eaux minérales ; enfin quelques districts donnent du sel, mais non en quantité suffisante pour la consommation du pays. La population de la monarchie suédoise, depuis la réunion de la Norwége, est de quatre millions d'habitants.

Les révolutions de la Suède ont été historiquement décrites par Puffendorf, et agréablement par l'abbé de Vertot. Les Suédois, ce peuple, de tous les Germains, le plus esclave du temps de Tacite, et l'un des plus barbares dans les siècles d'ignorance, sont devenus de nos jours une des nations du Nord les plus éclairées, et l'un des plus libres des peuples européens.

La couronne de Suède, anciennement élective, est devenue héréditaire sous Gustave Ier, et depuis l'an 1680, les filles y sont habiles à succéder à la couronne. Les Etats du royaume sont composés de quatre ordres : la noblesse, le clergé, la bourgeoisie, et les paysans, et lorsque l'assemblée est complète, elle réunit 1,170 nobles, 70 ecclésiastiques, 108 bourgeois et 259 paysans. La représentation nationale investie au pouvoir législatif, est donc en Suède composée de 1,607 membres. Cette assemblée, la diète suédoise, a accordé au roi une liste civile de 280,000 rixdalers, ou un million quatre cent mille francs de notre monnaie, et elle a résolu que les libertés de la nation reposeraient sur la liberté de la presse. Les revenus publics, bien administrés, suffisent aux besoins de l'Etat, bien qu'ils ne s'élèvent pas au-dessus de quarante millions. La religion dominante en Suède est la luthérienne, et le roi est tenu de la professer. Il y a d'ailleurs entière liberté de conscience. Un archevêque et dix évêques y sont préposés au régime spirituel.

Les arts et les sciences ont fait en Suède, de nos jours, des progrès rapides. Upsal a une université célèbre, et Stockholm une académie des sciences, hors de la foule des établissements de ce genre. Jusque vers la fin du xviie siècle, on ne trouvait pas une seule manufacture en Suède, et depuis lors il s'y en est établi dans presque tous les genres.

Les forces militaires du royaume de Suède consistent en 60,000 hommes, outre une milice qui forme la réserve. Vingt vaisseaux de guerre de tous rangs composent sa marine, et il se divise en quatre parties, qui sont la Suède proprement dite, la Gothie, le Nortland et la Laponie ; et la Suède proprement dite se subdivise en Uplande, Sudermanie, Westmanie, Néricie et Dalécarlie. (*Robert.*)

**SUETTE** (pathologie). — Fièvre éruptive, contagieuse, presque toujours épidémique. Cette maladie régna en Angleterre, en 1486, et y renouvela ses ravages à quatre reprises différentes, jusque vers le milieu du xvie siècle : de là son nom de *sudor anglicus*. Elle a régné aussi plusieurs fois en Picardie. Lorsqu'elle est bénigne, elle est quelquefois annoncée par de la lassitude, une douleur sus-orbitaire et de l'ano-

rexie ; quelquefois un mouvement fébrile, un resserrement à l'épigastre, précèdent l'apparition de la sueur ou plutôt celle d'une vapeur chaude, d'une odeur fétide particulière, qui couvre bientôt toute la surface du corps. Cet état persiste pendant trois ou quatre jours ; puis, après de légers picotements, une éruption miliaire paraît d'abord au col, à la nuque, vers les oreilles, au-dessous des seins, etc. Les vésicules, du volume d'un grain de millet, perlées, diaphanes, sont quelquefois entremêlées de papules rouges et enflammées, ou de véritables bulles ; au bout de deux ou trois jours, elles se dessèchent et sont suivies d'une desquammation plus ou moins considérable. Tous les accidents disparaissent ordinairement du huitième au dixième jour. — Dans la suette maligne, *ephemera maligna*, il y a complication de la maladie avec une gastro-entérite, une pneumonie, ou un état nerveux caractérisé particulièrement par du délire, du coma, des convulsions. Son invasion est souvent brusque, et elle est quelquefois mortelle dans 24 ou 48 heures. L'éruption miliaire n'est pas constante, et la maladie se borne alors aux sueurs fétides. Le traitement doit être analogue à celui de la rougeole.

**SUEZ** ( ISTHME ET CANAL DE ) ( géographie ). — I. C'est une langue de terre dont les deux points extrêmes sont Péluse et Suez, et qui, du fond du golfe Arabique à la Méditerranée, mesure, en ligne droite, une longueur de 113 kil.

Suez est par 20° 58' 37" de latitude N. et Tineh, l'ancienne Péluse, par 31° 3' 37".

Dans cet étroit espace de moins de 29 lieues communes, l'isthme forme une dépression longitudinale, résultat de l'intersection des deux plaines descendant par une pente insensible, l'une de l'Égypte, l'autre des premières collines de l'Asie. La nature semble avoir ainsi tracé elle-même dans cette ligne la communication des deux mers, et c'est là que va s'ouvrir un canal qui a cet immense résultat pour objet, un canal qui va abréger de 3000 lieues les étapes des nations occidentales sur la route de l'Indo-Chine, et ajouter ainsi plusieurs milliards à la fortune de notre globe. Ne sera-ce pas, en effet, augmenter, d'une manière prodigieuse, inconcevable, la richesse générale du monde, que d'économiser le temps, le plus précieux des trésors, que d'entasser sans cesse, par une étonnante abréviation de chemin, millions sur millions de francs de diminutions de frais. Que de progrès moraux et matériels à la veille de s'accomplir !

L'état géologique du terrain démontre que, dans les temps primitifs, la vallée de l'isthme était couverte des eaux de la mer. On y trouve de vastes bassins, dont le principal, appelé *Lacs-Amers*, conserve les traces évidentes de ces eaux.

On sait, à n'en pouvoir douter, que, dès les temps les plus reculés, il a existé un vaste canal, qui reliait la mer Rouge au Nil. Ce canal entrepris par Nécos, fils de Psammétichus, 630 ans avant l'ère chrétienne, avait été achevé par Darius, fils d'Hystaspe, après que les Perses se furent emparés de l'Égypte. Hérodote, témoin oculaire de ce qu'il raconte, 50 ans après Darius, a vu ce canal en pleine activité. Il commençait à Bubaste, sur le Nil; et, se dirigeant à l'ouest et ensuite au sud, il venait aboutir sur la mer Rouge à Patymos. Les Ptolémées entretinrent ce canal et l'améliorèrent. Strabon, plus exact encore qu'Hérodote, et qui voyageait en Egypte peu de temps avant l'ère chrétienne, vit aussi le canal chargé de navires. Les empereurs romains, et surtout Adrien, y firent des travaux et des accroissements considérables. Enfin, les Califes, qui l'avaient fait d'abord réparer, le laissèrent dépérir, et il paraît que la navigation cessa complétement vers le ix° siècle de notre ère. Il en reste encore des traces nombreuses et très-apparentes.

II. A peine arrivé en Egypte, le jeune héros, qui avait déjà rendu la France si grande, et qui allait en faire le plus puissant empire du monde, le général Napoléon Bonaparte se hâta d'accourir à Suez pour juger personnellement de l'état des lieux, et recommencer, s'il le pouvait, l'œuvre des Pharaons, avec les secours qu'offraient la science et l'industrie modernes. Le 24 décembre 1798, il partait du Caire, accompagné de Berthier, Caffarelli, Gantheaume, Monge, Berthollet, Costaz, de quelques autres membres de l'Institut, et même de négociants, qui avaient obtenu la permission de marcher avec son escorte. Le 30, il avait le plaisir de retrouver le premier, au nord de Suez, les vestiges de l'antique canal; et il les suivait pendant 5 lieues. Puis, après avoir visité les fontaines de Moïse, il revenait au Caire par l'Ouadé-Toumilat (1) où il voyait près de Belbeys, le 3 janvier 1799, l'autre extrémité du canal des Pharaons. Cette course porta ses fruits, et le jeune général demanda à un ingénieur habile, M. Lepère, un mémoire sur la communication de la Méditerranée à la mer Rouge. Ce rapport, dont la rédaction était très-difficile, au milieu de tous les accidents de la guerre, ne fut remis au premier consul que le 6 décembre 1800. Il a été la base de presque tous les travaux postérieurs, qu'il a guidés par les recherches précieuses qu'il contient, et qu'il a, aussi, plus d'une fois égarés par les erreurs dont il n'a pu se garantir.

C'est dans ce rapport qu'a été avancée et soutenue, après de longues études, cette assertion, écho d'une tradition fort ancienne, remontant jusqu'à Aristote, que le niveau de la mer Rouge était plus élevé que celui de la Méditerranée. Suivant les ingénieurs dont M. Lepère résumait les opérations sans, du reste, en répondre, la mer Rouge était de 9 mètres 908 cent. au-dessus de l'autre mer, qui n'en est cependant pas à 30 lieues. Ce résultat fort extraordinaire ne fut pas admis par tous les savants de l'Europe; et l'illustre Laplace protesta toujours contre cette opinion démentie par ses théories sur le système du monde et l'équilibre des mers. Le grand mathématicien Fourier partageait l'avis de Laplace.

Le génie sagace de ces deux savants avait raison contre les ingénieurs de la Commission d'Egypte, les

deux mers ont des marées différentes, mais elles sont parfaitement de niveau, la science le prouve; et bientôt, c'est-à-dire, avant 4 ans d'ici (nous écrivons en mai 1859), cette assertion reposera sur l'évidence des faits, quand alors, quand, avant la fin de 1863, la Méditerranée donnera amicalement la main à la mer Rouge.

Disons le vrai caractère du projet nouveau, c'est-à-dire de la concession que S. A. Mohammed-Saïd, vice-roi d'Egypte, a faite à M. Ferdinand de Lesseps, par l'acte du 30 novembre 1854.

Ce projet consiste à ouvrir de Suez à Peluse, c'est-à-dire directement de la mer Rouge à la Méditerranée, un canal maritime qui donnera passage aux plus gros navires, et qui aura par approximation 80 à 100 mètres de large sur 8 à 10 de profondeur. C'est là une pensée tout à fait nouvelle; notre grand siècle pouvait seul la concevoir; l'industrie de notre époque pouvait seule la réaliser. Dans tous les projets antérieurs de la jonction des deux mers, il n'a jamais été question que d'un canal d'eau douce, ayant sa prise d'eau dans le Nil, et aboutissant par un chemin plus ou moins compliqué, d'une part à Alexandrie, et de l'autre à Suez. Le projet actuel emprunte les eaux de la mer, sans toucher à celles du Nil. Il se borne à établir une communication, aussi courte que possible, entre les deux rades qui baignent l'isthme, au nord et au sud. Il ne traverse pas l'Egypte; et, se contentant de suivre la limite qui sépare l'Afrique de l'Asie, il franchit le désert, sans bouleverser en rien le régime du beau pays qu'il doit enrichir, en amenant sur sa frontière le passage perpétuel de la civilisation.

Tel est le caractère du nouveau canal; aucun n'avait été conçu dans la même pensée. L'histoire est là pour le démontrer.

Lors de l'invasion des Arabes, vers l'an 639 ou 640 de notre ère, Amrou-el-Aas, lieutenant d'Omar, troisième successeur de Mahomet, eut, dit-on, la pensée de relier les deux mers par un canal direct de Suez à Peluse. Les eaux du Nil, amenées du Caire par l'ancien canal des Césars, auraient alimenté ce canal. Mais Omar s'opposa à ce projet dans la crainte d'ouvrir aux vaisseaux chrétiens le chemin de l'Arabie. Le fanatisme des Califes ferma l'Egypte elle-même au commerce de l'Europe. Le canal de Suez n'eut plus pour objet, comme sous les Pharaons et sous les rois de Perse, que le commerce particulier de l'Egypte et de l'Arabie : il fut subordonné aux relations politiques des deux pays. Si Omar faisait rétablir le canal des Césars, pour approvisionner l'Arabie, 150 ans après lui, El-Mansour le faisait combler, pour affamer le Mecque et Médine.

III. La prochaine ouverture de Suez, qui va être une source inépuisable de richesses pour tant de régions de notre globe, et surtout pour l'Egypte, nous amène à dire un mot de ce grand pays.

Le territoire de l'Egypte est la portion du bassin du Nil comprise entre les cataractes et la mer. Resserré entre deux chaînes de montagnes à peu près parallèles qui le séparent de la Libye et de la mer Rouge, il

---

(1) L'Ouadé-Toumilat est l'ancienne terre de Gessen, où les Hébreux vinrent s'établir sous la conduite de Jacob, quand Joseph les y appela, et d'où ils sortirent sous la conduite de Moïse vers le dix-septième siècle avant notre ère.

forme en amont du Caire une vallée très-encaissée de 200 lieues de longueur sur 3 à 4 de largeur qui constitue la Moyenne et la Haute-Égypte. Se développant ensuite entre les collines qui prolongent, vers le nord-ouest et le nord-est, les deux chaînes de montagnes, dirigées jusque-là sud-nord, il forme entre le Caire, Alexandrie et Peluse, une immense plaine triangulaire de 1,375 lieues de superficie constituant la Basse-Égypte.

Les débordements périodiques du Nil arrosent l'Égypte, la fécondent en déposant bien au loin sur ses bords, un limon gras, principe d'une prodigieuse fertilité. Aussi l'Égypte était-elle nommée le grenier de Rome, quand elle était soumise à cette fière dominatrice des nations.

Le Nil commence à s'enfler dès le mois de mai et, par une crue lente, successive, progressive, s'élève au-dessus de ses rives, déborde, va porter la fécondité à de longues distances. Sa fertilisante inondation dure, chaque année, depuis la fin de juin jusqu'en octobre. Après s'être progressivement élevées de juin en septembre, ses eaux s'abaissent graduellement d'octobre en mai.

La partie inférieure de l'Égypte, presque toute renfermée entre divers bras du Nil, et nommée Delta par les anciens, à cause de la ressemblance de sa forme avec la quatrième lettre de l'alphabet grec, s'appuie sur la Méditerranée, où elle déploie quatre cents kilomètres de côtes. Le sol y est des plus riches, des mieux cultivés.

Que de magiques souvenirs rappelle cette Égypte, berceau de la civilisation, des arts, des sciences ! Là florissait la majestueuse Thèbes, une des plus grandes, des plus magnifiques cités du monde ancien. Le voyageur y admire encore aujourd'hui les merveilleux restes de tant de gigantesques monuments. C'était la capitale de la Haute-Égypte. Elle avait, dit-on, vingt-cinq mille de circuit, cent portes, plus d'un million d'habitants. Sur l'emplacement de Thèbes sont quatre villages, dont Louqsor, peuplé de près de quatre mille habitants, et qui un jour, a lancé un de ses admirables obélisques, dans la capitale de la France, sur la place de la Concorde, où il dresse fièrement la tête entre deux belles fontaines, en face de l'arc de triomphe de l'Étoile et du centre de la principale façade du palais des Tuileries.

Homère, Strabon, Hérodote, Tacite ont vanté la magnificence de Thèbes, ses cent portes, par chacune desquelles pouvaient sortir ensemble deux cents chariots montés par dix mille combattants : il y a là sans nul doute de l'exagération ; mais Thèbes n'en fut pas moins une des plus riches, des plus belles, des plus puissantes villes du monde. Quand, dans le XVIIe siècle, quand sous le règne de Louis XIV, l'érudit voyageur français Thévenot visita les ruines de Thèbes, on y voyait, on y admirait des temples, des palais, un nombre infini de statues. Dans un de ces palais, quatre allées à perte de vue, bordées de sphinx d'une matière des plus rares, du travail le plus parfait, jetaient l'étonnement dans le cœur des curieux, se demandant si de tels prodiges étaient l'œuvre de dieux ou de

géants. Une salle, — c'était sans doute le milieu du féerique palais, — était ornée de cent vingt colonnes de six brasses de grosseur et d'une hauteur proportionnée. Les obélisques, dont elles étaient entremêlées, avaient bravé, avec l'injure du temps, la brutalité du vandalisme indigène et étranger. Ces magnifiques restes ont été, depuis, en partie détruits par les Arabes, poussés à cet acte coupable par l'espoir d'y trouver des trésors enfouis. Les voyageurs français et anglais ont enlevé beaucoup de ces restes. Les recherches de nos savants n'ont pas été toutefois stériles. Loin de là ; leurs peines ont eu leur récompense, ne serait-ce que dans la découverte, au sein de plusieurs tombeaux, de peintures d'une si incroyable fraîcheur, que l'on serait tenté de se demander si elles viennent de naître sous le pinceau d'habiles artistes : artistes et pinceaux ont pourtant disparu de la scène du monde depuis plus de trente siècles !

Les eaux du Nil ont recouvert tout le sol, qu'elles baignent dans les grandes crues, d'une couche de limon dont l'épaisseur diminue en général à mesure qu'on s'éloigne du fleuve. Ce dépôt superficiel forme le sol cultivable de l'Égypte : il repose sur une couche épaisse de sable de mer encore imprégné de sel.

Le lit du Nil, considéré comme une coupe générale dans le terrain, accuse partout cette division du sous-sol en deux couches distinctes. La ligne de démarcation forme un plan légèrement incliné vers la mer qui suit à peu près le plan d'eau à l'étiage. La filtration des eaux dans les sables de mer maintient dans le sous-sol une humidité permanente qui, en remontant à la surface à travers la couche végétale, la couvre d'efflorescences salines. Cette tendance ascensionnelle des sels dont le sous-sol est imprégné, est augmentée en été par les grandes chaleurs et par la tension des eaux du fleuve au-dessus de l'étiage. Elle frapperait le sol de stérilité, s'il n'était annuellement délavé par les eaux douces du Nil. Le délavage des terres est donc en Égypte la condition première de toute culture. De là, la nécessité de cette multitude de canaux qui sillonne la Basse-Égypte en tout sens, pour porter sur tous les points l'eau, c'est-à-dire, la végétation et la vie.

Ces canaux servent à la fois à inonder les terres et à les dessécher après qu'elles ont été délavées. Couper la prise d'eau de ces canaux sur le fleuve ou en intercepter l'écoulement à la mer, seraient deux moyens également sûrs de rendre toute culture impossible dans la Basse-Égypte.

Les canaux, ouverts en vue de l'inondation dans la couche des sables de mer, pour les irrigations pendant l'étiage, sont incessamment envahis par les sables des berges qu'entraînent les eaux d'infiltration ; et ils se bouchent plus rapidement encore à la prise d'eau sur le fleuve. Un canal qui aurait 8 mètres de profondeur, atteindrait nécessairement la couche de ces sables, et l'on aurait de graves difficultés à l'établir et à le conserver.

Des cataractes à la mer, sur un parcours de 300 lieues, le Nil ne reçoit aucun affluent ; son lit présente dès lors une largeur uniforme que l'on peut évaluer en moyenne à 1,200 mètres dans la Haute et la Moyenne Égypte, et à 600 mètres dans la Basse-Égypte, où il est divisé en deux branches. Il coule paisiblement et sans sinuosités, du sud au nord, à travers une plaine unie, recouverte de ses alluvions et légèrement inclinée vers la mer. La pente générale de cette plaine est d'un mètre par kilomètre, des cataractes au Caire, et de 0m 50 seulement, du Caire à la Méditerranée.

Parlerons-nous de Memphis aux temples somptueux, aux gigantesques constructions ? Memphis, située sur le Nil, non loin du lieu où s'élève le Caire, était la capitale de l'Égypte du milieu. Ce qui la rendait surtout célèbre, c'était le voisinage des Pyramides, superbes monuments, majestueux tombeaux, qui n'ont pas même pu sauver de l'oubli ceux dont les corps y furent déposés. Il est en Égypte plusieurs édifices de ce genre. Leur base carrée se termine en pointe. Dans l'intérieur, vous remarquez, d'ordinaire, plusieurs cavités, des couloirs, des galeries. Les pyramides de Memphis, au nombre de trois, sont les plus grandes. Les voyageurs modernes, qui les ont décrites, sont assez d'accord dans leurs récits avec Hérodote, Diodore, Pline et Pomponius Méla. La plus haute, assise sur le roc vif, y trouve un solide fondement. En dehors elle est construite en forme de degrés et va toujours en diminuant jusqu'à la plate-forme du sommet, dont la circonférence n'a pas moins de dix-neuf à vingt mètres, bien que du bas elle paraisse terminée en pointe presque aiguë. Des pierres de près de dix mètres de longueur sur environ quatre de hauteur, avec une largeur à peu près égale, ont concouru à la construction de l'édifice. Pas de mortier, pas de ciment. Tâchez d'introduire une lame de couteau dans les jointures de ces pierres ; si vous y parvenez, vous aurez vaincu l'impossible. La hauteur perpendiculaire de cette pyramide est de 146 mètres. C'est l'édifice le plus haut de la terre ; il a environ 4 mètres de plus que la Tour ou Munster de la cathédrale de Strasbourg, le plus élevé des édifices de l'Europe, de l'Asie, de l'Amérique, de l'Océanie, magique monument d'un grandiose gothique où, guidé par l'esprit divin, le ciseau de la foi a si admirablement sculpté les mystères de la religion du Christ !

IV. Et c'est sur cette mystérieuse terre d'Égypte, unie à la France par les liens d'une réciproque amitié, que va s'ouvrir le canal destiné à faciliter, à multiplier les relations commerciales, industrielles, politiques, de l'Occident avec l'Orient. Ce sera l'œuvre de l'énergique volonté du vice-roi d'Égypte, Mohammed-Saïd, promoteur du canal, habilement secondé par M. Ferdinand de Lesseps.

En vertu du hatti-chérif de 1841, S. A. Mohammed-Saïd-Pacha, poursuivant sans relâche ses vastes projets de régénération pour l'Égypte, veut conduire cette gigantesque entreprise à bonne fin. Le succès ne lui fera pas défaut. Quel beau titre de gloire pour le règne de ce prince qui sait imprimer à toutes les branches de l'administration de ses États une marche si ferme, si éclairée ! Sous sa vigoureuse impulsion, l'agriculture, le commerce et l'industrie, ont fait d'immenses progrès et décuplé les revenus de cette Égypte

qui a une puissante armée, des forces maritimes imposantes, des forteresses, des lignes télégraphiques, des fonderies de canons, des manufactures de salpêtre, un certain nombre de fabriques et des écoles publiques. S. A. Mohammed-Saïd, dont la vaste intelligence sait chercher, trouver, réunir tous les éléments capables de faire pénétrer les bienfaits de la civilisation occidentale dans les riches contrées des Pharaons, les a déjà conduites à un très-haut degré de prospérité. La brillante pléiade d'hommes éminents que son patriotisme éclairé est parvenu à réunir dans ses conseils, s'est accrue, il y a deux ans, d'une célébrité européenne, M. Minié, officier supérieur français, dont la haute capacité ne peut manquer de contribuer beaucoup au mouvement de plus en plus progressif de l'armée du vice-roi. Nous devons, on le sait, à M. Minié, entre autres inventions dignement appréciées par la science, la carabine qui porte son nom, et qui est sans contredit la meilleure de nos armes à feu portatives.          Le major PAUL ROQUES.

**SUICIDE.** — Meurtre de soi-même. L'idée de s'ôter volontairement la vie peut naître des causes les plus différentes, ce qui ne permet pas de l'apprécier toujours de la même manière. Il peut être une peine que le criminel s'inflige à lui-même, ou l'effet du désespoir d'une grande âme, ou, comme chez les veuves de l'Inde, un acte de dévouement ou d'usage tyrannique, enfin le fruit d'une imagination déréglée : le plus souvent il est imputable à la folie. Selon les statistiques de M. Devergie, il a été reçu à la Morgue, à Paris, dans une période de dix ans (1836 à 1846), 3,344 corps et 94 portions de corps, dont 2,851 d'individus de tout âge (2,331 du sexe masculin, 520 du sexe féminin) et 493 d'enfants nouveau-nés, dont 197 à terme et 296 fœtus.

*Moyennes de suicides selon les âges.*

De 10 à 15 1837-1841 = 0 ; 1841-1845 = 1-3.

| | | | |
|---|---|---|---|
| 15 | 20 | moyenne des dix ans | 8,8 |
| 20 | 30 | — | 26,5 |
| 30 | 40 | — | 27,9 |
| 40 | 50 | — | 24,8 |
| 50 | 60 | — | 18,0 |
| 60 | 70 | — | 10,0 |
| 70 | 80 | — | 3,6 |
| 80 | 85 | — | 0,3 |

Sur 1,223 suicides on compte 119 veufs,
490 mariés.
545 célibataires.

Le nombre des suicides par suspension, variant sensiblement avec le mouvement de la terre, a été constaté par le statisticien M. Guerry, ainsi qu'il suit :

| | |
|---|---|
| De minuit à 2 heures.... | 77 |
| 2 à 4............. | 45 |
| 4 à 6............. | 58 |
| 6 à 8 ............. | 135 |
| 8 à 10............. | 110 |
| 10 à midi......... | 123 |

| De midi à 2............ | 32 |
| 2 à 4............ | 84 |
| 4 à 6............ | 104 |
| 6 à 8............ | 77 |
| 8 à 10............ | 84 |
| 10 à minuit....... | 71 |

*Causes du suicide.*

| | Hommes. | Femmes. | |
|---|---|---|---|
| Aliénation mentale.......... | 233 | 142 | 91 |
| Ivroguerie................... | 84 | 67 | 17 |
| Dégoût de la vie............. | 80 | 56 | 24 |
| Misère...................... | 75 | 60 | 15 |
| Mauvaises affaires........... | 64 | 57 | 7 |
| Maladies incurables.......... | 63 | 50 | 13 |
| Amour contrarié............. | 62 | 36 | 26 |
| Chagrins domestiques........ | 59 | 45 | 14 |
| Inconduite.................. | 58 | 50 | 8 |
| Inculpations de vol........... | 33 | 30 | 3 |
| Monomanie du suicide....... | 25 | | |
| Fièvre avec délire........... | 23 | 21 | 2 |
| Suite de remontrances....... | 15 | 7 | 8 |

*Genre de mort. — Suicidés reçus à la Morgue pendant*
*la période de 1836 à 1848.*

| | Hommes. | Femmes. | |
|---|---|---|---|
| Submersion.................. | 1414 | 633 | 239 |
| Suspension ................. | 114 | 107 | 7 |
| Armes à feu................. | 98 | 97 | 1 |
| Chute d'un lieu élevé........ | 56 | 35 | 21 |
| Asphyxie par le charbon...... | 46 | 16 | 30 |
| Armes tranchantes........... | 16 | 6 | — |
| Mort par empoisonnement..... | 11 | 9 | 2 |
| Ecrasement par des voitures.... | 7 | 7 | » |
| Mort par l'alcool............. | 4 | 3 | 1 |

Pour Sénèque, le suicide était une preuve de la folie (1). M. Worlee donnait aussi comme une grande preuve à *posteriori* que le suicide est toujours un acte de folie momentanée, le fait du petit nombre d'individus ayant tenté de se suicider de nouveau, après s'être manqués une première fois (2). Pour Broussais, le suicide était le symptôme d'une gastro-entérite chronique. M. Fabret le regardait comme l'effet de l'aliénation mentale, et M. Esquirol, ce métaphysicien si élevé, soutient aussi l'aliénation dans le suicide. Il s'appuie sur cette considération que dans la monomanie homicide, il reconnaît l'absence de motifs dans la mort volontaire, ou ce qui est la même chose, la faiblesse des motifs en présence de la gravité de l'acte.

Aux yeux de la religion, le suicide est toujours un crime : elle commande le bien d'une manière absolu ; elle commande la résignation à la volonté de Dieu, et le coupable a avancé l'heure de sa mort. La morale

(1) Sénèque se réfuta lui-même et prouva la raison des suicidés, en assurant par une mort volontaire la possession de ses biens à sa famille.

(2) Cette assertion n'est pas fort juste, car le nombre des suicides relaps est assez commun.

avec ses consolations, la religion avec ses espérances offrent à l'infortuné une compensation pour la rigueur de leurs principes. La société a-t-elle droit de demander compte de la mort à un homme à qui elle n'a pas su rendre la vie supportable ? Elle en aurait le droit dans tous les cas où le suicide est un acte d'égoïsme, et ces cas sont nombreux. L'homme qui met fin à ses jours n'a pas toujours fait attention que sa vie était utile à quelqu'un, à des parents, à des amis. Mais en admettant que la société puisse demander ce compte, à qui ou à quoi s'adresser ? Dans les cas rares où l'œuvre de désespoir n'a pas été finie, la société a-t-elle le droit, après avoir arrêté la main du coupable, de lui guérir ses plaies pour lui infliger plus tard une peine? Ainsi probablement ont agi des maîtres qui avaient surpris et arrêté leurs esclaves en flagrant délit de suicide. L'homme n'est pas l'esclave de la société ; si la société inflige une punition morale, c'est l'opinion publique seule qui est chargée de l'exécution. Toute autre punition serait injuste : le crime social entraîne nécessairement l'idée d'un lésé séparé du délinquant ; quand les deux sont confondus, la responsabilité manque parce que la peine retombe autant sur le lésé que sur le coupable. A plus forte raison, quand le suicide a été accompli, le coupable serait non pas seulement identifié avec la violence, mais de plus l'un et l'autre ne forment plus quelque chose de responsable, une intelligence, ils ne sont qu'une matière morte, un cadavre. La loi ne peut punir que là où elle peut atteindre. Mais elle a osé se venger sur le cadavre lui-même ; autrefois dans tous les pays chrétiens, encore aujourd'hui dans quelques-uns, une sorte de supplice posthume, un enterrement infâme dans un lieu non consacré, un carrefour, une grande route, est réservé au cadavre du *felo de se*. Cette coutume tenait à la confusion des pouvoirs temporels et spirituels dans la législation du moyen âge. Les tribunaux séculiers qui osaient décréter cet acte, s'érigeaient en tribunal d'inquisition. Aujourd'hui, les pays où la législation n'a pas subi de réforme sur ce point échappent à la coutume barbare et dégoûtante, en faisant déclarer par les médecins ce que les médecins français commencent à soutenir pour d'autres motifs, à savoir que le malheureux qui s'est suicidé était à ses derniers moments en proie à un accès de délire maniaque ; quelquefois le législateur, en s'acharnant sur le cadavre du suicidé, a eu le même but qu'en infligeant un supplice à un coupable vivant, prévenir le crime par la terreur de l'exemple. Ainsi, les magistrats de Milet, à une époque où le suicide était devenu comme épidémique parmi les jeunes filles de cette colonie, déclarèrent que le cadavre de la première qui se tuerait serait exposé nu aux regards du public. La pudeur arrêta les ravages de l'épidémie. Le premier consul Bonaparte s'attaqua à quelque chose de plus responsable que le cadavre, il menaça l'honneur pour arrêter une sorte de contagion de suicide qui sévissait dans les rangs de sa garde consulaire ; il fit mettre à l'ordre du jour que se tuer volontairement, c'était se dérober aux devoirs envers la patrie, manquer au courage du soldat et à l'honneur du citoyen. La législation française actuelle est muette sur le suicide; plus d'une fois, les tribunaux ont eu à statuer sur la complicité d'un suicide; mais le prévenu a toujours été renvoyé de la plainte, attendu qu'il ne peut y avoir de culpabilité dans la complicité, là où la loi ne reconnaît pas pour coupable l'acte lui-même.    Dr B. LUNEL.

SUIE ou BISTRE. — C'est une matière noire, floconneuse, quelquefois compacte et comme vitreuse, que l'on trouve dans les cheminées et les tuyaux des poêles. Cette matière est une espèce de charbon, ou plutôt une matière huileuse charbonnée qui s'est élevée, sous forme de vapeur gazeuse, pendant la combustion des corps que l'on a brûlés dans les différents foyers.

Néanmoins, la suite ne doit pas être considérée comme un charbon proprement dit : elle fait partie des matières colorantes, et est d'un grand usage dans la peinture.

La suie en poudre bien tamisée prend le nom de *bistre*, et devient un objet de commerce dont s'occupent les marchands de couleurs.

La suie sert encore à faire le noir du cirage de la chaussure, dont la consommation est devenue si considérable.    LARIVIÈRE.

SUIF [*sebum*]. — C'est une matière ferme ou solide, grasse, inflammable, dissoluble dans les huiles fines et volatiles, servant de dissolvant à son tour aux corps résineux. Le suif se trouve autour des reins et près des viscères mobiles du bœuf, du mouton, du bouc et du cerf. On lui a donné le nom de suif, de *suedum à sui*, porc, parce que le porc est ordinairement le plus gras des animaux. Il n'y a point d'animaux dont on ne puisse tirer de la graisse qui n'est pas toujours du suif, puisque la graisse de porc n'en est pas. Les suifs de bouc, de chèvre, de mouton et de brebis, sont estimés les meilleurs de tous : ils sont en pains ou masses rondes, en forme de culs-de-jatte ou de timbales, du poids de 5 1/2 chacune qu'on nomme des mesures de suif : c'est ce qu'on appelle dans le commerce *suif de place*. Les suifs des mêmes animaux qui s'envoient dans des futailles de différentes dimensions et de divers poids, tiennent le second rang et portent le nom de *suif de marque*.

Les bons suifs doivent être choisis blancs, clairs, durs et fermes. Quand ils sont mélangés de suif de bœuf ou de vache, ils sont d'un blanc tirant un peu sur le jaune.

Les suifs, suivant leurs qualités, s'emploient en grande partie pour la fabrique des chandelles, dans la préparation des cuirs, pour les manufactures de savon et pour enduire les navires avant le redoubage. On en fait aussi usage en pharmacie.

Les suifs se gardent plus longtemps que les graisses sans se rancir; lorsqu'ils sont nouveaux, ils brûlent plus promptement que lorsqu'ils ont été conservés six mois à un an. C'est pour cette raison que les chandelles d'une année de fabrication sont meilleures que les nouvelles, ce qu'on peut reconnaître à leur blancheur et à leur dureté, et aussi à leur odeur. On purifie les suifs par de certains procédés pour en faire usage dans l'économie domestique. Les chandeliers y introduisent

de l'alun pour leur donner de la blancheur et de la fermeté.    LARIVIÈRE.

SUINT.—C'est une matière grasse qui s'attache à la laine des moutons et aussi au poil de beaucoup d'animaux. Cette matière conserve la laine elle-même; on la débarrasse de ce suint par le lavage dans l'eau pure, qu'on fait chauffer à 50 degrés Réaumur dans des paniers à claire-voie, en le remuant doucement. C'est à cette opération préliminaire que se bornent ordinairement les agriculteurs des bergeries. Le désuintage complet ne s'opère que lorsque le fabricant veut livrer ces matières au travail; ce qu'il fait dans des liqueurs alcalines, et le plus souvent dans de l'urine corrompue, quand il s'est formé une assez grande quantité d'ammoniaque. La perte des laines que M. Vauquelin a soumises à ses expériences a été d'environ 40 p. 0/0.    LARIVIÈRE.

SUISSE (géographie). — Contrée de l'Europe occidentale, entre l'Allemagne, l'Italie et la France. Au N. elle est bornée par le grand duché de Bade et le royaume de Wurtemberg; à l'E. par la Bavière et la Lombardie, au S. par la Savoie, et à l'O. par le Rhin et les monts Jura, qui la séparent des départements français du Doubs, du Jura, de l'Ain et du Haut-Rhin. Elle a 320 kilomètres d'étendue de l'E. à l'O., et 240 kilomètres du N. au S. La population est de 2,500,000 habitants.

La Suisse est, après la Savoie et les Alpes tyroliennes, le pays le plus élevé et le plus montagneux de l'Europe; elle présente les sites les plus pittoresques et les plus variés. On voit à la base des montagnes des champs bien cultivés et de riches pâturages; à leurs sommets, des rochers inaccessibles et d'immenses glaciers, d'où les avalanches se précipitent quelquefois avec un horrible fracas. Un grand nombre de fleuves et de rivières y prennent leur source.

Le climat de cette contrée varie suivant la hauteur et l'exposition des montagnes sur lesquelles on se trouve; on jouit dans les vallées d'une douce température.

On trouve beaucoup de mines et d'eaux minérales dans les montagnes de la Suisse; quelques rivières y roulent de la poudre d'or.

Les céréales, le lin et le chanvre, qu'on récolte dans les vallées, ne peuvent suffire à la consommation des habitants; leurs troupeaux font leur principale richesse.

L'industrie manufacturière embrasse l'horlogerie, les toiles, les étoffes de laine et la fabrication des armes.

La situation de la Suisse, très-favorable à son commerce, l'est peu pour son indépendance politique, et la pauvreté de ses habitants les oblige, malgré un vif sentiment d'amour pour leur patrie, à s'engager au service des princes étrangers. D'ailleurs, ils sont braves et renommés pour leur bonne foi et leur hospitalité.

La Suisse portait autrefois le nom d'*Helvétie*; les pays de l'est faisaient partie de la *Rhétie*. Les habitants de cette contrée se sont toujours distingués par leur courage; cependant ils furent soumis à la puissance romaine par Jules César. La Suisse fit ensuite partie de la France, puis fut réunie à l'Allemagne pendant plusieurs siècles. Mais, en 1308, la tyrannie des gouverneurs excita, contre l'empereur Albert I<sup>er</sup>, la révolte des cantons de Schwitz, d'Uri et d'Unterwald, qui fondèrent la confédération suisse. Cette confédération s'accrut successivement jusqu'au commencement du XVI<sup>e</sup> siècle des cantons de Lucerne, de Zurich, de Glaris, de Zug, de Berne, de Fribourg, de Soleure, de Bâle, de Schaffhouse et d'Appenzell. A ces treize cantons, Napoléon I<sup>er</sup> ajouta, en 1802, ceux d'Argovie, de Saint-Gall, des Grisons, du Tésin, de Thurgovie et de Vaud; enfin, les puissances alliées y réunirent, en 1815, ceux de Genève et du Valais, et celui de Neufchâtel sous la souveraineté du roi de Prusse. Depuis 1857, ce dernier canton a été reconnu indépendant par le traité de Paris du 26 mai 1857.

La Suisse est aujourd'hui une république fédérative composée de 22 cantons, qui ont chacun leur gouvernement particulier. La diète fédérale se réunit tous es ans dans le chef-lieu de l'un des trois cantons directeurs, qui sont : Zurich, Berne et Lucerne ; elle est présidée par l'avoyer ou bourgmestre du canton où elle s'assemble.

*Villes et lieux remarquables.*—GENÈVE (40,000 hab.), sur le lac du même nom, à la sortie du Rhône, est la ville la plus importante de la Suisse. Elle est remarquable par ses établissements d'instruction publique et par ses fabriques, surtout par celles d'horlogerie. Calvin y introduisit la religion réformée en 1535. C'est la patrie de J.-J. Rousseau, de Bonnet, de Saussure et de Necker.

BERNE (30,000 hab.), sur l'Aar, chef-lieu du canton le plus considérable de la Confédération. Université remarquable fondée en 1834; patrie de Haller.

BALE (34,000 hab.), sur le Rhin, est la ville la plus commerçante de la Suisse. On prétend que l'art de faire le papier y fut inventé. Elle a une belle cathédrale où se trouve le tombeau d'Erasme. Bâle est la patrie d'Euler.

LAUSANNE (13,000 hab.), sur le lac de Genève. La beauté des rives de ce lac attire à Lausanne un grand nombre de touristes.

ZURICH (30,000 hab.), sur le lac du même nom, est la première ville de Suisse qui se sépara de l'Église romaine et embrassa la réforme de Zwingle, en 1519. Près de cette ville eut lieu, en 1799, la bataille où les Français battirent les armées combinées des Russes et des Autrichiens. A Zurich naquirent Gessner et Lavater.

SCHAFFHOUSE (8,000 hab.), à 4 kilomètres de laquelle se trouve la cataracte de Laufen, où le Rhin tombe d'une hauteur de 20 mètres dans un endroit qui a 100 mètres de largeur.

FRIBOURG (10,000 hab.), près de laquelle se trouve le village de Gruyères, qui fait un grand commerce de fromages.

ALTORF (4,000 hab.) est le berceau de la liberté helvétique et la patrie de Guillaume Tell.

MORAT (12,000 hab.), sur le lac de même nom et près de celui de Neufchâtel. C'est près de cette ville que le duc de Bourgogne, Charles le Téméraire, éprouva,

en 1416, une défaite si complète que les Suisses vainqueurs formèrent deux pyramides avec les os des Bourguignons.

Entre le Valais et le val d'Aoste se trouve le *grand Saint-Bernard*, où à 2,490 mètres de hauteur se trouve le passage célèbre qui fut franchi, en 1800, par l'armée française, et près duquel est situé le fameux hospice fondé au X<sup>e</sup> siècle par Bernard de Menthon et qui est l'habitation la plus élevée de l'Europe. Aux confins du Valais et du royaume Lombard-Vénitien, on rencontre le Simplon (2,000 mètres d'élévation), où les Français ont ouvert, en 1801, une très-belle route qui a 75 mètres de large et seulement 4 centimètres de pente par 2 mètres.

**SULFATES** (chimie). — Combinaisons de l'acide sulfurique avec une base salifiable. Les sulfates ont pour caractères de pouvoir se convertir en sulfures par le charbon à l'aide de la chaleur. Ceux qui sont solubles donnent un précipité blanc et grenu avec les sels solubles de baryte, précipité qui est insoluble dans l'eau et dans les acides. On appelle *sur-sulfates* ou *bisulfates*, ceux dans lesquels il y a un excès d'acide ; et *sous-sulfates* ou *sulfates basiques*, ceux dans lesquels la base prédomine.

**SULFITES** (chimie). — Sels formés par la combinaison de l'acide sulfureux avec les bases salifiables. On les prépare en faisant passer un courant de gaz acide sulfureux dans de l'eau contenant la base en dissolution ou simplement délayée. Ils dégagent de l'acide sulfureux, lorsqu'on les traite par un acide. — *Sulfite de potasse* (sel sulfureux de Stahl) : il n'est d'aucun usage. — *Sulfite de soude* : il ne sert qu'à la préparation du *sulfite sulfuré* de soude, ou *hyposulfite*.

**SULFURE** (chimie). — Composé de soufre avec un autre corps. On appelait autrefois *Foies de soufre* les produits qu'on obtient en combinant le soufre avec les alcalis minéraux. Parmi les sulfures des métaux, on distingue les *Protosulfures* qui correspondent aux protoxydes, les *Deutosulfures* qui correspondent aux deutoxydes, etc. Un grand nombre de sulfures métalliques s'obtiennent en chauffant du soufre avec les métaux ; plusieurs d'entre eux se rencontrent dans la nature, comme les *Pyrites*, les *Blendes*, les *Galènes*, etc. Les sulfures se détruisent lorsqu'on les chauffe au contact de l'air, et se transforment soit en acide sulfureux, soit en sulfates.

**SUMAC** (botanique). — Genre de plantes de la famille des térébinthacées. Les feuilles du *sumac des corroyeurs*, *rhus coriaria*, arbrisseau de l'Europe méridionale, ont été employées comme astringentes et comme fébrifuges. Le *sumac vénéneux*, *rhus toxicodendron*, arbrisseau de l'Amérique, contient un suc très-âcre, vénéneux et assez corrosif pour que son contact avec la peau détermine, dit-on, un violent érysipèle. Les émanations mêmes du sumac sont dangereuses : il paraît qu'il ne s'en dégage pendant le jour que de l'azote ; mais qu'après le coucher du soleil il laisse exhaler du gaz hydrogène carboné, mêlé à un principe âcre et volatil. Cependant les feuilles fraîches du *rhus toxicodendron*, et celles du *rhus radicans* qui n'est qu'une variété de la même espèce, ont été préconisées contre les dartres et les paralysies : les auteurs ne s'accordent point sur les résultats obtenus. Le *rhus copallinum* fournit une résine analogue au copal, mais d'une qualité inférieure. Le *rhus vernix* donne le vernis du Japon. Les feuilles et les branches du *fustet, rhus cotinus*, sont employées, comme celles du *rhus coriaria*, au tannage des cuirs.

**SUPERFÉTATION** ( médecine ). — État d'une femme actuellement enceinte qui concevrait une seconde fois. Beaucoup d'auteurs se sont demandé si la superfétation était *possible*, ou si l'on devait admettre une *double conception*, comme dans l'exemple cité par Buffon, où une femme ayant eu des rapports le même jour avec un blanc et un nègre, accoucha de deux enfants de couleur différente, ou enfin, si l'on devait reconnaître aussi que la conception peut avoir lieu alors qu'un autre germe occupe l'utérus. Voici l'opinion du professeur Velpeau sur cette question.

Presque toutes les histoires de superfétation, dit ce professeur, paraissent pouvoir être rapportées :

1° A des grossesses doubles, dans lesquelles l'un des fœtus, mort longtemps avant terme, s'est conservé dans les membranes et n'a été expulsé qu'avec celui qui avait continué de vivre ;

2° Ou bien à des grossesses de jumeaux inégalement développés et nés à des termes différents ;

3° Ou bien à des cas de grossesse extra-utérine qui n'ont pas empêché la gestation naturelle ;

4° Ou bien enfin à des cas où l'utérus était bicorne, c'est-à-dire partagé en deux cavités.

« Rien n'est plus commun, ajoute M. Velpeau, que de voir, dans le cas de grossesse composée, de conception double et simultanée, l'un des embryons ou des fœtus cesser de vivre, et ne présenter, lors de la naissance de son congénère, que les caractères d'un fœtus de deux, trois, quatre, cinq ou six mois, quoique dans le fait tous les deux en aient neuf, et c'est ainsi que les monstres se trouvent avec des enfants bien conformés.

» Il peut arriver, dit encore M. Velpeau, que des germes vivifiés par la même copulation ne descendent dans la cavité utérine qu'assez longtemps l'un après l'autre ; que, les deux ovules n'ayant pas un égal degré de maturité dans leur union avec le principe fécondant, l'un de ces germes ne se dégage que difficilement de l'ovaire, y reste adhérent sans se développer avec la même rapidité que son congénère, ne sorte de la vésicule et ne passe dans la trompe qu'après un intervalle plus ou moins considérable. Ou bien, les deux jumeaux contenus dans l'utérus se gênant réciproquement, cette gêne nuit plus à l'un qu'à l'autre ; l'un se développe d'autant moins vite que l'autre prend plus d'accroissement ; l'un peut naître avant terme, l'autre peut ne naître qu'après. »

M. Orfila pense que le médecin doit admettre la possibilité de la superfétation, mais qu'il doit se souvenir que *dans beaucoup de cas il est extrêmement difficile d'établir qu'elle a eu lieu, les enfants sus-conçus pouvant être facilement confondus avec les avortons ou avec les jumeaux.*

MM. Desgranges et Fodéré regardaient comme une superfétation certaine l'observation de la femme Franquet, qui accoucha d'un fœtus bien portant, cinq jours après avoir avorté d'une grossesse de sept mois. Le fait d'une dame Brigaud, qui mit au monde, le 30 avril 1748, un enfant mâle et vivant, et qui accoucha d'un second fœtus, également viable et vivant, le 17 septembre suivant ; le fait du docteur Stearns, où l'on voit une négresse accoucher d'un fœtus *noir* de huit mois ou à peu près ; puis, au bout de quelques heures, d'un fœtus *blanc*, d'environ quatre mois, qui donna des signes de vie, sont considérés par quelques auteurs comme des cas de superfétation. Mais nous remarquerons que l'on n'a pas pu acquérir la certitude que dans ces cas les femmes n'avaient pas un utérus double (1).

Quoique cette question de la superfétation puisse trouver son application dans les cas de reconnaissance d'un enfant naturel, ou dans des cas où l'aîné est appelé à jouir de certains avantages sur le cadet, nous croyons que ce fait ne s'est guère rencontré, et que dans tous les cas, il devrait entrer dans les questions des naissances précoces et tardives.     D<sup>r</sup> B. LUNEL.

**SUPERSTITION** [du latin *superstitio*]. — Corruption du sentiment religieux altéré par l'ignorance. La superstition attribue à des causes surnaturelles les choses dont on ne peut pas se rendre raison ; c'est le plus terrible fléau du genre humain ; elle abrutit les simples, persécute les sages, enchaîne les nations et produit partout des maux effroyables. Les esprits faibles sont sujets à la superstition, aussi les femmes y ont-elles beaucoup de penchant. La principale différence entre la religion et la superstition, c'est que celle-ci a pour base l'ignorance, et la religion la sagesse. La superstition a existé de tout temps et elle subsiste encore chez tous les peuples, même les plus civilisés : il suffit de lire les jugements des tribunaux correctionnels pour s'assurer qu'il se passe tous les jours parmi nous des pratiques grossières, dénotant l'ignorance la plus absolue des lois de la nature. Eh ! ne sommes-nous pas fréquemment témoins de personnes qui ne voudraient à aucun prix faire partie d'un repas où l'on serait treize ; qui refusent de déménager ou de commencer un voyage le vendredi ; qui croient aux paroles d'une tireuse de cartes et aux interprétations d'un rêve ? Les oracles des sibylles ; la recherche des augures imaginés par les Chaldéens et continués par les Grecs et les Romains ; les Auspices qui consistaient, chez ces derniers, à tirer des présages pour l'avenir de la manière dont les oiseaux volaient, chantaient ou mangeaient ; l'arrivée des éclipses ; l'apparition des comètes ; les sacrifices d'hommes et d'animaux dont on consultait les entrailles palpitantes, nous prouvent que la superstition use des moyens les plus extravagants pour se satisfaire. L'astrologie, originaire aussi de la Chaldée, n'était d'abord que la connaissance du ciel ; mais les merveilles réelles de la nature, principalement l'influence du soleil qui vivifie la terre par sa présence et dont l'absence ou l'éloignement amènent les grands froids et la disette, portèrent les anciens peuples à adorer cet astre ; de cette

(1) M. Bayard, *Médecine légale.*

idée à la déification de tous les corps célestes, il n'y avait pas loin, et la superstition aidant, on en est venu à attribuer à chaque planète une action sur tous les phénomènes de la nature et même sur les actes des hommes, des animaux et des plantes.

Si des sujets de superstition s'affaiblissent et finissent par disparaître à la longue, il en est qui se conservent pendant plusieurs siècles, ainsi quoique les lois du Prophète rejettent toute espèce de superstition, qu'elle soit fondée sur l'astrologie ou sur les traditions arabes des âges nébuleux, les mahométans et particulièrement ceux de l'Indoustan sont encore livrés aux erreurs les plus grossières. Dans presque toutes les choses importantes, les mariages, les voyages, la naissance d'un enfant, l'entreprise d'une bâtisse, la saignée, même pour se raser la tête, consultent un astrologue et ils croient à des jours ou même à des heures de bonheur pour tous ces actes. Dans chaque mois lunaire, il y a pour eux six jours malheureux. On les trouve en comptant sur ses doigts jusqu'à trente, en allant du petit doigt au pouce. Les jours qui tombent sur le doigt du milieu sont les jours néfastes, et ce sont, comme on peut le vérifier, les 3e, 8e, 13e, 18e, 23e et 28e du mois. C'est une observance particulière aux mahométans, prescrite par le Prophète lui-même, de ne terminer aucune affaire dans les cinquante-quatre heures que la lune emploie à traverser le signe du Scorpion. Le moyen de connaître cette période est fort simple. Il faut prendre la date du mois lunaire, doubler son chiffre, ajouter 5, diviser le total par 5, en attribuant chaque période de 5 à un des signes du zodiaque, et en commençant par celui où se trouve en ce moment le soleil ; le dernier 5 doit correspondre à celui où est actuellement la lune. Prendre ensuite le reste de cette dernière division, nécessairement moindre que 5, le multiplier par 6, et le produit exprimera le nombre de degrés que la planète a parcourus dans le signe où elle se trouve. Par exemple, le 4e jour du mois lunaire de Jamadoulawal, correspondant au 20 avril 1847 le soleil est dans le signe du Taureau. Le nombre de jours du mois lunaire 4, multiplié par 2, donne 8, en ajoutant 5, on trouve 13. Dans ce nombre 13, il y a deux fois 5. La lune doit donc être dans le second signe à partir du Taureau, c'est-à-dire dans les Gémeaux, et le reste 3, multiplié par 6 (= 18), exprime le nombre de degrés qu'elle a franchis dans le signe.

Voici un tableau des jours heureux ou malheureux :

Lundi : Lune. Favorable pour bâtir et construire.

Mardi : Mars. Favorable à la guerre, mais défavorable, comme le précédent, pour jeter les fondations d'une construction, se marier ou se saigner.

Mercredi . Mercure. Favorable à l'étude. Défavorable à la célébration des funérailles.

Jeudi : Jupiter. Propre au mariage.

Vendredi : Vénus. Favorable à l'entreprise d'un voyage.

Samedi : Saturne. Favorable pour le commerce. Défavorable pour tailler et mettre des vêtements neufs.

Dimanche : Soleil. Favorable pour prendre médecine, employer, tailler ou mettre des habits neufs.

Les six planètes, Vénus, Mercure, la Lune Saturne, Jupiter, Mars et le Soleil, exercent leur empire, d'après les astrologues, sur les sept jours de la semaine. Chacune des vingt-quatre heures du jour se trouve sous la domination particulière d'une planète. Le temps de Saturne et de Mars sont considérés comme malheureux, ceux des autres planètes comme heureux au contraire, excepté toutefois le jeudi. Ce jour-là, bien qu'il ne soit pas malheureux en lui-même, on doit s'abstenir strictement de visiter une personne malade pour s'enquérir de sa santé, et de prendre médecine soi-même. Un enfant né le mardi ou dans une heure de la planète de Mars est considéré comme devant être malingre, cupide, déloyal et hypocrite. Le mercredi, gouverné par la planète de Mercure, est favorable à un commencement d'étude, mais il est interdit pour tout autre espèce d'affaire.

Voici comment on connaît la planète qui régit l'heure du jour. Prenons, par exemple, le lundi : la première heure de ce jour, en partant du lever du soleil, appartient à la lune, la seconde à Saturne, la troisième à Jupiter, la quatrième à Mars, la cinquième au soleil, la sixième à Vénus, la septième à Mercure, et la septième encore à la lune, et ainsi de suite pendant le cours de la semaine.

Une autre superstition, enracinée dans l'esprit des mahométans, et considérée par les Indous comme faisant partie de leur loi, c'est la croyance à des esprits invisibles qui parcourent le globe, dans huit directions, à certaines dates des mois lunaires.

Pour entreprendre un voyage, une expédition de quelque importance, pour toute opération chanceuse, les directions où se trouvent ces esprits déterminent le bon ou le mauvais succès ; les mahométans appellent ces esprits *Rijalulghaib*, les Indous, *Jogny* ou *Dissasul*. Dans ses *Mémoires*, Lutfullah rapporte que la science des augures est bien loin aussi d'être négligée par les indigènes ; par exemple, un chat croisant la route d'un individu l'arrêtera court ou lui fera rebrousser chemin ; un éternûment, dans une direction opposée à la sienne, le déterminera à rentrer chez lui et à n'entreprendre aucune affaire ; cet éternûment se fait-il entendre à sa droite, il en tire un présage contraire. C'est ainsi encore qu'un vol d'oiseaux ou un troupeau de daims et bien d'autres choses lui paraissent des augures favorables ou défavorables.

Les événements sont souvent en contradiction avec tous ces présages ; mais la puissance de l'habitude et la faiblesse du raisonnement suffisent pour perpétuer des idées aussi absurdes. Et les autres peuples que ces exemples devraient éclairer, persistent dans leurs superstitions, tout en méprisant celles de leurs voisins.

GOSSART.

**SUPPRESSION DE PART,** SUPPOSITION, SUBSTITUTION. — « Les coupables d'enlèvement, de recel, ou de suppression d'un enfant, de substitution d'un enfant à un autre, ou de supposition d'un enfant à une femme qui ne sera pas accouchée, seront punis de la réclusion.

» La même peine aura lieu contre tous ceux qui

étant chargés d'un enfant, ne le représenteront pas aux personnes qui ont le droit de le réclamer. » (Code pénal, art. 345.) »

« *La suppression de part* consiste à faire disparaître un enfant qui vient au monde, sans l'exposer sur la voie publique, soit pour cacher une faiblesse, soit dans des intérêts de fortune ; l'enfant se trouve ainsi privé de son état civil. Il est fort remarquable que la loi punisse un fait qui est autorisé ouvertement, et même on pourrait dire encouragé par les établissements d'enfants trouvés. Nous sommes certes bien loin de désapprouver ces institutions, mais il y aurait avantage à mettre le texte légal en harmonie avec les faits. Les questions que le médecin peut avoir à résoudre sont les mêmes que dans l'*exposition de part* (Voyez ce mot).

» *Dans la supposition de part*, une femme présente comme étant à elle un enfant qui ne lui appartient pas. Il faudra alors décider s'il y a eu accouchement, et quelle en a été l'époque, afin de la comparer avec l'âge de l'enfant. Du reste, il est extrêmement rare que ces questions deviennent médicales.

» *Dans la substitution*, un enfant est remplacé par un autre, soit pour cacher sa mort, soit parce que le sexe en déplaît, ou ne donne pas les avantages que l'on veut obtenir. »

**SUPPRESSIONIS IGNIS** (chimie).—Feu de suppression : on désignait ainsi autrefois l'opération qui consistait à chauffer un vaisseau par-dessus et par-dessous : pour cela on entourait le vaisseau de sable, sur lequel on mettait des charbons allumés, tandis que d'une autre part on chauffait le vaisseau par dessous.

**SUPPURATION** (pathologie).—Formation de pus, mode de terminaison des inflammations. (Voy. ce mot.) Les opinions des médecins sur la formation du pus, ont été très-divisées : les uns avec Dehaën ont prétendu que le pus était formé dans tout le système artériel, pour être exhalé exclusivement dans une partie ; les autres, dont l'opinion est la seule admise aujourd'hui, pensent que ce liquide est formé dans le lieu même où il est versé. Parmi ces derniers, les uns ont regardé le pus comme provenant des débris de la partie où la suppuration a lieu : d'autres y ont vu le résultat d'une combinaison chimique entre les divers liquides de la partie affectée et particulièrement entre la lymphe et la graisse. Ces deux opinions, dont la première a longtemps été en faveur dans les écoles, et dont la seconde n'a été soutenue que par quelques médecins, sont aujourd'hui généralement abandonnées ; et l'on s'accorde à regarder le pus comme le résultat d'une exhalation morbide qui paraît avoir les mêmes organes que l'exhalation naturelle.

Tous les tissus ne sont pas également propres à la formation du pus, mais il n'en est aucun, à l'exception peut-être des tendons et des aponévroses, où la suppuration ne puisse avoir lieu à la suite de l'inflammation. Celle-ci ne produit pas toujours du pus, mais on pense généralement que le véritable pus n'est jamais formé sans inflammation préalable.

Le pus exhalé à la surface de la peau ou dans les plaies extérieures, s'écoule librement au dehors.

Celui qui est formé à l'intérieur, est tantôt disséminé dans le tissu des organes, comme on le voit dans le poumon, et tantôt réuni en un seul ou en plusieurs foyers qu'on nomme abcès. Le pus, réuni en abcès, se fraie ordinairement un passage vers les téguments, ou vers les conduits qui peuvent le transmettre au dehors par l'amincissement graduel des parties qui l'en séparent.

Le pus qui est disséminé dans le réseau d'un organe ne peut pas être évacué de cette manière ; ainsi dans la péripneumonie, où il ne forme jamais un foyer, il ne peut pas se faire jour dans les bronches, et la résorption est le seul moyen par lequel il puisse être enlevé. Cette résorption est manifeste dans quelques abcès sous-cutanés, et en particulier dans les bubons. Telle tumeur inflammatoire qui était tendue et fluctuante, s'est affaissée et n'a plus offert de fluctuation dans l'espace de quelques jours et quelquefois même du matin au soir. (*Chomel.*)

**SURDI-MUTITÉ** (médecine légale). — Privation simultanée de l'ouïe et de la parole, quoique le plus souvent, chez le sourd-muet, le mutisme soit l'effet de la surdité.

Les sourds-muets qui n'ont reçu aucune instruction sont assimilés aux idiots et ne sont pas responsables de leurs actes. Il n'y a que ceux qui peuvent parler au moyen des signes ou écrire, qui sont susceptibles et aptes aux droits civils.

Des méthodes bien différentes ont été employées pour instruire les sourds-muets. On se borna d'abord à développer chez eux le langage naturel d'action, et à en faire des mimes que tout le monde pût comprendre ; ensuite on créa pour eux un alphabet-manuel purement conventionnel, désignant chaque lettre par un signe particulier ; c'est ce qu'a fait le digne abbé de l'Épée, mais sans exclure l'emploi des gestes naturels ; enfin on les a exercés à comprendre la parole par le mouvement des lèvres, et l'on est parvenu à leur faire articuler des sons, à les faire parler, quoique ne s'entendant pas eux-mêmes.

La manière d'interroger un sourd-muet accusé, ou un témoin sourd-muet, est donné par l'article 333 du code d'instruction criminelle : « Si l'accusé est sourd-muet et ne sait pas écrire, le président nommera d'office pour son interprète la personne qui aura le plus d'habitude de converser avec lui. Il en sera de même à l'égard du témoin sourd-muet. Dans le cas où le sourd-muet saurait écrire, le greffier écrira les questions et observations qui lui seront faites ; elles seront remises à l'accusé ou au témoin, qui donneront par écrit leurs réponses ou déclarations. Il sera fait lecture du tout par le greffier. » Le jurisconsulte de Halle que nous avons déjà eu maintes occasions de citer a donné en détail l'interrogatoire qui fut adressé à Bruning, sourd-muet, coupable d'assassinat. Bruning savait lire et écrire. Quand on lui demandait par écrit quel était son nom, il l'écrivait vivement. On lui demanda qui a tué le coutelier : sa victime exerçait cette profession. Il écrivit encore son nom en se désignant lui-même du geste. Hoffbauer dit avec raison qu'on n'est pas en droit de voir là un aveu manifeste du crime, car souvent les sourds-muets imparfaitement éduqués croient que toutes les questions écrites qu'on leur adresse sont une invitation d'écrire pour prouver qu'ils connaissent cet art, et alors ils donnent l'échantillon le plus sûr et le plus familier de leur savoir en traçant les lettres de leur propre nom. A d'autres questions écrites, Bruning ne voulut pas, ou ne sut pas répondre. Telle fut celle-ci : est-ce là le lieu où vous avez tué le coutelier? On écrivit encore sous ses yeux : où est votre argent? alors il se fouilla, et, montrant ses poches vides, exprima par des gestes qu'on l'avait dépouillé de l'argent qu'il possédait au moment de son arrestation. Hoffbauer conclut, surtout d'après cette réponse, que l'accusé comprenait ce qu'on lui donnait à lire. M. Itard combat cette conclusion dans une note : selon lui, il suffit que l'accusé ait déchiffré un mot, qu'il devait être fort accoutumé à écrire, *argent*, pour avoir fait tous les gestes que nous avons rapportés. Quant aux autres, il les épelait ou lisait sans les comprendre; il en aurait même pu peindre plusieurs qu'il n'aurait pas compris davantage. En France, l'interrogatoire d'un sourd-muet est délégué par les tribunaux, aux chefs d'institutions spéciales, partout où l'on en peut trouver. L'intervention de ces hommes précieux diminue de beaucoup les embarras de la justice. Si le sourd-muet a reçu de l'instruction, son intérêt peut le porter à la déguiser pour diminuer sa culpabilité. Dans ce cas, M. Itard indique comme un procédé infaillible pour le forcer à se servir de tout ce qu'il sait, de l'accuser d'un délit beaucoup plus grave, et tout autre que celui pour lequel il est poursuivi. S'il sait écrire, il aura vivement recours à ce moyen pour se justifier, et l'on connaîtra par ses réponses toute la partie de son intelligence.

En résumé, un sourd-muet hors d'état de converser par écrit doit être assimilé à un idiot, mais un sourd-muet à qui une éducation spéciale a donné cet avantage, est pour l'intelligence et le libre arbitre au niveau d'un homme ordinaire. Dr B. LUNEL.

**SURDITÉ** (pathologie) [*surditas*, perte de la faculté d'entendre]. — La surdité peut occuper les deux oreilles, ou être bornée à une seule : celle qui est héréditaire affecte toujours les deux oreilles. Celle qui est innée est constamment jointe au mutisme qu'elle produit nécessairement. Cette affection se montre spécialement chez les enfants et les vieillards; elle est quelquefois produite accidentellement par un bruit très-fort, par l'impression du froid sur les oreilles découvertes. Elle est rarement idiopathique, si ce n'est à un âge avancé. Les affections dont elle peut être le symptôme sont très-nombreuses : les principales sont les maladies organiques et les inflammations du cerveau, l'occlusion du conduit auditif interne et externe, les affections de la cavité de l'oreille, la rupture, le relâchement ou l'épaississement du tympan, l'absence de la conque, etc. On la voit aussi survenir dans le cours ou au déclin de diverses affections aiguës, et particulièrement du typhus. Mais la seule dont il doive être ici question est la surdité idiopathique, que l'on attribue généralement à la paralysie du nerf optique.

Le principal symptôme de la surdité est la perte de l'ouïe, ou au moins la difficulté d'entendre. Lorsqu'il y a simplement dureté de l'ouïe, le malade écoute la bouche ouverte, ou tourne vers l'endroit d'où vient le son l'oreille la moins affectée. Lorsque la surdité date d'un certain temps, le timbre de la voix change, et l'articulation des sons devient plus ou moins confuse. La durée de cette maladie n'a rien de fixe : des alternatives d'amélioration et d'exacerbation ont souvent lieu pendant son cours : elle peut se terminer heureusement, demeurer stationnaire, ou faire de continuels progrès.

Les moyens de traitement sont à peu près les mêmes que dans l'amaurose. La surdité survient-elle chez un sujet jeune et pléthorique, après la suppression d'une hémorrhagie, etc.? on la combat par les boissons rafraîchissantes, la diète, l'application de sangsues derrière les oreilles, ou près de l'organe où l'hémorrhagie supprimée avait lieu. Est-elle liée au contraire à un état d'épuisement ou de faiblesse? on a recours à un régime restaurant, aux boissons aromatiques, aux topiques vésicants. On a quelquefois employé avec avantage les calmants, et spécialement l'opium, dans les cas où la surdité avait succédé à une affection morale vive. Dans ceux où il ne se présente pas d'indication particulière, on a généralement recours aux vésicatoires derrière les oreilles ou à la nuque, au moxa et au séton dans ce dernier point, aux vomitifs, aux purgatifs, aux masticatoires irritants, aux sternutatoires : on dirige dans le conduit auditif externe des vapeurs de succin, de sabine, de musc, de soufre; on y fait des injections stimulantes, avec l'ammoniaque étendue, les sucs de rue, de joubarbe, de concombre, l'huile cantharidée, l'eau thériacale. On a aussi fait des fumigations médicamenteuses dans la trompe d'Eustachi par le procédé connu. Les cataplasmes irritants sur l'oreille externe, les gargarismes, l'électricité, le galvanisme, sont aussi des moyens qu'on a recommandés et qu'on essaie quelquefois encore contre la surdité. Quand cette maladie résiste aux moyens thérapeutiques, on cherche à la pallier par le moyen de cornets acoustiques qui augmentent la force des sons et permettent au malade de les entendre. Beaucoup de sourds parviennent à force d'étude à entendre par les yeux, en regardant les mouvements des lèvres de la personne qui parle.

(*Chomel.*)

**SUREAU** (botanique). — Arbrisseau de moyenne hauteur qui répand ses rameaux au loin, dont les fleurs sont très-odorantes et employées à différents usages dans la médecine. Les jeunes branches de sureau et la seconde écorce sont purgatives, on les emploie en décoction dans l'hydropisie sous-cutanée. Les fleurs sont diaphorétiques, carminatives, prises intérieurement en fusion; elles sont ophthalmiques et résolutives employées extérieurement. Les baies de sureau sont propres à guérir la dyssenterie et les fièvres. On emploie leur suc exprimé : il porte le nom de rob de sureau. Les feuilles entrent dans la composition de l'onguent martianum, de celui pour la brûlure. M. Questieux, adjoint du maire de Porcheux, a découvert que l'odeur des feuilles et des fleurs de cet arbrisseau, c'est-à-dire les branches de sureau garnies de leurs feuilles et de leurs fleurs, faisaient fuir les charançons dès greniers à blé. Ayant fait cette expérience dans son grenier à blé, qui avait été considérablement endommagé par cet insecte dévastateur, il en fut entièrement purgé au bout de deux jours.

**SURMULOT** (zoologie) [*Mus decumanus*]. — Espèce du genre Rat: animal long de 25 cent., et de 45 avec la queue. Son pelage, d'un gris brun roussâtre en dessus, et d'une couleur moins foncée sur les flancs, est blanchâtre en dessous. Le Surmulot pullule dans les fermes et les granges, où il cause beaucoup de dégâts, ainsi que dans les voiries, les égouts, etc.

**SURVIE** (médecine légale). — Etat de celui qui survit à un autre. Cette question a déjà été traitée au mot *accouchement*. Nous ajouterons que bien que l'article 721 du code civil paraisse décider ces questions de survie, la présomption de survie est déterminée surtout par les circonstances du fait, plutôt que par la force de l'âge et du sexe. En voici un exemple : « Dans une affaire criminelle qui eut un grand retentissement, le parlement de Paris basa sa décision à cet égard sur les motifs qui avaient dû diriger le meurtrier. La dame Bobée fut trouvée assassinée avec ses deux enfants, dont l'un était âgé de huit ans et l'autre de 22 mois : le crime avait été commis la nuit, et sans témoins. Les juges présumèrent que l'assassin avait dû d'abord tuer la mère, qui eût opposé naturellement une résistance désespérée pour préserver ses enfants ; qu'ainsi ces derniers avaient survécu à leur mère, et, en conséquence de cette opinion, le parlement adjugea au mari tout ce qui avait appartenu à la femme.» Voyez *accouchement*. Dʳ B. LUNEL.

**SYCOMORE** (botanique) [du grec *sykè*, figuier, et *moréa*, mûrier; qui tient du figuier et du mûrier]. — Nom spécifique par lequel on désigne deux arbres fort différents : le *Figuier d'Egypte* ou *Figuier sycomore* (*Ficus sycomoros*), de la famille des Urticées, et l'*Érable sycomore*, ou *Erable blanc* (*Acer pseudoplatanus*), de la famille des Acérinées.

« Le *Figuier sycomore* acquiert dans l'Égypte une grande élévation et une grosseur considérable. Ses branches sont très-étendues ; ses fruits, d'un blanc jaunâtre, d'une saveur douce, mais d'un goût peu délicat, petits, naissent sur le tronc ainsi que sur les grosses branches, par touffes dépourvues de feuilles. Son bois, que les anciens regardaient comme vénéneux, passait pour incorruptible. La plupart des caisses renfermant les momies égyptiennes sont faites avec ce bois. Les Égyptiens en faisaient encore des statues, des tableaux, etc. »

Nous appelons le plus ordinairement *Sycomore*, un arbre de quinze mètres de hauteur environ, qui croît naturellement dans les bois et sur les montagnes de France, d'Allemagne et d'Angleterre : feuilles larges, pétiolées, à 5 lobes pointus, et dentées, d'un vert foncé en dessus, pâles en dessous ; fleurs petites, verdâtres, en grappes allongées et pendantes. On le cultive pour l'ornement des parcs et des jardins paysagers ; son bois est recherché pour l'ébénisterie, pour

la fabrication des bois de fusil, des violons, etc. Il est, en outre, bon pour le chauffage.

**SYMPTOME** (pathologie) [de *sun*, avec, et de *pipto*, je tombe.] — Tout changement perceptible aux sens, survenu dans quelque organe ou dans quelque fonction, et lié à l'existence d'une maladie.

Les symptômes ne doivent être confondus ni avec les phénomènes ni avec les signes. Tout acte, tout changement qui a lieu dans le corps sain ou malade est un phénomène. Celui-ci appartient à la santé comme à la maladie, au lieu que le symptôme est toujours l'effet de cette dernière. Là où il n'y a pas de maladie, il n'y a pas de symptôme. Galien avait dit avec raison que le symptôme suit la maladie, comme l'ombre suit le corps. C'est donc improprement que beaucoup d'auteurs ont employé les mots symptômes précurseurs, symptômes consécutifs: tout ce qui se présente avant que la maladie existe, ou après qu'elle a cessé, est un phénomène et non un symptôme.

Il importe également de ne pas confondre le symptôme avec le signe. Le signe est un phénomène perceptible aux sens, qui conduit à la connaissance d'effets plus cachés ; c'est une conclusion que l'esprit tire du symptôme, tandis que le symptôme est simplement une perception. L'un appartient davantage au jugement, l'autre aux sens. Le symptôme est appréciable pour tout le monde ; le médecin seul découvre les signes dans les symptômes. Comme il n'est aucun symptôme qui ne puisse fournir un signe quelconque au médecin, et que les signes appartiennent également à la santé et à la maladie, on a dit que « Tout » symptôme est signe, mais que tout signe n'est pas » symptôme. » (*Chomel*)

**SYNOVIE** [de *sun*, avec, et de *öon*, œuf, parce que la synovie ressemble au blanc d'œuf]. — Nom donné au liquide exhalé par les membranes synoviales qui entourent les articulations mobiles. La synovie de bœuf se compose, d'après M. Margueron, de beaucoup d'eau, d'albumine, d'une matière filandreuse, de soude, d'hydrochlorate de soude et de phosphate de chaux. Fourcroy pense qu'elle renferme de l'acide urique. Celle de l'homme contient, suivant Hildenbrandt, de l'eau, un peu d'albumine, de la soude et de l'hydrochlorate de cet alcali. La synovie de *bœuf* est fluide, visqueuse, demi transparente, d'un blanc verdâtre, d'une odeur semblable à celle du frai de grenouille, d'une saveur salée. Elle sert à lubrifier les cavités articulaires et à faciliter les mouvements des articulations.

**SYPHILIS** (pathologie), MALADIE VÉNÉRIENNE. — Affection très-variable dans sa forme et dans ses complications, produite par un *virus* particulier, transmissible d'un individu à un autre, surtout dans les rapports sexuels. « Si le moyen le plus commun de propagation de la maladie vénérienne est incontestablement le rapprochement des deux sexes, c'est parce que dans les parties génitales la virus syphilitique siége le plus communément ; que ces parties sont presque toujours humectées ; que l'épiderme qui les recouvre est tendre et mince ; que les organes restent en contact. Cependant, ce moyen est loin d'être le seul : le virus peut s'introduire par toutes les membranes muqueuses et par la plus légère écorchure faite à la peau. C'est ainsi qu'il se communique très-souvent par un baiser, par l'application des lèvres d'un enfant sur le sein d'une femme infectée, et réciproquement; un verre, une cuiller, une pipe, communs à plusieurs individus, peuvent aussi être des intermédiaires de contagion; mais il faut que le contact ait lieu immédiatement de l'un à l'autre, en un mot que l'objet soit encore imprégné, pour ainsi dire encore chaud. Les yeux peuvent aussi être infectés directement par un baiser humide sur les paupières. Le pus qui jaillit d'un bubon en suppuration, quand on en fait l'ouverture, et qui va frapper l'œil, peut donner la syphilis et occasionner dans cet organe les plus graves désordres. »

La syphilis se montre le plus souvent sous l'une ou sous plusieurs des cinq formes suivantes : *écoulements* (blennorrhagie); *ulcères* (chancres) ; *tumeurs* ou *abcès*; *excroissances, boutons et taches à la peau.*

1° *Écoulement (chaude-pisse. — Blennorrhagie. — Gonorrhée. — Urétrite. — Uréthrorrhagie. — Urétrorrhée).* — Inflammation aiguë de la membrane muqueuse du canal de l'urètre chez l'homme, de l'urètre ou du vagin chez la femme, le plus souvent avec écoulement mucoso-purulent, jaune-verdâtre. La cause habituelle de cette maladie est le coït avec une personne qui en est affectée, bien que dans certaines circonstances, une femme non atteinte de blennorrhagie puisse transmettre un écoulement à celui qui cohabite avec elle. On attribue alors aux fleurs blanches, à l'éruption du sang menstruel la cause de l'inflammation urétrale chez l'homme. C'est ordinairement du deuxième au sixième jour que se manifestent les symptômes de la blennorrhagie : chaleur dans l'intérieur du canal de l'urètre; chatouillement, puis cuisson (pendant l'émission de l'urine surtout); écoulement qui tache le linge en blanc ou en jaune ; douleurs s'étendant jusqu'aux aines, aux testicules, etc.; éjaculations extrêmement pénibles. « Les érections sont horriblement douloureuses, leur fréquence la nuit, surtout lorsque la chaleur du lit est extrême, force souvent les malades à se lever. Dans tous les cas où l'inflammation est le plus intense, l'urètre ne pouvant pas s'étendre comme les corps caverneux, se courbe pendant l'érection du pénis : c'est cette plus grande violence de l'inflammatiou que l'on a nommée chaude-pisse cordée. Cet état est alors si douloureux que l'on a vu des malades appliquer le pénis sur une table et frapper dessus avec force, pour, disent-ils, casser la corde. Ils occasionnent ainsi la rupture du canal ou son éraillement, ce qui donne lieu à une hémorrhagie qui souvent les soulage momentanément, mais dont les suites peuvent être graves. A mesure que l'inflammation marche, l'écoulement augmente; de séreux et blanchâtre qu'il était, il devient jaune ou verdâtre et prend plus de consistance; ce n'est plus alors du mucus c'est du véritable pus. Quelquefois il est teint par des stries de sang : dans quelques cas même, il sort du sang en assez grande abondance.

Cette hémorrhagie, loin d'être fâcheuse, calme, au contraire, les douleurs et abrége même la durée de la maladie. » La période croissante de la blennorrhagie est de huit à dix jours; puis elle reste stationnaire, et quoique parfois très-rebelle au traitement, elle cède le plus souvent en trois semaines ou un mois.

Le diagnostic de la blennorrhagie est facile : rarement peut-on confondre cet écoulement avec celui qui serait occasionné par une maladie des reins, des uretères ou de la vessie. Mais s'il est facile de dire qu'un écoulement est le produit de l'inflammation de la muqueuse urétrale, il s'en faut beaucoup que l'on puisse aussi sûrement dire si cet écoulement est vénérien ou non.

Lorsque la blennorrhagie reconnaît une autre cause que le rapprochement des sexes, dit Cullerier, les circonstances antécédentes éclairent le diagnostic; mais, quand elle est le résultat du coït et qu'elle existe seule, il est impossible d'affirmer qu'elle est ou qu'elle n'est pas syphilitique. On a donné comme signes différentiels l'intensité plus grande de l'inflammation, sa durée plus longue, la couleur du pus, l'apparition des bubons, de l'inflammation des testicules, de l'ophthalmie, des douleurs articulaires, l'incubation plus longue de la maladie. Mais on sait aujourd'hui que tous ces phénomènes ne peuvent jamais faire distinguer la blennorrhagie qui restera maladie simple d'avec celle qui sera accompagnée ou suivie de symptômes de vérole; car c'est un fait hors de doute qu'il puisse y avoir des symptômes syphilitiques consécutifs à une blennorrhagie. — Sans entrer ici dans une discussion sur la pluralité des virus, qu'il nous suffise de dire que, d'après l'observation, et surtout d'après des expériences renouvelées avec succès dans les derniers temps, on est porté à admettre que quand la blennorrhagie a produit une maladie générale consécutive, ou que pendant sa durée elle a donné lieu, par contagion, à un chancre, c'est que, outre l'inflammation catarrhale, l'urètre était aussi le siége d'un véritable chancre; mais ces cas sont on ne peut plus rares.

### TRAITEMENT (1).

#### AU DÉBUT DE L'INFLAMMATION.

1° Repos absolu; 2° abstinence du coït; 3° usage de suspensoir.

Régime doux : éviter les alcooliques, le cidre, la bière, les asperges.

Tisane d'orge miellée      1 litre par jour.

Copahu, de 15 à 30 grammes par jour successivement, solidifié avec magnésie.

#### OU BIEN

15 grammes de cubèbe associés à 1 gramme d'alun, en trois doses, deux heures avant le repas ou trois heures après.

(1) Il diffère un peu chez la femme; en général chez elle ni copahu ni cubèbe.

### Injections abortives.

| | |
|---|---|
| Eau distillée | 100 grammes. |
| Azotate d'argent | 80 centigrammes. |

. Cette injection ne doit durer qu'une minute, aussi le malade devra-t-il compter jusqu'à soixante.

#### AUTRE (meilleure suivant Ricord).

| | |
|---|---|
| Eau distillée de roses | 200 grammes. |
| Sulfate de zinc | 1 gramme. |
| Acétate de plomb | 1 gramme. |
| Cachou | 4 grammes. |

Trois injections par jour.

OBSERVATION. Si l'estomac ne supportait pas le copahu, prendre le lavement suivant tiède ou froid :

| | |
|---|---|
| Copahu | 20 grammes. |
| Eau | 100 grammes. |
| Extrait de thébaïque | 10 centigrammes. |
| Jaune d'œuf | un |

Tenir le ventre libre par un verre d'eau de Sedlitz chaque matin.

### Période aiguë.

Même régime hygiénique.
Tisane de graine de lin infusée à froid ;
Quinze sangsues au périnée ;
Grands bains prolongés ;
Bains locaux émollients prolongés.

### Pour combattre les érections.

| | |
|---|---|
| Camphre | 3 grammes. |
| Thridace | 3 grammes. |
| Mucilage | Q. S. |

Prendre vingt pilules, quatre chaque soir.

### Traitement de la période du déclin.

Cesser les bains, diminuer les boissons, revenir au cubèbe ou au copahu.

Tous les trois jours, injection au sulfate de zinc déjà indiquée.

*Si l'écoulement continue*, injection avec infusion dans du vin de feuilles de roses de Provins.

*S'il se montre rebelle*, trois injections par jour de :

| | |
|---|---|
| Eau distillée de roses | 100 grammes. |
| Azotate d'argent | 10 centigrammes. |

Si ces injections irritaient, alors en faire avec du vin de Roussillon, d'abord pur, puis coupé avec de l'eau.

Lorsque l'état chronique arrive, injection une fois par jour environ avec :

| | |
|---|---|
| Limaille de fer porphyrisé | 1 gramme. |
| Iodure de fer | 15 centigrammes. |
| Eau de rose | 200 grammes. |

2° *Ulcères (chancres).* — Ils peuvent se manifester sur toutes les parties qui ont été en contact avec le virus. « Chez l'homme, c'est la couronne du gland et le frein du prépuce, où l'humeur virulente peut plus aisément être retenue et échapper aux soins de propreté, qui en sont le siége le plus habituel ; chez la femme, c'est la fourchette de la vulve, où sont souvent des déchirures et des écorchures, puis aux grandes et petites lèvres. Dans les deux sexes, on les voit fréquemment aussi à la marge de l'anus, à la bouche, sur les lèvres, à la langue, au gosier et à la voûte du palais, qu'ils arrivent quelquefois à percer complétement et à faire communiquer avec les fosses nasales ; enfin sur tous les points de la peau accidentellement dépouillée de son épiderme. Leur nombre varie de un à douze ou quinze, et ils paraissent soit simultanément, soit, ce qui est le plus commun, les uns après les autres. — Il faut une grande habitude pour distinguer le chancre vénérien des ulcérations qui peuvent survenir sur les mêmes parties : le médecin seul en reconnaît assez sûrement les caractères. Après la cautérisation des chancres vénériens, les préparations suivantes servent à les panser :

### Pommade au calomel.

| | |
|---|---|
| Calomel | 3 décigrammes. |
| Cérat opiacé | 8 grammes. |

### Solution opiacée.

| | |
|---|---|
| Extrait gommeux d'opium | 5 grammes. |
| Eau distillée | 50 grammes. |

Chancres douloureux.

Les chancres étant l'expression la plus irrécusable de la syphilis, exigent le traitement général de cette maladie. (Voir plus loin.)

3° et 4° *Tumeurs et abcès (bubons, poulains).* — Ils se développent ordinairement au pli de l'aine : leur diagnostic est aussi parfois très-difficile : quoi qu'il en soit, il faut arrêter la marche de la maladie (glace pilée, compression méthodique), faire avorter l'inflammation pour éviter la suppuration (sangsues, émollients, bains prolongés, frictions mercurielles, repos au lit). Si l'on n'a pu prévenir cette suppuration, il faut donner issue au pus à l'aide du bistouri et surveiller l'écoulement de ce pus.

5° Les *excroissances (poireaux, verrues, choux-fleurs, crêtes-de-coqs, condylômes)*, ainsi que les *boutons* et les *taches* (syphilides), de formes très-diverses (*papules, vésicules, bulles, pustules, tubercules*, etc.), exigent le traitement suivant

### Pommade résolutive.

| | |
|---|---|
| Onguent napolitain | 4 grammes. |

En friction.

#### AUTRE.

| | |
|---|---|
| Axonge | 50 grammes. |
| Proto-iodure de mercure | 4 grammes. |
| Cérat opiacé | 50 grammes. |
| Précipité blanc | 2 grammes. |

Ulcères syphilitiques, pustules plates.

*Solution.*

| | |
|---|---|
| Eau distillée | 250 grammes. |
| Iodure de potassium | 1 gramme. |
| Teinture d'iode | 4 grammes. |

Pansement des ulcères; gargarisme (chancres de la gorge).

*Gargarisme.*

| | |
|---|---|
| Décocté de ciguë et de morelle | 250 grammes. |
| Bichlorure de mercure | 1 à 3 décigrammes. |

TRAITEMENT GÉNÉRAL. On le modifie suivant la nature ou l'ancienneté des accidents. — Dans les *accidents primitifs* : proto-iodure de mercure, sublimé, ou liqueur de Van-Swieten, etc. Les sudorifiques ne sont pas indispensables. — *Accidents secondaires* : sudorifiques en même temps que l'une des préparations ci-dessus indiquées. — *Accidents tertiaires* : iodure de potassium, sudorifiques puissants. D^r B. LUNEL.

**SYSTÈME** [du grec *sustéma*, assemblage, formé de *sun*, ensemble, et *histémi*, placer]. — *Système* signifie, en général, un arrangement de principes et de conclusions, un enchaînement, un tout de doctrine, dont toutes les parties sont liées ensemble, et suivent ou dépendent les unes des autres.

*Système*, en termes d'astronomie, est la supposition d'un certain arrangement des différentes parties qui composent l'univers, d'après lesquelles les astronomes expliquent tous les phénomènes ou apparences des corps célestes.

Il y a dans l'astronomie trois *systèmes* principaux, sur lesquels les philosophes ont été partagés.

Les anciens philosophes, qui connaissaient très-peu les circonstances du mouvement des planètes, varièrent beaucoup sur ce sujet. Pythagore et quelques-uns de ses disciples supposèrent d'abord la terre immobile au centre du monde. Dans la suite, plusieurs disciples de Pythagore s'écartèrent de ce sentiment, firent de la terre une planète, et placèrent le soleil immobile au centre du monde. Platon fit revivre le *système* de l'immobilité de la terre; plusieurs philosophes suivirent ce sentiment : c'est ce qui a donné lieu au *système* de Ptolémée.

Ptolémée, qui écrivait vers l'an 140 de J. C., a donné son nom à ce *système*, parce que son *Almageste* est le seul livre détaillé qui nous soit parvenu de l'ancienne astronomie.

Copernic, vers l'an 1350, commença d'abord par admettre le mouvement diurne de la terre, ou son mouvement de rotation sur son axe, ce qui simplifia beaucoup le *système*. Ce mouvement une fois admis, il devenait bien simple d'admettre un second mouvement de la terre dans l'écliptique. Celui-ci explique, avec la plus grande facilité, le phénomène des stations et des rétrogradations des planètes.

Tycho-Brahé, regardant le témoignage de quelques passages de l'Écriture-Sainte comme un très-grand obstacle au *système* de Copernic, proposa, vers la fin du XVI^e siècle, de placer la terre immobile au centre du monde, et de faire tourner autour d'elle la lune, le soleil et les étoiles fixes; les cinq autres planètes tournant autour du soleil, dans des orbites qui sont emportés avec lui dans sa révolution autour de la terre. Mais comme ce *système* exige la même rapidité de mouvement que celui de Ptolémée, il n'est pas plus recevable. Aussi Longomontanus, astronome célèbre, qui vécut dix ans chez Tycho-Brahé, ne put se résoudre à admettre en entier le *système* de Tycho; il admit le mouvement diurne de la terre, ou son mouvement de rotation sur son axe, pour éviter de donner à toute la machine céleste, cette vitesse inconcevable du mouvement diurne.

Quoiqu'il y ait moins de difficultés à élever contre Longomontanus que contre Tycho-Brahé, il est aujourd'hui démontré que le mouvement annuel de la terre est aussi évident que son mouvement diurne. Ainsi, le *système* de Copernic, corrigé par Képler, demeure vrai dans tous ses points. Voy. *Astronomie*.

*Système*, en anatomie, signifie un assemblage des parties d'un tout; c'est ainsi qu'en parlant de tous les nerfs, on dit le *système nerveux*.

*Système bibliographique*; on appelle ainsi l'ordre observé dans une classification quelconque d'ouvrages, soit imprimés, soit manuscrits, pour former une bibliothèque ou un catalogue de livres. Jusqu'à ce moment, on ne connaît aucun *système bibliographique* parfait, et peut-être est-il impossible d'atteindre à cette perfection désirée; car ce *système* consiste à diviser et sous-diviser en diverses classes, tout ce qui fait l'objet de nos connaissances; et la difficulté à surmonter pour établir entre toutes ces parties l'ordre qui leur convient, est 1° de fixer le rang que les classes primitives doivent tenir entre elles; 2° de rapporter à chacune d'elles la quantité immense de branches, de rameaux, et de feuilles qui lui appartiennent. Or, sera-t-on jamais d'accord sur les divisions et sur les sous-divisions ?

Les anciens ne nous ont rien laissé sur l'ordre qu'ils observaient dans leurs bibliothèques. Le premier qui a écrit sur cette matière est un nommé Florian Treffer, qui a donné une méthode de classer les livres imprimés à Augsbourg en 1560. Cette méthode est plus que médiocre. On fut un peu plus satisfait des ouvrages de Cardona, en 1587, et de Scholt, en 1608, sur le même objet. En 1627 Naudé publia son *Avis pour dresser une bibliothèque*.

Louis Jacob de Saint-Charles publia un *Traité des plus belles bibliothèques publiques et particulières*. Ces deux derniers ouvrages firent oublier les précédents. Un des systèmes les plus recommandables est celui où l'on expose l'ordre et la disposition des livres du collége de Clermont, tenu par les jésuites à Paris, 1678. La collection entière est divisée en quatre parties : *Théologie, Philosophie, Histoire, Droit*.

Les Allemands ont beaucoup travaillé sur la bibliographie; et parmi les nombreux traités qu'ils ont publiés, il s'en trouve *De scriptis et bibliothecis ante-diluvianis*. Morhoff, dans son *Polyhistor*, a parlé de la disposition des livres dans une bibliothèque. Leibnitz a aussi travaillé sur ce sujet.

Parmi les auteurs français qui ont écrit sur cette matière, on distingue, outre Naudé et Louis Jacob, dont il a été parlé plus haut, Le Gallois, Baillet, Girard, Martin, Barrois et Debure, Formey, Bruzen de la Martillière, Ameilhon, Camus, Grégoire, etc.

*Système* a plusieurs acceptions en musique : dans son sens propre et technique, *système* signifie tout intervalle composé ou conçu comme composé d'autres intervalles plus petits, lesquels, considérés comme les éléments du *système*, s'appellent *diastème*.

*Système* est encore, ou une méthode de calcul pour déterminer les rapports des sons admis dans la musique, ou un ordre de signes établis pour les exprimer.

*Système*, enfin, est l'assemblage des règles de l'harmonie, tirées de quelques principes connus qui les rassemblent, qui forment leur liaison, desquelles elles découlent, et par lesquelles on en rend raison.

**SYZIGIES** (astronomie).—Conjonction ou opposition d'une planète avec le soleil. En navigation, on l'applique particulièrement aux temps de la nouvelle et de la pleine lune. Ainsi, les syzigies sont les points de l'orbite de la lune dans lesquels ce satellite est en conjonction ou en opposition avec le soleil, par rapport à la terre; dans le premier cas, la lune est nouvelle, et dans le second, elle est pleine. On ne doit pas confondre ces points avec les *quadratures*, qui sont les points de l'orbite de la lune où elle est à 90 degrés de distance du soleil.

FIN DE LA LETTRE S.

**T.** — 20ᵉ lettre de notre alphabet et la 16ᵉ des consonnes (dentale). Elle était appelée *teth* par les Hébreux, et *tau* par les Grecs.

Employé comme lettre numérale, τ chez les Grecs valait 400; ͵τ, 300,000. Chez les Latins, T s'employait dans les bas siècles pour 160; T̄ pour 160,000. — Comme abréviation, cette lettre se mettait chez les Romains pour *Titus, Tullius*, etc. T est la marque de la monnaie de Nantes. — En Chimie, *Ta* désigne le Tantale ou Columbium; *Te*, le Tellure; *Th*, le Thorinium; *Ti*, le Titane.

**TABAC** (botanique) [de *tabacos*, nom que les Indiens, selon Las Casas, donnaient à cette plante, ou de l'île de *Tabogo*, où elle fut d'abord trouvée par les Espagnols].—*Nicotiana*, genre de la famille des Solanées, renfermant des plantes herbacées, presque ligneuses, à tige droite, cylindrique; à feuilles très-amples, molles, d'un vert foncé; à fleurs blanchâtres, verdâtres ou purpurines, d'une seule pièce, conformées en entonnoir ou en soucoupe, qui renferment un pistil et 5 étamines, et dont le calice, en forme de cloche, a le bord découpé en lobes; à graines petites et nombreuses, contenues dans des capsules à 2 loges. Linnée a compté sur un seul pied plus de 40 mille graines.

Cette plante, annuelle dans nos climats, est vivace en Amérique, où elle dure une dizaine d'années. Elle exige un terrain frais et bien fumé.

On connaît une douzaine d'espèces de tabacs, presque toutes originaires de l'Amérique du Sud; mais deux seulement sont cultivées en Europe, ce sont: 1° la *Nicotiane tabac* (*Nicotiana tabacum*), dite aussi *Tabac mâle* ou *commun*, plante très-glutineuse dans toutes ses parties, à tige haute de plus d'un mètre, droite, pubescente et rameuse, garnie de grandes feuilles sessiles, ovales, lancéolées, dont les inférieures sont munies à leur base de deux oreillettes arrondies; à fleurs d'un rouge pourpre, disposées en panicule: le limbe de la corolle divisé à son orifice en 5 lobes aigus; — 2° la *Nicotiane rustique* (*N. rustica*), ou *Tabac rustique*, espèce velue et glutineuse comme la précédente, mais dont les feuilles n'entourent pas la tige; elles sont au contraire pétiolées, obtuses et découpées légèrement en cœur; ses fleurs d'un jaune verdâtre, sont très-courtes, et leur limbe, qui est fort peu étendu, est crensé en soucoupe et à peine festonné. — Ces deux espèces ne donnent pas partout des produits de même qualité: le climat et le terroir influent beaucoup sur le goût et le parfum de la plante. Aussi, dans les manufactures de l'État, où l'on tient à livrer des qualités toujours égales, on a adopté un mélange des différents tabacs qui ne varie pas.

*Culture et Monopole du tabac.* La culture du tabac n'est permise en France qu'à ceux qui en ont préalablement fait la déclaration au préfet, et qui en ont obtenu la permission; ils peuvent destiner leur récolte soit à l'approvisionnement des manufactures impériales, soit à l'exportation. L'achat, la fabrication et la vente des tabacs tant indigènes qu'étrangers sont attribués exclusivement à la Régie des contributions indirectes et se font au profit de l'État. Nul ne peut avoir en sa possession des tabacs en feuilles s'il n'est cultivateur dûment autorisé; nul ne peut avoir en provision des tabacs fabriqués autres que ceux des manufactures impériales, et cette provision ne peut excéder dix kilogrammes.—Il existe en France des manufactures impériales de tabac, dont les sièges sont: Paris, Bercy, le Havre, Dieppe, Morlaix, Toulouse, Bordeaux, Tonneins, Marseille, Lyon, Strasbourg et Lille. La régie achète des tabacs cultivés dans six départements, qui sont: le Lot, le Lot-et-Garonne, l'Ille-et-Vilaine, le Bas-Rhin, le Nord, le Pas-de-Calais, le Var et les Bouches-du-Rhône; elle reçoit, en outre, des feuilles de tabac de Hongrie, de Grèce, de Hollande, de la Virginie, du Kentucky, du Maryland, de la Pensylvanie, du Mexique, du Brésil, de la Chine et de l'Algérie.

*Fabrication du tabac.* Les feuilles des diverses provenances arrivent soit dans d'énormes tonnes dites *boucauts*, soit dans des *ballotins* et réunies en petites poignées ou *manoques*. On les trie d'abord avec soin (*époulardage*) et on les soumet ensuite à des manipulations qui varient suivant l'usage auquel on les destine.

*Tabac à priser.* On commence par mélanger les feuilles de Virginie, de Kentucky, le tabac indigène des départements du Nord, du Lot, de Lot-et-Garonne, d'Ille-et-Vilaine, et des débris de feuilles de toute provenance qui ne pourraient servir à la fabrication des cigares ni du tabac à fumer. Ce mélange, une fois fait, est entassé dans des compartiments dont le sol est dallé en pierres. Là on *mouille* le tabac avec de l'eau salée (*sauce*) : la *mouillade* se fait à deux fois et dure environ 3 jours; après quoi on laisse reposer un peu pour égaliser l'humidité de la masse. Les feuilles

Fig. 34. — Tabac nicotiane.

ainsi mouillées sont soumises à l'action de *hachoirs*. Le tabac haché est ensuite entassé en meules carrées, où on le laisse fermenter pendant environ 4 mois et demi, ce qui lui donne une couleur uniforme et développe les vapeurs ammoniacales qui donnent le piquant au tabac à priser. Enfin on introduit cette matière fermentée dans des moulins à meules garnies de lames et analogues aux moulins à café : le tabac y est réduit en poudre fine et peut, dès lors, être livré à la consommation.

*Tabac à mâcher.* Le tabac à mâcher est livré au commerce sous la forme de petites cordes de deux grosseurs différentes, indiquant deux qualités distinctes, et que l'on obtient en filant les feuilles de tabac avec un rouet analogue à celui des cordiers. Le plus mince, qu'on appelle *menufilé*, est fait avec du tabac de Virginie pur; l'autre, plus gros, se prépare avec du Kentucky.

*Tabac à fumer.* On mêle ensemble des feuilles de Kentucky, de Maryland, de tabac indigène du Pas-de-

Calais et du Bas-Rhin; on les mouille avec de l'eau salée, mais en proportion moindre que pour le tabac à priser; on les *écôte*, c'est-à-dire on enlève la *côte* ou nervure médiane, puis on les livre aux machines à couper. Ces machines se composent de deux toiles sans fin dont le mouvement en sens contraire entraîne les feuilles tout en les comprimant, et les livre au tranchant d'un couteau oblique qui se meut de haut en bas et qui les découpe en lanière d'un millimètre environ. Les feuilles, ainsi hachées, sont passées sur de longues tables formées par une série de cylindres en fonte juxtaposés et échauffés au moyen de la vapeur : cette opération donne au tabac l'aspect frisé qu'il conserve dans le commerce. Le tabac est ensuite épluché, déposé sur les claies d'un séchoir, puis laissé en masse pendant environ un mois; après quoi on le livre à la consommation : c'est le tabac pour la pipe. Quant aux cigares, ils sont faits, pour la partie intérieure, avec les plus belles feuilles de tabac d'Amérique, et, pour la partie extérieure, ou *robe*, avec les plus belles feuilles de Hongrie, de Hollande et de Guayaquil, dont on forme de petits rouleaux de diverses grosseurs (*Voy.* CIGARE). Outre les *Cigares de régie*, le gouvernement fournit à la consommation les meilleurs cigares étrangers, notamment ceux de la Havane et de Manille.

*Effets du tabac.* Pris en poudre, le tabac excite l'éternûment et provoque une abondante évacuation de sérosité. Lorsqu'on en use modérément, loin d'être nuisible, il dissipe souvent de légers maux de tête; il ranime l'esprit fatigué par une longue application; il est quelquefois utile dans certaines inflammations chroniques des yeux, dans les affections anciennes et rebelles des oreilles; on l'emploie aussi dans les cas d'asphyxie, de syncope, etc. (*Voy. Sternutatoires*). Mais un long usage du tabac finit presque toujours par produire des accidents plus ou moins graves : il détruit la finesse de l'odorat et affaiblit la mémoire; on a des exemples de vertiges, de cécité et même de paralysie, occasionnés par l'usage immodéré du tabac. Pris intérieurement, il purge avec violence, et peut même empoisonner : le poëte Santeuil expira dans d'atroces douleurs après avoir bu un verre de vin dans lequel on avait mis du tabac d'Espagne. — L'usage du tabac à fumer n'est pas non plus sans inconvénients : outre qu'il rend l'haleine fétide et qu'il noircit les dents, il peut causer des pesanteurs, des douleurs de tête et même des vertiges; ceux qui en abusent sont dans un état d'hébétement continuel; ils perdent l'appétit et maigrissent, épuisés par la quantité de salive qu'ils sont obligés de rejeter. Les Orientaux, qui fument presque continuellement, font usage du *narguileh*, dans lequel la fumée passant d'abord à travers un vase rempli d'eau perd en grande partie son âcreté; en outre, ils combattent ses effets narcotiques par l'usage presque continuel qu'ils font du café. Les personnes d'une constitution molle, celles qui ont été soumises à des causes débilitantes, qui habitent des lieux bas et humides, qui se livrent à des travaux sur les rivières ou à la mer, peuvent trouver dans la fumée du tabac un stimulant léger et efficace pour combattre les causes débilitantes, en même temps qu'une distraction qui récrée leur esprit et soutient leur moral.—La manière la plus dégoûtante et la plus fâcheuse d'user du tabac, c'est de le mâcher, de *chiquer*, ce qui n'est guère en usage que parmi les marins ou les individus de la plus basse condition ; on cite de nombreux exemples où des accidents graves se sont manifestés à la suite de chiques avalées par accident. On a prétendu que l'usage de la chique pouvait être utile à bord comme étant propre à garantir les équipages du scorbut.

Le tabac doit ses propriétés narcotiques et vénéneuses à un principe actif qui est la *Nicotine* et dont on obtient 16 grammes par kilogramme de feuilles. C'est un poison d'une violence extrême, qui tue presque instantanément. (Voy. *Nicotine*.)

Les usages du tabac dans la médecine sont très-nombreux, mais l'action énergique de cette feuille commande une extrême circonspection; cette action est double : sur le lieu où il est appliqué, le tabac agit comme irritant ; ainsi il détermine la rougeur de la peau ou d'une muqueuse quelconque, en même temps il a une influence narcotique sur le cerveau et le système nerveux en général. Dans la gale et dans la teigne son emploi est très-dangereux et peu efficace; il en est de même des autres affections dans lesquelles il a été employé. Mais il est deux accidents terribles où il a déjà rendu les plus grands services. En 1773, Pia, apothicaire, et échevin à Paris, imagina des boîtes fumigatoires pour introduire la fumée de tabac dans le rectum des noyés ou des asphyxiés ; elle détermine une vive irritation qui devient souvent le signal d'un retour à la vie. On peut suppléer à ces boîtes par deux pipes dont on met les fourneaux en rapport ; le tuyau de l'une des pipes est introduit dans l'anus et on souffle dans celui de l'autre pour faire pénétrer la fumée. On conçoit cependant qu'il faut s'arrêter au premier signe de vie que donne le noyé et ne pas prolonger l'insufflation au delà de cinq minutes, car on ne doit pas perdre de vue l'action narcotique de cette fumée. Dans les hernies étranglées, une infusion d'un gros à un gros et demi tout au plus, a souvent amené la réduction, et en déterminant les contractions de l'intestin et plongeant le malade dans un état d'abattement qui le met dans l'impossibilité d'opposer aux efforts de réduction du chirurgien, des contractions involontaires et une roideur qui rendent ses tentatives inutiles.

*Historique.* A l'époque où les Européens découvrirent l'Amérique, les Indiens faisaient déjà usage du tabac, soit pour réveiller leurs esprits ou pour se procurer une sorte d'ivresse, soit pour guérir une foule de maladies, contre lesquelles ils croyaient cette plante souveraine. Les prêtres, les devins en aspiraient la fumée par la bouche et par les narines à l'aide d'un long tube ou *calumet*, lorsqu'ils voulaient traiter de la paix ou bien prédire les résultats d'une guerre, le succès de quelque affaire importante, etc. C'est, dit-on, à l'île de *Tabago*, dans le golfe du Mexique, que les Espagnol connurent d'abord le tabac : d'où serait venu le nom qu'ils lui donnèrent. On le désigna aussi

longtemps par le nom de *Pétun*, nom qu'il portait chez les indigènes du Brésil et de la Floride. En 1518, Cortez envoya des graines de tabac à Charles-Quint ; 42 ans plus tard, en 1560, J. Nicot, ambassadeur français en Portugal, l'introduisit en France, où il fut mis à la mode par François de Lorraine, grand prieur de France, et par la reine Catherine de Médicis : de là les noms de *Nicotiane*, d'*Herbe de M. le prieur* et d'*Herbe à la reine*, qu'il porta d'abord. Les savants lui donnèrent en outre, les noms de *Buglosse antarctique*, de *Jusquiame du Pérou*, etc. Ceux qui les premiers firent usage du tabac en poudre ou à fumer furent tournés en ridicule ou même persécutés. Le roi d'Angleterre, Jacques Ier, en interdit l'usage dans son royaume en 1604. Le pape Urbain VIII excommunia, en 1624, les personnes qui prenaient du tabac dans les églises. Amurat IV le défendit sous peine d'avoir le nez et les lèvres coupés. Malgré tous ces édits, l'usage du tabac ne fit que s'accroître; aujourd'hui il est universel.

La culture du tabac ne s'introduisit en France qu'en 1624, sous le ministère du cardinal de Richelieu. Dès 1674, le gouvernement s'attribua le monopole de la fabrication et de la vente des tabacs. En 1718, le prix du bail s'élevait à 4 millions; en 1790, il avait atteint 32 millions.

Le tabac a inspiré à un auteur moderne les réflexions suivantes :

« O plante maudite ! que n'es-tu donc encore sauvage et délaissée dans les bois de Tabaco du Mexique, d'où les Espagnols t'ont apportée! Par quelle fatalité une herbe puante, âcre et repoussante est-elle devenue tout à coup, essentielle, indispensable à l'univers? Pourquoi les femmes ne se sont-elles pas opposées à cette invasion dégoûtante? les dames seules pouvaient en faire justice, et c'est précisément une grande dame, Catherine de Médicis, qui se chargea de la propager. La tabatière devait naître et mourir dans une tabagie, et c'est du Louvre qu'on la vit sortir pour entrer tout d'abord dans la poche d'un ministre et d'un cardinal. Tout conspira pour faire la fortune du tabac, car au lieu de tourner les priseurs en ridicule, on les persécuta, et il n'en fallut pas davantage pour lui donner de l'importance.

» On commença donc par se bourrer le nez avec du tabac en poudre ; mais ce n'était pas assez de la prise et de la roupie qui en est la suite nécessaire ; il fallut empoisonner les autres : on apprit que les prêtres indiens s'introduisaient de la fumée de tabac dans la bouche et dans les narines au moyen d'un long tube et l'on voulut s'amuser à l'indienne : telle est l'origine de la pipe et des fumeurs, usage plus détestable encore que la tabatière, puisqu'il suffit d'un fumeur pour incommoder toute une assemblée. On apporta du luxe dans les pipes, on en varia les formes de mille manières, et l'on pourrait aujourd'hui en composer une nombreuse collection, car à commencer par le brûle-gueule de deux sous jusqu'au chibouck oriental, il y a une foule de pipes intermédiaires qui sont différentes de formes, de couleur et de matière. Quand on fume dans une pipe, on distille le tabac de haut en bas, et l'on produit une essence d'une âcreté dont rien n'approche, et c'est ce résidu qui s'imprègne dans les pipes de terre et d'écume, et qui finit par les culotter, en terme de fumeur. Or, il n'est peut-être pas d'odeur plus tenace et plus pénétrante que celle-là : aussi tout ce qui appartient à un fumeur en est-il empesté ; son linge, ses habits, sa femme ; et comment en serait-il autrement quand on en vient à fumer au lit et à porter habituellement une pipe culottée en poche ? Les cigares et surtout les cigarets d'Espagne n'ont pas du moins cet inconvénient grave, parce que rien ne condense l'essence du tabac, qu'elle s'évapore en l'air et que le tabac en nature n'a pas une odeur aussi infecte.

» Ce n'était point encore assez de priser et de fumer, il fallait mâcher le tabac, et l'on en vint là, quand les marins s'imaginèrent que la chique les préserverait du scorbut. Heureusement cette nouvelle horreur ne sortit pas des rangs des matelots et des soldats, à quelques exceptions près cependant, car il y a des êtres qui ne négligent rien pour ajouter aux tristes effets de l'âge et des infirmités.

» Quand les priseurs, les fumeurs et les chiqueurs eurent triomphé, quand la contagion se fut étendue sur toute l'Europe, les rois exploitèrent ce goût dépravé ; ils se firent marchands de tabac, exercèrent le monopole, et ils lèvent aujourd'hui sur cette marchandise un impôt véritablement énorme.

« Le mal est fait, la faute est irréparable, deux cents ans l'ont sanctionnée, et il ne reste plus qu'une seule recommandation à faire aux jeunes femmes, qu'un seul avis à leur donner, qu'une seule prière à leur adresser, c'est de prendre du tabac le plus tard possible, et de bien se persuader que la tabatière est une des trois choses qui les vieillissent de dix ans, du jour au lendemain : la tabatière, le petit chien et les discussions politiques. »

Un mémoire récemment publié par M. Boussingault, de l'Académie des sciences, sur la culture du tabac en Alsace, contient à propos de la végétation de cette plante, une série d'observations qui ne manquent pas d'un certain intérêt, même pour les personnes ne s'occupant pas spécialement d'agriculture. Dans ce mémoire, M. Boussingault rend compte de ses expériences pour suivre et préciser le développement que prend journellement le tabac, depuis son repiquage jusqu'à sa maturité. Il résulte de ces expériences que, du 8 au 30 juillet, chaque plante a fixé, en moyenne et par jour, 89 milligr. de potasse, 78 milligr. d'acide phosphorique, 88 milligr. d'azote, 694 milligr. de carbone, et du 30 juillet au 10 septembre, 289 milligr. de potasse, 71 milligr. d'acide phosphorique, 287 milligr. d'azote, 2 gr. 523 milligr. de carbone.

Le champ d'expérience sur lequel opérait M. Boussingault n'avait que 18 ares 45 centiares de superficie. En supposant qu'il eût agi sur 1 hectare et obtenu un rendement proportionnel, c'est-à-dire 12,986 kil. de plants secs au lieu des 2,358 kil. fournis par les 18 ares 45 centiares, la récolte de l'hectare eût contenu 4,501 kil. de carbone, 436 kil. d'azote, 115 kil.

d'acide phosphorique, 441 kil. de potasse. Or, la culture n'ayant duré que quatre-vingt-six jours depuis le moment du repiquage, la plantation s'est assimilée en moyenne et par vingt-quatre heures, 6 kil. de potasse, 1 kil. d'acide phosphorique, 5 kil. 07 d'azote et 52 kil. de carbone, provenant de la décomposition de 97 mètres cubes d'acide carbonique. Cette puissance de décomposition, si étonnante qu'elle puisse paraître au premier coup d'œil, s'explique par l'immense surface qu'offrent les feuilles de tabac d'un hectare de terrain.

On sait en effet, que cette décomposition est due à l'action de la lumière solaire sur les parties vertes des plantes. Or, dans les conditions de l'expérience précitée, la surface totale des feuilles eût été de 110,862 mètres carrés, c'est-à-dire de onze fois la superficie du terrain cultivé. Une des conclusions pratique de l'analyse de la récolte telle que nous venons de l'indiquer, c'est que le sol, pour fournir aux plantes l'azote, l'acide phosphorique, la potasse qu'elles se sont assimilés, devait contenir au minimum l'équivalent d'une fumure de 106,244 kilogr. de fumier normal.

Enfin, M. Boussingault a voulu s'assurer si, après l'enlèvement des feuilles qui constituent la récolte officielle, les pieds de tabac conservaient encore assez de vigueur végétative pour donner une seconde récolte et quel serait le poids de cette récolte. Du 10 septembre au 31 octobre, les jeunes feuilles laissées sur les tiges prirent un développement tel que cette seconde récolte, ce regain, atteignit le même poids que la première.

La vente du tabac a pris un développement qui n'a pas cessé depuis, elle s'élevait :

en 1835 à   74,435,000 fr.
en 1836 à   78,284,000
en 1856 à 159,648,000
en 1851 à 169,630,000
en 1858 à 173,918,000

Il faut encore ajouter à ces chiffres le bénéfice des débitants, qui est de 0,12 environ, de sorte que le produit de 1858 monte à 194,789,000 fr.   GOSSART.

**TABELLION** (pratique) [du latin *tabula*, table, dont on a fait *tabularii*]. — C'était, avant la révolution, le nom d'un officier public créé pour recevoir des actes et contrats, ou seulement pour en délivrer des expéditions sur les minutes qui lui étaient remises par le notaire qui avait fait les actes.

Anciennement les notaires n'étaient que les clercs des tabellions, et écrivaient sous eux. Chez les Romains, ils s'assemblaient tous dans la place publique ; c'était même une loi de ne pouvoir instrumenter qu'en public. Il y avait dans cette place des bancs destinés pour eux. Les parties s'adressaient à l'un de ces bancs, le clerc ou notaire mettait par écrit les intentions des contractants, ou le projet d'acte, et c'était le tabellion qui lui donnait la forme authentique ; ceci se pratiquait également en France. Par la suite, les clercs se séparèrent de leurs maîtres, et les notaires furent érigés en titre d'office. Leurs fonctions demeurèrent cependant longtemps séparées ; les notaires dressaient les minutes des actes, et les remettaient aux tabellions pour en délivrer les expéditions aux parties ; mais un édit de Henri IV du mois de mai 1597, réunit les fonctions des tabellions à celles des notaires royaux.

**TABERNACLE** [du latin *tabernaculum*, tente, pavillon, diminutif de *taberna*, loge]. — Lieu où reposait l'arche d'alliance chez les Juifs, soit lorsqu'elle était sous des tentes, soit lorsqu'elle fut posée dans le temple.

*Fête des tabernacles* ; cette fête fut instituée par le peuple d'Israël, après qu'il eut pris possession de la terre de Chanaan, en mémoire de ce qu'il avait habité sous des tentes dans le désert. Elle commençait le 15 septembre et durait huit jours. Le dernier était le plus solennel : c'est de lui que parle saint Jérôme, quand il dit que Jésus-Christ vint à la fête des *tabernacles*, le dernier et le plus grand jour.

Dans le culte catholique, *tabernacle* se dit aussi d'un petit temple de bois doré ou de matière précieuse qu'on met sur un autel pour renfermer le Saint-Sacrement.

**TABÈS** (médecine). — Ce mot emprunté du latin signifie une maladie de consomption, langueur qui dessèche, phthisie, atrophie, étisie, marasme. Il signifie encore sanie, sang corrompu, ou humeur claire et putride qui coule des ulcères malins ou des parties mortifiées.

De *tabès* on a fait *tabide*, pour désigner celui qui est attaqué d'une maladie de consomption, ou une fièvre lente, accompagnée d'une grande maigreur, et *tabifique* pour exprimer ce qui cause la phthisie ; c'est-à-dire, ce qui fait mourir de langueur et de consomption ; ce qui consume, qui dessèche, qui fait sécher, qui rend sec et languissant, qui fait tomber en langueur.

**TABLATURE** (musique) [du latin *tabula*, table]. — Ce mot signifiait autrefois la totalité des signes de la musique. Aujourd'hui il se dit d'une certaine manière de noter par lettres, qu'on emploie pour les instruments à cordes qui se touchent avec les doigts.

Comme les instruments pour lesquels on employait la *tablature* sont la plupart hors d'usage, et que pour ceux dont on joue encore on trouve la note ordinaire plus commode, la *tablature* est presque entièrement abandonnée, ou ne sert qu'aux premières leçons des écoliers.

**TABLE** (économie domestique) [du latin *tabula*, table]. — Les Grecs se servaient autrefois de tables de bois ordinaire, sans le moindre ornement ; mais quand le luxe asiatique eut altéré la simplicité de leurs mœurs, ils eurent des tables de cèdre, de citronnier, ornées de bandes d'ébène ou de nacre de perle.

Les Romains, perpétuels imitateurs des Grecs, les surpassèrent bientôt dans la magnificence des tables. Ils ne se contentaient pas d'une seule table, ils en avaient communément deux : l'une pour le service de chair et de poisson, et l'autre pour le fruit ; elles étaient nues et sans nappes ; on les nettoyait à chaque service avec une éponge, et les convives se lavaient les mains.

Dans la suite il y eut des nappes de toiles peintes avec des raies de pourpre, et quelquefois de drap d'or.

Ce n'était point l'usage de fournir des serviettes aux convives ; chacun apportait la sienne : cet usage subsista longtemps après le règne d'Auguste.

Les hommes étaient couchés sur des lits, à la manière des Asiatiques, et les femmes étaient placées et assises sur le bord des lits où étaient leurs maris ; c'était aussi la place des enfants et des jeunes gens qui n'avaient point encore pris la robe virile. Ce ne fut que vers le temps des derniers empereurs que les dames romaines mangèrent couchées à table, à l'exemple des hommes.

Dans le culte catholique, comme l'eucharistie a été instituée sur le symbole d'un repas, on l'appelle la *sainte-table*, la table de l'agneau ; c'est dans ce sens qu'on dit : *s'approcher de la sainte-table*, pour recevoir l'eucharistie.

Dans le blason on appelle *table d'attente* des écus ou armes qui ne sont composés que du seul émail du champ, sans être chargés d'aucune pièce, ni meuble.

Les tables de la loi sont, chez les Juifs, les deux tables des commandements gravés sur la pierre, de la main de Dieu, donnés à Moïse sur la montagne, qu'il enferma depuis dans l'arche.

*La table des pains de proposition* était une grande table d'or, placée dans le temple de Jérusalem, sur laquelle on mettait les douze pains de proposition en face, six à droite, et six à gauche. Il fallait que cette table fût très-précieuse, car elle fut portée à Rome, lors de la prise de Jérusalem et parut au triomphe de Titus, avec d'autres richesses du temple.

Dans la jurisprudence romaine, on appelait *les douze tables*, ou la *loi des douze tables*, les premières lois romaines, parce qu'elles étaient écrites avec un style, sur une table de bois fort mince, enduite de cire, ou gravées sur des tables de cuivre, et exposées dans le lieu le plus éminent de la place publique.

Après l'expulsion des rois, les Romains n'ayant point de lois fixes et certaines, ni assez amples pour régler les affaires qui pouvaient naître entre particuliers, on résolut de choisir les lois les plus sages des Grecs. Ces lois furent rédigées sur dix tables par les décemvirs, aidés d'un certain Hermadorus, et confirmées l'an 303 de Rome, par le sénat et par l'assemblée du peuple. L'année suivante, on reconnut qu'il manquait encore quelque chose à cette compilation, et on y suppléa par quelques lois faites par les rois de Rome, par des coutumes que l'usage avait autorisées, et on les fit graver sur deux autres tables. C'était-là la loi des douze tables, si fameuse dans la jurisprudence romaine.

*Table de marbre* ; il y avait sous l'ancien régime trois sièges différents, connus sous le titre général de siège de la *table* de marbre du palais, à Paris; savoir : la connétablie, l'amirauté et les eaux et forêts. Leur dénomination commune venait de ce qu'autrefois ces juridictions tenaient leurs séances sur la *table* de marbre, qui était en la grande salle du palais, et qui fut détruite lors de l'incendie arrivé en 1618.

TAB 289

*Table ronde;* la *table ronde* n'était point le nom d'un ordre, mais bien d'un exercice de chevalerie, une sorte de joute ou combat singulier, ainsi nommé parce que ceux qui y avaient combattu, venaient, au retour, chez celui qui avait proposé la joute, où ils étaient assis à une *table ronde*, pour éviter les disputes de la préséance. On n'est pas d'accord sur l'ancienneté de cet usage; mais il paraît qu'il date du vi° siècle.

**TABLES DE LOGARITHMES.** — Tables de nombres en progression arithmétique, correspondant à des nombres d'une progression géométrique, dont l'immense avantage est de remplacer les multiplications, divisions, élévations de puissances, extractions de racines par des additions, soustractions, multiplications et divisions. On a choisi les progressions :

$$\div \quad 1 : 10 : 100 : 1000 : 10000, \text{etc.}$$
$$\div \quad 0 \, . \, 1 \, . \, 2 \, . \, 3 \, . \, 4 \, , \text{etc.}$$

Chaque terme de la progression par différence est dit le *logarithme* du terme correspondant de la progression par quotient. On a déterminé les logarithmes des nombres compris entre 1 et 10, 10 et 100 et 0 en insérant un grand nombre de moyens géométriques et un pareil nombre de moyens différentiels ; puis on les a écrits sur trois colonnes : dans la 1ʳᵉ, on a mis la suite naturelle des nombres; dans la 2°, les termes correspondants de la progression arithmétique, c'est-à-dire les logarithmes ; dans la 3°, la différence entre deux logarithmes consécutifs. La partie entière d'un logarithme se nomme *caractéristique* : elle se compose d'autant d'unités, moins une, qu'il y a de chiffres dans la partie entière du nombre correspondant.

Il résulte du système des logarithmes usuels, 1° que le logarithme de l'unité est 0 ; 2° que le logarithme de 10 est 1 ; 3° que celui de tous les nombres compris entre 1 et 10 est plus petit que l'unité ; 4° que celui des nombres compris entre 10 et 100 se compose d'une unité plus d'une fraction, etc., etc. D'après cela, pour multiplier un nombre par 10, par 100, par 1000, il suffit donc d'en augmenter la caractéristique de 1, 2, 3, unités, et réciproquement. Le logarithme d'un nombre décimal est le même, à la caractéristique près, que le logarithme de ce nombre, abstraction faite de la virgule : il n'y a aucune différence pour la partie décimale.

Pour se servir des tables de logarithmes, il faut savoir trouver le logarithme d'un nombre quelconque, et retrouver à quel nombre appartient un logarithme donné.

1° Si le nombre, dont on se propose de trouver le logarithme est un nombre entier, et s'il ne dépasse pas la limite des tables, son logarithme est à côté de lui. Si ce nombre est une fraction plus grande que l'unité, on retranche le logarithme du dénominateur de celui du numérateur; dans le cas contraire, on retranche le logarithme du numérateur de celui du dénominateur, et l'on donne au reste qui est négatif, le signe —. Si c'est un nombre décimal, on le réduit en fraction ordinaire. Enfin si ce nombre dépasse la limite des tables, on l'y ramène en le divisant par 10,

VII.

100, 1000, en y ajoutant 1, 2, 3 unités à la caractéristique. Mais pour avoir la partie décimale de ce logarithme, il faut multiplier la différence des tables par la partie décimale du nombre proposé, et l'ajouter au logarithme.

2° Si le logarithme donné est positif, et contenu dans les tables, on trouve le nombre demandé à côté. S'il n'est pas contenu dans les tables, on s'arrête au logarithme qui en approche le plus en moins, on prend la différence de ces deux logarithmes, qu'on divise par la différence des tables, et on ajoute le quotient au nombre entier correspondant. Si l'on a été obligé de diminuer la caractéristique de 1, 2, 3, etc., unités, il faut prendre 1, 2, 3, etc., chiffres de plus. Lorsque le logarithme donné est négatif, on ajoute assez d'unités pour que le résultat soit positif, et affecté de la caractéristique 3, on cherche à quel nombre il correspond, puis on avance la virgule d'autant de rangs vers la gauche qu'on a ajouté d'unités au logarithme donné.

Les tables de logarithmes les plus répandues sont celles de Lalande qui s'étendent jusqu'à 10,000, et celles de Callet qui s'étendent jusqu'à 108,000, avec sept décimales.　　　　　　C. DUPASQUIER.

**TABLES TOURNANTES.** — Étrange phénomène qui a beaucoup occupé le public, et même des savants, en 1853 et 1854.

La grande question est celle-ci : Sous l'influence de quel agent la matière devient-elle impressionnable et agissante ? — Émettre spontanément une opinion absolue, imposer doctoralement sa propre doctrine en la déclarant seule rationnelle et bonne, ce serait, ce me semble, se montrer bien présomptueux ou se laisser croire bien savamment renseigné par je ne sais quelle illumination mystique venue probablement d'en haut. Hâtons-nous d'avouer, en toute humilité, que nous n'avons ni cet orgueil ni ce redoutable bonheur d'une affiliation quelconque avec les esprits surnaturels.

Et, en effet, si nous essayions d'analyser le phénomène en question, n'aurions-nous pas à craindre de nous engager dans ce labyrinthe de la science infuse et, en résumé, de n'être pas beaucoup plus explicite que nos savants physiciens de premier ordre dans certaines définitions ? Comment se sont-ils, par exemple, tirés de leur théorème sur l'aimant ? « Les phénomènes de l'aimant, disent-ils, sont dus *à un agent particulier* nommé le *fluide magnétique*. » (Gay-Lussac, Haüy, Biot, Pouillet, etc.) — Or, quel est cet agent, ce fluide ? — Et que disent-ils encore de l'électricité ? « Les phénomènes de l'électricité sont dus à un *agent particulier* nommé le *fluide électrique*. » Vous voyez qu'ils ont, dans les cas embarrassants, une phrase passe-partout qui les tire complaisamment d'affaire.

Si, d'autre part, nous demandons à Mesmer lui-même, cet apôtre du *magnétisme animal*, ce que signifie ce mot, il nous répond encore : « C'est un *fluide* universellement répandu. Il est le moyen d'une influence mutuelle entre les corps célestes, la terre et les corps animés. Il est continué de manière à ne souffrir aucun vide ; sa subtilité ne permet aucune comparaison; il est capable de recevoir, propager, com-

19

muniquer toutes les impressions du mouvement; il est susceptible de flux et de reflux. Le corps animal éprouve les effets de cet *agent*, et c'est en s'insinuant dans la substance des nerfs qu'il les affecte immédiatement, etc. » Mesmer nous dit bien encore que le magnétisme est un *fluide*, un *agent*; mais définit-il la chose d'une manière satisfaisante? N'accusons donc pas la pauvreté de notre langue de ce qu'elle n'a pas à notre service d'autres termes; avouons tout simplement que la nature, que Dieu n'a pas voulu encore nous dire son dernier mot.

Cette chose sans nom, ce *fluide animal* qui nous occupe aujourd'hui vient inopinément manifester sa présence dans le système nerveux (les non-croyants diraient dans une surexcitation cérébrale); nous l'avons vu à l'œuvre, nous avons suivi, éprouvé, constaté ses effets. Ils sont, convenons-en, étranges et surprenants. Ils sont purement physiologiques, car nous ne pouvons, en bon chrétien, leur admettre une origine mystique et surnaturelle.

Voici d'abord comment s'est révélé tout à coup ce fluide. Vers 1849, il s'était formé en Amérique des sociétés intimes, sorte de réunions franc-maçonniques, nommées, je crois, *Communautés harmoniques* ou *Cérètes spirituels*. Trois jeunes filles, ferventes adeptes de ces conciliabules secrets, s'y distinguaient par leur enthousiaste participation. Les magnétiseurs d'ici auraient dit par leur lucidité. Anne-Léah Fisch et deux sœurs du nom de Marguerite et Catherine Fox cherchaient à donner à leur secte un caractère d'étrangeté qui tînt du merveilleux; elles exploitèrent dans ce but la singulière propriété que le hasard et sans doute certain mode de contact des mains leur avaient révélée. Le sang des tropiques qui bouillonnait dans leurs veines, leur imagination ardente et je dirai presque certaines hallucinations appuyées sur une volonté fixe et impérieuse surexcitèrent tellement en elles le système nerveux, que cet *agent inconnu*, ce *fluide* fameux déborda en torrents de la place où l'avait confiné la nature dans leur organisme; et, chose merveilleuse, miracle auquel nous hésitons encore de croire et que nous osons à peine constater ici, cet agent imposa sa volonté à la matière qui, vaincue et vivifiée, obéit et vint à se mouvoir sous l'imposition de leurs doigts!

Pour expliquer maintenant ce désordre dans l'économie, cette incroyable propriété reconnue aussi inopinément en nous, restons sur le terrain neutre des simples hypothèses, et, que le *fluide animal* soit la révélation sérieuse d'une des propriétés de notre organisme, soit qu'il ne mérite qu'une place modeste dans la série de nos jeux de société, étudions-le sans enthousiasme, sans ironie, et passons en revue quelques-unes des expériences qui étonnent et occupent tant de monde aujourd'hui.

Ainsi que la physique a son *électromètre*, la science nouvelle, dont nous nous occupons en ce moment, pourrait avoir aussi son éprouvette, ou, si vous voulez, son *fluidomètre*. Voici comment nous le trouverons.

L'expérimentateur qui veut juger du degré de fluidité dont il peut être pourvu, s'en rend compte ainsi: il place entre ses deux index, raisonnablement écartés, une tige quelconque (de fer, de cuivre, de bois ou tout simplement un tuyau de plume), et, après y avoir enfilé préalablement une bague ou un anneau de cuivre, il s'assied devant une table à surface polie, évitant toutefois que ses mains y touchent, puis il fait en sorte que l'extrémité de l'anneau repose légèrement sur cette table; aussitôt il le voit s'avancer par petites saccades, et dans le sens de son inclinaison, jusqu'à l'un de ses doigts. Le plus ou moins de promptitude qui se révèle dans cette petite expérience est la mesure de la fluidité que possède le sujet. J'ajouterai qu'il n'est pas indispensable que la tige dans laquelle est l'anneau soit dans une horizontalité parfaite, car cet anneau s'achemine et *monte* même jusqu'au but, malgré l'inclinaison de la tige dans le sens inverse.

L'expérience du *pendule* a de même quelque chose d'aussi simple, d'aussi facile. On tient un poids quelconque suspendu à un fil délié, une montre tenue par l'extrémité de sa chaîne peut encore servir; on le tient, dis-je, verticalement au-dessus d'une pièce de monnaie d'argent ou de billon, la matière n'y fait rien, et presque aussitôt on voit ce poids prendre un mouvement rotatoire au-dessus de cette pièce.... Ici les incrédules diront sans doute qu'une contraction nerveuse des doigts, un mouvement imperceptible et même indépendant de la volonté, résultant du désir que l'on a de voir le fait s'accomplir, vient certainement en aide à cet ébranlement, et qu'ainsi l'expérimentateur est son propre complice; ils se fonderont sur ce principe de physique, « qu'en vertu de la force centrifuge, le mouvement de rotation, quelque petit qu'il soit d'abord, s'accélère progressivement. » Eh bien, prouvons-leur le contraire. Que de l'autre main on retourne la pièce de monnaie, on verra instantanément le pendule ralentir ses mouvements, osciller vaguement quelques secondes, puis reprendre sa marche circulaire *dans le sens inverse*. En retournant la pièce autant de fois qu'on voudra, on obtiendra toujours et invariablement un même changement de direction.

Je n'oserais peut-être pas affirmer aussi positivement la justesse de l'expérience du pendule à volonté. Cet appareil est aussi simple que le précédent. On le tient verticalement entre le pouce et l'index, et, par le seul fait d'un désir, d'un ordre, qu'on exprime mentalement, on le voit osciller dans la direction imposée par la seule volonté. On va plus loin même, car on affirme qu'il suffit qu'une personne étrangère ait matériel tienne simplement la main de l'expérimentateur, et ordonne arbitrairement un mouvement dans telle ou telle direction, et qu'aussitôt le pendule obéissant oscille comme il lui a été commandé. Ce fait détruirait complétement l'idée de toute participation personnelle au succès de l'expérience.

On sait quel résultat on obtient en imposant ses mains sur les bords d'un chapeau, en s'y prenant de telle sorte que les personnes qui font la chaîne ne se touchent que par les petits doigts (l'un dessus, l'autre dessous). Qui n'a pas vu des chapeaux s'ébranler, se mouvoir et tourner ainsi même très-vivement?

La matière inerte est donc impressionnable, obéissante? Oserons-nous avancer cette hypothèse qui semble effleurer le sacrilége? Et pourtant le fait est évident, palpable, avéré! — Avéré! murmurent les non-croyants. Qui nous force d'en convenir? Ne pouvons-nous pas opposer d'excellentes raisons contradictoires à ce semblant d'évidence? La contraction nerveuse de la pulpe des doigts et de leurs nerfs surexcités ne peut-elle pas être prise en considération et aider à la perpétration du fait, en abusant la vue et les sens des gens même de bonne foi? L'imagination ne joue-t-elle pas aussi un grand rôle dans tout ceci?...

Je répondrai à ceux-ci : oui, « le vrai peut quelquefois n'être pas vraisemblable. »

Mais je vais en même temps donner une petite corrélation à mon expérience qui les rejettera dans une nouvelle et plus embarrassante perplexité.

On emplit d'eau un plat de la plus grande dimension possible et l'on pose sur cette eau une assiette qui y surnage facilement et de telle sorte qu'elle ne touche ni les bords du plat, ni les doigts des expérimentateurs qui forment la chaîne, en imposant leurs doigts selon la manière précitée pour le chapeau. Au bout de quelques minutes, on voit l'assiette tourner toute seule sans que le moindre contact l'y ait sollicitée... Ici, on le comprendra facilement, la supposition d'une contraction nerveuse quelconque n'est plus admissible. Les résultats de ce courant du fluide animal produisent de bien plus merveilleux effets encore : une personne sur laquelle on impose cette chaîne humaine si étrange et si puissante se sent bientôt entraînée irrésistiblement, et est obligée de tourner sous l'influence de cette force nouvelle. Le même effet de locomotion se manifeste, on le sait, sur des objets bien plus pesants qu'un chapeau, qu'une assiette, qu'une corbeille, etc. Je veux parler de la *danse des tables*. Que de choses merveilleuses n'en dit-on pas! Non-seulement on les fait onduler, se mouvoir en cercle, avancer, reculer en ligne droite sous l'impression de la chaîne des mains et de la volonté; mais on va jusqu'à affirmer qu'elles marquent par certains mouvements de nutation ou de trépidation l'âge des personnes, et qu'elles se meuvent en cadence au son du piano!... Je m'arrête ici et j'avoue, en toute humilité, que je n'ai pu être encore assez heureux pour obtenir ce cabalistique résultat. J'attendrai donc que j'aie pu être témoin et acteur du fait pour le certifier en toute sûreté de conscience.

Concluons donc... Mais que conclure? Convenir qu'il y a en effet un agent particulier, un fluide, un phénomène physiologique, c'est patent; mais c'est dire encore bien peu. Certes un courant de fluide animal existe, puisqu'il suffit de poser la main sur l'épaule d'un des expérimentateurs pour soutirer à soi ce fluide et le soustraire à l'expérience, comme le fait une pointe sur la machine électrique, un paratonnerre sur la foudre. Attendons donc encore un peu pour savoir si cette hypothèse deviendra une loi, si cette faculté ne serait pas réellement un sixième sens, ou soit le complément, soit la perturbation du toucher. (*A. Castillon.*)

— Une autre explication a été proposée, qui, si elle était vraie, laisserait moins de prise à l'entraînement et au merveilleux, mais qui ne s'adapte pas trop bien aux faits avancés par des hommes sérieux. Selon cette théorie, les phénomènes des tables et autres objets tournant seraient produits par l'action d'un mouvement minime déterminé par chaque expérimentateur, pour ainsi dire malgré lui, et qui, par sa répétition et sa propagation, donnerait lieu à des effets surprenants et inattendus, sans l'intervention d'autres forces que les forces physiques connues. Nous le répétons, cette explication est difficile à admettre pour le mouvement rotatoire d'objets assez lourds. Il est vrai que les partisans de la théorie ajoutent qu'il se passe alors dans l'esprit des opérateurs un entraînement, un vertige, qui les rend dupes de l'action propulsive de leurs organes ou de l'intensité des phénomènes obtenus. De sorte qu'en dernière analyse le phénomène des tables tournantes procéderait d'une action physiologique, pour se réduire à une action mécanique.

A l'appui de cette opinion, qui a faveur dans le monde scientifique, M. Arago a rappelé la découverte de M. Elliot, sur l'influence réciproque du mouvement de deux pendules fixés à une même tringle, mise hors de doute par les expériences des physiciens. En effet, si un pendule est d'abord mis seul en mouvement, on voit peu à peu le second se mettre en mouvement, et le premier s'arrêter lorsque les oscillations du second ont atteint leur maximum; puis, au bout de quelques instants, le premier pendule recommence son mouvement, et le second se ralentit et se repose pour recommencer ensuite, etc. Cette curieuse transmission de forces et d'impulsions est-elle de même nature que celle qui agit sur les tables? C'est ce qu'il resterait à établir. (*Joseph. Garnier.*)

— Les expériences des tables tournantes commencèrent en Amérique : on s'y livra d'abord avec une fureur inouïe, et l'on assure qu'elles ont donné naissance à une nouvelle secte, qui s'est ajoutée aux mille sectes religieuses qui divisent ce pays. De là, cette fièvre s'est rapidement propagée en France, dans les villes surtout, où il n'y a presque pas de famille qui ne se soit procuré, pendant les soirées, le passe-temps de ces séances.

Tant que ces opérations n'ont présenté que le caractère d'un exercice purement récréatif, ou que la curiosité n'y a cherché que les effets d'un fluide répandu dans la nature, notre sollicitude ne s'est point alarmée. Nous avons cru que cette mode passerait bien vite dans notre pays, dont l'esprit mobile accueille et rejette, avec une égale facilité, toutes les nouveautés qui apparaissent dans le monde.

Aujourd'hui nous ne sommes pas sans appréhension, et nous croyons qu'il est de notre devoir de donner des avertissements. Ces pratiques ont pris une tout autre direction : on s'y livre avec un esprit sérieux; on prétend s'en faire un moyen de renverser la barrière qui nous sépare du monde invisible, d'entrer en communication avec les esprits, de leur demander la révélation des événements futurs et de choses de l'autre vie, de s'élever enfin à un ordre de connaissances que notre esprit ne peut atteindre par ses forces naturelles. Ce qui, dans l'origine, ne paraissait qu'un jeu de physique amusante, ressemble tout à fait aujourd'hui aux opérations mystérieuses de la magie, de la divination ou de la nécromancie.

Nous admettons, bien volontiers, l'excuse de l'entraînement, et nous reconnaissons que, jusqu'ici du moins, on n'a pas apporté des intentions mauvaises, ni un esprit hostile à la religion, dans ces expériences. Mais, si les personnes qui s'y livrent veulent bien se soustraire, pour un moment, aux trompeuses impressions de l'imagination, et réfléchir dans le calme, elles apercevront tout ce qu'il y a de téméraire dans la prétention de sonder des secrets cachés à notre vue, et se convaincront facilement que les moyens employés dans ce but ne sont rien moins que des pratiques absurdes, pleines de périls, superstitieuses, que l'on croirait renouvelées du paganisme.

Il y a, sans doute, des relations entre l'intelligence de l'homme et le monde surnaturel des esprits. Ces relations sont nécessaires, elles sont surtout douces et consolantes pour la pauvre créature exilée dans cette vallée de larmes. Mais Dieu ne nous a pas laissé la puissance de nous élancer dans cet autre monde par toutes les voies que l'imprudence humaine tenterait de s'ouvrir. Il nous commande de nous élever jusqu'à son essence infinie par l'adoration, par la prière, par la contemplation de ses divins attributs; dans son ineffable bonté, il livre à nos âmes l'aliment divin de l'Eucharistie, où le ciel et la terre ne sont séparés que par un voile; il veut que, du fond de notre misère, nous puissions invoquer l'intercession des anges et des saints qui assistent autour de son trône; il a même établi entre nous et les âmes qui achèvent de se purifier de leurs fautes une loi de charité qui nous permet de leur appliquer le mérite de nos œuvres et de nos propres satisfactions...

Mais, si l'homme doit se renfermer dans le cercle que la main de Dieu a tracé autour de lui, ne serait-il pas doublement coupable d'employer, pour franchir cette limite, des moyens qui ne sont pas moins réprouvés par la religion que par les lumières de la droite raison? Or, que fait-on pour parvenir à la connaissance des secrets que Dieu a dérobés à notre investigation? On interroge, dans les expériences des tables parlantes, les anges restés fidèles à Dieu, et les saints qui, par leur victoire, sont devenus semblables aux anges; on invoque les âmes des morts qui achèvent leur expiation dans le purgatoire; on ne craint pas même d'interpeller les démons, ces anges déchus de leur principauté, et les âmes de ceux qui ont mérité, par leur infidélité, de partager leurs supplices; enfin on se met en communication avec nous ne savons quelle âme du monde, dont la nôtre ne serait qu'une émanation. Car, d'après les récits qui nous ont été faits, ou qui sont rapportés dans les feuilles publiques, on s'adresse tour à tour à ces diverses classes d'esprits, auxquels on demande des réponses sur toute sorte de matières.

Or, tout cela n'est-il pas la reproduction des erreurs grossières, des pratiques superstitieuses que le christianisme a combattues à son apparition dans le monde, et qu'il a eu tant de peine à déraciner parmi les peuples idolâtres et barbares, en les ramenant à la vérité? Le paganisme attachait un esprit ou un génie à tous les objets physiques; il avait des augures et des devins pour prédire les choses futures; ses pythonisses élevées sur la *table à trois pieds*, agitées par le dieu, lisaient dans l'avenir. Tout le culte idolâtrique n'était qu'une communication incessante avec les démons. Socrate conversait avec son démon familier. Pythagore croyait à l'âme du monde, qui anime, selon lui, les différentes sphères, comme l'esprit anime notre corps. Le poëte Lucain a décrit les mystères dans lesquels on se mettait en rapport avec les mânes des morts, et, dans des temps plus reculés encore, on évoquait ces âmes de l'autre monde pour leur demander la révélation des choses cachées, puisque, au livre du Deutéronome, Moïse déclare que Dieu a en abomination ceux qui demandent la vérité aux morts.....

Sont-ce les anges et les âmes des saints dont vous recherchez le commerce dans vos puériles expériences? Vous croyez donc que le Créateur a soumis ces sublimes esprits à vos volontés et à tous les caprices de votre fantaisie? Jusqu'ici, appuyé sur la doctrine des saintes Ecritures et sur l'enseignement de l'Eglise, nous avions cru que ces intelligences si parfaites étaient, entre les mains de Dieu, de nobles instruments dont il se sert pour exécuter ses volontés souveraines; nous aimions à nous les représenter comme ses ministres fidèles, entourant son trône, toujours prêts à porter ses ordres partout, à annoncer ses mystères, à remplir les missions que sa miséricorde ou sa justice leur confie.

Mais était-il jamais venu dans la pensée d'un chrétien que Dieu eût créé ces esprits si élevés, qui sont ses amis et les princes du ciel, pour en faire les esclaves de l'homme; qu'il les eût mis aux ordres de notre indiscrète curiosité ; qu'il les eût, pour ainsi dire, enchaînés à tous les meubles qui décorent nos appartements, et qu'il voulût enfin les contraindre à répondre à l'appel injurieux qu'on leur adresse en tourmentant une table sous la pression des mains?...

Que dirons-nous à ceux qui ne craignent pas de s'adresser à l'enfer, pour en évoquer l'esprit de Satan, car c'est à cet esprit malin que l'on fait jouer le rôle principal et le plus ordinaire? Certes, ce n'est pas nous qui mettons en doute l'intervention funeste des anges déchus dans les choses humaines. Nous ne savons que trop qu'ils sont pour l'homme de méchants conseillers, qu'ils sèment sous ses pas les piéges séducteurs, qu'ils réveillent les passions assoupies en agissant sur l'imagination, et qu'ils fomentent le foyer impur de la triple concupiscence. Mais nous savons aussi que Jésus-Christ, par la victoire qu'il a remportée avec la croix, « a mis dehors le prince de ce monde, » que la puissance extérieure du démon, dont nous rencontrons si souvent les tristes effets au temps du Sauveur et dans les âges précédents, a été singulièrement affaiblie, et qu'elle ne s'exerce plus d'une manière sensible sur l'homme régénéré que dans les circonstances rares que Dieu permet dans les desseins de sa justice et quelquefois de sa miséricorde.

Comment peut-on envisager sans frayeur, regarder comme exemptes de péril pour le salut éternel, ces communications avec les esprits de l'abîme? Démons ou damnés, ils sont les uns et les autres victimes de la justice divine; Dieu les a maudits, il les a retranchés de la vie, qui est en lui seul. Et vous qui aspirez à l'amitié et à l'éternelle possession de Dieu, pouvez-vous croire qu'un commerce familier vous soit permis avec ceux qui sont dans la mort éternelle? Nos rapports avec ces êtres dégradés et malfaisants ne peuvent être que des rapports de haine, de malédiction, de répulsion absolue; et vous voudriez, vous, en établir l'amusement, de curiosité, je dirais presque de bienveillance! Avez-vous donc oublié la parole de saint Paul : « Il ne peut exister de commerce entre » la lumière et les ténèbres, ni d'alliance entre Jésus- » Christ et Bélial; » et cet autre du même apôtre : « Nous ne pouvons participer en même temps à la » table du Seigneur et à la table des démons; » et enfin la terrible réponse d'Abraham au mauvais riche, qui demande que Lazare vienne répandre une goutte d'eau sur sa langue embrasée : « Entre nous et vous » il y a un abîme, en sorte qu'on ne peut passer d'ici » vers vous, ni venir ici du lieu où vous êtes? » Ainsi, tout se réunit pour vous faire repousser les pratiques dont il est question ; tout vous les montre impies, superstitieuses, condamnables à toute sorte de titres...

Si nous avons combattu des observances qui nous paraissent pleines de dangers, il ne faut pas conclure de là que nous admettions, dans notre pensée, la réalité des phénomènes attribués à l'attouchement des tables. Non; nous sommes plutôt porté à croire que ces faits merveilleux n'ont d'existence que dans l'imagination des personnes qui prennent part à ces opérations comme agents ou comme témoins. Il en est, parmi elles, nous le savons, dont le caractère exclut toute supposition d'artifice et de fraude ; mais nous connaissons aussi ce que peut l'imagination quand elle s'exalte, et comment, sous l'empire de l'enthousiasme, l'homme le plus sincère devient facilement le jouet de ses propres illusions.

Quelle que soit, du reste, l'opinion qu'on se forme à cet égard, la force de nos observations subsiste. Que les phénomènes dont nous parlons soient véritables, ou qu'on les regarde comme de pures créations de l'exaltation de l'esprit, on doit renoncer à des expériences qui, dans le premier cas, portent une atteinte sacrilège à l'ordre établi par la Providence, ou qui, dans le second, ne servent qu'à entretenir des illusions fantastiques. (*Lettre pastorale de l'archevêque de Viviers.*)

*Leçon de M. Faraday à la Société royale de Londres.*

J'ai étudié dans ces derniers temps, avec attention, le phénomène des tables tournantes. Si je me suis livré à cette étude, ce n'est pas pour me former une opinion relativement à la nature de ce phénomène ; mon opinion a été bientôt faite et je n'ai rien eu à y changer ultérieurement ; mais j'ai été si souvent interpellé, tant de personnes ont bien voulu faire appel à mon expérience, que j'ai pensé que l'on accueillerait peut-être avec quelque intérêt les résultats auxquels je suis arrivé.

Le phénomène des tables tournantes a été rapporté à l'électricité, au magnétisme, à l'attraction, à quelque puissance physique inconnue ou jusqu'ici non reconnue, capable d'affecter les corps organisés, à la révolution de la terre et même à quelque agent diabolique ou surnaturel. Le physicien peut, évidemment, poursuivre l'étude de toutes ces prétendues causes, sauf la dernière qui touche de trop près à la crédulité ou à la superstition pour mériter la moindre attention de sa part.

Bien convaincu, d'après l'influence exercée sur les productions du phénomène par le désir ou la volonté, que sa véritable cause se trouvait dans une action musculaire *quasi* involontaire, j'ai songé d'abord à convaincre les personnes qui faisaient l'expérience, que les effets produits n'étaient nullement en rapport avec la nature des substances employées. Des feuilles de papier de sable, des toiles métalliques, des plaques de colle forte, des feuilles de verre, de l'argile à mouler, des feuilles d'étain ou de carton, de la gutta-percha, du caoutchouc vulcanisé, des feuilles de bois, des plaques de ciments résineux ont été placés sur des tables, reliés les uns aux autres, et mis sous les doigts des expérimentateurs; les tables n'en ont pas moins tourné, à la grande satisfaction des personnes présentes, exactement comme si rien n'eût été placé entre la table et les doigts des expérimentateurs. L'expérience a été répétée avec diverses substances, avec diverses personnes, à diverses époques, avec un succès constant. On ne saurait donc faire d'objection à l'emploi de substances quelconques dans la construction des appareils à expérience.

Un autre point restait à déterminer. Quels étaient le siége et la source du mouvement ? autrement dit, était-ce la table qui entraînait la main ou la main qui entraînait la table ? Pour résoudre la question, j'ai fait construire des indicateurs. Un de ces indicateurs consiste en un petit levier, ayant son point d'appui sur la table, tandis que le petit bras est attaché à une épingle fixée sur un carton, lequel peut glisser à la surface de la table, et que le long bras du levier se projette en haut pour indiquer le mouvement. Il était évident que si l'expérimentateur voulait que la table tournât à gauche, et que si celle-ci prenait son mouvement *avant* les mains, placées en même temps sur le carton, alors l'indicateur se déplacerait également à gauche, le point d'appui reposant sur la table; que si, au contraire, les mains se portaient involontairement vers la gauche *sans* la table, l'indicateur se porterait à droite, et que si la table ni les mains ne se mouvaient, l'indicateur resterait immobile. Eh bien ! veut-on savoir quel a été le résultat des expériences tentées avec cet indicateur ? Toutes les fois que les expérimentateurs voyaient l'indicateur, celui-ci restait parfaitement immobile; mais si on le retirait de devant eux, ou dès qu'ils détournaient les yeux, l'indicateur se déplaçait çà et là, bien que les expérimentateurs crussent toujours presser directement de haut en bas; et lorsque la table ne se mouvait pas, il y avait encore une résultante des forces exercées par les mains, qui se produisait indépendamment de la volonté, et qui, par la suite du temps et à mesure que les doigts et les mains s'engourdissaient et perdaient leur sensibilité par cette pression continuelle, finissait par acquérir une force assez grande pour mouvoir la table et les substances placées au-dessus d'elle.

Mais l'effet le plus curieux de cet appareil, que j'ai perfectionné depuis et rendu indépendant de la table, c'est la puissance de correction qu'il exerce sur l'esprit des expérimentateurs. Aussitôt que l'indicateur est placé devant les personnes les plus enthousiastes, et qu'elles se sont assurées, ainsi que j'ai toujours eu soin de le leur faire remarquer, que cet instrument indique d'une manière certaine si elles pressent de haut en bas ou obliquement, tous les effets des tables tournantes cessent, alors même que les expérimentateurs persévèrent, en désirant ce mouvement, jusqu'à la fatigue la plus complète. Pas n'est besoin de surveiller ou d'arrêter les mains : *la puissance est perdue*, et cela seulement parce que les acteurs ont la conscience qu'ils agissent mécaniquement, et parce qu'ils ne peuvent se faire illusion à eux-mêmes.

Je sais que quelques personnes pourront répondre que c'est le carton situé près des doigts qui entre le premier en mouvement et que c'est celui qui entraîne la table et avec elle les expérimentateurs. Tout ce que j'ai à répondre, c'est que l'on peut réduire la feuille de carton à la plus mince feuille de papier ne pesant que quelques grains, à une feuille de baudruche, à l'extrémité même du levier, enfin à une épaisseur de l'épiderme de nos doigts, de sorte que, dans l'objection précédente, on arriverait aux conclusions les plus surprenantes : la table serait un foyer d'attraction autour duquel toute personne ayant les doigts en l'air, soit à nu, soit reposant sur une feuille de baudruche ou de carton, pourrait être entraînée par toute la chambre. Mais je m'abstiens d'insister davantage sur des résultats imaginaires qui n'ont en eux rien de philosophique ni de réel; qu'il me suffise de dire que j'ai réussi à convaincre nombre de personnes enthousiastes, mais franches et loyales, et que le mode d'expérimentation que je propose convaincra toutes les personnes qui recherchent la vérité et qui ne se laissent conduire que par les faits et l'observation.

En terminant, je ne saurais ne pas exprimer ma surprise des révélations que cette question purement physique a jetées sur l'état de l'esprit public. Sans doute il y a beaucoup de personnes qui ont apporté dans cette question un jugement droit, ou au moins une prudente réserve; mais combien plus grand est le nombre de celles qui ont cru et porté témoignage dans la cause de l'erreur! Je n'entends pas par là désigner ceux qui se refuseront à accepter mon explication, mais seulement ceux qui rejettent toute considération d'égalité entre la cause et l'effet, qui rapportent, par exemple, le phénomène des tables tournantes à l'électricité ou au magnétisme dont ils ne connaissent pas les lois; à l'attraction, alors qu'ils ne voient pas des phénomènes de traction pure et sim-

ple; à la rotation de la terre, comme si la terre tournait autour des jambes d'une table; ou à quelque fait physique inconnu, sans se demander si les forces physiques ne sont pas suffisantes; ou bien enfin à quelque agent diabolique ou surnaturel, plutôt que de suspendre leur jugement ou de s'avouer à eux-mêmes qu'ils ne sont pas suffisamment instruits en pareille matière pour décider de la nature de ces phénomènes. Un système d'éducation qui montre l'état moral du public sous le jour sous lequel cette question vient de nous le révéler doit pécher gravement par sa base.

*Lettre de M. Stroumbo, professeur de physique à l'Université d'Athènes.*

M. Stroumbo, professeur de physique à l'Université et à l'École royale militaire d'Athènes, a adressé au *Cosmos* la note suivante :

Expérience fondamentale. Placez une assiette en porcelaine ou en faïence ordinaire sur une table de marbre poli; puis, assis sur une chaise ni trop élevée, ni trop basse, posez vos deux mains sur l'assiette sans trop appuyer des bouts des doigts, restez ainsi quelque temps sans parler ou agiter l'air, et vous verrez l'assiette venir vers vous en ligne droite ou en ligne brisée.

Explication. En reposant, quoique légèrement, sur l'assiette, les doigts contractent avec elle une certaine adhérence qui se fait sentir quand on veut les retirer avant que le mouvement ait commencé. Or, quand nous aspirons l'air, il se produit une action mécanique qui a pour effet d'attirer insensiblement, mais réellement, les mains vers le corps, de les ramener peu à peu à leur position naturelle; cette action est aidée par la contraction des nerfs, tendus par la position forcée à laquelle on les condamne et qu'ils ne peuvent conserver longtemps parce que les muscles se fatiguent et reviennent involontairement à l'état normal. Bientôt donc les nerfs se contractent à notre insu; ce sont comme autant de fils aboutissant à la surface de l'assiette, adhérant à elle par la pulpe des doigts, qui se contractent, se raccourcissent et tirent, par conséquent, l'assiette vers le corps. Le contact des doigts détermine donc un mouvement, mais un mouvement parfaitement explicable, dont la cause est à la fois physique et physiologique : physique, l'adhérence établie entre les doigts et la surface du corps solide : physiologique, la contraction nécessaire et successive des nerfs, qui, sous l'action de la respiration, tendent à sortir de l'attitude forcée qu'on leur impose pour revenir à leur position normale.

Les faits suivants font mieux ressortir l'évidence de cette explication.

1° On répand sur la surface de l'assiette une couche de poussière interposée entre elle et les doigts, et l'on constate immédiatement que le mouvement de rapprochement n'a plus lieu; c'est qu'une des causes du phénomène a disparu, la cause physique, l'adhérence, et que sans adhérence, il n'y a plus de traction des nerfs.

Les nerfs, cependant, agissent toujours en se contractant; ils retirent les doigts, et l'on voit leurs mouvements dessinés très-nettement par des sillons dans la couche uniforme de poussière.

2° On lie les doigts au mur placé derrière la table par des fils fixés à des clous, et l'assiette demeure encore immobile; l'adhérence existe, puisque l'assiette n'est plus saupoudrée de poussière, mais la contraction des nerfs est équilibrée et annulée par la tension des fils, mais la rétraction des doigts est devenue impossible et avec elle la traction de l'assiette vers le corps: cette fois, c'est la seconde cause du phénomène qui a cessé, et sans elle la première est impuissante.

3° Le mouvement de l'assiette ne se produit qu'après un certain temps plus ou moins long; c'est le temps nécessaire pour que l'adhérence puisse s'établir, pour que les nerfs agacés commencent à se contracter.

4° Il faut plus de temps pour mettre l'assiette en marche à la première expérience qu'à la seconde ou à la troisième, parce que les nerfs, fatigués une première fois, sont plus disposés ensuite à se contracter.

De l'expérience de l'assiette entraînée vers le corps à l'assiette et aux tables tournantes, il n'y a qu'un pas. Si deux personnes de bonne foi et de puissance nerveuse sensiblement égale se placent symétriquement aux deux extrémités opposées d'un même diamètre de l'assiette, elle ne bougera pas, parce qu'elle se trouvera sous l'action de deux forces égales et opposées; mais si les deux personnes agissent aux extrémités de deux rayons formant un angle, l'assiette tendra à se mouvoir, elle pourra donc tourner, et elle tournera si on l'aide en suivant son mouvement.

*Explication publiée par le* Fraser's magazine.

... Nous n'avons pas à combattre l'opinion qui reporte au galvanisme les effets des tables tournantes, puisqu'il est reconnu que les courants électriques sont opposés aux effets observés. En fait, la force qui agit dans les tables est purement mécanique, et cette force, quoique vulgaire, s'applique de telle sorte, que le sentiment de son intensité s'en échappe; car elle est presque imperceptible à celui-là même qui l'exerce. Dans la plupart des expériences, les mains sont ainsi placées: la main gauche de chaque opérateur pose sur la droite de son voisin, et *vise versâ*. Cette seule imposition des mains sur la table donne dans une direction déterminée une certaine somme de force efficiente.

Il est une objection que l'on fera généralement; elle est inspirée par la croyance que nulle force n'est exercée par aucun des individus. Mais en accordant même que les expérimentateurs portent une honnête attention à n'exercer pas une force qu'ils puissent apprécier, il est un fait qui subsiste toujours, c'est que la seule imposition des mains sur la table est d'elle-même une force appréciable. Cette force a beau être faible en elle-même, multipliée par le fait de la combinaison qui doit infailliblement se produire dans le

cours de l'expérience, cette force devient considérable et est suffisante pour qu'il en soit tenu compte dans l'effet produit (1).

C'est ici le lieu de parler de M. Home, ce médium qui a tant occupé certains esprits en 1858.

Il n'est pas indifférent d'abord de savoir que M. Home est Écossais d'origine, et non Américain, comme beaucoup de personnes le croient, et que la faculté dont il se prétend doué est réputée par lui héritage de famille. Or, il y a la plus grande analogie entre les esprits de M. Home et ceux qui, sous le nom d'*Elves*, jouent un si grand rôle dans la superstition et la poésie de l'Écosse et des contrées du Nord. « Les Elves formeraient une hiérarchie intermédiaire dans le monde des esprits, n'étant ni bons, ni mauvais, ni tout-puissants, ni tout à fait dépourvus d'action. Le caractère particulier qui les distingue serait la futilité, l'enfantillage; ils ne songent qu'à s'égayer aux dépens de ceux qui recherchent leur commerce et à les mystifier, ne se proposant jamais, dans leurs actes, rien de sérieux, d'utile, encore moins de grand. Le propre de tous ces actes, disent les anciens auteurs, est d'être creux (*hollow*), c'est-à-dire de n'offrir qu'un faux semblant, une apparence extérieure sous laquelle ne se cache rien de réel; ils sont toujours dans un mouvement, dans une agitation sans but, ce qui, dit Walter Scott, les a fait nommer par des poëtes: « *The crew that never rest;*» toutes choses qui se rapportent parfaitement aux *manifestations* du spiritualisme américain..... Les *Elves*, dit un auteur écossais qui, en 1691, a publié un traité *ex professo* sur ce sujet (*The Secret Commonwealth,* by Robert Kirke, Minister at Aberfoil), les *Elves* ont un corps tangible et visible, quoique de nature beaucoup plus subtile que celle dont nous sommes composés. *Ils ne peuvent se faire voir et toucher à volonté et disparaître de même; les hommes doués de seconde vue les voient indépendamment de leur propre volonté et de celle de ces esprits......* Quand ils entendent invoquer le nom de Dieu ou de Jésus, ils disparaissent ou sont pour le moment privés d'action. »

Reginald Scott dit en parlant de ces esprits (*Discovery on Witchcraft,* London, 1665): « Les opinions varient quant à leur nature; selon les uns ils font partie des anges déchus et sont conséquemment destinés aux peines de l'enfer au jour du jugement dernier; tandis que d'autres voient en eux des âmes des morts attachées aux éléments extérieurs jusqu'à la consommation des siècles. »

L'Écosse a été aussi (si elle n'est encore) le pays de prédilection des *brownies,* sortes de génies familiers qui s'attachent à certaines familles et les couvrent d'une protection particulière. « Ces êtres serviables et mystérieux, dit une dissertation sur les *brownies,* se montraient peu, et le plus ordinairement une seule fois à chaque nouveau chef de famille lors de son avénement. Passé cela, *on ne voyait plus que leur main.* Voici le texte en question: « He appeared only once to » every master, and indeed *seldom showed more than*

(1) Extrait de l'*Illustration,* article de M. Rosier.

» *his hand to any one.* » (*Cronmek Remains of Niths-date and Gallowag Songs.*)

Dans cette contrée enfin, de tous temps, les histoires de lutins ont été de croyance vulgaire. L'une des plus curieuses et qui remonte à deux cents ans (mars 1661) est celle qui est racontée dans le *Sadducismus triumphatus*, de Glanvil. Un juge de paix de Tedworth, M. John Mompesson, arrête un vagabond qui courait le pays avec un tambour. Depuis ce moment, ce ne sont plus que coups frappés sur les portes et sur les murs, roulements de tambour, craquements des tables ; enfants soulevés de leurs lits, qu'on sentait distinctement remuer. Un domestique voyant deux planches se mouvoir seules, dit à l'esprit de lui en donner une ; la planche avance et s'arrête à quelque distance : — Viens dans ma main, dit le domestique. La planche obéit ; il la repousse, elle revient, et ainsi de suite une vingtaine de fois.

Placez ces Elves et cette scène dans le faubourg Saint-Germain ou entre le jardin des Tuileries et la place du Carrousel, et vous aurez à peu de chose près, tout à la fois la théorie et les manifestations de Home. Lisez plutôt :

« Pendant que Home et ses coopérateurs étaient assis autour de la table, on vit un lourd candélabre de bronze quitter la cheminée, parcourir horizontalement l'espace qui la séparait de la table, et venir se poser en équilibre sur l'épaule du *medium*. Mademoiselle de C..., craignant qu'il ne tombât et blessât quelqu'un, s'empressa de le saisir et de le placer sur la table.

» Le duc de M.,. était présent à la séance ; le maître de la maison voulut lui faire une politesse (on s'occupait beaucoup plus de Home que de M. le duc) et pria le *medium* de lui faire porter l'accordéon. Alors M.*** dit tout bas : «Non, non! pas à lui, mais à moi! » s'il m'est apporté, puissance mystérieuse, je croirai » en toi ! » A peine a-t-il achevé de formuler sa pensée, qu'il voit l'instrument passer devant le duc sans s'arrêter et venir se poser sur ses genoux, où il commença aussitôt à jouer. Ce n'est pas tout ; au même moment il entend dans le salon un bruit qu'il compare à celui d'une forte grêle tombant sur les meubles et les glaces. « C'était, a-t-il dit, comme si les *esprits* » *frappeurs* avaient voulu se moquer de moi ou célé-» brer leur triomphe sur mon incrédulité. »

» Une autre fois il demanda, mais tout haut cette fois-là, que la sonnette, posée sur un meuble, vînt à lui ; il la vit aussitôt arriver sur ses genoux. L'ayant prise, il sentit qu'on cherchait à la lui enlever des mains, et il compare les effets de l'agent invisible à ces secousses, à ces tiraillements saccadés d'un jeune chien qui veut vous arracher quelque objet que vous vous efforcez de retenir.

» Ce qui lui fit, dit-il, une impression plus grande encore, ce fut le fait suivant : il avait demandé à l'esprit, en réponse à je ne sais plus quelle question, de frapper trois coups bien distincts ; les trois coups furent aussitôt frappés, non sur la table ou sur un meuble, mais sous la semelle de sa chaussure ; cette sensation lui fut, dit-il, des plus désagréables.

» Une table de marbre vint se heurter avec force contre la chaise d'une des dames présentes et en brisa le dossier ; cette dame s'étant rangée pour lui livrer passage, la table arriva presque sur madame de F..., dont elle gênait les mouvements, et qui voulut la repousser, mais sans en venir à bout, bien que cette table fût posée sur roulettes et que le parquet fût des plus unis. Deux autres dames vinrent au secours de la maîtresse de la maison pour la délivrer de ce voisinage incommode, mais ce fut avec aussi peu de succès ; il fallut qu'un galant chevalier employât toute sa force pour repousser jusqu'à sa place cette table, qui semblait rivée au parquet, et qui lui opposa une résistance dont il ne pouvait se rendre raison... »

Les scènes de ce genre se sont multipliées à l'infini ; mais voici quelque chose de plus fort et qu'il est curieux de rapprocher de ces *mains* des bownies dont il était question tout à l'heure.

« Parmi les mains des expérimentateurs posées sur la table, *on en a vu paraître d'étrangères* qui n'appartenaient à aucun des assistants, et qui par instants s'éclipsaient pour reparaître sur un autre point ; mains de toutes grandeurs, m'a-t-on assuré, de tout âge et de tout sexe. L'une d'elles (c'était une petite main d'enfant) vint se poser sur les genoux de la comtesse de M..., qui, saisie d'épouvante, se rejeta en arrière en poussant un cri et en détournant les yeux. Sa compagne, la comtesse de L....., assise auprès d'elle, s'écria : « Moi, je n'ai pas peur ! » et saisit cette main qui se déroba à son étreinte.

» Un léger châle de barége avait été jeté sur la table ; tous les spectateurs virent et distinguèrent parfaitement, sous le fin tissu, la forme d'une main d'homme qui traversa la table dans toute sa largeur pour venir se poser sur celle d'une dame, plus surprise qu'effrayée de cette familiarité d'outre-tombe.

» On plaça plus tard sur la table une feuille de papier blanc avec deux crayons : bientôt une main très-visible cette fois, sortit de dessous le tapis, la prit, et, après en avoir fait tomber soigneusement les crayons, l'emporta sous la table, puis la rapporta un instant après. D'abord on n'y vit rien, et quelqu'un en fit tout haut l'observation, à laquelle l'esprit répondit, à l'aide de l'alphabet : « J'ai tâché. » On examina alors le papier avec plus d'attention, en le rapprochant de la lampe, et l'on put y lire ces deux noms : *Napoléon, Hortense*, tracés distinctement avec des points.

» Ces mains dont j'ai parlé étaient bien, à ce qu'on m'a affirmé, des mains en chair et en os, dont on sentait distinctement le contact et la pression ; il y en avait de grandes, de petites, de chaudes, de froides, d'humides, de visqueuses ; beaucoup d'entre elles montraient du doigt le ciel, et sur plusieurs des papiers écrits étaient tracées des croix.....

» Le comte de C... avait demandé au *medium* s'il ne pourrait pas revoir une jeune enfant qu'il a perdue à douze ans, et qu'il regrette amèrement. Home lui fit sa réponse ordinaire : «Demandez aux esprits! » Chacun attendit, et le père, après quelques instants de cette attente anxieuse, voulut savoir pourquoi la *manifestation* tardait autant et s'il fallait y renoncer. « Non ! encore un moment de patience, lui dit Home. »

À peine avait-il cessé de parler que le comte s'écria qu'il éprouvait sur son genou une singulière sensation de froid et comme la pression d'un poids incommode. Home le pria de s'assurer s'il n'y voyait rien. « Absolument rien ! répond le comte. — Regardez de plus près et plus longtemps ! Apercevez-vous quelque chose ? — Oui : à présent je vois une petite main blanche ; c'est la sienne. » M. du *** et quelques autres s'approchèrent aussitôt, et, en regardant attentivement, ils virent tous, mais d'une manière confuse, une main d'enfant, ou plutôt sa silhouette, car ils ne distinguaient pas les doigts. Le comte de C... exprima le désir de baiser cette main chérie, et ces messieurs purent voir ses yeux, qui paraissaient suivre un objet visible pour lui seul, s'élevant lentement jusqu'à la hauteur de sa bouche ; ils virent cette bouche y imprimer deux baisers et furent frappés de l'expression douloureuse qui se répandit alors sur les traits du comte... »

Ces histoires de mains se compliquent malheureusement d'une circonstance peu propre à en confirmer le caractère surnaturel. En rangeant les meubles d'un salon où s'étaient faites ces expériences, les gens de service trouvèrent un gant d'enfant. « Ce gant fût porté à madame la duchesse de B...; elle le montra à plusieurs personnes qui en conçurent des doutes sur la réalité des apparitions. » Ce n'est pas tout, et si M. Home paraît pécher quelquefois par les mains, il pèche malheureusement aussi par les pieds ; car nous trouvons dans le livre le récit d'une scène que nous avait racontée, il y a déjà longtemps, un témoin oculaire : « Les manifestations commençaient à se produire avec leur succès habituel, lorsqu'on annonça le comte de K..., l'un des Polonais les plus éminents qui soient à Paris, distingué également comme poëte, comme penseur et comme écrivain. En entendant son nom, Home tressaillit sur sa chaise, changea de couleur et parut déconcerté ; cependant il essaya de reprendre les expériences, mais ça n'allait pas ; la présence du comte paralysait évidemment l'action du medium. Se sentant touché à la jambe, le premier y porta vivement la main et saisit... le pied de Home ! Celui-ci s'excusa en balbutiant ; les esprits, dit-il, avaient poussé son pied dans cette direction. Quoi qu'il en soit, bientôt après il pâlit de nouveau et commença à trembler ; la maîtresse de la maison, prenant en pitié son trouble, lui proposa de monter chez le précepteur des enfants, où de ces messieurs l'accompagnèrent. Là il eut une violente attaque de nerfs qui le jeta dans un état de prostration tel qu'on dut le reconduire chez lui ; le lendemain il revint prendre congé ; il était d'un changement effrayant et paraissait profondément malheureux. »

En voilà assez pour donner idée de l'ensemble des manifestations. En présence de tels récits, il y a à choisir entre trois partis : ou croire à l'intervention des esprits, ou supposer des hallucinations chez les assistants, ou accuser le medium de quelque habile supercherie. (A. Dechambre.)

Un physiologiste allemand, M. Schiff, essayait, il y a trois ans, d'expliquer ces bruits singuliers que les partisans du merveilleux moderne attribuent à la présence des esprits. D'après M. Schiff, qui rendit l'Académie des Sciences témoin de ce phénomène, ces bruits, qui ressemblent à de petits coups de marteau sourds et étouffés, et dont les cerveaux faibles font honneur à la présence d'êtres surnaturels, n'auraient d'autre origine que certains mouvements secrets que quelques individus auraient la faculté de produire par la contraction de l'un des muscles de la jambe. Il paraît, en effet, que le tendon du muscle long péronier latéral, frappant contre sa coulisse ou contre la surface osseuse du péroné, peut produire des bruits assez forts pour être entendus à quelque distance. M. Schiff, qui était parvenu à se rendre très-habile dans ce curieux exercice, faisait entendre à volonté des bruits successifs et réguliers, qui imitaient, d'après lui, les prodiges des esprits frappeurs. Pendant qu'il exécutait ces mouvements, se tenant debout ou couché, avec ou sans chaussure, un spectateur, la main posée sur l'une des malléoles, éminences osseuses placées à la partie inférieure de la jambe, pouvait reconnaître et sentir les contractions du tendon du muscle long péronier.

Un fait à peu près du même genre a été communiqué par M. Jobert (de Lamballe) à l'Académie dans la séance du 18 avril 1859. Seulement, les observations faites par M. Schiff étaient du domaine de la physiologie, et les bruits qu'il avait l'adresse de produire étaient déterminés par la volonté ; dans le cas observé par M. Jobert, il s'agit d'une maladie, et le bruit est le résultat de contractions involontaires et douloureuses :

« Mademoiselle de X., dit M. Jobert, âgée de quatorze ans, forte, bien constituée, est affectée, depuis six ans, de mouvements involontaires réguliers du muscle court péronier latéral droit, et cette maladie est caractérisée par des battements qui se font entendre derrière la malléole externe droite et qui offrent la régularité du pouls. L'effet de ces battements est de provoquer de la douleur, de produire des hésitations dans la marche et même de déterminer des chutes. Ce bruit se fait entendre dans le lit, hors du lit et à une distance considérable. Remarquable par sa régularité et son éclat, ce bruit l'accompagne partout. Il ressemble quelquefois à un frottement, à un grattement. Ces mêmes phénomènes se sont toujours reproduits, que la malade fût debout, assise ou couchée, quelle que fût l'heure du jour ou de la nuit où nous l'ayons examinée. »

Par une opération chirurgicale, M. Jobert a fait disparaître la disposition anatomique anormale qui produisait ces résultats, et tout bruit a cessé.

M. Jobert n'hésite pas à présenter ce fait chirurgical comme une confirmation de l'opinion émise par M. Schiff. Notre savant chirurgien croit, avec le physiologiste allemand, que ces bruits, volontaires ou non, provoqués par le claquement du muscle péronier latéral, suffisent pour expliquer les différents bruits que les mediums font entendre à leurs crédules prosélytes. Nous trouvons que c'est aller un peu vite dans la voie des conclusions. Pour rendre acceptable une telle explication, il faudrait que M. Schiff eût ajouté, aux observations faites sur lui-même, des remarques toutes semblables faites sur les *médiums*. En effet, la disposition signalée par le physiologiste allemand comme propre à donner lieu à ces bruits est une anomalie anatomique. Lorsque M. Schiff ou M. Jobert auront eu la bonne fortune de disséquer un *medium* mort en plein exercice de ses facultés évocatrices, et que, le scalpel en main, ils auront trouvé sur ce sujet cette disposition anatomique anormale du muscle de la jambe, nous nous rendrons pleinement à leur explication. Nous nous permettrons jusque-là de rester dans le doute. Nous sommes porté à penser que ces prétendus bruits dont s'émerveille la petite église des spiritistes du jour, n'ont nullement leur siége dans le *medium* qui les annonce, mais simplement dans l'imagination des auditeurs qui, par une sorte de fascination puissante imposée à leur esprit, s'imaginent entendre des bruits qui, en réalité, n'existent pas. Toute cette anatomie nous paraît donc assez hors de propos, car les raisonnements auxquels elle donne lieu manquent tout à fait de base.

Rien ne nous empêche d'ajouter maintenant que M. Velpeau a appuyé les observations de M. Jobert, en assurant que le genre de bruit dont il est question peut se produire normalement dans un assez grand nombre de régions du corps. La hanche, l'épaule, le côté interne du pied, sont quelquefois, d'après le chirurgien de la Charité, le siége de bruits analogues. M. Velpeau a cité le cas d'une dame qui, à l'aide de certains mouvements de rotation de la cuisse, produisait des bruits que l'on pouvait entendre d'une extrémité à l'autre d'un salon.

M. Cloquet a ajouté qu'on lui présenta un jour à l'hôpital Saint-Louis une jeune fille de seize à dix-huit ans, qui produisait des craquements très-forts et assez réguliers, grâce à un léger mouvement de rotation de la région lombaire de la colonne vertébrale. Ce bruit qui s'entendait à 8 mètres de distance, ressemblait, dit M. Cloquet, à celui « d'un vieux tourne-broche. » Le père de ce *phénomène* était un saltimbanque qui se proposait d'exhiber en public son intéressante fille en annonçant qu'elle avait une pendule dans le ventre.

Disons, pour clore la liste de ces merveilles anatomiques, que M. Lenoir, dans la *Science pour tous*, parle d'un homme dont la jambe faisait entendre, en dehors de sa volonté, une sorte de craquement, quelquefois sourd et quelquefois sonore, que l'on pouvait percevoir à plus de dix mètres d'éloignement.

Tous ces faits sont intéressants sans doute, et ils le sont d'autant plus, qu'ils ont été jusqu'à ce jour entièrement inaperçus ou passés sous silence dans les traités de physiologie. Mais pour les lier logiquement à l'explication des petits coups par lesquels les esprits frappeurs révèlent leur présence aux bonnes âmes, il manque un élément essentiel, un terme de raisonnement dont l'absence frappe de nullité ces considérations : c'est la constatation de cette particularité anatomique sur un seul *medium*. On en compte aujourd'hui plus de cent mille en Amérique, et depuis trois ans que M. Schiff a publié ses remarques, rien n'est arrivé de ce pays qui ait confirmé la justesse de son explication. (*D<sup>r</sup> Louis Figuier.*)

**TABLETTERIE** (technologie). — Ce terme désigne toutes sortes d'ouvrages de tabletterie et de marqueterie de bois de diverses espèces et autres matières pour meubles, ornements, jouets d'enfants et autres qui se fabriquent à Dieppe, Paris, Rouen, Saint-Claude, et aussi à Liége, Londres, Nuremberg, Amsterdam, etc., dont les nombreux produits forment l'objet d'un commerce assez considérable.

**TACT, TOUCHER** (physiologie). — Organe de protection chez la plupart des animaux élevés dans l'échelle des êtres, la peau devient pour l'homme un organe de sécrétion, d'absorption et de sensibilité. Outre la sueur qui s'en échappe, n'est-ce point elle qui exhale ces odeurs particulières, quelquefois si infectes, qui sont propres à certaines personnes ? La peau distille aussi une matière grasse, destinée à préserver l'épiderme de sa propriété hygrométrique, et à produire la souplesse qu'exigent les fonctions de relation. Le maintien des fonctions de la peau est d'une très-grande importance : il suffit que ses pores s'oblitèrent pour qu'il y ait à l'intérieur du corps des accumulations de liquides d'une nature grave. Rendez à la peau sa faculté d'exhalation, et vous guérissez un hydropique, quand cette hydropisie n'a pas pour cause une altération de tissus, une dégénérescence interne.

Organe de sensibilité, comme il l'est de protection tutélaire, transmettant au cerveau, aux divers centres nerveux, puis à l'âme les impressions multiples reçues du dehors, la peau jouit de propriétés tactiles fort étendues : ces propriétés tactiles constituent ce qu'on est convenu d'appeler *le tact* et *le toucher*.

Le *tact* existe chez tous les animaux, mais à des degrés différents. Les oiseaux eux-mêmes, malgré leurs plumes, possèdent un tact quelquefois remarquable ; car ils sont impressionnés par les moindres variations atmosphériques. L'oiseau [domestique hérissant ses plumes lorsqu'il se baigne, ou quand la température devient brûlante, ne montre-t-il pas un besoin instinctif d'augmenter alors les facultés exhalantes et absorbantes de sa peau ? L'alcyon, déployant ses ailes, décrivant de longs circuits sur les flots, montant et descendant avec les vagues et rasant leur écume, n'est-il pas, pour le navigateur, l'infaillible messager des tempêtes ?

Le *toucher* ne semble propre qu'aux animaux les plus parfaits ; il exige, pour son exercice, des organes spéciaux, comme les mains et les pieds. Les brisures nombreuses des doigts, la couche mince de tissu graisseux placée sous le derme, l'extrême mobilité des articulations de ces parties, expliquent pourquoi le toucher s'exerce mieux là qu'ailleurs. Qu'on suppute, dit Buffon, la superficie de la main et des cinq doigts, on la trouvera plus grande à proportion que celle de tout autre partie du corps, parce qu'il n'y a aucune qui soit autant divisée. Ainsi, elle a d'abord l'avantage de pouvoir présenter aux corps étrangers plus de superficie ; ensuite les doigts peuvent s'étendre, se raccourcir, se plier, se séparer, se joindre et s'ajuster à toutes sortes de surfaces ; autre avantage qui suffirait pour rendre cette partie l'organe du sentiment exact et précis, qui est nécessaire pour nous donner l'idée de la forme des corps.

L'exercice normal du tact et du toucher demande que la peau soit empreinte d'une certaine humidité et conserve de la souplesse. La peau rude et calleuse du cultivateur ou de l'ouvrier en fer, la peau sèche des vieillards perçoivent beaucoup moins bien que la peau fine, halitueuse et souple de la femme du monde et de l'adulte.

Dans bien des circonstances, le tact et le toucher suppléent à l'affaiblissement, même à la perte de la vue; on dirait qu'alors la main, la peau deviennent intelligentes, tant la perception des objets se fait vite et bien. Nous avons connu un banquier qui, devenu aveugle, n'a point cessé de faire sa caisse. Or, il habitait une ville allemande où la monnaie des petits États avait cours, et pourtant jamais la moindre erreur ne s'est glissée dans ses comptes. Un autre aveugle, compagnon de notre enfance, qui distinguait, au son de sa parole, la bifurcation des chemins, les angles des haies, savait se reconnaître dans les forêts. On le voyait cueillir des noisettes avec bien plus de dextérité que n'importe qui. Madame de Vannoz, cette femme d'élite, devenue aveugle avant de mourir, reconnaissait tous ses amis après leur avoir serré la main.

Pour certaines professions, il faut que les instruments du tact et du toucher soient parfaits. L'ouvrière en dentelle, la brodeuse, ne fera jamais une œuvre délicate si ses doigts ne sont point effilés, si les articulations de la main ne sont point souples. Le pianiste aux puissantes mains, aux phalanges larges et lourdes, n'exécutera point les mêmes morceaux que l'artiste aux doigts effilés. La harpe exige une conformation spéciale de l'extrémité des doigts qui permette de saisir les cordes en courant de l'une à l'autre. Ces exemples et mille autres que nous pourrions produire démontrent l'importance qu'il y aurait, avant de choisir une profession, d'examiner attentivement la qualité des organes qu'on devra mettre en exercice, et d'apprécier par avance, approximativement, le degré de perfection dont ils sont susceptibles. Ici, comme en toutes choses, l'éducation, l'étude, quelques pratiques spéciales produiront d'heureux résultats; mais il faut que la nature s'y prête, et qu'il y ait du rapport entre le travail et l'instrument chargé de l'effectuer. Combien d'industriels, combien d'artistes qui, après plusieurs années de travail infructueux, se sont vus forcés de renoncer à leur profession, faute d'avoir les qualités nécessaires pour y acquérir de l'habileté! A cette occasion, nous citerons une anecdote assez curieuse qui concerne Isabey, l'ancien peintre de Napoléon Ier, anecdote que nous tenons de lui-même. — « Mon père, disait-il un jour, avait deux fils dont il voulait faire deux artistes. Moi, j'appris le violon; mon frère étudia le dessin. Nous ne faisions de progrès ni l'un ni l'autre; mes parents s'en désolaient; enfin, le médecin de la maison fut consulté, et, après nous avoir bien examinés, il dit à mon père: Pauvre Isabey, vous avez pris votre étoffe à rebours : de votre violoniste faites un peintre, de votre peintre un vio-

loniste, et vous verrez; ils iront loin. Ce parti fut pris aussitôt; et, en peu d'années, mon frère devint premier violon de la cour de Russie; et moi, je fus premier peintre du cabinet de l'empereur. » (*Émile Bégin.*)

**TACTIQUE** ( art militaire ) [du grec *tasso*, dont le participe est *taktos*, ranger, mettre en ordre, et de *techné*, art: l'art de ranger]. — La *tactique* est la science des ordres dans les différentes occasions de la guerre.

La *tactique générale* est une combinaison des premiers ordres, pour en former de plus grands et de plus composés, suivant les genres de combats qu'on doit livrer et soutenir.

La *tactique* n'est pas la même chose que l'évolution : la première est l'ordre et la disposition, et la seconde est le mouvement qui conduit à l'ordre. La grande *tactique* est absolument nécessaire aux officiers généraux, et tous les officiers et les soldats ne sont obligés que de savoir les évolutions.

En vain un général aura formé des projets magnifiques, si le terrain lui manque, si les mouvements généraux, les corps particuliers de son armée s'embarrassent, s'ils s'entrechoquent ou se séparent, si la lenteur de la manœuvre donne le temps à l'ennemi d'en faire une plus prompte, c'est à quoi un général doit pourvoir, et c'est ce qui s'appelle posséder la science de la *tactique*.

*Tactique navale*; c'est la connaissance légère de l'exécution des différents ordres de marche ou de bataille, et des positions que peuvent prendre les vaisseaux en corps d'armée navale ou en escadre, manœuvrant tous ensemble ou successivement, pour parvenir à la combinaison ordonnée par le commandant. — Voyez *Stratégie*.

**TAFFETAS** (technologie).—Étoffe de soie très-lustrée. Elle diffère des satins en ce que, dans cette dernière étoffe, la marche ne fait lever qu'une partie de la chaîne, au lieu que, dans le taffetas, elle fait lever la moitié de la chaîne et alternativement l'autre moitié, pour faire également le corps du tissu.

On fabrique des taffetas de toutes couleurs, de plains et d'unis, et de toutes sortes de façons. Les anciens noms de taffetas qu'on leur conserve encore sont taffetas de Lyon, de Tours, d'Italie, de Florence, o'Angleterre, d'Avignon, etc.

On croit qu'un certain Octavio May fut le premier auteur de la fabrication des taffetas de Lyon, d'où elle a passé à Tours et dans tous les autres lieux de France, et même de l'étranger, où il s'en fabrique actuellement.

*Taffetas d'Angleterre*, dit aussi *taffetas agglutinatif* ou *gommé*, sorte de sparadrap préparé en appliquant sur le taffetas, au moyen d'un pinceau, une couche de colle de poisson dissoute à chaud dans la teinture de benjoin. Il est ordinairement noir, quelquefois couleur de chair. On s'en sert pour guérir les petites coupures en maintenant rapprochées les lèvres de la plaie. — On appelle *taffetas épispastiques* des sparadraps rendus vésicants au moyen de poudres de cantharides et qui remplacent assez bien les emplâtres vésicatoires.

**TAFIA.** — Espèce d'eau-de-vie qui est le produit de la fermentation des mélasses, que l'on obtient par le moyen de la distillation. Ce spiritueux, qu'on appelle aussi *rum* lorsqu'il est plus concentré, comme le rum de la Jamaïque, est d'une saveur plus douce que l'eau-de-vie ordinaire, faite, comme l'on sait, avec du vin. Il se fait une grande consommation de tafia dans toutes les Antilles, qui produisent du sucre : il forme la boisson fortifiante des nègres et des autres habitants, et remplace l'usage des eaux-de-vie de vin, que l'on ne doit pas envoyer aux colonies, ni même dans l'Amérique du Sud, au Brésil, dans la république Argentine, et autres lieux qui produisent du sucre, et par conséquent des mélasses ou sirops dont on fait le rum, qui est un succédant de l'eau-de-vie proprement dite.

**TAILLANDERIE** (technologie).—Il y a peu d'arts aussi généralement utiles que la taillanderie, qui consiste à fabriquer toutes sortes d'outils et d'ustensiles en fer et en acier, pour toutes sortes d'industries, et un grand nombre d'instruments pour l'agriculture, la marine et d'autres arts les plus utiles.

La taillanderie embrasse ainsi une sphère très-étendue qui comprend une infinité d'articles différents, dont plusieurs rentrent dans la grosse quincaillerie et même dans la coutellerie.

Néanmoins, on peut réduire en quatre principales classes tous les ouvrages de la taillanderie, savoir : les œuvres blanches, la vrillerie, la grosserie, les ouvrages de fer blanc et noir.

1° *Les œuvres blanches* sont proprement les gros outils de fer tranchants et coupants, qui se blanchissent ou plutôt qui s'aiguisent sur la meule, comme les cognées, ébauchoirs, ciseaux, planes, serpes, bêches, couperets, faux et autres instruments de cette espèce. Ce travail ne diffère de celui du coutelier que par la grandeur des objets.

2° *La vrillerie,* ainsi nommée des vrilles, petits instruments qui servent à faire des trous, comprend tous les ouvrages et outils de fer et d'acier qui servent aux orfévres, graveurs, chaudronniers, armuriers, sculpteurs, tonneliers, relieurs, menuisiers, etc.

3° *La grosserie* comprend tous les plus gros ouvrages en fer qui servent dans le ménage de la cuisine, quoiqu'il y en ait aussi pour d'autres usages. Ceux-ci sont forgés et limés ensuite jusqu'à un certain point. Ce travail diffère peu de celui du serrurier.

4° Enfin, cette quatrième classe comprend tous les ouvrages que l'on peut fabriquer en fer blanc et noir (ou tôle). La taille des limes et des machines à les tailler était jadis du ressort de la taillanderie; mais, aujourd'hui, il s'est établi des fabriques de limes où l'on opère avec plus de promptitude, et où ces sortes d'outils sont faits avec plus de précision, sont d'une meilleure trempe et exécutés à meilleur marché.

**TAILLE** (chirurgie). — Opération qui consiste à *inciser* la vessie afin d'extraire les calculs qui y sont renfermés. On la nomme aussi *Cystotomie* et *Lithotomie.* Pour exécuter l'opération de la taille, on arrive à la vessie soit par le *périnée,* soit par l'*hypogastre,* soit enfin par la face postérieure de la vessie ; ce qui fait

qu'on distingue la taille en *périnéale* ou *sous-pubienne, hypogastrique* ou *sus-pubienne,* et *recto-vésicale.*

Cette opération est une des plus anciennes de la chirurgie ; on voit, par le serment d'Hippocrate, qu'on la pratiquait de son temps ; mais on ignore absolument la manière dont elle se faisait. Aucun auteur n'en a parlé depuis lui jusqu'à Celse, qui l'a décrite exactement. L'usage s'en perdit dans les siècles suivants ; et au commencement du XVIᵉ siècle, il n'y avait personne qui osât la pratiquer, du moins sur les grands sujets.

C'est en France qu'on a d'abord essayé d'étendre ce secours sur tous les âges. Germain Collot, sous Louis XI, imagina une opération nouvelle, et la pratiqua sur un archer de Bagnolet, condamné à mort ; le malade fut parfaitement rétabli en quinze jours et eut sa grâce.

Cette opération, malgré de si heureux commencements, est restée longtemps dans l'oubli. Jean Desromains rechercha la route qu'on pouvait ouvrir à la pierre, et enfin par ses travaux, l'art de la tirer dans tous les âges devint un art éclairé. Marianus Sanctus, son disciple, publia cette méthode en 1524. Elle a souffert en différents temps et chez différentes nations des changements notables, et principalement dans l'usage des instruments.

**TALC** (minéraogie). — Pierre luisante et squammeuse qui se détache aisément en feuilles déliées et transparentes. Il ne faut point confondre le talc avec le mica : n'ayant pas les mêmes propriétés, ces substances n'ont de commun que quelque ressemblance. On distingue le talc blanc, qui est tendre et gras au toucher; le talc jaune, composé de petits feuillets minces et jaunâtres très-cassants; le talc vert ou craie de Besançon, demi-transparent, entièrement gras. On peut s'en servir comme de la craie pour tracer des dessins.

**TALISMAN.** — Mot, suivant Saumaise, proprement arabe, et dérivé du grec moderne *telesman,* pour *telesma,* conservation ; parce que les Orientaux regardent les *talismans* comme des préservatifs contre toute espèce de danger. Le mot arabe est *thilsamat,* pluriel de *thilsam.*

Le talisman est une figure faite sous certaine constellation ; c'est une pièce de métal, une pierre ou un morceau de bois auxquels on attribue une vertu extraordinaire.

On distingue généralement deux sortes de *talismans* : les *astronomiques,* qu'on reconnaît aux signes célestes ou constellations qu'on y a gravées, et qui sont accompagnées de caractères inintelligibles ; les *magiques,* qui portent des noms d'anges, de génies, des mots bizarres et des signes extraordinaires. Il y a quelquefois des *talismans mixtes* qui réunissent les signes célestes et les symboles magiques. En France, les talismans furent surtout d'usage à la cour de Catherine de Médicis et de Henri III.

Les historiens ne sont pas d'accord sur l'origine des talismans : les uns en attribuent l'invention à l'Égyptien Jacchis, d'autres à Nécepsos, roi d'Égypte, bien postérieur à Jacchis, mais antérieur de deux siècles à Salomon. Les anciens avaient la plus grande confiance dans la prétendue vertu des talismans. Les victoires de Milon de Crotone leur étaient attribuées. Dans le moyen âge, on en faisait le plus grand cas, et plus d'un succès chevaleresque n'a eu, suivant l'opinion d'alors, d'autre cause que la vertu de quelque talisman. Cette superstition est encore enracinée chez beaucoup d'ignorants, même dans la haute société.

**TALMUD** ou **THALMUD** (bibliographie). — Mot hébreu qui signifie ce qui est enseigné; quelques auteurs le traduisent par le mot *doctrinale*.

C'est ainsi que s'appelle le livre qui est le plus en considération parmi les Juifs. Il renferme tout ce qui regarde l'explication de leur loi. Le talmud est composé de deux parties; l'une est appelée la *mischna*, ou seconde loi, qui comprend le texte, et l'autre la *gemare*, ou complément, perfection, qui renferme le commentaire du texte. Les Juifs distinguent la loi, en *loi écrite*, ce sont les livres de Moïse, et en *loi non écrite*; c'est la glose et l'explication de l'ancienne loi par les anciens docteurs. Ainsi le *talmud* contient la tradition des Juifs, leur police, leur doctrine et leurs cérémonies.

Ce n'est qu'après la destruction de Jérusalem, que les Juifs mirent par écrit le talmud. On en compte deux : l'un compilé par le rabbin Johanan à Jérusalem, environ 300 ans après J.-C.; et l'autre, que les Juifs prétendent compilé par le rabbin Juda, surnommé le saint, n'a été terminé à Babylone qu'en l'an 506 de J.-C. C'est ce dernier que les Juifs regardent comme le meilleur, et celui qu'ils estiment le plus. De talmud, on a fait *talmudique*, pour ce qui appartient au *talmud*; et *talmudiste*, pour celui qui est attaché aux opinions du *talmud*.

**TAMARIN** (botanique). — Fruit médical et purgatif, d'un goût aigre, quoique assez agréable. L'arbre

Fig. 82. — Tamarin.

qui produit ce fruit croît en plusieurs localités des Indes orientales, en Afrique et aux Antilles. Il s'élève aussi haut que les noyers ou les frênes; il étend beaucoup ses branches. Son fruit consiste en une gousse longue de 9 à 12 cent. sur 3 cent. de diamètre, contenant une matière pulpeuse et des semences plates, dures, de forme irrégulière, de couleur rougeâtre, et à peu près grosses comme celles de la casse. Cette pulpe est traversée par trois linéaments gros, fermes, ligneux.

Les tamarins doivent être choisis gras, nouveaux, d'un noir de jais, d'un goût aigrelet, et qu'ils n'aient point été mis à la cave; ils sont alors humides et gonflés. On distingue plusieurs sortes de tamarins : l'une, qui est noire; l'autre, rouge : celle-ci est la seconde qualité.

Le tamarin nous vient sous deux états par la voie de Marseille, savoir : en pulpes détachées de sa gousse, ou bien les gousses entières renfermant les pulpes. (Voy. *Tamarinier*.)

**TAMARINIER** [de l'arabe *tomar-hindy*, datte des Indes.] — *Tamarindus*, grand et bel arbre de la famille des Légumineuses, qui croît dans les deux Indes, aux Antilles, dans l'Égypte et l'Arabie. « Il s'élève aussi haut que les noyers; son tronc est épais, et porte des rameaux diffus, garnis de feuilles imparipennées à folioles nombreuses, linéaires, entières; ses fleurs forment de petites grappes lâches, un peu pendantes : calice à quatre divisions caduques; 3 pétales ascendants, presque égaux; 3 étamines monadelphes à leur base et fertiles; 4 autres plus petites stériles; 1 ovaire pédicellé; le fruit, connu sous le nom de *tamarin*, est une gousse oblongue, comprimée, indéhiscente, pulpeuse entre ses deux enveloppes, à 2 ou 3 loges monospermes. La pulpe de ce fruit est d'une consistance molle et gluante, d'une couleur brune, noirâtre; sa saveur acide, assez agréable quand elle est récente, s'altère en vieillissant. Cette pulpe est employée en médecine comme laxative. Fraîche et dissoute dans l'eau, elle forme une sorte de limonade rafraîchissante. Les Arabes font confire dans le sucre ou le miel les gousses, soit vertes, soit mûres, pour les emporter avec eux quand ils voyagent dans le désert. En Afrique, les nègres en mêlent avec le riz et le couscoussou. On distingue plusieurs sortes de tamarins : l'une qui est noir de jais, l'autre rouge.

**TAMBOUR**. Cet instrument est connu de temps immémorial à la Chine; il servait aussi aux fêtes des Bacchantes et de Cybèle. On croit que les Sarrasins l'introduisirent en Europe; mais il ne fut connu en France qu'à l'entrée d'Edouard III, roi d'Angleterre, à Calais, en 1347.

**TAMTAM** (musique). — Instrument à percussion, originaire de la Chine et de l'Inde. « C'est une espèce de cymbale, qui se compose d'un grand plateau de métal, large et un peu épais, qu'on porte suspendu à une corde, et sur lequel on frappe avec un marteau ou une forte baguette garnie d'un tampon de peau. Le son de cet instrument est étrange et très-fort. Les vibrations en sont lentes et continues. Le tamtam, très-usité dans la musique orientale, n'est en usage, en Europe, que dans les cérémonies funèbres ou dans la musique dramatique d'un effet sombre et lugubre, dans les scènes destinées à produire des sensations terribles et funèbres. — Les tamtams sont fabriqués avec un alliage de 90 parties de cuivre et de 20 d'étain. C'est à M. d'Arcet que l'on doit la fabrication des tamtams en France. »

**TAN**, TANNIN. — C'est une substance végétale qui contient le tannin, dont on se sert dans le tannage ou la tannerie des peaux.

Le tan, retiré de l'écorce du chêne ou fourni par le corps de cet arbre, est produit par ces matières, réduites en petits morceaux que l'on fait sécher au four et qu'on livre ensuite au moulin à tan. Lorsque le tan est bien réduit en poudre, on le met dans des sacs pour servir à l'apprêt des cuirs.

La qualité styptique du tan pour les hernies a été reconnue par les anciens médecins, qui ordonnaient le tan dans les bains. La faculté qu'il a d'être bon conducteur du calorique fait qu'on l'emploie dans les serres-chaudes et qu'on en fait un grand usage en agriculture.

Enfin, le tan, après avoir servi au tannage et être sorti des fosses des tanneries, est vendu à vil prix pour le chauffage, étant réduit en mottes dans des moules de fer, et dont on connaît l'inflammabilité causée par les matières animales qui existent encore dans ce résidu.

**TANAISIE** (botanique) [*tanacetum vulgare*]. — Plante amère et aromatique, de la famille des corymbifères, qui est aujourd'hui peu usitée. On lui préfère avec raison la *balsamite*, plante de la même famille, qui est cultivée dans les jardins et qui pousse naturellement dans les provinces méridionales. C'est le *tanacetum balsamita* de Linnée; le vulgaire la désigne sous le nom de *menthe-coq*, d'*herbe au coq*, de grand *baume*. Elle est conseillée comme tonique et vermifuge. On l'emploie particulièrement en lavement.

**TANNAGE** (technologie). — On nomme ainsi la préparation qu'on fait subir à la peau des animaux, pour lui conserver sa souplesse et la rendre plus durable. Les Chinois en font remonter l'invention à l'an 1766 avant J.-C., et l'attribuent au fondateur de la dynastie des Chong. Pline en fait honneur au Béotien Tychins, qui paraît contemporain d'Homère. C'est seulement en 1765 qu'on découvrit, en Angleterre, les propriétés du chêne pour le tannage. En 1794, M. Armand Seguin inventa un procédé au moyen duquel le tannage des cuirs est réduit à quelques jours. Ils sont d'une qualité au moins égale à celle que leur donne l'ancien procédé, qui exige plusieurs années. Cette invention est due à la découverte du *tannin*, substance extraite de divers végétaux, notamment du chêne, et qui, employée concentrée, produit en peu de temps l'effet qui en résultait en plusieurs années, lorsqu'elle était mêlée à une grande quantité de matières hétérogènes. Enfin on doit à MM. Potot (1800), Smith et James Thomas (1803), Henory (1805), et Nebel-Crepus; de Montmédy (1807), des procédés de tannage qui rendent les cuirs imperméables.

**TANNERIE** (technologie). — On appelle tannerie les ateliers où se fait le tannage des peaux. Le tannage est l'art d'appliquer le tannin aux cuirs.

Le but du tannage est de conserver la souplesse de la peau et de lui enlever sa putrescibilité. Le tannage a deux procédés : l'enlèvement des matières qui s'opposeraient à la conservation de la peau ou qui n'ont avec elle qu'une faible adhérence, tels que les poils et les chairs, et la combinaison de ce qui reste avec les substances qu'anéantissent sa tendance à la putréfaction: Le premier procédé consiste dans le débourement et le décharnement; le second dans le tannage proprement dit.

L'Angleterre avait autrefois une haute réputation dans toute l'Europe dans l'art de tanner les peaux et les cuirs de tout genre. Mais, grâce aux progrès de la chimie, on est parvenu en France à préparer et à tanner les cuirs au moins aussi bien qu'en Angleterre.

Les tanneries se sont répandues dans tous les pays du monde par le besoin qui s'est manifesté des cuirs propres à un grand nombre d'usages; on les emploie non-seulement à la chaussure, mais à la sellerie, à la ganterie et à la mégisserie, etc.

La découverte du dégras n'a pas peu contribué au perfectionnement du tannage en donnant aux peaux de la souplesse et de la douceur. L'art du corroyeur s'est aussi enrichi de deux découvertes importantes, celle du vernissage, qui a été portée à un haut degré de perfection, et celle de l'imperméabilité artificielle. On a également appliqué avec succès aux peaux de chevreaux, pour la chaussure des femmes, des couleurs imitant l'éclat métallique. L'art du maroquinier et la chamoiserie ont fait de grands progrès en France; leurs produits ont une haute réputation et peuvent maintenant rivaliser avec ceux des Anglais. Les principales tanneries et fabriques de peaux se trouvent en Flandre, en Picardie, en Normandie et en Dauphiné. On en établit dans les jours dans d'autres parties de l'empire. L'île de Corse elle-même a pris part à cette marche progressive, et possède plusieurs tanneries.

**TAON.** — *Tabanus*, genre d'insectes Diptères, type de la famille des Tabaniens, qui renferme des insectes très-communs dans les deux hémisphères. Les taons ressemblent à de grosses mouches, et en ont le port. Ils ont la tête déprimée; le corps large, peu velu, et tacheté tantôt de blanc et de gris, tantôt de noirâtre, sur un fond brun plus ou moins foncé; les ailes étendues horizontalement de chaque côté du corps, l'abdomen triangulaire et déprimé. Les taons font éprouver aux bœufs et aux chevaux de cruels tourments : ils percent leur peau afin de sucer leur sang. Aussi sont-ils la terreur de ces animaux : leur vol bruyant suffit pour les effrayer et quelquefois pour les mettre en fureur. Le *taon commun* ou *taon des bœufs* (*tabanus morio*), d'Europe, est brun en dessus; il a l'abdomen gris-roussâtre, les jambes jaunâtres, les yeux verts, les ailes roussâtres.

**TAPIOKA.** — L'eau dans laquelle on a lavé la farine de cassave (provenance de la racine du manioc, *jatropha manihot*, arbrisseau de la famille des euphorbiacées, qui croît dans les contrées chaudes du Nouveau-Monde), laisse déposer dans le fond des vases une assez grande quantité d'amidon très-pur, sous forme de poudre blanche. Cette poudre est la fécule connue sous le nom de *tapioka*, préférable encore à la fécule de pommes de terre, à cause de sa pureté, de sa douceur et de sa légèreté. Il est curieux de voir un aliment aussi innocent et aussi salubre provenir de la racine du manioc qui contient un suc laiteux très-vénéneux. Pour séparer ce suc, on râpe les racines fraîches et l'on soumet la pâte à une forte pression, après quoi on la lave dans l'eau comme nous l'avons dit.

**TAPIR** [*Tapirus*]. — Genre de l'ordre des pachydermes, renfermant des animaux qui ont la forme du cochon avec une taille plus grande ; 14 molaires à la mâchoire supérieure et 12 en bas, 6 incisives et 2 canines à chaque mâchoire ; un nez prolongé en une trompe mobile, mais, assez courte et non préhensile comme l'est celle de l'éléphant ; des yeux petits et latéraux, des oreilles longues et mobiles,

Fig. 33. — Tapir.

les pieds de devant terminés par 4 doigts armés de petits sabots courts et arrondis, ceux de derrière par 3 doigts seulement, la queue courte et peu velue, la peau épaisse, formant peu de plis et couverte de poils soyeux assez rares. Les tapirs sont herbivores ; ils vivent dans les forêts, surtout dans les lieux humides et marécageux de l'Amérique et de l'Inde. Le *Tapir commun* (*T. americanus*), dit aussi *Cheval marin*, *Vache sauvage*, *Ane-vache*, *Mulet sauvage*, etc., est long de 2 mètres depuis le bout de la trompe jusqu'à l'origine de la queue et haut d'un mètre environ ; son corps est gros et terminé par une large croupe ; sa tête grosse, comprimée sur les côtés ; sa couleur est brune, quelquefois tachetée. Le *Tapir indien* (*T. indicus*) diffère peu du précédent. Le tapir est d'un caractère doux et timide ; il se laisse facilement apprivoiser. Sa chair est sèche et d'un goût désagréable ; son cuir est très-fort.

Il existe des débris de tapirs fossiles d'une taille beaucoup plus grande que celle des espèces existant actuellement.

**TAPIS** (technologie). — Espèce de tissu de laine de différentes couleurs et de divers dessins, travaillé au métier, de toutes dimensions. L'usage des tapis nous vient d'Orient et remonte à une assez haute antiquité. C'est la Perse et la Turquie qui nous ont fourni les plus beaux modèles, et quoique nous ayons dépassé de beaucoup les Orientaux, leurs tapis ont encore aujourd'hui quelque chose de pittoresque et d'original que nous aimons quelquefois à imiter.

L'introduction des tapis en France date d'une époque assez reculée ; ces beaux produits paraissent avoir été de bonne heure l'objet du luxe de nos ancêtres. Tout nous porte à croire que leur importation remonte au temps des croisades, car les premiers ouvriers qui s'en occupèrent en France étaient désignés sous le nom de sarrasins ou plutôt de sarrasinois. — Colbert donna une grande impulsion à la fabrication des tapis ; avant lui, Henri IV, malgré l'avis de Sully, avait rendu en 1607 un édit qui établissait une manufacture de tapis à Paris, à l'instar de celles qui existaient déjà ailleurs en France. Mais ce fut le fameux teinturier Gobelin qui éleva cette fabrication au degré de prospérité où elle s'est toujours maintenue, surtout depuis que l'illustre Vaucanson en eut perfectionné les métiers.

Aujourd'hui, les tapis sont devenus un objet d'ameublement indispensable, surtout en Angleterre, où il n'y a pas une seule maison, un seul appartement qui n'en soit pourvu, et l'usage s'en est répandu, non-seulement en France, mais dans toute l'Europe. Les tapis d'un usage commun et domestique ont beaucoup baissé de prix ; ils baisseront davantage, et le débit en deviendra plus important, lorsqu'on baissera le tarif d'entrée des laines, comme on l'a fait en Angleterre.

*Manufacture des Gobelins.* On connaît la grande réputation des tapisseries des Gobelins dans toute l'Europe. Elle fut fondée par Colbert, qui en confia la direction au célèbre Lebrun, sous le titre de manufacture royale des meubles de la couronne ; car elle n'était pas bornée à la seule fabrication des tapisseries ; elle comprenait encore les peintures, sculptures, gravures, orfévreries, horlogeries, fonderies, ébénisteries et autres arts de tous genres, dont les élèves gagnaient une maîtrise dans cette manufacture. Mais depuis la révolution, on n'y fabrique plus que des tapisseries sur deux sortes de métiers, que l'on distingue par les dénominations de haute et de basse lisse.

Les autres Etats de l'Europe, témoins du succès des manufactures de tapisseries de France, en ont établi chez eux. Il existe à Saint-Pétersbourg une manufacture de tapisserie à l'instar de celle des Gobelins, dont elle a adopté le nom ; elle est entretenue aux frais de la couronne ; il en sort des tapis de soie, des portraits d'une assez grande beauté ; mais cet établissement n'est pas comparable à celui des Gobelins.

Quelques souverains d'Italie ont aussi voulu imiter, mais sans beaucoup de succès, la manufacture de Turin, celle dont les ouvrages approchent le plus de nos tapisseries des Gobelins.

*Manufactures de Flandre.* La manufacture des tapisseries de Flandre à Bruxelles est très-ancienne et a longtemps été la première en Europe. Anvers et Bruges étaient des entrepôts fameux du commerce des républiques de l'Italie avec le nord de l'Europe, tandis que les autres villes de Flandre étaient des lieux renommés pour la fabrication de toutes sortes de tissus de laine, de toile, de dentelles, etc. Les tapisseries de Flandre sont égales aux nôtres, quant à la qualité des matières et à la quantité qu'on y fait entrer ; mais elles sont inférieures par le choix des sujets, la perfection des dessins et du coloris.

*Manufacture de Beauvais.* La manufacture de tapisserie de Beauvais, établie en 1664, n'était pas moins renommée par la beauté de ses produits, quoique inférieurs à ceux des Gobelins. Le chef de l'État donnait tous les ans à la manufacture de Beauvais des tableaux des peintres de l'Académie, et le directeur était autorisé à en fournir chaque année pour une valeur de 20,000 fr. au gouvernement. On n'y fabriquait que de la basse lisse et des tapis façon de Perse. Les laines d'Espagne et de Hollande, mêlées par moitié, entrent dans la fabrication des tapisseries de Beauvais ; les teintes brunes se font en laine, les claires en soie. Les laines employées aux tapisseries des Gobelins se teignent à la teinturerie particulière établie sur le lieu même. Quant aux matières, ce sont, d'une part, des laines qu'on tire de Turcoing toutes filées, doublées et retorses ; de l'autre, des soies en écru tirées de Lyon. Les laines pour chaîne sont en six et sept brins, d'une filature égale et très-torse.

*Manufacture de la Savonnerie.* Nous devons faire mention des beaux tapis veloutés de la manufacture connue sous le nom de la Savonnerie. Dupont et son élève Lourdet peuvent être regardés comme les créateurs de cette manufacture, qui a enrichi la France de tapis d'une grande beauté, et supérieurs à tout ce que le Levant a produit de plus magnifique.

*Manufacture d'Aubusson.* Les tapis de la manufacture d'Aubusson méritent de tenir le second rang, par la perfection du travail et les belles nuances des couleurs. A l'une des dernières expositions, M. Roger, d'Aubusson, s'est attaché à résoudre un grand problème industriel, l'accord d'un beau produit et du bon marché. Il y a complétement réussi dans un beau tapis à dessins cachemire, coté seulement 1,000 fr.

Les produits de la vieille fabrique d'Aubusson, qui remonte à Louis XIV, étouffèrent jadis la concurrence des cuirs parfumés et dorés que nous envoyait l'Espagne. Cette manufacture s'est continuellement maintenue au niveau de l'art ; elle a grandi de siècle en siècle, d'année en année. On la dirait établie d'hier, à voir la fraîcheur et l'air de jeunesse qu'on admire dans ses ouvrages. Soumise aux progrès dans tous les sens, elle élargit le cercle de ses débouchés. Peu satisfaite d'avoir perfectionné les tapis de France, d'avoir naturalisé les tapis de Perse et égalé les tapis de Turquie, d'avoir pris à l'Angleterre ses moquettes, elle a voulu répandre ses produits jusque dans la consommation la plus modeste, et, grâce à M. Sallandrouze, les tapis d'Aubusson ne sont plus choses privilégiées, ni un meuble purement aristocratique. Ce fabricant en a fait une généralité accessible à tous, propre au simple logis comme au fastueux hôtel, sans lui rien ôter de sa magnificence originelle. (*Montbrion.*)

**TAPISSERIE** (technologie) [du lat. *tapes* ou *tapetium*, dont on a fait *tapis*.] — Ouvrage fait à l'aiguille sur du canevas, avec de la laine, de la soie, de l'or, etc.

L'histoire nous apprend que les Babyloniens ont excellé dans cette sorte d'ouvrage. Les tapis de Turquie et de Perse ont eu autrefois beaucoup de vogue en Europe. Dans le temps que les Sarrasins firent une irruption en France, sous le règne de Charles-Martel, quelques-uns de leurs ouvriers s'y établirent, et y fabriquèrent des tapis à la manière de leur pays.

Cette fabrique de tapis, façon du Levant, se perfectionna sous le règne d'Henri IV.

Les tapisseries peuvent se faire de toute espèce d'étoffes. Cette sorte d'ameublement a une origine très-ancienne. Attale, roi de Pergame, qui institua le peuple romain pour son héritier, avait son palais meublé de tapisseries magnifiques, brodées d'or. Les Grecs et les Romains en eurent aussi de très-riches. Cet art s'est répandu peu à peu chez divers peuples, mais les Français sont ceux qui ont fait le plus de progrès par leurs établissements des manufactures des Gobelins.

**TARDIGRADES** (zoologie). — Neuvième ordre des mammifères. On nomme tardigrades les espèces qui n'ont point du tout d'incisives, et dont les doigts sont réunis jusqu'aux ongles, ordinairement très-allongés et en forme de crochets. Leurs pattes de devant sont beaucoup plus courtes que celles de derrière ; leurs mamelles sont situées sur la poitrine ; et quoique leur estomac soit divisé en quatre poches, ils n'ont point la faculté de ruminer les végétaux dont ils se nourrissent. Il ne forme qu'un seul genre ; c'est celui du *paresseux*, qui ne comprend que deux espèces.

**TARENTULE** (zoologie) [*tarentula*, en italien *tarantola* et *ragno arrabiato*]. — Grosse araignée du genre Lycose.

C'est la fameuse araignée, sur laquelle on a fait de grandes dissertations, et débité bien des contes. Cette espèce d'araignée, dont Homberg a donné une description dans les *Mémoires de l'Académie*, 1707, page 351, a le port et la figure à peu près de nos araignées domestiques; mais elle est dans toutes ses parties beaucoup plus forte et plus robuste. Elle a les jambes et le ventre tachetés de noir et de blanc ; le dos, aussi bien que toute sa partie antérieure, est noir, les yeux de cette espèce d'araignée, au contraire des autres, sont couverts d'une cornée humide et tendre, qui se flétrit et s'enfonce après la mort de l'insecte. Ses yeux sont d'un jaune doré, et étincelants comme ceux des chiens et des chats quand on les voit dans l'obscurité.

La tarentule a été ainsi nommée de Tarente, ville de la Pouille, où elle est fréquente. On la trouve aussi dans la Romanie, la Toscane, la Lombardie, dans plusieurs autres endroits de l'Italie, dans l'île de Corse, en Andalousie, et il paraît qu'elle existe aussi dans quelques pays méridionaux de la France. On a dit que cette araignée est très-venimeuse, et que sa morsure occasionne des symptômes qui paraissent aussi singuliers que la guérison. On a ajouté que ceux qui en sont mordus ont des symptômes différents : les uns chantent, les autres rient, les autres pleurent; d'autres ne cessent de crier ; d'autres sont assoupis ; d'autres ne peuvent dormir. Enfin, on a prétendu que le remède qui les soulage le plus, est de les faire danser à outrance. Pour cet effet, on leur fait entendre des symphonies qui leur plaisent le plus; on essaie divers instruments; on leur joue des airs de différentes modulations, jusqu'à ce qu'on en trouve un qui flatte le malade; alors, dit-on, le tarentulé saute brusquement hors du lit, et se met à danser au son de la musique jusqu'à ce qu'il en soit en nage et hors d'haleine ; ce qui le guérit. Voilà de ces faits qui retentissent continuellement aux oreilles de tout le monde, et que l'on présente comme vrais. Cependant plusieurs personnes très-curieuses et très-instruites qui ont voyagé en Italie, entre autres l'abbé Nollet, se sont assurées que ce fait passait pour être fabuleux, même dans la Pouille, parmi les gens éclairés; et qu'il n'y a que les gens du peuple, et des vagabonds, qui, se disant piqués de cet insecte, paraissent guérir par la danse et la musique, attrapent quelque argent, et gagnent leur vie par cette sorte de charlatanerie. On ne craint point les tarentules à Rome, parce qu'il n'y a point d'exemples qu'elles aient incommodé quelqu'un : il paraît, quoi qu'on en dise, que le *tarentisme* n'est pas plus dangereux dans la Pouille.

Les tarentules ourdissent de la toile comme les autres araignées, et elles y attrapent des mouches et des papillons dont elles se nourrissent. Elles habitent dans des trous de terre et dans les fentes de muraille. Pendant l'hiver elles restent cachées sous terre : elles se battent, se tuent, se dévorent les unes les autres. Elles font jusqu'à soixante œufs à la fois; elles les tiennent attachés à leur poitrine jusqu'à ce qu'ils soient éclos ; puis elles gardent leurs petits sous leur ventre, jusqu'à ce qu'ils soient devenus assez grands pour marcher et pour travailler.

Les curieux qui sont bien aises d'avoir des tarentules, emploient des paysans pour les dénicher : ceux-ci connaissent des trous où ces insectes se retirent, ils imitent le bourdonnement d'une mouche; la tarentule accourt, sort brusquement pour attraper sa proie, et est prise elle-même au piège qu'on lui a dressé.

**TARET** (zoologie). — Les animaux qui perforent les bois submergés, les pilotis enfoncés dans la mer, ainsi que la coque des navires qui ne sont pas doublés de cuivre ou de zinc, les animaux qui réduisent les pièces de bois les plus grosses et les plus saines en apparence, à l'état d'une éponge à grands trous, que le plus léger effort fait casser, ces petits animaux que l'on ne voit jamais, qui travaillent continuellement cachés et sous l'eau, et qui font trembler la Hollande, ces prétendus vers nommés *tarets* sont des mollusques coquilliers très-voisins et parfaitement analogues aux pholades, autres mollusques qui percent les pierres calcaires avec autant de facilité que les tarets percent le bois; leur coquille est très-petite, il est vrai, leur corps est allongé et cylindrique ; enfin ce sont des mollusques et non pas des vers.

Les tarets entrent dans le bois et commencent leurs trous toujours à quelques pieds au-dessous des plus basses eaux, de manière à n'être jamais à sec; ils entrent à peu près perpendiculairement la tête en bas et comme ils sont fort petits, alors on s'aperçoit à peine de l'embouchure de leurs galeries ; mais au fur et à mesure qu'ils grossissent, ils s'enfoncent en augmentant le diamètre de leurs galeries qu'ils tapissent d'un enduit calcaire qui augmente aussi d'épaisseur et de solidité. Le plus petit obstacle, et surtout le voisinage d'un autre taret, leur font dévier leur conduite ; car ils semblent se fuir et s'éloigner les uns des autres avec le plus grand soin. Leur organisation permet à ces animaux de faire entrer l'eau de la mer par un tube, de lui faire traverser leur corps et de la rejeter ensuite ; cette eau leur sert tout à la fois pour leur respiration et pour leur nourriture ; ils ont aussi les moyens de fermer hermétiquement leurs galeries, et de se mettre ainsi à l'abri du moindre danger.

On sait fort peu de chose sur le mode de reproduction des tarets et sur la durée de leur vie ; mais on est fondé à croire qu'ils sont vivipares et qu'ils ne vivent pas fort longtemps : aussi les dégâts qu'ils produisent sont d'autant plus grands qu'ils les répètent souvent. Comment les tarets, dont le corps est aussi mou que celui d'une limace, comment les pholades, dont la coquille n'est pas beaucoup plus solide que celle d'un limaçon, parviennent-ils à percer les bois les plus durs et les marbres les plus compactes ? C'est une question qui n'a point encore obtenu de réponse satisfaisante, mais que l'on parviendra probablement un jour à résoudre. Les tarets et les pholades sont très-délicats à manger, et dans les parages où ces derniers sont communs, on jette à la mer des blocs de pierre calcaire que l'on retire quelque temps après, et dans lesquels on trouve en les brisant des pholades, que l'on nomme aussi *dattes de mer*, parce qu'il en existe une espèce qui ressemble grossièrement à ce fruit.

Les tarets ont existé de tout temps, car on trouve

des bois pétrifiés changés en silex qui ont été percés par des tarets, et qui sont parfaitement reconnaissables.

Les correspondances d'Orient, publiées en 1858, nous ont appris que nos vaisseaux, sur les côtes de la Crimée, ont eu à souffrir de l'attaque d'un certain mollusque qui, doué de la faculté de percer le bois, s'introduit dans les planches de la coque, et y pratique, si l'on n'y prend garde, des voies d'eau capables de les faire sombrer en peu de temps. Ce fait récent est la confirmation de ce que nous savions déjà à cet égard. Les vaisseaux russes qui, depuis longtemps, se croyaient en sûreté à l'abri de leurs citadelles garnies de canons, étaient moins rassurés en ce qui concerne cet ennemi invisible qui criblait de trous la carcasse de leurs navires et qui menaçait sans cesse de les engloutir au milieu du port au moindre défaut de surveillance. On ne nomme pas, dans les journaux, le perfide animal capable de causer de si grands ravages au milieu d'une flotte; mais, à n'en pas douter, c'est un mollusque acéphale du genre taret; nous ne savons lequel, car ce genre renferme seize ou dix-sept espèces. Si le taret n'est guère connu en France qu'en sa qualité de mets très-recherché sur les bords de l'Océan, en Hollande il a une réputation plus sinistre. On sait que le sol de ce pays est situé au-dessous du niveau de l'Océan et qu'il n'est défendu contre l'envahissement de la mer que par un admirable ensemble de digues ingénieusement combinées.

Eh bien! le taret perce les digues de la Hollande comme il perce les navires dans les parages de Sébastopol. Ses dégâts sont tels au milieu des pilotis qui protégent la côte de la Hollande, qu'il a mis plusieurs fois cette contrée à la veille de périr sous les eaux de la mer.

A l'Exposition de 1855, on a pu voir un échantillon du travail des tarets; cette pièce consistait en une planche d'acajou recueillie en mer comme épave à la hauteur de Saint-Domingue; elle était perforée d'un nombre infini de trous dont la grosseur moyenne est celle d'un petit pois. On remarquait que tous ces trous, obliques au plan de la surface de la planche, sont, en général, dirigés dans le sens des fibres du bois.

Le taret est un mollusque au corps très-allongé, en forme de ver et renfermé dans une coquille épaisse, solide, annulaire et formée de deux valves terminées par un tube cylindrique. Au point de réunion du manteau et du tube est situé un anneau musculaire, d'où sort une paire de palettes simples ou articulées jouant l'une sur l'autre. C'est dans ces deux appendices que réside le secret de la puissance qu'il a de pouvoir percer les bois les plus durs; autrement, on ne pourrait s'expliquer le procédé qu'il emploie, à moins de supposer, avec quelques naturalistes, que ces êtres au corps mou percent au moyen d'une sécrétion acide qu'ils émettent, ou bien qu'ils usent mécaniquement le bois par le frottement de leur coquille.

La manière de vivre des tarets est fort singulière; on les trouve toujours enfoncés verticalement, la bouche en bas, dans les pièces de bois constamment submergées dans l'eau salée et même quelquefois

dans l'eau douce. On rencontre non-seulement des tarets vivants, mais encore on en trouve un très-grand nombre à l'état fossile dans les bois pétrifiés.

**TARTRE** [du bas latin *tartarum*, qui paraît avoir signifié *sel de Tartarie*]. — Dépôt que produisent les vins en vieillissant, et qui s'attache aux parois des tonneaux et des bouteilles où ils sont renfermés. Le tartre est rouge ou blanc, selon la couleur du vin. Il se compose pour la plus grande partie de bitartrate de potasse, rendu impur par un mélange de tartrate de chaux et de matière colorante. Il craque sous la dent et a une saveur légèrement acide et vineuse; il se dissout difficilement dans l'eau, et brûle sur les charbons en exhalant l'odeur du pain grillé. Purifié par la dissolution dans l'eau et par des cristallisations réitérées, il prend le nom de *Crème de tartre*. La crème de tartre s'emploie aussi en médecine comme purgatif léger; mais comme elle est fort peu soluble dans l'eau, on lui associe le quart de son poids d'acide borique qui lui donne de la solubilité; c'est alors ce qu'on appelle la *Crème de tartre soluble*. On la prend dans du bouillon aux herbes, ou dans une infusion de chicorée sauvage.

*Tartre chalybé* ou *Tartre martial soluble*, dit aussi *Boule ferrugineuse de Nancy*, *Boule de Mars*, combinaison de tartrate de sesquioxyde de fer qu'on obtient en mettant cet oxyde en digestion avec de la crème de tartre, décrite par Angelus au commencement du XVII⁰ siècle, et devenue populaire depuis le commencement du XVIII⁰, comme remède contre les contusions.

*Tartre des dents*, sécrétion calcaire, de couleur jaunâtre, qui se dépose autour des dents, qui les recouvre même quelquefois presque entièrement. « Il est primitivement mou, mais il peut acquérir, avec le temps, la consistance de la pierre. Il se compose de phosphate de chaux, mélangé d'un peu de mucus, de matière salivaire, et autres substances animales. Si on n'a soin de l'enlever avec la brosse à mesure qu'il se produit, il forme à la base de la couronne des dents une incrustation qui ne peut être détachée que par le dentiste. »

*Tartre tartarisé*, dit aussi *Tartrate de potasse neutre*, *Sel végétal*, sel blanc, beaucoup plus soluble dans l'eau que la crème de tartre, et qu'on obtient en la saturant par du carbonate de potasse. Il s'emploie en médecine comme diurétique et purgatif.

*Tartre vitriolé*, nom que les anciens chimistes donnaient au sulfate de potasse.

*Tartre stibié* (émétique). — Un des meilleurs purgatifs administré à la dose de 5 centigr. à 1 décigr. dans 1 litre de véhicule. Voy. *Émétique*.

**TARTRIQUE** (ACIDE) (chimie). — Acide organique contenu dans le tartre, l'émétique, le sel de Seignette, etc. « Il se présente en beaux prismes blancs, transparents, d'une saveur aigre, très-solubles dans l'eau et inaltérables à l'air; il renferme du carbone, de l'hydrogène et de l'oxygène ($C^8H^4O^{10}+2HO$). On l'extrait du tartre en neutralisant par la craie la solution de la crème de tartre dans l'eau bouillante; on obtient ainsi du tartrate de chaux insoluble et du tartrate de potasse neutre soluble; celle-ci est également transformée en tartrate de chaux par une solution de chlorure de calcium; les deux portions de tartrate de chaux sont ensuite décomposées par l'acide sulfurique qui met l'acide tartrique en liberté. Cet acide s'emploie dans les fabriques d'indienne comme rongeant; on en fait aussi des limonades. Il a été découvert en 1770 par Schéele. Dans quelques raisins, et surtout dans les raisins aigres, l'acide tartrique est accompagné d'un autre acide, appelé *Paratartrique* ou *Racémique*, qui a la même composition que l'acide tartrique, mais qui en diffère par quelques caractères physiques, ainsi que par l'eau de cristallisation contenue dans les cristaux. Cet acide isomère a été découvert en 1819 par M. Kestner de Thann. M. Pasteur est parvenu, en 1849, à transformer l'acide paratartrique en acide tartrique ordinaire et réciproquement. »

**TATOU** (zoologie) [*Dasipus*]. — Genre de mammifères de la famille des Edentés, qui renferme des animaux remarquables par l'espèce de cuirasse, composée de compartiments semblables à de petits pavés, qui recouvre leur tête, leur corps et souvent leur queue. Les tatous ont le corps épais, de la grosseur d'un lapin, les jambes très-basses, la tête petite et terminée par un museau pointu; les yeux petits et placés latéralement.

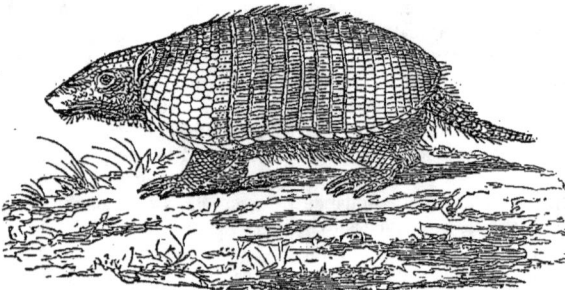

Fig. 34. — Tatou.

**TAUPE** [*Talpa*]. — Genre de mammifères de l'ordre des carnassiers insectivores, renfermant des animaux de petite taille, au corps trapu et comme cylindrique, couvert d'un poil court, fin, doux au toucher, épais, soyeux; à tête allongée et terminée en pointe par une espèce de boutoir que soutient intérieurement un os particulier qui lui donne beaucoup de force; ses yeux sont infiniment petits.

La taupe sans être aveugle, dit Buffon, a les yeux si petits, si couverts, qu'elle ne peut faire grand usage du sens de la vue : en dédommagement la nature lui a donné avec magnificence l'usage du sixième sens; un appareil remarquable de réservoirs et de vaisseaux spermatiques, une quantité prodigieuse de liqueur séminale, des testicules énormes, un membre génital excessivement long, sont exactement cachés à l'intérieur, et par conséquent plus actifs et plus chauds. La taupe, à cet égard, est l'animal le plus avantageusement partagé, le mieux pourvu d'organes, et le plus susceptible des sensations qui y sont relatives : elle a le toucher délicat, le poil doux comme de la soie, l'ouïe très-fine, quoique son organe soit caché sous la peau; elle entend jusqu'au moindre frémissement : elle a de petites mains à cinq doigts, bien différentes de l'extrémité des pieds des autres animaux, et presque semblables aux mains de l'homme; beaucoup de force pour le volume de son corps, le cuir ferme, un embonpoint constant, un attachement vif et réciproque du mâle et de la femelle, de la crainte ou du dégoût pour toute autre société, les douces habitudes du repos et de la solitude, l'art de se mettre en sûreté. de se faire en un instant un asile, un domicile, la facilité de l'étendre et d'y trouver sans en sortir une abondante subsistance. Voilà, dit Buffon, sa nature, ses mœurs et ses talents, sans doute préférables à des qualités plus brillantes et plus incompatibles avec le bonheur, que l'obscurité la plus profonde.

La taupe ferme l'entrée de sa retraite, et n'en sort presque jamais qu'elle n'y soit forcée par l'abondance des pluies d'été, lorsque l'eau la remplit, ou lorsque le pied du jardinier en affaisse le dôme : elle se pratique une voûte en rond dans les prairies, et assez ordinairement un boyau long dans les jardins, parce qu'il y a plus de facilité à diviser et à soulever une terre meuble et cultivée, qu'un gazon ferme et tissu de racines ligneuses; elle ne demeure ni dans la fange, ni dans les terrains durs, trop compactes ou trop pierreux : il lui faut donc une terre douce, meuble, fournie de racines alimenteuses, et surtout bien peuplée d'insectes et de vers de l'espèce appelée *vers blancs* dont elle fait sa principale nourriture. L'expérience journalière nous apprend que dans un espace de vingt-trois pieds de longueur sur dix de large, une taupe forme en trois jours vingt taupinières, et si l'on ne s'oppose à son activité laborieuse, elle bouleverse en peu de temps un espace considérable; voici comme elle s'y prend pour travailler : couverte ordinairement de cinq à six pouces de terre, la taupe, détache, pour aller en avant, celle qui se présente à son passage, et la laisse sur le côté, jusqu'à ce que gêné dans son souterrain par cette matière surabondante, particulièrement lorsqu'elle se creuse une route, elle ne pense plus qu'à s'en débarrasser. Elle gagne alors la surface de la terre, sur laquelle, par différents coups de tête, et aidée du service de ses mains nerveuses, elle rejette peu à peu et à différentes reprises ces débris incommodés, et forme des monticules. Dégagée par là, elle part de ce point pour se livrer de nouveau à l'ouvrage, et plus elle avance ou perce profondément, plus elle multiplie les taupinières. Elle en fait quatre ou cinq à chaque reprise. La taupe, en fouillant de la sorte, semble ne chercher qu'à satisfaire ses premiers besoins, ceux de la nourriture ou de l'accouplement : là commodité vient ensuite. Pour se mettre au large elle déblaie sa retraite. Dans l'été, soit caprice, soit délassement, on la voit quelquefois sortir de son ennuyeuse et sombre demeure sans suivre aucune route, et donnant au contraire toutes les marques de l'inconstance et de la légèreté. On lui voit faire plusieurs culbutes, courir en zigzag d'une manière si brusque et si rapide, que l'œil a de la peine à la suivre. Mais par une crainte naturelle, elle quitte bientôt un séjour qui ne lui est point destiné. Dans le moment elle creuse un trou qui la dérobe aux yeux et la met à couvert.

Comme les taupes ne sortent que rarement de leur domicile souterrain, elles ont peu d'ennemis, et échappent aisément par leur vitesse aux animaux carnassiers. Leur plus grand fléau est le débordement des rivières : on les voit, dans les inondations, sortir de leur domaine, fuir en grand nombre à la nage, et faire tous leurs efforts pour gagner les terres les plus élevées; mais la plupart périssent excédées de fatigue ou entraînées par leur propre poids. Cette mort violente que tous les animaux cherchent à éloigner, produit dans celui-ci un sentiment de colère qui va souvent jusqu'à la fureur. Irrité par l'élément fluide qu'il voudrait éviter, on le voit tourner, revenir sur ses pas, s'inquiéter et ne finir cet exercice qu'en soufflant vivement contre l'eau qui le gagne et le submerge. Ce même élément fait aussi périr leurs petits qui restent dans les trous : sans cela la grande aptitude que les taupes ont pour la multiplication nous deviendrait trop incommode.

La taupe, animée par le vœu de la nature, suspend ses opérations ordinaires pour ne s'occuper que de ses amours et se livrer tout entière aux soins de sa famille. C'est vers la fin de l'hiver que cette passion commence à se faire ressentir. Le mâle cherche sa femelle avec ardeur : dans le temps de l'accouplement ils sortent de terre pendant la nuit. Le mâle ne souffre point de rival; il l'attaque, le chasse et le poursuit avec ardeur; il ne se contente pas de l'éloigner de sa compagne, pour assurer la paix dans son petit ménage; il l'oblige à sortir de son souterrain, et ils s'exposent alors à devenir l'un et l'autre, dans un combat acharné, la victime des hommes ou des brutes. Quelquefois l'accouplement se fait sous terre. Les femelles ne portent pas longtemps, car on trouve déjà beaucoup de petits au mois de mai. Il y en a ordinairement quatre ou cinq à chaque portée, et il est assez aisé de distinguer parmi les mottes qu'elles élèvent, celles sous lesquelles elles mettent bas. Ces mottes sont faites avec beaucoup d'art, et sont ordinairement quatre à cinq fois plus grosses et plus élevées que les autres. Buffon croit que ces animaux produisent plus d'une fois par an. Ce qu'il y a de certain, c'est qu'on trouve des petits depuis le mois d'avril jusqu'au mois de septembre : peut-être aussi que les unes s'accouplent plus tard que les autres. Les petits croissent promptement : un espace de temps aussi long destiné à la multiplication de l'espèce, annonce une très-grande fécondité. La taupe allaite ses petits à la manière des rats et des souris; elle les garde dans leur enfance : mais quelles sont les bornes de cet attachement? Tout est conjecture : c'est pour nous un mystère d'autant plus difficile à pénétrer, que les en-

trailles de la terre en recèleront toujours le secret.

Si quelque chose peut nous faire juger de la tendresse et des soins de la taupe, c'est l'attention qu'elle prend pour préparer à sa famille un lit commode. Ce domicile où elles font leurs petits, mériterait une description particulière : il est construit avec beaucoup d'art et des précautions infinies. Toute l'industrie des autres animaux n'offre rien de plus solide, ni de plus recherché. Elles commencent par pousser la terre et en former une voûte assez élevée; elles laissent des cloisons et des espèces de piliers de distance en distance; elles pressent et battent la terre, la mêlent avec des racines et des herbes, et la rendent si dure et si solide par dessous, que l'eau ne peut pénétrer la voûte, à cause de sa convexité et de sa solidité : elles élèvent ensuite un tertre par dessous, au sommet duquel elles apportent de l'herbe, des racines et des feuilles pour faire un lit à leurs petits. Dans cette situation ils se trouvent au-dessus du niveau du terrain, et par conséquent à l'abri des inondations ordinaires, et en même temps à couvert de la pluie, par la voûte qui recouvre le tertre sur lequel ils reposent. Ce tertre est percé tout autour de plusieurs chambres qui communiquent les unes aux autres; c'est une espèce de labyrinthe. Ce sont des boyaux ou trous en pente, qui descendent plus bas et s'étendent de tous côtés, comme autant de routes souterraines par où la mère taupe peut sortir et aller chercher la subsistance nécessaire à ses petits : ces sentiers souterrains sont fermes et battus, s'étendent à douze ou quinze pas, et partent tous du domicile, comme des rayons d'un centre. On y trouve, aussi bien que sous la voûte, des parties de racines tendres et délicates, et surtout de celles qui sont bulbeuses; des débris d'oignons de colchique, qui sont apparemment la première nourriture qu'elle donne à ses petits.

La femelle a donc soin, dans le temps de ses portées, de choisir des terrains où les douceurs de la vie et l'abondance des vivres se présentent sans peine. Rien ne distingue mieux les vieilles taupes des jeunes que la différence de leurs ouvrages. Celles-ci, sans s'assujettir aux travaux réfléchis d'un âge plus mûr, se livrent entièrement au premier feu d'une jeunesse vagabonde et sans expérience. Ardentes à la continuation d'un manège aussi bizarre que défectueux, elles ne font que de légères traînées, sans ordre et sans suite; et pour ne point s'arrêter, selon toute apparence, dans leur course rapide, ou perdre le temps à rejeter une terre incommode, elles en effleurent la superficie qui suffît à peine pour les couvrir.

On voit bien, par cette disposition, que la mère taupe ne sort jamais qu'à une distance peu considérable de son domicile, et que la manière la plus simple et la plus sûre de la prendre avec ses petits, est de faire autour une tranchée qui l'environne en entier et qui coupe toutes les communications. Mais comme la taupe fuit au moindre bruit et qu'elle tâche d'emmener ses petits, il faut trois ou quatre hommes qui, travaillant ensemble avec la bêche, enlèvent la motte toute entière, ou fassent une tranchée presque dans un moment, et qui ensuite les saisissent ou les attendent aux issues.

A juger du caractère et des qualités de ce petit quadrupède, il semble devoir être placé au nombre de ces êtres malfaisants mis sur terre pour exercer la patience des hommes. Les bois, les vignes, les jardins, les champs et les prés en devenant successivement le lieu de sa demeure, sont aussi le théâtre de ses désordres. Aussi actif que volage, cet animal transporte à chaque instant son domicile d'un lieu à un autre ; pour cet effet il franchit tout obstacle, murs, fossés, canaux, et pour éviter de périr au milieu des flots ou de consumer ses forces contre des retranchements qui lui coupent souvent le passage, il sait avec une industrie merveilleuse conduire ses galeries à une profondeur très-grande sous les rivières et sous des fondements épais. Rencontre-t-il un obstacle insurmontable : en ingénieur habile, on le voit alors sonder les voies et le terrain, tourner autour des rochers ou des montagnes, et employer toutes les ressources de son génie pour se frayer une route. Mais, nous l'avons déjà dit, la taupe est un ennemi destructeur qui ne marche jamais sans répandre la désolation partout où il passe ; il endommage le terrain, il blesse ou coupe les racines les plus profondes des arbres. Tout annonce que cet animal est sauvage par nature, méchant et nuisible par tempérament ; habitant les ténèbres, il mène une vie errante et cachée.

Quelques auteurs ont dit mal à propos que la taupe et le blaireau dormaient sans manger pendant l'hiver entier. La taupe dort si peu pendant tout l'hiver, qu'elle pousse alors la terre comme en été, et que les gens de la campagne disent, comme en proverbe : *les taupes poussent, le dégel n'est pas loin* ; elles cherchent à la vérité les endroits les plus chauds ; les jardiniers en prennent souvent autour de leurs couches aux mois de décembre, de janvier et de février. Si elles ont un temps d'inaction et de repos, ce n'est que dans les moments où il gèle fort, ou que la chaleur est excessive. Childrey, dans son *Histoire des Singularités d'Ecosse et du pays de Galles*, dit qu'il y a auprès de Portsmouth une race de chiens, petits, et dont on se sert en ce pays-là pour faire la chasse aux taupes. Outre le chien, la taupe a encore pour ennemis le chat, le renard, le hérisson et quelques oiseaux de proie qui la saisissent au sortir de son clapier. Il n'en est pas de même de la belette, sa conformation lui permet d'y entrer aisément. Des personnes proposent pour détruire les taupes dans leur retraite, d'y jeter des noix entamées par un côté et qu'on aura fait bouillir dans une forte lessive ; dès que la taupe a mangé de ces noix, elle périt.

L'espèce commune de nos taupes ne se trouve guère que dans les pays tempérés et cultivés, il y en a peu dans les déserts arides et brûlants, et point dans les climats froids, où la terre est gelée pendant la plus grande partie de l'année. Elle ne se trouve en abondance que depuis la Suède jusqu'en Barbarie. Elle renferme plusieurs races ou variétés.

On peut distinguer en Europe cinq races de taupes, qui, dans les qualités nuisibles, portent toutes le même caractère, mais qui, suivant le climat, varient moins dans la forme que dans la couleur.

1° La Taupe vulgaire ou de nos jardins, *Talpa vulgaris, caudata, nigricans*. Son poil est fin et d'un noir plus ou moins foncé.

2° La Taupe blanche, *Talpa albicans*. Elle est quelquefois d'un blanc de lait ; elle est plus commune en Hollande qu'en France, et plus commune encore dans les pays septentrionaux.

3° La Taupe fauve du pays d'Aunis, *Talpa major Rupellensis, cervicolor*. Son poil est d'un roux clair, tirant sur la couleur de ventre de biche, sans mélange ni tache ; il paraît que c'est une nuance dans l'espèce de la taupe blanche : elle est un peu plus grosse que la taupe vulgaire.

4° La Taupe jaune-verdâtre, *Talpa citrina Alesiensis*. Toute sa robe est d'une belle couleur de citron, et l'on prétend que cette couleur n'est due qu'à la qualité de la terre qu'elle habite. On la trouve dans la partie du Bas-Languedoc qui touche aux Cévennes, notamment entre le bourg d'Aulas et les hameaux qu'on appelle les Carrières, dans le diocèse d'Alais.

5° La Taupe variée ou tachetée, *Talpa maculata*. Elle offre une variété de couleurs qui la rend curieuse et agréable à la vue. On en trouve dans plusieurs contrées de l'Europe, en Suisse, en Angleterre et dans les pays d'Aunis : elles ont le poil varié de fauve ; celle de l'Oost-Frise ont tout le corps parsemé de taches blanches et noires.

Indépendamment de ces cinq races de taupes qui se voient en Europe, on en trouve aux Indes et en Amérique, qui ne paraissent être que de simples variétés de l'espèce de la taupe commune, parce qu'elles n'en diffèrent que par les couleurs ; telles sont : 1° la *taupe* de l'île de Java, dont les quatre pieds, ainsi que la moitié des jambes, sont d'un blanc mat : 2° la *taupe* de Virginie, dont le poil est noirâtre et luisant, mêlé d'un pourpre foncé.

Il y a d'autres taupes qui semblent constituer des espèces différentes, parce qu'elles diffèrent de la taupe commune non-seulement par les couleurs, mais par la forme du corps et des membres ; telles sont :

1° La Taupe rouge d'Amérique, *Talpa Americana rubra*. Elle ressemble à notre taupe commune par la grosseur et la figure du corps, mais elle en diffère par celle des pieds, qui sont différemment formés ; ceux de devant ont trois doigts et ceux de derrière en ont quatre, qui sont à peu près égaux, tandis que ceux des pieds de devant sont très-inégaux ; le doigt extérieur est beaucoup plus long que les deux autres, et armé d'un ongle plus fort et plus crochu, et le troisième l'est encore plus : son poil est roux, mêlé de cendré clair.

2° La Taupe dorée de Sibérie, *Talpa Siberica, ecaudata, versicolor*. Elle ressemble à la précédente par la conformation des pieds : elle a le nez plus court que la taupe de ce pays-ci, mais elle est de la même grandeur ; elle n'a point de queue : le poil a diverses couleurs ; le vert et la couleur d'or y dominent.

3° La Taupe du cap de Bonne-Espérance, *Talpa*

*Africana, capite gibboso.* Elle ressemble assez à la taupe ordinaire par la forme du corps, par la petitesse des yeux, par le défaut d'oreilles apparentes et par la queue ; mais elle en diffère essentiellement par un grand nombre d'autres caractères : elle a la tête bien plus grosse, presque aussi haute que longue, et terminée par un museau aplati et semblable au boutoir du cochon d'Inde : elle a à chaque mâchoire deux dents incisives fort longues qui paraissent même quand la gueule est fermée ; celles d'en bas sont les plus longues : il y a des taches blanches autour des yeux, des oreilles et au-dessus de la tête : les pieds ont tous cinq doigts munis de forts ongles ; il y a d'assez longs poils sous les pieds : le poil est d'un brun-minime, qui devient plus foncé et presque noir sur la tête ; vers les côtés, sous le ventre et sur la queue, il est d'un blanc-cendré ou bleuâtre.

Fort avant dans l'intérieur du pays, on trouve une espèce beaucoup plus petite et de couleur d'acier, mais du reste parfaitement semblable à la précédente. Toutes ces taupes ressemblent encore aux nôtres par leurs habitudes ; elles vivent sous terre, elles y creusent des galeries qui rendent les voyages fort difficiles tant à pied qu'à cheval, et elles font beaucoup de mal aux jardins.

4° La taupe de Canada, *Talpa Canadensis, caudâ nodosâ longissimâ, naso multiplicibus musculis, tanquam spinis, coronato.* Cet animal tient du rat et de la taupe vulgaire : sa queue longue de trois pouces est noueuse et presque nue ; ses pieds ont chacun cinq doigts armés d'un ongle ou écaille fauve. Cet animal est plus élevé de terre, moins rampant que la taupe vulgaire, et a la légèreté du rat ; ses yeux sont cachés sous le poil ; son corps est effilé, couvert d'un poil noir, grossier et assez long : le museau n'est ni pointu ni terminé par un boutoir, mais il est relevé d'une moustache ou bordé de vingt-cinq muscles charnus, très-déliés, qui ont l'air et l'effet d'autant d'épines : toutes ces pointes, d'une belle couleur de rose, agissent à la volonté de l'animal, de façon qu'elles se rapprochent et se réunissent au point de ne former qu'un corps aigu et très-délié ; quelquefois aussi ces muscles épineux s'ouvrent et s'épanouissent à la manière du calice des fleurs, ils enveloppent et renferment le conduit nasal auquel ils servent d'abri. De quelle utilité peut être à la taupe du Canada une telle organisation ?

Cet animal se trouve dans les contrées du Canada, et n'y est pas très-commun. Il passe la plus grande partie de sa vie sous la neige, sort très-peu de sa tanière, même dans le beau temps : il manœuvre comme nos taupes, mais avec lenteur ; aussi ses taupinières sont-elles peu abondantes et assez petites. Il semble que le goût de la vie sédentaire l'attache et le fixe au moins pour quelque temps au lieu qu'il s'est choisi, tandis que nos taupes européennes, condamnées par la loi de la nature à vivre sous terre, à éviter le grand jour, savent se dédommager de cette proscription par l'aisance et la commodité de leurs demeures.

5° La grande taupe du Cap ou taupe des Dunes, *Talpa monstroso volumine, Capensis.* Cette taupe ne se trouve point dans l'intérieur du pays, elle n'habite que les dunes qui sont aux environs du cap de Bonne-Espérance et près de la mer : sa couleur est blanchâtre sur le corps, avec une légère teinte de jaune, qui se change en couleur grise sur les côtés et sous le ventre : sa tête est allongée et terminée par un museau plat de couleur de chair, assez semblable au boutoir d'un cochon ; elle a les yeux et les oreilles comme la taupe vulgaire de notre pays : une tache ronde et plus blanche que le reste du corps entoure l'ouverture du canal auditif ; chaque mâchoire a deux dents incisives, que l'on voit quoique la gueule soit fermée ; celles d'en bas sont les plus longues, elles sont aussi fort larges et partagées chacune, seulement sur le devant, en deux, par un sillon qui la fait paraître double : il y a huit dents molaires dans chaque mâchoire, ce qui, avec les incisives, forme en tout vingt-deux dents ; les inférieures avancent un peu au delà des supérieures, mais ce qu'elles offrent de plus singulier, c'est qu'elles sont mobiles, et que l'animal peut les écarter ou les réunir à volonté. Ce mécanisme est probablement le même que celui des dents du requin. La queue est plate, couverte de longs poils, qui de même que ceux des moustaches et de dessous les pattes, sont roides comme des soies de cochon : il y a cinq doigts à chaque pied, ils sont munis d'ongles blanchâtres et fort longs.

Ces taupes vivent comme les nôtres sous terre, elles y font des trous profonds et de longs boyaux ; elles jettent la terre comme nos taupes en l'accumulant en de très-gros monceaux, ce qui fait qu'il est dangereux d'aller à cheval dans les lieux où elles sont en nombre, souvent il arrive que les jambes des chevaux s'enfoncent jusqu'aux genoux dans ces trous. Ces taupes sont très-communes au Cap, elles vivent de plantes et d'oignons, et causent beaucoup de dommage aux jardins : elles ne courent pas vite, et en marchant elles tournent leurs pieds en dedans ; mais elles sont très-expéditives à creuser la terre. Leur corps touche toujours le sol sur lequel elles sont ; elles mordent très-fort, et il est dangereux de les irriter. On dit que leur chair est bonne à manger.

Les taupes jouissent de l'organe de la vue, et leurs yeux ne paraissent petits que parce qu'ils sont cachés par les poils qui les couvrent, et qui environnent le muscle cutané de leurs globes ; cet habitant des ténèbres ne se sert que de l'odorat dans les routes obscures et tortueuses qu'il suit pour chercher sa retraite et sa nourriture. A voir l'air hébêté, la démarche gauche et incertaine de cet animal, on juge facilement que la lumière n'est pas faite pour lui, et qu'il n'a peut-être dans le mécanisme oculaire que la partie matérielle. En effet, les taupes voient si peu distinctement qu'elles se heurtent contre les corps qu'elles rencontrent, et en suivant leur route, elles se précipitent souvent sans dessein. Sa chair a l'odeur de celle du lapin, et la substance de sa peau est épaisse comme celle du chamois. Ses pattes antérieures qui sont plus larges que celles de derrière et armées d'ongles fort tranchants et toujours tournés en dehors, ont une force extraordinaire : la supination et la pronation en sont supprimées ; par conséquent toute la force des muscles se réduit au mouvement de flexion et d'extension, ce qui augmente ces deux actions si nécessaires à la taupe pour creuser la terre : ses pattes postérieures ont beaucoup moins de force et sont plus flexibles : ses muscles sont raccourcis, épais, charnus, tendineux et presque osseux aux extrémités ; ses os sont bien articulés et solides ; le sternum est élevé et tranchant comme celui des oiseaux.

Les vers et divers insectes sont la principale nourriture des taupes ; c'est pour cela qu'elles aiment les fumiers de nature et qu'elles se plaisent dans les terres fumées : elles mangent beaucoup de racines potagères : elles deviennent à leur tour la pâture des scarabées fossoyeurs. Agricola prétend que l'on fait des chapeaux de taupe, qui sont d'une extrême beauté. Cet auteur dit avoir vu des habits fourrés de la peau de ces animaux. Pline, liv. VIII, chap. 58 *de son Histoire Naturelle*, cite les couvertures de lit faites de peaux de taupe, qu'il a vues à Orchomène : nous avons vu des personnes s'en faire des sourcils. On estime le sang de la taupe pour rétablir les poils ; il est aussi d'un usage merveilleux dans plusieurs sortes de maladies cutanées, comme, par exemple, pour guérir les ulcères qui se forment à la racine des ongles ; sa graisse, au contraire, contribue, dit-on, à faire tomber la trop grande quantité de cheveux : enfin, le bouillon de taupe est indiqué par les bonnes femmes pour guérir les enfants de l'incommodité de pisser au lit. Toutes ces vertus de la taupe en médecine sont fabuleuses ou négligées. (*Bomare.*)

**TAUREAU** (zoologie) [*taurus*]. — Mammifère ongulé et cornupède, dont le caractère, est de n'avoir point de dents incisives à la mâchoire supérieure, d'en avoir huit à l'inférieure, d'avoir le pied fourchu et les cornes simples, tournées vers les côtés. Le taureau que nous voyons à la tête de nos troupeaux, étant un animal d'une très-ancienne domesticité, a nécessairement dégénéré du taureau sortant des mains de la nature, et jouissant de toute sa force et de toute sa liberté : on a lieu de penser que le taureau domestique vient originairement de l'aurochs ou urus, qui lui est supérieur en force, en grandeur, etc.

Le taureau sert, de même que l'aurochs, à la propagation de l'espèce ; et quoiqu'on puisse aussi le soumettre au travail, on n'en est pas plus sûr de son obéissance, et il faut être en garde contre l'usage qu'il peut faire de sa force. La nature, dit Buffon, a fait le taureau indocile et fier. Dans le temps du rut, il devient indomptable et souvent furieux ; mais par la castration l'on détruit la source de ces mouvements impétueux et l'on ne retranche rien à sa force ; il n'en devient que plus gros, plus massif, plus pesant et plus propre aux ouvrages auxquels on le destine : il devient aussi intraitable, plus patient, plus docile et moins incommode aux autres. Un troupeau de taureaux ne serait qu'une troupe effrénée que l'homme ne saurait dompter ni conduire, mais un nombreux troupeau de bœufs suit paisiblement le chemin du pâturage ; s'ils s'écartent, dociles à la voix d'une femme, d'un enfant, ils reviennent aussitôt. On les conduit de même et sans résistance de leur part, aux travaux les plus pénibles.

L'âge le plus convenable à la castration est celui qui précède immédiatement la puberté ; pour le bœuf c'est dix-huit mois ou deux ans : ceux qu'on soumet plutôt, périssent presque tous ; cependant les jeunes veaux auxquels on ôte les testicules quelque temps après leur naissance et qui survivent à cette opération si dangereuse à cet âge, deviennent des bœufs plus grands, plus gros, plus gras que ceux auxquels on ne fait la castration qu'à deux, trois ou quatre ans ; mais ceux-ci paraissent conserver plus de courage et d'activité, et ceux qui ne la subissent qu'à l'âge de six, sept ou huit ans, ne perdent presque rien des autres qualités du sexe masculin ; ils sont plus impétueux, plus indociles que les autres bœufs ; et dans le temps de la chaleur des femelles, ils cherchent encore à s'en approcher ; mais il faut avoir soin de les en écarter, parce que le seul attouchement du bœuf fait naître à la vulve de la vache des espèces de carnosités ou de verrues, qu'il faut détruire et guérir, en y appliquant un fer rouge. Ce mal peut provenir de ce que ces bœufs qu'on n'a que bistournés, c'est-à-dire auxquels on a seulement comprimé les testicules, serré et tordu les vaisseaux qui y aboutissent, ne laissent pas de répandre une liqueur apparemment à demi-purulente, et qui peut causer à la vulve de la vache les accidents dont il vient d'être question.

Le taureau, ainsi que le rhinocéros, entre très-souvent en fureur à la vue de la couleur rouge : effet bien singulier, mais que l'expérience démontre. Il combat généreusement pour le troupeau, et marche volontiers le premier à la tête, en s'annonçant par un mugissement grave, ainsi qu'on l'observe dans les premiers jours du printemps, où ils viennent prendre possession du pâturage. S'il y a deux troupeaux de vaches dans un champ, les deux taureaux s'en détachent et s'avancent l'un vers l'autre ; animés par le sentiment de la jalousie, leurs mugissements sont le signal de l'attaque : les deux rivaux fondent l'un sur l'autre avec impétuosité et se heurtent avec violence ; le premier choc est suivi d'un second, d'un troisième, etc. Ils se battent avec acharnement, et ne cessent le combat que lorsqu'on les sépare, ou que le plus faible est contraint de céder au plus fort ; alors le vaincu se retire triste et tout honteux, au lieu que le vainqueur retourne avec noblesse et orgueil vers son sérail, tête levée, triomphant et tout fier de sa victoire : le plus faible n'ose alors approcher les femelles en chaleur que lorsque celui-ci est éloigné, ou que, fatigué de ses travaux, il ne peut plus lui disputer sa jouissance.

L'homme sait user en maître de sa puissance sur les animaux : il choisit ceux dont il peut tirer le plus d'avantage pour l'aider dans ses travaux, ainsi que ceux dont la chair flatte son goût : il en a fait des esclaves domestiques ; il les a multipliés plus que la nature ne l'aurait fait ; il en a formé des troupeaux nombreux : c'est ainsi qu'il a multiplié les chevaux, les bœufs, les vaches, les moutons, les chèvres, les cochons, etc.

Le bœuf et le mouton, si généralement répandus, et les autres animaux qui paissent l'herbe, sont non-seulement les meilleurs, les plus utiles et les plus précieux pour l'homme puisqu'ils le nourrissent, ce sont encore ceux qui consomment et dépensent le moins. Le bœuf surtout est, à cet égard, l'animal par excellence, car il rend à la terre tout autant qu'il en retire, et même il améliore le fonds sur lequel il vit ; il engraisse son pâturage, au lieu que le cheval et la plupart des animaux amaigrissent en peu d'années les meilleures prairies. Le mouton et la chèvre coupent l'herbe de si près, qu'ils détruisent la tige et gâtent les racines ; le cheval choisit l'herbe la plus fine, et laisse grener et multiplier la grande herbe, dont les tiges sont dures ; au lieu que le bœuf, qui ne peut brouter que l'herbe longue, à cause de ses grosses lèvres, et qui n'a point de dents incisives à la mâchoire supérieure, ne coupe que les grosses tiges et détruit peu à peu l'herbe la plus grossière ; ce qui fait qu'au bout de quelques années la prairie sur laquelle le cheval a vécu, n'est plus qu'un mauvais pré, au lieu que celle que le bœuf a broutée devient un pâturage fin.

Mais ce ne sont pas les seuls avantages que ce bétail procure à l'homme : sans le bœuf, les pauvres et les riches auraient beaucoup de peine à vivre, la terre demeurerait inculte ; les champs et même les jardins seraient secs et stériles : c'est sur lui que roulent tous les travaux de la campagne ; il est le domestique le plus utile de la ferme ; il fait toute la force de l'agriculture : autrefois il faisait toute la richesse des hommes.

Les Germains en faisaient si grand cas, qu'au rapport de Tacite, ils donnaient pour dot des bœufs à leurs filles. Les Athéniens, qui s'en servaient aussi pour le labourage et pour mettre à leurs chars, furent très-longtemps sans immoler de ces animaux dans leurs sacrifices. Élien rapporte que Phrygès fut condamné à mort pour avoir tué un bœuf qui travaillait à la charrue. Le bœuf est encore aujourd'hui la base de l'opulence des États, qui ne peuvent se soutenir et fleurir que par la culture des terres et par l'abondance du bétail, qui sont les seuls biens réels, puisque tous les autres, et même l'or et l'argent, ne sont que des biens arbitraires et représentatifs, des monnaies qui n'ont de valeur qu'autant que le produit de la terre leur en donne.

Le bœuf, ainsi que l'observe Buffon, ne convient pas autant que le cheval, l'âne, le chameau, etc., pour porter des fardeaux. La forme de son corps et de ses reins le démontre ; mais la grosseur de son cou, la largeur de ses épaules, indiquent assez qu'il est propre à tirer et à porter le joug. C'est aussi de cette manière qu'il tire le plus avantageusement, et il est singulier que cet usage ne soit pas général et que dans des provinces entières on l'oblige à tirer par les cornes. La seule raison qu'on a pu m'en donner, dit Buffon, c'est que quand il est attelé par les cornes, on le conduit plus aisément. Il a la tête très-forte, et ne laisse pas de tirer assez bien de cette façon, mais avec beaucoup moins d'avantage que quand il tire par les épaules. Il semble avoir été fait exprès pour la charrue ; la masse de son corps, la lenteur de ses mouvements, le peu de hauteur de ses jambes, sa tranquillité même et sa patience dans le travail, semblent concourir à le rendre propre à la culture des champs, et plus capable qu'aucun autre de vaincre la résistance constante et toujours nouvelle que la terre oppose à ses efforts. Le cheval, quoique peut-être aussi fort que le bœuf, est moins propre à cet ouvrage : il est trop élevé sur ses jambes ; ses mouvements sont trop grands, trop brusques, et d'ailleurs il s'impatiente et se rebute aisément. On lui ôte toute la légèreté, la souplesse de ses mouvements, toute la grâce de son attitude et de sa démarche, lorsqu'on le réduit à ce travail pesant pour lequel il faut plus de constance que d'ardeur, plus de masse que de vitesse, et plus de poids que de ressort.

Les bœufs, comme les autres animaux domestiques, varient pour la couleur ; cependant le poil roux paraît être le plus commun, et plus il est rouge, plus il est estimé. On fait cas aussi du poil noir, et l'on prétend que les bœufs sous poil bai durent longtemps, que les bruns durent moins et se rebutent de bonne heure ; que les gris, les pommelés et les blancs ne valent rien pour le travail, les mouches et les taons les attaquent et les tourmentent aussi beaucoup plus que les roux et les noirs ; aussi dit-on qu'ils ne sont propres qu'à être engraissés. Mais de quelque couleur que soit le poil du bœuf, il doit être luisant, épais et doux au toucher ; car s'il est rude au toucher ou dégarni, on a raison de supposer que l'animal souffre, ou du moins qu'il n'est pas d'un fort tempérament.

Un bon bœuf, pour la charrue, ne doit être ni trop gras ni trop maigre, il doit avoir la tête courte et ramassée ; les oreilles grandes et bien velues ; les cornes fortes, luisantes, de moyenne grandeur ; le front large, les yeux gros et noirs, le mufle gros et camus, les naseaux bien ouverts, les dents blanches et égales, les lèvres noires ; le cou charnu, les épaules grasses et pesantes, la poitrine large ; le fanon, *palearia*, c'est-à-dire la peau du devant du cou, pendante jusque sur les genoux ; les reins fort larges, le ventre spacieux et tombant, les flancs grands, les hanches longues, la croupe épaisse, les jambes et les cuisses grosses et nerveuses, le dos droit et plein, la queue pendante jusqu'à terre et garnie de poils touffus et fins, les pieds fermes, le cuir épais mais maniable, les muscles élevés, et l'ongle court et large. Il faut aussi qu'il soit sensible à l'aiguillon, obéissant à la voix et bien dressé ; mais ce n'est que peu à peu et en s'y prenant de bonne heure, qu'on peut accoutumer le bœuf à porter le joug volontiers et à se laisser conduire aisément.

Dès l'âge de deux ans et demi ou de trois ans, il faut commencer à l'apprivoiser et à le subjuguer ; si l'on attend plus tard, il devient indocile et souvent indomptable. La patience, la douceur et même les caresses, sont les seuls moyens qu'il faut employer ; la force et les mauvais traitements ne serviraient qu'à le rebuter pour toujours. Il faut donc lui frotter le corps, le caresser, lui donner de temps en temps de l'orge bouilli, des fèves concassées et d'autres nourritures de cette espèce, dont il est plus friand, et toutes mêlées de sel, qu'il aime beaucoup. En même temps, on lui liera souvent les cornes ; quelques jours après on le mettra au joug, et on lui fera traîner la charrue avec un autre bœuf de même taille et qui sera tout dressé : on aura soin de les attacher ensemble à la mangeoire, de les mener de compagnie au pâturage, afin qu'ils se connaissent et s'habituent à n'avoir que des mouvements communs : on n'emploiera jamais l'aiguillon dans les commencements, il ne servirait qu'à le rendre plus intraitable ; il faudra aussi le ménager et ne le faire travailler qu'à petites reprises, car il se fatigue beaucoup, tant qu'il n'est pas tout à fait dressé ; et par la même raison, on le nourrira alors plus largement que dans tout autre temps.

Le bœuf ne doit servir que depuis trois ans jusqu'à dix ; on fera bien de le tirer alors de la charrue pour l'engraisser et le vendre : la chair en sera meilleure que si on attendait plus longtemps.

On reconnaît l'âge de cet animal par les dents et par les cornes. Les premières dents de devant tombent à dix mois, et sont remplacées par d'autres qui sont moins blanches, mais plus larges. A seize mois, les dents voisines de celles du milieu tombent et sont aussi remplacées par d'autres ; et à trois ans, toutes les dents incisives sont renouvelées : elles sont alors égales, longues et assez blanches ; à mesure que le bœuf avance en âge, elles deviennent inégales et noires. C'est la même chose pour le taureau et pour la vache.

Ainsi la castration ni le sexe ne changent rien à la crue ni à la chute des dents ; cela ne change rien non plus à la tenue des cornes, car elles se déchaussent également à trois ans dans le taureau, le bœuf ou la vache. Il faut expliquer ceci. A l'âge de trois ans, une lame très-mince se lève sur la corne ; cette lame qui n'a pas plus d'épaisseur qu'une feuille de papier commun, se gerce dans toute la longueur et tombe au moindre frottement, mais la corne subsiste et n'est pas remplacée par une autre : c'est une simple exfoliation d'où se forme une espèce de bourrelet qui se trouve depuis l'âge de trois ans au bas des cornes des bœufs, des vaches et des taureaux. L'année suivante, ce bourrelet s'éloigne de la tête, poussé par un cylindre de corne, qui se forme et qui se termine aussi par un autre bourrelet, et ainsi de suite ; car tant que l'animal vit, les cornes croissent : ces bourrelets deviennent des nœuds annulaires, qu'il est aisé de distinguer dans la corne et par lesquels l'âge se peut aisément compter, en prenant pour trois ans la pointe de la corne jusqu'au premier nœud, pour un an de plus chacun des intervalles entre les autres nœuds. Ainsi les cornes de ces animaux, et qui sont toujours pointues, commencent par être petites, droites, pyramidales, unies, et finissent par être régulièrement contournées ou courbées et chargées de nœuds annulaires vers leur base. Maintenant il convient de dire que le déchaussement total de la corne ongulée, dans les individus de l'espèce du taureau, arrive très-rarement ; ce déchaussement total ne serait-il pas l'effet de frottements accidentels, violents, ou d'une maladie particulière ?

Le cheval mange nuit et jour lentement, mais presque continuellement : le bœuf au contraire mange vite, et prend en assez peu de temps toute la nourri-

ture dont il a besoin, après quoi il cesse de manger et se couche pour ruminer.

La rumination n'est qu'un vomissement sans effort, qui dépend de ce que les deux premiers estomacs du bœuf, c'est-à-dire la panse et le bonnet qui n'est qu'une portion de la panse, étant remplis d'herbes, autant qu'ils peuvent en contenir, cette membrane tendue réagit alors avec force sur l'herbe qu'elle contient, qui n'est que très peu mâchée, à peine hachée, et dont le volume augmente beaucoup par la fermentation. L'animal remâche ces herbes, les macère, les imbibe de nouveau de sa salive, et rend ainsi peu à peu l'aliment plus coulant ; il le réduit en une pâte assez liquide pour qu'elle puisse couler dans le conduit étroit qui communique du second au troisième estomac, où elle se macère encore avant que de passer dans le quatrième, et c'est dans ce dernier estomac que s'achève la décomposition du foin qui y est réduit dans un parfait mucilage ; et ce n'est pour ainsi dire que le marc qui passe dans les intestins. Ce qui confirme la vérité de cette explication, c'est que tant que ces animaux tettent et sont nourris de lait et d'autres aliments liquides et coulants, ils ne ruminent pas, et qu'ils ruminent beaucoup plus en hiver et lorsqu'on les nourrit d'aliments secs, qu'en été, saison où ils paissent l'herbe tendre.

On prétend que les bœufs qui mangent lentement résistent plus longtemps au travail que ceux qui mangent vite ; que les bœufs des pays élevés et secs sont plus vifs, plus vigoureux et plus sains que ceux des pays bas et humides ; que tous deviennent plus forts lorsqu'on les nourrit de foin sec, que quand on ne leur donne que de l'herbe molle ; qu'ils s'accoutument plus difficilement que les chevaux aux changements de climats, et que pour cette raison on ne doit jamais acheter des bœufs, pour le travail, que dans son voisinage.

On doit nourrir les bœufs et les vaches avec du foin, de la paille, et même leur donner un peu de son et d'avoine : en été on leur donnera de l'herbe fraîchement coupée, ou bien de jeunes pousses de feuilles de frêne, d'orme, de chêne, etc., mais en petite quantité, surtout de celles du chêne ; l'excès de cette nourriture, qu'ils aiment beaucoup, leur causant quelquefois un pissement de sang dont ils périssent : peut-être serait-il prudent de ne leur en point donner. Le sainfoin, les navets, la luzerne, la vesce, les lupins sont de très-bons aliments pour les bœufs ; il n'est pas nécessaire de régler la quantité de leur nourriture, ils n'en prendront jamais plus qu'il ne leur en faut. La grande chaleur incommode ces animaux, peut-être encore plus que le grand froid ; ainsi on doit éviter de les faire travailler à la grande ardeur du soleil. Ils ne demandent pas autant de soins que les chevaux ; cependant si on veut les entretenir sains et vigoureux, et en bon appétit, on ne peut guère se dispenser de les étriller tous les jours, de les laver, de leur graisser la corne des pieds, et de leur donner de bonne litière, un peu de sel par intervalles, du repos à l'étable, les faire boire deux fois par jour ; il faut observer de ne les pas faire passer brusquement du vert au sec, et du sec au vert ; mais de les amener par degrés à ce changement de nourriture. On ne doit les mettre au pâturage que vers le 15 mai, et les en retirer vers le 15 octobre, pour les remettre au fourrage.

### De la vache et du veau.

Dans les espèces d'animaux dont l'homme a formé des troupeaux, et où il a eu leur multiplication pour objet principal, le nombre des femelles est plus nécessaire et plus utile que celui des mâles. Le produit de la vache est un bien qui croît et qui se renouvelle à chaque instant; ce qui rend sa vie plus précieuse encore à l'espèce humaine, c'est qu'elle est le soutien du ménage champêtre. Oui, sa fécondité nous enrichit, augmente nos troupeaux, étend notre domaine, fournit des secours pour l'agriculture, ou des vivres pour notre subsistance. La chair du veau est une nourriture aussi abondante que saine et délicate : le lait est l'aliment des enfants; le beurre, l'assaisonnement de la plupart de nos mets; le fromage, la nourriture la plus ordinaire des habitants de la campagne. Que de pauvres familles sont aujourd'hui réduites à vivre du produit de leurs vaches !

On peut aussi faire servir la vache à la charrue; et quoiqu'elle ne soit pas aussi forte que le bœuf, elle ne laisse pas de le remplacer souvent; elle en a la docilité, l'instinct et les bonnes qualités; mais lorsqu'on veut l'employer à cet usage, il faut avoir attention de l'assortir, autant qu'on le peut, avec un bœuf de sa taille et de sa force, afin de conserver l'égalité du trait et de maintenir le soc en équilibre entre ces deux puissances, car moins elles sont inégales et plus le labour de la terre est facile et régulier. Au reste, on emploie souvent six et jusqu'à huit bœufs dans les terrains fermes, et surtout dans les friches cailouteuses, ou qui se lèvent par grosses mottes et par quartiers. Deux vaches suffisent pour labourer dans les terrains meubles et sablonneux. On peut aussi, dans ces terrains légers, pousser à chaque fois le sillon beaucoup plus loin que dans les terrains forts. Les anciens, qui conservaient avec tout le soin possible les animaux de labour, avaient borné à une longueur de cent vingt pas la plus grande étendue du sillon que le bœuf devait tracer par une continuité non interrompue d'efforts et de mouvements; après quoi, disaient-ils, il faut cesser de l'exciter, et le laisser reprendre haleine pendant quelques moments, avant que de poursuivre le même sillon ou d'en commencer un autre.

Le printemps est la saison où les vaches sont le plus communément en chaleur; la plupart dans ce pays-ci reçoivent le taureau depuis le 15 avril jusqu'au 15 juillet; mais il ne laisse pas d'y en avoir beaucoup dont la chaleur est ou plus tardive ou plus précoce : elles portent neuf mois, et mettent bas au commencement du dixième. On a donc des veaux en quantité depuis le 15 janvier jusqu'au 15 avril : on en a aussi pendant tout l'été assez abondamment, l'automne est le temps où ils sont le plus rares. Les signes de la chaleur de la vache ne sont point équivoques : elle mugit alors très-fréquemment et plus violemment que dans les autres temps; elle saute sur les bœufs, sur les vaches et

même sur les taureaux; la vulve est gonflée et proéminente au dehors. Il faut profiter du temps de cette forte chaleur pour lui donner le taureau; si on laissait diminuer cette ardeur, la vache ne retiendrait pas aussi sûrement. Le taureau destiné à multiplier le troupeau, doit être choisi, comme le cheval étalon, parmi les plus beaux de son espèce : il doit être gros, bien fait et en bonne chair : il doit avoir l'œil noir, le regard fier, le front ouvert, la tête courte, les cornes grosses, courtes et noires, les oreilles longues et velues, le mufle grand, le nez court et droit, le cou charnu et gros, les épaules et la poitrine larges, les reins fermes, le dos droit, les jambes grosses et charnues, la queue longue et bien couverte de poil, l'allure ferme et sûre, et le poil roux. Il peut saillir les vaches depuis trois ans jusqu'à neuf; mais on ne doit pas lui en livrer plus de quinze par mois. On lui fait manger alors de l'avoine, de l'orge et de la vesce, pour lui donner de l'ardeur et lui procurer une plus grande abondance de liqueur séminale.

Les vaches retiennent souvent dès la première, seconde ou troisième fois; et sitôt qu'elles sont pleines, le taureau refuse de les couvrir, quoiqu'il y ait encore apparence de chaleur; mais ordinairement la chaleur cesse presque aussitôt qu'elles ont conçu, et elles refusent alors elles-mêmes les approches du taureau.

Les vaches sont assez sujettes à avorter, lorsqu'on ne les ménage pas et qu'on les met à la charrue, etc.; il faut même les soigner davantage et les suivre de plus près, lorsqu'elles sont pleines, afin de les empêcher de sauter les haies, les fossés, etc.; il faut aussi les mettre dans les pâturages les plus gras, et dans un terrain qui, sans être humide et marécageux, soit cependant très-abondant en herbe. Six semaines ou deux mois avant qu'elles mettent bas, on les nourrira plus largement qu'à l'ordinaire : on cessera aussi dans ce même temps de les traire, le lait leur étant alors plus nécessaire que jamais pour la nourriture de leur fœtus; aussi y a-t-il des vaches dont le lait tarit absolument, un mois ou six semaines avant qu'elles mettent bas. Celles qui ont du lait jusqu'aux derniers jours, sont les meilleures mères et les meilleures nourrices; mais ce lait des derniers temps est généralement mauvais et peu abondant. Il faut les mêmes attentions pour l'accouchement de la vache que pour celui de la jument, et même il paraît qu'il en faut davantage; car la vache qui met bas, paraît être plus épuisée, plus fatiguée que la jument. On doit la mettre dans une étable chaude sur une bonne litière, et lui donner abondamment de bonne nourriture.

On laisse le jeune veau auprès de sa mère pendant les cinq ou six premiers jours, afin qu'il soit toujours chaudement et qu'il puisse téter aussi souvent qu'il en a besoin. Mais il croît et se fortifie assez dans ces cinq ou six jours, pour qu'on soit dès lors obligé de l'en séparer, si l'on veut ménager la vache : car il l'épuiserait s'il était toujours auprès d'elle. Il suffira de le laisser téter deux ou trois fois par jour; et si l'on veut lui faire une chair et l'engraisser promptement, on lui donnera tous les jours du lait bouilli, dans lequel on mettra de la mie de pain et des œufs. Au bout de quatre ou cinq semaines ce veau sera excellent à manger. On pourra ne laisser téter que trente à quarante jours les veaux qu'on voudra livrer au boucher; mais il faudra laisser au lait, pendant deux mois au moins, ceux qu'on voudra élever. On doit sevrer les veaux à trois ou quatre mois: il faut beaucoup de soins pour leur faire passer leur premier hiver; c'est le temps le plus dangereux de leur vie, car ils se fortifient assez pendant l'été suivant, pour ne plus craindre le froid du second hiver.

La vache est à dix-huit mois en âge de puberté, et le taureau à deux ans; mais quoiqu'ils puissent déjà engendrer à cet âge, on fera bien d'attendre jusqu'à trois ans pour leur permettre de s'accoupler. Ces animaux sont dans leur plus grande force depuis trois ans jusqu'à neuf; après ce temps les vaches et les taureaux ne sont plus propres qu'à être engraissés. Comme ils prennent en deux ans la plus grande partie de leur accroissement, la durée de leur vie est aussi, comme dans la plupart des autres espèces d'animaux, à peu près de sept fois deux ans, et communément ils ne vivent guère que quatorze ou quinze ans.

Dans tous les animaux quadrupèdes, la voix du mâle est plus forte et plus grave que celle de la femelle; c'est aussi ce qu'on observe dans le taureau. Ce qui fait croire qu'il a la voix moins grave, c'est que son mugissement ou beuglement, *mugitus aut boatus*, n'est pas un son simple, mais un son composé de deux ou trois octaves, dont la plus élevée frappe le plus l'oreille. Mais en y faisant attention, on entend en même temps un son grave, et plus grave et plus long que celui de la vache, du bœuf et du veau.

Au reste, le taureau ne mugit que d'amour; la vache mugit plus souvent de peur et d'inquiétude que d'amour; et le veau mugit de douleur, de besoin de nourriture et de désir de sa mère.

Les animaux les plus pesants et les plus paresseux ne sont pas ceux qui dorment le plus profondément, ni le plus longtemps. Le bœuf dort, mais d'un sommeil court et léger; il se réveille au moindre bruit: il se couche ordinairement sur le côté gauche, et le rein ou rognon de ce côté-là est toujours plus gros et plus chargé de graisse que le rognon du côté droit.

On doit donner à la vache le même soin et la même nourriture qu'au bœuf; mais la vache à lait exige des attentions particulières, tant pour la bien choisir que pour la bien conduire. On dit que les vaches noires sont celles qui donnent le meilleur lait; que les blanches sont celles qui en donnent le plus, mais que les tachetées de noir et de blanc sont les plus fécondes.

De quelque poil que soit la vache à lait, il faut qu'elle soit en bonne chair; qu'elle ait l'œil vif, la démarche légère; qu'elle soit jeune, et que son lait soit abondant et de bonne qualité. On les traira deux fois par jour, tant en été qu'en hiver, et une fois seulement par jour le dernier mois qu'on les trait, lorsqu'elles portent le veau, c'est-à-dire six semaines avant qu'elles accouchent. Si on ne les trait qu'une fois par jour n'étant pas pleines, elles perdent insen-

siblement leur lait, et si l'on veut augmenter la quantité du lait, il n'y a qu'à les nourrir avec des aliments plus succulents, c'est-à-dire plus nutritifs que l'herbe.

Le bon lait n'est ni trop épais, ni trop clair; sa consistance doit être telle, que lorsqu'on en prend une petite goutte, elle conserve sa rondeur sans couler; il doit être d'un beau blanc: celui qui tire sur le jaune ou sur le bleu ne vaut rien; sa saveur doit être douce, sans aucune amertume et sans âcreté: il faut aussi qu'il soit d'une bonne odeur ou sans odeur. Il est meilleur au mois de mai et pendant l'été que dans l'hiver, et il n'est parfaitement bon que quand la vache est en bon âge et en bonne santé. Le lait des jeunes génisses est trop clair; celui des vieilles vaches est trop sec, et pendant l'hiver il est trop épais. Ces différentes qualités du lait sont relatives à la quantité plus ou moins grande des parties butireuses, caséeuses et séreuses qui le composent. Le lait trop clair est celui qui abonde trop en parties séreuses; le lait trop épais est celui qui en manque, et le lait trop sec n'a pas assez de parties butireuses et séreuses. Le lait d'une vache en chaleur ne vaut rien, non plus que celui d'une vache qui approche de son terme ou qui a mis bas depuis peu de temps. (Voy. *Lait*.)

On trouve dans le troisième et le quatrième estomac du veau qui tette, des grumeaux de lait caillé. Ce lait caillé est un véritable suc gastrique, et qui est d'autant plus abondant dans tous les animaux ruminants, qu'on les a fait jeûner plus longtemps avant qu'on le recueille: il a une odeur de paille musquée; il contient beaucoup de sel volatil d'un acide particulier, et sert de levain pour la digestion des aliments que le veau prend. Ces grumeaux de lait séchés à l'air sont la présure dont on se sert pour faire cailler le lait. Plus on garde cette présure, meilleure elle est, et il n'en faut qu'une très-petite quantité pour faire un grand volume de fromage.

On voit, quoique rarement, des vaches qui ont la mauvaise habitude de se téter elles-mêmes; et comme il n'est guère possible de les corriger de ce défaut, on est obligé de les engraisser pour s'en défaire. On en a vu d'autres qui se laissaient téter par des couleuvres.

Les vaches et les bœufs aiment beaucoup le vin, le vinaigre, le sel, qui leur excite beaucoup l'appétit; aussi lorsqu'ils sont dégoûtés, leur donne-t-on de l'herbe trempée dans du vinaigre et saupoudrée d'un peu de sel. On a observé que le vin produit le même effet sur les vaches que sur les hommes; il les fortifie et leur donne de la gaieté et du courage. Lorsque les vachers de Suisse conduisent leurs vaches sur les montagnes, il s'en trouve plusieurs qui sont si fatiguées qu'elles ne peuvent plus marcher; alors ils ont soin de leur faire avaler un verre de vin, et aussitôt elles reprennent leurs forces et leur vigueur, et suivent le reste du troupeau.

C'est ordinairement à l'âge de dix ans qu'on met les bœufs et les vaches à l'engrais; si l'on attend plus tard, on est moins sûr de réussir, et leur chair n'est pas si bonne. L'été est la saison la plus favorable pour les engraisser, parce que les herbages sont abondants. En commençant au mois de mai ou de juin, on est presque sûr de les avoir gras à la fin d'octobre. Dès qu'on voudra les engraisser, on cessera de les faire travailler : on les fera boire beaucoup plus souvent ; on leur donnera des nourritures succulentes en abondance, quelquefois même mêlées d'un peu de sel ; on les laissera ruminer à loisir et dormir à l'étable pendant les grandes chaleurs. En moins de quatre ou cinq mois ils deviendront si gras qu'ils auront de la peine à marcher, et qu'on ne pourra les conduire au loin qu'à très-petites journées. Les vaches et même les taureaux bistournés peuvent s'engraisser aussi ; mais la chair de la vache est plus sèche, et celle du taureau bistourné est plus rouge et plus dure que la chair du bœuf, et elle a même toujours un goût désagréable et fort.

Les bœufs du Bas-Poitou ont ordinairement une graisse jaune : on les engraisse tout jeunes et même sans les avoir fait travailler ; ils sont assez doux, mais extrêmement peureux ; et comme ils s'effarouchent aisément, on a la précaution de les faire marcher plutôt le jour que la nuit. Quelquefois l'épouvante les prend au marché ou dans une foire, alors on court risque d'être blessé ou tué par ces animaux, qui n'écoutent rien et ne cessent de courir à perte d'haleine que lorsqu'ils sont épuisés de lassitude. Les bœufs de l'Auvergne, notamment ceux qui se vendent dans les foires du Limousin et de la Marche, sont les plus beaux et les meilleurs que nous ayons en France. On prétend avoir observé dans le Limousin, que les bœufs que l'on y engraisse avec du grain, quelque temps avant de les vendre, maigrissent dès la première route qu'on leur fait faire en les menant au marché ; si on ne les y vend pas aussitôt, on a de la peine à les rétablir dans leur premier état.

La plupart des bœufs que l'on tue se laissent assommer sans pousser aucun murmure, un seul coup d'un gros marteau ou deux tout au plus suffisent pour les abattre ; mais il y en a qui résistent aux coups d'assommoir d'une manière surprenante, ce qui vient sans doute de l'extrême dureté ou de la grande épaisseur de leur crâne : d'autres semblent menacer de leurs cornes le bras nerveux du boucher mercenaire, qui ne voit dans sa victime que le produit de la chair et de la peau d'un animal robuste et vigoureux, qui toute sa vie a enduré patiemment le joug de l'esclavage et de la tyrannie. Ce n'est pas assez, il faut encore l'égorger ; l'usage a prévalu en faveur des besoins, les réflexions seraient inutiles. On lit dans les *Mémoires de l'Académie*, que M. Duverney jeune fit voir à l'Académie le cerveau d'un bœuf pétrifié presque en toutes ses parties, et pétrifié jusqu'à égaler la dureté du silex ; il restait seulement en quelques endroits un peu de substance molle et spongieuse : la moelle de l'épine s'était conservée dans son état naturel, aussi bien que les nerfs qui étaient à la base du crâne ; le cervelet était aussi pétrifié que le cerveau : la pie-mère était aussi comprise dans ce changement général. Ce bœuf était fort gras et si vigoureux que quand le boucher avait voulu le tuer, il s'était échappé jusqu'à quatre fois.

Les taureaux, les vaches et les bœufs sont fort sujets à se lécher, surtout dans le temps où ils sont en plein repos ; et comme l'on croit que cela les empêche d'engraisser, on a soin de frotter de leur fiente tous les endroits de leur corps auxquels ils peuvent atteindre. Lorsqu'on n'a pas cette précaution, ils s'enlèvent le poil avec la langue qu'ils ont fort rude, et ils avalent ce poil en grande quantité : cette substance, qui ne peut être digérée, s'amasse dans leur estomac en forme de boule ; c'est cette substance que l'on nomme *égagropile*.

L'espèce ou plutôt la race de nos bœufs, qu'il ne faut pas confondre, dit Buffon, avec celles de l'aurochs, du buffle et du bison, paraît être originaire de nos climats tempérés, la grande chaleur les incommodant autant que le froid excessif : d'ailleurs cette espèce ou race, si abondante en Europe, ne se trouve point dans les pays méridionaux, et ne s'est pas étendue au delà de l'Arménie et de la Perse en Asie, et au delà de l'Egypte et de la Barbarie en Afrique. Aux Indes, aussi bien que dans le reste de l'Afrique et même en Amérique, ce sont des bisons que l'on trouve au lieu de bœufs.

Les bœufs qu'on trouve au cap de Bonne-Espérance et en plusieurs contrées de l'Amérique, y ont été transportés d'Europe par les Hollandais et par les Espagnols. En général il paraît que les pays un peu froids, tels que la Suisse, conviennent mieux à nos bœufs que les pays chauds, et qu'ils sont d'autant plus gros et plus grands que le climat est plus humide et plus abondant en pâturages. Cette espèce d'animal se plaît si bien en Danemark, qu'on assure que les Hollandais tirent tous les ans de ce pays un grand nombre de grandes vaches maigres qui donnent en Hollande beaucoup plus de lait que les vaches de France. C'est apparemment, dit Buffon, cette même race de vaches à lait qu'on a transportée et multipliée en Poitou, en Aunis et dans les marais de la Charente, où on les appelle *vaches Flandrines*.

Ces vaches sont en effet beaucoup plus grandes et plus maigres que les vaches communes, et elles donnent une fois autant de lait et de beurre ; elles donnent aussi des veaux beaucoup plus grands et plus forts. Il faut des pâturages excellents pour ces vaches : mais comme elles restent toujours maigres, toute la surabondance de la nourriture se tourne en lait, au lieu que les vaches ordinaires deviennent grasses, et cessent de donner du lait dès qu'elles ont vécu pendant quelque temps dans les pâturages trop gras. Avec un taureau de cette race et des vaches communes, on obtient une autre race, qu'on appelle bâtarde, et qui est plus féconde et plus abondante en lait que la race commune. Ces vaches bâtardes donnent souvent deux veaux à la fois, et fournissent du lait pendant toute l'année. Ce sont ces bonnes vaches à lait qui font une partie des richesses de la Hollande, d'où il sort tous les ans pour des sommes très-considérables de beurre et de fromage. Ces vaches, qui fournissent une ou deux fois autant de lait que les vaches de France, en donnent six fois autant que celles de Barbarie.

**TAXIDERMIE** (histoire naturelle) [du grec *taxis*, arrangement, disposition, fait de *tassó*, ranger, mettre en ordre, et de *derma*, peau]. — Terme nouvellement créé, pour exprimer l'art de préparer, monter et conserver les animaux.

Réaumur paraît être le premier qui ait publié quelques principes sur l'art de garantir de la corruption les peaux des oiseaux. Ces moyens consistaient à les mettre dans l'esprit-de-vin, pour les conserver pendant le voyage et la traversée, et à les monter ensuite sur un fil d'archal. Les plus gros animaux étaient bourrés avec de la paille, d'où est venu le mot empaillé, que les naturalistes modernes ont réformé pour y substituer celui de *monter*.

Schœffer qui vint après, se contenta de couper les oiseaux en deux parties, après les avoir dépouillés, et de les remplir de plâtre. C'est cette méthode perfectionnée qu'on suit encore en Allemagne.

Il parut à Lyon, en 1758, un ouvrage qui avait pour titre : *Mémoire instructif sur la manière de rassembler et de préparer les diverses curiosités d'histoire naturelle*, dans lequel l'auteur pose quelques principes utiles à la *taxidermie*. En 1786, l'abbé Manesse publia un *Traité sur la manière d'empailler et de conserver les animaux et les pelleteries*. Cet ouvrage contient des avis fort utiles. Les alcalis sont les moyens qu'il emploie; mais cette substance qui attire puissamment l'humidité de l'air, se dissout dans les temps de dégel, et couvre les plumes et les pattes d'une liqueur salée qui fixe la poussière, et ternit les plumes. Il n'en est pas de même des grands quadrupèdes, on ne connaît pas encore de moyens préférables à ceux qu'il indique.

Mauduyt a donné un mémoire sur la manière de préparer les oiseaux morts, inséré dans la *cinquième livraison de l'Encyclopédie méthodique, hist. nat. des oiseaux*, 1ʳᵉ et 2ᵉ partie. Mauduyt n'indique aucun moyen de conservation; et les fumigations sulfureuses qu'il fit adopter à Daubenton, lui parurent le *nec plus ultra*, pour faire périr les insectes destructeurs.

Les Hollandais, qui sont grands amateurs d'oiseaux rares, suppléent à tous autres moyens de conservation, en fixant l'animal qu'ils ont monté, dans une boîte proportionnée à son volume, garnie en dedans de papier blanc, et ayant sur le devant un verre assujetti et mastiqué avec soin.

Les Anglais emploient les mêmes moyens pour conserver les animaux; mais cette manière de les enfermer se refuse à un arrangement méthodique, et l'œil et la science y perdent également.

En l'an x, il parut presque en même temps, deux ouvrages sur la *taxidermie*; l'un par M. Nicolas, l'autre par M. Henon. Le premier emploie une pommade savonneuse et une liqueur tannante, avec lesquelles il prétend que les animaux montés se conservent très-longtemps. Quant à M. Henon, l'essence de térébenthine est à peu près le seul préservatif qu'il indique; mais l'essence de térébenthine a l'inconvénient d'absorber et de ternir les couleurs, même les plus brillantes.

*Manière de se procurer les différentes espèces d'oiseaux, de les préparer, et de les envoyer morts des pays que parcourent les voyageurs.*

Qui ne connaît le spectacle enchanteur qu'offre aux regards des curieux une belle collection d'oiseaux : c'est sans contredit, après celle des papillons, la partie la plus brillante, la plus apparente, et celle qui séduit le plus généralement l'homme le plus indifférent. La manière de se procurer les différentes espèces d'oiseaux, etc., a été exposée avec clarté et précision dans un mémoire instructif qu'a donné sur cet objet le docteur Mauduyt, de Paris, dont le cabinet en ce genre d'animaux et en insectes prouvait le goût et les connaissances, etc. Voici le sommaire de ce mémoire circonstancié.

On prend les oiseaux au piège, aux filets, aux lacets, à la pipée, à la piste, au trébuchet, aux gluaux, par la chasse au vol, et on les tue avec l'arc ou le fusil. On ne prend que les oiseaux de proie au piège, et cette méthode a, par rapport à l'usage que l'on veut faire de ces animaux, de grands inconvénients. Les pièges brisent les os, délabrent les parties engagées, et ne donnent pas toujours la mort aux animaux, on est obligé de les étouffer ou de leur introduire dans le cervelet une épingle proportionnée au volume de la tête de l'oiseau; dans cette opération, on doit avoir soin de ménager le bec et les plumes du cou. On ne prend au filet et avec les lacets que les petits oiseaux, et on les a par ce moyen en très-bon état. On fait la pipée par le moyen de petits bâtons enduits de glu (on les nomme gluaux) qui, collant les plumes les unes aux autres, ôtent aux oiseaux la faculté de voler : les oiseaux pris par cette méthode ne peuvent guère servir à entrer ensuite dans une collection. La glue est une sorte de résine excessivement tenace, que l'eau ne dissout pas, et que l'esprit-de-vin n'enlève qu'imparfaitement. Les plumes qui en sont une fois imprégnées, le sont pour toujours. La chasse avec l'arc ou le fusil, est le moyen le plus facile pour abattre les oiseaux; il est certain que par cette industrie traîtresse et meurtrière, le chasseur exercé peut s'en procurer davantage. Le docteur Mauduyt dit qu'il préfère l'arc pour les oiseaux, ainsi que pour les quadrupèdes, quand on se trouve à portée d'en faire usage : le plomb du fusil les crible souvent de toutes parts.

On peut envoyer les oiseaux entiers ou seulement leur peau, en les préparant de la même manière que les animaux à quatre pattes. La liqueur conservatrice est la même, et on doit prendre les mêmes précautions en arrangeant les oiseaux entiers dans les barriques. Si l'on a dessein de n'envoyer que des peaux, il faut écorcher les oiseaux; en voici la pratique :

On pose sur le dos l'oiseau qu'on veut écorcher, on le doit étendre sur une table. Asseyez-vous de manière que la queue de l'oiseau soit de votre côté. Écartez à droite et à gauche avec le manche du scalpel les plumes qui couvrent la poitrine; vous verrez qu'il y a dans son milieu un espace dégarni de plumes; faites sur cet endroit une incision longitudinale, commencez-la au haut du bréchet (cartilage *œiphœïde*), et conduisez-la un peu au-dessous de son extrémité. Prenez avec les doigts de la main gauche, ou saisissez avec une pince la peau d'un des côtés de l'incision, détachez cette peau d'avec les chairs, d'abord avec la lame du scalpel, ensuite avec le dos du même instrument, ou avec les doigts et même la main entière, suivant la grosseur de l'animal, soulevez la peau et la détachez des chairs le plus avant que vous pourrez, en enfonçant et sur le côté et en haut vers le cou, et en bas vers l'anus. Faites ensuite la même opération de l'autre côté.

Craignez-vous, en enfonçant les doigts ou le manche du scalpel, de déchirer ou de percer la peau : que les doigts de la main opposée répondent toujours en dehors à l'action du scalpel ou à celle des doigts au-dessous de la peau. Le tact vous avertira de son état, de la force qu'elle a pour résister, et si l'effort que vous faites n'est pas au-dessus de sa force résistante. Nous convenons qu'il faut ici et de l'adresse et de l'habitude.

La peau étant détachée des chairs aussi avant qu'elle peut l'être par cette pratique, alors saisissez le cou un peu au dessus de son articulation avec le corps, tirez-le en dedans de la main droite, repoussez la peau de la main gauche, détachez-la du cou, et quand vous êtes parvenu à l'en séparer dans un point circulaire, coupez le cou avec de forts ciseaux, ou avec un couteau, suivant le volume de l'oiseau. Le cou étant séparé d'avec le corps, il faut opérer sur les ailes. Vous en retirez une en dedans en la saisissant avec son moignon avec la main gauche, tandis que de la droite vous refoulez la peau en dehors, vous la détachez des chairs. Êtes-vous parvenu au pli de l'aile, alors vous coupez les chairs et vous séparez les os dans l'articulation. Vous remettez la peau dans son état, et vous opérez de la même manière sur l'autre aile. Lorsque toutes les deux sont dégagées et séparées d'avec le corps, vous passez aux cuisses ; vous les dépouillez comme les ailes l'une après l'autre ; quand opérant sur chaque cuisse en particulier, vous en avez retiré une en dedans, et l'avez dégagée de sa peau jusqu'au bas du pilon ou jusqu'au genou, alors vous séparez les os dans cet endroit, qui est celui où la cuisse s'articule avec la jambe. Le cou, les ailes, les cuisses étant séparés d'avec le corps, vous en saisissez et soulevez la masse de la main gauche, tandis que de la droite vous déprimez, vous séparez la peau qui tient encore au dos ; bientôt elle n'adhère plus qu'au seul croupion : quand il est à découvert, vous le coupez en dedans de la main gauche, un peu au-dessous de l'endroit où il s'articule avec le corps : celui-ci n'adhère plus par aucun point à la peau, vous l'enlevez et le mettez de côté. Vous revenez au cou ; vous en prenez le bout avec la main gauche, de la droite vous doublez la peau en la retournant ; vous tirez le cou à vous de la main gauche et vous refoulez la peau de la droite. Le cou sort comme le corps d'une anguille qu'on écorche, ou comme le doigt d'un gant qu'on retourne. Parvenu à la tête vous vous arrêtez quand vous êtes vers son milieu ; vous détachez avec le tranchant du scalpel la

langue sur les côtés sans la couper ; vous séparez le cou à sa jonction avec la tête, et avec le cou vous emportez la langue, l'œsophage ou le conduit des aliments, et la trachée-artère ou le canal qui sert au passage de l'air pour la respiration. Il ne reste plus qu'à agrandir le trou qui se trouve naturellement derrière la tête, et par où passe la moelle épinière. Ayant agrandi ce trou avec des ciseaux, avec un foret ou la pointe d'un couteau selon les circonstances, vous videz la cervelle, vous remettez ensuite la peau dans son état naturel, vous la remplissez de coton ou de mousse, ou d'une autre matière analogue ; vous observez de mettre peu de coton dans le pli des ailes. La peau flasque en cet endroit peut vous tromper ; elle prête beaucoup, il faut remplir très-peu cette partie ; au contraire, il faut avoir soin de fourrer la peau qui enveloppait les cuisses, et de les marquer. Votre opération étant finie, vous réunissez la peau par des points de suture ; vous remettez les ailes dans leur position, et vous les y assujettissez en entourant tout le corps d'un ruban et d'une ficelle. Il reste encore les yeux qu'il faut enlever, en les arrachant avec un fer pointu et courbé, en prenant garde d'endommager les paupières ; puis prenant un côté de la paupière avec le bout d'une pince, le soulevant d'une main, vous introduisez de l'autre main du coton pour en remplir la cavité. Ceux qui voudraient conserver dans le pays natal l'*oiseau* ainsi préparé, y mettraient des yeux d'émail de grandeur et de figure naturelles ; on les introduit dans l'orbite en écartant les deux côtés des paupières.

On peut encore exécuter d'une autre manière cette opération ; en voici la description. Quand, redoublant la peau du cou, on est parvenu à la tête, on continue de redoubler la peau jusqu'à ce qu'on découvre le globe des yeux. On le sépare de la membrane qui l'attache aux paupières, avec la lame du scalpel : on remplit l'orbite ou la cavité de l'œil de coton qu'on foule bien et qu'on a roulé auparavant dans ses doigts pour le rendre plus dense ; retirant ensuite la tête en dehors, les yeux se trouvent fermés comme ils doivent l'être. On présume bien qu'en écorchant les *oiseaux*, il faut avoir soin de n'en pas salir la peau, et y porter les mêmes attentions qu'en écorchant les quadrupèdes : il convient d'avoir près de soi du coton, et de faire usage d'un mélange de poudre de chaux et d'alun, en suivant en tout point, pour la préparation des peaux d'oiseaux, le procédé indiqué pour celle des quadrupèdes.

Le docteur Mauduyt dit encore que quelque attention qu'on apporte à son opération en écorchant les oiseaux, leurs peaux se trouvent souvent salies par trois accidents différents ; par la vase sur laquelle ils se couchent ; par le sang qui sort des plaies ; par la graisse, qui au bout de quelque temps s'atténue, devient fluide et s'imbibe dans les plumes. La vase se nettoie aisément par le moyen de l'eau seule. Le sang quand il est une fois sec, s'enlève difficilement, l'eau pure ne le dissout que très-imparfaitement ; les plumes en restent colorées, à moins qu'on ne se serve d'eau saturée de nitre, ce qui, poursuit le même observateur, est peut-être la seule substance qui ait la propriété de rendre la partie rouge du sang desséchée parfaitement miscible à l'eau, et par conséquent de fournir le moyen de nettoyer les parties qui en sont salies. On enlève la graisse en faisant usage d'une eau de lessive; on sait que c'est de l'eau chaude qui a filtré à travers les cendres de bois neuf. D'après cela il est probable qu'une petite dose de sel alcali fixe, dissous dans l'eau, aurait la même propriété que la lessive.

Maintenant il convient d'exposer les observations et les notes que les voyageurs devraient joindre aux oiseaux étrangers qu'ils envoient. Il importe surtout de savoir s'ils habitent dans le pays toute l'année, ou s'ils sont de passage ; quand et par où ils arrivent ; de quel côté et en quelle saison ils se retirent ; d'où l'on croit qu'ils viennent et où l'on pense qu'ils vont ; s'il y a des oiseaux qui ne paraissent qu'un moment et qui disparaissent pour longtemps; s'ils sont rares ou communs; quelle est leur nourriture ; comment ils se la procurent (les granivores sont ceux qu'on peut plus facilement transporter et habituer aux différents climats) ; quelle différence il y a de la taille et du plumage entre le mâle et la femelle ; en quoi les couleurs des petits diffèrent des adultes ; si les oiseaux ne muent qu'une ou plusieurs fois l'année, et dans quelle saison ; s'ils ne changent pas de couleur plusieurs fois dans la même année, ce qui n'est pas très rare parmi les oiseaux des climats qui sont entre les tropiques ; s'ils pondent toute l'année ou dans une saison seulement, et quelle est cette saison; combien la femelle fait de pontes; combien d'œufs à chaque ponte ; quelle est la couleur des œufs ; de combien de temps est la durée de l'incubation ; comment et avec quelles substances la mère fait son nid, où elle le place ; si elle le construit seule, ou si le mâle l'aide dans cette opération ; s'il partage avec elle l'ennui de la couvée et les fatigues de la nourriture des petits ; si ceux-ci vivent longtemps en société et quand ils se séparent ; de quelle utilité sont les oiseaux, ou quel tort ils font ; comment on les chasse, s'ils sont sauvages ; quels soins en on prend s'ils sont domestiques ; s'informer du nom qu'on leur donne dans les pays où on les trouve ; spécifier surtout la forme et la couleur des yeux, du bec et des pieds, leur couleur étant très-sujette à changer ; en un mot, parler de leur cri, et les faire connaître autant qu'on le peut.

### Manière d'envoyer les œufs et les nids.

Les œufs et les nids sont des objets inséparables de l'histoire naturelle des oiseaux. Les nids sont ces réduits où l'oiseau pond ses œufs, couve et élève ses petits : les nids sont plus ou moins grands, et construits quelquefois d'une manière fort simple ; d'autres offrent de l'élégance, beaucoup de soins dans l'art de les construire ; d'autres ont une forme très-singulière, quelquefois bizarre, et méritent d'être connus, notamment ceux que l'on appelle *pencils*, qui sont fort longs, se balancent au gré des vents, n'étant attachés au bout d'une branche que par quelques liens fort

déliés. On range les nids les uns à côté des autres; on choisit ceux de la même élévation pour les arranger ensemble dans une même boîte, de manière qu'ils y soient comprimés également et mollement. On a soin d'y attacher leur nom. Quant aux œufs, on distingue ceux qui sont frais en les exposant à la lumière d'une bougie, alors ils offrent une sorte de transparence ; ceux qui sont opaques indiquent qu'ils ont été couvés. On doit prendre garde à la fragilité de ces objets quand on veut les vider. Pour cela on les perce par les deux extrémités, on souffle par l'un des bouts ; alors la substance liquide de l'œuf sort par le trou opposé : on l'expose ainsi à l'air pendant quelques jours ; il se dessèche à l'intérieur : on écrit son nom sur la coque ; ensuite on les place dans des boîtes garnies de cases matelassées de coton ; les cases sont formées plusieurs à côté l'une de l'autre et maintenues par un châssis ou par des traverses de bois en sautoir et bien assujetties. Ces sautoirs, qui doivent avoir une hauteur supérieure au diamètre des œufs, servent à les pincer pour être enlevés de la boîte à volonté : la boîte peut être profonde et contenir plusieurs divisions : on doit mettre les gros œufs au fond et garnir aussi de coton le dessus des œufs, de manière que la boîte soit pleine.

**TAXIS** (chirurgie) [*taxis*, du verbe grec *tassô*, j'ordonne, j'arrange]. — On donne ce nom à la pression qu'on exerce avec la main sur les hernies, pour en obtenir la réduction. Cette opération est en général facile dans les hernies libres d'adhérences, peu volumineuses et dont le sac offre une large ouverture. Elle est très-difficile, souvent même impossible dans les hernies adhérentes ou étranglées. Il faut, pour exercer le taxis, mettre le malade dans une position horizontale, et qui soit telle que les parois de l'abdomen soient relâchées. Le manuel à employer varie pour chaque espèce de hernie ; il faut dans tous les cas éviter d'exercer sur les parties déplacées de trop fortes pressions qui pourraient les meurtrir, les déchirer, produire leur inflammation et leur gangrène, comme on en possède des observations. Il faut les repousser dans le ventre en suivant exactement la direction de l'axe du sac herniaire. Quelquefois on favorise la réduction des hernies par des bains tièdes, des cataplasmes émollients, des lavements, etc.

**TEIGNE** (zoologie).— Les teignes sont des insectes qui, dans l'état parfait, ont la forme de petits papillons, et qui subissent les trois métamorphoses dont nous avons parlé à l'article général sur les insectes.

C'est sous la forme de chenilles ou de larves que les teignes produisent tous les dégâts qu'elles causent dans nos magasins, dans nos appartements et dans nos collections, car c'est dans ce premier état qu'elles prennent tout leur développement, tout leur accroissement.

Les chenilles des différentes espèces de teignes sont ordinairement blanches et nues, ce qui leur a valu le nom impropre de *vers*, car elles ont six pattes proprement dites et une paire de fausses pattes placées à l'extrémité postérieure de leur corps. Ces larves habitent des fourreaux qu'elles se filent et qu'elles tissent avec le duvet des étoffes ou le poil des fourrures qu'elles dévorent. C'est à l'abri de ce déguisement, qui les rend véritablement fort difficiles à découvrir, que ces chenilles tracent des chemins couverts dans les étoffes épaisses, en découpant à jour celles qui sont fines et pliées ou roulées sur elles-mêmes.

Les teignes aiment le repos et l'obscurité : aussi le meilleur moyen de les chasser est de les tourmenter en battant ou secouant les étoffes, en les exposant en plein soleil et en les changeant souvent de place. C'est donc à l'état de chenille et non pas à l'état de papillon ou d'insecte parfait que les teignes font du mal; dans cette dernière période, elles s'accouplent et vont pondre sur toutes les substances qui pourront nourrir les chenilles qui doivent sortir de leurs œufs. Des meubles fermant hermétiquement, des enveloppes multipliées et quelques odeurs fortes, telles que le poivre, le camphre, le vétiver, sont les moyens que l'on emploie ordinairement pour se préserver du ravage des teignes. C'est surtout la nuit que ces papillons voltigent dans les appartements pour y déposer leurs œufs imperceptibles; un habit, un châle, qui sont à découvert peuvent les recevoir sans que l'on s'en doute, et quand on les plie et qu'on les serre avec soin, on enferme avec eux le germe du petit animal qui doit les détruire.

On connaît un assez grand nombre de teignes qui se distinguent de tous les autres petits papillons de nuit qui viennent se brûler aux bougies, par le port particulier de leurs ailes et une espèce de petit toupet de soie qu'elles portent en avant de leur tête, et qui est formé par les palpes de ces petits papillons.

Les vraies teignes en état de repos plient leurs ailes de manière à en envelopper tout leur corps et à en former une espèce de fourreau qui dépasse fort peu leur ventre : ce sont ces papillons-là seulement dont les chenilles vivent aux dépens de nos meubles et de nos habits. On distingue les espèces suivantes :

1° La *teigne pelletière*, dont les ailes sont d'un gris plombé assez brillant, avec quelques points noirs vers le milieu ; elle attaque plus particulièrement les plumes et les fourrures, dont elle coupe les poils à la racine et rase la peau.

2° La *teigne tapissière*. Ses ailes sont brunes à leur base et d'un blanc jaunâtre à leur extrémité; sa tête est blanche et son corps brun ; sa larve vit sur les draps, et quand son fourreau devient trop étroit, elle le fend et y rapporte une peau qui n'est pas toujours de la même couleur que le reste.

3° La *teigne meunière* ou *teigne des grains*. Elle est d'un blanc grisâtre avec des taches et des lignes noires, et voici ce que l'on a observé sur la manière dont elle s'assure le logement et la nourriture à nos dépens. « C'est surtout au froment et au seigle que cette che- » nille en veut; elle unit plusieurs grains ensemble » avec des fils de soie, qu'elle attache contre des » grains assujettis; dans l'espace qui est entre ces » graines elle se file un tuyau de soie blanche; ainsi » logée dans ce fourreau, elle en sort en partie pour » ronger les grains qui sont autour d'elle. La précau- » tion qu'elle a eue d'en lier plusieurs ensemble fait

» qu'elle n'a pas à craindre que le grain que ses dents » attaquent s'échappe, qu'il glisse, qu'il tombe, qu'il » roule; s'il se fait quelque mouvement dans le tas » de blé; si beaucoup de grains roulent, elle roule » avec ceux dont elle a besoin, elle s'en trouve tou- » jours également à portée. » C'est sa réserve, c'est son petit grenier. En mai et juin cette teigne sort de sa chrysalide et arrive à l'état de papillon, pour aller pondre et propager son espèce.

Beaucoup d'autres insectes ont reçu le nom de tei- gnes; mais les espèces dont nous avons donné le si- gnalement en décrivant la manière dont elles plient leurs ailes sont les seules qui composent le genre, toutes les autres appartiennent à des genres diffé- rents.

**TEIGNE** (pathologie). — Éruption chronique pro- pre au cuir chevelu, consistant en écailles ou en croûtes, dont la réunion forme un couvercle épais et hideux qui occupe une partie ou la totalité de la tête. La teigne n'est pas toujours cependant bornée à cette région ; quelquefois on aperçoit çà et là sur le tronc et sur les membres quelques croûtes semblables à celles qui sont agglomérées sur la tête.

Cette maladie est quelquefois héréditaire; elle est propre à l'enfance; il est rare qu'elle se montre après la puberté. Elle est beaucoup plus commune parmi les pauvres que dans la classe aisée : la malpropreté habituelle, l'usage d'aliments grossiers et indigestes paraissent avoir quelque influence dans son dévelop- pement. Plusieurs médecins la regardent comme con- tagieuse : quelques-uns restreignent la contagion à quelques espèces de teignes; d'autres rejettent toute transmission par contact.

L'exanthème du cuir chevelu varie dans les diver- ses espèces de teignes, qui sont désignées par les noms de *faveuse*, *granulée*, *furfuracée*, *amyantacée* et *mu- queuse*.

La teigne *faveuse* commence par de petites pustules, accompagnées de démangeaison ; leur base est rouge et leur sommet blanc : il en suinte une matière pu- rulente qui se dessèche et forme des croûtes qui s'a- grandissent peu à peu en conservant toujours une forme arrondie et une dépression centrale. Quand ces croûtes sont confluentes, elles offrent une sorte de ressemblance avec une ruche à miel (de là le nom de *faveuse*, de *favus*, rayon de miel). Ces croûtes sont d'abord jaunes et deviennent ensuite blanches. Leur portion superficielle se détache d'elle-même sous forme d'écailles; leur portion profonde adhère forte- ment au cuir chevelu, et ne peut en être séparée sans faire couler le sang en abondance. Des crevasses pro- fondes se forment quelquefois au milieu de ces croûtes, et laissent suinter un liquide purulent. Elles exhalent une odeur de souris ou d'urine de chat, et causent une démangeaison extrême, augmentée encore par le grand nombre de poux qui se développent sous ces croûtes.

La teigne *granulée* ou *rugueuse* est caractérisée par de petites croûtes brunes ou grises, qui ressemblent à des fragments de mortier ou de plâtre tombé des murs et sali par la poussière et l'humidité : elles sont très-dures et exhalent une odeur nauséabonde, comparée à celle du beurre rance.

La teigne *furfuracée* ou *porrigineuse* commence par une légère desquammation de l'épiderme avec démangeaison vive et suintement d'une matière ichoreuse, qui, en se desséchant, forme des écailles adhérentes, blanchâtres ou roussâtres, disposées par couches : elles agglutinent les cheveux ensemble, et forment un couvercle qui cède sous le doigt. Quand on les enlève, on trouve le cuir chevelu rouge, uni et comme vernissé.

La teigne *amiantacée* est une des plus rares : elle attaque les sujets adultes et mélancoliques. Elle consiste en des écailles très-fines d'une couleur argentine et nacrée, entourant les cheveux et les suivant dans tout leur trajet, ressemblant par leur aspect soyeux et chatoyant à l'amiante.

La teigne *muqueuse* a été ainsi nommée parce qu'elle fournit une matière muqueuse abondante, qui colle les cheveux en masses ou par couches. Elle commence par des pustules poinlues ou par de petits abcès auxquels succèdent des ulcérations superficielles qui fournissent une matière analogue à du miel corrompu ; cette matière, en se desséchant, forme des croûtes cendrées, jaunes ou verdâtres, sous lesquelles s'amasse une nouvelle quantité de liquide, d'où résulte une distension douloureuse qui augmente jusqu'à ce qu'une issue lui ait été donnée. Dans l'intervalle des croûtes, le cuir chevelu est bosselé, inégal, parsemé de petits abcès ; lorsque les croûtes se détachent, la peau qu'elles recouvrent offre souvent une sudation d'apparence caséeuse et exhalant l'odeur de lait aigri. Cette espèce de teigne est souvent une éruption salutaire : on remarque que l'enfant perd sa vivacité et son appétit lorsqu'elle se dessèche, et qu'il recouvre l'un et l'autre aussitôt qu'elle recommence à fournir la matière qui lui est propre.

A ces symptômes qui sont particuliers à chaque espèce de teigne, il faut en joindre plusieurs autres qui sont communs à toutes : telles sont des douleurs nocturnes, quelquefois très-violentes ; de petits abcès dans l'épaisseur du cuir chevelu, la chute des cheveux qui sont remplacés plus tard par des touffes lanugineuses, l'engorgement des glandes lymphatiques du cou et des aisselles, le gonflement de l'oreille externe et des paupières, et, dans beaucoup de cas, la diminution de l'embonpoint et des forces, une suspension très-marquée de l'accroissement, et souvent un retard sensible dans le développement des organes génitaux.

Les teignes peuvent disparaître soit par l'effet des remèdes, soit spontanément vers la puberté, ou avant cette époque. Elles peuvent aussi entraîner le dépérissement et la mort, mais sans doute alors dans la plupart des cas il y a en même temps une lésion plus ou moins grave de quelque viscère. Dans tous les cas, leur durée est généralement longue ; et quelquefois, après avoir cessé, elles se reproduisent une ou même plusieurs fois.

Le traitement de ces affections varie surtout à raison de l'influence qu'elles exercent sur la santé. Leur apparition est-elle suivie d'un mieux être sensible chez un individu valétudinaire, ou d'une diminution dans les symptômes d'une maladie grave? il faut en favoriser l'éruption par l'usage intérieur des sudorifiques, par l'application des cataplasmes chauds sur le cuir chevelu. Si, au contraire, comme cela est le plus commun, la teigne ne produit aucun changement avantageux dans la constitution ou dans les maladies antérieures, on cherche à en délivrer le malade par les moyens usités. Ces moyens sont : 1° à l'intérieur, les boissons amères, les antiscorbutiques, les préparations sulfureuses, antimoniales, mercurielles, quelques laxatifs doux par intervalles, l'usage d'aliments légers, chez les enfants sevrés ; le lait d'une bonne nourrice, chez ceux qui sont encore à la mamelle, auxquels on joint l'application d'un exutoire au bras, le renouvellement fréquent de linge, les bains domestiques ; 2° à l'extérieur, comme moyens topiques, les cataplasmes propres à ramollir et à faire tomber les croûtes, l'application d'un vésicatoire, de poudres et de pommades préparées avec le soufre, le charbon, diverses substances métalliques, telles que le précipité blanc de mercure, l'oxyde de manganèse, le sublimé corrosif, l'acétate de cuivre, l'arsenic, le cobalt, l'antimoine, le plomb ; des lotions avec la décoction de tabac et de ciguë ; des cataplasmes composés de plantes narcotiques, réduites en bouillie ; mais tous ces moyens, dont plusieurs sont dangereux, ont échoué dans le plus grand nombre des cas, et l'arrachement très-douloureux des cheveux et des croûtes par l'emploi de la calotte agglutinative, est encore le remède le plus efficace contre cette hideuse maladie. Le remède secret des frères Mahon dispensera peut-être de recourir à ce moyen douloureux.  *(Chomel.)*

Aujourd'hui la teigne n'est plus regardée comme une maladie particulière, et les diverses éruptions du cuir chevelu qu'on avait réunies sous cette dénomination ne sont plus considérées que comme des variétés d'affections cutanées qui se montrent également sur d'autres régions du corps : la teigne faveuse est le *favus* ; la teigne granulée est l'*impetigo* du cuir chevelu ; la teigne furfuracée est rapportée au *pityrosis*, à l'*eczéma*, au *lichen* chronique de cette partie du système dermoïde ; la teigne amiantacée au *pityriasis* et au *psoriasis* ; la teigne muqueuse à l'*eczéma* ou à l'*eczéma impétigineux*.           B. L.

**TEINTURE** (technologie). — C'est l'art de donner aux étoffes la couleur que l'on veut leur appliquer. Cet art a fait de grands progrès en France depuis Colbert, qui fit publier en 1669 des règlements sur la teinture, et qui contiennent des notions générales fort utiles. A cette époque, on ne trouvait à Paris que trois teinturiers du grand et bon teint ; ce nombre s'augmenta bientôt jusqu'à huit, dix, et davantage par la suite.

La teinture se divise en deux grandes classes :

1° Le *grand et bon teint*, qui n'emploie que les meilleures drogues, celles qui donnent des couleurs solides et peu altérables ;

2° Le *petit teint*, au contraire, est celui où les anciens règlements permettaient de se servir des drogues à meilleur marché, et qui ne donnent que de fausses couleurs, c'est-à-dire des couleurs qui s'altèrent facilement.

La teinture et les connaissances pratiques qui en dépendent ont leurs principes dans la chimie. Il importe beaucoup de connaître les substances tinctoriales et leurs différents usages pour produire les couleurs et leurs différentes nuances, suivant leur mélange et la quantité qu'on doit employer. Outre la beauté qui est requise dans une couleur, il faut qu'elle soit solide et que le lavage, la pluie et le soleil ne puissent l'altérer. Mais comme les laines se lavent rarement, on appelle principalement couleurs fausses celles que le soleil et la lumière font disparaître.

Les Chinois prétendent être redevables de l'art de teindre à leur empereur Hoang-Ti (xxvii° siècle avant J.-C.). Les autres peuples de l'antiquité n'en signalent pas l'origine, qui se perd dans la nuit des temps. Il paraît que les Égyptiens y ont excellé, car Pline parle d'un de leurs procédés qui consistait à enduire les tissus de certaines drogues, on les plongeait ensuite dans une chaudière bouillante; et, bien que le liquide ne fût que d'une seule couleur, on en retirait le tissu diversement coloré. L'art de la teinture est très-récent en Europe, et c'est de l'Orient qu'en sont venus les premiers procédés. Jusqu'à Berthollet, la teinture n'avait fait de progrès que pour les étoffes de soie et de laine : le coton semblait se refuser au même degré de perfection. Mais l'emploi de l'acide muriatique oxygéné, recommandé par cet habile chimiste, a fait faire un pas de géant à cet art, qui, en France, ne craint point de rivaux chez les autres nations (1803).

**TÉLÉGRAPHE** (histoire et technologie). — Le télégraphe, ainsi que l'indique l'étymologie (*tèlos*, loin, *grapho*, j'écris), est un appareil servant à faire parvenir avec rapidité, au moyen de signaux, une nouvelle quelconque, à de grandes distances.

Les anciens Perses paraissent avoir eu les premiers, l'idée de transmettre des nouvelles importantes, nous voyons en effet dans les historiens grecs que Darius et Xerxès, pendant la guerre médique, firent disposer, de distance en distance, des sentinelles pour se communiquer verbalement des nouvelles.

Des flambeaux ou des colonnes de feu étaient depuis longtemps employés, par divers peuples de l'Asie, pour signaler l'approche de l'ennemi. C'est ainsi que les Nabatéens, peuple de l'Arabie Pétrée, firent en un instant connaître à leur tribu la marche d'un des lieutenants d'Antigone.

La première apparence de télégraphie en Europe, remonte aux temps héroïques de la Grèce. On connaît les voiles noires et blanches de Thésée, et la mort de son père Égée, trompé par la négligence du pilote. Homère raconte que Palamède employait des signaux de feu; mais c'est à Eschyle que nous devons la première notion exacte des signes télégraphiques employés chez les Grecs. Un feu allumé sur le mont Ida, près de Troie, et répété de montagne en montagne, devait annoncer la prise de Troie à Clytemnestre, qui résidait à Argos.

Au troisième siècle avant J.-C., du temps de Philippe, père de Persée, la télégraphie fit un grand pas. Ce prince employa en grand les signaux, par le feu, pour connaître ou faire connaître certains événements imprévus; les 24 lettres de l'alphabet furent divisées en cinq colonnes; la vigie qui donnait le signal levait deux fanaux; la vigie suivante, en en élevant un pareil nombre, faisait savoir qu'elle était prête; la première vigie levait alors, à sa gauche, un nombre de fanaux indiquant le numéro de la colonne où se trouvait la lettre à désigner, et à sa droite, un nombre de fanaux indiquant le rang de cette lettre dans la colonne.

Ainsi deux fanaux à gauche et cinq à droite désignaient le *K* (*kappa*).

Cette méthode était bien longue, il est vrai, mais elle offrait une grande précision.

Chez les Romains, la télégraphie ne s'introduisit qu'au temps des guerres puniques.

Les moyens de communiquer à de grandes distances étaient connus des Gaulois. Quand ils avaient quelque chose d'important à se communiquer (nous dit César), ils s'en avertissaient par des cris qui se répétaient de proche en proche.

Plus tard les Romains élevaient de distance en distance, sur leurs magnifiques routes, des tours destinées à transmettre des signaux. On voit encore de ces tours, en France, à Arles, à Rezès, à Nîmes, etc.

Au xvi° siècle, Porta émit la pensée d'un véritable système télégraphique. Le célèbre physicien de Naples annonça que, pour transmettre des nouvelles à de grandes distances dans très-peu de temps, il serait bon de se servir de certaines lignes placées sur des tours élevées ou sur des montagnes, et que ces signes, ingénieusement combinés entre eux, pourraient tenir lieu de toutes les lettres de l'alphabet.

D'après Porta, ces signes auraient été au nombre de quatre : le premier, montré une fois, aurait représenté la lettre *A*, deux fois *B*, trois fois *C*, et ainsi de suite; le deuxième signe montré une fois, aurait correspondu à la huitième lettre de l'alphabet, *H*, deux fois *I*, etc. Ce système si ingénieux ne fut exécuté, avec diverses modifications, que vers la fin du xviii° siècle.

En 1792, alors que la révolution eut mis la France en guerre ouverte avec toute l'Europe, la Convention nationale sentit le besoin d'envoyer ses ordres aux armées avec la plus grande rapidité; aussi accueillit-elle avec faveur la machine télégraphique qui lui fut présentée à cette époque. Cette invention était due au jeune abbé Claude Chappe, qui imagina pour correspondre avec ses jeunes frères, situés à une assez grande distance de lui, le télégraphe tel qu'il existe, à peu de chose près, aujourd'hui, et avec des longues-vues les jeunes gens purent entretenir une correspondance suivie.

Ce fut avec l'aide du célèbre horloger Bréguet, que les frères Chappe construisirent leur première machine.

Elle consistait en un régulateur, mobile sur un

axe, et dont les ailes ou petites branches, indépendantes l'une de l'autre, étaient également mobiles, à l'aide de trois cordes sans fin, de poulies et de trois pédales.

Le régulateur, ou branche principale, était susceptible de quatre positions : verticale, horizontale, oblique de droite à gauche, oblique de gauche à droite.

Les ailes pouvaient former des angles droits, aigus ou obtus.

On trouvait dans les 192 combinaisons, prises une à une, les vingt-quatre lettres de l'alphabet, et tous les signaux dits de police, indiquant l'activité, le repos, le brouillard, etc.

On imagina un peu plus tard de réunir deux à deux les signes primitifs, et l'on en obtint ainsi, 36,864. Chacune des syllabes possibles dans notre langue, d'après la combinaison des consonnes avec les voyelles ou les diphthongues, était représentée par l'un de ces signes.

En France où ce système reçut sa première application sous le nom de *télégraphie*, tout le monde fut frappé de ce spectacle nouveau. Des dépêches étaient transmises de Paris aux points les plus éloignés de la France avec une vitesse bien plus supérieure à celle du son.

C'était une brillante conquête sur le temps et l'espace.

Quand le temps est nébuleux le télégraphe ne peut plus marcher; il en est de même pendant la nuit. On a bien tenté de le rendre propre aux communications nocturnes, en y ajoutant des fanaux : mais on a renoncé à ce système, car il exigeait des soins particuliers et des dépenses considérables.

Frappés de cet inconvénient, plusieurs physiciens songèrent à prendre le fluide électrique pour base de la télégraphie.          ALFRED SIRVEN.

TÉLÉGRAPHIE ÉLECTRIQUE ( physique. ) — On donne le nom de télégraphes électriques à des appareils destinés à transmettre des signaux à de grandes distances, au moyen de courants voltaïques qui se propagent dans de longs fils métalliques.

En 1774, Le Sage établit à Genève un télégraphe électrique, composé de vingt-quatre fils métalliques; séparés les uns des autres et plongés dans une matière isolante.

Chaque fil correspondait à un électromètre particulier, formé d'une petite balle de sureau suspendue à un fil. En faisant passer la décharge de la machine à travers tel ou tel fil, on eût produit à l'autre extrémité, quelque éloignée qu'elle fût de la première, l'effet représentatif de telle ou telle lettre de l'alphabet.

Dans la relation du voyage qu'Arthur Young fit en France pendant l'année 1787, on trouve la description d'une expérience de télégraphie électrique faite par M. Lomond, qui employait, pour représenter différents signes, les degrés de divergence de l'électromètre.

Voici comment s'exprime A. Young : « M. Lomond a fait une découverte remarquable dans l'électricité.

« Vous écrivez deux ou trois mots sur du papier; il les prend avec lui dans une chambre, et tourne une machine dans un étui cylindrique, au haut duquel est un électromètre, avec une jolie petite balle de moelle de plume : un fil d'archal est joint à un pareil cylindre électriseur dans un appartement éloigné; et sa femme, en remarquant les mouvements de la balle qui y correspond, écrit les mots qu'ils indiquent, d'où il paraît qu'il a formé un alphabet du mouvement. Comme la longueur du fil d'archal ne fait aucune différence sur l'effet, on pourrait entretenir une correspondance de fort loin : par exemple, avec une ville assiégée, ou pour des objets beaucoup plus dignes d'attention, ou mille fois plus innocents. »

En 1794, un Allemand du nom de Reiser, proposa encore l'emploi de la machine électrique pour le même objet. Dans une table en verre, eussent été incrustées vingt-quatre lettres en métal, en regard de chacune desquelles se fût trouvée l'extrémité d'un fil de fer isolé, mais pouvant être mis en rapport, par son autre extrémité, avec la machine électrique, qui dans ce cas eût fait jaillir une étincelle entre le fil et sa lettre, ce qui eût dit au correspondant que cette lettre faisait partie de la dépêche.

L'idée de Reiser fut appliquée en 1798 par le docteur Salva, en Espagne.

Voici à ce sujet ce qu'on lit dans la *Gazette de Madrid* du 25 novembre 1796 : « Le prince de la Paix, ayant appris que N. D. F. Salva avait lu à l'Académie des Sciences un mémoire sur l'application de l'électricité à la télégraphie, et présenté en même temps un télégraphe de son invention, a voulu l'examiner, et, charmé de la promptitude et de la facilité avec lesquelles il fonctionnait, l'a fait voir au roi et à la cour; lui-même l'a fait fonctionner.

« À la suite de cette expérience, l'infant don Antonio a voulu faire un autre télégraphe plus complet, et s'est occupé de calculer quelle force d'électricité il faudrait pour se servir du télégraphe à diverses distances, soit sur terre, soit sur mer. »

Quelques années auparavant, Franklin avait aussi conçu la possibilité d'employer l'électricité à la transmission des dépêches.

La découverte du fluide électrique à courant continu (*Pile de Volta*), ouvrit une ère nouvelle.

En 1811, Sœmmering eut l'idée d'appliquer au télégraphe électrique la pile, qui avait été découverte onze ans auparavant; à cette époque, l'effet le plus remarquable de la pile, que l'on connût, était la décomposition de l'eau. Ce fut donc ce merveilleux phénomène qu'il proposa d'utiliser pour la transmission des dépêches.

Voici la description abrégée de son appareil :

Sur le fond d'un vase de verre reposant sur un pied, il fixa trente-cinq pointes d'or, que l'on désigna en partie par les vingt-cinq lettres de l'alphabet allemand, en partie par les dix chiffres de 0 à 9. Chacune de ces trente-cinq pointes se prolongeait suivant un conducteur en cuivre, terminé par un petit cylindre de laiton; au milieu du petit cylindre se trouvait une rainure destinée à recevoir un petit crochet, auquel pouvaient se fixer les fils qui devaient unir la pointe correspondante avec le pôle positif ou négatif de la pile. Les trente-cinq cylindres étaient fixés, comme les pointes d'or du vase, sur un support particulier; de telle sorte que les deux extrémités de chacun des deux conducteurs correspondaient à la même lettre ou au même chiffre. Si, maintenant, on mettait l'appareil convenablement disposé dans le circuit d'une pile électrique, on voyait aussitôt des bulles de gaz apparaître aux deux pointes qui correspondent aux deux petits cylindres auxquels sont fixés les fils conducteurs de la pile.

Tout étant disposé comme l'auteur l'indique, il se formait de l'hydrogène à l'une des pointes et de l'oxygène à l'autre. Il est évident que l'on pouvait ainsi désigner à distance toute lettre qu'on voulait. Il est à remarquer que l'on indiquait à la fois deux lettres : Sœmmering admettait que l'hydrogène, le plus abondant des deux gaz, désignait la première, et l'oxygène la seconde. Quand on devait transmettre simultanément deux fois la même lettre, on avait recours au zéro. Ainsi *nenni* se transmettrait *ne-n0-ni*. Pour indiquer la fin d'un mot, on recourait au chiffre 1, que l'on aurait pu remplacer par une croix.

L'idée de Sœmmering était, il faut le dire, d'une application très-difficile. Toutefois, cette époque doit marquer dans l'histoire de la télégraphie électrique ; car c'est celle de la découverte des premières notions que nous ayons eues sur l'électro-magnétisme, dont quelques années plus tard la plus belle application devait être faite à la construction des appareils que nous allons décrire dans cet article.

Ces premières notions consistaient dans la découverte que fit OErsted de ce fait fondamental, qu'un courant électrique fait dériver l'aiguille aimantée de sa position normale. Il constata en outre le phénomène suivant : au-dessus de l'aiguille, le courant dévie le pôle austral à l'occident, quand il vient lui-même du sud au nord; et il le dévie à l'orient, quand il vient au contraire du nord au sud. Quand le courant porte au-dessous de l'aiguille, les effets sont précisément inverses, c'est-à-dire que le pôle austral est poussé à l'orient, quand le courant va du sud au nord, et poussé à l'occident, quand il vient du nord au sud.

A peine cette découverte eut-elle été répandue, qu'Ampère en 1820 — époque ou l'électro-aimant n'était pas connu,—pensa qu'on pouvait l'appliquer à la télégraphie.

Voici, en effet, un passage extrait de son premier mémoire sur l'action que les courants électriques exercent sur l'aiguille aimantée :

« Autant d'aiguilles aimantées que de lettres qui seraient mises en mouvement par des conducteurs qu'on ferait communiquer successivement avec la pile, à l'aide de touches de clavier qu'on baisserait à volonté, pourraient donner lieu à une correspondance télégraphique qui franchirait toutes les distances et serait aussi prompte que l'écriture ou la parole pour transmettre des pensées. »

Peu de temps après, Schweigger trouva le moyen de rendre la découverte d'OErsted beaucoup plus sensible à l'aide d'un instrument connu sous le nom de *multiplicateur* ou *galvanomètre*.

12 ou 13 ans après, de 1832 à 1833, l'idée d'Ampère fut appliquée, en petit toutefois, par Schilling, qui fit à Saint-Pétersbourg quelques expériences.

L'appareil de Schilling se composait : 1º d'un certain nombre de fils de platine isolés et réunis dans une corde de soie unissant les deux stations ; 2º en autant d'aiguilles aimantées, situées verticalement au milieu de galvanomètres placés à l'une des stations; 3º en un clavier situé à l'autre station; ce clavier, dont chaque touche correspondait à l'un des fils, servait à établir la communication avec tel ou tel de ces fils.

Quelques années après, l'établissement des chemins de fer, ayant permis de mettre les fils métalliques, qui devaient réunir les stations, à l'abri de la malveillance, aplanit une des plus grandes difficultés, celle qui sans doute empêcha l'adoption des idées des premiers inventeurs.

Cooke et Wheatstone purent faire des expériences en Angleterre, Morse en Amérique, et Steinheil en Allemagne. Si l'Angleterre, l'Allemagne, la Suisse, etc. ont encouragé les découvertes télégraphiques de leurs inventeurs ; il n'en a pas été de même de la France. Nous lisons en effet dans un livre de M. le docteur Halmagrandin.

« A l'occasion du télégraphe électrique, je ne puis m'empêcher de dire qu'en 1836, M. le docteur Henry d'Amiens avait déjà établi une correspondance par lignes électriques avec M. Lapostolle, chimiste. M. Lapostolle possédait hors des murs de la ville un jardin dans lequel on plaça l'extrémité d'un fil de fer qui allait s'attacher à une machine électrique disposée chez M. Henry, son voisin.

« L'observateur attendait à l'extrémité du fil l'étincelle qui courait sur la ligne de fer : un choc apparaissait-il, c'était un A, deux c'était un B, trois un C, et ainsi de suite.

« M. Henry crut devoir faire connaître la découverte à M. le ministre du commerce et des travaux publics, par une lettre du 8 août 1836, voici la réponse du ministre :

« Paris, 31 octobre 1836.

« J'ai fait mettre sous les yeux du comité consultatif des arts et manufactures, attaché à mon département, la description du *télégraphe électrique* que vous m'avez adressée en août dernier. Le comité, après avoir pris connaissance de vos moyens et procédés, pense *qu'ils ne pourraient être appliqués en grand*, et qu'ils n'atteindraient pas le but que vous vous proposez. D'après cet avis vous jugerez sans doute qu'il n'y a pas lieu de s'occuper plus longtemps du système (télégraphe électrique) qui fait l'objet de votre mémoire.

« Pour le ministre secrétaire d'État,
le directeur VIVIEN. »

Ce que je disais il y a quelques mois dans une correspondance particulière de la *Constitution* (journal belge), au sujet d'une réparation historique, en faveur de M. Adolphe Favre, le promoteur de l'idée de transportation des cendres de Napoléon le Grand, à Paris, je puis le répéter ici puisqu'il y a aussi un droit à faire valoir, une injustice à relever, la vérité à soutenir.

Il semble, disais-je, qu'une loi fatale ait été imposée aux inventeurs, aux créateurs d'idées nouvelles. Et cette loi inique pèse sur eux, décourageant les uns, poussant les autres à la folie, à la mort même !... Et cela sans que des hommes de cœur, de véritables amis de l'humanité aient jamais pu la renverser.

Quel sort est plus à plaindre que celui de l'inventeur, qui, après avoir souvent passé sa vie au milieu des privations de toutes sortes, des souffrances inouïes, se voit précipiter dans les ténèbres de l'oubli du haut du piédestal où l'honneur l'avait déjà placé, et voit briller sur la tête d'un autre l'auréole radieuse dont la gloire se plaisait à ceindre déjà son front !

Quels exemples ne pourrais-je pas citer, qui viennent flétrir les plus belles pages de l'histoire des peuples : Christophe Colomb, Galilée, etc., etc.

Le *vox clamantis in deserto* peut m'être adressé en ce moment, je le sais ; et j'avoue que je n'ai pas la présomption de croire que ma parole si débile parviendra à changer ce que les voix tonnantes de nos philosophes ont essayé en vain de faire, mais un devoir ne se raisonne pas, et les véritables ennemis de

tion de M. Henri d'Amiens ; invention qui n'a jamais été consignée, que je sache, dans aucun traité de physique et que je mentionne ici avec bonheur ; car je viens d'arracher une proie à l'oubli qui, si l'on soulevait un peu ses voiles funèbres, en possède de bien illustres, et qui feraient la gloire de plus d'un pays.

*Requiescant in pace* ! Telle est malheureusement la réponse qu'on rencontre trop souvent dans ce siècle d'indifférence et de jalousie, de scepticisme et d'orgueil ; ce siècle dénué de toute initiative, et où, au lieu de s'entr'aider, de mettre en pratique les belles paroles de saint Jean : « *mes enfants, aimez-vous les uns les autres* » — Le sauve-qui-peut est général et l'encens brûle seulement pour cet axiome de l'égoïsme qui ne devrait pas être français : *chacun chez soi, chacun pour soi*.

Mais revenons aux télégraphes électriques.

Bien que le principe ait toujours subsisté, la forme des télégraphes électriques a cependant beaucoup varié.

Le télégraphe à cadran, le télégraphe à signaux et le télégraphe écrivant de Morse, tels sont les trois que nous allons décrire, car à eux se rapportent tous les autres.

*Télégraphe à cadran.* — Ce télégraphe, construit par M. Froment, se compose, de même que ceux établis, le long des voies de fer, de deux appareils bien distincts : 1° d'un *manipulateur*, qui sert à transmettre les signaux (fig. 35) ; 2° d'un *récepteur*, destiné à les recevoir (fig. 36).

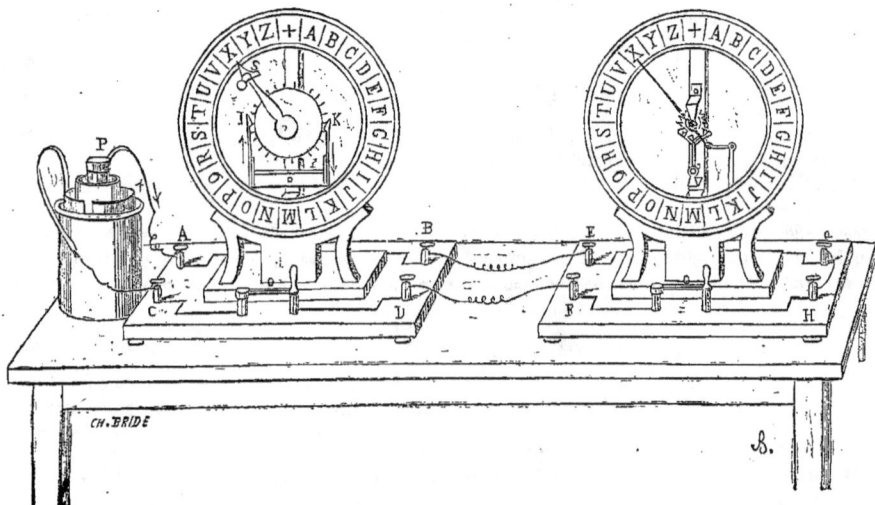

Fig. 35 et 36.

l'injustice, semblables au soldat, doivent toujours être trouvés à leur poste, défenseurs du droit et de la vérité !

Mes lecteurs, je le pense, me pardonneront cette petite digression. Je l'ai crue utile à propos de l'inven-

Le premier appareil communique avec une pile à charbon P, et les deux appareils sont en communication par deux fils métalliques, qui vont, l'un A B E, de la station de départ à la station d'arrivée, et l'autre C F H, de celle-ci à la première. Les deux appareils sont munis chacun d'un cadran portant les 25 lettres, sur lequel se meut une aiguille.

Voici maintenant la marche du courant et les effets qu'il produit.

De la pile il se rend par un fil de cuivre A (fig. 35) à une lame de laiton I en contact avec une roue métallique R, passe de là dans une seconde lame K, puis dans le fil B qui joint l'autre station. Là, le courant se rend dans la bobine d'un électro-aimant, b, représenté en profil dans la figure 37. Cet électro-aimant est fixé à une extrémité, et à l'autre il attire une armature de fer doux, a, qui fait partie d'un levier coudé mobile autour de son point d'appui d, tandis qu'un ressort à boudin c, sollicite le même levier en sens contraire.

Lorsque le courant passe, l'électro-aimant attire le levier a e, qui, par une tige h, vient agir sur un second levier i, fixé à un axe horizontal, lié lui-même à une fourchette o.

Lorsque le courant est interrompu, le ressort c ramène le levier a e, et en même temps avec lui toutes les pièces qui en dépendent. De là un mouvement de va-et-vient qui se communique à la fourchette o, laquelle le transmet à une roue à crochet m, dont l'axe porte l'aiguille indicatrice.

La roue R porte 26 dents, dont 25 correspondent aux lettres de l'alphabet, et la dernière à l'intervalle réservé entre les lettres A et Z. Quand, tenant le bouton S à la main, on fait tourner la roue R, l'extrémité de la lame I, d'après sa courbure, est toujours en contact avec les dents ; la lame K, au contraire, se termine par une canne taillée de manière qu'il y a successivement contact et solution de continuité. Si donc, les communications avec la pile étant établies on fait avancer l'aiguille S de quatre lettres, par exemple, le courant passe quatre fois de I en K, et quatre fois il est interrompu ; l'électro-aimant de la station d'arrivée deviendra donc quatre fois attractif, et quatre fois il aura cessé de l'être.

Donc, enfin, la roue L aura tourné de quatre dents, et comme chaque dent correspond à une lettre, l'aiguille de la station aura marché exactement d'un même nombre de lettres que celle de la station de départ. La pièce O représentée dans ces deux figures, est une lame de cuivre, mobile sur une charnière, qui sert à interrompre ou à fermer le courant.

Voici maintenant comment on correspond d'un lieu à un autre.

Supposons, par exemple, que le premier appareil (fig. 35) étant à Paris, le second à Toulouse, et la communication entre les deux stations étant établie par deux fils métalliques, on veuille transmettre dans la dernière ville le mot signal. Les aiguilles correspondant, sur chaque appareil, à l'intervalle conservé entre les lettres A et Z, la personne qui envoie la dépêche fait avancer l'aiguille S jusqu'à la lettre S où elle l'arrête pendant un temps très-court ; l'aiguille de l'appareil qui est à Toulouse, reproduisant fidèlement les mouvements de l'aiguille de Paris, s'arrête à la même lettre, et alors la personne qui reçoit la dépêche note cette lettre. Celle qui est à Paris tourne toujours dans le même sens, arrête successivement l'aiguille à la lettre I, G, N, A, L, et le mot signal est ainsi reproduit en très-peu de temps à Toulouse.

Afin d'avertir celui à qui l'on veut écrire, on adapte à la station d'arrivée une sonnerie qui doit être introduite dans le courant, toutes les fois que la correspondance est suspendue. Une détente, mue par l'électro-aimant, fait partir cette sonnerie aussitôt que le courant passe. Chaque station doit en outre être pourvu de deux appareils ci-dessus (fig. 35 et 36), sinon il serait impossible de répondre.

Deux fils métalliques, l'un allant de Paris à Toulouse et l'autre de Toulouse à Paris, sont inutiles. L'expérience a appris que, le pôle positif de la pile communiquant à Paris avec l'appareil, et le pôle négatif avec le sol, il suffit que le fil conducteur qui se rend à Toulouse soit mis, dans cette ville, en communication intime avec le sol.

*Télégraphe électrique à signaux.* — On a adopté en France, pour les télégraphes électriques, les mêmes signaux que ceux qui étaient en usage, il y a cinquante ans, dans la télégraphie aérienne de Chappe.

Nous empruntons à M. Ganot la description de ce télégraphe ainsi que celui de Morse, car nous n'avons encore rien trouvé de plus clair et de plus parfait que le travail de notre célèbre physicien.

La figure 37 représente ce récepteur d'un télégraphe à signaux construit par M. Bréguet pour le service de l'État.

Sur la surface antérieure d'une boîte est appliquée une plaque blanche. Sur cette plaque est tracée une bande noire a qui est fixe, aux extrémités de laquelle sont deux rayons mobiles b, c, destinés à servir d'*indicateurs*, d'a-

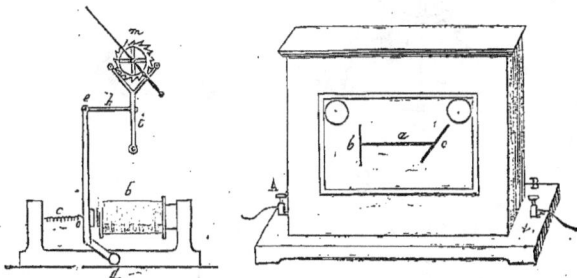

Fig. 37. — Télégraphe à signaux.

près l'angle qu'ils font avec le trait fixe a. Le mouvement de ces indicateurs n'est pas continu, mais s'effectue par intermittences de 45 en 45 degrés, en sorte que chacun d'eux peut occuper huit positions autour de son centre. Ces huit positions d'un indicateur, combinées avec les huit positions de l'autre, donnent donc lieu à soixante-quatre combinaisons qui constituent autant de signaux.

Le mouvement des indicateurs est produit, pour chacun d'eux par un mouvement d'horlogerie, placé dans l'intérieur de la boîte, et par un électro-aimant en communication avec le fil A B, qui va d'une station à l'autre, et qui est traversé par le courant.

Cet appareil, comme nous l'avons déjà dit, est le récepteur; il est placé au lieu d'arrivée de la dépêche.

Le manipulateur se trouve au lieu d'où l'on écrit, et est à peu près identique à celui que nous avons décrit figure 35, moins le cadran. Il se compose de deux roues à huit dents, qu'on fait marcher à la main, comme celle de la fig. 35. Ces deux roues servent à établir ou à fermer chacune un courant distinct, dont l'un se rend, par un fil, à l'électro-aimant de l'indicateur b (fig. 37), et l'autre, par un second fil, à l'électro-aimant de l'indicateur c. Chaque roue, pendant une révolution complète, laisse passer huit fois le courant, et huit fois l'interrompt, ce qui fait prendre à l'indicateur correspondant ses huit positions successives. Les manivelles qui font mouvoir ces deux roues, marchent elles-mêmes par intervalles de 45 degrés, et occupent successivement les mêmes positions que leurs indicateurs.

On fait marcher ces manivelles en tournant en même temps, l'une de la main droite, l'autre de la main gauche.

*Télégraphe électrique écrivant de Morse.* — Avec ces télégraphes, les erreurs qu'on pouvait commettre en copiant les signaux transmis par le télégraphe à cadran, et à signaux, disparaissent, car les *télégraphes écrivants* tracent eux-mêmes les signaux sur une bande de papier, à mesure qu'ils sont transmis.

Il existe plusieurs télégraphes de ce genre. Nous allons décrire celui de Morse, qui est fort répandu en Amérique, où il est très-estimé. On verra cependant que la manipulation de cet appareil présente quelques difficultés pour le tracé des signaux et pour leur lecture.

La figure 38 représente l'appareil qui reçoit les dépêches et les écrit; un électro-aimant A est, comme dans les télégraphes déjà décrits, le moteur qui le fait fonctionner. Cet électro-aimant est en communication avec deux fils a et b qui le mettent en rapport avec la station de départ. Quand le courant passe dans le fil de l'électro-aimant, celui-ci attire une armature en fer doux B qui transmet le mouvement à un levier C; mais aussitôt que le courant ne passe plus, l'action de

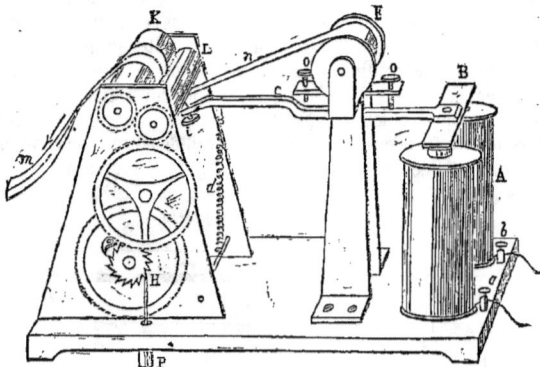

Fig. 38. — Télégraphe Morse.

l'électro-aimant est détruite, et un ressort à boudin d rabat le levier. Les oscillations de celui-ci sont réglées par deux vis o, o qu'on abaisse plus ou moins. Enfin le levier C porte à son extrémité un poinçon i qui remplit la fonction de crayon pour écrire les signaux.

Pour cela une bande de papier m, n est d'abord enroulée sur un cylindre de bois F, et vient s'engager ensuite entre deux cylindres K, L, tournant en sens contraires, et faisant ainsi l'office de laminoir pour entraîner la bande de papier; le mouvement de ces cylindres est produit par une suite de roues dentées, mues par un poids P fixé à une corde H.

Le cylindre L étant garni de gutta-percha ou de caoutchouc, toute les fois que l'électro-aimant fonctionne, le poinçon i vient frapper le papier, et, sans le trouer, y produit une empreinte dont la forme varie suivant le temps que le poinçon est resté en contact avec le papier. S'il ne fait que frapper instantanément, il ne produit qu'un trait court (-); mais si le contact a une certaine durée, il se produit une ligne plus ou moins allongée (—). En faisant à la station du départ passer un courant pendant un intervalle plus ou moins long, on peut produire à volonté, un trait ou ligne à la station d'arrivée, et par conséquent des combinaisons de traits ou de lignes. C'est ce qu'on a fait, ainsi:

un trait et une ligne (- —) donnent la lettre   A
une ligne et trois traits (— - - -). . . . . .   B
trois traits (- - -). . . . . . . . . . . . . .   C

et ainsi de suite. On peut donc avoir ainsi des mots et des phrases en ayant soin de laisser un intervalle blanc entre chaque lettre.

On peut voir, comme nous le disions au commencement, que ce procédé offre encore quelques difficultés «Les fils qui servent à unir les stations télégraphiques se disposent de deux manières: sous terre ou sur des poteaux à quelques mètres au-dessus du sol. Cette dernière disposition, adoptée en France, est sans contredit la meilleure, en ce qu'elle rend les réparations plus faciles et surtout en ce qu'elle dispense d'isoler les fils dans toute leur longueur.

On croyait, dans le principe, qu'il était nécessaire, même avec cette dernière disposition, de recouvrir les fils conducteurs de coton et de gomme laque, comme les fils des hélices; mais l'économie a fait supprimer bientôt cette couverture, et on a placé alors les fils à une assez grande distance les uns des autres, pour qu'ils ne se touchent pas, et on les a posés sur des supports, mauvais conducteurs de l'électricité, comme des plaques de verre ou de porcelaine fixées en haut des poteaux qui les supportent.

On a changé les fils, qui étaient d'abord en cuivre, métal que l'on considérait comme le seul capable de conduire l'électricité à de grandes distances, et on leur a substitué des fils de fer qui donnent des résultats suffisants.

Il en coûtait beaucoup, lors des premières applications du télégraphe, pour isoler les fils souterrains, on les couvrait d'abord de coton et de gomme laque; on les introduisait ensuite dans des tuyaux qui n'auraient pas pu, quelques soins qu'on eût pris, les garantir de l'humidité dans les terrains humides, qu'on était par conséquent obligé d'éviter.

On les isole parfaitement aujourd'hui en les introduisant tout simplement dans un fourreau de gutta-percha, qui permet non-seulement de supprimer les tuyaux pour les fils souterrains, mais même de les laisser tomber au fond de l'eau pour le passage des rivières et des bras de mer.

C'est de cette manière que sont isolés les fils du télégraphe sous-marin qui vient d'être établi entre Calais et Douvres.

Il y a quelques années, des expériences, faites en Amérique, avaient d'ailleurs appris que le passage des rivières peut s'effectuer sans aucun fil; car il suffit pour que le courant électrique les franchisse, de baigner sur chaque rive le fil interrompu dans le liquide qui devient un conducteur parfait. Ainsi M. Morse a fait passer le courant à travers un canal de quatre-vingts pieds de largeur, et l'expérience renouvelée sur le Susquehannah, là où le fleuve a près d'un mille de large, a pleinement réussi. C'est pour cela qu'un Américain a proposé de l'appliquer pour unir l'Europe à l'Amérique.

Nous sommes assuré d'avance que l'entreprise réussira avec l'emploi du gutta-percha.

Il y a quelques années certaines applications du principe de la télégraphie électrique eussent passé pour des utopies, des rêveries indignes de fixer l'attention, et aujourd'hui le succès est regardé comme certain.

« Nous pouvons faire servir ce principe, à nous révéler à chaque instant et même à transcrire, en notre absence, dans notre cabinet, les phénomènes météorologiques qui se passent dans les hautes régions de l'atmosphère et dans les profondeurs de la terre jusque sous les dernières couches atteintes par les puits artésiens. (Charles Renier. *Encyclopédie moderne.*)» On peut l'employer à déterminer la différence de longitude entre les lieux éloignés avec une exactitude parfaite. Il peut servir aussi à transmettre le temps d'une seule horloge dans toutes les maisons d'une même ville, dont les pendules pour la première fois marqueront toutes rigoureusement la même heure.

Cette belle application existe déjà sur les lignes de chemins de fer où un seul mouvement d'horlogerie donne l'heure à toutes les stations.

De même qu'on peut employer les appareils de té-légraphie électrique à conduire le temps, de même on peut leur faire conduire la musique. Une expérience a été faite, il y a peu de temps, en Allemagne, je crois, par un célèbre pianiste qui, dans un concert, a fait exécuter à sept pianos à la fois, placés devant le public, le morceau qu'il jouait lui se trouvant dans une chambre voisine. Grâce à ce système nous pourrions assister en France à un concert qui serait donné en Allemagne, en Angleterre, etc.

Est-ce là une bonne application de la télégraphie électrique? *that is the question.* J'ai toujours cru bon de la mentionner pour faire plaisir aux *dilettanti.*

ALFRED SIRVEN.

**TÉLESCOPE** (physique).— Instrument d'optique, composé de plusieurs verres, ou de verres et de miroirs tout ensemble, et qui a la propriété de faire voir distinctement les objets éloignés, qu'on n'apercevrait que confusément, ou même point du tout, à la vue simple.

L'invention des lunettes et des télescopes est une des plus utiles dont les siècles derniers puissent se glorifier. Ces instruments ont rendu d'importants services, en nous permettant de porter un œil scrutateur sur la marche, l'arrangement, l'organisation des mondes, en nous faisant pénétrer dans l'immensité de l'espace, en multipliant à l'infini les astres qui nous entourent. On ne sait pas bien précisément quel fut le premier inventeur de ces admirables instruments, mais Galilée est celui qui en a construit d'abord de véritablement utiles : Kepler, Descartes, Huyghens, Newton, Herschell, Gregory, Cassegrain, etc., ont contribué successivement à les porter au point de perfection où ils sont aujourd'hui parvenus.

Herschell a donné à plusieurs de ces instruments des dimensions prodigieuses, telles que un mètre de diamètre et quatorze de longueur : leur pouvoir amplificatif, ou le grossissement qu'ils opèrent, est estimé à plus de 6000 fois le diamètre de l'objet, ce qui correspond à une amplification de plus de 200 milliards de fois pour le volume. C'est avec ces instruments que cet illustre astronome est parvenu à décomposer en étoiles la plupart des nébuleuses, à augmenter considérablement la liste de ces amas de matière brillante, enfin a été conduit à des idées si élevées sur l'organisation de l'univers.

Le télescope de Galilée est composé de deux verres, dont l'un, qui est convexe, sert d'objectif, et l'autre, qui est concave, sert d'oculaire. Ces verres sont éloignés l'un de l'autre d'une distance telle que le foyer réel de l'objectif correspond avec le foyer virtuel de l'oculaire. En général, le télescope augmente le diamètre de l'objet autant de fois que le foyer réel du verre objectif contient de fois le foyer virtuel du verre oculaire. Le télescope de Galilée fait voir les objets dans leur situation naturelle; mais il a fort peu de champ, parce que les rayons sortent divergents de l'oculaire; et si cette divergence leur fait occuper un espace plus grand que le diamètre de la prunelle, l'œil ne peut pas même embrasser tout le champ de l'instrument; et il en embrasse d'autant moins qu'il s'éloigne davantage du verre oculaire. L'étendue que la vue embrasse d'un coup d'œil augmente donc à mesure que l'œil s'approche de l'oculaire ; mais le champ diminue à mesure que le télescope grossit davantage.

On nomme télescopes achromatiques, des télescopes construits de manière à faire disparaître l'espèce de limbe irisé qui environne les objets vus à travers des appareils mal disposés. Il y a cent ans environ que l'on reconnut la cause de ce défaut, et qu'on entreprit d'y remédier. Dolland, opticien anglais, fut le premier qui confectionna des télescopes achromatiques. Les principes de l'achromatisme reposent sur la connaissance de plusieurs faits, savoir : la décomposition des rayons lumineux en plusieurs couleurs en passant à travers un verre transparent ; puis la différence du pouvoir réfringent de ces corps suivant leur forme et leur composition intime. D'après cela on obtient des images parfaitement nettes en composant les lentilles de verres alternativement concaves et convexes, composés soit de flint-glass, soit de crown-glass, dont l'action dispersive inégale établit compensation.

Le télescope d'Herschell est formé d'un tuyau au fond duquel se trouve un miroir métallique sphérique concave ; les rayons émanés des objets extérieurs forment en avant du miroir une image que l'on regarde avec une loupe ou avec un oculaire achromatique. Dans cette disposition, l'observateur intercepte une partie des rayons incidents ; mais quand l'axe du miroir est un peu incliné sur l'axe du faisceau incident, l'image se forme hors de l'axe, le sommet seul de la tête se trouve dans le trajet des rayons, et si le miroir est très-grand, la quantité de lumière interceptée est fort petite. C'est avec un appareil semblable, qui avait 13 mètres de foyer, que Herschell a fait une partie de ses découvertes.

Le télescope de Newton est un instrument formé aussi d'un tuyau terminé par un miroir, mais il renferme un petit miroir plan incliné à 45 degrés, qui rejette l'image perpendiculairement à sa direction, de sorte qu'on peut l'observer par un oculaire situé parallèlement au tuyau ; cette disposition évite ainsi l'interposition de l'observateur dans les rayons incidents et permet d'employer des miroirs de toutes dimensions ; mais elle occasionne une perte de lumière considérable, par la réflexion sur le miroir plan. Newton lui avait substitué un prisme de verre rectangulaire ; un des côtés de l'angle droit étant disposé perpendiculairement à la direction des rayons incidents, la réflexion sur la face inclinée a lieu sans absorption ni déviation. Cet instrument est très-incommode pour les recherches astronomiques, à cause de la position de l'observateur ; les appareils suivants n'ont point cet inconvénient.

Dans le télescope de Gregory, le miroir plan du télescope de Newton est remplacé par un petit miroir concave, et le grand miroir est percé à son centre d'une ouverture qui reçoit l'oculaire : les rayons réfléchis sur le grand miroir forment une image qui, réfléchie dans le petit miroir, forme une autre image que l'on regarde directement avec l'oculaire.

Le télescope de Cassegrain est un instrument qui ne diffère du précédent que par la forme du petit miroir, qui est convexe ; cette disposition a l'avantage de détruire les aberrations de sphéricité des deux miroirs, parce qu'elles sont en sens contraire.

Dans tous les télescopes, les miroirs métalliques doivent avoir le poli le plus parfait, et le tuyau doit être noirci entièrement.

Le télescope, au commencement du XVIIe siècle, ne signifiait qu'une lunette d'approche, un instrument formé de différents verres ajustés dans un tube pour voir les objets fort distants. Aujourd'hui, il se dit en France plus spécialement d'un instrument fait avec deux miroirs ; mais les étrangers comprennent sous ce nom, ou ces deux espèces d'instruments, ou en général tout ce qui sert à voir des objets très-éloignés, soit directement au travers de plusieurs verres, soit par réflexion, au moyen de plusieurs miroirs.

L'invention du télescope est une des plus belles dont les modernes puissent se vanter.

Quelques savants ont cru que les anciens avaient eu l'usage des télescopes, et que d'une tour fort élevée de la ville d'Alexandrie, on découvrait les vaisseaux qui en étaient éloignés de six cents milles ; mais cela est impossible, puisque la rondeur de la terre empêche de voir de dessus une tour de cent cinquante pieds, un objet situé sur l'horizon à une plus grande distance que douze ou quatorze milles d'Hollande, et un vaisseau à la distance de vingt milles.

Jean-Baptiste Porta, noble napolitain, est le premier qui ait fait un télescope, comme il paraît par un passage assez obscur de sa magie naturelle, imprimée en 1529.

Soixante ans après, on présenta au prince Maurice de Nassau, un télescope de douze pouces de long ; (3 1/4 décimètres), et fait par un lunetier de Middelbourg ; mais les auteurs ne sont point d'accord sur le nom de cet artiste : Jean Sitturus veut que ce soit Jean Lipperson, lunetier de Middelbourg ; mais Pierre Borel, dans un volume composé exprès sur l'invention du télescope, fait voir que Zacharie Jansen, ou Hansen, en est le véritable inventeur. Voici de quelle manière on raconte que se fit cette découverte :

Des enfants en se jouant dans la boutique de leur père, lui firent remarquer que quand ils tenaient entre leurs doigts deux verres de lunettes, et qu'ils mettaient les verres l'un devant l'autre, à quelque distance, ils voyaient le coq de leur clocher, beaucoup plus gros que de coutume, et comme s'il était tout près d'eux, mais dans une situation renversée. Le père frappé de cette singularité, s'avisa d'ajuster deux verres sur une planche, en les y tenant debout à l'aide de deux cercles de laiton qu'on pouvait approcher ou éloigner à volonté : avec ce secours on voyait mieux et plus loin. D'autres ouvriers de la même ville firent usage à l'envi de cette même découverte, et par la nouvelle forme qu'ils lui donnèrent, ils s'en approprièrent tout l'honneur.

En 1620, Jacques Métius, frère d'Adrien Métius, professeur de mathématiques à Franker, se rendit à Middelbourg avec Drebel, et y acheta des télescopes des enfants de Zacharie; mais Simon Marius, en Allemagne, et Galilée en Italie, sont les premiers qui aient fait de longs télescopes, propres pour les observations astronomiques.

Le Rossi raconte que Galilée étant à Venise, apprit que l'on avait fait en Hollande une espèce de verre optique, propre à rapprocher les objets; sur quoi s'étant mis à réfléchir sur la manière dont cela pouvait se faire, il tailla deux morceaux de verre du mieux qu'il lui fut possible, et les ajusta aux deux bouts d'un tuyau d'orgue, ce qui lui réussit au point qu'immédiatement après, il fit voir à toute la noblesse vénitienne, toutes les merveilles de son invention, au sommet de la tour de Saint-Marc. Le Rossi ajoute que depuis ce temps-là, Galilée se donna tout entier à perfectionner le télescope, et que c'est par là qu'il se rendit digne de l'honneur qu'on lui fit de l'en croire l'inventeur, et d'appeler cet instrument *le tube de Galilée*. Ce fut par ce moyen que Galilée aperçut des taches sur le soleil; il vit ensuite cet astre se mouvoir sur son axe, etc.

Divers savants, tels que Galilée, Kepler, Descartes, Grégory, Huyghens, Newton, etc., ont contribué successivement à porter le télescope au point de perfection où il est aujourd'hui.

Il y a différentes sortes de télescopes qui se distinguent par le nombre et par la forme de leurs verres, et qui reçoivent leurs noms de leurs différents usages.

Tel est le premier télescope, ou le télescope hollandais; celui de Galilée qui n'en diffère que par sa longueur; le télescope céleste ou astronomique; le télescope terrestre, et le télescope aérien; il y a encore le télescope composé de miroirs, ou à réflexion, et qu'en France on appelle plus particulièrement télescope.

Le télescope de Galilée, ou allemand, est composé d'un tuyau, à l'un des bouts duquel est un verre objectif, convexe, et à l'autre un verre oculaire concave; c'est la plus ancienne de toutes les formes des télescopes, et la seule qui ait été pratiquée avant Huyghens.

Le télescope ou lunette astronomique diffère du télescope de Galilée, en ce que l'oculaire y est convexe, comme l'objectif. On lui a donné ce nom parce qu'on ne s'en sert que pour les observations astronomiques, à cause qu'il renverse les objets: Kepler en donna l'idée, et J. Scheiner l'exécuta.

Le télescope aérien est une espèce de télescope astronomique, dont les verres ne sont point renfermés dans un long tuyau. Ce n'est, à proprement parler, qu'une façon particulière de monter des verres objectifs, dont le foyer est très-long, et leurs oculaires, de façon qu'on puisse les diriger avec facilité pour observer les corps célestes pendant la nuit, et éviter les embarras des tuyaux qui deviennent fort incommodes lorsqu'ils sont très-longs. C'est au célèbre Huyghens que l'on est redevable de cette invention.

Le télescope terrestre, ou le télescope de jour, que l'on doit au père Rheita, est un télescope composé de quatre verres convexes, ou plans convexes, dont l'un sert d'objectif, et les trois autres d'oculaires. C'est le télescope astronomique auquel on a ajusté deux ocu-

laires, afin de redresser l'image : au lieu qu'il est indifférent de voir les astres droits ou renversés, à cause de leur figure ronde. On fait quelquefois des télescopes à trois verres; on en fait encore à cinq oculaires, et jusqu'ici il avait paru qu'ils ne devaient représenter les objets que d'une manière plus faible, à cause des rayons qui doivent être interceptés en passant par chacun de ces verres. Cependant Dolond, célèbre opticien anglais, fit voir, vers 1760, par d'excellentes lunettes à six verres, que l'interception de ces rayons n'était point, autant qu'on l'imaginait, un obstacle à la perfection des télescopes. Enfin, on a fait voir vers le même temps en Angleterre, des lunettes de nuit qui servent principalement sur mer, pour suivre un vaisseau dans l'obscurité, reconnaître une côte, l'entrée d'un port. Ces lunettes, dont la première idée est due au docteur Hook, sont composées d'un objectif d'un grand diamètre, afin qu'il puisse recevoir beaucoup de rayons, et d'un ou plusieurs oculaires. S'il n'y en a qu'un, on voit les objets renversés; mais cet inconvénient est de peu de conséquence, parce qu'il suffit, dans le cas où s'en sert, de pouvoir distinguer les masses.

Le télescope, celui qu'en France on appelle proprement télescope, et ailleurs télescope à réflexion, catoptrique, ou cata-dioptrique, est principalement composé de miroirs en place de verres; et au lieu de représenter les objets par réfraction comme les autres, il les représente par réflexion.

On attribue ordinairement l'invention de ce télescope à Newton; cependant, s'il l'exécuta le premier, il ne fut pas celui qui en conçut la première idée. Il ne songea à ce télescope, comme il le dit lui-même, qu'en 1666; et trois ans auparavant, Jacques Grégory, savant géomètre écossais, avait donné, dans son *Optica promota*, la description d'un télescope de cette espèce. Cassegrain, en France, avait eu aussi, à peu près dans le même temps, une idée semblable; mais la première invention de ce télescope appartient véritablement au père Mersenne, qui y avait pensé plus de 20 ans auparavant, et qui l'aurait probablement exécuté, si Descartes, dont il avait apparemment demandé le sentiment, touchant ces nouveaux télescopes, ne l'en avait détourné.

Le premier essai de Newton fut un télescope de seize centim. de long, avec lequel il pouvait lire de plus loin qu'avec une bonne lunette d'un mètre 30 cent. Cependant, il se passa un long temps avant que personne tenta de l'imiter. Ce ne fut qu'en 1719 que Halley parvint à en faire deux de cinq pieds trois pouces d'Angleterre, avec lesquels il voyait les satellites de Saturne aussi distinctement qu'avec un télescope ordinaire de 41 mètres. Depuis ce temps-là, ces télescopes sont devenus communs de plus en plus. On en fait non-seulement en Angleterre, mais encore en France et en Hollande.

Dès 1773, Paris et Gonichon, et trois ans après Passement, avaient fait à Paris des télescopes, à réflexion.

Le télescope à réflexion de Grégory est composé d'un tube, dans le fond duquel est un miroir concave, percé à son centre d'une ouverture; à l'autre extrémité est un autre miroir concave beaucoup plus petit, et dont la concavité fait partie d'une plus petite sphère que le grand miroir; il est placé de façon que son foyer se trouve un peu au delà du foyer du grand miroir.

L'objet y est grossi dans la raison composée de la distance du foyer du grand miroir à celle du foyer du petit, et de la distance du foyer du petit miroir au lieu de l'image, après la seconde réflexion à la longueur du foyer de l'oculaire.

Le télescope de Cassegrain ne diffère de celui de Grégory que par la forme du petit miroir qui est convexe au lieu d'être concave. Il résulte de cette forme deux choses : 1° qu'on peut le faire plus court que celui de Grégory; 2° qu'au lieu de représenter comme celui-ci les objets dans leur situation naturelle, il les renverse.

Le télescope de Newton diffère de celui de Grégory et de Cassegrain en ce que le grand miroir concave n'est point percé; le petit miroir n'est ni convexe ni concave, mais simplement plan, elliptique et incliné à l'axe du télescope de 45 degrés. L'oculaire convexe est placé sur le côté du télescope, dans la perpendiculaire à cet axe, tirée du centre du petit miroir. Ainsi, dans ce télescope, le grand miroir réfléchit les rayons qui viennent de l'objet sur le petit qui les réfléchit à son tour sur l'oculaire d'où ils sortent parallèles.

Par la position de l'œil dans ce télescope, il est assez difficile de le diriger vers un objet; c'est pourquoi, pour y parvenir avec plus de facilité, on place dessus une petite lunette dioptrique dont l'axe est parallèle à celui du télescope. Les Anglais l'appellent un *trouveur*; nous l'appelons *chercheur*. Herschell, qui a surpassé tous les autres dans la construction des télescopes, les fait à la manière de Newton.

(*Dict. abrégé des Sciences.*)

**TEMPÉRATURE** (physique, physiologie). — La température moyenne d'un lieu, pendant un jour, est la moyenne des températures correspondantes à tous les instants dont ce jour se compose. M. de Humboldt, par une discussion approfondie de nombreuses températures prises à Paris et à l'équateur, a reconnu que la demi-somme des températures maximum et minimum de chaque jour (celles de 2 heures après-midi et du lever du soleil) ne diffère que peu de la moyenne rigoureuse, et peut la remplacer. Toutefois la moyenne, calculée de cette manière, s'écarte d'autant plus de la vérité, que le lieu est plus septentrional. Ainsi, à Pétersbourg, la moyenne, ainsi calculée, serait au-dessous de zéro, tandis que la moyenne véritable est de 3° 8.

La température maximum de la terre est à 2 heures pour les jours les plus longs, et à 3 heures pour les plus courts ; tandis que la température maximum du soleil est toujours à midi. L'instant qui précède le lever du soleil fournit la température minimum. De plus, la température (du moins entre les parallèles 46° et 48°) du coucher du soleil est à peu près la température moyenne du jour. Enfin les températures d'octobre et d'avril fournissent sensiblement la température de l'année.

Le maximum de la chaleur, observé à l'ombre et assez loin de toute réverbération, n'a pas dépassé 48 degrés centigrades. A Pondichéry et à Bassora, on a vu le thermomètre atteindre 44° et même 45°. Au Sénégal, qui est le pays le plus chaud de la terre, il est monté jusqu'à 47° 1/2. On a éprouvé une chaleur de 37° 1/2 à Paris, et même en Sibérie, au solstice d'été; ce qui prouve que la longueur du séjour du soleil au-dessus de l'horizon peut ocasionner une chaleur diurne extrêmement forte, quoique à des latitudes très-élevées. Sous la zone torride, la chaleur est continuelle, et ne baisse guère, année commune, au milieu du jour, que de 5 à 6°.

Il n'en est pas du froid comme de la chaleur. Le maximum de celui-ci présente des différences considérables. Nous avons dit qu'entre les tropiques la chaleur ne baisse guère, année commune, que de 5 à 6°. Ceci ne doit s'entendre que du milieu du jour; car dans ces contrées, entre l'aurore, qui a lieu vers cinq à six heures du matin, moment le plus froid de la journée, et celui où le soleil est au zénith, il peut y avoir une différence thermométrique de 12 à 15°. Toujours est-il que la plus basse température des pays équatoriaux peut encore être considérée comme chaleur assez forte dans tous les pays. A Paris, le thermomètre n'a jamais descendu, dans les hivers les plus rudes, de plus de 22° 1/2 cent. au-dessous de 0. Le froid mémorable de 1709 n'a pas passé ce terme, et celui de 1765 ne l'a pas même atteint. Mais déjà quelle différence entre l'hiver de nos contrées et celui de la zone torride! et cependant qu'est cet hiver en comparaison de ceux des régions polaires? Les voyages des capitaines Parry et Franklin, dans l'océan Glacial, ont fourni des observations d'un froid très-considérable. En janvier 1819, le thermomètre de Parry est descendu jusqu'à 47° 1/2, et Franklin a observé 50° au fort de l'Entreprise, en 1820. A Krasnoïarst, en Sibérie, le froid ordinaire des hivers est, selon Pallas, de 37 à 40°. Il le vit descendre jusqu'à 50 au mois de décembre. Tomsk éprouva jusqu'à 53° 1/2 de froid en 1785, d'après les observations de Gmelin. Le même voyageur vit le thermomètre descendre jusqu'à 67° 8/9°, à Kirenga, en 1738; enfin, à Jenisseit, en 1735, on observa le froid épouvantable de 70°; de sorte que, dans ces climats, il peut y avoir jusqu'à 100° de l'échelle thermométrique entre le maximum du chaud et celui du froid; tandis que, dans le climat de Paris, l'intervalle le plus long entre ces deux extrêmes ne dépasse jamais 60°, et qu'on n'en trouve ordinairement que de 12 à 16 entre la chaleur la plus forte et le froid le plus considérable des pays situés sous l'équateur.

Dans aucun lieu de la terre et dans aucune saison, un thermomètre, élevé de deux ou trois mètres au-dessus du sol et à l'abri de toute réverbération, n'atteindra le 38° 1/2 de Réaumur, ou le 48° centigrade.

En pleine mer, la température de l'air, quels que soient le lieu et la saison, ne dépasse jamais le 24° de Réaumur, ou 30° centigrades.

Le plus grand degré de froid qu'on ait observé sur notre globe, avec un thermomètre suspendu en l'air, est de 56° R., ou 70° centigrades au-dessous de zéro.

La température de la mer, sous aucune latitude et dans aucune saison, ne s'élève au-dessus de 24° de Réaumur, ou 30° centigrades.

*En physiologie* la température d'un corps s'entend de la sensation de chaud ou de froid que son contact développe en nos organes, ou du nombre de degrés auxquels ce contact fait monter l'instrument de physique appelé thermomètre.

C'est une loi constante, pour tous les corps organiques, que le calorique qui les pénètre, et qui, se dégageant en une quantité déterminée de chacun d'eux, fixe leur température, tend à se mettre en équilibre en tous, de manière que tous à la fin agissent de même sur le thermomètre. Si deux corps sont voisins et n'ont pas la même température, celui qui est le plus chaud se refroidira en peu de temps en fournissant de son calorique à celui qui est le plus froid : celui-ci, par suite, s'échauffera un peu, et tous deux finiront par avoir la même température, car ils agiront de même sur le thermomètre. Les corps vivants seuls sont affranchis de cette loi générale, dite d'équilibre du calorique ; non que le calorique, dégagé par les corps extérieurs environnants, ne leur soutire sans cesse du calorique, quand ils sont plus froids qu'eux, de manière à tendre à les amener, dans ces deux cas, à leur niveau ; mais parce qu'ils dégagent eux-mêmes le calorique qui fixe leur température, et qu'ayant, jusqu'à un certain point, la puissance, et de consommer aussitôt le calorique surabondant qui les pénètre, et de renouveler celui qui leur est soutiré, ils restent toujours à une même température, qui n'est plus celle du milieu ambiant, mais la leur propre.

- La température du corps humain est de 32 degrés de R., et le milieu ambiant, comme les corps extérieurs qui le touchent, ne peuvent être à cet égard que dans l'une ou l'autre de ces trois conditions : ou ils auront une température supérieure à celle du corps humain, ou ils en auront une égale, ou ils en auront une moindre.

Le corps extérieur, ou l'air atmosphérique lui-même, a-t-il une température supérieure à celle de 32 degrés, le calorique extérieur, que dégagent tous les corps, pénétrera mécaniquement, et d'après les lois physiques de la propagation de ce fluide, la peau et le corps humain ; et, s'ajoutant ainsi à celui que l'économie produit elle-même, il y sera complet, et fera développer dans les nerfs une sensation de chaud.

Les corps extérieurs, ou l'atmosphère, ont-ils une température de 32 degrés, c'est-à-dire égale à celle de l'homme, en ce cas ils ne soutirent ni ne fournissent de calorique à notre corps, Mais, comme notre état habituel est d'être plongé dans un milieu plus froid que nous, et qui nous soutire toujours du calorique ; comme les ressorts de notre économie sont montés à ce qu'une portion de calorique nous soit sans cesse soustraite ; cette portion ne l'étant plus, il en résulte que le calorique est encore en plus dans nos organes, et dès lors nous éprouvons encore une surabondance de chaud. Dans ce cas, comme dans le précédent, l'économie a, jusqu'à un certain point, des moyens de dissiper le calorique surabondant, de manière à rester dans sa température propre.

Enfin les corps extérieurs, ou l'atmosphère, ont-ils une température inférieure à celle de 32 degrés, ces corps, par suite de la tendance qu'ils ont à se mettre au niveau de la température des objets qui sont dans leur sphère, soutirent, attirent à eux une partie du calorique du corps humain ; et, selon que cette quantité de calorique soustraite est plus ou moins considérable que celle qui nous est enlevée dans le milieu dans lequel nous avons habitude de vivre, comme alors le calorique se trouve en moins ou en plus dans nos organes, nous éprouvons une sensation de froid ou de chaud. L'homme ayant une température de 32 degrés, et l'atmosphère dans laquelle il est plongé en ayant, au contraire, une constamment moindre, qui dans nos climats, est de 15 à 16 degrés dans les saisons tempérées, bien au-dessous dans les hivers, et de 25 degrés au plus dans les étés, à ce titre, il doit toujours lui être soutiré du calorique, et il semble qu'il devrait toujours sentir du froid. C'est ce qui est en effet, et de là pour cet être le besoin de recourir à l'artifice du feu, de se défendre des intempéries de l'air à l'aide de vêtements et en s'abritant dans des habitations. Cependant, comme cette condition est constante pour lui, qu'au milieu des variations de la température extérieure, il y a un état moyen qui est le plus ordinaire, l'habitude a fait que, dans cet état moyen, on paraît n'éprouver aucune sensation de température, ni chaud, ni froid, bien qu'alors il nous soit soutiré toujours du calorique, notre économie étant montée à fournir à cette soustraction ; et ce n'est plus que, selon que la température extérieure diffère de cet état moyen, qu'on éprouve du chaud ou du froid.

L'homme résiste au froid au milieu d'une température inférieure à la sienne, et conserve sa température propre. Plusieurs causes concourent à ce résultat. D'abord, l'action de la calorification est montée primitivement au point convenable pour subvenir à cette dépense continuelle de calorique, et renouveler ce fluide à mesure qu'il est dissipé. Ensuite, la nature a fait mauvais conducteur du calorique les parties constituantes du corps humain, et surtout ses enveloppes, la peau et ses dépendances. En troisième lieu, l'homme recourt à certains secours physiques, comme à des vêtements et au feu artificiel. Enfin, il active sa fonction de calorification par diverses influences organiques, comme les mouvements, la digestion, tout ce qui excite la circulation générale. Par ces divers moyens, non-seulement l'homme conserve chaque jour sa température dans un milieu plus froid que lui, mais encore il résiste à des froids très-intenses : il vit en effet en hiver comme dans l'été, dans les régions polaires comme dans les régions équatoriales, et certaines professions le condamnent aux impressions continuelles d'un grand froid. Cependant cette puissance de l'homme de résister au froid ne s'étend qu'à une certaine limite : à un certain degré, l'action de calorification ne peut plus suffire à renouveler le calorique qui est soutiré ; quelques parties du corps commencent à se congeler, la température du corps baisse, et, quand elle est tombée à 26 degrés à peu près, la mort arrive.

Il est fort rare que l'homme soit exposé à un milieu d'une température, non-seulement supérieure, mais égale à la sienne. Franklin le premier remarqua qu'un jour que la température était de quatre degrés supérieure à celle du corps humain, la sienne n'avait pas changé, et était dès lors inférieure à celle du milieu ambiant ; et depuis lors on a reconnu, dans beaucoup de cas, que l'homme résiste à des chauds assez intenses. MM. Berger et Delaroche, à Paris, firent des expériences à ce sujet, et supportèrent, pendant dix minutes et plus, des chaleurs de 100 à 115 degrés. Sans doute alors le calorique tend à pénétrer le corps de l'homme ; mais l'homme n'en reste pas moins à sa température propre, du moins cette température ne s'élève que de deux ou trois degrés, l'homme possédant en lui une cause physique de refroidissement, l'évaporation des perspirations cutanées et pulmonaires, qui agissant sur le corps humain, comme le fait cette portion de liquide qui transude dans les alcarrazas. Cependant, malgré cette faculté qu'a l'homme de se maintenir à sa température propre au milieu d'une chaleur supérieure, sa puissance à cet égard ne s'étend que jusqu'à un certain point : à un certain degré, l'action transpiratoire ne suffit plus, la température de l'individu s'élève, et la mort arrive quand cette température s'est élevée de 6 à 7 degrés.

*Tableau de différentes températures animales.*

| | Température moyenne. |
|---|---|
| Neuf hommes âgés de 30 ans | 37°14 centig. |
| Quatre hommes de 66 ans | 37,13 |
| Quatre jeunes gens de 18 ans | 36,99 |
| Trois enfants mâles, âgés de 1 à 2 jours | 33,06 |
| Deux corbeaux adultes | 42,91 |
| Quatre chats-huants volant bien | 40,91 |
| Une chouette adulte | 41,47 |
| Trois pigeons | 42,98 |
| Trois moineaux francs, bien couverts de plumes | 39,08 |
| Un moineau adulte | 41,96 |
| Un bruant adulte | 42,88 |
| Un chien de trois mois | 39,48 |
| Un chat mâle adulte | 39,78 |
| Un cochon d'Inde adulte | 35,76 |
| Deux carpes | 11,69 |
| Deux tanches | 11,54 |
| Eau dans laquelle les poissons vivaient | 10,83 |

(*Dict. abrégé des Sciences.*)

**TEMPLE** [du lat. *templum*, dérivé, suivant quelques-uns, du grec *téménos*, qui signifie la même chose]. — Édifice public consacré à Dieu, ou à ce qu'on révère comme Dieu.

Dans les temps où l'on ne connaissait ni l'architecture, ni la sculpture, on choisit pour le culte religieux des bois plantés sur des hauteurs, et ces bois devinrent sacrés.

Les temples de pierre et de marbre s'élevèrent quand l'architecture eut fait des progrès.

C'est en Égypte que l'on a commencé à bâtir des temples. Le goût de cette construction fut porté de là chez les Assyriens, les Phéniciens, les Syriens ; ensuite il passa dans la Grèce avec les colonies, et de la Grèce il vint à Rome. Il n'y eut que quelques peuples, tels que les Perses, les Indiens, les Gètes et les Daces, qui persistèrent dans l'opinion qu'on ne devait pas enfermer les dieux dans aucun édifice de la main des hommes, quelque magnifique qu'il pût être.

**TEMPS** (astronomie, philosophie, morale). — Mesure de durée qui dépend des mouvements des corps célestes ; succession des moments ; durée qui s'écoule depuis un terme jusqu'à un autre. Le temps est une idée tellement simple, qu'il est impossible de la bien définir. L'impression que laisse en nous la succession des événements n'est point propre à mesurer le temps ; car la durée nous affecte d'une manière trop variable, suivant les sensations qui nous dominent. Le temps se mesure par une suite d'événements matériels, identiques, qui se succèdent sans interruption. Les grandes unités de temps résultent des phénomènes célestes ; le jour est l'intervalle qui sépare deux retours consécutifs du soleil au méridien; l'année, celui qui s'écoule entre deux retours successifs du soleil au même point du ciel.

Le temps est l'espace de notre vie, espace qui n'est pas même un éclair, si on en compare la durée à l'éternité. Chaque heure en soi, comme à notre égard, est unique : est-elle écoulée une fois, elle a péri entièrement, les millions de siècles ne la ramèneront pas. Les jours, les mois, les années s'enfoncent et se perdent sans retour dans l'abîme des temps. Le temps même sera détruit : ce n'est qu'un point dans les espaces immenses de l'éternité, et il sera effacé. Il y a de légères et frivoles circonstances du temps qui ne sont point stables, qui passent, et que l'on appelle des modes, la grandeur, la faveur, les richesses, la puissance, l'autorité, l'indépendance, le plaisir, les joies, la superfluité. Que deviendront ces modes quand le temps même sera disparu? La vertu seule, si peu à la mode, va au delà des temps.

**TÉNACITÉ** (physique). — On entend par ténacité cet effet de la cohésion qui s'oppose à ce que les particules d'un corps solide soient directement écartées les unes des autres par des tractions opposées.

La connaissance du degré de ténacité des différents corps étant d'une grande importance dans les sciences et dans les arts, on a fait beaucoup de recherches pour la déterminer avec exactitude. On s'est servi en général d'un procédé fort simple, qui consiste à prendre un corps d'une forme allongée, à le fixer par une de ses extrémités en suspendant à l'autre des poids successivement croissants jusqu'à produire la rupture du corps en travers.

La ténacité étant particulièrement remarquable dans les substances métalliques, on l'a particulièrement étudiée dans ces sortes de corps. On s'est servi de fils de deux millimètres de diamètre, et on a obtenu les résultats suivants :

Le fer supporte avant de se rompre un poids de... 249$^k$659
Le cuivre... 137,399

| Le platine | 124k690 |
|---|---|
| L'argent | 85,062 |
| L'or | 68,216 |
| L'étain | 24,200 |
| Le zinc | 12,720 |
| Le plomb | 9,750 |

**TÉNESME** (médecine) [du grec *ténesmos*, tension, dérivé de *teinô*, tendre]. — *Le ténesme* est une envie fréquente, mais inutile, d'aller à la selle, sans rendre tout au plus qu'une petite quantité de matière visqueuse, mucilagineuse, sanguinolente ou purulente.

Le ténesme accompagne souvent la dyssenterie, la diarrhée, les hémorroïdes et la pierre : il est ainsi appelé, parce que, dans cette maladie, on sent une continuelle tension au fondement.

**TÉNIA** (zoologie) [*tænia*, bandelette, ruban]. — On donne ce nom à un genre d'animaux entozoaires, très-plats, très-longs, articulés, et portant, à l'extrémité la plus ténue du corps, une tête tuberculeuse, au centre de laquelle est une bouche entourée de quatre suçoirs. Ces animaux, dont plus d'une espèce habite fréquemment les intestins de l'homme, ont en général de grandes dimensions et peuvent parvenir à une longueur de plus de 33 mètres. On les nomme vulgairement *vers solitaires*, parce qu'on n'en rencontre pas souvent plus d'un à la fois dans nos viscères; on les a aussi appelés *cucurbitains*, parce qu'en considérant isolément chacun de leurs articles, on lui trouve de la ressemblance avec les graines des courges.

On admet aux plus quatre espèces différentes de ténia chez l'homme; savoir, le *tænia vulgaris*, le *tænia canina*, le *tænia solium*, et le *tænia lata*.

Les trois premiers ont à la tête des crochets rétractiles; le dernier en est dépourvu.

Le *tænia solium*, que l'on appelle souvent *ténia armé*, et dont les *tænia canina* et *tænia vulgaris* ne sont que des variétés suivant beaucoup d'auteurs, est très-commun chez l'homme en Italie et en Saxe, mais moins répandu en France. Il acquiert de fort grandes dimensions, et ce sont surtout ses anneaux qui ont mérité le nom de *cucurbitains*. Il a des ovaires rameux, et ne présente à chaque articulation qu'un stigmate placé irrégulièrement d'un côté ou de l'autre.

Le *tænia lata*, ou *ténia non armé*, n'a été décrit exactement d'abord que par Bonnet. Il est blanc, plat et en forme de ruban, et moins long que le précédent, qui atteint plus de 33 mètres, tandis que lui ne dépasse pas sept à huit mètres de longueur. Il est fort commun en France, en Suisse et en Russie. Son cou est lanugineux; ses articles offrent à leur centre des tubérosités brunâtres et un pore de chaque côté.

La présence d'un ténia dans le canal alimentaire est signalée par des étourdissements, des vertiges, des tintements d'oreilles, l'odeur aigre de l'haleine, la dilatation des pupilles, la pâleur du visage, les démangeaisons du nez et des paupières, le grincement des dents durant le sommeil, une faim qui se renouvelle par accès, une sorte de boulimie, des douleurs, des picotements dans l'abdomen, des nausées, un malaise général, une anxiété presque continuelle, un trouble nerveux prononcé, souvent un gonflement du ventre, etc. Mais on n'est guère assuré de cette présence que quand on voit sortir une portion du ver par le vomissement ou avec les selles : tout autre signe est équivoque. A la longue, le ténia peut amener la fièvre lente, le marasme et des symptômes de dyssenterie.

Il est très-difficile d'opérer la destruction de cet hôte incommode : les remèdes anthelminthiques ordinaires sont trop faibles pour cela. On est obligé d'avoir recours à des agents plus vigoureux que le semen-contra, l'ail, la coralline, la mousse de Corse. Il faut employer le jalap, la gomme gutte et autres drastiques, l'éther sulfurique, l'huile de ricin, l'essence de térébenthine, l'huile animale de Dippel, les purgatifs mercuriels, la rue, la sabine, la limaille d'étain, et surtout le *Cousso*. — Voy. ce mot.

**TENUE DES LIVRES.** — Art de tenir des registres au moyen desquels on peut connaître l'état exact de ses affaires; un négociant est obligé d'avoir des livres de comptes; non-seulement pour s'assurer positivement s'il gagne ou s'il perd; pour savoir à qui il doit et par qui il lui est dû, mais encore pour se conformer aux articles 8 à 17 du Code de commerce. Aucune forme particulière de comptabilité n'est prescrite par la loi; mais celle qu'on désigne sous le nom de Partie double est la plus commode, la plus sûre et la plus facile ; ses avantages l'on fait adopter par le ministère des finances et par les grandes industries, on la considère en quelque sorte comme authentique (1).

Ce système de comptabilité repose sur des principes extrêmement simples; il consiste à tenir : 1° un Journal par ordre de dates, sans blanc, sans lacune, sans transport en marge;

2° Un registre nommé Grand-Livre, dans lequel on ouvre des comptes distincts pour chacune des valeurs que l'on possède et pour chacune des personnes avec lesquelles on est en relation d'affaires; tous ces comptes présentent deux colonnes de chiffres, l'une intitulée Doit, et l'autre Avoir;

3° Un nombre indéterminée de registres auxiliaires, comme :

Le livre des inventaires ;

Le copie de lettres;

Le livre de caisse, sur lequel on écrit *au doit*, les sommes que l'on reçoit en numéraire ou en billets de banque, et à l'*avoir*, les sommes que l'on paie;

Le livre d'effets à recevoir, sur lequel on porte les billets de cette nature;

Le livre d'effets à payer;

Le livre des factures, sur lequel on copie toutes les factures des marchandises que l'on a vendues;

Le carnet d'échéances, pour les effets à payer;

Le livre de traites, etc.;

Le livre de frais de postes;

Le livre des menues dépenses qui se récapitulent ordinairement par mois.

Le brouillard, sur lequel on prend des notes qui

(1) Le traité complet se trouve chez Mallet-Bachelier; quai des Augustins, 55. — Prix : 1 fr. 25 c.

doivent servir à passer, au journal, certains articles pour des opérations qui ne figurent pas sur les autres livres auxiliaires.

Tous ces registres et d'autres qu'on peut établir à volonté ne sont pas indispensables; on n'ouvre que ceux dont on peut avoir besoin, selon la nature et l'importance des affaires.

Les teneurs de livres ont quelques termes qui leur sont propres et des abréviations usitées parmi les commerçants; ainsi on dit *passer un article* ou *passer écriture*, pour exprimer l'action d'inscrire au journal une opération : aussitôt qu'un article est passé au journal, on doit le souligner pour qu'il ne soit plus possible d'y ajouter.

Débiter un compte, c'est écrire au *doit* : le créditer c'est écrire à l'*avoir*.

Un compte débiteur, c'est celui dont le total du *doit* est plus fort que le total de l'*avoir*.

Un compte est créancier ou créditeur quand le total de l'*avoir* excède le total du *doit*.

Un compte balancé est celui dont le doit et l'avoir sont égaux.

Balancer ou solder un compte, c'est porter au doit ou à l'avoir ce qui manque pour que ce compte soit balancé.

La balance d'un compte, c'est l'excédant du doit sur l'*avoir* ou *vice-versa*.

La Balance des comptes du Grand-Livre est un re-levé de tous les comptes, servant à récapituler dans deux colonnes les sommes du doit et celles de l'avoir : Dans les parties doubles, les totaux de ces deux colonnes doivent être égaux.

Les abréviations les plus usitées sont :

n/      v/      m/      m/o      v/o

pour nous, vous, mon, ma, mon ordre, votre ordre,

l/o      m/c      v/c      s/c

leur ordre, mon compte, votre compte, son compte,

0/0    0/00    5 0/0      »

cent, mille, cinq pour cent.      »

(On devrait supprimer ce signe 0/0 dont rien ne justifie l'utilité et adopter la méthode plus rationnelle des mathématiciens qui, au lieu de 5 pour 0/0, écrivent 0,05. On dirait alors : l'intérêt de 5 centièmes. L'intérêt de 4 centièmes, au lieu de 4 pour 0/0 le figurerait ainsi : 0,04 : celui de 4 1/2 0/0 se mettrait 0,045 et s'énoncerait 45 millièmes.)

Il faut éviter de confondre les expressions : ma facture, sa facture; ma facture s'entend des factures que j'ai faites pour des marchandises que j'ai vendues; sa facture se dit pour les factures des marchandises que j'ai achetées. De même par mon billet, on entend le billet que j'ai souscrit, et sa traite ou son billet se rapporte à la traite ou au billet créé par mon correspondant.

## MODÈLES DE LIVRES AUXILIAIRES.

### LIVRE DE CAISSE.

| DOIT. | | | | AVOIR. | | | |
|---|---|---|---|---|---|---|---|
| 1859 | | | | 1859 | | | |
| Mars 28 | En caisse à l'inventaire. | .6260.50 | | Mars 31 | Effets à payer o/ Lu | . 400 | |
| » | Arnoud s. remise | .4000 | 10260.50 | » | Mobilier à Ribe | . 330 | |
| | | | | | Frais généraux, huile | . 7.60 | 757.60 |
| Avril 7 | Effets à recevoir n° 7 | . 350 | 350 | | | | |
| | | | | Avril 13 | Terrain à Asnières | | 85 |
| 12 | » 6 | . 200 | | 15 | Loyer d'avance | .2000 | |
| | Mes Ges au comptant | . 335 | | | Loyer, terme échu | .1000 | |
| | Lubin s/ remise | . 225 | 760 | | Effets à payer o/ Mall | .1200 | 4200 |
| 15 | Effets à recevoir n° 4 | . 300 | | 30 | Frais génér. du mois | . 97 | |
| | » 1 | . 217 | | | Frais de maison | . 233 | 330 |
| | » 2 | . 84 | | | | | |
| | Bour s/ remise | . 150 | | » | Balance de sortie | | 6945.40 |
| | Callot » | . 84.50 | | | | | |
| | Dubois » | . 112 | 947.50 | | | | |
| | | | 12318 | | | | 12318 |
| Mai 1 | Balance d'entrée | | 6945.40 | Mai 6 | Effets à payer Gautier | .1030 | |
| 19 | Effets à recevoir | .1477.50 | 1477.50 | » | Morien | . 620 | |
| 26 | » | .6616 | 6616 | » | Moizard | . 500 | |
| 31 | Lubin | .2300 | 2300 | » | Guibert | .2000 | 4140 |
| | | | | 31 | Profits et pertes, escte | . 115 | |
| | | | | | Frais génér. du mois | . 140 | |
| | | | | | Frais de maison | . 350 | |
| | | | | | Mobilier à Guibert | .1200 | 1805 |
| | | | | | Balance de sortie | | 11393 90 |
| | | | 17338.90 | | | | 17338 90 |
| Juin 1 | Balance d'entrée | 11393.90 | | | | | |

Ce livre sert à vérifier les espèces, ce qui doit se faire tous les jours, en prenant la différence du doit et de l'avoir.

Les sommes partielles sont portées dans le courant de la journée à la première colonne du doit et de l'avoir, en indiquant le compte qu'il y a lieu de débiter ou de créditer. Le total de la journée est inscrit dans la deuxième colonne : on se sert du livre de caisse pour passer les articles au journal et il convient de pointer chaque somme à mesure qu'elle est relevée dans le journal. On pourrait remplacer ce pointage par une petite colonne dans laquelle on mettrait les numéros du Journal, ce qui vaudrait mieux.

Quand une facture est touchée, sauf escompte ou rabais, on peut porter en recette, au *doit*, le total brut de la facture, et en dépense, à *l'avoir*, le montant de l'escompte, comme on l'a fait pour Lubin, le 31 mai, relativement à l'escompte de 115 fr. sur la facture de 2,300 fr. Ce qui simplifie et facilite les écritures; de même, une facture que l'on a acquittée avec escompte se porte en entier à l'avoir et on met au doit, sous le titre *profits et pertes*, la différence entre la somme payée et la facture. Ce système s'applique aussi avec avantage aux billets négociés avec escompte ou intérêts.

A la fin du mois, on ajoute à *l'avoir* avec l'indication : *balance de sortie*, ce qui manque pour qu'il soit égal au *doit*, et on totalise. La somme est ensuite portée au doit, à titre de *Balance d'entrée*, comme on le voit ci-dessus.

### BROUILLARD.

16 avril 1859 :

Vendu à Hardi mon terrain à Asnières pour le prix de 2400 francs qu'il doit me payer dans 6 mois.. 2400
    Journal n° 14.

18 avril.

Ma facture du 10 avril de 330 francs portée au nom de Lubin, concerne Guibert.... ............. 330
    Journal n° 15.

24 avril.

Bour m'écrit que dans ma facture du 10 avril courant, il manquait des marchandises pour 24 francs et demande à être crédité de cette somme, ce que j'accepte.

    Journal n° 16.

Le Brouillard ne doit servir qu'à prendre les notes relatives à des articles à passer au Journal, et pour lesquels on ne porte rien aux autres livres auxiliaires, tels que ceux de Caisse, de Factures, de Copie de lettres, d'Effets à recevoir, etc.

Aussitôt qu'un article est passé au Journal, on l'indique sur le Brouillard en mettant le folio ou le numéro du Journal, comme on le voit ci-dessus.

Pour l'article du 24 avril, on aurait pu se dispenser de le porter au Brouillard en se servant de la lettre de Bour pour en faire écriture directement au Journal; dans ce cas, c'est sur la lettre même qu'on met le numéro ou le folio du Journal.

C'est donc à tort que dans les traités sur la Tenue des livres on donne un modèle de Brouillard contenant des articles comme ceux-ci :

*Acheté à* Pierre
800 kilogrammes café à 3 fr........... fr. 2400
*Vendu à* Jean
500 kilogrammes café à 3 fr. 50....... fr. 1750
*Compté à* Pierre
Pour solde de sa facture, espèces....... fr. 2400.

Car on n'a pas reçu 800 kil. de Pierre sans une facture de lui, et c'est cette facture qui doit servir à faire l'article sur le Journal : ce n'est pas même en prenant les factures une à une, c'est en rassemblant toutes celles qui sont venues dans la journée; on les classe et on en fait, en masse, un article pareil à celui qui est donné au Journal sous le numéro 2. Ce numéro est inscrit sur la facture elle-même aussitôt qu'elle est enregistrée.

De même les 500 kil. vendus à Jean sont portés sur le livre de factures et c'est celui-ci qui sert à écrire au Journal un article conforme au modèle n° 6 ou n° 8.

Enfin les 2,400 fr. payés à Pierre ont dû être portés au Livre de caisse; l'enregistrement au Brouillard ferait donc double emploi : c'est par suite de ces fausses indications que la plupart des personnes qui ont suivi un cours de Tenue des livres ne peuvent pas tenir la plus petite comptabilité, même avec leur auteur sous les yeux.

Lorsqu'on se trouve embarrassé pour la rédaction d'un article, on peut l'écrire sur une feuille volante avant de le passer au Journal, et cela suffit.

### LIVRE DE FACTURES.

———— 5 avril 1859. ————

Vendu à Callot
12 pièces foulards............. à 8 fr.    96. »
Escompte 12 0/0.............    11.50

        Journal n° 6....   84.50

———— 10 d° ————

Vendu à Bour
1 pièce velours.....................   50
2 » soie.....................   100

        Journal n° 8.... 150

———— 10 d° ————

Vendu à Dubois
4 douzaines madras........... à 7 fr.   28
6 » mouchoirs........ à 9 fr.   54
1 pièce calicot 33 mèt. ⎫
1 » » 32 » ⎬ 95 m. à 40 c.   38
1 » » 30 » ⎭

        Journal n° 8.... 120

La forme de ce livre varie suivant la nature du commerce ; mais il doit toujours être disposé de la même manière que les factures du négociant qu'il concerne.

Les marchandises vendues sont d'abord portées à ce registre ; on en fait la copie sur la facture qui se joint à la marchandise.

On se sert de ce livre pour passer les articles de vente au Journal : aussitôt qu'une facture est portée sur ce dernier, on indique à côté de la somme, au livre de factures, le folio ou le numéro du Journal : par ce moyen on évite les omissions et on facilite la recherche des erreurs.

Les factures des marchandises que l'on achète soi-même sont rangées dans trois cartons, l'un intitulé : factures à enregistrer ; un second : factures à payer ; le troisième : factures acquittées. Le Teneur de livres prend dans le premier carton les factures à enregistrer, il en passe article au Journal, note le folio sur les factures et les place dans le carton des factures à payer, dans des chemises classées par lettre alphabétique.

### LIVRE D'ENTRÉE ET DE SORTIE DES MATIÈRES.

*Céruse.*

| DATES. | LIBELLÉS. | En-trées. | Sor-ties. | Restes. |
|---|---|---|---|---|
| 1859. Mars 28 | Reçu de Sauveur 100 k⁵ céruse | 100 | | 100 |
| 30 | Livré à Mollard | | 42 | 58 |
| Avril 3 | »      Vergier | | 10 | 48 |
| 5 | Reçu de Saunier | 500 | | 548 |
| 6 | Livré à Bordier | | 120 | 428 |
| 8 | Mis en fabrication | | 40 | 388 |

Dans une fabrique, on doit tenir un registre d'Entrée et de Sortie des matières, en ouvrant un compte à chaque espèce.

La colonne des restes, qui se remplit à chaque inscription, présente toujours la quantité existant en magasin : pour vérifier ce reste, il suffit d'additionner les deux premières colonnes et de s'assurer si leur différence est égale à la troisième.

Il convient d'avoir un registre semblable dans le commerce de gros et de détail, toutes les fois que c'est possible.

Le Livre de caisse pourrait être tenu aussi avec cette troisième colonne, si le mouvement des fonds n'était pas trop fréquent.

On laisse toute la page, et même plusieurs pages à chaque compte, et quand une page est pleine ; on additionne les colonnes d'entrée et de sortie et on reporte les totaux, ainsi que le reste, à une autre page avec cette indication : *reporté au folio...* et sur la nouvelle page, en avant des chiffres, on met *Report du folio...*

Ce registre a un répertoire alphabétique comme le Grand-Livre.

VII.

### JOURNAL.

| | | | | | | |
|---|---|---|---|---:|:--|---:|:--|
| | ——— 28 Mars 1859. ——— | | | | |
| 1 | | DIVERS A DIVERS | | | |
| | | Résultats de mon inventaire terminé ce jour | | | |
| 1. | CAISSE | Espèces en caisse | 6260 | 30 | |
| 4 | EFFETS A RECEVOIR | Montant de 8 effets en portefeuille | 3625 | | |
| 10 | MARCH. GÉNÉRALES | Valeur des marchandises | 12300 | | |
| 13 | RENTES 3 % | Valeur actuelle de ma rente de 200 fr. | 4528 | | |
| 14 | TERRAIN A ASNIÈRES | Sa valeur estimative | 1700 | | |
| 23 | ARNOUD | Ce qu'il me doit | 4000 | | |
| 21 | LUBIN | Idem | 450 | | |
| 24 | BOUR | Idem | 150 | | |
| | | | 33013 | 50 | |
| 5 | A EFFETS A PAYER | Montant de ceux que j'ai souscrits, non échus | 4200 | | |
| 18 | A GAUTHIER | Ce que je lui dois | 700 | | |
| 19 | A GUIBERT | Idem | 1300 | | |
| 20 | A HARDI | Idem | 2200 | | |
| 15 | A CAPITAL | Mon capital net | 24613 | 50 | 33013 | 50 |
| | ——— 28 dito. ——— | | | | |
| 2 10 | MARCH. GÉNÉR. A DIVERS | Reçu les marchandises ci-après | | | |
| 18 | A GAUTHIER | Sa facture | 320 | | |
| 20 | A HARDI | Idem | 720 | | 1040 | |
| | ——— 29 dito. ——— | | | | |
| 3 18. 5 | GAUTHIER A EFF. A PAYER | Remis à Gauthier mon billet à s/o au 29 juin | | | 1020 | |
| 4 1.23 | CAISSE A ARNOUD | Sa remise espèces | | | 4000 | |
| | ——— 31 dito. ——— | | | | |
| 5 1 | DIVERS A CAISSE | Payé ce jour | | | |
| 5 | EFFETS A PAYER | Acquitté m/b o/ Lu | 400 | | |
| 11 | MOBILIER | Payé la note de Ribe | 350 | | |
| 6 | FRAIS GÉNÉRAUX | Acheté 5 kil. huile | 7 | 60 | 757 | 60 |
| | ——— 5 Avril. ——— | | | | |
| 6 16.10 | CALLOT A MARCH. GÉN. | Ma facture | | | 84 | 50 |

22

——— 7 Avril. ———

| 7 | 1. 4 | CAISSE A EFF. A RECEVOIR | | 350 | |
| | | Touché le billet n° 7 | | | |

——— 10 dito. ———

| 8 | 10 | DIVERS A MARCH. GÉN.. | | | |
| | | Vendu ce jour | | | |
| | 24 | BOUR | | | |
| | | Ma facture | 150 | | |
| | 17 | DUBOIS | | | |
| | | Idem | 120 | | |
| | 21 | LUBIN | | | |
| | | Idem | 330 | 600 | |

——— 10 dito. ———

| 9 | 10 | MARCH. GÉNÉR. A DIVERS | | | |
| | | La facture de Marienval | | | |
| | 4 | A EFFETS A RECEVOIR | | | |
| | | Remis à Marienval le billet de Guy n° 3 | 440 | | |
| | 5 | A EFFETS A PAYER | | | |
| | | M/b o/ Marienval au 10 mai pour solde | 620 | 1060 | |

——— 12 dito. ———

| 10 | 1 | CAISSE A DIVERS | | | |
| | | Reçu ce jour | | | |
| | 4 | A EFFETS A RECEVOIR | | | |
| | | Touché le billet n° 6 | 200 | | |
| | 10 | A MARCH. GÉNÉRALES | | | |
| | | Vente au comptant | 335 | | |
| | 21 | A LUBIN | | | |
| | | Sa remise | 225 | 760 | |

——— 13 dito.. ———

| 11 | 14. 1 | TERR. A ASNIÈRES A CAISSE | | 85 | |
| | | Payé les intérêts d'un an | | | |

——— 15 Avril. ———

| 12 | 1 | CAISSE A DIVERS | | | |
| | | Reçu ce jour | | | |
| | 4 | A EFFETS A RECEVOIR | | | |
| | | Encaissé l'effet n° 4   300 | | | |
| | | » » 1   217 } 601 | | | |
| | | » » 2   84 ) | | | |
| | 24 | A BOUR | | | |
| | | Sa remise | 150 | | |
| | 16 | A CALLOT | | | |
| | | Idem | 84 | 50 | |
| | 17 | A DUBOIS | | | |
| | | Idem | 112 | 947 | 50 |

——— 15 dito. ———

| 13 | 1 | DIVERS A CAISSE | | | |
| | | Payé ce jour | | | |
| | 8 | LOYER D'AVANCE | | | |
| | | 6 mois | 2000 | | |
| | 9 | LOYER | | | |
| | | Terme échu | 1000 | | |
| | 5 | EFFETS A PAYER | | | |
| | | Acquitté m/b o/ Mallet | 1200 | 4200 | |

——— 16 dito. ———

| 14 | 20 | HARDI A DIVERS | | | |
| | | A lui vendu mon terrain à Asnières payable dans 6 mois | | | |
| | 14 | A TERRAIN A ASNIÈRES | | | |
| | | Vendu mon terrain | 1785 | | |
| | 12 | A PROFITS ET PERTES | | | |
| | | Bénéfice sur cette vente | 615 | 2400 | |

——— 18 Avril. ———

| 15 | 19.21 | GUIBERT A LUBIN | | | |
| | | Contre-partie à Lubin; ma facture du 10 courant concerne des marchandises vendues à Guibert | | 330 | |

——— 24 dito. ———

| 16 | 10.24 | MARCH. GÉNÉR. A BOUR | | | |
| | | Réduction sur ma facture du 10 courant | | 24 | |

——— 30 dito. ———

| 17 | 1 | DIVERS A CAISSE | | | |
| | | Payé | | | |
| | 6 | FRAIS GÉNÉRAUX | | | |
| | | Pour ce mois | 97 | | |
| | 7 | FRAIS DE MAISON | | | |
| | | Idem | 233 | 330 | |

——— 6 mai. ———

| 18 | 5. 1 | EFFETS A PAYER A CAISSE | | | |
| | | Acq. m/b o/ Gautier 1020 | | | |
| | | — Marienval 620 | | | |
| | | — Moizard 500 | | | |
| | | — Guibert 2000 | | 4140 | |

——— 12 dito. ———

| 19 | 12.17 | PROF. ET PERT. A DUBOIS | | | |
| | | Rabais accordé à Dubois | | 8 | |

——— 15 Mai. ———

| | 10 | DIVERS A MARCH. GÉNÉR. | | | |
| | | Vendu ce jour | | | |
| 20 | 19 | GUIBERT | | | |
| | | Ma facture | 990 | | |
| | 21 | LUBIN | | | |
| | | Ma facture | 2300 | | |
| | 24 | BOUR | | | |
| | | Ma facture | 6775 | 10065 | |

——— 19 dito. ———

| 21 | 4 | DIVERS A EFF. A RECEV. | | | |
| | | Escompté le billet n° 5 au 20 juillet | | | |
| | 1 | CAISSE | | | |
| | | Reçu en espèces | 1477 | 50 | |
| | 12 | PROFITS ET PERTES | | | |
| | | Intérêts et commission | 22 | 50 | 1500 |

——— 24 dito. ———

| 22 | 12 24 | PROF. ET PERT. A BOUR | | | |
| | | Rabais accordé à Bour sur ma facture du 15 courant pour des défauts dans les march. | | 135 | |

——— 26 dito. ———

| 23 | 4.24 | EFFETS A RECEV. A BOUR | | | |
| | | Tiré sur Bour pour solde 1° traite au 25 juill. 3766 2° » au 25 août 3000 | | 6766 | |

——— 26 dito. ———

| 24 | 4 | DIVERS A EFF. A RECEV. | | | |
| | | Négocié les 2 traites sur Bour | | | |
| | 1 | CAISSE | | | |
| | | Reçu | 6616 | | |
| | 12 | PROFITS ET PERTES | | | |
| | | Escompte et commiss. | 150 | 6766 | |

| | | | | |
|---|---|---|---|---|
| | | ——— 31 Mai. ——— | | |
| 25 | 11.19 | MOBILIER A GUIBERT<br>Complément de son mé-<br>moire de 3200 | | 2000 |
| | | ——— 31 dito. ——— | | |
| -26 | 1.21 | CAISSE A LUBIN<br>Sa remise | | 2300 |
| | | ——— 31 dito. ——— | | |
| 27 | 1 | DIVERS A CAISSE<br>Payé ce jour | | |
| | 12 | PROFITS ET PERTES<br>Escompte à Lubin | 115 | |
| | 6 | FRAIS GÉNÉRAUX<br>Ceux du mois | 140 | |
| | 7 | FRAIS DE MAISON<br>Idem | 350 | |
| | 11 | MOBILIER<br>A-compte à Guibert | 1200 | 1805 |
| | | ——— 31 dito. ——— | | |
| 28 | 9.20 | LOYER A HARDI<br>Pour un mois de loyer<br>échu | | 333 30 |
| | | ——— 31 dito. ——— | | |
| 28<br>bis | 10.12 | MARC. GÉN. A PR. ET PERT.<br>L'inventaire de<br>ce jour monte à 4220.<br>Le compte ba-<br>lance par    3339.50<br>Bénéfice   880.50 | | 880 50 |
| | | ——— 31 dito. ——— | | |
| 29 | 12 | PROF. ET PERT. A DIVERS<br>Pour porter à ce compte<br>les frais et pertes | | |
| | 6 | A FRAIS GÉNÉRAUX<br>Pour solde de compte | 244 60 | |
| | 7 | A FRAIS DE MAISON<br>Idem | 583 | |
| | 9 | A LOYER<br>Idem | 1333 30 | |
| | 11 | A MOBILIER<br>Réduction sur la valeur | 450 | 2610 90 |
| | | ——— 31 dito. ——— | | |
| 30 | 15.12 | CAPITAL A PROF. ET PERT.<br>Perte ressortant au der-<br>nier compte | | 1545 90 |

Le Journal comprend toutes les opérations du négociant; il doit être coté et parafé par un juge du Tribunal de commerce (article 11 du Code de commerce). Pour commencer à tenir des livres, il faut
préalablement faire un inventaire exact de tout ce
qu'on possède, en estimant les marchandises au prix
actuel d'achat ou de revient, y comprendre toutes les
dettes actives et passives et en faire l'objet d'un premier article de Journal, comme de celui qui est donné
pour exemple sous le numéro 1. Le capital net est la
différence des valeurs actives avec le passif.

On débite les comptes de l'actif: ces comptes sont
écrits en gros, comme on le voit pour *Caisse, Effets à
recevoir, Marchandises générales*, etc: et on crédite
les comptes du passif, en mettant au-devant la pré-

position *à*. Exemples : *à Effets à payer, à Gautier.*

Le total des comptes débités doit toujours être égal
au total des comptes crédités : ainsi dans l'article qui
nous occupe, le total des comptes débités est de 33013
fr. 50 cent., comme le total des comptes crédités.

On doit se rendre bien compte de la destination des
colonnes, la dernière présente le total de chaque article : ainsi dans le numéro 29 profits et pertes est débité de 2610 fr. 90 cent. et cette somme forme aussi
le total des comptes crédités, dont le montant, pour
chacun, se trouve dans la colonne précédente. Les
détails d'un compte précèdent l'avant-dernière colonne. Ex.: numéro 12, pour le crédit d'Effets à recevoir.

Dans les articles qui n'ont qu'un débiteur et un
créancier, comme le numéro 3 du Journal, la somme
n'est portée qu'une fois; mais elle s'applique à chaque compte; ainsi Gauthier est débité pour 1,020 fr. et
Effets à payer est crédité aussi pour 1,020 fr. : c'est
cette égalité de débit et de crédit qui a fait donner à
cette méthode le nom de PARTIE DOUBLE; c'est donc à
tort que les personnes étrangères à cette comptabilité
pensent que la partie double exige plus d'écritures
que la partie simple; elle en demande moins, au contraire, car, pour constater la même opération en partie simple, il faudrait deux articles savoir :

DOIT GAUTIER, ma remise et un billet à s/o 1,020 fr.
AVOIR EFFETS A PAYER, mon billet o/ Gautier 1,020 fr.

De même tout ce qui a été fait en un seul article
sous le numéro 1 aurait nécessité 13 articles dans la
partie simple: celle-ci est donc plus compliquée,
moins commode et moins sûre.

Dans un article de Journal, le mot DIVERS, seul indique qu'il y a plusieurs débiteurs, et l'expression A
DIVERS fait connaître qu'il y a plusieurs créditeurs: on
doit donc porter une grande attention à cette préposi-
tion *à*, qui distingue les comptes crédités des comptes
débités, et l'écrire bien lisiblement, avec une grosse
lettre minuscule, pour prévenir toute confusion, et
éviter des erreurs quand on reporte les articles du
Journal au Grand-Livre.

Tout l'art du teneur de livres consiste, en quelque
sorte, à savoir distinguer, dans une opération, le
compte ou les comptes qu'il faut débiter et celui ou
ceux qu'il y a lieu de créditer : on débite le compte qui
reçoit et l'on crédite celui qui fournit, par exemple,
dans l'article numéro 3 déjà cité, Gauthier a reçu un
billet de 1,020 fr.; il est débité de cette somme : c'est
effets à payer qui a fourni; ce compte est crédité.

On distingue deux espèces de comptes, savoir:

Les comptes *généraux* ouverts pour les diverses
valeurs que possède le négociant qui tient ses livres,
ce sont ceux de Caisse, de Marchandises, d'Effets à recevoir, d'Effets à payer, de Frais généraux, etc. : ces
comptes représentent le négociant lui-même, et quand
on en crédite un, c'est comme si le négociant se cré-
ditait; ainsi quand on crédite Effets à payer, c'est le
négociant qui fournit un billet et qui doit être crédité;
mais sa personne est représentée par les comptes généraux et ce sont ceux-ci qui figurent dans les livres.

Il résulte de cette observation qu'il faut débiter un des comptes généraux toutes les fois que le négociant reçoit une valeur quelconque (Marchandise, argent, billet), et le créditer quand il fournit.

Les comptes *personnels*. Ceux-ci portent en titre le nom de la personne avec laquelle on a traité quelque affaire : comme Gauthier (article 3) Hardi (article 2). Un compte personnel est débité de ce que reçoit la personne, et crédité de ce qu'elle fournit.

On ouvre plusieurs comptes à une même personne quand il y a lieu d'établir des distinctions dans les valeurs qui la concernent : par exemple si Bordier recevait de nous des marchandises en dépôt et s'il en achetait d'autres pour son compte on lui ouvrirait deux comptes intitulés : *Bordier s/c de dépôt.* — *Bordier.*

De même on ouvrirait un compte courant d'intérêts à une personne qui aurait fait des versements portant intérêts et un compte ordinaire d'achats ou de ventes, si la même personne faisait aussi des affaires de cette nature sans convention d'intérêts courants.

Il peut arriver que, dans un article du Journal, il ne se trouve que des comptes généraux : l'article 7 en est un exemple : le négociant a touché 350 fr. c'est lui qui reçoit, il doit être débité par son compte de caisse; c'est aussi lui qui fournit un Effet en échange de l'argent qu'on lui verse; il se crédite par son compte d'Effets à recevoir.

Quand une personne fournit une valeur et qu'elle en reçoit en même temps une autre en échange, on ne crédite pas cette personne, on crédite le compte relatif à la valeur remise : ainsi dans l'article 9, quoique Marienval ait donné pour 1060 fr. de marchandises, il n'a pas été crédité, parce que cette somme ne lui est pas due, car il a reçu deux billets qui soldent sa facture.

En étudiant bien les trente articles modèles du Journal, quand on se sera rendu compte du motif pour lequel chaque compte a été débité et crédité, on saura passer les articles courants.

Mais on peut se tromper, et comme il est défendu de gratter et d'ajouter au Journal; quand une écriture est fausse, on la corrige par une autre, c'est ce qu'on appelle *contrepartie*. Dans l'article 8, on avait débité Lubin pour 330 fr. de marchandises livrées à Guibert; c'est le 18 avril qu'on a reconnu cette erreur : on a alors passé l'article 15 dans lequel Guibert est débité, comme il aurait dû l'être le 10 avril, et l'on a crédité Lubin de la somme qui était en trop à son débit; ceci rétablit la balance du dernier compte, comme elle devait être; mais le total du compte se trouve trop fort au Doit et à l'Avoir des 330 fr. qui y ont été portés à tort; c'est cette somme de 330 fr. qui est une contrepartie. Les comptables du ministère des finances portent ces contreparties au Grand-Livre dans des colonnes distinctes, qui précèdent celles du Doit et de l'Avoir; mais dans le commerce on se contente de les marquer d'un astérisque.

Si un article devait être annulé totalement, on passerait un article inverse et il y aurait alors contrepartie à tous les comptes : supposé par exemple, que la vente portée à la date du 16 avril n'ait pas été réalisée, on ferait l'article suivant pour contrepasser celui n° 14.

DIVERS A HARDI.
Pour annuler l'article du 16 avril, la vente n'ayant pas été réalisée.
TERRAIN A ASNIÈRES.

| | |
|---|---|
| Contrepartie............... | 1785 |
| PROFITS ET PERTES. | |
| Idem..................... | 615 |
| | 2400 |

Les erreurs qui existent au Grand-Livre seulement se corrigent au moyen du grattoir.

Le compte de Profits et Pertes est débité des Pertes et crédité des bénéfices : quand un débiteur est devenu insolvable et qu'il ne reste aucun espoir de toucher ce qu'il doit, on solde son compte par un article ainsi conçu :

PROFITS ET PERTES A TEL
Pour solder le compte de tel, devenu insolvable.

Le Journal comprend encore des écritures d'une troisième espèce; ce sont celles qui se rapportent à l'inventaire de fin d'année (article 9 du Code de commerce) ou à celui qu'on peut faire à toute autre époque, comme lorsqu'il s'agit d'une liquidation, d'une cession ou d'une cessation de commerce.

Dans cette circonstance, on solde par Profits et Pertes tous les comptes de dépenses (voir le n° 29 du Journal), on établit le bénéfice ou la perte qui résultent des estimations de l'inventaire pour les Marchandises, le Mobilier, les Immeubles, etc., et on met les comptes du Grand-Livre en rapport avec ces estimations, en portant à Profits et Pertes les différences constatées (Journal n° 28 *bis*). Le compte de Profits et Pertes est soldé par Capital (n° 30 du Journal) quand il s'agit d'une industrie particulière; mais quand les livres sont ceux d'une société anonyme ou en commandite, à Capital fixe, le compte de Profits et Pertes est soldé par un compte de dividendes ou d'intérêts à répartir, suivant les stipulations de l'acte de société.

Il y a des teneurs de livres qui, après avoir passé les articles n⁰ˢ 29 et 30, soldent tous les comptes du Grand-Livre par un compte de *Balance de sortie*, en débitant celui-ci du total des soldes débiteurs de tous les comptes, tels qu'ils ressortent à la dernière balance, celle du 31 mai, qui monte à 26,145 fr. 90 c., et en le créditant, dans un second article, de la même somme par le Débit des soldes créditeurs de la même balance : ensuite ils reportent ces deux articles au Grand-Livre, totalisent tous les comptes (qui se trouvent soldés) et les soulignent. Par cette opération, tous les comptes sont fermés : il faut les rétablir par deux autres articles inverses, avec un compte de *Balance d'entrée*, de sorte que le Grand-Livre se trouve de nouveau ouvert avec les sommes portées dans la balance du 31 mai.

Ces quatre articles qui demandent ordinairement beaucoup de temps, sont tout à fait inutiles; ils ne font que surcharger le Grand-Livre de chiffres qui ont le double inconvénient de ne servir à rien et de rendre le travail de recherches plus compliqué.

La seule chose qu'il soit à propos de faire en fin d'année, c'est de souligner les comptes soldés, comme on l'a fait aux nos 6, 7, 9, 12, 14, 18 et 24 du Grand-Livre, de tirer la Balance de sortie et la Balance d'entrée, comme on le voit aux comptes nos 10 et 11, sans écritures au Journal. Les comptes qui n'ont que peu de sommes restent tels qu'ils sont : exemples nos 8, 13, 15, 19 et 20.

Tous les comptes débités au Journal doivent être débités au Grand-Livre, car celui-ci n'est que le relevé du premier ; ainsi dans l'article n° 4, Caisse est débité de 6260 fr. 50 c. ; cette somme se porte au Doit du compte de Caisse du Grand-Livre, et pour indiquer que ce report est fait, on met dans la seconde colonne du Journal à gauche, le folio où se trouve le compte au Grand-Livre : les sept comptes suivants du même article se portent également au Doit ; ceux d'effets à payer, de Gauthier, de Guibert, de Hardi et de Capital, qui sont précédés d'un à, se mettent à l'Avoir du Grand-Livre, et le folio des comptes se place à droite dans la même colonne du Journal.

Il faut veiller soigneusement à ce que ces folios ne soient mis au Journal qu'après l'inscription au Grand-Livre, afin d'éviter des omissions qui fausseraient les balances et exigeraient ensuite de longues recherches.

## GRAND-LIVRE.

**1. DOIT.**      CAISSE.      **AVOIR.**

| Date | Libellé | | | Montant | Date | Libellé | | | Montant |
|---|---|---|---|---|---|---|---|---|---|
| 1859. Mars 28 | Espèces en caisse | | | 6260.50 | 1859. Mars 31 | Payé ce jour | | | 757.60 |
| 29 | Reçu ce jour | | | 4000 | Avril 13 | » | | | 85 |
| Avril 7 | » | | | 350 | 15 | » | | | 4200 |
| 12 | » | | | 760 | 30 | » | | | 330 |
| 15 | » | | | 947.50 | | | | | |
| | | | | 12318. | | | | | 5372.60 |
| Mai 19 | » | | | 1477.50 | Mai 6 | » | | | 4140 |
| 26 | » | | | 6616 | 31 | » | | | 1805 |
| 31 | » | | | 2300 | | | | | |
| | | | | 22711.50 | | | | | 11317.60 |

**4.**      EFFETS A RECEVOIR.

| Date | Libellé | | | Montant | Date | Libellé | | | Montant |
|---|---|---|---|---|---|---|---|---|---|
| 1859. Mars 28 | 8 billets | 1 | 5 | 217. | 1859. Avril 7 | Touché | 1 | 7 | 350 |
| | | 2 | 6 | 84 | 10 | Négocié | 2 | 3 | 440 |
| | | 3 | 2 | 440 | 12 | Touché | 3 | 6 | 200 |
| | | 4 | 4 | 300 | 15 | » | 4 | 4 | 300 |
| | | 5 | 7 | 1500 | | | 5 | 1 | 217 |
| | | 6 | 3 | 200 | | | 6 | 2 | 84 |
| | | 7 | 1 | 350 | | | | | |
| | | 8 | | 534 | | | | | |
| | | | | 3625 | | | | | 1591 |
| Mai 26 | 2 traites | 9 | 8 | 3766 | Mai 19 | Négocié | 7 | 5 | 1500 |
| | | 10 | 9 | 3000 | 26 | » | 8 | 9 | 3766 |
| | | | | | | | 9 | 10 | 3000 |
| | | | | 10391 | | | | | 9857 |

**5.**      EFFETS A PAYER.

| Date | Libellé | | | Montant | Date | Libellé | | | Montant |
|---|---|---|---|---|---|---|---|---|---|
| Mars 31 | Acquitté m/B. | 1 | 1 | 400 | Mars 28 | Mes billets | 1 | 1 | 400 |
| Avril 15 | » | 2 | 2 | 1200 | | » | 2 | 2 | 1200 |
| | | | | | | » | 3 | | 100 |
| | | | | | | » | 4 | 5 | 500 |
| | | | | | | » | 5 | 6 | 2000 |
| | | | | | 29 | » | 6 | 3 | 1020 |
| | | | | | Avril 10 | » | 7 | 4 | 620 |
| | | | | 1600 | | | | | 5840 |
| Mai 6 | » | 3 | 6 | 1020 | | | | | |
| | » | 4 | 7 | 620 | | | | | |
| | » | 5 | 4 | 500 | | | | | |
| | » | 6 | 5 | 2000 | | | | | |
| | | | | 5740 | | | | | 5840 |

**6. DOIT.**      **FRAIS GÉNÉRAUX.**      **AVOIR.**

| | | | | | |
|---|---|---|---|---|---|
| 1859. Mars 29 | Acheté 5 kil. huile | 7.60 | 1859. Mai 31 | Porté à profits et pertes | 244.60 |
| Avril 30 | Frais du mois | 97 | | | |
| Mai 31 | » | 140 | | | |
| | | 244.60 | | | 244.60 |

**7.**      **FRAIS DE MAISON.**

| | | | | | |
|---|---|---|---|---|---|
| 1859. Avril 30 | Frais du mois | 233. | Mai 31 | Porté à profits et pertes | 583 |
| Mai 31 | » | 350. | | | |
| | | 583. | | | 583 |

**8.**      **LOYER D'AVANCE.**

| | | |
|---|---|---|
| 1859. Avril 15 | 6 mois | 2000. |

**9.**      **LOYER.**

| | | | | | |
|---|---|---|---|---|---|
| 1859. Avril 15 | Un terme | 1000 | 1859. Mai 31 | Porté à profits et pertes | 1333.30 |
| Mai 31 | Un mois | 333.30 | | | |
| | | 1333.30 | | | 1333.30 |

**10.**      **MARCHANDISES GÉNÉRALES.**

| | | | | | | |
|---|---|---|---|---|---|---|
| 1859. Mars 28 | Valeur suiv. inventaire | 12300 | 1859. Avril 5 | Vendu ce jour | | 84.50 |
| » | Reçu marchandises | 1040 | | 40 | » | 600 |
| Avril 10 | » | 1060 | | 12 | » | 335 |
| 24 | Réduction s. m/ f. | 24 | | | | |
| | | 14424 | | | | 1019.50 |
| Mai 31 | Bénéfice à l'inventaire | 880.50 | Mai 15 | | | 10065 |
| | | | 31 | Balance de sortie | | 4220 |
| | | 15304.50 | | | | 15304.50 |
| Juin 1 | Balance d'entrée | 4220. | | | | |

**11.**      **MOBILIER.**

| | | | | | |
|---|---|---|---|---|---|
| 1859. Mars 29 | Note de Ribe | 350 | Mai 31 | Porté à profits et pertes | 450 |
| Mai 31 | » Guibert | 2000 | » | Balance de sortie | 3100 |
| » | A compte payé | 1200 | | | |
| | | 3550 | | | 3550. |
| Juin 1 | Balance d'entrée | 3100 | | | |

**12.**      **PROFITS ET PERTES.**

| | | | | | |
|---|---|---|---|---|---|
| 1859. Mai 12 | Rabais | 8 | 1859. Avril 16 | Bénéfice sur mon terrain. | 615 |
| 19 | Escompte | 22.50 | Mai 31 | » sur les march. | 880.50 |
| 24 | Rabais | 135 | » | Porté à capital | 1545.90 |
| 26 | Escompte | 150 | | | |
| 31 | » | 115 | | | |
| » | Report de divers | 2610.90 | | | |
| | | 3041.40 | | | 3041.40 |

**13. DOIT.**        RENTE 3 o/o.       AVOIR.

| 1859. Mars 28 | Valeur actuelle | 4528 | | | |
|---|---|---|---|---|---|

**14.**        TERRAIN A ASNIÈRES.

| 1859. Mars 28 | Valeur estimative | 1700 | 1859. Avril 16 | Vendu | 1785 |
|---|---|---|---|---|---|
| Avril 13 | Payé les intérêts | 85 | | | |
| | | 1785 | | | 1785 |

**15.**        CAPITAL.

| 1859. Mai 31 | Perte | 4545.90 | 1859. Mars 28 | Mon capital net | 24613.50 |
|---|---|---|---|---|---|

**16.**        CALLOT.

| 1859. Avril 5 | Ma facture | 84.50 | 1859. Avril 15 | Sa remise | 84.50 |
|---|---|---|---|---|---|

**17.**        DUBOIS.

| 1859. Avril 10 | Ma facture | 120. | 1859. Avril 15 | Sa remise | 112. |
|---|---|---|---|---|---|
| | | | Mai 12 | Rabais | 8. |

**18.**        GAUTHIER.

| 1859. Mars 29 | Ma remise | 1020 | 1859. Mars 28 | Ce que je lui dois | 700 |
|---|---|---|---|---|---|
| | | | » | Sa facture | 320 |
| | | 1020 | | | 1020 |

**19.**        GUIBERT.

| 1859. Avril 18 | Ma facture du 10 oct. | 330 | 1859. Mars 28 | Ce que je lui dois | 1300 |
|---|---|---|---|---|---|
| Mai 15 | »    de ce jour | 990 | Mai 31 | Son mémoire | 2000 |
| | | 1320 | | | 3300 |

**20.**        HARDI.

| 1859. Avril 16 | Terrain vendu | 2400 | 1859. Mars 28 | Je lui dois | 2200 |
|---|---|---|---|---|---|
| | | | » | Sa facture | 720 |
| | | | Mai 31 | Un mois de loyer | 333.30 |
| | | 2400 | | | 3253.30 |

**21.**        LUBIN.

| 1859. Mars 28 | Il me doit | 450 | 1859. Avril 12 | Sa remise | 225 |
|---|---|---|---|---|---|
| Avril 10 | Ma facture | 330 | 18 | Porté à Guibert | *330 |
| Mai 15 | » | 2300 | Mai 31 | Sa remise | 2300 |
| 31 | Escompte | 115 | | | |
| | | 3195 | | | 2855 |

**23.**        ARNOUD.

| 1859. Mars 28 | Il me doit | 4000 | 1859. Mars 29 | Sa remise espèces | 4000 |
|---|---|---|---|---|---|

**24.  DOIT.**                    **BOUR.**                              **AVOIR.**

| 1859. Mars 28 | Il me doit | 150 | 1859. Avril 15 | Sa remise | 150 |
| Arvil 10 | Ma facture | 150 | 14 | Réduction s/ m/ facture | 24 |
| Mai 15 | » | 6775 | Mai » | Rabais | 135 |
|  |  |  | 26 | Tiré sur lui | 6766 |
|  |  | 7075 |  |  | 7075 |

Quand il n'y a pas une trop grande quantité d'effets à recevoir et d'effets à payer, on ouvre, au Grand-Livre, deux colonnes (voir compte 4 et compte 5) au Doit et à l'Avoir, et à mesure qu'on y porte un effet, on place un numéro d'ordre dans la 1re de ces colonnes; quand on a touché ou négocié un effet à recevoir, le numéro qui a été mis dans la première colonne de l'Avoir se reporte dans la seconde du Doit, et on met le numéro du Doit dans la seconde de l'Avoir ; par ce moyen, tous les billets pour lesquels il n'y a rien dans la seconde colonne de numéros au Doit, sont en portefeuille, ce qu'on peut vérifier à toute époque.

Le même raisonnement s'applique aux billets à payer; mais, pour ceux-ci, c'est à l'Avoir qu'il faut regarder pour savoir quels sont les billets de cette nature non encore acquittés. Cette méthode exige que les effets soient portés un à un dans le Grand-Livre.

Mais on se dispense de les y mettre en détail quand on tient des carnets séparés d'effets à recevoir et d'effets à payer. Si l'on reçoit 200 effets dans un jour, on les inscrit au livre d'entrée et le montant en bloc figure seul au Journal et au Grand-Livre.

Comme il a été dit, le Grand-Livre sert à relever toutes les sommes dont les comptes ont été débités ou crédités au Journal ; il doit toujours présenter les mêmes dates que les articles de ce dernier et toute l'attention qu'il exige consiste à ne pas mettre à l'Avoir au lieu du Doit et *vice-versa*.

On peut porter plusieurs comptes sur une même page ; mais il vaut mieux conserver une page à chaque compte, quand c'est possible.

Les comptes personnels sont ouverts, de la même manière dans toutes les industries ; mais les comptes généraux varient avec la nature et l'importance des affaires.

Dans un commerce de détail, le compte des marchandises générales suffit ordinairement ; cependant, si on le croyait nécessaire, on pourrait le partager en compte de Draps, de Soieries, de Toiles, etc.

Un négociant en gros de cafés, de sucres, etc., pourrait avoir des comptes distincts pour ces espèces de marchandises, afin de savoir ce qu'il gagne sur chacune, et un compte de marchandises diverses pour toutes les autres.

Un marchand qui se rend accidentellement à une foire pour y trafiquer, peut ouvrir un compte pour cette foire, il débitera de la valeur des marchandises qu'il y porte par le crédit de son compte de marchandises pour celles qu'il prend chez lui, et par le crédit des fournisseurs s'il les achète; il le débite en outre de tous ses frais; il porte à l'Avoir le produit des ventes et quand la foire est terminée, il fait rentrer au compte Marchandises générales ce qu'il rapporte et solde par Profits et Pertes.

Les banquiers n'ont pas de comptes de marchandises; chez eux, les comptes personnels sont de deux sortes, les uns qui ne diffèrent pas des modèles donnés ci-devant, et les autres, qu'on appelle comptes courants d'intérêts, dans lesquels on établit des colonnes pour le nombre de jours applicables à chaque valeur, espèce ou billet, pour régler les intérêts quand on arrête le compte, ce qui se fait par mois, par trimestre, par semestre ou par an, suivant les conventions arrêtées préalablement. Ces comptes peuvent faire partie du Grand-Livre ; mais le plus souvent on les tient sur un registre spécial dont voici le modèle :

**DOIT**        **CHEVALIER** son compte courant d'intérêts à 6 pour cent.            **AVOIR.**

| 1859 |  |  |  |  |  | 1859 |  |  |  |  |  |
|---|---|---|---|---|---|---|---|---|---|---|---|
| Janv. 10 | 4000 | Espèces | 10 Janv. | 80 | 53.35 | Mars 1 | 8000 | Espèces | 1 Mars | 30 | 40. » |
| Fév. 10 | 5000 | Paris | 15 Fév. | 45 | 37.50 |  | 2000 | Rouen | 10 » | 20 | 6.65 |
|  | 44.20 |  |  |  |  | 31 |  | Balance des intérêts |  |  | 44.20 |
|  | 955.80 |  |  |  |  | » |  | » des capit. |  |  |  |
|  | 10000. |  |  |  | 90.85 |  | 10000 |  |  |  | 90.85 |
|  |  |  |  |  |  | Avril 1 | 955.80 | Créditeur | 1 Avril |  |  |

La première colonne porte la date des opérations, la 2e les capitaux, la 3e l'espèce des valeurs; le mot Paris indique qu'il s'agit d'un billet payable à Paris; la 4e l'échéance, la 5e le nombre de jours portant intérêts; ce nombre est le même que celui des jours restant à courir jusqu'à l'époque du règlement du compte ; la

6° les intérêts relatifs à chaque valeur: il en est de même pour les colonnes de lA'voir; la balance des intérêts se trouvant à l'Avoir se porte à la colonne des capitaux du Doit : on l'ajoute aux capitaux de l'Avoir quand c'est aux intérêts du Doit que ressort cette balance : en effet, les 90.85 d'intérêts sont à la charge de Chevalier, puisqu'ils s'appliquent aux sommes qu'il a reçues tandis qu'il ne lui revient que 46.65 sur ses versements ; il est donc débiteur de la différence 44.20 et on l'en débite, en effet, par un article de Journal ainsi libellé :

CHEVALIER A PROFITS ET PERTES ;
Intérêts sur s/c arrêté au 31 mars...... 44 20

On tire ensuite la balance des capitaux qui forme la première somme du compte suivant.

Le calcul des intérêts se fait ordinairement par les parties aliquotes ; ainsi pour 80 jours à 6 p. cent. sur 4,000 fr. on prend pour 60 jours, le 100ᵉ de 4,000 parce que chaque mois vaut 1/2 pour cent

ci, 60 jours............................. 40
20 jours le 1/3........................ 13.33

                        Total.... 53.33

Si l'intérêt était à 5 p. °/₀ on retrancherait un sixième
de............................... 53.33
ci 1/6............................ 8.88

int. de 80 j. à 5 °/₀...................... 44.45

On tire ensuite la balance des capitaux qui forme la première somme du compte suivant.

Certains banquiers ne portent pas les intérêts de chaque remise ; ils mettent dans la 6ᵉ colonne le produit de la multiplication des capitaux par le nombre de jours inscrit colonne 5 et ne font le calcul des intérêts que sur la balance de ces produits, qu'on appelle Balance des nombres : ce calcul consiste à prendre le sixième de cette balance, en supprimant 3 chiffres ce qui donne l'intérêt à 6 p. cent ; quand il est à 5, ils retranchent un sixième du résultat.

Ces comptes peuvent avoir des intérêts rouges ou des nombres rouges, on donne ce nom aux intérêts applicables aux sommes qui ne sont pas encore échues à la date de l'arrêté du compte ; par exemple, si les 2,000 fr. sur Rouen portaient l'échéance du 10 avril, et non celle du 10 mars, au lieu de devoir 20 jours d'intérêts à Chevalier, sur ces 2,000 fr., ce serait lui qui devrait l'intérêt de 10 jours, puisqu'on lui compte, le 31 mars 2000 fr. qui ne seront recouvrés que le 10 avril ; au lieu de 20 jours et de 6,65 d'intérêts noirs, on aurait mis en rouge 10 jours et 3.35, et ces intérêts rouges sont à la charge de Chevalier ; de même s'il y avait des intérêts rouges au Doit, ils seraient à son avantage ; on additionne séparément, aussi en encre rouge, ces intérêts, et la balance s'ajoute aux intérêts noirs dans le sens inverse de ceux-ci. Si, au lieu d'intérêts rouges, ce sont des nombres rouges, on opère de même.

Il y a une troisième manière de tenir les comptes courants ; elle consiste à multiplier chaque somme par le nombre de jours qui ne produisent pas d'intérêts dans la durée du compte ; par exemple les 4,000 fr. du 10 janvier seraient multipliés par 10, au lieu de 80 ; les 8,000 fr. du 1ᵉʳ mars seraient multipliés par 60 au lieu de 30, de sorte que les nombres représentent des intérêts à retrancher de la totalité de ceux que le compte aurait produits si toutes les valeurs dataient de l'origine du compte.

Quand on veut arrêter les comptes, on tire la Balance des capitaux (sans la mettre dans la colonne du Doit ni de l'Avoir), on la multiplie par le nombre de jours formant la durée du compte ; ici ce serait 90 jours (du 1ᵉʳ janvier au 31 mars), et le produit se porte dans la colonne des nombres, du côté où les capitaux sont le moins forts : ensuite on fait la balance des nombres, et les intérêts qui en résultent se portent du même côté. Voici, pour exemple, le compte de CHEVALIER établi suivant cette méthode.

| 1859 | | | | | | 1859 | 8000 | Espèces | 1 Mars | 60 | 4800 |
| Janv. 10 | 4000 | Espèces | 10 Janv. | 10 | 400 | Mars 1 | 2000 | Rouen | 10 » | 70 | 1400 |
| Fév. 10 | 5000 | Paris | 15 Fév. | 45 | 2250 | | | | | | |
| | 44.20 | Bal. des cap. | 1000 | 90 | 900 | | | | | | |
| | 955.80 | » des nombres | | | 2650 | | | | | | |
| | | Solde créditeur | | | | | | | | | |
| | 10000 | | | | 6200 | | 10000 | | | | 6200 |
| | | | | | | Avril 1 | 955.80 | Créditeur | 1 Avril | | |

La meilleure comptabilité est celle où les comptes ouverts au Grand-Livre sont le mieux en rapport avec la nature de l'industrie ; ainsi le compte de frais généraux suffit dans une maison ou le commerce n'exige pas beaucoup de dépenses en dehors des achats de marchandises ; mais si ces frais sont élevés, il faut diviser le compte en plusieurs. Par exemple, dans une fabrique, où l'on emploie des ouvriers, des préposés aux écritures, où l'on a besoin de chevaux, de voitures, où il existe une machine à vapeur, etc. : on doit ouvrir des comptes :

Salaire des ouvriers ;
Appointements des employés ;
Frais d'écurie ;
Frais de combustible, etc.

Tous ces comptes sont débités des frais qui les concernent et soldés en fin d'année par Profits et Pertes. Un Armateur ouvre un compte à chacun de ses navires et le débite du prix d'achat ou de construction et de tous les frais qui s'y rapportent ; il le crédite du produit qu'il en retire. Lors des inventaires, il règle le compte, d'après l'estimation, en portant, comme pour les marchandises, la différence à Profits et Pertes. L'exploitation d'un journal nécessite la tenue de comptes pour :

Appointements;
Abonnements;
Annonces;
Composition;
Impression;
Frais de bureaux;
Frais de fondation, quand il y a lieu;
Frais de poste;
Frais de timbre;
Papier du journal;
Rédaction;
Cautionnement, etc.

Un propriétaire de maisons ou de fermes ouvre un compte à chaque maison, à chaque ferme, quand il veut savoir ce que ces propriétés lui rapportent.

Dans une société par actions le capital est représenté par les Actions stipulées par l'acte de Société. Le premier article à passer est ainsi conçu :

ACTIONS A CAPITAL.

Pour la création de 10000 actions de 1000 francs composant le capital stipulé dans l'article... de l'acte passé devant M... Notaire à... le...... 10000000

Ce compte Actions est ensuite crédité par le débit de Caisse ou par celui des souscripteurs, selon qu'ils ont payé ou non le montant de leur engagement.

Un Notaire doit avoir des comptes particuliers pour ses Honoraires, Honoraires en second, Enregistrement, Timbre, Frais de chauffage et d'Éclairage, Frais généraux de l'étude, Frais de maison, Appointements des clercs, etc.

Dans toute espèce d'industrie, si le mobilier relatif au commerce avait une certaine importance, il conviendrait de le distinguer du mobilier de l'appartement en intitulant le premier : Mobilier industriel, et le second Mobilier d'habitation. Quand au contraire on a ouvert un compte et qu'on s'aperçoit, au bout de quelque temps, qu'il n'y figure que des sommes insignifiantes, on le supprime en portant le solde à un autre compte : par exemple, supposé qu'on ait un compte de frais de ports de lettres et que les dépenses de cette nature ne vaillent pas la peine d'être suivies séparément, on le solderait par frais généraux, sans attendre la fin de l'année.

Dans un commerce où il y a plusieurs associés, contribuant chacun pour une somme quelconque, on ouvre un compte à chacun, intitulé Notre Sieur tel, qui est débité par capital, de la somme pour laquelle il s'est engagé, et crédité de ses versements par Caisse.

En résumé, chaque compte du Grand-Livre sert à faire connaître particulièrement la situation et le détail des affaires que ce compte spécifie : c'est donc la nécessité qui indique dans quelle circonstance il convient de l'ouvrir et la destination qu'il doit avoir.

Comme on a pu le remarquer par tout ce qui précède, les Comptes généraux sont de deux sortes, savoir : ceux qui représentent un actif, comme Caisse, Marchandises, Loyers d'avance, Mobilier, etc., qui se règlent par Profits et Pertes à la suite des inventaires, et ceux qui représentent des dépenses, tels que Appointements, Frais généraux, Frais de maison, Loyer, Contributions, etc. Ceux-ci sont soldés en fin d'année par Profits et Pertes.

On peut simplifier beaucoup les écritures relatives à ces derniers, en ouvrant un compte de DÉPENSES, qu'on débite chaque jour, en masse, des sommes payées, en indiquant au Journal les comptes qu'elles concernent : à la fin du mois, on relève sur un papier à part ce qui a été porté pour chaque compte en particulier, qu'on débite alors par le crédit de DÉPENSES. Exemple :

| 1 Avril 1859. | | | |
|---|---|---|---|
| **DÉPENSES A CAISSE** | | | |
| Payé ce jour | | | |
| FRAIS GÉNÉRAUX | | | |
| 3 ports de lettres | | » 60 | |
| FRAIS DE MAISON | | | |
| Gages de domestiques | 25 » | } 31. » | |
| Au porteur d'eau | 6 » | } | 31.60 |
| 30 Avril. | | | |
| **DÉPENSES A CAISSE** | | | |
| Payé ce jour | | | |
| FRAIS GÉNÉRAUX | | | |
| Encre | 2 » | } 5. » | |
| Plumes | 3 » | } | |
| FRAIS DE MAISON | | | |
| Au boucher | 80 » | } 120. » | |
| Au boulanger | 40 » | } | 125. » |
| 30 dito. | | | |
| **DIVERS A DÉPENSES** | | | |
| Report des dépenses du mois aux comptes ci-après : | | | |
| FRAIS GÉNÉRAUX | | | |
| Ceux du mois | | 5.60 | |
| FRAIS DE MAISON | | | |
| Idem | | 151. » | 156.60 |

Des simplifications analogues peuvent aussi se faire en ce qui concerne les comptes personnels : on ouvre un compte de DIVERS DÉBITEURS ET CRÉANCIERS, auquel on porte toutes les affaires se rapportant à des personnes avec lesquelles on n'a que des relations peu fréquentes : le nom de chaque personne est mentionné au Journal et au Grand-Livre, et on ouvre, à celui-ci, deux colonnes de numéros comme aux comptes d'Effets, pour retrouver facilement les articles soldés. Voici des modèles de ces écritures.

DIVERS DÉBITEURS ET CRÉANCIERS A MARCH. GÉNÉRALES,
savoir :

| Cadot, ma facture...... | 100 | | | |
|---|---|---|---|---|
| Gauvin, » ... | 200 | » | » | 300 |

Ces sommes sont reportées en détail au Grand-Livre.

S'il arrivait (ce qui est assez rare) qu'un débiteur ne payât pas tout ce qu'il devait pour une inscription, on porterait à l'Avoir la somme reçue et la différence restant à recevoir pour balancer l'enregistrement du Doit, et on reporterait au Doit, sur une nouvelle ligne, avec un nouveau numéro, cette différence, sans écriture au Journal, comme on fait pour la Balance de sortie et la Balance d'entrée, en fin d'année. Voir l'exemple ci-dessous, dans lequel Cadot a payé, le 7 mai, 50 fr. sur 100 qu'il devait.

**DOIT.** **DIVERS DÉBITEURS ET CRÉANCIERS.** **AVOIR.**

| 1859. Mai 1 | Cadot m/ facture | 1 | 2 | 100 | 1859. Mai 8 | Gauvin | | 1 | 2 | 200 |
| » | Gauvin | 2 | 1 | 200 | 9 | Cadot à compte 50 | 1 | 2 | 100 |
| 9 | Cadot reste | 3 | | 50 | | » reste 50 | 2 | 1 | 100 |

Ce compte doit être porté au Répertoire aussi bien que tous les noms qui y figurent.

Quand le nombre des comptes personnels est tellement considérable qu'il deviendrait impossible de faire les Balances mensuelles, on peut ouvrir, pour chaque lettre de l'alphabet, un compte analogue à celui de Divers débiteurs et créanciers, tenu de la même manière. Ces comptes sont intitulés :

Débiteurs et créanciers A.
Débiteurs et créanciers B.

Ainsi de suite : dans le premier on ne met que les noms commençant par un A ; dans le second, les noms dont la lettre initiale est un B, etc. Je dois faire remarquer cependant que cette méthode n'est avantageuse que quand on ne fait pas trop fréquemment des affaires avec une même personne, et quand les factures sont ordinairement réglées séparément ; dans le cas contraire, il faudrait, pour éviter la confusion, en tenant ces comptes de Débiteurs et Créanciers A, Débiteurs et Créanciers B, ouvrir un Grand-Livre auxiliaire pour la lettre A, un autre pour la lettre B, en un mot, autant de Grands-Livres séparés qu'il y aurait de ces comptes récapitulatifs. Les Grands-Livres auxiliaires sont tenus absolument de la même manière que le Grand-Livre ordinaire : on fait de temps en temps le relevé des comptes du Grand-Livre A, celui des comptes du Grand-Livre B, etc., pour s'assurer s'ils donnent les mêmes résultats que les comptes récapitulatifs qui y correspondent.

Il y a un autre moyen d'abréger le travail lorsqu'on a beaucoup de comptes : c'est de supprimer le Grand-Livre et de le remplacer par des feuilles séparées, tout à fait pareilles à celles de ce registre.

On porte un seul compte sur une feuille ; on a, par conséquent, autant de feuilles que de comptes : le titre du compte est écrit en gros en tête de chacune ; ces feuilles sont toujours classées dans l'ordre alphabétique, et conservées en paquet.

Quand il s'agit de reporter du Journal à ces comptes, on cherche comme dans un dictionnaire ; quand on a trouvé la feuille dont on a besoin, on met au-dessous du paquet toutes les feuilles qui étaient au-dessus de celle sur laquelle il y a lieu d'écrire. Par ce moyen, l'ordre alphabétique est toujours conservé ; seulement le paquet peut commencer par une lettre quelconque, par D, par G, par M, etc.; de sorte que l'A

est à la suite du Z, ce qui n'a aucun inconvénient.

Aussitôt qu'un article est porté, on l'indique en mettant au Journal, à la place du numéro du Grand-Livre, la lettre initiale du compte.

Les feuilles forment donc une espèce de Grand-Livre permanent, ne finissant jamais ; quand une feuille est pleine, on l'additionne, et les totaux sont reportés sur une nouvelle feuille ; les feuilles pleines se mettent dans un carton séparé : on a besoin de trois cartons : un pour les feuilles blanches, un pour les feuilles courantes, et un pour les feuilles pleines. On pourrait aussi en avoir un quatrième pour les feuilles qui, sans être pleines, présentent des comptes soldés. Celles-ci sont replacées dans le carton des feuilles courantes, quand il y a lieu.

Les avantages de cette méthode sont :

1° D'abréger le temps nécessaire au report des écritures du Journal et à la confection des Balances ;

2° De dispenser de la tenue d'un Répertoire ;

3° D'éviter les omissions qui arrivent souvent quand on est obligé de feuilleter le Grand-Livre pour établir les Balances ;

4° De fournir des Balances dans lesquelles les comptes sont classés ;

5° De présenter toujours les comptes dans l'ordre alphabétique, ce qui facilite les recherches ;

6° De supprimer le travail considérable qu'exige le renouvellement du Grand-Livre.

COMPTABILITÉ AVEC UN SEUL REGISTRE.

Il arrive souvent que des personnes non commerçantes voudraient avoir, pour leurs affaires personnelles, une petite comptabilité qui n'exigerait pas beaucoup d'écritures et qui pourrait se tenir sur un seul registre : le modèle du compte Divers débiteurs et créanciers conviendrait parfaitement en pareille circonstance ; on ferait les colonnes 2 et 7 assez larges pour pouvoir y mettre des explications succinctes, et ce registre aurait, soit à la fin, soit séparément, un Répertoire alphabétique qui servirait à retrouver les enregistrements concernant telle ou telle personne. On pourrait même, sur ce registre, porter les valeurs qui font l'objet des comptes généraux dans les Parties doubles. Par exemple, j'achète, le 10 mai, une maison rue Tronchet, à M. Bertin, moyennant 300,000 francs, et je ne la paye pas : j'écris à mon registre, au Doit :

1859. Mai 10.
Maison rue Tronchet, achetée 6 . 300,000 fr.

et à l'Avoir

1859. Mai 10.
Bertin, prix de sa maison 7 . 300,000 fr.

Le 25 mai, je paie au notaire 26,000 fr. pour les frais d'actes, je mets à mon registre, au Doit

1859. Mai 25.
Maison rue Tronchet, frais d'actes 8 . 26,000 fr.

Si j'emprunte le 26 mai à Tardieu 12,000 fr., j'écris à l'Avoir.

1859. Mai 26.
Tardieu, prêt qu'il m'a fait 9 . 12,000 fr.

Les sommes que je prête sont portées au Doit de la même manière.

Tous les articles pour lesquels il y a des chiffres dans les colonnes 4 et 9, sont balancés ou terminés, tous les autres sont en suspens et peuvent servir à établir le bilan. Les articles du Doit composent l'actif, ceux de l'Avoir le passif, et si l'on additionne les colon-nes 5 et 10, la différence des totaux représentera le capital ou l'actif net.

Dans cette application particulière, on pourrait encore simplifier le registre et le rendre plus commode en n'y traçant que les colonnes 1, 2, 3, 4, 5, et 10.
Exemple :

| 1859 | | | | DOIT. | AVOIR |
|---|---|---|---|---|---|
| Mai 1 | Cadot ma facture | 1 | 4 | 100 | |
| » | Gauvin id. | 2 | 3 | 200 | |
| 8 | Gauvin sa remise | 3 | 2 | | 200 |
| 9 | Cadot » à-compte 50 | 4 | 1 | | 100 |
| » | » reste 50 | | | | |
| » | Cadot reste | 5 | | 50 | |
| 10 | Maison rue Tronchet achetée | 6 | | 300000 | |
| » | Bertin, prix de sa maison | 7 | | | 300000 |
| 25 | Maison rue Tronchet, frais d'actes | 8 | | 26000 | |
| 26 | Tardieu m'a prêté | 9 | | | 12000 |

Au lieu de mettre les folios du registre au répertoire, on y porterait les numéros de la 3ᵉ colonne ; ce qui donnerait la faculté de relever facilement tous les articles relatifs à un compte, ou à une personne, quand on voudrait reconnaître la situation de ce compte ou savoir sa position avec cette personne.

## RÉPERTOIRE DU GRAND-LIVRE.

Arnoud.................... 23

Bour.................... 24.

Caisse.................... 1.22.
Capital.................... 15
Callot.................... 16

Dubois.................... 17.

Effets à recevoir.................... 4.
Effets à payer.................... 5.

Frais généraux.................... 6.
Frais de maison.................... 7.

Gauthier.................... 18
Guibert.................... 19

Hardi.................... 20

Lubin.................... 21
Loyer d'avance.................... 8.
Loyer.................... 9.

Marchandises générales.................... 10.
Mobilier.................... 11.

Profits et pertes.................... 12

Rente 3 %.................... 13

Terrain à Asnières.................... 14

Le répertoire du Grand-Livre est un petit registre sur lequel on porte en suivant l'ordre alphabétique, tous les comptes du Grand-Livre, avec leur folio, pour les trouver plus facilement sur ce dernier. Ce répertoire est donc composé d'autant de parties qu'il y a de lettres dans l'alphabet. Quand le nombre de ces comptes est très-grand, on subdivise encore chaque lettre de manière à former des listes moins longues: ainsi on porte sur une page distincte les noms commençant par Ba, sur une autre ceux qui commencent par Be, et ainsi de suite pour Bi, Bo, Bu, Ca, Ce, etc.

Quand on ouvre un compte au Grand-Livre, on doit tout de suite le porter sur le répertoire avec son folio: lorsqu'une page du Grand-Livre est pleine et qu'on reporte le compte à une autre page, le folio nouveau est mis à côté de l'ancien comme on le voit au compte de caisse.

## BALANCE DU GRAND-LIVRE AU 31 MAI 1859.

| 1 | Caisse | 11393.90 | |
|---|---|---|---|
| 4 | Effets à recevoir | 534 | |
| 5 | » à payer | | 100 |
| 7 | Loyer d'avance | 2000 | |
| 10 | Marchand. générales | 4220 | |
| 11 | Mobilier | 3100 | |
| 13 | Rente 0,03 | 4528 | |
| 15 | Capital | | 23182.60 |
| 19 | Guibert | | 1980 |
| 20 | Hardi | | 853.30 |
| 21 | Lubin | 340 | |
| | | 26115.90 | 26115.90 |

On doit faire une balance à la fin de chaque mois ;

à cet effet, on ouvre le Grand-Livre au commencement, on additionne le premier compte qui se présente, on vérifie chaque addition aussitôt qu'elle est faite, en allant de bas en haut, si l'on a additionné la première fois du haut en bas, on met le folio et le nom sur la balance, et le solde, s'il est débiteur, se place dans la première colonne de chiffres; on le pose dans la seconde quand il est créditeur. On passe au compte suivant, on opère de même et l'on continue ainsi jusqu'à ce qu'on soit arrivé à la fin. La balance est ensuite totalisée et s'il y a quelque différence entre les deux colonnes, on fait la soustraction sur un papier à part. Supposé qu'il y ait une différence de 140 francs, elle peut résulter d'une omission faite en reportant du Journal au Grand-Livre; on cherche au Journal dans les opérations du mois s'il se trouve une somme de 140 fr. qui n'aurait pas été reportée : si l'on n'en trouve pas, on suppose que c'est une somme de 70 fr. (moitié de 140) qui serait au Doit au lieu de l'Avoir ou *vice-versa*; et on cherche au Journal une somme de 70 fr. Quand cette seconde recherche ne réussit pas, on pointe le Grand-Livre : il faut être deux pour ce travail; l'un tient le Journal (nommons-le J) l'autre tient le Grand-Livre (mettons que c'est G); J appelle le folio du premier compte, G cherche ce folio et ouvre le compte, J appelle le compte, la date et la somme de cette manière: Effets à payer doit au 6 mai, 4,140 fr. G reconnaît la somme et la répète pour que J sache que cette somme a été bien portée, en même temps G pointe au Grand-Livre en faisant un petit trait d'encre bien apparent à gauche de la somme. Cette opération est importante et certains banquiers font tracer sur le grand livre des colonnes exprès pour le pointage. J appelle le folio du compte qui suit, G cherche le compte et l'on continue ainsi jusqu'à ce que l'erreur ait été trouvée : s'il arrivait que l'appel de toutes les écritures du mois n'ait pas fait découvrir l'erreur; il faudrait voir si toutes les sommes du Grand-Livre sont pointées, et si l'on ne trouvait rien, vérifier toutes les additions du journal. Dans le cas où cette dernière opération n'amènerait pas le résultat désiré, on devrait faire un second pointage, en mettant au-devant de chaque somme un signe différent du premier.

Il y a trois manières de faire la balance:

1° Celle qui vient d'être indiquée;

2° Au lieu de porter les soldes, on met le total du Doit et le total de l'Avoir de tous les comptes non soldés;

3° Quand le nombre des comptes est considérable, on fait la balance des écritures du *mois* seulement: pour cela il faut que le Grand-Livre ait deux colonnes de sommes au Doit et autant à l'Avoir ; dans la première on met les sommes partielles du Débit et du Crédit; dans la seconde on porte le total par mois, et c'est ce total qui sert à établir la balance.

Le BILAN se compose des sommes comprises dans la balance qui se fait après l'inventaire: ainsi, suivant celle du 31 mai, l'actif s'élève à 26,115.90 et le passif, formé des sommes de 100 fr, 1,980 fr. et 853.30 monte à 2,933.30 d'où il ressort un actif net de 23,182.60, conforme au crédit du compte de capital.

GOSSART.

**TÉRÉBENTHINE.** — On donne ce nom à une résine liquide qui découle de l'écorce d'un arbre, mais qui prend insensiblement de la consistance au point de devenir friable lorsqu'elle a été exposée aux rayons du soleil ; elle découle des térébenthes, qui croissent dans l'île de Chio. Lorsqu'elle est pure et sans mélange, elle est légère, de consistance ferme ; sa couleur est d'un vert bleuâtre, son odeur douce, sa saveur moins âcre que celle des autres espèces. Elle est vulnéraire, et entre dans la composition de la thériaque ; on s'en sert en poudre, en pilules, ou délayée dans un jaune d'œuf. Cette térébenthine forme la première sorte.

La térébenthine se retire en général de plusieurs arbres de la famille des conifères, et l'on en recueille dans quelques îles de l'Archipel, principalement à Chio et à Chypre, et aussi en Suisse, en Allemagne, dans plusieurs pays du Nord, en Amérique, et aussi en France, dans les Vosges, les Alpes, et très-abondamment dans le voisinage des Pyrénées, en Languedoc, dans le bois de Valène, près de Montpellier. Il y a plusieurs sortes de térébenthines.

**TERRAINS** (géologie).—Fractions plus ou moins grandes de l'écorce terrestre, considérée par rapport à l'époque et au mode de leur formation : c'est la réunion d'un certain nombre de formations qui ont entre elles assez de rapports pour qu'on puisse les considérer comme produites pendant une des plus grandes périodes de tranquillité de notre planète. Les terrains se composent de roches d'origine diverse, soit ignée, comme les granites, les porphyres, les basaltes, etc., soit aqueuse, comme les calcaires, les argiles, les grès, etc., et qui se sont formées à des époques différentes et successives.

Par rapport au mode et à l'époque de leur formation, on distingue trois grandes classes de *terrains* : la première se compose du *terrain primitif* ou *terrain de cristallisation stratiforme*, formé autour de la masse terrestre, encore fluide et incandescente ; la deuxième embrasse tous les *terrains sédimentaires*, résultant soit d'une précipitation mécanique ou chimique, soit d'un transport, terrains dont la structure, les fragments roulés et les débris organiques qu'ils contiennent dénotent l'action des eaux ; la troisième comprend les *terrains plutoniques*, produits d'épanchements et d'éruptions : ce sont des roches de cristallisation comme celles de la première classe, mais qui se sont formées à toutes les époques géologiques, et le plus souvent sans stratification apparente.—Autrefois on divisait les terrains, d'après Werner, en *terrains primitifs, terrains de transition, terrains secondaires, terrains tertiaires* et *terrains* d'alluvion; cette classification, bien que n'étant plus l'expression de la science actuelle, est encore employée lorsqu'il s'agit de généraliser.

1. Le *terrain primitif* constitue la masse essentielle de la partie connue de l'écorce consolidée du globe et forme l'assiette de tous les terrains sédimentaires; il se montre sur une grande partie de la surface terrestre. Il diffère des terrains sédimentaires en ce qu'il est toujours composé de roches à éléments cristallins agrégés, et qu'il ne contient ni sables, ni cailloux

roulés, ni fossiles : il est antérieur à toute création organique. On le divise en trois *étages* qui sont, en allant du centre à la surface, suivant l'ordre de formation : 1° le *gneiss*, qui forme environ le quart ou le cinquième de l'écorce consolidée; terrain stérile pour l'agriculteur, mais l'un des plus riches pour le mineur par les nombreux filons métallifères qu'on y trouve; 2° le *micaschiste*; 3° le *talcschiste*, placé immédiatement au-dessous des terrains sédimentaires.

II. Les *terrains sédimentaires*, dits aussi *neptuniens*, qui s'étendent sur d'immenses surfaces, contiennent presque toujours des débris de corps organisés et des fragments roulés par les eaux; ils sont essentiellement stratifiés, et d'autant plus disloqués qu'ils sont plus anciens. Les corps organisés fossiles qui s'y trouvent diffèrent d'autant plus de ceux qui vivent actuellement, que les couches qui les renferment sont plus anciennes. Voici, dans l'ordre d'ancienneté, les différents terrains sédimentaires : 1° le *terrain cumbrien* (du nom de la province de Cumberland, où il se montre à découvert sur une grande étendue), composé de schistes argileux ardoisiers, alternant avec des grauwackes, des grès, etc. : c'est dans ce terrain que commencent à paraître les premiers vestiges de l'organisation; — 2° le *terrain silurien* (du nom des Silures, peuplade celtique qui habitait le pays de Galles), composé principalement de schistes ardoisés, et de calcaires divers, riches en fossiles, etc. ; — 3° le *terrain dévonien* (du nom du Devonshire, où il a été étudié par M. Murchison), caractérisé par des grès de différente nature (*vieux grès rouges*) : il se développe en Angleterre et en Belgique, sur les bords du Rhin, en Bretagne, etc.; — 4° le *terrain carbonifère* ou *terrain houiller*, nettement caractérisé par l'anthracite et surtout par la grande quantité de houille qu'il contient dans sa partie supérieure; la partie inférieure se compose d'un calcaire compacte et bitumineux, qui fournit au commerce les marbres de Flandre et de Belgique connus sous le nom de *marbres écaussines* ou *petit granite*, ainsi que le marbre de Namur et de Dinan, exploité sous le nom de *marbre de Sainte-Anne* : le terrain houiller est extrêmement riche en fossiles; — 5° le *terrain pénéen* (c'est-à-dire pauvre, rare), composé de grès et de calcaires : il manque très-souvent dans la série des terrains; on y trouve pour la première fois des débris d'énormes reptiles sauriens ; — 6° le *terrain de trias*, ainsi appelé parce qu'il se compose de trois dépôts très-distincts, les grès bigarrés, le calcaire coquiller et les marnes irisées;— 7° le *terrain jurassique* (du nom des montagnes du Jura qui en sont formées) : c'est un des plus puissants et des plus complexes; il se présente surtout en France, en Allemagne, dans les Alpes et en Angleterre; on le subdivise en étage du *lias*, remarquable par les *coprolithes*, et en étage *oolithique*, calcaire globulaire auquel appartient une partie des minerais de fer en grains qu'on exploite sur divers points de la France; — 8° le *terrain crétacé*, dont la partie supérieure est formée par de la craie, comme aux environs de Paris : il est très-étendu et puissant,

et se présente dans un grand nombre de localités; — — 9° le *terrain paléothérien* (ainsi nommé à cause des nombreux débris de Paléothérium qu'il renferme), dit aussi *terrain supercrétacé*, comprenant une longue série de formations qui commence au-dessus de la craie et se termine aux alluvions; — 10° les *alluvions* (*Voy.* ce mot), qui comprennent les dépôts sédimentaires les plus modernes.

III. Les *terrains* dits *plutoniques*, qui se trouvent intercalés dans les masses stratifiées de toutes les époques, particulièrement des époques anciennes, par l'effet d'éruptions émanées du sein de la terre à l'état de fusion ignée, sont : 1° le *terrain granitoïde*, comprenant les granites, syénites, diorites, pegmatites, etc., qui remplissent de larges fissures, par lesquelles s'est épanchée la matière incandescente, dans la plupart des pays accidentés et montagneux, comme dans plusieurs parties des Alpes, des Pyrénées, de la Bretagne, des Vosges, de l'Auvergne, du Limousin, etc.; les chaînes de montagnes qu'il constitue sont souvent très-élevées, et généralement d'une forme arrondie; — 2° le *terrain porphyroïde*, qui comprend différentes roches, parmi lesquelles dominent les porphyres;— 3° le *terrain trachyto-basaltique*, composé de roches feldspathiques (trachytes) et de roches pyroxéniques (basaltes) : la plupart des volcans, éteints ou en activité, sont établis sur les trachytes, comme au centre de la France, aux îles du Cap-Vert, et surtout en Amérique, dans la grande chaîne des Andes;—4° le *terrain volcanique* ou *terrain lavique* (de *lave*), qui comprend les dépôts résultant des éruptions survenues depuis le commencement de l'époque historique jusqu'à nos jours. (*N. Bouillet.*)

**TERRE** [en latin *terra*]. — Planète située entre Vénus et Mars, qui tient le milieu entre les planètes qu'on appelle, par rapport à elle, *Planètes supérieures*, et les *Planètes inférieures*. La terre est animée d'un mouvement de *translation* et d'un mouvement de *rotation*. Le premier s'effectue d'occident en orient dans un orbe elliptique dont le soleil occupe un des foyers, et cet orbe est dans le plan de l'écliptique. La terre fait sa révolution autour du soleil dans l'intervalle de 365 jours 5 heures 48′ 51″; c'est ce qu'on nomme l'*année sidérale*, qui surpasse d'environ 20 minutes l'*année tropique*, c'est-à-dire le temps que le soleil emploie dans son mouvement apparent à revenir à l'équinoxe du printemps. Le mouvement de la terre dans son orbite donne naissance au mouvement apparent du soleil dans l'écliptique. La rotation de la terre s'effectue d'occident en orient, dans l'intervalle de 23 heures 56′ 4″. Cette rotation donne lieu au mouvement apparent diurne du soleil et de tous les corps célestes d'orient en occident. — Le centre de la terre ne quitte jamais le plan de l'écliptique, avec lequel son axe fait un angle de 23° 27′; cette inclinaison est à peu près constante, de sorte que le soleil ne répond jamais perpendiculairement deux instants de suite au même point de la surface de la terre; c'est ce qui occasionne le changement des saisons. La distance moyenne de la terre au soleil est d'environ 38 millions de lieues ou 152 millions de kilomètres; sa masse est à celle du soleil dans le rapport de 1 à 354,936. La terre est ronde ou plutôt ellipsoïde : elle est renflée vers l'équateur et aplatie aux pôles ; son diamètre équatorial est de 12,754,863ᵐ ; son diamètre polaire, de 12,712,251ᵐ ; sa circonférence de 40,000,000ᵐ.

La théorie de la terre a préoccupé les savants dès la plus haute antiquité ; elle occupe la place principale dans toutes les cosmogonies, soit religieuses soit philosophiques.

La terre a été considérée longtemps parmi les anciens peuples comme l'univers même, comme la seule création de l'Être suprême, née pour le service de l'homme. Il y eut dans les temps reculés des savants qui contribuèrent, par calcul, à propager cette croyance, et l'on connaît assez les motifs intéressés qui les ont portés à imaginer des mystères et à entretenir les peuples dans l'ignorance.

La science a fini par déchirer le voile, mais il a fallu bien des siècles pour que la vérité osât se montrer au grand jour ; c'est à la science que nous devons d'avoir pu lire dans les entrailles de la terre, et c'est là un livre trop grand, dont les pages sont trop répandues pour qu'il soit possible d'en empêcher l'examen. En mettant ces pages en regard des récits de la Bible, nous voyons que Moïse savait parfaitement ce qu'il disait ; mais en même temps il laissait mystérieusement le champ ouvert aux interprétations.

Moïse était trop savant pour ne pas prévoir qu'un jour viendrait où la terre parlerait d'elle-même en montrant ce qui existe dans son sein ; c'est pourquoi Moïse est resté sous la réserve ; mais cette réserve même s'évanouit lorsqu'il annonce que la terre ou l'aride a paru le troisième jour ; donc le premier et le second jour avaient été ceux de l'air, du feu et de l'eau. Il est évident, par conséquent, que la terre est le fruit de ces trois éléments ; elle ne pourrait pas exister ni se perpétuer sans la présence de ces mêmes trois éléments générateurs ; elle restera toujours sous leur dépendance et ne sera féconde et productive que par leur concours.

La terre, avant l'étude de la géologie, a été le sujet de bien des recherches où se sont exercées les imaginations des plus célèbres philosophes, et qui ont donné lieu à mille théories plus ou moins ingénieuses ou absurdes, émises et soutenues soit par les Egyptiens, soit par les Grecs et les Romains, depuis Sanchoniaton jusqu'à Epicure, et depuis Platon jusqu'à nos jours.

*Opinions des auteurs anciens sur l'origine de l'univers et la formation de la terre.*

SANCHONIATON, prêtre de Béryte, le plus ancien des historiens, vivait du temps de Sémiramis, vers l'an 2164 avant J.-C. (*selon Usserius*), 937 ans avant que Moïse sortît de l'Egypte avec les Israélites.

Il a écrit l'histoire des Phéniciens ; cette histoire commençait, dit-on, par un système absurde et fabuleux sur la formation de l'univers. On sait que les Phéniciens se croyaient, suivant Sanchoniaton, le premier peuple du monde. L'auteur, qui ne s'accorde jamais avec Moïse, attribue tout aux descendants de Caïn, et ne parle pas du déluge.

Philon de Biblos, écrivain du deuxième siècle, a traduit en grec l'ouvrage de Sanchoniaton. Cette histoire phénicienne est perdue, ainsi que la traduction grecque de Philon. Nous ne connaissons ces deux ouvrages que par quelques fragments, que Polydore (né à Tyr, l'an 288 de J.-C.), rapporte et qui ont été copiés et commentés par Eusèbe, dans sa chronique que saint Jérôme a traduite.

Eusèbe nous dit que Sanchoniaton avait puisé tout ce qu'il rapporte sur l'origine du monde, dans les écrits du Thot ou Mercure des Égyptiens, attendu que ce dernier, ayant été l'inventeur des lettres, doit avoir été le premier historien. C'est donc, ajoute l'abbé Banier, dans les ouvrages de ce chef de savants, du célèbre Mercure, que l'auteur phénicien avait puisé le fond son histoire.

THALÈS (VIIᵉ et VIᵉ siècles avant J.-C.) a été le premier de tous les Grecs qui se soit appliqué à la physique et à l'astronomie. Il habitait en Ionie sur les côtes de l'Asie Mineure. Il croyait que l'eau était le premier principe de toutes choses ; que la terre n'était qu'une eau condensée, l'air une eau raréfiée ; que toutes choses se changeaient perpétuellement les unes dans les autres ; mais qu'en dernier lieu, tout se résolvait en eau, que l'univers était animé et rempli d'êtres invisibles qui voltigeaient sans cesse d'un côté et de l'autre ; que la terre était au milieu du monde ; qu'elle se mouvait autour de son propre centre, qui était le même que celui de l'univers, et que les eaux de la mer, « sur quoi elle était posée, » lui donnaient un certain branle qui était la cause de son mouvement.

Thalès a été le premier qui ait prédit les éclipses du soleil et de la lune ; c'est lui qui a recherché le premier l'origine des vents, la matière de la foudre, la cause des éclairs et du tonnerre.

Personne, avant lui, n'avait connu la manière de mesurer les hauteurs des tours et des pyramides par leur ombre méridional, lorsque le soleil est dans l'équinoxe.

Instruit à l'école des Égyptiens, Thalès avait adopté leur calendrier, qui fixait l'année à 360 jours ; il ajouta cinq jours à la fin des douze mois pour achever le cours de l'année.

C'est Thalès qui a donné connaissance de la petite Ourse, dont les Phéniciens se servaient pour régler leur navigation.

Dans le système de Thalès, la terre était formée en sphère ; ANAXIMANDRE la croyait un cylindre, comme si elle devait rester enfermée dans un plat ovale au milieu duquel étaient les eaux ; d'autres philosophes la supposaient carrée, conique, rhomboïdale ; enfin il n'y a que depuis trois siècles qu'on s'est approché de la vérité, encore avec un grand risque, car GALILÉE, qui soutenait que la terre est ronde et tourne sur elle-même, fut emprisonné et forcé de se dédire sous peine de perdre la vie. Ce célèbre astronome, obéissant aux caprices de l'ignorance et de la superstition, dut se rétracter ; mais en même temps, fort de sa conscience, il murmurait entre ses dents : « *E pur si* muove! » Ce mot ayant été recueilli et compris, tous les savants firent des recherches qui menèrent à la connaissance des plus grands secrets de la nature.

Cependant chaque vérité n'a été trouvée qu'à travers une foule d'hypothèses ; les erreurs mêmes ont servi de marche-pied, car, dans les investigations scientifiques, l'erreur conduit souvent à une découverte sérieuse.

Ocellus Lucanus est l'auteur grec le plus ancien qui ait parlé de la nature de l'univers. Né en Lucanie, côte de la mer Tyrrhénienne, disciple de Pythagore, vɪᵉ siècle avant J.-C., il dit que l'univers est indestructible et improduit, qu'il a toujours été et sera toujours ; que s'il eût commencé, il ne serait pas encore.

Timée de Locres, qui vécut peu de temps après Ocellus, a traité de l'âme du monde ; il distingue l'intelligence, cause de tout ce qui se fait avec dessein de la nécessité, cause de ce qui est forcé par les qualités des corps.

« De ces deux causes, ajoute-t-il, l'une a la nature du bon, et se nomme Dieu, principe de tout bien ; l'autre ou plutôt les autres, qui marchent après la première et qui agissent avec elle, se rapportent à la nécessité (1). »

Aristote, le plus savant peut-être des savants de l'antiquité, et précepteur d'Alexandre, prétend que la privation doit être mise au rang des principes ; il dit que la matière dont se fait une chose doit avoir la privation de la forme de cette chose ; qu'il faut, par exemple, que la matière dont on fait une table, ait la privation de la forme de la table ; c'est-à-dire qu'avant de faire une table, il faut que la matière dont on la fait ne soit point une table.

Aristote tient que tous les corps terrestres sont composés de quatre éléments : la terre, l'eau, l'air et le feu ; que la terre et l'eau sont pesantes, en ce qu'elles tendent à s'approcher du centre du monde, et qu'au contraire l'air et le feu s'en éloignent le plus qu'ils peuvent ; qu'ainsi ils sont légers.

Pythagore (70ᵉ olympiade, vɪᵉ siècle), chef de la secte italique, comme Thalès était le chef de la secte ionique, enseignait que le monde était animé et intelligent, que l'âme de cette grosse machine était l'éther, d'où sont tirées toutes les âmes particulières tant des hommes que des bêtes ; il croyait à la métempsycose et défendait de manger des animaux.

Pythagore soutenait que le principe de toutes choses était l'unité ; que de là venaient les nombres ; des nombres, les points ; des points, les lignes ; des lignes, les superficies ; des superficies, les solides, et des solides, les quatre éléments, le feu, l'air, l'eau et la terre, dont tout le monde était composé, et que ces éléments se changeaient perpétuellement les uns dans les autres, mais que rien ne périssait jamais dans l'univers, et que tout ce qui arrivait n'était que des changements.

Héraclite dit que le feu est le seul élément de l'univers.

Empedocles, d'Agrigente, était le chef de l'école qui donnait quatre éléments à la formation de l'uni-

(1) Traduction de l'abbé Le Batteux. Paris, 1768.

vers : le feu, l'air, l'eau, et la terre. Voici son explication : 1° le feu, qui prend sa source au ciel, se change en air ; 2° de l'air est formée l'eau, qui s'épaissit et devient terre ; 3° de la terre naissent en rétrogradant les autres éléments, l'eau d'abord, ensuite l'air et le feu. Cette chaîne de métamorphoses n'est jamais interrompue, et les éléments ne cessent de voyager du ciel à la terre et de la terre au ciel.

Anaxagore a créé le système Homœomique, d'après lequel le feu et l'eau, par exemple, naissent des particules du feu et de l'eau, et tous les corps, en un mot, se forment de l'assemblage d'éléments similaires.

Démocrite (vᵉ siècle), disciple de Leucippe, croyait que les premiers principes de toutes choses étaient les atomes et le vide ; que rien ne se faisait de rien, et qu'aucune chose ne pouvait jamais être réduite à rien ; que les atomes n'étaient sujets ni à la corruption, ni à aucun autre changement, parce que leur dureté invincible les mettait à couvert de toute sorte d'altérations ; que l'âme de l'homme, qu'il croyait être la même chose que l'esprit, était aussi composée du concours de ces atomes, de même que le soleil, la lune, et tous les autres astres ; que ces atomes avaient un mouvement tournoyant qui était la cause de la génération de tous les êtres ; et comme ce mouvement tournoyant était toujours uniforme, c'était la raison pour laquelle Démocrite admettait le Des'in, et croyait que toutes choses se faisaient par nécessité.

Épicure, qui s'est basé sur les mêmes fondements que Démocrite, mais qui ne voulait point admettre cette nécessité, a été obligé d'inventer un mouvement de déclinaison.

Démocrite soutenait que l'âme était répandue dans toutes les parties du corps, et que le motif pour lequel nous avions du sentiment dans toutes ces parties, c'était parce que chaque atome de l'âme correspondait à chaque atome du corps.

Démocrite disait que tous les astres étaient emportés par la rapidité d'un tourbillon de matière fluide, dont la terre était le centre, et que chaque astre se mouvait d'autant plus doucement, qu'il était plus proche de la terre, attendu que la violence du mouvement de la circonférence s'affaiblissait peu à peu en tirant vers le centre.

Épicure (ivᵉ siècle), adoptant les principes de Démocrite, développa son système de formation du monde. Les idées et la doctrine d'Épicure nous ont été transmises par le poëte latin Lucrèce, dans son admirable ouvrage de la Nature des choses (1), où il s'est lui-même identifié avec le philosophe grec.

Les prêtres d'Égypte possédaient un grand système de cosmogonie qui donne la plus haute idée de leurs connaissances. Il avaient reconnu que les eaux avaient couvert tout le globe ; qu'elles y avaient déposé, à la surface, des coquilles et d'autres débris d'êtres organisés ; qu'il y avait eu de grands affaissements de continents entiers...

(1) On sait que le cardinal de Polignac en a entrepris, sinon fait la réfutation dans son ouvrage, également en vers latins, intitulé : l'Anti-Lucrèce.

PLATON, lui, prétendait que l'âge du monde doit se compter par des myriades de siècles; il supposait qu'au bout d'une certaine période, tout rétrogradait; que les astres se levaient à l'occident et se couchaient à l'orient, et que les hommes d'alors commençaient leur carrière par la vieillesse pour mourir dans l'enfance. (PLAT. *in Politic.*)

Les Indous ou Indiens, peuple le plus ancienne-ment civilisé, représentaient la terre sous la forme d'une fleur de lotus flottant sur l'Océan. Au milieu de la fleur, à l'endroit du germe, ils plaçaient le mont *Mérou*, habitation des dieux, qui symbolisait l'Inde, située au milieu du monde.

D'autres sectes de l'Inde n'admettaient pas la fleur de lotus, mais elles y substituaient un vaisseau mysti-que dont le mont Mérou formait le mât.

Quant au Mérou, tous les systèmes s'accordent pour le placer au centre de la terre.

Le centre de la terre était pour chaque peuple dans son propre pays; les Egyptiens le plaçaient à Thèbes aux cent portes; pour les Assyriens, c'était Babylone; pour les Hébreux, c'était Jérusalem, et les Grecs avaient fixé le centre de la terre au mont Olympe; mais plus tard, par l'influence des prêtres d'Apollon, le point central fut reporté au temple de Delphes.

Plutarque (*de Oraculorum defectu*) nous raconte qu'un vieillard vénérable vivait dans l'Inde avec les génies, et interprétait les oracles de la nature aux rois qui venaient le consulter. Il révéla à ses prosé-lytes qu'il y avait dans l'univers 183 mondes rangés en forme de triangle, de sorte que 60 occupaient cha-que côté, et qu'il y en avait un de plus à chaque an-gle. Ces globes tournaient tous en rond et l'aire du triangle était la demeure de la vérité.

MÉTRODORE disait qu'il était aussi absurde de n'admettre que 183 mondes dans l'espace, que de ne faire croître que 183 épis de blé dans une vaste cam-pagne.

La comparaison des idées de ces philosophes fait voir que l'Indien avait pour but d'indiquer, par une image, l'espace étroit de la demeure de la vérité; son opinion était toute morale; tandis que le Grec se contente de critiquer l'idée matérielle sans appliquer la sienne; preuve de la mauvaise critique qui a régné dans tous les âges. Mais il résulte de cette comparaison que le penseur indien, à une époque très-reculée, re-connaissait plus de planètes et de mondes que n'en ont reconnu quelques astronomes de notre moyen âge.

Sans nous arrêter aux opinions des autres philo-sophes de l'antiquité, non plus qu'à celles des Romains qui se trouvent principalement dans les écrits philoso-phiques de Cicéron, mais qui n'offrent guère que l'examen critique de la philosophie grecque, nous tra-versons le moyen âge et arrivons au XVIIᵉ siècle. A cette époque, les esprits, excités par les succès du sys-tème astronomique que Copernic et Galilée venaient de proclamer, cherchaient également à soulever les voiles qui cachaient encore l'origine et la formation du monde.

VII.

*Opinions des philosophes et des savants modernes sur l'origine de l'univers.*

DESCARTES (XVIIᵉ siècle) dit que la terre et les cieux ne peuvent être faits que d'une même matière.

Le soleil, et chaque étoile fixe sont le centre d'au-tant de tourbillons de matière subtile qui font cir-culer autour de ces centres d'autres corps plus petits. Notre tourbillon, par exemple, entraîne toutes les planètes autour du soleil, et le tourbillon entier du soleil et des planètes circule autour de la terre.

Cette dernière opinion rentre dans le système de TYCHO-BRAHÉ.

La matière subtile de ces tourbillons est celle que Descartes nomme *le premier élément*; il imagine en-suite un second élément pareillement composé de molécules subtiles, mais de forme ronde, et enfin un troisième élément composé de molécules sillonnées de canaux à travers lesquels les deux sortes de molécu-les susdites peuvent se mouvoir et circuler dans une infinité de directions. Avec ces données hypothéti-ques, il entreprend d'expliquer tous les phénomènes de la nature.

LINNÉ suppose que tout le globe a été couvert par les eaux (1); qu'il n'y avait qu'une île considérable qui fût au-dessus des eaux. Dans cette île, située sous l'équateur, était une montagne très-élevée, et dont la cime était couverte de neige, en sorte qu'elle offrait tous les climats, depuis la température la plus chaude, qui était au bord de la mer, jusqu'au sommet.

Sur cette montagne étaient dispersés les plantes et les animaux de tous les climats.

Les eaux se changèrent en terre et diminuèrent..... les continents parurent..... et parvinrent à l'état où nous les voyons.

BURNET (Thomas), Londres, 1681, dans son sys-tème, n'indique pas comment s'est formé le globe; seulement il dit : « Avant le déluge de Noé, la surface » était plane, sans montagnes, sans vallées. Les ma-» tières les plus pesantes s'étaient précipitées au centre » du globe; les moins pesantes se déposèrent autour » de celles-ci en raison de leur gravité, en faisant dif-» férentes couches concentriques. L'eau surnagea » par-dessus toutes ces couches. Des matières plus » légères que l'eau, telles que des matières houilleu-» ses, grasses..., composèrent une dernière couche » au-dessus de cette eau; ce qui forma la surface ou » croûte extérieure du globe. Toutes les parties de » cette matière grasse qui s'étaient élevées dans l'at-» mosphère retombent sur cette croûte, et l'air de-» vient pur.

» Au déluge tout changea de face. La croûte légère » de la terre se dessécha par l'ardeur du soleil. Elle » se creva de toutes parts. D'un autre côté, l'eau qui » était sous cette croûte se dilata, fit effort contre » cette croûte qu'elle souleva en différents endroits. » Les fentes de la croûte augmentèrent; enfin elle » s'écroula dans le vaste abîme d'eau qui était au-» dessous.

(1) *Oratio de telluris habitabilis incremento.*

23

» L'équilibre du globe fut troublé, l'axe de la terre
» s'inclina comme il est aujourd'hui, et amena l'iné-
» galité des saisons. Une partie des eaux fut refoulée
» à la surface du globe, et vint former les mers, tan-
» dis qu'une partie des continents se précipitait dans
» l'océan intérieur. Les angles de la croûte abîmée
» s'élèvent dans les airs et y forment les montagnes et
» les vallées. Les eaux qui s'écoulent creusent de plus
» en plus ces vallées.... »

BOURGUET, naturaliste, à qui la physique doit la
belle observation de la correspondance des angles
des montagnes, a établi un autre système. Il dit
« que notre planète a pris sa forme dans un ins-
» tant; que ce n'était d'abord qu'un amas de matière
» fluide; après un certain nombre d'évolutions sur son
» axe et autour du soleil, sa première structure fut
» détruite. Bientôt après, le feu se mit dans le globe,
» et cet élément destructeur le consume lentement,
» jusqu'à ce que tous les êtres animés qu'il renferme
» dans son sein soient anéantis. »

Il admet comme Woodward que, lors du déluge,
tout ce qu'il appelle l'ancien monde fut dissous, excepté les coquilles.... Il convient aussi que les montagnes, les vallées et les plaines ont été formées dans
les eaux, qui, par conséquent, ont couvert les pics les
plus élevés.

Il ne dit point ce que sont devenues ces eaux....
mais, comme il admet des cavernes intérieures, il est
vraisemblable qu'il suppose qu'elles s'y sont enfouies.

Il dit encore que le globe diminuera de diamètre,
mais que son atmosphère sera beaucoup augmentée.

WOODWARD (1) suppose aussi qu'une croûte de terre
et de pierres s'est formée au-dessus de l'eau, sans en
assigner les causes....; que cette croûte s'affaisse....;
que les eaux ont dissous toutes les substances minérales et n'ont pas touché aux coquillages ni aux autres
débris d'êtres organisés.

SCHEUZER a embrassé l'opinion de Woodward; il dit
que Dieu a brisé les différentes couches de la terre. Là
il élève de hautes montagnes, comme en Suisse et dans
toutes les Alpes, tandis qu'ailleurs, comme en Flandre
et en Hongrie.... il n'a formé que des plaines...

FONTENELLE a aussi supposé des abaissements considérables de différentes parties de la surface de la
terre, dérivations de grands tremblements de terre
ou des volcans; mais il n'émet aucune opinion relative à la première formation; il dit : « Ce qui se
» présente le plus naturellement à l'esprit, c'est que
» le globe de la terre, jusqu'à une certaine profon-
» deur, n'était pas solide partout, mais entremêlé de
» quelques grands creux, dont les voûtes, après s'être
» soutenues pendant un temps, sont enfin venues à
» fondre subitement. Alors les eaux seront tombées
» dans les creux, les auront remplis, et auront laissé
» à découvert une partie de la surface de la terre,
» qui sera devenue une habitation convenable aux
» animaux terrestres et aux oiseaux....
» Dans le même temps que les voûtes ont fondu, il

(1) Essai sur l'Histoire naturelle de la terre. Londres.
1684.

est fort possible que d'autres parties de la surface
» du globe se soient élevées et par la même cause.
» Ce sont là les montagnes, qui se seront placées sur
» cette surface avec des carrières déjà toutes for-
» mées. »

WHISTON suppose que la terre avait été primitivement une comète, ou l'atmosphère d'une comète, qui
décrivait une ellipse fort excentrique. Tantôt échauffée
à un degré prodigieux dans son périhélie, tantôt exposée au froid le plus âpre dans son aphélie, elle était
alternativement en partie vitrifiée, et en partie couverte de glaces.

Enfin son orbite se modifie et son ellipse devient à
peu près circulaire, à la distance du soleil où elle se
trouve aujourd'hui.

Tout change pour lors dans l'organisation intérieure
du globe terrestre. Le soleil communique une grande
chaleur, les glaces fondent. L'eau, devenue liquide,
laisse précipiter au centre les parties les plus pesantes. Des parties aqueuses et aériformes demeurent
engagées avec celles-ci. Cependant la majeure partie
des eaux surnage à ce noyau brûlant.

Au-dessus de cette couche d'eau se forme une nouvelle croûte de matières, terres et pierres, qui compose la surface du globe.

Cette croûte, mal affermie, s'écroule enfin et tombe
dans le sein des eaux. Une partie s'élève en l'air, et
va former les montagnes; tandis que l'autre partie,
occupant la place des eaux, force celles-ci à refluer
sur la terre et à venir former nos mers. Ces montagnes, avant le déluge, étaient peu élevées.

Mais, le 18 novembre 2349 avant l'ère vulgaire, une
comète, revenant de son périhélie (celle de 1680),
passe à peu de distance de la terre et l'enveloppe de
sa queue, formée de vapeurs aqueuses très-dilatées
par la chaleur. La terre attire une portion de ces vapeurs, qui se condensent et tombent en pluies, qui
durent quarante jours, et inondent toute la surface
du globe. (C'est encore le déluge rapporté par la Genèse.)

DELUC admet également la chute de la plus grande
partie du globe, mais il l'explique par une hypothèse
toute différente des précédentes. Il dit « que le pre-
» mier coordonnateur de l'univers a construit primi-
» tivement nos globes, le soleil et les planètes, aux
» lieux où ils sont, et leur a donné leur forme ac-
» tuelle. »

Son système ne signale pas les lois qui ont produit
ces événements.

REY prétend également que les montagnes et
les vallées ont pu être formées par des affaissements, et il s'appuie sur l'identité des couches que
présentent les deux rives de la vallée.

L'opinion de DE MAILLET est curieuse. Cet auteur
pense que tous les globes célestes, et par conséquent
la terre, sont alternativement embrasés et recouverts
d'eau; que l'eau, par conséquent, peut occuper des
globes différents en passant des uns dans les autres
par l'évaporation.

LAZARE MORRO, dans son ouvrage sur l'origine des
coquilles fossiles, imprimé en 1740, avance que toutes

les montagnes ont été soulevées par l'action des feux souterrains. Il distingue deux époques où a dû se faire cette opération.

BUFFON suppose que les soleils et les comètes ont été créés comme nous les voyons, et avec les forces nécessaires pour leur faire parcourir leurs orbites.

Mais il y a 96,000 ans qu'une comète tomba obliquement dans le soleil, et en détacha la 650ᵉ partie. Toute cette masse, lancée dans l'espace, se dissipa et forma toutes les planètes principales et secondaires de notre système solaire, qui décrivirent des ellipses peu allongées.

Notre terre, composée de cette matière incandescente, liquide, acquit la figure sphéroïdale par son mouvement de rotation diurne. Elle se refroidit chaque jour. Une partie des vapeurs qui s'étaient élevées dans l'atmosphère se condensa et forma les mers.

Ces eaux attaquèrent les parties solides du globe, et en firent dissoudre une portion ; c'est ainsi que se formèrent les terres et les pierres.

Le refroidissement de la terre au point de pouvoir la toucher s'est fait en 34,770 ans, et son refroidissement à la température actuelle, en 74,832 ; d'où il suit que notre globe a joui d'une chaleur convenable à la nature vivante depuis 40,062 ans, et que les êtres sensibles pourront encore y subsister pendant 93,291 ans, c'est-à-dire jusqu'à l'an 168,123, depuis l'origine de planètes.

Suivant ce système, notre monde planétaire ne s'est organisé que depuis 74,832 ans.

*Système de* HUTTON. — Ce système n'explique pas la première fondation du monde. Le docteur Hutton conçoit seulement que notre globe est soumis à une vicissitude de destruction et de renouvellement. La matière solide de la terre est continuellement rongée par des agents naturels. Ainsi les rochers les plus durs sont minés peu à peu par l'air et par l'eau, et les débris des matières sont constamment portés vers l'Océan et déposés dans son lit.

En outre, il existe dans le sein du globe, à une grande profondeur, une chaleur qui met en fusion les substances disposées dans ces régions intérieures. Mais les substances sur lesquelles opère le feu, se trouvant comprimées par les couches supérieures, cette pression s'oppose, du moins en grande partie, à la volatilisation. Il se produit des dépôts, des *strata* de matières durcies par la condensation.

Ces dépôts successifs et continuels poussent sans cesse les matériaux consolidés à la surface du globe, où ils sont soumis à la loi de destruction que nous avons expliquée.

C'est ainsi que notre monde est formé des débris d'un monde qui l'a précédé, et donne maintenant les matériaux pour un autre monde. Cette opération naturelle n'aura jamais de fin, comme il est impossible de lui assigner un commencement.

PALLAS n'indique pas de système de formation ; il dit que les eaux des mers n'ont jamais dû couvrir que les collines calcaires à 100 toises d'élévation.

SAUSSURE, sans s'occuper du globe comme les précédents, se trouve encore plus embarrassé pour expliquer les soulèvements des montagnes, opérés, dit-il, *par une cause quelconque.*

DOLOMIEU admet une dissolution primitive de tous les matériaux qui composent l'écorce du globe, la destruction et la précipitation de toutes les matières, la *coagulation* opérée par la cristallisation confuse.

LA PLACE. Son hypothèse est qu'au commencement, toute la masse de notre système solaire, formant une immense atmosphère, a d'abord existé à l'état gazeux ; qu'ensuite elle s'est modifiée en passant par l'état liquide.

PATRIN écrivait, en 1788, que la surface de la terre était primitivement plane... « Mais, dit-il, les ma-» tières terreuses, salines, métalliques, composant le » globe, pénétrées d'eau, agissent, réagissent,.. Or, » point de fermentation sans augmentation de vo-» lume, sans boursouflements... Ces boursouflements » ont soulevé des montagnes. »

HUMBERT, GEOFFROY, BECHER et SCHAL sont d'accord pour convenir que le feu, l'eau et la terre ont été les premiers principes de la formation du globe ; Schal ajoute pour quatrième principe l'air.

Ainsi il y aurait eu quatre éléments d'après ces penseurs. Mais si la terre en faisait partie, elle serait donc elle-même un des principes, et puisqu'elle existerait matériellement, de quoi serait-elle formée ? Il est évident que le principe doit exister avant la formation ; or, la terre étant la conséquence du principe, ne peut venir qu'à la suite de l'œuvre du principe, qui est l'air, l'eau et le feu. (*Snider.*)

*Théorie de la Terre.*

M. Bomare résume ainsi les principaux systèmes sur cette grave question : .

Il ne s'agit pas absolument de tout ce que les physiciens et les naturalistes ont imaginé de la formation première de la terre : ce que j'en dirais d'après leurs idées ou les miennes, laisserait tout entière la difficulté du problème.

Contentons-nous de la considérer en général dans son état présent et dans l'arrangement que nous lui voyons. Ce globe dont la figure est un sphéroïde aplati vers les pôles, nous offre, dès sa surface, des irrégularités sensibles, des hauteurs, des profondeurs, des plaines, des mers, des marais, des grottes, des gouffres, des volcans ; tout paraît irrégulier. Si nous pénétrons dans son intérieur, nous y trouverons, dit Buffon, des métaux, des minéraux, des pierres, des bitumes, des sables, des terres, des eaux et des matières de toute espèce, les unes placées comme au hasard, et d'autres qui offrent des couches ou zones dont la forme, la position et la direction sont assez bizarres : on y voit aussi des montagnes affaissées, des rochers fendus et brisés, des contrées englouties, des îles nouvelles, des terrains submergés, des cavernes et des vallées comblées. Nous trouvons souvent des matières pesantes posées sur des matières légères, des corps durs enveloppés de substances molles, des substances sèches, humides, chaudes, froides, solides, friables, toutes mêlées, et dans une espèce de confusion qui ne nous présente d'autre image que celle d'un chaos informe et d'un monde en ruine, mais dont nous reconnaissons bientôt l'utilité et la nécessité.

Il est évident que la terre actuelle n'est qu'un amas de corps entassés les uns sur les autres; et il paraît aussi que plusieurs de ces corps ont appartenu à la mer, c'est-à-dire à des animaux du monde marin; ou que ce sont des plantes qui ont flotté dans cet élément: et puisque le globe a commencé, l'époque de son berceau n'a pas été celle de sa décrépitude. Mais sa première époque est inaccessible même à la chronologie conjecturale du philosophe.

On ne peut se dissimuler que cet amas de matière qui ne nous est connu qu'à une petite profondeur, ne soit la suite d'une grande révolution, qui ayant dérangé l'harmonie ou plutôt la structure de l'ancien monde, annonce en même temps que la terre, ou au moins sa surface, a souffert prodigieusement. Voilà le point où nos lumières atteignent et où le flambeau de l'évidence s'éteint.

J'en appelle à la variété et à la contrariété des sentiments : selon les uns, des inondations particulières ont tout fait ; selon d'autres, c'est un déluge universel et un changement du centre de gravité dans le noyau solide du globe terrestre, qui ont causé des changements si considérables dans la nature, que nous ne trouvons sur nos continents aucuns débris des habitations et des travaux des premiers hommes, ni aucuns vestiges sensibles du séjour primitif de l'espèce humaine; ou, comme le prétendent quelques autres naturalistes, la mer, qui a ses lois de mécanique, en se retirant de certains endroits pour en envahir d'autres, a rongé peu à peu les bords du continent et entraîné dans son sein ce qu'elle a arraché de la terre simple et homogène, pour en reformer une autre, nouvelle, grossière et composée.

D'autres ont recours à des causes plus violentes et plus terribles dans leurs effets : ils embrasent la terre jusqu'au centre; ils font concourir avec le feu, l'eau et l'air renfermés dans des souterrains. Au moyen des agents, surtout de la chimie universelle de la nature, tout est défiguré.

Tous ces éléments agités et luttant les uns contre les autres, écartent, soulèvent, bouleversent tout, dispersent la mer et ses habitants, lancent les montagnes dans les airs et les portent au loin, creusent des vallées, remplissent les cavernes de monuments étrangers à l'intérieur de la terre, et forment au milieu de la confusion une espèce de régularité.

Peu satisfait de toutes ces suppositions, un auteur illustre de nos jours n'entr'ouvre point le sein de la terre; mais il appelle du haut de notre tourbillon un globe enflammé qui a dû verser sur notre séjour un déluge de feu. Le voilà embrasé, vitrifié et tout à fait dénaturé; ensuite la mer intervient, et ce que la comète a commencé dans un instant, les eaux l'achèveront pendant une suite innombrable de siècles.

Quelques-uns, moins admirateurs de ce phénomène rapide, que du sublime et hardi génie qui le propose, admettent pour cause unique de toutes les révolutions qui sont arrivées et qui arrivent journellement à notre globe, la *nutation de l'axe*. Ce seul moyen, disent-ils, a suffi pour en changer la stucture générale et surtout la forme extérieure.

D'autres prétendent que notre globe, avant que la séparation de ses parties fût faite, était une terre ou dissoute ou détrempée, qui nageait dans une masse immense d'eau. A la voix du Créateur, cette terre se déposa par couches parallèles et horizontales, et l'eau se retira en partie dans la mer, dans les lacs, et en partie dans l'abîme que l'on place au centre de notre globe : la terre détrempée et précipitée ne tarda pas à se sécher et à se durcir par le laps du temps, et fut bientôt composée de plaines, de vallées, de fentes perpendiculaires et de montagnes que nous voyons encore actuellement (*et appareat arida ; et factum est ita*).

L'objet de cet article est trop important pour que nous n'exposions pas plus en détail et chronologiquement, les systèmes et les différentes hypothèses imaginées pour expliquer le grand œuvre de la création du monde.

« Thomas Burnet, dans sa *théorie sacrée de la terre*, (*Telluris theoria sacra, orbis nostri originem et mutationes generales quas aut jam subiit, aut subiturus est complectens, Londini,* 1681), dit qu'avant le déluge, la face de la terre était absolument différente de ce qu'elle est à présent : masse informe et fluide, ce n'était qu'un chaos de substances hétérogènes et distinguées par leur densité réciproque et leurs figures. Les plus pesantes formèrent au centre du globe un noyau dur et solide ; les moins pesantes s'étendirent tout autour en formant une enveloppe de couches concentriques. L'eau plus légère surnagea et couvrit la terre de tous côtés. Une couche épaisse d'huile et de matières grasses et onctueuses revêtit l'eau. L'air et les différents fluides surmontèrent le tout, et ceignirent exactement notre globe. Les matières impures et terrestres qui s'étaient d'abord élevées dans l'air, retombèrent insensiblement sur la couche huileuse, se mêlèrent intimement, se durcirent et formèrent la première terre habitable, qui fournit la vie aux végétaux et une demeure aux animaux. Dans la durée de ce séjour antédiluvien, le plus beau, le plus heureux des séjours, la terre légère et grasse, était parfaitement propre à la faiblesse des germes naissants. Sans montagne, sans mer, sans ruisseaux, sans la moindre inégalité, cette plaine uniforme n'était point hérissée par des rocs sourcilleux et sauvages ; des torrents impétueux ne la sillonnaient point, en portant partout la désolation et le ravage. Des volcans embrasés n'annonçaient point une destruction prochaine: les tremblements de terre, les crises violentes du globe, les tempêtes impétueuses ne bouleversaient pas la surface de ce séjour de délices ; tout était calme, tout était tranquille. Les ardeurs d'un soleil brûlant ne succédaient pas aux rigueurs des frimas; point de vicissitude de saisons; le printemps était perpétuel. L'équateur se trouvait dans le plan de l'écliptique et dans une situation sans cesse dans une opposition directe au soleil, et faisait naître des jours égaux. Le bonheur régnait sur la terre, et ce bonheur était pour l'homme;

mais ingrat et criminel, il éloigna de lui la main qui le rendait si fortuné. Cet aspect enchanteur ne dura que seize siècles. La croûte, desséchée à la longue par la chaleur du soleil, se crève de tous côtés ; l'eau qu'elle renferme s'échauffe et se dilate, elle fait effort contre l'enveloppe qui la retient ; les fentes et les scissures augmentent ; l'orbe terreux se rompt en mille pièces ; la terre s'écroule et tombe dans le vaste abîme. La terre perd son équilibre ; l'axe s'incline ; les cataractes des cieux se précipitent ; l'eau s'élance de l'abîme : tout se confond, tout se détruit ; une inondation, un bouleversement, un désordre général (effet du déluge universel) succèdent à la beauté uniforme de la première création. La surface du globe est rompue ; le débris s'enfoncent ; l'eau prend leur place et enveloppe de nouveau toute notre planète. La colère du Tout-Puissant se laisse fléchir ; la pluie cesse ; les eaux souterraines rentrent dans leur ancien séjour ; l'évaporation commence, le sec paraît. Déjà les plus hautes montagnes qui ne sont que les extrémités et les angles des débris de la croûte fracassée se découvrent. Déjà on aperçoit toutes les inégalités de ce globe abimé sous les flots ; les vallées se creusent par l'écoulement des eaux qui vont se précipiter dans les endroits les plus bas et former des mers et des lacs. Les plaines se dessèchent ; la terre continuant sa course autour du soleil, mais dans une direction oblique, s'échauffe insensiblement ; la végétation reprend vigueur, tout revit, tout s'anime, et huit faibles mortels (Noé, Sem, Cham, Japhet, et chacun sa femme) conservés au milieu de ce chaos épouvantable, repeuplent la terre, la cultivent et trouvent le moyen d'en faire un séjour agréable et satisfaisant, s'il n'est pas aussi fortuné que le premier. Ainsi, suivant le docteur Burnet, périt le premier monde par l'éboulement de sa croûte, de son orbite extérieure : ainsi le nouveau se reproduisit de ses ruines et de ses débris. Tel est son système.....
Ouvrage plein de chaleur, mais le produit d'une imagination agréable ; on n'y trouve ni solidité ni preuves. M. Keill, aidé des calculs géométriques, en a découvert les erreurs et les contradictions. »

« Guillaume Whiston, plus astronome ou plus géomètre que le docteur Burnet, alla chercher dans les comètes, et l'origine de notre globe, et la cause du désordre apparent que l'on y remarque. La terre (*A new Theory of the Earth, by Will. Whiston, London, 1708*) n'était originairement qu'une comète, ou plutôt son atmosphère. Décrivant une ellipse d'une excentricité prodigieuse, elle était soumise à toutes les vicissitudes qu'essuient ces astres errants : tantôt échauffée à un degré mille fois au-dessus du fer fondu, tantôt mille fois plus refroidie que la glace ; ces alternatives extrêmes de froid et de chaud en avaient fait un chaos parfaitement semblable à celui que décrivent les poëtes. Des ténèbres épaisses enveloppaient une masse informe et sans proportion, un monde dans le plus grand désordre. Cette croûte de parties fluides, denses, pesantes, aqueuses, solides, terrestres et aériennes, brisées, mêlées et confondues ensemble, s'étendaient autour d'un noyau sphérique, solide et brûlant, qui composait positivement le corps de la co-

mète d'environ deux mille lieues de diamètre. Telle était notre terre depuis l'origine de l'univers jusqu'à la veille de la création. Car Whiston distingue la création ou plutôt la disposition régulière de notre planète qu'il fixe au temps assigné par Moïse, d'avec son existence comme comète et comme chaos, dont l'origine se perd avec celle de l'univers entier. Dieu dit un mot ; l'orbite excentrique de la comète est changée ; une ellipse presque circulaire succède, un mouvement régulier s'établit. Chaque chose prend sa place : les substances s'arrangent en raison de leur pesanteur spécifique, les fluides les plus pesants s'approchent du noyau ou du centre qui resta tel qu'il était, et conserva une partie de cette chaleur qu'il avait reçue du soleil, chaleur qui durera six mille ans. Les parties terrestres, aqueuses et aériennes s'étendent réciproquement : mais comme en se précipitant, les fluides ne pouvaient se dégager entièrement de plusieurs parties aqueuses, ils en retinrent une portion à laquelle il ne fut plus possible de remonter, après que la surface de la terre eût été consolidée. Un fluide dense et pesant environnait le noyau brûlant ; autour de ce fluide était une zone d'eau qui n'a pu s'échapper, et par-dessus cette couche d'eau la terre était portée. Les colonnes qui soutenaient cette voûte, formées avec précipitation et de matières si hétérogènes, se sont à la fin écroulées et ont entraîné dans l'abîme les parties supérieures auxquelles elles servaient de base et de fondement. De là la formation des vallées et par conséquent des montagnes. Avant le déluge, ces montagnes plus divisées, plus dispersées, dans des situations différentes, n'offraient pas ces chaînes majestueuses que nous admirons. Mais le 18 novembre de l'année 2365 de la période Julienne, une comète passe à côté de notre globe et l'enveloppe de sa queue, formée de vapeurs aqueuses et très-raréfiées : la terre en continuant sa course en attire un gros cylindre ; il se condense et tombe en pluies abondantes qui durèrent quarante jours. Tout est submergé ; la comète presse et refoule les eaux de la terre : les marées augmentent, et les flots de la mer inondent les plaines qui les environnent, tandis que les eaux intérieures et souterraines accablées par le nouveau poids qu'elles ont à supporter, prennent une forme elliptique, et par l'effort de cet agrandissement latéral de surface, font à la croûte qui les enveloppait, des fentes et des crevasses par où elles jaillirent de toutes parts et se répandirent sur le reste de la terre. Le temps de la vengeance et du bouleversement passé, avec le périhélie de la comète, les eaux rentrent dans les abîmes souterrains ; l'évaporation, la chaleur du noyau, les vents, tout hâta cette retraite. Les mers seulement augmentèrent considérablement en surface et en profondeur. Les plaines se nettoyèrent, et les montagnes, débris du premier monde, parurent avec des directions formelles qu'elles durent aux crevasses régulières de la croûte extérieure. La nouvelle croûte se trouva donc formée du sédiment bourbeux où sont ensevelis les débris des corps marins confondus avec les végétaux et les animaux terrestres. Tel est le système de Whiston : peu différent de celui de Burnet

dans la formation des montagnes, il s'en éloigne infiniment par la cause du bouleversement général. Dans
l'un et dans l'autre les montagnes sont les débris ou
les limbes des crevasses et des fractures de la croûte
inférieure; et dans l'un et l'autre, il est également
difficile de rendre raison de la variété des montagnes,
tant du premier que du second et du troisième ordre,
si différentes par leur conformation et leur constitution. Comment expliquer ces montagnes à couches
régulières, composées de substances si hétérogènes,
et les montagnes formées presque uniquement de granites, de grès ou d'autres pierres dures? » Nous le répétons: Whiston qui ne regarde le déluge que comme une
des causes principales du déplacement des corps, fait
concourir avec ce phénomène l'effet de la pression sur
les mers, produite tantôt par une comète, tantôt par une
colonne d'eau, ce qui produisit des marées excessives,
et fit déborder ces mers: alors les êtres qui y faisaient
leur séjour, forcés, comme par une loi naturelle, de
sortir avec elles, eurent pour nouvel asile les terres
que les eaux détrempaient; la retraite tranquille de
ces eaux forma de nouveaux lacs, de nouvelles mers,
et laissa à la terre encore molle de nouveaux habitants: mais le desséchement et l'endurcissement de la
terre les fit périr, et les y ensevelit comme dans un
sépulcre éternel. Tel est, selon lui, l'origine des corps
marins qu'on trouve dans la terre.

« Woodward, meilleur naturaliste, et peut-être
l'observateur le plus éclairé de son temps, mais moins
physicien et moins propre que Burnet et Whiston à
imaginer un système qui se soutînt dans tous les
points, trouvant partout des coquilles et des productions marines, ne vit dans la formation de notre globe
que l'effet d'une dissolution totale et absolue de toutes
les substances qui le composent. Dans son *Essai sur
l'Histoire naturelle de la Terre* (*An Essay towards a
natural History of the Earth*, London, 1723, d'après
la première édition de 1685), destiné seulement à
précéder un plus grand ouvrage, il suppose qu'avant
le déluge le centre du globe était un amas immense
d'eau enveloppé d'une croûte épaisse de terre. Cette
croûte s'ouvrit tout d'un coup à la voix de Dieu; les
eaux souterraines s'échappèrent, inondèrent tout et
s'élevèrent au-dessus des plus hautes montagnes.
Alors il se produisit deux miracles étonnants : l'un, la
suspension de la cause de la cohésion des corps, qui
permit aux eaux de dissoudre très-facilement les minéraux, les métaux, les marbres, les rochers même
les plus durs; l'autre, l'augmentation de celle des
testacés, des crustacés, des végétaux et des animaux que l'on retrouve encore dans les différentes
couches. Ainsi dans ce déluge universel tout fut détruit, excepté les productions animales et végétales
qui, conservées entières, furent noyées et déposées
dans le limon. Le déluge passé, les flots agités se cal-
mèrent insensiblement, les matières dissoutes ou conservées se précipitèrent suivant les lois de la pesanteur.
Il se forma à la vérité un vide ou une sphère creuse au
centre du globe; et les matières s'arrangèrent tout autour, entraînant avec elles les dépouilles de la mer et
les débris des animaux et des végétaux. La confusion

de la masse générale, la forme variée, les différentes
grosseurs des matières délayées, l'induration prompte
et presque subite des lits, ont empêché les lois de la
gravité d'être observées exactement : malgré cela,
toutes les couches étaient concentriques, et les eaux
ceignaient encore le globe de toutes parts. Woodward
emploie encore la main qui les avait amenées, pour
les faire retirer : la croûte est rompue et elles se précipitent dans la sphère vide ; mais ces eaux se trouvant trop abondantes, soulèvent dans plusieurs endroits les couches extérieures et forment des montagnes. Dans d'autres, ces couches furent affaissées
et fournirent des lits aux mers et autres rivières. De
là l'élévation des montagnes et les profondeurs des
vallées ; de là les lits horizontaux et diversement inclinés; de là ces amas prodigieux de coquilles et de
productions marines que l'on rencontre, soit dans les
plaines, soit sur le sommet des plus hautes montagnes.
Ainsi Woodward, de même que Burnet et Whiston,
attribue la naissance des montagnes au brisement des
couches concentriques, et le regarde comme une des ruines et des débris du premier monde. Ainsi les mêmes
difficultés se rencontrent dans son système. »

Les trois systèmes ou hypothèses que nous venons d'exposer, ont trouvé beaucoup de partisans ;
Scheuchzer, Monti, Bourguet et plusieurs autres savants les ont adoptés en tout ou en partie : mais il est
une autre hypothèse plus ancienne et plus vraisemblable. Des philosophes grecs l'avaient soupçonnée,
quelques-uns même l'avaient enseignée. Eratosthène,
Straton, Xante, Anaxarque, Plutarque, pensaient que
le séjour successif de la mer sur les terres avait pu
produire les montagnes. Maillet surtout et Buffon,
l'ont fait valoir avec toute l'autorité qu'entraîne après
soi la preuve tirée des faits et des observations. Le
point essentiel était de trouver la cause qui avait pu
forcer la mer à submerger alternativement toute la
surface du globe. Les uns, comme Bernier, ont supposé que le centre de gravité du globe n'était pas fixe,
mais mobile; qu'il se mouvait effectivement très-lentement en s'approchant successivement et uniformé-
ment de tous les points de la surface du globe. Cette
translation du centre de pesanteur a obligé les eaux
à chercher sans cesse les points les plus voisins de ce
centre, et par conséquent de tourner tout autour de la
terre dans la même proportion que le centre chan-
geait. Les autres faisant usage d'une vérité soupçonnée par Huyghens et Newton, et démontrée par Mau-
pertuis, Clairaut, Bouguier et les autres académiciens
français, savoir, l'aplatissement de la terre vers ses
pôles et la différence de ces deux axes, et se servant
encore du mouvement insensible des pôles observé par
de Louville, ont trouvé dans les combinaisons de ces
deux découvertes, la cause du mouvement de la mer
d'orient en occident, son ascension par-dessus les
plus hautes montagnes : d'après les traces qu'elle a
laissées sur ses pas, ils ont conclu qu'elle avait déjà
fait au moins une fois le tour de la terre, puisque sur
presque tous les points des deux hémisphères on rencontre des productions marines, témoins fidèles du
séjour de l'élément qui les y a vus naître.

Revenons au système de Maillet (ou *Telliamed*). Cet auteur prétend, avec un autre auteur célèbre, que la terre que nous habitons a servi pendant un nombre prodigieux de siècles de bassin à la mer et qu'ainsi les vastes amas de corps marins que nous y trouvons ne doivent être considérés que comme le produit d'un nombre infini de générations de ces animaux. La profondeur ordinaire de la mer étant de cent cinquante brasses, et sa plus grande profondeur d'environ trois mille, il suivrait de ce système, dit Wright, que les coquilles pélagiennes ne devraient se rencontrer qu'à cette profondeur, au lieu qu'elles se trouvent souvent à la superficie de la terre et aux faites de certaines montagnes, ainsi que les coquilles littorales. (Cet emplacement des coquilles sur les montagnes ne doit pas étonner, suivant la conclusion du paragraphe précédent.) Wright va même plus loin ; il prétend qu'avant le déluge il n'y avait ni marbre, ni craie, ni pierre calcaire ; que ces différents corps ne proviennent que des débris ou de la décomposition des coquillages, et que dans l'ancien monde, c'est-à-dire dans l'ancienne terre, on ne rencontre aucun de ces corps.

« Le changement successif du lit de la mer a été combiné diversement avec la chute d'une partie du premier monde. Plusieurs philosophes sont partis de ces deux points, pour rendre raison de la formation des montagnes premières et secondaires. Leibnitz, dans sa *Protogée*, embrase la terre et la vitrifie par un feu violent, dans le temps que Moïse dit que la lumière fut séparée des ténèbres. Après avoir brûlé longtemps, le feu ne trouvant plus d'aliment s'éteint de lui-même : mais la croûte vitrifiée produite par la fonte des matières, qui devient la base de la terre, est pleine de cavités et de soufflures. Elle se refroidit, et les vapeurs humides qui s'étaient élevées dans l'atmosphère pendant l'embrasement, retombent autour du globe et produisent une mer qui couvre toute la surface et surmonte même les endroits les plus élevés. Les soufflures de la partie vitrifiée soit par le refroidissement, soit par la pesanteur de la mer, se brisent enfin ; ces débris atténués donnent naissance aux sables et aux pierres vitrifiables ; les cavités se découvrent, produisent des éboulements et forment les montagnes et les vallées. Ainsi les coquilles et les autres productions marines annoncent que la mer a couvert toute la terre ; tandis que les sables et les autres matières fondues et calcinées, certifient qu'un incendie général a précédé l'existence des mers. » Du système de Leibnitz, passons à celui de Swedenborg.

« Emmanuel Swedenborg fait sortir les montagnes des endroits mêmes qui furent autrefois le lit de la mer, où elle avait laissé comme en dépôt ses richesses, et que divers accidents l'avait contrainte d'abandonner. Rien de plus ingénieux pour expliquer ces bancs de coquillages et de madrépores qui font partie des montagnes à couches. »

« Scheuchzer (le Pline de la Suisse), marchant sur les traces de Woodward, et à la lueur du flambeau de la théologie, voit, après le déluge, le Tout-Puissant briser et déplacer les lits horizontaux que les eaux en se retirant dans les réservoirs souterrains avaient formés, et les élever sur la surface du globe. La solidité des montagnes et des rochers n'est due qu'à la sagesse du Créateur, qui a choisi de préférence les lieux où la pierre se trouvait en abondance. Ainsi la Suisse est hérissée de montagnes, tandis que la Flandre, l'Allemagne, la Hongrie et la Pologne, où l'on ne trouve que du sable ou de l'argile, n'en ont presque point. »

« Lazare Morro dit, d'après Ray, que la terre fut d'abord créée parfaitement ronde et égale, c'est-à-dire environnée d'une croûte pierreuse et uniforme qui existe encore à présent, et que Marsigli appelle le *fond essentiel de la mer*. Il ajoute que les feux souterrains ont soulevé, élevé, crevé et bouleversé cette croûte avec tout ce qui était dessus, de la même façon que nous voyons des volcans le faire encore de nos jours. Le même auteur soutient aussi que ces mêmes feux souterrains ont formé les montagnes. Le P. Generelli, qui se déclare partisan de l'opinion de Morro, tâche de mettre ce système en évidence par des raisons physiques tirées des exemples journaliers des montagnes et d'îles nouvellement produites par des volcans, et de la quantité de corps calcinés et vitrifiés qui se trouvent dans d'autres ; et la Condamine, dans sa lettre au docteur Matty, au sujet de la structure de la terre, paraît pencher aussi pour l'opinion de Morro. Tel est le système de Stenon, de Ray et de Morro. Ces auteurs marchant sans cesse à travers les débris des volcans et des tremblements de terre, ont avancé que les montagnes ne doivent leur origine qu'à des inondations particulières, à des éboulements et à des soulèvements produits par des éruptions volcaniques. La formation de l'île de Santorin, du Monte-Nuovo, de quelques pointes des Açores et de l'ornière de Machian, ont été pour eux le type de la formation générale des montagnes : mais s'ils eussent voyagé dans les Alpes, les Pyrénées et dans les autres chaînes de montagnes, les couches horizontales et régulières les auraient bientôt détrompés.

« Buffon qui a peint si bien la nature et décrit avec tant de noblesse ses productions et ses trésors, croyant ne voir dans les montagnes que des couches horizontales, a embrassé le système de ceux qui attribuent leur formation au double mouvement de la mer. Une hypothèse singulière distingue son système des précédents. La voici en peu de mots, et seulement dans la partie qui regarde les phénomènes que nous traitons : Au commencement du temps, les soleils fixes étaient seuls ; une comète s'approche de notre soleil, tombe obliquement sur sa surface, la sillonne et en détache la six cent cinquième partie. Ces torrents de feu se divise en sept globes enflammés, qui, suivant leur force de projection combinée avec celle de la gravité, décrivent autour du soleil des orbites proportionnées à leur distance. Insensiblement notre terre (c'est la seule planète que nous considérerons ici) se refroidit. De sphérique qu'elle était, son mouvement de rotation en fit un sphéroïde aplati vers les pôles et élevé vers l'équateur ; une partie des vapeurs épaisses qui s'étaient élevées pendant la fusion, et qui avaient formé l'air et l'atmosphère, se condensa et produisit l'eau : cette eau couvrit d'abord toute la surface du globe; mais comme cette eau, qui n'était autre chose que la mer, jouissait de deux mouvements, l'un général, quoique faible, de l'orient en occident; l'autre, plus fort et plus sensible, celui du flux et du reflux, elle charriait sans cesse avec elle les substances terreuses à mesure qu'elle les dissolvait. La force centrifuge étant plus animée vers l'équateur que vers les pôles, le flux et le reflux y furent bien plus forts, et par là même y poussèrent plus de matières. Ainsi c'est vers l'équateur que se déposèrent et s'accumulèrent les premières terres et le limon mêlé des matières marines. Le premier terrain élevé, c'est-à-dire les premières montagnes, et par conséquent les plus hautes, se formèrent vers la ligne : une longue suite de siècles, le séjour successif de la mer, ont amoncelé de nouvelles couches dans différents endroits du globe, et placé çà et là des sédiments qui ont produit les autres montagnes. Les vents, les courants, les tremblements de terre, les éruptions des volcans ont achevé de distribuer sur toute la surface du globe ces inégalités. Le desséchement de la partie molle et sa retraite ont formé les terres, les crevasses et les scissures qui coupent les couches en différents sens. »

Quelque ingénieux que soit ce système, et malgré l'éloquence avec laquelle il est présenté, malgré même cette série de faits et d'observations naturelles qui semblent l'étayer de toutes parts, son auteur a trouvé de savants contradicteurs. Il nous suffirait de citer ici la *Physique du Monde*, par Marivetz et Goussier.

« Le docteur Pallas, après avoir vécu longtemps au milieu des montagnes, dans presque tout l'empire russe, les avait méditées et suivies pendant l'espace de dix ans : ce naturaliste pouvait-il ne pas se laisser séduire par le charme qu'elles inspirent, celui de créer des hypothèses? Leur vue, leurs beautés exaltent l'imagination; elles inspirent des vers harmonieux et sublimes au poëte, et font naître des systèmes dans l'esprit du naturaliste. Pallas, à la suite de ses *Observations sur les Montagnes*, a hasardé une esquisse fugitive d'hypothèses : mais sans prétendre déchirer le voile du passé, et nous expliquer l'énigme mystérieuse de la formation du globe, il se contente de chercher à expliquer l'état présent de la surface des terres. En supposant donc, dit-il, que les hautes montagnes, et qui sont des granites, formassent de tout temps des îles à la surface des eaux, et que la décomposition du granite produisit les premiers amas de sable quartzeux et feld-spathique, et de limon micacé, dont les plaines et les schistes des anciennes chaînes sont formées, la mer alors devait amener les matières légères, phlogistiquées et ferrugineuses, produites par la dissolution de tant d'animaux et de végétaux dont elle est peuplée, et le reste de ces corps mêmes vers les côtes des terres, et y former, en infiltrant ces principes dans les couches qui se déposaient sur le granite, des amas de pyrites, foyers des premiers volcans, qu'on vit enfin éclater successivement en différentes parties du globe. Ces anciens volcans, dont les traces ont été effacées par la succession des siècles, bouleversèrent les

couches déjà rendues solides par le temps, sous lesquelles se firent leurs explosions, changèrent différemment en fusant ou calcinant par la violence active des feux, les matières de ces couches, et produisirent les premières montagnes de la bande schisteuse, qui répond en partie aux lits d'argile et de sable des plaines marines, ainsi que ces montagnes calcaires, dont la voûte est solide, et qui, pour la plupart, sont sans traces de pétrifications. Ce fut alors, que dans les cavernes et les fentes furent produits les amas, les sillons ou filons de quartz, de spaths, de minerais, de matières phlogistiquées, etc. La mer, en baignant le pied de ces montagnes, vint y déposer des productions marines, qui insensiblement formèrent des bancs de coraux et de coquilles. De nouveaux volcans forçant la mer de se retirer, soulevèrent ces bancs et produisirent les énormes Alpes calcaires de l'Europe. »

« Mais il a dû exister une convulsion prodigieuse du globe, une inondation violente; et, d'après la remarque de Jussieu sur les empreintes des fougères et des autres plantes indiennes sur nos ardoises, toutes couchées du côté du nord, ce flux a dû venir du sud ou de l'océan des Indes. Pallas attribue ce déluge terrible pour ses effets à une éruption puissante de quantité de volcans qu'il place dans l'archipel des Indes. La première éruption de ces feux qui y soulevèrent le fond d'une mer très-profonde, et qui peut-être d'un seul éclat ou par des secousses qui se succédèrent de près, fit naître les îles de la Sonde, les Moluques et une partie des Philippines et des Terres Australes, devait chasser de toutes parts une masse d'eau qui surpasse l'imagination : heurtant contre la barrière que les chaînes continues de l'Asie et de l'Europe lui opposent au nord, et poussée par les nouvelles ondées qui se succédaient, elle dut causer des bouleversements et des brèches énormes dans les terres de ces continents, entraîner les bancs formés au-devant d'eux, et les couches supérieures des premières terres; et en surmontant les parties les moins élevées de la chaîne, qui forme le milieu du continent, charrier et déposer sur les pentes opposées, ces dépouilles mêlées aux matières dont l'éruption avait déjà chargé les eaux de la mer; y ensevelir sans ordre les débris d'arbres et de grands animaux, qui furent enveloppés dans la ruine, et former, par ces dépôts successifs, les montagnes tertiaires (ces montagnes, dans le système de Pallas, ne sont que des dépôts de la mer soulevés par des volcans, ou entraînés par une éruption violente, une inondation impétueuse), et les atterrissements de la Sibérie. Enfin, elle a formé en s'écoulant du côté du pôle, avec toute la masse des eaux qui couvraient encore les plaines, et que la diminution du niveau général occasionnée par les gouffres alors ouverts devait entraîner, les inégalités, les vallées, les traces des fleuves, les lacs et les grands golfes de la mer Septentrionale, dérangeant, chemin faisant, les couches plus anciennes, et entraînant encore assez de matières hétérogènes pour combler une partie des profondeurs de la mer du Nord, et causer les bas-fonds de ses côtes..... » Telle est l'hypothèse imaginée par Pallas, sur la formation des principaux groupes des montagnes, et sur la distribution irrégulière et la figure de notre ancien continent. Quelque ingénieuse que soit cette hypothèse, elle n'est peut-être pas exempte de difficultés, comme l'auteur le reconnaît lui-même ; mais on ne peut s'empêcher d'avouer que la variété des causes auxquelles il attribue la formation de ces points élevés qui hérissent la surface de la terre, paraisse tirée de la nature même, et démontrée par les observations d'histoire naturelle.

Enfin, quelques auteurs ou plus circonspects dans leurs hypothèses sur la formation et la configuration générale de la terre, ou mesurant la capacité de leurs vues avec la vaste étendue de l'univers, n'ont pas voulu suivre les démarches de la nature en grand : ils n'ont cru voir que barrières posées par la main de l'Être suprême. Leur pensée et leur foi leur ont fait dire que la terre est sortie des mains du Créateur telle que nous la voyons ; et que si nous y remarquons des corps semblables à ceux qui nagent dans l'Océan, c'est que l'auteur qui a tout créé s'est plu à établir cette espèce d'analogie entre les diverses productions.

Au milieu de ces opinions, quel parti prendre ? Sera-ce celui de Pline qui n'en prit aucun, ou celui de quelques naturalistes et de quelques physiciens qui ont attribué, d'après Platon, à l'universalité du déluge les monuments que renferment les montagnes et les autres endroits de la terre, en un mot, l'état actuel de notre globe ; et qui prétendent que la terre a été faite pour que l'homme en jouît, et non pour qu'il en discutât la formation.

L'habile traducteur de Lehmann, et de plusieurs autres ouvrages utiles, observe avec jugement que l'Écriture-Sainte ne dit rien qui limite les sentiments des naturalistes sur les effets physiques que le déluge, ou le mouvement naturel des mers, et le repos des eaux sur les terres, ou d'autres causes ont pu produire ; et nous pensons avec lui que c'est une question que l'auteur de la nature paraît avoir abandonnée à nos discussions. Placés entre le néant des siècles qui ne sont plus, et le néant des siècles qui sont à naître, prenons date de nos connaissances actuelles ; jetons aux deux extrémités de l'édifice, des pierres d'attente qui s'uniront d'un côté aux faits remarqués par ceux qui nous ont précédés, et de l'autre aux remarques des observateurs à venir.....

Nous avons dit que le continent que nous habitons ne montrait à chaque pas que des inégalités à sa surface, de longues chaînes de montagnes, des collines, des vallées, en un mot, des ruines et des débris. A l'aspect des traces positives de révolutions, et surtout d'inondations, rien ne semble plus naturel, au premier coup d'œil, que de recourir tout simplement à la plus grande, à la plus ancienne et à la plus générale catastrophe dont il soit mention dans l'histoire : cependant ceux qui s'en tiennent uniquement à cette apparence n'ont pas bien pesé toutes les circonstances du phénomène à expliquer. Pour peu qu'on ait considéré, observé l'ordre général des couches du globe, on demeure convaincu que la multiplicité des couches solides et friables de la terre, leur organisation physique, les différents corps marins et les coquilles qu'elles

renferment, tous déposés assez régulièrement dans le même sens et par familles, le parallélisme et la direction que les couches gardent assez constamment entre elles dans une certaine étendue de pays, sont l'ouvrage paisible de plusieurs siècles (1), et non pas seulement l'effet d'une cause subite, passagère, violente et troublée dans son action. Ainsi chaque couche est due à un dépôt particulier fait en temps séparé : on voit des bancs de pierre, de terre, de sable, interposés alternativement entre eux, et qui annoncent avoir été formés par dépôts successifs ; l'épaisseur de ces dépôts, de ces lits ou bancs, est plus ou moins déterminée ; mais on distingue sensiblement les lits, qui sont eux-mêmes souvent composés, d'une multitude de feuillets. A l'égard des dépôts isolés, ils ne sont pas toujours contemporains d'autres dépôts en couches suivies ; souvent la matière des lisières qui composent l'une et l'autre couches, offre un passage brusque.

En vain dirait-on que les corps organisés devenus fossiles, appartiennent de toute antiquité à la terre. Suivant l'Écriture, notre globe n'a été généralement couvert des eaux que deux fois ; au temps de la création et dans le déluge : quant à l'effet physique de ce dernier phénomène, nous venons de l'exposer en partie. Remonte-t-on aux premiers jours de la création : il n'y avait ni poissons, ni plantes, ni aucun corps organisé détruits ; s'il y en avait, il faudrait les regarder comme les restes d'un monde antécédent ; rien ne nous le dit : tout ceci paraît démontrer qu'on ne peut en trouver dans les couches antédiluviennes. Exposons d'autres faits qui tendent à étayer la probabilité de notre système.

Des orages, des pluies infiniment moins générales que celles du déluge, ont causé des changements sensibles, sans s'étendre sur la totalité de la terre. On découvre tous les jours, avec étonnement, des rochers calcaires, des carrières de plâtre, des mines de fer et de cuivre, dont des parties sont facilement atténuées et comme dissoutes par l'agitation des eaux : cela produit en peu d'années des incisions ou fentes de rochers, des grottes, des labyrinthes, des fondrières et des précipices ; mais les matières réduites en poussière, ou comme dissoutes, entraînées au loin dans

---

(1) Buffon dit que les couches parallèles s'étendent à des distances très considérables ; vérité qu'il établit par une infinité de preuves. Nous nous bornons à rapporter l'exemple suivant : « Les îles Maldives ne sont séparées les unes des » autres que par de petits trajets de mer, de chaque côté des-» quels se trouvent des bandes et des rochers composés de la » même matière. Toutes ces îles, qui prises ensemble ont » près de deux cents lieues de longueur, ne formaient au-» trefois qu'une même *terre* : elles sont divisées en treize » provinces que l'on appelle *Atollons*. Chaque *Atollon* con-» tient un grand nombre de petites îles dont la plupart sont » tantôt submergées et tantôt à découvert ; mais ce qu'il y » a de remarquable, c'est que ces treize *Atollons* sont cha-» cun environnés d'une chaîne de rochers de même nature » de pierre, et qu'il n'y a que trois ou quatre ouvertures » dangereuses par où l'on peut entrer dans chaque *Atollon* ; » ils sont tous posés de suite et bout à bout, et il paraît évi-» dent que ces îles étaient autrefois une longue montagne » couronnée de rochers. »

des cavités, s'y précipitent en forme de sédiment, et forment bientôt des tufs, des incrustations, des stalactites, des ochrières, des sablières, etc. Aussi est-il quelquefois possible de fixer l'époque de l'accrétion de quantité de minières, de pierres à chaux, de grès, etc. Les stalactites seules, que nous avons dit être produites par des eaux gouttières des carrières, suffiraient pour en donner un exemple.

Quand on voyage dans des vallées arides et sèches, éloignées de la mer et des rivières, et qu'on observe ces vallées remplies de sable, de gravier, de petites pierres de différentes natures, si on jette ensuite un coup d'œil sur les montagnes qui bordent et entourent ces vallées, on reconnaîtra que leurs rochers escarpés ou excavés à pic, tantôt déchirés, tantôt culbutés les uns sur les autres, sont l'origine de ces sables qui recouvrent les vallées. Ce sont les débris de ces grosses masses de rochers, que des averses d'eau, en se précipitant en torrents momentanés, ont bouleversés et dégradés. On trouve vers la base de ces montagnes, les traces plus ou moins profondes des ravins, remplies de quartiers de pierre; les graviers sont charriés plus loin, les sables fins le sont encore davantage : les déblais des roches primitives forment ensuite des roches secondaires, par la voie de l'agglutination. Ces dégradations, dans toutes les montagnes, existent, et elles se font d'une manière moins lente et plus sensible dans celles dont la masse est principalement composée de sable, ainsi qu'on peut le voir aux environs d'Étampes. Les roches qui ont pour assise une couche de sable, écroulent après que l'eau a dégradé la couche : d'autres fois les roches englobées dans le sable se trouvent à découvert par la même cause qui a mis à l'air ces amas de roches de grès dont les montagnes d'Étampes, de Palaiseau, de Fontainebleau et de plusieurs autres endroits en France sont recouvertes.

L'infiltration des eaux à travers les montagnes d'où proviennent les stalactites, est encore une des causes de la dégradation de ces montagnes; elles s'insinuent quelquefois jusqu'à la base de ces lieux élevés, d'où elles sortent en formant des fontaines : on présume bien que les eaux en s'insinuant ainsi à travers les bancs de terre ou de sable qui peuvent entrer dans la composition de ces montagnes, en détachent et entraînent peu à peu des quantités qu'elles portent au loin : ces parties qui servent de soutien ou de lien aux masses de pierres renfermées dans l'intérieur de ces montagnes, n'existent plus, ces pierres s'affaissent, s'écroulent et s'étendent dans les vallées et dans les plaines adjacentes. On peut citer en exemple l'écroulement d'une partie de la montagne où était situé le village de Pardines, près d'Issoire en Auvergne, et qui arriva le 24 et le 25 juin 1733 : il commença dès le 23 sur le soir; ce n'étaient d'abord que quelques légers indices qui n'effrayaient point les habitants, parce qu'ils s'y étaient accoutumés depuis plusieurs années. On vit la terre s'entr'ouvrir de temps à autre, sans causer de dégât considérable, jusqu'à ce qu'enfin une partie de la montagne se sépara de l'autre : quelques maisons et les rochers qui les portaient, s'engloutirent comme dans un abîme affreux, sans qu'il en restât la moindre trace; aussitôt le terrain des environs, chargé de quantité d'autres rochers, n'étant plus soutenu, s'éboula sur le premier, et poussa par son propre poids, à plus de six cents mètres de long sur cent trente de large, la colline dont la pente était fort douce : tout ce qui se trouva sur sa route fut ravagé. Le lendemain on vit se détacher un autre quartier de terre de la montagne, qui tombant avec un fracas épouvantable sur les premiers rochers causa par son poids énorme, une secousse qui renversa quelques autres maisons, et ébranla jusque dans leurs fondements celles qui n'avaient pas été encore endommagées. La soustraction des terres et des sables, occasionnée par l'infiltration des eaux dans le corps de cette montagne, fut la cause d'un tel événement : c'est encore à l'action de semblables eaux souterraines qu'on doit rapporter des affaissements de terres moins considérables qui se font subitement au milieu des champs, et offrent des trous assez ronds, plus ou moins remplis d'eau, dont on ne peut pas toujours trouver le fond; c'est souvent en vain que l'on tente de combler ces trous appelés *bétoires*; l'eau courante souterraine travaille sans cesse et renouvelle les affaissements.

L'eau recélée dans les souterrains, produit de grands phénomènes : le 18 décembre 1596, près de Wafram dans le comté de Nottingham, un terrain de quatre cent soixante mètres de long et de cent trente de large, s'enfonça d'environ deux mètres, avec tous les arbres dont il était couvert, sans qu'ils eussent changé de situation; le lendemain il s'abaissa de 5 mètres; le troisième jour il était descendu à 28 mètres de profondeur; il continua de même pendant onze jours, jusqu'à ce qu'on ne pût voir aucun vestige de la terre ni des arbres, les eaux ayant dès lors rempli ce précipice. Une montagne près de Portmoran dans la Jamaïque, fut tout à fait engloutie lors du terrible ouragan qui ravagea cette île; et la place qu'elle occupait, n'offre aujourd'hui qu'un grand lac de seize ou vingt kilomètres.

C'est ainsi que le sol extérieur change dans sa figure et ses propriétés. Des alluvions ou averses d'eau, en dépouillant successivement et à chaque instant le sommet, la circonférence des hautes montagnes, de leur croûte de terre fertile ou poreuse, même de leur matière compacte et volumineuse, ne nous offrent plus qu'un pic ou le noyau de la montagne elle-même; ce sont des roches pelées, arides et comme isolées, ou des masses de mines (telle est peut-être la montagne de Taberg en Suède). C'est ainsi que la face des rochers qui paraissent ridés, sculptés par le ciseau de la nature et du temps, est fort changeante : mais la base de ces montagnes, toujours évasée, est composée de nouvelles couches de terre plus ou moins liée et dure; phénomène singulier qui, pour le dire en passant, prouve clairement la dégradation et la diminution de la hauteur des montagnes, et leur élargissement en leur base, sans cesser de détruire le faux système de l'accrétion sensible et générale de la terre. La diminution universelle de l'eau n'est peut-être pas plus constante. Enfin, en multipliant les siècles à venir, les montagnes actuelles doivent disparaître, et des circonstances locales donneront naissance à d'autres élévations, mais qui seront secondaires, tertiaires, etc.

Ces mêmes alluvions font déborder les fleuves, les rivières et les lacs, et produisent des inondations sur différentes terres (même sur d'anciennes régions marines desséchées par la retraite des mers), dont la superficie est bientôt dégradée, détrempée et emportée avec ces eaux jusqu'à la mer. Le 16 juillet 1750, le ruisseau qui traverse la petite ville de Sirkes, située en Lorraine sur le bord de la Moselle, et qui n'a ordinairement à son embouchure que un ou deux mètres d'eau, s'enfla tout à coup si prodigieusement, que l'eau s'éleva à la hauteur de sept mètres, sur la largeur d'environ 27 mètres : cette crue d'eau renversa le gros mur d'enceinte, une tour et toutes les maisons qui étaient sur son passage à l'endroit où ce ruisseau se jette dans la Moselle : il suspendit pendant quelques moments le cours de cette rivière, et porta de l'autre côté de la Moselle les décombres des bâtiments qu'il venait de renverser.

Les alluvions sont encore une des causes des atterrissements d'espèces d'îles, de ces couches extraordinaires de gravier lavé et arrondi, ou des bancs de sable, qui souvent se forment à une légère distance du lieu où le cours d'un fleuve est ralenti, et où il fait confluent. C'est ainsi que l'on peut conjecturer que les eaux du Rhin ont formé peu à peu, et par superposition, le terrain vaseux et sablonneux de la Hollande, et les eaux du Rhône celui de l'île de la Camargue. Le Wolga qui a plus de soixante et dix embouchures dans la mer Caspienne, le Danube qui en a sept dans la mer Noire, et le Nil qui en a autant dans la Méditerranée, nous persuaderont sans peine ces assertions. C'est par le même moyen que des vallées entières se trouvent comblées. Parmi ces sables et graviers, on trouve, sans ordre, sans disposition régulière, des coquilles fluviatiles des coquilles marines, mais fossiles, brisées et isolées, des débris de cailloux, des pierres dures, des morceaux de marne arrondis, des os d'animaux terrestres, des instruments de fer, des morceaux de bois, des feuilles ; et les différentes parties de ces assemblages se lient quelquefois avec un ciment naturel produit par la décomposition de certains graviers, etc. Si de telles eaux se répandent dans des endroits bas et marécageux, dont le fond est un mélange de végétaux, alors la terre limoneuse, comme dissoute, se précipitera et se moulera sur les roseaux qui s'y rencontreront : de là les *incrustations* et les *empreintes* (1). En un mot on ob-

serve partout que les grandes inégalités de la surface du globe n'ont pas d'autre cause que celle du mouvement des eaux de la mer, des fleuves et des éruptions souterraines, et des alluvions. N'en doutons pas : ce sont les torrents et les rivières qui ont creusé la surface de la terre ; ce sont les fleuves et les rivières qui ont formé des pays bas ou plats à leur embouchure, et des canaux naturels. Après ce que nous avons dit des montagnes, surtout de celles qui courent parallèlement, il est évident que les courants qui ont d'abord suivi la direction de ces inégalités (même les courants dont les mouvements combinés rejettent l'eau tantôt d'un côté, tantôt de l'autre) leur ont donné cette correspondance des angles saillants toujours opposés aux angles rentrants.

Ajoutons à cela ce qu'une expérience journalière et funeste nous apprend : Les vents orageux, secondés de pluies d'une longue durée, se font un passage entre les lits de pierres ; ils en désunissent la matière visqueuse et argileuse qui leur sert de lien commun : ces pierres s'altèrent à la superficie par l'action du soleil et de l'air, une partie devient friable et est emportée et dispersée par les vents ; d'autres parties s'amollissent enfin au point de s'affaisser, de s'unir, et de former un nouveau corps. Des vents orageux de mer emportent aussi des nuages de sable, et des fragments de petites coquilles qu'ils déposent sur les bords des mers, où ils forment des dunes. La nature rend partout témoignage de ces révolutions.

De là on présume, avec assez de fondement, que ce sont des vents déchaînés qui ayant agité trop violemment les eaux de la mer, arrachèrent autrefois la Sicile de l'Italie, les îles de l'Archipel du continent de l'Asie, et séparèrent la Grande-Bretagne de la France. Si l'on se promène dans un canton du Brabant hollandais, voisin de la Gueldre prussienne et autrichienne (canton nommé Peeland, et qui est entièrement tourbeux), on ne verra point sans étonnement le phénomène singulier que présente ce grand marais : sous la tourbe se trouve une grande quantité d'arbres et surtout de sapins, ensevelis quelquefois à une très-grande profondeur, et cependant très-bien conservés ; ces arbres sont tous couchés vers le sud-est ; ce qui semble prouver que c'est un vent du nord-ouest qui les a renversés, et qui a causé la révolution et le déluge de sable dont tout ce pays a été inondé. Ici l'imagination se perd dans la profondeur des temps. Ces débris sont autant de monuments naturels qui nous attestent le travail continuel de la nature même et l'antiquité du monde ; et ce n'est point uniquement

---

(1) On lit dans un *Voyage d'Italie*, fait en 1765 et 1766, que lorsqu'on creuse des puits dans les environs de Modène, on trouve à 23 pieds de profondeur, les restes des
» anciennes constructions ; plus bas, on a une terre dure,
» compacte, qu'on prendrait pour une terre vierge, si un
» peu plus avant on ne trouvait une terre noire et maréca-
» geuse, pleine de joncs : on rencontre ensuite, jusqu'à la
» profondeur de 45 pieds, des terres blanches et noires,
» avec des feuilles et des branches d'arbres, mêlées d'une
» eau trouble et bourbeuse, dont il est difficile de se garan-
» tir, et dont on empêche le mélange avec l'eau claire, par

» le moyen d'un mur de brique fait circulairement sur le
» terrain qui est au-dessous ; ce terrain est une couche cré-
» tacée d'environ 18 pieds d'épaisseur, rempli de coquil-
» lages marins ; sous cette craie et à la profondeur de 18
» pieds, commence une autre couche marécageuse, de 3 pieds
» environ, où il y a beaucoup de joncs, de branches et de
» feuilles de différentes plantes : à cette couche succède jus-
» qu'à 85 pieds, un autre banc de craie semblable au pre-
» mier, puis une couche marécageuse ; sous celle-ci et à la
» profondeur d'environ 103 pieds, commence un banc de 9
» pieds d'épaisseur. »

aux dépôts visibles qu'il faut faire attention, c'est encore à la quantité cent et mille fois plus grande qui est cachée sous les eaux, et qui s'étend à cinquante lieues plus loin que les côtes maritines; c'est encore à toutes ces mers de sable que les vents et les vagues accumulent sur les côtes de la Vera-Cruz, de la Floride, etc., etc. Que de dégradations! que d'éboulements de collines et de montagnes pour former de pareils dépôts!

La tourbière de Langensalza en Thuringe, n'est pas moins intéressante, par rapport à l'objet que nous discutons : elle offre des couches de terre végétale, de tuf en tuyaux, de sable mêlé de coquilles de rivière, de pierres à bâtir, de bois, de tourbe, d'argile grise, des plantes, des coquilles de mer, des fruits, des mâchoires et des ossements. En Picardie, près de Péquigny, on a trouvé une chaussée entière ensevelie sous de la tourbe. Enfin on lit dans les *Mémoires de l'Académie de Suède*, tom. VII, année 1745, que dans le territoire d'Hiulsoé en Westmanie, on rencontre dans la tourbe la plus compacte de ce pays, des racines de sapin; et il est même arrivé de trouver une fois au fond de la tourbière, la charpente entière d'une grange, qui ne peut y avoir été enfouie que par une grande inondation. Le briquetage de Marsal, cette espèce de massif fait de briques de différentes figures formées à la main, non moulées et qui n'ont pas été cuites : ce massif élevé, dès le temps des Romains, ne le fut que pour bâtir dessus Marsal, et rendre ainsi le sol du marais solide et ferme; ce briquetage est actuellement, en différents endroits, chargé d'un nouveau marais qui l'a recouvert, et dans la ville même de Marsal il ne se rencontre quelquefois qu'à plus de 7 mètres de profondeur au-dessous du sol actuel de la ville, qui est à 40 kilom. de Metz.

Qu'il nous soit permis de citer encore quelques autres particularités non moins frappantes que les précédentes; et qui démontrent évidemment que les changements survenus au globe terrestre procèdent de causes et d'effets très-différents entre eux, soit que ces effets aient été produits par plusieurs causes combinées, qui dans certaines circonstances ont frayé la route aux ravages ou aux altérations terrestres. On a plusieurs lieux maritimes qui, sans avoir eu l'apparence de volcans, ont enfanté les îles de Santorin ou de Thérasie, Rhodes et Délos, les Tercères, les Açores, etc. On a vu des terrains très-solides privés d'éruptions souterraines, qui cependant ont été arrachés au continent, moins par le flux et le reflux de la mer, que des inondations extraordinaires qui ont formé des îles, des presqu'îles, des promontoires ou des caps : ailleurs l'on a vu, c'était en 1277, se former le Dollaert (aujourd'hui le golfe Dossart entre Groningue et Embden), trente-trois villages furent alors entièrement submergés par la mer. Toute l'Europe sait que la mer a englouti la moitié de la Frise : on voit encore une partie des clochers de dix-huit villages près le Mordich, qui s'élèvent au-dessus de ces inondations, et qui céderont bientôt à l'effort des vagues. Le bras de mer (le Hondt) qui s'introduit entre la Flandre et la Zélande, par l'embouchure occidentale de l'Escaut, n'était qu'un canal dans son origine en 980; une terrible inondation qui survint en 1377 et qui submergea les dix-huit villages dans cet endroit, en fit un bras de mer tel qu'on le voit aujourd'hui. On sait encore que depuis la Rochelle jusqu'à Luçon, on compte près de 120 kilom. de pays que la mer a minés. Si l'on examine les dunes du Poitou dans un lieu appelé *la Tranche*, on reconnaît que des atterrissements faits à la droite d'une auberge bâtie sur un rocher, ont forcé la mer d'anticiper un peu sur le continent à la droite de l'auberge, de sorte qu'on a été obligé de porter l'église de la Tranche un peu plus loin dans le continent : la mer a recouvert de sable l'endroit où était anciennement cette église, et elle découvre quelquefois une allée d'arbres qui conduisait à cette même église. C'est encore un semblable atterrissement qui a enfoui une allée d'arbres de plus de deux cents pas sur la côte de la Basse-Bretagne; dans les basses marées on aperçoit la cime de ces arbres qui sont ensevelis dans une grève dont le sable offre naturellement des endroits noirs. On a fait fouiller, et on a reconnu que quelques-uns de ces arbres sont bien sains, et que d'autres sont réduits en pourriture. Parmi les mieux conservés qui avaient encore plus de cinq mètres de longueur, garnis de leurs racines, quelques branches et leur tronc recouvert d'écorce, on reconnut que c'étaient des chênes (*Gazette de France* du 15 juin 1767).

Combien d'autres échancrures dans toutes les terres que l'Océan baigne! combien d'archipels semés au milieu des eaux! combien de fois encore n'a-t-on pas vu des affaissements subits des toits de quelques vastes cavernes aqueuses dans l'intérieur du globe, faire baisser ou écrouler les montagnes, et produire en peu de temps un déluge local des plus considérables, en faisant remonter les eaux, ou former un lac dormant, ou une mer morte ou un golfe. Par la raison contraire, il ne peut se former des éminences sur le globe, qu'il ne se forme en même temps des profondeurs qui leur correspondent : alors les eaux qui, suivant les lois des fluides, tendent à se mettre de niveau, abandonnent les pics de montagnes, pour remplir les abîmes; si quelquefois nous voyons en ruine le pied de ces montagnes baigné par un grand fleuve, pendant que la pente qui est à l'autre bord du fleuve est beaucoup plus douce, c'est que les eaux portées contre le pied de ces montagnes ne minent peu à peu que la partie plus ou moins dure et résistante : c'est là qu'à force de détruire, il se prépare un écueil où les eaux viennent avec effort se briser et se réfléchir à une distance peu considérable contre les montagnes du côté opposé, qui les rejettent contre d'autres parties de montagnes qu'elles sapent encore; ces effets produisent aussi des inégalités dans les montagnes qui se correspondent. L'on sent bien que dans ces vallées coupées à pic, il doit se trouver presque toujours aux pieds des rochers des pierres dangereuses pour les vaisseaux. Quand l'agitation des eaux de la mer a détruit, usé, rongé, diminué le terrain ou assise des côtes à la hauteur des eaux, ce qui est au-dessus n'étant plus soutenu, tombe par grandes masses qui se cassent dans leur chute, et dont la mer emporte les débris çà et là. C'est de ces mêmes débris que sortent les cailloux connus sous le nom de *galets*.

Ainsi les eaux produisent, aussi bien que les feux souterrains ou les volcans, des cavernes, des précipices, des abîmes, des affaissements de terre considérables, des éboulements, des chutes de rochers, des renversements de montagne, dont on peut encore donner plusieurs exemples, soit en citant le renversement subit et affreux de la montagne de Diableret en Valais, arrivé en 1714, qui fit périr quantité d'animaux, même plusieurs hommes, et écrasa plus de cinquante-cinq cabanes, en couvrant de ses propres débris plus de 16 kilom. carrés de terrain; ces amas ont arrêté à leur tour des eaux qui forment de nouveaux lacs fort profonds : soit en rapportant l'exemple remarquable des collines de Folkosten dans la province de Kent, lesquelles ont baissé de distance en distance par un mouvement insensible et sans aucun tremblement de terre local, et qui ont jeté dans la mer des rochers et des terres qui en étaient voisins. En 1618, la ville de Pleurs en Valteline, fut enterrée sous les rochers au pied desquels elle était située. En 1678 il y eut une grande inondation en Gascogne, causée par l'affaissement de quelques parties de montagnes dans les Pyrénées, qui firent sortir les eaux qui étaient contenues dans les cavernes souterraines de ces montagnes. En 1680 il en arriva encore une plus grande en Irlande, qui avait aussi pour cause l'affaissement d'une montagne dans des cavernes remplies d'eau. La montagne de Passy, voisine du Mont-Blanc, s'écroula vers la fin du siècle dernier, avec un tel fracas qu'on crut l'axe du globe dérangé. La cour de Turin, persuadée que c'était un nouveau volcan qui se formait dans les Alpes, y envoya à l'instant Donati pour vérifier cet étrange événement. Ce naturaliste arriva avant que les rochers eussent achevé de s'ébouler; les habitants s'étaient tous retirés du voisinage, et n'osaient envisager ces éboulements que de la distance de deux milles : de grands blocs de rochers se détachaient continuellement de la montagne avec un bruit semblable à celui du tonnerre : une fumée, ou plutôt des tourbillons de poussière produits par la chute des rochers étaient enlevés par les vents à la distance de vingt kilomètres: les rochers de la montagne étaient en couches horizontales: les inférieures, d'une ardoise friable ; les supérieures, d'une espèce de marbre rempli de fentes transversales à ses couches : sur ces deux plans sans appui et avec un surplomb immense, il se trouvait trois lacs dont les eaux pénétraient continuellement par les fentes des couches, les séparaient et décomposaient leurs supports : une immense quantité de neige qui était tombée, ajoutait son poids à l'effort. Toutes ces eaux réunies produisirent la chute de six millions de mètres cubes de rochers dans la cavité ou dans l'abîme que des courants d'eau avaient antécédemment creusé.

Nous répétons qu'on peut concevoir aisément la cause de tous ces effets, par le moyen des eaux souterraines qui entraînent peu à peu les sables et les terres à travers lesquelles elles passent, et qui par conséquent peuvent détruire peu à peu la couche de terre sur laquelle porte cette montagne; cette couche de terre qui lui sert de base, venant à manquer plutôt d'un côté que de l'autre, il faut que la montagne se renverse : ou si cette base manque à peu près également partout, la montagne s'affaisse sans se renverser.

Tous ces bouleversements et affaissements que la surface de la terre a essuyés, et qui portent l'empreinte du travail de la nature, ne peuvent être cachés qu'à ceux qui ne veulent pas les voir.

Ces observations fortifiées d'une infinité d'autres, ont renversé, il y a longtemps, l'hypothèse de Woodward et de ses sectateurs (la dissolution du premier monde par le déluge), et assigné la préférence au sentiment de quelques physiciens qui ont imaginé que, depuis la création du monde, et pendant des siècles dont aucun peuple ne nous a conservé le souvenir, la partie sèche la plus considérable du continent que nous habitons aujourd'hui, a été le lit de la mer qui la couvrait de ses eaux. On peut même dire que la mer a couvert la terre en différents temps, et que toutes, ou presque toutes les parties du globe, ont été successivement terre et mer.

Le système du séjour de la mer sur notre continent est d'une très-grande antiquité; nous avons cité les premiers philosophes qui ont eu cette idée, et l'ont enseignée. Ajoutons à cette liste, des anciens tels que Xénophane, fondateur de la secte éléatique, Hérodote; le géographe Strabon, qui vivait sous Auguste; Avicenne, Aristote, lib. I, Météréol., cap. XIV. Joignons aux modernes, Jérôme Fracastor, Odoardi et Bernard Palissy : tous ont renouvelé cette idée et l'ont mise dans une grande évidence. L'histoire de la Bible nous dit en termes clairs que tout *le globe terrestre a servi de fond aux mers*. Aigues-Mortes, Fréjus, Ravenne, une grande partie du Brabant (1), qui ont été des ports et qui ne le sont plus, sont des preuves évidentes que la mer abandonne en peu de temps ses anciens rivages. La mer se retire tous les jours de Rosette, et de Damiette où l'on abordait du temps des croisades ; elle est actuellement dix milles au milieu des terres : le port de la ville de Torneo fut construit en 1620, et en 1736 il était fort éloigné de la mer. Suivant Astruc, il est visible que les étangs qui s'étendent le long de la côte du Bas-Languedoc depuis Aigues-Mortes jusqu'à Agde, ont fait partie autrefois de la mer même, dont ils n'ont été séparés que par un long banc de sable qui s'est formé entre deux, et qui est connu sous le nom de la plage; leur situation, leur niveau avec la mer, la salure de leurs eaux, ne permettent pas de douter de ce fait. On doit assigner la même origine aux étangs d'Escamande et d'Escoute; aux grands marais qui sont auprès, le long de la

(1) Hubert Thomas, dans la description du pays de Liége, prouve par plusieurs bonnes raisons, que la mer environnait autrefois les murailles de Tongres, qui maintenant en est éloignée de 40 kilomèt. : il dit même que de son temps on voyait encore aux murs les anneaux de fer qui servaient à y attacher les vaisseaux. On sait que du temps d'Auguste, Ravenne était un port de mer, une station qui recevait alors une partie de la flotte romaine.

Robine et du Vistre, etc. Il paraît que ce sont les eaux du Rhône et d'autres rivières adjacentes qui ont apporté les matières de ces atterrissements, et que c'est la mer qui en les rejetant aura produit ces séparations : ainsi les dépôts presque continuels de ces rivières ont en cet endroit comblé et reculé les bords de la mer Méditerranée. On sait que le roi saint Louis s'embarqua à Aigues-Mortes pour la Terre-Sainte l'an 1269 : la mer en se retirant n'a point baissé : mais les dépôts des rivières ont formé une nouvelle plage, distante de celle du temps de saint Louis de six à huit mille mètres; sur cette nouvelle plage les vagues et l'agitation des hautes mers ont amoncelé des sables et formé des dunes: on voit même près d'Aigues-Mortes les dunes de l'ancienne plage. Presque tout l'espace que la mer a laissé entre l'ancienne et la nouvelle plage, est resté d'abord en étangs : des dépôts limoneux dans le temps des grandes eaux ne cessent de diminuer continuellement l'étendue et la profondeur de ces étangs, dont des parties se sont déjà changées en marais, et sont même devenues des terres labourables ou des prairies. On demandera peut-être ce que deviennent les cailloux que le Rhône et les rivières qu'il reçoit et charrient, puisqu'on ne trouve pas un de ces cailloux dans les atterrissements dont il s'agit; voici l'explication de ce fait : les cailloux que l'on voit et que l'on entend descendre et rouler dans le Rhône dans le temps des grandes eaux, disparaissent au-dessous d'Arles et près de Fourques, où le Rhône n'a plus qu'une pente fort douce ; les cailloux par leur propre pesanteur se précipitent, s'arrêtent et servent de barrière aux suivants, ce qui forme bientôt en différents endroits des amas de ces cailloux qui sont couverts par des sables, ainsi qu'on l'observe en faisant sonder et fouiller ces sortes d'atterrissements : les eaux en diminuant de profondeur laissent d'abord et souvent à sec, 1° les cailloux, 2° le sable, 3° le limon ou la terre glaiseuse.

L'opinion presque généralement adoptée de nos jours par tous ceux qui ont examiné la nature avec attention, est que notre globe n'est dessiné, sillonné tel que nous le voyons, que par l'action lente et graduée des mers qui ont couvert en tous sens sa surface; et toute cette théorie passe pour la seule qui rende raison de la quantité d'animaux, de corps marins et de végétaux qu'on trouve dans le sein de la terre, de la formation ou accrétions de diverses terres, ainsi que d'un grand nombre de phénomènes : les gros anneaux de fer pour amarrer les vaisseaux, que l'on a trouvés dans les montagnes, les ancres, les débris de navires, les poteaux, les chaînes, les haches, le dessèchement des pêcheries et des ports, etc., n'ont pas d'autre origine. La seule supposition du séjour de la mer a donc paru suffisante à la plus saine partie de nos philosophes pour expliquer les étranges mutations et altérations les plus marquées qui se sont produites à la surface de la terre, et pour détruire le préjugé de ceux qui prétendent que l'Océan est un monde nouveau, etc. (1).

(1) C'est le commencement de tout, l'origine des arts, des connaissances, des sociétés, qui embarrassent particulière-

Si nous entrons dans un plus grand détail sur l'arrangement des matières qui composent notre globe, nous trouverons que l'humus ou la première couche qui l'environne n'est pas partout d'une même substance : ici c'est du granite, là c'est du sable, ailleurs c'est de l'argile : si nous pénétrons plus avant, on trouve des couches de pierres à chaux, de marne, de coquillages, de falun, de gravier, de craie et de plâtre : Varenius dit qu'on a rencontré plus de vingt espèces en creusant un puits à Amsterdam, jusqu'à la profondeur de 74 mètres. Ces couches sont toujours posées parallèlement les unes sur les autres : chaque lit pris à part a la même épaisseur dans toute son étendue. Dans les collines voisines les unes des autres, quoique séparées par des gorges ou des vallons, les mêmes matières se trouvent au même niveau. Quelquefois un lit de terre participe, jusqu'à une petite épaisseur, de la couleur de la couche supérieure. Si nous fouillons à une grande profondeur de la terre, nous y rencontrerons, comme sur la cime de certains monts, et dans les lieux les plus éloignés de la mer, ou des coquillages, ou des squelettes de poissons de mer et d'animaux terrestres, ou des empreintes de plantes marines, etc. On trouvera toujours que les rochers affaissés ou éboulés sont portés sur des glaises ou sur des sables; que les lits de pierre à chaux sont parallèles et horizontaux; tandis que le grès se rencontre en masses plus ou moins grosses et irrégulières : les laves, les ponces, les cendres et les terrains calcinés, ne se trouvent que près des volcans. On voit combien les grands travaux de la nature sont frappants pour un observateur.

En quelque lieu que l'on voyage, on remarque que les couches ou lits du globe terraqué ont des courbures, des inflexions, et alors des épaisseurs différentes. Ces lits s'inclinent sous les lacs et les mers, s'élèvent avec les montagnes qu'ils forment, et s'abaissent avec les vallées qu'ils soutiennent. Il est des couches qui doivent leur origine à la création : ce sont des couches primitives; d'autres tirent leur origine du déluge universel, ce sont les couches diluviennes; enfin, un grand nombre ont été formées par des inondations et d'autres révolutions locales, ce sont les couches marines ou accidentelles. Insistons sur la théorie de ce paragraphe.

Lorsqu'au sommet d'une montagne les couches sont de niveau, toutes les autres qui composent sa masse sont aussi de niveau; mais les lits du sommet penchent-ils, les autres couches de la montagne suivent la même inclinaison. Dans certains vallons étroits, formés par des montagnes escarpées, les couches que l'on y aperçoit coupées à plomb et tranchées, se correspondent par rapport à la hauteur, à l'épaisseur, à la disposition, à la matière qui les compose, comme si la montagne eût été séparée par le milieu : ainsi ces phénomènes de la surface de la terre paraissent liés avec ceux de la configuration intérieure, et nous la découvrent. En général, on peut distinguer sept

ment ceux qui traitent l'histoire de tous les peuples du monde. Les historiens, au défaut de monuments historiques, situations et formes différentes dans les couches ter- restres : 1° de parallèles à l'horizon, ce sont les plus étendues ; 2° de perpendiculaires ; 3° d'obliques ou diversement inclinées ; 4° de courbées en arc ou convexe ou concave ; 5° d'ondoyantes, comme festonnées ; 6° d'arrondies ; 7° d'angulaires, c'est-à-dire à plis cunéiformes, tantôt ascendants, tantôt descendants. Ces différentes formes paraissent dépendantes des bases sur lesquelles les lits ou assises sont posés. Nous disons encore que lorsqu'on voyage sur la partie sèche du globe, on aperçoit sans peine que les diverses portions des continents affectent des pentes assez régulières depuis leur centre, ou depuis les sommets élevés des chaînes de montagnes qui les traversent, jusque sur les côtes de la mer, où le terrain s'abaisse sous l'eau pour former la profondeur de son bassin : réciproquement, en remontant des rivages de la mer vers le centre des continents, on trouve que le terrain s'élève jusqu'à certains points qui dominent de tous côtés sur les terres qui les environnent. Si l'on sonde la profondeur des mers, on trouve qu'elle augmente à mesure qu'on s'éloigne davantage des côtes,

en sorte que le fond de la mer gagne, par une élévation insensible, les roches à fleur d'eau, les îles, et toutes les terres qui s'élèvent au-dessus des flots : dans le même examen, on découvre que la vaste étendue du bassin de la mer offre des inégalités correspondantes à celles des continents ; il a ses vallées et ses montagnes : on observe en outre que la direction des fleuves dans tout leur cours, est assujettie aux configurations des montagnes et des vallons où ils coulent : enfin, si nous observons les bords de la mer Baltique, la figure des côtes de la Méditerranée et de la mer Noire, les différents endroits qui aboutissent à ces mers, et les îles de l'Archipel, on sera tenté de croire que ces lieux, et notamment celui que la Méditerranée occupe, étaient anciennement un continent dans lequel l'Océan s'est précipité, ayant enfoncé les terres qui séparaient l'Afrique de l'Espagne.

Avant de finir cet article, disons encore que les troncs de palmiers trouvés dans les pays froids, et les os d'éléphants déterrés vers la mer Glaciale, prouvent très-évidemment que l'axe de notre globe a changé, ainsi que la position de toutes ses parties. Ces faits pré-

ont consulté ceux que la nature a semés sur notre globe. C'est ainsi qu'un ouvrage excellent et intitulé *Histoire du Monde primitif*, a pour base, dans presque ses trois premiers volumes, un principe général sur la structure compliquée du globe, qui ne saurait être désavoué par les écrivains qui ont étudié la géographie en philosophes. Ouvrons ces trois volumes consacrés à la physique du globe et au tableau de la nature. « L'Océan, dit l'historien du *Monde Primitif*, a laissé sur toute la terre des traces ineffaçables de son séjour primitif sur toute sa surface : aujourd'hui même que ces limites semblent être fixées d'une manière invariable, il fait effort contre les continents qui résistent : son seul mouvement d'orient en occident, lui a fait engloutir les terres dans une profondeur de cinq cents lieues, soit en Asie, soit en Amérique ; et le globe dessiné par les Strabon et les Ptolémée, semble étranger à celui que dessineront aujourd'hui les Buache et les Danville. En même temps que l'Océan subjugue cette partie du globe contre laquelle il pèse, les méditerranées qu'il forme diminuent insensiblement de volume, et il faut l'attribuer en partie à cette foule de grands fleuves, qui charrient lentement le limon qu'ils roulaient dans leur sein, le déposent par couches horizontales, et en élevant ainsi les terres, regagnent au centre du globe les domaines que l'Océan avait envahis à ses extrémités. Ce double principe de l'Océan qui subjugue les limites de la terre, et qui ne pénètre dans son sein que pour en être subjugué, répand le plus grand jour sur la nuit profonde qui semble couvrir l'histoire physique de la nature. » Parmi le grand nombre de faits que notre historien rassemble pour prouver ses principes, le plus curieux est le tableau des révolutions qu'a essuyées au sein de l'Asie, la mer Caspienne. Cette mer originellement couvrit la plus grande partie de l'Asie, et servit de communication entre la mer Septentrionale et la mer des Indes. Cette assertion a même pour preuves les textes des écrivains les moins suspects de l'antiquité. — Depuis seize cents ans, la mer Caspienne, ajoute-t-on, a diminué sensiblement de surface : du temps de Ptolémée, c'est-à-dire au milieu du second siècle de l'ère vulgaire, cette méditerranée avait d'occident en Orient vingt-trois degrés et demi, ou près de six cents lieues. Le prince arabe Abulféda, qui régnait à Hamah en 1320, a assigné les différences en longitude et en latitude des côtes de la mer Caspienne, et on peut conclure de ses ob-

servations que ce lac de son temps, n'avait plus, d'orient en occident, que trois cent cinquante lieues. Enfin il est démontré par la carte du czar Pierre le Grand, levée en 1720, que la mer Caspienne est bornée aujourd'hui dans sa largeur à une surface de cinquante lieues. Les géographes modernes ne pouvant concilier leurs cartes avec les plans des anciens, ont pris le parti de rejeter le témoignage de Strabon, de Pline et de Ptolémée : « Il était cependant, dit notre historien, facile d'être vrai, sans se rendre le détracteur des anciens ; il suffisait de voir en grand le spectacle de la nature, de ne point donner à notre globe l'enfance de notre raison, et de supposer que la demeure mobile de quelques êtres nés pour mourir, pouvait avoir éprouvé quelque vicissitude. Oui, le spectacle que nous présente la terre n'est plus le même qu'il était il y a cinquante siècles ; mais c'est le théâtre seul qui a changé de décoration : hier, il représentait une mer agitée ; aujourd'hui, c'est une campagne riante ; demain, ce sera un désert. » On sent assez que la mer en se retirant dut laisser d'abord à découvert le sommet des montagnes ; alors il se forma au milieu des eaux une foule d'îles, qui dans la suite se réunirent entre elles, et finirent par former un continent. C'est lorsque l'ancien monde était divisé en îles, qu'il faut chercher le séjour du peuple primitif. « Cette division du globe en îles primitives, est un des plus grands traits de lumière jetés sur l'histoire. — Les peuples qui sont de temps immémorial au centre d'un continent, seraient les pères des hommes ; après eux, il faudrait faire marcher les habitants des plus anciennes péninsules ; et les hommes les plus nouveaux seraient les insulaires. » — Parmi les contrées élevées de notre continent, qui ont pu être le berceau du genre humain ou du peuple primitif, il y en a trois qui frappent particulièrement nos regards : l'une est la chaîne célèbre du Caucase, dont la nature semble avoir fait une barrière entre l'Europe et l'Asie ; l'autre est le mont Atlas, qui traverse le continent entier de l'Afrique, d'occident en orient, depuis le royaume de Fez jusqu'à la mer Rouge : la dernière est le vaste plateau de la Tartarie. Ainsi le mont Caucase a probablement été la métropole, et les peuples des autres hauteurs du globe, les colonies ; l'habitant des presqu'îles de l'Inde et de l'Arabie, n'a dû céder qu'au peuple primitif le privilège de l'antériorité, et les dernières sociétés du globe ont dû se former aux Maldives, aux îles Australes et au Nouveau-Monde, parent aux astronomes, comme aux géographes et aux naturalistes, un travail aussi continu que l'existence de la terre (1).

Il résulte de tout cet exposé, qui est la description raisonnée des grands phénomènes de notre globe, que la terre nouvelle doit différer absolument de la terre ancienne, au moins dans son arrangement ; que les changements arrivés à la surface du globe, c'est-à-dire à la croûte ou à la partie extérieure de la terre, peuvent être dûs à cinq causes principales ; savoir: 1° au déluge universel; 2° à l'oscillation périodique du flux et du reflux de la mer, et aux autres mouvements de ses eaux le long des côtes ou des falaises, mais surtout à leur déplacement total ; 3° à la nutation de l'axe et à la diminution de l'obliquité de l'écliptique d'une portion de degrés par siècle, diminution qui, changeant la disposition de notre planète, doit aussi changer par degrés le lit des eaux et découvrir toujours quelques terres, tandis qu'elle en couvre d'autres ; 4° à l'effet des trombes, des pluies, des gelées, des vents, des lavanges, à la fonte des neiges, à la chute des torrents, aux inondations subites, et à l'action constante, continue et permanente des eaux courantes, tant supérieures que souterraines, aux atterrissements, à la lente retraite des eaux ; 5° aux tremblements de terre et aux écroulements des volcans, montagnes qui jettent du feu, et qui doivent ce phénomène aux embrasements de l'asphalte et des couches de charbons de terre, à la décomposition et à l'inflammation des pyrites, etc., à la dilatation de l'air comprimé, à la puissance expansive de l'eau en vapeurs, etc.

S'il y a encore dans cette solution quelque difficulté physique, c'est aux siècles, aux temps et aux progrès de nos connaissances à les résoudre, et nous croyons, avec Buffon, que les changements qui sont arrivés au globe terrestre, depuis deux et même trois mille ans, sont fort peu considérables en comparaison des révolutions qui ont dû se faire dans les premiers temps, après la création. Au reste, la nature est un grand livre qui parle aux hommes le même langage et qui écrit en caractères uniformes pour tous ceux qui veulent y lire. Ils y trouveront des monuments physiques, bien plus durables que le bronze et l'airain, des traces antiques de l'état du globe bien plus assurées que les ouvrages des anciens ; ce sont les couches de la terre et les amas de coquillages qu'elle

renferme dans son sein, etc. Ils reconnaîtront aussi que la suite des divers corps fossiles dont notre globe est composé, forme un grand cercle qui rentre toujours en lui-même ; que le nombre des corps primitifs est très-petit ; que les divers mélanges de ces corps forment plusieurs différents fossiles composés, et que le mélange de ces derniers en forment de surcomposés : ceux-ci rendent quelquefois à l'eau leurs principes primitifs ; l'eau, ce grand véhicule de la nature, les porte ailleurs pour y former de nouveaux mixtes : ainsi l'étude de celui qui veut connaître philosophiquement les corps fossiles dont l'origine n'est due ni à un œuf ni à une semence, doit suivre les traces de ces formations, de ces altérations, de ces révolutions, de ces combinaisons locales et successives. Que l'on juge d'après cet exposé quelle longue période de siècles s'est écoulée pendant ce travail, ces mutations. C'est bien ici le cas de dire avec Voltaire : *Le monde est une vieille coquette qui cache son âge...* Nous avons tâché, dans cet article, de remplir de notre mieux les sages préceptes du philosophe Buffon, qui dit si éloquemment (*Époques de la nature*) qu'il faut fouiller les archives du monde, tirer des entrailles de la terre les vieux monuments, recueillir les débris, et rassembler en un corps de preuves tous les indices des changements physiques qui peuvent nous faire remonter aux différents âges de la nature ; c'est, dit-il, le seul moyen de fixer quelques points dans l'immensité de l'espace et de placer un certain nombre de pierres numéraires sur la route du temps. (*Valmont de Bémare.*)

### Théorie de la terre.

La manière dont nous avons envisagé les volcans et les tremblements de terre explique assez pourquoi ces derniers sont si étendus, tandis que les premiers ne se font sentir qu'à des distances peu considérables ; elle est d'ailleurs parfaitement d'accord avec les faits, qui tous tendent à prouver que l'intérieur de la terre est une grande masse en ignition, et que toute cette planète a été primitivement en état d'incandescence et de liquéfaction. Voici les principales preuves de cette hypothèse : 1° La terre a la forme qu'elle aurait, si elle avait été d'abord liquide ; 2° sa masse centrale est plus de cinq fois plus lourde que si elle avait été composée des substances qui forment sa croûte solide ; 3° la chaleur des sources qui viennent d'une profondeur

(1) Combien d'observations sur le mouvement progressif de l'axe de la terre, qui, se redressant sur le plan de l'écliptique, fait changer insensiblement l'équateur de notre globe ? Il importe peu que ce mouvement soit une simple nutation de l'axe, ou une suite de mouvements progressifs dans le même sens. Car une simple nutation produirait le même effet sur les eaux dont la surface du globe est extérieurement couverte ; ainsi qu'en agitant une bouteille à demi-pleine d'eau, on peut mouiller toutes les parties intérieures. Quoi qu'il en soit, si l'équateur change, la rotation de la terre élève sans cesse la masse des eaux sous le plus grand cercle. Ainsi, la mer toujours poussée par la force centrifuge sous le nouvel équateur, abandonne successivement certaines terres pour en couvrir d'autres ; par une longue suite de

siècles, elle les couvre et les découvre toutes et presque toutes ; et cet effet est attesté par la tradition ; il est constaté par les monuments physiques de la nature, tandis que les philosophes et les astronomes en ont pu seuls apercevoir la cause : ce qui, joint à l'insensibilité du progrès n'a pu ni frapper les yeux du vulgaire, ni faire ressentir aux habitants d'un climat quelconque une différence de température, qui ne résulte qu'à la longue d'un changement fait par degrés insensibles durant un si grand nombre de siècles, ni laisser dans la mémoire des hommes une trace ineffaçable, comme l'aurait infailliblement produit un coup instantané, qui aurait produit une révolution subite. C'est ainsi que le philosophe doit reconnaître le *hier* de la nature, car pour elle les peuples n'ont qu'un jour.

très-considérable ; 4° enfin l'augmentation progressive de la chaleur, à mesure qu'on pénètre plus profondément dans l'intérieur de la terre. Comme cette dernière preuve est la plus directe, nous allons entrer dans quelques développements.

Tout le monde sait que la chaleur solaire ne se fait sentir dans le sein de la terre qu'à une petite distance de sa surface ; les caves un peu profondes, par exemple, ne changent pas sensiblement de température, soit durant les chaleurs de l'été, soit pendant les froids de l'hiver ; ces changements sont encore moins marqués dans les souterrains et surtout dans les mines. Dans quelques-unes de ces dernières même, la température est si élevée, que les ouvriers n'y peuvent travailler qu'absolument nus. Or, il est bien évident que la chaleur qu'ils y éprouvent ne peut pas provenir du soleil ni de la surface de la terre : car s'il en était ainsi, cette chaleur devrait être plus forte à mesure qu'on approcherait de cette surface ; il faut donc qu'elle vienne du centre du globe.

toute cette masse fluide ne fut pas ainsi emprisonnée : les gaz et les vapeurs restèrent au dehors, et formèrent autour de la croûte solide une atmosphère immense.

Cette dernière resta par conséquent exposée à l'action du froid qui régnait dans l'espace, et les vapeurs qu'elle contenait s'étant condensées, tombèrent à la surface de la terre qu'elles environnèrent d'une grande nappe d'eau.

Cependant la masse incandescente, trop resserrée dans sa prison, faisait des efforts pour s'échapper ; et comme la croûte était légère, elle parvenait toujours à se faire jour au dehors et à se répandre sur la surface extérieure, où elle se solidifiait à son tour, en augmentant l'épaisseur de l'enveloppe solide.

Celle-ci prenait donc peu à peu plus de force ; et bientôt elle opposa plus de résistance à l'action expansive du liquide intérieur; elle ne se laissa plus toujours briser comme elle l'avait fait jusqu'à ce moment ; elle cédait souvent sans se rompre, et s'élevait en voûtes immenses qui donnèrent

Fig. 39. — Puits artésien.

Des savants voulant s'assurer davantage du fait, ont comparé la température de différentes mines, et ils ont constamment remarqué que cette température est d'autant plus élevée, que la mine est plus profonde : ils ont même observé que la chaleur augmentait d'un degré environ, pour une profondeur de vingt-cinq mètres ; et d'après cette observation, qui a toujours fourni le même résultat, ils ont calculé qu'à environ deux milles de profondeur, la température serait assez élevée pour y tenir l'eau dans un état continuel d'ébullition, et qu'à quelques lieues plus bas, la chaleur serait assez forte pour fondre tous les métaux que nous connaissons.

Cette théorie de la chaleur centrale, et des phénomènes qui accompagnent les tremblements de terre, explique d'une manière très-suffisante la formation des inégalités qu'on remarque à la surface de la terre, et surtout celle des grandes chaînes de montagnes qui traversent tous les continents et la plupart des grandes îles.

En effet, la terre ayant été créée dans un état de fusion et d'incandescence, le froid qui régnait dans l'espace ne tarda pas à en solidifier la surface, et cette croûte solide devint une enveloppe pour le reste. Mais

naissance à des montagnes d'autant plus grandes, que la force intérieure était plus puissante, et celle de résistance plus faible. Il y eut dès lors à la surface de la terre des parties élevées et des parties basses, dont les unes restèrent couvertes d'eau, tandis que les autres furent mises à nu. Telle fut l'origine de ces immenses chaînes de montagnes dites *primitives*, dont la cime domine encore les parties les plus élevées du globe, et de cet immense océan, auquel nous allons voir jouer un si grand rôle dans la formation de notre planète. En effet, les eaux en se déplaçant, entraînèrent avec elles beaucoup de débris qu'elles avaient enlevés à la portion solide qui leur avait servi de bassin ; et lorsqu'elles se furent mises en équilibre dans leur nouveau lit, elles les y déposèrent en formant une couche proportionnée à la quantité des débris qu'elles avaient emportés.

De nouveaux tremblements de terre, ou si l'on aime mieux, de nouveaux efforts faits par la masse interne pour sortir de sa prison, amenèrent de nouveaux déplacements des eaux ; de nouvelles montagnes se formèrent, en soulevant avec elles une partie de la couche que les eaux venaient de déposer à leur surface. Plusieurs de ces bouleversements s'étaient déjà opérés, sans que la terre présentât encore aucune trace de végétation. Mais elle ne tarda pas à produire des plantes qui s'y développèrent avec d'autant plus de vigueur, que l'humidité était alors plus abondante et la température plus élevée.

Mais la masse interne ne demeura pas tranquille dans sa prison, parce que la surface du globe était couverte de végétaux. Des catastrophes, sans cesse renaissantes, changeaient continuellement le bassin des mers, et les eaux, en se portant ainsi d'un endroit à l'autre, en formaient toujours de nouveaux dépôts, et ensevelissaient sous ces derniers les plantes qui végétaient dans les bassins qu'elles envahissaient en sortant de leur ancien lit.

Cependant les mollusques, les crustacés et les poissons furent créés, et des révolutions dues à la même cause venaient les engloutir au milieu des couches que les eaux, en se déplaçant, déposaient dans leurs nouveaux bassins. Telle fut l'origine de ces immenses bancs de coquilles que l'on trouve dans la plupart des couches souterraines, et dont les unes plus anciennes, ont complétement disparu de la surface de la terre, tandis que d'autres plus récemment enfouies, ont encore leurs analogues parmi les espèces vivantes.

De semblables accidents engloutirent les reptiles, les oiseaux et les mammifères, dont les débris que nous découvrons tous les jours dans le sein de la terre, rendent hautement témoignage de ces bouleversements et de ces catastrophes.

Mais à mesure que la croûte solide prenait de l'épaisseur, la masse interne en éprouvait plus de résistance dans les efforts qu'elle faisait pour se faire jour au dehors; les volcans devinrent par conséquent plus rares; et tout prouve que dans les premiers temps de l'existence de notre planète, ces terribles accidents étaient presque continuels; car une grande partie de la terre est couverte de leurs laves qui, non-seulement se sont répandues à la surface des couches, mais qui se sont encore infiltrées dans les brèches que leurs efforts y avaient opérées.

Ce ne fut que lorsque la croûte fut suffisamment solidifiée, et que tout eut été préparé pour le recevoir, que l'homme fut mis sur la terre; et il y vécut longtemps paisible, et sans être témoin ou du moins victime de catastrophes analogues aux précédentes : car on ne trouve dans l'intérieur du globe aucun de ses ossements, qui puisse faire présumer qu'il ait péri, comme l'ont fait tant d'animaux dont la terre recèle les débris. Mais une dernière révolution que tous les monuments historiques et toutes les observations géologiques, d'accord avec les livres saints, font remonter à quatre mille et quelques années, vint troubler cette tranquillité; le déluge, si célèbre dans les annales de tous les peuples et dans les récits de tous les poëtes, envahit toute la surface de la terre, et fit périr tous les êtres animés, à l'exception d'un petit nombre qui échappèrent à cette destruction générale. (*Hist. nat. de Salacroux.*)

**TERRE D'ALMAGRA.** — Elle est rouge et

ocreuse; on s'en sert dans la peinture à fresque; elle ne change pas à l'air.

**TERRE ALUMINEUSE.** — C'est une variété du lignite terreux; sa couleur est le brun de girofle; elle est légère, brûle avec flamme et fumée, en répandant une odeur désagréable et laissant un résidu blanc très-volumineux; sa cassure est schisteuse, et présente souvent entre ses feuillets des débris de végétaux plus noirs que la masse. Cette terre s'enflamme quelquefois spontanément, et jouit de la propriété décolorante à un degré plus ou moins énergique.

On en exploite beaucoup en Picardie que l'on brûle, soit pour en extraire de l'alun, soit seulement pour la convertir en cendres végétatives, qui sont connues sous les noms de *cendres de Beaurin* ou de *Picardie*.

**TERRE ANGLAISE.** — La faïence qui se fabrique avec de l'argile plastique qui devient parfaitement blanche au feu et sur laquelle on place une couverte métallique transparente, porte le nom de *terre anglaise*, parce que c'est en Angleterre qu'on a commencé cette fabrication, qui s'est ensuite introduite en France avec toutes ses imperfections, et qui ne s'y est pas améliorée.

Le grand défaut de cette faïence est de se laisser rayer, de s'imprégner de graisse, de se tacher et de finir par sentir fort mauvais; elle est plus légère, plus jolie que la faïence; mais quand elle a servi quelque temps, elle n'est pas beaucoup plus propre : aussi les meilleures terres anglaises, que l'on nomme aussi grès, ne vaudront-elles jamais nos porcelaines communes.

**TERRE D'ARMÉNIE.** — Espèce d'ocre rouge analogue à la terre d'Almagra et servant comme elle à la peinture à fresque et en bâtiment.

**TERRE DE BASALTE.** — On appelle ainsi une poterie noire et mate qui a cette couleur dans toute son épaisseur; elle est très-dure et sortit pour la première fois des ateliers de Wedgwood à Eturia dans le Staffordshire; on la fait parfaitement en France depuis longtemps.

**TERRE BITUMINEUSE.** — La plupart des substances calcaires ou sablonneuses qui sont pénétrées d'asphalte, qui ont une odeur bitumineuse, et qui se fondent ou se ramollissent au feu, portaient autrefois le nom de *terres bitumineuses*; celles de Seyssel, de Dax, du Val-Travers et beaucoup d'autres sont devenues tout à coup des plus précieuses depuis que l'on a eu l'heureuse idée d'appliquer le bitume qu'elles contiennent au pavage et au dallage des villes, des rues, des places et des cours.

**TERRE BLANCHE.** — Surnom de la terre à porcelaine de Saint-Yriex.

**TERRE DE BOUCAROS.** — On fait en Portugal des vases rouges de terre que l'on cuit fort peu, et qui rafraîchissent l'eau comme les *gargoulettes* d'Egypte; on les nomme *alcarasas*, et ils se fabriquent avec la terre rouge de Boucaros.

**TERRE BRUNE DE COLOGNE.** — On appelle ainsi dans le commerce une espèce de lignite terreux que l'on exploite assez en grand à Liblar, et dont le principal entrepôt est à Cologne. On s'en sert pour falsifier les tabacs à priser, pour les teintes brunes de la peinture à la colle, et surtout pour la préparation des cendres végétatives ; on l'emploie aussi, mais dans le pays seulement, pour le chauffage domestique.

**TERRE DE BRUYÈRE.** — C'est un mélange d'humus et de sable quartzeux fin qui se trouve dans les landes et les pays de bruyère. Celle dont on se sert à Paris pour la culture des plantes rares vient de Sanois, près Pontoise et de la forêt de Sénart. Tous les beaux rhododendrons, toutes les belles bruyères du Cap, exigent cette terre comme l'hortensia.

La terre de bruyère de Sanois contient 30 p. 0/0 d'humus, et celle de la forêt de Sénart en contient 40.

**TERRE CAILLOUTEUSE.** — Dans les carrières de kaolin et dans les manufactures de porcelaine, on nomme terre caillouteuse le kaolin dur qui renferme des nœuds ou des gros grains de quarz.

**TERRE CALAMINAIRE ou PIERRE CALAMINAIRE.** — Dans les manufactures de laiton on donne ce nom au zinc oxydé ou calamine que l'on ajoute au cuivre rouge pour le transformer d'abord en arco, et ensuite en laiton ou cuivre jaune.

**TERRE CALCAIRE.** — On donnait autrefois, et l'on donne encore aujourd'hui, le nom de terre calcaire, soit à la chaux pure, soit à la chaux combinée avec l'acide carbonique. On dit de la marne, par exemple, que c'est un mélange d'argile et de terre calcaire.

**TERRE A CALUMET.** — La pipe d'honneur, celle que l'on présente à l'étranger en signe de paix, de bienveillance, de considération ou de cérémonie, dans différentes parties de l'Amérique septentrionale, se fait avec une terre particulière qui est probablement une argile plastique, mais qui, suivant certains voyageurs, pourrait être la *magnésie carbonatée* ou écume de mer.

**TERRE DE LA CHINE.** — Avant qu'on eût découvert du kaolin en Europe, on appelait ainsi celui que l'on apportait comme échantillons.

**TERRE CIMOLÉE.** — Cette terre servait autrefois à détacher et à dégraisser les draps ; mais elle était beaucoup plus renommée pour ses prétendues propriétés médicinales : c'était tout simplement un argile de la nature de celle que nous nommons encore pierre à détacher ou terre à foulon.

**TERRE DE COLOGNE ou TERRE DE PIPE.** — Argile noire qui devient blanche en cuisant, et dont on se sert pour faire les pipes communes.

**TERRE CORUNDI.** — Nom sous lequel on désigne l'émeri dont les Indiens font usage pour tailler et polir les agates et les pierres précieuses qui abondent dans leur pays. Cet émeri de l'Inde est de la même nature que le nôtre ; mais il est plus pur et ne lui ressemble pas extérieurement ; il répond à ce que les minéralogistes nomment *corindon lamelleux*, et porte le nom de *corum* ; ceci intéresse nos lapidaires.

**TERRE A CRIQUET.** — Terre végétale qui se crevasse en été et qui donne retraite à une foule de sauterelles et de criquets.

**TERRE A CUIRE.** — Les potiers de terre nomment ainsi la poterie commune, qui peut supporter les effets du feu et dans laquelle on peut faire cuire les aliments. Il existe beaucoup de partisans de la cuisine faite dans la terre ; nous ne sommes point de ce nombre, non pas sous le rapport culinaire, mais sous le rapport économique ; car nous pensons que la poterie de terre est la ruine des petits ménages. Je veux du fer et de l'étain pour la campagne, du cuivre et de la porcelaine pour la ville ; non par magnificence, mais par économie. Je demanderai si un jeune ménage de campagne qui commence à se *monter* ne ferait pas beaucoup mieux d'acheter une marmite de fer et quelques assiettes d'étain, dont il augmenterait le nombre au fur et à mesure de ses besoins, plutôt que de faire emplette d'une charge de poterie de terre ? Que l'on fasse l'inventaire de la maison vingt ans après, et l'on verra s'il n'offrira pas un petit capital résultant des achats faits en vases de fer et en vaisselle d'étain pendant le cours de ces vingt années ; et en supposant que l'on ait dépensé davantage que si l'on eût entretenu la maison en poterie de terre, ce qui n'est pas prouvé du tout, je demande quelle serait la valeur de ce qui en resterait à l'heure de l'inventaire. En Suisse et en Normandie, l'étain du ménage le plus modeste se transmet de génération en génération : c'est un usage reçu de donner des plats d'étain pour le prix du tir de l'arquebuse, etc.; et c'est un motif de plus de les conserver dans la famille, car ils portent leur date. Je sais bien qu'il y a des fontes qui noircissent tout ce que l'on fait cuire dedans ; mais je sais aussi qu'il en est d'autres où l'on peut préparer toutes sortes de mets sans qu'ils changent leur couleur. Toutes les marmites de fonte de la Normandie sont aussi brillantes que du fer nouvellement limé.

**TERRE ÉLÉMENTAIRE.** — La terre dont les anciens faisaient leur quatrième élément était, à ce qu'il paraît, la silice.

**TERRE FORTE.** — (Voyez *Terres végétales*.)

**TERRE A FOULON.** — (Voyez *Argile*.)

**TERRE A FOUR.** — L'argile commune, qui est naturellement mêlée de sable en quantité suffisante pour ne point fondre par la chaleur des fours à pain, est nommée terre à four, parce que l'on s'en sert pour les *soler* et que le pain cuit parfaitement dessus.

**TERRE FRANCHE.** — Terre végétale argileuse ; mais qui ne mérite cependant pas le nom de forte. (Voyez *Terres végétales*.)

**TERRE GLAISE.** — Argile commune qui a la propriété de s'opposer à la filtration des eaux : on s'en sert pour faire des batardeaux, des courroies, etc.

**TERRE GRASSE.** — C'est le nom de la terre à brique dans presque toutes les parties de la France.

**TERRE A GRÉSERIE.** — La gréserie est une poterie particulière qui a été cuite à grand feu, à laquelle on a donné un vernis très-superficiel au moyen de sel marin que l'on projette dans le four à un certain moment de la cuite ; souvent même on se dispense de cette précaution. La gréserie se fabrique avec de bonne terre réfractaire qui reste grise ou noirâtre : quand elle est bien faite, elle est d'un excellent usage pour les conserves à la graisse ou au vinaigre. Les cruchons de bière, les pots à beurre de Bretagne ;

les bouteilles à encre et certains creusets sont en grèserie. Il ne faut point confondre la poterie blanche, dite terre anglaise ou grès, avec la grèserie dont il s'agit ici.

**TERRE DE HOUILLE.** — Le charbon impur et friable qui recouvre quelquefois celui qui est de bonne qualité, portait de temps immémorial le nom de terre de houille, ou tout simplement le nom de houille; mais depuis on a appliqué ce nom au charbon de la meilleure qualité comme à celui qui est impur.

**TERRE JAUNE.** — Les argiles ocreuses, et même certaines terres végétales, ont reçu le nom de terres jaunes. On croit avoir remarqué que les terres végétales jaunes sont plus fertiles que les rouges: nous ne savons jusqu'à quel point cette remarque est fondée, mais elle mérite bien d'être vérifiée; car il serait curieux que le degré d'oxydation du fer qui colore ces terres eût une influence marquée sur la végétation. On dit en Savoie, en parlant des terres rouges, que ce sont des terres qui font pleurer les enfants, en ce sens qu'elles promettent un mince héritage.

**TERRE LABOURABLE** ou TERREAU. — On donne ce nom aux débris organiques provenant de la décomposition des végétaux, et qui constituent la fertilité du sol. Le terreau ou terre végétale jouit de la faculté de faire germer les éléments constitutifs de l'air.

Sous l'influence de certains agents, les pierres et les roches les plus dures perdent peu à peu leur cohésion; ce sont les résidus, les débris de cette altération, qui constituent la *terre labourable*.

La désagrégation des roches s'effectue par l'effet de causes mécaniques ou chimiques. Partout où les montagnes sont couvertes de neige, toute l'année, ou pendant quelques mois seulement, on remarque que le roc se délite et se brise en petits fragments qui s'arondissent par le mouvement des glaciers, ou se réduisent en poussière. L'eau des ruisseaux et des torrents qui sourdent de ces glaciers est troublée par ces parcelles rocailleuses, qu'elle dépose dans les vallées et dans les plaines comme une terre fertile.

**TERRE DE MAGNÉSIE FERRUGINEUSE.** — Les anciens auteurs qui ont écrit sur l'art de faire le verre et les émaux colorés ont presque toujours désigné la manganèse oxydée sous le nom de magnésie: c'est un avis au verrier qui voudrait consulter de vieilles recettes.

**TERRE MAGNÉSIENNE.** — On a remarqué que les terres végétales qui contiennent de la magnésie sont à peu près stériles, et que la chaux qui en renferme ne doit pas être employée comme amendement par la même raison.

**TERRE MARNEUSE.** — C'est une terre végétale qui renferme un excès de marne. On la confond souvent avec la terre crayeuse, telle que celle qui constitue le sol de la Champagne Pouilleuse.

**TERRE MOULARD.** — La terre, ou plutôt la boue qui se dépose dans l'auge du rémouleur et du coutelier, jouissait autrefois d'une réputation analogue à celle des terres de Lemnos, Cimolée et des autres du même genre. La terre moulard a perdu de sa réputa-

tion, excepté dans l'esprit des gens qui dédaignent la médecine, et qui ont ferme confiance dans les remèdes de ce genre, tels que l'eau du maréchal, la boue du rémouleur, les toiles d'araignées, etc.

**TERRE D'OMBRE.** — Cette terre est une espèce d'ocre qui ne diffère des autres que par sa couleur brune. Il paraît que le commerce en reçoit de deux provenances différentes, savoir: de la province d'Ombrie, dans les États Romains, et de l'île de Chypre. On trouve ces deux terres d'ombre dans les grands magasins de Marseille. Celle de Chypre est toujours d'une couleur plus riche et plus foncée que celle d'Italie. On en a également trouvé un très-beau gîte à Monte-Nero dans les Apennins de la Ligurie, et quoiqu'elle soit fort belle aussi, l'exploitation a cessé faute de commandes.

La bonne terre d'ombre doit sa couleur à une forte dose d'oxyde de fer; elle est fine et douce au toucher; elle forme des masses compactes, légères, friables et tachantes; sa belle couleur brune est très-riche, très-chargée, et tout fait croire, si l'on en juge par le gîte de Monte-Nero, que cette substance est due à la décomposition spontanée du jaspe. On peut donc présumer, quoique nous n'ayons point encore d'analyse de cette terre, qu'elle renferme, comme les ocres jaunes, une très-forte proportion de silice.

La terre d'ombre, ayant la propriété d'absorber l'eau avec avidité, sert aux peintres de décors pour essayer les couleurs à la colle, qui pâlissent toujours en séchant; elle leur permet de juger à l'instant quelle sera leur teinte quand elles seront sèches. Pour cela, il suffit de passer légèrement le pinceau sur un morceau de terre d'ombre, et à l'instant la couleur sèche et prend la nuance qui lui est propre.

La terre d'ombre naturelle sert à la peinture en détrempe, à la fabrique du papier de tenture, et surtout dans l'exécution des décorations théâtrales. Lorsqu'elle est brûlée, elle produit un noir tout particulier; on la vend 18 à 20 fr. les 50 kilog., prise à Marseille.

**TERRE ORANGE DE COMBAL.** — Cette terre, qui fut découverte il y a environ vingt ans au pont de Combal, près Cormayeur, sur le revers méridional du Mont-Blanc, est d'une couleur magnifique: c'est une nuance d'orange mêlée d'aurore de la plus grande richesse; elle est douce au toucher et facile à broyer; on ne la trouve guère que dans les magasins de Genève.

**TERRE DE PIPE.** — C'est la même argile plastique qui de noire devient blanche en cuisant, et dont les Anglais ont fait les premiers la faïence blanche à couverte transparente.

**TERRE A PISÉ.** — La plupart des terres fortes, qui sont mélangées de gravier et de cailloux d'une grosseur moyenne, sont propres à la confection du pisé, genre de bâtisse rurale qui s'exécute, comme on le sait, en tassant de la terre entre deux forts plateaux de bois retenus à distance par des clefs, et que l'on desserre ensuite pour les placer plus loin ou plus haut. On bâtit en pisé depuis fort longtemps dans le Lyonnais, et cette méthode se propage tous les jours davantage, non-seulement pour les murs de clôture que l'on couvre d'un chaperon de tuiles, mais aussi pour les bâtiments ruraux. Le pisé est bien préférable au torchis, autre manière de bâtir ou d'établir des travées.

**TERRE DES POÊLIERS.** — On vend à Paris une argile jaune et maigre qui se trouve à Montrouge, et qui sert aux poêliers pour luter les bouts de tuyaux et boucher les fentes des fourneaux. Comme cette argile est maigre, elle ne se fend point et se trouve ainsi parfaitement propre à cet usage.

**TERRE A PORCELAINE.** — La terre à porcelaine proprement dite est du feldspath décomposé, surnommé kaolin; il n'en existe en France que deux très-grands gisements, savoir : celui de Saint-Yriex, près Limoges, qui a fourni le premier kaolin trouvé en Europe, et dont on a extrait à peu près toute la terre dont on fait la porcelaine depuis l'origine de cette fabrication en France. L'autre gisement du kaolin français, qui est encore à peu près intact, est situé à Louhokoa près Bayonne, pour ainsi dire au bord de la mer; il est susceptible par conséquent de fournir cette terre sur tous les points de la France où le bon marché du bois permettrait d'établir des fabriques de porcelaine.

**TERRE POURRIE.** — C'est une espèce de tripoli brun qui sert à polir les métaux, mais qui ne paraît pas être un produit naturel. Pour lui donner plus d'importance, on la nomme quelquefois terre pourrie d'Angleterre.

**TERRE DE SIENNE.** — Cette terre est un ocre d'un assez beau jaune dont la finesse est extrême, qui se présente en petites masses que l'on peut polir avec l'ongle, et dont la surface est recouverte d'une pellicule plus foncée que l'intérieur. On la tire des environs de Sienne en Italie.

Cette même terre étant grillée prend une teinte rouge qui a quelque chose de particulier et de transparent. On l'emploie dans tous les genres de peinture, mais particulièrement pour imiter les teintes et les veines de l'acajou. La terre de Sienne naturelle coûte 70 centimes la livre à Sienne, et celle qui est brûlée 2 fr.

**TERRE A SUCRE.** — Argile dont on se sert dans les raffineries pour purifier le sucre dans l'opération que l'on nomme *terrer*. Toutes les argiles propres sont bonnes à cet usage.

**TERRE TREMBLANTE.** — La plupart des terrains tourbeux sont doués d'une espèce d'élasticité qui fait que, lorsqu'on marche dessus, on sent le sol céder et ensuite se relever sous ses pas : c'est un des indices de la présence de la tourbe. Ces terrains ont aussi la singulière propriété de repousser à la longue les pieux qu'on y enfonce.

**TERRE TUFIÈRE.** — C'est un tuf friable déposé par les eaux qui sert de castine dans certaines forges.

**TERRE VERTE DE HOLLANDE.** — C'est une substance argileuse assez graveleuse dont la couleur est d'un vert jaunâtre, et dont la consistance est celle d'une argile sèche et maigre au toucher. J'ignore de quel lieu précis nous tirons cette terre; car sa dénomina-

tion de terre de Hollande ne prouve pas qu'on la trouve dans ce pays; peut-être n'y est-elle qu'en entrepôt comme tant d'autres marchandises. Dans tous les cas, elle ne provient pas d'une grande profondeur; car les morceaux que l'on trouve chez les marchands de couleurs de Paris renferment de petites racines; elle se vend 1 franc le kilogramme.

**TERRE VERTE DE VERONE** ou BALDOGÉE. — Cette terre, que l'on extrait au Monte Bretonico, dépendance du Monte Baldo, dans le Véronais, sur les bords du lac de Garde en Italie, est d'un vert bleuâtre foncé, passant au vert glauque, mais avec un éclat supérieur qui se développe encore quand elle est broyée à l'huile ou à la gomme.

Cette couleur fort estimée s'emploie dans plusieurs genres de peintures, mais particulièrement dans la fresque, dans l'art d'imiter le marbre au moyen du stuc, etc.; sa teinte verte, jointe au jaune de l'orpiment, imite fort bien le bronze antique et ses frottés.

La terre verte de Vérone, répandue dans le commerce, est douce et savonneuse au toucher; on la vend en petits morceaux qui semblent avoir été triés avec soin, à raison de 3 à 4 francs le kilogramme. Elle entre en France par Marseille, ainsi qu'une autre terre verte qui vient de Chypre, mais qui se confond dans les magasins sous le nom de terre de Vérone : elle est cependant facile à reconnaître, car elle est mate au lieu d'être luisante, et sa nuance verte est beaucoup moins chargée que celle de Monte Baldo.

**TERRE VITRIFIABLE.** — C'est la silice, qui, mélangée avec de la soude ou de la potasse, se convertit effectivement en verre.

**TERRE VITRIOLIQUE.** — Les terres qui contiennent beaucoup de pyrites en décomposition produisent du vitriol (sulfate de fer), et méritent de porter ce nom; elles sont très-communes en Picardie : on les nomme aussi terres alumineuses.

**TERRES ABSORBANTES.** — En médecine on donne le nom de terres absorbantes à différentes substances auxquelles on attribue la propriété d'absorber les sucs viciés ou surabondants de l'estomac. La magnésie est la terre absorbante par excellence; mais on accorde la même propriété à plusieurs autres substances, par exemple aux bols, qui sont des terres argileuses; à la terre d'os, qui est phosphate de chaux; aux yeux d'écrevisse, aux coquilles d'œufs, à celles des huîtres, etc., qui lorsqu'on les a calcinés, ne sont autre chose que des carbonates de chaux. On n'ordonne plus que la magnésie.

**TERRES A BRIQUES.** — Les argiles et la terre elle-même servent à fabriquer les briques rouges ou jaunes.

**TERRES COMESTIBLES.** — Quelques peuplades sauvages mangent par goût ou par nécessité des quantités assez considérables de terres de différentes espèces, mais surtout de l'argile.

Les Ottomaques, qui habitent les bords de l'Orénoque et de la Méta, ont la culture en aversion; tant que ces rivières sont basses, ils vivent de petits poissons, de lézards et de racines de fougère; mais pendant les deux ou trois mois que durent les inondations ils mangent des quantités prodigieuses de *terre grasse*. Ils la mangent avec plaisir, puisque, dans les temps où ils ont d'autres vivres, ils en mangent toujours une petite quantité en manière de dessert. On est souvent obligé de lier les enfants pour les empêcher de sortir, après les pluies, pour aller manger de la terre.

Sur les bords de la Madaléna, au village de Banco, des femmes indigènes qui font des pots de terre, mettent, en travaillant, de gros morceaux de glaise dans leur bouche.

En Guinée, les nègres mangent une terre jaune, et les esclaves que l'on mène en Amérique tâchent de s'y procurer cette même jouissance; mais c'est toujours aux dépens de leur santé. Nul châtiment ne peut les empêcher de manger du *caouac*, espèce de tuf rougeâtre que l'on vend secrètement dans les marchés.

Les habitants de la Nouvelle-Calédonie, dans l'Océanie, mangent pour apaiser leur faim, des morceaux de terre ollaire friable de la grosseur du poing, dans laquelle l'analyse n'a rien trouvé de nutritif, mais une quantité notable de cuivre.

Dans plusieurs parties du Pérou, les indigènes achètent au marché de la terre calcaire avec d'autres denrées.

A Java, la terre que les habitants mangent quelquefois est une argile un peu ferrugineuse qui s'étend en lames minces, et que l'on fait torréfier sur des plaques de tôle après l'avoir roulée en petits cornets à peu près comme l'écorce de cannelle. On la nomme *tana-ampo*, et ce sont plus particulièrement les femmes qui en achètent au marché.

Les Tongouses, Tartares nomades de la Sibérie, mangent de l'argile lithomarge avec du lait.

Les nègres du Sénégal trouvent une terre grasse sur le bord des rivières qu'ils mêlent comme du beurre avec leurs aliments.

La terre rouge de Boucaros, qui s'exploite près d'Estremos, dans l'Alentejo en Portugal, pour la fabrication des vases dans lesquels on fait rafraîchir l'eau et le vin, contracte un goût qui plaît singulièrement aux femmes et qui les porte à en manger les tessons.

Il paraît que ces terres ne remplissent d'autre but que de lester l'estomac, d'en tenir les parois convenablement écartées, et de satisfaire à un appétit déréglé et au goût dépravé qui accompagne souvent, chez les femmes, l'affection nommée chlorose.

**TERRES DÉCOLORANTES.** — Certains lignites et quelques terres bitumineuses partagent avec le charbon animal la propriété de décolorer les liqueurs, le vinaigre rouge par exemple, et de clarifier les sirops.

La meilleure de ces terres et la première découverte est celle de Menat, en Auvergne : on emploie ces terres pulvérisées naturelles ou carbonisées à vaisseaux clos.

**TERRES MÉDICINALES.** — Il fut un temps où chaque île de l'Archipel fournissait une terre médicinale. Elles avaient toutes de prétendues propriétés merveil-

leuses; et afin de leur conserver une certaine réputation, on n'en tirait qu'une petite quantité chaque année et cela avec grande cérémonie, puis on refermait la porte, l'on formait des petits pains ou trochisques de ces remèdes terreux, et le souverain y faisait apposer son cachet et ses armes. C'étaient alors des terres sigillées dont les pèlerins ne manquaient pas de rapporter des provisions dans leur pays.

**TERRES RÉFRACTAIRES.** — Argiles qui résistent aux plus grands feux de nos usines.

**TERRES VÉGÉTALES.** — Les terres végétales ou les terres labourables sont les mêmes ; ce sont elles qui recouvrent toutes les roches, soit qu'elles aient été apportées, soit qu'elles aient été formées sur place aux dépens des rochers qui se sont décomposés et amollis par l'effet de l'action simultanée des météores : il y a donc des terres végétales locales et des terres végétales d'alluvion ; les premières participent nécessairement de la nature des roches qu'elles recouvrent, puisqu'elles ont été faites à leurs dépens, et les autres qui sont souvent les produits de vingt terrains différents, n'ont presque jamais rien de commun avec le sol sur lequel on les voit aujourd'hui.

Mais, abstraction faite de leur origine, nous diviserons ces terres en cinq espèces, ou, pour parler plus juste, en cinq groupes; car le mot *espèce* a quelque chose de trop précis en histoire naturelle pour que l'on puisse en faire l'application rigoureuse à des mélanges aussi variables et aussi peu constants que le sont les terres labourables, surtout quand elles sont cultivées depuis longtemps. Il ne faudra donc pas prendre la désignation que l'on emploie à toute rigueur et s'imaginer par exemple que les terres calcaires et les terres argileuses ne contiennent absolument que du carbonate de chaux ou de l'argile. On verra d'ailleurs par les analyses diverses que nous citerons combien ces terres renferment d'éléments divers. Les cinq groupes de terres végétales comprennent :

1er Les terres siliceuses;
2e Les terres calcaires ;
3e Les terres granitiques ;
4e Les terres argileuses;
5e Les terres volcaniques.

§ 1er. *Terres végétales siliceuses*. Les sables fins et siliceux qui couvrent les grands déserts sont les types des terres végétales qui composent ce premier groupe ; leur mobilité extrême, qui permet aux vents de les transporter au loin, et leur sécheresse excessive en repousse toute espèce de végétation ; mais le plus léger filet d'eau, s'il est constant, suffit pour les rendre à la longue fertiles et favorables à la culture. Les oasis, qui forment au milieu de ces mers de sable des espèces d'îles couvertes de la végétation la plus vigoureuse, ne doivent leur existence qu'à la présence de quelques sources, de quelques filtrations.

Le sable siliceux, rarement aussi pur, aussi stérile qu'en Afrique, forme, dans beaucoup de contrées, la base du sol cultivé ou des terres agraires. Sa nature pulvérulente et mobile se refuse pendant longtemps à la conservation de l'humidité produite par les pluies; et comme il est ordinairement blanchâtre ou tout à fait blanc, il s'échauffe difficilement; mais aussi, par cette même raison, il conserve la chaleur très-long-temps, de manière qu'en définitive le sol composé de sable blanc devient plus chaud que tout autre. Nous en avons un exemple dans la forêt de Fontainebleau près Paris, où l'on trouve des insectes qu'on ne rencontre ordinairement que dans le midi de la France, et qui ne se trouvent que là sous la latitude de Paris.

Quand l'humus se mêle au sable siliceux en quantité notable, et qu'il provient seulement de la décomposition des feuilles, il donne naissance à la terre dite terreau de bruyère.

Les terres végétales siliceuses, qui portent généralement le nom de *terres légères*, sont d'un labour très-facile et peu coûteux; la petite charrue, la simple araire leur suffit. Cependant on ne peut pas les ranger parmi les bonnes terres labourables. Elles n'ont point assez de consistance; elles ne conviennent qu'au seigle parmi les céréales; mais en revanche elles sont parfaites pour la culture des racines : la pomme de terre et la betterave y réussissent complétement. On s'explique assez bien aussi pourquoi les terres siliceuses sont généralement moins fertiles que les terres calcaires et les terres argileuses, par la différence énorme qui existe dans leur faculté absorbante et dans la facilité avec laquelle elles laissent évaporer l'eau. En effet, la silice absorbe à peine un quart de son poids d'eau, et elle la laisse évaporer deux fois plus vite que le calcaire et cinq fois plus vite que l'argile. On conçoit alors qu'un champ dont la terre est siliceuse doit être nécessairement beaucoup moins fertile, toutes choses égales d'ailleurs, qu'un autre champ dont la terre est argileuse, puisque le premier sera cinq fois plus tôt sec que l'autre, et que l'humidité est un des grands agents de la végétation. C'est par la même raison que les chemins sablonneux sont beaucoup meilleurs et plus faciles à entretenir que ceux qui reposent sur de l'argile.

Nous avons dit cependant que les terres sablonneuses se prêtent parfaitement à l'accroissement des racines; mais cela tient d'une part à ce que les terres que l'on cultive sont plus ou moins chargées d'engrais et d'humus, et de l'autre à ce que ces terres, pouvant se tasser et céder de la place aux racines, leur permettent de grossir et de se développer beaucoup mieux que dans une terre argileuse ou dans un sol rocailleux. Enfin, pour l'honneur des terres siliceuses, disons que le fameux limon du Nil contient plus de moitié de sable pareil à celui du désert, et que la plupart des bonnes terres qui bordent les grands fleuves, et qui sont des présents faits par eux aux pays qu'ils traversent, contiennent aussi une assez forte proportion de silice, mais alliée à tous les engrais et à toutes les matières animales et végétales qu'ils ont ramassés sur leur passage.

Les terres végétales graveleuses, qui ne diffèrent réellement des terres sablonneuses que par la grosseur et l'inégalité de leurs éléments, et surtout par une addition d'argile ferrugineuse, appartiennent pour la plupart, à cette division, et deviennent très-productives lorsqu'on peut les arroser fréquemment et avec abondance. La *grave* des environs de Bordeaux, où l'on récolte le vin blanc de ce nom, est une terre siliceuse, uniquement composée de très-petits graviers de la grosseur uniforme d'une fève.

§ 2e. *Terres végétales calcaires.* Ces terres diffèrent des précédentes, non-seulement par leur nature, mais aussi par leurs propriétés physiques. Les sables calcaires sont rarement aussi fins et d'un grain aussi égal que les sables siliceux; ils sont moins secs, et par conséquent les vents n'ont aucune prise sur eux.

Les terres végétales calcaires, d'ailleurs, ne sont pas toutes sablonneuses; il y en a, mais elles sont rares, et en général elles sont presque toujours alliées à de l'argile jaune; souvent elles reposent sur des bancs de ces terres glaises imperméables qui s'opposent aux infiltrations, et dans ce cas surtout les terres labourables calcaires sont susceptibles de grandes améliorations agricoles. Les céréales réussissent généralement assez mal dans ces terres, mais la vigne y pousse avec vigueur et donne de bons produits dans certaines parties de la France. La plupart des bons crus de la Bourgogne, des côtes du Rhône et du Languedoc sont plantés, je ne dirai pas dans la terre calcaire, mais dans la *pierre calcaire* souvent concassée de main d'homme.

Les faluns sont presque entièrement composés de coquilles fossiles; ils sont communs en Touraine et aux environs de Bordeaux, et ils peuvent servir à l'amendement des terres.

§ 3e. *Terres végétales granitiques.* On peut ranger dans cette division à peu près toutes les terres végétales, sablonneuses ou graveleuses, qui présentent une infinité de paillettes brillantes que l'on nomme mica.

Ces terres, qui ne sont jamais fort éloignées des rochers ou des montagnes granitiques dont elles sont les détritus, se labourent avec facilité, mais ont généralement peu de profondeur. Elles conservent assez bien l'humidité des pluies et des arrosages, et sont rarement aussi stériles que les deux espèces précédentes; bien entendu que je ne parle ici que de la terre non cultivée, puisqu'il est constant que toute substance meuble est susceptible de devenir fertile par l'addition de l'eau et des engrais.

Les environs d'Autun, ceux de Limoges et la plupart des pays granitiques, fournissent de nombreux exemples de ces terres micacées dans lesquelles le froment ne réussit que médiocrement et qui sont beaucoup plus propres à la culture du seigle; de là le nom de *ségalas* que l'on donne à ces terres dans plusieurs parties de la France.

Les terres schisteuses, qui sont composées d'une infinité de petits éclats de ces pierres feuilletées et qui avoisinent souvent les terrains granitiques, sont peu fertiles, mais assez précoces en raison de leur couleur noire ou rembrunie qui leur permet de s'échauffer facilement et d'activer la végétation.

§ 4°. *Terres végétales argileuses.* Les terres qui sont connues des cultivateurs sous les noms de *terres fortes*, de *terres franches*, de *terres à froment*, de *terres entières*, de *terres grasses*, sont éminemment argileuses ; leur couleur est d'un jaune brun ou d'un rouge sombre ; elles se délaient ordinairement dans l'eau, s'y réduisent en pâte et sont très-propres à faire de la brique, de la tuile et même de la poterie. Le labourage en est pénible, il exige un nombreux attelage ; et comme elles retiennent l'eau pluviale beaucoup trop longtemps à leur surface, on est dans l'usage de les sillonner profondément afin d'attirer l'eau dans les creux et de ne semer que sur les parties saillantes ou les *ados*. En Flandre et en Belgique, où, l'on entend parfaitement la culture, comme tout le monde le sait, et où les terres ne sont cependant pas légères, mais souvent argileuses, on ne fait point de sillons, l'on sème le froment et les autres céréales à plat, et par conséquent la même surface reçoit moitié plus de semence que dans la culture par sillons dont on ne sème que les reliefs ; mais aussi les terres sont parfaitement nivelées, on ne peut se former de flaques d'eau, et, dût-il s'en faire quelques-unes, elles seraient loin d'équivaloir à tous les creux de nos sillons, qui enlèvent la moitié de la surface cultivable. Il reste donc, comme on le voit, quelques essais à faire sur le labourage des terres argileuses, qui sont les terres à froment par excellence et qui constituent la plupart des riches plaines de la Provence, de la Normandie et surtout de la Beauce.

La consistance grasse et tenace de ces terres exige qu'on les divise et qu'on les rompe par l'addition de la marne ou de la chaux, qui, étant employée cuite, diffère fort peu de la marne, qui est souvent, et en Normandie entre autres, de véritable pierre à chaux.

Jamais les terres végétales argileuses ne sont parfaitement pures ; s'il en était ainsi, elles seraient tellement tenaces qu'elles s'opposeraient à toute végétation, qu'elles se gerceraient profondément pendant l'été et donneraient passage à l'air chaud qui irait dessécher la racine et faire périr les plantes. C'est aussi pour remédier à ce défaut que l'on marne et que l'on va jusqu'à y mêler des cailloux apportés d'assez loin.

§ 5°. *Terres végétales volcaniques.* Les laves ou les pierres fondues qui s'écoulent de la bouche des volcans, ou qui se font jour à travers leurs flancs, sont généralement susceptibles, à la longue, de produire à leur surface une couche friable, brune ou rougeâtre, dont la fertilité est excessive. Cette terre volcanique, qui est toujours d'une teinte sombre et rembrunie, qui contient beaucoup de fer, absorbe les rayons solaires, devient brûlante à sa surface et s'échauffe assez sensiblement à la profondeur de quelques pouces. Son épaisseur va toujours en augmentant à mesure que la décomposition fait des progrès ; mais le plus ordinairement cette altération est si lente et si peu sensible qu'il faut des années, souvent des siècles pour que la surface d'un courant de lave se change en terre végétale. Ce sont donc les sables volcaniques qui sont projetés au loin par les cratères et les éruptions, et qui couvrent les campagnes d'une couche meuble et aride pour l'instant, qui se changent promptement, et quelquefois dans l'année suivante, en une terre fertile et agraire, qui paie amplement les pertes que leur chute a causées. La campagne de Naples, l'archipel grec, le pourtour de l'Etna, les îles fortunées de Bourbon, notre Limagne, enfin, sont de beaux exemples de fertilité qui sont tous dus à la terre végétale volcanique.

Les terres volcaniques passent, avec le temps et lorsque les circonstances sont favorables, à l'état argileux ; mais le plus ordinairement elles sont sablonneuses, graveleuses, et contiennent une grande quantité de grains ferrugineux qui s'attachent à l'aimant. Doit-on attribuer l'extrême fertilité des terres volcanisées à leur couleur sombre qui absorbe les rayons solaires, à leur propriété de retenir fortement l'humidité, ou bien enfin à leurs principes constituants qui agiraient sur l'humus de manière à le rendre très-promptement soluble dans l'eau et capable de servir à la nutrition des végétaux?

*Formation et transport des terres végétales.* Il se forme tous les jours de nouvelles terres végétales ; mais tous les jours aussi les grands fleuves emportent à la mer des quantités énormes de terres, car le limon de ces larges courants d'eau ne se dépose point en entier sur leurs rives pendant la période de leurs débordements. Il n'est donc pas probable que la masse de la terre végétale s'accroisse, puisque celle qui va se perdre dans le bassin des mers compense au moins celle qui se forme par l'effet de la décomposition des roches et du produit des matières végétales et des matières animales qui viennent s'y mêler. Il faut excepter de cette règle générale certaines vallées étroites, certains bas-fonds qui reçoivent, de temps immémorial, le tribut de toutes les montagnes qui les entourent et dont rien ne peut être emporté. Là, bien certainement, il y a augmentation progressive ; mais ce ne sont que des points isolés qui ne sont rien par rapport à la surface totale du globe. Quand on voit avec quelle lenteur la terre végétale se forme sur les terrains qui sont décharnés depuis une époque dont on connaît la date, on est involontairement porté à reculer de bien des siècles l'origine des couches de terreau que l'on trouve dans les forêts vierges que nous défrichons encore soit en Amérique, soit dans la Nouvelle-Hollande ; mais il faut faire la part de la vigueur extrême de la végétation de la contrée, du calme avec lequel les générations végétales et animales se sont succédé jusqu'au moment où la civilisation a porté la hache du défrichement dans ces forêts antiques : alors on concevra la possibilité de la création de ces couches de terreau végétal depuis la dernière révolution qui nous a fait la surface du globe telle que nous la voyons aujourd'hui : car les naturalistes s'accordent assez généralement à n'admettre que de très-faibles changements dans l'élévation des montagnes, le profil du continent et le contour des îles depuis la période qui a donné naissance aux dernières alluvions.

ANALYSE DE DIFFÉRENTES TERRES VÉGÉTALES.

*Terre à blé de la plaine du Plessis-Piquet sous les bois de Verrière près Paris.*

Argile................................... 83,01
Carbonate de chaux....................... 12,58
Sable siliceux........................... 0,60
Parties végétales non décomposées........ 1,69
Fer attirable à l'aimant................. 0,02
Perte et corps étrangers................. 2,10
                                        ————
                                        100,00

*Limon de la Seine employé au Jardin des Plantes à Paris.*

Sable siliceux........................... 50,00
Carbonate de chaux....................... 30,88
Argile................................... 7,29
Parties végétales non décomposées........ 8,09
Perte et corps étrangers................. 3,74
                                        ————
                                        100,00

*Terreau de bruyère de Sanoy près Pontoise.*

Sable siliceux........................... 43,80
Carbonate de chaux....................... 7,10
Humus.................................... 31,70
Fer attirable à l'aimant................. 0,13
Sels déliquescents....................... 1,10
Perte et parties végétales non décomposées.. 16,17
                                        ————
                                        100,00

Ces analyses et beaucoup d'autres furent faites au Jardin des Plantes de Paris, en 1810, à l'invitation et sous les yeux d'André Thouin, professeur de culture qui avait recommandé qu'elles fussent faites de manière à ce que chacun puisse les répéter sur la terre de son champ ou de son jardin.

Voici, en effet, en quoi consiste l'opération : on fait sécher quelques poignées de la terre que l'on veut éprouver, on la passe au tamis de crin ordinaire afin d'en séparer tous les corps étrangers apparents, et l'on en prend cent parties, cent grammes, par exemple, puis on les fait bouillir dans une certaine quantité d'eau pure, de manière à ce que la terre soit bien submergée.

On jette la terre et l'eau sur un filtre et l'on fait évaporer le liquide jusqu'à siccité; on trouve ordinairement au fond du vase une matière jaunâtre et humide, d'un goût très-âcre, qui contient, d'après une analyse qui a été faite à part, de l'hydrochlorate de chaux et de magnésie ; ce sont les sels que contient la terre que l'on éprouve. On reprend la terre qui est restée sur le filtre, et, pendant qu'elle est encore humide, on verse dessus de l'acide nitrique, ou de l'acide hydrochlorique qui coûte moins cher; il se fait une très-vive effervescence; l'on ajoute de l'acide jus-

qu'à ce que le bouillonnement cesse; alors on lave à grande eau afin d'enlever tout ce que l'acide a dissous, et l'on fait sécher la terre une seconde fois, on pèse, et la différence, ou ce qui manque aux cent parties employées, est la quantité de matière calcaire qu'elle contenait et la petite dose des sels trouvés dans la première eau.

Pour séparer ensuite les autres parties constituantes, on y parvient facilement par des lavages et des décantations. L'argile reste longtemps suspendue dans l'eau, ne se précipite qu'à la longue et se trouve dans le vase qui a reçu l'eau de tous les lavages ; le sable siliceux au contraire tombe presque instantanément au fond, ne trouble point l'eau et se sépare très-nettement d'avec l'argile : et quant à l'humus, il surnage toutes les lessives sous la forme d'une poudre noire que l'on ramasse, que l'on fait sécher et que l'on pèse ensuite. Au moyen de ces analyses, ou plutôt de ces espèces de triages, on est à même de juger quelle espèce d'amendement il faut donner à la terre que l'on veut améliorer. (*Brard, ingénieur.*)

TERRES VIERGES.—Les terres qui n'ont jamais été cultivées se nomment communément terres vierges ; elles sont ordinairement d'une grande fertilité; mais cependant, pour qu'elles le soient véritablement, il faut que les terres non cultivées se couvrent naturellement d'une végétation vigoureuse, car si rien ne poussait à leur surface, il est plus que probable que la culture ne les rendrait fertiles qu'à force d'y mêler des engrais: ainsi toute terre vierge qui ne se couvrira pas annuellement de ce que nous nommons des *mauvaises herbes*, doit être considérée comme étant absolument stérile, tandis que celle qui produira des plantes vigoureuses sans culture, celle qui a été longtemps couverte de forêts, et a reçu pendant des siècles le tribut annuel de leur feuillage ; celle qui est de la nature des limons d'atterrissement est effectivement des plus fertiles pendant plusieurs années consécutives quand on vient à la défricher et à la mettre en culture, parce qu'elle est riche en humus, et que la végétation naturelle, loin d'amaigrir, n'a cessé de l'améliorer, car les plantes que l'on ne récolte pas rendent plus à la terre que ce qu'elles en ont pris, tandis que les céréales ainsi que les plantes oléagineuses ne lui rendent absolument rien : aussi sommes-nous obligés d'avoir recours aux engrais et à l'enfouissement de certaines plantes pour rendre au sol la vigueur qu'il a perdue.

TESTACÉS (ANIMAUX) (zoologie). — On désignait sous ce nom les mollusques qui sont couverts d'une coquille; les limaçons, les moules, les huîtres, sont des animaux testacés, parce que leurs coquilles sont quelquefois désignées sous la dénomination de *test*.

TESTAMENT (droit). — La loi ne reconnaît, en général, que deux modes de disposer à titre gratuit : la donation entre vifs, par laquelle le disposant se dépouille de son vivant, et le testament, par lequel il dépouille seulement ses héritiers : elle a établi des formes particulières à chacun de ces actes. (C. civ., article 893.)

*Des diverses espèces de testaments.* — On distingue sept espèces, tant générales que particulières, de testaments : — 1° Le testament olographe ; — 2° le testament par acte public ou notarié ; — 3° le testament mystique ; — 4° le testament militaire ; — 5° le testament fait en temps de peste ; — 6° le testament fait sur mer ; — 7° enfin le testament fait en pays étranger.

*Du testament olographe.* — Le mot *olographe* dérive de deux mots grecs, dont l'un signifie *seul*, et l'autre *écrire*. Le testament olographe, en effet, doit être écrit en entier de la main du testateur. Un seul mot écrit par une main étrangère annulerait le testament; mais si le mot se trouve en interligne, le testament ne sera point annulé. Les surcharges, les ratures ne vicient point l'acte ; les mots raturés seulement sont nuls. Le papier sur lequel est écrit le testament est indifférent. S'il n'est pas timbré il y aura lieu simplement à l'application de l'amende prononcée par les lois relatives au timbre. (C. civ., art. 970, 1001.)

La loi exige pour qu'il soit valable : 1° L'écriture de la main du testateur, afin qu'il soit certain que l'acte contient l'expression fidèle de ses volontés et qu'il n'y ait été fait aucun changement ; — 2° sa signature, qui est comme le sceau d'une disposition définitivement arrêtée, et jusqu'à l'apposition de laquelle on reste dans les termes d'un simple projet ; — 3° enfin une date, sans laquelle il ne serait pas possible de savoir si, à l'époque où il a disposé, le testateur avait capacité; ni de déterminer lequel, d'entre plusieurs testaments contraires, devrait recevoir son exécution, comme étant le dernier.

Pourvu que ces trois conditions se trouvent remplies, le testament olographe n'est assujetti à aucune autre forme. (Art. 970.)

*Du testament par acte public ou notarié.* — Le testament par acte public, est celui qui est reçu par deux notaires en présence de deux témoins, ou par un notaire en présence de quatre témoins. (C. civ., art. 971.)

Le testateur doit convoquer et réunir les témoins exigés, à la différence de ce qui se pratique pour les autres actes notariés.

Le Code exige à peine de nullité (art. 972, 973, 974 et 1001) : — 1° que le testament soit dicté par le testateur au notaire ou à l'un des notaires rédacteurs ; — 2° qu'il soit écrit par le notaire tel qu'il est dicté ; — 3° que lecture en soit donnée au testateur, en présence des témoins ; — 4° qu'il soit fait du tout mention expresse ; — 5° que le testament soit signé du testateur, ou du moins qu'il soit fait mention expresse de sa déclaration, qu'il ne sait ou ne peut signer, ainsi que de la cause qui l'en empêche ; — 6° qu'il le soit également par tous les témoins, excepté toutefois dans les campagnes, où il suffit qu'un des deux témoins ou deux des quatre témoins signent, selon que le testament est reçu par deux notaires ou par un seul ; — 7° qu'on indique la résidence des notaires, et à peine de nullité et de faux si le cas y échoit, les noms des témoins instrumentaires, leur demeure, le lieu, l'année et le jour où l'acte est passé (Loi du 25 ventôse an XI, art. 12), c'est-à-dire la date ; — 8° que les *surcharges, ratures, renvois* ou *interlignes*, soient formellement approuvées.

*Du testament mystique.* — Le testament mystique est celui qui est écrit par le testateur ou par une autre personne, si le testateur sait lire, et présenté devant témoins à un notaire qui le clôt et le cachète, s'il ne l'a pas été par le testateur, et qui dresse un acte de suscription signé de lui, du testateur, s'il sait signer, et des témoins.

Pour les testaments mystiques, les formalités qui doivent être observées à peine de nullité (C. civ., art. 1001) sont indiquées dans les articles 976 et 977, ainsi conçus :

Art. 976. Lorsque le testateur voudra faire un testament mystique ou secret, il sera tenu de faire ses dispositions, soit qu'il les ait écrites lui-même, ou qu'il les ait fait écrire par un autre. Sera, le papier qui contiendra ses dispositions ou le papier qui servira d'enveloppe, s'il y en a une, clos et scellé. Le testateur le présentera ainsi clos et scellé au notaire, et à six témoins au moins, ou il le fera clore et sceller en leur présence ; et il déclarera que le contenu en ce papier est son testament écrit et signé de lui, ou écrit par un autre et signé de lui : le notaire en dressera l'acte de suscription, qui sera écrit sur ce papier ou sur la feuille qui servira d'enveloppe; cet acte sera signé tant par le testateur que par le notaire, ensemble par les témoins. Tout ce que dessus sera fait de suite et sans divertir à autres actes ; et en cas que le testateur, par un empêchement survenu depuis la signature du testament, ne puisse signer l'acte de suscription, il sera fait mention de la déclaration qu'il en aura faite, sans qu'il soit besoin, en ce cas, d'augmenter le nombre des témoins.

Si le testateur ne sait signer, ou s'il n'a pu le faire lorsqu'il a fait écrire ses dispositions, il sera appelé à l'acte de suscription un témoin, outre le nombre porté par l'article précédent, lequel signera l'acte avec les autres témoins ; et il y sera fait mention de la cause pour laquelle ce témoin a été appelé.

Tout le monde peut tester dans cette forme, sauf les exceptions énoncées aux articles 978 et 979 du Code, dont voici le texte :

Ceux qui ne savent ou ne peuvent lire, ne pourront faire de dispositions dans la forme du testament mystique.

En cas que le testateur ne puisse parler, mais qu'il puisse écrire, il pourra faire un testament mystique, à la charge que le testament sera entièrement écrit, daté et signé de sa main, qu'il le présentera aux notaires et aux témoins, et qu'au haut de l'acte de suscription il écrira, en leur présence, que le papier qu'il présente est son testament.

**TÉTANOS** (pathologie) [*tetanus*, de *teinô*, je tends]. — Convulsion permanente de tous les muscles, ou seulement de quelques-uns, sans alternative de relâchement.

On distingue le tétanos, relativement aux causes qui le produisent, en *traumatique* et en *spontané*; relativement à son siége, en *général* et en *partiel* ; relativement à ses symptômes, en tétanos *droit* et *courbe*, en tétanos *parfait* et *imparfait*.

Le tétanos traumatique est celui qui succède à une

blessure, à l'introduction d'un corps étranger dans les parties sensibles, telles que le pied ou la main, aux plaies avec déchirement, aux morsures, aux brûlures, aux opérations chirurgicales. Le tétanos spontané est celui qui se manifeste, non pas sans cause, mais sous l'influence obscure de causes prédisposantes ou occasionnelles, telles que l'élévation considérable de la température ou un froid excessif, la suppression d'évacuations habituelles, des émotions vives. Quelques auteurs ont considéré comme cause spécifique, les uns l'impression du froid, d'autres la présence des vers dans les intestins; mais ces opinions sont erronées. L'emploi de la noix vomique à l'intérieur ou à l'extérieur peut donner lieu à une sorte de tétanos accidentel. Dans les Antilles le tétanos est très-fréquent parmi les négrillons, dans les premiers jours qui suivent leur naissance; il paraît dû au peu de soin qu'on met à les abriter pendant la nuit contre l'impression du froid, et plus encore au tiraillement qu'exerce sur la cicatrice ombilicale la bande mal assujettie dont on la couvre.

Le tétanos traumatique survient le plus souvent cinq à six jours, et, dans certains cas, deux à trois semaines après la blessure. Il est souvent annoncé par des douleurs, de la roideur, des tiraillements, des tremblements dans les parties où la roideur tétanique doit commencer, et spécialement dans les mâchoires, à la nuque, dans l'arrière-bouche.

L'invasion a lieu soit par un frisson, soit par l'apparition des symptômes du tétanos dans une seule partie.

Les symptômes principaux du tétanos sont la roideur convulsive et l'immobilité des parties malades; elles se montrent avec des modifications remarquables dans les diverses variétés de cette maladie.

Dans le tétanos proprement dit (*tetanus rectus universalis perfectus*), le corps est droit, immobile, tous les mouvements sont suspendus; la roideur est telle, que si l'on prenait le malade par la tête ou par les pieds, on pourrait l'enlever tout d'une pièce comme une statue.

Dans le tétanos imparfait (*tetanus recte universalis imperfectus*), les mêmes phénomènes ont lieu, mais il s'y joint par intervalles des secousses violentes analogues à celles qu'on observe dans l'épilepsie.

Dans le tétanos avec courbure du corps, la roideur est générale, mais elle porte inégalement sur les diverses parties; si les muscles de la partie postérieure du tronc se contractent plus fortement, le corps est renversé en arrière (opisthotonos); il est fléchi fortement en avant chez d'autres sujets (emprosthotonos); il est incliné vers un des côtés, chez quelques-uns (pleurosthotonos).

Dans ces diverses variétés, l'état convulsif des muscles du visage donne à la physionomie une expression extraordinaire et la rend souvent méconnaissable.

Les parties convulsées sont souvent le siége de douleurs qui sont plus fortes dans le trajet de l'épine, à la nuque et aux mâchoires, que dans les autres parties. Ces douleurs sont tantôt légères, tantôt d'une extrême violence.

La voix est souvent obscure, gênée, la parole quelquefois confuse et inintelligible; le réveil est accompagné de secousses douloureuses. La déglutition reste quelquefois libre, et quelquefois est suspendue; la constipation est ordinairement opiniâtre. La respiration est gênée, soit continuellement, soit par intervalles; le pouls est lent, la chaleur n'est pas augmentée, quelques sueurs partielles ont lieu à la face. La sécrétion de l'urine est souvent diminuée et son excrétion rarement libre. Ces phénomènes généraux manquent dans le tétanos partiel, qui peut occuper une moitié latérale du corps, un membre, et plus souvent les muscles des lèvres et les élévateurs de la mâchoire inférieure.

La durée du tétanos peut être courte lorsqu'il se termine par la mort; celle-ci a lieu souvent dès les premiers jours ou même en quelques heures. Quand la terminaison est heureuse, la durée est généralement beaucoup plus longue : il est rare que le tétanos se dissipe avant le vingtième ou le quarantième jour. La roideur cesse progressivement dans les diverses parties. Quand la terminaison est fâcheuse, le spasme semble s'étendre au diaphragme, et le sujet mourir suffoqué.

Le prognostic est toujours grave, surtout quand la marche du tétanos est rapide, quand il survient chez les nouveaux-nés ou qu'il succède à une blessure, qu'il est accompagné de dysphagie, de délire, de sueurs froides, de secousses convulsives.

Après la mort, les membres conservent plus longtemps la roideur qu'à la suite des autres maladies.

Dans le tétanos idiopathique on ne trouve aucune lésion manifeste, même dans la moelle épinière; les intestins et la vessie sont quelquefois contractés et rétrécis.

Les moyens opposés jusqu'ici au tétanos sont très-nombreux, mais presque toujours impuissants. Les principaux sont les saignées répétées, les vomitifs, les purgatifs, les sternutatoires, les diaphorétiques, les amers, les aromatiques, l'arnica, l'opium, le musc, le castoréum, l'assa-fœtida, l'ammoniaque, le phosphore, le mercure, les bains tièdes, les bains froids, les topiques aqueux, mucilagineux, huileux, alcooliques sur les parties affectées, l'électricité. De tous ces moyens, l'opium, le musc, les bains tièdes, sont ceux auxquels on a le plus généralement recours. Il convient de plus dans le tétanos traumatique, d'examiner si le pansement est méthodique, s'il n'y a pas de corps étranger qui irrite la plaie, de parties tendineuses qui l'étranglent, etc., et de satisfaire aux indications qui peuvent être fournies par cet examen.

Dans tous les cas, on doit placer le malade dans une température douce, le tenir à une diète sévère, excepté dans les cas où la maladie se prolonge beaucoup, éviter toute espèce de mouvement inutile. (*Chomel.*)

**TÊTARD** (zoologie). — Les grenouilles, les crapauds, les salamandres, etc., pondent des œufs d'où il sort de petits animaux qui subissent plusieurs métamorphoses avant de devenir animaux complets, semblables à ceux qui les ont produits : ces petits animaux se nomment *têtards*.

Les têtards, en sortant de l'œuf, sont aveugles ; ils ont la forme d'une petite lentille qui se prolonge en une queue plate, très-agile, au moyen de laquelle ils nagent et se portent d'un point à un autre. Ces reptiles imparfaits changent de peau ; ils respirent par des branchies frangées qui se développent à droite et à gauche de leur tête. Lorsqu'ils grossissent, leur ven-

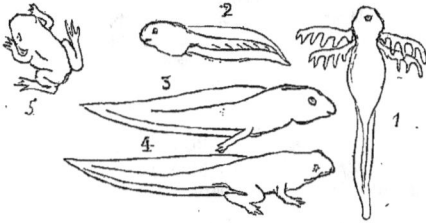

Fig. 40. — Têtard.

tre devient très-gros ; on aperçoit leurs yeux, et peu de temps après leurs pattes de devant paraissent, et puis celles de derrière : alors leur queue tombe avec leurs branchies, et le têtard passe à l'état d'animal parfait ; il quitte l'eau et commence à respirer l'air en nature.

A la taille près, les têtards sont tout à fait semblables aux grenouilles, aux crapauds ou aux salamandres qui les ont pondus. C'est au printemps que ces animaux déposent leurs œufs dans les fossés ou dans les mares ; on les y trouve sous la forme de paquets ou de longs chapelets dont chaque grain noir est un embryon. On présume que la matière gélatineuse qui les entoure sert de première nourriture aux têtards ; mais quand ils en sortent, ils mangent des matières végétales. La sécheresse et les animaux aquatiques en font périr un grand nombre avant qu'ils aient accompli leur dernière métamorphose.

**THÉ** (botanique). — Genre de plantes de la famille des Ternstrœmiacées, renfermant des arbres et des arbrisseaux exotiques, dont les principaux caractères sont : rameaux-brunâtres ; feuilles alternes, ovales, lancéolées, dentées sur leurs bords ; fleurs blanches, d'une odeur agréable : calice à 5 folioles, corolle de 6 à 9 pétales, étamines nombreuses, anthères incombantes, ovaire à 3 loges, appliqué sur un disque jaune et surmonté d'un style simple ; fruit en forme de capsules arrondies, à deux ou trois loges, contenant autant de graines.

L'espèce type de ce genre est le Thé de Chine (*Thea sinensis*), vulgairement *Arbre à thé* : « c'est un joli arbrisseau d'un à deux mètres de haut ; ses feuilles sont persistantes, d'un beau vert en dessus, d'un vert pâle en dessous ; ses fleurs ne paraissent qu'en automne. A cette espèce se rattachent deux variétés importantes, que quelques botanistes considèrent comme des espèces distinctes : le *thé vert* (*thea viridis*), d'une taille plus élevée, à feuilles plus étroites, à fleurs à 9 pétales ; et le *thé bou* (*thea bohea*), à feuilles un peu rugueuses, à fleurs à 6 pétales. On distingue encore le *thé sesanqua* ou *sasanqua*, à rameaux sarmenteux,

à feuilles lancéolées, luisantes, arquées en arrière ; à fleurs blanches, dont les pétales sont plus longs que dans les espèces précédentes. Toutes les espèces se multiplient par graines, ou par boutures, rejetons et marcottes, qu'on fait au printemps, sous châssis. Le thé est cultivé en Chine de temps immémorial, et c'est encore ce pays qui fournit au commerce les thés les plus recherchés. De la Chine, la culture du thé a été importée dans l'Inde, où elle se fait en grand surtout dans la province d'Assam ; au Brésil où elle a très-bien réussi ; aux îles de France et Bourbon, etc. On a même essayé d'acclimater le thé en France, notamment aux environs d'Angers. Ce qui constitue le thé du commerce, ce sont les plus jeunes feuilles de l'arbre à thé cueillies et desséchées. On les prépare avec les plus grandes précautions. Dès que les feuilles ont été récoltées et triées, des ouvriers les plongent dans l'eau bouillante, les y laissent une demi-minute, les retirent ensuite, les font égoutter et les jettent sur des plaques de fer chauffées. On les étend ensuite sur des nattes, où on les roule avec la paume de la main jusqu'à leur complet refroidissement. Elles se présentent alors en petits rouleaux ridés, de couleur verdâtre, brune et grisâtre, d'une odeur aromatique et d'une saveur agréable, quoique amère et un peu styptique ; les Chinois les aromatisent par le mélange des fleurs odoriférantes de l'*Olea fragans*, du *Camellia sasanqua* et surtout des *Roses-thés*. Les thés fins, destinés à l'exportation, sont mis dans des caisses de forme cubique, vernissées, doublées d'étain, de plomb, de feuilles sèches et de papier peint. On appelle *thés de caravane* les thés envoyés en Russie par voie de terre : ils sont enfermés dans des caisses semblables à celles qui viennent d'être décrites, revêtues de nattes de bambous ou recouvertes en peau : ce sont en général les thés les plus estimés. Toutes les variétés de thés du commerce se divisent en deux groupes, qui paraissent ne différer guère que par les procédés de fabrication : les *thés verts*, simplement desséchés et le plus souvent colorés au moyen d'une poudre faite avec du plâtre et de l'indigo ; ils sont plus astringents et plus aromatiques ; et les *thés noirs*, qui ont une couleur brune, due sans doute à ce qu'on leur fait subir une sorte de fermentation : ils sont plus doux. On distingue parmi les thés noirs, les variétés dites *Péko*, *Péko d'Assam*, *Orange péko*, *Péko noir*, *Congo*, *Souchong*, *Pouchong*, *Ning-yong*, *Hou-long*, *Campoy*, *Caper* et *Bohea* ; parmi les thés verts, les variétés *Hyson*, *Hyson junior* ou *Hyswen*, *Choulan*, *Hysonskin*, *Poudre à canon*, *Thé impérial* ou *perlé* et *Tun-ke*.

L'analyse chimique a trouvé dans les feuilles de cette plante (le *thea bohea* de la Chine, du Japon, etc.) du tannin, une huile volatile, de la cire et de la résine, de la gomme, des substances azotées, quelques sels et un alcali végétal appelé *théine*, identique à la *caféine*. Employé comme boisson d'agrément, le thé est un excellent *diffusible* ; mais, pris à l'excès, il agit sur le système nerveux, cause l'insomnie, et son usage, continué longtemps, peut irriter l'estomac et produire, chez les sujets prédisposés, des palpitations, des névralgies, l'amaigrissement, et, selon quelques méde-

THÉ

cins, une affection organique des reins. — Néanmoins, le thé convient aux constitutions molles, lymphatiques, aux habitants des climats humides et brumeux comme ceux de la Hollande et de l'Angleterre. — Employé comme médicament, le thé est excitant, digestif et tonique ; on l'ordonne encore comme sudorifique ; mais dans ce cas il doit une grande partie de cette propriété à l'eau chaude.

**THÉATRE.** — Nous ne nous occuperons dans cet article, que du théâtre des anciens.

Les études profondes, auxquelles se sont livrés des savants distingués de tous les siècles, semblaient indiquer que tout a été dit sur cette question, et que désormais nous devons accepter, comme règles, toutes les déductions qu'ils ont tirées de leurs recherches.

Mais la plupart des écrivains qui ont traité de la matière ne sont pas d'accord entre eux.

Vitruve qui l'a le plus approfondie, dans ce qui a rapport à son art, ne donne pas toujours de solution satisfaisante, suivant ses commentateurs.

Pollux n'est souvent pas d'accord avec Vitruve pour quelques détails, et lui-même présente quelquefois de l'indécision sur certaines parties qui conviennent au théâtre et à la scène.

Voilà deux auteurs du Iᵉʳ siècle qui étaient à même d'avoir vu, ou d'avoir recueilli bien des choses par la tradition, qui se contredisent.

Que sera-ce donc pour ceux qui sont venus dans les siècles suivants ?

L'abbé Barthélemy qui a fait les recherches les plus minutieuses sur le théâtre des Grecs, qu'il a savamment coordonnées, a plutôt vu le côté poétique de la question qu'il s'est plu à embellir du charme de son style élégant ; ainsi en voulant écrire l'histoire, il lui a donné tous les airs d'un roman ; il s'est montré épris de plus d'amour hellénique que les Grecs eux-mêmes.

C'est donc à dire que le doute règne partout, que la question est loin d'être éclaircie et que la vérité est encore à connaître.

La tâche à remplir est donc intéressante et assez sérieuse.

Nos forces suffiront-elles pour jeter la lumière dans ce chaos ? Notre prétention n'est-elle pas une témérité ? Que de choses acceptées depuis des siècles et passées en lois ! Que d'opinions reçues par une classe de savants et imposées tous les jours à la jeunesse studieuse ! Il faut battre en brèche la plupart de ces idées, avec lesquelles on s'est familiarisé, à un point que cette croyance est une autre religion, une autre arche sainte. Nous tremblons d'y porter une main presque sacrilège.

Cependant nous avons des convictions ; nous ne pouvons pas les retenir captives ; il nous faut ouvrir notre main. Il n'en échappera pas, comme de la boîte de Pandore, tous les maux à la fois ; il pourra en sortir tout au plus du ridicule, peut-être de la honte. Heureux s'il y reste l'espérance d'un peu d'indulgence pour notre tentative !

L'origine du théâtre est des plus obscures. Faut-il la rapporter comme on nous l'a donnée ? disons-la.

THÉ 381

Voici donc ce que Boileau en dit, dans son *Art poétique*, et qui a passé jusqu'ici pour en être le critérium :

> La tragédie informe et grossière en naissant
> N'était qu'un simple chœur, où chacun, en dansant,
> Et du Dieu des raisins entonnant les louanges,
> S'efforçait d'attirer de fertiles vendanges ;
> Là le vin et la joie, éveillant les esprits,
> Du plus habile chantre un bouc était le prix.
> Thespis fut le premier qui, barbouillé de lie,
> Promena par les bourgs cette heureuse folie ;
> Et d'acteurs mal ornés chargeant un tombereau,
> Amusa les passants d'un spectacle nouveau.
> Eschyle dans le chœur jeta les personnages,
> D'un masque plus honnête habilla les visages,
> Sur les ais d'un théâtre en public exhaussé
> Fit paraître l'acteur d'un brodequin chaussé.

Ceci résume ce qu'en dit Horace et tous ceux qui en ont parlé : Barthélemy, Boindin et autres.

Eh bien ! là, nous en demandons bien pardon, à Boileau, il n'y a rien de vrai.

Et d'abord un simple chœur, sans personnages, ne peut jamais constituer une tragédie ; il faut avoir de la bonne volonté pour y trouver un germe d'action. Un chœur, en délire, qui chante à tue-tête le dieu du vin, eut plutôt donné l'idée du Grand-Opéra.

Suivant Platon, qui est aussi une autorité, l'art dramatique remonte très-haut, non-seulement, comme on l'a cru généralement, à Thespis et à Phrynicus, mais on en trouve des traces dans les temps les plus reculés. C'est ce qu'il met dans la bouche de Socrate lui-même dans le dialogue de Minos.

Plutarque fait remonter jusqu'à Minos les commencements de la tragédie.

Nous osons la faire remonter plus haut.

Nous repoussons loin de nous la farce de Thespis comme indigne de tout homme sérieux ; un génie à qui on attribue des tragédies, ne se barbouille pas de lie et ne court pas les rues pour provoquer le rire de la populace. C'est bon pour Debureau de s'enfariner et de faire des grimaces sur un tréteau. Boileau a manqué ici de sa sagacité ordinaire, en montrant un respect trop aveugle pour les anciens maîtres.

Une petite excursion en arrière nous fournira des arguments à l'appui de notre opinion.

En remontant l'échelle des temps, nous voyons les muses aussi anciennes que la théogonie des Grecs.

Thalie et Melpomène président l'une à la comédie et l'autre à la tragédie. L'une a pour attribut le masque comique et l'autre le masque tragique.

Il est évident qu'avant Thespis, ou Chéryle, ou Eschyle, le masque était connu au moins comme symbole. Conséquemment Thespis, ou Chéryle, ou Eschyle, ne peuvent pas en être les inventeurs.

Assurément que les deux muses n'ont dû présider à la comédie et à la tragédie qu'autant que l'une et l'autre étaient déjà connues. Par conséquent Susarion, ou Thespis, ou Eschyle, n'en sont pas les inventeurs.

Thespis, cent ans avant Eschyle, avait fait des tragédies, entre autres, *Pélias, Alceste, Penthée*.

Pense-t-on qu'on puisse faire des tragédies sur des

sujets qui présentent une action complexe, avec un chœur et un seul personnage?

Donc quand on dit qu'Eschyle introduisit un second et un troisième personnage dans la tragédie, on commet une grave erreur. L'inconséquence est palpable.

Dire qu'on jouait aussi les tragédies de Thespis, telles que *Pelias, Alceste, Penthée*, sur un tombereau et qu'on parcourait ainsi les villages de l'Attique, pour donner aux paysans de pareilles représentations, c'est abuser de la crédulité du monde.

On fait voir des marionnettes aux paysans, non des grands opéras, fut-ce dans une grange.

Dans tous les pays du monde, les bourgs, les villages, sont habités par des paysans qui ont leurs occupations agricoles et sont ignorants des choses de l'art. En vérité, suivant quelques enthousiastes, on dirait que les Grecs se nourrissaient d'ambroisie comme leurs demi-dieux, qu'ils se faisaient, et qu'en tout temps les fontaines coulaient pour eux du lait et du vin, et qu'ils étaient tous occupés, en bons Arcadiens, à jouer de la flûte ou de la lyre et à chanter les vers d'Homère.

Toutes ces observations sont simples et naturelles et sautent aux yeux.

Il ne nous reste rien des œuvres des Thespis et des Phrynicus, les prédécesseurs d'Eschyle. Quelle que soit leur ignorance des règles de l'art, on serait injuste de croire que des écrivains qui eurent des modèles, tels que Alcée, Stésichore, Tyrtée, Homère, furent des barbares comme on veut bien le dire, et qu'ils ne furent d'aucun secours à leurs successeurs. Nous croyons, au contraire, que ces derniers leur durent tout, mais qu'ils perfectionnèrent ce que leurs devanciers avaient laissé d'imparfait. C'est ce qui arrive toujours, et Sophocle, à son tour, perfectionna certaines parties de l'art trop négligées par Eschyle.

Quant à la dimension des théâtres, s'il faut en croire, non pas certains auteurs, mais tous les auteurs qui ont écrit sur cette matière, ces édifices étaient immenses et contenaient toute une population; c'est cinquante mille, quatre-vingt mille, cent mille spectateurs!

Eh bien! dans tout cela, il n'y a encore rien de vrai.

A part une exception chez les Grecs, tous les théâtres étaient petits. Des exceptions on a fait des règles.

Chez les Romains ils étaient généralement un peu plus grands, mais ils étaient loin d'atteindre cette immensité qu'on se plaît à leur donner. Il semblerait qu'il s'agit d'un champ de Mars.

On pourrait prendre notre assertion pour un impertinent paradoxe, mais nous allons parler le mètre et le compas à la main.

Nous ne connaissons des Grecs qu'un seul grand théâtre. C'est celui qui fut consacré à Bacchus. L'emplacement de ce théâtre existe encore à Athènes. Par les ruines qui restent, il est difficile de déterminer sa véritable grandeur; mais nous pouvons nous en faire une idée, car l'histoire nous apprend que Marcellus fit construire à Rome un théâtre dans les mêmes pro-

portions que celui de Bacchus à Athènes. Le théâtre de Marcellus, quoique en ruine, néanmoins offre encore le moyen de déterminer la longueur de l'orchestre qui est de 58 mètres (1). En supposant que le théâtre eut trois rangs de gradins et en prenant pour exemple le théâtre d'Orange dont l'orchestre a 29 mètres (2), il y a entre eux la différence d'une moitié. Le théâtre d'Orange pouvait contenir 15 mille spectateurs, ce qui ferait pour le théâtre de Marcellus trente mille spectateurs, et c'est effectivement ce nombre que Barthélemy, dans son *Voyage d'Anacharsis*, donne à celui de Bacchus (3).

Le goût du spectacle s'étant répandu chez les Grecs, les théâtres se multiplièrent.

Bientôt on en vit s'élever de moins grands que celui de Bacchus. Les représentations furent plus variées et probablement plus fréquentes. Il y eut plusieurs théâtres suivant les différents genres.

La ville d'Athènes n'avait pas une bien grande population. On y comptait à peine, aux beaux jours de Périclès, quatre-vingt mille âmes. De grands théâtres eussent été une anomalie.

Outre le théâtre de Bacchus, il y avait un petit théâtre, appelé Odéon, qui lui était contigu. Sa dimension avait permis de le couvrir. C'est là qu'à notre avis, se faisait la lecture des pièces qui devaient concourir. C'est là, en présence des magistrats et des citoyens d'élite, que Eschyle, Sophocle, Euripide, Ion, etc., lisaient leurs ouvrages dramatiques et que les juges prononçaient sur leur mérite. Vitruve le place au rang des théâtres; il pouvait contenir deux à trois mille spectateurs.

Ce théâtre put servir aussi aux concerts, aux réunions musicales ou philharmoniques.

Suidas, le scholiaste d'Aristophane, et Plutarque, *Vie de Périclès*, lui assignent chacun une destination différente.

Ce sont autant d'opinions personnelles qui ne tranchent rien et qui ne servent qu'à obscurcir la vérité.

L'usage de construire des théâtres en pierre doit son origine à une des plus déplorables catastrophes. Elle eut lieu à la représentation d'une pièce du poëte Pratinax. Le théâtre, construit en bois, s'écroula et coûta la vie, dit-on, à plusieurs milliers de spectateurs.

Mais nous remarquons que de Thespis à Eschyle, il s'est écoulé cent ans pendant lesquels les théâtres étaient en bois et sur lesquels furent représentées les pièces des auteurs de l'époque; et les auteurs étaient féconds, à ce qu'il paraît, car Pratinax avait composé cinquante pièces, Chéryle cent-cinquante, Phrynicus neuf, etc.

Si Phrynicus, élève de Thespis, inventa, dit-on, le masque de femme, comment avaient eu lieu les re-

---

(1) Voyez Vitruve, liv. V, chap. vii, lettre D des notes où il est dit que le théâtre de Marcellus, en son orchestre, mesure 30 toises.

(2) Voyez l'ouvrage de A. Caristie, architecte, inspecteur général des bâtiments civils. Paris, 1839.

(3) Barthélemy, *Voyage d'Anacharsis*, vol. II, chap. LXIX.

présentations des pièces de Thespis, *Penthée*, par exemple, où doivent figurer trois ou quatre femmes?

Et si le masque fut inventé, un siècle après Thespis, comme le prétend Horace, qui en fait Eschyle l'inventeur, nécessairement les pièces des auteurs, avant Eschyle, furent jouées sans masques comme sans cothurnes et sans robes traînantes (1).

Or, il est évident pour nous que les masques ne durent servir à rien qu'à dérober les véritables traits de l'acteur pour n'être pas reconnu de ses concitoyens. Il y avait là un sentiment de pudeur bien naturel. C'est la seule explication raisonnable que l'on puisse donner pour en motiver l'usage.

Mais, dira-t-on, comment, dans ces immenses théâtres, était-il possible de se faire entendre de toutes les parties du théâtre?

La question, pour nous, n'est point embarrassante; nous y répondrons lorsqu'elle se présentera à propos des théâtres romains.

Comme chez les Grecs et chez les Romains, les théâtres avaient une disposition identique, nous nous étendrons plus en détail quand nous parlerons des théâtres romains pour ne pas nous répéter.

Des divers théâtres que renfermait Athènes, dans son enceinte, outre celui de Bacchus, il n'existe aucune trace; Athènes ne peut donc nous fournir d'exemple à l'appui de notre thèse; mais ils sont nombreux hors du territoire de l'Attique, et nous voyons une assez grande quantité de théâtres disséminés dans d'autres parties de la Grèce et dont il reste encore quelques ruines plus ou moins bien conservées.

Les anciens théâtres grecs, dont les ruines existent encore, sont tous petits.

Nous commencerons par celui de Milo, découvert depuis environ quarante ans, qui pouvait contenir cinq à six mille spectateurs, ce qui ferait supposer son orchestre d'une longueur de 12 mètres (2), longueur que donne Vitruve aux petits théâtres et qui fait la cinquième partie environ du diamètre du théâtre de Bacchus et de Marcellus, ce qui donne bien pour résultat cinq à six mille.

Nous avons ceux de Sunium, d'Epidaure, d'Argos, de Sparte, de Delphes, de Chéronée.

Il faut ajouter ceux des villes de la côte de l'Asie Mineure, dont la plupart faisaient partie de la fameuse ligue ionienne : Milet, Ephèse, Smyrne, Téos, Myra, Gnide, Héraclée, Thralles, Laodicée, Patara, Stratonice, Telos ; la plupart plus ou moins petits. Celui de Thralles, selon Vitruve, était fort petit, et pouvait contenir deux à trois mille spectateurs comme le petit théâtre de Pompéi; celui de Telos était plus grand, mais il ne contenait pas pour cela plus de monde que celui de Milo, parce que, par sa disposition, les places des spectateurs étaient plus larges; les sièges étaient en marbre blanc et avaient des bras terminés en têtes de lion; cette forme est à peu près celle de nos fauteuils, qui a beaucoup de rapport avec la chaise curule du sénateur romain.

Nous pourrions comprendre encore dans cette classe les deux théâtres de Pompéi, au moins l'un des deux, par les raisons suivantes :

Deux billets de spectacle en os, et de forme ronde, du diamètre de 2 centimètres 1/2, ont été trouvés dans les fouilles de Pompéi. Sur un côté de ces billets on voit un théâtre; sur l'autre côté :

AIΣΧΥΛΟΥ (d'Eschyle).
XII  en romain : 12ᵉ place.
IB  en grec : de même.

L'autre offre d'un côté la perspective d'un théâtre également, et de l'autre côté :

HMIKYKΛIA (Hémicycle).
XI  en romain : 11ᵉ place.
IA  en grec : de même.

Cette présomption ne serait pas hasardée; car, lorsque la Grèce fut soumise et devint province romaine, Rome adopta beaucoup d'usages des Grecs et la langue y était fort répandue. Il y avait assurément des théâtres grecs dans l'Italie comme nous avons un théâtre italien.

Les théâtres romains sont d'ordinaire plus grands que les théâtres grecs. Cependant ils en avaient aussi de petits, tel que celui d'Herculanum qui ne contenait guères que cinq mille spectateurs, ou l'un des deux de Pompéi dont le plus grand contenait cinq mille spectateurs et le plus petit deux mille cinq cents environ.

Il pouvait y avoir de bonnes raisons pour cela. Les provinces où Rome exerçait sa domination étaient plus peuplées que la Grèce, surtout les Gaules.

Les Romains eurent d'immenses théâtres. On cite ceux de M. Scaurus, de Curion et de Pompée. Ils pouvaient contenir de quatre-vingt mille à cent mille spectateurs et trois cent mille, selon certains auteurs !....

Ceci ne détruit en rien notre opinion et notre conviction n'en est point ébranlée. Donnons une idée de ces théâtres. Leur description vaut la peine qu'on en dise un mot.

M. Scaurus, pendant son édilité, fit élever un théâtre pour quatre-vingt mille personnes pour quelques jours seulement.

Il y avait, dit-on, trois cent soixante colonnes de marbre; on y comptait trois cents statues en bronze; l'or étincelait partout; le cristal, les peintures, les draperies d'étoffes précieuses ornaient le théâtre, etc.

Nous ne croyons pas un mot de ce conte de fée, trop légèrement accueilli par des hommes d'un caractère sérieux.

Pour soutenir ces colonnes de marbre, il faut nécessairement une construction solide qui eût coûté un temps infini pour l'élever. Or, on ne se donne pas une telle peine pour avoir le plaisir de jouir pendant quelques heures d'un pareil monument et de le faire en-

---

(1) Suidas fait Chéryle l'inventeur du masque, ce qui ne change en rien la question.

(2) Environ 6 toises.

suite disparaître comme si pour cela il ne s'agissait que de souffler simplement dessus.

L'historien qui a donné le premier ce récit s'est trompé, ou on l'a trompé.

Il est plus probable que Scaurus fit élever un théâtre ou plutôt un amphithéâtre immense, mais tout en bois doré, si on veut et en carton; les colonnes étaient peintes en marbre et les statues en couleur bronze. On comprend qu'on puisse élever un pareil monument en peu de temps et le détruire en moins de temps.

Curion fit construire une espèce de cirque, en charpente, qui, après avoir servi à donner le spectacle des combats des gladiateurs, se divisait en deux, et, par le moyen d'un mécanisme, les deux moitiés pivotant avec leurs spectateurs, cent mille, dit-on, formaient deux théâtres. Mais on ne dit pas par quel moyen la scène, qui fait une partie considérable du théâtre, le tiers, venait s'adapter, avec tout le personnel et le matériel, aux deux cornes de l'hémicycle; probablement par le même mécanisme. Un bon Allemand a eu la patience de résoudre ce problème.

C'est encore un conte que l'auteur qui le rapporte a fait à plaisir pour renchérir sur celui de Scaurus (1).

Un troisième historien a fait encore un conte, bien plus fantastique, avec le théâtre de Pompée. Mais il a été plus maladroit en voulant renchérir sur ses collègues. Sa description va nous en donner la preuve.

Outre les peintures, les sculptures, les statues, Pompée avait annexé à son théâtre un palais pour le sénat, un autre pour le tribunal suprême, et de plus, à l'extrémité, s'élevait un temple à Vénus la Conquérante, dont les degrés servaient de sièges aux spectateurs.

Remarquons que le sénat avait le Capitole pour lieu de ses séances. Nous ne savons pas ce que c'est que le tribunal suprême. Athènes avait son aréopage. Vitruve n'assigne aucun monument spécial à la magistrature (2). Ensuite les degrés d'escaliers, en prenant le triangle rectangle de Pythagore pour mesure, n'auraient guère plus de 20 centimètres, deux ou trois centimètres plus hauts que nos degrés ordinaires, et la hauteur des gradins des théâtres, pour être assis commodément, doivent être, selon Vitruve, de 40 centimètres!.. Est-il possible à des spectateurs de s'asseoir sur un siège de 20 centimètres de hauteur, à moins d'être accroupis comme des magots de la Chine?

Ce n'est pas tout, et l'histoire continue : On y voyait six cents chariots, douze cents mulets, une quantité d'équipages, et des troupes d'hommes à pied et à cheval qui combattaient sur les théâtres. Dans quelle pièce a-t-on jamais vu un attirail aussi extraordinaire?

(1) C'est Pline qui raconte cela avec bien d'autres contes aussi peu croyables. Nous l'avons surpris plus d'une fois en flagrant délit.

(2) Dans le liv. VI, chap. VIII, Vitruve parlant des dispositions des appartements des maisons, dit :

« Les personnes de plus haute condition qui sont dans les grandes charges, doivent avoir de grandes salles, des péristyles spacieux, parce que dans ces maisons, il se tient des assemblées pour les affaires de l'État et pour les jugements et arbitrages par lesquels se terminent les différends des particuliers. »

quel emplacement pour le contenir! Il ne faudrait rien moins que le Champ-de-Mars de Paris, doublé de la plaine de Satory de Versailles. A la rigueur cette description ne pourrait convenir qu'à un amphithéâtre et non à un théâtre. Il est évident que le chroniqueur a pris l'un pour l'autre.

Quoi qu'il en soit, ces théâtres, élevés pour une solennité, disparaissaient aussitôt que la circonstance qui les avait fait construire, était passée.

Il reste plusieurs ruines, surtout en France, qui attestent l'existence de théâtres romains. On en voit à Arles, à Vienne, à Néris, à Fréjus, à Saintes, à Vaison, à Lillebonne et à Orange, qui est le mieux conservé de tous. Le théâtre d'Orange nous servira de type pour toutes les observations que nous aurons à faire sur les théâtres en général.

Il se présente une foule de questions; mais les conditions excellentes, avec lesquelles ce théâtre a été construit, nous aideront puissamment à les éclairer ; bien des doutes se dissiperont, bien des problèmes se résoudront, et bien des opinions hasardées se rectifieront.

Nous voulons parler de la voix et par suite des masques dont les acteurs se couvraient le visage; des distances auxquelles on peut distinguer les traits de l'acteur et entendre sa voix, et de différentes petites questions qui ont embarrassé jusqu'ici certains archéologues.

Plusieurs écrivains, l'esprit frappé de l'immensité des théâtres qui se créaient en imagination, ne pouvaient comprendre que l'acteur pût se faire entendre de toutes les parties du théâtre, s'il n'avait recours à quelque moyen artificiel. De là l'invention d'un mécanisme adapté aux masques; mais où placer ce mécanisme lorsqu'on nous dit que les masques étaient faits d'une matière fine et légère : comment le placer encore le masque, ainsi que d'autres le disent, était d'écorce d'arbre, de bois ou de métal ; faut-il au moins que ce mécanisme ait un certain volume. Alors peut-il être introduit dans la bouche, et s'il a le moindre volume, le masque n'en sera-t-il pas défiguré ? Ce qui ne se fait pas apercevoir dans la représentation de ceux que nous possédons.

Ce qui a donné lieu probablement à toutes ces conjectures c'est qu'on n'a pu se rendre un compte plausible de l'ouverture énorme de la bouche. Cette difformité monstrueuse devait avoir son utilité pour qu'on se fût habitué à supporter ce qu'elle avait de repoussant. Effectivement tout nous fait présumer que cette grande ouverture, du moment que l'usage du masque était admis et reconnu nécessaire par les raisons que nous avons données, dût servir à l'émission de la voix. Car si le masque eût représenté les traits naturels du visage, la voix n'aurait pas eu une issue suffisante pour se faire entendre. Notre opinion se trouve corroborée par l'aspect d'un masque, que l'on voit dans la collection de Ficoronius, qui est le seul qui soit appliqué sur une figure, et où, à travers la grande ouverture, on aperçoit très-distinctement la bouche de l'acteur dans son état naturel ; ce qui éloigne toute idée de mécanisme.

On est capable de nous dire alors que les Grecs étaient de véritables sorciers.

Ce ne serait encore rien si la nécessité en était démontrée. Mais elle ne se fait pas sentir le moins du monde.

L'expérience est là pour nous donner raison.

Nous ne parlons pas par hypothèse; nous parlons péremptoirement.

Transportons-nous au théâtre d'Orange.

Plaçons un lecteur là où était jadis la scène. Remarquons que dans son origine cette scène avait environ un mètre soixante centimètres (1) d'élévation, et qu'aujourd'hui, qu'elle n'existe plus, elle est au niveau du sol; ce qui est un grand désavantage pour la voix. Plaçons un auditeur au dernier gradin, touchant à la galerie qui servait de refuge en cas de pluie.

Donnons au lecteur un morceau de poésie à déclamer; la tirade, par exemple, de Lusignan, dans *Zaïre*, commençant par ces mots:

> Que la foudre en éclats ne tombe que sur moi !

dont le ton noble et majestueux est exempt de ces fureurs qui demandent des efforts de voix éclatants.

Eh bien ! on ne perd pas un mot, tout arrive à l'oreille avec autant de clarté et de netteté que si on se trouvait dans un salon.

Et le théâtre est en ruine et les murs qui aidaient à répercuter la voix sont détruits, et les autres moyens acoustiques ont disparu !

Nous demandons, dans toute la sincérité de notre âme, à quoi bon alors des masques pour porter le son de la voix aux grandes distances, lorsque cela n'est pas nécessaire.

De la scène (2) aux derniers gradins, il peut y avoir de quarante à cinquante mètres; c'est ce que l'on trouve, à peu près, en multipliant les gradins par leur largeur, et en ajoutant la largeur des précinctions ou ceintures qui séparaient les divers étages des gradins.

Dans un lieu bien disposé, est-ce un phénomène que de se faire entendre de quarante à cinquante mètres? Mais une observation qu'on n'a pas faite : les sénateurs, les chevaliers (3), occupaient les premiers gradins qui étaient dans l'orchestre et après l'orchestre et se trouvaient à dix ou douze mètres de la scène ; les personnages de distinction à vingt-cinq mètres; la bourgeoisie à trente mètres ; enfin le peuple aux derniers gradins. Sénateurs, chevaliers, magistrats, bourgeois, certes, on l'admettra sans peine, pouvaient entendre facilement. Supposons même que la plèbe perdit quelques sons, croit-on qu'on s'en souciât beaucoup, comme chez nous, des spectateurs qui se trouvent nichés au cintre et au paradis ?

À l'appui de ce que nous avançons, nous citerons Vitruve qui a pris un soin extrême d'entrer dans les

détails les plus minutieux pour tirer parti de la voix, et, à ce sujet, on peut dire qu'il a fait un traité des plus ingénieux et des plus instructifs. C'est chose étonnante comme il discute cette partie applicable aux théâtres. C'est à cette occasion qu'il développe tout son système de musique harmonique selon la doctrine d'Aristoxène.

Car, comme les anciens, dit-il, ont mesuré les instruments de musique, et ont marqué sur des lames de cuivre ou de corne, les intervalles des dièzes, afin que les sons que rendraient les cordes fussent justes; ainsi par le moyen de la science harmonique, ils ont établi certaines proportions pour aider à faire entendre la voix dans les théâtres.

Ce système harmonique a été appliqué à des vases acoustiques (1). Suivant cette doctrine, et par des proportions géométriques, dit encore Vitruve, on fait des vases d'airain selon la grandeur du théâtre et on leur donne une telle proportion, que quand on les frappe ils donnent à la quarte et à la quinte l'un de l'autre et font ainsi toutes les consonnances jusqu'à la double octave. Il ajoute que dans les villes où la dépense était restreinte, les vases étaient en poterie.

Ainsi, Vitruve, dans aucune partie de son grand ouvrage, ne fait pas plus mention de masques que s'ils n'existaient pas. Assurément il n'eût pas négligé cette particularité si le masque avait possédé la propriété qu'on lui suppose de donner plus d'étendue à la voix.

Et si cela eût été ainsi, le système harmonique d'Aristoxène devenait inapplicable et les règles que Vitruve donnait auraient été sans résultat, et il s'en serait suivi un désordre, une confusion qu'on ne peut supposer au goût des Grecs.

Pour justifier l'emploi du masque on n'a pas craint d'avancer une hérésie en optique comme on l'a fait en acoustique.

On a dit qu'à de grandes distances les traits du visage échappaient aux regards des spectateurs. Sans doute si on s'imagine un théâtre aussi grand que le Champ-de-Mars. Mais à dix, vingt, quarante, cinquante pas, comme nous le disons plus haut pour la voix, la physionomie d'une personne est encore parfaitement distincte, soit qu'elle exprime la douleur, la peine, le plaisir et la joie, et le geste qui accompagne toujours ces divers sentiments n'aide-t-il pas à démêler l'ensemble de la physionomie.

Mais comment se fait-il que dans un lieu découvert, comme étaient les théâtres anciens, on fût arrivé à acquérir une pareille sonorité de la voix ?

Les anciens portaient un soin extrême à faire choix d'un emplacement favorable à la voix.

_____

(1) Ces vases étaient renfermés dans de petites chambres ou niches, disposées sous les gradins autour du théâtre pour aider à donner plus de volume à la voix.

On a beaucoup contesté l'existence de ces vases, mais Vitruve, qui lui-même les caractérise et les emploie dans la construction de ses théâtres, affirme que le consul L. Mummius, après avoir pris Corinthe, fit transporter à Rome, entre d'autres dépouilles, des vases d'airain du théâtre de cette ville, et qu'il dédia dans le temple de la Lune.

_____

(1) Vitruve, liv. V, chap. VI.

(2) Le pulpitum, où étaient les acteurs en scène.

(3) Au théâtre d'Orange, les gradins des chevaliers portent l'inscription *equi*....

Ainsi ils divisaient les lieux en quatre catégories distinctes :

Les lieux sourds : ceux dans lesquels la première partie de la voix, ayant monté jusqu'au haut, est repoussée par la solidité du lieu ; en sorte qu'en retournant en bas, elle étouffe l'autre partie qui la suit.

Les circonsonnants : ceux dans lesquels la voix étant renfermée, se perd en tournoyant, et ne paraît pas bien articulée.

Les résonnants : ceux où il se fait une réflexion qui forme une image de la voix, en sorte que les dernières syllabes sont répétées.

Les consonnants : ceux qui aident à la voix et augmentent sa force à mesure qu'elle monte, la conduisant nette et distincte jusqu'aux oreilles.

Telle est la position du théâtre d'Orange, adossé à une montagne qui représente la voix sans écho.

Telle était celle du théâtre de Bacchus, adossé à la colline sur laquelle était située l'Acropole d'Athènes.

En Grèce les grands théâtres eurent pour destination la célébration des fêtes des dieux.

A cette occasion la population d'Athènes s'augmentait de celle des environs, attirée par la solennité de ces fêtes. Ces solennités n'avaient lieu que trois fois par an, en septembre, en février et en mars, époque des dionysiaques, ou fêtes de Bacchus, qui duraient plusieurs jours. Dans ces grands jours, la république, surtout sous Périclès, faisait des dépenses énormes.

On ne se contentait pas de représentations dramatiques; il fallait satisfaire une population d'autant plus avide de spectacle qu'elle en jouissait rarement. Tout était mis en œuvre pour le lui varier. C'est dans cette circonstance probablement, que devaient avoir lieu des représentations extraordinaires de pantomimes, où les acteurs apparaissaient avec des masques, avec des robes traînantes, des cothurnes qui les élevaient, des gantelets qui allongeaient leurs bras, des cuirasses qui grossissaient la poitrine, enfin qui les transformaient en géants. Il est possible encore que des drames de circonstance fussent représentés par de tels personnages.

Les choses ne se passent pas autrement en France, à l'occasion des fêtes nationales, sauf le travestissement.

Ces suppositions n'ont rien d'extraordinaire. Dans la même enceinte on amusait le peuple, en lui donnant un spectacle de pantins et de jongleurs. C'est l'opinion de l'abbé Barthélemy (1).

Mais jamais les tragédies d'Eschyle, de Sophocle, d'Euripide ne furent représentées avec cet attirail qui ne pouvait servir de rien, pas plus pour porter la voix à distance que pour l'observation de la perspective.

Car nous avons vu, par la disposition du théâtre, que la voix pouvait se faire entendre de tous les points, et quant à la perspective, si elle était observée pour les spectateurs placés aux places les plus éloignées, elle ne l'était pas pour ceux qui étaient aux places de l'orchestre, et aux gradins de la première, seconde précinction et au delà, d'où les acteurs devaient paraître des Polyphèmes et par conséquent

(1) Tome II, chap. LXX, du *Voyage d'Anacharsis*.

ridicules; et, pour la voix, si elle paraissait naturelle dans le lointain, elle devait être insupportable et semblable à celle de Stentor, dans l'Iliade, pour ceux qui étaient à de petites distances. C'est incontestable.

Il est encore une autre observation. Avant tout il faut se conformer à certaines règles. La fidélité de costume est une chose de rigueur. Que Priam, Agamemnon, Egisthe apparaissent avec des robes traînantes, des cothurnes, etc., nous l'accordons; mais qu'on en affuble Achille, Polynice, Oreste, nous ne pouvons l'admettre, et Eschyle, et Sophocle, et Euripide n'eussent jamais osé donner à ces héros un costume de fantaisie. Ils eussent été infailliblement hués. Et, d'ailleurs, quel contraste bizarre, absurde, n'en serait-il pas résulté ! Toutes ces observations nous portent à faire des réflexions sur les sources auxquelles ont puisé tant d'écrivains pour échafauder des systèmes qui ne peuvent supporter un examen approfondi.

Car à quoi bon tout cet appareil gigantesque pour de petits théâtres? Nous le demandons aux plus grands partisans de l'antiquité.

Force est donc de chercher ailleurs l'emploi de ces. véritables machines de guerre, de ces caricatures plutôt faites pour exciter le rire, que pour en imposer. C'est ce que nous croyons avoir démontré suffisamment.

Chez les Romains tout cet attirail n'existait pas, et néanmoins ils eurent aussi le masque, mais fort différent (1). Il ne couvrait que la face et cela se comprend; le motif principal est que l'acteur voulait cacher les traits de son visage pour n'être pas connu, néanmoins, comme on le voit dans certaines peintures découvertes à Pompéi, les acteurs avaient ou n'avaient pas de masque. Cicéron nous apprend que Roscius jouait souvent sans masque.

Quant à la destination des théâtres chez les Romains, elle fut différente de celle des Grecs. La plupart des théâtres, à d'immenses proportions, furent construits par des triomphateurs pour faire des libéralités aux Romains ou pour se rendre le suffrage du peuple favorable.

Alors c'était des spectacles de pantomimes qui représentaient quelque action militaire ; des exercices divers de danseurs de corde, des prestidigitateurs, etc., dont les Romains étaient fort curieux. C'est à quoi servirent les théâtres de Marcellus, de Pompée, de Scaurus, de Curion, etc.

Les théâtres sur lesquels on représentait les pièces de Plaute, de Térence, d'Andronicus, etc., étaient moins grands. A Rome, il y en avait beaucoup plus qu'à Athènes, parce que la population de Rome était plus considérable ; sous Auguste elle pouvait s'élever à 300 mille âmes (2).

(1) Chez les Grecs le masque emboîtait toute la tête, ce qui la rendait difforme relativement aux autres parties du corps; pour les mettre à l'unisson on imagina tout ce qui fit d'un acteur un géant.

(2) Dans le seul quartier de Flaminius on comptait quatre théâtres.

Nous ne parlons pas de la tragédie, parce que les Romains ne se plaisaient pas à ce genre de spectacle; ils l'abandonnèrent de bonne heure pour les jeux et les émotions du cirque. Aussi comptent-ils peu d'auteurs tragiques.

Les Romains avaient fait du théâtre un but politique et de colonisation; c'est pourquoi partout où ils ont porté leur domination, on rencontre, dans les centres des provinces proconsulaires, des cirques et des théâtres.

Le théâtre agit beaucoup sur l'imagination. Comme les Gaules, à cette époque, étaient à peu près barbares, le Gaulois peu à peu se sentit dompté, vit ses mœurs s'adoucir, et, pour goûter le plaisir du spectacle, apprit la langue du vainqueur. C'est ce que voulaient les Romains. Il est vrai que plus tard le Gaulois chassa ses maîtres, mais la transformation avait fait de grands progrès. Si la civilisation pénétra chez nos ancêtres, c'est en grande partie par ce moyen.

Nous agissons de même à l'égard de notre conquête de l'Algérie, mais l'impulsion a manqué jusqu'ici de vigueur; aussi les hésitations ont-elles eu pour effet d'enchaîner l'essor colonisateur.

Donnerons-nous une description scientifique du théâtre des anciens? On l'a fait assez avant nous. Nous allons entreprendre d'en donner une idée à la portée de tout le monde, en prenant le théâtre moderne pour point de comparaison. Il ressemble aux théâtres anciens par plus d'un côté.

Enlevons la toiture de ce que nous appelons la salle, en laissant subsister la galerie d'en haut seulement, qui représentera la galerie couverte où, dans les théâtres anciens, les spectateurs se réfugiaient en cas de pluie (1).

Laissons subsister l'orchestre.

Convertissons, à partir de l'orchestre, près du parquet, jusqu'à l'amphithéâtre du paradis, tous les sièges en gradins, allant en retraite, ce qui donnera un peu plus d'étendue à la salle; faisons disparaître les appuis des galeries; devant les portes, formons des escaliers ou continuons ceux qui existent pour descendre aux gradins. Les corridors serviront pour circuler autour et formeront les précinctions ou séparations des étages des gradins, divisés en premières, secondes, troisièmes et quatrièmes.

Le théâtre est tout à découvert du côté de la salle; tel était le théâtre des anciens.

Eh bien! quand tous ces gradins seront garnis de spectateurs, on aura autant de monde que pouvaient en contenir les théâtres de Pompéi, d'Herculanum et bien d'autres.

Quant à la scène, il n'y a pas une différence bien grande. Dans toutes les descriptions qu'on nous a données du théâtre des anciens, nul n'a assigné de place aux musiciens, et cependant la musique a dû jouer un grand rôle, non-seulement celle qui servait à soutenir la voix, mais celle qui devait former une orchestration; il est impossible, avec le savant système d'Aristoxène, l'amour que les Grecs avaient pour la musique, et la place qu'elle occupait dans l'éducation, que l'instrumentation ne fût pas complète.

Chez les Grecs, comme chez les Romains, on ne dut pas se borner à la flûte et à la lyre. Il y avait d'autres instruments à cordes et d'autres instruments à vent. Barthélemy nous apprend qu'Eschyle, même de son temps, employa la trompette pour accompagner les chœurs de ses tragédies (1).

Nous devons ici suppléer au silence des auteurs. Quel qu'il fût, il y avait un corps de musiciens; et nous le plaçons à l'orchestre comme le nôtre, nous ne sommes pas seul de cette opinion.

Les instruments, d'ailleurs, ne manquaient pas tant chez les Grecs que chez les Romains.

Ceux à cordes étaient en grand nombre; voici les principaux : lyra, psaltérion, trigonion, tambuca, cithara, pectis, magadis, barbiton, épigonion, épandoron, etc. ; ceux à vent : tibia, fistula, tuba, cornu, buccina, lituus, etc.; ceux à percussion : tympanum, cymbalum, crepitaculum, tintinnabulum, crotalum, etc.

La scène où jouaient les acteurs était semblable à la nôtre; elle était en bois; c'est pourquoi cette partie est nue dans tous les théâtres qui nous restent; elle n'a pu résister au temps.

La disposition de l'arrière-scène était probablement comme dans nos théâtres et était destinée aux machines et aux acteurs; là étaient les cabinets des acteurs pour s'habiller.

Aux deux ailes de la scène du théâtre d'Orange, on voit deux salles spacieuses que nous jugeons être, l'une et l'autre, comme des foyers pour les acteurs et pour les mimes ou le ballet.

Tout cet ensemble de la scène était pour recevoir les décorations et les coulisses, comme dans nos théâtres.

Cette partie du théâtre était couverte pour mettre tout le matériel à l'abri des injures du temps.

Vitruve le confirme; l'abbé Barthélemy, dans le *Voyage d'Anacharsis en Grèce*, est de cet avis, et la certitude en est acquise lorsqu'on examine avec attention, au théâtre d'Orange, le mur du proscenium et ceux en retour, aux côtés de la scène, sur lesquels on remarque les traces non équivoques du toit qui couvrait cette scène.

Cette particularité est remarquable à plus d'un titre : d'abord le velum dont on nous donne le modèle avec la forme ovale, comme pour couvrir un cirque, ne peut pas s'appliquer aux théâtres, car pour les gradins seulement à couvrir, la forme du velum devrait avoir celle d'un hémicycle (2).

---

(1) Le peuple occupait les dernières places; il paraît qu'on lui avait affecté une galerie couverte pour s'y mettre à l'abri en cas de pluie. Le portique et le jardin étaient réservés aux places de l'orchestre et des premiers gradins. La distance à parcourir pour les spectateurs des derniers gradins eût été trop grande.

(1) *Voyage d'Anacharsis*, tome II, chap. LXX.

(2) Les représentations avaient toujours lieu en plein jour; pour garantir les spectateurs des ardeurs du soleil, le consul Catulus imagina le premier de faire couvrir tout l'es-

Ensuite la scène entière étant couverte, il devait nécessairement y avoir une toile pour abriter aussi la partie qui faisait face à l'orchestre, car le but de préserver du mauvais temps le matériel fragile, et les belles décorations du mur de la scène, eût été entièrement manqué.

Toile ou rideau devait être fixé en haut.

Alors nous demandons pourquoi on levait le rideau d'en bas pour le fixer ensuite au cintre, et on le baissait au moment de jouer pour le plier sur la scène, plutôt que de le fixer en haut pour le lever au moment de jouer, comme cela se pratique dans nos théâtres?

Aux théâtres d'Orange et d'Arles, il y a entre le mur du pulpitum et le contre-mur, un espace de 60 centimètres qui, dit-on, servait à loger le rideau ; cet espace nous paraît fort exigu pour un rideau de la longueur de plus de 60 mètres et de 30 mètres de hauteur, surtout lorsque l'on considère que la profondeur de la trappe n'était que de 1 mètre 60 centimètres, hauteur du pulpitum au-dessus du sol. Nous reconnaissons qu'à cet égard l'opinion générale s'est prononcée, mais nous voyons tant de choses adoptées, si sujettes à controverses, que, quoi qu'en aient dit certains auteurs, nous n'osons nous prononcer d'une manière positive, d'autant que la scène étant couverte, il devait y avoir des solives transversales propres à cette opération.

Entre le théâtre grec et le théâtre romain, il y avait une légère différence. L'emplacement de l'orchestre chez les Grecs, n'était pas occupé par des gradins comme aux théâtres romains. Il était libre et était destiné aux chœurs qui y exécutaient leurs évolutions.

La scène, aux théâtres grecs, était plus élevée qu'aux théâtres romains. L'orchestre se trouvait à 12 pieds au-dessous. S'il y avait eu, comme aux théâtres romains, des spectateurs, ils n'auraient pu voir les acteurs en scène.

Au point central de l'orchestre, chez les Grecs, s'élevait une petite tribune qui a fait naître mille conjectures sur son emploi. On ne sait à quelle opinion s'arrêter.

Pollux ne s'explique pas sur cette tribune, et il

pace, compris par les gradins, de voiles étendues sur des cordages, attachés à de longs mâts.

Le jour d'une représentation on avait grand soin d'annoncer : vela erunt, d'où velarium probablement.

Nous avons employé le mot velum avec intention plutôt que velarium, quoique certains auteurs aient employé, avec plus de raison, velaria au pluriel. Velarium était ce que nous appelons le rideau. Cette distinction faite, le velarium, tel qu'on nous en donne le modèle n'a jamais existé; c'est une pure invention moderne. Ce qui le confirme, c'est que Néron se fit représenter, dit-on, brodé à l'aiguille, dans un velarium, teint en pourpre et parsemé d'étoiles d'or, sous la figure d'Apollon conduisant le char du soleil. Or, une pareille broderie ne peut se faire sur un velarium, fabriqué d'une infinité de pièces rapportées, terminées en pointes, pour se joindre à un point central, mais on comprend qu'on puisse exécuter un tel dessin sur une et même plusieurs voiles qu'on peut faire de la grandeur qu'on veut, et qu'on étend sur des cordages, attachés à des mâts.

avoue en ignorer même l'usage. Les uns ont cru y voir un autel (1) dédié à Bacchus, sur lequel on faisait des sacrifices avant de commencer la représentation ; d'autres prétendent que c'était une tribune d'où les magistrats haranguaient le peuple assemblé (2). D'autres disent qu'il servait aux auteurs, dans les concours, pour la lecture des ouvrages dramatiques.

Ce sont autant de suppositions gratuites. Bacchus, comme les autres dieux, avait son temple où on lui faisait des sacrifices qui demandaient toujours un certain appareil, soit dans la cérémonie, soit dans le sacrifice de la victime, et pour cela un théâtre était un lieu fort mal choisi.

Il y avait l'Agora pour haranguer le peuple à Athènes ; il n'est pas dit dans l'histoire qu'aucun magistrat ou Démosthènes ait jamais harangué le peuple dans un théâtre.

Les auteurs lisaient leurs ouvrages devant un petit nombre de juges, non dans un immense théâtre, mais dans l'Odéon, suivant l'opinion la plus commune.

Il est donc probable que cette tribune ou thymèle ne fut faite pour aucun de ces usages.

Ce mot a plusieurs significations ; venant du verbe thuein, il peut signifier autel où se fait le sacrifice. D'un autre côté, thumelicos veut dire qui a rapport à la musique. Or, nous supposons que lorsque le chœur était en scène, cette tribune, ou estrade, car c'est encore une des significations de ce mot, était la place du chorège, ou chef des chœurs, et qu'il dirigeait de là, avec sa scytale ou sa baguette, soit le chant, soit les évolutions du chœur. Effectivement, suivant Vitruve, il y avait deux sortes d'acteurs, les uns appelés scenici, et les autres thymelici (liv. V, chap. viii).

De tout ce qui précède, nous pouvons conclure, à quelque différence près, que le périmètre des théâtres anciens ordinaires, surtout ceux des Grecs, n'étaient guère plus grands que celui de nos théâtres du premier ordre (3).

Voilà à quoi se réduit l'immensité des théâtres anciens.

(1) A cause qu'il avait la forme carrée. Pourquoi, après tant de suppositions, ne pourrions-nous pas aussi en hasarder d'autres, outre celle que nous avançons. Pourquoi cette tribune ne serait-elle pas la niche d'un souffleur? On ne nous a pas dit où était placé le souffleur. Est-ce que les demidieux n'avaient pas besoin d'être soufflés? D'un autel à une niche la transition est un peu brusque. Mais dans les plus magnifiques théâtres, il y a des ficelles. Pourquoi encore derrière cette niche ne se tiendrait-il pas le chef des musiciens?

(2) C'est l'opinion de Millin.

(3) Il est facile de s'en rendre compte. La largeur du théâtre d'Orange, prise par la façade, est de 120 mètres; sa largeur, ou plutôt sa profondeur, est de 75 mètres environ.

Pour les théâtres de petite dimension, pouvant contenir cinq mille spectateurs, il faut prendre le tiers.

Nous aurons de longueur, en façade, 40 mètres, et de profondeur 25 mètres.

Nos théâtres ont moins de façade, mais ils ont deux et près de trois fois la longueur qui est la profondeur des théâtres anciens. Il y a donc plus que compensation en superficie, c'est mathématique.

Quant à l'aspect monumental, il faut convenir que les nôtres sont loin d'approcher de la magnificence et du grandiose des théâtres anciens. Tout ce qu'on nous dit, à cet égard, est confirmé par les ruines de quelques-uns.

Et cette magnificence s'accroît pour les théâtres construits en plaine, comme celui d'Arles, à l'imitation de ceux de Marcellus et de Pompée. Le théâtre d'Arles, par les découvertes précieuses qui y ont été faites, avait dû être élevé avec beaucoup de luxe et de somptuosité (1).

Une remarque importante qu'on n'a pas faite encore, c'est que l'entrée des théâtres anciens était tout opposée à celle de nos théâtres. Aux théâtres anciens, elle était, par rapport aux nôtres, derrière, où est la scène, tandis que dans les nôtres elle est devant où sont les places destinées aux spectateurs ou les gradins chez les anciens. Ainsi, dans notre théâtre, le spectateur a plutôt gagné sa place que le spectateur chez les anciens.

Les théâtres anciens avaient un avantage que ne possède aucun des nôtres. Sur un des côtés, ou devant le théâtre, s'élevait un portique ou promenoir qui, par sa disposition, formait une galerie couverte, décorée de colonnes, où l'on se réfugiait en cas de pluie, avec un jardin au milieu pour se promener et respirer l'air lorsque le temps le permettait.

Nos théâtres manquent totalement de cette commodité. Quand, chez les modernes, le public se rend au spectacle, avant l'ouverture des bureaux, il est obligé de faire queue et souvent il se trouve exposé à la pluie et au mauvais temps, sans qu'il lui soit possible de s'abriter.

A Paris, l'Odéon est le seul théâtre qui offre un abri : il y règne tout autour un portique qui sert de refuge en cas de mauvais temps. Le Grand-Opéra a aussi son vestibule, mais qui n'a rien de monumental. Mais si nous ne pouvons disputer aux Grecs et aux Romains, ni leur magnificence, ni certains avantages,

(1) Pour les théâtres, adossés à une montagne, et c'est le plus grand nombre, l'extérieur n'offrait rien de monumental. C'est ce qu'on peut voir au théâtre d'Orange dont le mur extérieur existe en son entier, ce qu'on ne voit dans aucun des théâtres antiques en ruine. Eh bien ! ce mur, élevé de 35 mètres 80 centimètres, et d'une longueur de 120 mètres, tout nu, sans sculpture, produit l'effet d'un mur de prison, et l'ensemble devait paraître une véritable Bastille. La pompe de l'ornementation était toute à l'intérieur ou postscenium. Il n'y a pas un de nos théâtres de la plus chétive apparence qui n'ait une entrée monumentale; des colonnes, un péristyle ou un grand escalier. Le savant collègue de Boindin, épris d'un amour hellénique, a appliqué aux théâtres français ce qui convient, avec plus de raison, aux théâtres anciens, ceux adossés à des montagnes. Car, dit-il, dans son article encyclopédique, notre théâtre a peu d'étendue et n'offre qu'un édifice mesquin dont les portes ressemblent aux portes d'une prison devant laquelle on a mis des gardes. Il a donc manqué de vérité. Il pouvait être versé dans les sciences, mais assurément il ne connaissait pas et n'avait pas vu le théâtre d'Orange et son mur extérieur conservé. En présence de l'objet, son illusion se fût bientôt dissipée et eût tenu un tout autre langage.

nous en avons beaucoup d'autres qu'ils ne possédaient pas et qui ne sont pas à dédaigner.

Les représentations ont lieu tous les jours; et pour le confortable intérieur, nous l'emportons sans contredit sur eux.

Qu'un descendant d'Alcibiade ou de Mécènes, secouant la poussière de la tombe, apparaisse tout à coup du royaume des ombres, conduit par les mille clartés qui, par leur éclat, dissipent entièrement les ténèbres, il entre dans un de nos théâtres, tout resplendissant de lumière. Ne se croira-t-il pas dans un lieu enchanté? Tout sera pour lui un sujet d'admiration. Invité à s'asseoir, il se reposera, non sur de la pierre dure et froide, mais dans un fauteuil moelleux, où les bras et le dos trouveront un appui commode. Il s'appuiera pour voir dans la salle sur une galerie de velours, et par-dessus sa tête, il verra ondoyer une draperie de la plus riche étoffe, ornée de crépines d'or. Là, il pourra braver impunément et Borée et la pluie. Il s'armera d'une jumelle qui lui rapprochera les objets comme s'il n'avait qu'à tendre la main pour les toucher. Et si c'est le Prophète qu'on joue ou la Juive, ou Moïse, ne se croira-t-il pas transporté aux îles Fortunées? Si c'est Phèdre, ne croira-t-il pas voir la muse de la tragédie? Que lui paraîtrait Aristodème, avec son masque de femme, lorsqu'il entendrait la voix de Rachel? Il ne verra pas de vilains masques, qui conviendraient peut-être à certains visages, mais qui ne cachent pas des minois qui font tourner quelquefois les têtes. Et quand il apprendra que, pour jouir de ce spectacle féerique, il ne faut pas attendre des trois ou quatre mois, mais seulement vingt-quatre heures, pensez-vous qu'il regrettât beaucoup les représentations des temps antiques?

Que de questions sur l'antiquité, mieux étudiées aujourd'hui et plus approfondies, changeraient de face et se présenteraient sous un autre jour !

Que de choses n'avons-nous pas adoptées parce qu'elles venaient d'une source sacrée à nos yeux, et à laquelle nous devions nous abreuver sans oser regarder à la qualité du breuvage.

Il fallait ajouter foi à des fables que l'on nous débitait un peu trop sérieusement.

L'histoire des mœurs, des arts, de la littérature, enfin de tout ce qui a fait la vie des anciens, devrait être révisée et refondue.

Nous marchons encore à la lueur des flambeaux du XVIᵉ et du XVIIᵉ siècles, dont la clarté vacillante ne nous suffit pas toujours pour guider nos pas.

Ce ne serait certes pas une petite affaire que de mettre d'accord les critiques, les historiens, les philosophes, et tant d'auteurs qui ont écrit sur les anciens.

Nous livrons nos réflexions au jugement du monde éclairé.     REDAREZ SAINT-REMY.

**THÉOLOGIE** [en grec *theologia*, de *theos*, Dieu, et *logos*, discours]. — C'est la science qui traite de Dieu, de ses attributs, de la providence ou du gouvernement du monde par les lois divines, et des devoirs imposés à l'homme par l'Etre suprême.

L'étude et la connaissance de la théologie ne sont

pas sans doute exclusivement dévolues au sacerdoce; mais, il faut en convenir, notre clergé possède, sans contredit, le mieux cette science hérissée de difficultés sans nombre et qui, pour être comprise, pour être présentée dans toute sa majestueuse grandeur, exige une haute intelligence, de longs travaux, des aptitudes spéciales. Une tâche aussi ardue ne serait nullement en rapport avec nos forces; nous aurions garde de l'entreprendre; mais il s'agit ici non d'un traité de théologie, mais tout simplement d'un article de dictionnaire; il nous faut des définitions, des généralités, non un corps de doctrines. Réduite à d'aussi minces proportions, l'œuvre cesse d'être inabordable aux profanes de notre espèce. Entrons donc en matière.

I. RELIGIONS. On peut les diviser en deux classes, suivant qu'elles méconnaissent ou admettent un seul Dieu.

La première classe comprend :

Le *Fétichisme* ou adoration des fétiches, c'est-à-dire des objets vivants ou inanimés de la nature. Cette religion, la plus grossière, la plus absurde de toutes les erreurs, est en usage, avec une foule innombrable de nuances, chez les peuples du centre de l'Afrique, de plusieurs contrées de l'Asie et de l'Amérique, de l'Australie, de la terre de Diémen et de la Polynésie.

Le *Sabéisme* ou adoration des corps célestes. Il tire son nom des *Sabéens*, ancien peuple de l'Arabie, et ne subsiste plus sans mélange que dans quelques tribus isolées.

A la seconde classe appartiennent :

—Le *Judaïsme*, religion des Juifs divisés en plusieurs sectes, savoir : les Talmudistes et les Chasidim ou Juifs sauteurs, répandus dans la Pologne russe et la Turquie d'Europe ; les Caraïtes, résidant en Syrie, en Egypte, à Constantinople, en Gallicie, en Crimée et dans la Russie méridionale ; les Samaritains, réduits à peu de centaines, que l'on trouve à Naplouse et à Jaffa; les Réchabites, habitant près de la Mecque.

—Le *Christianisme* qui renferme deux grands systèmes religieux. Le premier est celui des chrétiens reconnaissant outre la Bible, une autorité supérieure en matière de foi; le second, celui des chrétiens qui ne veulent d'autre autorité que celle de la Bible. Au premier système se rattachent : 1° L'*Eglise grecque ou d'Orient* à laquelle appartiennent : l'Eglise grecque, dont le chef nominal est le patriarche de Constantinople, et qui embrasse la grande majorité des Grecs de l'empire ottoman, de l'empire russe, des îles Ioniennes, les peuples russes, les Géorgiens, etc.; l'église nestorienne, dont les croyants habitent l'Asie ottomane et l'Inde, où ils sont connus sous le nom de chrétiens de Saint-Thomas ; l'église eutychéenne, comprenant les jacobites, dans l'Asie Ottomane, les Coptes dans la Nubie et l'Abyssinie, et les Arméniens, dans l'Arménie; l'église maronite, dont les sectateurs habitent les montagnes du Liban et l'île de Chypre. Les Maronites sont catholiques.

2° L'*Eglise latine* ou *d'Occident*, ou *catholicisme*, qui reconnaît le pape pour chef. Elle embrasse presque toute la France, la Belgique, la Pologne, l'Italie, l'Espagne, le Portugal, la plus grande partie de l'Irlande,

de l'empire d'Autriche, à peu près la moitié de la Prusse, de la confédération suisse et des fractions assez considérables de la Grande-Bretagne et de la Hollande.

Le second système religieux du christianisme peut se subdiviser en *unitaires*, qui ne reconnaissent qu'une personne dans la divinité, et en *trinitaires*, qui en admettent trois. Sous la dénomination d'*unitaires* on comprend les ariens du iv° siècle, et les Sociniens, réduits les uns et les autres à un très-petit nombre ; ils habitent la Transylvanie, la Prusse, la Hollande et l'Angleterre.

On divise les *trinitaires* en trois classes :

—1° Les protestants, qui se subdivisent en luthériens et en calvinistes. Les luthériens ou adhérents à la confession d'Augsbourg dominent dans les royaumes de Prusse, de Danemark, de Suède et Norwége, de Hanovre, de Saxe, de Wurtemberg et dans les provinces baltiques de l'empire russe. Il est assez répandu dans la Hongrie, l'empire d'Autriche, les Etats-Unis et les colonies danoises ou suédoises.

Les calvinistes sont répandus en France, dans les départements du Gard, de l'Ardèche, de la Drôme et de Lot-et-Garonne; dans la Hollande, les cantons de Berne, Zurich, Bâle et Genève, la Hongrie, la Transylvanie, les Etats-Unis et les colonies anglaises et hollandaises. Les calvinistes d'Ecosse, d'Angleterre et d'Amérique se subdivisent en presbytériens, indépendants, non conformistes, puritains, etc.

—2° Les anglicans, qui composent la haute Eglise, établie en Angleterre depuis le règne d'Elisabeth. Ils forment la grande majorité de la population de l'Angleterre, et une partie assez considérable de celle de l'Irlande, des Etats-Unis et des colonies anglaises.

—3° Les mystiques et enthousiastes, répandus principalement en Hollande, en Angleterre et dans les Etats-Unis d'Amérique. Ils se subdivisent en une infinité de sectes, dont les principales sont : les arméniens, les mennonistes, issus des anabaptistes, les quakers ou trembleurs, les frères moraves, les swedenborgiens et les méthodistes.

Le *Mahométisme* ou *Islamisme*, fondé par Mahomet l'an 611 de notre ère, se divise en un nombre infini de sectes, dont les principales sont les sunnites et les schiites. Les premiers, qui admettent la succession des califes telle qu'elle a eu lieu après la mort de Mahomet, occupent maintenant tout l'empire ottoman, l'Egypte, plusieurs contrées de l'Afrique, l'Arabie et les îles de la mer des Indes. Les seconds, qui ne reconnaissent qu'Ali et ses descendants comme légitimes héritiers de Mahomet, occupent le reste des pays musulmans.

Le *Braminisme*, dont le dieu principal est Para-Brama, et les dieux secondaires, Brama, Vichnou et Chiva, s'étend sur presque toute l'Inde.

Le *Boudhisme*, qui paraît s'être formé dans l'Inde environ 1000 ans avant l'ère chrétienne, et n'être qu'une réformation du braminisme, n'est plus aujourd'hui que très-peu répandu dans l'Indoustan; mais il domine à Ceylan et dans les empires Birman et d'Annam, en Chine, dans la Corée, au Japon.

La *religion de Confucius* ou *doctrine des lettrés*,

consiste dans un panthéisme philosophique, et a pour chef l'empereur de la Chine. Elle est généralement professée par tous les lettrés de la Chine, de l'empire d'Annam et du Japon.

Le *magisme* ou *religion de Zoroastre* se conserve encore parmi les Guèbres ou Parsis, dans le German, en Perse, à Surate et dans l'Indoustan.

Voici, d'après M. Balbi, le nombre approximatif des membres de chacune des religions ci-dessus énumérées :

| | | |
|---|---|---|
| Christianisme avec toutes ses branches | 260,000.000 | dont 150,000,000 |
| Judaïsme | 4,000,000 | de catholiques. |
| Islamisme | 96,000,000 | |
| Braminisme | 60,000,000 | |
| Boudhisme, avec toutes ses branches. | 170,000,000 | |
| Toutes les autres religions | 147,000,000 | |
| Total.... | 737,000,000 | |

II. Enseignement de la théologie. — Il a lieu dans tous les grands séminaires dont chaque diocèse est pourvu, et dans les facultés de théologie, qui, instituées par décret impérial du 17 mars 1808, devaient être organisées dans chaque église métropolitaine ; mais il n'en a été établi que cinq, à Paris, Lyon, Rouen, Aix et Toulouse.

Strasbourg a une faculté de théologie luthérienne, et Montauban une faculté de théologie calviniste.

Le culte israélite a un consistoire central à Paris. Chaque département, renfermant 2000 âmes de population israélite, a un consistoire particulier. On réunit autant de départements qu'il est nécessaire pour que ce nombre soit atteint.

La théologie a toujours occupé un rang très-distingué dans l'antique Université de Paris (1), qui, en dépit de toutes les attaques, ne cessa de grandir en célébrité. La théologie, qui y avait deux écoles, l'une à la Sorbonne, et l'autre au collège de Navarre, était aussi enseignée dans les universités provinciales. A certaine époque de l'ancien régime, on n'était admis à l'étudier qu'après avoir embrassé l'ensemble des connaissances de la *clergie* (2) qui se divisait en deux parties, savoir : le *trivium* (triple voie) ou *éthique*, comprenant la grammaire, la dialectique, la rhétorique ; 2° le *quadrivium* (quadruple voie), comprenant la physique, l'arithmétique, la géométrie, l'astronomie, la musique (3). Ces sept arts ou sciences, nommés plus tard les sept *arts* libéraux, conduisaient, comme autant de voies ou degrés, à la *théologie*, ainsi placée au sommet de l'édifice. Une des causes qui, dans l'ancienne France, entretenaient une grande émulation dans l'Université, était la soutenance des thèses. L'Université d'alors avait, comme celle d'au-

(1) La tradition fait remonter l'origine de l'Université jusqu'au règne de Charlemagne ; l'Université elle-même a conservé cette vieille tradition en célébrant la Saint-Charlemagne comme la fête de son fondateur.

(2) Ce mot se prenait dans le sens de science et sagesse.

(3) Ce fut Charlemagne qui, frappé de la supériorité de la musique religieuse de l'Italie, contribua à perfectionner le chant des églises. On lui attribua même la musique d'une hymne.

jourd'hui, autant de doctorats que de facultés. Pour devenir docteur en théologie, il fallait avoir fait sept années d'études, savoir : deux de philosophie, après lesquelles on recevait d'ordinaire le bonnet de maître ès-arts ; trois ans de théologie, qui conduisaient au grade de bachelier en théologie, et deux années de licence pendant lesquelles les bacheliers soutenaient continuellement des thèses sur l'Écriture, la théologie scolastique et l'histoire ecclésiastique. Il fallait ensuite soutenir quatre thèses pour obtenir le bonnet de docteur. Lorsque le candidat l'avait enfin conquis, il se rendait à la salle de l'archevêché, revêtu de la fourrure de docteur, précédé des massiers de l'Université et accompagné du régent qui l'avait formé. Là, il se plaçait sur un fauteuil, ayant à sa droite le chancelier et le sous-chancelier de l'Université, et à sa gauche son régent. Le chancelier prononçait un discours auquel répondait le récipiendaire. Celui-ci prêtait ensuite le serment accoutumé, puis recevait à genoux le bonnet de docteur des mains du chancelier, se relevait, reprenait sa place et présidait à la thèse nommée *aulique*, qui était soutenue par un jeune candidat appelé *aulicaire*. Il se rendait ensuite à l'église Notre-Dame et jurait sur les saints Évangiles, à l'autel des Martyrs, que, s'il était nécessaire, il répandrait son sang pour la défense de la religion. A la première assemblée de la faculté de théologie, le nouveau docteur prêtait les serments accoutumés, et on l'inscrivait au nombre des docteurs. Mais ce n'était qu'au bout de six ans et après avoir soutenu une dernière thèse nommée *resumpte*, qu'il pouvait assister aux assemblées, présider aux thèses, être examinateur et censeur, jouir enfin de tous les droits attachés au doctorat. Inutile d'ajouter que toutes les épreuves avaient lieu en langue latine.

Les thèses dont nous avons donné l'énumération, disparurent avec l'ancienne université de Paris. Napoléon 1er, en constituant la nouvelle université, y maintint les grades de bachelier, de licencié et de docteur en théologie. Les épreuves orales se soutiennent en français ; toutefois on a conservé, pour le doctorat, l'usage d'écrire une des thèses en latin.

La loi la plus récente appelée à régir l'enseignement public, a été votée par le corps législatif en 1854.

III. Théologie catholique. — C'est la seule théologie digne de ce nom ; car elle est la seule qui traite de Dieu et des choses révélées de Dieu, d'après le véritable langage de Dieu. Sans doute, elle expose des mystères inaccessibles à notre faible intelligence. Et il le faut. Qu'est-ce que l'homme, si on le compare à Dieu ? En ce monde, nous sommes condamnés à n'entrevoir les sublimes perfections de l'Éternel qu'à travers un prisme. Mais, lorsque nous verrons la lumière dans la lumière incréée, alors les nuages se dissiperont et Dieu nous apparaîtra tel qu'il est, dans cette substance par laquelle il est Dieu.

La théologie catholique est la science des sciences. Aussi ancienne que le monde, sa première école a été établie dans le paradis terrestre, où nous voyons le Seigneur converser avec Adam et Ève, les initier au secret de ses grandeurs, aux magnificences de son culte, à l'immortalité de leurs espérances.

C'est une science nécessaire au prêtre pour connaître, pour expliquer, pour défendre la religion. Elle est d'un immense avantage aux simples fidèles. « L'histoire nous montre, dit M. Maret, que la théologie n'a jamais été étrangère à tout ce qui constitue la dignité, la perfection, la félicité de la nature humaine, même dès cette vie, et qu'elle a imprimé aux siècles qui l'ont vue fleurir un caractère tout spécial de grandeur. En effet, la théologie donne une légitime satisfaction aux besoins les plus élevés de l'intelligence et du cœur de l'homme ; elle éclaire la raison et pacifie l'âme. En outre de cette action qui lui est propre, elle réagit sur tous les développements humains. Sous l'influence religieuse, les caractères s'épurent et s'élèvent ; les arts, la poésie, les sciences trouvent leurs plus sublimes inspirations, toutes les créations du génie sont marquées du sceau divin qui est leur plus haute gloire. Dans la sphère des faits, tous les prodiges de la charité et du dévouement, toutes les institutions réparatrices et bienfaisantes attestent la présence dans l'âme d'un principe supérieur et divin. » (*Histoire de la Théologie*.)

Au reste, y a-t-il, peut-il y avoir une science plus belle que la théologie ? Son excellence ne ressort-elle pas de son objet et de sa fin ? Elle parle de Dieu et de ses œuvres. Elle transporte l'homme dans le ciel, et lui fait admirer la gloire du Très-Haut. Elle lui déroule son éternité, son unité de nature, dans la trinité des personnes, sa spiritualité, sa simplicité, son infinité, son immensité, son immutabilité, sa liberté, son intelligence, sa volonté, sa félicité, et l'homme, à la vue de ce spectacle, s'écrie : « Dieu seul est grand ! A lui seul l'adoration ! A lui seul l'amour sans bornes ! » Ensuite elle ramène l'homme sur la terre, lui montre le firmament et les astres suspendus à sa voûte, la mer et ses abîmes, ce vaste univers et ses richesses inépuisables, et lui dit : « Tout cela, c'est Dieu qui l'a fait ! C'est pour toi qu'il l'a tiré du néant. Et toi, tu as reçu l'existence pour unir les hommages muets de ces créatures à l'amour de ton cœur, et les faire monter vers celui qui règne dans les cieux. S'il est ton premier principe, il est aussi ta fin dernière. Là où il habite, tu habiteras un jour. Ainsi tu seras digne de ta destinée. Tu tendras sans cesse vers la perfection. »

Voici, d'après le savant Bergier, le plan de la théologie : Dieu est l'Être des êtres, celui qui est, la perfection qui renferme toutes les perfections. Il se manifeste hors de lui-même. Il est créateur, 1° des anges. Les anges forment neuf chœurs, les anges, les archanges, les principautés, les puissances, les trônes, les dominations, les vertus, les chérubins, les séraphins. Une partie des anges se révoltent ; ils sont précipités dans les enfers ; on les appelle diables, démons, Satan, Béelzébuth, etc., etc. ; 2° Dieu est créateur du monde visible ; 3° Dieu fait l'homme à son image et à sa ressemblance. L'homme tombe ; Dieu lui promet un libérateur. Dieu est providence ; il veille sur ses créatures ; rien n'arrive sans son ordre

ou sans sa permission. Dieu est législateur. Au commencement du monde, il porte des lois positives. Il dicte plus tard la loi de Moïse. Il nous donne un maître, Jésus-Christ. Jésus-Christ est le Dieu rédempteur et sauveur, le Verbe incarné qui souffre et meurt comme homme, tandis qu'il communique, comme Dieu, une valeur infinie à ses souffrances, répare la faute originelle, et rouvre ainsi la porte du ciel. Dieu est sanctificateur de l'homme par les dogmes de la foi, par les vertus de la morale, par les grâces du culte, par l'admirable efficacité des sacrements. Enfin, Dieu est juge. Il tient, à la fin des siècles, ses assises solennelles. Il donne à chacun selon ses œuvres. Le ciel est le partage des bons. L'enfer est le terrible sort des méchants. A chacun de choisir le terme où il veut aboutir ; et, par conséquent, la voie par laquelle il doit marcher.

III. *Coup d'œil historique sur la Théologie.* — La première école de théologie, avons-nous dit, a eu sa chaire dans le paradis terrestre. Adam transmet les oracles divins à Enoch, Enoch à Mathusalem, Mathusalem à Noé, et ainsi, d'âge en âge, la vérité religieuse se conserve. Dieu choisit Abraham pour en faire le père des croyants. Il communique avec lui, avec Isaac son fils, et Jacob son petit-fils. Moïse, après la sortie d'Egypte, écrit dans le désert les cinq livres du Pentateuque, où, contre l'incrédulité, se manifeste chaque jour, par les découvertes des savants, le cachet de l'inspiration divine, et où sont contenus les préceptes les plus admirables. Les livres de Josué, des Juges, de Ruth, les quatre livres des Rois, les deux des Paralipomènes, les deux d'Esdras, ceux de Tobie, de Judith, d'Esther, de Job, retracent l'histoire du peuple de Dieu ; on y voit établie la Providence du Seigneur, toujours paternelle, surtout dans les afflictions. Les psaumes de David, la poésie des poésies, que l'homme n'atteindra jamais, parce que l'homme n'égalera jamais les accents de son Dieu ; les Proverbes, l'Ecclésiaste, le Cantique des Cantiques, la Sagesse, l'Ecclésiastique, où l'on trouve, pour toutes les circonstances de la vie, le baume qui adoucit, l'espérance qui encourage, les conseils de prudence qui dirigent sûrement et conduisent infailliblement à la sainteté ; le sublime Isaïe qui renferme dans son livre, dit saint Jérôme, tous les mystères du Sauveur, sa naissance d'une vierge, les merveilles de sa vie, l'ignominie de sa mort, la gloire de sa résurrection, l'étendue de son Eglise dans toute la terre. Il parle avec tant de clarté de toutes ces choses (*huit cents ans avant leur accomplissement*) qu'il semble composer plutôt une histoire des choses passées qu'une prophétie de l'avenir ; Jérémie, Ezéchiel, Daniel, Osée, Joël, Amos, Abdias, Jonas, Michée, Nahum, Habacuc, Sophonie, Aggée, Zacharie, Malachie, les Machabées, tels sont les théologiens de l'Ancien Testament. Ils ont tous écrit sous la dictée de l'Esprit-Saint.

Enfin apparaît Jésus-Christ, fils de Dieu, consubstantiel à son père. Il est la voie, la vérité, la vie : la voie dans laquelle il faut marcher ; la vérité qu'on doit écouter ; la vie dont il faut se nourrir. Sa doctrine est contenue dans l'Évangile, dont Rousseau disait : « la sainteté de l'Évangile parle à mon cœur. » C'est de Jésus-Christ qu'avaient parlé tous les théologiens de l'Ancien Testament ; c'est de lui que parleront, jusqu'à la consommation des siècles, tous les théologiens du Nouveau Testament.

Après l'Ascension, les premiers théologiens sont les apôtres saint Mathieu, saint Marc, saint Luc, saint Jean, saint Pierre, saint Paul, saint Jacques, saint Jude. Ils racontent ce qu'ils ont vu, ce qu'ils ont entendu, et ils meurent pour soutenir leur doctrine !

La théologie catholique continue ses prédications et ses succès. Néron, sollicité par l'affranchi Polybe, veut noyer dans le sang les adorateurs du vrai Dieu, et le sang des martyrs devient une semence de chrétiens. Saint Barnabé trace, dans son Épître, les règles les plus sûres de la morale chrétienne. Hermas, saint Denis l'aréopagite, premier évêque de Paris, saint Clément, pape, nous laissent des monuments précieux de la foi au premier siècle, et disent aux prétendus-réformés : « Votre doctrine n'est pas la doctrine de Jésus-Christ. »

Le second siècle est sillonné par de nouvelles et sanglantes persécutions ; elles n'aboutissent qu'à de plus éclatants triomphes. L'hérésie lève la tête ; elle se personnifie dans Saturnin, Carpocrate d'Alexandrie, Cerdon de Syrie, Valentin d'Egypte, Marcion, Hermias. Mais la vérité compte de brillants défenseurs. Saint Jean avait établi une chaire de théologie à Smyrne. Là furent formés l'évêque d'Antioche, saint Ignace, saint Polycarpe, saint Irénée ; ce dernier passa dans les Gaules, avec saint Pothin, et y fonda l'école de Lyon. Saint Pantène enseigne à Alexandrie. Saint Quadrat, évêque d'Athènes, dans une savante apologie, force l'empereur Adrien de reconnaître la divinité de Jésus-Christ. Athénagore, Méliton, saint Justin, Hégésippe et une foule d'autres portèrent les plus rudes coups au paganisme.

Le IIIᵉ siècle voit se multiplier les échafauds. Les chrétiens sont autant de héros. L'école d'Alexandrie jette le plus vif éclat. Sa chaire est d'abord occupée par Clément, et ensuite par Origène, dont saint Jérôme a dit : « Après les apôtres, c'est le grand-maître des Eglises. » Il a composé plus de six mille ouvrages ; son chef-d'œuvre est la réfutation du philosophe Celse, dont les incrédules de nos jours viennent répéter les vieilles et ridicules objections. Hippolyte illustre l'école de Rome. Celle d'Afrique se glorifie de Tertullien et de saint Cyprien. Ne passons pas sous silence saint Grégoire Thaumaturge, qui avait trouvé dix-sept chrétiens à Néocésarée, et eut la consolation, en mourant, de n'y laisser que dix-sept infidèles. Que pouvaient contre de tels hommes, les Jules Cassian, les Sabellius, les Novat, les Novatien, les Paul de Samosate, les Manès ?

Au commencement du IVᵉ siècle, le paganisme livre un suprême combat à la sainte religion du Christ. Et, au moment où il s'écrie : « Enfin, j'ai abattu l'infâme !!! » Constantin adore la croix. Et son siècle devient un des plus beaux siècles de l'Église. Ainsi se vérifie la parole de l'Esprit-Saint : *Toute prudence est inutile contre Dieu.* Il est vrai que l'enfer suscita de nombreuses hérésies. Mélèce d'Égypte forme un

schisme, ainsi que Donat d'Afrique. Arius attaque la divinité de Jésus-Christ. Acace de Césarée, Eudoxe d'Antioche, Eusèbe de Nicomédie, Eunomius prirent sa défense. Aérius s'en prit au culte extérieur ; Macédonius de Constantinople rejeta la divinité du Saint-Esprit. La théologie catholique soutint vaillamment la lutte ; elle écrasa ses ennemis. L'école gauloise brilla de l'éloquence de saint Hilaire de Poitiers, l'infatigable défenseur de la consubstantialité du Verbe. L'école espagnole put se glorifier de son poëte Juvencus. Saint Ambroise illustra l'Italie. L'Afrique nous a transmis les écrits d'Arnobe l'ancien, de Lactance, le Cicéron chrétien. L'école d'Alexandrie avait à sa tête Didyme l'aveugle. Citons encore saint Athanase, évêque d'Alexandrie, le plus profond théologien de l'antiquité, le fléau des Ariens ; saint Grégoire de Nazianze, l'Isocrate des Pères grecs, surnommé le Théologien ; saint Grégoire de Nysse, l'un des plus grands génies qui ait brillé au firmament catholique ; saint Ephrem appelé par saint Grégoire de Nysse le docteur de l'univers, et par Théodoret la lyre de l'Esprit-Saint ; saint Basile dont les ouvrages sont admirables.

Le Vᵉ siècle nous présente les écoles théologiques de Lérins et de Saint-Victor de Marseille. Indiquons seulement les grands théologiens de cette époque. Phébade d'Agen, saint Epiphane de Salamine, Prudence, Sulpice-Sévère, le Salluste chrétien, saint Cyrille d'Alexandrie, saint Isidore de Péluse, le fameux Vincent de Lérins, saint Pierre Chrysologue, dont les discours, de l'aveu des protestants eux-mêmes, ont beaucoup d'autorité en matière théologique. Quel siècle que celui qui a produit saint Léon le Grand, saint Jérôme, saint Jean Chrysostome et saint Augustin, le premier théologien de l'antiquité ! Qui ne connaît ses *Confessions* et sa *Cité de Dieu* ? Qui n'a entendu parler de ses triomphes sur les Manichéens et de cette conférence qui ramena au véritable bercail trois cents évêques donatistes ? C'est en présence de tels docteurs que se trouvèrent Théodore de Mopsueste, Pélage de Bangor, Nestorius de Constantinople, Eutychès, Vigilance, Sévère chef des Acéphales, etc., etc. Leur mauvaise doctrine fut pulvérisée.

Arrivons au VIᵉ siècle. Trois hérétiques, Athanase d'Arménie, Cyrus d'Alexandrie, Sergius de Constantinople, favorisent le monothélisme. Ils ont peu d'adeptes. Les barbares inondent le monde ; l'ignorance marche à leur suite ; les lumières vont se réfugier dans les théologiens de cette époque. Les clercs seuls étudient ou écrivent, dit M. Guizot (*Histoire de la civilisation en France*). Et nous entendrons dire à quelques demi-savants dont un verbiage facile fait toute la science : « le clergé est l'ennemi des lumières ! » Dites plutôt : « le clergé aime les grandes lumières. » Nommons, pour l'Orient, Jean-Maxence de Scythie, Epiphane le Scolastique, Evagre, saint Jean, Climaque, Jean Philoponus, Léonce le scolastique ; pour l'Afrique, Eugippe, Libérat, Flavius, saint Fulgence. « Il eut, dit M. A. Cousin, une grande influence sur les études sacrées de son siècle. » Son traité de la foi lui valut le surnom théologique d'Augustin du sixième siècle. En Gaule, les écoles les plus célèbres sont celles de Poitiers, de Paris, du Mans, de Bourges, de Clermont, de Vienne, de Châlons-sur-Saône, d'Arles, de Gap, de Luxeuil, de Fontenelle qui compta jusqu'à trois cents étudiants; en Allemagne, saint Gall; en Italie, Robio. «On est étonné, continue M. Guizot, quand, après avoir entendu dire et pensé soi-même que ce temps avait été stérile et sans activité intellectuelle, on découvre, en y regardant de plus près, un monde d'écrits. Les 99 centièmes ont été perdus, et cependant il nous en reste un nombre prodigieux; ils forment une véritable et riche littérature. » Citons, en passant, Eugippe d'Afrique, saint Remy de Reims, saint Benoît, suscité de Dieu pour sauver les sciences, saint Grégoire de Tours, saint Grégoire le Grand, l'un des plus illustres docteurs de l'Eglise.

Parcourons rapidement le vii° siècle. Il compte, parmi ses gloires théologiques, saint Colomban d'Irlande, Paul de Mérida, saint Grégoire d'Agrigente, l'abbé Dorothée de Palestine, saint Isidore de Séville, saint Sophrone de Jérusalem, saint Eugène de Saragosse, saint Ildéfonse et saint Julien de Tolède, saint Maxime de Constantinople, homme profondément érudit et d'une sagacité rare; Théodore de Cartorbery, Antiochus d'Ancyre. Tajon de Saragosse écrit une Somme complète de théologie, monument prodigieux pour ce siècle.

Au viii° siècle, saint Jean Damascène, surnommé Fleuve d'or, jette les premiers fondements de la théologie scolastique, en Orient. André de Crète publie quelques commentaires sur les diverses écritures. Dans l'Occident s'élèvent partout des écoles nouvelles. Aniane, Metz, Cluny, Sainte-Geneviève de Paris, Jumièges, Chartres, Sens, Cambridge, York, Oxford, Lincoln, Fulde, etc., etc., font voler au loin leur réputation. Dans cette nomenclature figurent des noms anglais. Ah ! c'est qu'alors l'Angleterre était catholique; elle était l'île des saints. Depuis qu'elle appartient on ne sait à quelle religion, de quel nom est-elle digne? Citons saint Adeliné, évêque de Schrburn, et le vénérable Bède, l'un des hommes les plus profonds de son temps. On ne fait mention que de trois hérétiques insignifiants, Samson, Elépano de Tolède, Félix d'Urgel.

Le ix° siècle n'a pas été bouleversé par des hérésies, nom qu'on ne peut, ce nous semble, donner aux erreurs de Gottschalk, de Jean Scot, d'Erigène et de Claude de Turin. Mais à ce siècle remonte le commencement de ce schisme fameux qui a séparé presque tout l'Orient de l'église catholique. La vérité eut cependant de nombreux et brillants défenseurs : saint Paulin d'Aquilée, dont les *Instructions* furent attribuées pendant longtemps à saint Augustin; Alcuin, théologien de profession, dit M. Guizot, c'est un moine, un diacre, la lumière de l'Eglise contemporaine; c'est en même temps un érudit, un lettré classique; Amalaire de Trèves, saint Benoît d'Aniane, Théodulfe d'Orléans, saint Théodore Studite, Agobard de Lyon, un des plus grands hommes de son siècle, théologien savant et profond; Raban-Maur de Mayence, auteur de cinquante-un ouvrages de théologie; Loup-Servat, remarquable, dit Mabillon, par l'étendue de ses connais-

sances et la pureté de son style; Ratramne de Corbie, auteur d'un magnifique traité sur le corps et le sang de Jésus-Christ; saint Remi de Lyon, habile théologien; saint Adon de Vienne, d'une critique éclairée, Hincmar de Reims.

Le x° siècle nous présente les ouvrages d'Alfred le Grand, roi d'Angleterre; de Remy d'Auxerre, d'Entychius d'Alexandrie, de saint Odon de Cluny, du fameux Siméon Métaphraste, de Luitprant de Crémone, homme profondément érudit; d'Ivon dont les écrits ont joui d'une immense réputation; du pape Sylvestre II, prodige de doctrine et de pénétration.

Le xi° siècle vit apparaître l'hérésie de Bérenger contre la présence réelle (il se rétracta), et la consommation du schisme grec. Depuis ce schisme, le clergé grec est tombé dans la plus déplorable ignorance. La vérité catholique compte parmi ses docteurs; Abbon de Fleury, Bouchard de Worms, saint Fulbert de Chartres, Adelinan de Brescia, saint Pierre Damien, d'une vaste érudition; Michel Psellus de Constantinople, théologien fécond et célèbre; le fameux Théophylacte d'Acride, Lanfranc et saint Anselme de Cantorbery, le pape Urbain II.

Le xii° siècle est célèbre par la fondation définitive de l'Université, où se réunirent les professeurs des grandes écoles théologiques de Notre-Dame, de Sainte-Geneviève, de Saint-Victor. Il fut témoin de la lutte soutenue, d'une part, par saint Bernard, et de l'autre par Abélard. Saint Bernard défendait la vérité; il écrasa son adversaire. Il fut le théologien le plus exact de son temps, une des plus brillantes lumières et le dernier père de l'Eglise. Ses écrits sont si délicieux qu'on les dirait tracés par le Saint-Esprit. Il a été déclaré docteur de l'Eglise universelle par le pape Pie VIII. Ce siècle est fécond en hommes illustres. Contentons-nous de nommer saint Bruno, fondateur des Chartreux; Yves de Chartres, Marbode de Rennes, Quibert de Nogent-sous-Coucy, Alger de Cluny, Hildebert de Tours, Rupert de Duits, Hugues de Saint-Victor, surnommé la Langue de saint Augustin, théologien éminent; Pierre le Vénérable, Gratien, créateur de la science du droit canon; Pierre Lombard, Richard de Saint-Victor, un des pères de la théologie mystique; Pierre de Blois. L'école hérétique nous présente les tristes élucubrations de Pierre de Bruis, d'Arnauld de Bresse, de Pierre Valdo, chef des Vaudois, et de quelques autres impies.

Le xiii° siècle est l'apogée de la scolastique; elle a peu d'hérétiques à combattre; le seul qui mérite d'être nommé est Amaury de Bène, professeur à l'Université de Paris. Ce siècle se glorifie de plusieurs théologiens éminents, entre autres d'Adam de Lisle, surnommé le Docteur universel; de Pierre de Poitiers, d'une vaste science; du pape Innocent III, de saint Antoine de Padoue, de Guillaume d'Auxerre, de saint François d'Assise, patriarche de l'ordre séraphique; d'Alexandre de Halès, d'Henri de Suze, surnommé la Source et la Splendeur du droit; de Robert Sorbon, fondateur de la Sorbonne; du docteur angélique saint Thomas d'Aquin, le prince des théologiens; «sa Somme théologique, dit M. Maret, embrasse tout; c'est un arbre majestueux sortant du sol, élevant ses tiges, étendant ses branches, développant ses feuilles, ses fleurs et ses fruits. « Nommons encore saint Bonaventure, Albert le Grand, saint Raymond de Pennafort.

Pendant le xive siècle, la théologie scolastique est en décadence. Néanmoins les fortes études continuent. « Le Christ, disait Aimery, évêque de Paris, veut que la science soit surtout honorée sur la terre par les chrétiens, comme elle est par lui couronnée et glorifiée dans le ciel. » — « Jamais, ajoute M. Thomassy, si ce n'est de nos jours, le travail de l'intelligence ne se fit une aussi large part dans la société. » La vérité fut attaquée par Doucin, dont nos socialistes seraient fiers ; par Berthier, horrible blasphémateur ; par Jean Wiclef, dont les erreurs ont été renouvelées par les protestants. Mais dans cette lutte, que de glorieux athlètes défendirent vigoureusement les doctrines de la foi! Jean Duns Scot, dit le docteur subtil ; Gilles de Rome, le docteur très-fondé ; Pierre Auréol, le docteur éloquent ; Jean Bassol, le docteur magnifique ; François de Maironis, le docteur illuminé; Durand, le docteur très-incisif ; Nicolas Delire, Pierre de Jérusalem, Jean Bacon, le docteur résolu ; le martyr Raymond Lulle ; sainte Catherine de Sienne, etc. Telles sont les lumières de ce siècle.

Saint Vincent Ferrier, l'illustre Gerson, Thomas Valden, Nicolas Clémengis, l'écrivain le plus éloquent et le plus poli de son siècle ; Nicolas Tudesque, Alphonse Tostat, saint Laurent Justiuien, saint Jean Capistran, saint Antonin de Florence, Georges de Constantinople, Guillaume de Varilong, Pie II, un des plus savants de son siècle ; le cardinal Torquemada, Thomas à Kempis, auteur de l'Imitation ; le cardinal Bessarion, Sixte IV, le fameux Pic de la Mirandole, consolèrent par leurs vastes sciences et par leurs vertus l'Eglise catholique des larmes que lui firent répandre Jean Petit, Jean Hus, Jérôme de Prague, Pierre d'Osma.

Nous voici au xvie siècle. Nous ne parlerons pas des nouveaux réformateurs, Luther, Calvin, Zwingle, etc., etc. ; leur doctrine est caractérisée dans le chapitre suivant. C'est l'époque des grands combats; mais c'est aussi l'époque des grandes victoires. La théologie catholique semble éprouver une défaite dans le nord de l'Europe ; mais elle répare surabondamment ses pertes dans l'Asie et dans un nouveau continent. La barque de Pierre est souvent agitée ; elle ne sombre jamais ; elle a des promesses éternelles. L'Eglise compte parmi les gloires du seizième siècle Paul Cortèse d'Urbain, le fameux cardinal Ximénès, Sylvestre Mozzolini, l'immortel Cajétan, Jean Fischer et Thomas Morus, victimes d'Henri VIII; Jean-Louis-Vivès, Jacques Merlin de Paris, le Flamand Josse Clichtove, Jean Ekuis, le cardinal Sadolet, digne des temps apostoliques ; saint Ignace de Loyola, fondateur des Jésuites, dont les constitutions sont si sages, dit Richelieu, qu'avec elles on pourrait gouverner le monde; saint François Xavier, l'apôtre des Indes; Catharin, une des lumières du concile de Trente; Jean Gropper, Allemand, qui nous a laissé un chef-d'œuvre dans son traité de l'Eucharistie; le cardinal Polus,

Melchior Cano des Canaries, les deux dominicains Dominique et Pierre Soto ; Jean Hessels, quelque peu répréhensible dans ses écrits; Claude de Paris, Jansénius de Gand, le docteur Mouchy, le savant Corruvias, le cardinal Hosius, le jésuite Maldouat, saint Charles Borromée, Grenade, le Bossuet de l'Espagne; le cardinal Tolet, surnommé le Prodige de l'esprit humain; Sanictes d'Evreux, Canisius, qui a mérité d'être traduit dans toutes les langues ; Azou, dont les ouvrages étaient recommandés par Bossuet, etc., etc., etc.

Le xviie siècle est le grand siècle, c'est le siècle de Tillemont, de Fleury, de Noël Alexandre, de Renaudot ; c'est le siècle de Suarez, dont M. A. Cousin a dit : « Il commença chez les jésuites la brillante carrière théologique qui devait le faire monter un jour à côté de saint Thomas, et même au-dessus, selon le témoignage de Benoît XIV. » Les écoles catholiques de ce siècle sont l'école mystique, l'école de théologie morale, l'école gallicane et ultramontaine. L'école mystique a été illustrée par sainte Thérèse, par saint Jean de la Croix, par saint Pierre d'Alcantara, par le bienheureux Jean d'Avila, par Rodriguez, par saint François de Sales, dont tous les écrits méritent d'être lus et médités par Fénelon ; l'école de théologie morale soutint vaillamment la lutte contre l'hérésie janséniste. Les écoles gallicane et ultramontaine ont ouvert une polémique qui semblerait durer encore. Nommons rapidement les principales gloires théologiques du xviie siècle dont nous n'avons pas encore fait mention : Camus de Belley, Sanchez, Estius que Benoît XIV appelle le docteur très-fondé ; le cardinal du Perron, le cardinal Bellarmin, dont les écrits ont une immense autorité ; Lessius, Bonacina, le curé Véron, Diego Alvarez, le sage Sylvius, le jésuite Petau, un des plus savants hommes de son temps ; Sirmond, Morin, Delugo, cardinal, théologien consommé ; de Marca de Toulouse, le cardinal Bona, Contenson, Sainte-Beuve, Cabassut d'Avignon, Abelly de Rodez, Thomassin, l'admirable Pelisson, Pyrrhus-Conradin, le jésuite Viva.

L'Eglise, pendant le xviiie siècle, a soutenu un des plus violents combats contre la fausse philosophie, enfant naturel du protestantisme ; ce combat lui a valu de brillants docteurs et d'héroïques martyrs. Toland, Tendal, Hume, Bayle, Voltaire, Condorcet, d'Alembert, Diderot, Grimm, Helvétius, La Mestrie, Boulanger, Dupuys, Volney, Rousseau, Eberhardt, Lessing, Mauvillon, etc., etc., tels sont, dans ce siècle, les ennemis du catholicisme ; le catholicisme est debout, et à tous ces philosophes on peut appliquer les paroles du psalmiste : Je n'ai fait que passer, ils n'étaient déjà plus. Il nous est impossible de citer un grand nombre de théologiens, l'espace d'un article ne nous le permet pas. Vogler, Bourdaloue, Mabillon, Ducasse, Duhamel, Lami, Lacroix, Vitasse, Pontas, Tournely, Babin, Roncaglia, Drouin, Antoine, très-estimé par Benoît XIV ; Concina, d'un grand mérite; Billuart, Benoît XIV, la gloire de son siècle; Gautier, Collet, Chardon, Deus, Voigt, Amort, corrigé de la propre main de Benoît XIV ; Legrand, saint Liguori, extrêmement remarquable ; Merlin, etc., etc., etc., ont illustré les écoles théologiques du xviiie siècle.

IV. — La Révolution française porta un coup terrible aux écoles de théologie. Néanmoins l'enseignement catholique s'est promptement relevé, et le XIXe siècle ne sera pas le moins fécond en brillantes études. Il est vrai que les Facultés d'Allemagne et de France, de création récente, sont vite tombées en discrédit. Mais, aussitôt que l'autorité spirituelle les aura sanctionnées, elles reprendront rapidement leur ancienne splendeur. Nous n'avons qu'à citer la Faculté de Louvain qui est devenue, sous la domination de l'Eglise, la plus florissante du monde entier. Les grands séminaires sont aujourd'hui, principalement dans notre France, le seul foyer où vont naître et se développer nos maîtres en théologie. Les ennemis de l'Eglise sont nombreux, ils sont acharnés ; leur talent est incontestable. Contre les protestants et contre les faux philosophes ont combattu avec un magnifique succès : Mœlher, dans sa *Symbolique*, Mylner, Lingard, le cardinal Wiseman, Thomas Moore, Esselinger, Hœningam, le célèbre Balmès, Audin, Libermann, Kenrick, Klée, dans son *Histoire des dogmes chrétiens*; Guales, Carrières, Martin, Rosckovani, Rothensée, Grégoire XVI. Ajoutons à ces noms : Cittadini, Alber, Jansens, Glaire, le cardinal Maï, Rohrbacher, Hurter, Jager, Ravignan, Frayssinous, Lacordaire, Drach, F. Nicole, Barth, le cardinal Gerdil, Muzarelli, Duvoisin, Devotis, le cardinal de La Luzerne, Vernier, Boyer, Gousset, Bouvier, Gaume, Mastrofini, Sœttler, Perrone, le grand théologien de nos jours ; Parraglia. La théologie catholique peut, avec une noble assurance, attendre les défis de ses adversaires ; elle est sûre d'un magnifique triomphe.

Tous les théologiens, dont nous venons de citer les noms, et tant d'autres qui ont aussi une grande réputation de savoir, sont-ils infaillibles comme les Evangélistes, comme les Apôtres ? Non. Mais l'Eglise est infaillible, car elle a un chef, et à ce chef Jésus-Christ a dit : « Vous êtes Pierre, et sur cette pierre je bâtirai mon Eglise, et les portes de l'enfer ne prévaudront pas contre elle. Confirmez vos frères dans la foi. » Et tous ces théologiens ont mis à la suite de leurs écrits : « Ce que j'enseigne, je le soumets au jugement du chef de l'Eglise ; ce qu'il jugera condamnable, je le condamne d'avance. » Dès lors, en tout ce que l'Eglise approuve, quelle immense nuée de témoins ! !

La théologie, comme la religion, dont elle est l'écho, est sainte dans ses lois, dans sa doctrine, dans ses sacrements ; elle trace d'une main sûre nos devoirs envers Dieu, envers le prochain, envers nous-mêmes ; elle prescrit tout ce qui est bien ; elle conseille ce qui est plus parfait ; elle interdit rigoureusement le mal, ainsi que le désir et la pensée du mal. Elle est sainte dans sa doctrine. Qu'y a-t-il de comparable à l'Evangile et aux autres livres inspirés ? La théologie catholique n'enseigne que les Ecritures, expliquées par les papes, par les conciles, par les docteurs de l'Eglise. Pauvre protestantisme, que tu es ridicule avec ton sens privé ! Oui, pour la certitude en matière de foi, il faut la parole du Saint-Esprit ; mais il faut de plus l'interprétation de l'Eglise. « Il a paru

bon au Saint-Esprit et *à nous*, » disaient les Apôtres. Elle est sainte dans ses sacrements. Par le Baptême, l'homme tombé en Adam devient l'enfant de Dieu ; par la Confirmation, il reçoit le glaive spirituel pour détruire ses ennemis ; par l'Eucharistie, il nourrit et développe sa vie surnaturelle ; par la Pénitence, il trouve une seconde planche après le naufrage ; par l'Ordre, il est dirigé dans les voies du salut par un sacerdoce royal ; par le Mariage, il crée des enfants, non-seulement pour la terre, mais surtout pour le ciel ; par l'Extrême-Onction, il achève de se purifier, pour faire son entrée dans la Jérusalem céleste, où rien de souillé ne saurait pénétrer.

La théologie catholique peut donc dire à ses ennemis : « Qui de vous me convaincra de péché ? Et puisque je vous annonce la vérité, pourquoi ne me croyez-vous pas ? Pourquoi me persécutez-vous ? J'ai les paroles de la vie éternelle. Venez donc à moi, vous qui êtes affamés de vérité, et je vous rassasierai. »

Tel est, en substance l'enseignement de la théologie catholique, dont nous n'avons pu donner qu'une très-faible idée.

V. — *Théologie protestante* (1). — Dans tout ce qu'elle a de chrétien, elle est d'accord avec le catholicisme, c'est-à-dire avec la lettre et l'esprit de l'Evangile.

Nous laisserons à un écrivain distingué, à un ancien membre du gouvernement provisoire de 1848, à un ennemi déclaré du catholicisme, à M. Louis Blanc, le soin de caractériser les funestes doctrines inaugurées dans la première moitié du XVIe siècle par Luther et Calvin. Voici comment elles sont jugées dans le tome Ier de l'*Histoire de la Révolution française*, de l'infatigable tribun socialiste du palais du Luxembourg : -

« ..... Alors se présenta clairement à son esprit (l'esprit de Luther) le sens révolutionnaire des paroles qui, à Erfurt, étaient sorties des abîmes de son cœur, et que, depuis, il avait cru entendre à Rome sur les marches de l'escalier de Pilate ; si, comme l'avait dit saint Paul, le juste vivait par la foi, la foi était donc la grande condition du salut. Et si la foi était tout, si les œuvres n'étaient rien, le moine portant un cilice tombait au-dessous du laïque ayant la foi.

» D'un autre côté, n'a pas la foi qui veut : Dieu la

---

(1) En France, nous désignons par le nom de *protestantisme* les hérésies de Luther et de Calvin ; leurs partisans sont appelés *protestants*. Ce nom leur est venu de la protestation qu'en 1529 les partisans de Luther opposèrent aux résolutions de la diète de Spire. Les protestants de France furent aussi nommés *huguenots*. On a beaucoup discuté sur l'origine de ce nom, qui, au XVIe siècle, servait à désigner les disciples de Calvin. Les uns l'ont fait dériver du roi Hugon, espèce de mauvais génie qui, sur les bords de la Loire, surtout à Tours, servait jadis, dans les contes de vieilles femmes, à épouvanter les enfants ; — les autres, d'une petite monnaie appelée *huguenotte*, etc. Il vient incontestablement de l'allemand *eidgenossen* (conjurés ou associés par serment). On donnait ce nom aux habitants de Genève qui s'étaient soulevés contre le duc de Savoie. Ce mot fut ensuite altéré par les Hollandais et changé en *huisgenossen*, d'où l'on a fait *huguenots*.

donne ou la refuse. L'homme n'était donc pas libre. Or, s'il n'était pas libre d'agir, l'Eglise n'avait rien à lui prescrire. S'il dépendait de Dieu seul, il n'avait à courber le front devant aucun visage humain ; et, confondus dans une même dépendance vis-à-vis du Christ, le dernier des fidèles et le pape devenaient égaux : pourquoi un pape?

» Telles furent les primitives données du protestantisme. Et quant à ses conséquences, ne les pressentez-vous pas déjà? Ce pape qu'il s'agit de renverser, c'est un roi spirituel, mais enfin c'est un roi. Celui-là par terre, les autres suivaient. Car, c'en est fait du principe d'autorité, pour peu qu'on l'atteigne dans sa forme la plus respectée, dans son représentant le plus auguste ; et tout Luther religieux appelle un Luther politique. » (Pages 34 et 35).

« ..... Nous verrons quelles terribles conséquences sociales Calvin fera sortir de ce dogme de la prédestination si hardiment posé par Luther. (Page 53).

» ..... Que servait d'affirmer la responsabilité des Écritures, quand on niait le droit de l'Eglise à en donner le sens? Mis sans commentaire sous les yeux de la multitude, le texte saint pouvait-il ne pas ouvrir carrière à une lutte ardente où chacun apporterait le témoignage et l'orgueil de sa raison?

» D'autre part, assurer que l'homme est esclave d'une volonté supérieure, dans l'ordre spirituel, n'était-ce pas le conduire à concentrer dans l'ordre matériel toute son activité?

» Quant au dogme de la prédestination interprété à la manière des luthériens, nul doute qu'à l'égard de Dieu, il ne rabaissât l'homme outre mesure ; mais prenez garde que cet homme déchu dont il s'agit ici, ce n'est pas seulement un valet, un pâtre, un mendiant ; c'est l'empereur, c'est le pape. Entre le monarque et le berger, il y a égalité de réprobation. Il faudra donc que les distinctions sociales disparaissent sous le niveau de l'universelle infortune. S'il reste une distinction à faire, ce ne sera plus qu'entre l'élu, qui a la grâce, et le réprouvé qui ne l'a point. Mais ce qu'on nomme la *grâce* en théologie, en politique on l'appellera le *mérite* ; et à l'orgueil social succédera l'orgueil individuel, à la souveraineté du rang celle de la personne.

» Oui, la réformation avait dit à l'homme :

» Créature condamnée, créature imbécile et misérable, tu ne vaux que par le sang du Dieu qui te racheta. C'est de la vertu de ce sacrifice et non du prétendu mérite de tes actes pieux que dépend, pour toi, le salut éternel. La sainteté n'est pas dans les pratiques extérieures ; elle habite le sanctuaire d'une âme humble et croyante. Se croire sauvé, c'est l'être déjà. S'il a plu au Christ de te donner la foi, que t'importe le reste? Tu peux t'endormir sur ce doux oreiller.

» Or, il advint qu'en Hollande, en Angleterre, en Amérique, chez les grands peuples protestants, devenus les peuples travailleurs, l'homme répondit :

» Puisque, dans les voies spirituelles, je ne saurais échapper à la honte de mon impuissance, je chercherai ailleurs la preuve et les conditions de ma grandeur. Puisque le fatalisme de la prédestination dérobe

à ma prise les choses d'outre-tombe, c'est aux choses d'ici-bas que s'attaquera cette impétueuse conviction de ma liberté, inséparable de mon être. Et, comme j'ai le cœur plein d'une agitation puissante ; comme il faut à mes forces un emploi et de l'espace à mon désir, je ne rejetterai les pratiques dont le catholicisme avait embarrassé la vie religieuse, que pour m'élancer éperdu dans la vie industrielle. Laissant à la grâce, laissant à Dieu le soin de me faire une place dans le royaume du ciel, j'aviserai à m'emparer du royaume de la terre. Je construirai des ateliers immenses, j'équiperai des navires ; mes routes perceront les montagnes ; et si désormais j'entreprends des guerres, si je marche du côté de l'Orient, ce ne sera plus pour délivrer le Saint-Sépulcre, ce sera pour prendre possession du globe, mon domaine. (Pages 57 et 58).

» ..... Mais vouloir continuer Luther et créer une papauté protestante, vouloir s'ériger en législateur despotique du libre examen, c'était tenter l'impossible. Et c'est justement ce que fit Calvin, lorsque, en 1535, il publia son *Institution de la Religion chrétienne.*

» Nulle part les droits de l'autorité n'avaient été proclamés avec autant d'exagération que dans ce code du protestantisme. « Elle est, dit Calvin, aussi indispensable aux hommes que la paix, l'eau, le soleil et l'air. » Et il ne demande pas seulement au pouvoir de maintenir l'ordre matériel ; il lui demande de punir le sacrilège, les offenses à la religion, et d'empêcher qu'on ne sème dans le peuple des germes d'idolâtrie, qu'on ne blasphème la sainte volonté de Dieu. Voilà Calvin franchissant d'un bond l'immense intervalle qui sépare le protestantisme de la théocratie.

» Il fallait justifier cette monstrueuse inconséquence ; il fallait dire comment un tel despotisme se pouvait concilier avec le droit reconnu à chacun de décider par lui-même du sens des Écritures et de ne suivre d'autre guide que la grâce reçue d'en haut ; Calvin supposa que Dieu accordait aux élus le privilége d'entendre de la *même manière* sa parole divine. La réunion de ces élus, il l'appela, par opposition à Rome, la véritable Église, et il crut avoir ainsi, dans la liberté des consciences, ressaisi l'unité perdue. Vain détour ! Il oubliait qu'à peine à son berceau, le protestantisme avait produit une foule de sectes différentes : les Luthériens, les Carlostadiens, les Zwingliens, les Ubiquitaires ; il oubliait que l'*Institution chrétienne* avait précisément pour but de rallier tant de détachements épars d'une armée aussitôt rompue que rassemblée ; il oubliait que lui-même il différait sur des points importants, sur la question de l'eucharistie, par exemple, et de Luther, et de Zwingle, et d'Œcolampade.

» Mais la nécessité d'échapper aux contradictions qui le pressaient, devait entraîner Calvin à des affirmations d'une bien autre portée. C'était avec le dessein d'affranchir l'homme à l'égard de l'homme, que Luther avait adopté le fatalisme de la prédestination, qui rapportant tout au despotisme de Dieu, ne laisse plus rien à faire aux autorités humaines. Calvin sentit bien que sa théorie du pouvoir était ruinée de fond en comble, s'il concluait de la fatalité qui pèse sur le criminel à une tolérance universelle et systématique. Il osa donc prétendre que, dans le coupable, la faute est à la fois *nécessaire* et néanmoins imputable à la volonté (1). Indigne conclusion dont l'absurdité résulte du seul rapprochement des termes ! L'homme n'est pas libre, et pourtant il est responsable de ses actes : tel fut le dernier mot de la doctrine de Calvin. Et pourquoi ? Parce qu'en faisant de sa liberté un usage pervers, le premier homme a perdu en lui tous ses descendants, excepté ceux qu'il a plu à Dieu de sauver par un décret arbitraire de sa puissance (2).

» Ainsi Calvin admettait un royaume des élus, un royaume des réprouvés, et entre les deux un abîme qui ne devait jamais être comblé, jamais franchi. Apportant dans son explication du dogme du péché originel je ne sais quelle affreuse et sanglante logique, il faisait des trois quarts du genre humain l'irrévocable part de Satan et sa proie éternelle. Niant le libre arbitre sans nier l'enfer, il tenait en réserve pour des crimes qu'il déclarait impossibles à éviter, des châtiments pleins d'horreur. L'enfant même parmi les réprouvés, il le damnait jusque dans les entrailles maternelles. Il faisait à Dieu cet outrage de l'adorer injuste, barbare et tout-puissant.

» Transportez le calvinisme, de la théologie à la politique, voici les conséquences : les élus, ce sont les heureux de la terre ; les réprouvés, ce sont les pauvres ; entre les uns et les autres, il est un abîme, un fatal abîme : l'inégalité des conditions ; et le divin caprice qu'il faut subir en l'adorant, c'est le hasard de la naissance.

» Aussi Calvin regardait-il l'aristocratie comme la meilleure de toutes les formes de gouvernement (3).

» Et maintenant sa vie est expliquée. Si dans Genève, devenue la Rome du protestantisme, il établit une discipline que Rome ne connut jamais ; s'il fit trembler ses disciples et s'efforça d'écraser ses adversaires ; s'il ne craignit pas de lever au ciel, d'un air de triomphe, ses mains rouges du sang de Servet ; s'il écrivit sur le droit d'exterminer par le glaive les hérétiques, un livre digne du génie de l'inquisition (4) ; si Mélanchthon ne put l'approcher sans en devenir moins tendre (5) ; si Théodore de Bèze, enfin, le loue de s'être jusqu'au bout montré implacable... (6), qui pour-

(1) « Nego peccatum ideo minus debere imputari quia necessarium est.» *Instit. christ. relig.* lib. II, cap. v, p. 104.

(2) « Ubi quæritur cur ita fecerit Dominus, respondendum est quia voluit. » *Institut. christ. relig.* lib. III, cap. xxiii, p. 146.

(3) Minime negaverim aristocratiam vel temperatum ex ipsa et politia statum aliis longe omnibus excellere. » *Institut. christ. relig.* lib. IV, cap. xx, p. 552.

(4) *Fidelis expositio errorum Michaelis Servett et brevis eorumdem refutatio, ubi docetur jure gladii coercendos esse hæreticos.* An 1554.

(5) « Melanchthon ab eo tempore quo, vel caput reposuit in calvinissimum, vel commercium cum eo habuit, ferocior factus est et asperior in catholicos. » Ulembergius, *Vita et res gestæ Philippi Melanchthonis,* cap. xxiv, p. 189.

(6) Voyez le *Discours de Théodore de Bèze,* œuvres françaises de Calvin, p. 4 et suiv.

rait ne pas voir en tout cela le fruit d'une doctrine qui sanctifiait la haine ? » (Pages 60, 61, 62 et 63.)

VI.—*Considérations diverses dérivant de la théologie.* —Nous ne nous permettrons aucun commentaire sur les vigoureux soufflets appliqués par M. Louis Blanc à la diabolique face de Luther et de Calvin, dont les fatales doctrines, humbles, calmes, paisibles, partout où la faiblesse numérique de leurs sectaires commande une tolérance de nécessité, une bonhomie de Tartufe, se redressent écrasantes de morgue, terribles dans leurs haines, inexorables dans leur spoliatrice cruauté, partout où le nombre est pour elles, partout où l'autorité suprême, infectée de leur dangereux venin, leur prête l'appui de la force matérielle. Leur monstrueuse fureur ne connaît alors plus de bornes, quand il s'agit de brandir l'arme de la persécution contre le catholicisme, la seule religion qui, fondée sur les divins préceptes de l'Évangile, constitue les plus saintes lois de la vraie démocratie, proclame la *liberté* qui respecte le pouvoir et n'endosse jamais la livrée de la hideuse licence ; — l'*égalité* qui élève, quand ils savent le mériter, les petits jusqu'aux grands, sans jamais abaisser le niveau de la grandeur ; —la *fraternité* qui s'entr'aide, ne dépouille personne et reçoit toutes ses inspirations de la céleste charité inaugurée par le Christ.

On sait la malheureuse position des catholiques en certains pays, où le protestantisme trône, en Suède, par exemple. Mais il n'est pas nécessaire de courir à l'extrémité septentrionale de l'Europe pour trouver des victimes de la plus brutale intolérance ; nous en avons par milliers, par millions dans notre voisinage. Voici comment, dans son numéro du 11 janvier 1859, s'exprime le *Constitutionnel :*

« La famine, dit le *Times* (le *Times* est un des or-
» ganes les plus répandus de la Grande-Bretagne),
» quels que soient les maux qu'elle amène avec elle,
» a eu certainement pour effet de dompter les passions
» du peuple irlandais et de modérer ses aspirations à
» un degré inconnu jusqu'alors. Affaibli de corps et
» d'esprit par le redoutable fléau qu'il avait traversé
» le peuple était devenu plus traitable. » Ce fléau, dont le *Times* fait ainsi l'auxiliaire de la domination britannique en Irlande, la famine, veut-on savoir quels ont été ses résultats ? Dans une période de dix années, de 1841 à 1851, sur huit millions d'Irlandais, 1,600,000 ( SEIZE CENT MILLE ! ! ) sont morts de faim ou des maladies que la misère traîne à sa suite. Dans les campagnes, un tiers de la population a succombé. En 1847, au plus fort de la crise, dans le seul district de Skibbereen, sur 62,000 habitants, 5,000 sont morts en trois mois. Quant à l'émigration que le gouvernement anglais a favorisée, et qui, dans ces circonstances, était une mesure d'humanité, elle s'est opérée avec une telle ardeur que les bras ont fini par manquer : en quatre années seulement, un million d'Irlandais se sont embarqués pour l'Amérique. »

Tels sont les chiffres officiels groupés par un de nos journaux les plus sages, les plus modérés ; ils révèlent une faible partie des maux accumulés par le protestantisme sur la catholique Irlande où rien n'a été négligé pour y implanter l'ignorance qui se laisse stupidement enchaîner. A une époque assez peu éloignée, les livres étaient d'un telle rareté en Irlande, que, pour instruire leurs élèves, les instituteurs étaient forcés de les réunir dans les cimetières où les épitaphes tenaient lieu d'alphabets : c'était avec de la craie et sur les tombeaux que les enfants apprenaient à écrire ! La courageuse Irlande, qui ne cesse de lutter contre la misère, avait admirablement compris que l'ignorance était la principale cause de ses maux : aussi tout habitant qui était instruit, se faisait-il une loi d'en instruire dix autres. Au reste, dans le Royaume-Uni, l'instruction publique est loin d'avoir, comme chez nous, le caractère d'institution nationale. Pas d'unité, pas de direction centrale, pas d'inspection de la part du gouvernement. Partout l'esprit de routine, partout des abus enracinés repoussant toutes réformes, tout progrès. D'après M. Bulwer (*England and the English*) « des différences dans le costume, dans la nourriture et même, dans certains collèges, jusque dans la discipline, habituent les écoliers, les étudiants à distinguer les rangs, à estimer par-dessus tout la fortune ; et les cadets apprennent de bonne heure combien ils valent de livres sterling de moins que leurs aînés. »

Quelle différence dans les aspirations du catholicisme ! Loin de chercher à éteindre les lumières, il a sans cesse multiplié ses efforts pour en augmenter l'éclat ; loin de s'opposer au progrès, il n'a jamais cessé de le provoquer.

Jadis la profession d'instituteur était regardée comme indigne d'un citoyen. Les cours publics étaient, dans l'antique Rome, confiées à des Grecs, à des Asiatiques, à des Gaulois. Pour les éducations domestiques, l'opulence achetait ou louait des esclaves lettrés.

Ce fut le catholicisme qui releva l'enseignement de son abaissement immérité. Ce furent les chefs de notre Eglise qui, placés par leur vertu, par leur savoir, au plus haut de l'échelle de la considération publique, vinrent entourer l'instruction publique, en se mettant à sa tête, de toute l'estime, de tout le respect attachés depuis à la dignité de professeur, d'instituteur. Ce furent les évêques qui, de concert avec un empereur profondément chrétien, avec Charlemagne, fondèrent partout des écoles. Ce grand homme en ouvrit une dans son propre palais ; il ne dédaignait pas de visiter les écoles, d'en examiner les élèves.

Les évêques étaient secondés ou suppléés, dans le haut enseignement, par des ecclésiastiques qu'on nomma *écolâtres*, ou *scholastiques*, ou *capischoles* (caput scholæ), etc. Dans plusieurs diocèses, ce fut le *chantre*, le *chancelier* ou le *théologal* (1) qui dirigea l'évêque. Toutes les écoles du diocèse étaient dirigées par des vicaires de l'évêque, qui, même après la fondation des universités, conservèrent en France, sur les écoles élémentaires, dites *petites* écoles, leur autorité presque entière jusqu'en 1789. Les écoles élémentaires de Paris et de la banlieue avaient pour chef le *chantre de Notre-Dame*.

VII. Digne interprète des vues de la Providence sur

(1) C'étaient trois des principaux dignitaires du chapitre diocésain.

les hommes, la chaire catholique pousse aux croisades, et les croisades, dont on connaît l'influence humanitaire, font une large brèche aux remparts de la terrible féodalité qui y éprouva des pertes énormes ; des vides considérables s'ouvrirent dans ses cadres.

Pressés par le besoin d'argent, grand nombre de seigneurs vendirent aux peuples des chartes de communes. Presque tous ces guerriers, partant pour des contrées lointaines, furent obligés d'aliéner une partie de leurs domaines ; ils les vendirent souvent à des vilains qui, à force d'économie et de travail, avaient amassé quelque argent. La richesse mobilière, créée par l'industrie, commença ainsi à prendre rang à côté de la richesse immobilière créée par la conquête. « Voilà, dit Lamennais, que l'Europe entière se lève ; monarques, princes, sujets, tous entraînés par la même force et possédés du même esprit, oublient tout à coup le sol natal et se précipitent vers l'Orient, en poussant ce cri : *Dieu le veut*. D'où part cette impulsion puissante ? De la chaire chrétienne, qui a suscité ce prodigieux mouvement ? Un simple ermite et un moine de Clairvaux. Montrez-nous quelque chose de semblable dans l'antiquité ! »

Ce fut, en effet, un simple moine qui, avec un ermite, remua le monde ; mais ce moine, un savant théologien, était saint Bernard, qui fut l'oracle de son siècle et dont les écrits sont encore aujourd'hui cités comme des chefs-d'œuvre. La voix puissante de ce fier tribun religieux décida la croisade. Rome le proclama père de la patrie, restaurateur de l'Eglise. Il osa écrire en propres termes et avec vérité à Innocent III : « Je suis plus pape que vous. »

A saint Bernard, lui-même précédé de tant d'énergiques docteurs de l'Eglise qui, prêchant une morale forte, sévère, lançaient l'homme vers la sphère supérieure aux sens, ont succédé, sans interruption jusqu'à nous, de nombreux apôtres qui, jetant des flots de divine lumière dans les masses, n'ont cessé de les pénétrer des bienfaits de la loi du Christ.

« Si du haut de la tribune populaire, Démosthènes réveille la Grèce assoupie et tonne contre l'ambition d'un roi conquérant, du haut de la chaire évangélique, Bossuet proclame, dit J. Chénier, le néant du trône et foudroie les grandeurs humaines (1). »

Et d'où vient que le prêtre pouvait alors parler avec liberté à la tyrannie du vieux régime, à ses odieux si-

(1) On pourrait attribuer à Bossuet ce que cet illustre prélat, l'une des gloires les plus pures de la France, a dit lui-même de saint Paul : « Paul a des moyens pour persuader que la Grèce n'enseigne pas et que Rome n'a pas appris. Une puissance surnaturelle, qui se plaît de relever ce que les superbes méprisent, s'est répandue et mêlée dans l'auguste simplicité de ses paroles. De là vient que nous admirons dans ses épîtres une certaine vertu plus qu'humaine... de même qu'on voit un grand fleuve qui retient encore, coulant dans la plaine, cette force violente et impétueuse qu'il avait acquise aux montagnes d'où il tire son origine ; ainsi cette vertu céleste, qui est contenue dans les écrits de saint Paul, même dans cette simplicité de style, conserve toute la vigueur qu'elle apporte du ciel d'où elle descend. »

caires si improprement appelés grands? C'est uniquement parce que la tyrannie et ses suppôts avaient,
non pas l'amour de Dieu, mais la peur des griffes du
diable, et que la crainte de l'enfer leur faisait redouter
les foudres spirituelles placées dans les mains des ministres du ciel.

A Bossuet succède, dans la chaire de Versailles,
l'austère Bourdaloue qui, par la solidité des preuves,
par le mâle simplicité de ses discours, atteint souvent
à l'éloquence de Démosthènes; il vous presse, vous
serre, comme Pascal, dans les étreintes d'une irrésistible logique. On connaît l'étrange mais significative
exclamation du maréchal de Grammont qui, vivement
impressionné, se leva tout à coup au milieu d'un sermon de Bourdaloue, et interrompit ainsi l'orateur devant toute la cour : « Mordieu, il a raison ! »

Dans le dernier siècle, le désordre, la corruption,
l'infamie, allaient toujours croissant à la cour des enfants de Capet, et de là descendaient, comme une dé-
vorante lave, dans tous les rangs de la société. Les
courageux efforts de l'Eglise pour résister au flot en-
vahisseur, suivaient aussi une progression ascendante.
Rien ne surpasse en raison profonde, hardie, comme
en pathétique énergie , les accents de la chaire.
Quarante jours avant la mort de Louis XV, de nauséabonde mémoire, l'évêque Beauvais, prêchant, le jeudi
saint, devant ce roi, le sermon de la Cène, s'élève
avec feu contre les scandales de la cour, et, sans vouloir être prophète lui-même, renouvelle du haut de la
tribune sacrée, la redoutable prophétie de Jonas :
« Encore quarante jours et Ninive sera détruite. »

Si, dans le xviiie siècle, la chaire catholique faisait
des prodiges pour abattre l'hydre de l'oppression
féodale, la philosophie, de son côté, ne restait pas inac-
tive; mais elle dépassait souvent son but. Pour l'engager à se maintenir dans ses limites, Guénard lui
traça des règles dans un beau discours, dans un chef-
d'œuvre, dont nous ne pouvons nous empêcher de
citer le fragment ci-après :

« Quelles sont en matière de religion, les bornes
où se doit renfermer l'esprit philosophique? Il est aisé
de le dire : la nature elle-même l'avertit à tout moment de sa faiblesse, et lui marque en ce genre les
limites étroites de son intelligence. Ne sent-il pas à
chaque instant, quand il veut avancer trop avant, ses
yeux s'obscurcir et son flambeau s'éteindre ? c'est là
qu'il faut s'arrêter : la foi lui laisse tout ce qu'il peut
comprendre; elle ne lui ôte que les mystères et les
objets impénétrables. Ce partage doit-il irriter la raison ? Les chaînes qu'on lui donne sont aisées à porter
et ne doivent paraître trop pesantes qu'aux esprits
vains et légers. Je dirai donc aux philosophes : Ne vous
agitez point contre ces mystères que la raison ne
saurait percer ; attachez-vous à l'examen de ces vérités qui se laissent approcher, qui se laissent en quelque sorte toucher et manier, et qui répondent de
toutes les autres ; ces vérités sont des faits éclatants et
sensibles, dont la religion s'est comme enveloppée
tout entière, afin de frapper également les esprits
grossiers et subtils. On livre ces faits à votre curiosité.
Voilà les fondements de la religion ; creusez donc

autour ; essayez de l'ébranler ; descendez avec le flambeau de la philosophie jusqu'à cette pierre antique,
tant de fois rejetée par les incrédules, et qui les a tous
écrasés. Mais lorsque, arrivés à une certaine profondeur, vous aurez trouvé la main du Tout-Puissant,
qui soutient, depuis l'origine du monde, ce grand et
majestueux édifice, toujours affermi par les orages
mêmes et le torrent des années, arrêtez-vous, ne
creusez pas jusqu'aux enfers. La philosophie ne saurait vous mener plus loin sans vous égarer : vous en-
trez dans les abimes de l'infini ; elle doit ici se voiler
les yeux comme le peuple, et remettre l'homme avec
confiance dans les mains de la foi... Laissez donc à
Dieu cette nuit profonde, où il lui plaît de se retirer
avec sa foudre et ses mystères. »

Suivant Longin, un esclave ne peut être éloquent.
Oui, la véritable éloquence est incompatible avec la
pression de l'esclavage. Ils étaient libres de pensée, de
langage et d'action, ces prêtres catholiques, qui, al-
liant les vues religieuses de leur saint ministère aux
plus admirables formes de l'éloquence, consolaient les
faibles, les malheureux, tonnaient contre la tyrannie,
préparaient le triomphe définitif de la justice, ou-
vraient de larges voies à la providentielle régénération de l'immortel 89, qui, essentiellement chrétien
dans ses gigantesques allures, répudie de toutes ses
forces, écrase de tout le poids de son indignation, les
saturnales du lâche 93, dont les horreurs sont le digne fruit de perverses, d'abominables doctrines prê-
chées par une fausse philosophie. Si les grands penseurs du xviiie siècle aidèrent puissamment à la chute
de séculaires abus, plusieurs d'entre eux firent à la
société un mal immense, en persifflant la démocratique, la divine religion de leurs pères, en poussant à
son mépris. Grand nombre de leurs adeptes, dégagés
de tout frein et n'ayant plus pour la religion qu'un
étroit égoïsme intéressé à satisfaire ses grossiers, ses
insatiables appétits, vinrent enrayer par leurs crimes
la marche triomphale de la grande révolution. C'est
leur révoltante, leur sanguinaire avidité qui se mit à
crier : *Paix aux chaumières ! guerre aux châteaux !*
Les chaumières! fi donc ! L'orgueil de ces monstres
les dédaignait ; mais cet incommensurable orgueil ne
jetait pas le même dédain aux châteaux ; il les convoi-
tait ; il en spolia, il en massacra les maîtres dont il
chercha plus tard à greffer les couronnes nobiliaires
sur des têtes chargées d'ignominie, sur des fronts tachés de sang !

Nous avons fait peser sur la fausse philosophie la
complicité morale de milliers d'attentats commis par
le banditisme de 93 sur les personnes, sur les propriétés. Qu'entendons-nous par fausse philosophie?
C'est celle qui ne s'appuie pas sur la raison ; et la
raison seule a toujours eu le droit de sceller la philosophie du cachet de la vérité. Pas de vraie philosophie, — cela est incontestable, — qui ne s'appuie sur la raison, et qui ne soit, par conséquent,
l'alliée intime, forcée du catholicisme. Cela vous étonne?
Mais la raison n'oblige-t-elle pas d'admettre l'existence de Dieu, l'immortalité de l'âme et toutes les
conséquences *raisonnables* de ces deux éclatantes vé-

rités? Oui, répondez-vous bon gré mal gré, parce que le nier, ce serait nier l'évidence, ce serait tout bonnement vous adjuger un brevet de stupidité. Et vous ne le voudriez pas. Ces conséquences *raisonnables*, développées dans le livre des disciples, des saints directement instruits par le Christ, ne font-elles pas entrer à pleines voiles dans le sanctuaire du catholicisme, dont tous les préceptes, oui tous, reposent sur la raison, sur la justice, sur les imprescriptibles droits de l'humanité?

La conformité de la raison avec la foi, nous la voyons toujours reconnue, toujours proclamée par les meilleurs esprits, par les plus grands génies. Les poëtes eux-mêmes viennent prêter à ce fraternel accord le charme de leurs mélodieux accents:

La raison dans mes vers conduit l'homme à la foi.

C'est ainsi que commence l'élégant poëme de *la Religion*, de Louis Racine, dans lequel le digne fils de l'immortel auteur d'*Athalie* amène la raison, la saine raison s'entend, à s'incliner devant les grandioses vérités de notre catholicisme. C'est sur les ailes de la poésie que la raison vous transporte, vous introduit dans le sanctuaire de la foi où, bon gré mal gré, vous font pénétrer les arguments incisifs de nos plus grands docteurs du XVIIe siècle, les Fénelon, les Bossuet, les Bourdaloue. Pas un ne met en question l'incompatibilité des droits de la raison avec les impérieuses obligations de la foi. Dites à Bourdaloue : « Je ne raisonne point, parce que je veux croire et parce que raisonner pourrait me détourner de la foi. » L'inexorable logique de Bourdaloue vous répondra (*Pensées sur divers sujets de religion et de morale*) : « Penser ainsi, c'est manquer de foi; car la foi, je dis la foi chrétienne, n'est point un pur acquiescement à croire, ni une simple soumission de l'esprit, mais un acquiescement et une soumission raisonnable; et si cette soumission, cet acquiescement n'était plus raisonnable, ce ne serait plus une vertu. Mais comment sera-ce un acquiescement, une soumission raisonnable, si la raison n'y a point de part ? »

Pascal, Bossuet, Napoléon Ier et une foule d'autres génies de premier ordre, ont porté haut et ferme le drapeau de notre foi. Prêterions-nous l'oreille, autrement que pour en rire, aux propos d'une escouade excessivement minime et chétive d'esprits forts qui, par-ci par-là, nous servent, de temps en temps, du voltairianisme réchauffé auquel nous pardonnerions volontiers, s'il était, du moins, assaisonné du séduisant esprit du malin patriarche de Ferney?

Les *esprits forts* sont généralement très-faibles en fait d'énergie. D'ordinaire ils ne sont propres à rien. Le plus souvent, c'est une débauche précoce qui a porté de rudes atteintes à leur physique, et préparé la décadence, le dévergondage de leur moral. Plaignez ces malheureux coiffés de coton, emmaillotés de flanelle, infiltrés de tisanes ! Ces pauvres hères privés de leur vigueur corporelle, presque toujours indispensable pour agir en hommes, même en dehors de la

VII.

noble carrière des armes, tenteraient vainement de grandes choses. Ils peuvent avoir une intelligence supérieure dans un corps usé, — cela s'est vu, — mais cette lame d'élite se rouille promptement au contact d'un fourreau avarié, alors même que lame et fourreau iraient se pavaner dans un fauteuil académique. Gardez-vous d'aller chercher le vrai sentiment de l'honneur chez l'esprit fort. Il mettra peut-être, — poussé par la colère ou la honte, — l'épée à la main, mais jamais une épée de soldat, jamais une épée de brave, mais seulement une épée de salle d'escrime conduite par l'adresse, non par le cœur. En un mot, il aura peut-être le stérile courage du duel, mais non le vrai courage, le courage du champ de bataille. En tout temps, dans toutes les religions, l'impie a été un mauvais soldat, un mauvais citoyen, un mauvais époux, un mauvais père, un mauvais fils, un faux ami. Il ne comprend rien à l'honneur national : il laisserait vingt fois souffleter son pays, sans songer à courir à la frontière ; la mitraille lui fait peur ! il ne songe qu'à conserver l'argile frelatée dont son corps est pétri. C'est pour lui seul qu'il faut prendre crûment à la lettre cet admirable précepte d'humilité chrétienne formé par le 39e verset du chapitre V de l'Évangile selon saint Mathieu : *Si quelqu'un vous a frappé sur la joue droite, présentez-lui encore l'autre.*

Quel était le but capital de certaine philosophie du XVIIIe siècle ? C'était de briser le catholicisme, cette forte, cette indispensable colonne de l'ordre social, le catholicisme, ardent promoteur de l'égalité, dont la morgue philosophique avait horreur.

Quel était le général du désordre moral? Voltaire. Respect, mais respect jusqu'à un certain point à l'idole du dernier siècle ! Gardons-nous de nous laisser éblouir par l'éclat d'une gloire qui ne fut pas sans tache. N'allons pas nous prosterner sottement devant de fallacieuses doctrines. Surtout ne considérons jamais Voltaire comme l'ami de l'humanité. Ah ! si la foule qui porta ses cendres au Panthéon, avait connu les instincts anti-français du faux dieu, ces cendres auraient bien pu recevoir, au lieu des honneurs de l'apothéose, la plus humiliante flétrissure !

De nos jours encore, on prodigue l'encens à Voltaire. On nous le représente comme l'homme du peuple, c'est-à-dire comme l'appui, comme l'énergique défenseur de tant de millions de malheureux, écrasés sous le poids du régime du bon plaisir. Erreur ! On ne serait sans doute pas en peine de mettre sous nos yeux de nombreux passages — nous les connaissons — où Voltaire se montre chaud partisan du bonheur des déshérités de la fortune ; mais c'était dans l'unique but de s'élever sur le piédestal d'une immense popularité. Le cœur n'y était pour rien. Pour connaître le philosophe, il faut le voir, il faut l'étudier dans sa correspondance intime avec ses adeptes. Pouvait-il être le vrai champion de la cause populaire celui qui avait l'âme assez vile pour écrire:

« La philosophie ne sera jamais faite pour le peuple ; la canaille d'aujourd'hui ressemble à la canaille d'il y a quatre mille ans. *Nous n'avons jamais voulu*

26

*éclairer les cordonniers et les servantes.* C'est le partage des apôtres (1). »

« Il me revient que cet Omer est fort méprisé de tous les gens qui pensent. Le nombre est petit, je l'avoue; mais il sera toujours respectable. C'est ce petit nombre qui fait le public ; le reste est le vulgaire. Travaillez donc pour ce petit public, sans vous exposer à la *démence du grand nombre* (2). »

« Vous aviez raison de dire, monseigneur, que les Génevois ne sont guère sages, mais c'est que *le peuple commence à être le maître* (3). »

« La *raison* triomphe, au moins chez les honnêtes gens, *la canaille n'est pas faite pour elle* (4). »

Voltaire traitait donc le peuple avec un souverain mépris ; il le privait même de la faculté de penser, de comprendre : Pour le peuple pas plus de raison que pour les bêtes ! avoir un cordonnier, un brave, un laborieux artisan dans sa famille, c'était aux yeux de Voltaire un crime irrémissible, une infamie : « Je le prie de passer rue de la Harpe, et de s'informer s'il n'y a pas un cordonnier parent du scélérat (5). » Ce scélérat était le célèbre poëte lyrique J. B. Rousseau, exilé de son pays en vertu d'un ordre arbitraire émané du despotisme dont Voltaire ne cessa d'être le plus fervent adorateur.

Les disciples de Voltaire obéissaient presque tous en aveugles à ses ordres, s'attachaient à penser, à parler comme lui. L'un de ses plus illustres, d'Alembert, écrivait : « Le public est un animal à longues oreilles qui se rassasie de chardons, qui s'en dégoûte peu à peu, mais qui brait quand on veut les lui ôter de force. Les opinions moutonnières et le respect qu'il veut qu'on leur porte, me paraissent dire aux auteurs : Il se peut faire que je ne sois qu'un sot; mais je ne veux pas qu'on me le dise. »

Si Voltaire rangeait les petits au nombre des brutes, avait-il de la dignité en présence des grands? Non! c'était la bassesse même! il se livrait pieds et poings liés, corps et âme, tout entier, au plus ignoble des rois. Fils du notaire Arouet il met de côté son vrai nom, le nom de son père, en prend un autre qu'il affuble d'une particule, brigue l'honneur d'appartenir à la valetaille d'une cour perdue de mœurs, peuplée de roués coquins plus ou moins brodés et d'un essaim de coquines plus ou moins titrées ! Il l'obtient. Le voyez-vous se draper dans les plis honteux d'une inconcevable vanité, tout fier du titre de gentilhomme de la chambre du dernier des hommes, d'un Louis XV, dont il se constitue le plat courtisan au point d'oser un jour, parlant au goujat couronné, le saluer du nom de Trajan ! ! Ce n'est pas tout. Voyez-le se vautrer tout

à fait dans la fange, se jeter aux pieds de toutes les prostituées de son maître, toutes sans en excepter la Pompadour (1) « marquise d'emprunt, cousine d'un valet de chambre du roi, fille d'un commis taré, » ni la Dubarry, élevée, dressée dans les mystérieuses orgies d'un lupanar (2) pour attiser les désirs languissants, émoussés de l'immonde animal du Parc-aux-Cerfs !

A Frédéric, roi de Prusse, Voltaire écrit :

« Vous êtes fait pour être mon roi... délices du genre humain (3). »

« Vous avez fait ce que faisait le peuple d'Athènes. Vous valez bien ce peuple à vous tout seul (4). » Comme si tous les rois réunis de l'ancien régime, Charlemagne et Louis IX exceptés, pouvaient valoir un seul des grands citoyens de l'antique Athènes!

Il serait aisé de multiplier les citations pour démontrer le peu d'élévation du caractère de Voltaire. Si du moins il avait pu sentir vibrer dans son cœur la fibre de l'honneur national ! Mais non !

La désastreuse bataille de Rosbach est perdue par la France, grâce à l'ineptie d'une noblesse, toujours brave sans doute, mais profondément incapable de guider des guerriers au combat; nos soldats y sont tombés par milliers, y ont versé des flots de sang; et Voltaire de féliciter le vainqueur! qui lui répond : Je vous remercie de la part que vous prenez aux heureux hasards qui m'ont secondé à la fin d'une campagne où tout semblait perdu (5). »

Et quand cet indigne Français se plaît-il à s'applaudir des malheurs de son pays? quand en exprime-t-il sa joie à leur auteur, à Frédéric? c'est après avoir reçu de ce prince les plus sanglantes injures! Appelé, en 1750, à la cour de Berlin, décoré aussitôt d'un des ordres de Prusse, nommé chambellan avec une pension de vingt mille francs (6), il est, en 1752, humilié au dernier point par le roi, qui, après l'avoir réduit à s'enfuir, le fait publiquement outrager par un de ses sbires!

(1) La Pompadour, mêlant le sacrilége à l'ignominie, revêtait parfois le respectable costume des *sœurs grises*, des saintes sœurs de la charité, pour paraître inopinément à la rencontre de Louis XV! (Mémoires historiques sur la cour de France, p. 65, 74 et suiv.)

(2) Ce lieu infâme était tenu par un escroc gentilhomme nommé Dubarry, dont un frère s'empressa d'épouser la fille publique Vaubernier, pour lui donner à la cour le titre de comtesse !

(3) *Correspondance* de Voltaire à Frédéric, prince royal de Prusse, tome III, p. 58.

(4) *Correspondance* de Voltaire à Frédéric, tome VII, p. 3.

(5) *Correspondance* de Voltaire à Frédéric, tome X, p. 197.

(6) *Correspondance* de Voltaire à madame Denis, t. VII, p. 188.

Entouré de quatre armées dont une de Français commandée par le prince de Soubise, Frédéric II se croit perdu, veut se tuer. Il hasarde le tout pour le tout : il est vainqueur à Rosbach. On trouva dans le camp français une nuée de cuisiniers, de perruquiers, de comédiens, avec une foule de perroquets, de parasols, de caisses de senteur, etc., etc.

(1) *Correspondance* de Voltaire à d'Alembert, tome XXI, p. 191, édit. Delangle frères, Paris, 1831.

(2) *Correspondance* de Voltaire à Helvétius, tome XIII, p. 223.

(3) *Correspondance* de Voltaire au duc de Richelieu, tome XVII, p. 239.

(4) *Correspondance* de Voltaire à d'Alembert, tome XIII, p. 12.

(5) *Correspondance* de Voltaire à l'abbé Moussinot, tome III, p. 429.

Subir d'aussi dures injures, sans les venger (1), même en présence d'une mort certaine, et, de plus, baiser la main qui l'avait si rudement souffleté, c'est, il faut en convenir, aller bien au delà de la mystique lettre du verset, déjà cité, de saint Mathieu !

Le seigneur de Ferney ne secoua pas l'outrage ; il ne rougit pas d'endosser la dégoûtante livrée de la lâcheté ; lui, sans courage, calomniait le courage d'autrui ! Il osa profaner du nom de meurtre un combat singulier qui intéressait l'honneur d'une femme, et d'où le célèbre financier Law était loyalement sorti vainqueur.

Ainsi donc le grand coryphée des démolisseurs du xviii° siècle faisait du charlatanisme en plein vent, quand il lui arrivait d'arborer le drapeau du peuple, d'exalter les idées généreuses, de manifester des aspirations égalitaires, lui qui traitait le peuple de canaille, lui qui se laissait honnir impunément par la prétendue grandeur, lui qui se faisait, petit, tout petit devant le hideux despotisme et ses infâmes suppôts ; lui qui donnait le démenti le plus formel à ses préceptes, surtout à cette maxime si vraie, proclamée dans une de ses tragédies, *Mahomet* :

> Les mortels sont égaux ; ce n'est pas la naissance,
> C'est la seule vertu qui fait la différence.

Et l'on n'a pas craint de comparer le lâche philosophe de Ferney à l'intrépide Socrate, qui, s'il fut le premier philosophe du monde, fut aussi le plus brave soldat d'Athènes ! Il le prouva bien des fois, surtout sur les champs de bataille de Potidée, d'Amphipolis, de Délion.

A une lâcheté, heureusement peu commune, Voltaire joignait une dégradante dissimulation. Couvert de boue par Frédéric, il ne peut ressentir pour ce prince le dévouement, l'affection dont il fait parade. Il y a donc chez lui fausseté dans l'expression de sentiments diamétralement opposés à ceux qu'il éprouve. Il ment au roi de Prusse, comme il ment à son Dieu, quand, à Ferney, il assiste à la messe avec tous les dehors d'une piété convaincue, et communie avec toutes les apparences d'une ferveur anachorétique. Ne fait-il pas aussi ériger une église au Christ, l'homme qui écrivait ainsi à Frédéric, pour le fortifier dans son projet de détruire les couvents en Prusse : « Votre idée d'attaquer la *superstition christicole* par les moines est d'un grand capitaine (2). »

Pendant que Voltaire et sa collection de tauriens, ennemis comme lui de la France, s'applaudissent des malheurs de Rosbach, toute la France en est consternée. Le lendemain du jour où la fatale nouvelle en fut

apportée à Paris, un illustre savant, le chimiste Ruelle, entre dans son laboratoire, la figure décomposée, les habits en désordre, et dit à son nombreux auditoire : « Je crains de manquer aujourd'hui de clarté et de méthode ; j'ai à peine la force de rassembler, de combiner deux idées ; mais vous me pardonnerez quand vous saurez que la cavalerie prussienne a passé et repassé sur mon corps pendant toute la nuit. » Cela se comprend : Ruelle avait du cœur, une âme française ; il aimait donc son pays ; mais la négation de Dieu ou de son culte, l'athéisme ou le déisme au cœur lâche et sec, c'est-à-dire la clique voltairienne pouvait-elle aimer la France, un peuple aux chrétiennes aspirations ? évidemment non. La fausse philosophie de xviii° siècle battit des mains, en 1757, à la nouvelle de nos désastres de Rosbach, comme, en 1815, sa congénère, la fausse finance, la finance coquine, voleuse, se réjouissant des malheurs de la nation tombée à Waterloo, éleva honteusement, sur les cadavres de nos héroïques soldats, l'ignoble piédestal de sa hausse. On ne l'a pas oublié, à la nouvelle de nos désastres et de l'abdication de l'empereur, le *patriotisme* des croupiers de Bourse fit monter les fonds publics de dix pour cent.

Nous avons cherché à démontrer par des preuves irrécusables, que, si la phalange voltairienne du xviii° siècle a contribué, à coup sûr sans le vouloir, à l'émancipation du peuple dont elle n'avait nul souci, son rôle, exagéré par l'ignorance ou la mauvaise foi, fut loin, très-loin d'approcher de celui du clergé catholique.

Pendant que Voltaire rampait aux pieds de Louis XV et de la Dubarry, Beauvais, évêque de Senez, qui, en 1789, siégea à l'Assemblée Constituante, Beauvais, dont nous avons déjà reproduit quelques paroles, fustigeait ainsi, quarante jours avant la mort du tyran, le vieux Sardanapale et sa courtisane placés, avec la cour, en face de la chaire, et forcés de subir le brûlant stigmate : « Salomon, rassasié de voluptés, las d'avoir épuisé, pour réveiller ses sens flétris, tous les genres de plaisirs qui entourent le trône, finit par en chercher d'une espèce nouvelle dans les vils restes de la prostitution publique ! »

Si nous avons contesté le courage, le patriotisme, l'honorabilité de Voltaire, nous avons garde de dédaigner les prodigieux trésors dont la magie de sa plume a doté notre littérature. Nul n'admire plus que nous cette réunion, inouïe jusqu'à lui, des facultés les plus rares, du goût, de l'imagination, du bon sens, de l'esprit, portées toutes à un degré qui étonne, enchante, séduit, enlève, dans cette multitude d'écrits qui, pour la plupart, sont d'incomparables chefs-d'œuvre. Mais quelle que soit l'ampleur de son génie, ce génie ne saurait atteindre aux colossales proportions du génie de plusieurs illustrations chrétiennes, entre autres Napoléon 1er (1). « Les plus vastes génies, dit M. Alphonse Karr (*les Guêpes*, juillet 1841), sont ceux qui acceptent le plus sincèrement le culte de la Divinité, parce qu'un peu plus rapprochés d'elle que le vul-

---

(1) Voltaire vengea bravement son honneur à coups de... plume ! — Il surnomma Frédéric *Denys de Syracuse !* — Il ne pouvait sans nul doute proposer un cartel à Frédéric qui, alors même qu'il n'aurait pas été roi, n'eût probablement pas daigné croiser le fer avec lui. Le plus grand tort de Voltaire en cette circonstance, c'est d'avoir accablé Frédéric de basses flatteries, peu de temps après les outrages qu'il en avait reçus.

(2) *Correspondance* de Voltaire, tome XX, p. 9.

(1) Voyez ci-avant, tome V, l'article *Invalides*, p. 402.

gaire, s'ils ne voient pas Dieu, face à face, ils aperçoivent quelques-uns des rayons de sa divinité. »

VIII. La philosophie sceptique, athée ou déiste, reproche au sacerdoce tout entier les vices ou les crimes de quelques-uns de ses membres, comme si, dans une milice d'élite composée de tant de milliers de combattants, il fallait s'étonner de rencontrer par ci par là de mauvais soldats en microscopique nombre; comme si, même chez les plus grands saints, épurés au contact journalier des plus éminentes vertus, il n'y avait pas quelquefois de l'homme dans leur conduite. Jésus-Christ choisit douze apôtres, et dans ce petit nombre se trouvent saint Pierre qui le renie trois fois, et un Judas qui vend son maître, qui le livre aux Juifs. Et vous voudriez que pas un de nos prêtres ne pût faillir! Nous le voudrions comme vous; mais cela nous paraît impossible. Vous insistez? mais si vous avez un moyen certain de conduire le sacerdoce à la perfection que, selon nous, il ne pourra jamais pleinement atteindre, malgré ses héroïques efforts, hâtez-vous de l'indiquer. Vous mériterez d'être canonisé *illico*, d'être enfermé dans une magnifique niche. Vous souriez de bonheur? vous le prenez donc au sérieux? c'est par trop fort. Songeons au possible et le possible pour vous, le voici : Il y a de la mythologie dans votre figure, dans l'ensemble de votre personne. Vous avez tout l'air d'un descendant direct de Pan, de Faune ou de Sylvain. On ne peut, vous en convenez, faire de vous un saint; mais vous pouvez hardiment aspirer à l'honneur d'être exposé, après avoir été splendidement empaillé, à l'admiration du public, au Jardin des Plantes, au Muséum d'histoire naturelle. Que vous seriez beau au milieu des autres quadrumanes!

A l'exemple des saltimbanques du XVIIIᵉ siècle, vous insultez la papauté, et, selon vous, le christianisme est ennemi des lumières, fait l'office d'éteignoir. Nous vous répondrons, par une strophe de Lefranc de Pompignan, laquelle, d'après Laharpe « est le plus magnifique emblème du génie éclairant les hommes, tandis qu'il en est persécuté : »

> Le Nil a vu sur ses rivages,
> Les noirs habitants des déserts
> Insulter par leurs cris sauvages,
> L'astre éclatant de l'univers.
> Cris impuissants! Fureurs bizarres!
> Tandis que ces monstres barbares
> Poussaient d'insolentes clameurs,
> Le Dieu, poursuivant sa carrière,
> Versait des torrents de lumière
> Sur ses obscurs blasphémateurs,

Et d'abord, pour le temporel, pour les matières étrangères à la religion, nous n'irons pas naïvement départir un brevet d'infaillibilité à la papauté, qui n'en voudrait pas, qui nous rirait au nez. Là-dessus, nous sommes d'accord avec vous ou à peu près, n'est-ce pas? Mais, dites-vous, certains papes ont payé un large tribut aux faiblesses de ce bas monde, se sont même souillés de bien des crimes. C'est vrai; mais inutile de vous demander encore votre infaillible recette pour conduire le clergé à la perfection, recette

qui vous vaudrait, vous savez, une place distinguée au Muséum. Où voudriez-vous en venir, dites? Si des chefs de l'Église ont un instant failli comme saint Pierre; si d'autres, comme Judas, ont paru persister jusqu'au bout dans la mauvaise voie, que faudrait-il en conclure? La papauté en est-elle moins d'institution divine? Oseriez-vous nous donner l'exception pour la règle? ce serait raisonner absolument comme des souffreteux qui, de bonne heure, gangrenés jusqu'aux os par le vice, par de coupables excès, — vous l'êtes bien un peu, vous aussi, — se plaignent de la dégénérescence de l'espèce humaine plus riche que jamais de force, de mâle vigueur. Vous semblez ignorer ce que furent les papes. Qui chargerons-nous de vous l'apprendre? un prêtre? un catholique? non! vous pourriez les croire portés à l'exagération, mais qui donc? qui! un ennemi naturel des papes, un hérétique, un protestant anglais, le savant William Roscoe affirment sans détour que le gouvernement papal « avait de grands avantages qui lui étaient propres et
» très-utiles à ses sujets; que l'humanité, la chasteté,
» la tempérance, la vigilance et le savoir, étaient des
» qualités qui se trouvaient souvent réunies dans les
» pontifes romains, et que, bien qu'il soit démontré
» que plusieurs papes en aient été dépourvus, il en
» est peu qui soient montés sur le trône pontifical
» sans être doués de plus de lumières que le commun
» des autres hommes. Les papes ont donné souvent de
» grands exemples, et *se sont montrés au plus haut
» degré les protecteurs des sciences, des lettres et des
» arts.* Appuyons sur ces derniers mots et retenons-les bien. Écoutons ensuite notre immortel Fénelon : « On doit plus à sa famille qu'à soi-même; plus à sa patrie qu'à sa famille; plus à l'humanité qu'à sa patrie. » Faisons seulement, en passant, une courte observation sur le dernier de ces beaux préceptes : les devoirs envers la patrie, sont, doivent être toujours en première ligne, l'humanité, sauf de très-rares exceptions, ne pouvant être servie que dans les limites de la patrie.

Eh bien! persistez-vous dans votre accusation dirigée contre la papauté? impossible!

Oui, tout l'atteste, le double but de l'Église a sans cesse été de pousser au progrès, à la diffusion des lumières, de créer partout l'égalité intellectuelle dans la mesure du possible. Elle ne veut pas de croyances aveugles, mais des croyances éclairées, raisonnées. Elle parle le langage de la raison; elle établit partout la conformité de la raison avec la foi. Est-ce ainsi que procèdent les philosophes? Eh! vous êtes bien forcé de dire non! Vous vous rappelez leur langage. Eclairer les cordonniers! y songez-vous? Ce serait affreusement déroger que d'abaisser leurs superbes leçons jusqu'à l'humble artisan! et ils abandonnent aux apôtres, c'est-à-dire aux prêtres, aux éternels amis du pauvre, du riche, du pauvre surtout, le soin d'instruire les ouvriers, la *canaille!* C'est sous cette gracieuse qualification qu'ils vous désignent, mon cher concitoyen, vous et les vôtres; car, enfin, vous n'êtes pas millionnaire pas plus que nous; rien du reste, ne

vous oblige de l'être. Malgré tous vos efforts pour revêtir votre pauvreté d'un vernis de richesse, vous êtes
loin, croyons-nous, de nager dans l'abondance ; cela
viendra, courage ! Comme le *scélérat* J.-B. Rousseau,
comme nous, comme à peu près tout le monde, vous
avez de près ou de loin, parmi les membres de votre
famille, de la *canaille*, selon l'expression de Voltaire,
c'est-à-dire, d'honnêtes travailleurs auxquels le sire
de Ferney refuse jusqu'au *droit à la raison* !

Un crime capital imputé par vous, par le philoso-
phisme à la papauté ! Cette fois seulement, — une fois
n'est pas coutume, — nous serons peut-être forcé de
baisser pavillon devant vous, de frapper amèrement
notre poitrine d'un triple *mea culpa*. La papauté,
criez-vous de votre plus forte voix, s'est jadis arrogé
le droit de déposer les rois ! ! !

Avant de vous donner gain de cause, jetons le plus
rapidement possible un coup d'œil rétrospectif sur
l'origine, sur l'essence des pouvoirs de la vieille
royauté pas toujours respectable malgré ses cheveux
blancs !

Commençons par convenir que les papes d'autrefois ont élevé la prétention dont vous les accusez. Pour
la justifier, l'un d'eux s'est même fondé sur un ar-
gument des plus vulnérables. Hildebrand (Grégoire VII) n'écrit-il pas aux évêques, en 1080, dans la
bulle d'excommunication contre Henri IV, empereur
d'Allemagne... « Puisque vous êtes les juges naturels
du spirituel, à plus forte raison devez-vous l'être du
temporel... *Si enim spirituales judicatis, quid de se-
cularibus non posse credendum ?* » Bravo ! c'est bien à
vous, Hildebrand, de frapper sur le dos d'un tyran bien
inférieur à la bête fauve, à l'oiseau de proie ! Frappez !
frappez encore ! frappez toujours ! ce ne sera jamais
assez ! mais expliquons-nous : vous avez raison, quant
au droit de frapper, vous le tenez du peuple ! vous avez
tort, quant à la base sur laquelle vous prétendez l'as-
-seoir. Pourquoi invoquer le spirituel dans une question où il n'a que faire ? Quoi ! parce que vous tenez
du Christ le droit de prononcer sur les choses spirituelles, vous croyez pouvoir mettre impunément la
main sur le temporel d'autrui, sur notre bourse, par
exemple ? mais ce serait du socialisme tout pur, c'est-
à-dire, le vol dans toute sa nudité ! ce serait agir avec
autant de cynisme que certains héros de finance qui,
à l'aide de prospectus mensongers, pipent à leur profit
l'argent de leurs actionnaires assez débonnaires pour
ne pas leur voter et leur appliquer plusieurs centaines
de coups de bâton !

Comme nous ferions, Hildebrand, un accueil tout
cordial, tout militaire, un accueil dûment accompagné d'une distribution de coups de plat de sabre, au
messager qui viendrait, au nom du spirituel, s'emparer, pour vous ou pour tout autre, de notre petit
temporel, ne fût-ce que d'un poil de notre moustache !

A votre droit de foudroyer la couronne d'Henri,
nous donnons, nous, une base autrement solide que
la vôtre, une base prise tout à fait en dehors du spirituel. Voyons !

De tous les corps de l'Etat, le premier en puissance,
le plus ancien en date, le clergé, est constitué bien

avant la conquête des Barbares. Il exerce la plus haute,
la plus salutaire influence en intelligence, en éducation, en capacité.

Les Germains vainqueurs apportèrent dans les Gaules leurs principes d'indépendance ; ils n'obéissaient
qu'à un chef élu par eux. Réunis dans un lieu consacré
ou *Malberg*, ils délibéraient sous la présidence du chef,
dont ils approuvaient les propositions par des applau-
dissements exprimés en coups répétés de leurs fra-
mées sur leurs boucliers ; sinon, ils étouffaient sa
voix par leurs murmures.

Les Francs, établis dans la Gaule, conservèrent
l'usage de ces assemblées appelées *Mall*, *Mallum*,
*Champ de Mars*, et, plus tard, *Champ de Mai*, lorsque,
devenues plus fréquentes, elles furent retardées jusqu'au mois de mai. Tous les guerriers libres y sié-
geaient, pendant que les vaincus, c'est-à-dire, le
peuple, la nation, étaient sous le joug. Dès le règne
de Clovis converti au christianisme, les évêques sont
admis dans les assemblées politiques, dont la complète
direction leur est vite abandonnée. Ils y introduisent
l'usage de la langue latine. Les guerriers francs, uniquement propres à manier du fer, à boire, à caresser
les fureurs de l'ivresse, s'éloignent peu à peu de ces
assemblées d'où les chasse le sentiment de leur ignorance, de leur infériorité réelle, de leur nullité intellectuelle. Et on appelait ces brutes des seigneurs ! Ces
assemblées politiques, souveraines, d'où les Barbares
se sont volontairement expulsés, sont bientôt transformées en véritables conciles. Le clergé y est tout ; et
c'est heureux pour la nation. N'est-ce pas le clergé
qui dicte les lois ? qui écrit les annales ? qui instruit
les peuples ? qui protége, défend, prend à sa charge,
la veuve, l'orphelin, tous les malheureux ? qui se fait
honneur de leur cortège ? qui appelle les pauvres ses
amis, ses frères, ses trésors ?

Dans l'Église où le prêtre commande, l'inégalité sociale disparaît. Les hommes sont à droite, les femmes
à gauche. Les plus rapprochés de l'autel sont les
chrétiens ; puis viennent les catéchumènes ; derrière
ceux-ci se tiennent les pénitents. S'il y a plusieurs
classes, si chacune d'elles a des places distinctes,
si l'inégalité y règne, elle est toute morale ; et
l'homme faible (*debilior persona*), très-peu protégé
par la loi, voit souvent placé derrière lui, à un rang
inférieur, le puissant dont il a, hors du temple, à souffrir l'oppression. Une telle classification est populaire :
le peuple ne préféra-t-il pas toujours avec raison les
distinctions fondées sur les mœurs ou sur la piété, à
celles fondées sur la puissance ou la richesse ?

Le clergé qui se recrute presque en entier dans les
Gallo-Romains, infiniment supérieurs en instruction
aux Barbares, exerce de fait la souveraineté. Il lui
fallait, il eut un ascendant moral des plus énergiques
pour dominer ces féroces vainqueurs, pour mettre un
frein à leur cupidité, à leurs déprédations, à leurs ra-
pines, à leurs bestiales violences. Tout cède, tout plie
à sa volonté ; il dépose des empereurs ! Ce pouvoir de
fait, ce pouvoir exorbitant est-il légitime ? Oui ! oui
dans toute l'acception du mot ! Pourquoi ? Parce qu'il
émane du peuple, du vrai peuple, seul organe de la

divinité en qui réside la toute-puissance, la souveraineté réelle. Et cela est tellement incontestable que les rois ne songent pas même à soulever l'ombre d'un doute à cet égard. « Les évêques, disait Charles le Chauve après avoir été rétabli sur le trône d'où il avait été d'abord chassé, sont les trônes de la divinité ; Dieu repose sur eux, et par eux il rend ses jugements. Je ne devais pas être repoussé du trône, ajoutait-il, sans avoir été *entendu* et *jugé* par les évêques, dont le ministère m'a consacré comme roi. »

Dans la primitive Eglise et jusqu'au xiii° siècle, les évêques étaient élus par tous les fidèles, c'est-à-dire des vainqueurs et des vaincus. Les évêques étaient donc les élus directs, les mandataires du peuple, dont ils avaient ainsi toute la puissance, toute la majesté. Donc leurs décisions constituaient seules le droit, le devoir de conférer la souveraineté aux dignes, de la retirer aux indignes. Donc le premier des évêques, leur maître, leur chef élu, le pape en un mot, avait surtout ce droit, ce devoir ; et si nous avons un reproche, un seul reproche à lui adresser, c'est de ne pas en avoir usé avec assez de sévérité. Pourquoi vouloir imiter jusqu'au bout l'incomparable mansuétude du Christ, blâmant saint Pierre d'avoir enlevé une oreille à un coquin de Philistin ? Selon nous,— nous ne garantissons pas toutefois l'orthodoxie de notre opinion, — saint Pierre n'avait eu qu'un tort, celui de ne pas avoir complètement essorillé le chenapan ; à sa place, nous n'eussions pas manqué de le faire.

L'Eglise redouble de zèle, d'efforts pour éclairer le peuple, et le peuple est éclairé, et le peuple va pouvoir enfin briser ses chaînes. L'Eglise se reposera désormais sur ses enfants devenus majeurs, du soin de régler leurs affaires temporelles, même les plus difficiles ; le mandat qu'elle avait reçu n'a plus raison d'être, tombe de droit et de fait. Mais le guide naturel, mais l'ami dévoué du peuple, le sacerdoce, ne cessera pas un instant, quoique déchargé d'une glorieuse tutelle, de l'aider dans son puissant concours jusqu'au bout. Pendant que l'aristocratie voltairienne insulte lâchement le peuple ; pendant qu'elle se jette à plat ventre aux pieds des tyrans ; pendant qu'elle épuise auprès d'eux le vocabulaire de la plus vile adulation, la chaire catholique fait gronder au-dessus de leur tête le tonnerre des plus terribles vérités :«Jour qui éclairas le premier tyran, s'écriait l'abbé Dutemps, le 25 août 1780, dans la chapelle du Louvre, où il prononçait le panégyrique de saint Louis, jour à jamais déplorable, que ne puis-je effacer jusqu'à la trace des malheurs que tu as vus naître ! Que ne puis-je oublier pour toujours les paroles que le premier oppresseur a fait entendre à son esclave : tiens, lui a-t-il dit, voilà des fers pour toi, pour ta postérité ; courbe la tête sous le joug que j'impose à ta faiblesse ; je sais qu'un guide intérieur te dirige ; mais je te défends de penser et de sentir. Je connais la noblesse de ton origine ; mais, au nom de l'orgueil, je te dégrade. Je n'ignore pas que tu es libre par essence ; mais, au nom de la force, je t'asservis. Si je te permets d'avoir une compagne, elle partagera ton infortune et tes fers ; si le ciel te donne des rejetons,

héritiers de la servitude, ils seront ma proie. Si un téméraire ose approcher de ces lieux pour te donner un égal, je l'enchaîne au sol où tu respires. Va, arrose cette terre de tes sueurs ; mon mépris sera la récompense de tes travaux. Fais-moi vivre au sein de la volupté, je te ferai mourir au sein de la peine et de l'avilissement... »

Ainsi parle le sacerdoce à la tyrannie, tels sont les patriotiques accents qu'il fait tomber sur elle du haut de la chaire divine. Mais en dehors de la chaire, mais sur un autre champ de bataille, à lui aussi les honneurs du combat, les lauriers de la victoire ! N'est-ce pas un ecclésiastique qui, à l'approche de 89, de ce champ clos, où la tyrannie devait trouver son tombeau, n'est-ce pas un prêtre catholique, un penseur de premier ordre, un vrai philosophe, Siéyès qui, d'un bond s'élançant comme un lion dans l'arène politique, s'empare, en habile général, de tous les points stratégiques d'où la foudre populaire devait pulvériser le privilège. QU'EST-CE QUE LE TIERS-ÉTAT ? Tel est le titre de la fameuse brochure où Siéyès, où le grand tribun sonne le tocsin de la Révolution, lui trace son programme ; et ce programme la Révolution le suivra.

Rien de plus émouvant, de plus vrai, de plus français que ce pathétique appel à la nation, qui y répond avec enthousiasme. A peine le chaleureux pamphlet est-il imprimé à un nombre prodigieux d'exemplaires, qu'on s'en empare, qu'on l'enlève, qu'on l'épuise, qu'on en dévore les brûlantes pages (1).

Le 5 mai 1789, s'ouvrent les Etats-Généraux : toute la vérité catholique si éloquemment prêchée par nos prêtres va porter ses fruits. Quand, par ses organes directs, les députés du Tiers-État, la nation, désormais sûre de son triomphe, appelle fraternellement les deux autres ordres dans son sein, les prêtres y accourent en foule ; le privilège résiste, menace ; force est de céder : par ordre de l'Assemblée nationale et en sa présence, la nuit du 4 août 1789 l'étreint et l'étouffe.

Que de progrès accomplis depuis cette mémorable nuit qui mit fin à tant d'abominables abus si étrangement niés par la mauvaise foi, par l'imposture. Nous en connaissons la fin ; l'origine en est dans la malheureuse invasion du v° siècle ; mais le mal était bien moins intolérable avant l'usurpation (2), en 987, de la couronne de France par Hugues-Capet. Pour arriver au trône, pour s'y maintenir à l'exclusion des descendants de Charlemagne, Capet a besoin de tout le concours des grands. Pour avoir ce concours, il leur vend le peuple : cet infâme marché résulte de la complète constitution de la féodalité, formidable instrument de supplice qui, pendant plus de huit siècles, apporta, chaque jour, l'enfer à nos pères ! Et que l'on ne vienne pas nous vanter la bonté patriarcale du propriétaire féodal, de sa familiarité avec ses vassaux, de son autorité tout affectueuse, toute paternelle.

(1) Voyez tome VI une citation de cette brochure, à l'article *paupérisme*, p. 302.
(2) Usurpation d'un pouvoir lui-même usurpé : le pouvoir que le peuple confère est seul légitime.

Mensonge! cent fois mensonge! Si la féodalité s'est présentée quelquefois sous ce riant aspect, et rien ne nous autorise à le croire, c'est une honorable exception qui vient confirmer l'affreuse règle. Le régime féodal développait les sentiments les plus abjects, les plus cruels. Le serf et le vilain inspiraient un profond mépris au seigneur féodal. Ils étaient à ses yeux, taillables, corvéables à merci et miséricorde. A une époque même où la féodalité s'affaiblissait, les jurisconsultes se bornaient à dire au seigneur toujours porté à accaparer le bien d'autrui : « Si tu prends du sien (du bien du vilain), fors les droites amendes qu'il doit, tu les prends contre Dieu, et sur le péril de ton âme. » (Desfontaines, *Conseils à un ami*, chap. XXI, art. 8.) La puissance du seigneur n'avait donc d'autres limites que les scrupules de sa conscience. Il les étouffait par cette maxime de tous les tyrans, que la dureté est une condition de gouvernement. Ce principe était ainsi formulé :

> Oignez vilain, il vous poindra ;
> Poignez vilain, il vous oindra.
>
> (*Institutes coutumières*, D'ANT. LOYSEL.)

La situation du vilain s'améliora-t-elle, même à cette époque de brillante civilisation appelée le *siècle de Louis XIV* ? Les témoignages contemporains répondent : Non ! Un des courtisans de la monarchie du Grand Roi, La Bruyère, mort en 1696, deux ans avant la naissance de Voltaire, s'exprime ainsi : « L'on voit certains animaux farouches, des mâles et des femelles, répandus dans les campagnes, noirs, livides et tout brûlés du soleil, attachés à la terre qu'ils fouillent et qu'ils remuent avec une opiniâtreté invincible. Ils ont une voix articulée, et, quand ils se lèvent sur leurs pieds, ils montrent une face humaine ; et, en effet, ils sont des hommes. Ils se retirent la nuit, dans des tanières, où ils vivent de pain noir, d'eau et de racines. »

En 1739, le marquis d'Argenson s'écriait : « J'ai vu, depuis que j'existe, la gradation décroissante de la richesse et de la population. Au moment où j'écris, en pleine paix, avec les apparences d'une récolte, sinon abondante, du moins passable, les hommes meurent tout autour de nous, comme des mouches, de pauvreté, et broutent l'herbe... Le duc d'Orléans porta dernièrement au conseil un morceau de pain de fougère. Il le posa sur la table du roi en disant : « Sire, voilà le pain de quoi vos sujets se nourrissent. »

Le vieux régime se montra jusqu'à sa dernière heure, l'ennemi du peuple, le contempteur de ses souffrances, de ses misères. A l'exception de saint Louis, les meilleurs des fils de Capet ne sont pas irréprochables : Henri IV ne punit-il pas de la peine de mort tout imprudent braconnier qui chasse sur ses royales terres? Dans les dernières années de son règne, le faible, l'infortuné Louis XVI, dont il ne faut pas laisser échapper l'occasion de flétrir, en passant, le juridique assassinat amené par les doctrines voltairiennes, Louis XVI n'a-t-il pas le triste courage de

signer trois déclarations (22 mai et 10 août 1781, et 1er janvier 1786) qui sont autant de crimes contre le plus magnanime des peuples! Ce malheureux roi défend de la manière la plus expresse de lui présenter pour l'épaulette de sous-lieutenant des militaires roturiers, même les plus capables, bien supérieurs, pourtant, à la plupart de leurs officiers, y compris la presque totalité de leurs braves mais ineptes généraux. Le despote ne veut pour officiers que des sujets de l'ordre privilégié, c'est-à-dire ce que, à d'honorables exceptions près, il y avait de plus vil, de plus corrompu sur la terre de France. Dans ces monstrueuses mesures de Louis XVI, pas la moindre exception pour le génie, pour les actes de bravoure! Et le roi avait alors dans son armée, entre autres roturiers qui ont grandi l'humanité, des soldats qui s'appelaient Murat, Soult, Masséna, Bernadotte!

RÉSUMÉ. La courageuse publication des vérités théologiques a préparé, hâté, accompli l'avènement du peuple français à l'exercice direct de ses droits, à son entier affranchissement. Dans la suprême lutte où il conquiert noblement sa pleine indépendance, il se montre démesurément grand. A ce colosse, il faut un chef surhumain, une dynastie colossale comme lui. Au début du XIXe siècle, il se recueille devant le Suprême Ordonnateur des causes, et Dieu qui protège la France, lui dicte son choix, conduit son cœur, sa main au scrutin national, en fait sortir un nom providentiel, le nom trois fois grand de Napoléon! Et le premier peuple du monde a, dès lors à sa tête la première dynastie de l'univers (1)! Et cette auguste dynastie est sa plus sublime personnification! Et la France ne bat plus que d'un seul cœur!

Les peuples libres ne peuvent être assujettis qu'à un pouvoir dérivé du droit divin (2) régulièrement, directement exprimé par le peuple (3) convoqué dans ses comices où son verdict est la voix de Dieu même, *vox populi, vox Dei*. C'est ce droit qui régit notre France napoléonienne et qui, grâce à l'influence toujours croissante du catholicisme, deviendra, il faut l'espérer, dans un temps plus ou moins éloigné, la loi capitale du monde entier.

La théologie catholique comprise à fond, vigoureusement expliquée, pendant quatorze siècles, par un clergé pieux, instruit, profondément imbu du démocratique esprit de l'Evangile, a préparé notre pays, malgré les dissolvants efforts de l'obscurantisme phi-

---

(1) Voyez tome V, l'article *invalides*, p. 401, 402 et 403.

(2) Sa Majesté l'empereur Napoléon III, dont tous les décrets commencent par ces mots : *Napoléon par la grâce de Dieu et la volonté nationale*, donne ainsi la meilleure idée du *droit divin* admirablement défini : 1° A la fin de sa proclamation du 2 décembre 1851 « ... Tous respecteront dans l'arrêt du peuple le décret de la Providence;» 2° dans l'avant-dernier alinéa, ainsi conçu, de sa proclamation du 14 janvier 1852 :

« ... Le peuple reste toujours maître de sa destinée. Rien de fondamental ne se fait en dehors de sa volonté.

(3) Le peuple! que faut-il entendre par ce mot? — La nation entière, l'universalité des citoyens jouissant de leurs droits civils et politiques.

losophique, à ce degré de magique splendeur dont l'ère impériale devait l'entourer.

Aux énergiques travaux, au courage, au patriotisme, au populaire dévouement du sacerdoce de tous les régimes, nous devons les bienfaits de notre émancipation et ceux d'une liberté dégagée des brigandages de la licence; d'une égalité qui ne froisse aucun droit, aucune supériorité effective; d'une fraternité qui, appuyée sur la religion et dirigée, conduite sur tous les points de notre glorieux empire par notre grandiose dynastie, ouvre, avec effusion, avec élan, ses milliers de bras à toutes les misères, à toutes les douleurs!

Sans religion, pas de bonnes mœurs; sans mœurs, pas de caractères fortement trempés, pas même de solides muscles pour agir. Que la religion ne muscle pas les appétits brutaux, ils se donnent aussitôt libre carrière, font d'affreux ravages au physique comme au moral. Et n'allez pas mettre en avant la puissance de la raison, intrépides philosophistes; nous savons ce qu'il en est. Nous connaissons personnellement plusieurs d'entre vous. Nous savons ce que vaut, réduite à elle-même, votre orgueilleuse raison : elle n'a certes pas été coulée dans un moule exceptionnel de force et de grandeur. Lecteur, s'il vous arrive de rencontrer un enfant chassieux, rachitique, scrofuleux, vous pouvez vous dire, avec la presque certitude de ne pas vous tromper : Voilà un déplorable produit d'impie ou d'athée, marqué du stigmate de la débauche. De ces informes produits, n'allez pas en chercher dans l'armée : l'armée n'a ni athées, ni voltairiens. Cela n'a rien d'étonnant. Est-ce que l'armée va se recruter parmi les eunuques, parmi les tarés de corps et d'esprit? Non ! elle n'admet pas dans ses rangs des polissons de cette espèce; ou si l'erreur y en introduit, ils s'y trouvent déplacés, s'en expulsent d'eux-mêmes, ou en sont expulsés. L'écume apparaît à la surface du vase, s'enfuit ou se fait chasser.

L'enseignement théologique appliqué, c'est-à-dire le catholicisme en action, a marqué de ses phases, immenses faisceaux d'éclatante lumière, toutes les étapes de notre civilisation. Il est le vrai moteur du progrès qui marche, marche toujours : dans un monde éminemment perfectible, ce progrès où s'arrêtera-t-il? Dieu seul le sait.                 Le major PAUL ROQUES.

**THÉORÈME** (mathématiques) [du grec *theorema*, dérivé de *theoreo*, contempler.] — Le théorème est une proposition qui énonce et qui démontre une vérité. Ainsi, si l'on compare un triangle à un parallélogramme appuyé sur la même base, et de même hauteur, en faisant attention à leurs définitions immédiates, aussi bien qu'à quelques-unes de leurs propriétés préalablement déterminées, on en infère que le parallélogramme est double du triangle. Cette proposition est un théorème.

Le théorème est différent du problème, en ce que le premier est de pure spéculation; et le second a pour objet quelque pratique.

On distingue plusieurs espèces de théorèmes : le théorème général, le théorème particulier, et le théorème réciproque.

**THÉORIE** [*theoria*, du grec *theória*, contemplation, qui dérive de *théóréo*, je contemple; partie spéculative d'une science]. — Rapport que le génie du physicien établit entre un fait général ou le moindre nombre de faits généraux possible, et tous les faits particuliers qui en dépendent : par exemple, les mouvements des corps célestes, l'aplatissement de la terre et les plus grands phénomènes de la nature se lient à un seul fait constaté d'avance par l'observation, que la force de la pesanteur agit en raison inverse du carré de la distance. C'est ce qui constitue la théorie de la gravitation universelle. On voit que le mot *théorie* ne peut être confondu avec le mot *système*. La théorie est une production du génie qui voit la nature telle qu'elle est; le système est le produit de l'imagination qui la fait agir à son gré.

**THÉOSOPHIE** ( métaphysique). — Science des choses divines. Dans son acception primitive, la théosophie était l'état de certains illuminés qui prétendaient se mettre en communication avec la divinité et en recevoir des facultés surnaturelles. Mais on a étendu le sens de ce mot, et sous cette dénomination vague, on a souvent compris les divers genres de superstition dans lesquels l'homme admet l'existence de principes ou d'êtres surnaturels, dont il reçoit et peut diriger ou combattre l'influence. C'est à ce titre qu'on a rangé indifféremment, sous le nom de théosophie, les divers genres de mysticité; la croyance à l'intervention de la divinité, du mauvais génie ou du diable, dans certains phénomènes qui semblent contrevenir aux lois de la nature, et qu'on regarde comme miraculeux; la cabale, la magie, l'astrologie, l'alchimie, etc.

**THÉRAPEUTIQUE** [du grec *thérapeutikè*, de *thérapeuô*, guérir]. — Branche de la médecine qui a pour objet le traitement des maladies, c'est-à-dire qui donne des préceptes sur le choix et l'administration des moyens curatifs et des médicaments. A notre époque les conquêtes de la thérapeutique sont rares, et la raison en est bien simple : on n'admet plus aujourd'hui, comme il n'arrivait que trop souvent autrefois, les assertions d'un homme, si haut placé qu'il soit dans la science, sans les soumettre au contrôle d'une observation sévère, d'une expérimentation mille fois répétée dans les circonstances les plus diverses et suivant les modes les plus variés. Qu'en résulte-t-il ? C'est que si bon nombre des prétendues découvertes qui surgissent chaque jour retombent bientôt dans l'oubli dont elles n'eussent jamais dû sortir, il n'est pas un médicament utile qui ne soit bientôt apprécié à sa valeur, et qui ne sorte triomphant de la longue série d'épreuves qu'il a dû traverser.

**THÉRIAQUE D'ANDROMAQUE** (thérapeutique). — Electuaire inventé par Andromaque de Crète, et composé par ordre de Néron. Il renferme une foule de substances que voici : trochisques de scille, de vipères, d'hédycroï, poivre long, opium du Levant choisi, agaric blanc, iris de Florence, cannelle fine, scordium, roses rouges sèches mondées, semences de navet sauvage, suc de réglisse purifié, baume de la Mecque, racines de quintefeuille, de costus d'Arabie, de gingembre, de rhapontic, cassia lignea, calament de montagne, feuille de dictame de Crète, sommités de marrube, nard indien, fleurs de stœchas d'Arabie, jonc odorant, safran, semences de persil de Macédoine, poivre noir, myrrhe choisie, encens en larmes, térébenthine de Chio, écorces sèches de citrons, racine de gentiane, d'acorus vrai, de méum, d'athamanthe, de valériane majeure, de nard celtique, feuilles de chamœpytis, de chamédrys, de malabathrum, sommités de mille-pertuis, de pouliot de montagne, amome en grappes, fruit du baumier, cardamome mineur, semences d'ammi, de thlaspi, d'anis, de fenouil, de séséli de Marseille, sucs d'hypociste, d'acacia, storax calamite, gomme arabique, sagapenum, terre de Lemnos, sulfate de fer calciné, racine de petite aristoloche, sommités de petite centaurée, d'encens de Crète, opopanax, galbanum, castoréum, bitume de Judée, miel de Narbonne trois fois le poids du total, et vin d'Espagne. Ce médicament agit comme calmant.

**THERMES** (histoire ancienne) [du grec *thermai*, de *théró*, échauffer, bains d'eau chaude]. — Bâtiments qui chez les anciens étaient destinés à se baigner. L'usage des bains est venu des Orientaux auxquels ils étaient nécessaires. Il a passé chez les Grecs, qui y ont trouvé un genre de volupté, et s'est introduit chez les Romains qui en ont fait un objet de luxe et de magnificence. Si l'on en croit Pline, les bains publics ne furent établis à Rome que du temps de Pompée ; les édiles furent alors chargés d'en multiplier le nombre et les agréments. Le seul Agrippa en fit construire 170 pour le public, et sous les premiers empereurs, on en comptait jusqu'à 860 ; il y en avait douze très-magnifiques, entre lesquels on distinguait surtout celui d'Alexandre Sévère, celui de Titus et celui de Caracalla. A Paris le lieu où étaient les *thermes* de Julien existe encore, et nous allons donner quelques détails sur le palais et sur le musée que contient l'hôtel de Cluny, d'après les documents fournis par le ministère de l'intérieur.

PALAIS DES THERMES. — Les ruines romaines connues sous le nom de *Thermes de Julien* sont les restes du palais des Césars, construit dans les premières années du IVe siècle. C'est le monument le plus ancien de Paris, et le seul vestige encore debout des somptueux édifices élevés par les empereurs sur le sol de l'antique Lutèce.

Les historiens ne sont pas d'accord sur la date précise de la construction de ce palais, non plus que sur le nom de son fondateur. L'opinion la plus accréditée est celle qui l'attribue à Constance Chlore. Le séjour de quatorze années que cet empereur fit dans les Gaules, le genre des matériaux employés, leur disposition, et surtout le système de décoration du monument, sont les preuves les plus convaincantes à l'appui de cette assertion.

Quoi qu'il en soit, le palais des Thermes existait, à n'en pas douter du temps de Julien. Il est certain que ce prince y avait fixé sa résidence et qu'il y fut proclamé empereur par ses troupes en l'an 360. Les tra-

ces du séjour qu'y firent les empereurs Valentinien Ier et Valens sont également bien constatés.

Plus tard, après les longs déchirements résultant de l'invasion des peuples barbares, la puissance romaine et ses alliances durent céder à la valeur des Franks, et la demeure des Césars devint la résidence de nos rois de la première et de la seconde race, jusqu'à l'époque où, transférant leur séjour dans la Cité, ils firent construire à la pointe de l'île le vaste bâtiment connu sous le nom de palais ; dès lors l'édifice appelé *palais des Thermes*, ou *Thermes de Paris*, devint le Vieux-Palais (1), et les terrains qui en dépendaient et qui, s'étendant vers la Seine, embrassaient tout le littoral jusqu'à l'église Saint-Vincent (aujourd'hui Saint-Germain-des-Prés), furent morcelés et divisés successivement par la nouvelle enceinte de Paris, élevée sous le règne de Philippe-Auguste (2).

Ces terrains furent couverts de constructions qui passèrent, ainsi que le palais lui-même dans les mains de divers propriétaires, parmi lesquels nous trouvons, d'après les titres des XIIIe et XIVe siècles, les sires Jehan de Courtenay, seigneur de Champilles, Simon de Poissy, Raoul de Meulan, l'archevêque de Reims et l'évêque de Bayeux, jusqu'au jour de l'acquisition faite, vers 1340, par Pierre de Chaslus, au nom de l'ordre de Cluny, de la totalité de ce domaine, tel qu'il existait encore.

(1) Voici la description qu'en donne Jehan de Hautville, en l'an 1180 : « Ce palais des rois, dit-il (*domus aula regum*), dont les cimes s'élevaient jusqu'aux cieux, et dont les fondements atteignaient l'empire des morts...
» Au centre se distingue le principal corps de logis, dont les ailes s'étendent sur le même alignement et, se déployant, semblent embrasser la montagne. »

(2) L'enceinte de Philippe-Auguste partait, du côté du midi, du point correspondant à l'extrémité occidentale de la Cité, vers la rue des Grands-Augustins, suivant à peu près le prolongement de cette rue, venait aboutir à la rue Hautefeuille par l'impasse du Paon, longeait la rue Pierre-Sarrazin, traversait celle de la Harpe vers la rue des Mathurins, et la remontait jusqu'à la place Saint-Michel. De là, elle rejoignait la rue Saint-Jacques, entre les rues du Foin et des Mathurins, pour aboutir, par la rue des Noyers et entre les rues Perdue et de Bièvre, au port Saint-Nicolas, vis-à-vis la pointe orientale de la Cité, dont il s'agissait avant tout de garantir les abords. Cette nouvelle enceinte restreignait considérablement la circonscription des jardins et dépendances du palais des Thermes, telle qu'elle existait encore au commencement du XIIIe siècle. On trouve dans les titres du XIIe siècle la désignation bien positive de l'étendue de cet enclos, cité sous le nom de Clos de Lias ou de Laas. Clos du Palais (du mot *Arx*). Il était borné, du côté de l'orient, par les bâtiments du palais et par une voie romaine venant d'Orléans, traversant Issy, et qui, passant entre la Sorbonne et l'église Saint-Benoît, prenait, au-dessous de la rue des Mathurins, la direction de la rue Saint-Jacques jusqu'au Petit-Pont. — Du côté du nord, la Seine même formait sa limite, ce qui ajoutait à l'agrément de ses jardins. — A l'occident, sa limite résultait d'un canal dit la *Petite-Seine*, allant, du bas de la rue Saint-Benoît, baigner l'abbaye de Saint-Germain-des-Prés, et venait joindre la Seine à l'angle du quai Malaquais et de la rue des Petits-Augustins. — Au midi, il s'étendait jusqu'aux abords du Panthéon.

Pendant les cent cinquante ans qui s'écoulèrent depuis cette acquisition jusqu'à la construction de l'hôtel de Cluny par Jehan de Bourbon et Jacques d'Amboise, on ignore quelle fut la destination des bâtiments. Toujours est-il qu'à la fin du xv⁵ siècle il ne restait plus de cet immense édifice, complétement intact trois siècles auparavant, que les salles qu'on voit aujourd'hui, et qui ont conservé le nom de palais des Thermes.

A cette époque, l'hôtel de Cluny vint s'élever sur une partie de ces fondations romaines, et les salles antiques encore debout furent conservées, comme dépendances, par les abbés de Cluny, qui demeurèrent propriétaires de tout le domaine jusqu'à la fin du siècle dernier. Ce fut alors que, par suite de la conversion des biens religieux en propriétés nationales, les restes du palais des Césars furent mis en vente et adjugés à vil prix ; et, quelques années plus tard, la grande salle, louée à un tonnelier, fut concédée par un décret impérial, en septembre 1807, à l'hospice de Charenton.

En 1819, la ville forma le projet d'établir aux Thermes un musée destiné à renfermer les antiquités gauloises et romaines trouvées à Paris. Ce projet fut abandonné aussitôt que conçu, et ce fut seulement en l'année 1836 que, grâce aux dispositions prises par le préfet de la Seine, sur la proposition du conseil municipal, les restes du palais romain rentrèrent dans le domaine de la ville de Paris.

En 1843, lors de l'acquisition par l'État de l'hôtel de Cluny et de la collection du Sommerard, pour la formation du musée des antiquités nationales, la ville de Paris s'empressa d'offrir le palais des Thermes en pur don au gouvernement. De ce jour, les débris du palais des Césars et de la première résidence de nos rois mis à l'abri d'une destruction imminente, sont devenus, comme l'hôtel de Cluny, la propriété de l'État; les deux monuments, contigus et entés l'un sur l'autre, ont été réunis dans le même but ; la communication qui existait entre eux a été rétablie ; et tandis que sous les lambris de l'hôtel de Cluny sont rassemblés les meubles et les objets d'art du moyen âge et de la renaissance, les voûtes de l'ancien palais romain ouvrent un vaste abri à tous les fragments de l'art antique trouvés chaque jour sur le sol de Paris, et dont la réunion formera un musée aussi intéressant pour l'art que pour l'étude des premières époques de notre histoire.

En entrant par l'hôtel Cluny dans la grande salle des Thermes, on est saisi du majestueux aspect et des proportions admirables de ce gigantesque édifice. L'architecture en est simple ; la construction se compose d'un appareil carré, mêlé de chaînes de briques superposées symétriquement. Les voussures sont d'une grande hardiesse, et les seules sculptures servant de décoration à cette immense salle consistent en des proues de navires qui terminent chacune des retombées de la voûte, et constituent le point de départ des emblèmes de la ville de Paris.

Cette salle, qui forme un vaste parallélogramme, était le *frigidarium*, ou salle des bains du palais. A côté se trouve une partie plus basse, contiguë et de forme analogue ; c'était *la piscine* (1).

La paroi qui fait face à la piscine, à gauche en entrant, est décorée de trois niches, dont une en hémicycle, et de deux grandes arcades.

Ces arcades, bouchées de temps immémorial avec des matériaux antiques, et dans lesquelles on retrouve des ouvertures, pratiquées au xv⁵ siècle, servaient de communication avec les salles voisines ; quant aux niches, elles présentent les vestiges bien conservés des canaux qui apportaient les eaux pour le service des bains. En effet, au centre de chacune d'elles existe un orifice garni d'un tuyau en poterie, qui donnait passage et issue aux eaux du réservoir général, placé dans une salle voisine, détruite aujourd'hui.

De ces orifices les eaux tombaient dans les baignoires disposées devant chacune des niches, et de ces baignoires elles se déversaient, en traversant le sol par un conduit existant encore, dans le canal de décharge construit au centre des caveaux.

Au milieu de la grande niche, et au-dessous de l'ouverture des tuyaux, est pratiquée une seconde issue garnie également en poterie et destinée à conduire les eaux à la piscine. Au fond de cette partie de la salle on retrouve un autre conduit de décharge pour l'écoulement des eaux dans le déversoir commun. Le même appareil qui amenait les eaux à la piscine servait à les diriger par un tube divergeant dans la salle voisine, le *tepidarium*, ou salle des bains chauds. Là se trouvait l'*hypocaustum* ou fourneau servant au chauffage du bain, et dont il reste encore quelques parties.

Il paraît donc certain que le sol de cette grande salle était anciennement un peu plus élevé, et qu'entre ce sol et l'aire actuelle s'étendaient les ramifications de la conduite des eaux.

En passant dans cette partie de l'ancien *tepidarium*, salle voûtée dans le principe, et dans laquelle on retrouve toutes les niches destinées à renfermer les baignoires, on traverse une petite pièce d'une construction remarquable. Elle s'élève au-dessus d'un caveau dont elle n'est séparée que par une voûte plate sans voussure ni arêtes, et dont toute la force réside dans la cohésion du ciment. A droite est située une autre petite pièce qui a été défoncée sans doute pour y pratiquer un escalier moderne descendant aux caveaux et supprimé depuis. Cette pièce était probablement découverte afin de donner passage à la lumière, par suite du changement d'axe des deux grandes parties de l'édifice.

De ces petites pièces on arrive au *tepidarium*, dépouillé des voûtes et orné de ses niches en hémicycle. Dans cette salle qui forme aujourd'hui l'extrémité des ruines du côté de la rue de la Harpe, on trouve, en descendant quelques marches, une construction massive en briques plates, dans un état de calci-

(1) Les dimensions de la salle sont les suivantes:
Hauteur, 18 mètres ; longueur, 20 ; largeur, 11,50.
Les dimensions de la piscine sont :
Longueur, 10 mètres ; largeur, 5.

nation remarquable. Cette masse constitue les fondations de l'*hypocaustum*, placé plus ordinairement au
centre de la salle des bains, dans les thermes antiques
de Rome et de l'Italie. Les eaux arrivaient à cet hypocauste de la manière que nous avons indiquée plus
haut, et séjournaient dans un réservoir situé probablement sous l'escalier qui conduit à présent à la rue de la
Harpe. L'eau de ce réservoir allait s'échauffer dans
les vases placés au-dessus des fourneaux, et de là elle
se distribuait dans les baignoires disposées au-devant
de chacune des niches.

Derrière cet hypocauste est un conduit romain
d'une profondeur de deux mètres et qui servait de
canal, soit pour l'arrivée des eaux, soit pour leur
décharge.

Les restaurations en pierre de taille que l'on remarque sur le mur de cette salle faisant face à la rue de
la Harpe, ainsi que les toitures de la grande salle, ont
été exécutées, comme travaux de soutènement et de
consolidation, en 1820, sur la demande du duc d'Angoulême. A la même époque a été détruit le jardin qui
couronnait l'édifice, et qui, semblable aux jardins suspendus des temps antiques, était planté d'arbres de
haute taille.

Outre ces beaux débris du palais antique, il existe
encore à l'hôtel Cluny des traces de salles entières, des
souterrains et des caveaux qui se continuent sous les
maisons voisines et forment un vaste réseau de fondations romaines, embrassant toute une partie du
littoral de la rive gauche de la Seine.

HOTEL CLUNY. — Ce fut en l'an 1340, comme il a
été dit plus haut, que Pierre de Chaslus, abbé de
Cluny, fit, au nom de son ordre, l'acquisition du palais des Thermes et des dépendances qui s'y ratta-
chaient encore à cette époque, depuis la construction
de la nouvelle enceinte de Paris, bâtie par Philippe-
Auguste.

Un siècle plus tard, Jean de Bourbon, abbé de
Cluny, fils naturel de Jean Ier, duc de Bourbon, jeta
les premières fondations de l'hôtel de Cluny sur les
ruines d'une partie de l'ancien palais romain; mais
les travaux d'édification furent arrêtés par sa mort,
qui survint le 2 décembre 1485, et ils ne furent repris
que cinq ans plus tard, 1490, par Jacques d'Amboise,
abbé de Cluny, depuis évêque de Clermont, et le septième des neuf fils de Pierre d'Amboise, seigneur de
Clermont. Cet abbé consacra, dit Pierre de Saint-
Julien, « cinquante mille angelots provenant des dé-
» pouilles du prieur de Leuve, en Angleterre, à l'édi-
» fication de fond en cime de la magnifique maison de
» Cluny audit lieu, jadis appelé le palais des Ther-
» mes. »

Depuis l'époque de sa fondation jusqu'à la fin du
siècle dernier, l'hôtel de Cluny, mis continuellement
à la disposition des rois de France, et habité pendant
trois siècles par les hôtes les plus illustres, ne cessa
jamais d'appartenir à l'ordre de Cluny, ainsi qu'en
font foi les chartes et titres de cette abbaye (1), dont

(1) Le plus récent de ces titres date du 25 juillet 1789 ; ce
sont des lettres-patentes signées de Louis XVI, qui recon-

le siége était en Mâconnais, et qui tenait également en
sa dépendance le collége de Cluny, situé sur la place
de la Sorbonne (1).

Dès les premiers jours de l'année 1515, peu de
temps après l'achèvement des travaux, la veuve du
roi Louis XII, Marie d'Angleterre, sœur de Henri VIII,
fit choix de l'hôtel de Cluny pour sa résidence, et
vint y passer la durée de son deuil, sur l'invitation du
roi François Ier.

« Le dict sieur roy donna ordre, dit Jean Barillon,
» secrétaire du cardinal Duprat, que la royne Marie,
» veufve du roy Louis dernier, décédé, fust honora-
» blement entretenue ; laquelle royne se veint loger
» en l'hostel de Cluny, et le dict sieur la visitoit sou-
» vent et faisoit toutes gracieusetés qu'il est possible
» de faire. »

La chambre habité par cette princesse a conservé
jusqu'à nos jours le nom de *chambre de la reine
Blanche* (les reines de France portaient le deuil en
blanc).

Peu d'années après, cet hôtel fut le théâtre d'un
événement qui lui donna une consécration plus royale
encore; le mariage de Madeleine, fille de François Ier,
avec Jacques V, roi d'Écosse.

« Le dimanche dernier de décembre 1536 (dit Pierre
» Bonfons), Jacques, roi d'Ecosse, fit son entrée à
» Paris et vinst loger en l'hostel de Cluny, lès Mathu-
» rins, où le roy l'attendoit, et le lendemain, premier
» de janvier, il épousa Madeleine. »

Parmi les autres personnages illustres dont le séjour
à l'hôtel de Cluny est bien constaté par les chroniques, on doit citer les princes de la maison de Lorraine, et entre autres le cardinal de Lorraine, son
neveu le duc de Guise, et le duc d'Aumale, en
l'an 1565 ; les nonces du pape en 1601 ; et l'illustre
abbesse de Port-Royal-des-Champs, en 1625.

A la fin du siècle dernier, dès les premières années
de la tourmente révolutionnaire, l'hôtel de Cluny fut,
comme tous les biens du clergé, transformé en propriété nationale. C'est de cette époque surtout que
datent les principales mutilations de son architecture.

Voici la description qu'en donne Piganiol de la
Force, en 1765 :

« Tout ce qui reste entier de remarquable dans
» l'hôtel de Cluny, et dont aucune des éditions précé-

naissent le cardinal de Larochefoucauld, archevêque de
Rouen, abbé de Cluny, comme *possédant en cette dernière
qualité* une maison appelée l'Hôtel de Cluny, sise à Paris,
rue des Mathurins-Saint-Jacques, et qui l'autorisent, « vu
» que les abbés de Cluny ne font pas dans ladite ville un
» séjour assez long pour veiller eux-mêmes aux réparations
» de cette maison, » à céder ledit Hôtel à titre de bail
emphytéotique, moyennant une redevance annuelle de
quatre mille cinq cents livres et autres conditions portées à
l'acte.

(1) L'ordre de Cluny remontait au commencement du xe siècle ; il dut sa fondation à Guillaume le Pieux, duc d'Aquitaine,
qui, en 910, fit bâtir aux environs de Mâcon l'abbaye de Cluny.
Louis VI, *d'Outre-Mer*, confirma cette fondation en l'an 939,
et sept ans après le pape Agapet II déclara l'abbaye de Cluny
et tous les monastères de sa dépendance relevant immédiatement du Saint-Siége (an 946).

» dentes n'a parlé, c'est la chapelle qui est au premier
» étage, sur le jardin. Le gothique de l'architecture
» et de la sculpture en est très-bien travaillé quoique
» *sans aucun goût pour le dessin*. Un pilier rond, élevé
» dans le milieu, en soutient toute la voûte très-
» chargée de sculpture, et c'est de ce pilier que nais-
» sent toutes les arêtes. Contre les murs sont placées
» par groupes, en forme de mausolées, les figures de
» toute la famille de Jacques d'Amboise, entre autres
» du cardinal ; la plupart sont à genoux avec les ha-
» billements de leur siècle, très-singuliers et bien
» sculptés (1).

» L'autel est placé contre le mur du jardin qui est
» ouvert dans le milieu par une demi-tourelle en
» saillie, formée par de grands vitraux, dont les vitres,
» assez bien peintes, répandent beaucoup d'obscurité.

» En dedans de cette tourelle, devant l'autel, on
» voit un groupe de quatre figures, de grandeur na-
» turelle, où la sainte Vierge est représentée tenant
» le corps de Jésus-Christ détaché de la croix et cou-
» ché sur ses genoux ; ces figures sont d'une bonne
» main et fort bien dessinées pour le temps. On y
» voit encore, comme dans tout cet hôtel, un nombre
» infini d'écussons avec les armoiries de Clermont et
» beaucoup de coquilles et de bourdons, par une
» froide allusion au nom de Jacques. On montre dans
» la cour de cet hôtel le diamètre de la cloche appelée
» *Georges d'Amboise*, qui est dans une des tours de la
» cathédrale de Rouen, et qui est tracé sur la muraille
» de cette cour, où l'on assure qu'elle a été jetée en
» fonte. »

Plus tard, dans les premières années du XIXᵉ siècle,
les membres composant l'administration du département de la Seine aliénèrent *la maison de Cluny*, qui
passa successivement en la possession du sieur Bau-
dot, médecin, *ex-législateur*, puis enfin de M. Le
Prieur, l'un des doyens de la librairie moderne.

Ce fut à cette dernière époque, en 1833, qu'un amateur infatigable des monuments des siècles passés,
M. du Sommerard (2), fit choix de ce vieux manoir
pour servir d'asile aux précieuses collections d'objets
d'art du moyen âge et de la renaissance, réunies par
ses soins pendant quarante années de recherches et
d'études.

A la mort du célèbre antiquaire, et sur le vœu exprimé par la commission des monuments historiques,
le ministre de l'intérieur, M. le comte Duchâtel, pré-

(1) Ces figures, disparues à la fin du XVIIIᵉ siècle, ont été
retrouvées en 1844 pendant le cours des travaux d'installation
du Musée ; elles avaient été placées par fragments et hachées pour former un mur dans la salle basse située au-
dessous de la chapelle ; ce mur, composé entièrement de ces
fragments, avait pour but de dissimuler le charmant escalier qui décore cette salle, et dont la découverte ne date que
de ce jour.

(2) Alexandre du Sommerard, né à Bar-sur-Aube en
1779, est mort à Saint-Cloud, en août 1842, à l'âge de
63 ans. Il était alors conseiller-maître à la Cour des comptes.
Il a laissé de nombreux travaux sur les arts, entre autres le
grand ouvrage *des Arts au moyen âge*, magnifique histoire
des siècles passés par les monuments.

senta un projet de loi pour l'acquisition de cette belle
collection, destinée à devenir la première base d'un
Musée d'antiquités nationales.

L'hôtel de Cluny, le seul de tous les monuments
civils du moyen âge qui restât encore debout sur le sol
de l'ancien Paris, fut choisi pour servir d'abri au nouveau musée ; la ville, s'associant à cette noble création, offrit en pur don au gouvernement les ruines du
palais des Thermes, base et point de départ de l'art
gallo-romain.

La collection du Sommerard et l'hôtel de Cluny
furent acquis par l'Etat, en vertu de la loi du 24 juillet 1843, et le nouveau musée fut immédiatement
constitué sous le nom de *Musée des Thermes et de
l'hôtel de Cluny*.

Dès ce jour, la communication qui reliait jadis les
ruines du palais des Césars et la résidence des abbés
de Cluny a été rétablie. Les galeries de l'hôtel, défi-
gurées depuis deux siècles et transformées en appartements modernes, ont été remises dans leur état primitif ; les sculptures ont été dégagées et restaurées ;
les collections d'objets d'art, classées et disposées sous
les voûtes du IVᵉ siècle et dans l'édifice du XVᵉ, ont pris
dans les deux monuments la place que leur assignait
leur âge, et le musée a été ouvert au public pour la
première fois le 16 mars 1844.

La façade principale de l'hôtel de Cluny se compose
d'un vaste corps de bâtiment flanqué de deux ailes
qui s'avancent jusqu'à la rue des Mathurins. Sa porte
d'entrée, ornée autrefois d'un couronnement gothique
richement sculpté, conserve encore un large bandeau
décoré d'ornements et de figures en relief. Au-dessus
du mur régnait une série de créneaux, ainsi qu'on peut
en juger par ceux qui ont pu être conservés ; ces créneaux seront rétablis et la porte d'entrée reprendra
son premier aspect.

Les bâtiments de la façade principale sont surmon-
tés d'une galerie à jour derrière laquelle s'élèvent de
hautes lucarnes richement décorées de sculpture, et
qui présentaient dans leurs tympans les écussons de
la famille d'Amboise, écussons dont il reste encore des
traces bien apparentes.

Vers le milieu du bâtiment principal s'élève une
tourelle à pans coupés que couronnait, dans l'origine,
une galerie analogue à celle qui décore les autres
parties de l'édifice. Sur les murs de cette tourelle, on
trouve sculptés en relief les attributs de saint Jacques,
les coquilles et les bourdons de pèlerins, allusions au
nom du fondateur Jacques d'Amboise.

L'aile droite est percée de quatre arcades ogivales
qui donnent accès dans une cour communiquant directement avec les Thermes. Cette cour, dont les murs
sont de construction romaine, était une dépendance
du palais. Sa couverture antique n'a été renversée
qu'en 1737, et l'on voit encore les traces de son arrachement.

Les bâtiments du rez-de-chaussée de l'aile gauche
renfermaient les cuisines et les offices de l'hôtel. Auprès de cette partie de l'édifice, on aperçoit tracée
sur le mur la circonférence de la fameuse cloche appelée Georges d'Amboise, destinée à la cathédrale de

Rouen, et coulée en fonte dans la cour de l'hôtel de Cluny.

Du côté du jardin, la façade est d'une architecture plus sévère ; les galeries à jour n'existent pas, les lucarnes sont richement travaillées et présentent, ainsi que l'extérieur de la chapelle, une grande variété d'ornementation. La salle basse, construite au-dessous de la chapelle pour servir de communication directe avec le palais des Thermes, est une des parties les plus curieuses de l'hôtel de Cluny. Un pilier soutient la voûte aux arcades ogivales ; il est surmonté d'un chapiteau sur lequel on remarque le K couronné du roi Charles VIII, date précise de la construction, puis les armes et écussons des d'Amboise, attributs des fondateurs.

De cette salle basse on arrive à la chapelle par un escalier travaillé à jour, et qui a été récemment découvert. L'architecture de cette chapelle est fort riche ; les voûtes aux nervures élancées retombent en faisceaux sur un pilier central isolé, et qui prend son appui sur celui de la salle basse ; les murs sont décorés de niches en relief travaillées à jour et d'une grande finesse d'exécution, ces niches, au nombre de douze, renfermaient les statues de la famille d'Amboise, qui ont été jetées bas à la fin du XVIIIᵉ siècle, puis brisées et employées comme matériaux de construction.

Les vitraux qui garnissent les fenêtres ont été détruits et remplacés par d'autres ; un seul existait encore et a été remis en place, c'est le portement de croix ; il avait été recueilli par le chevalier Alexandre Lenoir.

Sur les murs sont gravées plusieurs inscriptions, dont l'une, datée de 1644, rappelle la visite d'un nonce du pape.

La cage de l'escalier, travaillée à jour, a été dégagée en 1832, ainsi que les peintures du XVIᵉ siècle que l'on voit de chaque côté de l'autel, et les sujets sculptés en pierre dans la voûte de l'hémicycle. Ces sujets représentent le Père éternel entouré d'anges et le Christ en croix. Toutes les figures, bas-reliefs, et même les choux sculptés et dorés, placés de chaque côté, étaient couverts d'une épaisse couche de plâtre à laquelle on doit leur conservation.

Cette chapelle était devenue, sous le régime révolutionnaire, une salle de séances pour la section du quartier, puis elle avait été convertie en amphithéâtre de dissection, puis enfin en atelier d'imprimerie.

Les écussons armoriés, disposés au-dessous des niches, ont été grattés et effacés, et les croix de consécration que l'on retrouve encore aujourd'hui n'ont survécu que grâce à une épaisse couche de badigeon qui couvrait les murs.

La salle voisine de la chapelle a conservé jusqu'à ce jour le nom de *Chambre de la reine Blanche*, en souvenir du séjour qu'y fit Marie d'Angleterre, veuve du roi Louis XII, pendant la durée de son deuil, en janvier 1515.

La décoration peinte de cette salle a été retrouvée sous les papiers de tenture. Les peintures, mises au jour lors des travaux d'installation du musée, étaient encore assez apparentes pour permettre une restauration complète ; elles datent du règne d'Henri II et rappellent les motifs des ruines antiques de l'Italie. Au milieu est une sorte de fronton destiné probablement à l'encadrement d'un baldaquin, et de chaque côté se trouvent des médaillons ornés de guirlandes et d'animaux chimériques.

Les autres salles de l'hôtel de Cluny ont été remises provisoirement en état. Leur restauration s'achèvera successivement. Tous les supports et les consoles des plafonds ont été retrouvés avec leurs écussons aux armes de la maison d'Amboise, que l'on rencontre également sur les vitraux des fenêtres. L'hôtel de Cluny est, du reste, entièrement construit sur des fondations romaines, anciennes dépendances du palais des Césars.

FIN DU TOME SEPTIÈME.

# TABLE DES MATIÈRES DU TOME VII

*Nota.* — L'astérisque joint au mot indique les figures.

## P

www.ingramcontent.com/pod-product-compliance
Lightning Source LLC
Chambersburg PA
CBHW072000270326

41928CB00009B/1500